Mary B. Gregoire

FOODSERVICE ORGANIZATIONS *A Managerial and Systems Approach*

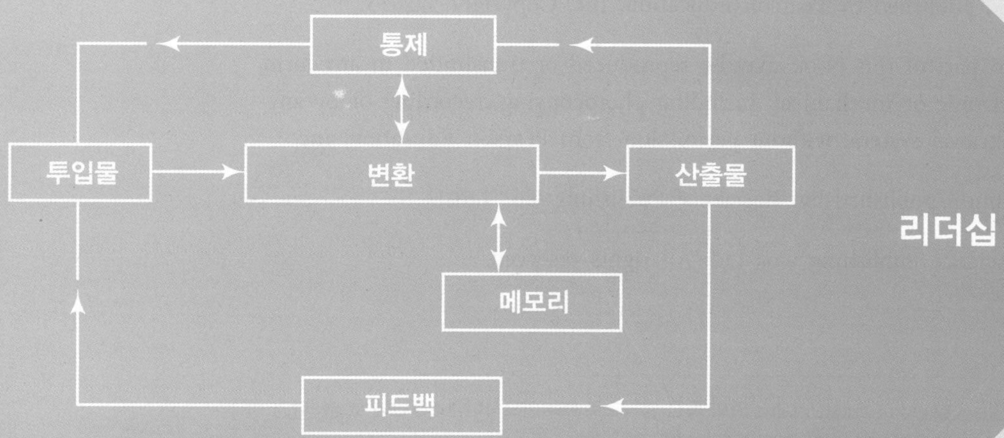

제 8 판

푸드서비스 경영관리

서울대학교 식품영양학과 푸드서비스 & 마케팅 연구실

BIOSCIENCE
(주)바이오사이언스출판

이 도서의 국립중앙도서관 출판예정도서목록(CIP)은 서지정보유통지원시스템 홈페이지(http://seoji.nl.go.kr)와 국가자료공동목록시스템(http://www.nl.go.kr/kolisnet)에서 이용하실 수 있습니다.
(CIP제어번호: CIP2017007856)

푸드서비스 경영관리 **제8판**

초판 인쇄: 2017년 8월 21일
초판 발행: 2017년 8월 30일

저　　자: Mary B. Gregoire
역　　자: 서울대학교 식품영양학과 푸드서비스 & 마케팅 연구실
윤지현 · 권수연 · 이영미 · 김미영 · 최인주 · 아사노가나
여윤재 · 한규상 · 윤보람 · 윤소윤 · 신중원
발 행 인: 문정구
발 행 처: (주)바이오사이언스출판
주　　소: 14040 경기도 안양시 동안구 전파로 107(호계동)
전　　화: (02)581-4057~8　팩스: (02)581-4059
이 메 일: inquiry@biosciencepub.com
홈페이지: http://www.biobooks.co.kr
I S B N: 978-89-6824-067-6
등록번호: 제22-3079호
값 25,000원

서문

1985년에 초판이 발행된 이 책은 알렌 바덴 박사(Dr. Allen Vaden)가 개발한 푸드서비스 시스템 모형을 근간으로 집필되었다. 바덴 박사의 푸드서비스 시스템 모형은 오랫동안 푸드서비스 운영에 대한 혁신적인 개념의 틀로 자리매김해 왔다. 이 푸드서비스 시스템 모형을 근간으로 집필되었다는 점이 이 책의 가장 큰 특징이다. 각 장에서는 푸드서비스 매니저들이 시스템의 인적자원, 재료, 시설, 운영자원 등과 같은 투입물을 음식, 고객 및 종사원 만족, 수익과 같은 산출물로 효율적이고, 효과적으로 변환시킬 수 있는 방법에 대해 자세히 기술하고 있다.

이 책은 유능한 푸드서비스 매니저가 되려면 업장의 운영에 적용할 수 있는 경험적 실무 지식을 제대로 이해하는 것이 필수적이라는 믿음에 기초하여 집필되었다. 그래서 이 책은 실증적 연구와 이런 연구의 현장 적용을 융합하려 했다.

푸드서비스 및 호스피탈리티 산업이 지속적으로 성장함에 따라 대학 졸업자들의 이 분야로의 진출 기회도 증가하고 있다. 식품영양학, 푸드서비스 경영학, 호스피탈리티 경영학 전공자들이 주로 이러한 산업으로 진출한다. 학교, 병원, 레스토랑 등 다양한 유형의 푸드서비스 업장이 있지만 푸드서비스 업장을 효과적으로 운영하기 위한 기본 원칙은 이 모든 유형의 업장에 공통적으로 적용될 수 있다. 그러므로 이 책은 식품영양학, 푸드서비스 경영학, 호스피탈리티 경영학 등 다양한 전공의 수업 교재로 이용될 수 있을 것이다. 이 책은 대학 3, 4학년을 주 대상으로 집필되었지만 대학원생, 교수자 및 푸드서비스 매니저들에게도 유용하리라 생각한다. 뿐만 아니라 여러 교과목의 교재로 쓰일 수 있도록 집필되었기에 매학기 새로운 교재를 구입해야 하는 학생들의 금적적인 부담도 덜어줄 수 있을 것이다.

이 책에서는 주요 정보에 대해 간단히 소개한 후 이러한 정보의 응용에 대해 제시함으로써 되도록 본문을 간결하게 하려 노력하였다. 학생과 교수의 추가 토론을 위한 자료로 참고문헌 및 관련 웹사이트의 목록을 각 장의 뒷부분에 수록하였다.

책의 구성

이 책은 푸드서비스 시스템 모형을 중심으로 집필되었다. 1부에서는 푸드서비스 시스템 모형의 개념을 자세히 설명한다. 2부는 시스템의 변환과정 중 기능적 하위시스템(조달; 생산; 배식 및 서비스; 안전, 위생 및 유지보수)에 대해 설명한다. 3부는 시스템의 변환과정 중 경영관리기능과 연결과정을 주로 설명한다. 인적자원관리, 재무관리, 마케팅에 더하여 경영관리, 리더십, 소통, 의사결정에 대한 내용을 포함하고 있다. 4부는 시스템의 산출물에 대하여 설명하고 이러한 산출물의 효과성 평가 방법을 기술한다.

각 장의 마지막에는 참고문헌과 관련 웹사이트 정보를 수록하였다. 또한 각 장별로 요약, 연습문제, 연구과제, 각 장의 내용을 응용하기 위한 사례 연구를 포함하였다.

저자 소개

메리 그레고어 박사(Mary B. Gregoire, Ph.D., R.D., F.A.D.A., C.H.E.)는 시카고의 러시대학교 메디컬센터의 식품영양서비스 총괄책임자이며, 동 대학 임상영양학과의 교수이자 학과장이다. 그녀는 푸드서비스의 현장과 교육계에서 30년 이상 경험을 쌓아왔다. 또한 아이오와주립대학교의 의류, 교육, 호스피탈리티 경영학과 교수 및 학과장, 러시대학교 메디컬센터의 푸드서비스 부책임자 및 인턴십 책임자, 국립푸드서비스관리기구 연구부 부책임자, 켄사스주립대학교 대학원프로그램 책임자, 제스퍼군 병원 푸드서비스 책임자 등을 역임했다. 뿐만 아니라, 푸스서비스 및 호스피탈리티 경영 분야의 활발한 연구자로서 수많은 논문을 발표하였고, 노스다코타주립대학교에서 학사와 석사, 켄사스주립대학교에서 박사 학위를 취득하였다. 그레고어 박사는 미국영양사협회의 최고회원이며, 호스피탈리티 교육자 자격증을 가지고 있다.

역자 서문

이 책은 '*Foodservice Organizations: a Managerial and Systems Approach*' 제8판을 번역한 푸드서비스 경영학의 개론서이다. 이 책의 원서는 처음 출판된 1985년 이후 미국에서 푸드서비스 경영학 분야의 바이블로 자리매김해 왔다.

우리나라에서도 이 책의 원서는 2000년대 초까지 대학과 대학원의 전공서적으로 널리 사용되기도 했다. 이후 우리나라의 실정을 더 잘 반영한 급식경영학, 외식경영학, 단체급식관리 등의 관련 저서가 한글로 출판되면서 그 인기가 조금 수그러들었지만, 급식과 외식을 아우르는 푸드서비스 경영학 분야의 개론서로서 이 책의 원서가 가지는 위상은 여전히 높다. 1~8장은 우리나라 대학 교과과정 중 '단체급식관리'나 '외식주방관리론' 등의 내용을 9~15장은 '급식경영학'이나 '외식서비스경영' 등의 내용을 담고 있다.

이 번역서는 서울대학교 식품영양학과의 윤지현 교수와 번역을 시작할 당시 푸드서비스·마케팅 연구실의 대학원생이었던 10명이 함께 작업한 결과이다. 역자 프로필을 정리하는 지금, 대부분의 역자가 학생이 아님을 발견하고 번역에 소요된 긴 시간을 재차 실감한다.

역자들이 각자 맡은 부분을 번역한 후, 수차례의 역자 모임을 통해 용어를 통일하고 오역을 바로잡기 위해 노력했지만, 전문 번역가가 아닌 여러 명의 역자들이 작업한 미숙함이 날카로운 독자들의 눈을 피하기란 쉽지 않을 것 같아 근심이 크다. 번역작업 초기, 역자 세미나의 초청 강사였던 전문번역가가 한 말의 의미를 역자들 모두 번역 작업 내내 뼛속 깊이 느꼈다. "번역은 제2의 창작이라고도 해요. 아니 어쩌면 창작보다 더 어려운 작업일지도 모르겠어요."

번역의 마침표를 찍으며, 이 책을 출판해 주신 (주)바이오사이언스출판 관계자 여러분께 감사의 마음을 전하고 싶다. 특히 출판을 결정해 주신 문정구 대표님과 번역을 진행한 기나 긴 시간 동안 인내로 기다려 주시고 교정 작업을 꼼꼼히 챙겨주신 홍수희 팀장님과 김태진 부장님께 진심으로 감사드린다. 이 번역서가 우리나라의 푸드서비스 경영학 분야의 이론적, 실천적 발전에 기여할 수 있기를 바란다.

2017년 7월
역자의 뜻을 모아

역자 소개

윤 지 현	서울대학교 식품영양학과 교수, 미국 퍼듀대학교 박사
권 수 연	신구대학교 식품영양전공 교수, 서울대학교 박사
이 영 미	명지대학교 식품영양학과 교수, 서울대학교 박사
김 미 영	신구대학교 식품영양전공 강사, 서울대학교 박사
최 인 주	서울대학교 식품영양학과 강사, 서울대학교 박사
아사노가나	서울대학교 생활과학연구소 연구교수, 서울대학교 박사
여 윤 재	한국보건산업진흥원 연구원, 서울대학교 박사
한 규 상	호남대학교 식품영양학과 교수, 서울대학교 박사
윤 보 람	미국 테네시대학교 의류호스피탈리티관광경영학과 교수, 미국 오클라호마주립대학교 박사
윤 소 윤	서울대학교 박사과정, 서울대학교 석사
신 중 원	미국 펜실베니아주립대학교 박사과정, 서울대학교 석사

차례

제1부 푸드서비스 시스템 모형

제1장 푸드서비스 조직에 대한 시스템적 접근 1
제2장 품질관리 29
제3장 메뉴 45

제2부 변환: 기능적 하위시스템

제4장 식품 흐름과 주방 설계 69
제5장 조달 94
제6장 음식 생산 150
제7장 배식 및 서비스 207
제8장 안전, 위생 및 유지보수 226

제3부 변환: 경영관리 기능과 연결과정

제9장 관리의 원칙 280
제10장 리더십과 조직변화 314
제11장 의사결정, 소통, 균형유지 343
제12장 인적자원관리 373
제13장 재무관리 427
제14장 푸드서비스 마케팅 452

제4부 푸드서비스 시스템의 산출물

제15장 음식, 만족, 수익 473

부록

부록 A 식품 명세서 샘플 491
부록 B 식품 명세서 작성 참고자료 499
부록 C 식품 표준 500

국문 찾아보기 515
영문 찾아보기 520

세부 차례

제1부 푸드서비스 시스템 모형

제1장 푸드서비스 조직에 대한 시스템적 접근 1

1.1 시스템 개념 ······ 2
1.2 시스템으로서의 조직 ······ 2
1.3 개방형 시스템의 특성 ······ 3
1.4 푸드서비스 시스템 모형 ······ 5
1.5 전략경영 ······ 8
1.6 푸드서비스 산업 ······ 11
　1.6.1 외식 ······ 11
　1.6.2 급식 ······ 15
1.7 푸드서비스 산업의 운영 형태 ······ 19
　1.7.1 직영 ······ 20
　1.7.2 파트너링 ······ 20
　1.7.3 위탁 ······ 20
　1.7.4 프랜차이징 ······ 21
　1.7.5 다부서, 다매장 관리 ······ 22
　1.7.6 소규모 사업 소유 ······ 22
　1.7.7 지속가능한 경영 ······ 23

요약 25 • 연습문제 26 • 연구과제 26
사례 연구 26 • 웹사이트 26 • 참고문헌 27

제2장 품질관리 29

2.1 푸드서비스 시스템의 품질 ······ 29
2.2 품질에 대한 다양한 접근법 ······ 30
　2.2.1 품질보증 ······ 31
　2.2.2 종합적품질경영 ······ 32
　2.2.3 지속적품질개선 ······ 33
　2.2.4 식스시그마 ······ 34
　2.2.5 카이젠 ······ 34
　2.2.6 리엔지니어링 ······ 34
　2.2.7 린 ······ 34
　2.2.8 제약이론 ······ 35
　2.2.9 품질기능전개 ······ 35
2.3 프로세스개선 방법 ······ 36

2.4 품질표준 ········ 39
2.4.1 ISO 9000 표준 ········ 39
2.4.2 학교 급식의 품질표준 ········ 40
2.4.3 대학 급식의 품질표준 ········ 40
2.4.4 병원 급식의 품질표준 ········ 40
2.5 품질인증 ········ 41
요약 42 • 연습문제 43 • 연구과제 43
사례 연구 43 • 웹사이트 43 • 참고문헌 43

제3장 메뉴 45

3.1 메뉴 ········ 45
3.2 메뉴 트렌드 ········ 45
3.2.1 메뉴의 글로벌화 ········ 45
3.2.2 지속가능한 메뉴 ········ 46
3.2.3 건강메뉴 ········ 46
3.2.4 간편메뉴 ········ 47
3.3 메뉴 프레젠테이션 ········ 47
3.4 메뉴 패턴 ········ 48
3.4.1 메뉴 유형 ········ 48
3.4.2 선택의 폭 ········ 50
3.5 메뉴 구조 ········ 50
3.5.1 아침식사와 브런치 ········ 50
3.5.2 점심식사 ········ 51
3.5.3 저녁식사 ········ 53
3.6 메뉴 계획에 영향을 미치는 요인들 ········ 53
3.6.1 고객만족 ········ 53
3.6.2 사회문화적 요인 ········ 53
3.6.3 식습관 및 선호도 ········ 53
3.6.4 영양 요인 ········ 55
3.6.5 심미적 요인 ········ 59
3.6.6 지속가능성 ········ 60
3.6.7 정부 규제 ········ 60
3.6.8 경영관리 측면의 요인 ········ 61
3.7 메뉴 계획 ········ 62
3.7.1 일반적 고려사항 ········ 63
3.7.2 메뉴 계획 과정 ········ 64
요약 66 • 연습문제 66 • 연구과제 66
사례 연구 66 • 웹사이트 66 • 참고문헌 67

제2부 변환: 기능적 하위시스템

제4장 식품 흐름과 주방 설계 69

4.1 식품 흐름 ···· 69
4.2 푸드서비스의 유형 ···· 70
4.2.1 전통적 푸드서비스 ···· 71
4.2.2 조리저장식 푸드서비스 ···· 73
4.2.3 중앙공급식 푸드서비스 ···· 77
4.2.4 조합식 푸드서비스 ···· 80
4.3 주방 설계와 레이아웃 ···· 82
4.3.1 계획팀 ···· 83
4.3.2 계획 절차 ···· 84
4.3.3 푸드서비스 설계에서의 지속가능성 ···· 85
4.3.4 푸드서비스 설계의 구성요소 ···· 86
4.3.5 자재 ···· 87
4.3.6 작업설계의 원칙 ···· 88
요약 91 • 연습문제 92 • 연구과제 92
사례 연구 92 • 웹사이트 92 • 참고문헌 92

제5장 조달 94

5.1 공급관리 ···· 94
5.2 조달 ···· 94
5.3 구매 ···· 95
5.3.1 구매 관리자 ···· 95
5.3.2 유통경로 ···· 96
5.3.3 구매의 지속가능성 ···· 98
5.3.4 부가가치 ···· 101
5.3.5 정부규제 ···· 101
5.4 제품선택 ···· 106
5.4.1 가치분석 ···· 107
5.4.2 제조-구매 의사결정 ···· 107
5.5 명세서 ···· 109
5.5.1 명세서 유형 ···· 109
5.5.2 기준작성 ···· 110
5.5.3 구체적 정보 ···· 110
5.5.4 추가정보 ···· 111
5.6 구매방법 ···· 113
5.6.1 비공식적 구매 ···· 113
5.6.2 공식적 구매 ···· 114
5.6.3 독립구매 및 조직적 구매 ···· 116

5.7 공급업체 선정 및 평가 117
5.7.1 조사단계 118
5.7.2 탐구단계 118
5.7.3 공급업체 수행능력 평가 118
5.8 구매과정 120
5.8.1 구매절차 120
5.8.2 구매기록 121
5.9 검수 124
5.9.1 검수의 요건 124
5.9.2 검수절차 127
5.10 저장 129
5.10.1 건조 창고 131
5.10.2 저온 창고 132
5.11 재고 135
5.11.1 물품출고 136
5.11.2 재고관리 137
5.11.3 재고파일 140
5.11.4 재고관리기법 140
5.12 윤리적 고려사항 145
5.12.1 윤리강령 145
5.12.2 윤리문제 145
요약 146 • 연습문제 147 • 연구과제 147
사례 연구 147 • 웹사이트 147 • 참고문헌 147

제6장 음식 생산 150
6.1 기능적 하위시스템: 음식 생산 150
6.2 생산 결정 151
6.3 수요예측 152
6.3.1 생산 수요예측 153
6.3.2 수요예측량 153
6.3.3 과거의 기록 153
6.3.4 수요예측 모형 154
6.4 생산일정계획 159
6.4.1 생산일정 159
6.4.2 생산 회의 161
6.5 식재료 통제 162
6.6 식재료 창고 162
6.6.1 중앙집중형 식재료 창고의 장점 162
6.6.2 중앙집중형 식재료 통제 162
6.6.3 식재료 창고의 기능 163

6.6.4 식재료 창고의 구성 ···· 164
6.6.5 식재료 창고 종사원 ···· 165
6.7 레시피 ···· 165
6.7.1 형식 ···· 166
6.7.2 레시피 표준화 ···· 169
6.8 대량 조리 ···· 178
6.9 조리의 목적 ···· 178
6.10 조리 방법 ···· 179
6.10.1 열의 전달 ···· 179
6.10.2 조리 방법과 기기 ···· 181
6.10.3 습열 ···· 181
6.10.4 건열 ···· 183
6.10.5 복합기능 기기 ···· 186
6.11 생산 통제 ···· 187
6.11.1 시간과 온도 통제 ···· 187
6.11.2 산출량 ···· 188
6.11.3 1인분량 통제 ···· 191
6.12 비상대책 ···· 196
6.13 지속가능한 생산의 실천 ···· 196
6.14 에너지 이용 ···· 197
6.15 에너지와 물 절약 ···· 200
6.15.1 에너지 절약 ···· 200
6.15.2 물 절약 ···· 202
6.16 에너지 관리 ···· 202

요약 203 • 연습문제 203 • 연구과제 204
사례 연구 204 • 웹사이트 204 • 참고문헌 204

제7장 배식 및 서비스 207

7.1 기능적 하위시스템: 배식 및 서비스 ···· 207
7.2 배식 ···· 208
7.3 서비스 유형 ···· 213
7.3.1 테이블 서비스 ···· 213
7.3.2 카운터 서비스 ···· 214
7.3.3 셀프 서비스 ···· 214
7.3.4 트레이 서비스 ···· 216
7.3.5 테이크아웃 서비스 ···· 217
7.3.6 배달 서비스 ···· 217
7.4 서비스 관리 ···· 217
7.4.1 종합적 품질 서비스 ···· 217

7.4.2 서비스 관리 방법 219
7.4.3 팁 제공 221
7.4.4 서비스 통제 221

7.5 경험 경제 221

요약 223 • 연습문제 223 • 연구과제 223
사례 연구 223 • 웹사이트 224 • 참고문헌 224

제8장 안전, 위생 및 유지보수 226

8.1 기능적 하위시스템: 안전, 위생 및 유지보수 226

8.2 종사원 안전 227
8.2.1 산업안전보건법 228
8.2.2 화재 안전 229
8.2.3 개인보호장비 230
8.2.4 종사원 안전 프로그램 230
8.2.5 직장폭력 231

8.3 고객안전 232

8.4 식품안전 232
8.4.1 생물학적 오염 234
8.4.2 물리적 오염 244
8.4.3 화학적 오염 244
8.4.4 식품안전을 보장하기 위한 푸드서비스 작업의 실행 246
8.4.5 식품안전 프로그램 250
8.4.6 민원사항 처리절차 256

8.5 위생 257
8.5.1 검수 및 보관의 위생 259
8.5.2 식기세척 259
8.5.3 주방 및 식사장소의 위생 262
8.5.4 식기 보관 263
8.5.5 일반쓰레기와 음식물쓰레기 처리 263
8.5.6 종사원 및 고객 편의시설 266
8.5.7 종사원 위생교육 266

8.6 정부의 위생 규정 및 표준 268
8.6.1 위생표준의 검사 268
8.6.2 규정 269

8.7 유지보수 273

8.8 리스크 관리 275

요약 275 • 연습문제 276 • 연구과제 276
사례 연구 276 • 웹사이트 276 • 참고문헌 277

제3부 변환: 경영관리 기능과 연결과정

제9장 관리의 원칙 280

9.1 관리 과정 280
- 9.1.1 조직 관리 281
- 9.1.2 관리의 효율성과 효과성 281

9.2 관리자의 유형 282
- 9.2.1 관리 단계 282
- 9.2.2 일반 관리자와 기능 관리자 284

9.3 관리자의 역할 284
- 9.3.1 대인관계 역할 284
- 9.3.2 정보관련 역할 285
- 9.3.3 의사결정 역할 285

9.4 관리 능력 286
- 9.4.1 기술적 능력 286
- 9.4.2 인간적 능력 286
- 9.4.3 개념적 능력 286
- 9.4.4 관리 단계와 능력 287

9.5 관리의 기능 288
- 9.5.1 계획 288
- 9.5.2 조직화 293
- 9.5.3 충원 293
- 9.5.4 지휘 295
- 9.5.5 통제 295

9.6 조직 구조 296
- 9.6.1 전통적 조직 296
- 9.6.2 혁신적 조직 296
- 9.6.3 분업 299
- 9.6.4 조직의 근본 개념 301
- 9.6.5 부서화 304
- 9.6.6 라인과 스태프 306
- 9.6.7 조직도 306
- 9.6.8 조정 307

9.7 관리 관련 최신 이슈 308
- 9.7.1 기업의 사회적 책임 308
- 9.7.2 세계화 308
- 9.7.3 관리 기법 310
- 9.7.4 정치 311

요약 311 • 연습문제 311 • 연구과제 311
사례 연구 312 • 웹사이트 312 • 참고문헌 312

제10장 리더십과 조직변화 314

10.1 동기부여 및 업무 성과 314
10.1.1 동기부여의 의미 315
10.1.2 동기부여 이론 316
10.1.3 직무만족 321

10.2 리더십 322
10.2.1 리더십과 권력 322
10.2.2 인간 본성에 관한 이론 323
10.2.3 효과적인 리더십 325
10.2.4 리더십 이론의 적용 336
10.2.5 리더십 개발 336

10.3 관리와 리더십의 비교 338

10.4 개인 및 조직의 변화 338
10.4.1 개인적 변화 338
10.4.2 조직적 변화 338

요약 340 • 연습문제 340 • 연구과제 340
사례 연구 341 • 웹사이트 341 • 참고문헌 341

제11장 의사결정, 소통, 균형유지 343

11.1 연결과정 343

11.2 의사결정 344
11.2.1 의사결정의 형태 344
11.2.2 의사결정 과정 345
11.2.3 의사결정 상황 348
11.2.4 의사결정 기술 349
11.2.5 집단 의사결정 356

11.3 소통 357
11.3.1 소통의 정의 358
11.3.2 소통 과정 358
11.3.3 개인간 소통 360
11.3.4 소통의 장애요인 360
11.3.5 소통 개선 방법 362
11.3.6 조직 내 의사소통 363
11.3.7 문화 간 및 다문화 소통 366
11.3.8 협상 368

11.4 균형유지 369

요약 370 • 연습문제 371 • 연구과제 371
사례 연구 371 • 웹사이트 371 • 참고문헌 371

제12장 인적자원관리 373

12.1 인적자원관리의 발전 ······ 373

12.2 인적자원 계획 ······ 375
12.2.1 전략적 계획 ······ 375
12.2.2 수요 및 공급 예측 ······ 376
12.2.3 공급분석 ······ 376
12.2.4 수요 및 공급의 균형 ······ 376
12.2.5 직무분석 ······ 376
12.2.6 직무기술서 ······ 377
12.2.7 직무명세서 ······ 379
12.2.8 수행기준 ······ 379
12.2.9 직무 설계 ······ 380
12.2.10 직무확대 ······ 381
12.2.11 직무충실화 ······ 381
12.2.12 직무 특성 ······ 381
12.2.13 법적 환경 ······ 382
12.2.14 인적자원관리 관련법 ······ 382
12.2.15 고용기회 균등법 ······ 383
12.9.16 소수집단 우대정책 ······ 385

12.3 고용과정 ······ 386
12.3.1 모집 ······ 386
12.3.2 선발 ······ 387
12.3.3 오리엔테이션 ······ 395

12.4 인적자원의 개발 및 유지 ······ 396
12.4.1 훈련과 개발 ······ 396
12.4.2 성과평가 ······ 398
12.4.3 인사단행 ······ 401
12.4.4 종사원 징계 ······ 402
12.4.5 보상관리 ······ 404

12.5 충원과 배치 ······ 407
12.5.1 변수 ······ 407
12.5.2 대체 근로자 ······ 408
12.5.3 충원에 필요한 지수들 ······ 409
12.5.4 직원의 작업일정 계획 ······ 410

12.6 노사관계 ······ 414
12.6.1 노동조합의 가입 이유 ······ 415
12.6.2 노동조합의 구조 및 기능 ······ 415
12.6.3 노동조합의 형성과 성장 ······ 416
12.6.4 정부규제 ······ 416
12.6.5 계약 협상 ······ 418

12.7 생산성 향상 419
12.7.1 생산성 측정 419
12.7.2 푸드서비스에서의 작업측정 420
요약 423 • 연습문제 424 • 연구과제 424
사례 연구 424 • 웹사이트 424 • 참고문헌 424

제13장 재무관리 427
13.1 재무정보의 이용자 427
13.2 시스템 모형에서의 재무관리 428
13.3 회계의 주요 측면 428
13.4 회계 원칙 429
13.4.1 기업실체 개념 429
13.4.2 회계의 기본 방정식 429
13.4.3 계속기업 개념 429
13.4.4 측정단위로의 화폐 429
13.4.5 비용 원칙 430
13.4.6 현금주의 회계와 발생주의 회계 430
13.4.7 수익 · 비용의 대응 430
13.4.8 감가상각 430
13.4.9 완전공시 원칙 430
13.4.10 일관성의 원칙 430
13.4.11 중요성의 원칙 431
13.4.12 보수주의 431
13.5 기본 재무제표 431
13.5.1 대차대조표 431
13.5.2 손익계산서 432
13.6 재무제표의 분석 434
13.6.1 재무비율 분석 434
13.6.2 추세분석 437
13.6.3 공통형 재무제표 438
13.6.4 손익분기 분석 438
13.7 예산 관리 439
13.7.1 예산의 종류 440
13.7.2 예산관리의 개념 441
13.7.3 투자 결정 441
13.8 메뉴의 가격책정 444
13.8.1 가격책정의 방법 444
13.8.2 가격책정의 심리학 445
13.9 비용 통제 446
13.9.1 인건비 447

13.9.2 식재료비 ········ 448
13.9.3 현금관리 ········ 449

요약 449 • 연습문제 450 • 연구과제 450
사례 연구 450 • 웹사이트 451 • 참고문헌 451

제14장 **푸드서비스 마케팅 452**

14.1 시스템 모형에서의 마케팅 관리 ········ 452
14.2 마케팅의 정의 ········ 452
14.3 마케팅의 개념 ········ 453
14.3.1 마케팅의 역사 ········ 454
14.3.2 마케팅의 실행 ········ 455
14.4 마케팅 관리 ········ 455
14.4.1 마케팅 믹스 ········ 455
14.4.2 마케팅 환경 ········ 456
14.4.3 시장 세분화 ········ 457
14.4.4 글로벌 시장 세분화 ········ 460
14.4.5 고객 관계 관리 ········ 461
14.4.6 틈새 마케팅과 마이크로마케팅 ········ 461
14.4.7 소셜미디어 마케팅 ········ 461
14.4.8 브랜딩 ········ 462
14.5 서비스 마케팅 ········ 463
14.5.1 서비스의 특성 ········ 463
14.5.2 서비스 마케팅 믹스 ········ 465
14.6 전략적 마케팅 ········ 465
14.6.1 전략적 계획 과정 ········ 465
14.6.2 마케팅 조사 ········ 467
14.6.3 마케팅 계획 ········ 468
14.6.4 통제와 평가 ········ 470

요약 470 • 연습문제 470 • 연구과제 471
사례 연구 471 • 웹사이트 471 • 참고문헌 471

제4부 푸드서비스 시스템의 산출물

제15장 **음식, 만족, 수익 473**

15.1 푸드서비스 시스템 모형의 산출물 ········ 473
15.2 음식의 양 ········ 473
15.3 음식의 질 ········ 473
15.4 고객 만족 ········ 481
15.4.1 고객 만족 평가 방법 ········ 481
15.4.2 고객 만족과 조직 수익성 ········ 483

15.5 종사원 만족 ···· 484
15.6 수익 ···· 485
15.7 지속가능성 ···· 487
요약 489 • 연습문제 489 • 연구과제 489
사례 연구 489 • 웹사이트 490 • 참고문헌 490

부록
부록 A 식품 명세서 샘플 ···· 491
부록 B 식품 명세서 작성 참고자료 ···· 499
부록 C 식품 표준 ···· 500

국문 찾아보기 ···· 515
영문 찾아보기 ···· 520

푸드서비스 경영관리

Foodservice Organizations

A Managerial and Systems Approach

제8판

Chapter

1 푸드서비스 조직에 대한 시스템적 접근

개요

- 푸드서비스 조직은 투입물을 변환시켜 산출물을 생산하는 개방형 시스템이다.
- 모든 의사결정은 푸드서비스 조직에 다양한 영향을 미친다.
- 투입물이 달라도 같거나 유사한 산출물을 얻을 수 있다.
- 푸드서비스 시스템은 환경 요인들로부터 많은 영향을 받는다.
- 성공적인 푸드서비스 운영에 있어서 전략적 경영이 매우 중요하다.
- 푸드서비스 산업은 다양하다.
- 지속가능성을 위한 노력은 미래 세대의 삶의 질을 향상시킨다.

학습목표

1. 상호의존성, 역동적 안정성, 합목적성과 같은 시스템 관련 용어를 정의할 수 있다.
2. 푸드서비스 시스템 모형을 적용하여 푸드서비스 업장을 분석할 수 있다.
3. 푸드서비스 시스템 모형에서 투입물과 산출물을 나열할 수 있다.
4. 변환 과정을 논할 수 있다.
5. 환경 요인이 푸드서비스 시스템에 어떻게 영향을 미치는지 분석할 수 있다.
6. 전략 경영 과정의 단계를 논할 수 있다.
7. 푸드서비스 산업을 구성하는 푸드서비스 업장들을 설명할 수 있다.
8. 푸드서비스 업장에서 이루어지고 있는 지속가능성을 위한 노력들을 비교, 설명할 수 있다.

이 장에서는 푸드서비스 관리에 대한 이해를 돕기 위해 푸드서비스 조직의 관리에 푸드서비스 시스템 모형을 적용하였다. 시스템적 접근을 통해 푸드서비스 조직에서 일어나는 일들의 상호 관련성을 이해할 수 있으며, 보다 효과적인 관리자가 될 수 있다. 이 장에서는 시스템 이론의 개념을 설명하고 푸드서비스 시스템 모형을 소개할 것이다. 이러한 푸드서비스 시스템 모형의 구성요소에 대해서는 이후의 장들에서 자세히 다룬다. 이 장에서는 또한 푸드서비스 업장에서의 전략적 관리의 중요성과 푸드서비스 산업의 관리자들에게 주어지는 많은 기회들에 대해서도 학습한다. 이 장에서 지속가능성의 개념을 소개하고, 지속가능한 푸드서비스 업장의 운영에 대한 구체적인 내용은 이후의 장들에서 논의될 것이다.

1.1 시스템 개념

시스템은 환경과의 상호작용의 유무에 따라 폐쇄형과 개방형으로 구분된다. 푸드서비스 시스템은 개방형 시스템에 속한다.

관리자들의 문제 해결과 의사 결정의 과정에서 시스템 개념이 적용되어 왔다. 시스템적 접근은 과정이나 부분이 아닌 총체로서의 조직에 중점을 두며, 내적, 외적 환경이 조직에 미치는 영향을 고려한다.

그동안 푸드서비스 시스템에 대한 몇몇 **모형(model)**이 제시되어 왔다. 매니저, 공급자 등은 이러한 모형들을 이용해 현재의 운영 상황을 평가하고, 새로운 변화가 푸드서비스 업장에서 미칠 영향을 평가해 왔다(David, 1972; Freshwater, 1969; Gue, 1969; Konnersman, 1969; Livingston, 1968; Marting, 1999).

1960년대 전에는 조직 평가에 분석적 진상조사 접근법(analytical fact-finding approaches)을 이용하였다. 시스템이 1960년대에 시작되었으며, 부분을 개념적 총체로 결합하는 행위, 즉 통합에 초점을 맞추기 시작했다. 시스템 이론은 Ludwig Von Bertalanffy(1968)가 처음에 소개한 것으로 알려져 있는데, 그는 전체를 이루는 부분들 간의 관계에 초점을 맞추어야 하며, 전체는 부분들의 합 이상의 것이라 하였다. 생물학 전공자였던 그는 과학, 사회과학, 경영학 분야에 적용할 수 있는 시스템 개념을 소개하였다. 그의 작업은 한 가지 개념을 학제 간에 응용한 초기 예 중 하나이다.

시스템(system)은 '하나 또는 그 이상의 목표 달성을 위해 통합된 상호 관련된 부분, 즉 하위시스템의 집합'으로 정의할 수 있다. Luchsinger와 Dock(1976)은 **시스템**이라는 용어가 내포하고 있는 기본적인 의미를 다음과 같이 나열하였다.

- 시스템은 목표의 달성을 위해 설계된다.
- 한 가지 시스템의 하위시스템들은 특정한 배치를 가진다.
- 구성요소들 간에 상호 연관성이 존재한다.
- 시스템을 통한 자원의 흐름이 구성요소들보다 중요하다.
- 하위시스템들의 목표보다 조직의 목표가 더 중요하다.

관리에 대한 시스템적 접근은 모든 활동의 수행 과정에서 조직의 목표를 잊지 않는 것을 의미한다. 이를 위해서는 조직의 모든 부분 간의 소통 네트워크와 조정이 필요하다. 한 부분의 관리자가 내린 의사결정이나 조치들은 다른 부분에도 영향을 미친다.

1.2 시스템으로서의 조직

조직의 기본 시스템 모형은 그림 1-1과 같다. 시스템의 주요 구성요소는 투입물, 변환, 산출물이다. **투입물(input)**이란 시스템의 목표 달성을 위해 필요한 인적, 물적, 운영 자원을 말한다. **변환(transformation)**은 투입을 산출로 만드는 모든 활동이며, 음식 생산과 관련된 활동 등이 여기에 속한다. **산출물(output)**은 투입을 변환한 결과로 시스템의 목표 달성을 보여준다. 예를 들어, 푸드서비스 시스템의 기본적인 산출은 고객의 니즈를 만족시키기 위한 적절한 양과 질의 음식이다.

조직의 확장된 시스템 모형은 네 개의 추가적인 요소로 통제, 정보저장, 환경 요인, 피드백을 포함한다(그림 1-2). **내 · 외적 통제(internal and external control)**는 시스템의 길잡이 역할을

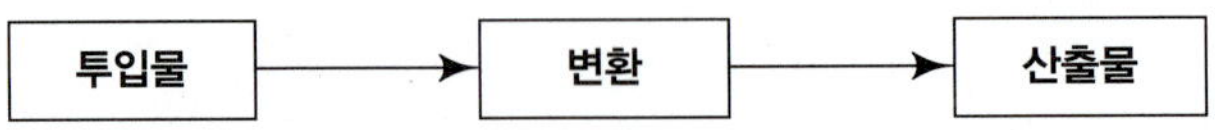

그림 1-1 조직의 시스템 모형—기본형

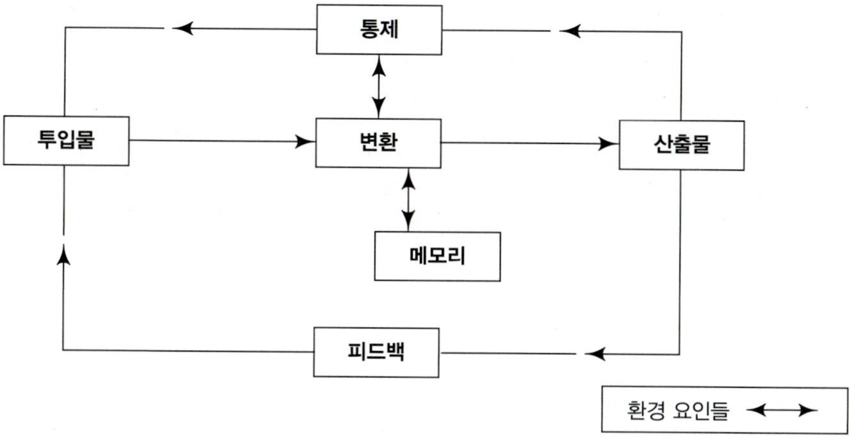

그림 1-2 조직의 시스템 모형—확장형

한다. 내적 통제는 조직의 목적과 목표, 표준, 정책과 절차를 포함하는 계획으로 구성된다. 외적 통제는 지방, 주, 연방 규정과 외부 기업과의 계약으로 구성된다.

시스템에서 **통제(control)** 요소는 세 가지 기능을 가지고 있다. 통제를 통해 자원들이 조직 목표 달성을 위해 효과적, 효율적으로 이용될 수 있고, 법적 제약 속에서도 조직이 기능을 다할 수 있다. 또한 통제는 업장의 평가에 쓰일 표준을 제시한다.

메모리(memory)란 저장된 모든 정보이며, 시스템 운영의 과거 기록을 제공한다. 과거의 기록을 분석함으로써 관리자는 계획을 세우고 실수의 반복을 피할 수 있다. 컴퓨터 기술의 발달로 모든 유형의 시스템에서 기록 능력이 크게 향상되었다. 관리자들은 정보를 보관하기 위해 서류를 쌓아 두는 대신 컴퓨터를 이용해 기록에 신속하게 접근할 수 있다.

환경 요인(environmental factor)은 푸드서비스 시스템 외부에서 일어나지만 시스템의 일부 요소에 영향을 미치는 것들을 말한다. 환경 요인으로는 기술혁신, 글로벌화, 경쟁, 인구통계학적 변화, 정치적 변화 등을 들 수 있다.

피드백(feedback)은 시스템이 내외 환경으로부터의 지속적으로 정보를 수용할 수 있도록 하는 과정들을 포함한다. 피드백은 시스템이 필요한 변화에 적응할 수 있도록 해 준다. 예를 들어, 고객으로부터의 피드백은 매니저에게 음식이나 서비스에 필요한 변화에 대한 귀중한 정보를 제공한다. 효과적인 피드백 장치가 없는 조직은 폐쇄형 시스템이 되며 결국 도태될 것이다.

1.3 개방형 시스템의 특성

개방형 시스템(open system)은 다음과 같은 특성을 가지고 있다.

- 통합과 상승효과로 이어지는 구성요소들 간의 상호의존성
- 역동적 안전성
- 합목적성
- 경계의 침투성
- 시스템과 하위시스템의 접점(interface)
- 시스템의 위계질서

상호의존성(interdependency)은 시스템의 각 부분들 간의 상호작용을 말하며, 각각의 부분은 다른 부분에 영향을 미친다. 이러한 특성은 조직을 각각의 부분들이 아닌 총체적인 것으로 보아야 함을 강조한다. 예를 들어, 푸드서비스 시스템에서 자동화기기의 구매 결정은 메뉴, 식재료

구입, 종사원 작업 스케줄에 영향을 줄 수 있다.

조직의 구성단위들 간의 상호작용은 상호의존성으로 나타난다. 구성단위들은 다른 구성단위들과 지속적으로 관계한다. 예를 들어, 한 조직이 효과적인 시스템으로서 작동하려면 구매부서는 생산부서와, 광고부서는 판매부서와 상호작용해야 한다. 효과적인 상호작용의 결과는 **통합(integration)**이고, 이때 시스템의 부분들은 조직 전체의 목표를 공유한다. 통합은 **상승효과(synergy)**를 이끌어 내는데, 상승효과란 조직의 구성단위나 부분들이 함께 일해 각각 개별적으로 운영될 때보다 큰 효과를 얻게 되는 것을 말한다.

역동적 안정성(dynamic equilibrium), 즉 안정 상태란 시스템에 영향을 주는 모든 내외 환경에 시스템이 지속적으로 반응하고 적응하는 것을 말한다. 조직이 지속되려면, 사회적, 정치적, 경제적 압력에 대응할 수 있어야 한다. 푸드서비스 책임자는 식재료, 인적, 물적 자원의 원가와 공급 상황을 지속적으로 평가하고 신기술을 발전시켜 나가야 한다. 그리고 새로운 환경에 적응하고 살아남기 위해 변화를 추구해야 한다. 역동적인 안정성을 유지하기 위해서는 피드백이 중요하다.

등결과성(equifinality)이란 용어는 시스템으로서의 조직에 적용된다. 이것은 투입물이나 변환 과정이 달라도 동일하거나 유사한 산출물을 얻을 수 있다는 것이다. 다시 말하면, 비슷한 결과를 얻기 위해 다양한 대안을 이용할 수 있다는 것이다. 한 푸드서비스 조직에서 전통적 식품에서 편의식품으로의 전환 결정은 투입과 변환 과정에 영향을 미치게 된다. 그러나 투입물과 과정이 달라져도 유사한 산출물을 얻을 것이다.

경계의 침투성(permeability of boundary)은 개방형 시스템의 특성으로 외부환경 변화가 시스템에 영향을 줄 수 있음을 의미한다. **경계(boundary)**란 시스템의 한계를 말하며, 침투성이란 시스템이 환경과 상호작용함을 의미한다. 예를 들어, 병원은 지역사회, 타 의료기관, 정부부처 등 외부 환경과 끊임없이 영향을 주고받는다.

한 시스템의 수준 간, 하위시스템들 간, 또는 시스템과 시스템 간에서 경계의 개념은 다소 모호하다. 그러나 효과적인 조직이라면 하위시스템 사이의 벽에 침투성이 확보되어야 한다. 예를 들어, 조리부서와 서비스부서의 작업에 해당하는 각각의 하위시스템의 경계에는 침투성이 있어야 한다. 조리와 서비스의 하위시스템은 조직 공통의 목표 달성을 위해 상호의존적이어야 하며 협업해야 한다.

하위시스템 또는 시스템 사이의 상호의존성 구역을 보통 **접점(interface)**이라 한다. 앞에서 언급한 예는 푸드서비스 조직에 있어 조리와 서비스의 하위시스템 사이의 접점을 보여준다. 조직의 전체적 시스템은 공급자, 정부기관, 지역사회조직, 조합과 같은 다른 시스템들과 많은 접점을 갖는다.

움직이는 두 부분이 만나면 종종 마찰이 일어나기도 한다. 이와 비슷하게 한 조직 안의 두 개의 하위시스템 간의 접점은 긴장상태를 갖는 특성이 있기 싶다. 레스토랑 산업의 대표적인 연구에서 Whyte(1948)와 이후 Slater(1989)는 주방과 홀 사이에 있는 공간을 주방과 홀 직원들 간의 긴장이 가장 높은 지점이라 하였다. 병원의 경우, 병실로의 트레이 서비스가 접점의 전형적인 예라 할 수 있다. 식품영양서비스 직원과 간호 직원은 수많은 직접 접촉을 하게 되며 잦은 마찰이 일어날 수 있다. "환자의 침대용 식사 테이블을 누가 치워야 하는가?"는 많은 병원에서 발생해 온 고질적인 논쟁이다. 그러므로 관리자는 이러한 접점구역에 대하여 특별한 관심을 기울여야 한다.

조직은 세 단계로 구성되어 있다고 할 수 있다. 그림 1-3에 있는 모형은 Parsons(1996)가 최초로 제안한 모형으로부터 응용된 것으로, Petit(1967)와 Kast & Rosenzweig(1985)가 조직을 시스템으로 개념화하기 위하여 수정하였다.

기술 핵심 또는 운영 수준으로 불리는 내부 수준은 조직의 제품과 서비스가 생산되는 곳이다. 기술적 운영을 위한 조직화와 서비스가 제공되는 조직 수준은 기술적 수준과 전략 결정 수준을

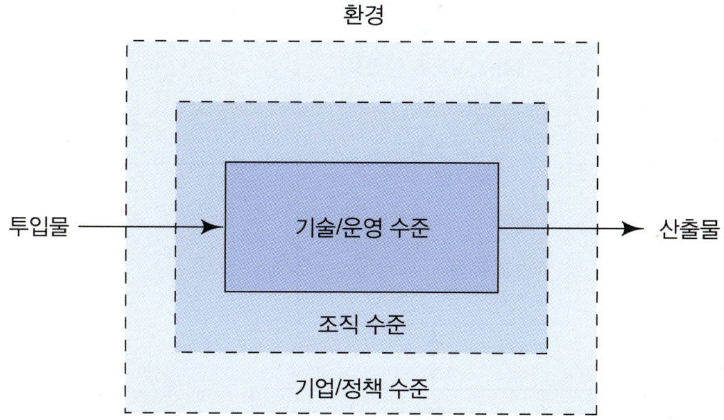

그림 1-3 조직 수준별 시스템 개념

연결하고 있다. 세 번째 수준 기업/정책-결정 단계는 주로 환경과의 상호작용과 장기 계획에 관여한다. 일례로 체인 레스토랑의 본사를 들 수 있다. 세 단계 모두 침투성이 있는 경계를 통해 상호작용하지만, 기술 수준에서 정책 결정 수준으로 갈수록 침투성은 더욱 증가한다.

시스템의 또 다른 특징으로 **위계질서(hierarchy)**가 있다. 시스템은 하위 단계의 시스템으로 구성되어 있으며, 동시에 더 큰 상위시스템의 부분이기도 한다. 사실, 최종 시스템은 우주이다. 그러나 분석을 목적으로 조직의 가장 큰 구성단위를 시스템으로 나머지 구성단위들을 하위시스템으로 정의한다. **하위시스템(subsystem)**은 그 자체로도 완전한 하나의 시스템이지만 독립적이지 않으며 전체 시스템에 속하는 상호의존적인 한 부분에 해당한다.

예를 들어, 병원은 하나의 시스템으로 볼 수 있으며, 영양서비스, 간호, 방사선 등 기타 부서들은 하위시스템이라고 할 수 있다. 마찬가지로 대학은 하나의 시스템이며, 교육부서와 학생서비스 부서를 두 하위시스템이라 할 수 있다. 대학의 푸드서비스 담당과는 보통 학생서비스 부서에 속한다. 그러나 병원이나 대학의 푸드서비스 부서를 하나의 시스템으로 보고 푸드서비스의 구성단위를 하위시스템으로 볼 수도 있다.

1.4 푸드서비스 시스템 모형

푸드서비스 시스템 모형은 시스템 이론을 푸드서비스에 적용해 도식화한 것이다(그림 1-4). 이 모형은 투입, 변환, 산출로 구성된 기본 시스템 모형(그림 1-1)에 기초하고 있다. 확장된 시스템 모형(그림 1-2)의 추가 요소인 통제, 메모리, 환경 요인, 피드백도 푸드서비스 시스템 모형의 필수적인 부분이다.

모형에 있는 화살표는 푸드서비스 시스템 안에서의 재료, 에너지, 정보 등의 이동을 나타낸다. 모형을 둘러싸고 있는 화살표들 사이의 간격은 푸드서비스 시스템의 경계 침투성을 보여주며, 효율적인 시스템이 되기 위한 필수요소인 환경과의 상호작용을 나타낸다. 양방향 화살표는 시스템 내외로의 환경의 상호작용을 표시한다.

푸드서비스 시스템에서 **투입물(input)**은 산출물로 변환되는 인적, 물적 자원이다. 전통적으로 이러한 자원으로는 사람, 재료, 돈, 시간 등을 들 수 있다. 이러한 전통적인 정의를 확대하면 **자원(resource)**을 네 가지 유형으로 정의할 수 있다.

- **인적자원:** 노동, 기술
- **재료:** 식품, 물품
- **시설:** 공간, 기기
- **운영 자원:** 자본, 시간, 설비, 정보

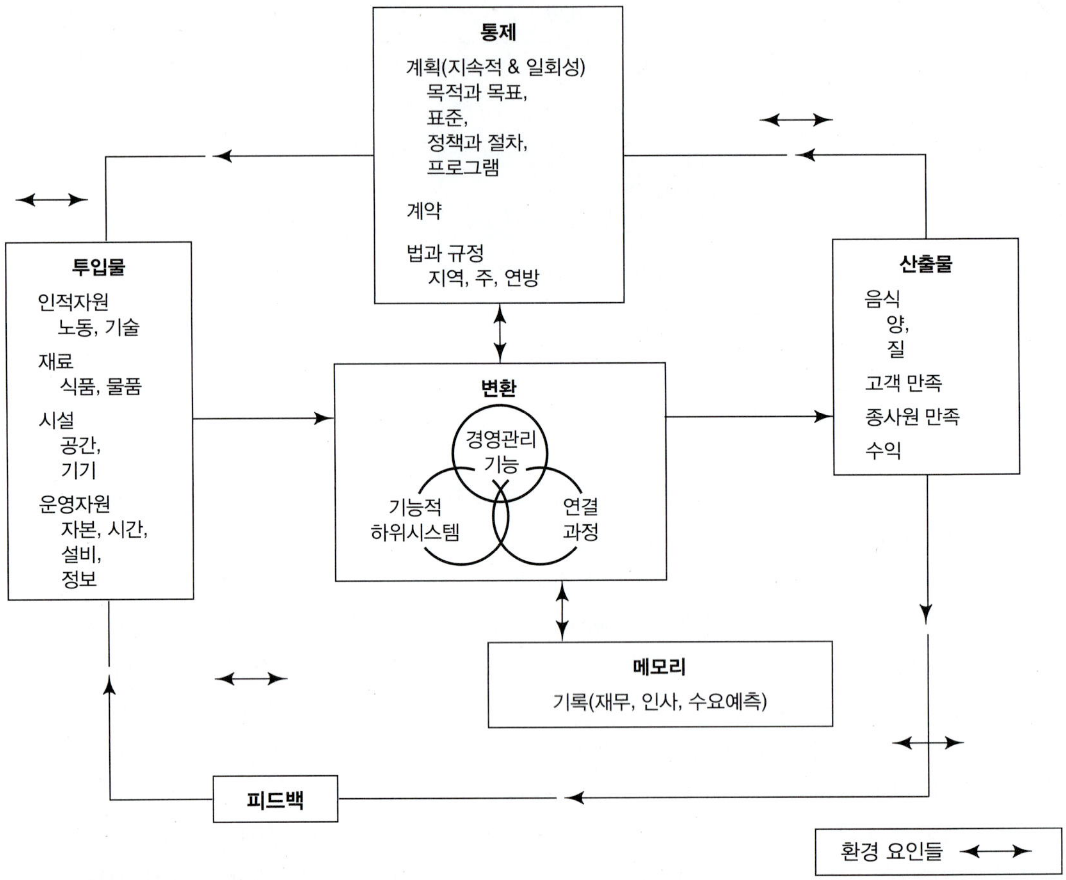

그림 1-4 푸드서비스 시스템 모형

자료: Adapted from *A Model for Evaluating the Foodservice System*, by A. G. Vaden. (1980). Manhattan, KS: Kansas State University. © 1980. Used by permission.

투입물은 조직의 목적과 계획에 따라 달라진다. 예를 들어, 제한된 메뉴를 제공하는 일반적인 푸드서비스 형태가 아닌 고급 요리를 제공하는 레스토랑을 개점하기로 했다면, 조리원의 기술, 조리에 필요한 식품 및 물품, 자본의 투자, 시설과 인테리어가 달라진다.

푸드서비스 시스템 모형(그림 1-4)에서 변환은 푸드서비스 운영의 기능적 하위시스템, 경영관리 기능, 연결 과정을 포함한다. 이 세 부분은 상호 연관되어 있으며 상승효과를 발휘해 시스템의 산출물을 생산한다. 각각에 대해서는 이후의 장에서 다룰 것이다.

푸드서비스 시스템의 **기능적 하위시스템(functional subsystems)**(그림 1-5)은 목적에 따라 분류되며, 구매, 생산, 배식과 서비스, 위생과 유지보수가 포함된다. 시스템 내의 하위시스템은 푸드서비스 시스템의 유형에 따라 달라진다.

시스템의 유형에 따라 하위시스템의 특성과 역할이 달라진다. 고급 음식을 서비스하는 풀서비스 레스토랑은 제한된 메뉴를 제공하는 레스토랑보다 정교하고 복잡한 생산 조직이 필요하다. 병원이나 학교에서의 배식과 서비스의 경우, 여러 장소의 환자나 학생들에게 적정 온도와 품질의 음식을 전달해야 하므로 통제가 매우 복잡하고 어려운 하위시스템이라 할 수 있다. 배식과 서비스 하위시스템이 외식과 급식 업장 간의 가장 중요한 차이점이다. 비행기에 식사를 제공하는 푸드서비스 업체는 복잡한 메뉴와 스케줄, 승객수의 변동, 운항의 지연 및 취소와 같은 어려움에 직면하게 된다. 이처럼 푸드서비스 조직마다의 특성에 따른 하위시스템을 설계하기 위해서는 시스템의 구성요소들 간의 상호관계와 함께 전체적인 조직 목표를 고려하는 시스템적 접근이 필요하다.

경영관리 기능(management function)은 변환의 필수불가결한 구성요소로 관리자가 시스템

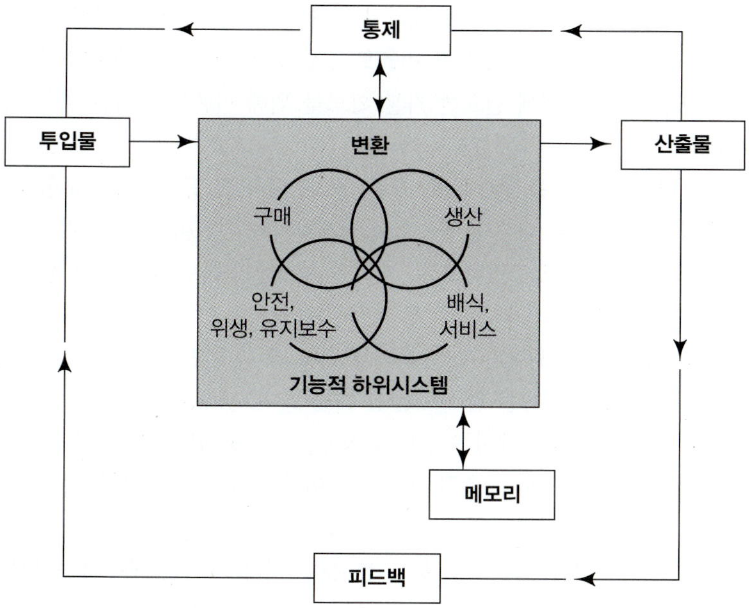

그림 1-5 푸드서비스 시스템의 기능적 하위 시스템

의 목표 달성 과정에서 하위시스템들을 조정하면서 수행된다. 이 책에서 경영관리 기능에는 계획수립, 조직화, 직원채용, 지휘, 통제가 포함되어 있다. 이러한 기능은 인적자원, 재무, 마케팅 등의 업장 관리를 위해 이용된다.

의사결정, 소통, 균형유지의 **연결 과정(linking process)**은 투입에서 산출로의 변환 과정에서 시스템의 특성을 조정하기 위해 필요하다. **의사결정(decision making)**이란 여러 대안들 중 한 가지를 선택하는 것이다. **소통(communication)**은 의사결정이나 기타 정보를 전달하는 수단으로 구두나 문서 형태를 포함한다. **균형유지(balance)**란 급변하는 기술적, 경제적, 정치적, 사회적 환경에서도 조직의 안정을 유지하는 관리자의 능력을 말한다.

산출물(output)은 시스템에서 투입을 변환하여 얻는 제품과 서비스이며, 목표가 얼마나 달성되었는지를 보여준다. 푸드서비스 시스템의 주요 산출물은 적정량과 품질의 식사이다. 또한 고객과 종사원의 만족, 수익도 바람직한 산출물이다.

전통적으로, 이 분야의 책들은 푸드서비스의 목표를 최소의 비용으로 가능한 최상의 품질의 음식을 생산하는 것으로 설명하고 있다. 그러나 이 책에서는 음식 생산의 목표를 고객, 또는 환자들의 기대, 욕구 및 니즈를 만족시키는 것으로 본다. 예를 들어, 사내 매점의 고객이라면, 치즈, 샌드위치와 토마토 수프로도 만족하겠지만, 고급 레스토랑에서의 저녁식사인 경우 고객이 가진 기대치는 완전히 다를 것이다.

고객의 만족은 제공된 음식과 서비스의 종류와 품질, 기대치와 밀접하게 연관되어 있다. 예를 들어, 학교 기숙사 식당에서 점심으로 먹은 피자에 만족한 대학생이라도 컨트리클럽에서 열린 특별행사에서도 같은 음식이 나온다면 실망할 것이다. 두 상황에서 이 학생의 기대치는 완전히 다르기 때문이다.

직원 만족 역시 푸드서비스 시스템의 중요한 산출물 중 하나이다. 경영진은 직원 만족에도 관심을 가져야 한다. 경영진은 또한 직원들이 개인과 조직의 목표를 달성하고 조화롭게 이루어 나갈 수 있도록 지원해야 한다. 시스템의 효율성은 결국 조직을 구성하는 사람들이 수행하는 업무의 질과 관련되어 있다.

수익은 영리를 목적으로 하는 외식에서뿐 아니라 비영리목적의 급식에도 해당하는 산출물이다. 푸드서비스 관리자는 조직의 유형과 관계없이 원가와 수익을 비교, 관리해야 한다. 영리 목적의 조직에서는 이익 목표치를 수입에 대한 비율로 정한다. 비영리 조직에서의 재정적 목표는 개보수, 대체 원가 또는 운영 확대에 필요한 자본 확보를 위해 비용을 초과한 일정 비율의 수익을 창출하는 것이다.

통제는 푸드서비스 조직의 목적과 목표, 표준, 정책, 절차 및 프로그램을 포함한다. 메뉴는 푸드서비스 시스템의 가장 중요한 내부 통제요소로 식재료비와 인건비, 필요한 기기의 유형, 고객과 종사원의 만족, 이익을 통제한다. 그러나 모든 계획이 시스템의 내부 통제요소이며, 지속적일 수도 있고 일회성일 수도 있다. 지속적 계획은 일정 기간 지속적으로 이용하는 것으로 주기적으로 검토하고 갱신할 수 있다. 일회성 계획이란 특정 목적을 위해 딱 한 번만 사용하는 계획을 말한다.

지속적 계획의 예로 순환메뉴를 들 수 있다. 예를 들어, 병원에서는 2주 주기의 순환메뉴를 3개월간 반복할 수 있다. 레스토랑에서는 주로 고정메뉴를 이용하면서 특별메뉴를 추가하기도 한다. 다양한 유형의 조직 정책 역시 지속적 계획의 예이다. 일회성 계획은 차후 열릴 유사한 행사를 위한 기본이 될 수는 있지만, 똑같은 형태로 사용되지는 않는다.

계약, 정부나 행정기관의 법이나 규정 등도 통제요소이다. 계약은 내부 또는 외부 통제요소이다. 내부 통제에 해당하는 계약으로는 안전, 병충해 방지, 세탁 서비스 등에 대한 것이 있으며, 법률 요건은 외부 통제에 해당된다. 푸드서비스 관리자는 소송을 피하기 위해 다양한 계약적, 법적 책임을 수행해야 한다. 예를 들어, 푸드서비스 시설을 만들 때에는 설계나 건설 측면에서 해당 지역이나 정부의 건설법이나 소방법을 따라야 한다. 1972년의 직업안전보건법과 1990년의 장애인법과 같은 연방 법률에는 기업이 사업 운영시 반드시 포함해야 하는 안전 등에 관한 필수 내용이 명시되어 있다. 통제는 시스템을 평가하는 기준이기도 하다.

메모리는 푸드서비스 시스템에 필요한 정보를 저장하고 갱신한다. 재고, 재무, 예측, 개인 기록, 메뉴 등은 관리자가 보관해야 하는 기록들에 속한다. 기록을 검토함으로써 트렌드를 분석하고 시스템을 수정할 수 있는 정보도 얻을 수 있다.

환경 요인으로는 기술혁신, 글로벌화, 경쟁, 인구통계학적인 변화, 정부의 규제, 고객의 요구, 기타 푸드서비스 업장 외부의 다른 요인들이 포함된다. 이러한 요인들은 푸드서비스 조직이 고객, 종사원, 정부 관계자, 판매자, 농업인, 식품 유통업자, 운송업자, 위생검사관 및 조직에 영향을 미치는 수많은 사람들과 어떻게 관계하고 상호작용하는지에 관여한다. 그러므로 성공하고자 하는 조직이라면 융통성이 있고, 변화가 가능하며, 품질을 중요시하고, 고객에 초점을 맞추어야 한다. **환경탐사(environmental scanning)**는 조직 외부의 사건이나 트렌드에 대한 정보를 조사, 획득하는 것을 의미한다.

피드백은 시스템의 효과성 유지와 평가 및 통제를 위하여 필수적인 정보를 제공한다. 앞서 언급한 바와 같이, 시스템은 내외 환경으로부터 끊임없이 정보를 수용하며, 이러한 정보는 필요에 따라 시스템이 변화된 조건에 적응하도록 도와주기 위해 사용된다. 시스템을 유지하려면 피드백을 효과적으로 활용해야 한다. 고객 의견, 잔반, 후원, 손익, 직원 성과와 사기 등은 푸드서비스 관리자가 주기적으로 평가하고 활용해야 할 대표적인 피드백의 예이다.

1.5 전략경영

푸드서비스 업장의 관리에 대한 시스템적 접근은 창조적이며 직관적인 전략적 사고와 관련한다. 이러한 전략적 사고는 내외환경으로부터 얻어진 정보들을 융합함으로써 조직의 미래를 선도할 통합적 관점을 창조하게 된다(Mintzberg, 1994). Harrison과 Enz(2005)에 따르면, 전략적인 사고에는 다음과 같은 특징이 있다.

표 1-1 조직의 경쟁우위에 위협이 되는 환경

위협이 되는 환경	정의	이슈
신규 진입	동일 고객을 대상으로 시장에 진입하는 새로운 기업	경쟁이 증가함 • 대량생산, 제품의 차별화, 원가, 정부의 규제 등의 진입장벽의 영향에 따라 위협의 크기가 달라짐
경쟁	경쟁사 간의 경쟁 강도	• 경쟁사가 많고, 산업의 성장이 느리고, 제품의 차별성이 부족할 때 위협이 커짐
대체품	동일 또는 유사한 방법으로 고객의 니즈를 만족시키는 다른 제품이나 서비스	• 가격 상승을 제한하고, 잠재이윤을 감소시킬 수 있음
공급자	공급자의 가격과 품질 통제	• 공급자가 많지 않고, 제품이 독특하거나 차별성이 있고, 대체품이 없고, 전방수직통합이 존재하고, 공급자에게 구매자의 중요성이 적을 때 위협이 커짐
구매자	구매자의 구매결정 통제	• 구매자의 수가 적고, 제품의 차별성이 적고 표준화되어 있고, 제품 원가가 높고, 후방수직통합*이 있을 때 위협이 커짐

자료: Information from Barney & Hesterly (2008).

*원재료 생산에서 최종 제품의 판매까지 기업의 모든 경영활동 단계에 관련된 회사를 체계적으로 매입하는 것을 수직통합이라 하는데, 특히 후방수직통합은 자동차 제조업체가 철강공장을 구입하는 것과 같이 제품 생산에 필요한 생산시설을 구입하거나 만드는 과정을 말한다. 한편, 전방수직통합은 최종소비자의 행동을 포함하는 경영활동 영역의 확장으로 예를 들면 제조업자가 소매점포를 구입하는 과정이다.

- 목적에의 집중—조직이 향하고 있거나, 향해야 할 곳에 대한 비전이 있다.
- 포괄적—조직을 보다 큰 시스템의 일부로 본다.
- 기회주의적—예상 밖의 기회를 활용한다.
- 장기지향적—현재를 넘어 미래를 본다.
- 과거와 현재 기반—과거로부터 배우고 현재의 한계를 인식한다.
- 가설 기반—창조적 아이디어를 순차적인 과정을 통해 평가한다.

전략적 사고는 **전략경영(strategic management)** 과정의 주요 요소이다. Coulter(2005)에 따르면, 전략적으로 경영한다는 것은 조직이 다른 조직과는 차별화된 **경쟁우위(competitive advantage)**를 가질 수 있는 전략을 개발하고 시행하는 것을 의미한다. 경쟁우위란 다른 기업이 하지 않는 것을 하거나(룸서비스를 제공하는 호텔 등), 다른 기업보다 더 나은 일을 하고(타코벨이 매장 비용의 감소를 위해 공동조리장을 이용함으로써 주방 면적을 감소시킨 것), 또는 다른 기업에서는 할 수 없는 일을 하는 것(KFC의 후라이드 치킨 레시피와 기기)을 의미한다. Barney와 Hesterly(2008)는 회사가 경쟁자보다 고객을 위해 더 높은 경제적 가치(지각된 이익이 경제적 비용을 초과)를 창조할 능력이 있을 때 경쟁우위가 생긴다고 하였다.

Porter(1998)와 Barney & Hesterly(2008)는 회사의 경쟁우위를 낮추는 환경적 위협에 대해 언급한 바 있다. 보통 '다섯 가지 힘의 구조'라고 불리는 이러한 위협 요소들에는 회사의 경쟁력을 낮출 가능성이 있는 기업 외부의 사람, 단체, 조직체가 포함된다(표 1-1).

1.5.1 전략경영 과정의 단계

전략경영 과정의 실질적 단계는 학자에 따라 조금씩 다르게 주장되고 있지만, 이러한 과정에 공통적으로 포함되어 있는 단계로 '기업 및 환경 분석', '목표 달성을 위한 전략 개발과 실행', '평가'를 들 수 있다. 평가로부터 얻은 정보가 분석과정에 피드백되고 다시 각 단계들이 반복되는 형태로 과정은 순환한다. 그림 1-6은 전략경영 과정의 단계들을 보여주고 있다. 전략경영이 과거에는

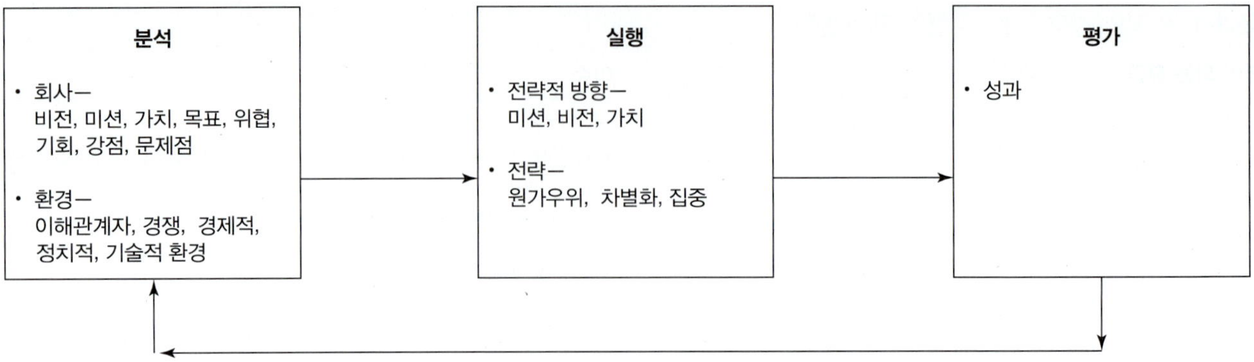

그림 1-6 전략경영 과정

영리목적의 조직에서만 사용되는 것으로 생각되었지만, 이제는 이윤과 관계없이 모든 푸드서비스 조직에서 중요한 요소가 되었다.

분석 분석은 기업의 비전, 미션, 가치, 목표에 대한 검토와 이에 따른 수정을 포함한다. 분석을 통해 기업 외부의 위기와 기회를 밝혀내고 장점과 관심사를 파악한다. 기업의 **이해관계자(stakeholders)**와 **경쟁자(competitors)** 그리고 경제적, 정치적, 기술적 환경에 대한 세심한 분석이 필요하다. 그림 1-7에서처럼, 기업의 **비전(vision)**이란 미래에 기업이 있고자 하는 곳을 포괄적으로 표현한 말이다. 비전은 기업의 가치를 바탕으로 하며 기업의 목적을 보여준다. **강령(목표 선언)**은 기업이 하는 일에 초점을 맞추어 묘사한 것이다. Harrison과 Enz(2005)는 강령은 의사결정과 자원배분을 총괄하고, 성과와 자부심을 고취하며, 조직의 목적과 가치를 전달하고, 조직의 명성을 높인다고 하였다.

실행 전략경영 과정의 두 번째 단계인 실행은 기업의 전략 방향을 결정하고 기업이 경쟁우위를 차지할 수 있도록 지원할 **전략(strategy)**을 개발하고 실천하는 것이다. Michael Porter(1985, 1990)는 다음과 같이 전략의 세 가지 기초를 제시하였다.

- **원가 경쟁력**—표적 시장에서 제품이나 서비스의 최저가 공급자가 되는 것
- **차별화**—고객이 가치를 두고 있으며 더 높은 가격에도 구매하고자 하는 독특한 상품이나 서비스를 제공하는 것
- **집중**—특정 틈새시장을 공략하여 원가경쟁력 또는 차별화 전략을 이용하는 것

비전

페어팩스 카운티 공립학교에서는 각각의 모든 학생의 우수성 개발을 지원할 급식프로그램을 제공할 것이다. 다양성과 인적자원에 가치를 두는 환경에서, 우리는 학생들에게 지속적으로 변화하는 글로벌 사회에서 건강한 신체를 위해 필요한 식품과 영양에 대한 지식과 기술, 가치를 제공함으로써 전국 최고의 급식 프로그램이 될 것이다.

미션

우리는 최신 연구를 반영하고 학령기 어린이의 영양권장량을 충족하는 영양가 높은 식사를 제공할 것이다. 우리는 카페테리아가 영양교육을 실천하는 현장이 될 수 있도록 할 것이다. 우리는 지역사회에 영양교육의 자원으로서의 역할을 수행할 것이다.

그림 1-7 페어팩스 카운티(Fairfax county) 공립학교 급식의 비전과 미션
자료: http://www.fcps.edu/fs/food.

일단 조직의 전략이 결정되면, 실행이 이어진다. David(2005)에 따르면, 전략이 효과적으로 실행되기 위해서는 경영자는 조직의 구조를 변경하고, 변화에 맞게 조직 환경을 개선하고, 생산과정을 변경하는 등의 일을 해야 한다.

평가 전략경영 과정의 마지막 단계인 평가는 조직의 내외적인 전략적 위치에 변화가 있었는지 평가하고 조직이 목표 달성을 위해 만족할 만큼 진보했는지 밝히는 과정이다. 효과적인 전략 평가 프로그램은 경제적이어야 하고, 의미 있고 정확한 정보를 제때에 제공해 주고, 조직을 현재 위치로 끌어온 요인을 찾아낼 수 있어야 한다. 경영자는 평가 결과를 통해 조직이 계획한 대로 목표를 향해 가고 있는지, 아니면 성공을 위해서 변화가 필요한지 결정하게 된다.

환경을 모니터링하는 것은 전략적 계획 과정에서 중요한 일이다. 산업의 변화와 트렌드를 인지하는 것도 환경 모니터링에 속한다. 푸드서비스에 관한 문헌은 트렌드 정보를 얻을 수 있는 좋은 자료이다. 예를 들어 미국 전국레스토랑협회(National Restaurant Association, NRA)는 2010년과 2011년에 각각 트렌드 예측을 상세히 다루었는데, 지역산 또는 하이퍼로칼(hyper-local; 레스토랑 오너가 레스토랑에서 재배하는 것), 농부 브랜드 제품을 톱 트렌드로 뽑았다(Bentley, 2009; NRA, 2011). 이는 소비자들이 유기농보다 지역산 농산물을 더 중요시한다(Krummert, 2009)는 미국 레스토랑컨설턴트들의 예측과도 비슷하다. 전국레스토랑협회가 언급한 또 다른 트렌드(Bentley, 2009)로는 식이섬유, 오메가 3, 항산화제 등이 있으며, 지방과 나트륨 함량이 낮지만 맛은 좋은 'good-for-you' 식품이 있다. 전국레스토랑협회는 알레르기와 기타 식품들(글루텐, 해산물, 땅콩)에 대한 불내성에 대한 인식이 증가하였으며, 고객에게 식재료에 관한 정보를 제공할 수 있는 훈련된 직원이 필요하다고 보고하였다(NRA, 2011). 독특한 풍미의 민족 음식 역시 고객들의 관심 대상이다. 국제식품제조자협회(International Food Manufacturer's Association, 2009)는 건강에 대한 관심의 증대가 2010년의 식품 선택과 1인분량에 영향을 미칠 것으로 예측하였다. 푸드서비스 매니저는 이러한 트렌드를 인지하여 메뉴를 검토하고, 제공하고 있는 음식이 건강에 얼마나 이로운지, 지역산 식품을 얼마나 활용하였는지 살펴보아야 한다. 이러한 메뉴를 제공함으로써 조직의 경쟁우위를 높일 수 있기 때문이다.

1.6 푸드서비스 산업

푸드서비스 산업은 끊임없이 변하하는 매우 흥미로운 산업이다. 고객들의 목소리가 더욱 커지고, 고객들에게는 더 많은 선택권이 부여되고 있다. 또한 직원들에게는 더 많은 권한이 부여되고 있다. 식품안전의 중요성도 부각되고 있다. 그러나 이와 같은 현상들은 단지 시작에 불과하다. 푸드서비스 산업에서 제공하는 기회는 도전적이고 보상의 가능성이 높다. 푸드서비스는 보통 **외식(commercial foodservice)**과 **급식(onsite foodservice)**으로 구분된다. 외식은 조직의 주요 활동으로 영리를 추구하는 음식을 판매하는 반면, 급식(비상업적 푸드서비스로도 불린다)에서는 조직의 2차적인 활동으로 음식을 제공한다. 급식과 외식은 그 경계가 명확하지 않을 뿐 아니라 서로 공유하는 특성도 하다. 푸드서비스 업장의 운영은 경제 여건에 따른 영향을 받기도 한다. 전국레스토랑협회의 홈페이지(www.restaurant.org)를 통해 푸드서비스 산업의 최신 정보를 얻을 수 있다.

1.6.1 외식

외식(commercial foodservice) 분야에는 다양한 유형의 레스토랑(패스트푸드점에서 파인다이닝 레스토랑까지), 숙박업소의 식음료, 여가 및 스포츠, 편의점이 포함된다. 외식업장의 수와 매출액은 지속적으로 증가하고 있다.

제한된 서비스, 제한된 메뉴(Limited-Service, Limited-Menu) 제한된 서비스, 제한된 메뉴를 제공하는 레스토랑(퀵서비스 또는 패스트푸드 레스토랑으로도 불림)은 상대적으로 짧은 시간에 제한된 수의 메뉴를 고객에게 제공하는 곳으로, 주로 주문은 카운터에서 이루어지며, 음식이 제공되기 전에 결제가 이루어진다. 이러한 레스토랑의 목표시장은 저렴한 가격에 신속한 푸드서비스를 원하는 전문 직업을 가진 고객들이다. 많은 레스토랑들이 "패스트/캐주얼(fast/casual)", "성인 패스트푸드", "양질의 퀵서비스"라 불리는 새로운 컨셉트를 만들어 왔다. 이러한 레스토랑들은 패스트푸드의 신속함과 편리함을 양질의 음식, 고급화된 실내 장식과 결합한 후 중간 수준의 가격으로 서비스한다. 고급 메뉴와 환경을 퀵서비스 기술과 결합하여 제공하는 레스토랑도 있다.

풀서비스 레스토랑(Full-Service Restaurant) 풀서비스 레스토랑은 일정한 장소에 식탁과 의자를 준비해 놓고 고객에게 테이블 서비스를 제공한다. 호스트가 고객을 맞이하고 좌석까지 안내하고, 웨이터/웨이트리스가 음식을 제공하며, 식사를 마친 후에 결제가 이루어진다. 팁은 대개 음식을 제공한 웨이터/웨이트리스에게 제공된다. 풀서비스 레스토랑의 스타일과 분위기는 캐주얼부터 파인다이닝까지 다양하다.

캐주얼 레스토랑(Casual Dining Restaurant) 캐주얼 레스토랑은 외식을 즐기지만 파인다이닝 레스토랑의 높은 가격과 격식을 원치 않는 중산층의 고객을 대상으로 만들어졌다. 분위기는 편안하고, 가격은 패스트푸드점과 파인다이닝 레스토랑의 중간 정도이다. 테마가 있는 예로 올리브가든(Olive Garden)이나 레드랍스터(Red Lobster)를 들 수 있다. 다양한 메뉴를 제공하는 예로는 애플비즈(Applebee's), 베니건스(Bennigan's), TGI프라이데이즈(T.G.I.Friday's)가 있다. 이러한 레스토랑의 경우 메인 메뉴의 가격은 보통 $12 미만이다.

파인다이닝 레스토랑(Fine Dining Restaurant) 파인다이닝 레스토랑은 보통 "하얀 식탁보" 레스토랑으로 불리며, 최상의 테이블 서비스, 고가의 시설 및 인테리어, 최고급 요리가 주요 특성이다(Chon & Sparrows, 2000). 이러한 레스토랑에서는 최상의 외식 경험 제공을 고객의 작은 요구에도 종사원들은 세심하게 대응한다. 파인다이닝 레스토랑에서 제공하는 음식의 가격은 보통 일인당 $100을 넘는다. 예로는 LA의 스파고(Spago), 시카고의 찰리트로터스(Charlie Trotter's), 뉴욕의 장조지(Jean Georges)가 있다.

호텔 레스토랑(Hotel and Motel Restaurant) 호텔의 객실 수익률이 75~80%이라고 하더라도 식음료 부서의 수익률이 20%가 넘는다면, 이는 매우 이례적인 경우다(Payne, 1998). 풀서비스 레스토랑의 운영에는 비용이 많이 들고, 고객들도 어떤 이유에서인지 전통적인 호텔 레스토랑에서의 식사를 선호하지 않는다(Andorka, 1998a,b). 호텔 푸드코트는 투자비용을 낮게 유지하면서 고객의 니즈를 충족시키기 위한 방법으로 인기가 높아지고 있다. 한 거대 체인 호텔의 푸드서비스 책임자인 Barbara Shuster는 "보통 고객들은 전통적인 호텔 레스토랑에서 식사하고 싶어하지 않는다"고 언급했다. 그녀는 호텔에서 수익성 있는 레스토랑을 운영하는 데 많은 어려움이 있다며, 투자의 40~50%는 식재료비로, 45~50%는 인건비로 지출되기 때문에, 이윤을 남기기에는 불가능했다고 하였다. 때문에 1995년에 미국 내 18개의 호텔이 푸드코트를 도입하기 시작하였고 이를 통해 식재료비는 평균 32%로, 인건비는 28%로 절감할 수 있었다. 이를 통해 호텔은 큰 투자비용 없이 고객의 니즈를 만족시킬 수 있게 되었다(Andorka, 1998a,b).

호텔 식음부서는 일반 레스토랑에 비해 운영시간이 길다. 호텔은 하루 세 번, 일주일 내내 운영한다. 미국의 주요 도시에 위치한 호텔은 보통 중간 가격대, 파인다이닝 레스토랑, 테마 레스토랑을 운영하는데, 이 때문에 다수의 주방과 직원, 광범위한 경영관리, 식재료와 물품운반 및 업장

운영에 높은 비용이 소요된다. 호텔 식음부서의 운영에는 많은 노동력이 투입된다. 특히 룸서비스는 호텔에서 가장 많은 인력을 필요로 하는 부분이다. 인건비는 대개 모든 호텔 운영비용의 50%, 매출액의 25%로 가장 큰 부분을 차지한다. 대개 호텔 식음료부서의 매출은 하루 판매된 객실 수의 영향을 받는다. 미국호텔숙박협회(American Hotel and Lodging Association)는 호텔 및 숙박업 관리자들을 위한 전문조직인데, 이 협회의 홈페이지를 통해 협회 및 호텔산업 조직에 대한 정보를 얻을 수 있다(www.ahla.com).

유럽지역에서 오랫동안 인기를 누려온 B&B(Bed and Breakfast)가 미국에서도 확산되고 있다. B&B의 수가 증가하고 있는데, 기존의 B&B와는 다르게 아침식사를 포함한 다른 끼니에도 식사를 제공하고, 비투숙객을 상대로도 영업하는 레스토랑을 운영하기 시작했다(Lanier & Berman, 1993). B&B와 관련된 정보는 다음과 같은 사이트에서 찾을 수 있다(www.innkeeping.org, www.abba.com).

컨트리클럽 레스토랑(Country Club Restaurant) 컨트리클럽은 보통 스낵바에서 풀서비스 레스토랑에 이르는 광범위한 푸드서비스를 제공하는 어려움이 있다(Apfel, 1998b). 고객은 골프장, 테니스장, 수영장과 같은 장소에서 풀서비스 식사, 뷔페, 간단한 스낵과 음료 등을 이용할 수 있다. 정기적인 맞춤형 고객서비스로 제공된다. 기존에 없는 메뉴라도 고객의 취향에 따라 제공되기도 하고, 고객이 요청하지 않아도 좋아하는 칵테일을 미리 서비스하기도 한다.

컨트리클럽은 보통 골프나 테니스 게임 전후에 아침 또는 점심식사로 제공하는 캐주얼 그릴, 고품격의 식사, 기업 미팅, 결혼, 댄스파티를 위한 연회, 스낵바로 분류되는 네 종류의 컨셉트로 푸드서비스를 제공한다. 컨트리클럽은 비상업적 푸드서비스로 분류될 수 있지만, 재정적 목표는 시설을 유지, 보수, 개선할 충분한 자금을 마련하는 것이다. 클럽 회원이 내는 회비를 통해 외식업체보다 낮은 수준의 식재료비 정도를 충당한다. 연회 시설의 이용에 있어서는 회원에게 우선권이 주어지지만, 클럽의 수익성을 높이기 위해 비회원을 상대로도 영업한다.

컨트리클럽 회원은 고객이면서 동시에 소유권을 가진 소유자이기도 하다. 클럽당 고객 수는 약 200명에서 1,000명 사이로 일반 외식업체에 비해 적은 편이지만, 최고의 고객 서비스를 제공해야 하는 특성이 있다.

미국클럽관리자협회(Club Managers Association of America, CMAA)에서 보다 자세한 정보를 얻을 수 있다(www.cmaa.org).

공항 레스토랑(Airport Restaurant) 항공사들은 프레첼이나 땅콩과 같은 간식류와 캔음료, 커피 등을 서비스함으로써 기내의 푸드서비스를 점차 줄여가고 있는 추세이다. 1970년대의 공항 레스토랑의 인기가 높았고, 지역 주민들은 이러한 공항 레스토랑을 풀서비스를 제공하는 고급레스토랑으로 여겼었다. 이후 미국이 캐주얼화되면서 공항 레스토랑도 그렇게 변화하였다(Crecca, 1997). 1980년대에 들어서 공항에는 바가 생겨났고 몇몇 음식을 팔기 시작하였다. 1990년대, 공항은 승객을 위해 대중적인 외식브랜드를 도입하였다. 대부분의 공항 터미널에서 햄버거, 핫도그, 피자, 멕시코 요리, 요거트와 같은 패스트푸드들도 쉽게 찾아볼 수 있게 되었다. 1990년대 후반, 공항들은 지역 레스토랑이 공항에서 운영할 수 있도록 계약을 맺기 시작하였다. 필라델피아 공항의 Old Philadelphia Tavern과 시카고 오헤어 공항의 Chicago Tap Room, Corner Bakery가 대표적인 예이다.

공항마다 운영방식이 다르긴 하지만(Crecca, 1997), 푸드서비스 운영자는 입찰이나 프랜차이징 계약을 통해 입점한다. 입점에 드는 높은 비용, 한정된 공간과 특수한 공간 배치로 공항 레스토랑의 경우, 특별한 시설과 높은 비용이 요구된다. 이에 주방과 홀은 최소화해야 하고, 메뉴의 종류는 제한해야 한다. 대부분의 공항은 입점한 레스토랑이 이른 아침부터 늦은 밤까지 서비스를 제공하고 항공사 직원을 위한 테이크아웃 서비스도 제공할 것을 요구한다. 승객들은 짧은 시간 동안 음식을 주문하고 식사를 마쳐야 하므로 주방 직원은 빠른 시간 안에 서비스를 제공하고 기타 여러 가지 업무도 소화할 수 있도록 훈련된다. 또한 레스토랑 운영자는 비행 스케줄과 출발시간을 알아야 한다. 운영 및 시설 조건에 대한 요구사항은 공항에 따라 다를 수 있다. 9/11 테러 이후, 공항 보안이 강화되고, 보안 검색대의 통과 시간이 길어지면서 많은 승객들이 충분한 시간을 두고 공항에 도착하는 경우가 많아졌다. 보안검색을 일찍 마친 승객들은 탑승구 주변에서 많은 시간을 보내게 되면서 공항의 보안검색 구역 안에 위치한 푸드서비스의 매출이 증가하고 있다.

크루즈 레스토랑(Cruise Ship Dining) 크루즈의 고객은 모든 연령대, 다양한 구성원(싱글, 커플, 가족 등)으로 이루어져 있다. 크루즈는 최상의 푸드서비스를 제공하는 것으로 평가되어 왔다. 고객이 원하는 음식을 마음껏 먹을 수 있다. 크루즈 이용 비용에는 음식값이 이미 포함되어 있다. 저칼로리 메뉴나 특별 식단도 제공한다. 대부분의 크루즈 레스토랑은 운영시간이 아침부터 늦은 밤까지 매우 길고, 늦은 저녁 뷔페를 제공한다. 메인 레스토랑뿐 아니라 이탈리안, 중식, 일식과 같은 테마레스토랑을 운영하는 크루즈도 있다. 또한 대부분의 크루즈는 커피숍과 수영장카페와 같은 곳에서 캐주얼한 푸드서비스도 제공한다.

동물원(Zoos) 미국 내 몇몇 동물원의 경우, 푸드서비스가 수익에 중요한 부분을 차지하기 시작하면서 방문객을 위한 음식을 개선하고 있다(Walkup, 1998). 동물원의 입장 수입이 감소함에 따라 동물원 관리자는 수입증가 방안을 찾고 있다. 동물원의 책임자들은 수익향상을 위한 푸드서비스 개선방안을 연구하고 있다.

동물원은 레스토랑을 직영이나 위탁으로 운영한다. Service Systems Associate와 K-M Concessions은 동물원과 수족관의 푸드서비스와 소매유통에 특화된 위탁업체로 덴버, 로스앤젤레스, 디트로이트, 휴스턴 동물원에 입점하였다. 이러한 위탁업체는 Hungry Elephant Food Court와 Safari Grille과 같은 테마형 컨세션(concession)을 운영함과 더불어 기금마련행사와 전시개막행사를 위한 다양한 케이터링 서비스도 제공하고 있다.

박물관(Museum) 규모가 큰 박물관에는 파인다이닝 레스토랑을 쉽게 찾아볼 수 있다. 과거에는 스낵 형태의 음식을 제공하는 것이 일반적이었던 것에 반해, 박물관에서도 앉아서 식사할 수 있는 서비스를 제공하는 레스토랑이 새로운 트렌드로 등장하고 있다. 필라델피아 박물관의 레스토랑에서는 주말에는 와인 시음회 이벤트와 브런치를 제공하기도 한다. 시카고 미술에서는 레스토랑에 전문 주방장을 고용하고 여름에는 재즈 공연을 열기도 한다. 뉴욕에 있는 메트로폴리탄 미술관에서는 카페테리아에서의 셀프서비스부터 카페에서의 유럽스타일의 웨이터서비스에 이르는 다양한 푸드서비스를 제공하고 있다.

스포츠 행사(Sports Events) 많은 미국인들은 여가시간에 테마파크, 스포츠 행사, 국립공원을 방문한다. 이러한 곳의 푸드서비스를 위탁 레크리에이션 회사가 운영하는 사례가 증가하고 있다. 그러나 플로리다주의 올란도에 위치한 디즈니 월드나 유니버셜 스튜디오와 같이 푸드서비스를 직영으로 운영되는 테마파크도 있다.

많은 위탁회사들이 스포츠 행사에 특화하여 서비스를 제공하고 있다. 특히 수익성이 높은 야구장의 경우, 입찰경쟁이 매우 심하다. 야구장에서는 주로 핫도그, 팝콘, 아이스크림, 음료가 주메뉴지만, 직장에서 바로 퇴근하여 야구장을 찾은 팬들을 위해 샌드위치, 피자, 파히타, 프로즌 요거트, 치즈케이크와 같은 음식들도 제공되고 있다.

편의점(Convenience Store) 전국편의점협회는 편의점을 공공 편의장소에 위치하여 넓은 범위의 소비재(주로 음식)와 자동차 연료를 판매하는 소매업체라 정의하고 있다. 2004년의 편의점 매출은 $394.7조에 달하였다. 이러한 총 매출액에서 음식은 두 번째로 높은 비율을 차지했으며, 편의점 총수익의 30% 이상에 기여하였다(NACS online, 2005). 최근 유행하는 편의점 유형은 다음과 같이 여섯 가지로 나눌 수 있다(What Is a Convenience Store?, 2005).

- **키오스크(Kiosk).** 800평방피트(75 m^2) 미만의 작은 가게로서 주유소의 부가적 수입창출을 목적으로 한다. 담배, 음료, 스낵, 과자만을 판매하고 기타 식료품이나 잡화는 취급하지 않는다. 주유 고객용 주차 공간만이 확보되어 있으며, 주로 주유 고객만이 이용하는 편의점 유형이다.
- **소형(Mini).** 800~1200평방피트(75~110 m^2) 규모로 주유소 사업이 주이고 매우 한정적인 식료품이나 잡화를 취급하여 유일한 판매 식품은 샌드위치이다. 주유 고객용 주차 공간만이 확보되어 있다. 보통 하루 18~24시간 운영하며 주유 고객이 주 고객이다.
- **중소형(Limited selection).** 1500~2200평방피트(140~205 m^2) 규모로서 점차 증가하고 있는 추세다. 주유사업과 편의점사업 두 분야 모두에 수익성이 있다. 다양한 식료품과 잡화를 취급한다. 핫도그, 나초, 팝콘 등의 스낵과 패스트푸드 등의 간단한 푸드서비스를 제공한다. 편의점 고객의 대부분은 주유 고객이다. 주유 고객을 위한 주차 공간과는 별도의 주차공간이 마련되어 있으며 장시간 영업하는 경우가 흔하다.
- **일반형(Traditional).** 2400~2500평방피트(220~230 m^2) 규모로서, 주유 사업에 추가로 유제품, 베이커리, 스낵, 음료, 담배, 각종 식료품, 약, 화장품, 과자를 취급한다. 포장용 음식, 냉장/냉동육과 일부 채소를 판매하기도 한다. 보통 자동차 6~12대 정도를 수용할 수 있는 별도의 주차 공간을 구비하고 24시간 운영한다. 이러한 유형의 편의점들은 일반적으로 편의점 체인 기업이 소유하고 있지만, 석유 회사가 소유한 경우도 있다.
- **확장형(Expanded).** 2800~3600평방피트(260~335 m^2) 규모의 편의점이 빠른 속도로 증가하고 있다. 이러한 편의점에는 더 많은 식료품 진열을 위한 많은 선반이 있고, 패스트푸드 서비스와 좌석을 위한 넓은 공간이 확보되어 있다. 고마진의 패스트푸드 판매를 위해 점점 더 많은 공간이 할애되고 있다. 이러한 유형을 편의점에는 일반적인 편의점 물품들이 구비되어 있다. 주차가 중요하므로 보통 10~20대의 주차 공간이 확보되어 있고, 영업시간도 길다.
- **대형(Hyper).** 4000~5000평방피트(370~465 m^2)의 규모로 많은 제품과 서비스를 제공한다. 예를 들어, 이러한 유형의 편의점들은 베이커리, 레스토랑, 약국을 포함하기도 한다. 많은 경우 주유소의 기능도 있다. 직원의 수도 많은데 특히 레스토랑이 포함된 경우 그렇다. 주차공간이 매우 넓고 영업시간도 아주 많은 수의 주차 공간을 가지고 있으며 영업시간도 길다. 트럭의 주차공간을 제공하는 곳도 있는데, 이런 편의점의 경우 상품의 구성과 고객이 달라진다.

1.6.2 급식

급식(onsite foodservice) 분야에는 병원, 학교, 대학, 교정시설, 군대가 포함된다. 이러한 푸드서비스 업장에서는 각 시설과 직접적으로 관련된 사람들, 즉 환자, 학생, 수감 수, 직원 등에게 음식을 서비스한다. 또한 시설 방문객에게도 서비스를 제공하기도 한다. 다양한 급식 업장의 관리자들을 위한 지원을 제공하는 전문 조직으로 푸드서비스관리학회(Society for Foodservice Management)가 있다(www.sfm-online.org).

병원 급식 병원 급식에서는 입원환자, 외래환자 및 환자 가족과 친구들에게 음식을 제공한다. 직원 급식과 소매 판매의 중요성도 점점 커지고 있다. 정해진 예산 안에서 의료서비스를 제공하는 **관리의료(managed care)** 하에서 병원들은 원가절감에 대한 압력을 받고 있다(Managed Care Terms, 1998). 많은 병원 급식 운영자들은 직원과 방문객들을 상대로 한 소매품 판매를 변화, 확장시키고 있다. 환자 수가 점차 감소함에 따라 급식 관리자들은 메뉴를 간소화하고, 직원을 1교대나 2교대로만 운영하면서, 점점 간편식에 의존하고 있다. Silverman 등(2000)에 의하면 병원 급식 책임자는 수익을 높여야 함에 따라 식품 키오스크(kiosk), 베이커리, 커피 카트 등을 운영하는 경우가 흔하게 되었다. 병원의 급식부서는 이제 소매점을 직원들의 복지시설로서가 아니라 수익창출시설로 운영하기를 요구받고 있다.

다음과 같은 전문 조직을 통해 병원 급식 관리자들은 도움을 받을 수 있다. 영양학술원(Academy of Nutrition and Dietetics, 이전에는 미국영양사협회[American dietetic Association] 였음)과 영양푸드서비스전문가협회(Association of Nutrtion and Foodservice Professionals, 이전에는 영양관리자협회[Dietary Managers Association]였음), 병원급식협회(Association of Healthcare Foodservice)에 대한 정보는 www.eatright.org, www.anfponline.org, www.healthcarefoodservice.org에서 얻을 수 있다.

학교 급식 미국의 점심급식프로그램(National School Lunch Program, NSLP)은 연방정부가 지원하는 급식프로그램으로 전국 101,000개 이상의 공립 및 비영리사립학교와 거주형 어린이보육시설에서 운영되고 있다(www.fns.usda.gov). 이 프로그램은 연방정부가 지원하는 최초의 어린이급식프로그램으로 시작되었다. 이 프로그램을 통해 하루 약 3,100만 명의 어린이들이 영양적으로 균형 있는 점심을 저가 또는 무상으로 제공받는다. 2009년 회계연도에 이 프로그램에 $9.8조 이상의 예산이 책정되었다. 1946년, 트루먼(Harry Truman) 대통령이 이러한 점심급식프로그램의 법적 근거인 학교점심급식법(National School Lunch Act)에 사인하면서, "아동복지는 그 무엇보다 중요하며, 적절한 영양공급이 이러한 복지의 시작이다"라고 언급한 바 있다.

이후 연방정부 차원의 어린이급식 프로그램이 추가되었다. 아침급식프로그램(School Breakfast Program,SBP)은 1966년에 시범사업으로 시작되었다가 1975년에 정식 프로그램으로 정착되었다. 아침급식프로그램은 영양적으로 균형 있는 아침식사를 저가 또는 무상으로 어린이들에게 제공하는데, 2009년에는 1,110만 명 이상의 어린이들이 이 프로그램을 통해 아침을 먹었다. 어린이들에게 저가 또는 무상으로 우유를 제공하는 우유급식프로그램(Special Milk Program)도 1966년에 시작되었다. 여름방학푸드서비스프로그램(Summer Food Servcie Program)은 1968년에 시작되었는데, 어린이들에게 여름방학프로그램의 일환으로 식사를 지원한다. 어린이·성인시설식품프로그램(Child and Adult Care Food Program) 역시 1968년에 시작되었는데, 어린이보육센터, 노숙자 보호소, 성인보호시설 등이 제공하는 식사 예산을 2002년에 시작한 과일채소프로그램(Fresh Fruit and Vegetable Program)은 학교에서 신선한 과일과 채소가 보다 많이 제공될 수 있도록 미국 전 주의 학교에 예산을 지원하고 있다.

이러한 연방정부 프로그램에서 어린이들은 가계수입에 따라 무상 또는 할인된 가격의 급식을 제공받게 된다. 가계 수입이 최저생계비의 130% 이하인 어린이들은 무료로 급식을 먹을 수 있다. 가계수입이 최저생계비의 130%에서 185% 사이에 해당하는 경우, 해당 어린이는 할인된 가격으로 급식을 먹을 수 있다. 미국농무부는 이러한 프로그램들에 일부 식품을 직접 지원하기도 한다. 미국농무부 식품영양서비스국이 연방차원에서 이러한 모든 프로그램을 관리한다(www.fns.usda.gov 참조). 학교 급식관리자들을 위한 전문 조직으로 학교영양협회(School Nutrition Association, SNA, 이전의 미국학교급식협회[American School Food Service Association])가 있는데

www.schoolnutrition.org를 통해 관련 정보를 얻을 수 있다. 또한 푸드서비스관리기구(National Food Service Management Institute)의 홈페이지(www.nfsmi.org)에는 어린이 영양 프로그램의 운영을 지원하기 위한 교육 자료들이 탑재되어 있다.

대학 급식 대학 급식을 통해 미국 내 약 3,700개 이상의 대학의 학생들이 다양한 식품을 제공받는다. 전통적으로 기숙사의 카페테리아 방식으로 운영되던 대학 급식이 변화하여 이제는 푸드 코트, 델리, 키오스크, 편의점 등과 같은 다양한 형태로 운영되고 있다. 기숙사비와 함께 급식비를 일괄 내게 하던 기숙사 급식도 변화하여 이제는 매일 실제 먹은 식사에 대해서만 비용을 지불하는 방식으로 운영되는 경우가 많다. 많은 대학급식소들은 급식 시간과 장소에 대한 학생들의 다양한 니즈를 만족시키기 위하여 운영시간을 연장하고, 테이크아웃과 배달 서비스를 제공하고 있다. 또한 캠퍼스 내 다양한 급식업장에서 식사할 수 있는 밀 플랜(Meal plan)이 등장함에 따라 대학 급식 운영에도 많은 변화가 생기고 있다.

전국대학급식협회(National Association of College and University Food Services, NACUFS)는 대학 급식에 관한 전문조직으로 직영, 위탁을 막나한 모든 대학 급식에 대하여 의미 있는 정보를 제공한다(www.nacufs.org).

보육시설 급식 맞벌이 부부의 증가로 보육시설에 등록하는 미국 아동의 수는 증가 추세에 있다(American Dietetic Association, 2005). 미국영양학술원은 모든 보육시설이 어린이들의 건강한 성장발달을 촉진하는 안전하고, 위생적인 환경에서 어린이들의 영양섭취 및 영양교육의 니즈를 충족시키기 위한 권장표준에 도달해야 함을 강조한다. 미국영양학술원이 제시한 권장표준에는 식단계획, 음식생산 및 서비스, 물리적, 정서적 환경, 영양훈련 및 컨설팅이 주요 내용으로 강조되어 있다.

노인시설 급식 많은 노인들은 요양시설에 들어감으로써 그들의 독립성을 잃고 싶어 하지는 않지만, 식사준비에는 도움이 필요하다. 미국노인법(Older American Act) 3장에 근거한 노인영양서비스프로그램은 재가노인에게 영양이 풍부하고 저렴한 식사를, 시설노인에게 단체 급식을 제공함을 목적으로 한다. 또한 많은 단체들이 가정배달식을 재정적으로 후원하는데, 이러한 가정배달식은 보통 외부위탁업체, 병원, 학교 또는 노인센터에서 준비, 포장된 후에 자원봉사자들이 노인들의 가정으로 주 5회, 점심시간에 배달한다.

노인들을 위한 주거와 식사로는 다양한 유형이 있는데, 돌봄의 수준에 따라 다음과 같이 분류할 수 있다.

- **자립생활(Independent living).** 자택이나 은퇴노인복합거주단지 또는 독립생활아파트에 거주하면서 스스로를 돌볼 수 있는 노인들을 위한 대안이다.
- **회합돌봄(Congregate care).** 하루 한 끼나 두 끼의 식사를 지역사회 급식소에서 제공하는 지역 환경에서 운송, 수영장, 편의점, 은행, 이/미용실, 세탁, 빨래 및 청소, 보안 등의 많은 서비스가 제공된다.
- **지원생활(Assisted living).** 일상생활에 대한 지원이 제공되는 아파트 유형의 숙박에서 스탭이 식사, 빨래 및 청소, 의료지원, 정기적 체크 등의 서비스를 제공한다.
- **중간돌봄(Intermediate care).** 활동보조는 필요하나 전문적 간호는 필요치 않은 노인들을 위한 요양시설에서 제공하는 서비스다.
- **전문간호(Skilled nursing).** 심각한 질병이나 장애가 있는 사람들을 위한 24시간 의료요양 돌봄을 제공하는 전통적인 형태의 주 면허 요양시설에서 등록간호사, 면허간호사, 간호조무사들이 돌봄서비스를 제공한다.

많은 노인들이 **은퇴노인복합거주단지(Continuing Care Retirement Communities, CCRCs)**에 입주하고 있다. 이러한 거주단지에서는 자립생활이나 지원생활, 전문간호생활에 필요한 다양한 서비스, 편의시설, 건강증진 프로그램, 보안을 지원받을 수 있을 뿐 아니라 다양한 주거형태를 선택할 수 있다. 복합거주단지는 전통적으로 비영리 종교단체로부터 자금지원을 받았으나 하얏트와 같은 대기업들도 이러한 산업에 뛰어들고 있다. 이러한 기업들은 호스피탈리티 산업에서 신뢰받는 서비스 리더로서 가지고 있는 명성을 통해 새로운 영역에서도 경쟁우위를 가질 것이라 희망하고 있다. 자립생활이나 지원생활을 하는 거주자들에게는 일반적으로 레스토랑 스타일의 푸드서비스가 제공되므로, 이러한 거주자들은 레스토랑 스타일의 메뉴로부터 스스로의 식사를 선택할 수 있다. 푸드서비스 스태프로 전문 셰프와 영양사가 상주하기 때문에 일상적인 식사뿐 아니라 세련된 케이터링, 룸서비스, 고품격 테마디너도 제공된다.

군대 급식 군대 급식으로는 군인들을 위한 식당과 푸드코트, 환자와 직원을 위한 병원 급식, 장교 및 하사관을 위한 클럽, 출장 배치된 군대를 위한 이동식 급식이 포함된다. 타코벨이나 맨해튼 베이글과 같은 외식체인들이 군인을 위한 푸드코트에 입점하는 경우가 늘고 있다. 군대 내 편의점이나 주유소에서도 식품을 판다. 육군은 주 판매자프로그램(prime vendor program)을 이용함으로써 공급자로부터 할인을 받고 식당에서의 브랜드 촉진활동을 하고 있다. 많은 지역에서 사병들은 더 이상 급식소에서 일하지 않고, 위탁업체가 급식을 운영하고 있다(Matsumoto, 2002).

지난 10여 년간, 군대 급식 관리자들도 다른 분야의 급식 관리자들과 마찬가지로 고객기호와 트렌드에 따른 다양한 노력을 기울여 왔다. 육, 해, 공군 및 해병대들 모두에게 다양한 메뉴와 서비스가 제공되어 왔다. 식당의 인테리어도 개선되었으며, 단체 급식에서 주로 사용하는 긴 탁자형 식탁은 4인용 테이블과 부스형 좌석으로 대체되었다. 외식 경험이 증가함에 따라 군대 급식에 대한 사병들의 기대도 높아지고 있다. 군대 급식이 민간화됨에 따라 자연스럽게 브랜딩(branding)도 등장하고 있다. 예를 들어, 맥도날드와 피자헛이 이미 몇몇 군부대에 입점하였다.

영양은 푸드서비스에 있어서 주요 트렌드가 되고 있다. 미 국방부는 지방과 소금, 콜레스테롤을 줄이는 방향으로 레시피를 수정하고 있다. 또한 신선한 야채와 과일, 건강한 주메뉴 및 영양교육에 대한 수요가 늘어나고 있는 실정이다.

교정시설 급식 20세기 초까지는 강요된 침묵 하에 교도소의 질서가 지켜졌고, 교도소 음식은 "빈약하고 단조로운 식사" 그 자체였다. 시간이 지나면서 교도소의 수감자가 증가함에 따라 교도소 급식도 조금씩 개선되어 왔다(Corrections, 1997). 1960년까지 교도소에서는 매우 기본적인 식사만을 제공하였다. 메뉴표준화, 조리기기, 컴퓨터화, 훈련이 모두 부족한 상황이었다. 이 시기에 교도소 급식 책임자들이 미국교정시설급식협회(American Correctional Food Service Association, ACFSA; www.acfsa.com)를 조직하였다. 이 협회는 교도소 급식을 향상시키고 음식의 질에 불만을 품은 수감자들의 폭동을 감소시키는 것을 주 목적으로 하였다. 그 당시 급식 부서는 운영, 예산, 내부 보안 등 그 어떤 것에 대하여도 목소리를 낼 수 없었다. 오늘날은 대부분의 교정시설에의 경영에 있어 급식의 목소리가 크다.

교정시설 급식의 책임자들은 매우 제한적인 예산으로 식사를 제공해야 하는 어려움을 가지고 있다. 과거에는 많은 교도소들이 농장과 통조림 공장을 가지고 있어 자체적으로 식품을 생산하고 장기 보존할 수 있었다. 몇몇 교도소의 경우 여전히 지역 농부들과 협업하여 수확 후 남은 식품들을 얻기도 하지만 대부분의 농장운영은 1970년대 초반에 사라졌다. 1970년대부터 1990년대 초까지, 미국 정부는 교도소에 밀가루, 우유가루, 유제품과 같은 물자를 공급했었으나 이러한 공급은 1994년 중단되었다. 급식 책임자들은 "기회 구매", 즉 물품 명세의 기준을 맞추지 못해 레스토랑 등에 납품할 수 없는 식품들의 구매를 이용하게 되었다. 많은 급식 책임자들이 식품 가공업자들과 긴밀한 관계를 유지하여 기회가 되는대로 식품을 구하곤 한다. 또한 여러 교도소를 운영하는 주의 경우, 원가를 절감하기 위하여 공동구매를 시행하기도 한다.

오늘날, 많은 교도소 급식 시설이 샐러드, 파스타, 디저트를 위한 셀프서비스 바를 구비하고 있고, 피자, 치킨 너겟, 홈메이드 빵과 같이 인기 있는 메뉴를 제공한다. 수감자들은 보다 영양적으로 균형 잡힌 식사를 하고 있다. 수감자에게 제공되는 음식은 영양기준을 충족해야 하며, 모든 메뉴는 영양사의 승인을 받아야 하고 분기별로 평가된다. 많은 교도소들이 영양사를 정식 직원으로 채용하고 있다. 교정시설의 주방에 보다 나은 조리기기가 도입되고, 주방의 안전도 개선되고 있으며 생산방법도 개선되고 있다. 식품안전이 강조되면서, 전통적인 조리보관방법 대신 조리-냉장시스템이 도입되고 있다. 급식소 직원들도 훈련을 받고 있다.

교정시설 급식의 가장 큰 변화는 식사 공간의 개선이다. 긴 식탁들은 보다 작은 크기의 식탁들로 교체되었고, 분위기도 개선되어 왔다. 많은 교도소 식당에서 수감자들이 그린 벽화를 볼 수 있다.

산업체 급식 인건비의 증가와 기업 지원의 감소로 산업체 급식은 많은 변화를 겪어왔다. 산업체 급식도 경제적으로 자립하고 수익을 창출해야 하는 시대가 되었다(Ninemeier & Perdue, 2005). 이에 급식을 외식업체와 유사하게 만들기 위한 노력으로 메뉴와 시설이 개선되고 있다. 한 줄로 긴 카페테리아 배식창구에서 배식되는 음식을 받는 대신, 이제 산업체 급식 고객들은 샐러드, 수프, 파스타, 그릴, 델리, 디저트, 음료와 같은 테마별 스테이션에서 자율배식을 하고 있다.

산업체 급식에는 위탁급식업체가 많이 진출해 있는데, 이러한 위탁급식업체들은 건강프로그램을 확대하고 보다 건강한 식사를 권장하고 있다. 산업체 급식의 목표는 외식업체보다 우수한 품질의 음식과 서비스를 제공함으로써 직원들이 점심시간에 회사건물을 떠나지 않고 충분한 식사시간을 누릴 수 있도록 하는 것이다.

라스베이거스에 위치한 벨라지오 호텔의 10,000여 명의 직원들에게 급식을 제공하는 한 업체는 매우 특이한 급식운영을 시도하고 있다. 이 업체는 24시간 급식소를 열고, 모든 음식을 무료로 제공한다. 종사원들은 원하는 시간에 원하는 것을 먹을 수 있고, 신분을 확인하거나 하는 절차도 없다(Buzalka, 2005).

1.7 푸드서비스 산업의 운영 형태

고객들은 식료품비 중 반 이상을 가정 밖에서 조리된 식품에 지출하고 있다. 많은 푸드서비스 업체들이 테이크 아웃이나 배달 서비스를 제공하고 있다.

합리적인 가격에 고품질의 즉석조리식품을 제공하는 푸드서비스 업체는 성공할 수 있을 것이다. 따라서 이러한 요구에 따른 비용 효과적이며 고부가가치의 서비스를 제공하기 위하여 많은 푸드서비스 업체들이 유통, 생산, 중개업체들과 협업할 것이다.

- 유통업체들은 전처리 확대, 메뉴 개발, 시그너처 상품(signature products) 개발, 고객추적관리 도입, 배달 빈도 증대 등을 위해 비용 효과적 방법으로 서비스를 확대해 나갈 것이다.
- 생산업체들은 포장 및 표시 기술 개발을 통하여 푸드서비스 업체들을 지원할 것이다.
- 중개업체들은 식재료 자체보다는 한 끼 식사를 해결할 수 있는 방안에 중점을 두고 제품 관련 의견을 생산업체에 전달할 것이다.
- 급식운영업체들은 지역사회에서 더욱 다양한 고객들에게 서비스를 제공하고, 시설 사용을 최대화하고, 시설을 대여하며, 맛, 영양, 편리성을 두로 갖춘 저렴한 메뉴를 개발할 것이다.

푸드서비스 산업은 직영, 파트너링, 위탁, 프랜차이징, 다부서관리 등의 다양한 운영 형태의 업체들로 구성되어 있다.

1.7.1 직영

직영(self-operation)이란 한 조직의 급식을 그 조직의 직원이 직접 운영하는 유형이다. 이러한 직영급식의 경우, 급식 관리자가 급식의 모든 기능에 대한 책임과 권한을 가지며, 관련 보고를 동 조직의 상관에게 한다(Puckett, 2002). 전통적으로 모든 급식업장은 직영이었다.

1.7.2 파트너링

파트너링(partnering)이란 소통을 통한 성과증진을 주목적으로 이루어진 계약기간 동안의 상호작용에 대한 두 조직의 협력관계이다. 파트너링은 주로 의사소통을 통한 팀워크, 협조 및 신념 수행의 관계이다. 파트너링은

- 공통의 목적과 목표를 설정한다.
- 신뢰를 구축하고 개방적 의사소통을 장려한다.
- 예기치 못한 일은 발생하지 않도록 돕는다.
- 두 조직이 함께 문제들을 예측하고 해결할 수 있도록 한다.
- 비공식적 갈등관리절차를 통하여 분쟁을 피한다.
- 근로자들의 사기를 진작하고 프로정신을 증진한다.
- 조화로운 사업관계를 만든다.
- 두 조직의 공통관심사에 집중한다.

푸드서비스 산업에서도 파트너링이 점차 증가하고 있다. 전국대학급식협회와 Culinary Institute of America(CIA) 간의 파트너링 결과, 현업에 있는 요리사들의 요리 교육을 가능케 하는 프로그램이 탄생하였다(Blake, 1998).

1.7.3 위탁

계약(contract)이란 둘 이상의 사람들 간의 무엇인가의 수행 여부에 대한 약속이다. 이러한 계약이 잘 실행되기 위해서는 파트너십이 필수적이다.

많은 회사들이 급식을 위탁(contracting)하고 있다. 대표적인 위탁급식업체로는 콤파스 그룹(Compass Group), 아라마크(ARAMARK Corporation), 소덱소(Sodesho, Inc.)가 있다(Buzalka, 2010). 급식의 위탁 여부 결정을 위해서는 많은 요소들이 고려되어야 한다. 표 1-2는 위탁 여부 결정에 있어 고려할 요소들을 자세히 보여준다.

위탁급식 계약에는 다양한 조건과 기간이 있을 수 있으며, 계약서의 길이도 1장부터 50장 이상까지 다양할 수 있다. 위탁급식업체는 고객을 만족시키고 모(母)조직을 위한 이윤을 제공하는 급식운영방안을 제공하도록 기대된다.

Zaccarelli(1984)에 따르면, 위탁급식계약은

- 계약자 쌍방의 임무, 책임, 의무를 명시해야 한다.
- 계약자 쌍방의 구체적인 운영구조를 제공해야 한다.
- 발생 가능한 문제들에 대한 운영상, 법적 및 기타 관련 조치에 대해 기술해야 한다.
- 계약자 쌍방 간의 의사소통 형태 및 빈도를 구체적으로 기술해야 한다.

표 1-2 급식의 위탁 운영 결정시 고려사항

위탁 운영을 고려할 수 있는 이유	위탁 운영시 발생 가능한 문제점
• 급식이 잘 운영되지 않거나, 자격을 갖춘 관리자 채용이 어려운 경우	• 급식의 운영에 대한 모(母)직의 통제력이 약화될 수 있음
• 모(母)조직이 인력 감축을 하는 상황에서 급식이 핵심 사업이 아닌 경우	• 직원의 사기가 저하되고 서비스 품질이 저하될 수 있음
• 운영해야 할 급식의 컨셉트가 현재의 급식 경영의 비전이나 역량을 벗어난 경우	• 수익의 손실이 발생할 수 있음
• 모(母)조직이 급식의 시설개선이나 기기교체를 위한 자금이 부족한 경우	• 위탁업체의 목적/목표가 모(母)조직과 다를 수 있음
• 급식의 규모가 너무 작아 구매력이 부족한 경우	• 구매가 최저가 입찰로만 이루어지는 경우, 식품과 서비스의 품질이 저하될 수 있음

- 협약에 대한 문서를 제공해야 한다.

어떤 조직들은 관리서비스만을 위탁하기도 하는데, 이러한 경우, 관리자는 위탁업체 소속이지만 기타 직원들은 모두 모(母)조직 소속이다. 급식 또는 자판기와 같은 부속사업의 운영 전체를 위탁하는 조직들도 있는데, 이러한 경우에는 관리자를 포함한 모든 직원들이 위탁업체 소속이다.

1.7.4 프랜차이징

Colonel Harlan Sanders는 10년 이상의 실험을 거쳐, 1939년 Kentucky Fried Chicken, 즉 KFC의 비밀 레시피를 완성하였다(Apfel, 1998a). Sanders는 그의 치킨 사업의 성공을 확신하여 전국적인 레스토랑 사업으로 확산하고자 하였다. 그러나 일개의 사업장의 점주가 이러한 계획을 실현하기 위한 인적, 재정적 자원을 어떻게 조달할 수 있었겠는가? 그 대답은 바로 **프랜차이징(franchising)**이었다. 웹스터 사전의 정의에 의하면 프랜차이징이란 기업의 컨셉트를 사용할 수 있도록 개인이나 집단에게 부여된 권리이다. 국제프랜차이즈협회(International Franchise Association, IFA; www.frnachise.org)에 의하면, 프랜차이즈 가맹점이 됨으로써 얻는 가장 큰 장점은 사업 확장의 가장 큰 두 가지 문제인 인력과 재정 문제를 해결할 수 있다는 것이다. 프랜차이즈 가맹점으로 사업을 확장하는 것이 주식을 상장하거나 특정 지역에서 자본을 구할 운을 바라는 것보다 나은 해결책이다. **프랜차이지(franchisee)**는 프랜차이즈를 승인 받는 사람이고, **프랜차이저(franchisor)**는 프랜차이즈를 승인하는 사람이다.

최근 들어 이러한 사업방식의 개념이 더욱 확장되어 프랜차이즈뿐 아니라 면허(icenses), 딜러십(dealerships), 디스트리뷰터(distributors)로 알려진 계약방식도 포함하고 있다. 또한 이러한 방식은 성장을 가속화시킬 수 있는 잠재성을 가지고 있다. 점주들은 자체 자원을 이용하는 것보다 빠른 속도로 컨셉트를 확장할 수 있다. 성공적인 프랜차이즈는 새로운 것은 아닐지라도 독특하고 탄탄한 컨셉트를 가지고 있어야 한다(Apfel, 1998a). 이러한 컨셉트는 반드시 시장 테스트를 거쳐야 하며 다양한 고객층을 끌 수 있어야 한다. 프랜차이징은 복잡한 조직 구조를 가지므로, 프랜차이징을 시작하기 위한 의사결정은 매우 신중해야 한다. 프랜차이징 본부는 가맹점에게 운영, 재무, 경영, 마케팅, 인적자원 관리 및 연구개발에 대한 지원서비스를 제공해야 한다. 프랜차이징 가맹점들은 본부로부터 조언과 지원을 받기 때문에, 어느 정도의 위험이 감소된다고 볼 수 있다.

프랜차이징 본부는 가맹점과의 관계 개선을 통해 사업을 확장할 수 있다. 프랜차이징 본부는 가맹점에 공유가치설정, 브랜드집중, 기업문화육성 및 마케팅에 대한 책임감을 부여해야 한다. 전체 프랜차이즈 시스템이 전산화됨에 따라 경쟁이 불가피해졌다. 본부의 교육부서는 가맹점들이 실질적 목표 달성을 위한 기술을 익힐 수 있도록 돕기 위한 프로그램들을 개발할 것이다. 가맹점들의 교육을 위해 CD-ROM이 쓰일 수 있다. 하드웨어나 소프트웨어에 대한 예산뿐 아니라 시스템 운영 인력을 위한 기술 분야 예산이 증가할 것이다.

1.7.5 다부서, 다매장 관리

푸드서비스 업장에 다부서, 다매장 관리(multidepartment, multisite management)가 다시 부상하고 있다. 1940년대 초반, 푸드서비스 관리는 병원, 학교, 레스토랑 등에서 막 시작하고 있었다. 그 당시 병원의 간호사가 메뉴계획과 음식주문 및 제공을 담당했을 수도 있다. 학교의 교장 또한 같은 책임을 졌을 것이다. 레스토랑의 요리사는 바닥을 쓸고, 빵을 굽고, 출근길에는 식료품점에 들렸을 것이다. 업무가 전문화됨에 따라 이러한 패턴은 달라졌었다. 그러나 원가를 통제하기 위해, 다시 관리기술의 중요성이 강조되면서 전문영역의 경계는 부차적인 문제가 되어갔다. Silverman 등(2000)은 설문에 응답한 병원 급식 책임자의 과반이 향후 그들의 관리 책임에 변화가 있을 것이라 예상하고 있었다고 보고하였다. 즉 많은 응답자들이 미래에는 급식 부서만이 아니라 다른 부서도 관리하게 될 것이라 생각하고 있었다. Schuster(1998)는 다부서 관리자가 되는 이유들로 전문가적 발전, 고용주에 대한 가치, 조직에서의 상급 지위를 들었다. 또한 고용안정과 생존도 주요 이유일 수 있다. 푸드서비스 매니저들은 이러한 기회를 잡일 수 있어야 한다.

또한 많은 푸드서비스 매니저들은 여러 업장에 대한 책임을 지기도 한다. 일례로 미국 San Mateo군의 건강서비스청의 책임자는 240 병실의 병원, 5개의 교정시설, 한 개의 군 지역아동센터, 9개의 어린이양육시설 및 12개의 노인시설, 식사배달서비스, 쉼터 네트워크를 포함한 총 40개의 업장에 하루 7,500식 이상의 식사를 제공하는 책임을 지고 있다(A Master, 2003). 이 책임자는 전통식급식체계로 운영되는 일반 업장뿐 아니라 20개의 업장에 배달될 음식을 생산하는 중앙조리시설을 감독한다.

1.7.6 소규모 사업 소유

식품영양서비스 관련 소규모 사업을 소유(small business ownership)하는 것은 많은 학생들에게 매력적인 일이다. Scarborough, Zimmerer, Wilson(2009)에 따르면 모든 사업의 약 98%가 소규모 사업, 즉 100인 미만의 근로자를 고용하고 있는 사업이다. 이렇듯 사업을 시작하는 사람들을 일반적으로 **기업가(entrepreneur)**라 부르는데, 기업가들은 다음과 같은 특성을 한 가지 이상 가지는 경향이 있다.

- 기꺼이 자신의 행동에 책임을 지며, 독립적이고, 자원, 시간, 운명을 스스로 관리하기를 선호함.
- 예측된 위험 감수를 즐김.
- 성공에 대한 확신이 있음.
- 인내심, 끈기 및 성공과 실패 모두로부터 배우는 능력이 있음.
- 경쟁심이 강함.
- 모호성에 대해서 잘 인내함.
- 조직적이지만 유연함.

표 1-3 소사업장의 소유권 유형별 장단점

소유권 유형	장점	단점
개인기업 (Sole Proprietorship)	• 소유주가 모든 의사결정권한과 이윤을 가짐 • 가장 비용이 적게 드는 소유권 유형임 • 시작과 중단이 용이함 • 소유주와 사업의 이중 과세를 피할 수 있음	• 개인의 무한 책임 • 현금이 충분치 않을 수 있음 • 소유주의 기술과 능력 안에서 사업경영이 이루어짐
합명회사 (Partnership)	• 지식, 능력, 자본이 증가됨 • 시작이 용이함 • 소유주와 사업의 이중 과세를 피할 수 있음	• 파트너들의 무한 책임 • 파트너들의 갈등이 사업에 영향을 줄 수 있음 • 파트너들은 상법상의 대리점법률(Law of Agency)에 근거한 관계임(모든 파트너가 회사에 대한 법적 구속력이 있는 합의를 할 수 있음) • 회사가 존재하는 한, 파트너가 회사에 대한 지분 처분이 어려움
C 주식회사 (C Corporation)	• 소유자의 유한 책임 • 자본 유치가 용이함 • 소유권 양도가 용이함	• 설립에 비용과 시간이 많이 소요됨 • 이중 과세 대상임(소유주와 사업) • 법적 요건이 많음 • 창업주의 영향력이 약함
S 주식회사 (S Corporation)	• 소유자의 유한 책임 • 소유권 양도가 용이함 • 소유주와 사업의 이중 과세를 피할 수 있음	• C 주식회사보다 세율이 높을 수 있음 • 75명 미만의 주주로 제한됨
유한책임회사 (Limited Liability Company, LLC)	• 소유자의 유한 책임 • 다수의 소유주를 둘 수 있음 • 소유주와 사업의 이중 과세를 피할 수 있음	• 설립에 비용과 시간이 많이 소요됨 • 소유권 이전에 모든 소유주의 승인이 필요함

자료: Information from Scarborough, Zimmerer, & Wilson (2009).

소사업장 소유에는 몇 가지 유형이 있으며, 각 유형별 장단점은 표 1-3과 같다. 소유자가 원하는 관리권한 수준 및 관리능력, 자본필요도 및 활용가능성, 채무 수준, 세금 이슈 등에 따라 소유 유형이 결정된다.

1.7.7 지속가능한 경영

미래 세대의 니즈를 충족시킬 수 있는 능력을 훼손하지 않으면서 현 세대의 니즈를 충족시키는 능력을 의미하는 **지속가능성(sustainability)**이 푸드서비스 업장에서 점점 더 중요해지고 있다(Brundtland, 1987) (www.EPA.gov). 미국환경보호청에 따르면 지속가능성 노력은 다음의 네 가지 영역으로 분류된다.

- 건축 환경
- 물, 에코시스템 및 농업
- 에너지와 자연 환경
- 자재와 독소

많은 전문가 조직은 회원들에게 지속가능성을 실행하도록 독려하고 지원하고 있다. 미국영양사협회는 "자연 자원을 보호하고, 쓰레기 발생량을 최소화하며, 식품 시스템의 생태적 지속가능성을 지원하는 것과 같은 환경에 대한 책임 있는 실행을 독려"하는 입장을 가지고 있다(ADA,

2007). 2006년, 전국레스토랑협회는 "에너지, 물 및 기타 자연자원을 보존하면서 레스토랑의 운영 비용을 감소시킬 수 있고, 재활용을 증가시킬 수 있으며, 지속가능한 자재 및 대체 에너지 자원을 생산, 사용하는 것을 독려"할 수 있는 운영방안을 알아내기 위하여 고안된 '지속가능한 레스토랑 운영 로드맵(Roadmap to Sustainable Restaurant Operations)' 프로그램을 시작하였다.

미국영양사협회는 2007년에 지속가능한 푸드시스템과 식품영양 전문가의 새로운 역할에 대한 기본 지침서를 발간하였다(ADA Sustainable..., 2007). 기본 지침서에서 푸드 시스템은 생산(농업, 원예, 어업), 변환(가공, 포장, 표시), 유통(도매, 저장, 운송), 접근(소매, 급식, 긴급 식품 프로그램) 및 소비(구매, 조리, 식사, 쓰레기 관리)의 서로 연관된 다섯 영역으로 구성되어 있는 것으로 제시되어 있다. 미국영양사협회에 의하면, 지속가능한 푸드시스템은 다음과 같은 조건을 만족해야 한다.

- **생태학적 건전성**(투입물은 자연 자원을 보존, 재생산하거나 이러한 자연 자원의 가치를 증진시킬 수 있는 방법으로 이용된다.)
- **사회적 수용성**(자원이 공정하게 배분되고, 푸드시스템 내 종사원들이 공정하게 대우받으며, 생산된 식품은 인류 건강에 도움이 되고, 문화적으로 수용가능하며, 경제적 지리적으로 획득 가능하다.)
- **경제적 생존능력**(가족의 생계수단을 제공하고, 생산, 유통 및 접근에 대한 경제적 통제가 평등하게 공유된다.)

미국영양사협회는 인류 건강에 기여하고, 지역 농업을 지원하며, 자연 자원을 보존하고, 쓰레기를 감축하고, 생태적 지속가능성을 촉진하며, 지속가능한 식품과 보존 활동에 대해 소비자를 교육하는 식품들로 구성된 지속가능한 식사를 촉진하도록 식품영양 전문가들을 독려한다.

푸드서비스 운영의 지속가능성 노력은 시스템 모형에서 투입과 통제로서, 그리고 변환 과정의 모든 기능적 하위시스템에서 가능하다. 이런 모든 노력을 통해 보다 지속가능한 산출을 달성할 수 있다. 표 1-4는 푸드서비스 운영에서의 지속가능성 노력의 예를 보여준다.

지속가능성의 실행은 주로 지속가능성 노력의 환경 보호적 측면을 강조하는 "그린(green)"이라는 용어로 일컬어진다. 비교적 새로운 용어인 **그린워시(greenwash)**란 회사에 대한 대중의 긍정적인 이미지 창출을 목적으로 회사의 환경 보존 노력에 대한 거짓 정보를 확산시키는 것을 의미한다(Oxford English Dictionary, 2008).

Robbins와 Coulter(2007)는 조직의 "그린" 수준에 대한 4단계 모형을 다음과 같이 기술하였다.

- **1단계, 법적 접근(옅은 그린[light green]):** 법적으로 요구되는 것만 수행한다.
- **2단계, 시장 접근:** 고객 선호에 대응하여 소수의 그린 활동을 시작한다.
- **3단계, 이해당사자 접근:** 다양한 이해당사자(종사원, 공급자, 고객, 지역사회)의 환경적 요구를 충족하기 위한 활동을 한다.
- **4단계, 활동가 접근(짙은 그린[dark green]):** 회사는 지구와 자연 자원을 존중하고 보존하기 위한 방안을 적극적으로 실행한다.

푸드서비스 관리자들은 위해 없는 헬스케어(Healthcare Without Harm, www.noharm.org), 지속가능한 지역사회 네트워크(Sustainable Community Network, www.sustainable.org), 지속가능한 농업 연구와 교육(Sustainable Agriculture Research and Education, www.sare.org) 및 식품과 정의 센터(Center for Food and Justice, www.foodandjustice.org)와 같은 조직들을 통해 지속가능한 운영을 위한 지원을 받을 수 있다. 많은 병원 급식 책임자들이 지속가능한 구매, 생산

표 1-4 푸드서비스 업장에서의 지속가능성을 위한 노력

EPA* 분류	푸드서비스의 지속가능성 실천	푸드서비스의 예
건축 환경	건물 설계	• 에너지 환경 디자인 리더십(Leadership in Energy and Environmental Design, LEED) 지침 이용 • 지속가능한 자재를 선택
물, 에코시스템, 농업	물 절약	• 싱크대에 물을 틀어놓지 않기, 물이 새는 수도 수리 • 워터센스(WaterSense) 제품 선택
	제품 선정	• 지속가능하게 재배된 식재료 사용 • 지역에서 재배/생산된 품목 사용 • 지속가능하게 또는 유기농 방식으로 재배된 품목 사용
	공기 품질	• 휘발성이 낮은 유기 화합물 선택 • 공기 여과
에너지와 환경	에너지 절약	• 에너지스타(Energy Star) 기기 구입 • 빈 공간에 불이 켜져 있지 않도록 전등 스위치 센서 설치 • 필요할 때만 기기 전원 켜기
자재와 독소	쓰레기 관리	• 종이, 플라스틱, 알루미늄, 기름 등 재활용 • 쓰레기 양 감소를 위한 펄프제조기(pulper) 사용 • 지역 쉼터에 남은 음식 기부 • 생분해가 가능한 1회용품 사용 • 유기 폐기물로 퇴비 제조
	제품 선정	• 무독성 세정제 사용

자료: www.epa.gov.
*Environmental Protection Agency, 미국환경보호청.

및 쓰레기 관리를 위해 더욱 노력할 것을 약속하는 Healthy Food in Healthcare Pledge(www.noharm.org 참조)에 서명하였다.

요약

1. 시스템의 특성을 설명하는 용어로는 다음과 같은 것들이 있다. **상호의존성**은 시스템을 구성하는 부분들의 상호 관계로, 각 부분들은 서로의 성과에 영향을 줌을 의미한다. **역동적 안정성** 즉, **안정상태**는 내외부 환경에 대하여 시스템이 지속적으로 반응하고 적응하는 특성이다. **합목적성**은 다른 투입물이나 변환 과정을 통해서도 동일하거나 유사한 산출물을 생산할 수 있는 특성을 의미한다.
2. 푸드서비스 시스템 모형에서 투입물은 산출물로 변환된다. 통제와 메모리는 변환 과정에 영향을 준다. 환경 요인은 투입물, 변환 과정 및 산출물에 영향을 미칠 수 있다. 피드백은 시스템을 변화시키기 위하여 투입물 대비 산출물의 질에 대한 정보를 제공하는 방법이다. 모든 푸드서비스 업장의 운영을 이러한 시스템 모형을 이용하여 설명, 분석할 수 있다.
3. 푸드서비스 시스템에서 투입은 인력(노동, 기술), 재료(식품, 물품), 시설(공간, 기기) 및 운영 자원(자금, 시간, 수도/전기/가스, 정보)을 포함한다. 산출은 음식(양과 질), 고객 만족, 종사원 만족 및 수익을 포함한다.
4. 변환 과정은 투입물을 산출물로 변화시키는 것에 관여한다. 이 과정에는 기능적 하위시스템(구매, 생산, 분배와 서비스, 안전, 위생과 유지보수), 경영관리 기능(계획, 조직화, 충원, 지휘, 통제), 연결 과정(의사결정, 소통, 균형 유지)을 포함한다.
5. 환경 요인은 기술 혁신, 세계화, 인구 변화와 같은 것들을 포함할 수 있다. 기술 혁신은 노동 시간을 절약하거나 음식

의 질을 향상시킬 수 있는 새로운 조리 기기라 할 수 있다. 세계화는 식품을 지구 곳곳으로부터 구매하는 것이라 할 수 있는데, 이는 원가와 식품 안전성에 영향을 미칠 수 있다. 인구 변화는 모국어가 영어가 아닌 직원들과 일하는 것이라 할 수 있다.

6. 전략적 관리 과정은 기업과 기업 환경의 분석, 기업의 목표 달성을 위한 전략의 수립과 실행, 그리고 진행평가를 포함한다.
7. 푸드서비스 산업은 거대하고 다양한 산업이다. 푸드서비스 업장으로는 학교, 병원, 대학, 음식점, 컨트리 클럽, 유람선, 호텔 식음료, 교정시설, 군대, 어린이시설 등이 있다.
8. 푸드서비스 업장의 지속가능성 노력은 미래 세대를 위해 환경을 보호하는 것으로, 보존, 재활용, 지속가능한 구매 등을 포함한다.

연습문제

1. 개방형 시스템과 폐쇄형 시스템의 차이점은 무엇인가?
2. 푸드서비스 시스템의 투입물과 산출물에는 어떠한 것들이 포함되는가?
3. 푸드서비스 시스템의 변환 과정에서 일어나는 일들을 설명하시오.
4. 원가 전략을 이용하는 푸드서비스 업장과 차별화 전략을 이용하는 푸드서비스 업장을 비교 설명하시오.
5. 급식과 외식은 어떻게 다른가?
6. 지속가능한 푸드서비스 업장의 특성에는 어떠한 것들이 있는가?

연구과제

1. 푸드서비스 시스템 모형을 이용하여, 다음 상황이 푸드서비스 업장에 미칠 영향에 대하여 토의해보자.
   - 폭우로 인하여 캘리포니아의 양상추 수확이 감소함
   - 규격인 113사이즈 오렌지 대신 88사이즈 오렌지가 배달됨
   - 채소 수프에 과다한 양의 소금을 넣음
   - 저녁 시간에 근무하는 조리사와 세척담당 직원의 결근이 잦음
   - 식기세척기의 최종 헹굼 단계의 온도가 낮음
2. 조를 나누어 각 조별로 캐주얼 테마레스토랑, 교정시설 급식, 유람선 푸드서비스, 파인다이닝 레스토랑, 병원 급식, 호텔 식음료, 요양시설 급식, 퀵서비스 레스토랑, 학교 급식, 대학 급식 중의 한 푸드서비스 업장을 선택하여 **상호의존성, 역동적 안정성, 상승효과, 합목적성, 경계 침투성**과 같은 용어가 각각의 업장에 구체적으로 어떻게 적용될 수 있을지 기술해보자.
3. 각자 한 달 동안 본인의 식사가 준비된 장소에 대한 일지를 작성해보자. 집에서 조리된 음식을 먹은 횟수, 외식 횟수, 급식을 먹은 횟수에 대한 표를 작성해보자. 외식과 급식을 먹은 업장을 모두 나열해보자. 결과를 다른 학생들과 공유해보자.
4. 지역의 푸드서비스 책임자를 수업에 초대하여 업장에서 시행하고 있는 전략적 계획의 공유를 부탁해보자. 초대된 책임자가 맡고 있는 푸드서비스 업장의 목적 달성을 위해 본 교재에서 논의된 여러 전략들을 어떻게 이용할 수 있을지 토의해보자.
5. 푸드서비스 업장들을 방문하여 지속가능성을 위한 노력을 관찰, 기록해보자.

사례 연구

1. "Where am I Going?" in Lieux, E. M., & Luoto, P. K. (2008). *Exploring foodservice systems management through problems*, 3rd ed. Upper Saddle River, NJ: Pearson Prentice Hall
2. "Changing from Contract to Self-Operated and Back Again." by R. O'Halloran in Allen-Chabot, A., Jarvis, K., & O'Halloran, R. M. (2006). *Cases in foodservice and clinical nutrition management.* Upper Saddle River, NJ: Pearson Prentice Hall.

웹사이트

www.acfsa.org American Correctional Food Service Association
www.eatright.org Academy of Nutrition and Dietetics
www.ahla.com American Hotel and Lodging Association
www.cmaa.org Club Managers of America Association
www.anfponline.org Association of Nutrition and Foodservice Professionals
www.healthcarefoodservice.org Association for Healthcare Foodservice
www.nacufs.org National Association of College and University Foodservice
www.restaurant.org National Restaurant Association

www.innkeeping.org Professional Association of Innkeepers International

www.schoolnutrition.org School Nutrition Association

www.sfm-online.org Society for Foodservice Management

www.fns.usda.gov USDA Food and Nutrition Services

www.noharm.org Healthcare Without Harm

www.sare.org Sustainable Agriculture Research and Education

www.foodandjustice.org Center for Food and Justice

www.sustainable.org Sustainable Community Network

www.nfsmi.org National Food Service Management Institute

참고문헌

Allen, R. L. (1999). Commerce's 'Year of the Restaurant' designation caps one prolific century. *Nation's Restaurant News, 33*(3), 31.

A master of multi-site management. (2003). *Food Management.* [Online]. Available: www.food-management.com/article/12222

American Dietetic Association. (2005). Position of the American Dietetic Association: Benchmarks for nutrition programs in child care settings. *Journal of the American Dietetic Association, 105,* 979–986.

American Dietetic Association. (2007). Position of the American Dietetic Association: Food and nutrition professionals can implement practices to conserve natural resources and support ecological sustainability. *Journal of the American Dietetic Association, 107,* 1003–1043.

American Dietetic Association Sustainable Food Systems Task Force. (2007). *Healthy land, healthy people: Building a better understanding of sustainable food systems for food and nutrition professionals.* Chicago, IL: American Dietetic Association.

Andorka, F. H. (1998a). Foodservice: Counting on food courts. [Online]. Available: http://www.hotel-online.com

Andorka, F. H. (1998b). Hotel online special reports. Foodservice: Counting on food courts. [Online]. Available: http://www.hotel-online.com

Apfel, I. (1998a). The art of franchising. *Restaurants USA, 18*(7), 22–26.

Apfel, I. (1998b). Getting into the swing: Country-club restaurants stay on par with current trends. *Restaurants USA, 18*(6), 35–38.

Banathy, B. H. (1996). *Designing social systems in a changing world.* New York: Plenum.

Barney, J. B., & Hesterly, W. S. (2008). *Strategic management and competitive advantage.* Upper Saddle River, NJ: Pearson/Prentice Hall.

Bentley, A. (2009). 2010 foodservice trends highlight local, healthy food. [Online]. Available: www.restuarant.org

Billings, L. (1998). Chefs of a different flavor. *Eating Smart, 11*(9), 46–49.

Blake, K. (1998). NACUFS and the CIA partner in education for university cooks. *Nation's Restaurant News, 32*(7), 50.

Brown, W. B. (1966). Systems, boundaries and information flow. *Academy of Management Journal, 9,* 318–327.

Brundtland, G. H. (1987). *Our common future.* New York: Oxford University Press.

Buzalka, M. (2005). Inside Bellagio's secret servery. *Food Management,* September, 2005, 58.

Buzalka, M. (2010). FM's 2010 top management companies. *Food Management,* September, 2010. [Online]. Available: www.food-management.com

Checkland, P. (1989). *Systems thinking, systems practice.* New York: John Wiley & Sons.

Children's Defense Fund. (2002). Child care basics. [Online]. Available: www.childrensdefensefund.org

Chon, K., & Sparrows, R. T. (2000). *Welcome to hospitality.* Albany, NY: Delmar Thomson Learning.

Contractors' revenues grows 8.3% in FY05. *Foodservice Director.*

Corrections. (1997). *Food Management, 32*(10), 92, 94–96.

Coulter, M. (2005). *Strategic management in action,* 3rd ed. Upper Saddle River, NJ: Pearson/Prentice Hall.

Crecca, D. H. (1997). The new shape of airport restaurants. *Restaurants USA, 17*(6), 32–36.

David, B. D. (1972). A model for decision making. *Hospitals, 46*(15), 50–55.

David, F. R. (2005). *Strategic management concepts,* 10th ed. Upper Saddle River, NJ: Pearson/Prentice Hall.

Food Distributors International. (2000). *Foodservice 2010: America's appetite matures.* Falls Church, VA: Author.

Freshwater, J. F. (1969). Future of food service systems. *Cornell Hotel and Restaurant Administration Quarterly, 10*(3), 28–31.

Gue, R. L. (1969). An introduction to the systems approach in the dietary department. *Hospitals, 43*(17), 100–102.

Harrison, J. S., & Enz, C. A. (2005). *Hospitality strategic management.* Hoboken, NJ: John Wiley & Sons.

International Food Manufacturer's Association (2009). Knouse Foods highlights foodservice trends for 2010. [Online]. Available: www.foodprocessing.com

Jackson, R. (1997). *Nutrition and foodservice for integrated health care.* Gaithersburg. MD: Aspen.

Johnson, R. A., Kast, F. E., & Rosenzweig, J. E. (1973). *The theory and management of systems,* 3rd ed. New York: McGraw-Hill.

Kast, F. E., & Rosenzweig, J. E. (1985). *Organization and management: A systems and contingency approach,* 4th ed. New York: McGraw-Hill.

King, P. (1998a). Taking Harvard dining to next level with 'preferred futuring.' *Nation's Restaurant News, 32*(30), 37.

King, P. (1998b). Workshops are a start, but are they enough? *Nation's Restaurant News, 32*(7), 51.

Konnersman, P. M. (1969). The dietary department as a logistics system. *Hospitals, 43*(17), 102–105.

Kroll, D. (1992). The changing commercial and institutional foodservice industry. [Online]. Available: http://www.buscom.com/archive/GA078.html

Krummert, B. (2009). Top trends for 2010. *Restaurant Hospitality.* [Online]. Available: www.restaurant-hospitality.com.

Lanier, P., & Berman, J. (1993). Bed-and-breakfast inns come of age. *Cornell Hotel and Restaurant Administration Quarterly, 34*(2), 14–23.

Livingston, G. E. (1968). Design of a food service system. *Food Technology, 22*(1), 35–39.

Luchsinger, V. P., & Dock, V. T. (1976). *The systems approach: A primer.* Dubuque, IA: Kendall/Hunt.

Managed care terms. (1998). [Online]. Available: http://www.amso.com/terms.html

Management has its privileges. (1998). *Restaurants USA, 18*(11), 6.

Martin J. (1999). Perspectives on managing child nutrition programs. In Martin, J., & Conklin, M. J. (eds.), *Managing child nutrition programs.* Gaithersburg, MD: Aspen, pp. 20–26.

Matsumoto, J. (1999). Nontraditional noncommercial. *Restaurants & Institutions, 109*(2), 44–45, 56, 58.

Matsumoto, J. (2002). Contract management companies look to military for new growth opportunities. *Restaurants and Institutions* (March 15). [Online]. Available: www.rimag.com

Mintzberg, H. (1994). *The rise and fall of strategic planning.* New York: Prentice Hall.

NACS online. (2005). The convenience store industry: Fact sheet. [Online]. Available: www.nacsonline.com

National Restaurant Association (NRA). (1992). *The Americans with Disabilities Act: Answers for foodservice operators.* Washington, DC: National Restaurant Association and National Center for Access Unlimited.

National Restaurant Association (NRA). (2011). Chef's survey: What's hot in 2011. [Online]. Available: www.restuarant.org/foodtrends.

National School Lunch Program. (2005). Nutrition program facts. [Online]. Available: http://www.fns.usda.gov/cnd/Lunch/default.htm

Ninemeier, J. D., & Perdue, J. (2005). *Hospitality operations.* Upper Saddle River, NJ: Pearson Education.

Nursing home services. Nursing Home INFO. (1998). [Online]. Available: http://www.nursinghomeinfo.com/nhserve.html

Parsons, T. (1960). *Structure and process in modern societies.* New York: Free Press.

Payne, K. D. (1998). Increasing food and beverage revenues in hotels. [Online]. Available: www.hotel-online.com/Trends/Payne/Articles/IncreasingFoodBeverageRevenues.html

Petit, T. A. (1967). A behavioral theory of management. *Academy of Management Journal,* 10, 341–350.

Porter, M. E. (1985/1998). *Competitive advantage: Creating and sustaining superior performance.* New York: Free Press. (Republished with a new introduction, 1998.)

Porter, M. E. (1990/1998). *The competitive advantage of nations.* New York: Free Press. (Republished with a new introduction, 1998.)

Powers, T. F. (1978). A systems perspective for hospitality management. *Cornell Hotel and Restaurant Administration Quarterly, 19*(1), 70–76.

Puckett, R. P. (2002). Alternate methods for managing a food service. [Online]. Available: www.dmaonline.org

Robbins, S. P., & Coulter, M. (2007). *Management,* 9th ed. Upper Saddle River, NJ: Pearson/Prentice Hall.

Scarborough, N. M., Zimmerer, T. W., & Wilson, D. (2009). *Effective Small Business Management,* 9th ed. Upper Saddle River, NJ: Pearson/Prentice Hall.

Schuster, K. (1998). In the hot seat: The challenging role of the contract liaison. *Food Management, 33*(7), 52–54, 58, 60.

Silverman, M. R., Gregoire, M. B., Lafferty, L. J., & Dowling, R. A. (2000). Current and future practices in hospital foodservice. *Journal of the American Dietetic Association, 100,* 76–80.

Simpson, J. (ed.). (2008). *Oxford English Dictionary.* [Online]. Available: http://www.oed.com/

Slater, D. (1989). Coming to a truce: Ways to bridge the gap between the front and the back of the house. *Restaurants USA, 9*(10), 26, 28–29.

Sullivan, B. (1998). The second boom. *Restaurants and Institutions, 108*(26), 95–97.

The school breakfast program. (1998). [Online]. Available: http://www.fns.usda.gov

Von Bertalanffy, L. (1968). *General systems theory: Foundations, development, applications.* New York: George Braziller.

Walkup, C. (1998). Zoos upgrade foodservice to boost revenues. *Nation's Restaurant News, 32*(16), 16.

What is a convenience store? 2005. [Online]. Available: http://www.nacsonline.com

Whyte, W. F. (1948). *Human relations in the restaurant industry.* New York: McGraw-Hill.

Wilkerson, J. (1998). Franchising trends for '98: Finding a balance between old and new business cycles. *Nation's Restaurant News, 32*(16), 46, 48.

Zaccarelli, H. (1984). Information Processing in Hospital Food Services. In J. C. Rose (Ed.), *Handbook for health care food service management* (pp. 87–109). Rockville, MD: Aspen Publications.

Chapter

2 품질관리

개요

- 품질은 고객 만족도에 의해 정의된다.
- 푸드서비스 업장의 품질은 지속적으로 개선되어야 한다.

학습목표

1. 품질보증 프로그램과 프로세스개선 프로그램을 구분하여 설명할 수 있다.
2. 식스시그마, 리엔지니어링, 벤치마킹, 특성요인도, 관리도, 고장모드영향분석, 근본원인분석, 파레토분석과 같은 프로세스개선 관련 용어를 설명할 수 있다.
3. 말콤발드리지상, ISO 9000, 조인트커미션의 기준 차이를 설명할 수 있다.
4. 산업영역별 품질기준을 이용하여 푸드서비스 업장을 평가할 수 있다.

품질은 푸드서비스의 성공적인 운영을 위한 중요한 요소 중 하나이다. 따라서 고객이 원하는 품질을 제공하기 위해서는 투입과 변환 과정의 품질에 주의를 기울여야 한다. 이 장에서는 종합적품질경영(Total Quality Management, TQM)과 프로세스개선 프로그램이 푸드서비스 시스템 모형에 어떻게 통합되어 있는지 학습할 것이다. 또한 TQM과 프로세스개선 프로그램의 발전과정을 소개하고, 품질개선을 위해 노력해야 할 부분을 소개한다.

2.1 푸드서비스 시스템의 품질

품질은 학자마다 기준이 다르기 때문에 정의하기 매우 어려운 용어이다. 미국품질학회(American Society for Quality, ASQ)는 **품질(quality)**에 대하여 '명시적 또는 함축적 니즈를 만족하는 제품 또는 서비스의 특성', '결함이 없는 제품 또는 서비스의 특성'과 같이 정의하며(www.asq.org), 다음과 같이 설명하고 있다.

- 품질은 프로그램이 아니라 기업에 대한 접근법이다.
- 품질 평가의 주체는 고객이며, 고객은 자신의 만족도에 기반하여 품질을 평가한다.
- 품질은 완벽한 성과를 목표로 하기 때문에 완벽하지 않은 성과는 모두 개선의 여지가 있다.
- 품질은 고객만족도를 향상시키고, 비용을 절감하며 실수와 재작업을 방지한다.

그림 2-1은 통제 요인의 구성요소로 품질관리/프로세스개선을 강조한 푸드서비스 시스템 모형을 나타낸다. 양질의 고객 서비스는 영리 조직, 비영리 조직 모두의 목표가 된다.

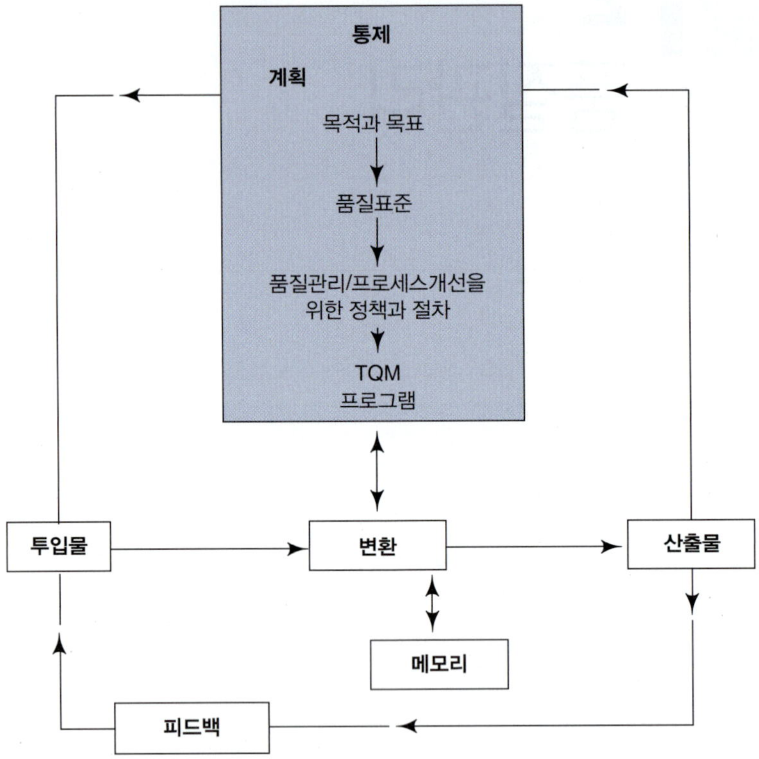

그림 2-1 푸드서비스 시스템의 종합적품질경영(TQM)

기업의 명확한 목적과 목표는 품질을 정의할 수 있는 기준을 제시할 수 있으며, 품질관리, 프로세스개선을 위한 정책 개발을 위해 활용될 수 있다. TQM의 핵심은 기업의 모든 측면에서 품질이 유지되고 있는지 지속적으로 모니터링하고 평가하는 작업이다. 여기서 피드백은 공정 및 제품의 품질과 관련한 정보를 제공하는 중요한 과정이다.

2.2 품질에 대한 다양한 접근법

품질은 고객만족과 기업의 재정적 성공에 중요하다. Buzzell과 Gale(1987)은 실증적 연구를 통하여 기업의 성공을 예측하는 데 있어서 가장 중요한 요인이 제품과 서비스의 품질이라고 하였다. 미국회계감사원(U.S. General Accounting Office, GAO)(1994)은 TQM을 도입한 기업은 그렇지 않은 기업보다 수익성, 고객 만족도, 시장 점유율 등이 증가하였다고 보고하였다.

품질에 대한 관심은 제2차 세계대전이 발발한 1940년대부터 나타났다. 초기의 품질 프로그램은 통제를 강조하였으며 공정보다 주로 산출물에 초점을 두었다. 미국의 통계학자인 데밍(Edwards Deming) 등은 숙련되지 않은 인력으로 군수품을 제조해야 했던 군수산업에서 품질을 관리하는 새로운 방안을 개발하였다. 즉, 재고를 낮은 수준으로 유지하고 공급자와 좋은 관계를 형성하며, 작업을 보다 효율적으로 수행하면 보다 낮은 비용으로 좋은 품질의 제품을 생산할 수 있다고 제안하였다. TQM의 아버지로 일컬어지는 데밍은 기업의 품질 제고에 도움이 되는 14가지 지침을 제시하였다(Deming, 1986).

1. 제품 및 서비스 개선을 위한 목표의 일관성 확보
2. 품질에 대한 새로운 철학 도입
3. 검사에 의존한 품질 목표 달성 탈피
4. 공급가격만을 기준으로 공급자를 선정하는 관습 탈피

5. 생산 및 서비스 시스템의 지속적, 상시적 개선
6. 광범위한 직무훈련 도입
7. 생산량에서 품질 중심의 전환
8. 두려움 제거
9. 부서 간의 장벽 제거
10. 작업장 내 슬로건과 달성 목표치 제거
11. 작업인력에게 할당량 부과 제거
12. 종사원의 자부심 또는 역량을 저해하는 요소 제거
13. 모든 종사원을 위한 교육 및 자기계발 프로그램 도입
14. 모든 종사원이 이상의 13가지 지침을 이행하며 근무

종전 후 미국의 기업들은 대량 재고, 노동 집약적인 생산, 하향식 관리에 의존하는 등 전쟁 이전의 제조 관행으로 돌아갔다. 그러나 일본 기업은 데밍(Edwords Deming) 등의 개념을 발전시켜 일본산 제품의 품질이 떨어진다는 고객의 인식을 바꾸고자 하였으며, 결과적으로 일본인들은 효과적으로 높은 품질의 제품을 생산하는 법을 배우게 되었다.

조직의 품질 문제를 언급하고 있는 대부분의 문헌에서는 성과 개선을 위한 경영 접근법을 설명하기 위하여 **품질보증**, **종합적품질경영(TQM)**, **지속적품질개선**, **식스시그마**, **리엔지니어링**, **린**, **제약이론**의 개념을 활용해 왔다. 각 용어는 다음과 같이 정의된다.

- **품질보증(Quality assurance, QA).** 제품이나 서비스에 대하여 표준을 정의하고 규정된 범위 내에서 기준의 준수를 확보하는 절차(Thorner & Manning, 1983).
- **종합적품질경영(Total quality management, TQM).** 고객 만족을 제고하는 동시에 조직 전반에 걸쳐 지속적인 개선을 위하여 긍정적 변화와 효과적인 환경을 만드는 경영철학(Gift, 1992).
- **지속적품질개선(Continuous quality improvement, CQI).** 리더십, 조직구조, 훈련, 조직 내 모든 측면을 지속적으로 개선하기 위한 환경변화에 초점을 둔 경영철학(Shands Hospital, 1992).
- **식스시그마(Six Sigma).** 결함과 그 원인을 제거함으로써 품질을 개선하는 체계적인 데이터 기반 접근법(www.isixsigma.com).
- **카이젠[1](Kaizen).** 일상의 모든 측면에서 점진적, 지속적인 개선을 강조한 일본의 철학(Aikens, 2011).
- **리엔지니어링(Reengineering).** 성과의 극적인 개선을 위한 비즈니스 프로세스의 근본적인 재설계(Hammer, 1996).
- **린(Lean).** 인력, 공간, 자본, 시간을 적게 사용하면서도 결함을 줄이고 고객의 요구도에 맞는 제품을 생산하는 경영기법(Womack, Jones, & Roos, 1990).
- **제약이론(Theory of constraints).** 생산 또는 서비스를 지연시키는 제약을 제거함으로써 성과를 향상시킬 수 있다는 이론.

2.2.1 품질보증

품질보증(QA 프로그램)은 품질을 개선할 목적으로 1970년대에 시작되었다. QA 프로그램은 산출물 중심이며 측정 가능한 품질표준을 정의하고, 이러한 표준에 대한 기준을 충족하도록 통제하

1) 카이젠: 개선(改善)의 일본식 발음.

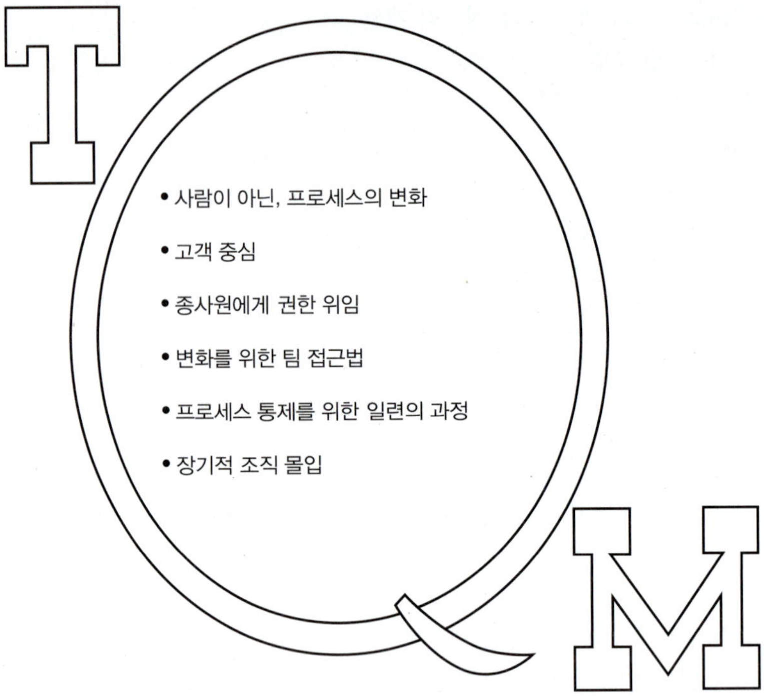

그림 2-2 종합적품질경영(TQM)의 구성요소

는 과정을 포함한다. 품질보증은 후속조치와 점검 결과를 기반으로 수정되는 과정이다.

2.2.2 종합적품질경영

종합적품질경영(TQM)은 고객의 니즈와 기대에 맞춰 조직의 성과를 향상한다는 목표 아래에 프로세스를 수정하는 경영철학이다. 종합적품질경영은 품질개선을 위한 조직의 노력을 설명하는 포괄적 용어로 종종 활용된다.

Zabel과 Avery(1992)는 TQM의 구성요소를 여섯 가지로 제시하였다(그림 2-2). Robbins와 Coulter(2002)가 정의한 TQM에는 다음의 개념이 포함된다.

- 고객 중심
- 지속적 개선
- 프로세스개선 중심
- 종합적품질개선
- 정확한 측정
- 종사원에게 권한 위임

TQM은 제조업에서 유래하였으나 현재는 대학교, 정부기관, 비영리 조직, 레스토랑, 클럽, 병원, 학교 등 다양한 조직에서 활용되고 있다.

고객은 제품을 사용하고 서비스를 받는 사람으로, TQM은 고객의 니즈와 기대를 파악하고 만족시킴으로써 기업이 고객에 집중할 수 있도록 한다. **고객(customer)**은 제품이나 서비스의 영향을 받는 사람으로 외부고객과 내부고객으로 구분할 수 있다(Juran, 1992). 레스토랑에서 햄버거나 피자를 주문하는 사람은 **외부고객(external customer)**에 해당한다. 외부고객은 제품의 영향을 받지만 이 제품을 생산하는 조직에 속하지는 않는다. **내부고객(internal customer)**은 제품의 영향을 받으며 이 제품을 제조하는 조직에 속한다. 종사원과 식품 공급자는 내부고객에 속한다.

TQM은 조직의 전반적인 성과를 개선하기 위하여 문제를 파악하고 해결책을 찾는 데 종사원의 참여를 장려한다. 경영진은 종사원들의 성장을 지원하며 종사원들이 장점을 활용하고 단점을 개선할 수 있도록 권한을 위임할 책임이 있다(Ebel, 1991). **권한 위임(empowerment)**은 직무기술서에서 벗어난 종사원의 독립적인 행동을 관리자가 인정하는 수준 또는 정도를 의미한다. 이는 종사원이 작업구역 내에서 의사결정에 대한 권한을 위임받았을 때 나타난다. 모든 조직 구성원은 직무를 보다 능숙하게 수행하기 위하여 훈련, 재훈련 등 필요한 기술을 습득하고 개발할 기회를 필요로 한다.

일반적으로 종사원, 리더, 조력자로 구성된 팀은 TQM에 참여하며 비용을 줄이고 제품과 서비스의 품질을 개선하기 위한 프로젝트를 담당하게 된다. 조력자는 보통 팀이 프로젝트를 원활히 수행할 수 있도록 특별한 훈련을 받은 관리자 혹은 전문가이다. 조력자는 의사소통을 통해 정보를 제공하고 결과를 피드백하고 경험을 공유함으로써 팀원을 돕는다. 또한 팀장의 컨설턴트 역할을 수행하기도 한다.

조직의 TQM 수행 방법은 환경과 처한 문제에 따라 다르다. 일반적으로 TQM은 문제와 원인을 차례로 밝히고, 측정 가능한 개선 방법을 개발한다. 또한 최적의 해결책을 선택하여 실행하고, 결과를 통계적으로 측정하기 위하여 자료를 수집하고, 해결책을 제시하는 등 일련의 과정을 반복한다.

TQM은 조직의 장기적인 노력과 업장에 대한 완전한 이해를 요구한다. TQM은 결과가 나올 때까지 시간이 필요하기 때문에 하루만에 시행할 수 없다. 경영진의 헌신과 참여가 없으면 TQM은 성공할 수 없으며, 모든 부서 간의 자유롭고 개방적인 의사소통이 필수적이다. 책임의 부재 또는 중복은 낮은 품질의 원인이 된다.

타코벨은 품질에 중점을 두고 대대적인 변화를 꾀하였다. 1980년대 초반에 최고 경영진이 바뀐 후 소비자가 진정으로 원하는 것을 파악하고자 타코벨은 1987년, 1989년에 소비자 조사를 실시하였다. 이전의 고위 경영진은 새 메뉴를 자주 출시하면 매출이 증가할 것이라 생각했다. 그러나 고객은 메뉴의 변화보다는 기본적인 것들에 더 많은 관심을 가지고 있는 것으로 나타났으며, 경영진은 이러한 기본을 포함하는 약어로 FACT(**F**ast service and **A**ccurate orders with food served in a **C**lean restaurant and at the right **T**emperature: 빠른 서비스, 정확한 주문, 깨끗한 레스토랑에서 제공하는 적절한 온도의 음식)를 도출하였다. 타코벨은 점포의 레이아웃을 재설계하고, 전처리 시간을 줄이기 위하여 별도의 업장에서 메뉴를 준비하고, 근무 스케줄을 더 효율적으로 운영함으로써 성과를 개선하였다(Wood, 1993).

2.2.3 지속적품질개선

지속적품질개선(CQI)은 최근에 도입되었고 업장의 공정과 산출물을 지속적으로 개선할 방법을 찾기 위해 주기적으로 실시하는 검토를 포함한다. 용어에서 드러나듯 품질개선을 위한 노력은 특정 시점에서 종료되지 않는다. 지속적품질개선은 업장과 고객이 경험한 품질을 지속적으로 개선하는 데 중점을 둔 연속적 프로세스이다. CQI 프로젝트의 초점은 사람보다 프로세스에 맞춰진다. 사람에게서 원인을 찾는 대신 프로세스를 개선할 방법을 찾는다는 것이 이 개념의 전제이다.

세이크리드 하트 메디컬 센터(Sacred Heart Medical Center)는 1990년에 CQI을 시작하였다(Weisberg, 2005). 푸드서비스 관리자인 Howard Traver는 CQI를 통하여 풀 타임에 준하는 종사원을 18% 줄이는 반면, 생산성을 70% 증가시켰으며 식사 제공이 지연되는 문제를 100% 개선하면서 40%의 원가절감을 하였다고 밝혔다.

2.2.4 식스시그마

식스시그마(Six Sigma)는 프로세스에서 결함을 제거하고 편차를 줄이는 것을 목표로 하는 데이터에 기반한 접근법이다. 모토로라의 공학자인 스미스(Bill Smith)는 품질을 측정하는 수단으로 이 용어를 도입했다. 식스시그마를 달성한다는 것은 프로세스의 결과 생산되는 제품 백만 개당 결함은 3.4건 이하로 유지한다는 뜻이다.

'시그마'는 통계학에서 표준편차를 나타내는 그리스 문자이다. 식스시그마는 평균으로부터 6 표준편차만큼 떨어져 있는 상태이므로 프로세스에서 일어나는 변동이 미미함을 의미한다. 평균적으로 미국 기업들의 성과는 평균에서 3 표준편차만큼 떨어져 있다.

식스시그마 프로그램의 설계에 DMAIC 품질개선 접근법이 활용된다. 이 접근법을 따르는 관리자는 프로젝트의 목표를 정의하고(**D**efine) 프로세스의 현행 성과를 측정하고(**M**easure) 결함의 원인을 분석하고(**A**nalyze) 알아내며 결함을 제거함으로써 프로세스를 개선하고(**I**mprove) 향후 프로세스의 성과를 통제하고(**C**ontrol) 표준화해야 한다.

2.2.5 카이젠

카이젠(Kaizen)은 일본의 컨설턴트인 이마이 마사아키(1986)가 도입한 철학이다. 카이젠은 크고 혁신적인 변화보다 매일 매일의 지속적, 점진적인 개선을 강조한다. 이 개념의 등장은 미국 기업들이 지속적인 품질개선에 나서는 시작점이 되었다. 카이젠은 팀워크, 훈련, 사기증진, **품질관리서클(quality circles)**[2], 개선을 위한 제안으로 구성된 핵심요소를 기반으로 한다.

2.2.6 리엔지니어링

리엔지니어링(*reengineering*)은 '*Reengineering the Corporation*'의 저자인 Hammer와 Champy 덕분에 이 책의 초판이 출간된 1993년에 대중화된 용어이다. 이들은 리엔지니어링을 성과의 극적인 개선을 위한 근본적인 재검토와 비즈니스 프로세스의 재설계로 정의했다.

리엔지니어링의 개념은 종사원 개개인이 완수하는 개별 업무보다 기업의 핵심 프로세스를 개선하는 데 초점을 둔다. **프로세스(process)**는 끝과 끝이 이어진 활동들의 집합으로, 일련의 활동과 연결되어 소비자 가치를 창출한다(Hammer & Champy, 2001). 푸드서비스 시스템 모형은 업장에서 투입이 변환과정을 거쳐 산출이 되기까지의 핵심적인 프로세스를 나타낸다.

업장에 리엔지니어링 원칙을 적용함으로써 긍정적 결과를 얻은 사례로 타코벨을 들 수 있다. 리엔지니어링 이전, 타코벨 업장에서 고객 좌석이 차지하는 비율은 평균적으로 30%에 불과했다. 이 회사는 음식 준비 프로세스를 리엔지니어링 함으로써 이 비율을 70%까지 올릴 수 있었다. 또한 인력 필요 시간이 1일당 15시간 감소하고 주방의 생산력을 시간당 400달러에서 1,500달러로 증가하는 효과도 얻었다. 그리고 관리자들은 서류 작업에 시간을 덜 할애하고 고객 서비스 관련 활동에 더 많은 시간을 쓸 수 있게 되었다. 이처럼 업무 프로세스를 근본적으로 재설계한 결과, 타코벨의 매출은 10년 동안 300만 달러에서 50억 달러로 성장하였다.

2.2.7 린

린(lean, "낭비 없는")은 Womack, Jones, Roos가 '세상을 바꾼 기계: 린 생산의 이야기(*The Machine That Changed the World: The Story of Lean Production*)'에서 소개한 자동차 산업을 벤치마킹한

2) 품질관리 및 향상을 목적으로 형성된 모임.

연구(Womack, Jones, & Roos, 1990)에서 처음으로 논의된 개념이다. 이 책은 도요타가 어떻게 생산 직원에게 의사결정 권한을 위임했는지, 재고를 매우 낮은 수준으로 유지했는지, 매출과 수익성이 높은 기업으로 성장했는지 설명한다. 도요타가 경쟁사보다 적은 인력과 생산 공간과 기기를 활용하여 더 짧은 시간 내에 제품을 개발했기 때문에 저자들은 도요타의 생산 프로세스를 **'린 생산'**이라고 명명하였다.

Nave(2002)는 린에 필수적인 다섯 단계를 다음과 같이 제시하였다.

- 내/외부 고객에 대한 가치 창출의 특성을 파악
- 가치를 창조하는 순서에 따라 가치의 흐름을 문서화
- 흐름을 방해하는 요소를 제거함으로써 개선
- 고객이 원하는 경우에만 프로세스 안에서 제품 또는 서비스를 제공
- 완벽한 프로세스 구축

미국 올란도에 있는 플로리다 병원의 영양서비스팀은 급식소를 개선하고자 린 원리를 사용하였다(Buzalka, 2006). 관리자들은 스톱워치로 작업 시간을 측정하고 작업을 녹화함으로써 제품 프로세스의 흐름을 도식화하였다. 이 가치 흐름도를 통하여 관리자들은 작업 흐름, 종사원의 직무, 구매 실무를 재구성할 수 있었다. 결과적으로 식재료비가 감소했고 운영 효율 및 고객 만족이 상승하였다.

2.2.8 제약이론

제약이론(theory of constraints)은 1984년 Goldratt의 저서인 '목표(*The Goal*)'에서 처음 소개되었다. **제약(constraint)**이란 어떤 조직이 목표를 달성하는 데 있어서 방해가 되는 모든 것을 가리킨다. 제약은 기계나 작업자의 능력과 같이 물리적인 것도 있고 제품에 대한 수요나 기업의 방침과 같이 비물리적인 것도 있다.

제약이론을 활용하고자 하는 조직은 우선 제약을 파악하고, 파악이 끝나면 직원들과 관리자는 제약을 이용하거나 제거해야 한다. 제약의 이용은 큰 비용이나 업그레이드가 필요하지 않은 선에서 제약을 발생시키는 프로세스를 개선하거나 지원하는 방법으로 '탐색'을 포함한다. 이 방법이 효과가 없을 경우에는 제약을 없애기 위한 방법을 취해야 하는데, 이것을 **'제약을 제거한다'**라고 표현한다.

2.2.9 품질기능전개

품질기능전개(quality function deployment, QFD)는 Yoji Akao(1988)에 의해 개발되었으며, 이는 제품의 품질개선 과정에서 고객의 중요성에 대한 인식이 증가하면서 고객의 목소리나 요구사항을 제품에 반영하는 방법을 말한다. **품질기능전개연구소**(*Quality Function Deployment Institute*)는 QFD를 다음과 같이 설명한다(www.qfdi.org).

- 말로 표현하지 않는 고객요구 찾기
- 고객감동을 이끌어내는 '긍정적인' 특성 발견하기
- 이러한 특성을 설계하고 실행 가능한 활동으로 변환하기
- 고객만족이라는 공통적인 목표를 달성하기 위해 다양한 비즈니스 기능에 중점을 두고 고품질의 제품 또는 서비스를 생산하기

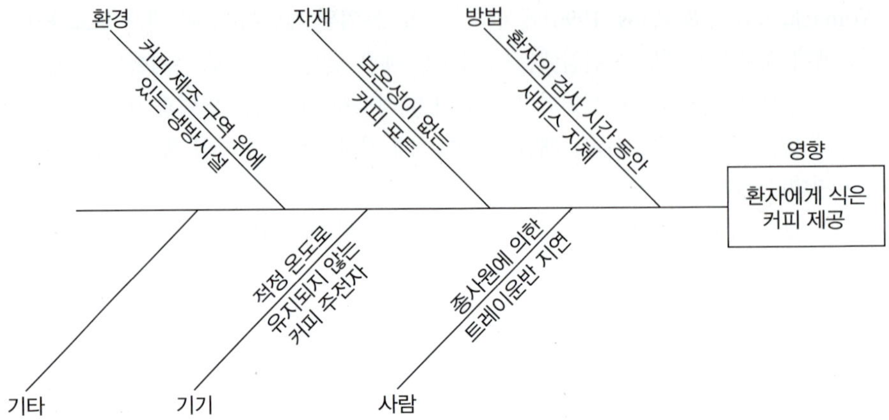

그림 2-3 특성요인도(cause and effect diagram)

2.3 프로세스개선 방법

프로세스개선을 위한 방법으로는 벤치마킹, 원인분석, 프로세스분석, 데이터 수집 및 분석, 프로젝트 계획이 있다. 이러한 방법은 문제를 파악하고 필요한 의사결정에 도움을 준다.

벤치마킹(benchmarking)은 특정 분야에서 최고로 인정받는 상대와 성과를 비교하는 것으로 이러한 비교는 관리자가 집중적으로 개선 노력을 기울여야 할 부분을 파악하는 데 도움이 된다. 여러 기업과 일부의 전문가조직에서는 벤치마킹에 도움이 될 자료를 수집한다. 예를 들어 병원 급식 관리자는 환자의 병원 만족도에 대하여 비교분석을 실시하고 수집하는 회사인 프레스 개니 어소시에이츠(Press Ganey Associates, Inc.)와 협업하기도 한다. 일부 전문가조직은 구성원들에게 벤치마킹 기회를 제공한다. 의료급식협회(Association for Healthcare Foodservice)는 구성원들에게 재무 및 운영 지표 비교도구인 **BENCHMARKING EXPRESS**™을 제공하고 대학급식협회(National Association of College and University Food Service)는 매년 운영 성과 벤치마킹 조사를 실시한다. Bright 등(2009)은 단체 급식(학교, 병원, 교정시설) 관리자를 대상으로 한 설문조사 결과, 관리자의 약 1/2(56%)이 외부 벤치마킹을 활용한다고 보고하였다.

특정 결과에 대한 발생 원인을 찾는 **원인분석**에 몇 가지 도구가 활용되는데, 특성요인도, 파레토분석, 산포도, 근본원인분석 등이 포함된다.

특성요인도(cause and effect diagram, 또는 이시카와[Ishikawa][3], 물고기뼈 다이어그램[fish bone diagram])는 결과에 영향을 미치는 요인을 나타낸다. 그림 2-3은 차가운 커피에 대한 불만을 주제로 그린 특성요인도이다. 이 도식은 문제의 원인으로 추정되는 요인을 파악하고 범주화할 방법을 제공한다.

파레토분석(Pareto analysis)은 성과의 80%가 20%의 투입에서 비롯된다 하여 종종 80-20 법칙이라고도 한다. 이 용어는 대부분의 결과를 좌우하는 원인은 소수에 불과함을 제시한 19세기의 경제학자 Vilfredo Pareto의 이름을 따 명명되었다. 예를 들어 마켓터들은 20%의 고객이 매출의 80%를 차지하는 경우가 많다는 것을 발견했다. Juran(1992)은 이를 '주요한 소수와 사소한 다수'로 묘사하였다. 사실상 품질개선에 주요한 영향을 미칠 수 있는 핵심 원인은 소수에 불과하다. 관리자는 이러한 소수의 핵심 원인에 초점을 맞춰야 한다.

근본원인분석(root cause analysis)은 주어진 문제의 근본적인 원인을 밝히는 데 초점을 둔다. 근본원인을 파악하는 데 종종 활용되는 기법은 '왜'로 시작하는 일련의 질문을 던지는 것이다.

3) 처음 사용한 일본 교수의 이름을 붙여서 이시카와 다이어그램이라고도 함.

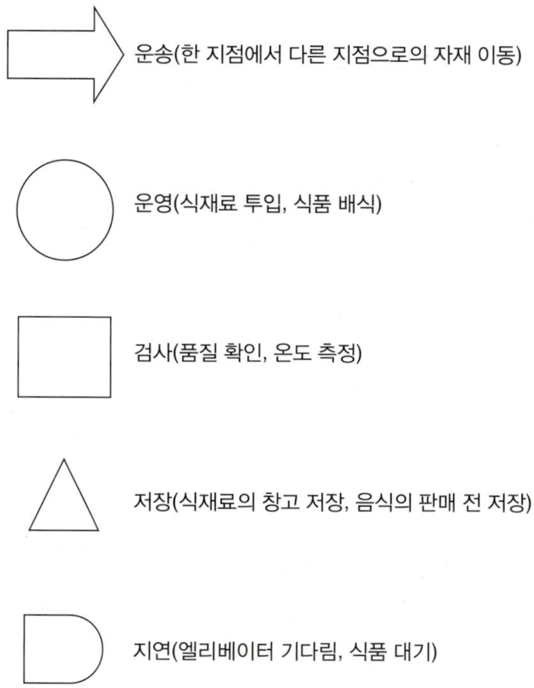

그림 2-4 흐름도 기호

예를 들어 고객에게 제공되는 로스트비프의 두께가 고르지 않은 문제를 관리자가 인식했다고 가정하자. 처음에는 지시를 불이행하는 종사원이 원인이라는 생각이 들더라도 보다 면밀히 조사하면 다른 근본원인을 발견할 수도 있다.

- 두께가 균일하지 않은 이유는 무엇인가? 관리자는 기기가 아닌 손으로 로스트비프를 썰었음을 알게 된다.
- 고기를 손으로 썰은 이유는 무엇인가? 관리자는 주방에 적합한 기기가 없었음을 알게 된다.
- 기기가 주방에 없었던 이유는 무엇인가? 관리자는 설비부서가 기기 수리를 위해 지난 밤에 기기를 가져간 후 반납하지 않았음을 알게 된다.
- 기기가 반납되지 않았던 이유는 무엇인가? 지난 밤에 작업을 하던 설비부서 직원이 긴급한 사정으로 일찍 퇴근하면서 기기를 반납해야 함을 누구에게도 전달하지 않았다.

이 경우 궁극적으로 문제를 일으킨 근본원인은 다른 부서와의 의사소통 단절이었다. 프로세스를 분석하는 데 도움이 되는 도구도 다양하다.

가장 널리 사용하는 **프로세스 분석** 도구는 흐름도, 고장모드영향분석, 가치흐름지도이다.

흐름도(flowchart)는 프로세스의 단계를 도표로 나타낸 것으로 프로세스의 모든 요소와 이러한 요소들이 나타나는 순서를 자세히 설명한다. 흐름도를 통합할 때 스톱워치로 시간을 측정하거나 실제 활동을 녹화하여 자료를 모으는 경우가 많다. 흐름도를 그릴 때 미국표준협회(American National Standards Institute, ANSI)가 개발한 특수한 기호를 활용한다(그림 2-4).

고장모드영향분석(failure mode and effect analysis)은 프로세스에서 일어날 가능성이 있는 잠재적인 고장을 파악하는 것이다. 고장이 일어날 경우 초래될 결과의 심각성, 고장의 발생 가능성, 발생 전 감지 가능성이 평가된다. 이 분석으로 발생 이전의 잠재적 고장을 발견하여 계획의 초점을 고장의 영향 제거 또는 최소화에 맞출 수 있게 된다.

가치흐름지도(value stream map)는 프로세스와 흐름을 기록하는 복잡한 흐름도로 관리자가 가치를 더하는 프로세스를 판별하도록 돕는다. 린 프로젝트에서 널리 활용되는 이 도구는 작업

환자식 식판의 배선이 중단된 이유	월	화	수	목	금	계
메뉴 품목의 준비 미비	III	II	III	III	I	12
최종 확인시 특정 메뉴품목의 누락	I	I	II	I	II	7
작업 구역에 따른 업무량의 불균형	III	IIIII	III	IIII	IIII	18
배선대에서의 음식준비 미비	I		II	I		4

그림 2-5 체크시트(check sheet)

프로세스, 관리 결정, 검수부터 제품 제공까지 이르는 과정에 이용되는 정보지원시스템에 대한 상세 정보를 제공한다(www.isixsigma.com).

프로세스에 필요한 **데이터 수집 및 분석**에 다양한 도구와 기법이 이용된다. 널리 이용되는 도구에는 체크시트, 히스토그램, 관리도, 산포도 등이 있다.

체크시트(check sheet)는 관찰에 의한 자료 수집에 사용되는 도구이다. 체크시트는 사용자가 상황에 맞게 설계한다. 그림 2-5는 트레이 조합 과정에서 트레이 조합이 중단된 이유별 발생 빈도를 기록할 때 사용하는 체크시트의 예를 보여준다. 관찰을 자주할수록 관리자가 수정할 사항을 파악하는 데 도움이 된다.

히스토그램(histogram)은 자료의 빈도분포를 도식화하여 보여주는 막대그래프이다. 히스토그램은 숫자만으로 명확히 알기 어려운 자료의 패턴을 파악하도록 돕는 시각 자료를 제공한다.

관리도(control chart)는 일정 시간 동안의 프로세스 성과를 도식적으로 기록한 것이다. 잠재적 문제를 파악하기 위하여 관리 상한과 관리 하한(평균에서 2 또는 3 표준편차만큼 떨어진 수준으로 정의하는 경우가 많음)을 정한다. 그림 2-6의 관리도는 한 달 동안 푸드서비스 매니저에게 들어온 근무 일정 변경 요청 건수를 나타낸다.

산포도(scatter diagrams)는 두 변수 사이의 관계를 파악할 수 있는 시각 자료를 제공한다. 두 변수와 관련된 데이터는 *X*축과 *Y*축에 표시된다. 한 변수에 변화가 있을 때 다른 변수에 어떤 변화가 있는지 확인하는 것이 산포도의 목적이다.

프로세스의 파악과 분석이 끝나면 새로운 또는 수정된 프로세스가 **계획 및 실행**된다. 이 단계에서는 계획-실행-평가-조치(PDCA) 사이클과 간트차트가 사용된다.

계획-실행-평가-조치(PDCA) 사이클은 프로세스 개선 노력을 조정하는 모형이다. 그림 2-7이 보여주듯이 사이클은 사분면으로 분할된 원형으로 표시된다. 이 모형은 1930년대에 벨 연구소

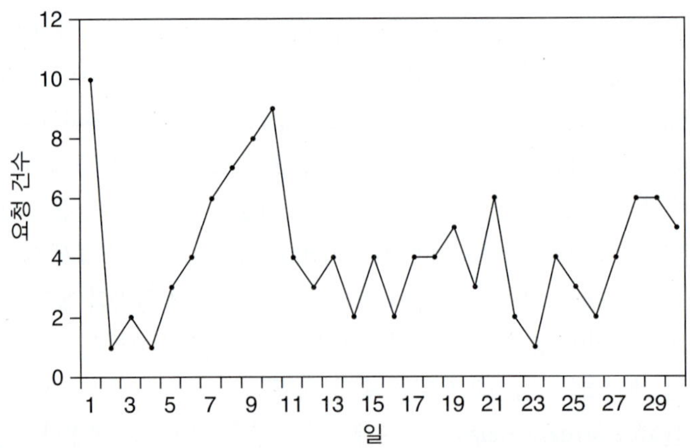

그림 2-6 근무일정 변경 요청 건수

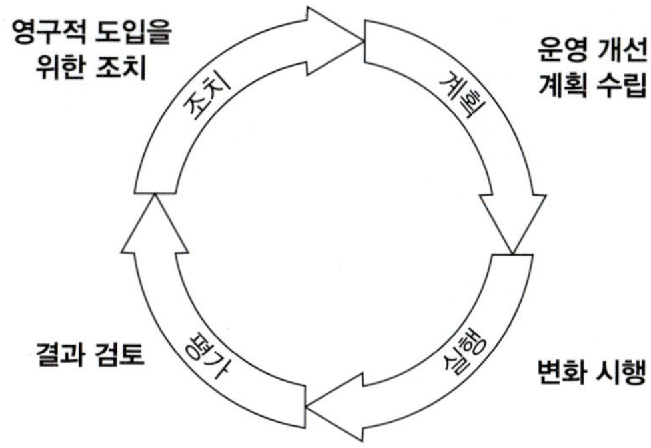

그림 2-7 계획-실행-평가-조치 사이클(PDCA cycle)

에서 프로세스 관리를 놓고 작업하던 통계학자 Walter Shewhart가 개발했다. 이 사이클은 1950년대에 Edwards Deming의 연구 덕분에 인지도를 얻었다. 미국병원협회(Hospital Corporation of America)는 의료시설을 위한 계획-실행-평가-조치 사이클을 상세히 설명하고 이를 FOCUS-PDCA로 명명하였다(Gluba, 1991; Kibbe, Bentz, & McLaughlin, 1993). 머리글자 FOCUS는 업장의 개선에 활용되는 프로세스의 개요를 설명한다.

F 개선이 필요한 프로세스를 발견함(Find a process to improve)
O 프로세스를 이해하는 구성원들로 팀을 조직함(Organize a team that knows the process)
C 프로세스에 대한 지식을 명확히 함(Clarify current knowledge of the process)
U 프로세스 변동의 원인을 이해함(Understand causes of process variation)
S 프로세스 개선을 위한 해결책을 선택함(Select the process improvement)

Letort와 Boudreaux(1994)는 FOCUS-PDCA의 활용 사례를 상세히 설명하였다. 이들은 병원에서 트레이 배송 지연 문제를 개선할 방안을 찾기 위하여 흐름도, 관리도, 특성요인도를 활용했다. 이러한 기법들의 활용으로 관리자들의 프로세스 이해도가 증가했고 그 결과 트레이 배송 지연 시간을 줄일 수 있었다.

Tye와 Wheeler(2007)는 병원 식사의 품질과 온도에 대한 환자의 만족도를 개선할 방법을 찾기 위하여 FOCUS-PDCA를 활용하였다. 프로세스를 검토한 결과, 트레이에 음식을 담는 방식이 표준화되었으며 음식 온도를 보다 효과적으로 모니터링할 수 있게 되었다.

간트차트(Gantt Chart)는 프로젝트 수행 일정을 나타내는 막대 도표의 일종이다. 행에는 주 또는 월을 기준으로 프로젝트 기간이 표시되며 열에는 완료해야 하는 작업들이 표시된다. 수평 방향의 막대는 각 작업을 완료하는 데 필요한 기간을 나타낸다.

2.4 품질표준

품질표준은 다양하다. 그 중에는 전문가조직에서 개발한 것도 있고 산업체에서 개발한 것도 있다. 또한 일부는 가이드라인의 성격을 지니는 반면, 또 다른 일부는 인증을 받기 위하여 필수적으로 준수해야 하는 기준의 성격을 지닌다.

2.4.1 ISO 9000 표준

ISO 9000:2000 표준 시리즈는 독립적이지만 관련된 다섯 개의 품질관리 국제표준으로 구성된다. 이 표준은 국제표준화기구(International Organization for Standardization, ISO)가 개발하였다. ISO은 160개가 넘는 국가의 대표적인 표준 기관으로 구성된 국제 비정부 기구이다(www.iso.org

참조). 기술위원회에서 초안을 작성한 표준은 ISO 회원들의 합의를 거쳐 발행된다.

대다수의 ISO 표준이 특정한 제품, 자재 또는 프로세스에 특화되어 있지만 ISO 9000:2000 표준 시리즈는 포괄적인 관리기준이다. 이 표준 시리즈는 조직이 성과를 개선하도록 안내하는 프레임워크로 경영진이 활용할 수 있는 여덟 가지 원칙에 기반을 둔다. 이 원칙들은 다음과 같다.

- 고객 중심
- 리더십
- 전사적 참여
- 프로세스 접근방법
- 경영에 대한 시스템 접근
- 지속적 개선
- 의사결정에 대한 사실적 접근
- 상호유익한 공급자 관계

2.4.2 학교 급식의 품질표준

학교영양협회는 어린이영양프로그램(Child Nutrition Programs, CNPs)의 품질표준으로 *Keys to Excellence*를 개발하였다(www.schoolnutrition.org 참조). 이 **품질표준**에는 주요 내용으로 경영, 커뮤니케이션과 마케팅, 영양과 영양 교육, 운영의 네 가지 영역별 품질지표가 제시되어 있다.

어린이영양프로그램의 책임자는 이 품질표준을 이용하여 자신이 관리하는 학교 급식에 대한 온라인 자가 평가를 할 수 있다. 학생들에게 영양가 높은 식품과 건강한 교육 환경을 제공한 우수 학교들이 있는 지역은 어린이 영양 우수지역으로 지정된다.

2.4.3 대학 급식의 품질표준

전국대학급식협회는 대학 급식의 발전, 자가 평가, 지속적 품질개선에 활용할 수 있는 도구로 *Professional Practice in College and University Food Services* 매뉴얼을 개발하였다(www.nacufs.org 참조). 이 매뉴얼은 전문성, 조직, 계획, 마케팅, 운영관리, 인적자원, 메뉴관리, 구매/검수/저장, 식품안전, 서비스관리, 안전, 지속가능성, 설비관리, 기술, 자본증진, 위탁서비스 등 여러 분야와 관련된 원칙과 실무를 포함한다.

2.4.4 병원 급식의 품질표준

의료 산업은 급식산업이 정형화된 TQM 프로그램을 수립하도록 자극하였다. 1951년부터 조인트커미션(Joint Commission)은 환자 관리의 품질과 안전을 개선하는 데 필요한 표준의 주요 출처였다. 조인트커미션은 표준을 설정하고 의료기관을 인증하는 독립적인 비영리 단체이다(www.jointcommission.org 참조). 조인트커미션의 미션은 의료기관 인증과 의료기관의 성과개선에 유익한 기타 관련 서비스의 제공을 통하여 대중에게 제공되는 의료의 안전과 품질을 지속적으로 개선하는 것이다. 조인트커미션은 17,000개가 넘는 미국 내 의료기관과 프로그램을 평가 및 인증하였다. 병원 중 약 80%가 조인트커미션의 인증을 받았다.

조인트커미션은 1910년 Ernest Codman이 '병원 표준화의 최종 결과 시스템'을 제안하여 설립되었다. 이 시스템 아래에 있는 병원은 치료가 효과적인지 판단하기에 충분히 긴 치료를 받은 모든 환자를 추적한다. 치료가 효과적이지 않았다고 판명되면 병원은 이유 파악에 나선다. 이 덕분에 이후의 유사 환자들은 효과적인 치료를 받을 수 있게 되었으며, 1951년 조인트커미션은 최신식의 전문적인 표준을 개발하였고, 의료기관들이 이 표준의 평가기준을 준수하는 정도를 평가하였다. 조인트커미션은 수많은 변화를 겪었으나 기본 철학만은 변함없이 유지되고 있다. 2005년에 미국 외 국가의 병원을 인증하는 국제 조인트커미션이 설립되었다. 2008년을 기준으로 아프리카, 아시아, 유럽, 남미에서 100개가 넘는 병원이 인증을 받았다.

표준의 개발은 국가 전역의 의료 전문가, 기타 개인 및 기관의 경험과 의견을 끊임없이 통합하는 지속적이며 역동적인 과정이다. 이 과정을 거쳐 만든 표준은 높은 품질의 의료를 제공함에 있어 필수적인 요소에 초점을 두며 환자에게 제공되는 의료를 개선하는 데 중요한 기여를 하는 것으로 인정받고 있다. 조인트커미션 표준은 다음과 같은 성격을 띤다.

- 여러 분야(의료 환경, 응급상황 관리, 인적자원, 감염 예방 및 관리, 정보관리, 리더십, 생명안전, 투약관리, 의료직원, 국가 환자안전목표, 간호, 의료 제공, 치료 및 서비스, 성과개선, 치료기록, 개인의 권리와 책임, 이식 안전, CLIA법 면제 검사)에 대한 성과의 기대수준을 제시한다.
- 조직이 가진 것이 아닌 조직이 하는 일에 초점을 둔다.
- 의료 전문가, 공급자, 측정 전문가, 구매자, 소비자와 협의하여 개발된다.

한때 임상영양서비스에는 식품의 취급 및 준비와 관련된 표준 등 독립적인 표준들이 적용되었다. 현재의 조인트커미션 인증 매뉴얼은 의료 환경, 인적자원, 정보관리, 리더십, 국가 환자안전목표, 의료 제공 등을 포함하는 여러 표준 아래에 식품 및 영양의 관리에 관한 표준을 포함한다. 예를 들어 식품 및 영양과 관련된 목표에는 다음과 같은 것들이 있다. 식품·영양관련 제품들을 환자의 치료와 서비스에 적절하게 제공한다.

- 의료상의 이유로 사용이 금지되지 않는 한 환자의 문화, 종교, 출신지에서 비롯한 식품 기호를 최대한 존중한다.
- 식품과 영양 관련 제품은 위생, 온도, 빛, 습도, 환기, 안전이 적절한 환경에 저장한다.
- 특별식 및 식사일정 변경을 수용해야 한다.

조인트커미션의 인증은 자발적으로 신청 가능하며, 인증을 희망하는 의료기관은 자체적으로 학습을 마치고 훈련된 검토위원들로 구성된 팀의 검토를 받는다. 표준의 평가기준을 만족하는 기관은 3년간 유효한 인증을 받는다. 해당 기간 동안 검토위원들이 인증 받은 기관을 불시에 방문한다. 인증을 받은 병원에 대한 정보는 www.qualitycheck.org에서 확인할 수 있다.

2.5 품질인증

말콤발드리지상(Malcolm Baldrige National Quality Award)은 1987년 8월 20일에 레이건 대통령이 말콤발드리지 국가품질증진법(Malcolm Baldrige National Quality Improvement Act)에 서명함으로써 매년 수여되는 국가품질상으로 제정되었다. 이 상은 품질과 성과가 우수한 기업을 표창하기 위하여 제정되었으며(www.quality.nist.gov 참조) 성공적인 수행 전략에 대한 정보 공유를 촉진한다. 미국국립표준기술원이 관리하는 이 상의 후보는 미국이나 미국 통치 지역에 본사를 둔 회사로 국한되며, 다음의 다섯 분야에서 매년 최대 세 개의 상이 수여된다.

- 제조업
- 서비스업
- 중소기업

- 교육업
- 의료업

우수한 성과에 대한 기준은 기관들이 모든 업장 관리에 활용하는 프로세스를 시행 및 평가하는 통합적인 결과 지향적 프레임워크를 제공한다. 이 기준은 상을 제정하고 지원자에게 피드백을 제공하는 데 기반이 된다. 이 기준은 일곱 개의 범주로 구성된다.

- **리더십:** 기업의 리더십 시스템, 가치, 기대, 사회적 책임
- **전략기획:** 고객과 운영성과 요구조건에 초점을 둔 전략적 기획과 비즈니스 기획의 효율성, 계획의 배치
- **고객 및 시장 중심:** 기업이 고객과 시장의 요구 및 기대를 파악하고 대고객 관계를 강화하고 고객만족을 파악하는 방법
- **측정 · 분석 · 지식 관리:** 고객 중심의 우수한 성과와 시장에서의 성공을 돕기 위한 정보수집 및 분석의 효율성
- **인적자원 중심:** 성과가 우수한 조직을 만들기 위하여 인력의 잠재력을 최대한 파악하기 위한 노력의 성공
- **프로세스 관리:** 제품과 서비스의 품질을 확보하기 위한 시스템과 프로세스의 효율성
- **경영실적:** 성과의 실적과 추세, 고객만족, 재정, 시장, 인적자원, 공급자와 파트너, 업장, 통제, 사회적 책임 등의 주요 사업 분야에서 경쟁사 대비 비교

이 상을 수상한 조직은 Ritz Carlton(1999, 1992, 1989—유일한 3회 수상조직), AtlantiCare(2009), Heartland Health(2009), Iredell-Statesville Schools(2008), Poudre Valley Health System(2008), Mercy Health System(2007) 등이 있다. Davis(1992)에 따르면 발드리지상 수상자에게서 얻을 수 있는 가장 큰 교훈으로 높은 품질의 작업을 지원하고 고위층 외 직원들이 개선 아이디어를 제안하도록 장려하는 인적자원 실무가 무척 중요하다는 점을 들 수 있다.

요약

1. 품질보증프로그램은 기준 설정, 기준 충족 여부의 확인을 위한 지속적 모니터링 및 평가, 필요에 따른 업장 운영의 수정을 포함한다. 프로세스개선 프로그램은 현재 업장에서 사용하는 프로세스에 대한 분석, 이러한 프로세스의 개선을 위한 아이디어 도출에 초점을 둔다.
2. 식스시그마는 제품 백만 개당 결함을 3.4건 이하로 유지한다는 목표 아래 결함과 결함의 원인을 제거함으로써 품질을 개선하는 경영기법이다. 리엔지니어링은 성과의 극적인 개선을 위하여 비즈니스 프로세스를 근본적으로 재설계하는 것이다. 벤치마킹은 특정 영역에서 최고로 인정받는 상대와 성과를 비교하는 것이다. 특성요인도(이시카와 또는 물고기뼈 다이어그램)는 결과에 영향을 미치는 주요 원인과 부차적 원인을 나타낸다. 관리도는 일정 시간 동안에 나타나는 프로세스 성과를 도식화한 것이다. 고장모드영향분석은 고장의 발생 확률과 심각성을 확인하고 평가하며, 프로세스 상에서 발생 가능한 고장을 감지하는 것이다. 근본원인분석은 문제의 근원적인 원인을 찾는 것이다. 파레토 분석은 결과의 80%를 좌우하는 프로세스의 20%를 분석하는 것에 초점을 둔다.
3. 말콤발드리지상의 평가기준에는 리더십, 전략 기획, 고객 및 시장 중심, 측정 · 분석 · 지식 관리, 인적자원 중심, 프로세스 관리, 경영실적이 포함된다. ISO 9000 표준의 평가기준에는 고객 중심, 리더십, 전원 참여, 프로세스 접근방법, 경영에 대한 시스템 접근, 지속적 개선, 의사결정에 대한 사실적 접근, 상호유익한 공급자 관계가 포함된다. 조인트 커미션 표준의 평가기준에는 환자의 평가 결과, 환자 간호, 의료 환경, 인적자원, 정보관리, 리더십, 의료진, 환자의 권리가 포함된다. 이상의 모든 기준에 리더십, 고객, 종사원

관련 항목이 공통적으로 포함된다.

4. 일반적인 품질기준 중 ISO 9000 표준, 말콤발드리지상 등의 평가기준이나 푸드서비스 산업에 특화된 학교영양협회의 *Keys to Excellence*, 전국대학급식연합회의 실무 매뉴얼 등의 기준을 이용하여 푸드서비스 업장을 평가할 수 있다.

연습문제

1. 품질을 정의하시오.
2. 조인트커미션은 무엇이며 병원의 품질관리에 어떤 영향을 미쳤는가?
3. 데밍의 14가지 지침은 무엇인가?
4. TQM의 구성요소는 무엇인가?
5. 벤치마킹은 무엇이며 품질관리와 어떤 관련이 있는가?
6. 식스시그마와 리엔지니어링은 어떤 점에서 비슷한가?
7. ISO 9000 표준은 무엇인가?
8. 관리도와 흐름도는 어떤 점에서 다른가? 이 둘은 언제 활용되며 그 이유는 무엇인가?

연구과제

1. 품질개선 프로그램을 적극적으로 시행하는 지역 내 푸드서비스 업장의 관리자를 초청하여 업장이 시행하는 프로젝트 중 하나에 대한 설명을 들어보자. 관리자에게 프로젝트의 목적, 수집한 자료의 종류, 자료를 종사원과 공유하는 방법, 결과를 업장의 개선에 활용하는 방식에 대한 설명을 요청해보자.
2. 2~3명씩 팀을 구성하여 학교 급식 배식 라인에서 음식이 부족한 문제가 발생했다고 가정하고 이시카와 다이어그램을 그려 이 문제의 원인이 될 수 있는 요인들을 찾아보자. 다이어그램을 다른 팀과 공유해보자.
3. 2~4명씩 팀을 구성하여 팀별로 말콤발드리지상을 수상한 조직을 하나씩 택하여 조직이 상을 받기 위하여 어떤 노력을 기울였는지 조사하고 조사 결과를 다른 팀과 공유해보자.

사례 연구

1. "What's Your Problem"? in Lieux, E. M., & Luoto, P. K. (2008). *Exploring foodservice systems management through problems*, 3rd ed. Upper Saddle River, NJ: Pearson Prentice Hall.
2. "Using the Performance Improvement Process to Address Late Tray Problems" by N. E. Robinson in Allen-Chabot, A., Jarvis, K., & O'Halloran, R. M. (2006). *Cases in foodservice and clinical nutrition management*. Upper Saddle River, NJ: Pearson Prentice Hall.
3. Problem Question #9 on Tray Accuracy in Allen-Chabot, A., Curtis, S., & Blake, A. (2001) *Inlet Isles: A hospital case study*. Upper Saddle River, NJ: Pearson Prentice Hall.

웹사이트

www.asq.org American Society for Quality

www.iso.org International Organization for Standardization

www.jointcommission.org The Joint Commission

www.nist.gov National Institute of Standards and Technology

www.isixsigma.com Online resource for Six Sigma information

참고문헌

Aikens, C. H. (2011). *Quality inspired management: The key to sustainability*. Upper Saddle River, NJ: Pearson Prentice Hall.

Akao, Y. (1988). *Quality function deployment: Integrating customer requirements into product design*. Portland, OR: Productivity Press.

Beasley, M. A. (1991a). The story behind quality improvement. *Food Management, 26*(5), 52, 56–57, 60.

Beasley, M. A. (1991b). Quality improvement process—Part II. *Food Management, 26*(6), 21–26.

Blazeg, M. L. (2002). *Insights to performance excellence in health care! An inside look at the 2002 Baldrige Award criteria for health care*. Milwaukee, WI: ASQ Quality Press.

Bright, S., Kwon, J., Bednar, C., & Newcomer, J. (2009). Institutional foodservice benchmarking: Survey of administrators' attitudes and practices in the U.S. *Journal of Foodservice, 20*, 123–132.

Buzalka, M. (2006). Living lean and liking it. *Food Management*. [Online]. Available: http://www.food-management.com

Buzzell, R. D., & Gale, B. T. (1987). *The PIMS principles: Linking strategy to performance.* New York: The Free Press.

Carter, J. R., & Narasimhan, R. (1993). *Purchasing and materials management's side in total quality management and customer satisfaction.* Tempe, AZ: Center for Advanced Purchasing Studies.

Chong, Y., Unklesbay, N., & Dowdy, R. (2000). Clinical nutrition and foodservice personnel in teaching hospitals have different perceptions of total quality management performance. *Journal of the American Dietetic Association, 100,* 1044–1049.

Cox, D. R. (1990). Quality and reliability: Some recent developments and a historical perspective. *Journal of the Operational Research Society, 41*(2), 95–101.

Davis, L. E. (1980). Individuals in the organization. *California Management Review, 22*(3), 5–14.

Davis, T. (1992). Conference report: Baldrige winners link quality, strategy, and financial management. *Planning Review, 20*(6), 36–40.

Deming, W. E. (1986). *Out of crisis.* Cambridge, MA: MIT Center for Advanced Engineering Study.

Duncan, W. J., & Van Matre, J. G. (1990). The gospel according to Deming: Is it really new? *Business Horizons, 33*(4), 3–9.

Eacho, B. (1992). Quality service through strategic foodservice partnerships: A new trend. *Hosteur, 2*(2), 22–23, 28.

Ebel, K. E. (1991). *Achieving excellence in business: A practical guide to the total quality transformation process.* Milwaukee, WI: American Society for Quality Control, and New York: Marcel Dekker.

Garwin, D. A. (1991). How the Baldrige Award really works. *Harvard Business Review, 69*(6), 80–93.

Gift, B. (1992). On the road to TQM. *Food Management, 27*(4), 88–89.

Gluba, A. J. (1991). Continuous quality improvement made easier for materials management. *Journal of Healthcare Materials Management, 9(7),* 30–39.

Goldratt, E. M., & Cox, J. (2004). *The goal: A process of ongoing improvement.* Great Barrington, MA: The North River Press.

Hammer, M. (1996). *Beyond reengineering.* New York: Harper Business.

Hammer, M. (2001). *The agenda: What every business must do to dominate the decade.* New York: Crown Business.

Hammer, M., & Champy, J. A. (2001). *Reengineering the corporation: A manifesto for business revolution.* New York: Harper Business.

Hart, W. L., & Bogan, C. E. (1992). *The Baldrige: What it is, how it's won, how to use it to improve quality in your organization.* New York: McGraw-Hill.

Heymann, K. (1992). Quality management: A ten-point model. *Cornell Hotel and Restaurant Administration Quarterly, 33*(5), 51–60.

Imai, M. (1986). *Kaizen: The key to Japan's competitive success.* Columbus, OH: McGraw-Hill/Irwin.

Joint Commission for Accreditation of Healthcare Organizations, Oakbrook Terrace. II. (2002). [Online]. Available: http://www.jointcommission.org

Juran, J. M. (1992). *Juran on quality by design: The new steps for planning quality into goods and services.* New York: Free Press.

Juran, J. M., & Godf, A. B. (2001). *Total quality management.* New York: McGraw-Hill Professional Publishing.

Kanter, R. M. (1991). Transcending business boundaries: 12,000 world managers view change. *Harvard Business Review, 69*(3), 151–164.

Khoong, C. M. (ed.). (1998). *Reengineering in action: The quest for world-class excellence.* London: Imperial College Press.

Kibbe, D., Bentz, E., & McLaughlin, C. (1993). Continuous quality improvement for continuity of care. *Journal of Family Practice. 36,* 304-308.

King, P. (1992). A total quality makeover. *Food Management, 27*(4), 96–98, 102, 107.

American Dietetic Association. (1993). Learning the language of quality care. *Journal of the American Dietetic Association, 93,* 531–532.

Letort, N., & Boudreaux, J. (1994). Incorporation of continuous quality improvement in a hospital dietary department's quality management program. *Journal of the American Dietetic Association, 94,* 1404–1408.

Malcolm Baldrige National Quality Award. (2002). [Online]. Available: www.nist.gov/baldrige

Management Practices: U.S. companies improve performance through quality. (1994). Washington, DC: U.S. General Accounting Office (GAO/NSIA 0-91-190).

National Association of College and University Food Services. (2004). *Professional practices in college and university food services,* 4th ed. East Lansing, MI: Michigan State University.

Nave, D. (2002). How to compare Six Sigma, lean, and the theory of constraints. *Quality Progress.* March: 73–78. [Online]. Available: www.asq.org

Niven, D. (1993). When times get tough, what happens to TQM? *Harvard Business Review, 71*(3), 20–22, 24–26, 28–29, 32–34.

Robbins, S. P., & Coulter, M. (2002). *Management,* 7th ed. Upper Saddle River, NJ: Prentice Hall.

School Nutrition Association. Shands Hospital at the University of Florida. (1992). *Management initiative for continuous quality improvement.* Gainesville, FL: Author.

Shands Hospital at the University of Florida. (1992). *Management initiative for continuous quality improvement.* Gainesville, FL: Author.

Thorner, M. E., & Manning, P. B. (1983). *Quality control in foodservice* (rev. ed.). Westport, CT: AVI.

Tye, M. J., & Wheeler, W. E. (2007). Applying FOCUS-PDCA methodology to improve patient meal service practices. *Journal of the American Dietetic Association, 107,* A71.

Walton, M. (1991). *Deming management at work.* New York: Putnam Sons.

Weisberg, K. (2005). Continuing the journey. *Foodservice Director, 13*(3), 22–23.

Whitley, R. (1993). *The customer driven company: Moving from talk to action.* Reading, MA: Addison-Wesley.

Womack, J. P., Jones, D. T., & Roos, D. (1990). *The machine that changed the world: The story of lean production.* New York: Rawson and Associates.

Wood, T. (1993). Total quality management: Learning from other industries. *Restaurants USA, 13*(2), 16–19.

Zabel, D., & Avery, C. (1992). Total quality management: A primer. *RQ, 32*(2), 206–216.

Chapter

3 메뉴

개요

- 메뉴는 푸드서비스 시스템의 주요한 통제요인으로 시스템의 모든 구성요소에 영향을 미친다.

학습목표

1. 고정메뉴, 주기메뉴, 일회성메뉴 또는 알라카르떼 메뉴, 따블도우떼 메뉴와 같은 메뉴 관련 용어들을 구분하여 설명할 수 있다.
2. 메뉴의 관능적 특성을 평가할 수 있다.
3. 푸드서비스 업장을 위한 고정메뉴 또는 주기메뉴를 계획할 수 있다.

푸드서비스 운영의 중요한 구성요소인 **메뉴(menu)**는 푸드서비스 시스템에 투입되어 생산된다. 메뉴는 푸드서비스 시스템의 다양한 측면에 영향을 미칠 수 있다. 이 장에서는 다양한 유형의 메뉴와 메뉴 계획 및 평가 방법에 대해 학습한다. 학습 후에는 메뉴가 푸드서비스 시스템의 중요 통제요인인 이유를 이해할 수 있다.

3.1 메뉴

메뉴는 음식의 목록을 뜻하며, 푸드서비스 운영의 주요한 관리 요소로 푸드서비스 시스템의 모든 기능에서 핵심적인 역할을 한다(그림 3-1). 메뉴는 푸드서비스의 하위시스템에 영향을 미치며, 푸드서비스 업장의 예산을 결정하고 푸드서비스 업장의 성격 및 특성을 반영한다. 또한 푸드서비스 업장에서 갖추어야 할 시설 및 설비, 운영 조직의 구성에 영향을 미친다. 메뉴를 통해서 조리원은 자신이 어떤 일을 해야 할지 알 수 있고, 홀직원은 무엇을 배식하고 서비스해야 할지 알 수 있으며, 세척직원은 세척·소독해야 하는 접시, 컵, 식기류 등의 종류와 수량을 짐작할 수 있다. Panitz(2000)는 메뉴가 고객에게 푸드서비스 업장에 대해 알리는 역할을 하며, 브랜드 정체성의 일부라고 하였다. 푸드서비스 업장의 유형에 따라 조직의 목표와 고객이 다르기 때문에 메뉴 또한 다르다. 그러므로 메뉴는 푸드서비스 업장의 특성을 표현하는 중요한 역할을 하며, 푸드서비스 업장의 평판에 미치는 영향이 크다.

3.2 메뉴 트렌드

3.2.1 메뉴의 글로벌화

세계가 글로벌화되어 많은 사람들이 다른 지역을 여행하고, 다른 문화를 접할 수 있게 됨에 따라 자연스럽게 다른 지역의 음식에 노출되었고 계속적으로 이를 맛보기를 원하게 되었다. 이러한 글로벌 트렌드는 메뉴에 반영

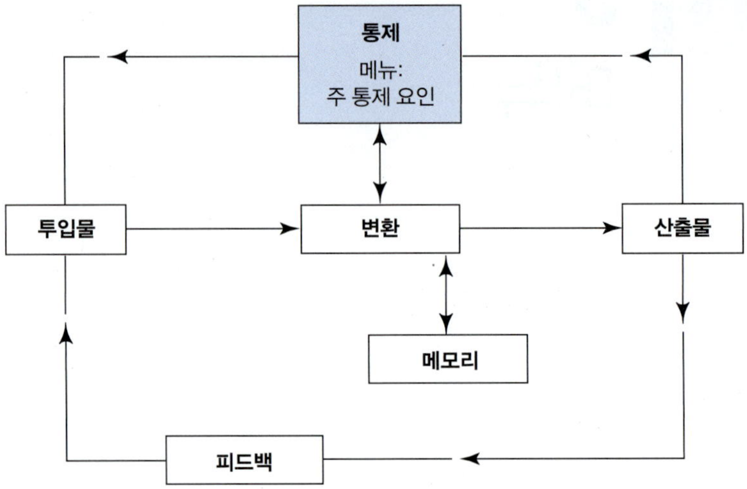

그림 3-1 메뉴: 푸드서비스 시스템의 주요 통제

되어, 최근 레스토랑 메뉴에서 미국 남부(브라질, 아르헨티나, 볼리비아), 동부지중해(터키, 그리스), 동남아시아(베트남, 한국)의 음식을 많이 볼 수 있게 되었다(Perlik, 2008; Sloan, 2008).

3.2.2 지속가능한 메뉴

지속가능한 방법으로 재배된 식품과 지역 농산물에 대한 요구가 늘어남에 따라 유기농, 방목, 공정거래 등의 제품을 메뉴에 사용하게 되었다(2008 Product Preview, 2008; National Restaurant Association, 2010). 지역 생산 식품을 사용하였음을 메뉴에 명시하는 경우가 전보다 많아졌으며(Yee, 2004), 버팔로, 낙타 등의 대체 육류의 소비도 증가하였다. 전국레스토랑협회에서 조리원을 대상으로 인기 메뉴 품목을 조사한 결과, 지역에서 생산된 육류, 해산물과 이를 이용해서 만든 메뉴 품목이 가장 인기가 많았으며, 영양적으로 균형 잡힌 어린이 메뉴 품목, 알레르기를 고려한 메뉴 품목도 포함되어 있었다(National Restaurant Association, 2010). 레스토랑 컨설팅 회사의 Andrew Freeman은 2011년에 채소와 거위, 돼지, 양과 같은 육류, 한국식 타코와 같은 퓨전 요리에 관심을 가질 것이라고 예상하였다(Rector, 2011).

3.2.3 건강메뉴

비만이나 건강에 대한 걱정으로 고객들은 과일, 채소와 통밀 등의 곡물, 견과류, 트랜스지방 제로 제품, 콩류, 요거트와 같은 프로바이오틱 음식 등과 같은 건강한 메뉴에 관심을 갖기 시작했으며(Sloan, 2008), 이러한 고객들의 관심은 푸드서비스 운영에 다양한 방법으로 반영되었다. 주메뉴에서 육류를 제외하거나, 비트, 순무, 당근 등 다양한 채소를 제공하는 경우가 많아졌다. 불거르(bulgur)[1], 현미, 보리, 콩, 퀴노아와 같은 가공되지 않은 통곡물이 자주 제공되게 되었다. 청경채, 긴 껍질콩과 같은 아시아 채소 및 중국 쪽파는 다양한 종류의 고추와 함께 점점 대중화되었다. 신선한 과일은 후식 메뉴로 사용되며, 구아바 같은 이국적 과일로 만든 살사가 주메뉴와 함께 제공되기도 한다.

1) 밀을 쪄서 굵게 빻아서 만든 식품.

3.2.4 간편메뉴

책상에 앉은 채로 또는 이동하면서 쉽게 먹을 수 있거나 칼조네 또는 랩으로 싸여 있어 별도의 포장용기가 필요 없는 메뉴의 인기가 높아지고 있다. 2007년에 소비자의 20%가 아침식사로 일주일에 최소한 3번 정도 포장 음식을 먹고 있으며, 21%는 점심식사로, 9%는 저녁식사로 포장 음식을 먹고 있다는 연구결과가 보고되었다(Sloan, 2008). 많은 레스토랑에서 전화 주문 후 주차가능한 곳에서 음식을 가져가는 포장 서비스가 가능해지고 있다(Yee, 2005).

3.3 메뉴 프레젠테이션

고객이 선택할 수 있는 음식 품목들을 정리해 놓은 목록인 메뉴는 푸드서비스 운영에서 판매도구 역할을 한다. 또한 메뉴는 교육 목적으로도 활용할 수 있다. 예를 들어, 메뉴는 학교점심급식프로그램에서 어린이에게 영양에 대해 교육할 수 있는 도구로 사용하거나, 식이를 조절해야 하는 환자의 교육에 활용될 수 있다.

병원의 경우, 고개만족도를 높일 수 있는 메뉴 프레젠테이션(menu presentation) 기법이 새롭게 도입되고 있다. 일부 병원에서는 영양기능사[2] 등의 특정 직원이 식사 제공 전에 환자를 방문하여 메뉴를 소개하고, 소개한 메뉴 중 환자가 선택한 메뉴를 기록한다. 환자는 메뉴 선택 과정에 참여할 수 있고, 식사제공 전에 메뉴를 선택할 수 있기 때문에 만족도가 증가한다. 이 방법은 환자에게 메뉴가 구두로 소개되기 때문에 **구두 메뉴(spoken menu)**라고 한다. 호텔에서 일반적으로 사용되는 **룸 서비스(room service)**가 병원에서 이용되기도 한다. 환자가 급식 부서로 연락하여 룸 서비스 메뉴를 주문하면, 30~45분 후 환자가 선택한 음식이 제공된다.

레스토랑 등의 푸드서비스 업장에서는 고객에게 메뉴를 알리기 위해 큰 글꼴이나 점자를 사용하거나 여러 언어로 메뉴를 인쇄하는 등 다양한 메뉴 프레젠테이션 기법을 활용한다. 매일 달라지는 메뉴나 특별한 음식을 소개할 때 메뉴 보드를 활용하기도 하며 분필 칠판, 형광 조명 칠판, 전기 플라스마 화면 등에 손글씨로 메뉴를 소개할 수도 있다. 많은 푸드서비스 업장에서는 웹사이트를 활용하여 메뉴를 소개하고 있다.

따블도우떼(table d'hôte) 메뉴가 제공될 때에는 웨이터가 구두로 메뉴를 소개하는 경우가 있다. 따블도우떼는 프랑스어로 '주인의 식탁'이란 뜻이며, 가격이 정해져 있고 몇 개의 요리로 코스가 구성되어 있는 식사이다. 반대로, 메뉴 품목마다 개별적으로 가격이 책정되어 있는 **알라카르떼(à la carte)** 메뉴가 있다.

메뉴판의 그래픽 디자인과 레이아웃의 기술은 고객의 메뉴 선택에 영향을 미치기 때문에 **메뉴 심리학(menu psychology)**이라고 불린다. 메뉴판의 인쇄 방식 및 사이즈, 종이의 형태 및 색, 잉크의 색깔, 그래픽 일러스트와 디자인, 페이지에서의 배치 등이 메뉴 심리학의 대상이다. 메뉴 심리학은 고객이 원하는 메뉴를 고를 수 있도록 하기보다는 고객들이 고려하지 않았던 품목에 대해 생각해 볼 수 있게끔 유도하는 역할을 한다.

푸드서비스 운영에서 메뉴판은 중요한 의사소통 도구이다. 푸드서비스 업장의 이미지가 메뉴판 표지에 표현되어야 하며 가격 범위 및 제공되는 메뉴의 테마에 대한 정보도 포함되어야 한다. 메뉴 심리학에서 사용되는 주요 요소는 다음과 같다(Pavesic & Magnant, 2005).

---

2) 미국의 영양사 제도는 우리나라와 다름. 우리나라는 2년제, 3년제, 4년제 대학에서 모두 영양사를 양성하지만, 미국의 경우 2년제 대학에서는 영양기능사(dietetic technician)를, 4년제 대학에서는 영양사(dietitian)를 양성함.

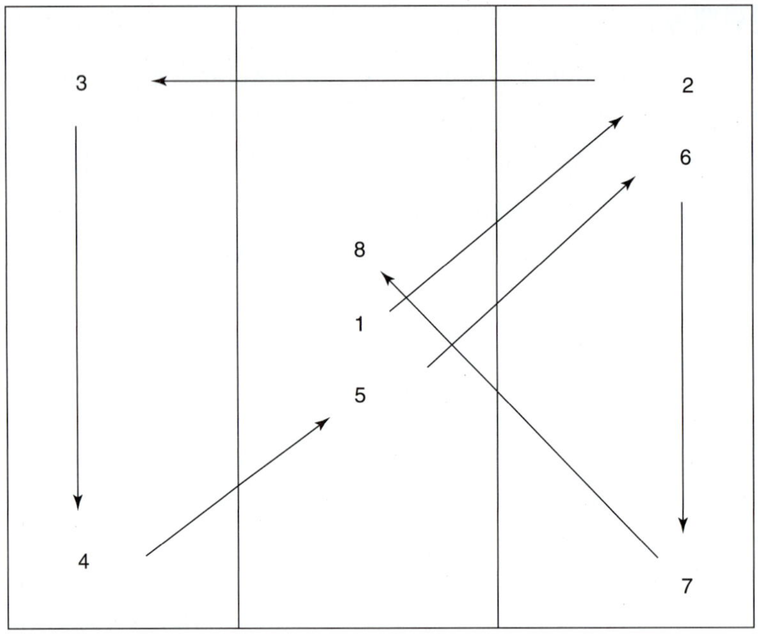

그림 3-2 세 부분으로 나누어진 메뉴판에서의 시선 경로

- **시선의 움직임:** 메뉴판을 볼 때 시선은 정해진 패턴으로 움직인다(그림 3-2). 세 부분으로 나누어져 있는 메뉴판의 가운데 부분은 주요하게 판매되는 메뉴를 위한 공간이다.
- **우선성과 최신성:** 고객이 읽을 수 있는 가장 처음 또는 마지막에 가장 많이 판매하고 싶은 메뉴를 배치하면 선택될 가능성이 다른 메뉴에 비해 높아진다.
- **글자 크기와 글자체:** 고객은 큰 글자에 주목하며 작은 글자에는 관심을 갖지 않는다. 글자체를 선택할 때는 희미한 조명 아래에서 읽기 어려운 글자체는 피한다.
- **색과 밝기:** 고객의 주목을 끌 수 있는 밝기, 색, 음영의 시각적 요소를 늘린다.
- **여백주기와 그룹화:** 메뉴에 관심을 끌 수 있도록 주위에 테두리를 사용하거나 여러 개의 메뉴를 모아 함께 배치한다.

3.4 메뉴 패턴

메뉴 패턴이란 각 끼니를 구성하는 메뉴 품목의 구성을 말한다. 저녁만찬의 에피타이저, 주메뉴, 디저트가 메뉴 패턴의 예이다. 다음의 세 가지 기본적인 메뉴 패턴이 사용되며, 메뉴 품목의 수는 푸드서비스 운영의 목적에 따라 다양해질 수 있다.

3.4.1 메뉴 유형

기본적인 메뉴 유형에는 고정메뉴, 주기메뉴, 일회성메뉴가 있으며, 푸드서비스 업장별 고객의 특성에 따라 메뉴 유형이 정해진다.

고정메뉴 **고정메뉴(static menu)**란 동일한 메뉴 품목을 고정적으로 제공하는 메뉴로, 대부분의 레스토랑에서 사용하고 있어 **레스토랑 타입 메뉴(restaurant-type menu)**로도 불린다.

메뉴에 의해서 레스토랑의 장식, 광고, 타깃 고객층 등 레스토랑의 전체적인 컨셉트가 정해진다. 그물, 조개 등과 같은 바다와 관련된 장식품들로 내부를 꾸미고 다양한 해산물 메뉴를 판매하는 레드 랍스터 레스토랑(www.redlobster.com)과 이탈리아 컨셉트로 레스토랑을 꾸미고 메뉴를 구성한 올리브 가든 레스토랑(www.olivegarden.com)을 예로 들 수 있다.

주기메뉴 **주기메뉴(cycle menu)**는 주기 내에서 매일 다른 메뉴 품목을 제공하고 이러한 주기를 반복하는 메뉴이다. 많은 급식소가 계절별 주기메뉴를 사용한다. 주기메뉴는 병원, 학교 등에서 일반적으로 사용되며, 구매, 생산, 비용에 있어서 관리 및 통제가 용이하다.

일회성메뉴 **일회성메뉴(single-use menu)**는 특별한 날을 위해 계획되며 일회적으로 제공되고, 특별한 이벤트를 위해 사용되는 것이 일반적이다. 그림 3-3은 캔사스주립대학교의 이벤트를 위한 메뉴의 예이다.

"Planet on a Platter – College, Culture, Cuisine"
Spring Dinner
Kansas State University Dining

Appetizers
Crudités with Olive Oil & Salt
Specialty Cheeses & Olives
Sangria Punch

Entrees
Sautéed Trout with Macadamia Nuts
Thai-Style Chicken Breast
Broccoli Gruyere Gratin
Carved in Dining Room
Leg of Lamb with Tomato-Olive Ragout & Apricot Chutney
Steamship Round

Accompaniments
Patatas Bravas
Tropical Coconut Rice
Spicy Green Beans
Mediterranean Baked Tomato Halves

Breads
Portuguese Sweet Bread
Fresh Garlic & Rosemary Focaccia

Salads
Mixed Greens with Avocado & Mango
Roasted Almonds with Coriander, Red Pepper Flakes & Olive Oil
Panzanella
Ancho Chile and Garlic Marinated Shrimp
Tabouli
Smoked Eggs

Desserts
Australian Torte
European-Style Chocolate Hazelnut Layer Cake
Amaretto Cheesecake
Fresh Strawberries & Whipped Cream

그림 3-3 일회성메뉴의 예

자료: From Kansas State University. Used by permission.

3.4.2 선택의 폭

고객이 선택할 수 있는 메뉴 품목의 수에 따라 메뉴가 구분될 수 있으며, 메뉴 품목의 수는 푸드서비스 운영 목적에 따라 결정된다. 고정메뉴, 주기메뉴, 일회성메뉴에서 메뉴 선택의 폭은 매우 다양할 수 있다. 제한된 메뉴를 활용하는 레스토랑에서는 선택의 폭이 좁은 고정메뉴가 사용될 것이다. 주기메뉴 또는 일회성메뉴에서는 일부 메뉴 품목은 고객이 선택할 수 있고 나머지는 선택할 수 없도록 할 수 있다. 예를 들어, 케이터링 점심 메뉴의 경우 주메뉴와 샐러드는 정해져 있지만 빵, 음료, 후식 등은 고객이 선택할 수 있도록 한다.

3.5 메뉴 구조

푸드서비스 운영에서 메뉴는 중요한 역할을 하며, 최근에는 그 역할이 보다 중요해졌다. 푸드서비스 매니저는 판매하는 메뉴가 가격에는 민감하지만 가치를 추구하는 고객을 만족시킬 수 있는지 파악해야 한다.

푸드서비스 매니저는 고객의 기대를 만족시킬 수 있는 메뉴 계획에 상당한 시간을 투자해야 한다. 체인 레스토랑의 경우 메뉴 선택에 시간을 낭비하지 않으며 빠른 속도의 서비스를 원하는 고객의 특성을 반영하여 광범위하면서도 짧은 길이의 메뉴명이 필요하다. 또한 메뉴는 지역적 특성을 반영해야 한다. 예를 들어, 올리브 가든 레스토랑 체인은 전국의 472개 지점을 위해 지역적 특성을 반영한 점심식사 메뉴 18개와 저녁식사 메뉴 24개를 개발하였다(Olive Garden Restaurants, 2001). 병원 메뉴는 특별한 영양 요구가 있는 환자뿐 아니라 환자의 가족, 의사, 간호사, 그리고 기타 종사자 등도 대상으로 해야 한다. 대부분의 급식소에서는 1일 최소 2회, 때로는 3회의 식사를 제공하기 때문에, 메뉴는 아침식사, 점심식사, 저녁식사에 맞게 계획되어야 하며 각 식사의 서비스 유형과 메뉴 가격 범위도 정해야 한다. 메뉴 계획 시 인건비와 식재료비의 균형을 맞추는 일도 중요하다. 그 외에 계절 메뉴의 다양성, 주기메뉴를 유지하면서 새로운 메뉴 품목 개발, 높은 가격대와 낮은 가격대를 혼합하여 가격을 관리하는 것 등이 고려되어야 한다.

혼자 사는 사람 또는 맞벌이 가정의 전형적 식사 형태는 빠른 아침식사, 가벼운 점심식사와 충분한 저녁식사였다. 1940~1950년대에는 하루 세끼 식사가 일반적이었으나, 현대사회에서는 그렇지 않다. 많은 사람들에게 하루 종일 적은 양의 음식을 자주 먹는 것이 습관화되었는데 이를 '그레이징(grazing)'이라고 한다. "그레이징"을 수학적 기호를 사용하여 설명하면 다음과 같다(Adams, 1987).

그레이징(grazing) = 유연성(flexibility) + 빈도(frequency) + 음식(food)

고객이 중시하는 음식의 질, 편리성, 영양, 가격뿐 아니라 변화하는 삶의 방식이 메뉴 패턴에 영향을 미친다. 어떤 끼니의 식사이냐가 메뉴 계획에 영향을 미치는 중요 요인이다.

3.5.1 아침식사와 브런치

점심식사와 저녁식사에 비해 아침식사를 먹는 사람은 많지 않지만, 레스토랑에서 1일 판매량의 약 20%가 아침시간에 판매된다. 레스토랑 외에 식료품점, 편의점, 주유소 등과 같은 비전통적인 장소에서도 아침식사를 판매하고 있다.

외식과 급식에서는 일반적으로 전통적인 아침식사 메뉴와 가볍고 건강한 선택 메뉴를 제공한다. 전통적인 아침식사 메뉴는 계란, 소시지, 베이컨, 해쉬브라운, 팬케이크, 와플, 아침식사용 빵과 페이스트리가 있다. 건강과 체중에 대한 인식, 식이섬유소 함량에 대한 인식은 시리얼의 소비

Brunch Menu
(Prix Fixe: $18.95)

Beverages—Choice of
Wine, Mimosa, Bloody Mary, Orange Juice, Cranberry Juice

Appetizer—Choice of
Cream of Asparagus Soup
Shrimp and Mango Skewers with Guava Lime
Glaze Mini Bagels with Brie Cheese, Preserves, and Fruit Compote
Caesar Salad

Main Course—Choice of
Eggs Benedict
Cheddar Biscuits with Fried Eggs, Ham, and Brown Butter
Linguine with Chicken and Sun Dried Tomatoes
Smoked Salmon and Sweet Potato Hash
Pork Tenderloin with Rhubarb Chutney

그림 3-4 브런치 메뉴의 예

를 증가시켰다. 맥도날드의 에그맥머핀은 패스트푸드 업체에서 판매하는 아침식사의 시초이라고 볼 수 있다. 1970년대에 처음 선보인 에그맥머핀은 잉글리시머핀에 계란과 베이컨을 올린 메뉴로, 포장 아침식사의 새로운 길을 열었다(Waters, 1998). 그 이후 퀵서비스 체인은 핑거푸드, 프렌치토스트 스틱, 미니 시나몬롤, 머핀, 계란이 들어간 다양한 샌드위치와 랩 등을 아침식사 메뉴로 도입하여 성공을 거두었다. 또한 캐주얼다이닝 체인도 예약 프로그램 컨셉트를 도입하여 아침식사 대기 시간을 줄였다.

브런치는 늦은 아침식사로 아침식사와 점심식사의 메뉴가 섞여 있는 형태이다. 브런치 메뉴의 예는 그림 3-4와 같다. 푸드서비스 업장에서는 주말 또는 케이터링 이벤트로 브런치를 제공하는 경우가 많다. 대부분의 레스토랑에서는 대표 브런치 메뉴를 개발하여 토요일과 일요일의 이른 점심시간에 브런치 사업을 운영하고 있다. 특히 실버타운이나 대학교 등의 급식소에서는 주말 또는 공휴일에 아침식사 및 점심식사를 제공하는 대신에 브런치를 제공하기도 한다.

브런치의 기본 메뉴 패턴은 과일과 주스로 시작하는 것이 일반적이다. 알코올 음료가 필요할 때는 보통 블러디 메리(Bloody Mary)[3]와 미모사(Mimosa)[4]를 제공한다. 샴페인 브런치는 고급 레스토랑이나 호텔, 또는 컨트리 클럽 등에서 열리는 결혼식 파티에서 제공된다. 서비스 유형에 따라 브런치 메뉴는 달라진다. 뷔페에서는 자리에 앉아 식사하는 브런치보다 일반적으로 메뉴 선택의 폭이 넓다. 앙트레 브런치에서는 계란요리와 고기메뉴를 제공하며, 일반적으로 점심식사와 저녁식사의 주메뉴로 제공되는 쇠고기와 새우, 와인소스 닭가슴살, 랍스터 등이 추가되기도 한다. 또한 다양한 빵이 치즈, 과일, 샐러드와 함께 제공된다.

3.5.2 점심식사

레스토랑의 점심식사 메뉴는 트렌드와 전통, 건강식과 인기식, 다양한 메뉴와 간단 메뉴 사이의 균형을 맞추는 것이 어렵다. 또한 점심식사의 메뉴는 아침식사보다 복잡하며 저녁식사보다 빠른 시간 내에 생산해야 하기 때문에 어렵다(Ryan, 1993). 약 10명 중 6명은 적어도 일주일에 한 번

3) 토마토주스와 보드카를 섞은 칵테일.
4) 오렌지주스와 샴페인을 섞은 칵테일.

은 외식으로 점심식사를 먹고 있을 만큼, 점심식사를 외식하는 경우가 많다.

점심식사 포장은 사무실 책상에서, 외근 길에서, 밖에서 식사하기를 원하는 직장인들에게 트렌드로 성장하고 있다. 고객들은 이동하기 쉽고 신속하게 준비되는 식사를 원한다. 빵, 롤, 피타, 토르티야 등으로 만든 샌드위치와 샐러드가 대표적인 포장 메뉴이다. 샌드위치는 대부분의 캐주얼다이닝 레스토랑에서 하루 중 어느 때나 주문할 수 있지만, 저녁식사보다는 점심식사 메뉴로 주문하는 경우가 일반적이다. 점심식사 포장이 성공할 수 있었던 이유는 포장 방법 때문이다. 포장으로 점심식사를 쉽게 할 수 있게 되었으나 점심식사의 가격에 포장 가격이 더해지는 단점이 있다.

점심식사 케이터링은 푸드서비스에서 수익이 많은 사업이다. 많은 레스토랑에서는 샌드위치와 샐러드 메뉴를 제공하며, 이는 점심식사 케이터링의 상당 부분을 차지한다.

점심식사 시간은 급식소에서 가장 바쁜 시간이다. 급식소의 점심식사 메뉴는 제한된 메뉴를 제공하는 레스토랑 같은 외식업체와 비슷해졌다. 병원, 요양원, 대학교, 학교의 급식 매니저는 고객이 레스토랑에서 느끼는 만족감을 급식을 통해서도 느낄 수 있도록 노력하고 있다. 학교점심급식프로그램 메뉴의 예는 그림 3-5와 같다.

School City of Hammond
Elementary Lunch Menu

Mon	Tue	Wed	Thu	Fri
National Carrot Month! National Wheat Bread Month! National Soup Month!	souper SOUP NATIONAL SOUP MONTH	Milk	**M.M.M.MILK...** ***Always Refreshing*** Choice of ice cold milk offered daily!	4
7 **Chicken Nuggets** Honey Bee Potatoes Mixed Vegetables Biscuit w/ Jelly Applesauce w/ Cherry Garnish	8 **Cheesy Con Queso MaxSnaks or Beef Tacos** Shredded Lettuce & Tomato Spanish Rice Corn or Coleslaw w/ Carrots Pineapple Chunks	9 **Cheeseburger on Wheat Bun** Lettuce Leaf, Tomato Slice and Pickles Oven Fries Baked Beans Orange Wedges	10 **Chicken Fried Steak** Mashed Potatoes w/ Gravy Winter Blend Vegetables Cracked Wheat Roll Peach Parfait	11 **Grilled Cheese Sandwich Or Tuna Salad Sandwich** Tomato Soup w/ Crackers Celery Sticks w/ Ranch Dip Diced Pears or Fresh Apple
14 **Barbecue Rib Sandwich** Waffle Fries Broccoli w/ Cheese Sauce Juice Cup or Fruit Cocktail	15 **Spaghetti or Beef Ravioli** Garden Salad Green Beans French Bread Chocolate Pudding	16 **Sliced Turkey or Salisbury Steak** Mashed or Scalloped Potatoes Candied Carrots Wheat Dinner Roll Warm Cinnamon Apples	17 **Chicken Sandwich** Lettuce, Tomato & Pickles Oven Fries Cauliflower & Broccoli w/ Dip Oatmeal Raisin Cookie **Early Release Day**	18 **Sausage Pizza** Tossed Salad Steamed Peas or Celery Sticks w/ Dip Fruit Mix w/ Bananas
21 Martin Luther King Day!	22 **Chili Cheese Wrap or Beef Burrito** Shredded Lettuce & Tomato Tater Tots Steamed Corn Pineapple Tidbits	23 **Hotdog or Corndog** Potato Smiles Baby Carrots w/ Dip Apple Pie or Fresh Fruit National Pie Day!	24 **Oven Fried Chicken** Mashed Potatoes w/ Gravy Dinner Roll Swiss Winter Mix Sliced Peaches	25 **Fish Sticks** Macaroni & Cheese Sweet Peas or Celery Sticks w/ Dip Jello w/ Fruit
28 **Chicken Tenders** Twister Fries Parmesan Breadstick Mixed Vegetables Juice Cup or Fruit Cocktail	29 **Taco Salad** (shredded lettuce & tomato topped w/ beef taco meat, shredded cheddar cheese, salsa and tortilla chips) Cornbread Pineapple Chunks	30 **Sloppy Joe w/ Pickle Spear** Oven Fries Corn on the Cob Sliced Peaches or Fresh Fruit	31 **Chicken Fried Steak** Mashed or Au Gratin Potatoes California Blend Vegetables Cheddar Cheese Biscuit Applesauce	COLD WEATHER AHEAD NATIONAL POPCORN MONTH

그림 3-5 학교 급식 점심 메뉴의 예

자료: From School City of Hammond. Used by permission.

3.5.3 저녁식사

아침식사나 점심식사 메뉴와 달리, 저녁식사는 특별한 메뉴 패턴을 따르지 않는다. 미국의 전통적인 저녁식사 메뉴에는 고기, 생선 또는 가금류의 주요리와 감자와 전분류, 그리고 샐러드가 포함된다. 가볍게 먹는 늦은 저녁식사는 종종 서퍼(supper)로 구분되며, 서퍼의 메뉴는 아침식사, 브런치, 저녁식사와 비슷하다.

많은 레스토랑에서 판매되는 전체 메뉴의 수는 점점 줄어드는 추세이나, 식전 메뉴의 수는 늘어나고 있다. 메뉴에서 식전 메뉴는 주메뉴의 수와 같거나 더 많다. 고객들은 식전 메뉴를 서로 공유하거나 주메뉴 대신 두 개의 식전 메뉴를 주문하기도 한다. 바에서 음료와 함께 먹을 수 있도록 작은 용기에 음식이 제공되는 '타파스'는 중동지방에서 유래한 것으로, 저녁식사로도 제공된다. 중국의 딤섬도 많은 사람들과 공유할 수 있는 식전 메뉴의 예이다. 수프, 해산물 칵테일, 과일, 과일 및 토마토 주스 등은 병원이나 요양원에서 식전 메뉴로 제공된다.

푸드서비스의 메뉴 구성에는 후식이 포함되는 경우가 일반적이며, 후식으로 신선한 생과일, 적은 분량의 디저트, 건강한 디저트가 옵션으로 제공되는 경우가 많아졌다.

3.6 메뉴 계획에 영향을 미치는 요인들

메뉴 계획에서는 고객 중심의 메뉴가 최대 관건이다. 고객만족은 메뉴 계획에서 간과되기 쉽다. 가격은 고객이 메뉴에서 품목을 선택할 때 즉각 영향을 미치는 요소이므로 고려해야 한다. 푸드서비스 매니저에게 고객만족이 가장 중요한 요인이기는 하나, 수용 가능한 비용으로 메뉴 품목을 생산하는 것도 중요하다. 메뉴 계획 시 고객만족, 정부의 규제, 경영 결정은 반드시 고려해야 한다.

3.6.1 고객만족

고객을 만족시키고 고객에게 가치를 제공하기 위해 메뉴를 계획할 때에는 사회문화적 요소를 고려해야 한다. 영양 필요량은 메뉴 작성의 틀을 제공하기도 하며, 고객을 만족시키기도 한다. 메뉴의 맛과 외관 등의 심미적 요소는 고객만족을 위해 가장 신경써야 하는 부분이다.

3.6.2 사회문화적 요인

관습, 풍습, 가치, 인구통계학적 특징이 사회문화적 요소에 해당한다(Griffin, 1999). 사회문화적 과정은 고객이 요구하는 상품과 서비스를 결정하기 때문에 중요하다. 고객들은 음식에 대한 선호를 가지고 있으며, 이는 각 메뉴의 인기에 영향을 미치게 된다.

3.6.3 식습관 및 선호도

특정 집단을 위한 메뉴를 계획할 때 식습관과 음식선호도는 우선적으로 고려되어야 한다. 문화적 음식 섭취 패턴, 지역적 음식선호도, 연령이 고려대상이 된다.

식습관(food habit)은 무엇을, 언제, 왜, 어떻게 먹는지가 결정되는 개인의 태도 및 행동이다. 미국에서는 지역적, 문화적 식습관의 차이가 아직도 존재하긴 하지만 장거리 이동이 가능해지고, 푸드 마케팅 등으로 이러한 차이가 상당히 줄어들었다. **음식선호도(food preference)**는 음식에 대해 좋아하는 정도를 표현하는 것이다.

메뉴 계획을 위해서는 고객의 식습관과 음식선호도 분석이 필요하다. 메뉴에 대한 고객의 반응을 살피기 위해 공식적 및 비공식적 방법이 사용될 수 있다. 대기업의 급식업체에서는 메뉴를 크게 변화시키거나 새로운 메뉴를 도입하기 전에 고객을 대상으로 관련 조사를 실시한다. 음식선

그림 3-6 어린이의 식품선호도 측정을 위한 얼굴모양 기호 척도의 예

호도와 인기 메뉴 품목을 조사하는 데에는 고객을 대상으로 한 공식적 또는 비공식적인 인터뷰, 잔반량 조사, 고객의견 카드, 메뉴 선택 집계 등의 조사가 주로 이용된다.

음식선호도 조사는 '선호도 척도'를 사용하여 각 개인이 음식을 좋아하는 정도를 점수화한다(Hegenbart, 1992). 어린이를 대상으로 음식선호도를 조사하기 위해 얼굴모양의 기호 척도인 "웃고 있는 얼굴(smily face)" 평점 척도가 널리 사용되고 있으며(Comstock, St. Pierre, & Mackiernan, 1981; Lachance, 1976) 그 예는 그림 3-6과 같다. 이러한 얼굴모양 척도는 연령, 지식 및 교육 수준, 영어 가능 여부와 상관없이 의사소통이 가능하기 때문에 어린이에게 사용하기 쉽다(Wells 1965).

관능검사는 개인에게 메뉴의 향미, 외관, 온도, 분량 등의 측면에 대해 점수를 매기도록 하여 메뉴에 대한 고객의 반응을 측정하는 방법이다. 그림 3-7은 메뉴에 대한 초등학생의 반응을 평가하기 위한 관능검사 점수표의 예이다.

잔반량(plate waste) 또는 식판에 남아 있는 음식의 양으로 음식의 수용력을 측정할 수 있다. 잔반량 조사는 학교점심급식프로그램을 비롯한 많은 연구에서 수치적 결과를 제시하기 위해 사용된다. 환경통제연구에서도 잔반량이 사용된다.

Circle **the one word that *best* describes how you feel about the food today.**

Food					
1. Spaghetti with meat sauce	TASTES	Great	Good	So-So	Awful
	LOOKS	Great	Good	So-So	Awful
	TEMPERATURE	Just Right	OK	Too Cool	
	AMOUNT	Too Much	Right Amount	Not Enough	
2. Broccoli	TASTES	Great	Good	So-So	Awful
	LOOKS	Great	Good	So-So	Awful
	TEMPERATURE	Just Right	OK	Too Cool	
	AMOUNT	Too Much	Right Amount	Not Enough	

그림 3-7 메뉴 품목에 대한 관능평가표의 예

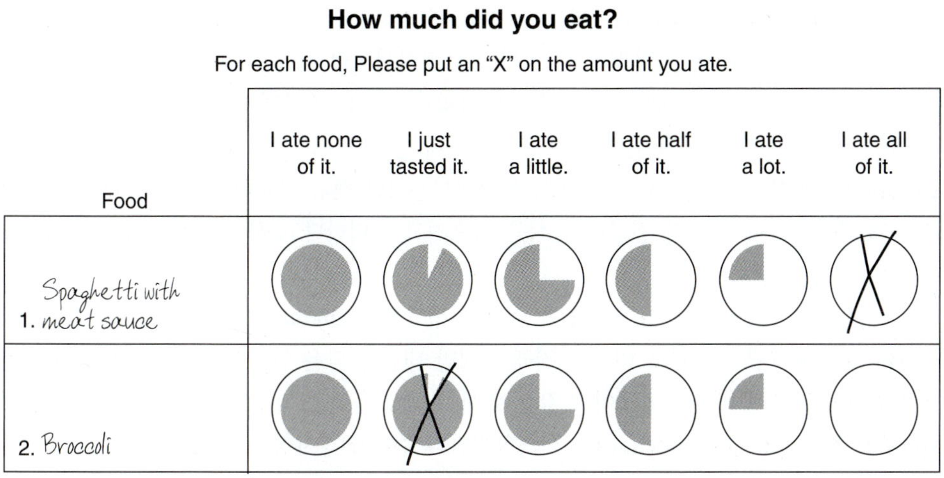

그림 3-8 자기기입식 섭취량 측정 척도의 예

관찰(observation)은 잔반량을 눈대중으로 평가하는 방법이며 훈련된 관찰자가 필요하다. 많은 연구를 통해 음식의 수용력을 조사하는 데 잔반량의 눈대중 평가가 충분히 정확하고 간단한 방법임이 확인되었다. **자기기입식 섭취량 측정(self-reported consumption)**은 훈련된 관찰자가 사용하는 척도와 비슷한 척도를 사용하여 스스로 잔반량을 측정하는 방법이다. 그 예는 그림 3-8과 같다.

고객의 식습관과 음식선호도가 메뉴의 수용 정도와 판매량, 고객 만족도에 영향을 미치기 때문에 메뉴 계획 시 고객의 식습관과 음식선호도에 대해서 반드시 인지하고 있어야 한다. 연령, 문화적·지역적 식사 패턴과 더불어 변화하는 식사패턴 역시 고려해야 한다.

3.6.4 영양 요인

모든 유형의 푸드서비스 업장에서 고객의 영양 요구량은 메뉴 계획 시 고려해야 할 중요한 요인이다. 특히 한 장소에 반복적으로 식사를 하는 사람과 같이 생활환경에 제한이 있을 경우 더욱 중요하다. 예를 들어, 병원 등의 의료시설, 대학교 등과 같이 급식으로 대부분의 영양적 요구량을 제공하는 경우가 해당한다.

건강, 웰빙이 이슈화되면서 대중들은 영양의 중요성을 인식하기 시작하였으며, 이는 외식업장을 운영하는 관리자가 메뉴 선택에 있어서 영양적 질을 고려하게 하는 계기가 되었다. 영양에 대한 관심은 아래의 두 개의 보고서 이후 증가하였다.

- *The Surgeon General's Report on Nutrition and Health*(1988)
- *Diet and Health: Implications for Reducing Chronic Disease Risk*(National Research Council, 1989)

미국보건복지부(U.S. Department of Health and Human Services, DHHS)에서는 '*Healthy People 2000*(1990)', '*Healthy People 2010*(2000)', '*Healthy People 2020*(2010)'을 통해서 국가적 차원의 건강 목표를 발표하였으며 이 중 식품 소비와 관련한 내용이 포함되어 있다. 이 발표를 통해 식사와 심장 질환, 뇌졸중, 암, 당뇨병 등의 만성 질환의 관계에 대한 고객들의 인식이 증가하였다. 따라서 푸드서비스 매니저는 영양적으로 적절한 메뉴를 원하는 고객의 요구를 반영할 수밖에 없게 되었다.

미국인이 섭취하는 대부분의 식사는 가정 외의 장소에서 준비된다. 미국농무부 경제연구소

(U.S. Economic Research Service, 2010)는 2009년 식품 소비 금액 중 48.6%가 외식으로 지출되었다고 보고하였다. 이러한 결과의 주요 원인은 편리성이었지만, 보다 나은 영양에 대한 요구에 따른 결과이기도 하다. 2002년에 미국영양사협회가 지원한 연구에 따르면 고객의 75%가 영양적 균형이 맞는 건강한 식사를 위해 메뉴를 신중하게 선택한다고 보고하였다(American Dietetic Association, 2002). 2010년 미국 레스토랑협회에서는 2년 전과 비교하여 지금은 레스토랑 고객의 73%가 레스토랑에서 보다 건강한 음식을 먹으려고 노력한다고 하였다(National Restaurant Association, 2010).

미국농무부와 보건복지부는 **미국인을 위한 식생활지침**(***Dietary Guidelines for American***)의 7번째 개정판(그림 3-9)과 소비자를 위해 선정한 내용을 담은 안내서(그림 3-10)를 2011년에 발행하였으며, 이를 통해 미국인들이 건강을 위해 어떻게 음식을 먹어야 하는지를 제안하고 있다(http://health.gov/dietaryguidelines/). 식생활지침의 주요 권장사항은 아래와 같이 두 개의 주요 개념으로 설명될 수 있다.

- 에너지 균형을 유지하고 건강 몸무게를 유지하라.
- 영양밀도가 높은 식품과 음료를 섭취하도록 하라.

그림 3-9 2010년 미국인을 위한 식생활 지침

자료: *Dietary Guidelines for Americans 2010*, [Online]. Available: http://www.healthierus.gov/dietaryguidelines/.

식생활 지침 2010
소비자를 위한 주요 메시지

다음의 세 영역에서 변화를 시도하여 식생활 지침을 실행하라.

당신에게 맞는 단계를 선택하여 오늘 시작하라.

에너지 균형

- 음식을 즐기되, 적게 먹어라.
- 양이 많은 음식을 피해라.

더 먹어야 하는 식품

- 접시의 반을 과일과 채소로 채우라.
- 무지방 또는 저지방(1%) 우유로 바꿔라.

덜 먹어야 하는 식품

- 수프, 빵, 냉동식품 속의 나트륨 양을 비교하고 적은 것을 선택해라.
- 당함량이 높은 음료 대신 물을 마셔라.

USDA

2011년 11월

그림 3-10 2010년 미국인을 위한 식생활지침에 대한 소비자 정보

자료: Consumer information on *Dietary Guidelines 2010*. [Online]. Available: http://www.healthierus.gov/dietaryguidelines/

"**마이플레이트(MyPlate)**"는 식생활지침의 활용 도구로 간단한 그림으로 구성되어 있으며, 사이트를 통해 쉽게 이용이 가능하다(**그림 3-11**)(http://www.choosemyplate.gov/). 마이플레이트는 식생활지침의 영양학적 메시지를 담고 있다.

- 에너지 균형
  음식을 즐기되 적게 먹어라.
  양이 많은 음식을 피해라.

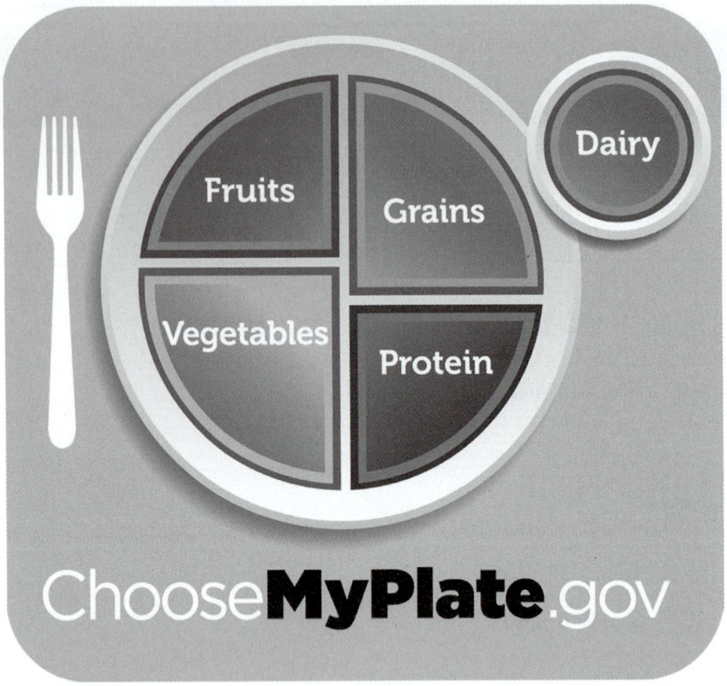

그림 3-11 마이플레이트(MyPlate)
자료: Choose MyPlate U.S. Department of Agriculture. [Online] Available.

- 더 먹어야 하는 식품
  접시의 반을 과일과 채소로 채우라.
  적어도 섭취하는 곡류의 반은 가공되지 않은 곡류로 먹어라.
  무지방 또는 저지방 우유로 바꿔라.
- 덜 먹어야 하는 식품
  수프, 빵, 냉동식품과 같은 식품에 함유되어 있는 나트륨의 양을 비교하고 적은 것을 선택해라.
  당함량이 높은 음료 대신 물을 마셔라.

국민의 영양 상태와 신체 활동에 대한 국가적 관심으로 관련 캠페인이 진행되었다. 1991년에 설립한 과일채소재단(Produce for Better Health Foundation)과 질병통제예방센터는 **과일과 채소 섭취 증가를 위한 캠페인(Fruits & Veggies—More Matters**™; 이전의 '5 A Day')을 실시하였다(www.fruitsandveggiesmatter.gov). 국립 아동건강인간발달연구소는 어린이와 청소년의 우유 섭취를 늘리기 위한 캠페인(**Milk Matters**)을 실시하였고(www.nichd.nih.gov/milk), 미국유가공협회와 낙농협회는 우유 및 유제품의 섭취를 늘리기 위해 하루에 우유 및 유제품을 3회 섭취는 캠페인(**3-A-Day**)을 후원하였다(www.3aday.org). 질병통제예방센터는 9~13세 청소년의 신체활동을 늘리기 위한 캠페인(***VERB***™)을 실시하였다(www.cdc.gov/youthcampaign). 영부인 미셸 오바마는 소아비만을 줄이기 위한 몇 개의 캠페인에 직접 참여하였으며, 그 중 "레츠 무브(Let's Move)" 캠페인은 아이들의 신체활동을 늘리는 것에 중점을 두고 있다. 셰프가 지역학교와 함께 일하면서 어린이들이 맛과 건강한 음식에 관심을 가질 수 있도록 하는 캠페인(Chefs Move to Schools)은 영부인에 의해 시작되었으며 USDA에서 운영하고 있다.

일부 급식 프로그램에서 영양기준을 충족시키는 것은 의무화되어 있다. 예를 들어, 미국 학교점심급식프로그램에서는 특정 영양소의 **권장섭취량(Recommended Dietary Allowances, RDAs)**의 1/3을 공급하는 것을 영양기준으로 삼고 있다(National School Lunch Program, 1998). 이 경우 매일 제공되는 점심급식을 통해 영양기준을 충족시키는 것이 아니라 일정 기간 동안 제공된 점심급식의 평균적인 영양 섭취량이 영양기준을 충족시키는 것을 목표로 한다.

대부분의 급식소는 영양사를 직원이나 컨설턴트로 고용해야 한다. 외식업체에서는 고객 요구를 만족시키고, 경쟁력을 갖추기 위해 메뉴의 영양적인 면을 포지셔닝하거나 마케팅해야 한다.

영양에 대한 관심과 건강한 메뉴를 요구하는 고객이 늘어남에 따라 고객의 요구 충족을 위해 셰프 역시 영양에 대한 훈련을 받고 있다. Culinary Institute of America(CIA)의 교과과정에는 영양학이 포함되어 있다. 1989년 CIA 캠퍼스에 설립된 식품영양센터는 관련 분야에서 최초로 설립되었으며, 학생들과 푸드서비스에 종사하는 전문가를 대상으로 영양 관련 교육을 실시한다.

한편, 2010년에 통과된 건강보험개정법안에 따라 20개 이상의 지점을 가지는 레스토랑과 자판기 회사에서는 메뉴판, 자판기 등에 모든 메뉴 품목의 칼로리 정보를 제공하여야 한다. 또한 고객의 요구가 있을 때에는 칼로리뿐만 아니라 모든 영양소 정보를 제공해야 한다.

3.6.5 심미적 요인

메뉴의 향미, 질감, 색, 모양, 조리법 등 역시 메뉴 계획 시 고려해야 할 요소이다. **향미**는 입 안에서 느낄 수 있는 음식의 맛이며, 짠맛, 신맛, 단맛, 쓴맛으로 구분된다. 시큼한 맛과 단맛, 양념이 적게 된 것과 강하게 된 것, 가벼운 것과 무거운 것과 같이 향미 간의 조화가 이루어져야 한다. 칠면조와 크랜베리 소스, 구운 쇠고기와 고추냉이 소스와 같이 어떤 조합은 상당히 예전부터 사용되었다. 고객은 향미의 조합이 서로 맞고, 상호보완적인 음식들이 함께 제공되길 원한다. 비록 예외가 있기도 하지만, 일반적으로 같거나 비슷한 향미를 가진 음식은 한 끼 식사로 함께 제공되지 않는다. 샐러드에 토마토가 있을 경우 토마토소스 스파게티가 함께 제공되는 경우도 있지만, 비슷한 향미로 구성된 식사보다는 다양한 향미로 구성된 식사가 더욱 즐겁다.

질감은 음식이 입 안에 들어갔을 때 느낌이며 바삭거리는, 부드러운, 부서지는, 녹는, 단단한, 씹히는 등으로 표현이 가능하다. 한 끼 식사에서 다양한 질감을 제공할 수 있도록 메뉴를 계획해야 한다.

농도는 음식의 밀도 및 점도의 정도이다. 흐르는, 젤리 같은 등의 단어로 농도의 특징을 표현할 수 있다. 소스의 경우 얇은, 중간의, 두꺼운 등으로 표현되기도 한다.

그릇, 쟁반, 카페테리아 카운터의 **색**은 시각적으로 사람을 자극할 수 있으며, 판매를 향상시킬 수 있다. 고객의 메뉴 선택에 있어서 식품의 색깔 조합은 중요하다. 예를 들어, 주황색-빨간색 토마토와 보라색-빨간색 비트는 고객의 눈길을 끄는 색깔 조합이 아니며, 하얀색 식품이 여러 개 있는 메뉴는 더욱 그렇다. 구운 스테이크와 오븐에 구운 토마토, 잘 익은 버섯은 훌륭한 한 끼 식사이지만 고객의 눈길을 사로잡기에는 부족하며 여기에 데쳐낸 토마토 반 개 또는 녹색 껍질을 벗기지 않은 멜론의 작은 조각을 함께 제공하면 보기가 더욱 좋을 것이다.

고객들은 음식이 제공될 때의 **모양**에 흥미를 갖는다. 슬라이서, 믹서 등을 활용해 다양한 모양의 음식을 만들 수 있다. 예를 들어 프렌치프라이 감자는 일반적인 모양과 물결 모양, 와플 모양 또는 넓게 구운 형태로 제공될 수 있다.

음식 준비 시 다른 조리법을 사용하여 식품을 조합하면 메뉴가 다양해진다. 피쉬 앤 칩스 등과 일부 예외를 제외하고는 같은 방법으로 조리된 식품은 같은 끼니에 함께 제공하지 않는 것이 좋다. 남부지방의 요리인 튀긴 닭요리와 크림소스, 쪄낸 아스파라거스는 눈길을 끌 수 있지만, 아스파라거스에 흰색의 홀란데이즈 소스를 뿌린다면 흰색 소스가 중복되어 눈길을 끌기엔 부족할 수 있다. 차가운 음식과 따뜻한 음식을 함께 제공하거나, 날것과 조리된 음식을 함께 제공함으로써 고객에게 다양함과 조직감을 느끼게 할 수 있다.

3.6.6 지속가능성

지속가능성 개념은 푸드서비스 업장에서 점점 더 큰 영향을 미치고 있다. 지속가능한 메뉴 계획에서는 다음 중 한 가지 이상에 중점을 둔다.

- 지역에서 길러졌거나 생산된 식품을 사용한다.
- 계절 식품을 사용한다.
- 지속가능한 해산물을 사용한다.
- 가공식품의 사용을 제한한다.
- 육류 주메뉴를 채소 주메뉴로 교체한다.

지역에서 또는 자체적으로 기르거나 생산한 육류와 해산물, 또는 지역을 원산지로 생산한 제품을 사용하는 것이 일반화되고 있다. 이는 지역에서 식재료가 생산되는 계절을 고려하여 메뉴를 계획해야 한다는 것을 의미한다. 아스파라거스는 봄에, 토마토는 여름에, 단호박은 늦은 가을에 생산되므로 채소가 이용 가능한 시점에 메뉴로 제공할 수 있다.

지속가능한 해산물을 사용하는 것 역시 점점 보편화되고 있다. 생태계에 영향을 미치지 않는 방식의 낚시나 양식을 통해 얻은 해산물을 지속가능한 해산물이라고 한다. 예를 들어, 아시아에서 양식한 틸라피아(tilapia)[5]를 사용하는 대신 미국에서 양식한 틸라피아를 사용하는 것도 지속가능한 해산물을 사용했다고 할 수 있다.

가공식품은 지역에서 생산된 식품에 비해 열량이 높고, 포장 및 운송비용이 추가로 발생한다. 그러므로 지역에서 생산물을 사용할 수 있도록 메뉴를 계획하고 음식을 생산하면 지속가능성을 향상시킬 수 있다.

육류를 생산하는 것은 채소를 생산하는 것보다 환경을 더 많이 해칠 수 있기 때문에 육류 중심의 주메뉴보다 채소 중심의 주메뉴를 활용하는 것이 지속가능하다고 할 수 있다. 많은 레스토랑과 급식소에서 육류 없는 월요일을 운영하거나 채소 주메뉴를 제공하고 있다.

3.6.7 정부 규제

급식소에서 제공하는 음식 품목의 종류와 양을 규정한 지역, 주, 정부의 규제에 따라 일부 급식소에서는 메뉴계획이 달라져야 한다. 주 또는 정부의 기금을 받아 운영되는 학교와 장기 요양소는 메뉴 계획 시 메뉴 계획 지침을 반드시 준수해야 한다.

미국농무부는 1946년에 학교점심급식법(The National School Lunch Act)을 도입하고 학교 급식에 대한 지침을 마련하였다. 가장 최근 마련된 법인 '건강하고, 굶주림 없는 어린이법(the Healthy, Hunger-Free Kids Act of 2010)'에서는 일정한 종류와 양의 과일과 채소, 통곡물, 육류와 우유를 아침급식과 점심급식에 제공하도록 지침을 마련했다. 2012년 1월에 발표된 메뉴계획지침(www.fns.usda.gov)은 기존의 지침과 다음과 같은 차이점을 갖는다.

- 과일과 채소의 1일 제공량을 늘렸다.
- 녹황색 채소, 빨간/주황색 채소, 콩/콩과 식물에 대한 주당 필요량을 명시하였다.

5) 세계에서 가장 많이 양식되는 어류 중 하나로 농어목에 속하는 민물고기.

- 빵과 곡류의 제공량을 늘리고, 제공되는 곡류의 반 이상을 통곡물로 제공하도록 하였다.
- 우유는 저지방 또는 1% 지방 우유로 제공하도록 하였다.
- 칼로리, 나트륨, 지방에 대한 목표치를 설정하였다.

미국농무부는 학교에서 제공하는 급식의 영양적 품질을 개선하기 위해 노력하고 있다. 농무부의 식품 영양 서비스에서는 학교 급식의 관리자가 건강한 급식을 제공하도록 지원하기 위해 '팀 뉴트리션(Team Nutrition)'을 만들었으며, 팀 뉴트리션은 재학 중인 어린이의 건강증진을 위한 통합적, 실천중심의 포괄적인 프로그램 계획을 목표로 한다. 팀 뉴트리션은 급식 전문가를 대상으로 아동기 영양에 대한 훈련을 실시하고, 학생들과 부모에게 영양 교육을 제공하며, 건강한 식습관과 신체활동을 할 수 있도록 지원한다(www.fns.usda.gov/tn).

메디케어(Medicare)와 메디케이드(Medicaid) 기금을 받고 있는 장기 요양소는 급식 제공 시, 보건복지부 산하의 의료보장 제도를 담당하는 센터에서 마련한 지침을 준수하여야 하며, 이 지침서에는 환자에게 제공하는 식사와 간식의 영양요구량이 제시되어 있다(www.cms.hhs.gov). **권장섭취량(Recommended Dietary Allowances, RDAs)**에 준하는 적절한 영양소가 급식을 통해 제공되어야 하며 음식이 맛있어야 하고, 적당한 온도와 농도여야 한다. 환자가 제공된 음식을 거절하거나 다른 선택을 하고자 하는 경우 적절한 대체 음식을 제공해야 한다. 또한 저녁식사와 다음날의 아침식사 간에 14시간 이상의 차이가 나지 않게 급식을 제공해야 한다.

학교와 장기요양소는 미리 메뉴를 계획해야 하며, 계획한 메뉴를 주기적으로 주 또는 정부 담당자의 검토를 받아야 한다. 또한 메뉴의 영양분석을 위해 제공 분량, 조리법 및 생산정보, 생산일지 등의 문서가 필요하다.

3.6.8 경영관리 측면의 요인

메뉴는 가격과 생산을 통제하는 경영 도구로 볼 수 있다. 식재료비, 생산능력, 서비스 유형, 식재료의 수급 가능성 등과 같은 경영과 관련된 요소가 메뉴 계획에 고려되어야 한다.

식재료비 식재료비는 식재료를 구입할 때 드는 비용이다. 경쟁 상황에 놓인 푸드서비스 매니저는 다른 급식소의 식재료비도 고려해야 한다. 메뉴는 식재료비를 결정하는 중요한 요인이기 때문에 매니저는 각 메뉴에 사용되는 식품 가격에 대해 인지하고 있어야 한다.

식재료비 회계 시스템에서 가장 중요한 것은 식재료비의 비율을 결정하는 것이며, 이는 식품 구입 비용과 음식을 판매해서 받은 금액, 즉 판매 금액과의 비율을 뜻한다(Keiser & DeMicco, 2000). 예를 들어, 많은 급식소에서 판매 수익의 30~45%가 식재료비라면 적절하다고 할 수 있다(즉, 판매 금액을 식품 가격으로 나눈 값이 35%일 때). 이는 각각의 메뉴에 적용하는 것이 아니라, 전체 메뉴에 적용해야 한다. 음료 등과 같은 메뉴일 경우, 판매가에 비해 식재료 가격이 훨씬 낮으며 주메뉴의 경우 이와 반대이다. 메뉴 계획 시, 고객이 어떤 것에 기꺼이 돈을 쓰는지를 고려해야 한다.

대부분의 병원과 대학 급식에서는 고객 1인당 일일 식재료비가 예산이 된다. 학교 급식에서는 연방정부와 주의 보조금이 예산을 결정하는 중요한 요인이다. 식재료비 관리는 13장에서 다루게 된다.

생산능력 메뉴를 생산하기 위해서는 자원에 대한 고려가 필요하며, 이 중 노동력이 주요 고려 대상이다. 노동시간과 종사원의 수 및 기술에 따라 복잡하거나 단순한 메뉴를 선택할 수 있다. 피크타임 동안 일이 몰리는 것을 피하기 위해 여유 시간 동안 생산하거나 미리 준비하는 메뉴가 있다. 그러나 음식 품질 문제 때문에 음식 제공 전에 음식을 생산하는 데에는 한계가 있다. 대체 인력의 경우, 기술 또는 효율성이 기존 인력과 같지 않으므로 메뉴 계획 시에는 조리원의 휴가도 고려해야 한다. 그러나 퀵서비스 업장에서는 생산이 표준화되어 있으므로 조리 종사자의 기술 차이가 중요하지 않다. 복잡하지 않은 메뉴를 계획하거나, 가공식품과 같이 조리가 편리한 식재료를 사용하는 것이 대안이 될 수 있다.

생산 시설의 배치와 설비는 생산능력에 영향을 미친다. 메뉴를 계획할 때에는 오븐, 찜기, 튀김기, 그릴 등의 시설 · 설비의 용량과 사용에 균형이 맞도록 해야 한다. 또한 냉장고와 냉동고의 용량을 고려해야 한다. 경험이 부족한 경우 오븐 용량에 넘치도록 메뉴를 계획하기도 한다. 예를 들어 작은 병원의 급식소에서 메뉴를 고기, 구운 감자, 롤빵, 브라우니로 계획했다면, 모든 품목의 조리에 오븐이 이용되므로 생산에 문제가 생기게 된다.

서비스 유형 서비스 유형은 메뉴에 가장 큰 영향을 미친다. 테이블 서비스를 제공하는 레스토랑과 학교 급식에서 제공하는 메뉴는 매우 다르다.

의료시설처럼 짧은 시간에 준비해 서비스하기 어려운 트레이 서비스를 제공하는 경우에는 비교적 오래 보관할 수 있는 메뉴가 바람직할 것이다. 일부 병원 등에서는 환자의 병동에 보조주방을 설치하여 토스트나 커피와 같이 보관 기간이 짧은 메뉴를 제공할 수 있도록 한다.

음식의 보관 및 서비스를 위한 설비도 메뉴에 영향을 미친다. 따뜻한 음식의 경우 고정식이나 이동식 보온 설비가 있어야 온도를 유지할 수 있다. 어떤 음식의 경우, 보관에 요구되는 온도가 상대적으로 낮고, 가습이 필요할 수도 있다. 차가운 음식의 경우 냉장시설이나 아이스 카운터 설비가 있어야 온도를 유지할 수 있다. 중앙공급식 급식소의 조리장과 단위 급식소는 찬 음식과 따뜻한 음식의 온도를 유지한 상태로 운반할 수 있는 설비 및 장비가 필요하다. 사기그릇, 식기, 컵 등의 사용 가능성도 또 다른 문제가 될 수 있다. 디저트를 데우기 위해 도구가 필요하기도 하고, 해산물 칵테일 메뉴를 먹기 위해 작은 포크와 아이스볼이 필요하기도 한 것처럼 메뉴에 따라 특별한 서빙 도구가 필요하다. 메뉴와 메뉴에 필요한 집기 등이 식기 보관 장소의 규모에 영향을 미칠 수 있으므로 이 또한 고려해야 한다.

음식 생산완료 시간과 서비스 시간 간의 시간 차이 때문에 메뉴의 온도, 색깔, 조직감이 나빠질 수 있다. 이러한 경우, 특정 문제를 가지고 있는 메뉴 품목을 제외시키거나 수정해야 한다. 예를 들어, 학생들은 구운 치즈샌드위치를 좋아하지만, 그릴이 없거나 인력이 충분하지 않다면 메뉴로 적합하지 않다.

식재료의 수급 가능성 국내 · 외 운송 및 식품 보존력의 향상으로 계절적으로 사용 가능했던 식품을 일 년 내내 사용할 수 있게 되었다. 1월에 멕시코에서 미국으로 딸기가 수입되고, 냉동 과일은 일 년 내내 사용 가능하다. 그러나 제철 지역 생산물은 장거리에서 수입된 것보다 보다 품질이 좋고 가격도 저렴하며, 원하는 때에 메뉴에 추가할 수 있다. 대도시에서 멀리 떨어진 곳의 푸드서비스 매니저는 메뉴 계획 시 공급업체로부터 식품 배달이 가능한 횟수도 고려해야 한다.

3.7 메뉴 계획

지금까지는 메뉴 계획자를 위한 내용을 다루었다. 많은 푸드서비스 운영에서 메뉴 계획은 개인보다는 팀에 그 책임이 있다. 특히 조직 규모가 큰 경우, 메뉴 계획 시 생산 부서와 서비스 부서 매니저의 관점이 매우 중요하다. 또한 식품 조달자는 식품 가용성, 가격 경쟁력, 시장의 새로운 식품 등에 가치를 두어야 한다. 의료시설에서는 환자의 영양적 요구와 식품선호를 적절하게 반영하기 위해 임상영양사가 메뉴 계획 팀에서 근무해야 한다.

3.7.1 일반적 고려사항

메뉴 계획은 푸드서비스 운영의 목적에 맞는 가격으로 음식을 준비 및 제공한다는 기본 목적을 전제로 진행되어야 한다. 사전에 미리 결정을 해야 되는 경우도 있으며, 메뉴 계획에 대한 체계적인 정책과 절차가 마련되어 있어야 한다. 또한 메뉴의 디자인과 형식이 정해져야 하며, 제공되는 메뉴의 수, 메뉴 유형, 메뉴 수정 빈도도 생각해야 한다.

메뉴 계획은 식재료 구입 및 배송, 인력의 일정 조정 등을 위해서 실제 생산단계보다 훨씬 앞서서 이루어져야 한다. 많은 급식소에서는 메뉴 출력 또는 메뉴 재생산을 위해 시간이 필요하기도 한다.

메뉴 계획을 위해 가장 먼저, 각 끼니에 제공될 메뉴 패턴을 구상하거나 메뉴 품목의 윤곽을 정해야 한다. 급식과 외식 모두에서 하루 중 어떤 식사를 제공하는지는 메뉴 패턴에 크게 영향을 미친다. 또한 어떤 메뉴 품목이 선택 가능하고 그 가격이 얼마인지 고객에게 알려야 한다. 이를 위해서 메뉴 품목에 대한 간단한 설명이 필요하며, 혼동되는 문구나 과장된 문구는 피해야 한다. 메뉴에 흥미로운 이름을 사용하는 것은 많은 메뉴 계획자들이 자주 실수하는 부분이다. 판매되는 지역에서 이해할 수 있도록 메뉴명을 정해야 한다. 예를 들어 미국 남부의 새해 음식으로, 콩과, 쌀, 소금에 절인 돼지고기, 양파로 만드는 호핑 존(Hopping John)을 뉴욕 사람들은 알지 못할 것이다.

일부 주에서는 메뉴명을 사실에 입각하여 정하도록 하고 있으며, 이는 메뉴명에 영향을 미친다. 미국 레스토랑협회와 주 레스토랑협회는 푸드서비스 매니저가 메뉴를 설명할 때 활용할 수 있는 자료를 개발하였다. 메뉴 표현에 있어서 오류의 가능성이 있는 영역은 다음과 같다.

양. 1인 분량 또는 제공되는 양을 설명하는 데에 오해의 소지가 있거나 불명확한 용어는 피해야 한다(예: 초대형 샐러드).

품질. 육류, 가금류, 알류, 유제품, 과일과 채소 등 많은 제품에 대한 연방정부와 주의 품질 등급 기준이 존재하므로 이를 정확하게 사용해야 한다(예: 쇠고기 등심 사용).

가격. 고객에게 서비스 또는 특별 요청이 있는 경우 추가 비용이 발생할 수 있음에 대해 주의를 주어야 한다.

상표 이름. 명시되어 있는 제품을 제공해야 한다(예: 메뉴에 오스카메이어 핫도그[Oscar Mayer hot dog]라고 쓰여 있는 경우, 반드시 오스카메이어의 핫도그가 제공되어야 한다).

제품 명시. 메뉴에 제공 제품이나 대체 제품에 대해 확실하게 명시하여야 한다(예: 블루치즈는 로커포르 치즈임).

원산지. 제품의 원산지는 문서화되어야 한다(예: 메인[Maine] 랍스터라는 표기는 랍스터가 메인에서 생산된 것이 확인되었을 경우 사용할 수 있다). 뉴잉글랜드 조개수프(New England clam chowder)와 같이 일반적으로 사용되는 지리적 이름만 허용된다.

판매 용어. 특정 제품에 대한 용어는 정확해야 한다(매일 제품이 배송되는 경우만, 매일 제품이 배송된다고 표현할 수 있다).

보존방법. 통조림, 병조림, 탈수, 냉장, 냉동 등의 가공제품이 사용될 수 있으며, 제품의 보존방법에 대해서 확인이 가능해야 하며 올바른 표현이어야 한다(예: 메뉴에 신선하게 짠 오렌지주스라고 표기되었다면, 냉동 후 해동한 오렌지주스를 제공해서는 안 된다).

음식 준비. 어떠한 방식으로 음식을 준비했는지 대한 설명이 정확해야 한다(예: 팬프라이한 메뉴를 숯불구이라고 표현하는 것은 적절하지 않다).

언어적, 시각적 표현. 식사 또는 메뉴 품목의 사진을 보여준다면, 실제의 식사 또는 메뉴와 동일해야 한다(예: 만약 사진에 새우 6개가 있다면, 반드시 6개를 제공해야 한다).

영양적 요구. 식품의 영양성분에 대해 허위로 작성하면 안 된다. 메뉴명에 저열량, 저지방 등으로 작성하기 위해서는 미국식품의약국(U.S. Food and Drug Administration)에서 제시한 영양기준을 준수해야 한다(예: 저열량은 반드시 신뢰할 만한 자료에 준해야 한다).

계란, 밀가루, 조개 등과 같은 식품에 알레르기가 있는 고객의 경우, 메뉴에 사용된 식재료를 확인하고 싶어 한다. 미국 레스토랑협회는 식품 알레르기 및 아나플락시스 네트워크(Food Allergy and Anaphylaxis Network, FAAN)와 공동으로 푸드서비스 매니저와 종사자가 식품 알레르기에 대해 이해할 수 있도록 관련 교육 자료를 만들었으며, 식품 알레르기를 가진 고객에 대한 서비스 지침을 마련하였다(FAAN, 2010).

다양한 상황에 대한 기록은 메뉴 계획에 도움이 될 수 있다. 과거 사용했던 메뉴, 날씨, 요일, 계절, 특별한 행사 등과 같이 고객의 이용에 영향을 미치는 요인들은 메뉴 계획에 반영될 수 있다. 1인 분량이 포함되어 있는 표준레시피, 식재료 가격 및 시장 시세, 고객의 제안, 카테고리별 식재료 품목 목록, 거래명세서, 요리책 등도 메뉴 계획에 활용할 수 있다.

3.7.2 메뉴 계획 과정

메뉴 계획에 관한 일반적인 원칙은 급식과 외식에 모두 적용할 수 있다. 그러나 급식의 경우 매일 동일한 고객에게 식사를 제공하므로 메뉴 계획 시 메뉴를 다양하게 해야 한다.

급식소의 메뉴 계획 학교 급식을 제외하고, 대부분의 급식 메뉴는 1일 3식으로 구성되어 있다. 급식소에 따라 가벼운 브런치, 이른 저녁식사, 영양가 있는 간식 등을 포함하여 1일 4식 또는 5식으로 메뉴를 계획하기도 한다.

급식소에서는 일반적으로 주기메뉴를 사용하며 주기는 1주부터 3주까지, 혹은 더 긴 주기를 사용하기도 한다. 또한 제철 식재료를 이용하기 위해서나 고객을 만족시키기 위해서 계절에 따라 주기를 바꾸기도 한다. 의료 기관의 경우 입원 평균 기간이 주기메뉴의 주기를 결정하는 중요한 고려사항이다. 환자가 평균 2~4일 동안 병원에 입원하는 경우, 병원 급식에서는 1주 또는 2주의 주기메뉴가 사용된다. 규모가 큰 병원에서는 상대적으로 환자의 입원 기간이 짧아 레스토랑 형태의 고정메뉴를 사용한다. 장기 요양기관에서는 3주 또는 4주의 주기메뉴를 사용한다. 의료 기관에서는 일반적인 메뉴를 기초로 하여 다양한 변형 메뉴를 계획한다.

1일 3식을 제공하는 급식소의 메뉴 계획자를 위한 메뉴 계획 절차는 다음과 같다. 주메뉴는 다른 식품을 선택하기 전에 우선적으로 선택해야 한다.

1. 저녁메뉴의 육류요리 또는 전체 주기에서의 주메뉴를 계획하라. 주메뉴는 메뉴에서 가장 비싼 음식이기 때문에, 신중하게 계획해야 식재료비를 효율적으로 통제할 수 있다. 고가와 저가의 메뉴 품목의 균형에 따라 한 주 또는 주기메뉴의 주기 동안 음식의 평균 가격이 유지된다. 만약 주메뉴를 선택할 수 있게 계획한다면, 육류, 가금류, 생선, 채식 주메뉴, 스튜 등을 제공할 수 있다. 종교적인 이유로 또는 질병으로 인해 식이 제한이 필요한 사람을 위해 선택의 폭이 있어야 한다. 전날 또는 다음날 제공할 메뉴와의 중복을 피해야 한다.

2. 점심식사 메뉴는 저녁메뉴에 사용된 주메뉴를 피해서 선택하라. 조리법도 다양하게 선택해야 한다. 한 끼 식사로 비싼 음식을 계획한 경우, 다른 끼니에는 상대적으로 저렴한 메뉴를 계획하여 1일 적절 비용을 유지할 수 있다. 수프, 샌드위치, 주메뉴 샐러드, 그리고 캐서롤(볶음밥류)은 점심 주메뉴로 자주 제공된다.

3. 주메뉴와 함께 제공할 탄수화물 식품을 결정하라. 육류와 함께 그레이비, 매쉬드 포테이토, 찐감자, 또는 구운 감자를 제공하는 것이 일반적이다. 감자 대신 쌀, 파스타, 통곡류를 제공할 수도 있다. 채소는 생으로 또는 조리하여, 껍질을 벗긴 채 또는 벗기지 않은 채로 제공하는 등 다양하게 변화를 줄 수 있으며, 다양한 크기와 모양으로 자를 수도 있다. 양념이나 소스를 첨가하여 채소 조리법에 변화를 줄 수도 있다.

4. 샐러드와 부찬, 식전 메뉴를 선택하라. 점심식사와 저녁식사에 반복되어 사용되지 않도록 하고, 식사에서 조직감과 색깔의 조합을 달리하여, 다양한 향미를 느낄 수 있도록 해야 한다.

5. 점심메뉴와 저녁메뉴의 후식을 계획하라. 과일, 푸딩, 아이스크림, 냉동 후식, 젤라틴, 케이크, 파이, 쿠키 등을 후식으로 제공할 수 있다.

6. 점심과 저녁식사의 메뉴를 먼저 계획하고, 아침식사와 간식 등의 메뉴를 계획하라.

7. 하루 식단을 하나의 단위로 보고 검토하고, 고객입장, 정부규제, 경영적 측면에 대해 평가해라. 메뉴의 중복 또는 반복이 없는지 확인해야 한다. 메뉴 계획 시 충족해야 할 사항에 대해서 체크리스트를 사용하여 확인해야 한다. 또한 영양 기준에 맞는지 영양 함량도 평가해야 한다.

외식업체의 메뉴 계획 외식 메뉴 계획에서의 첫 번째로 고려해야 할 요인은 '판매'이다. 업장의 운영 형태에 따라 메뉴는 다양하다. 고정메뉴는 고급레스토랑, 제한된 메뉴를 판매하는 레스토랑, 커피숍 등에서 흔히 사용되며 메뉴는 거의 수정이나 변경되지 않는다. 메뉴판에 모든 끼니의 식사를 포함시킬 수도 있으며, 각 끼니별로 메뉴판을 달리할 수도 있다. 급식과 마찬가지로 외식에서도 주메뉴를 가장 먼저 계획한다. 외식에서는 해당 업장만의 특별한 메뉴, 즉 시그니처(signature) 메뉴를 자주 볼 수 있다.

비상시의 메뉴 계획 재해 또는 긴급한 상황에서 사용되는 메뉴를 계획하는 것도 푸드서비스 매니저의 중요한 업무 중 하나이다. 특히 의료시설은 태풍, 테러, 전국적인 유행병 등과 같은 자연재해 시에 고객(환자, 학생, 종사자)에게 제공할 수 있는 메뉴에 대한 대비책 마련이 중요하다.

비상 상황에 따라 메뉴는 다르게 작성된다. 전기 공급이 안 될 때를 위한 메뉴와 수도 공급이 안 될 때의 메뉴는 다르다. 비상시의 메뉴는 최소한의 조리원으로 준비 및 서비스될 수 있도록 계획되며, 음식 준비 등에 훈련되지 않은 조리원은 제외시킨다. 한 대학 병원의 비상시 운영 계획을 예로 들면, 인력 및 장비/식재료 공급이 부족한 정도에 따라 네 단계로 비상시에 대비한 메뉴를 계획하고 있다. 인력/장비/식재료 공급의 부족 정도가 최소한일 때(25% 이하의 직원이 부재하고 전기 공급이나 재료 공급에는 변화가 없을 때)에는 메뉴를 변경하지 않는다. 직원의 부재가 많아져 인력이 부족해지거나, 장비/식재료 공급이 부족해지면 메뉴를 변경한다. 인력/장비/식재료 공급의 부족률이 높을 때(65% 이상의 직원 부재, 장비 또는 식재료 공급에 제한이 있을 때)는 1회용 식품을 사용하고 제한된 메뉴를 제공한다. 만약 식재료 공급이 영향을 받으면, 냉장고에 보관·저장 중인 식재료를 기본으로 메뉴가 작성된다. 병원 등의 기관에서는 긴급 상황에 대비하여 수일 정도 제공될 수 있는 식재료를 보관하고 있다.

요약

1. 메뉴에는 여러 가지 유형이 있다. 고정메뉴란 동일한 메뉴 품목을 고정적으로 제공하는 메뉴이다. 주기메뉴는 주기 내에서 매일 다른 메뉴 품목을 제공하고 이러한 주기를 반복하는 메뉴이다. 일회성메뉴는 한 번의 행사를 위해 사용되는 메뉴이다. 알라카르떼 메뉴란 메뉴 품목별로 각각 가격이 책정된 메뉴이며, 따블도우떼 메뉴는 식사를 구성하는 메뉴 품목을 묶어서 전체 식사에 대한 가격을 책정한 메뉴이다.
2. 메뉴의 심미적 특성은 메뉴의 향미, 색, 형태, 질감, 외관 등을 기준으로 평가된다. 이러한 평가에 있어서 다양성과 균형이 중요한 요소이다.
3. 고정메뉴나 주기메뉴를 계획할 때 이 장에서 제시된 여러 기술들을 활용할 수 있다.

연습문제

1. 푸드서비스 시스템에서 메뉴를 주요 관리 요인으로 고려해야 하는 이유는 무엇인가?
2. 메뉴 계획에 영향을 미치는 고객 측면의 요인와 경영관리 측면의 요인에는 무엇이 있는가?
3. 토스카나치킨샌드위치의 식재료비가 0.82달러인 경우 식재료비율을 40%로 맞추려면 음식의 가격을 얼마로 책정해야 하는가?
4. 급식분야와 외식분야의 메뉴 계획의 차이점에 대해 기술하시오.
5. 메뉴심리학은 무엇이며, 메뉴판을 만들 때 이를 어떻게 응용할 수 있는가?
6. 메뉴 계획 시 지속가능성 개념을 어떻게 반영할 수 있는가?

연구과제

1. 2~3명으로 팀을 나누어 팀별로 웹사이트에서 또는 실제 급식소에서 제공하고 있는 메뉴에 대해 조사하고 메뉴의 특성에 대해서 평가해보자.
2. 2개 이상의 푸드서비스 업장을 찾아가 매니저가 어떻게 메뉴를 계획하며 메뉴를 얼마나 자주 수정하는지 알아보자.
3. 지역 병원 또는 학교의 푸드서비스 책임자와 비상시의 메뉴 계획에 대해서 이야기해보자.
4. 체인점 매니저를 초청하여 전국적 메뉴와 지역 메뉴 사용에 대한 찬반을 토론해보자.

사례 연구

1. "Menu Madness" in Lieux, E. M., & Luoto, P. K. (2008). *Exploring foodservice systems management through problems.* 3rd ed. Upper Saddle River, NJ: Pearson Prentice Hall.
2. "Ready for Room Service" in Lieux, E. M., & Luoto, P. K. (2008). *Exploring foodservice systems management through problems.* 3rd ed. Upper Saddle River, NJ: Pearson Prentice Hall.
3. The Heart of the Matter: The Menu by G. Hinch in Allen-Chabot, A., Jarvis, K., & O'Halloran, R. M. (2006). *Cases in foodservice and clinical nutrition management.* Upper Saddle River, NJ: Pearson Prentice Hall.
4. Hospital Food Service Menu for Emergency Situations by J. J. Davis in Allen-Chabot, A., Jarvis, K., & O'Halloran, R. M. (2006). *Cases in foodservice and clinical nutrition management.* Upper Saddle River, NJ: Pearson Prentice Hall.
5. Patient with Special Needs by N. Reddy in Allen-Chabot, A., Jarvis, K., & O'Halloran, R. M. (2006). *Cases in foodservice and clinical nutrition management.* Upper Saddle River, NJ: Pearson Prentice Hall.

웹사이트

www.fns.usda.gov/fns USDA A Food and Nutrition Service

www.fns.usda.gov/tn USDA Team Nutrition

http://healthymeals.nal.usda.gov USDA Child Nutrition Program menu plans

www.healthypeople.gov Healthy People 2010

www.eatright.org American Dietetic Association

www.healthierus.gov/dietaryguidelines *Dietary Guidelines for Americans*

www.mypyramid.gov My Pyramid

www.fruitsandveggiesmatter.gov Fruits & Veggies—More Matters Program

www.3aday.org 3 A Day Program

www.cms.hhs.gov Centers for Medicare and Medicaid Services

www.nichd.nih.gov/milk Milk Matters campaign

www.cdc.gov/youthcampaign *VERB*™ campaign

참고문헌

2008 Product Preview. (2008). *FoodService Director.* [Online]. Available: www.fsdmag.com

Adams, A. J. (1987). Consumers, what are they telling us? In *Agriculture research for a better tomorrow: Commemorating the Hatch Act Centennial (1887–1987).* Washington, DC: U.S. Department of Agriculture.

Allen, R. L. (1993). Think big! Kids' menus help create future customers. *Nation's Restaurant News, 27*(3), 12.

American Dietetic Association. (2002). American Dietetic Association survey finds consumers know importance of diet and activity, but misconceptions persist. [Online]. Available: www.eatright.org

AMI: Just the facts. (1998). New trends in food preparation and eating. [Online]. Available: http://www.meatami.org

Bartlett, M. (1991). R & I's menus for the '90s: Menu ideas. *Restaurants & Institutions, 101*(8), 8–9.

Bayou, M. E., & Bennett, L. B. (1992). Profitability analysis for table-service restaurants. *Cornell Hotel and Restaurant Administration Quarterly, 33*(2), 49–55.

Callaway, C. W. (1992). The marriage of taste and health: A union whose time has come. *Nutrition Today, 27*(3), 37–42.

Carlson, B. L. (1987). Promoting nutrition on your menu: Three myths, eight tarnished rules, and five hot tips. *Cornell Hotel and Restaurant Administration Quarterly, 27*(4), 18–21.

Comstock, E. M., St. Pierre, R. G., & Mackiernan, Y. O. (1981). Measuring individual plate-waste in school lunches. *Journal of the American Dietetic Association, 79,* 290–296.

Cummings, L. E., & Kotschevar, L. H. (1989). *Nutrition management for foodservices.* New York: Delmar Publishers.

Davis, J. L. (2003). America's food trends. [Online]. Available: http://www.webmd.com

DiDomenico, P. (1992). Adding a profit center that promotes: Selling signature items. *Restaurants USA, 12*(10), 18–21.

Donovan, M. D. (ed.). (1993). *The professional chef's® techniques of healthy cooking.* New York: Van Nostrand Reinhold.

Drysdale, J. A., & Aldrich, J. A. (2002). *Profitable menu planning.* Upper Saddle River, NJ: Prentice Hall.

Dulen, J., & Sheridan, M. (1997). Star grazing: The R & I menu census. *Restaurants and Institutions, 107*(25).

FDA Talk Paper. (1996). [Online]. Available: http://www.fda.gov

Finn, S. (1992). *The real life nutrition book.* New York: Penguin.

FMI 2004: Trends in the United States: Consumer attitudes and the supermarket. Food Marketing Institute, Washington, DC. [Online]. Available: http://www.fmi.org

5 a day—word is getting out! (1993). *5 A Day News, 2*(2), 1–5.

5 a day for better health. (2002). [Online]. Available: http://www.sadey.com

Food Allergy and Anaphylaxis Network (FAAN). (2010). Welcoming guests with food allergies. Fairfax, VA: author.

Ganem, B. C. (1990). *Nutritional menu concepts for the hospitality industry.* New York: Van Nostrand Reinhold.

Gordon, E. (1992). Taking a look at lunch. *Restaurants USA, 12*(5), 36–38.

Gray, N. J. (1986). 17 steps to developing a winning menu. *NRA News, 6*(2), 16–20.

Griffin, R. W. (1999). *Management,* 6th ed. Boston, MA: Houghton Mifflin.

Hegenbart, S. (1992). An inventory of the toolbox. Food product design. [Online]. Available: www.foodproductdesign.com

design. [Online]. Available: www.foodproductdesign.com

Howat, M. (1991). Menu labeling: The pros and cons. *Nation's Restaurant News, 25*(4), 42.

Kasavana, M. L., & Smith, D. L. (1990). *Menu engineering: A practical guide to menu analysis.* Lansing, MI: Hospitality Publications.

Kass, M. (1990). Build a better menu. *Restaurants & Institutions, 100*(17), 36–39, 44, 48, 56, 58.

Keiser, J., & DeMicco, F. J. (2000). *Controlling and analyzing costs in foodservice operations,* 4th ed. New York: Macmillan.

Kotschevar, L. H. (2002). *Management by menu,* 3rd ed. Dubuque, IA: Wm. C. Brown in cooperation with the Educational Foundation of the National Restaurant Association.

Kreul, L. M., & Scott, A. M. (1982). Magic numbers: Psychological aspects of menu pricing. *Cornell Hotel and Restaurant Administration Quarterly, 23*(2), 70–75.

Kroll, B. J. (1990). Evaluating rating scales for sensory testing with children. *Food Technology, 44*(11), 78–86.

Lachance, P. A. (1976). Simple research techniques for school food-service. Part I: Acceptance testing. *School Food Service Journal,* 30, 54–56, 58, 61.

Lorenzini, B. (1992). Lighthouse offers braille menus. *Restaurants & Institutions, 102*(22), 22.

Lunch at court. (1993). *School Food Service Journal, 47*(1), 34–37.

Lydecker, T. (1991). Money-making menus. *Restaurants & Institutions, 101*(8), 96–97, 100, 102, 104, 109–110, 112.

McCarthy, B. (1992). Lunch to go. *Restaurants & Institutions, 102*(20), 61, 64, 66, 67.

McCarthy, B. (1993). Breakfast brings home the bacon. *Restaurants & Institutions, 103*(6), 26–27, 34, 39, 42, 46.

McCarthy, B., & Straus, K. (1992). Tastes of America 1992. *Restaurants & Institutions, 102*(29), 24–25, 28–29, 34, 36, 38, 44.

Mermelstein, N. H. (1993). Nutrition labeling in foodservice. *Food Technology, 47*(4), 65–68.

Miller, J. E. (1987). *Menu pricing and strategy,* 2nd ed. New York: Van Nostrand Reinhold.

Miller, S. G. (1992). The simplified menu-cost spreadsheet. *Cornell Hotel and Restaurant Administration Quarterly, 33*(3), 85–88.

National Research Council. (1989). *Diet and health: Implications for reducing chronic disease risk. Executive summary.* Washington, DC: National Academy Press.

National Restaurant Association. (1987). *Guidelines for providing facts to foodservice patrons: Ingredient and nutrient information.* Washington, DC: Author.

National Restaurant Association. (January 1990). *Nutrition awareness and the foodservice industry. Current issues report.* Washington, DC: Author.

National Restaurant Association. (1993). FDA releases new proposal on menu claims, asks for public comment. *Washington Weekly, 13*(25), 1, 4.

National Restaurant Association. (2002). Industry at a glance. [Online]. Available: www.restaurant.org

National Restaurant Association. (2010). Industry at a glance. [Online]. Available: www.restaurant.org

National Restaurant Association. (2008). What's hot & what's not. [Online]. Available: www.restaurant.org

National Restaurant Association. (2010). National Restaurant Association reveals hottest menu trends in 2011. [Online]. Available: www.restaurant.org

National Restaurant Association Research Department. (1998). *Menu analysis 1997.*

Nation's Restaurant News. (2002). *What's for lunch. On-site restaurants supplement, 5*(7), 9. Washington, DC: Author.

National School Lunch Program: Nutrition program facts. (1998). [Online]. Available: http://www.usda.gov

Olive Garden Restaurants. (2001). SEC 10-K report online at www.sec.gov

Panitz, B. (2000). Reading between the lines: The psychology of menu design. [Online]. Available: www.restaurant.org

Pavesic, D. (1988). Taking the anxiety out of menu pricing. *Restaurant Management, 2*(2), 56–57.

Pavesic, D. V., & Magnant, P. F. (2005). *Fundamental principles of restaurant cost control.* Upper Saddle River, NJ: Prentice Hall.

Perlik, A. (2008). Food: What's on the menu for '08. *Restaurant & Institutions.* [Online]. Available: www.rimag.com

Pettus, E. M. (1989). Menu engineering. *Club Management, 68*(5), 24–25.

Position of the American Dietetic Association: Nutrition in foodservice establishments. (1991). *Journal of the American Dietetic Association, 91,* 480–482.

Rector, S. (2011). Experts predict surprising food trends in 2011. *Detroit Free Press,* January 5, 2011.

Rose, J. C. (1988). Pricing I: Three menu pricing systems. *Food Management, 23*(1), 40.

Ryan, N. R. (1993). Good 'mixes' break the lunch routine. *Restaurants & Institutions, 103*(6), 50–51, 56, 62, 64, 68.

Schultz, H. G. (1965). A good action rating scale for measuring food acceptance. *Journal of Food Science, 30*(2), 365–374.

Sensory evaluation and the consumer—points of interaction. (1990). *Food Technology, 44*(11), 153–172.

Sloan, A. E. (2004). Taking off & piling on: Restaurants take new approaches. *Food Technology, 58*(10), 20–27.

Sloan, A. E. (2008). What, when, and where America eats. *Food Technology,* 62(1), 20–29.

Sneed, J., & Burkhalter, J. P. (1991). Marketing nutrition in restaurants: A survey of current practices and attitudes. *Journal of the American Dietetic Association, 91,* 459–462.

Solomon, J. (1992). A guide to good menu writing. *Restaurants USA, 12*(5), 27–30.

Spears, M. C. (1999). *Foodservice procurement: Purchasing for profit.* Upper Saddle River, NJ: Prentice Hall.

Straus, K. (1992b). New-size entrees multiply sales. *Restaurants & Institutions, 102*(6), 62, 66, 68.

Table service restaurants offer fax service and other conveniences. (1993). *Restaurants USA, 13*(3), 36.

Thomas, P. R. (ed.). (1991). *Improving America's diet and health: From recommendations to action.* Washington, DC: National Academy Press.

U.S. Department of Health and Human Services, Public Health Service (1988). *The Surgeon General's report on nutrition and health.* DHHS (PHS) Publication Number 88-50210. Washington, DC: U.S. Government Printing Office.

USDA pyramid stacks up nutritional advice. (July/August 1992). *Food Insight, 8.*

U.S. Department of Agriculture, Economic Research Service. (2010). *Food marketing system in the U.S.:Food retailing.* [Online]. Available : www.fns.usda.gov.

U.S. Department of Agriculture, Food and Nutrition Service. (2001). *SMI Implementation Study: Second Year Report.* [Online]. Available : www.fns.usda.gov

U.S. Department of Agriculture, Human Nutrition Information Service. (1989). Eating better when eating out: Using the dietary guidelines. *House and Garden Bulletin No. 232-11.* Washington, DC: Author.

U.S. Department of Health and Human Services. (1990). *Healthy People 2000.* Washington, DC: U.S. Government Printing Office, November 1990. [Online]. Available: www.health.gov/healthypeople

U.S. Department of Health and Human Services. (2000). *Healthy People 2010.* Washington, DC: U.S. Government Printing, November 2000. [Online]. Available: www.health.gov/healthypeople

U.S. Department of Health and Human Services. (2010). *Healthy People 2020.* Washington, DC: U.S. Government Printing, December, 2010. [Online]. Available: www.health.gov/healthypeople

U.S. Departments of Agriculture and Health and Human Services. (1990). *Nutrition and your health: Dietary guidelines for Americans,* 3rd ed. Washington, DC: Author.

Wallace, J. (1991). The menu challenge. *Restaurants & Institutions, 101*(8), 5.

Warshaw, H. S. (1993). America eats out: Nutrition in the chain and family restaurant industry. *Journal of the American Dietetic Association, 93,* 17, 19–20.

Waters, J. (1998). What's for breakfast? *Restaurants & Institutions, 108*(14), 63–64, 72–73.

Wells, W. D. (1965). Communicating with children. *Journal of Advertising Research, 5*(2), 2–14.

Welsh, S., Davis, C., & Shaw, A. (1992). A brief history of food guides in the United States. *Nutrition Today, 27*(6), 6–11.

Welsh, S., Davis, C., & Shaw, A. (1992). Development of the food guide pyramid. *Nutrition Today, 27*(6), 12–23.

What's to be in '93. (1993). *Sysco's Menus Today* (January), 20–24, 26, 28, 30, 32.

Yee, L. (1999). Outlook '99 fare forecast. *Restaurants & Institutions, 109*(1), 34–36, 38, 40, 46, 49–50.

Yee, L. (2004). Taste 2004. *Restaurants & Institutions, 115*(January 1). [Online]. Available: http://www.foodservice411.com/rimag

Yee, L. (2005). Custom fit. *Restaurants & Institutions, 115*(January 1). [Online]. Available: http://www.foodservice411.com/rimag

Chapter

4
식품 흐름과 주방 설계

개요

- 푸드서비스 업장에 따라 식품 흐름이 다르다.
- 주방은 직선형으로 계획하는 것이 가장 바람직하다.
- 작업대는 종사원들이 효율적, 효과적으로 근무할 수 있도록 설계해야 한다.

학습목표

1. 전통적, 조리저장식, 중앙공급식, 조합식 푸드서비스를 구분하여 설명할 수 있다.
2. 전통적 푸드서비스와 조리저장식 푸드서비스에서의 식품 흐름의 차이를 기술할 수 있다.
3. 조리-냉장, 조리-냉동, 수-비, 중앙서비스, 분산서비스 등의 용어를 정의할 수 있다.
4. 푸드서비스 업장을 관찰한 후 식품 흐름을 그림으로 나타낼 수 있다.
5. 설계, 레이아웃, 흐름의 개념을 구분하여 설명할 수 있다.
6. 푸드서비스 업장 설계의 계획 절차를 기술할 수 있다.
7. 동작경제의 원칙을 이용하여 종사원의 작업분석을 할 수 있다.

식품은 푸드서비스 업장에 반입되어 고객에게 제공되기까지 다양한 경로를 거칠 수 있다. 푸드서비스 업장의 생산절차는 크게 네 가지 유형으로 분류된다. 이 장에서는 이러한 네 가지 푸드서비스의 유형과 푸드서비스 업장에서의 다양한 식품 흐름에 대해 학습한다. 즉, 이 장은 푸드서비스 시스템 모형의 변환 단계에 대해 자세히 설명하고, 이러한 변환 단계가 푸드서비스 업장에 따라 어떻게 다른지에 대해 보여준다. 또한 이 장에서는 푸드서비스 업장의 신축이나 개보수를 위한 주방 계획에 대해 학습한다.

4.1 식품 흐름

식품은 푸드서비스 시스템의 주요 자원이다. 1970년대 초 식품공학 기술의 발전이 구매, 생산, 유통, 서비스로 구성된 하위시스템을 통하여 식품 흐름에 변화를 가져왔다.

식품 흐름(food product flow)이란 푸드서비스 업장에서 식품과 메뉴품목의 다양한 이동 경로로, 검수에서 시작하여 고객 서비스로 마무리된다(Unklesbay, Maxcy, Knickrehm, Stevenson, Cremer, & Matthews, 1997). 생산성 상승, 비용 절감, 운영 통제력 강화를 위해 식품의 다양한 경로가 개발되었다. 최종 산물의 품질과 안전을 확보하기 위하여 구매, 생산, 서비스 단계에서 식품에 발생 가능한 물리적, 화학적, 미생물학적 변화를 통제해야 한다. 그림 4-1은 학자들이 기존에 개발한 모형에 기반하여 푸드서비스 업장에서 나타날 수 있는

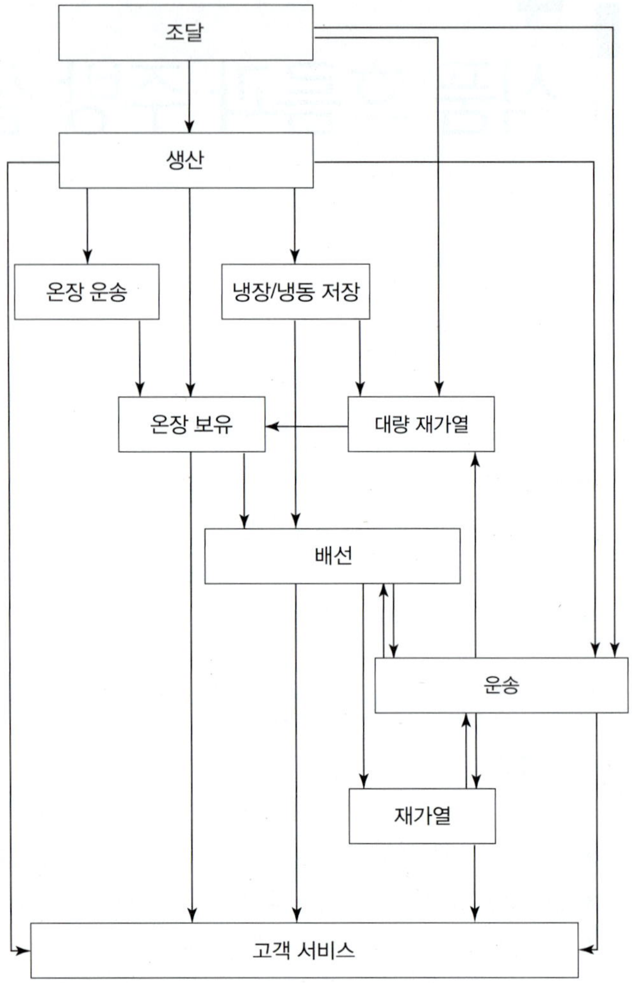

그림 4-1 푸드서비스 업장의 다양한 식품 흐름

다양한 식품 흐름을 표시한 다이어그램이다. 이 장에서는 이 그림을 활용하여 특정한 유형의 푸드서비스 업장에서 나타나는 식품 흐름을 설명한다.

4.2 푸드서비스의 유형

인건비가 증가하고 숙련된 종사원이 줄어드는 환경에 직면하여 푸드서비스 매니저들은 편리하고 인건비를 줄일 수 있는 새로운 형태의 식품을 사용하고 있다. 형태와 가공 정도가 다양한 새로운 가공식품의 생산이 매년 증가하고 있다. 그 중 많은 식품이 최종 생산, 배송, 서비스에 특수한 기기를 필요로 한다.

Unklesbay 등(1977)은 푸드서비스 업장의 네 가지 유형을 제시하였다.

- 전통적 푸드서비스
- 조리저장식 푸드서비스
- 중앙공급식 푸드서비스
- 조합식 푸드서비스

푸드서비스 업장의 유형이 다양하게 발전하는 동시에 식품가공 산업과 푸드서비스 산업 간의 상호의존성이 강화되어 여러 기능 간 조정이 필요해졌다. 식품가공이란 푸드서비스 업장에서 소

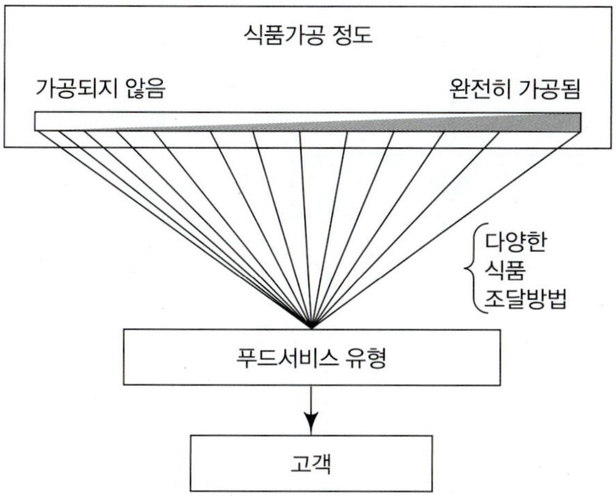

그림 4-2 식품가공과 푸드서비스 업장의 접점

자료: From N. Unklesbay et al. (1977). *Foodservice Systems: Product Flow and Microbial Quality and Safety of Foods*, North Central Research Publication No. 245, Columbia, MO: University of Missouri Agricultural Experimental Station. Used by permission.

비할 식품을 가공, 전처리, 포장, 유통하는 산업이다. 푸드서비스 산업에는 레스토랑, 병원, 학교와 기타 푸드서비스 업장을 포함한다.

그림 4-2는 식품 가공과 푸드서비스 업장의 관계를 보여주는 것으로, Unklesbay 등(1977)이 고안한 것이다. 이 그림은 식품가공 정도와 푸드서비스 유형 및 고객과의 접점을 보여주고 있다. 상단의 식품가공 연속선의 왼쪽 끝은 식품 흐름에 유입되는 식품이 가공되지 않은 상태임을 의미하며, 오른쪽으로 갈수록 식품가공 정도가 증가하여 오른쪽 끝은 식품 흐름에 유입되는 식품이 완전히 가공된 상태임을 의미한다. 예를 들어 애플파이를 구울 때 사용하는 사과, 설탕, 밀가루, 쇼트닝은 거의 가공되지 않은 식품이며, 냉동 애플파이는 완전히 가공된 식품이다. 푸드서비스 업장의 유형에 따라 식품 조달 방법이 달라진다.

푸드서비스 유형이라고 표시되어 있는 중앙의 박스는 식품 흐름 경로에서 생산과 배송 단계를 포함한다. 완성된 메뉴품목은 고객에게 서비스된다.

4.2.1 전통적 푸드서비스

전통적으로 대부분의 푸드서비스 업장에서 **전통적 푸드서비스(conventional foodservice)**를 사용해왔다. 전통적 푸드서비스는 각 푸드서비스 업장에서 전처리 정도가 다양한 식품을 구매하며, 생산, 분배, 서비스가 같은 장소에서 이루어진다. 생산한 음식은 메뉴품목에 따라 온장 또는 냉장 보관하며 가능한 한 빠른 시간 내에 서비스된다. 과거에는 전통적 푸드서비스를 이용하는 업장에는 정육, 제빵, 채소 전처리 공간이 필요하였다. 오늘날에는 전통적 푸드서비스 방식으로 운영하는 다수의 업장이 식품을 처음부터 가공하는 대신 소포장된 육류, 빵, 신선식품, 통조림, 냉동식품, 기타 미리 가공된 과일과 채소를 구매한다. 그림 4-3은 전통적 푸드서비스의 간단한 흐름을 보여준다. 이 그림에서 볼 수 있듯이 식품은 조달에서 생산 단계를 거쳐 다른 추가적인 단계를 거치지 않고 곧바로 소비자에게 서비스된다. 전통적 푸드서비스를 활용하는 병원 급식 업장에서의 식품 흐름은 일반적으로 그림 4-4와 같다. 그림에서 볼 수 있듯이, 식품을 구매하고, 생산단계에서 음식을 생산한 후 환자식을 트레이에 조합할 때까지 온장 보관된다. 조합된 트레이는 병동으로 운반되어 고객, 즉 환자에게 서비스된다. 온장 보관, 음식 조합, 배송 과정 등으로 인해 생산에서 서비스 사이의 시간이 증가하게 된다. 전통적 푸드서비스의 매니저는 생산에 들어가는 인건비를 절

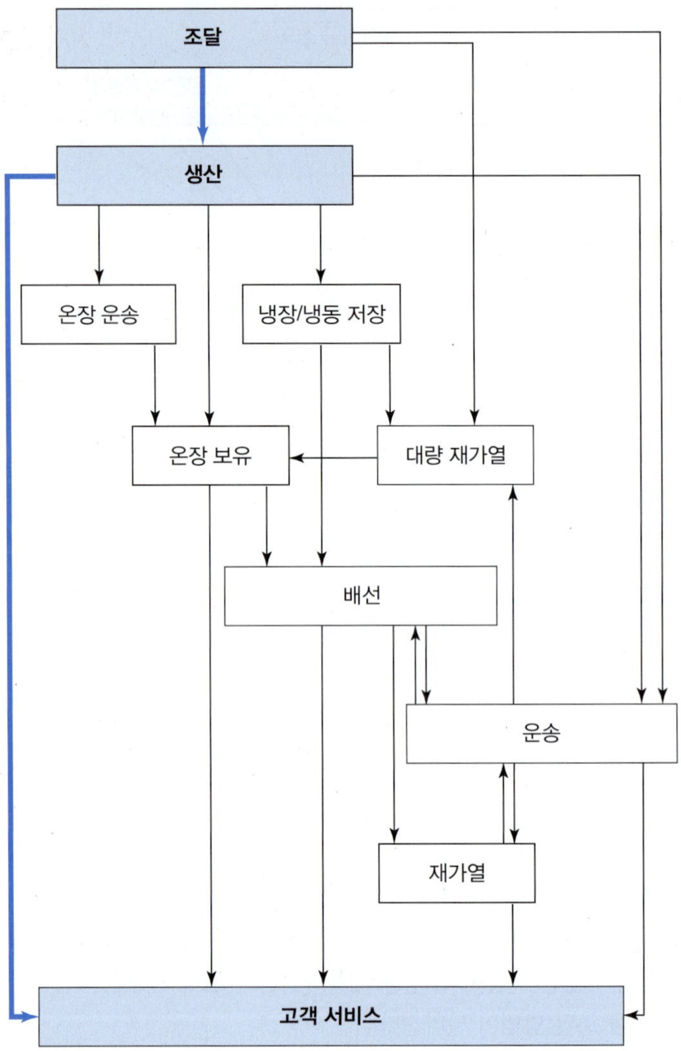

그림 4-3 전통적 레스토랑의 식품 흐름

감하기 위해 구매하는 식재료와 메뉴품목을 자주 변경한다. 전통적 푸드서비스에서 구매하는 식품은 원재료 상태의 식품부터 완전 가공 상태의 식품까지 다양하다. 우유처럼 구매한 후 서비스하기 전까지 냉장 보관하는 것이 전부인 식품이 있는가 하면, 원재료를 사용하여 생산하고 서비스할 때까지 온장 또는 냉장 보관하는 메뉴품목도 있다. 시리얼, 빵, 조미료 등의 식품은 건조 창고에 보관했다 필요할 때마다 꺼내어 사용한다. 따라서 그림 4-2가 보여주는 것과 같이 전통적 푸드서비스에서는 전혀 가공되지 않은 식품부터 완전히 가공된 식품까지 모두 사용할 수 있다.

식품과 원재료를 반입하여 적절히 저장한 뒤, 품질 좋은 메뉴를 서비스하기 위하여 서비스 시점으로부터 최대한 가까운 시점에 메뉴품목을 생산한다. 온장 보유한 식품은 온도, 습도, 보관 시간 등의 영향을 받으므로 영양학적, 관능적 가치가 저하될 수 있다.

전통적 푸드서비스에서 생산된 음식은 카페테리아나 식당과 같이 인접한 서비스 장소로 배송된 후 서비스되기도 한다. 병원이나 기타 의료 시설에서는 음식을 트레이에 담아 중앙 또는 분산 서비스 방식으로 제공하기도 한다. **중앙서비스(centralized service)**의 경우, 환자 개개인을 위한 트레이를 생산 구역 또는 그 근처에서 조합한다. 그리고 트레이를 카트나 컨베이어를 이용해 병동으로 배송한 후 병실로 서비스한다.

분산서비스(decentralized service)의 경우, 식품을 병실 근처의 구역, 이를테면 병동 내 조리

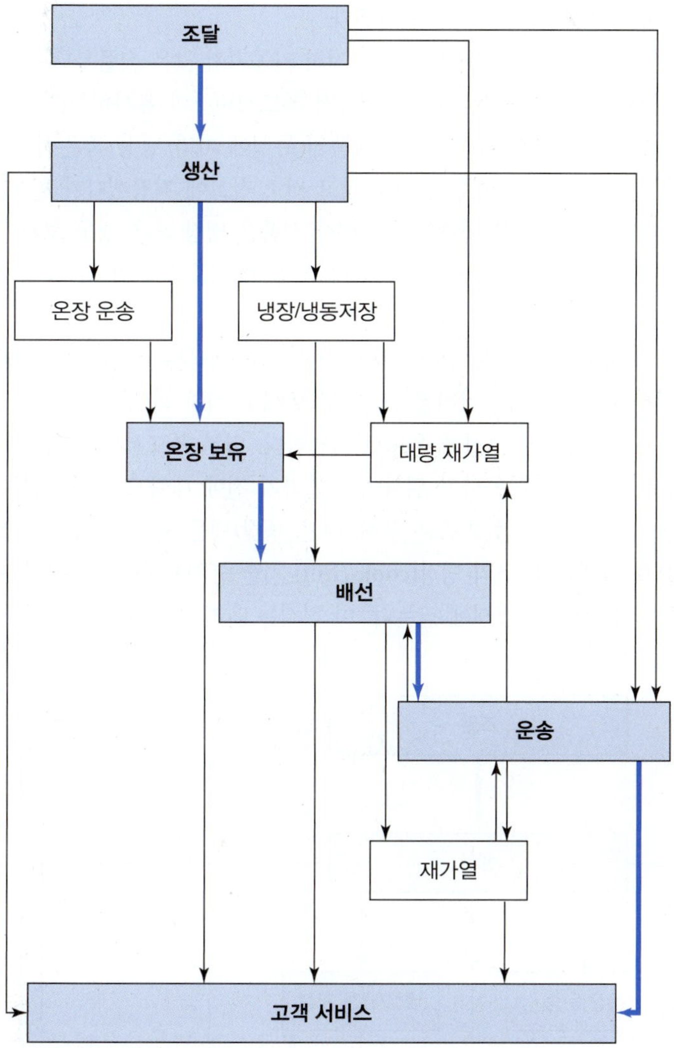

그림 4-4 전통적 병원 급식의 식품 흐름

실로 대량 배송하여 조합한다. 일부 병원에서는 두 가지 서비스를 조합하여 사용한다.

1장에서 설명한 시스템 모형을 전통적 푸드서비스에 바로 적용할 수 있다. 전통적 푸드서비스에서는 식품이 업장에 바로 반입되고, 메뉴품목들이 전통적 방식으로 생산된 후, 장시간 보관 없이 서비스된다. 이어질 다른 세 가지 푸드서비스 업장 유형에 대한 설명에서는 시스템 모형의 기능적 하위시스템에 나타나는 차이를 설명할 것이다.

전통적 푸드서비스 업장에서는 숙련된 조리원이 매일 장시간 음식 생산에 투입되었다. 푸드서비스 산업에서 인건비가 증가함에 따라 푸드서비스 매니저는 가공식품의 구매를 더욱 고려하게 되었다.

4.2.2 조리저장식 푸드서비스

조리저장식 푸드서비스(ready prepared foodservice)는 인건비의 상승과 숙련된 노동력의 부족을 극복하기 위해 발달하였다. 조리저장식 푸드서비스에서 생산된 메뉴품목은 냉장 혹은 냉동 보관을 거친 후 가열되어 서비스된다. 전통적 푸드서비스와의 가장 큰 차이는 생산 직후에 메뉴를 제공하지 않고 일정 시간 동안 저장한다는 점이다. 반입된 식품은 저장하고 저장 재고 목록에 기록된다. 이렇게 저장한 식품은 필요할 때 꺼내어 메뉴 생산에 사용한다. 생산한 메뉴는 냉장고 또는 냉동고에 저장하고 제품 재고 목록에 기록된다.

조리저장식 푸드서비스에서의 식품 구매는 전혀 가공되지 않은 식품부터 완전히 가공된 식품까지 모든 식품을 사용할 수 있다는 점에서 전통적 푸드서비스와 유사하다(그림 4-2). 이 유형의 푸드서비스 업장에 반입된 완전 가공식품은 상품의 특성에 따라 냉장 혹은 냉동 보관된다. 시리얼이나 빵과 같은 품목은 생산 단계를 거치지 않고 건조 창고에 저장했다가 필요할 때 꺼내어 쓴다. 거의 혹은 전혀 가공되지 않은 상태에서 구매한 식품은 냉장 혹은 냉동 보관할 메뉴를 생산하는 데 활용한다. 이러한 푸드서비스의 특징은 저장해 둔 메뉴품목을 언제든지 최종적으로 조합하고 가열하여 소비자에게 제공할 수 있다는 것이다.

조리저장식 푸드서비스의 경우, 주메뉴와 따뜻한 채소 요리는 두 번의 가열처리를 거친다. 먼저 메뉴품목의 생산과정에서 가열처리를 하며, 두 번째로 저장 과정 이후에 가열처리를 하는데 이때는 고객에게 서비스하기에 적절한 온도로 가열한다. 일부 푸드서비스 업장에서는 냉장 또는 냉동한 메뉴품목을 고객에게 제공하기 위하여 조합하기 전에 대량으로 재가열하기도 한다(그림 4-5). 그림에서 알 수 있듯이 식품 흐름은 구매, 생산, 냉장/냉동 저장, 대량 재가열, 온장 보관, 조합, 서비스의 순으로 진행된다. **조리-냉장(cook-chill)** 기술을 이용하는 다수의 병원에서는 환자에게 제공할 음식을 냉장 상태로 접시에 담는다. 이 접시는 환자에게 제공되기 직전에 특수한 카트,

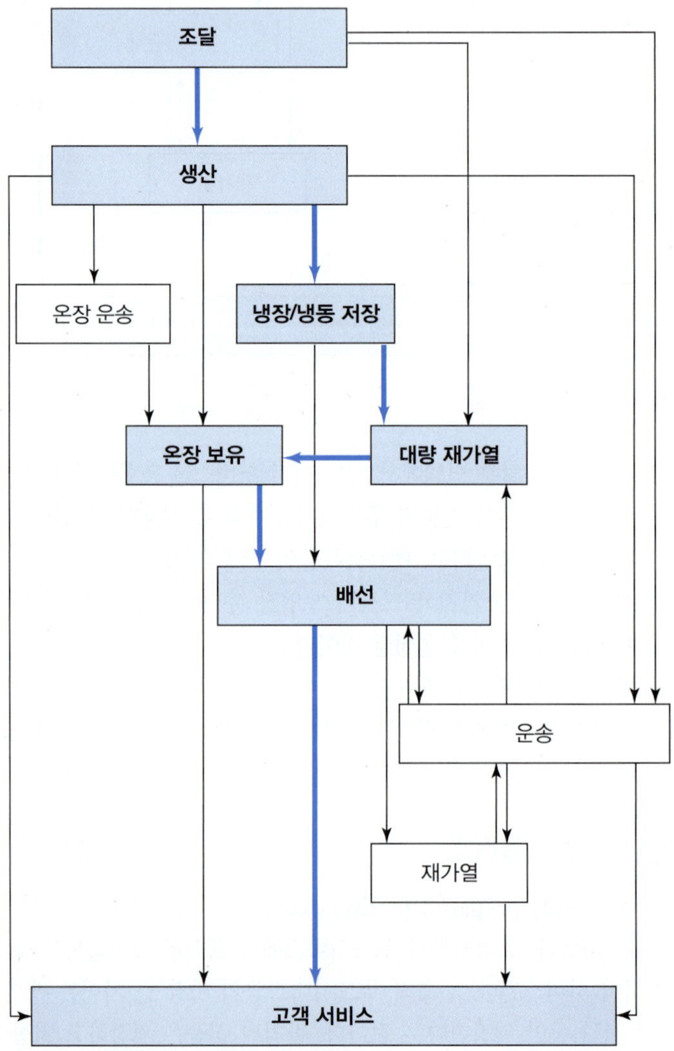

그림 4-5 대량 재가열을 이용하는 조리저장식 푸드서비스의 식품 흐름

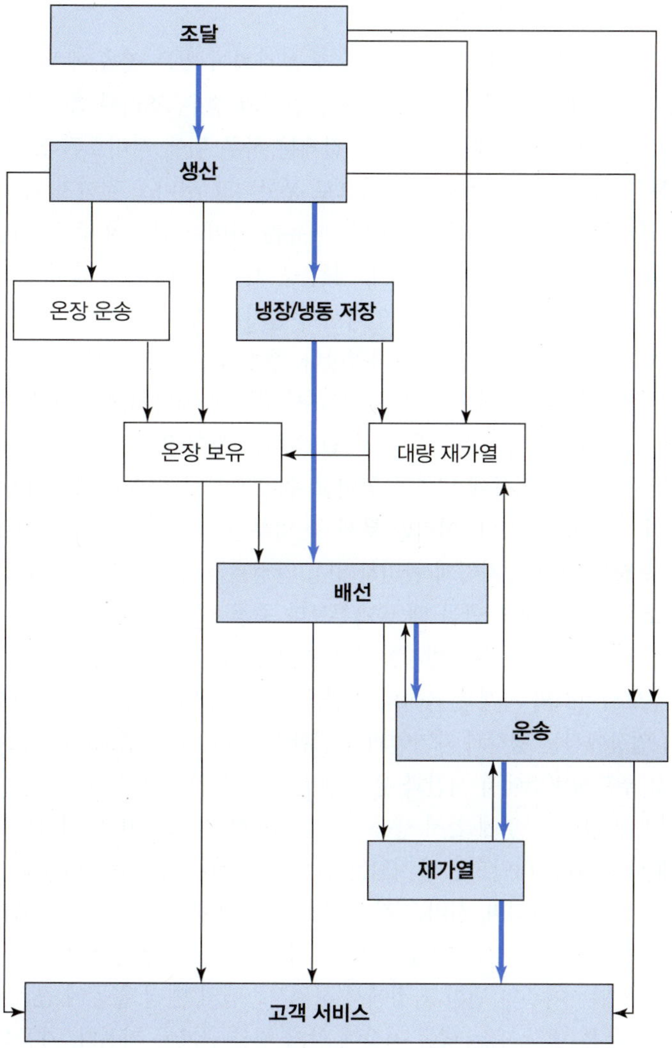

그림 4-6 중앙 트레이 조합과 분산 재가열을 이용하는 병원의 조리저장식 푸드서비스의 식품 흐름

컨벡션 오븐, 전자레인지를 활용해 재가열된다(그림 4-6). 이 경우 식품 흐름은 구매, 생산, 냉장/냉동 저장, 조합, 배송, 재가열, 서비스의 순으로 진행된다.

조리저장식 푸드서비스에서는 조리-냉장과 **조리-냉동(cook-freeze)** 방식을 활용한다. 조리-냉장 기술은 점차 활용도가 증가하고 있다. 푸드서비스 산업 관련 학술지에 종종 조리-냉장 방식을 상세하게 다룬 논문이 수록되나 푸드서비스 산업에서 해당 방식의 도입은 아직 제한적인 실정이다. 조리-냉장 생산 방식을 이용하는 병원이나 학교는 10% 미만인 것으로 보고되었다. 조리-냉동 방식의 경우, 생산된 메뉴품목은 일반적으로 2주에서 3개월 정도 냉동상태로 저장된다.

프랑스어로 '진공 속'을 뜻하는 **수-비(sous vide)** 방식은 냉장, 때로는 냉동 과정을 포함하기 때문에 조리저장식으로 분류된다. 유럽에서 시작된 수-비 방식에서는 날것 상태의 신선식품을 플라스틱 파우치에 담아 특수한 기기를 사용해 밀봉하는 과정이 필요하다. 이 과정은 흔히 **산소 감축 포장**이라고 일컬어지며, 특수한 파우치에 익히지 않은 식품을 넣은 후 파우치에서 공기(산소)를 제거하여 밀봉한 후 진공 상태를 만드는 과정을 의미한다. 그 다음 저온의 물속에서 부분적으로 또는 완전히 조리하고 이어서 급속히 냉각한 후 냉장고(화씨 32~38도)에 저장한다. 이렇게 저장한 식품의 유통기한은 약 21일까지 연장된다(Ghazala, 1998; National Restaurant Association Educational Foundation, 1992; Snyder, 1993). 저장한 메뉴는 일반적으로 끓는 물에 파우치 상태로 넣어 가열한 후 고객에게 서비스한다.

음식의 품질을 유지하고 음식이 지나치게 오래 보관되어 있는 것을 예방하기 위해서는 정확한 예측과 신중한 생산계획이 필요하다. 조리-냉장 방식의 경우, 조리된 음식은 대량으로 냉각된 후 적절한 분량으로 분할하고 짧게는 수 시간, 길게는 하루 뒤에 서비스된다. 그러나 조리-냉동 방식의 경우, 식품은 조리 직후에 적절한 분량으로 분할되고 서비스 전까지 냉동 상태로 저장된다. 조리-냉장, 조리-냉동 중 어느 방식을 따르든 메뉴는 서비스 직전에 주로 서비스 장소에서 가까운 곳에서 최종적으로 가열된다. 예를 들어, 병원 중에는 병실이 있는 층에 조리실을 설치하는 곳도 있다. 가열 과정에서는 전자레인지나 인덕션이 설치된 카트 등 특수한 가열 기기를 사용하여 조리를 마무리하고 메뉴를 적정 온도로 가열한다. 빵을 굽거나 커피를 만드는 것과 같이 간단한 조리도 이러한 조리실에서 이뤄진다. 최종 가열 시 음식이 지나치게 익거나 관능적 품질이 저하되지 않도록 초기 생산과정에서 음식을 약간 덜 익히는 것이 일반적이다(Castagna, 1997). 냉장 또는 냉동 저장하는 동안 식품에 변화가 일어날 수 있으므로 특수한 레시피가 필요하다. 일부 식품에서는 이취가 발생할 수 있다. 이러한 문제 중 일부는 보다 안정적인 식재료를 사용하거나, 저장 기간, 온도, 포장을 보다 철저하게 관리하거나, 안정제를 첨가함으로써 어느 정도 해결할 수 있다. 예를 들어 소스를 걸쭉하게 만들 때 밀가루보다 증점 효과가 큰 찰옥수수 전분을 사용함으로써 해동과 재가열 시 음식의 파손을 방지할 수 있다(McWilliams, 1993).

조리저장식 푸드서비스의 과제는 음식의 미생물학적, 영양학적, 관능적 품질을 유지하는 것이다. 즉, 이 유형의 업장에서는 냉각과 재가열의 중점관리기준이 매우 중요하다(Gregoire & Nettles, 1997). 조리저장식 푸드서비스에서 시간과 온도 관련 기준을 준수하지 않을 경우, 가능한 수정 조치는 제품의 폐기밖에 없다. 가열에 앞서 냉동식품을 해동할 경우, 서비스 시점으로부터 많이 떨어지지 않은 시점에 화씨 40도 미만으로 유지되는 템퍼링 박스(tempering box)에서 해동해야 한다. 음식을 장시간 보유해서는 안 되며, 서비스 전 최종 가열 단계에서 주의 깊은 관리가 필요하다.

1장에서 제시한 푸드서비스 시스템을 조리저장식 푸드서비스에 응용할 수 있다. 다양한 단계로 가공된 식품의 구매는 이후의 변환 과정에서 하위시스템의 여러 활동에 큰 영향을 미친다. 거의 가공되지 않은 식품은 냉장 또는 냉동 저장에 앞서 생산 단계를 거친다. 가공식품은 생산 단계를 건너뛰고 바로 저장 단계로 이동한다. 조리저장식 푸드서비스는 구매한 식품과 제공할 준비를 마친 식품 각각에 대하여 재고 관리가 필요하다는 점에서 독특하다. 조리저장식 푸드서비스에서는 푸드서비스 시스템 모형의 하위시스템 중 배송과 서비스가 강조된다.

많은 푸드서비스 업장에서 인건비를 절감하고 인력을 보다 효과적으로 활용하기 위하여 조리저장식 푸드서비스를 채택하였다. 그러나 조리-냉장 기술로 노동력을 절감할 수 있는지에 대해서는 기존 연구 결과가 상이하다. 일부 학자들(Department of Veteran Affairs, 1993; Greathouse, et al., 1989; Mibey & Williams, 2002)은 조리저장식 푸드서비스가 전통적 푸드서비스에 비하여 노동력 절감 효과가 없다고 보고하였다. 다른 학자들(Assaf, Matawie, & Blakman, 2008)은 병원에서 전통적 푸드서비스가 아니라 조리-냉장 방식을 채택한 경우, 생산에 필요한 노동력이 현저히 낮았으며 노동시간당 생산 식수가 유의적으로 많았다고 보고하였다.

일부 푸드서비스 책임자들은 조리-냉장 방식을 식품 가격 상승과 숙련된 생산자의 부족 문제에 대한 대안으로 제시한다. 이 방식을 채택하면 당장의 수요가 아니라 미래의 수요에 맞춰 생산을 계획하므로 인력 수요가 집중되는 문제를 피할 수 있다. 조리저장식 푸드서비스 업장에서는 조리원이 전통적 푸드서비스에서처럼 이른 아침, 늦은 밤, 주말에 근무할 필요없이 평일 낮에 근무할 수 있다. 또한 메뉴의 가열과 제공에 숙련된 종사원이 필요하지 않다. 그러나 이 과정은 분산되어 이뤄질 때가 있으므로 추가 인력이 필요할 수 있다. 따라서 전통적 푸드서비스에서 조리저장식 푸드서비스로의 전환이 반드시 인건비 절감을 의미하지는 않는다. 한편 식품의 대량 구매로 원가를 절감할 수 있다. 또한 컴퓨터를 접목한 대량생산 덕분에 관리자가 생산 환경 및 서비스 니즈의 변화에 신속하고 정확하게 반응할 수 있다. 일부 푸드서비스 책임자들은 조리-냉장 방식이 제품의 품질과 식품안전 측면에서 이점이 있다고 말한다. 조리-냉장 또는 조리-냉동 방식을 활용하는 식품생산 업장은 초기 생산 후 식품을 급속히 냉장 혹은 냉동하기 위하여 특수한 기기를 갖춰야 한다. 생산된 식품은 대형 혹은 개별 용기에 분배, 포장된 후 냉장 또는 냉동된다. 급속 냉각에는 급속냉장기(blast chiller), 급속냉동기(blast freezer), 급속냉각기(tumble chiller)가 활용된다. 대량 또는 소량으로 포장된 식품은 조리저장식 푸드서비스 업장에 따라 돌풍 냉각기나 돌풍 냉동기에 들어간다. 두 기기는 모두 찬 공기의 급속한 순환으로 식품 온도를 재빨리 낮춤으로써 식품의 미생물학적, 영양학적, 관능적 품질을 보존한다. 조리-냉동 방식의 경우, 식품은 돌풍 냉동기에서 완전히 냉동된 다음 화씨 0도 이하의 냉동고에서 보관된다. 대량의 냉동식품은 안전하고 빠른 해동을 위해 강제 송풍(forced air)을 활용하거나 상온보다 약간 높은 온도로 설정된 급속 해동 냉장고에서 해동된다. 접시에 담긴 식품은 냉동고에서 나온 후 빠르게 해동되기 시작하며 보통은 일반 냉장고에 보관 가능하다.

으깬 감자와 같은 식품은 기계를 사용하여 1인분량으로 배분하기도 한다. 조합 라인에 컨베이어 벨트를 도입하여 음식 준비를 보다 수월하게 하는 경우도 많다. 또한 접시에 담은 음식의 공기를 제거하고 식품의 모양대로 포장재를 수축시키는 수축포장기에 통과시키기도 한다. 포장된 식품은 돌풍 냉각기나 돌풍 냉동기를 거쳐 최종적으로 냉장고 또는 냉동고에 저장된다.

4.2.3 중앙공급식 푸드서비스

중앙공급식 푸드서비스(commissary foodservice)는 기술혁신과 푸드서비스 기기의 개발에 힘입어 발전하였다. Unklesbay 등(1977)은 중앙공급식 푸드서비스 업장에서 조리한 메뉴를 멀리 떨어진 푸드서비스 업장으로 배송한 후 조리와 서비스가 이뤄지는 유형이라고 설명했다. 중앙생산 시설은 **중앙조리장**(*central commissary*), **식품공장**(*food factory*) 등으로 서비스 시설은 **위성 서비스센터**(*satellite service center*)로 불린다. 일반적으로 음식은 온장 배송 및 보관 후 배식되나(그림 4-7) 일부 공동조리장에서는 메뉴품목을 냉장 혹은 냉동하여 배송하면 배송된 업장에서 재가열한다(그림 4-8). 대량 구매와 생산으로 인한 비용 절감 효과 때문에 이 유형을 도입하는 푸드서비스 업장이 많다. 가공되지 않은 식품을 조리하는 데 필요한 고가의 자동화 기기를 중복 투자할 필요가 없다는 것도 중앙공급식 푸드서비스의 장점이다.

중앙공급식 푸드서비스 업장에서 구매하는 식품은 그림 4-2의 왼쪽 끝단의 전혀 또는 거의 가공되지 않은 상태의 식품으로, 이러한 식품은 일반적으로 대량 구매되어 특성에 맞게 건조/냉장/냉동 창고에 저장된다. 대량 구매는 공급자 간의 경쟁 및 공급자의 협조 수준을 증가시키고, 가격을 인하시킬 수 있다는 장점이 있다. 운영 측면의 경우, 중앙에서 검수, 저장, 재고관리가 용이한 장점이 있다.

중앙공급식 푸드서비스에서 대부분의 식품은 공동조리장에서 완전히 조리된다. 대량생산이 필수적이므로 전처리나 생산에 필요한 기기가 전통적 푸드서비스에서 필요한 기기와는 차이가 있다. 대규모 공동조리장은 통조림이나 냉동식품을 가공하는 식품산업체에서 널리 사용하는 기기를 보유하기도 한다. 대량생산 시에는 레시피를 변경하거나 생산 기술을 변경하는 것이 필요하다. 대량생산을 위하여 두 단계가 필요한데, 첫 번째 단계는 배송을 위해 만족스럽고 안전한 상태로 유지하는 것이고 두 번째 단계는 음식을 완전히 익히고 적합한 온도로 조리하는 것이다.

중앙공급식 푸드서비스에서 생산된 음식은 대량으로 저장되거나 1인분량으로 저장된다. 저장방법은 생산과 서비스 간의 시간차에 따라 결정된다. 저장방법은 종종 푸드서비스 업장의 설계에 영향을 미치는데, 냉동 저장 방식을 이용하려면 푸드서비스 업장을 설계하기 전에 결정해야 한다.

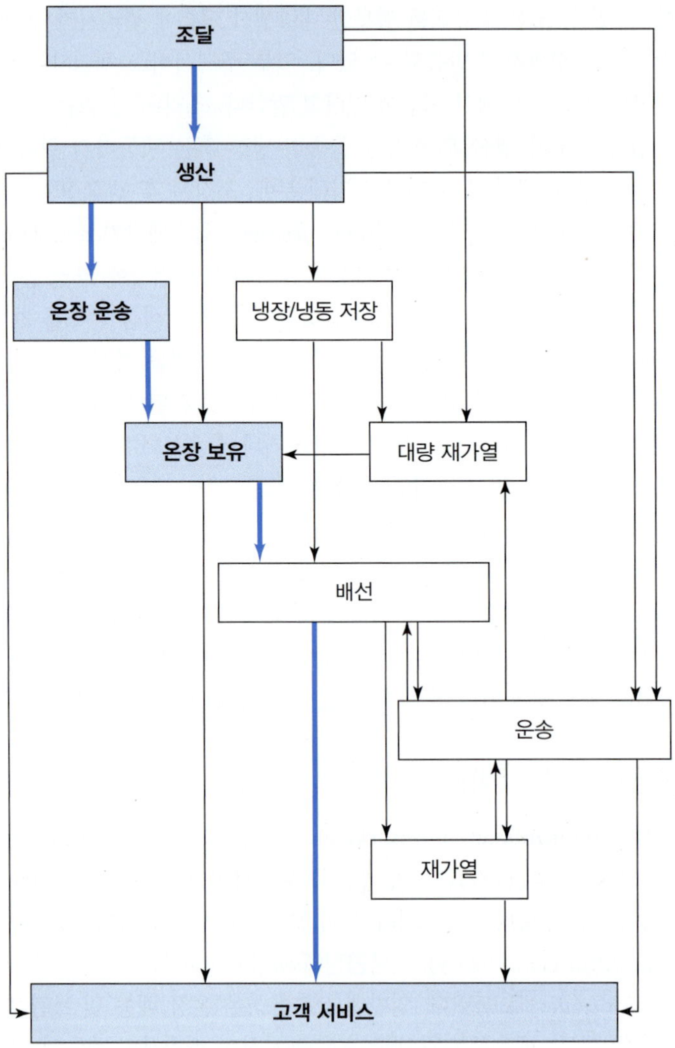

그림 4-7 온장 운송을 이용하는 중앙공급식 푸드서비스의 식품 흐름

냉장 또는 냉동 저장되는 음식은 제공에 적합한 온도로 맞추기 위하여 추가적으로 가열하는 과정이 필요하다. 또한 단위 푸드서비스 업장의 유형과 위치에 따라 특화된 배송 장비가 필요할 수 있다. 식품의 냉장과 냉동은 '조리저장식 푸드서비스' 부분에서 상세하게 설명하였다.

그림 4-9는 1장에서 설명한 푸드서비스 시스템 모형을 변형하여 중앙공급식 푸드서비스의 특성을 나타내었다. 투입물의 주요 차이는 사용된 식품과 시설의 종류이다. 변환 요소에서 중앙공급식 푸드서비스의 기능적 하위시스템의 특성은 전통적 푸드서비스와 매우 다르다. 이는 중앙공급식 푸드서비스의 경우, 대량생산, 준비된 메뉴품목의 저장 및 단위 푸드서비스 업장으로의 배송이 가능하기 때문이다.

메뉴의 포장과 저장은 중앙공급식 푸드서비스에서 특히 주의해야 할 부분이다. 요즘에는 냉장 또는 냉동 보관한 식품에 적합한 개별 파우치나 용기부터 배송 장비에 맞춰 제작된 1회용 또는 재사용 가능한 금속 프라이팬까지 다양한 포장 용기와 포장 기술이 활용되고 있다. 또한 음식을 포장하고 저장 및 배송하는 데 특별한 기기가 필요하다. 온장 보관하고 가열하는 단계에서 식품의 미생물학적, 영양학적, 관능적 품질을 유지하는 것은 중요하다. 온장 보관 및 서비스에 대한 또는 냉각 및 재가열에 대한 중점관리기준을 수립하는 것 역시 중요하다. 대규모 푸드서비스 업장에서는 품질관리를 책임질 수 있는 식품 공학자나 미생물학자를 고용하는 경우도 많다.

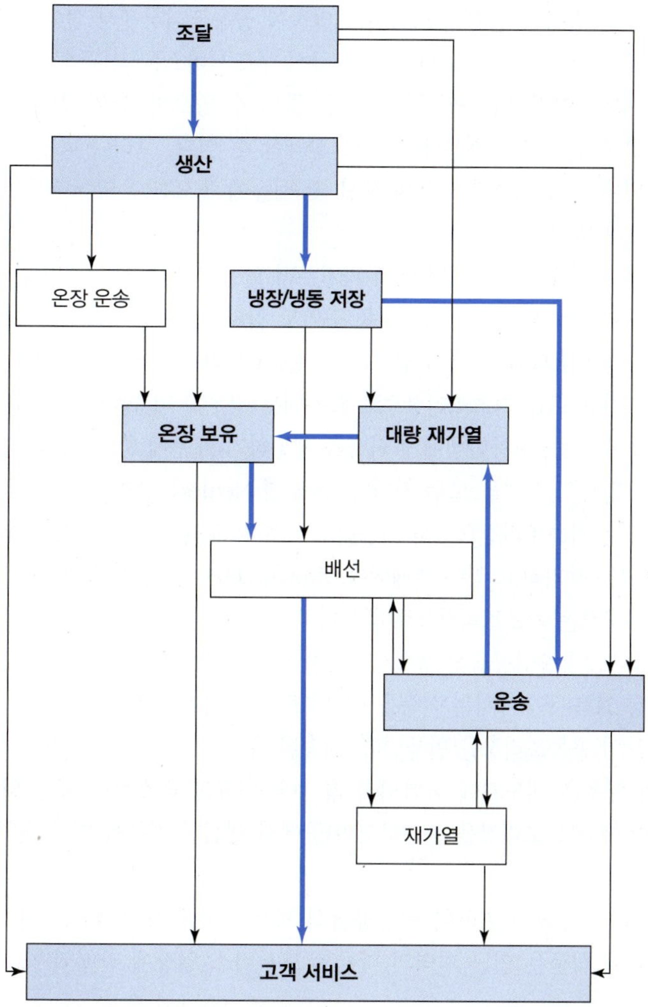

그림 4-8 조리-냉장 방식과 재가열을 이용하는 중앙공급식 푸드서비스의 식품 흐름

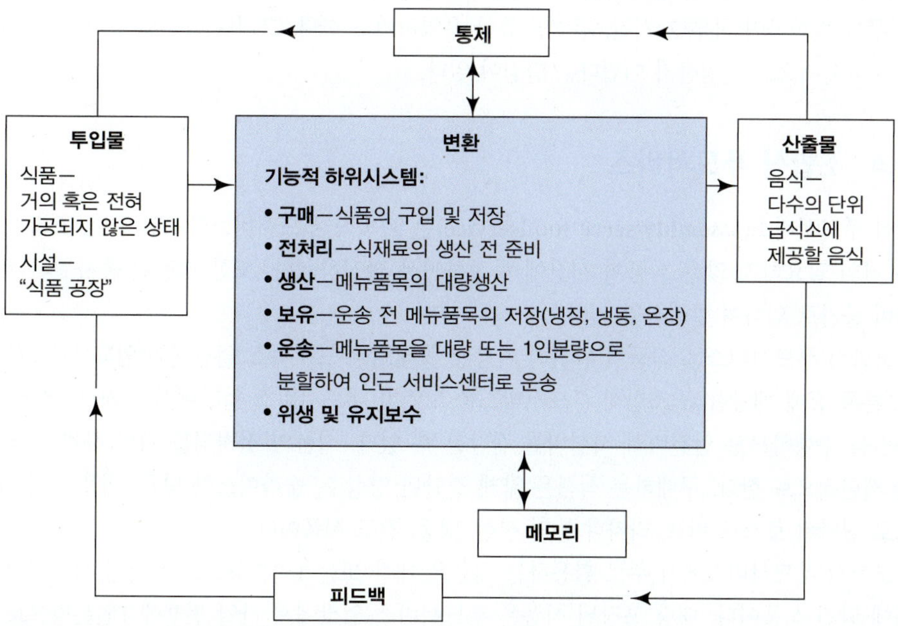

그림 4-9 중앙공급식 푸드서비스의 특성

중앙공급식 푸드서비스는 단위 푸드서비스 업장이 공동조리장에서 멀어도 접근 가능한 거리에 위치한 경우에 활용 가능한 유형이다. 중앙공급식 푸드서비스는 각 푸드서비스 업장에서 생산할 경우 발생하는 생산, 인력, 기기의 중복 투자를 줄일 수 있으며, 단위 푸드서비스 업장에서 생산 기기를 제한적으로 설치하기 때문에 공간도 절약할 수 있다. 그러나 공동조리장 건설과 배송 기기 구입에 소요되는 초기 비용과 식품의 생산 및 배송에 필요한 운영 비용을 고려하여 비용 효과성을 평가할 필요가 있다.

중앙공급식 푸드서비스는 학교 급식에서 과거부터 활용되어 왔으며, 중앙공급식 푸드서비스와 전통적 푸드서비스를 혼용하여 활용하는 교육 구역도 많다. 최근에는 학교가 밀집된 도시에 공동조리장을 설립하는 경우가 많다. 그러나 규모가 큰 중, 고등학교의 급식소는 초등학교로 배송할 식사를 만드는 공동조리장 또는 기초조리장으로 활용되는 경우가 더 많다. 이 경우 공동조리장은 조리장과 인접한 식당에서 중, 고등학생에게 식사를 제공하기 때문에 중앙공급식 푸드서비스 업장과 전통적 푸드서비스 업장의 성격을 모두 지닌다. 1996년 Nettles는 35%의 고등학교가 다른 학교에 배송할 음식을 만드는 기초조리장으로서 기능하고 12%의 교육 구역이 공동조리장을 보유하고 있다고 하였으며, 수치는 증가하고 있는 추세이다. Brown(2005)은 학교 중 40%가 특정 학교를 다른 조리장에 음식을 제공하는 기초조리장으로 활용하고 14%가 공동조리장을 이용한다고 보고하였다. 조리저장식 푸드서비스와 중앙공급식 푸드서비스가 접목되어 활용되는 경우도 있다. 메릴랜드주의 몽고메리 카운티 등 교육 구역에서는 식품을 대량으로 조리하여 냉장 저장한 후 구역 내 다른 학교로 배송하는 대규모의 공동조리장을 만들었다. 배송된 음식은 서비스되기 전에 재가열된다.

공동조리장의 활용은 대도시에 국한되지 않는다. 대규모 레스토랑 체인 일부는 대량생산을 목적으로 특정 지역에 공동조리장을 운영하고 이곳에서 생산한 제품을 미국 전역으로 배송하기도 한다.

많은 조직은 수익 창출을 위하여 중앙공급식 또는 조리저장식 푸드서비스를 운영한다. 공동조리장에서 조리한 식품은 인근 지역의 다른 푸드서비스 업장에 판매되기도 한다(Healthcare Re-visits, 1997).

이 공동조리장의 가장 큰 장점은 기기와 인력이 효율적으로 운영된다는 점이다. 다수의 공동조리장은 하루 8시간, 주 5일 운영된다. 관리하는 단위 푸드서비스 업장의 수가 많은 경우에는 교대 근무를 강화하여 하루 24시간, 주 7일 동안 운영하기도 한다. 그러나 숙련된 종사원이 없는 경우에는 효율적으로 운영하기 어렵다는 단점이 있다.

4.2.4 조합식 푸드서비스

조합식 푸드서비스(assembly/serve foodservice)는 편의식 푸드서비스라고도 하며, 조리가 전혀 또는 거의 필요하지 않은 식품이 시장에 등장하면서 발전하였다. 또한 숙련된 종사원의 부족과 인건비 증가로 인하여 발전하였다.

조합식 푸드서비스는 식품이 완전히 가공된 상태로 푸드서비스 업장에 반입되므로 그림 4-2의 오른쪽 끝에 해당한다. 조합식 푸드서비스를 도입한 푸드서비스 업장에서는 저장, 조합, 가열, 제공만을 수행하므로 인건비와 시설비를 절감할 수 있다. 식품의 전처리를 거의 하지 않으며 생산만 제한적으로 한다. 구매하는 식품은 얇게 절단된 양상추, 슬라이스한 당근, 비프 스튜, 1인분량으로 절단된 로스트 비프, 라자냐 등의 신선, 냉동, 건조 식품이다.

조합식 푸드서비스에서 주로 활용하는 식품은 대량 또는 1인분량으로 포장된 식품이나 미리 접시에 담긴 식품이다. 대량 포장된 식품은 푸드서비스 업장에서 가열 전후에 1인분량으로 나누어야 하지만 1인분량으로 포장된 음식은 조합과 가열만 한다. 미리 접시에 담긴 제품은 배식을 위하여 가열만 하므로 세 가지 유형 중 가장 편리하다.

그림 4-10과 그림 4-11은 조합식 푸드서비스에서의 식품 흐름을 나타낸다. 그림 4-10은 1인분량 식품을 구매하는 푸드서비스 업장에 해당하는 흐름을 나타낸다. 음식을 병원 각 층의 간이 주방으로 운송해 저장하고, 환자에게 서비스하기 전에 간이 주방에서 트레이에 조합하고 음식을 재가열한다. 조합식 푸드서비스의 보다 일반적인 식품 흐름은 그림 4-11에 나타나 있다. 이 경우, 구매한 식품을 대량으로 가열하고 고객에게 제공하기 전까지 온장 보관한다.

조합식 푸드서비스를 활용하는 많은 푸드서비스 업장에서는 가공이 필요하지 않은 식품과 일부 가공이 필요한 식품 등 다양한 형태의 식품을 사용한다. 가열 또는 냉각 이전에 기타 식재료와 조합하기 위하여 부분적으로 가공된 식품을 구매하는 경우가 많다. 메뉴에 특색을 주기 위하여 주요리에 소스를 추가하는 식으로 완전 가공식품에 변형을 가하기도 한다.

구매한 식품은 건조, 냉장 또는 냉동 창고에 저장한다. 메뉴를 대량 혹은 1인분량으로 가열할 때 품질관리는 중요한 문제이다. 냉동식품의 해동 시 시간과 온도가 엄격히 통제되어야 하며, 조리저장식 푸드서비스에서 필요한 기술이 조합식 푸드서비스에서도 필요하다.

조합식 푸드서비스는 노동력과 생산성 측면에서 장점이 있다. 그러나 조합식 푸드서비스의 성공적 운영을 위해서는 질 좋은 가공식품을 원활하게 구매할 수 있어야 한다. 가공식품을 원활

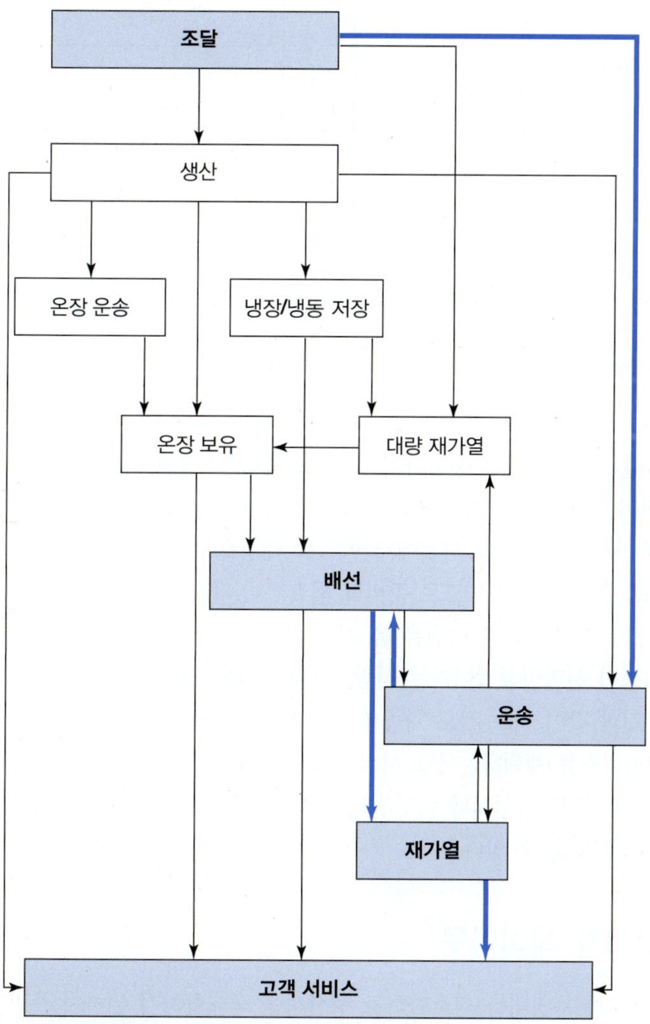

그림 4-10 1인분량 식품을 이용하는 조합식 푸드서비스의 식품 흐름

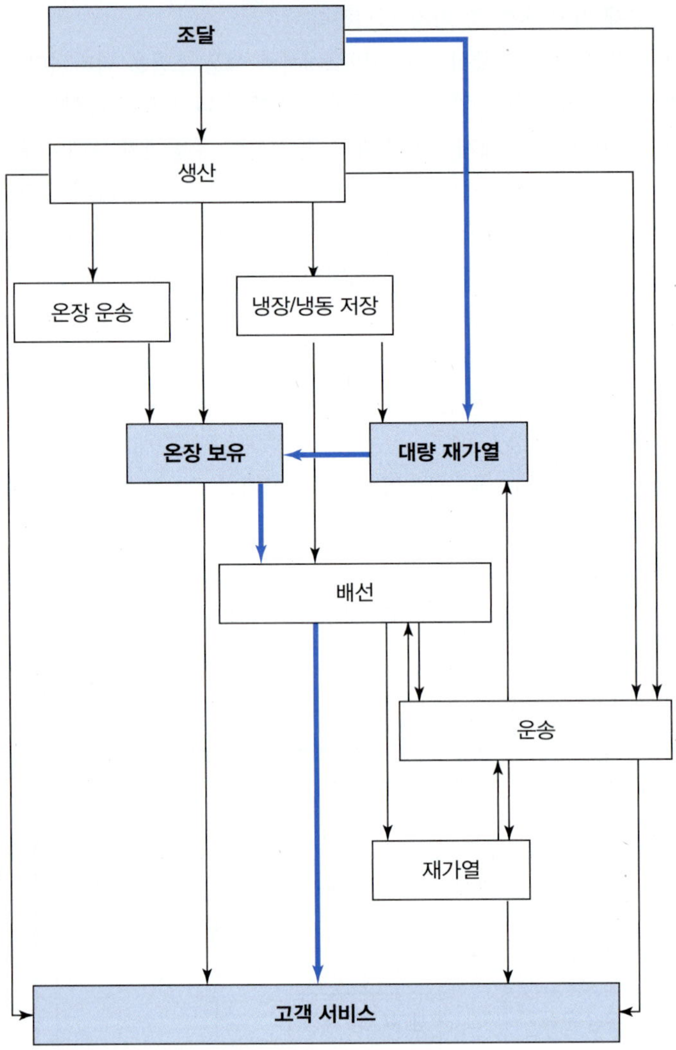

그림 4-11 대량 재가열을 이용하는 조합식 푸드서비스의 식품 흐름

하게 구매하지 못할 경우, 문제가 발생하기도 한다. 특히, 조절된 식이(modified diet)의 경우가 그러한데, 최근 식이 조절 제품들이 개발되었지만 이러한 제품은 농촌이나 소규모 지역에서는 구하기가 어렵다. 따라서 병원, 요양 시설에서 환자를 대상으로 조합식 푸드서비스를 운영할 경우 식이 조절 대상자를 위한 메뉴를 별도로 준비할 필요가 있다.

조합식 푸드서비스의 또 다른 단점은 음식의 다양성이 부족하다는 점이다. 이는 소매 상점에서 접하는 편의식품이 천편일률적이라는 사람들의 의견과 맥락을 같이 한다. 전통적 푸드서비스 부분에서 언급된 것과 같이 어느 정도 가공한 식품을 사용하는 트렌드가 있는 것은 분명하다. 완전한 조합식 푸드서비스를 채택하는 푸드서비스 업장보다 이러한 트렌드를 따르는 푸드서비스 업장이 더 많다. 그러나 생산 시설이나 숙련된 인력이 극도로 부족한 푸드서비스 업장에서는 조합식 푸드서비스가 더 이로울 수 있다.

4.3 주방 설계와 레이아웃

푸드서비스 매니저에게 운영비를 최소화하고 생산성을 극대화하기 위하여 주방을 계획하고 작업 공간을 배치하는 일은 중요한 작업이다. 새로운 주방의 계획은 수 개월부터 수 년까지 소요될 수 있다. 새로운 주방의 계획에 참여한 대부분의 병원 및 학교 급식 책임자는 계획 절차가 완료되기까지 7개월 이상이 소요된다고 밝혔다(Nettles, Gregoire, & Canter, 1997; Nettles & Gregoire, 2000).

주방을 계획할 때에는 설계, 레이아웃, 흐름을 모두 고려해야 한다. **설계(design)**는 공간 전반의 계획에 초점을 두며 공간의 크기, 형태, 스타일, 장식을 결정하는 작업이다.

흐름(flow)은 푸드서비스 업장에서 제품과 사람의 동선을 의미하며 주방 설계 시 중요한 고려 사항이 된다. **제품 흐름(product flow)**은 식품의 검수, 생산, 제공에서 식기세척과 폐기물 처리까지 이어지는 식품의 동선이다. **통행 흐름(traffic flow)**은 종사원이 작업을 완성하기까지 푸드서비스 업장 내에서 따르는 동선이다. 새로운 주방과 배식 공간을 계획할 때의 목표 중 하나는 식품의 검수부터 식기세척까지의 동선이 직선을 나타내도록 하는 것이다. 직선 흐름은 식품과 종사원의 동선이 역행하거나 교차되는 문제를 최소화한다. Almanza, Kotschevar, Terrel(2000)은 흐름과 관련하여 다음의 규칙을 권장하였다.

- 처음 사용할 지점에 저장한다.
  저장한 제품을 사용할 작업 구역과 가까운 곳에 건조, 냉장, 냉동 창고를 배치한다.
- 동작경제의 원칙을 준수한다.
  사용할 것을 고려하여 가장 자주 사용하는 제품을 손 닿는 범위 내에 저장한다.
  무거운 제품은 낮은 곳, 가벼운 제품은 높은 곳에 저장한다.
- 제품의 크기에 따라 공간을 경제적으로 활용한다.
  선반에 넣을 제품을 기준으로 선반의 깊이와 선반 사이의 거리를 계획한다.
- 취급과 저장을 최소화한다.
  검수 구역에 가까운 곳에 창고를 배치한다.
  검수부터 저장까지 제품을 옮기는 데 카트와 팔레트 같은 운반 기기를 이용한다.
- 체계화한다.
  저장 구역을 조직화한다.
  비슷한 제품끼리 가까운 곳에 둔다.
- 효율적으로 취급한다.
  제품을 들거나 옮길 때 적재용 트럭이나 다른 기기를 활용한다.
  통로에 쌓여 있는 물건 없이 통로를 깨끗하게 유지한다.
  일정한 통행 흐름을 지정한다.
- 소통한다.
  제품 이동을 원활히 알리기 위해 신호등, 거울, 버저(buzzer), 메시지 송신 등의 수단을 이용한다.

4.3.1 계획팀

푸드서비스 업장의 신축 또는 개보수 계획에는 통상적으로 푸드서비스 및 시설 관리 인력, 푸드서비스 자문위원, 건축가를 포함한 5~10명으로 구성된 계획팀이 참여한다. 이들은 서로 다른 관점을 갖고 있으나 모두 중요한 견해를 제시한다.

계획팀 또는 계획 위원회는 새로운 공간에 대한 비전을 제시하는 동시에 계획 절차에 대한 목표를 세우고 바람직한 흐름, 운영, 서비스에 대한 의견을 설명한다.

4.3.2 계획 절차

계획 절차는 공간의 사용 및 잠재적 니즈에 대한 구성원의 의견을 모으는 작업에서 시작된다. 건축가나 설계자는 푸드서비스 종사원, 푸드서비스 업장이 속한 조직의 직원(교사, 의사, 간호사, 관리자 등), 고객(환자, 학생, 방문객 등) 등 새로운 주방의 영향을 받을 모든 사람들의 의견을 얻기 위하여 집중검토회의를 개최한다. 주방 설계에 대한 정보를 모으기 위하여 널리 이용되는 또 다른 방법은 **버블다이어그램(bubble diagram)**의 개발이다. 버블다이어그램은 주방 내 여러 공간과 각 공간 사이의 관계를 나타낸다. 그림 4-12의 거품형 도식에 따르면 이 대학교 급식소의 건조 및 냉장/냉동저장 구역은 검수 구역과 찬/따뜻한 음식의 조리 구역 가까이에 위치하게 될 것이다. 계획 단계에서 고려되는 사항은 다음과 같다.

- 새로운 시설에서 구매할 식품과 기타 품목의 양은 어느 정도인가? (필요한 창고의 유형과 크기에 영향을 미친다.)
- 새로운 시설의 생산량은 얼마인가? (생산 장비의 유형과 크기에 영향을 미친다.)
- 새로운 시설의 생산 유형은 무엇인가? (전통적/조리저장식/조합식 푸드서비스 시스템에 따라 필요한 장비가 다르다.)
- 새로운 시설에서 (혹은 새로운 시설에서 생산한 음식을 공급받은 시설에서) 음식을 어떻게 고객에게 제공할 것인가? (필요한 보관, 배분, 서비스 도구에 영향을 미친다.)
- 건축에 이용 가능한 자금은 얼마인가? (프로젝트의 범위, 자재와 기기의 양과 질에 영향을 미친다.)
- 새로운 시설의 운영비는 얼마인가?
- 해결해야 할 식품안전 문제는 무엇인가? (작업 공간의 레이아웃과 식품의 보관 및 배분에 영향을 미친다.)

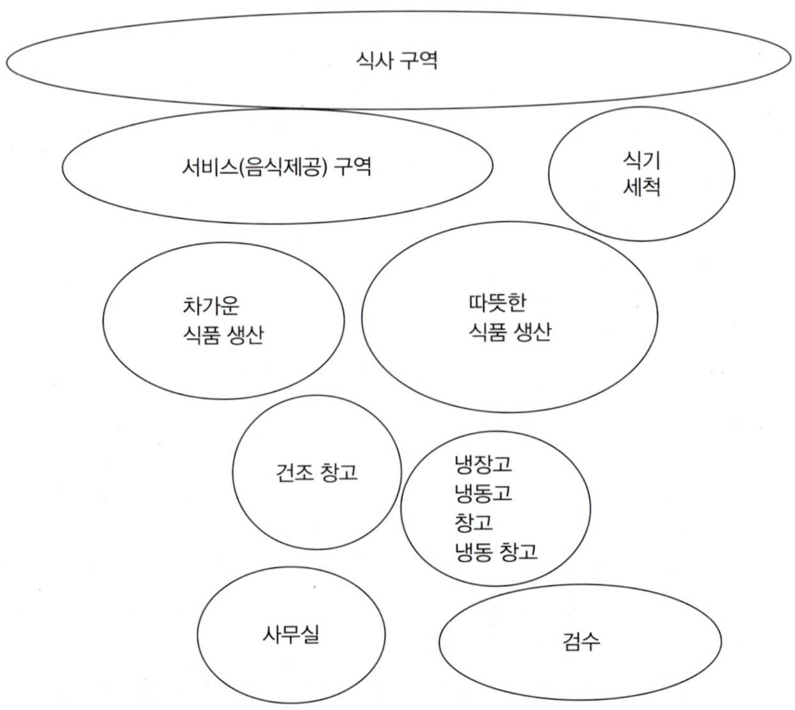

그림 4-12 대학 급식소의 버블다이어그램(bubble diagram)

- 몇 명의 종사원이 근무할 것인가? (필요한 작업 공간의 크기와 수, 탈의실 및 화장실의 수에 영향을 미친다.)
- 수용 용량에 어떠한 변화가 예상되는가? 어떠한 변화를 수용할 수 있어야 하는가? (필요한 기기와 공간에 영향을 미친다.)

푸드서비스 매니저는 이 계획 절차를 밟을 때 정보와 아이디어를 수집하기 위해서 다양한 정보원을 활용한다. 유사한 타 푸드서비스 업장의 매니저와 논의하고 기기, 작업 흐름, 서비스를 관찰하기 위하여 다른 시설을 방문한다. 또한 세미나와 전국푸드서비스기기제조사협회 등이 주관하는 박람회에 참석하고 기기 제조사와 회의를 한다. 관련 학술지를 읽는 활동은 모두 새롭거나 시설의 신축이나 개보수에 필요한 귀중한 정보를 제공한다.

계획팀과 다양한 구성원에게서 정보를 수집한 후 건축가나 설계자는 **프로그램(program)**을 개발한다. 일반적으로 프로그램은 프로젝트의 목표, 계획하는 공간을 사용할 사람들의 개괄적 정보, 프로젝트의 시간 계획을 알리고, 필요한 단위/활동에 대한 공간 배치 방식을 제안하며, 실제로 설계 단계에서 준수해야 할 가이드라인을 상세히 제시한다. 이러한 가이드라인은 입구, 음향, 천장, 문, 환경, 방화, 바닥, 높이, 절연, 조명, 기기, 전력, 경비, 벽, 그리고 일부의 경우 승강기, 조경, 주차장 등의 주제를 다룬다.

계획설계(schematic design)는 프로그램 다음에 이어지는 계획 절차이다. 계획설계는 프로젝트, 공간 드로잉, 자재, 전기 및 기기 관련 문제에 대한 기본 계획과 예상 비용에 대한 내용을 포함한다. 계획설계는 건축물의 사용자에게 건축가/설계자가 공간에 대해 갖고 있는 비전을 알리기 위하여 실시된다.

계획설계 단계를 지나 보다 세부적인 성격의 **청사진(blueprint)** 또는 레이아웃 설계라고 불리는 단계에서도 계획팀은 건축가/설계자와 회의를 계속한다. 청사진은 계획된 공간의 레이아웃, 기기, 전기, 배관 관련 내용, 마감재 등을 보여준다. 청사진은 축척으로 그리며 보통 0.25인치가 1피트에 해당한다. 청사진에 나타난 많은 항목에는 숫자와 글자가 함께 표시된다. 청사진은 공간 내 설치 예정인 모든 기기에 대한 설명서와 명세서를 포함하는 **설계서 책자(specification book)**와 함께 제공된다.

계획팀이 청사진을 승인하면 보다 상세한 **시공문서(construction document)**가 준비된다. 50페이지 이상으로 구성된 시공문서는 공간 레이아웃에 대한 청사진뿐 아니라 계약자에게 시설에 대한 계획을 명확하게 전달할 목적으로 제작된 보다 상세한 입면도와 그래픽도안을 포함한다. 이러한 시공문서는 일반적으로 해당 프로젝트에 관심이 있는 지역 내 계약자들을 대상으로 입찰을 진행한다.

4.3.3 푸드서비스 설계에서의 지속가능성

지속가능성은 푸드서비스 업장 공간의 설계에서 점차 더 중요한 개념으로 부상하고 있다. 지속가능한 설계의 목표는 에너지, 물, 자재를 효율적으로 이용하고 건물이 인간의 건강과 환경에 미치는 부정적 영향을 줄이는 '녹색 건축물'을 만드는 것이다(www.usgbc.org 참조).

미국 건축 산업계의 대표 인물들이 모인 비영리 단체인 미국녹색건물위원회는 건축물의 지속가능성을 측정하는 방법으로 1998년에 LEED(Leadership in Environmental and Energy Design) 인증을 개발하였다(www.usgbc.org 참조). 이 단체는 지속가능한 부지, 수자원 사용 효율성, 에너지 및 대기, 자재 및 자원, 실내 환경 품질, 혁신적인 친환경 설계, 지역별 환경 관련 우선 당면 과제 각각의 항목에 대하여 점수를 매겨 일정 수준을 만족하는 건축물에 인증을 부여한다.

4.3.4 푸드서비스 설계의 구성요소

조명 무엇을 어떻게 비출 것인지를 결정하는 조명은 환경에 가장 중요한 영향을 미치는 요소 중 하나이다. Katsigris와 Thomas(1999)에 따르면 조명으로 발생하는 비용이 레스토랑의 에너지 관련 총 비용의 약 1/3을 차지할 정도로 조명은 푸드서비스 업장의 비용에 영향을 미친다.

푸드서비스 업장에서는 다양한 조명을 활용한다. 가장 많이 사용하는 조명은 직접 또는 간접 조명이다. **직접조명(direct lighting)**은 특정 지점을 비춘다. 예시로 작업대를 비추는 형광 조명 기구를 들 수 있다. **간접조명(indirect lighting)**은 특정 지점이 아니라 특정한 공간에 빛을 비춘다. 예를 들어 식당 벽에 설치된 돌출 조명은 간접조명을 제공한다.

빛과 조명(빛이 표면에 닿을 때 나타나는 효과)은 다양한 방법으로 측정된다. **루멘(lumen**, lm)은 1칸델라(cd)의 광도를 가진 하나의 광원이 빛을 발할 때 생성되는 빛의 양이다. 1피트 **촉광 (foot candle)**은 1평방피트의 공간에 1루멘의 빛이 분사될 때의 조도를 의미한다. **연색평가지수 (color rendering index**, CRI)는 광원이 물체의 색을 재현하는 충실도를 0부터 100 사이의 수치로 나타낸다. 연색평가지수가 높다는 것은 조명이 사물의 색을 충실히 나타낸다는 것을 의미한다. **상관 색온도(correlated color temperature**, CCT)는 광원의 따뜻한 느낌(빨간색, 주황색)과 차가운 느낌(파란색을 지닌 하얀색)을 켈빈(K) 단위로 나타낸다. **역률(power factor**, PF)은 광원이 전력을 얼마나 효율적으로 사용하는지 나타낸다. 제공된 전력의 전부를 조명으로 변환하는 광원은 PF 값이 1로 표시된다.

인공 조명에는 백열등, 방전등(형광등, 수은등, 할로겐등, 고/저압 나트륨 램프), LED 등이 있다. **백열등(incandescent lights)**은 봉인된 유리 전구에 텅스텐 필라멘트가 들어있는 전구로 널리 사용하는 조명이다. 전선과 연결된 소켓이 이 전구를 조여서 전기가 공급되면, 전기는 필라멘트를 타고 흘러 유리 전구에서 발산되는 빛을 만든다. **방전등(electric discharge light)**은 기체 혼합물로 채워진 튜브에 전기 아크(electric arc)를 통과시켜 빛을 만든다. 이 조명은 전류를 통제하고 조명을 켜기 위하여 전기 또는 자기 **안정기(ballast)**를 필요로 한다. 형광등은 백열등보다 비싸지만 보다 오래 사용할 수 있고 발열량이 적기 때문에 주방 내 작업 공간에서 널리 이용된다. **LED등 (light-emitting diodes light)**은 전자가 반도체 물질을 건너가며 빛을 만든다. 다른 유형의 조명보다 가격이 높으나 에너지 사용량이 적고 오래 사용할 수 있다는 장점이 있다.

주방 내 작업 구역의 조명 계획은 식당의 조명 계획과 현저하게 다른 경우가 많다. 조명에 영향을 미치는 요인은 천장의 높이와 색상, 벽의 색상, 표면의 질감, 바닥 마감재와 색상 등이 있다. 색이 연하고 매끄러우며 빛나는 표면(벽, 천장, 바닥, 기기)이 색이 어둡고 울퉁불퉁한 표면에 비해 빛을 더 잘 반사한다. 작업 구역과 통로에 설치하는 조명은 그림자와 눈부심이 없어야 한다.

주방에 설치할 조명은 몇 가지 기준을 충족해야 한다. 우선 전구가 깨져 유리가 식품에 혼입되는 것을 방지하기 위해 보호장치가 필요하다. 또한 조리 구역은 다습하기 때문에 통풍 후드와 식기 세척 구역에는 방수/내습성 조명이 필요하다.

냉난방 작업공간에서 공기의 품질은 난방, 환기, 냉방(Heating, Ventilation and Air-Conditioning, HVAC) 시스템에 의해 좌우된다. Katsigris와 Thomas(1999)는 HVAC와 관련된 중요한 환경요인으로 실내 온도, 습도, 공기 이동, 지면 온도, 공기의 품질을 제시하였다. 그들은 이러한 요인을 통제하고 변경하기 위하여 HVAC 시스템은 일반적으로 '용광로 혹은 보일러(따뜻한 공기 생성), 에어컨 혹은 냉각기(차가운 공기 생성), 환풍기(공기 순환), 배관(공기의 이동), 필터(공기의 정화)'를 포함한다고 설명하였다.

HVAC 시스템은 쾌적한 작업 환경을 조성하기 위하여 가동되며 공기와 관련된 다양한 작업을 수행한다. HVAC 시스템을 통과하는 공기는 다음과 같이 명명된다.

- 급기공기(supply air)—HVAC 시스템에서 작업공간으로 유입되는 공기
- 순환공기(return air)—작업공간에서 HVAC 시스템으로 돌아가는 공기
- 배기공기(exhaust air)—작업공간과 건물에서 제거되는 공기
- 보급공기(makeup air)—배기공기를 대신하여 유입되는 공기

음의 공기압(negative air pressure)은 공간에 들어오는 공기보다 공간에서 제거되는 공기가 많을 때 발생한다. **양의 공기압(positive air pressure)**은 공간에서 제거되는 공기보다 공간으로 들어오는 공기가 많을 때 발생한다. 조리 구역에 약한 음의 공기압을 조성하면 식당으로 냄새와 악취가 유입되는 것을 방지할 수 있다.

공간 내 신선한 공기의 순환을 의미하는 **환기(ventilation)**는 분당 입방피트(cfm)의 단위로 표현된다. 미국난방냉장공조기사학회는 주방에서는 1인당 35입방피트, 식당에서는 1인당 15~20입방피트, 사무실에서는 1인당 15~25입방피트의 신선한 공기를 보유할 것을 권장한다. 조리 구역에서는 열, 악취, 기름기, 증기, 습기가 생성되므로 특히 환기가 중요하다. 조리 기기 위의 환기 후드는 공기를 주방 밖으로 배출하는 역할을 한다. 통풍 후드는 공기 중 기름기를 거르도록 설계된 필터도 갖추고 있다. 이 필터는 후드 내 화재를 예방하기 위하여 정기적으로 청소해야 한다. 후드에 불이 붙었을 경우, 물 또는 액체성 발화지연제를 분사하는 노즐이 장착된 자동 화재 감지 시스템이 있다.

4.3.5 자재

금속 스테인리스 스틸은 푸드서비스 업장의 주방에서 가장 흔한 자재 중 하나이다. 스테인리스 스틸은 다양한 금속으로 만든 합금이다. Almanza, Kotschevar, Terrell(2000)은 푸드서비스 업장에서 스테인리스 스틸 304번을 가장 많이 활용한다고 보고하였다. 크롬(18%), 니켈(8%)로 구성되기 때문에 흔히 18-8 스테인리스 스틸이라고 불리는 이 합금은 탄소, 망간, 인, 황, 실리콘을 함유한다. 스테인리스 스틸은 화학적으로 비활성화된 상태이고, 녹이 쉽게 슬지 않고, 견고하며, 내구성이 좋기 때문에 푸드서비스 업장에서 사용하기에 매우 적합하다.

금속은 평방피트당 자재의 무게를 나타내는 **게이지(gauge)**를 기준으로 표시된다. 푸드서비스 업장에서 활용하는 스테인리스 스틸은 보통 20게이지에 해당하며 무게는 평방피트당 1.5파운드, 두께는 1/32인치이다. 숫자가 클수록 금속이 얇아진다. 금속은 마감 또는 광택 처리를 거친다. 밝은 광이 나는 4번 마감재(No.4 finish)를 처리한 금속이 푸드서비스 기기에서 흔하게 발견된다.

플라스틱 플라스틱은 다양한 형태로 성형하여 굳힐 수 있는 합성, 비금속, 다분자 화합물이다. 플라스틱은 푸드서비스 업장에서 저장 용기, 선반, 트레이, 기기의 벽판 등에 활용된다. 플라스틱은 유사한 금속보다 무게가 가볍고 저렴하다. 식품 저장에 사용할 플라스틱은 악취와 맛의 전이 현상에 대한 지역 및 국가의 기준에 부합해야 한다.

기기 푸드서비스 업장에서 사용할 기기는 기능성, 내구성, 세척 편의성, 용량, 크기, 에너지 사용량, 부품 조달 가능성, 서비스 편의성 등을 기준으로 선택해야 한다. Almanza, Kotshevar, Terrell (2000)은 주방이나 주방에 설치할 기기를 설계할 때 다음의 사항을 고려하도록 권고하였다.

- 기기와 작업대의 모서리는 둥근 모양이어야 한다.
- 아래 방향으로 접힌 가장자리는 본체에 접한 상태여야 한다.
- 모든 관은 이음매가 없고 세척이 쉬워야 한다.

- 식품이 접하는 구역과 누수나 응결이 일어날 수 있는 구역에 있는 모든 연결부위와 이음매는 밀봉되어야 한다.
- 문과 덮개는 크기가 적절하며 타이트하게 맞아야 한다.
- 서랍과 쓰레기통은 손쉽게 분리하고 세척할 수 있어야 한다.
- 선반은 분리와 조정이 가능해야 한다.
- 기기의 온도조절장치는 세척이 쉬워야 한다.

푸드서비스 업장 기기에 대한 정보는 6장 '음식 생산'에서 보다 세부적으로 다룬다.

바닥 바닥, 벽, 천장을 덮는 재료는 세척, 유지, 외관을 고려하여 선택해야 한다. 주방을 덮는 자재는 매우 견고해야 하고 세척 편의성과 내구성이 뛰어나야 한다. 고객에게 노출되는 공간에 사용할 자재의 선택 시에는 외관을 우선적으로 고려하는 경향이 있다. 따라서 식당에 세척이 어려울 수 있다. 고객은 먼지가 쌓인 커튼, 자국이 난 창문, 얼룩이 있거나 깨진 벽, 거미줄이 있는 천장, 헐거워진 바닥 타일, 흙이 묻은 카페트 등에 민감하다. 식당 바닥은 지속적으로 관리되어야 한다. 식사를 마친 고객이 나가면 많은 푸드서비스 업장에서 식당 바닥을 쓸고 진공청소기로 청소하고 걸레질해야 한다.

푸드서비스 업장 건축 시 몇 가지 유형의 바닥 자재가 활용되는데 각각에 각각 다른 세척 문제를 가지고 있다. 흔히 식당에서 사용하는 나무 바닥과 카페트는 세척과 위생 문제로 인해 생산 구역에서 이용할 수 없다.

4.3.6 작업설계의 원칙

Konz와 Johnson(1999)은 작업 구역 설계에 있어 "열심히가 아닌 지혜롭게 일하기"의 중요성을 강조하였다. **지혜롭게 일하는 것**(*work smart*)은 보다 효율적으로 일하는 것을 의미하고 **열심히 일하는 것**(*work hard*)은 보다 많은 노력을 기울인다는 의미이다.

작업설계(work design)는 작업 시스템의 효과성을 높이기 위하여 꾸준히 노력하는 프로그램이다(Kazarian, 1979). 예를 들어 산업공학자들은 오랜 시간 동안 제조업에 작업분석과 작업설계 기술을 적용해 왔다. 최근 이러한 원칙이 서비스산업에도 응용되고 있다.

작업분석과 작업설계의 원칙은 여러 학문 분야에서 발전되었다. 테일러(Frederick Taylor)와 길브레스 부부(the Gilbreths)의 연구는 이러한 경영과학 분야의 연구에 있어 매우 중요한 기여를 하였다. 그들의 자재운반관리의 원칙은 푸드서비스 업장의 작업공간 설계에 영향을 미쳤다.

자재운반관리(*materials handling*)는 푸드서비스 시스템에서의 재료와 상품의 이동과 보관을 의미한다. 재료 이동을 잘 설계하면 효율을 증가시키고 부가가치를 창출하지 않는 활동을 감소시킨다. 저장, 전처리, 생산 구역의 위치와 배열에 따라 자재운반관리의 양이 달라진다. 그림 4-13에 정리된 자재운반관리의 주요 원칙을 이용하여 푸드서비스 시설에서 자재를 효율적으로 운반할 수 있는 시스템을 개발할 수 있다.

주로 길브레스 부부의 초기 연구에서 나온 **동작경제의 원칙**(*principles of motion economy*)은 작업방법, 작업장, 도구 및 기기의 설계와 관련이 있다. 그림 4-14에 요약된 이 원칙에 따르면 움직임은 다음과 같은 성질을 갖춰야 한다.

- 동시적
- 대칭적
- 자연적
- 율동적
- 습관적

1. 모든 자재의 운반과 저장을 최소화하라.
2. 작업장에서 자재를 옮길 때 가장 짧고 직선에 가까운 경로를 사용하라.
3. 첫 사용 장소에서 가장 가까운 곳에 자재를 저장하라.
4. 꼭 필요한 경우가 아니라면 자재 취급을 최소화하라.
5. 취급에 들어가는 노력을 줄이기 위해 가능한한 모든 자재를 작업장에 미리 배치하라.
6. 가능한 한 자재를 대량으로 취급하라.
7. 쓰레기나 폐기물의 발생 시점에 처리를 위한 준비를 하라.
8. 가능하다면 자재 운반에 중력을 이용하라.
9. 작업장에서 자주 사용되는 무거운 자재는 보조기기를 이용하여 운반하라.
10. 작업이 편한 높이에 자재를 둘 수 있도록 빌트인 높이 조절 장치를 이용하라.
11. 작업에 방해가 되지 않는다면, 고정된 경로를 따라 이동해야 하는 자재는 컨베이어 벨트를 이용하여 운반하라.
12. 들고 옮기기에 편한 좋은 디자인의 용기나 팬을 이용하라.
13. 많은 자재를 한 번에 쉽고 안전하게 운반하려면 서로 맞물려 고정이 가능한 용기의 사용을 고려하라.
14. 자재취급관리 특성을 개선하기 위해 관련 제품의 디자인 변경을 고려하라.

그림 4-13 자재운반관리의 원칙

A. 신체 이용

1. 작업 완수에 필요한 동작의 수를 최소화해야 한다.
2. 필요한 동작의 소요 시간을 최소화해야 한다.
3. 작업에 양손을 이용하고 양손이 동시에 작업을 시작하고 끝내야 한다.
4. 손과 팔의 동작은 반대 방향으로 대칭으로 행해져야 한다.
5. 휴식 시간이 아니라면 양손이 동시에 쉬어서는 안 된다.
6. 동작은 작업을 원활히 할 수 있는 범위 내에서 가장 단순해야 한다.
7. 직선 또는 각진 동작보다 부드러운 곡선 동작을 개발해야 한다.
8. 리듬이 자연스럽고 익숙한 움직임이 되도록 동작 패턴을 개발해야 한다.
9. 관성을 활용할 수 있도록 동작의 순서를 정해야 한다.
10. 동작을 위해 시선을 고정해야 하는 경우를 최소화해야 한다.
11. 피로를 줄이기 위하여 다른 종류의 동작을 사이사이에 활용해야 한다.

B. 작업장의 설계와 레이아웃

1. 자재, 도구, 제어 장치는 일상적인 작업 구역에 두어야 한다.
2. 자재와 도구는 지정된 위치가 있어야 한다.
3. 눈을 사용하는 작업은 일상적인 시야 내에서 이루어져야 한다.
4. 도구와 자재는 집기 편한 위치에 사전에 배치되어야 한다.
5. 반입한 자재를 사용 장소로 운반하기 위해서 중력 활용 기기나 용기를 사용해야 한다.
6. 반출 자재의 운반을 위해서 중력을 활용해야 한다.
7. 작업대의 높이는 앉거나 서서 작업할 수 있는 높이여야 한다.
8. 작업장의 환경은 생산적인 동작에 적합해야 한다.

C. 도구와 기기의 디자인

1. 도구, 수작업 기기, 제어장치는 잡기에 편하게 디자인되어야 한다.
2. 가능하면 두 개 이상의 도구를 함께 사용해야 한다.
3. 손작업을 줄이기 위해 고정 장치나 발조정 장치를 사용해야 한다.
4. 기기는 신체 부위의 고유의 특성을 최대한 활용할 수 있도록 디자인되어야 한다.
5. 레버와 제어장치는 신체 부위와의 접촉을 최대화할 수 있도록 디자인되어야 한다.

그림 4-14 동작경제의 원칙

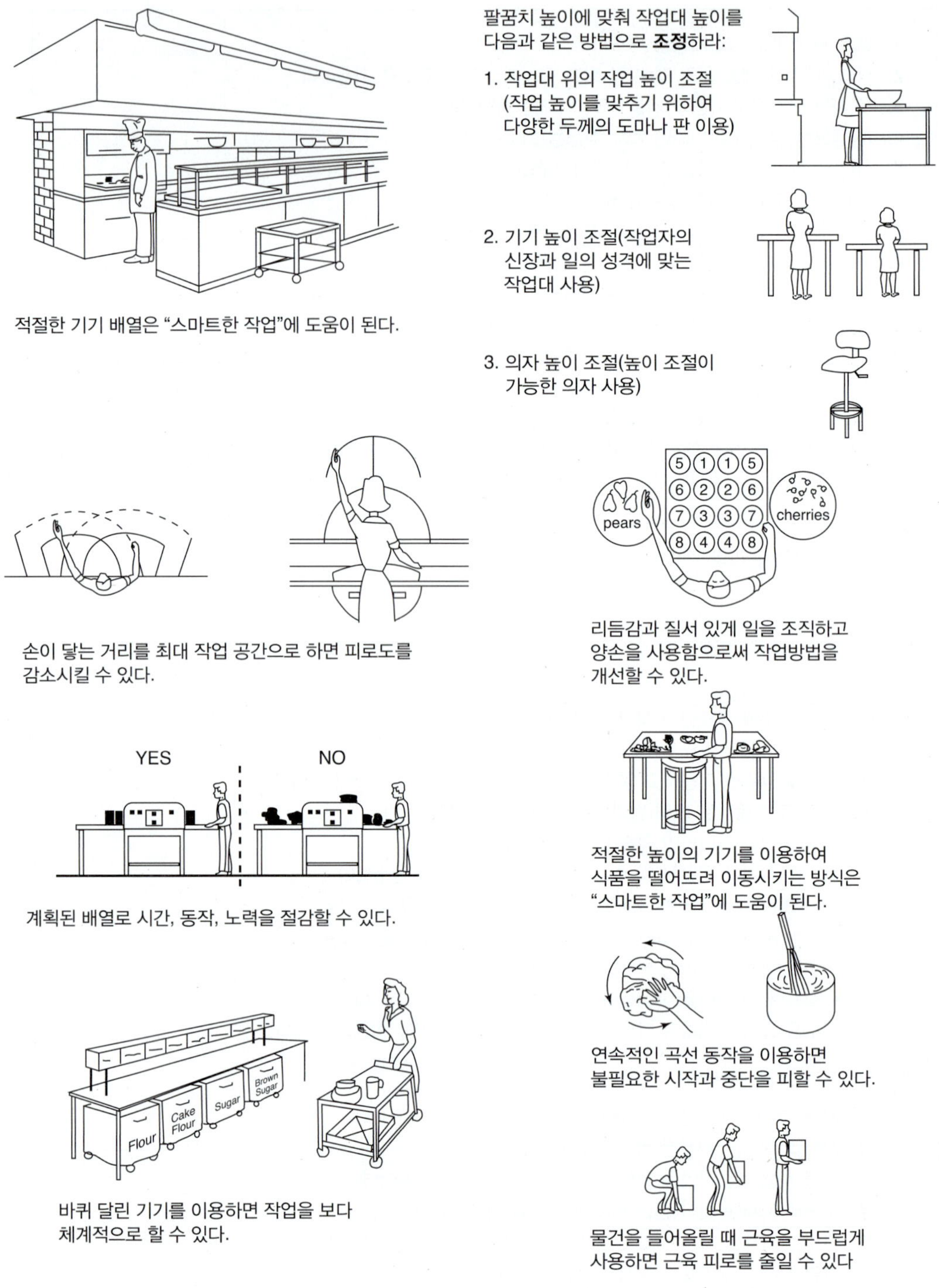

그림 4-15 급식소에서의 작업설계 원칙

자료: The Basic Four of Work, by S. Konz&J.Maxwell. (1980). Manhattan, KS: Kansas State University.

양손 사용, 손과 눈의 조화, 지속적 동작 등 인체에 적용되는 동작경제의 원칙의 목적은 작업에 필요한 노력과 에너지를 감소시키는 것이다. 작업장, 도구, 기기의 설계에 관련된 이 원칙은 손이 쉽게 닿는 거리에 도구를 배치하고 일정한 장소에 물건을 두는 등 신체 움직임을 수월하게 하는 방식을 제시한다. 작업 단순화에 관한 종사원 훈련 유인물에서 발췌한 그림 4-15는 주요 원칙 중 일부를 설명한다. 그림 4-16(a)와 4-16(b)는 부적절한 설계로 종사원이 무거운 물건을 들고 머리 위로 손을 뻗거나 장시간 허리를 굽혀야 할 경우 요통과 피로가 야기될 수 있음을 보여준다.

(a)

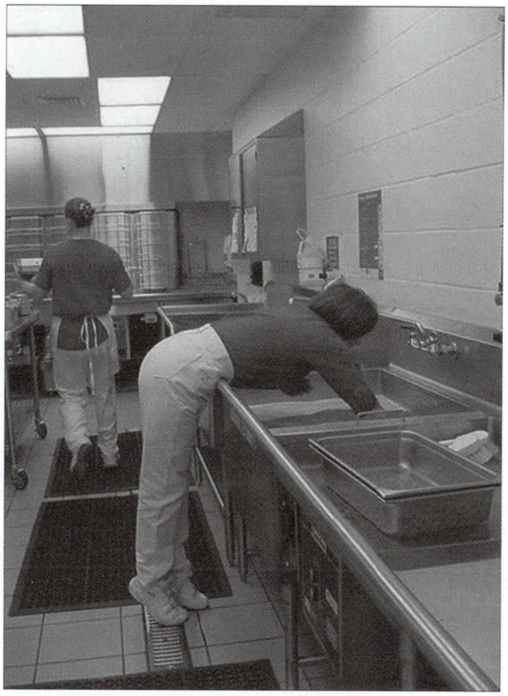

(b)

그림 4-16 (a) 오븐 윗칸에 팬을 넣는 조리원 (b) 싱크대에서 허리를 굽힌 조리원
자료: From School City of Hammond. Used by permission.

요약

1. 전통적 푸드서비스 업장의 경우, 식품의 준비, 냉/온장 보관, 서비스가 모두 한 장소에서 이루어진다. 조리-냉장, 조리-냉동 방식을 포함하는 조리저장식 푸드서비스 업장의 경우, 서비스 시간보다 앞서 조리된 식품을 냉장 또는 냉동 보관하다가 필요한 시점에 재가열한 후 서비스한다. 중앙공급식 푸드서비스 업장의 경우, 식품의 생산과 서비스가 공간적으로 분리되어 있다. 즉, 식품의 조리 장소와 서비스 장소가 분리되어 있다. 조합식 푸드서비스 업장의 경우, 조리가 완료된 형태의 식품을 재가열하여 서비스한다.
2. 전통적 푸드서비스 업장의 경우, 식품은 생산으로부터 서비스로 바로 이동한다. 반면, 조리저장식 푸드서비스 업장에서는 식품은 조리 단계를 거쳐 냉장/냉동 단계를 거친 후 서비스 전에 재가열된다.
3. 조리-냉장 방식은 식품을 부분 조리하여 급속냉각하는 방식이다. 이렇게 냉각된 식품은 냉장상태로 보관되다가 서비스 직전에 재가열된다. 조리-냉동 방식의 경우, 조리한 식품을 급속 냉동하여 보관하다가 제공 직전에 재가열한다. 수-비 방식은 플라스틱 파우치에 식재료를 담고 밀봉한 후 뜨거운 물에 넣어 식품을 조리하는 방식이다. 중앙서비스는 생산구역이나 생산구역과 가까운 곳에서 음식을 담는 방식이다. 분산서비스는 생산된 음식을 대량으로 제공 장소까지 운반한 후 제공 장소에서 담는 방식이다.
4. 푸드서비스 업장에서 식품의 생산부터 서비스 단계까지 식품에 일어나는 변화를 관찰하면 각 단계에 따른 식품 흐름도를 그릴 수 있다.
5. 설계는 공간의 면적, 형태, 양식, 장식 등을 결정하는 전반적인 공간 계획이다. 레이아웃은 기기, 바닥 및 판매대 공간의 구체적인 배열을 의미한다. 흐름은 푸드서비스 업장에서의 식품이나 사람의 동선이다.
6. 지속가능한 설계란 사람들의 건강과 환경에 미치는 건물의 부정적 영향을 감소시키면서, 에너지와 물, 자재를 효율적으로 사용하는 건물의 설계를 뜻한다.
7. 계획단계에는 일반적으로 건축계획위원회가 건축가나 디자이너와 협업하여 신축, 개보수 단계의 계획 개발에 참여한다. 보통 이 단계에서 최종 청사진과 시공문서의 완성에 앞서 거품형 도식과 프로그램 및 계획의 개발이 이루어진다.

연습문제

1. 수-비는 조리-냉장 방식과 어떻게 다른가?
2. 조리-냉장 및 조리-냉동 푸드서비스 업장이 조리저장식이라 불리는 이유는 무엇인가?
3. 한 중학교의 주방에서 생산된 음식이 보관 용기에 담겨 같은 교육구역 내 초등학교들로 배송된 후 초등학생들에게 제공된다. 이 사례는 중앙서비스와 분산서비스 중 어느 쪽에 해당하는가? 그 이유는 무엇인가?
4. 한 의료시설에서 음식을 주방에서 생산하여 개인 접시에 담은 후 냉동시킨다. 서비스 당일, 음식이 담긴 접시를 주방 배선대에서 트레이에 올린다. 카트를 이용하여 트레이를 환자병동으로 운반한다. 환자병동 각 층의 간이 주방에서 전자레인지로 트레이를 재가열한 후 환자에게 서비스한다. 이 푸드서비스 업장의 식품 흐름도를 그리시오.
5. 대학교 급식소에서 식품을 생산하는 주방과 식당의 조명과 환기에 대한 니즈가 어떻게, 왜 다를 수 있는가?

연구과제

1. 2~3명씩 조를 이뤄 인근 지역에서 각각 다른 푸드서비스 업장 두 곳을 방문하고 각 업장의 식품 흐름을 도식화해보자.
2. 인근 지역에서 푸드서비스 유형별 실례를 찾아, 매니저를 초청하여 해당 유형의 장단점에 대하여 듣는 시간을 마련해보자.
3. 지역 푸드서비스 업장을 위한 새로운 주방을 설계해보자. 기존 공간을 이용하되 보다 나은 레이아웃을 설계하고 기기와 작업공간의 유형 및 배치를 결정해보자.

사례 연구

1. "Put it in the Bank" in Lieux, E. M., & Luoto, P. K., (2008). *Exploring foodservice systems management through problems,* 3rd ed. Upper Saddle River, NJ: Pearson Prentice Hall.
2. "Renovating the Space" in Lieux, E. M. & Luoto, P. K., (2008). *Exploring foodservice systems management through problems,* 3rd ed. Upper Saddle River, NJ: Pearson Prentice Hall.
3. Problem Question #3 on Conventional vs Convenience in Allen-Chabot, A., Curtis, S., & Blake, A. (2001) *Inlet Isles: A hospital case study.* Upper Saddle River, NJ: Pearson Prentice Hall.

웹사이트

www.aia.org American Institute of Architects
www.cfesa.com Commercial Food Equipment Service Association
www.nafem.org North American Association of Food Equipment Manufacturers
http://nfs.org National Sanitation Foundation (NSF), International
www.usgbc.org U.S. Green Building Council

참고문헌

Alexander, J. (1991). Cook-chill automation. *Hospital Food Service, 24*(3), 7–8.

Almanza, B. A., Kotschevar, L. H., & Terrell, M. E. (2000). *Foodservice layout, design, and equipment planning,* 4th ed. Upper Saddle River, NJ: Prentice Hall.

American Society of Heating, Refrigerating, and Air Conditioning Engineers. (1997). *ASHRAE handbook—Fundamentals.* Atlanta, GA: Author.

Assaf, A., Matawie, K. M., & Blackman, D. (2008). Operational performance of health care foodservice systems. *International Journal of Contemporary Hospitality Management.* [Online]. Available: http://www.emeraldinsight.com

Berkman, J., & Schechter, M. (1991). Today, I closed my kitchen. *Food Management, 26*(11), 110–114, 118, 122.

Birmingham, J. (1992). Whatever happened to sous vide? *Restaurant Business, 91*(6), 64–65, 68, 72.

Bobeng, B. J. (1982). Alternatives for menu flow in hospital patient feeding systems. In *Hospital patient feeding systems* (113–117). Washington, DC: National Academy Press.

Boss, D. (1991). A kitchenless future? *Food Management, 26*(11), 16.

Brown, D. (2005). Prevalence of food production systems in school foodservice. *Journal of the American Dietetic Association, 105,* 1261–1265.

Castagna, N. G. (1997). Know your cook-chill. *Restaurant & Institutions, 107*(26), 84, 86.

Department of Veterans Affairs. (1993). *Advanced food preparation systems.* Final Report. Milwaukee, WI: Author.

Eck, L. S., & Ponce, H. (1993). HACCP: A food safety model. *School Food Service Journal, 47*(2), 50–52.

Escueta, E., Fiedler, K., & Reisman, A. (1986). A new hospital foodservice classification system. *Journal of Foodservice Systems, 4,* 107–116.

Food and Drug Administration. (2005). *U.S. Department of Health and Human Services 2005 Food Code.* [Online]. Available: http://www.fda.gov

Food Code. (2009). [Online]. Available: http://www.fda.gov

Fox, M. (1993). Quality assurance in foodservice. In Kahn, M., Olsen, M., & Var, T. (eds.), *VNR's encyclopedia of hospitality and tourism* (pp. 148–155). New York: Van Nostrand Reinhold.

Friedland, A. (1993). 3 districts, 1 kitchen. *Food Management, 47*(5), 42–43.

Ghazala, S. (1998). *Sous vide and cook-chill processing for the food industry.* Rockville, MD: Aspen Publishing.

Greathouse, K. R., & Gregoire, M. B. (1988). Variables related to selection of conventional, cook-chill, and cook-freeze systems. *Journal of the American Dietetic Association, 88,* 476–478.

Greathouse, K. R., Gregoire, M. B., Spears, M. C., Richards, V., & Nassar, R. F. (1989). Comparison of conventional, cook-chill, and cook-freeze foodservice systems. *Journal of the American Dietetic Association,* 89, 1606–1611.

Gregoire, M. B., & Harrison, M. K. (2008). Food production systems for the future. In Martin, J. & Oakley, C. (eds.), *Managing child nutrition programs: Leadership for excellence,* 2nd ed. (pp. 429–461). Gaithersburg, MD: Aspen Publishing.

Gregoire, M. B., & Nettles, M. F. (1997). Alternative food production systems. In Jackson, R. (ed.), *Nutrition and food services for integrated health care* (p. 331). Gaithersburg, MD: Aspen Publishing.

Healthcare re-visits the commissary concept. (1997). *Food Management, 32*(6), 42–44, 46, 48.

Jones, P. (1993). Foodservice operations management. In Khan, M., Olsen, M., & Var, T. (eds.), *VNR's encyclopedia of hospitality and tourism* (pp. 27–36). New York: Van Nostrand Reinhold.

Katsigris, C., & Thomas, C. (1999). *Design and equipment for restaurants and foodservice.* New York: John Wiley & Sons.

Kazarian, E. A. (1979). *Work analysis and design for hotels, restaurants and institutions,* 2nd ed. Westport, CT: AVI.

King, P. (1992d). Sky Chefs enters new era with central kitchen. *Food Management, 27*(1), 48, 50.

Konz, S., & Johnson, S. (1999). *Work design: Industrial ergonomics,* 6th ed. Scottsdale, AZ: Holcomb Hathaway.

Kujava, G. (1991). Cook-chill technology: Serving savings on every tray. *The Consultant, 24*(2), 22–24.

Longrée, K., & Armbruster, G. (1996). *Quantity food sanitation,* 5th ed. New York: John Wiley & Sons.

Lundberg, D. E. (1984). A look at restaurant commissaries. *FIU Hospitality Review, 2*(1), 7–13.

Mann, N. L., Shanklin, C. W., & Cross, E. W. (1993). An assessment of solid waste management practices used in school food service operations. *School Food Service Research Review, 17,* 109–114.

Matthews, L. (1991). Gearing up for cook-chill. *Food Management, 26*(3), 39.

Matthews, M. E. (1982). Foodservice in healthcare facilities. *Food Technology, 36,* 53–64, 71.

McWilliams, M. (1993). *Foods: Experimental perspectives,* 2nd ed. New York: Macmillan.

Mibey, R., & Williams, P. (2002). Food services trends in New South Wales hospitals: 1993–2001. *Food Service Technology,* 95–103.

National Restaurant Association. (1991). *Make a S.A.F.E. choice: Sanitary assessment of food environment.* Washington, DC: Author.

National Restaurant Association, Educational Foundation. (1992). *Applied foodservice sanitation,* 4th ed. Chicago, IL: Author.

Nettles, M. F. (1996). *Issues related to equipment and the dietary guidelines for Americans.* University, MS: National Food Service Management Institute.

Nettles, M. F., & Gregoire, M. B. (1993). Operational characteristics of hospital foodservice departments with conventional, cook-chill, and cook-freeze systems. *Journal of the American Dietetic Association, 93,* 1161–1163.

Nettles, M. F., & Gregoire, M. B. (2000). Analysis of the process used to select a food production system. *Journal of Child Nutrition and Management, 24,* 84–91.

Nettles, M. F., Gregoire, M. B., & Canter, D. D. (1997). Analysis of the decision to select a conventional or cook-chill system for hospital food service. *Journal of the American Dietetic Association, 92,* 626–631.

Norton, C. (1991). What is cook-chill? *Hospital Food Service, 24* (2), 5–7.

Rethermalization—A hot topic! (1991). *Hospital Food Service, 24* (4), 6–7.

Rhodehamel, E. J. (1992). FDA's concerns with sous vide processing. *Food Technology, 46*(12), 73–76.

Sheridan, M. (1998). Cook-chill: From colleges to casinos. *Restaurants & Institutions, 108*(21), 135.

Snyder, O. P. (1993). Hazard analysis and critical control point in foodservice. In Khan, M., Olsen, M., & Var, T. (eds.), *VNR's encyclopedia of hospitality and tourism* (pp. 185–219). New York: Van Nostrand Reinhold.

Snyder, O. P., Gold, J. I., & Olson, K. A. (1987). Quantifying design parameters for foodservice systems in American hospitals. *Journal of Foodservice Systems, 4*(3), 171–186.

Surveying the scene. (1994). *School Food Service Journal, 48*(2), 40–45.

Unklesbay, N. (1977). Monitoring for quality control in alternate foodservice systems. *Journal of the American Dietetic Association, 71,* 423–428.

Unklesbay, N., Maxcy, R. B., Knickrehm, M., Stevenson, K., Cremer, M., & Matthews, M. E. (1977). *Foodservice systems: Product flow and microbial quality and safety of foods.* North Central Regional Research Public. No. 245. Columbia: University of Missouri–Columbia Agricultural Experiment Station.

Walkup, C. (1994). NRA Educational Foundation: Industry's classroom. *Nation's Restaurant News* [The National Restaurant Association 1919–1994, special commemorative issue], 84, 89, 96.

World of noncommercial foodservice. (1992). *Food Management, 27*(1), 121–123, 128.

Chapter

5 조달

개요

- 조달은 푸드서비스 운영의 재정적 성공을 위한 중요한 요소이며, 구매, 검수, 저장, 재고관리를 포함한다.
- 구매의사 결정에서 품질, 수량, 가격은 중요한 요인이다.

학습목표

1. 구매, 검수, 저장, 재고관리에 대해 기술할 수 있다.
2. 명세서를 작성할 수 있다.
3. 품질등급과 수율등급을 구분할 수 있다.
4. 다른 구매 방법에 대해 기술할 수 있다.
5. 지속가능한 구매 실무를 식별할 수 있다.
6. 구매, 검수, 저장에 필요한 통제요소를 식별할 수 있다.

푸드서비스 운영의 목표는 회사와 고객의 가치를 최대화하면서 양질의 식사를 제공하는 것이다. 그러나 이러한 목표는 필요한 식재료와 물품이 조달되어야만 달성될 수 있다. 이 장에서는 푸드서비스 시스템의 변환 과정에 있어서 조달의 하위시스템에 해당하는 구매, 검수, 저장에 대해 학습한다.

5.1 공급관리

공급관리기구에 따르면, 공급관리란 조직의 목표를 달성하기 위해 자원을 구분하고, 수집하여, 적절하게 분배하는 일련의 관리활동으로 정의된다(www.ism.ws). 즉 구매, 검수, 재고관리, 분배 등의 전통적인 직무는 물론, 제품조달, 계약, 협상, 운송 및 수요예측 등을 포함하는 복합적이고 전문적인 직무로 여겨지고 있다.

5.2 조달

푸드서비스 시스템 모형에서 조달은 그림 5-1과 같이 변환 요소의 하위시스템 중 첫 번째에 위치하고 있다. Feinstein과 Stefamelli(2008)는 조달을 판매자와 구매자 사이에 필요한 제품의 결정, 구매, 검수, 저장 및 출하, 구매계약 등 상품과 서비스를 획득하기 위한 체계적인 교류로 정의하고 있다. 조달은 이익창출을 위한 중요한 요소로 간주되기 때문에 이를 담당하는 책임자는 모든 운영의 의사결정에 참여할 수 있는 최고 경영진으로 구성되어야 한다.

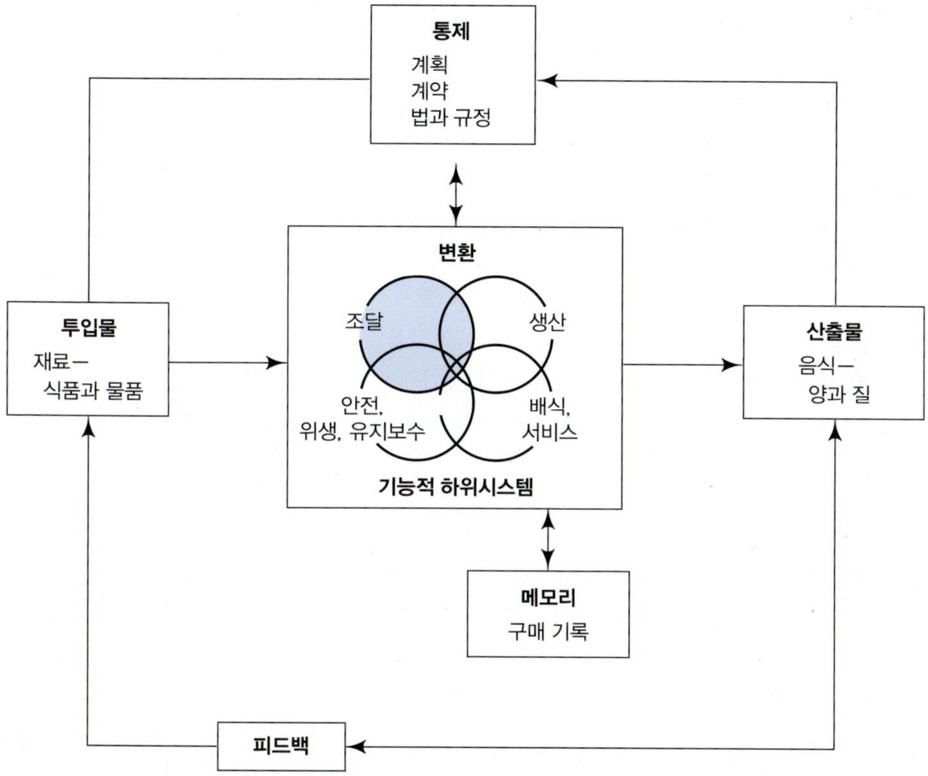

그림 5-1 푸드서비스 시스템 모형에서의 조달 하위시스템

조달의 하위시스템에 해당하는 구매, 검수, 저장, 재고관리와 같은 여러 가지 중요한 활동을 이 장에서 학습할 것이다.

5.3 구매

구매(purchasing)는 식품과 물품 등 모든 제품의 획득과 관련된 활동으로, 적정한 품질의 제품을 적정한 수량과 적정한 시기에 적정한 가격으로 구매하는 것으로 설명할 수 있다. 따라서 구매담당자는 시장현황과 제품정보 등을 파악하고 있어야 하며, 통찰력을 지녀야 한다. 때로는 영업사원을 통해 구매 결정에 관한 조언을 들을 수 있고 새로운 제품에 대한 정보를 얻을 수 있다.

5.3.1 구매 관리자

오늘날 구매자(buyer)는 세계 식품유통 체계에 있어서 막대한 영향력을 가지고 있다. 어떠한 품목이 생산·제조되거나 판매되는 것은 소비자의 요구에 따른다. 따라서 구매자는 항상 소비자의 요구를 파악하고 어떠한 제품을 구매할지 결정해야 한다. 또한 제품이 어떻게 생산·가공되어 운송, 판매, 소비되고 있는지 이해하고 있어야 한다(Spears, 1999).

구매담당 임원들은 구매자에게 필요한 능력을 다음과 같이 언급하였다.

- 상호 의사소통 능력
- 고객 중심 사고방식
- 의사결정 능력
- 협상 능력

- 분석 능력
- 변화관리 능력
- 갈등해결 능력
- 문제해결 능력
- 영향력과 설득력
- 컴퓨터 활용 능력

구매담당 부서는 수익 센터 또는 비용 센터로 볼 수 있다. **수익 센터(profit center)**로서 구매부서의 목표가 설정되면, 구매 관리자는 조직의 이익을 창출하기 위해 비용을 관리해야 할 것이다. 그러나 **비용 센터(cost center)**로서의 구매부서는 조직을 위해 이익을 창출하지는 않지만, 비용을 관리하여 다른 부서의 이익창출에 기여하게 된다.

5.3.2 유통경로

시장(market)은 상품의 소유권이 생산자로부터 소비자로 이전되는 매개체라고 할 수 있다. 시장과 관련된 지식이란 공급원을 찾고, 어느 공급원으로부터 어떤 품목을 공급받을지 결정하는 것이라 할 수 있다. 더불어 유통경로를 통한 공급물품의 흐름을 이해하고, 유통과정에서 시장규제의 영향에 대해 알고 있어야 한다.

상품에 대한 소유권 이전은 그림 5-2와 같이 유통경로를 통해 확인할 수 있는데, 상품에 대한 소유권은 생산자로부터 가공, 제조업체 및 유통업체를 통해 최종 소비자에게 이전된다.

유통경로는 생산자, 가공 또는 제조업체, 유통업체, 공급업체, 최종 소비자와 같이 5개의 주요 구성요소로 이루어져 있다. 각각의 구성요소를 거친 후 가치와 비용이 부가되어 소비자가 지불해야 할 최종 가격이 형성된다.

생산자 일반적으로 가공업체 또는 제조업체에게 판매하기 위해 원재료를 생산하는 농부 또는 축수산업자를 말한다.

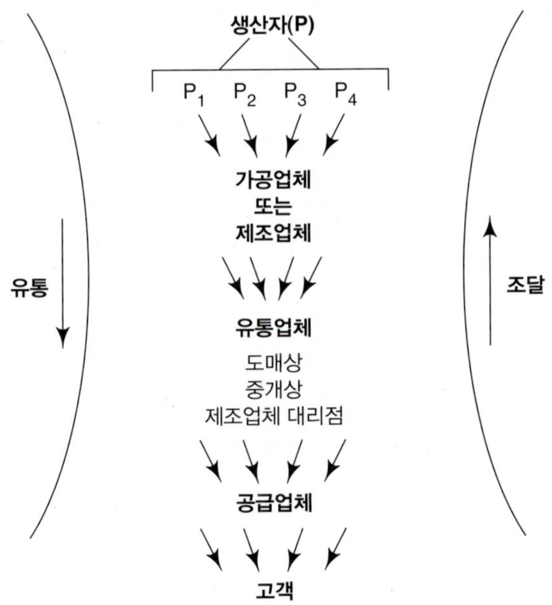

그림 5-2 유통경로

가공·제조업체 미국의 식재료는 수량의 관점에서뿐만 아니라, 품질, 다양성, 편의성 측면에서 판매되고 있다. 즉 가공업체는 소비자가 이용 가능한 다양한 형태의 제품을 만들고 있다. 예를 들면 같은 쇠고기는 지방량, 다양한 포장 규격에 따라 여러 형태로 공급되고 있다. 패스트푸드 체인과 같은 대규모의 푸드서비스 업장은 유통업체를 거치지 않고 생산자 또는 가공업체로부터 직접 원재료를 구매하기도 한다.

유통업체 유통경로에 있어서 세 번째에 위치하는 유통업체는 가공·제조업체로부터 공급업체에 제품을 전달하는 역할을 하는데, 도매상(wholesalers), 중개상(brokers), 제조업체 대리점(manufacturers' representatives)으로 분류된다. 일부 소규모의 가공·제조업체는 푸드서비스 업장에 직접 제품을 판매하기도 하나, 대부분의 큰 기업은 이러한 방식의 판매 형태를 배제하고 있다. 특히 자체 영업사원을 보유하고 있지 않은 가공·제조업체의 경우, 유통업체에게 의존할 수밖에 없다.

도매상 **도매상(wholesalers)**은 다양한 가공·제조업체로부터 제품을 구매하여 저장한 후 공급업체에 판매, 운송하는 역할을 한다. 도매상은 제품을 구매한 후 푸드서비스 업장에 배송될 때까지 제품의 품질을 유지해야 한다. 도매상의 종류에는 냉동 및 통조림 제품부터 주방장비 및 가구에 이르기까지 구매자가 구매할 수 있는 모든 품목을 취급하는 **종합도매상(full or broadline wholesalers)**과 육류, 유제품, 종이, 세제류와 같은 특별한 품목만 취급하는 **전문도매상(specialty wholesalers)**이 있다(Gunn, 1995).

미국에서 매우 인기 있는 유통업체의 형태로 샘스클럽(Sam's Club)이나 코스트코(Costsco)와 같은 **창고형도소매할인점(wholesale club)** 또는 **대형슈퍼마켓(supermarket)**이 있다. 대규모 유통업체의 경우 비용 효율적인 측면에서 소규모의 푸드서비스 업장까지 배송이 어렵기 때문에, 소규모의 푸드서비스 업장에서는 이러한 도매업체에서 직접 물품을 구매한다. 이 경우 현금으로만 거래가 이루어진다는 단점이 있지만, 가격 경쟁력이 있다는 장점이 있다.

중개인 **중개인(brokers)**은 제조, 가공 또는 주원료 생산자의 위탁을 받아, 도매상, 공급업체 또는 푸드서비스 업장을 연결시켜주는 독립적인 영업·마케팅 대리인을 말한다. 중개인은 다양한 제품을 취급하지만, 판매제품에 대한 권한을 갖고 있지 않으며, 단지 거래 중개를 통한 수수료를 받는다. 중개인은 구매자에 소속되거나 고용되지 않으며, 구매자의 직간접적인 통제를 받지 않는다. 따라서 중개인은 유통업체로서의 역할보다는 영업 및 마케팅 운영에 도움을 주는 역할을 한다. 그러나 유통경로에서는 이들을 유통업체로 분류한다.

중개인은 10명 이하의 작은 규모부터 수백 명의 직원을 보유하고 있는 대규모 업체에 이르기까지 다양하다. 중개인은 푸드서비스 시장에 제공하기 위한 제품을 테스트하기 위해 테스트 키친(test kitchen)을 갖고 있기도 한다. 예를 들어, 감자전문 중개인은 도매업자 또는 감자 전문 요리 레스토랑에 판매하기 위한 구이용 감자를 재배할 생산자를 찾는다. 또한 프렌치 프라이 공장이나 패스트푸드 레스토랑 체인에 필요한 감자를 공급하기 위해서 프라이를 위한 최고 품질의 감자를 찾기 위해 검사를 시행하기도 한다.

제조업체 대리점 **제조업체 대리점(manufactures' representatives)**은 소유권, 청구서 또는 가격책정을 하지 않으며 제조업체를 대신해 계약을 체결할 권한이 없다. 일반적으로 소규모 제조업체들의 대리점 역할을 하며, 매출 규모에 따라 수수료를 받는다. 제조업체 대리점은 중개인보다 전문화된 소품목을 취급하고, 최소한의 제조업체와 거래하며 중개인보다 전문성이 높다고 할 수 있다.

공급업체 유통경로의 네 번째 구성요소로서 최종 구매자인 소비자에게 제품을 판매하는 업체이다. 일반적으로 푸드서비스 매니저는 도매상, 중개인, 제조업체 대리점보다 공급업체로부터 제품을 더 많이 구매한다. 대부분 **주공급자(prime vendor)** 또는 단일공급업체로 불리는 하나의 공급업체를 이용한다. 그러나 대부분의 푸드서비스 매니저는 "하나의 바구니에 모든 계란을 담지 말라"라는 속담에 따라 품목별로 입찰을 통한 제품구입을 선호한다. 입찰을 통해 경쟁력 있는 가격을 확보할 수 있으며, 특정 공급업체에 의해 휘둘리는 것을 피할 수 있다(Savigde, 1996).

많은 기업의 경우, 특히 소규모 기업의 경우에는 구매를 하기 위해 공동 또는 구매대행조직(group purchasing organization, GPO)을 이용한다. 이러한 구매방법은 대량구매에 따른 가격 절감효과를 얻을 수 있는 장점이 있다.

최종 소비자 최종 소비자는 유통경로의 다섯 번째에 위치하는 구성요소로서 제품 또는 서비스에 의해 영향을 받는다. 미국 레스토랑협회(National Restaurant Association, NRA 2008)에 따르면, 일반적으로 8세 이상의 소비자들은 일주일에 5.8끼니를 외식으로 해결한다고 한다. 고객만족은 푸드서비스 산업에서의 최종 목표이며, 좋은 품질의 식품과 관련 제품의 구매는 푸드서비스 운영의 첫 번째 목표가 되어야 할 것이다.

5.3.3 구매의 지속가능성

구매에 있어서 통합적 지속가능성은 제품의 원산지, 포장 형태, 구성 성분, 쓰레기 배출 등과 같은 많은 요소를 포함할 수 있다. 무해건강관리협회(Organization Healthcare without Harm, www.noharm.org)에 따르면, 지속가능한 구매는 일반적으로 저독성, 오염 최소화, 에너지 효율성, 무향, 그리고 종사자와 고객의 안전과 건강뿐만 아니라, 높은 재활용률과 쓰레기 배출 최소화에 초점을 맞춰야 한다. 그린레스토랑협회(The Green Restaurant Association, GRA)에서는 지속가능한 식품 구매를 위한 지침을 제공하고 있다.

대부분의 경우 푸드서비스 구매자는 그 지역에서 생산되는 식재료를 많이 이용하고 있으며, 지속가능성을 높이기 위해 유기농 제품을 구매하고 있다. 로컬소싱(local sourcing)은 유통경로를 줄여주고, 생산자·제조업체와 구매자가 직접 거래를 함으로써, 운송 도중에 발생하는 연료의 사용과 오염 배출을 감소시킬 수 있다. 푸드서비스 매니저들은 지역경제에 도움을 줄 수 있고, 양호한 공공관계의 유지가 가능하며, 소량구매와 좀 더 신선한 재료를 구매할 수 있다는 점이 로컬구매의 가장 큰 장점이라고 말한다(Gregoire & Strohbehn, 2002). 또한 로컬구매는 식품의 불필요한 이동경로를 줄여주고, 소비자에게 생산지에 대한 정보를 제공한다. 푸드서비스 운영에 있어서 로컬구매의 가장 큰 장애물로는 한 해 동안 필요한 물량을 확보해야 하는 것이며, 필요한 수량 확보를 위해 다수의 생산자와 거래를 해야 한다(Grogorie & Strohbehn, 2002).

식품의 지속가능성과 관련해 상호 보완적으로 사용되는 용어도 있다. 1990년 농업법(Farm Bill, www.usda.gov)의 정의에 따르면, **지속가능한 농업(sustainable agriculture)**이란 인간의 음식에 대한 욕구 만족, 환경 개선, 재생 불가능한 자원의 효율적인 사용 촉진, 농장의 경제적 생존 능력 및 농민과 사회의 삶의 질 향상을 만족시킬 수 있는 통합적인 동·식물 생산 시스템을 말한다. 지속가능한 농업 생산은 토양과 수질, 합성 제초제와 살충제 사용 감소, 호르몬 미사용, 동물의 인도적 취급과 재생 불가능한 자원의 감소에 초점을 둔 환경 관리를 장려하고 있다. Food Alliance는 지속가능한 생산을 준수하는 농민들에게 지속가능성을 나타내는 로고(그림 5-3)를 사용할 수 있도록 인증해주는 단체 중 하나이다.

1990년 유기농식품생산법(Organic Food Production Act)에 따라 **유기농(organic)**식품은 정부 인증기관의 감독 하에 유기농 생산 절차를 통해 재배되어야 하고, 생산을 통해 소비자에게 판

지속가능한 농업

기능인증 라벨

공정무역 인증 라벨

자연분해 및 퇴비화 가능 라벨

방사전조사식품 국제기호

그림 5-3 식품에 사용되는 로고

매될 때까지의 경로가 추적 가능해야만 한다. 유기농 작물은 농약이나 석유 또는 하수 처리 기반의 비료를 사용할 수 없고, 이러한 작물을 재배하기 위해 사용되는 땅에는 수년 전부터 이러한 비료와 농약을 사용하면 안 된다.

유기농 방법에 따라 가축을 사육할 때는 유기농 사료를 공급해야 하고, 항생제 또는 성장 호르몬을 투여할 수 없으며, 방목이 가능해야 한다. **유기농 인증(certified organic)** 제품은 그림 5-3과 같이 USDA에서 인증한 라벨을 사용할 수 있거나, 주(state)로부터 인증서를 받을 수 있다. 유기농 제품은 지속적으로 증가하고 있지만, 모든 제품이 항상 유기농 제품 인증 요구에 부합하는 것은 아니다.

로컬푸드(locally grown foods)란 소비자 주변 일정 지역 안에서 재배되는 식품을 말한다. 거리가 확정되어 있지 않은 경우에는 일반적으로 150마일 이내에서 재배된 식품을 말한다.

2002년, 미국은 수입산 소, 돼지, 양에 대한 원산지 표시법(Country of Origin Labeling, COOL)을 통과시켰으며, 2006년에는 신선 과일, 채소와 견과류에 확대 적용하였다(www.ams.USDA.gov).

미국 수산청(National Marine Fisheries Service, NMFS)에서 제공하는 피쉬워치(FishWatch)는 지속가능한 수산물에 대한 정보를 제공하고 있다(www.nmfs.noaa.gov/fishwatch). 지속가능한 어업은 수자원보존관리법인 맥너스-스티븐스법(Magnuson-Stevens Act, 2007년 재인증)에 의해 보호를 받으며, 미국 어업의 지속가능성을 강화하기 위한 기준을 포함하고 있다. 지속가능한 수산물 선택과 관련해 가장 일반적으로 사용되는 지침은 몬테리베이 아쿠아리움 수산물 감시 지침(*Monterey Bay Aquarium Seafood Watch Guide*, www.montereybayauqarium.org)으로 수산물의 환경적 성장조건과 남획 정도에 따라 30종 이상의 수산물에 대한 세부사항을 포함하고 있다.

농무부는 1997년 농장과 어린이영양프로그램을 연결하기 위해 지역 농장과 학교 급식을 연결시켜 주는 프로그램을 시작하였다. 이 프로그램은 2009년 학교 급식 관리자와 지역 재배자 및 생산자 간에 연결을 용이하게 하기 위한 팜투스쿨(farm to school, 농장에서 학교로) 팀을 신설하면서 확장되었다(www.farmtoschool.org). 옥시덴탈 대학(Occidental College)은 캘리포니아에서 성공적인 팜투스쿨 사업이 이루어질 수 있도록 하였으며, 산타 모니카 학군은 지역 재배 식품 사용이 증가한 캘리포니아의 첫 번째 학군 중 하나이다. 좀 더 잘 알려진 프로젝트 중 하나는 버클리 통합학군 프로젝트(Berkeley Unified School District project)로 레스토랑 경영자 Alice Waters가 개발한 자연주의 교육프로그램인 에더블 스쿨야드(Edible Schoolyard)이다(www.edibleschoolyard.org).

많은 기업이 지역에 기반을 둔 식재료의 구매 비율을 높이기 위해 노력하고 있다. 본아페티 관리회사(Bon Appetit Management Company)는 전체 식품 구매 중 지역 구매 품목이 30%를 차지했다고 발표하였다. 에모리 대학교(Emory University)는 2015년까지 지역 또는 지속가능한 식품의 구매비율 목표를 75%로 설정하였다.

생산자로부터 직접 식자재를 구매하는 푸드서비스 운영자는 식품의 안전성을 보장하는 **우수농산물관리제도(Good Agricultural Practices, GAP)**가 준수되고 있는지 평가하기 위해 농장을 방문해야 한다(www.extension.iastate.edu). 우수농산물관리제도의 예로는, 관개 및 농산물의 세척을 위한 깨끗한 물 사용, 동물 분변에 의한 경작지 오염 위험 최소화, 작업자를 위한 수세 및 화장실 시설 보유, 제품을 가공하고 운송하기 위한 위생적인 처리 절차 등이 있다.

지속가능성과 관련하여 커피, 코코아, 과일과 같은 수입식품은 공정 무역인증 라벨을 통해 확인할 수 있다(그림 5-3). 공정거래(Fair Trade), 열대우림동맹(Rainforest Alliance) 및 UTZ 인증은 제3세계 국가의 생산자가 그들의 제품에 대해 공정한 가격을 받고, 구매자와 직접 거래를 할 수 있으며, 지속가능한 생산 방법을 사용하고 있음을 보증한다.

접시, 컵, 포장용기와 같은 일회용 제품도 "친환경(greener)"으로 변화하고 있다. 이러한 제품들은 전통적으로 석유제품, 목재와 같이 제한적으로 재생 가능하거나 또는 재생 불가능한 재료를 이용해서 만들어졌다. 그러나 최근의 일회용 제품은 옥수수전분, 감자전분, 대나무와 같은 재료를 이용하여 만드는 것이 일반화되고 있으며, 이러한 재료들은 재생 가능할 뿐 아니라, 쉽게 분해되어 퇴비로 사용된다. 이와 같은 제품들은 그림 5-3과 같이 "퇴비화(compostable)" 라벨을 사용할 수 있다.

지속가능성 선택은 세척제에서도 살펴볼 수 있다. 현재는 "친환경(green)"에 대한 연방정부의 정의가 없지만, 저독성 물질, 낮은 휘발성 유기화합물과 자연 분해성의 재료를 사용하면 친환경적인 것으로 간주된다. 그린실(Green Seal, www.greenseal.org)은 미국의 독립적인 친환경인증 기구로 페인트, 세척화학제품, 바닥보호제품 등에 대한 지속가능성 기준을 개발해왔으며, 기준에 맞는 기업에 인증서를 제공한다.

최근 많은 푸드서비스 업장이 구매 업무에 있어서 지속가능성과 관련한 목표를 설정하고 있다. 에모리 대학교의 경우, 대학과 병원 시설에 공급하기 위한 10개 범주의 식품 품목에 대해 지속가능성 지침을 설정하였다(http://sustainability.emory.edu). 우유와 유제품에 대한 지침은 다음과 같다.

- 최종목표: 조지아(Georgia) 유제품 사용과 지속가능성 인증(식품연맹 인증)
- 제 1순위: 무호르몬 및 무항생제
- 제 2순위: 목초를 먹고 생산된 유제품
- 제 3순위: 지역 유제품
- 제 4순위: 조지아 유제품
- 제 5순위: 유기농 인증제품(농무부 인증)

탄소발자국(carbon footprint)은 지속가능성과 관련된 용어이다. 탄소발자국은 온실가스(이산화탄소)의 배출량에 근거하여 환경에 미치는 영향을 측정하는 것이다. 식품에 대한 탄소발자국 표시는 2007년 영국에서 시작하였다.

5.3.4 부가가치

유통경로를 통한 제품의 비용은 종종 제품의 초기 원가와 동일하거나 초과하게 된다. 부가가치는 원재료, 포장 및 간접비를 제외하고, 가공이나 생산, 유통, 배송과정에서 발생하는 가치에 해당한다. 부가가치의 목적은 원재료와 반가공품에 대한 시장의 가치를 증가시키는 데 있다.

글루텐의 함량을 감소시킨 변성 밀가루는 부드러운 케이크를 만들기에 좋은 품질의 밀가루가 된다. 이러한 특별한 용도의 밀가루는 제분기, 연구원, 생산시설, 유통과정 등을 거치는 동안 부가가치가 포함된다.

농산물 유통업체는 신선한 과일 및 채소에 대해서도 품질개선과 인건비를 절감할 수 있도록 가치를 증가시켜 왔다. 껍질 벗긴 감자는 껍질을 벗기는 장비를 불필요하게 하였으며, 더 나아가 원하는 모양으로 잘려진 감자를 구매할 수 있게 되었다. 양상추도 전처리되어 미리 자르거나 다른 샐러드 재료와 혼합한 형태로 구매할 수 있다.

5.3.5 정부규제

오늘날 미국의 식품산업은 포괄적이고 복합적인 연방정부의 규제에 따라 철저하게 관리된다. 연방 법률을 통한 규제의 목적은 경제성장을 막지 않는 상태에서 소비자를 보호하는 것이다. 정부, 산업, 소비자는 이러한 목적을 실현하기 위해 상호작용할 필요가 있다. 정부는 소비자를 보호하고, 산업 간에 경쟁을 촉진시키기 위한 법률 적용의 책임이 있다. 산업계는 이익 창출과 동시에 소비자 만족이라는 궁극적인 목적을 위해 정부의 법률에 따라야 할 책임이 있다. 식품안전, 영양과 환경, 정부규제 등과 같은 문제에 점점 목소리를 높이고 있는 소비자들은 그들의 관심사를 정부에 알리고 산업계가 올바른 제품을 생산하도록 감시하고 있다. 정부, 산업, 소비자 각각은 상호의존적이며, 서로 다른 두 가지의 기능에 영향을 미친다고 할 수 있다. 여러 연방기관이 산업계에 직접적으로 영향을 미치는 규제를 담당하고 있지만, 보건사회복지부(U.S. Department of Health and Human Service, HHS)와 농무부(U.S. Department of Agriculture, USDA)가 가장 많이 관리하고 있다. 또한 해산물의 미생물학적 안전성에 대한 염려가 높아지면서 상무부(U.S. Department of Commerce, USDC)도 규제에 관여하고 있다.

보건사회복지부 보건사회복지부 산하에 식품의약국(Food and Drug Administration, FDA)과 공중보건국(U.S. Public Health Service, PHS)이 있으며, 농무부와도 긴밀하게 협조하고 있다.

식품의약국 약 9천 명의 직원이 종사하고 있는 식품의약국은 미국에서 가장 오래된 소비자 보호 기관 중에 하나로, 4,170억 달러 규모의 미국 내 식품시장과 490억 달러 규모의 수입식품 산업에 대해 제조, 수입, 운송, 보관에 대한 모니터링을 하고 있다(www.fda.gov). 식품, 의약품, 화장품 관련 법령은 식품의약국에 의해 시행되었으며, 1983년 통과되었다. 이 법령은 육류, 가금류, 수산물 이외의 식품과 관련하여 깨끗하고, 건강하며, 안전한 먹거리와 위생적인 조건하에서의 생산을 보장하는 것을 목적으로 하고 있다. 또한 수출입되는 식품에 대하여 아이덴티티, 품질, 함량의 세 가지 기준을 제시하고 있다. **아이덴티티 기준(standards of identity)**은 해당 품목의 명칭과 어떠한 재료가 포함되어 있는지에 관한 내용이다. 즉, 제품명이 사용되기 전에 그 제품명에 해당하는 재료의 구체적인 함량이 표시되어야 한다. 예를 들면, "마요네즈"라는 명칭은 제조업체에 상관없이 식초 또는 레몬주스, 달걀 노른자와 함께 식물성 기름이 65% 포함되어야 한다. 이러한 재료들을 포함하지 않는 제품은 미국식품의약국 규정에 의해 마요네즈라고 표시할 수 없다. 식품의약국은 정기적으로 공청회를 통해 식품에 대한 아이덴티티 기준을 검토하며, 이러한 검토 과정을 통해 규정 또는 처벌 내용을 개정한다.

품질기준(standards of quality)은 아이덴티티 기준을 보완하기 위한 목적으로 과일 및 채소 통조림에 적용하기 위해 설정하였다. 만일 식품의약국의 품질기준에 충족되지 않는다면, "품질기준 이하(Below Standard of Quality)"라고 표시해야 하고, "좋은 음식이나 우수하지 않은(Good Food-Not High Graded)", "과도하게 파손된(Excessively Broken)" 또는 "과도하게 껍질이 벗겨진(Excessive Peel)"과 같는 내용을 명시할 수 있다. 용기의 **함량기준(standards of fill)**은 포장 용량에 대한 기준을 제시하고 있다.

연방 식품, 의약품 및 화장품 법은 식품의 불순물 혼합 및 잘못된 표시사항으로부터 소비자를 보호하기 위해 식품첨가물과 색소에 대해 1958년과 1960년에 법을 개정하였다. 건강에 유해한 물질이 포함되어 있거나, 비위생적인 조건하에서 생산되었거나, 오염되거나 질병에 걸린 동물을 도축하여 만든 제품은 불량식품으로 간주된다. 또한 제품 손상이 은폐되거나, 표시사항 및 용기에 오류가 있거나, 핵심원료가 빠진 경우에는 불량식품으로 간주된다. 또 다른 법령으로는 국내 및 수입 농산물에 대한 살충제 허용 잔류오차를 설정하기 위해 1954년에 개정된 밀러농약 개정(the Miller Pesticide Amendment)이 있다. 허용 잔류오차는 환경보호청(Environmental Protection Agency, EPA)이 설정하지만, 집행에 대한 책임은 식품의약국에 있다. 식품의약국은 유제품, 생선, 가공 과일 및 채소류와 동물성 식품을 대상으로 허용 잔류 수준을 검사하고 있다.

식품의약국은 또한 방사선조사식품, 유전자재조합식품, 영양표시에 대해 규정하고 있다. 방사선조사식품은 식품첨가물로 분류되어 관리된다. **조사(irradiation)**는 감마조사선 또는 복사에너지와 같은 물질에 노출되는 것을 말한다. 일부 식품에 대한 처리공정은 1960년대 이후 승인되었다. 1985년에는 돼지고기의 선모충을 제어하기 위해 승인되었으며, 1992년에는 냉동 가금류의 식품매개 병원체와 박테리아를 제어하기 위해, 2000년에는 비가열 냉장육, 냉동육식품 및 육가공품을 제어하기 위해, 2008년에는 신선한 양상추와 시금치에 승인되었다(www.usda.gov). 이온화 방사선은 원자로부터 전자를 떼어내어 이온화시키기 위한 충분한 에너지를 가지고 있지만, 원자를 분할하고 식품에 방사능을 발생시킬 정도로 높지는 않다. 식품에 흡수된 방사선 에너지의 양은 kilograys(kGy) 단위로 측정된다(paparella, 1998). 1 kGy 미만으로 감자의 발아를 억제할 수 있고, 일부 과일과 채소의 숙성을 지연시킬 수 있으며, 과일과 저장 곡물의 해충을 제어하고, 동물성 식품에 기인한 기생충을 감소시킬 수 있다. 1~10 kGy는 식중독의 원인이 되는 미생물을 제어하고, 냉장식품의 유통기한을 연장할 수 있다. 10 kGy 이상은 향신료나 건조채소양념에만 사용된다.

조사를 한다고 해서 식품이 방사능을 갖는 것은 아니다(International Food Information Council, IFIC, 1997, www.fda.gov). 식품은 복사에너지를 통과하게 되지만, 에너지원과 접촉하지 않기 때문에 영양성분 또는 음식의 향은 변하지 않는다. 마치 우유의 변질을 막고 잠재적 위해 미생물을 죽이기 위해 열로 살균과정을 거치듯이, 조사는 우유에 있는 해로운 미생물을 제거한다. 그러나 조사식품도 식품취급이나 준비과정을 거치면서 교차오염에 의해 미생물에 오염될 수 있으므로 위생적인 처리과정이 요구된다. 따라서 작업자의 손과 작업대를 자주 세척하고, 교차오염을 방지하기 위해 완전 조리된 식품과 냉장 저장식품을 적절하게 분리하여 관리해야 한다. 미국영양사협회(Academy of Nutrition and Dietetics)는 2000년 식품조사에 대한 입장을 표명하였는데, "식품조사는 식품의 안전과 품질을 높여주고, 식중독으로부터 소비자를 보호할 수 있다"고 하였다(www.eatright.org).

미국 연방법은 모든 조사식품에 대해 그림 5-3에서 볼 수 있듯이 "방사선 조사에 의해 처리된" 또는 "방사선 처리"라는 문구가 반드시 포함된 방사선조사식품 국제기호를 표시할 것을 요구하고 있다(IFIC, 1997).

식품의약국은 1992년 5월 **유전자재조합식품(genetically modified organism, GMO)**에 대하여 통상적으로 생산되는 식품과 동일한 규제가 적용되도록 하는 정책을 마련하였다(www.usda.gov). 또한 특정한 안전 문제가 발생된 경우에만 유전자재조합식품에 대한 특별한 검토가 필요하다고 결정하였다. 다만 일반적으로 소비자의 식습관에 유의미한 영향을 미치는 물질을 포함하고 있는 유전자재조합 작물에 대해서는 식품의약국의 승인을 받아야 한다. 현재 식품의약국은 식품의 구성성분을 변화시키지 않는 유전자 조작에 관련된 내용에 대해서는 제품에 표시할 것을 요구하지 않고 있다. 그러나 대부분의 유전자재조합식품은 일반적인 식품과 외관상 구별이 어렵기 때문에 일반적으로 소비자들은 무엇을 구매했는지 잘 모를 것이다. 따라서 식품원재료와 관련된 소비자의 우려는 현재의 관행을 변경하기 위한 법안 마련을 유도하게 될 것으로 보인다. 유럽연합(European Union)은 유전자재조합식품 및 사료에 대해 그 표시를 할 것을 요구하고 있다(www.eurunion.org).

영양표시(nutrition labeling)에 대한 요건은 1997년 영양표시 및 교육법(Nutrition Labeling and Education Act), 1997년 FDA의 근대화법(Food and Drug Administration Modernization Act)과 2003년 FDA의 보다 바람직한 영양 계획을 위한 소비자 건강 정보(FDA *Consumer Health Information for Better Nutrition Initiative*)에 포함되어 있다. 법령 시행 초기에는 소비자에게 판매되는 조리식품에 국한되었지만, 2010년 국민건강보험개혁법(Patient Protection and Affordable Card Act)에 따라 20개 이상의 지역에서 소매업을 운영하는 업체이거나, 20개 이상의 자동판매기를 운영하는 업체는 메뉴와 메뉴판, 자동판매기에 칼로리 함량을 표시해야 하고, 그 외 다른 영양소는 요청에 따라 서면으로 제공하도록 확대되었다. 농무부의 **식품안전검사국(Food Safety and Inspection Service, FSIS)**은 이 법의 집행을 감독한다. 식품안전검사국은 농무부의 산하 공중 보건 기관으로 연방 육류 검사법(Federal Meat Inspection Act), 가금육 제품 검사법(Poultry Products Inspection Act), 난류 가공품 검사법(Egg Products Inspection Act)에 따라 육류, 가금류, 난류 제품과 같은 국가 상용 제품이 안전하고 위생적으로 생산될 수 있도록 하며, 포장 및 표시사항에 대하여 관리 감독하고 있다(www.fsis.usda.gov). 식품의약국의 규제는 1990년 영양표시 및 교육법(Nutrition Labeling and Education Act, NLEA)의 규정을 충족하는데, 이는 육류 및 가금류를 제외하고 모든 식품에 대하여 영양 표시를 요구하고 있다. 또한 영양 강조 표시 또는 식품의약국 승인 건강기능성 표시에 대한 권한을 부여하고 있다. 현재 영양정보에 대한 표시사항은 그림 5-4와 같다. 1제공량당 다량영양소(지방, 콜레스테롤, 나트륨, 탄수화물, 지방)의 함량은 영양소명의 바로 우측에, 2,000 kcal를 기준으로 설정된 %영양소기준치는 우측에 표시된다. 마카로니 앤 치즈(macaroni and cheese) 또는 속재료 믹스(stuffing mix)와 같은 제품의 %영양소기준치는 시판되는 제품 자체의 함량이며, 조리 과정에서 첨가되는 식품의 양은 고려하지 않은 값이다. 대부분의 영양표시에서 2,000 kcal 또는 2,500 kcal 기준의 영양소기준치와 지방, 탄수화물, 단백질 함량을 표시한다. 비타민, 미네랄과 같은 미량영양소는 함량 또는 퍼센트(%)로 표시한다.

식품의약국은 레스토랑의 메뉴에 표시되는 영양 강조 및 건강기능성 표시에 대해서도 기준에 부합할 수 있도록 1994년 식품표시규정을 개정하였다. 따라서 메뉴에 특정 영양 함량을 강조하거나 건강기능성을 나타내는 메뉴를 사용하는 모든 레스토랑은 이 규정을 준수해야 한다.

공중보건국 공중보건국 법령 아래 식품의약국은 전염성 질병의 예방을 위한 위생기준을 주정부 및 지역 정부에게 조언해주고 있다. 가장 널리 채택된 기준은 A 등급 우유의 생산, 가공 및 유통과 관련된 내용이다. 농무부의 식품 품질 등급 표준과 달리 공중보건국의 A 등급 우유에 대한 기준은 주로 건강에 주는 유익함에 초점을 두고 있다. 따라서 신선한 우유에 대한 A 등급 지

Nutrition Facts
Serving Size ½ cup (114g)
Servings Per Container 4

Amount Per Serving

Calories 260	Calories from Fat 120
	% Daily Value*
Total Fat 13g	**20%**
Saturated Fat 5g	**25%**
Cholesterol 30mg	**10%**
Sodium 660mg	**28%**
Total Carbohydrate 31g	**10%**
Dietary Fiber 0g	**0%**
Sugars 5g	
Protein 5g	

Vitamin A 4% • Vitamin C 2%
Calcium 15% • Iron 4%

* Percent Daily Values are based on a 2,000 calorie diet. Your daily values may be higher or lower depending on your calorie needs:

	Calories:	2,000	2,500
Total Fat	Less than	65g	80g
Sat Fat	Less than	20g	25g
Cholesterol	Less than	300mg	300mg
Sodium	Less than	2,400mg	2,400mg
Total Carbohydrate		300g	375g
Dietary Fiber		25g	30g

Calories per gram:
Fat 9 • Carbohydrate 4 • Protein 4

그림 5-4 영양표시의 예

자료: From the FDA and USDA Food Safety and Inspection Services (1992).

정은 주 또는 지역 정부의 요구사항을 충족했음을 의미한다.

농무부 농무부는 농산물 제품에 대한 등급 설정, 검역 및 품질 인증을 통하여 국내 및 국제 시장에서의 농산물 마케팅 전략을 용이하게 하고 있다. 미국의 등급 기준은 품질 중심이며, 전국적으로 생산되는 농산물에 대하여 동일한 기준을 제공하고 있다.

농무부는 신선과일류, 채소류, 특수작물, 가공 과일 및 채소류, 우유와 기타 유제품, 육류, 가금류, 난류, 면, 담배와 같은 식품 카테고리별 등급기준을 설정하였다(www.usda.gov). 품질등급은 판매자와 구매자 간에 공통적인 용어로 제공되고 현재 사용되는 등급에 관한 내용은 **표 5-1**과 같다.

표 5-1 식품 그룹별 주요 등급 요약

	품질등급	
식품	**등급 기준**	**최상-최하**
쇠고기	부드러움, 육즙, 풍미	Prime, Choice, Select, Standard, Commercial, Utility, Cutter, Canner
송아지고기	부드러움, 육즙, 풍미	Prime, Choice, Good, Standard, Utility
양고기	부드러움, 육즙, 풍미	Prime, Choice, Good, Utility, Cull
돼지고기		No quality grades
가금류	형태 제육(지방제거정도) 지방부착정도	Grade A, Grade B, Grade C
달걀	달걀의 내부 품질 외관 및 난각의 상태	Grade AA, Grade A, Grade B
생선	외관 균일성 결함여부 질감 풍미와 냄새	Grade A, Grade B, Grade C, Substandard
우유 (액상)	세균 수 위생상태	Grade A
우유 (무지방 가루)	풍미와 냄새 세균 수 탄 입자 함량 덩어리 정도 용해도	U.S. Extra Grade
버터	풍미와 냄새 신선도 가소성 질감	Grade AA, Grade A
치즈	풍미와 냄새	Grade AA, Grade A, Grade B, Grade C
체다 치즈	질감	
스위스 치즈	바디(body)	
콜비 치즈	외관	
몬테레이잭 치즈	피니시(finish) 색	
채소, 과일	숙성도 모양 색 크기 균일성 질감 결함여부	U.S. Fancy, U.S. No. 1, U.S. No. 2, U.S. No. 3

자료: Adapted from information available at www.usda.gov.

또한 농무부는 연방정부의 육류, 가금류, 난류 가공품의 검역 강화에 대한 책임도 있는데, 육류, 가금류 처리 시설은 HACCP 규정을 따라야 한다. 농무부의 식품안전검사국은 식품제조업체, 외식업체, 급식업체, 소매시장에서 사용되는 모든 난류 가공품을 검사하며, 식품의약국은 난류 대체품, 모조품, 유사품의 점검을 담당한다.

상무부 식품의약국은 수산물 가공업자와 수입업자를 대상으로 한 검사 항목을 설정하였고, 기본적으로 HACCP을 따를 것을 요구하고 있다. 수산청(National Marine Fisheries Service, NMFS)은 해양환경부(National Oceanic and Atmospheric Adminsitration, NOAA)와 상무부(U.S. Departmcnt of Commerce)의 산하기관이다. 수산청은 국내 및 국제 해양 생물자원의 보존과 관리를 지원하며, 수산자원 개발, 무역 및 산업 지원 활동, 법령 집행, 어종 보호 및 서식지 보존 작업을 위하여 과학적, 기술적 측면을 지원하고 있다.

수입 식품 규정 미국에 수입되는 육류와 가금류의 안전성, 건전성과 표시사항은 미국의 기준에 따라 표기되어야 한다(FSIS, 1998). 농무부의 식품안전검사국은 이러한 기준에 충족되는지를 관리하고 있으며, 식품의약국은 연방 육류 및 가금류 검역법에 적용되지 않는 모든 식품에 대하여 관할권을 가지고 있다.

평가는 서류심사와 현장실사의 두 단계로 이루어진다. 첫 번째 단계의 서류 심사는 전문가들이 오염, 질병, 가공, 잔류물 및 규정준수 등 다섯 가지의 위험 영역에 대한 기준 준수 여부를 평가한다.

두 번째 단계는 현장실사로 문서상의 검토가 만족스럽다면 해당 국가를 방문하여 시설, 설비, 장비, 연구실, 교육 훈련프로그램과 같은 운영체계를 평가하게 된다. 이러한 단계를 통해 미국의 식품규제제도와 동등성이 인정되면, 해당 국가는 미국으로 육류 또는 가금류를 수출할 수 있는 자격을 갖게 된다. 식품안전검사국은 수출국이 미국이 요구하는 수준을 지속적으로 수행할 수 있는지에 대해 정기적으로 운영체계를 심사한다. 매년 3~5억 파운드의 육류가 미국으로 수입되고 있으며, 주요 국가는 캐나다(49%)와 호주(22%)이다. 대부분 신선육과 가공육이며, 가금류는 소량 수입되고 있다.

식품안전검사국은 육류 및 가금류 제품이 미국으로 들어올 때 수입항에서 재검사를 실시한다. 수입항에서 이루어지는 재검사는 AIIS(Automated Import Information System)라 불리는 중앙집중식 컴퓨터 데이터베이스에 의해 관리되고 있다. AIIS는 해당 국가와 업체 및 그 제품이 미국으로 수출되기에 적격한지를 확인하기 위하여 메모리 뱅크의 기록을 검색한다. 재검사에 통과된 제품은 농무부의 검사필 표시가 찍히며, 미국 내에서의 유통이 허용된다.

5.4 제품선택

구매업무는 고도로 전문화된 직무라 할 수 있다. 구매담당자는 구매를 위해 제품뿐만 아니라 시장현황, 구매절차, 시장 트렌드를 파악하고 있어야 하며, 원료가 어떻게 생산, 가공되어 시장으로 유통되는지 알아야 한다. 그뿐만 아니라 예측, 계획, 조직, 제어 및 실행과 같은 관리 수준의 기능을 수행할 수 있어야 한다. 구매담당자의 주요 기능은 최소한의 비용으로 특정 목적을 위해 올바른 제품을 조달하는 것이다. 이를 위해 종종 구매 의사결정을 위한 리서치(research) 기능도 수행해야 한다. 또한 가치분석 또는 제조-구매 의사결정과 같은 방법을 산업계로부터 채택하여 사용하고 있다.

5.4.1 가치분석

가치분석(value analysis)은 제품 또는 서비스의 유효성이 유지되는 수준에서 불필요한 비용을 발견하고 제거하는 것을 목표로, 기존의 제품 또는 서비스의 기능을 분석하는 것이다(Miles, 1972). 가치분석의 정의는 주로 산업계와 관련되어 있지만 푸드서비스에서 광범위하게 적용될 수 있다. 예를 들면, 메뉴의 가치분석을 통해 최종 제품의 실용성을 손상시키지 않고, 일부 품질 기능을 제거할 수 있다는 것을 보여줄 수 있다.

품질의 본질은 적합성이다(Heinritz, Farrell, Giunipero, & Kolchin, 1991). 공급자는 구매자가 요청한 명세서를 기준으로 제품을 공급한다. 그러나 명세서에 표시된 가격의 일부는 푸드서비스 운영에 실질적으로 기여하지 않는 품질 기능도 포함하고 있을 수 있으며, 이로 인해 불필요한 비용을 지출하게 된다. 예를 들면, 푸드서비스 업장에서 식품의 구매, 저장, 생산 및 재무관리를 위해 비싸고 복잡한 소프트웨어 패키지를 구입하여 사용할 수 있으나, 식품 생산에만 사용한다면 보다 단순한 패키지를 사용할 수 있고, 이를 통해 비용을 절감할 수 있다.

가치분석은 과학적인 구매를 위한 중요한 요소이고, 이익창출을 위해 구매활동을 할 수 있게 지원한다. 가치분석의 개념은 효율성 및 수익성을 향상시키는 데 있어서 중요하다(Williams, Lacy, & Smith, 1992). 보다 효율적인 프로세스를 만듦으로써 구매비용을 절감할 수 있으며, 이는 제품 판매에 따른 매출 증가와는 상당히 다르다고 할 수 있다.

푸드서비스에서의 가치분석 **가치(value)**는 특정 상품에 지불한 가격과 이 상품의 기능이 주는 효용 사이의 관계에서 비롯된다. 이러한 가치분석은 푸드서비스 매니저로 하여금 제품의 여러 구성 요소를 동시에 검토할 수 있도록 해준다. 예를 들면, 한 대학의 기숙사 급식소에서는 그곳에서 제공되는 라자냐(lasagna)가 이탈리안 레스토랑의 맛과 다르다는 학생들의 불평을 듣고 나서, 라자냐에 대한 가치분석을 하기로 하였다. 이와 관련하여 또 다른 문제는 라자냐 생산이 매우 노동집약적이라는 것이었다. 이에 해당 푸드서비스 매니저는 기존 레시피와 미국 치즈를 대체하여 모짜렐라 치즈로 수정된 레시피와 비교하기로 하였으며, 노동집약적인 문제와 관련해서는 상업용 냉동 라자냐를 사용하는 것에 대하여 검토하기로 하였다.

가치분석의 보고 급식 관리자를 위한 간단한 가치분석 보고서는 그림 5-5와 같다. 이 예에서는 보고서의 주요 요구사항으로 간결성을 보여주고 있다. 방법론과 테스트 절차에 대해서는 완벽한 자료를 참고사항으로 준비해야 하고, 보고서에는 중요한 내용만 발췌하여 정리하도록 한다. 품질과 원가에 대한 가치분석 결과와 이를 바탕으로 한 권고사항이 급식 관리자의 주요 관심사이다. 따라서 간결하고 명확해야 한다.

그림 5-5에 제시된 보고서에서는 두 가지 문제에 대해 올바른 접근 방법을 보여주고 있다. 즉, 고객의 불만족 사항에 대해 권고사항을 제시하였고, 현장에서의 노동 집약적인 문제와 관련해서 여러 브랜드의 냉동 라자냐를 테스트해야 한다고 제안하고 있다.

5.4.2 제조-구매 의사결정

직접 생산할 것인지, 또는 가공품을 구입하여 사용할지에 대한 결정에 대해서 주기적으로 검토해야 한다. 푸드서비스 매니저에게는 메뉴 품목 생산을 위한 세 가지 선택권이 있다.

- 원재료를 활용하여 생산하는 방법
- 일부 전처리된 재료를 구매한 후 조합하여 사용하는 방법
- 도소매업자로부터 완제품을 구매하여 사용하는 방법

가치분석
보고서

평가제품: 라자냐(lasagna)

평가자: 메리 스미스
날짜: 2010. 11. 2

문제현황
- 학생들이 기숙사에서 제공되고 있는 라자냐의 맛에 대해 불평하고 있음
- 관리자는 라자냐 생산의 노동강도에 대해 우려하고 있음

평가제품
- 미국 치즈를 사용한 레시피
- 모짜렐라 치즈를 사용한 레시피
- 상업용 브랜드의 냉동 제품

방법
- 제품준비
  기숙사 레시피에 따라 동일한 재료와 동일한 조리법을 이용하여 라자냐를 조리하였으며, 단 하나는 아메리칸 치즈를 사용하고 다른 하나는 모짜렐라 치즈를 사용하였다. 냉동제품은 제조사의 지침에 따라 가열하였다.
- 테스트 절차
  각각의 제품은 적당한 크기로 잘라 접시에 담은 후 식별할 수 있도록 세 자리의 숫자를 부여한 후 순서대로 두었다. 제품 평가는 학생 16명, 급식 종사자 6명, 직원 4명으로 구성된 패널로 하여금 각 제품에 대하여 향, 조직감, 외관을 평가하도록 하였다.

가치분석결과
- 원가평가

원가항목	아메리칸 치즈 사용	모짜렐라 치즈 사용	냉동제품
		원가	
식재료	$ .6216	$ .6256	$ 1.165
인건비	.0676	.0676	—
합 계	$ .6892	$ .6932	$ 1.165

- 품질평가
  모짜렐라 치즈를 이용한 레시피의 라자냐가 맛의 평가에 있어서 가장 높은 점수를 받았으며, 조직감과 외관에서는 서로 비슷한 결과를 보였다. 냉동제품은 세 가지 평가 항목에서 모두 가장 낮은 점수를 받았다.

권장사항
- 패널 평가 결과, 모짜렐라 치즈를 이용한 라자냐 레시피가 사용되기를 권장한다. 냉동제품보다 직접 제조하는 것이 원가적인 측면에서 절감될 것으로 보이며, 만일 냉동제품 사용이 고려된다면, 다른 브랜드가 평가되어야 할 것이다.

그림 5-5 캔사스주립대학교 식당의 가치분석 보고서 예

위의 선택권에 대한 고려는 라자냐 가치분석 보고서(그림 5-5)와 같이 식재료비와 인건비 분석을 통해 이루어져야 한다. 이 보고서에서는 라자냐 면, 토마토 통조림, 치즈와 같은 재료를 구매하여 푸드서비스 업장에서 직접 조리하는 것이 냉동제품을 이용하는 것보다 원가와 품질 기준적인 면에서 권장되었다.

푸드서비스의 의사결정 요인으로는 품질, 수량, 서비스와 원가를 들 수 있다. 라자냐 분석에서 **품질(quality)** 평가의 경우 냉동 라자냐가 좀 더 부드러웠지만, 모양이 유지될 만큼 단단하였으며, 접시에 담았을 때 사각의 모양이 유지되었다. 또한 접시에 즙이 흘러내리지 않고 상단에 미트소스와 치즈가 덮여 있었다. 문제는 제품의 맛이었는데, 학생들의 만족도가 낮은 것으로 나타났

다. 맛의 기준은 치즈, 고기와 파스타가 양념과 함께 어우러져야 하고, 강해서는 안 된다. 평가자들은 냉동 라자냐에 대해 강한 토마토 맛과 양념 맛을 지적하였다. 그러나 모짜렐라 치즈로 대체하여 만든 제품에 결과는 만족스러웠다.

수량(quantity)은 원하는 양을 생산할 수 있는 능력이 될 때 의사결정을 위한 요소로 작용할 수 있다. 필요로 하는 수량이 직접제조를 하기에는 너무 많을 수 있으며, 또한 구매를 고려하기에는 적을 수도 있다. 대부분의 푸드서비스 업장에서는 만족스러운 빵을 구매할 수 있기 때문에 제조-구매 의사결정에 따라 직접 빵을 만들지 않는다.

서비스(service)는 구매자의 만족에 영향을 주는 넓은 범위의 무형적요소이며, 의사결정 과정에 영향을 미치는 두 가지 중요한 요소에는 신뢰와 예측 가능성이 있다. 푸드서비스 업장은 엄격한 시간에 맞추어 운영되기 때문에 구매 품목의 배송지연이 용납되지 않는다. 또한 모든 상황에서 공급업체의 신뢰성이 보장되어야 한다. 공급업체의 신뢰성은 다른 고객의 의견을 포함하여, 그 업체의 노사관계 및 업계 평판에 대한 기록을 근거로 판단할 수 있다. 공급업체의 지리적 접근성도 고려해야 한다.

품질, 수량, 서비스의 요인이 동일할 때 제조-구매 의사결정은 업체로부터 제시된 원가와 푸드서비스 업장에서 직접 제품을 만들 때의 예상비용 비교를 통해 이루어진다. 원재료의 원가는 쉽게 파악될 수 있지만, 인건비, 에너지, 장비, 감가상각, 간접비 등은 계산하기 어렵다. 구매자는 모든 요소들 간에 균형을 유지해야 하고, 푸드서비스 운영에서 어느 쪽이 더 유리한가를 근거로 의사결정을 해야 한다.

5.5 명세서

품질은 푸드서비스에서 중요한 요소이다. 따라서 엄격한 구매 명세서(specification)는 제품 선택을 위한 품질 보증뿐만 아니라, 품질 좋은 식품 생산 및 푸드서비스 운영을 위해 중요하다.

'명세서(*specification*)'의 어원은 "구체적(specific)"인데, 이는 모호함 없이 어떠한 조건 또는 상태를 확실히 충족해야 한다는 것을 의미한다. 따라서 급식소 품질의 안전장치는 명세서를 준수하는 것이다.

명세서의 정의에는 여러 가지가 있지만, 기본적으로는 제품에 요구되는 품질을 구매자와 공급자가 쉽게 이해할 수 있도록 기술한 보고서라 할 수 있다. 간단히 이야기하면, 명세서란 특정 용도로 사용할 상품에 필요한 구체적인 특성의 목록이라 할 수 있다.

5.5.1 명세서 유형

푸드서비스에 적용할 수 있는 세 가지 명세서로는 기술명세서, 브랜드명세서, 성능명세서다. 이 중 몇 가지를 사용할지는 구매할 제품이 식품이냐, 저장품이냐, 기기냐에 따라 달라진다.

기술명세서(technical specification)는 검사 도구를 이용하여 객관적이고 공정하게 품질을 측정할 수 있는 제품에 적용할 수 있다. 특히 이 명세서는 국가 인정 기준에 의해 등급화된 식품 품목에 적용가능하다. 예를 들면, 두께에 대한 요구사항을 준수해야 하는 스테인리스 및 알루미늄 재질의 장비, 화학적으로 분석되어야 하는 세제 등이 포함된다.

브랜드명세서(approved brand specification)는 제품의 브랜드를 통하여 품질을 나타낸다(Spears, 1999). 콤비오븐, 피자, 종이, 일회용 플라스틱과 같은 제품은 브랜드명으로 품질을 확인할 수 있다. 브랜드명세서는 조리원 또는 셰프가 구매 및 운영을 책임지고 있는 소규모 푸드서비스 업장에서 종종 사용된다. 예를 들면, 하인즈(Heinz)케첩, 그레이푸펀(Grey Poupon)의 머스터드 또는 미시즈대시(Mr., Dash)의 무염 시즈닝(No-salt seasoning)과 같은 제품이 있다. 펩시와 코카콜라는 자신들의 브랜드를 유지하기 위해 치열하게 경쟁한다. 주류의 경우에는 브랜드명에 의해 거의 독점적으로 구입된다.

성능명세서(performance specification)에서 품질은 기기, 일회용 종이와 플라스틱 제품, 세제 등의 기능으로 측정된다(Spears, 1999). 예로, 저울에 계량할 수 있는 최소, 최대 중량, 분당 세척 식기 또는 세제의 pH 수준 등을 들 수 있다.

세 가지 형태의 명세서 중 기술명세서가 학교, 대학, 대형 의료시설, 복합 상업용시설의 식품 구매에서 가장 많이 사용된다.

5.5.2 기준작성

문서화된 명세서는 효율적인 푸드서비스 운영을 위해 필수적이다. 명세서 작성은 소규모 푸드서비스 업체의 경우 시간과 노동 집약적인 업무가 될 수 있으나, 명세서가 문서화되어 있을 때, 공급업체, 검수자, 푸드서비스 매니저 모두 주문한 제품이 입고되었는지 확인할 수 있다. 가장 중요한 명세서는 육류, 해산물과 같은 고가의 품목으로, 지출 중에 가장 많은 부분을 차지하고 있다. 따라서 이러한 품목이 정확하지 않으면 푸드서비스 운영 예산에 심각한 영향을 미칠 수 있다. 명세서 작성에는 일반적으로 푸드서비스 매니저, 영양사, 구매부서 책임자, 구매담당자, 조리사와 종종 재무 관리자가 포함된다. 명세서는 그 형태에 따라 간단하거나 복잡할 수 있는데, 좋은 명세서의 특성은 다음과 같다.

필요로 하는 모든 조항에 대해 구매자와 공급업체 모두 쉽게 이해할 수 있도록 명확하고, 간단하며, 구체적으로 작성되어야 한다.

- 현재 시장의 제품 또는 등급과 일치되어야 한다.
- 표시사항, 등급, 무게 등에 대한 확인이 가능해야 한다.
- 공급업체에는 공정하고, 구매자에게는 보호적이어야 한다.
- 허용할 수 있는 현실적인 품질기준으로 작성한다.
- 경쟁을 활성화하기 위해 여러 입찰자에 의해 충족될 수 있어야 한다.

5.5.3 구체적 정보

식품에 대한 모든 명세서는 다음 정보를 포함해야 한다.

- 제품(브랜드) 명칭 또는 기준
- 등급, 브랜드 또는 품질 지표
- 용기의 용량(예: 중량, 캔 사이즈 등)
- 용기별 개수 또는 파운드별 대략적인 개수
- 가격 단위의 근거

제품에 대한 보다 상세한 정보는 다음을 포함해야 한다.

- 제품용도(예: 샐러드용, 수프용)
- 푸드서비스 업장에서 제품 품질의 적합성을 결정하기 위한 테스트 절차(예: 숙성정도, 향의 특징)
- 허용한계 품질(용기별 수준 이하 제품의 수)
- 허용한계 중량(육류, 가금류, 해산물과 같은 제품에 수용가능한 중량의 범위)

제품의 상태를 설명하는 데 도움이 되는 정보는 다음과 같은 내용을 포함하고 있어야 한다.

- **통조림 상품:** 캔 형태, 포장상태, 시럽밀도, 크기, 비중
- **육류 및 육가공품:** 나이, 정확한 절단 지침, 무게의 허용한계, 구성, 수령 당시 상태, 지방 함량
- **신선 과일과 채소:** 무게, 숙성 또는 성숙 정도, 품질 허용한계, 원산지
- **냉동식품:** 유통과정 및 수령시 온도, 다양성, 설탕비율
- **유가공품:** 유통과정 및 수령시 온도, 유지방 함량, 유고형분, 미생물 함량

명세서 작성에서 있어서 농무부와 여러 기관에 의해 개발된 허용 등급과 기준이 없었다면, 구매담당자의 명세서 작성은 수행 불가능한 업무였을 것이며, 공급업체 입장에서는 해석하기 어려웠을 것이다. 이러한 참고 기준은 구매자와 공급업체가 공통으로 사용할 수 있는 기술적 언어로 구성되어 있다.

5.5.4 추가정보

농무부는 푸드서비스와 관련된 많은 명세서를 발표했으며, 특히 채소, 과일, 난류, 가금류, 유가공품에 대한 등급 기준을 설정해 왔다.

농무부의 공식 식육구매명세서(Institutional Meat Purchase Specification, IMPS)는 대량의 육류 취급자를 위한 명세서 작성을 단순화하였다(www.amus.usda.gov). 이 명세서의 사용은 연방정부의 검역 및 등급 서비스의 일부로, 농무부의 식품승인서비스(food acceptance service)와 관련이 있다.

IMPS의 매우 중요한 기능은 도체의 식별과 육류 제품의 다양한 절단 형태에 따라 번호를 체계화한 것이다. 또한 농무부의 품질기준과 수율등급, 무게의 범위, 부분 절단 한계, 지방 허용한계, 쇠고기, 돼지고기, 송아지고기, 양고기를 위한 냉장 요구사항이 포함되어 있다.

육류 구매 명세서 작성자를 위한 가장 유용한 지침 중 하나는 북미 육류가공협회(North American Meat Processors Association, NAMPA)에서 발간된 **육류구매자지침서**(*Meat Buyers Guide*)이다(http://meatbuyersguide.com). NAMP라 불리는 이 협회는 농무부와 함께 지침서의 발간을 조절한다. 번호체계와 일반 구매정보는 IMPS와 동일하나, NAMP 지침서의 장점은 텍스트의 배치와 각각 번호가 매겨진 품목에 대해 우수한 컬러 사진이 실려 있다는 점이다. 또한 쇠고기에 대한 품질 및 수율등급 표시와 연방정부의 검역 스탬프에 대하여 기술하고 있다. 육류제품의 모든 도매업자들은 NAMP의 회원인데, 이 지침서의 사용은 구매자와 공급자 간에 의사소통을 위한 훌륭한 보조역할을 해준다.

Feinstein과 Stefanelli(2008)는 명세서 작성은 신선제품, 유가공품, 난류, 가공품과 음료 구매를 위한 등급, 제품포장 및 품질평가에 대하여 상세한 정보를 제공한다고 하였다.

등급과 검역 쇠고기에 대한 농무부의 **품질등급(quality grades)**은 프라임(Prime), 초이스(Choice), 셀렉트(Select), 스탠다드(Standard), 커머셜(Commercial), 유틸리티(Utility), 커터(Cutter), 캐너(Canner)로 나뉜다. 이러한 등급은 쇠고기의 부드러운 정도, 육즙 및 맛과 같은 식미 품질과 관련되어 있다. 농무부는 육류의 등급을 매기는 서비스를 실시하고 있으며, 이 서비스를 통해 농무부의 품질 스탬프가 도체에 표시된다(그림 5-6).

쇠고기의 수율등급은 도축된 소에서 판매할 수 있는 '육량(cutability)' 차이를 식별할 수 있도록 전국적으로 동일한 방법을 사용한다. 구체적으로 말하자면, 이 등급은 불필요한 부분과 뼈를 제거한 소매용 단위의 목심, 갈비, 등심, 우둔에서 얻을 것으로 예상되는 도축된 소의 중량에 따라 산정된다. 수율등급에 대한 스탬프는 그림 5-6과 같다. 품질 등급은 근육이 많고, 지방이 적은 1등급에서부터, 근육이 적고 지방이 많은 5등급으로 구분된다.

그림 5-6 미 농무부의 육류 스탬프

연방정부의 검역 스탬프는 도축장 및 육류 가공장을 식별할 수 있는 원형의 형태로 되어 있다(그림 5-6). 이 스탬프는 정부의 감독하에 모든 공정이 처리되었으며 그에 따라 품질이 양호하다는 표시이다.

코셔검역 유대교 신자들은 '적절한' 또는 '수용 가능한'의 의미를 갖고 있는 코셔(kosher) 인증 음식만을 먹는다(www.oukosher.org). 코셔 기준의 육류는 모세와 탈무드 율법의 기준을 만족시켜야 하는데, 발굽이 나눠져 있고, 되새김질하는 동물을 말한다. 돼지는 발굽은 나눠져 있으나 되새김질을 하지 않기 때문에 이 기준을 충족시키지 못한다. 따라서 돼지고기, 베이컨, 햄은 코셔가 될 수 없다. 코셔 육류는 도살의식을 수행하고, 육류에서 혈액을 제거하는 방법에 대하여 특별히 교육을 받은 랍비(rabbi)의 감독하에서 처리된다. 신선육은 담금과 소금절임을 거쳐 남아 있는 핏물을 제거해야 한다. 성경의 율법(레위기 17:14)에서는 "생명의 피를 먹어서는 안 된다. 모든 생명의 삶이 그것의 피이기 때문이다. 피를 먹은 사람은 모두 죽을 것이다"라고 말한다. 코셔 육류는 그림 5-7과 같이 코셔 인증 마크를 표시한다.

코셔 육류 또한 판매되기 전에 연방정부 또는 주정부의 육류 검역 기준을 만족해야 한다. 식품 그 자체뿐 아니라 식품을 구성하는 모든 단위와 부수적 단위의 재료 또한 코셔 기준을 만족해야 한다. 예를 들면, 감자칩의 경우 감자는 문제가 되지 않겠지만, 감자를 튀기는 기름이 코셔 기준을 따라야 하기 때문에 코셔 인증이 요구된다. 미국정통유대인연합회(The Union of Orthodox Jewish Congregations of America)의 원 내부에 U 자가 있는 심벌은 가장 일반적으로 인식되는 코셔 인증이다.

할랄검역 무슬림에게 중요한 종교 관련 도축의 또 다른 형태는 '허용'으로 번역되는 할랄(halal)

그림 5-7 코셔 육류 로고

이다. 다비하 할랄(Dhabiha Halal)이란 이슬람 의식에 따라 무슬림에 의해 적절하게 도축된 육류 및 가금류를 말한다. 이슬람 식품영양위원회(Islamic Food and Nutrition Council of America, www.ifanca.org)는 미국에서 할랄을 인증하는 최고의 단체이다. 할랄식품을 인증하는 공식적인 표시는 없다. 다만 할랄이라는 용어와 인증기관이 할랄제품에 표시되어 있다. 할랄 육류 역시 판매되기 전에 모든 연방정부 및 주정부의 검역법에 부합해야 한다. 다음의 식품은 할랄에서 제외된다.

- 돼지고기 및 그 부산물
- 부적절하게 도축되거나, 도축 전에 죽은 동물
- 알라신이 아닌 다른 이름으로 죽은 동물
- 알코올 및 마취제를 사용한 동물
- 육식동물, 맹금류, 외부에 귀가 없는 육지 동물
- 피 및 피의 부산물
- 상기 제품에 오염된 식품

제조업체의 브랜드 많은 식품제조업체는 자신의 브랜드를 사용하고, 품질기준을 정의하고 있다. 등급을 매기는 시스템은 연방정부의 등급과 기준을 거의 따르지만, 농무부의 체계에서 허용하는 것보다는 더 유연하다고 할 수 있다. 예를 들면, 하나의 브랜드(brand) 또는 라벨(label)은 최고의 품질을 의미할 수 있으나, 또 다른 브랜드나 라벨은 낮은 품질을 나타내기 위해서도 사용된다. 통조림제조업체, 포장업체, 유통업체들은 일반적으로 최고품질의 제품에 자신들의 최고 순위의 라벨을 사용한다. 예를 들면, 통조림 및 냉동 채소, 과일 제조업체들은 농무부에 의해 설정된 라벨보다는 자신들의 품질을 나타내는 라벨을 사용한다. 일부 제조업체들은 다양한 품질 수준을 구별하기 위해 자체 색깔코드를 사용한다. 농무부가 모든 과일, 채소 통조림에 등급을 매기는 것이 아니기 때문에, 신중한 구매자는 주문 전에 비교를 위해 다른 통조림과 비교해 보기도 한다. 이러한 절차를 일반적으로 **캔커팅(can cutting)**이라고 하며, 수분을 제외한 중량, 외관, 질감, 맛 등 구매자의 특별한 관심 요소에 대한 직접적인 정보 획득을 위한 수단으로 구성된다. 대량 구매자의 경우 이러한 절차나 다른 방법을 통하여 통조림 공장의 검역을 위한 농무부의 승인 서비스를 이용할 수 있다.

5.6 구매방법

특정 제품의 필요량을 예측하고, 그에 따라 명세서를 작성한 구매담당자는 어떻게 제품을 구매할지 결정해야 한다. 구매방법은 공식적, 비공식적 구매로 분류할 수 있으며, 이는 독립적인 구매와 조직적인 구매 모두에 적용될 수 있다.

5.6.1 비공식적 구매

비공식적 구매는 전화 또는 영업사원을 통해 개인적으로 가격견적을 받거나 주문을 하는 방법으로, 시간이 중요한 요인으로 작용할 때 사용된다. 이 방법은 일반적으로 다음과 같은 경우에 사용된다.

- 구매량이 적어서 공식적 구매를 하기에는 적당하지 않을 때
- 한두 개의 공급업체에서만 받을 수 있는 품목일 때
- 긴급하거나 즉각적인 배송이 요구될 때

- 시장(가격)의 안정성이 불확실할 때
- 푸드서비스 업장의 규모가 작을 때

구두를 통한 비공식적 견적은 법적 구속력이 약하기 때문에 가능하다면 구매 품목에 대하여 두 개의 가격 견적을 받아야 한다. 구매담당자는 전화를 통한 모든 가격 견적에 대해 기록을 해야 하며 물품 배송 시에 납품서를 확인해야 한다.

5.6.2 공식적 구매

경쟁입찰은 일반적으로 구매자와 공급업체 사이의 공식적인 계약을 통해 이루어진다. 계약을 위한 구매의 법적 의미를 이해하는 것은 구매자, 공급자 모두에게 중요하며, 또한 이러한 법적 고려사항들은 독립구매, 중앙구매, 공동구매 모두에 적용된다고 할 수 있다.

입찰구매 **입찰구매(bid buying)**는 구매자의 구매 명세서를 기준으로 여러 공급업체의 가격 경쟁을 통해 이루어진다. 구매자는 일반적으로 고정입찰 또는 일일입찰을 이용한다.

고정입찰(fixed bid)은 대량 구매를 위한 목적으로 주로 사용되며, 특히 장기간 보관할 수 있는 품목에 대해 사용된다. 구매자는 일부 공급업체들을 선정한 후 물품 명세서와 업체가 작성할 입찰양식을 준다. 입찰요청서의 양식은 그림 5-8과 같다.

입찰요청서

접수기한: 2010년 11월 22일
발행처: 지역사회병원 주소: 오클라호마 서니베일 북로 100
발행일: 2010년 9월 27일 주문기간: 2011년 1월 2일~2011년 6월 30일 (주중 주문)

20%까지의 수량 증가는 구매자의 재량에 따르게 됩니다. 모든 품목은 배송 2일 전에는 미농무부(USDA)의 공식적인 인증을 받은 것이어야 하며, 이러한 서비스에서 발생하는 비용은 공급자가 부담합니다.

품목 번호	품목	수량	단위	원가	양
1	토마토 홀 또는 조각 미 등급 B, 10호, 6캔/상자	100	상자		
2	감자, 진공포장, 미 등급 B, 3호 진공 캔, 24캔/상자	50	상자		
3	그린 아스파라거스, 미 등급 A, 미 등급 A, 10호, 6캔/상자	50	상자		
4	옥수수, 크림스타일, 금색, 미 등급 A, 10호, 6캔/상자	50	상자		
5	블루베리, 시럽침지, 미 등급 A, 미 등급 A, 10호, 6캔/상자	20	상자		

공급업체____________________

그림 5-8 입찰요청서의 예

일일입찰(daily bid)은 일일 견적구매(*daily quotation buying*)라고도 하며, 일반적으로 보관기간이 짧고, 부패하기 쉬운 제품을 구매할 때 사용된다. 일일입찰은 입찰을 수락하기 전에 전화에 의해 진행한 후 서면확인 절차를 거치는데 입찰된 견적은 그림 5-9와 같은 견적기록 양식에 구매자가 기록한다.

고정입찰 또는 일일입찰을 할 때, 입찰수락을 위한 방법으로는 다음 두 가지의 기본적인 방법을 사용할 수 있다.

- **개별품목입찰(line-item bidding).** 구매 품목별로 각각의 공급업체 선정을 위한 입찰이 진행되며, 가장 낮은 가격을 제시한 업체가 주문을 받게 되는 입찰방식이다. 푸드서비스 구매담당자는 도매업체가 요구하는 기본적인 주문량을 고려해야 한다. Gunn(1992)에 따르면, 전형적인 도매업체의 경우 투자 수익 실현을 위해 최소 600달러의 주문량에 대한 보증을 요구한다고 한다. 이러한 형식의 입찰은 전체품목입찰(all-or-nothing bidding)보다 많은 시간이 소요되고, 구매자나 공급자 모두에게 많은 비용이 발생한다.
- **전체품목입찰(all-or-nothing bidding).** 수익성방식(*bottom-line approach*)이라 일컬어지는 입찰 형태로 공급업체로 하여금 전체 품목에 대하여 최적의 가격을 제시하기를 요구한다(USDA, 2002). 학교 급식에서 우유에 대한 입찰은 오랫동안 이 방식으로 진행해 왔는데, Gunn(1992)은 그 이유에 대해서 다음과 같이 설명하고 있다. 한 공급업체는 2%의 우유를 공급하고, 다른 공급업체는 전지유, 탈지유를 공급하고, 또 다른 업체는 코티지 치즈와 요

지역사회병원
견적기록 양식

날짜: 2010년 10월 04일 월요일　　　　배송날짜: 2010년 11월 08일 수요일

수용 가격에 동그라미를 치시오.

					가격 견적			
품목	명세서	필요 수량	재고량	주문량	공급 단가	Jones 업체 총계	공급 단가	L. & M. 업체총계
토마토	20파운드 2층 박스 (5 × 6칸/층)	4박스	1	3	$10.50	$31.50	$10.75	$32.25
양상추	겉잎 제거하지 않은 것, 24개/박스	4	1	3	12.00	36.00	11.70	35.10
감자	롱 러셋 구이용 감자, 95~105개(50파운드 박스)	6	2	4	8.82	35.28	9.07	36.28
양파	노란색, 중간크기, 50파운드 망	1	0	1	10.25	10.25	10.00	10.00
수박	껍질제거	400파운드	0	400파운드	.18/파운드	72.00	.155/파운드	62.00
						$185.03		($175.63)

그림 5-9 전화입찰 양식의 예

거트를 배송한다고 가정해보자. 이러한 경우 푸드서비스 매니저는 세 번의 배송을 받아야 하고 세 번의 납품서를 처리해야 한다.

연방정부, 주정부 또는 지역 기관의 구매담당자들은 자격을 갖춘 업체들이 입찰에 참여하도록 하고 있다. 그러나 민간기관이나 외식/급식소 구매담당자들은 입찰을 희망하는 모든 공급업체를 선정할 수 있다. 제품명세서와 입찰마감 날짜가 표시되어 있는 입찰요청서 양식은 공급업체가 입찰에 응하기 위해 사용된다. 일반적으로 입찰은 아무 표시가 되지 않은 밀봉된 봉투에 넣어, 지정된 시간에 제출해야 한다. 컴퓨터를 통한 입찰은 구매업체로 하여금 구매품목 종류에 따른 입찰 가격을 비교할 수 있도록 하며, 공급업체는 입찰가격을 분석할 수 있다.

5.6.3 독립구매 및 조직적 구매

구매방법과 법적인 사항은 중앙구매 및 공동구매에 적용하듯이 독립 단위에도 동일하게 적용 가능하다. 앞에서 언급한 바와 같이, 구매담당자는 소속 기업의 대리인으로서 권한을 가지고 있어야 한다.

독립구매 독립구매는 구매의 권한을 가지고 있는 해당 부서에서 필요한 물품을 독립적으로 구매하는 방법이다. 예를 들면, 레스토랑 운영자는 구매 계약을 실행할 수 있는 법적 권한을 가지고 있는 구매자가 될 수 있으며, 소규모 병원의 경우에는 병원장의 대리인으로 영양부서의 관리자가 구매에 대한 권한을 가진다.

중앙구매 중앙구매는 조직에 필요한 물품을 구매를 담당하는 특정 부서(구매담당자 또는 구매부서)에서 구매하는 방법이다. 중앙구매의 장점은 다음과 같다.

- 구매담당부서에서만 구매거래 및 지출에 대한 기록을 하기 때문에 능률적인 통제가 가능하다.
- 효과적이고 경제적인 구매를 위해 전문지식, 기술을 보유하고 있는 구매담당자 개발이 가능하다.
- 일반 부서에서는 구매업무로 인해 발생되는 부가적인 업무에서 해방됨으로써 보다 효율적인 업무를 수행할 수 있다.
- 비용 센터로서의 기능보다는 잠재적으로 수익 센터로서의 기능을 기대할 수 있다(Heinritz et al., 1991).

중앙관리 아래에 지역적으로 분산되어 있는 조직의 경우에도 중앙구매형태를 사용할 수 있다. 전형적인 예로 중앙에 창고시설과 구매사무실을 운영하는 학교급식시스템은 지역 학군 내의 모든 학교의 구매를 책임지는 형태라 할 수 있다. 이러한 형태는 창고 유지비용 및 배송 비용이 추가되지만, 공급업체가 학군 내의 각 학교로 배송할 필요 없이 중앙 창고로만 배송하면 되기 때문에 낮은 가격으로 구매가 가능하다.

수익 센터로서의 구매의 개념은 중앙구매의 형태에서 가장 성공을 거둘 수 있다(Reck & Long, 1983). 구매부서는 간접비, 인건비와 이익을 제품의 가격에 포함시킴으로써 이익을 창출할 수 있다. 다만 중앙구매 부서는 구매 물품의 원가 절감을 위해 공급업체로부터 직접적으로 제품과 서비스를 구매할 수 있는 권한을 가져야 한다. 따라서 중앙구매 담당자는 여러 부서의 주문을 하나로 통합하여 공급업체와 가격을 협상하고, 가격 할인을 위해 공급업체와의 장기간 계약 및 개발, 그리고 저가의 공급업체 및 대체재를 발굴할 수 있어야 한다. 최종적으로 구매 원가는 독립구매보다 낮다고 할 수 있다.

공동구매 소속이 다른 푸드서비스 매니저들이 구매를 위해 함께 협력하여 구매하는 형태를 말한다. 공동구매의 장점은 대량구매를 통해 원가절감이 가능하다는 것이다. 공동구매 사무실을 운영하며, 구매담당자 채용 및 인건비 지급은 공동 자금에서 지급된다. 구매 물품이 직접적으로 푸드서비스 업장에 배송되기 때문에 별도의 보관 창고가 필요하지 않다. 공동구매에 참여하는 관리자는 구매담당자에 대한 자문 역할을 하며, 일부 의사결정에 대한 권한을 갖기도 한다. 예를 들면, 구매할 품목 규격에 대한 합의가 해당될 것이다. 만일 푸드서비스 업장마다 구매품목에 대한 규격의 차이가 있다면 대량구매를 통한 원가절감 효과는 낮을 것이며, 이는 공동구매의 목적을 상실할 것이다.

최초의 공동구매 프로그램은 그레이터클리블랜드병원협회(Greater Cleveland Hospital Association)가 1918년에 시작했는데, 클리블랜드 반경 100마일 이내의 병원들이 모여 만들었다. 1977년 미국자원봉사병원(Volunteer Hospitals of America, VHA)의 설립은 많은 병원에서 식품과 물품 구매에 대한 비용 효율적인 전략으로 공동구매조직(Group Purchasing Organization, GPO)을 공식화할 수 있게 하였다. 가장 규모가 큰 GPO로는 MedAssets, Premier, HPSI 및 Amerinet 등이 있다. 이러한 GPO는 다양한 제품 또는 서비스에 대해 여러 공급업체와 거래를 하고 있다.

창고형 회원할인제 구매 소규모 푸드서비스 업장은 구매 비용을 절감하기 위해 셀프서비스, 무배달 현금판매의 창고형 할인매장을 이용하기도 한다. 샘스클럽, 코스트코와 같은 창고형할인매장은 최적의 가격 유지를 위해 기본적인 서비스만 제공하는 형태로 운영된다. 상품은 포장된 상태로 팔레트나 금속 선반에 쌓여 진열된다. 식품, 청소용품, 가구, 전자기기 등 푸드서비스 업장에서 필요한 다양한 브랜드의 상품이 아무런 인테리어가 되어 있지 않은 창고에 진열되어 있다.

JIT 구매 JIT(just-in-time) 구매의 목적은 재고를 두지 않고 즉각적인 생산과 소비가 이루어질 수 있도록 필요한 품목을 구매하는 것이다. JIT 구매는 품질이 확보되고, 정확한 시기에 공급이 이루어져야 한다. JIT 구매의 목표는 다음과 같다.

- 원재료의 지속적 흐름 확보
- 제품 주문을 위한 조달시간(lead time) 감소
- 창고 및 생산구역에서의 재고량 감소
- 원재료비 절감

제품원가는 일 식재료비에 포함되고, 자본금은 재고에 묶이지 않는 장점이 있다. 검수 담당자는 입고된 제품을 확인한 후 바로 생산 영역으로 이동시킨다. 따라서 신선한 재료들을 보관하기 위한 큰 냉장시설의 필요성이 줄어들거나 없다. 이상적인 경우라면 입고된 재료가 사용되기 전까지 일시적으로 보관할 냉장고만 있으면 된다. 점점 많은 공급업체들이 구매자에게 일일 배송 또는 일주일에 2~3회 배송을 제안하고 있다(Spears, 1999).

5.7 공급업체 선정 및 평가

구매활동에 있어서 공급업체 선정은 매우 중요한 의사결정이다. 최근 자체적으로 물품을 제조하여 생산하기보다는 구매하는 비중이 높아지고 있기 때문에 구매하고자 하는 물품에 대한 품질, 가격, 서비스 등의 개선을 위해서 구매자와 공급업체 간의 지속적인 정보교환이 요구된다. 공급업체를 선정하는 데 있어서 핵심요소는 구매자와 공급업체 사이의 신뢰도라고 할 수 있다(Brownell & Reynolds, 2002).

구매를 위한 가장 이상적인 방법은 가격, 품질, 배송, 이 세 가지를 기준으로 공급업체가 최상의 조합을 제시하는 것이다. 그러나 구매자는 특정업체에 대해 선입견을 가지고 있을 수 있고, 공급업체 영업사원은 자신만의 판단기준을 갖고 있기 때문에 이상적인 조합이 항상 쉬운 것만은 아니다. 판매자(seller) 또는 상인(vendor)이라고도 불리는 **공급업체**(*supplier*)는 판매를 목적으로 제품을 제시하는 사람을 말한다. **구매자**(*buyer*)는 제품의 선정과 구매를 담당하고 있는 사람이다.

5.7.1 조사단계

제품에 대한 가능한 모든 자료를 탐색하기 위해서 공급업체들을 조사한다. 구매담당자의 경험과 다양한 공급업체와의 개인적인 연락망은 가장 가치 있고 신뢰할 수 있는 정보이기도 하다. 따라서 구매담당자는 공급업체 파일에 대한 최신 정보를 업데이트해야 한다. 공급업체 파일은 공급업체로부터 구매한 제품의 목록, 지불된 가격, 운송내용 등을 참고할 수 있다. 약속이행 정도, 긴급주문 처리에 대한 의지, 주문오류와 같은 추가 정보는 신뢰도에 도움이 될 수 있다.

공급업체 영업사원들은 제품과 관련한 다양한 정보를 가지고 있기 때문에 구매담당자는 영업사원들과가 원만한 관계를 유지하는 것이 좋다. 때로는 구매자가 원하는 제품을 가지고 있지 않을 때, 다른 업체의 제품을 제시하기도 한다.

5.7.2 탐구단계

구매업체 업체선정을 위한 탐구단계에서는 그 영역을 가능성에서 수용가능한 쪽으로 좁혀야 한다. 일반적으로 이 과정에서는 원하는 서비스 정도와 함께, 적절한 가격, 적절한 시기에 적절한 필요량과 수량을 제공할 수 있는 잠재적인 공급업체를 비교하는 과정이 수반된다. 품질, 수량, 가격비교를 통해 구매자와 공급업체 간에 균형을 맞춰야 할 것이다. 서비스 부분은 정량화될 수 없지만 구매과정에 있어서 적용 가능한 주관적인 고려사항이라 할 수 있다.

공급업체의 지리적 위치도 서비스를 평가하는 데 있어 중요한 고려사항이 된다. 배송거리가 짧을수록 만족스러운 서비스를 받을 기회가 많아진다. 구매자가 이용할 수 있는 제품의 종류와 재고 보유량 또한 중요한 고려사항이다. 선정된 공급업체는 현재의 유지 및 기술개발과 함께 새롭고 개선된 제품을 공급할 수 있는 능력, 검역 및 저장방법에 있어서 식품의약국과 농무부의 기준을 준수하며 품질을 관리할 수 있는 업체 중에 하나여야 한다. 장비 공급업체의 경우에는 업체가 제공하는 보증과 서비스가 중요한 사항이 될 것이다.

만족스러운 거래 관계를 유지하는 데 있어 고려해야 할 또 다른 요인으로는 공급업체의 재정상태를 들 수 있는데, 일반적으로 구매업체는 공급업체의 신용보고서를 요청할 수 있다. 가능하다면 선정된 공급업체의 시설 방문을 통해 업무의 효율성 및 청결상태, 주문 처리 과정을 비롯하여 종사자를 관찰할 수 있는 기회를 갖도록 한다.

조사 및 탐구단계 후에는 업체 선정을 위해 하나 또는 그 이상의 공급업체 후보가 있어야 한다. 이러한 선정 절차는 상대적으로 주관적일 수밖에 없으며, 객관적인 평가는 주문과 제품 배송 등 거래를 통해 확인할 수 있을 것이다. 평가절차는 새롭게 선정된 업체 및 일정기간 거래를 해온 업체를 평가할 수 있도록 개발해야 한다.

5.7.3 공급업체 수행능력 평가

현재의 공급업체가 기대에 부응하고 있는지 모니터링을 해야 하고, 그 업체와의 거래가 미래에도 지속적으로 유지될 수 있는지에 대한 의사결정을 하기 위해서는 새로운 업체를 검토해야 한다.

대부분의 급식소 관리자들은 공급업체 평가를 위한 양식을 개발하고 있다. 평가서의 예시는 그림 5-10과 같다. 평가는 최신의 정보를 유지할 수 있도록 정기적으로 수행해야 한다.

공급업체 수행평가서

공급업체: ______________________ 날짜: ______________________

업체	매우 우수	우수	보통	나쁨
규모				
재정상태				
기술적 능력				
지리적 위치				
경영상태				
노사관계				
거래관계				
제품				
품질				
가격				
포장상태				
제품의 균일성				
서비스				
적시배송				
도착조건				
지시이행 정도				
반품횟수				
불만 처리				
기술적 지원				
긴급배송				
공급가격변동 정도				
영업사원				
• 지식:				
기업				
제품				
외식산업				
• 방문횟수:				
주기적				
약속에 의해				
계획과 준비				
상호생산적				
• 판매서비스:				
정보획득				
즉각적인 견적 제시				
마무리 정도				
신속배송				
불만처리				
회계				
송장정정				
신용장 발행				

그림 5-10 공급업체 평가서의 예

5.8 구매과정

모든 푸드서비스 업장의 구매는 가능한 한 빠르고 정확하며, 일상적인 구매거래가 이루어질 수 있는 과정을 요구하고 있다. 각 푸드서비스 업장별로 고유의 구매 절차를 가지고 있지만, 대부분 다음의 과정을 준수한다.

5.8.1 구매절차

기본적인 구매절차는 그림 5-11과 같다. 이러한 절차는 조직의 다양한 부서들의 특수성을 고려하여 요구에 맞게 채택되어야 한다. 따라서 조직에 맞게 추가하거나, 삭제, 수정할 수 있다.

필요성 인식 급식운영에 있어서 구매에 대한 필요성의 인식은 생산부서, 창고 또는 전산화된 재고관리 시스템에서 발생할 수 있다. 구매의 필요성이 인식되면, 설정된 일련의 구매과정이 진행된다.

물품 명세서 작성 구매의 필요성을 인식한 생산부서의 조리원은 생산에 필요한 양을 주문하기 위해 재고를 확인한 후 구매청구서를 작성한다. 또한 재고량이 허용 재고수준보다 적다면 원하는 수준의 품목과 수량을 보충하기 위해 청구서를 작성한다.

만일 구매기능과 관련하여 전산 프로그램을 사용한다면, 음식의 생산을 위해 필요한 재료의 수량 목록을 제시하고, 현재 이용 가능한 재고수준을 반영하여 구매수량을 제시할 수 있다.

구매청구서 승인 구매과정의 세 번째 절차는 구매청구서의 승인이다. 모든 푸드서비스 업장은 식재료, 소모품 및 장비를 구매할 수 있는 권한이 누구에게 있는지 명확히 정해야 한다. 만일 구

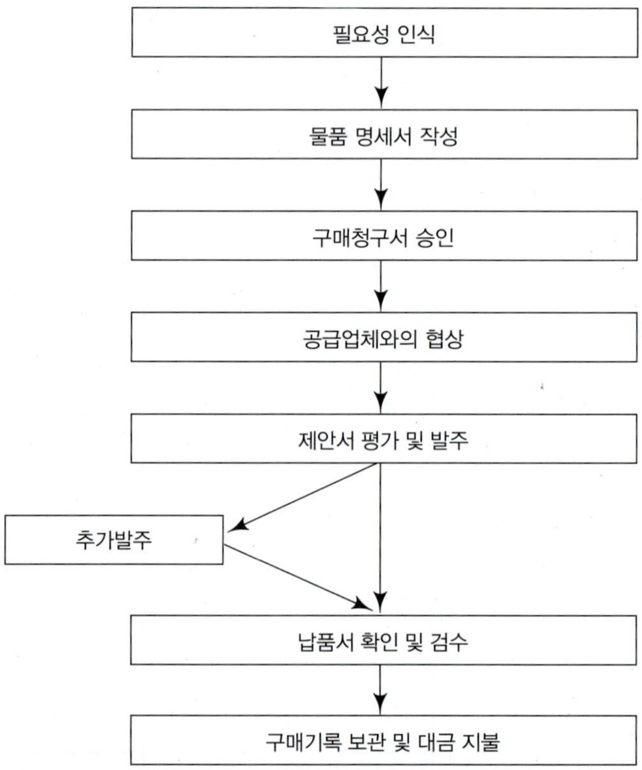

그림 5-11 구매의 기본 절차

매청구서를 작성한 사람이 구매 권한이 없다면, 청구서는 인정되지 않는다. 공급업체들은 구매 발주서 발행 권한이 있는 담당자의 이름을 알아야 한다.

공급업체와의 협상 구매에서 공급업체와의 협상은 구매자, 판매자 양쪽 모두 상호 만족스러운 협상을 이끌어 내는 과정이며, 계약의 내용에 합의하는 과정이다. 이는 구매의 기능 중 가장 중요한 부분이다. 일반적으로 협상 내용은 공급업체의 자격, 필요한 품목에 대한 공정하고 합리적인 가격, 구매자와 판매자 모두 동의할 수 있는 배송날짜, 그리고 계약 조건이 변경될 경우 재협상을 위한 용어 등 세부 사항을 포함한다.

제안서 평가 및 발주 모든 공급업체의 제안서 평가는 이전 단계인 공급업체와의 협상 단계를 준수하면서 이루어지며, 실질적인 발주는 제안서 평가 다음에 시행된다. 발주는 전자 발주, 전화, 팩스 등으로 할 수도 있다. 전화로 발주를 한다면, 즉시 서면으로 확인이 이루어져야 하고, 파일로 정리되어야 한다. 또한 공급업체를 대표하는 영업사원을 통해서도 발주가 가능하다.

추가발주 이론적으로는 구매자가 발주하고, 공급업체에 의해 접수된 후에는 추가발주를 하기는 어렵다. 그러나 중요한 연회요리와 같이 어떤 물품에 대해 배송시간이 명확해야 하는 경우에는 추가발주가 정당화될 수 있다.

납품서 확인 및 검수 납품서는 구매자에게 배송된 품목 내용과 함께 지불 금액이 명시된 것이다. 또한 납품서에 명시된 발주 품목별 수량, 가격은 발주 청구서와 동일해야 하고, 차이가 있을 경우 즉시 조치가 이루어져야 한다. 예를 들면, 냉동식품 납품시 녹은 흔적이 있을 경우 반품의 원인이 될 수 있으며, 공급업체와 즉시 협의를 해야 한다.

구매기록 보관 매입기록은 구매과정의 서면 기록들을 모아서 파일링한 후 적절한 장소에 보관하고, 배송된 품목에 대한 결제 승인으로 구성되어 있다. 파일링은 구매거래에 대한 적절한 기록을 목적으로 하고 있기 때문에 복잡하게 할 필요는 없다. 이러한 과정은 전산시스템을 통해 처리되고 있다.

5.8.2 구매기록

구매과정에 있어 필수적인 기록에는 구매자가 가지고 있는 구매청구서와 발주서, 그리고 공급업체가 준비하는 납품서가 있다. 이러한 기록은 푸드서비스 업장별로 다를 수 있지만, 모두 동일한 정보를 가지고 있다.

구매청구서 구매청구서(purchase requisition)는 구매과정에 있어서 첫 번째 문서에 해당되고, 푸드서비스 업장의 여러 부서 중 구매가 필요한 부서가 작성한다. 구매청구서는 구매담당자 또는 부서에게 발주 품목을 요청하기 위해 사용된다. 구매청구서의 보기는 그림 5-12와 같으며, 일반적으로 다음의 다섯 가지 기본 항목을 포함하고 있다.

- **청구서 번호(Requisition number).** 청구서 식별 및 관리를 위해서 필요하며 일반적으로 부서의 코드가 적혀 있다.
- **배송날짜(Delivery date).** 배송날짜는 조리원이 사용할 수 있도록 창고에 물건이 도착하는 날짜를 말하며, 경쟁입찰과 전체 구매거래가 완료될 정도의 충분한 시간을 허용해야 한다.
- **예산계좌번호(Budget account number).** 구매비용을 지불할 계좌를 말한다.

지역사회병원
구매청구서

수신자: 구매담당부서　　　청구서 번호: FS1201

날짜: 2010년 8월 17일　　　구매발주서 번호: 1842

주문부서: 급식생산　　　요청날짜: 2010년 9월 10일

예산계좌번호: FS 1101

총수량	단위	품목기술	공급업체	원가	총금액
20	상자	토마토, 다진 것, 미 등급 B, 10호 6캔/상자	L. & M. Wholesale Grocers	$13.86	$277.20

요청자 ________　　승인자 ________　　주문날짜 8/24/10

그림 5-12 구매청구서의 예

- **필요 수량(Quantity needed).** 수량은 품목의 단위에 따라 '박스'와 같은 운송단위로 표현해야 한다.
- **품목에 대한 기술(Description of the item).** 필요 품목에 대한 기술과 품질 요구사항은 구매청구서 양식에서 가장 중요한 정보이며, 따라서 양식의 중앙에 위치한다. 제품명세서, 상표 또는 제품번호가 포함될 수 있다.

발주서 발주서(purchase order)는 구매청구서의 내용을 기준으로 구매담당자가 작성한 서류이며, 공급업체에게 전달된다. 구매자와 공급업체 사이의 구매 및 판매 계약을 구체적인 용어로 나타낸다. 공급업체에 의해 접수되면 법적 계약이 된다. 그림 5-13은 발주서를 나타낸다.

형식 구매청구서와 같이 발주서는 각 푸드서비스 업장의 필요에 맞게 다양한 형식들로 개발되어 있다. 발주서에 쓰이는 용어는 구매자의 이익을 보호하기 위한 것으로 푸드서비스 업장마다 다를 수 있으나, 다음과 같은 항목을 포함한다.

- 푸드서비스 업장명과 주소
- 공급업체명과 주소
- 발주서 번호
- 일반적 지시사항
- 발주 품목에 대한 자세한 설명
- 가격정보
- 구매담당자 서명

지역사회병원
오클라호마, 시옥스시,
메인스트릿 1010

수신자: L. & M. Wholesale Grocers
오클라호마, 서니베일,
사우스스트릿 200

발주서 번호: 1842

모든 납품서에 상기 발주서 번호를 적용하시고, 복사본 두 부 부탁합니다.

날짜: 2010년 8월 23일

청구서번호: FS1201

요청부서: 급식생산

배송요청날짜: 2010년 9월 10일

Ship to: ________ F.O.B.: ________ Via: ________ Terms: ________

총수량	단위	품목기술	공급업체	단가	총 금액
20	상자	토마토, 다진 것, 미 등급 B, 10호 6캔/상자	L. & M. Wholesale Grocers	$13.86	$277.20

승인자 ________________
직함: 지역사회병원 구매팀장

그림 5-13 발주서의 예

복사본 발주서를 서면으로 사용할 경우, 일반적으로 공급업체에는 원본을 보내고, 복사본의 경우 공급업체가 공식적으로 승인하여 구매자에게 보낼 승인사본, 그리고 구매자가 기록 보관을 위한 사본, 이렇게 두 장만 있으면 충분하다. 대형 푸드서비스 업장의 경우 검수담당자, 재무담당자, 주문부서에 통보하기 위해 추가적으로 발주서 복사본을 필요로 하는 경우도 있다.

배송조건 **본선인도**(free on board, **F.O.B.**)란 운송에 따른 비용이 모두 지불되고 지정된 장소에 물품이 배송되는 것을 의미한다.

만약 F.O.B. origin이라고 명시되어 있으면, 구매자가 운송업체를 선정하고 운임 비용을 지불하게 되며, 제품의 분실 또는 손상에 대한 클레임을 제기할 수 있다. 제품에 대한 권한과 통제권은 운송업체가 제품의 생산지에서 서명을 했을 때 구매자가 갖게 된다. 만일 F.O.B. destination이라 명시되어 있으면, 구매자가 운임 비용을 지불하지만, 공급업체가 제품에 대한 운송과 클레임 제기권을 소유한다. 제품이 배송될 때까지 그 권한은 공급업체에 있다(Spears, 1999).

납품서 공급업체가 작성하는 납품서(invoice)는 수량, 품목에 대한 설명, 가격 등 구매주문서와 동일한 정보를 포함한다. 제품이 배송되면 공급업체 납품서를 구매주문서와 비교해야 하며, 검수 시에 발생한 모든 불일치와 반품은 즉시 보고해야 한다. 만일 납품서와 주문서가 일치한다면, 납품서는 대금 지불을 위해 재무부서로 전달된다.

5.9 검수

검수(receiving)란 구매활동 중에서 주문에 따라 공급업체가 배송한 제품을 확인하는 것으로 정의할 수 있다. 종종 검수과정의 결함으로 인해 식품 품질에 문제가 발생하기 때문에 재료 공급에 있어서의 연결고리로 알려져 있다(Gunn, 1992). 따라서 검수과정은 단지 배송된 물건을 받고, 사인을 하는 것 이상의 내용을 포함한다. 이 과정에서 명세서와의 비교를 통해 품질, 크기, 수량을 확인하고, 또한 구매주문서와 비교를 통해 가격을 확인하며, 부패하기 쉬운 제품의 경우에는 검수날짜를 표시해두어야 한다. 더 나아가 검수내용은 매일 검수기록서류에 정확히 기록하여 보관해야 한다. 검수가 완료된 제품은 적절한 보관 장소 또는 손실이나 품질저하를 방지하기 위해 적절한 장소로 즉시 이동시켜야 한다. 제품의 품질을 보존하고, 제품 배송 및 수령 중의 손실을 방지하기 위해 적절한 관리와 함께 일관된 처리과정은 검수절차에 있어 필수적이다.

푸드서비스 운영에 있어서 수익의 30~50%는 식재료의 구매에 사용된다. 그러나 많은 푸드서비스 업장의 경우, 이처럼 가치 있는 구매에 대한 검수과정을 하역 또는 보관 장소 근처의 직원에게 위임하기도 한다. 검수에 대한 책임이 할당되지 않고 절차가 체계화되어 있지 않은 경우, 부주의한 손실, 운송된 제품의 품질과 수량의 보증 실패, 도난 등과 같은 여러 문제가 발생할 수 있다. 이러한 잠재적 손실은 수익보다 크게 푸드서비스 운영 비용으로 발생할 수 있다.

완벽하고 철저한 명세서를 근거로 한 경쟁력 있는 구매로 얻은 경제적 이득이 형편없는 검수업무로 인해 손실될 수 있다. 따라서 계획적이고 철저한 관리를 통한 검수는 지불된 모든 비용 대비 가치 있는 품질과 수량을 보장해줄 수 있을 것이다.

5.9.1 검수의 요건

효과적인 검수 업무를 위해서는 지정된 책임을 가지고 있는 유능한 검수 담당자, 적절한 시설과 장비, 상세한 명세서, 검수에 대한 중점 관리기준, 위생, 적절한 감독, 일정한 검수시간 및 보안 등의 요소가 필요하다. 검수는 제품 명세서와 발주서의 발행을 통한 구매과정에서 발생한다.

유능한 인력 검수에 대한 책임은 푸드서비스 운영을 담당하고 있는 직원 중 특정 직원에게 위임되어야 한다. 소규모 푸드서비스 업장의 경우에는 한 직원이 추가적으로 검수업무를 담당할 수 있겠지만, 가능하다면 검수 전담 직원을 두고 이들이 식품구매 또는 생산업무에 포함되지 않도록 해야 한다. 특히 구매와 검수업무의 구분은 적절한 통제를 보장하는 확인과 균형을 위한 기본이라고 할 수 있다. 만일 활용할 수 있는 직원이 부족하다면, 푸드서비스 업주 또는 매니저가 구매 또는 검수업무를 담당해야 할 것이다.

검수 담당자는 제품과 품질에 대해 잘 알고 있어야 함은 물론이고, 명세서와 일치하지 않은 제품을 찾아낼 수 있어야 한다(Keiser, DeMicco, & Grimes, 2008). 또한 검수 담당자는 배송된 제품을 확인하기 위해 제품 명세서와 공급업체에 보낸 발주서를 가지고 있어야 한다.

종사원들은 검수업무 수행을 위해 필요한 기술과 지식에 대한 교육을 받아야 한다. 여러 가지 검수 관련 업무는 현장교육을 통해 교육받을 수 있지만, 제품 명세서를 통해 제품 평가를 어떻게 할지에 대한 학습은 좀 더 구체화된 훈련과정이 요구될 수 있다.

시설과 장비 효과적인 검수 업무 수행을 위해 적절한 공간과 장비는 필수적인 요소이다. 대부분의 푸드서비스 업장의 경우 직원들의 출입구, 제품 보관을 위한 장소, 쓰레기를 보관하는 통로를 검수구역으로 사용하곤 하는데, 이는 바람직하지 않다.

이상적인 검수구역은 배송된 제품을 적절한 보관 장소로 이동할 수 있고, 시간과 노력을 최소화할 수 있도록 배송전용 출입구, 창고, 냉장고 및 냉동고 주변에 위치해야 한다. 소규모 푸드서비스 업장의 경우에는 넓은 통로가 검수구역이 될 수 있으나, 대규모 업장의 경우에는 검수구역을 위한 전용공간이 마련되어야 한다. 일반적으로 검수 사무실은 배송전용 출입구 근처에 위치한다. 입고된 모든 제품을 한 번에 검사하고 확인할 수 있도록 넓은 공간이 마련되어야 한다.

검수 시에는 제품의 포장, 표시사항, 박스와 박스 내 봉지 수와 같은 최소한의 검사가 요구된다. 그러나 육류와 같은 제품은 품질, 수량, 중량을 검사하기 위해 포장을 개봉해야 하는 경우도 있다. 제품을 보관하고 생산 장소로 이동시킬 수 있는 별도의 검수구역은 시간과 비용을 절약할 수 있게 해준다.

특정 식품을 위한 검수구역의 크기는 배송된 재료의 성질 및 양 또는 한 번에 출하되는 양에 따라 달라진다. 예를 들면, 어떤 푸드서비스 업장의 경우에는 핸드 트럭(hand truck)으로 충분하겠지만, 만일 파레트 물품의 배송이 요구된다면 지게차가 필요할 것이다. 중앙공급식으로 운영되는 푸드서비스 업장의 경우에는 단위 업장까지 음식을 운송하기 위한 다양한 카트가 필요할 것이다. 센트럴 키친에서 각 지역의 학교 급식소까지 음식을 배송하기 위한 카트는 **그림 5-14**와 같다. 따라서 단위 급식소의 검수지역은 배송 카트를 수용할 수 있도록 설계되어야 한다.

검수부서에는 저울을 포함해 특정한 장비가 필요하다. 제품 중량을 측정하기 위해서는 플랫폼형 저울과 탁상용 저울이 필요하다(**그림 5-15**, **5-16**). 대규모 푸드서비스 업장의 경우, 납품서 또는 포장 전표의 뒷면에 제품의 무게를 인쇄해 붙이거나, 중량 측정과정에서 잘못된 부분을 수정하기 위해 테이프를 인쇄하여 부착하는 경우도 있다. 저울의 정확성은 수시로 확인해야 한다.

검수구역에 필요한 기타 장비로는 캔 오프너, 쇠 지렛대, 망치, 용기와 포장을 열 수 있는 칼과 검사를 위한 테이블 등이 있다. 온도계는 적정한 냉장, 냉동의 온도로 배송되었는지 확인하기 위해 필요하다. 적외선 온도계는 식품에 온도계를 삽입하지 않고도 신속하게 온도를 확인할 수 있도록 해준다. 또한 클립보드, 펜과 마킹(marking) 및 태깅(tagging)을 위한 장비 또한 필요하다. 검수일지 등을 보관하기 위한 캐비닛도 있어야 하며, 계산기도 납품서를 확인할 때 필요하다.

명세서 발주서의 복사본은 검수 담당자에게 전달된다. 발주서에는 간단한 명세서, 수량, 가격정보, 배송날짜와 공급업체를 위한 운송지가 기록되어 있다. 검수 담당자는 공급업체가 준수해야 할 기준을 알아야 하고 발주서와 함께 구매 명세서를 가지고 있어야 한다. 배송된 모든 품목은 이 구매 명세서를 기준으로 검수가 이루어져야 하고, 기준 이하의 품목이 없을 때 배송된 물품을 인수해야 한다.

검수의 중점관리 검수는 많은 식품을 관리하기 위한 중점관리 과정이라 할 수 있다. 특히 유제

그림 5-14 식품운반 카트

자료: Carter Hoffmann. Used by permission.

그림 5-15 플랫폼형 저울

자료: Detecto Scale, a division of Cardinal Scale Manufacturing Co. Used by permission.

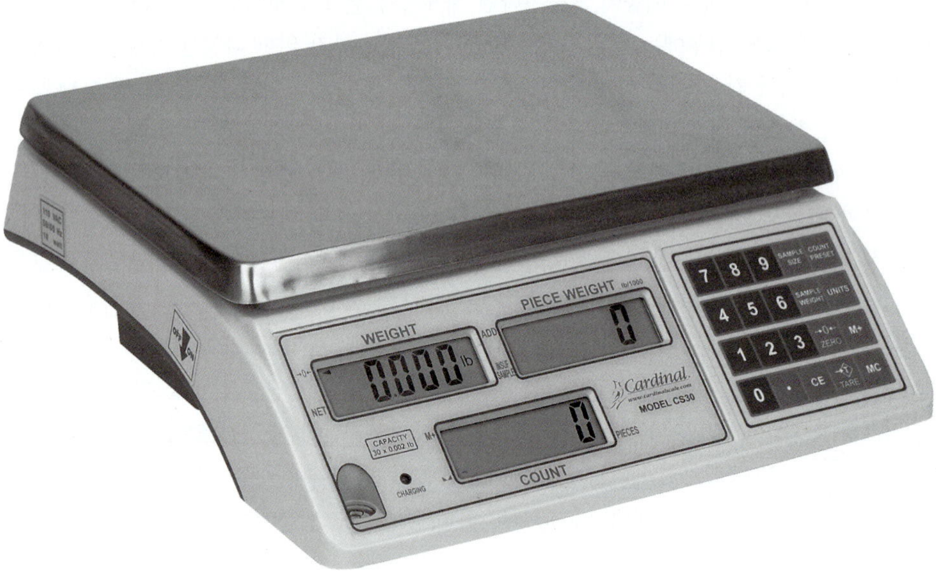

그림 5-16 탁상용 저울

자료: Detecto Scale, a division of Cardinal Scale Manufacturing Co. Used by permission.

품, 신선육 및 채소류와 같이 부패하기 쉬운 식품의 경우에는 더욱 그러하다. 배송된 물품의 인수를 위한 기준 및 검역 과정은 식중독 예방을 위한 필수적인 조건이다. 푸드서비스 운영매뉴얼에는 모든 잠재적 위험 식품에 대해 안전한 검수 절차를 위한 HACCP 흐름도가 포함되어 있어야 한다.

위생 검수구역은 항상 청결하게 유지될 수 있도록 설계되어야 한다. 바닥은 세정 및 세척이 용이한 재질로 되어 있어야 하고, 적절한 배수시설과 물을 이용하여 세척할 수 있도록 수도관과 연결되어 있어야 한다. 세정 및 세척제 보관 창고는 편리한 곳에 위치해야 한다.

해충 또한 하역장소에 모이는 경향이 있기 때문에, 적절한 점검이 필요하다. 방충을 위한 전기 또는 화학 장치들을 배송구역의 외부 문쪽에 장착하는 경우도 있다.

적절한 감독 푸드서비스 관리자는 검수구역을 비정기적으로 점검하여 검수구역의 보안 및 검수절차가 제대로 이루어지고 있는지 확인해야 한다. 또한 푸드서비스 시스템의 통제 시스템의 일환으로 인수된 품목의 중량, 수량, 품질 등을 재확인할 필요가 있다.

배송시간의 계획 적절하지 않은 시간에 배송이 이루어지면, 검수담당 직원은 제대로 된 검수를 할 수 없다. 오전 중반과 오후 중반이 배송에 가장 적합한 시간이다. 공급업체는 일반적으로 지정된 시간에 물품을 배송하도록 지시받는다. 이러한 지시는 한 번에 많은 배송이 이루어지는 혼란을 감소시킬 수 있고, 배식시간 또는 검수담당직원이 비번일 때 물품이 입고되는 것을 방지할 수 있다. 배송시간을 고려해야 할 또 다른 요소로는 품목의 특징이라 할 수 있다. 일부 푸드서비스 업장의 경우 부패하기 쉬운 음식은 아침에 배송 요청을 하고, 그렇지 않은 물품의 경우 오후에 배송되도록 시간배정을 하기도 한다.

보안 푸드서비스 매니저들은 종사원들이 매니저가 감시하고 있다는 것을 알고 있을 경우 60%까지 내부 도난을 감소시킬 수 있다고 이야기한다(Lorenzini, 1992). 제품이 배송될 때의 도난을 방지할 수 있는 한 가지 방법은 구매와 검수 담당자를 따로 지정하는 것이다. 이를 통해 구매자와 공급업체, 영업사원 또는 배송기사와 결탁하여 지급된 금액보다 제품의 품질이 낮다든지, 비용이 지불된 품목이 배송되지 않거나 또는 품목의 가격보다 더 높은 가격으로 지불되거나, 구매자가 그 차액에 대한 리베이트를 받는 등의 부적절한 관행을 방지할 수 있다. 또한 앞에서 언급한 바와 같이 배송시간, 적절한 시설 및 장비는 제품 검수를 위한 보안시스템에 도움이 될 수 있다.

또한 제품을 검수구역에서 보관 장소로 즉시 이동시켜야 한다. 보관 장소의 보안을 위해서는 일반적으로 배송 담당자가 보관 장소에 출입하는 것을 허용해서는 안 된다. 영업사원 또한 보관 장소의 출입이 제한되어야 하는데, 이는 영업사원으로 하여금 보관창고의 재고확인을 통해 구매자에게 영향을 미치는 것을 방지하기 위한 것이다.

5.9.2 검수절차

상세한 검수절차는 입고되는 제품을 적절하게 인수하는 것을 보장하기 위해 중요하다고 할 수 있다. 검수절차는 그림 5-17과 같다.

발주서와 대조 확인 모든 발주서는 검수를 하기 위한 기초 자료로 활용하기 위해 보관해야 한다. 그림 5-13과 같이 발주서에는 품목, 수량, 가격과 공급업체에 대한 간단한 설명이 기록되어 있어야 하며, 검수과정의 첫 번째 관리요소가 된다. 비공식적 구매절차를 이용하는 소규모 푸드서비스 업장의 경우, 발주서에는 기본적인 주문항목에 대한 단순한 정보만이 포함되어 있을 것이다. 그러나 공식적인 구매절차를 따르는 대규모 업장의 경우에는 발주서의 복사본을 검수부서에 전달하게 되어 있다.

입고되는 물품이 실제 주문한 내용과 일치하는지 확인하기 위해 발주서와 비교해야 한다. 또한 주문 품목의 누락이 있는지 확인해야 한다. 만일 발주서와 입고된 제품과의 대조를 통해 올바

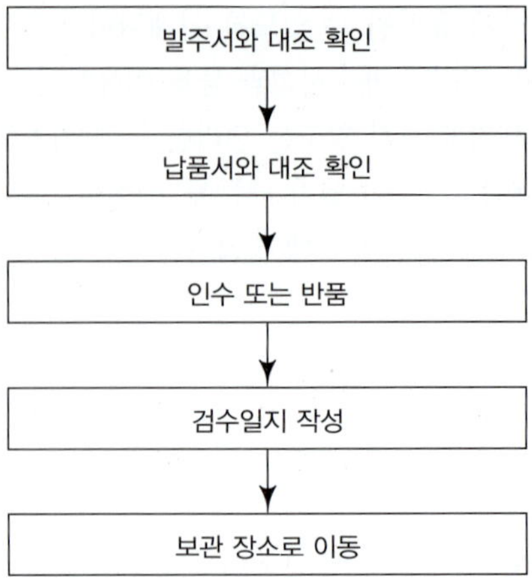

그림 5-17 검수절차

른 품목이 배송되었다면, 매뉴얼에 있는 HACCP 흐름도에 따라 품질을 확인해야 한다. 사실상, 검수는 조달의 하위시스템에 있어서 전체 품질을 통제할 수 있는 첫 번째 단계라고 할 수 있다. 따라서 품질 기준에 대해 파악하고 인식할 수 있도록 검수 담당자를 대상으로 한 전문화된 교육이 매우 중요하다.

모든 품목은 명세서에 기록되어 있는 내용과 비교해야 한다. 배송 납품서에 사인하기 전에 수량, 중량, 그리고 품질 허용한계 수준을 확인해야 한다. 이 과정에서 중량 또는 품질이 허용한계의 수준보다 낮다면 반품 처리할 수 있다. 반품사유가 적힌 반품서를 작성한 후 납품서에 부착하고, 사본 1부는 관리부서에 보낸다(Keiser, Demicco, & Grimes, 2008). 또 다른 사본 1부는 공급업체에 전달되도록 배송담당자에게 보내야 하고, 세 번째 사본은 검수부서에서 보관해야 한다.

납품서와 대조 확인 발주서와 대조 확인한 후, 공급업체가 작성한 납품서와 비교하여 확인해야 한다. 납품서는 공급업체가 배송 품목과 함께 예상 지불 금액을 기록한 서류이다. 납품서에 기록된 수량과 가격 확인은 검수과정에 있어서 중요한 단계이며, 다음의 세 가지 검수방법이 푸드서비스 업장에서 사용된다.

- **납품서 검수(Invoice receiving).** 검수 담당자는 발주서를 기준으로 입고된 각각의 품목에 대한 수량을 확인한다. 만약 불일치하는 부분이 있으면 발주서와 납품서 모두에 기록한다. 발주서를 확인하지 않고 납품서만을 통해 검수하는 방법으로는 신속한 검수를 할 수 있겠지만, 신뢰하기 어렵다.
- **블라인드 검수(Blind receiving).** 검수 담당자가 수량이 작성되지 않은 납품서 또는 발주서에 입고된 각각의 품목의 수량을 기록하는 방식을 말한다. 이 방법은 주문량이 명시되지 않기 때문에 품목별로 확인해야 한다. 따라서 검수직원과 배송직원 모두에게 시간적으로 소모적인 업무가 될 수 있으며, 인건비 또한 높아질 수 있다.
- **전자 검수(Electronic receiving).** 소규모 푸드서비스 업장의 경우에는 고비용이 발생할 수 있겠지만, 전산화된 검수과정을 통해 신속하게 업무를 처리할 수 있다. 무게를 측정한 후 자동으로 중량을 프린트할 수 있는 태뷸레이터 저울(tabulator scales)은 대규모의 푸드서비스 업장에서 사용되고 있다. 또한 포장지에 나타나 있는 바코드를 읽을 수 있는 휴대용 스캐너를 통해 검수업무를 신속하게 처리할 수 있다.

입고된 품목의 수량과 가격이 정확하고, 검수 담당자가 각 품목에 대한 품질을 확인했다면 납품서를 승인한다. 만일 차이가 있다면 승인하기 전에 시정조치가 납품서에 기록, 보고되어야 할 것이다. 물품을 납품한 배송자 또한 오류 내역에 대해 확인하고 서명해야 한다.

인수 또는 반품 배송된 품목은 구매업체가 작성한 발주서, 명세서와 공급업체가 작성한 납품서가 모두 일치할 때 푸드서비스 업장의 소유가 되며, 납품서에 청구된 금액은 합의된 일정에 따라 지불된다.

배송 시에 제품을 반품하는 것은 인수한 후 반품을 하는 것보다 훨씬 수월하다. 그러나 만일 제품을 인수한 후 제품에 문제가 발견되었다면, 공급업체에 즉시 연락해야 한다. 또한 푸드서비스 매니저는 왜 그러한 문제가 배송시에 발견되지 않았는지 확인해야 하고, 검수절차를 확인하고 수정해야 한다. 이때 재무 담당자는 공급업체에서 받은 결제내역을 확인해야 한다.

때로는 하위 기준의 제품이라도 즉시 필요하고, 교환할 시간이 없거나 또는 대체재를 찾을 수 없을 경우 그대로 인수하기도 한다. 구매자는 공급업체와 함께 단가 절감을 위한 협상 노력이 필요하다. 그러나 만일 제품의 이용가치가 없거나 또는 일부 품목이 누락되었다면, 구매담당자는 반품여부에 대한 의사결정을 해야 한다.

검수일지 작성 검수일지는 배송된 모든 물품의 목록과 배송날짜, 공급업체 이름, 수량, 가격정보에 대한 내용을 제공한다. 이러한 정보는 물품 대금 지불을 위한 참고자료로 활용될 뿐 아니라, 조리실과 보관창고로 배송된 모든 식품의 원가관리를 위한 중요한 기록을 제공한다. 그러나 이러한 서면 기록은 전산화된 시스템을 사용하는 푸드서비스 업장의 경우 사용되지 않는다.

검수일지 작성의 예는 그림 5-18과 같다. 조리실 또는 보관창고로의 이동현황을 보여주는 열은 식품의 원가관리 시스템에 유용하다. 조리실로 바로 이동된 품목은 그 날의 식품원가에 반영될 것이고, 반면에 창고로 이동된 품목은 생산이나 서비스를 위해 창고로부터 출고될 때 원가에 반영되어 계산될 것이다. 이와 같은 검수 기록은 검수와 저장 업무를 서로 다른 종사원이 진행하는 업장의 경우 제품이 어떻게 이동되었는지를 보여준다. 이 검수 기록은 관리체계에 있어서 점검해야 할 사항을 제공해준다. 따라서 보통 하나의 복사본은 납품서와 함께 재무 담당 부서로 보내고, 다른 하나는 검수 담당 부서에 보관해둔다. 검수 담당자에게 납품서상의 가격을 확인할 의무가 있는 경우, 담당자는 납품서를 재무부서에 전달하기 전에 확인해야 한다. 납품서를 전달받은 재무 담당자 또한 가격을 확인해야 한다.

보관 장소로 이동 검수가 끝난 물품은 푸드서비스 업장의 재산이기 때문에 도난을 방지하기 위해 안전하고 적절한 보관 장소로 즉시 이동해야 한다. 또한 냉장 및 냉동 제품의 경우 일정 기간 실온에서 방치되는 경우 제품의 손상 및 품질저하가 발생할 수 있다.

창고 보관 시에는 각 품목의 상자, 캔, 또는 병에 배송날짜, 가격을 기재하여 표시를 부착함으로써 신속하게 일 식재료 원가를 계산할 수 있고, 또한 선입고된 품목을 먼저 사용할 수 있어 재고관리가 용이하다. 영수증 날짜, 공급업체 이름, 제품에 대한 간단한 기술, 중량 또는 보관 장소 등의 내용이 기재되어 있는 꼬리표는 고가의 육류 및 생선처럼 부패하기 쉬운 품목들의 재고관리를 용이하게 해준다.

5.10 저장

식품 및 소모품들이 적절한 절차에 의해 입고되면, 사용되기 전까지 품질을 보존할 수 있도록 알맞은 장소에 **저장(storage)**해야 한다. 저장은 검수업무와 생산의 연결고리 역할을 하기 때문에 전반적인 푸드서비스 운영에 있어서 중요하다고 할 수 있다. 저장시설은 건조하고 낮은 온도로 유지되어야 하고, 이동시간에 따른 인건비를 절약하기 위해 검수부서와 생산부서 양쪽 모두 쉽게

지역사회병원
검수일지

날짜: 2010년 8월 23일

							이동장소	
수량	**단위**	**품목**	**공급업체**	**검수확인자**	**단가**	**총가격**	**조리실**	**창고**
3	상자	토마토	L. & M.	JH	$10.75	$32.25		X
3	상자	양상추	L. & M.	JH	11.70	35.10		X
4	박스	빵	L. & M.	JH	9.07	36.28	X	
1	망	양파	L. & M.	JH	10.00	10.00		X
400	파운드	수박	L. & M.	JH	.155	62.00	X	

그림 5-18 검수일지의 예

접근이 가능한 곳에 위치해야 한다. 또한 적절한 저장유지, 온도관리, 청결 및 위생은 보관된 물품의 품질을 확보하기 위한 주요 고려사항이다. 저장 담당자는 검수부서로부터 입고된 제품 확인 및 제품의 보안 확보와 원료 취급에 대한 절차를 수립한다. 보관, 출고, 재고수준 확인, 창고 청결 유지에 대한 권한을 가지고 있는 담당 직원만이 저장시설에 접근할 수 있도록 해야 한다.

저장시설에서의 절도 및 도난 방지는 매우 중요하다. Stefanelli(1997)는 **절도(theft)**를 "계획적인 강도"로, **도난(pilferage)**을 "재고감소"로 정의하였다. 저장시설의 잠금장치를 정기적으로 교체하는 푸드서비스 업장도 있다. 오직 권한을 가지고 있는 사람만이 열쇠를 사용할 수 있어야 한다.

이상적으로는 저장창고는 생산지역과 동일한 층에 위치해 있어야 하고, 푸드서비스 매니저가 볼 수 있어야 한다. 하지만 이러한 조건이 항상 가능한 것은 아니다. 대규모 푸드서비스 업장의 경우에는 저장창고가 낮은 층에 위치해 있거나, 매니저의 감시가 어려운 다른 건물에 위치하는 경우도 있다. 큰 병원과 같은 기관은 저장 장소가 중앙 보관실에 위치해 있고, 보안책임은 중앙 구매부서에서 담당하는 경우도 있다. 복합형 레스토랑의 경우, 주요 물품은 중앙창고에 보관하고, 단기공급 물품의 경우에는 레스토랑 내의 작은 창고, 또는 냉장고와 냉동고에 보관한다.

저장시설의 형태는 푸드서비스 유형(4장 참조)에 따라 매우 다양하다. 가공품 또는 냉동제품을 많이 사용하는 조합식 푸드서비스에서는 전통적 푸드서비스보다 냉동보관시설이 더 많이 필요하다. 중앙공급식 푸드서비스에서는 중앙 생산지역에 대량 보관이 가능한 시설이 필요하다.

푸드서비스 유형과 상관없이 배송된 모든 물품이 즉시 사용되지 않는다면, 가능한 빨리 저장창고에 보관되어야 한다. 건조채소, 통조림 식품과 곡류는 건조창고에 보관해야 한다. 부패하기 쉬운 식품은 냉장 또는 냉동고에 즉시 보관해야 한다. 또한 저장시설에는 자기, 식기류, 쟁반과 종이류, 세척 및 제정제와 같은 비식품류를 보관할 수 있어야 한다.

일부 저장관리의 경우, 즉시 생산부서로 이동해야 하는 물품은 입구 근처에 보관하고, 천천히 사용해도 되는 물품은 쉽게 접근하기 어려운 곳에 보관하기도 한다. 그러나 일반적으로 품목별로 분류하여 알파벳 순서 또는 품목 내에서 사용빈도에 따라 보관하기도 한다. 냄새가 나는 식품은 별도로 분리해서 보관해야 한다. 보관된 물품은 제품의 손상 징후를 정기적으로 확인해야 한다. 이상적으로는 통조림 제품의 경우 적절한 조건 아래에 보관되었다고 하더라도 6개월 이상 보관해서는 안 된다(Throner & Manning, 1983). 비용절감을 위한 대량 구매의 이득은 보관에 따른 손실과 재고 유지비용에 대한 가능성을 동시에 고려해야 한다.

5.10.1 건조 창고

건조 창고에는 냉장 또는 냉동을 필요로 하지 않는 식품을 보관하고, 곤충, 설치류, 도난과 같은 요소들로부터 보관식품이 보호될 수 있는 기능을 갖추고 있어야 한다. 세정물품과 살충제는 식품과 함께 보관해서는 안 되며 별도의 공간을 마련하여 식품이 오염되는 것을 방지해야 한다.

시설 건조 창고의 바닥은 미끄럼을 방지할 수 있고, 청소하기 쉬운 재질로 되어 있어야 한다. 벽과 천장은 밝은색이어야 하고, 습기를 방지할 수 있도록 부드러운 표면으로 되어 있어야 한다. 또한 청소와 보수가 용이해야 한다. 출입문은 무거워야 하며, 검수지역으로부터 건조 창고를 거쳐 생산지역으로 식품이 이동되는 동안 장비의 출입이 용이하도록 충분한 크기를 확보해야 한다. 또한 출입문은 외부에서 잠길 수 있도록 해야 한다. 그러나 실수로 인해 사람이 안에 갇혀 있는 경우 열쇠 없이 안쪽에서도 문을 열 수 있도록 턴볼트 잠금장치(turnbolt lock) 또는 크래쉬 바(crash bar)가 설치되어 있어야 한다. 상하 2단식 문(Dutch door)이 종종 출입문으로 사용되는데, 아래쪽의 반쪽문은 큰 물품이 입고될 때를 제외하고는 항상 잠겨 있어야 하고, 위쪽문은 영업시간 동안은 열어두도록 한다.

대규모 푸드서비스 업장의 경우 창고 출입문에 출입기록 잠금장치 또는 전자 배지 인식 잠금장치를 사용하기도 한다. 매니저는 창고 출입시간 및 출입자의 기록을 통해 부적절한 출입이 없었는지 정기적으로 확인하고 검토해야 한다.

창고의 창문은 직사광선으로부터 식품을 보호하기 위해 불투명해야 한다. 대부분 창고의 경우에는 보안을 이유로 창문이 없이 설계되거나, 창살 또는 보안 막대로 보호되기도 한다. 적당한 빛은 위생차원에서뿐만 아니라 도난을 방지하기 위해 필요하다. 최근에는 CCTV가 많이 설치되어 사용되고 있다.

건조 창고의 환기시스템은 온도와 습도 조절 및 곰팡이 냄새 제거를 위해 필수적이다. 창고의 온도는 10~21°C 정도로 유지되어야 하고, 온도계는 쉽게 확인할 수 있는 개방된 공간에 위치해 있어야 한다. 향신료, 견과류, 건포도와 같이 11°C 이상에서 보관하면 안 되는 품목은 종종 냉장고에 보관하기도 한다. 습기의 경우, 대부분의 식품에 있어서 상대습도 50~60%가 적당하다. 이 수준 이상의 습도는 통조림의 부식, 건조 및 탈수제품의 점결성을 초래하고, 박테리아와 곰팡이가 발생하고 곤충 침입의 원인이 될 수 있다(Longree & Armbruster, 1996).

그림 5-19 창고용 철제 선반
자료: InterMetro Industries Corporation. Used by permission.

건조 창고는 지하에 위치해 있는 경우가 흔하기 때문에 상수도, 보일러 또는 하수도 파이프와 같이 모든 종류의 파이프들이 창고의 천장을 따라 지나갈 수 있다. 이러한 파이프의 누수는 지하 창고의 문제 발생 원인이 되기도 하고, 특히 하수의 누수는 식품 오염의 원인이 된다. 특히 온수와 스팀파이프는 창고의 온도를 높이는 원인이 되기 때문에 단열이 잘 되도록 해야 한다.

장비 조립식 보관대, 배송 운반대, 바퀴달린 철제보관대와 같은 장비들은 통조림 제품 또는 자루에 담긴 제품을 보관하는 데 유용하다. 조절이 가능한 철제 선반은 선반의 높이 조절이 가능하고 해충을 방지할 수 있기 때문에 유용하다(그림 5-19). 선반은 처지거나 붕괴되지 않고 무거운 하중을 지탱할 수 있을 정도로 견고해야 하며, 환기를 위해 벽에서 최소 2인치(약 5 cm) 공간을 두어야 한다. 또한 창고의 크기나 형태가 허용된다면, 선반의 양쪽에서도 접근이 가능하도록 배치해야 한다.

그림 5-20과 같이 다단식 선반의 경우 제한된 공간에서 훨씬 많은 양의 제품을 보관하는 데 유용하다. 바퀴가 달린 개별선반은 앞뒤로 쉽게 움직일 수 있으므로 선반에 보관해 둔 물품을 이용하기 편리하다.

뚜껑이 있는 철제 또는 플라스틱 용기는 시리얼, 밀가루, 설탕, 건조식품과 같이 대용량 식품을 분리하여 보관하는 데 적당하다. 이러한 용기는 이동식 또는 고정된 바퀴가 있어야 한 장소에서 다른 장소로 이동이 가능하다(그림 5-21).

5.10.2 저온 창고

부패하기 쉬운 음식은 입고 후 사용되기 전까지 영양적 가치와 품질을 보존하기 위해 즉시 냉장 또는 냉동고에 보관되어야 한다. 저온 창고의 형태 및 크기는 푸드서비스 업장의 메뉴 또는 구매

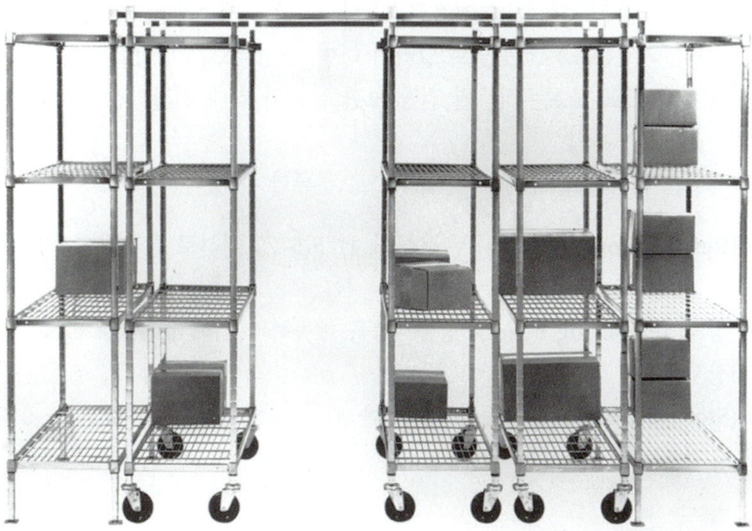

그림 5-20 고강도 저장 선반
자료: AMCO®. Used by permission.

그림 5-21 저장시설용 짐수레와 용기
자료: From *Food Storage Guide for Schools and Institutions* (p. 11) by U.S. Department of Agriculture, Food and Nutrition Service, 1975, Washington, DC: U.S. Government Printing Office.

정책에 따라 다양하다. 과도한 용량은 비용을 증가시키고, 또한 보관 중인 식품의 부패를 초래하여 잔반이 축적될 수 있다. 따라서 푸드서비스 매니저는 저온 창고의 용량 제한을 통해 과잉구매 및 과잉생산이 되는 일이 없도록 해야 할 것이다.

시설 대규모 푸드서비스 업장의 경우, 특히 중앙공급식 푸드서비스에서는 육류, 가금류, 어패류, 유가공품과 난류, 과일 및 채소류, 조리-냉장 제품(cook-chill prepared items)들을 구분해서 보관해야 한다. 냉동고에는 냉동식품, 아이스크림을 보관하며, 냉동제품 해동을 위해 템퍼링 상자를 사용하기도 한다. 저장온도는 식품별로 달라야 하며, 저장온도가 정확할수록 제품의 품질을 오랫동안 보존할 수 있다. 표 5-2는 식품별 권장 보관 온도와 최대 저장기간을 자세하게 나타내고 있다.

저온 저장시설은 다음과 같이 세 가지 유형으로 분류할 수 있다.

- **냉장고(Refrigerator).** 식품의 내부 온도가 41°F(5°C) 이하로 유지될 수 있도록 설계된 저장시설
- **템퍼링 상자(Tempering boxes).** 냉동제품을 해동하기 위해 40°F(4.4°C)로 유지되도록 설계된 저장시설
- **냉동고(Storage freezers).** 냉동식품 보관을 위한 시설로 −10°F(−23°C)~0°F(−17°C)의 온도를 유지하는 저장시설

표 5-2 권장 보관 온도 및 기간

식품	냉장보관[a] <41°F	냉동보관[a] <0°F	건조보관[a] <70°F
신선육(갈비, 스테이크, 구이용)	3~5일	4~9개월	—
다진 고기, 국거리용	1~2일	3~4개월	—
조리된 육류	3~4일	2~3개월	—
베이컨	7일	1개월	—
신선육(닭, 칠면조)	1~2일	9개월	—
조리된 가금류	3~4일	4~6개월	—
가공육	3~5일	1~2개월	—
치즈	2~3주	6개월	—
우유	7일	3개월	—
달걀	2~5주	권장하지 않음	—
과일(딸기류)	1~2일(신선제품)	8~12개월(냉동제품) 12개월(통조림제품)	6개월(건조제품)
과일(감귤 및 사과류)	1~3주(신선제품)	4~6개월(냉동제품)	9개월(통조림)
채소류	3~7일(신선제품)	8~12개월(냉동제품)	12개월(통조림 또는 건조제품)
밀가루			6~8개월
시리얼(미개봉 상태)			6~12개월
마요네즈(미개봉 상태)			2~3개월
샐러드오일(미개봉 상태)			6개월
파스타			24개월
프리믹스(케익, 머핀 등)			9개월
향신료			6개월

자료: Data obtained from Kansas Extension Service (www.ksre.ksu.edu); North Dakota Extension Service (www.ext.nodak.edu); and USDA (www.foodsafety.gov).

[a]구매시점부터의 보관기간; 유통기한이 있는 제품의 경우 유통기한 준수.

식품의 품질 유지를 위해서는 습도관리 또한 중요하다. 대부분의 식품보관을 위한 권장 습도는 75~95%이다. 그러나 부패하기 쉬운 식품은 수분을 많이 함유하고 있기 때문에 85~95%의 상대습도가 권장된다. 만일 습도가 충분하지 않을 경우, 식품 수분 증발의 원인이 되고, 이는 식품을 시들게 하거나, 변색 및 축소와 같이 품질저하의 원인을 초래할 수 있다.

저온 저장시설은 창고형 냉장고(walk-in) 또는 소형 냉장고(reach-in)의 형태로 설계된다. 대규모 푸드서비스 업장의 경우, 일반적으로 식재료 보관을 위해 창고형 냉장고를 사용하고, 조리생산 부서와 서비스 영역에서는 유제품, 샐러드용 식재료, 디저트를 보관하기 위해 소형 냉장고를 사용한다. 소규모 업장의 경우에는 공간이나 자본금이 부족하기 때문에 창고형 냉장고보다는 소형 냉장고가 많이 이용된다.

바닥은 견고하고 쉽게 청소할 수 있어야 하고, 벽면과 선반은 부드러우면서 비흡수성 재질로 만들어져야 한다. 바닥의 높이는 창고형 냉장·냉동고의 경우 식재운반 카트가 안으로 들어올 수 있도록 냉장·냉동고의 높이와 동일해야 한다. 또한 바닥청소와 응축수 제거를 위해 냉장·냉동고 내부에 배수구가 필요하다. 환기와 적절한 조명은 위생 상태를 유지하는 데 필수적이며, 제조업체의 지침에 따라 정기적으로 청소를 해야 한다. 최근 냉장·냉동고는 성에제거 기능을 가지고 있으나, 만일 그렇지 않은 경우에는 성에제거를 위해 정기적으로 해동 작업을 해야 한다.

모든 냉장·냉동고에는 다음의 세 가지 온도계 중 하나 또는 그 이상을 설치해두어야 한다.

- 원격 리더기. 냉장·냉동고의 문을 열지 않고, 원거리에서 확인 가능한 온도계를 설치해야 한다.
- 기록 온도계. 냉장·냉동고의 내부 또는 외부에 장착되어 지속적으로 온도를 기록하고, 추적할 수 있도록 컴퓨터로 온도를 전달해야 한다.
- 냉장/냉동고 온도계. 냉장·냉동고 내부에 제일 온도가 높은 지역의 선반에 장착 또는 걸어둔다.

모든 장치의 온도는 하루에 두 번 이상 확인해야 한다. 따라서 냉장·냉동고 온도의 관리 수단으로 지정된 시간에 온도를 확인하고, 이를 기록할 전담 종사원이 배정되어야 한다.

일부 푸드서비스 업장의 경우, 온도가 일정 수준 이상으로 높아지면 알람이나 부저가 작동하도록 되어 있다. 전산화된 시스템은 냉장·냉동고 내의 온도가 미리 설정된 한계를 초과하는 경우 담당 관리자를 호출하도록 되어 있다. 가능하면 냉장·냉동고의 문을 열지 않도록 종사원들을 교육해야 하며, 필요한 재료들을 한번에 꺼냄으로써 내부 온도를 유지하고 동시에 에너지를 절약할 수 있도록 해야 한다. 만일 정전이 발생한다면, 냉장·냉동고는 가능하면 열지 않도록 한다.

저온 창고, 건조 창고에서 냄새를 흡수하는 모든 식품은 냄새를 방출하는 식품과 별도로 보관되어야 한다. 냄새를 방출하거나 흡수하는 식품의 보기는 표 5-3과 같다.

저장의 중점관리 저장은 식품의 품질관리에 있어서 중요관리요소가 될 수 있다. 보관되어 있는 원재료의 미생물학적 안전성은 중요하다. HACCP 흐름도는 저장절차를 명시해야 한다.

5.11 재고

재고는 조직이 소유하고 있는 물질적 자산의 기록으로 창고에 실제로 존재하는 물품의 목록을 말한다. 창고에 보관되어 있는 식품, 음료, 저장품 등은 가치가 있는 자원으로 그에 맞는 관리가 필요하다. 효과적인 재고관리를 위해서는 전담 종사원을 배치하여 다른 종사원들의 접근을 제한해

표 5-3 냄새 방출 및 흡수 식품

식품	냄새 방출	냄새 흡수
과일	네	네
버터	아니오	네
양배추	네	아니오
치즈	네	네
옥수수 가루	아니오	네
건조 달걀	아니오	네
신선 달걀	아니오	네
밀가루	아니오	네
우유	아니오	네
양파	네	아니오
복숭아	네	아니오
감자	네	아니오
쌀	아니오	네

자료: From *Food Storage Guide for Schools and Institutions* (p. 27) by U.S. Department of Agriculture, Food and Nutrition Service, 1975. Washington, DC: U.S. Government Printing Office.

야 하며, 재고수준을 모니터링해야 한다. 정확한 재고관리를 위해서는 기록, 유지가 필수요소라 할 수 있다.

5.11.1 물품출고

물품출고는 제품이 입고된 후 사용부서(생산부서)로 공급되는 절차를 말한다. 당일 사용할 물품의 경우 검수구역에서 바로 출고되기도 하지만, 일반적으로 창고로부터 출고된다.

직접출고 물품이 창고에 보관되지 않고 검수구역에서 바로 생산부서로 보내지는 경우를 직접구매 또는 직접출고라고 한다. 이 경우 정확한 식재료비 관리를 위해 당일 입고된 물품에 한해 출고해야 한다(Keiser & DeMico, 1993). 그렇지 않을 경우 식재료비 관리가 어려워진다.

창고출고 입고된 물품이 당일 사용되지 않고 창고에 보관된 후 생산 또는 서비스 영역에서 필요할 때 출고되는 것을 말한다. 창고출고에 있어서 중요한 두 가지 요소로 첫째는 적절한 권한 없이 제품이 출고되어서는 안 되고, 두 번째는 필요한 수량만 출고되어야 한다. 따라서 생산 또는 서비스부서의 관리자는 당일 레시피에 따라 필요한 품목과 수량을 신청해야 한다. 일일 출고 기록은 이 두 요소를 관리하기 위해 사용되는데 그림 5-22와 같다. 일일 출고 기록은 출고번호, 출고창고, 출고날짜, 품목수량 및 단위, 제품에 대한 기술로 구성되어 있다. 또한 출고 받은 부서, 출고된 품목의 총 가격, 창고 담당 종사원도 기록되어야 한다.

출고 번호: 92

출고지: 건조창고 #1　　　　출고일: 9/13//10

요청번호	수량	단위	품목	출고처	단가	총 가격	출고자
823	10	10호 캔	토마토, 다진 것	조리부서	$2.31	$23.10	AV
	1	$1^1/_2$호 박스	오레가노, 말린 것		10.95	10.95	
	1	3호 박스	양파, 간 것		4.93	4.93	
	1	1호 박스	그린 페퍼, 다진 것		7.24	7.24	
	1	20호 박스	스파게티, 가늘고 긴 것		10.75	10.75	
	1	1갤 망	케첩		3.18	3.18	
	8	2온스 캔	베이 잎		3.59	26.32	
	1	11온스 캔	타임, 빻은 것		4.99	4.99	
	1	1갤	우스터 소스		4.38	4.38	
	1	20온스 박스	소금, 요오드 첨가된 것		.26	.26	
	3	10호 캔	토마토 퓌레		2.07	6.21	

그림 5-22 일일 출고 기록

5.11.2 재고관리

창고에 물품을 정리하고, 출고하고, 필요할 때 주문하기 위해서는 기록을 통한 재고관리가 수행되어야 한다. 재고관리는 푸드서비스 매니저가 원가관리를 할 때 신뢰할 수 있는 정보를 제공할 수 있도록 적절한 절차를 포함하고 있어야 한다. 재고관리의 기본적인 목적은 다음과 같다.

- 보관된 식품과 저장물품에 대한 정확한 정보 제공
- 구매 필요성의 결정
- 식재료비 관리를 위한 정보 제공
- 도난 및 절도방지

따라서 창고에 보관되어 있는 식품과 저장물품에 대한 정기적인 재고조사는 필수적인 재고관리시스템이라 할 수 있다.

실사재고조사(Physical Inventory) 창고에 보관되어 있는 모든 물품에 대한 실제 수량과 기록을 조사하는 것이다. 일반적으로 재고조사는 매월 말에 이루어지나, 대규모 푸드서비스 업장의 경우 창고별로 매주 조사하는 방식으로 이루어진다. 실사재고조사 양식은 그림 5-23과 같으며, 보관하고 있는 물품의 수량, 단위, 품목, 품목에 대한 설명, 단가와 재고의 총 가치에 대한 기록이 포함되어야 한다.

매월 재고조사를 수행하는 푸드서비스 업장의 경우 식재료비를 산정하는 방법에는 두 가지가 있는데, 가장 간단한 방법은 다음과 같다.

기초재고액
\+ 매입액
= 이용 가능한 식재료비
− 기말재고액
= 실제식재료비

또한 2~3개월에 한 번씩 재고조사를 하는 경우에는 그림 5-24와 같이 창고로부터 출고된 원

재고량	단위 규격	품목	설명	단위 비용	총 재고가치
	10호	아스파라거스	모든 부분이 푸른색일 것, 6/10호/상자		
	10호	껍질콩	자른 것, 6/10호/상자		
	10호	리마콩	신선하고 작은 크기인 것, 6/10호/상자		
	10호	비트	통째로, 6/10호/상자		
	10호	당근	중간 크기를 슬라이스 한 것, 6/10호/상자		
	10호	옥수수	모두 알맹이로만, 6/10호/상자		
	10호	완두콩	스위트 피, 6/10호/상자		
	10호	고구마	통째로, 6/10호/상자		
	10호	토마토	껍질 벗긴 것을 육즙 충분한 것, 6/10호/상자		
	46온스	토마토 주스	품질 좋은 것, 12/46온스/상자		

실재고

날짜______________ 조사자 ______________ 기초재고액 $ ______________

그림 5-23 실사재고조사 양식

날짜__________________

직접출고 ($)					요청 출고 ($)			식품 외 품목 ($)	
유제품		베이커리							
우유	기타	빵	기타	농산물	육류/생선 가금류	냉동식품	식료품	리넨 제품	기타 소모품

직접 출고 합계______________________ 식품 외 품목 합계______________

요청 출고 합계______________________ 식품 외 품목 합계______________

당일 식품 합계______________________

식품 누계______________________

그림 5-24 일일 비용 계산서의 예

가를 계산함으로써 일 식재료비를 계산할 수 있다. 우유, 빵과 같이 공급업체로부터 생산부서로 직접 배송되는 경우도 있으나, 기본적으로 사용부서의 요청에 의해 창고의 재고에서 출고되는 것을 원칙으로 한다. 따라서 월 식재료비는 한 달 내내 사용된 일 식재료비가 합산되어 계산된다.

	기초 재고액		$ 2,000
+	매입액	+	8,000
=	이용 가능한 식재료비	=	$ 10,000
−	기말 재고액	−	1,925
=	실제 식재료비	=	$ 8,075
−	직접 출고 및 요청 출고 총량	−	7,850
=	차이	=	$ 225

그림 5-25 식재료비 기록의 조정

일 지출 양식지에는 직접 출고 총량, 요청에 의한 출고 총량과 함께 전체 출고 식품의 총 합계가 기록된다. 또한 비식품에 대한 기록도 포함되어 있어야 한다.

실제 사용된 식재료비는 이용 가능한 식재료비에서 기말재고액을 빼면 산출할 수 있다. 따라서 실제 사용된 식재료비와 직접 출고와 요청서에 의해 출고된 총 양의 차이를 확인함으로써 식재료비의 기록을 조정한다. 그림 5-25는 식재료비 기록의 조정 방법을 보여주고 있다. 실제로 그 차이를 '0'으로 하기는 어려우나, 그 차이가 크다면 그 이유를 분석해야 하고, 엄격한 재고관리가 필요할 것이다.

영구재고조사(Perpetual Inventory) 재고 품목과 수량을 항상 파악할 수 있도록 각 제품의 입출고 시마다 기록하여 재고를 파악하는 방법을 말한다. 영구재고조사 기록 방법은 그림 5-26과 같다.

영구재고조사 방법은 우유, 빵 또는 냉장 생선과 같이 당일 사용되는 품목이 아닌 건조 또는 냉동 품목의 재고관리 기법으로 적합하다. 영구재고조사 시스템의 정확성을 검증하기 위해 주기적으로 실사재고조사를 병행하기도 한다.

품목: 토마토, 다진 것　　구매 단위: 6/10상자　　출고단위: 10호 캔

출고지: 건조 창고 #1

날짜	주문 번호 또는 요청 번호	입고량 (구매 단위)	출고량 (출고 단위)	재고량 (출고 단위)
8/23/99	PO 1842	20상자		120캔
8/27/99	R 823		10캔	110캔

그림 5-26 영구재고조사 기록

그림 5-27 범용제품코드(UPC)와 심벌

5.11.3 재고파일

조직의 효율적인 운영을 위해 필요한 재고관리는 바람직한 수량의 수준에서 재고 자산을 유지하는 것이다. 재고관리를 위한 여러 가지 소프트웨어 프로그램 중 바코드와 스캐닝 기술은 관리자로 하여금 훨씬 빠르고 정확하게 재고 수준을 파악할 수 있게 해준다. 1973년에 도입된 **범용제품코드(Universal Product Code, UPC)**는 재고관리를 위한 획기적인 시스템으로 창고에 보관되어 있는 수만 개의 제품과 수천 개의 업체를 식별할 수 있는 시스템이다. 이는 숫자상품식별 시스템을 통해 제품의 흐름을 파악함으로써 정확하고 효율적인 재고 파악을 가능하게 한다. UPC는 포장지와 상자의 내용을 식별할 수 있는 다양한 폭의 검은 수직선을 가지고 있는 직사각형 박스 형태이다(그림 5-27). UPC의 기본 코드는 여섯 자리로 분할되는데, 육류와 농산물을 제외하고는 첫 번째 자리에 '0'이 온다. 다음 다섯 자리는 제조업체 또는 가공업체의 코드이고, 다음 다섯 자리는 상품코드가 된다. 마지막 숫자는 앞의 숫자가 제대로 스캔되었는지 확인하는 숫자이다.

이러한 UPC의 사용은 구매자와 공급업체 간에 재고 현황을 공유함으로써 주문 절차를 간소화하였으며, 이러한 기술은 구매자로 하여금 좀 더 정확한 주문, 검수, 재고관리를 할 수 있게 하였다.

5.11.4 재고관리기법

재고관리의 주요 기능은 의사결정과 행동에 영향을 미치는 활동을 조율하고, 목표에 부합하는지를 확인하는 것이다. 푸드서비스 업장의 경우 조정 및 통합될 수 있는 활동으로는 조달, 생산, 유통과 서비스 시스템이 있다. 예를 들어, 메뉴품목에 칠리가 있으나, 토마토 통조림이 재고품목에 없다면 생산이 중단되고 차례로 서비스에 영향을 줄 것이다.

재고관리의 두 번째 주요 기능인 의사결정은 컴퓨터 사용을 통해 다소 일상적인 업무가 될 수 있으나, 정책 및 절차를 확립하고 계획이 제대로 실행되고 있는지 감독하고 있는 관리자의 역할은 가장 중요하다고 할 수 있다.

위의 보기에서처럼 토마토의 경우 컴퓨터는 언제, 얼마의 양을 주문해야 할지에 대한 정보를 제공할 것이다. 확립된 정책과 절차는 주문, 검수와 제품 보관에 대한 절차를 자세하게 할 수 있다. 그러나 여전히 매니저는 토마토 흉작이 예상되는 경우 선구매를 할지 여부 등의 문제를 결정해야 한다. 이러한 관리 시스템의 필수적인 요소는 생산과 서비스 부서가 재고관리를 책임지고 있는 구매부서에 피드백을 해주는 것이다.

재고관리의 효율성을 평가할 수 있는 방법 중 하나로 **재고회전율(inventory turnover)**이 있다. 재고회전율은 재고로 보관된 제품의 양을 관리하는 운영 능력에 대한 지표를 제공한다. 공식은 다음과 같다.

$$\text{재고회전율} = \frac{\text{식품원가}}{\text{평균 식품 재고량}}$$

보통 이 계산은 식품원가 수치가 그 달의 식재료비가 될 것이기 때문에 월 단위로 수행된다. 평균 식품 재고량은 기초재고량과 월말재고량을 합하여 2로 나누어 계산된다. 재고회전율은 관리자로 하여금 얼마나 신속히 제품이 입고되고 사용되는지를 측정할 수 있게 해준다. 모든 푸드서비스 업장에서 월별 2~4회의 재고회전율 정도가 바람직하다. JIT 구매를 사용하는 업장의 경우 회전율이 더 높다.

푸드서비스 업장 크기와 복잡성 증가와 함께 재고관리와 통제는 더 복잡해지고 중요한 요소가 되었다. 재고관리기법의 다양성은 관리자로 하여금 구매의 수량, 재고수준, 재고유지 비용을 결정하는 데 도움을 줄 수 있다. 몇 가지 기법은 다음과 같다.

ABC 방법 대부분의 푸드서비스 업장에서는 소수의 제품이 재고 가치의 주요 부분을 차지한다. 따라서 제품의 가치에 따라 분류하는 방법이 필요하다. 일반적으로 이 방법은 *ABC* **분석**이라 하며, 그림 5-28과 같다.

ABC 재고관리 방법(ABC inventory method)의 원리는 재고관리를 위한 노력, 시간과 돈을 제품의 가치에 따라 분할해야 한다는 것이다. 그림 5-28에서 보는 제품은 세 그룹으로 분류되며, A 등급의 고가 품목, B 등급의 중가 품목에 우선순위가 주어진다.

A 등급의 고가 품목은 단지 재고량의 15~20%에 해당하지만, 전체 재고 가치의 75~80%를 차지한다. 냉동 가재와 같은 고가 품목의 재고 수준은 가능한 최소량으로 유지되어야 한다. B 등급의 중가 품목은 전체 재고 가치의 10~15%, 재고량의 20~25%를 차지한다. C 등급은 5~10%의 재고 가치를 나타내지만, 60~65%의 재고량을 차지하는 품목으로 상대적으로 우선순위가 낮다(Zenz & Thompson, 1993).

푸드서비스 업장에서 ABC 개념을 적용한 데 있어서, 재고 품목을 분석하고 품목을 세 개의 등급으로 분류하는 것은 매니저로 하여금 재고를 관리하는 데 소요되는 시간과 노력을 결정하는 데 도움이 된다. 식음료를 모두 운영하는 레스토랑의 경우, 주류는 A 등급으로 분류하여 철저하

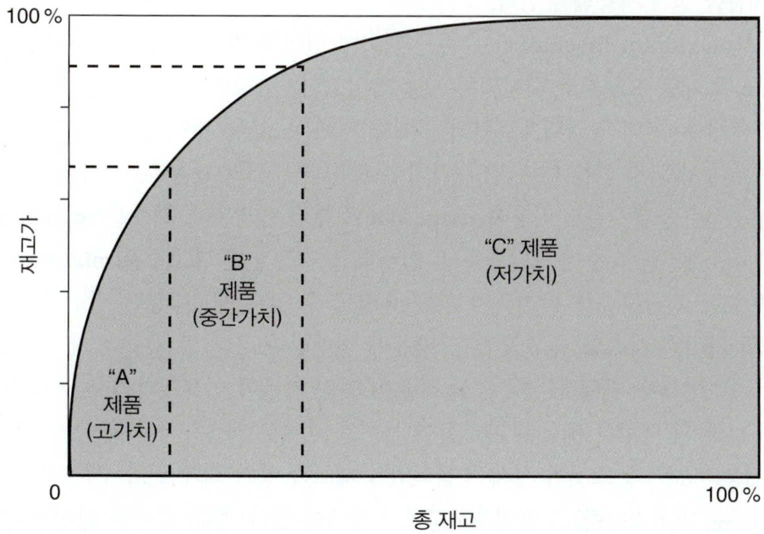

그림 5-28 ABC 분석

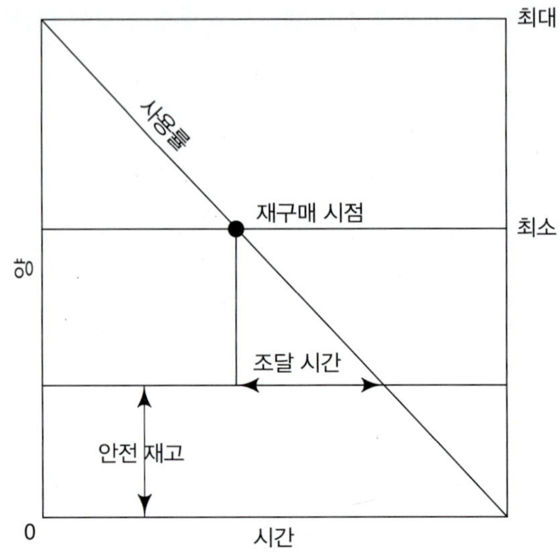

그림 5-29 최소-최대 원칙의 도식화

게 관리해야 하고, 설탕과 같은 식재료는 C 등급으로 분류한다.

최소-최대 방법 재고관리를 위해 자주 되는 방법은 최소와 최대 재고수준을 확립하는 것이고, 일반적으로 **최소-최대 방법(mini-max method)**이라고 한다. 그림 5-29는 최소-최대 방법의 원리를 보여준다. 이론적으로 새로운 제품이 도착함으로써 마지막 제품이 사용된다면 최소 재고 수량은 0이 될 수 있다. 이때 최대 재고 수량은 정확한 주문 수량이 될 것이다.

그러나 실제로는 이러한 정책은 중요한 시점에 제품이 부족할 수 있기 때문에 실제로 적용하기 어렵다. 최소-최대 방법에서는 재고기록과 창고 모두 일정한 재고수준을 유지하기 위한 **안전재고(safety stock)**를 확립한다. 안전재고는 사용률의 급작스런 증가, 주문제품을 제 시간에 받지 못하거나, 제품이 명세서와 일치하지 않을 때 그리고 직원의 재고 기록에 대한 실수가 있을 때를 대비해 공급을 확보하기 위한 예비품이 된다. 안전재고량은 제품의 중요성, 투자의 가치와 대체재의 이용가능성에 따라 달라지고, 또한 조달시간과 사용률에 따라 다르다. 제품의 안전재고는 창고의 선반에 있는 수량의 일부분으로 회전되어야 한다. 이것은 재고기록에 의해 파악되고, 재고회전은 오래된 제품을 먼저 사용해야 한다.

최대재고(maximum inventory) 수준은 재고에 있어서 원하는 가장 높은 수량이다. **조달시간(lead time)**은 제품 요청서로 시작되어 제품이 입고되기까지의 시간 간격을 말한다. 재료를 창고까지 운송해 주는 지역 공급업체로부터 구매할 때에는 조달시간이 짧지만, 일정 거리가 있고, 창고로 직접 배송이 되지 않을 때는 긴 시간이 소요된다. 제품의 사용률은 경험과 예측에 의해 결정되고, 재주문점은 조달시간과 **사용률(usage rate)**로부터 설정된다. **재주문(reorder point)**은 재고의 수량이 최소재고량 수준에 도달했을 때 발생하고, 가장 **낮은 재고수준(minimum inventory)**은 재고부족 또는 긴급구매를 방지하기 위해 유지될 수 있는 재고수준을 말한다. 안전재고량과 최소재고량의 차이는 시간과 사용의 영향 때문에 발생한다. 시간의 영향은 제품이 주문된 후에 즉시 배송이 안 될 경우 발생하는데, 일단 주문이 되면 제품이 입고되기까지 몇 시간, 때로는 수일이 걸린다. 사용의 영향은 제품이 재주문이 들어간 후에도 계속해서 사용되고, 그로 인해 주문된 재품의 배송되었을 때 그것이 실제 주문되었을 때보다 양이 적게 된다. 시간과 사용의 영향을 고려하여, 재주문점(최소수량)은 안전재고량보다 많아야 한다. 주문 수량은 안전재고와 최대재고 사이의 차이가 된다.

경제적 발주량 방법 식품 재고 축척에 따른 연간 총 비용은 일 년 주문 횟수에 따라 달라진다. 이 비용을 감소시키기 위해서는 가능한 대량 발주를 통해 발주횟수를 줄여야 한다. 그러나 대량 발주 개념의 반대로 재고 유지비용이 발생하게 된다.

경제적 발주량(economic order quantity, EOQ)은 발주비용과 재고저장비용의 감각적 균형에서 도출된다. 발주비용은 발주량을 감소시키면 상승하고, 재고저장비용은 발주량이 증가할수록 증가한다. 그림 5-30에서, 발주비용은 좌표에서 곡선을 그리며 감소하고 발주수량은 증가하고 있다. 저장비용은 발주수량이 증가함에 따라 직선으로 상승하고 있음을 알 수 있다. 경제적 발주량의 목적은 발주비용과 재고저장비용의 총 비용을 최소화하기 위한 것으로, 양쪽비용이 동일하게, 두 선이 교차하는 점을 결정하는 것이다. 경제적 발주량 산출을 위한 수학적인 공식은 다음과 같다.

$$\text{EOQ} = \sqrt{\frac{2(\text{특정품목의 연간 소요량})(\text{발주비용})}{(\text{단위당 연간저장비용})}}$$

이 모형에서 발주비용은 구매와 검수부서의 총 운영비용, 구매주문서와 납품서 지불 비용과 구매와 재고관련 처리 비용이 포함된다. 연간 총 소요량은 연간 사용할 품목의 수이다. 유지비용은 재고를 유지하는 모든 비용의 합계이며, 이는 재고에 묶여 있는 자본금, 제품의 노후화, 저장, 보험, 유지, 세금, 감가상각, 품질 저하 및 파손 등을 포함한다. 경제적 발주량은 수학적 공식 또는 공식계산에 의해 도출된 표를 사용하여 결정할 수 있다.

기본적인 경제적 발주량 공식의 개발은 다음의 몇 가지 가정하에 만들어졌다(Mongag & Hullander, 1971).

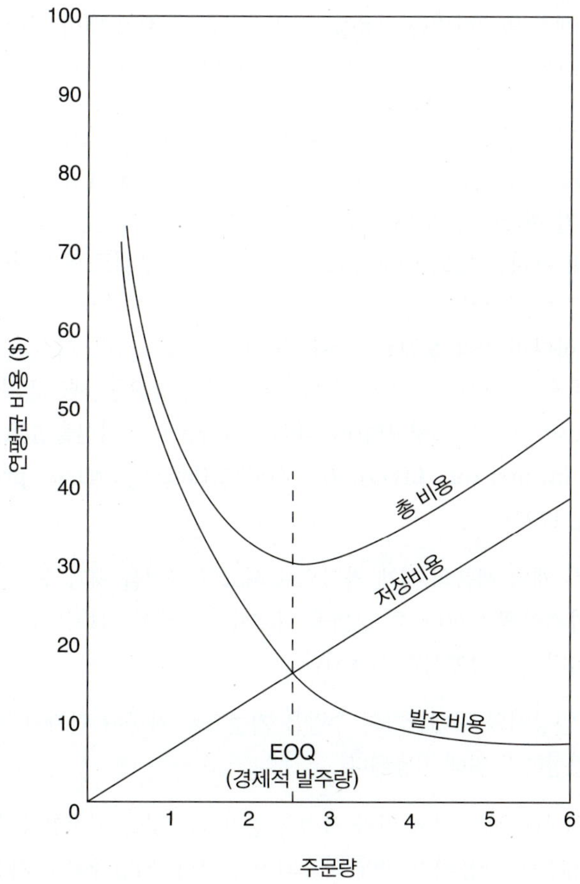

그림 5-30 경제적 발주량 개념의 도식화

- 총 연간 사용량이 알려져 있고 일정하다.
- 출고량이 같은 비율로 일정하다.
- 구매한 수량은 즉시 이용 가능하다.
- 부족은 허용되지 않는다.
- 단가가 일정하다.
- 발주비용이 일정하다.
- 재고 품목의 단가가 일정하다.

경제적 발주량 방법의 단점은 수요의 변화가 클 때에는 신뢰하기 어렵고, 모든 제품에 대해 예측해야 하며, 과거의 수요에 대한 정보가 필요하다는 점이다. 푸드서비스 업장의 경우, 다음 조건에 해당될 때에는 경제적 발주량 방법을 사용해서는 안 된다(Montag & Hullander, 1971).

- 총 연간 사용량이 불확실하다.
- 출고량이 일정하지 않고 변동한다.
- 단가가 일정하지 않다
- 조달시간이 일정하지 않다.
- 발주비용에 변동이 있다.
- 재고유지비용에 변동이 있다.

컴퓨터 지원이 가능하지 않은 한 경제적 발주량법은 실용적이라 할 수 없다. 또한 이러한 경제적 발주량은 특정 식품, 계절 메뉴 변경, 조달시간의 불명확성 등이 많은 푸드서비스 업장에서는 적합하지 않다. 그러나 상업적 냉동식품의 준비와 도매 베이커리 업체와 같이 대규모의 식품 가공업체의 경우에는 경제적 발주량법을 사용할 수 있다. 재고문제에 대한 정량적인 접근 방법은 지식, 기술과 푸드서비스 매니저의 판단에 의해 보완되어야만 한다.

재고평가방법 사용과 제품 대체가 끊임없이 이루어지기 때문에 지속적으로 변화하는 재고는 푸드서비스 업장이 소유하고 있는 현재의 중요한 자산이다. 일반적으로 1년을 회계 기간으로 하여 회계주기는 보통 매월 1일 시작해서 말일에 마감한다. 따라서 재고관리는 매월 수행되고, 자산 또는 부채가 포함된 달러의 가치는 월별 대차대조표에 자산, 또는 부채로 표시된다. 재고조사의 끝은 다음 달을 위한 재고조사의 시작이 된다.

식품의 품질이 중요하다면 가장 오래된 것부터 먼저 사용하는 제품 회전은 필수적이다. 가치평가 방법은 회계기간 동안 일관성이 있어야 한다. 다섯 가지 중요한 재고평가방법으로는 **실제구매가법(actual purchase price)**, **총평균법(weighed average)**, **선입선출법(frist in, first out, FIFO)**, **후입선출법(last in, first out, LIFO)**, **최종구매가법(latest purchase price)**이 있다(Kim, Finley, Fanslow, & Hsu, 1992).

실제구매가법 각각 개별 제품의 실제 가격으로 재고의 가격을 평가하는 것이다. 배송될 때 각 제품에 표시된 구매가격이 필요하다. 이 방법을 위해서는 상세한 기록유지가 필요하고, 따라서 매우 작은 규모의 푸드서비스 업장에서만 사용된다.

총평균법 물품 구입당시의 구매단가와 수량을 기준으로 가중된 단가가 계산된다. 이 가중단가는 재고의 가치를 결정하기 위해 사용된다.

선입선출법 제품의 물리적 흐름에 따라 가격을 평가하는 것을 의미한다. 창고에 가장 오래 보관된 제품이 새로운 제품이 사용되기 전에 사용되어야 한다. 기말재고는 가장 최근에 구매한 가격으로 가치가 평가되기 때문에 제품의 현재 원가가 반영된다.

후입선출법 가장 오래된 재고의 구매 가격을 반영하여 산출하는 방법이다. 일반적으로 재고의 가치는 현재의 가격이 과거보다 더 높다는 가정 아래 후입선출법을 사용하면 원가는 낮아지고, 선입선출법을 사용하면 원가가 높아지게 된다.

최종구매가법 기말재고의 가치를 가장 최근에 구매한 가격으로 반영한다. 이 방법은 간단하고 빠르기 때문에 푸드서비스 업장에서 흔히 사용된다(Kim et al., 1992).

재고평가를 위한 방법의 선택은 이익 및 손실에 영향을 미치는 메뉴의 가격을 결정하는 데 영향을 미치기 때문에 중요하다고 할 수 있다. 또한 재고는 현재의 자산을 의미하기 때문에 급식소의 대차대조표 또는 재무상태설명서에 영향을 주게 된다.

5.12 윤리적 고려사항

기업 및 전문기관은 윤리강령을 갱신하고 있으며, 또한 구성들에게 윤리강령을 강조하고 있다. **윤리(ethics)**는 개인 또는 사업체를 지배하는 행동의 원칙으로 정의된다. **개인윤리(personal ethics)**는 기업윤리와 구분되어야 하는데, 개인윤리의 원천은 개인 삶의 종교나 철학에 자리 잡고 있으며, 명확한 도덕적 기준에서 파생된다. **기업윤리(business ethics)**는 대다수의 기업임원들의 자발적으로 동의한 도덕적 기준이다. 기업윤리는 특정 윤리강령이 관련 산업에 전반적으로 수용되게 한다(Zenz & Thompson, 1993). 윤리는 사회에 의해 만들어진 것이고 도덕은 옳고 그른 것에 대한 개개인의 신념이다(Kapoor, 1991).

5.12.1 윤리강령

조직에는 구성원들이 따라야 하는 윤리강령이 있어야 한다. 많은 기업이 윤리강령을 가지고 있는데, 강령은 집단에 의해 확립된 실무 또는 행동의 기준에 대한 규칙을 설정해 놓은 것이다. 윤리강령은 개인의 강령에 의해 영향을 받지만, 주요 강조점은 기업들 및 전문 조직 내에서의 관계에 있다. 공급관리연구소(Institute of Supply Management, ISM)는 구성원들의 윤리적 행동을 위한 지침으로 '윤리적인 공급 관리 행동의 원칙과 기준(Principles and Standards of Ethical Supply Management Conducts)'을 사용하고 있다(그림 5-31).

5.12.2 윤리문제

구매자는 업무를 수행하면서 윤리적으로 중요한 상황에 자주 직면하게 된다. Reid와 Riegel (1989)은 이러한 상황을 윤리적 딜레마로 언급하였으며, 이러한 상황은 다음 세 가지 범주로 구분할 수 있다.

- 경쟁자에 대한 내부 정보를 얻기 위해 노력하는 것(공급자를 통해 경쟁자에 대한 정보를 받는 것)
- 구매자가 공급자로부터 개인적인 이익을 얻게끔 허락하는 활동(식사접대, 유흥, 오락, 선물 등)
- 구매조직의 이득을 위해 공급자를 속이는 행동(업체로부터 할인받기 위해 문제의 심각성을 과장, 다른 공급자 이용에 대한 위협, 조직의 경제적 영향력 사용, 다른 공급업체에 입찰 정보 허용)

ISM®
institute for supply management

Principles and Standards of Ethical Supply Management Conduct

INTEGRITY IN YOUR DECISIONS AND ACTIONS
VALUE FOR YOUR EMPLOYER
LOYALTY TO YOUR PROFESSION

From these principles are derived the ISM standards of supply management conduct:

STANDARDS

1. **PERCEIVED IMPROPRIETY**
   Prevent the intent and appearance of unethical or compromising conduct in relationships, actions and communications.
2. **CONFLICTS OF INTEREST**
   Ensure that any personal, business or other activity does not conflict with the lawful interests of your employer.
3. **ISSUES OF INFLUENCE**
   Avoid behaviors or actions that may negatively influence, or appear to influence, supply management decisions.
4. **RESPONSIBILITIES TO YOUR EMPLOYER**
   Uphold fiduciary and other responsibilities using reasonable care and granted authority to deliver value to your employer.
5. **SUPPLIER AND CUSTOMER RELATIONSHIPS**
   Promote positive supplier and customer relationships.
6. **SUSTAINABILITY AND SOCIAL RESPONSIBILITY**
   Champion social responsibility and sustainability practices in supply management.
7. **CONFIDENTIAL AND PROPRIETARY INFORMATION**
   Protect confidential and proprietary information.
8. **RECIPROCITY**
   Avoid improper reciprocal agreements.
9. **APPLICABLE LAWS, REGULATIONS AND TRADE AGREEMENTS**
   Know and obey the letter and spirit of laws, regulations and trade agreements applicable to supply management.
10. **PROFESSIONAL COMPETENCE**
    Develop skills, expand knowledge and conduct business that demonstrates competence and promotes the supply management profession.

Adopted 5/2008

IFPSM

printed on recycled paper
FS 234A 6/08/5M

www.ism.ws

ISM is a member of the International Federation of Purchasing and Supply Management (IFPSM)

그림 5-31 구매업무에 있어서의 원칙과 기준

자료: Institute for Supply Management. Used by permission.

요약

1. 구매는 운영을 위해 제품을 획득하는 과정이며, 검수는 배송되어 입고된 제품을 확인하는 과정이다. 저장은 생산을 위해 필요할 때까지 입고된 제품을 적절한 온도에서 보관하는 과정을 포함한다. 재고관리는 원하는 수준으로 자산을 유지하기 위한 기술이라고 할 수 있다.
2. 명세서는 구매할 제품의 품질 속성을 자세하게 기술한 내용으로 품질을 측정할 수 있도록 기술명세서로 작성될 수 있다. 브랜드명세서는 특정 브랜드를 지정함으로써 제품의 품질을 제시할 수 있다. 세 번째로는 제품의 품질이 효과적인 기능에 의해 측정될 수 있는 기능명세서가 있다.
3. 육류의 품질등급은 육질의 부드러움, 육즙의 맛과 같은 식미 품질과 연관이 있으며, 수율등급은 도축된 소로부터 사용가능한 부위의 예상 수율과 관련이 있다.
4. 비공식적 구매는 구매자와 판매자 간에 구두상으로 가격결정 및 주문을 하는 것이며, 공식적 구매는 제품구매를 위한 가격 책정을 경쟁입찰 방식으로 하는 것을 말한다.
5. 구매, 검수, 저장 등을 위한 통제는 급식소의 자산을 보호하기 위해 필요한 요소이다. 통제에는 공급자에게 주문서를 작성하여 주고, 구매와 검수 업무를 분리하여 담당자를 지정하며, 입고된 식재료는 안전한 곳으로 이동시켜 적절한 온도에서 보관유지 및 도난을 방지하고, 제품 출고시 선입선출을 준수하는 등의 업무가 포함된다.

연습문제

1. 조달 하위시스템의 네 가지 영역은 무엇인가?
2. 검수, 저장, 재고관리는 어떻게 구매와 연결되어 있는가?
3. 유통경로의 다섯 가지 구성요소에 대하여 설명하시오.
4. 식품품질 보증에 관여하고 있는 미국 내 5개 부서는 무엇이고, 각각의 부서들이 푸드서비스 산업에서 품질 보증 업무를 어떻게 수행하고 있는가?
5. 5월 초에 급식소의 식재료 재고는 $95,000이었다. 5월 한 달 동안 총 식재료 구매비용은 $210,000이었고, 기말 식재료 재고는 $89,000이었다. 5월의 식재료비는 얼마인가?
6. 5번 문제에서 5월의 재고회전율을 계산해 보시오.
7. 푸드서비스 업장에서 제품을 구매하기 전에 구매담당자가 알아야 할 내용과 해야 할 일에 대하여 설명하시오.

연구과제

1. 두세 명이 팀을 이루어 2개의 다른 푸드서비스 업장의 구매 담당자와 미팅을 한 후, 각 업장에서 구매, 검수 및 저장 절차는 어떻게 이루어지며, 조달 과정을 어떻게 통제하고 있는지 비교하는 보고서를 작성해보자.
2. 지역 내 푸드서비스 업장의 저장 구역을 방문한 후 각각의 제품(갈은 쇠고기, 채소 통조림, 냉동 채소, 양상치, 빵, 우유, 세제, 종이제품, 도자기류)이 어떻게 구매되고 저장되는지 관찰하고 보고서를 작성해보자.
3. 지역 내 푸드서비스 공급업체의 저장시설을 방문한 후 판매하고 있는 통조림 제품 중 하나를 뜯어볼 수 있는지 요청해보자.

사례 연구

1. "Purchasing Predicament" in Lieux, E. M., & Luoto, P. K. (2008). *Exploring foodservice systems management through problems*, 3rd ed. Upper Saddle River, NJ: Pearson Prentice Hall.
2. "Looking for Answers in All the Right Places" in Lieux, E. M., & Luoto, P. K. (2008). *Exploring foodservice systems management through problems*, 3rd ed. Upper Saddle River, NJ: Pearson Prentice Hall.
3. "Purchasing with Par Levels" by J. J. Davis in Allen-Chabot, A., Jarvis, K., & O'Halloran, R. M. (2006). *Cases in foodservice and clinical nutrition management.* Upper Saddle River, NJ: Pearson Prentice Hall.
4. "Provision of Noncharge Formula Preparation and Oral Feeding Supplies" by M. Johnson in Allen-Chabot, A., Jarvis, K., & O'Halloran, R. M. (2006). *Cases in foodservice and clinical nutrition management.* Upper Saddle River, NJ: Pearson Prentice Hall.

웹사이트

www.restaurant.org National Restaurant Association
www.ism.ws Institute for Supply Management
www.foodbuy.com Foodbuy Purchasing Services
www.usda.gov U.S. Department of Agriculture
www.ksre.ksu.edu Kansas Extension Service
www.ext.nodak.edu North Dakota Extension Service
www.foodsafety.gov USDA food safety

참고문헌

Allen, R. L. (1992). New Senate bill backs seafood inspection plan. *Nation's Restaurant News, 26*(17), 3, 59.

Amos, S. M. (1992). Looking beyond the "specs"—growing together through profitable partnerships. *The Consultant, 25*(2), 69.

Anderson, C. (1998, January 1). Meat inspection system questioned. *Post Register,* 1.

Andrews, K. R. (1989). Ethics in practice. *Harvard Business Review, 5,* 99.

Bales, W. A., & Fearon, H. E. (1993). *CEOs'/presidents' perceptions and expectations of the purchasing function.* Tempe, AZ: Center for Advanced Purchasing Studies.

Broihier, C. (1996). Decoding the new menu—labeling regulations. [Online]. Available: http://www.restaurant.org

Brownell, J., & Reynolds, D. (2002). Strengthening the food and beverage purchaser supplier partnership: Actions that make a difference. *Cornell Hotel & Restaurant Administration Quarterly, 42*(4), 1–13.

Burros, M. (1997). Trying to get labels on genetically altered food. [Online]. Available: http://www.genetic-id.com/

Carter, J. R., & Narasimhan, R. (1993). *Purchasing and materials management's role in total quality management and customer satisfaction.* Tempe, AZ: Center for Advanced Purchasing Studies.

Catalog of food specifications: A technical assistance manual. (1992). Vol. I. (5th ed.). Dunnellon, FL: Food Industry Services Group in cooperation with the U.S. Department of Agriculture, Food & Nutrition Service.

Cheney, K. (1993). Tempest in a test tube. *Restaurants & Institutions, 103*(5), 76–79, 84, 88, 90, 94.

Contract purchasing: A technical assistance manual. (1992). Vol. II. Dunnellon, FL: Food Industry Services Group in cooperation with the U.S. Department of Agriculture, Food & Nutrition Service.

Cook, R. L. (1992). Expert systems in purchasing: Applications and development. *International Journal of Purchasing and Materials Management, 28*(4), 20–27.

Derr, D. D. (1993). Food irradiation: What is it? Where is it going? *Food & Nutrition News, 65*(1), 5–6.

Dietary Managers Association. (1991). *Professional procurement practices: A guide for dietary managers.* Lombard, IL: Author.

Dillon, T. F. (Ed.) (1973). Materials management: A convert tells why. *Purchasing, 74*(5): 43–45, 47.

Dion, P. A., Banting, P. M., Picard, S., & Blenkhorn, D. L. (1992). JIT implementation: A growth opportunity for purchasing. *International Journal of Purchasing and Materials Management, 28*(4), 32–38.

EDF Fact Sheet. (1995). Genetically engineered foods: Who's minding the store? [Online]. Available: http://www.edf.org

Ellram, L. M., & Pearson, J. N. (1993). The role of the purchasing function: Toward team participation. *International Journal of Purchasing and Materials Management, 29*(3), 3–9.

Etherton, T. D. (1993). The new bio-tech foods. *Food & Nutrition News, 65*(3), 1–3.

Food and Drug Administration (FDA). (1995). The new food label [Online]. Available: www.fds.gov/food/labelingnutrition

The Food and Drug Administration: An overview. (1997). [Online]. Available: http://www.fda.gov/

FDA issues food biotech guidelines. (1992). *Food Insight,* 6–7.

Fearon, H. E. (1988). Organizational relationships in purchasing. *Journal of Purchasing and Materials Management, 24*(4), 2–12.

Feinstein, A. H., & Stefanelli, J. M. (2008). *Purchasing: Selection and procurement for the hospitality industry.* 7th ed. Hoboken, NJ: John Wiley & Sons, Inc.

Food facts for food service supervisors: A technical assistance manual. (1992). Vol. III. (2nd ed.). Dunnellon, FL: Food Industry Services Group in cooperation with the U.S. Department of Agriculture, Food & Nutrition Service.

Food Industry Services Group in cooperation with the U.S. Department of Agriculture, Food and Nutrition Service. (1992). *Guidelines for the storage and care of food products: A technical assistance manual,* 3rd ed. Dunnellon, FL: Author.

Food Safety and Inspection Service (FSIS). (1995). Focus on: Egg products. [Online]. Available: www.fsis.usda.gov

Food Safety and Inspection Service (FSIS). (1998). Importing meat and poultry to the United States: A guide for importers and brokers. [Online]. Available: http://www.fsis.usda.gov

Food Safety Project: Iowa State University Extension. (1998). Food irradiation. [Online]. Available: http://www.exnet.iastate.edu/pages/families/fs/rad/irhistory.html

Geller, A. N. (1991). Rule out fraud and theft: Controlling your foodservice operation. *Cornell Hotel and Restaurant Administration Quarterly, 32*(4), 55–65.

Germain, R., & Droge, C. (1998). The context, organizational design, and performance of JIT buying versus non-JIT buying firms. *International Journal of Purchasing and Materials Management, 34*(2), 12–18.

Goebeler, G. (1989). Distributor viewpoint: Maintaining relationships. *Restaurant Business, 88*(10), 56.

Gregoire, M. B., & Strohbehn, C. H. (2002). Benefits and obstacles to purchasing food from local growers and producers. *Journal of Child Nutrition and Management.* [Online]. Available: http://docs.schoolnutrition.org/newsroom/jcnm/02spring/gregoire

Gunn, M. (1992). Professionalism in purchasing. *School Food Service Journal, 46*(9), 32–34.

Gunn, M. (1995). *First choice, a purchasing systems manual for school foodservice.* University, MS: National Foodservice Management Institute.

Handfield, R. B. (1993). The role of materials management in developing time-based competition. *International Journal of Purchasing and Materials Management, 29*(1), 2–10.

Heinritz, S., Farrell, P. V., Giunipero, L., & Kolchin, M. (1991). *Purchasing: Principles and applications,* 8th ed. Englewood Cliffs, NJ: Prentice Hall.

Hogner, R. H. (1987). Ethics in the hospitality industry: A management control system perspective. *File Hospitality Review, 5*(1): 34–41.

IFIC. (1997). Questions and answers about food irradiation. [Online]. Available: www.foodinsight.org

Kapoor, T. (1991). A new look at ethics and its relationship to empowerment. *Hospitality & Tourism Educator, 4*(1), 21–24.

Keegan, P. O. (1993). 'Healthy' menus may fall victim to labeling act. *Nation's Restaurant News, 27*(24), 1, 100.

Keiser, J. R., DeMicco, F., & Grimes, R. N. (2008). *Contemporary management theory: Controlling and analyzing costs in foodservice operations,* 5th ed. Upper Saddle River, NJ: Prentice Hall.

Kim, I. Y., Finley, D. H., Fanslow, A. M., & Hsu, C. H. C. (1992). *Inventory control systems in foodservice organizations: Programmed study guide.* Ames, IA: Iowa State University Press.

Kolchin, M. G., & Giunipero, L. (1993). *Purchasing education and training: Requirements and resources.* Tempe, AZ: Center for Advanced Purchasing Studies.

Kotschevar, L. H., & Donnelly, R. (1998). *Quantity food purchasing,* 5th ed. Upper Saddle River, NJ: Merrill.

Kunkel, M. E. (1993). Position of the American Dietetic Association: Biotechnology and the future of food. *Journal of the American Dietetic Association, 93*(2), 189–192.

Lary, B. K. (1991). Employee theft: Tracking and prosecuting perpetrators of on-the-job theft. *Restaurants USA, 11*(7), 18–22.

Lawn, J. (2005). The GPOs: Where do they go from here? *Food Management.* [Online]. Available: www.food-management.com

Leenders, M. C., & Fearon, H. E. (1992). *Purchasing and materials management,* 9th ed. Homewood, IL: Irwin.

Liddle, A. (1988). Distribution: A new era dawns. Part 3. *Nation's Restaurant News, 22*(29), F1, F6, F10.

Longrée, K., & Armbruster, G. (1996). *Quantity food sanitation,* 5th ed. New York: Wiley.

Lorenzini, B. (1992). The secure restaurant. Part II: Internal security. *Restaurants & Institutions, 102*(25), 84–85, 90, 92, 96, 102.

Martin, R. (1993). Meat inspection proposal spurs price hike fears. *Nation's Restaurant News, 27*(13), 9, 103.

McProud, L. M., & David, B. D. (1976). Applying value analysis to food purchasing. *Hospitals, 50*(18), 109–113.

Miles, L. D. (1972). *Techniques of value analysis and engineering.* New York: McGraw-Hill.

Montag, G. M., & Hullander, E. L. (1971). Quantitative inventory management. *Journal of the American Dietetic Association, 59*(4): 356–361.

Muller, E. W. (1992). *Job analysis identifying the tasks of purchasing.* Tempe, AZ: Center for Advanced Purchasing Studies.

National Center for Nutrition and Dietetics. (Spring 1993). The new food label: Standardizing the terms to dispel confusion. *From the Center,* 3.

National Food Brokers Association. (Undated). *How to select brokers: A guide to interviewing and selecting retail, foodservice, and industrial ingredients brokers.* Washington, DC: Author.

National Food Service Management Institute. (1992). *Impact of food procurement on the implementation of the Dietary Guidelines for Americans in child nutrition programs: Conference proceedings.* University, MS: Author.

National Livestock and Meat Board. (1991). *The Meat Board's lessons on meat.* Chicago, IL: Author.

National Restaurant Association. (April 1989). *A review of U.S. food grading and inspection programs. Current issues report.* Washington, DC: Author.

National Restaurant Association. (2002). Industry at a glance. [Online]. Available: www.restaurant.org

National Restaurant Association. (2008). Industry at a glance. [Online]. Available: www.restaurant.org

National Restaurant Association, Educational Foundation. (1992). *Applied foodservice sanitation,* 4th ed. Chicago, IL: Author.

National Restaurant Association, Educational Foundation. (1995). *Serving safe food certification coursebook.* Chicago, IL: Author.

Nielsen, R. P. (1989). Changing unethical organizational behavior. *Academy of Management Executive, 3*(2), 123–130.

North American Meat Processors Association. (2002). *The meat buyers guide.* Reston, VA: Author.

Paparella, M. W. (1998). More on food irradiation. [Online]. Available: http://www.shorejournal.com/9803/mwp0301a.html

Patterson, P. (1993). Roundtable discussions offer buyers insights, helping hand. *Nation's Restaurant News, 27*(24), 80.

Position of the American Dietetic Association: Food irradiation. (2000). *Journal of the American Dietetic Association, 100,* 246–253. [Online]. Available: www.eatright.org

Puckett, R. P., & Miller, B. B. (1988). *Food service manual for health care institutions.* Chicago, IL: American Hospital Publishing.

Reck, R. R., & Long, B. G. (1983). Organizing purchasing as a profit center. *Journal of Purchasing and Materials Management, 19*(4): 2–6.

Reid, R. D., & Riegel, C. D. (1989). *Purchasing practices of large foodservice firms.* Tempe, AZ: National Association of Purchasing Management.

Restaurants find bottom-line benefits in pilot voluntary seafood inspection program. (1993). *Washington Weekly, 13*(23), 7.

Rubin, K. W. (1993). The pros & cons: Food irradiation. *FoodService Director, 6*(2), 90.

Ruggles, R. (1993). 'Pharmers' to cultivate more food choices. *Nation's Restaurants News, 27*(24), 62.

Savidge, T. F. (1996). Putting your eggs in one basket. *School Foodservice and Nutrition, 50*(4), 26–28.

Schwartz, W. C. (1989). Employee theft: Guess who's leaving with dinner. *Restaurants USA, 9*(8), 24–29.

Seideman, T. (1993). Bar codes sweep the world. *American Heritage Invention and Technology, 8*(4), 56–63.

Spears, M. C. (1999). *Foodservice procurement: Purchasing for profit.* Upper Saddle River, NJ: Prentice Hall.

Stefanelli, J. M. (1997). *Purchasing: Selection and procurement for the hospitality industry,* 4th ed. New York: Wiley.

Thorner, M. E., & Manning, P. B. (1983). *Quality control in foodservice.* Westport, CT: AVI.

University of Technology Perth Western Australia. (1995).

U.S. Department of Agriculture (USDA). (1996). Summary of USDA final rule on pathogen reduction and HACCP. [Online]. Available: http://www.usda.gov

U.S. Department of Agriculture (USDA). (1998). [Online]. Available: http://ams.usda.gov

U.S. Department of Agriculture, Food and Nutrition Service, with the National Food Service Management Institute. (2002). *First choice: A purchasing systems manual for school food service.* 2nd ed. University, MS: National Food Service Management Institute.

U.S. Department of Agriculture, Food and Nutrition Service. (1975). *Food storage guide for schools and institutions.* Washington, DC: U.S. Government Printing Office.

USDA Food Safety and Inspection Service. (1998). [Online]. Available: http://www.fsis.usda.gov/

Wagner, M. (1992). Group purchasing survey: Purchase groups buy goods worth over $15 billion. *Modern Healthcare,* 39, 40, 42, 46, 48–50.

Williams, A. J., Lacy, S., & Smith, W. C. (1992). Purchasing's role in value analysis: Lessons from creative problem solving. *International Journal of Purchasing and Materials Management, 28*(2), 37–42.

Zenz, G. J., & Thompson, G. H. (1993). *Purchasing and the management of materials,* 7th ed. New York: Wiley.

Chapter

6 음식 생산

개요

- 푸드서비스 업장의 첫 번째 목표는 적절한 품질의 음식을 필요한 양만큼, 적정 가격에 생산하는 것이다.
- 표준레시피를 사용하면 좋은 품질의 음식을 정확한 양만큼 생산할 수 있다.
- 원가 통제를 위해 1인분량 통제가 필요하다.
- 푸드서비스 산업은 에너지 집약적인 산업이다.

학습 목표

1. 음식 생산 하위시스템을 기술할 수 있다.
2. 두 가지 이상의 방법을 이용해 수요를 예측할 수 있다.
3. 생산 계획을 세울 수 있다.
4. 식재료 창고의 기능을 설명할 수 있다.
5. 레시피의 산출량을 조정할 수 있다.
6. 푸드서비스에 사용되는 기기를 구분하고 각 기기의 용도를 설명할 수 있다.
7. 직접에너지와 간접에너지의 차이점을 설명할 수 있다.
8. 암페어, BTU(*British thermal unit*), 마력, 킬로와트, 섬(*therm*), 볼트, 와트 등 에너지 관련 용어를 정의할 수 있다.
9. 에너지를 절약하기 위한 방법을 설명할 수 있다.

음식의 생산은 푸드서비스 업장에서 일어나는 변환 과정 중 가장 중요하다. 생산 과정의 성공 여부에 따라 산출되는 결과물, 즉 음식의 품질과 고객의 만족도가 달라진다. 이 장에서는 음식의 생산 과정에 영향을 미치는 요인들을 살펴보고, 어떻게 생산을 통제해야 하는지를 알아본다. 수요를 예측하는 법, 표준레시피를 작성하는 법, 에너지를 관리하는 법에 대해서도 학습한다. 또한 변환 과정 중 기능적 하위시스템에 속하는 생산 과정에 필요한 통제 기술에 대해서도 다룰 것이다.

6.1 기능적 하위시스템: 음식 생산

음식 생산(food production)의 목표는 원하는 품질의 음식을 필요한 양만큼, 적정 원가로 만들어내는 것이다. 푸드서비스 업장이 가정과 가장 다른 점은 음식을 대량으로 생산한다는 점이다. 생산 과정에 관여하는 종사원의 수가 많기 때문에, 음식을 대량 생산할 때에는 음식의 품질 관리에 주의해야 한다. 이때 음식의 품질에는 음식의 관능적인 측면뿐 아니라 영양적인 측면과 미생물학적인 안전도 포함된다.

그림 6-1에서 알 수 있듯이 푸드서비스 시스템의 변환 과정에서 생산은 조달 다음으로 중요한 하위시스템

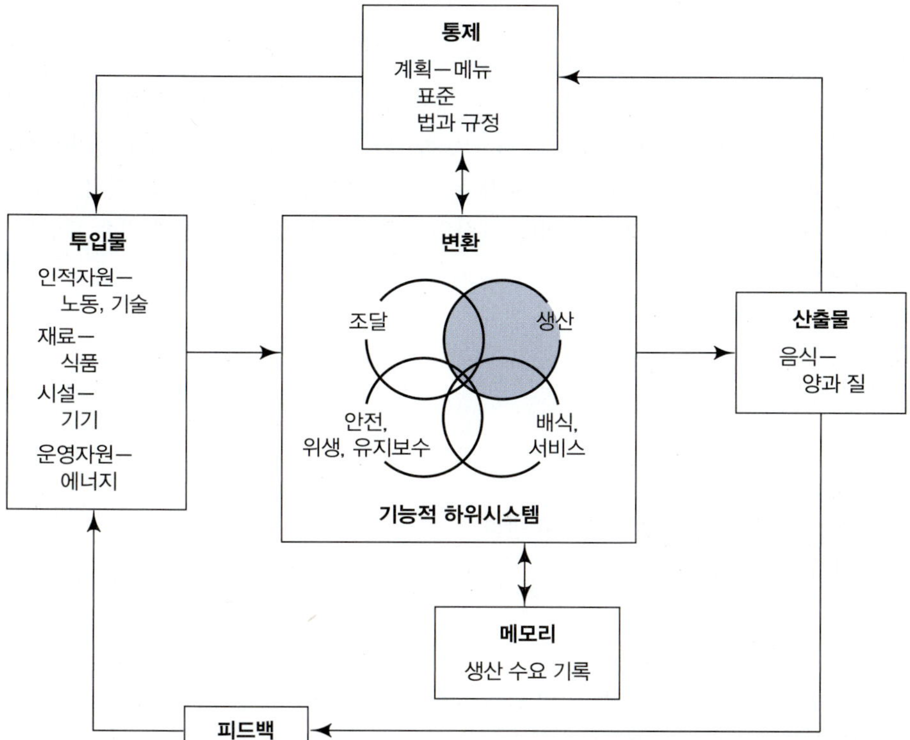

그림 6-1 푸드서비스 시스템 모형에서 음식 생산 하위시스템

이다. 최근에는 껍질을 벗기고 자른 사과처럼 부분적으로 가공되어 있는 식재료를 사용하는 경우가 많기 때문에 식재료 전처리 역시 생산 부서에서 이루어지는 경우가 흔하다. **생산(production)**이란 넓은 의미에서 생산물이 만들어지는 과정을 말한다. 푸드서비스에서의 생산이란 구입한 식재료를 고객에게 서비스할 메뉴 품목으로 전환시키는 과정을 말한다.

푸드서비스 업장에서 생산은 조리 과정만을 의미하는 것은 아니다. 식재료, 생산방법, 음식의 품질, 노동생산성, 칼로리를 계획하고 통제하는 일이 모두 생산 과정에 포함된다. 생산을 책임지고 있는 푸드서비스 매니저는 자원을 관리하는 역할을 하기 때문에 자원 관리자(resource manager)라고 불리기도 한다.

생산 계획(planning for production)이란 어떤 방식으로 자원을 제품과 서비스로 변환시킬지를 계획하는 것을 말한다. 매니저는 필요한 자원을 결정하고, 원하는 제품과 서비스를 생산하기 위해서 변환 과정을 어떻게 진행해야 할지를 결정한다. 생산 계획은 조직화나 통제와 같은 다른 관리 기능과 통합적으로 이루어져야 한다.

계획, 조직화, 통제 관리 기능은 서로 중복되며, 각각을 별개의 기능으로 생각해서는 안 된다. 예를 들어, 푸드서비스 매니저와 생산 감독관이 채소가 너무 무르게 익는 것을 방지하기 위해 조리 시간 스케줄을 세웠다고 가정해보자(통제). 그런데 갑자기 담당 조리원이 조퇴하게 되어 업무를 다른 조리원에게 맡기게 되었다면 작업일정을 변경해야 한다(계획). 또한 모든 업무가 잘 마무리되도록 업무 내용을 분석해야 한다(조직화).

6.2 생산 결정

푸드서비스 업장에서는 매일 생산 필요량과 품질 기준을 결정한다. 푸드서비스 매니저는 앞으로 일어날 일을 예측할 수 있어야 한다. 따라서 예측하고, 계획하고, 작업일정을 결정하는 일은 중요한 의사결정 과정에 속한다.

모든 계획은 시설 조건에 맞게 세워야 한다. 병원이나 노인요양시설에서 환자의 수가 증가하는 경우가 흔하지만, 그렇다고 해서 주방 기기의 용량이 그에 따라 늘어날 수는 없다. 수요예측량이 생산할 수 있는 한계를 초과한다면 시설을 확장하거나, 조리식품의 사용비율을 늘려야 한다.

생산을 계획할 때는 주로 양과 품질, 원가 목표를 고려한다. 생산의 목표는 인적, 물적, 시설 및 운영 자원을 산출로 변환시키는 것이다. 생산의 이차적인 목표로는 다음과 같은 요인을 고려하게 된다(Adam & Ebert, 1992).

- 제품/서비스 특성
- 과정 특성
- 제품/서비스 품질
- 효율:
  - 효율적인 종사원 관계와 인건비 관리
  - 식재료비 관리
  - 시설 비용 관리
- 고객 서비스:
  - 예측된 요구량에 부합하는 양의 음식 생산
  - 제품 또는 서비스의 제공시간 준수

레스토랑이나 호텔 커피숍의 즉석요리, 고급레스토랑의 선택 메뉴, 학교의 고정메뉴처럼 조직의 유형에 따라 **제품이나 메뉴의 특성**은 달라진다. 예를 들어, 레스토랑에서는 다진 고기로 만든 패티를 빵 위에 얹어 햄버거로 서비스할 수 있지만, 고급 레스토랑에서는 숯불에 구워 스테이크로 서비스할 수 있으며 노인요양시설에서는 오븐에 구워 서비스할 수 있다.

그릴링, 브로일링, 베이킹 같은 음식의 조리방법은 **생산 과정 특성**에 속한다. 과정 특성과 제품 특성은 서로 밀접하게 연결되어 있는데, 이 두 가지 특성에 의해 제품과 서비스의 품질이 결정되기 때문이다. 인건비, 재료비, 경비를 어떻게 통제하느냐에 따라 과정의 **효율성**이 달라진다. 이런 모든 이차적인 목표들이 고객 서비스로 이어지게 된다.

타당성 있고 정확한 방법으로 수요량을 예측할 수 없다면 효율적인 계획을 세울 수 없다. 또한 모든 제품에 대한 품질 기준이 확립되어 있어야 한다. 품질을 유지하는 데는 비용이 든다. 종사원을 훈련하고, 원재료와 조리식품의 재고를 관리하고, 위생 프로그램을 운영하는 데에 비용이 소요되기 때문이다.

식재료, 저장, 출고, 생산 비용과 노동력, 시설, 에너지 비용에 따라 생산에 들어가는 비용이 정해진다. 따라서 생산 계획을 세울 때에는 항상 이러한 요인들을 고려해야 한다.

6.3 수요예측

예측은 미래에 일어날 일을 추측하는 기술이자 과학으로, 의사결정과 계획에 필요한 데이터베이스를 제공한다. 이때 기술이란 예측자의 직관력을 말하며, 과학이란 과거의 자료를 활용하여 입증된 모형을 통해 미래를 예측하는 것을 말한다. 두 가지 모두 미래의 수요량을 예측하기 위해 사용된다. 예측은 생산기능인 동시에 구매의 기본이기도 하다. 컴퓨터 시스템을 활용하면 예측 과정이 더욱 편리해진다.

6.3.1 생산 수요예측

생산뿐 아니라 구매를 위해서도 예측이 필요하다. 메뉴를 생산하려면 필요한 식재료를 구매해야 한다. 수요예측은 고객만족을 위해 필요하다. 고객은 자신이 주문한 것과 동일한 것을 서비스받기 원하기 때문에 정확한 수요예측이 필요하다. 푸드서비스 매니저는 식재료비에도 관심을 가져야 하는데, 과잉생산와 생산부족이 모두 손익에 영향을 주기 때문이다.

과잉생산(overproduction)은 필요한 양보다 더 많은 음식을 생산하는 것으로 추가비용이 발생한다. 과잉생산된 음식을 늘 재사용할 수 있는 것이 아니기 때문이다. 잔식은 쉽게 부패하며, 처리나 저장 과정도 까다롭다. 잔식을 냉장 보관할 수 있는 경우도 있지만, 냉장 보관 시 오히려 품질이 떨어지는 경우도 있다. 커스터드나 크림 파이 등을 예로 들 수 있는데, 이러한 음식은 생물학적인 안전성 때문에 반드시 냉장 보관해야 하지만 냉장 보관하게 되면 표면이 쉽게 축축해져 버린다. 따라서 과잉생산된 음식에 대한 보관 지침이나 보관 방법을 잘 정리해 두어야 하며 이를 철저하게 지켜야 한다.

고가의 메뉴품목이 남았을 때 과잉생산에 의한 초과 비용을 낮추려고 이를 저가 메뉴에 재활용하는 경우가 있는데, 이럴 경우 오히려 이윤이 감소할 수도 있다. 예를 들어, 잔식으로 남은 갈비 로스트를 비프스튜나 수프용 육수, 비프해시 등에 다시 사용하는 것은 좋은 해결책이 아니다. 이럴 경우 식재료비가 상승할 뿐 아니라 과잉생산이 발생하지 않았다면 생기지 않았을 노동비용도 증가한다. 게다가 고객들은 잔식이 재활용된 것은 아닌지 의심하기도 하는데, 이렇게 되면 푸드서비스 업장의 이미지가 손상되기도 한다.

생산부족(underproduction)은 필요한 양에 비해 생산량이 부족한 경우로, 과잉생산만큼 비용이 증가할 가능성이 있다. 생산부족으로 고객이 원하는 메뉴가 없다면 고객은 실망하게 되며, 다른 선택을 해야 하는 어려움을 겪게 된다. 게다가 생산부족 때문에 인건비가 추가로 발생하기도 하며, 값이 더 비싼 메뉴 품목으로 대체되기도 한다.

현명한 관리자라면 생산부족이 발생했을 때 비슷한 메뉴 품목으로 대체할 수 있어야 한다. 예를 들어, 대학 기숙사에 있는 급식소에서 고기파이가 떨어졌을 때 냉동 스테이크를 재빨리 구워서 서비스한다면 훌륭한 대체음식이 될 것이다. 이렇게 대체했을 경우 손익구조에는 나쁜 영향을 미칠 수 있지만, 고객의 만족도는 높일 수 있다.

6.3.2 수요예측량

생산 관리자는 고객의 수나 각 메뉴 품목의 예측 수량을 미리 알고 구매부서에 식재료를 요청해야 한다. 급식소의 유형이나 규모에 관계없이(예를 들어 학교, 병원, 레스토랑) 관리자는 구매 부서에 식재료를 요청하기 전에 수요량을 제대로 예측할 수 있어야 한다. 수요량을 예측하는 방법은 과거의 기록이나 주관적 견해에 근거한 방법부터 방대한 데이터와 컴퓨터를 활용한 복잡한 모형까지 매우 다양하므로, 상황에 맞는 적합한 방법을 선택할 필요가 있다.

6.3.3 과거의 기록

수요예측에는 대부분 과거의 기록을 활용한다. 과거의 고객 수, 생산한 메뉴 품목의 수, 판매 기록은 각각의 메뉴 품목을 얼마나 생산해야 할지를 결정하는 데 활용된다. 따라서 이러한 기록은 정확해야 하며, 기록이 정확하지 않을 경우 예측한 결과를 신뢰하기 어렵다.

수요예측에 활용할 기록에는 다음과 같은 내용이 포함되어 있어야 한다.

날짜: 2010년 6월 7일　　시간: 오후 4:30~6:30　　행사: 약국 원장의 은퇴 기념 연회
인원수: 300명

메뉴	준비량	배식량	기타
칠리 스파이스 쉬림프	20개	20개	5:30분에 소진
칵테일 소스	3쿼트	2.5쿼트	
야생버섯 스트루델	300	200	
쉐리 소스	2쿼트	1.5쿼트	
쇠고기 안심	40개	40개	소진
칵테일 번	450	425	
홀스래디쉬 소스	2쿼트	2쿼트	
건조 토마토 마요네즈	2쿼트	1쿼트	
훈제 고다와 구운 채소 퀘사디아	250	250	6:00에 소진
채소 쟁반	3 쟁반	2.5 쟁반	
초콜릿과 라스베리 페티푸르	300	250	
모듬 쿠키	50다스	42다스	

기타: 날씨 맑음, 80°F 이상, 실제 참석자 수: 약 275명

그림 6-2 생산 기록의 예

- 날짜와 요일
- 끼니(조식, 중식, 석식 여부) 또는 서비스 시간
- 해당 사항이 있을 경우 특별 이벤트, 휴일, 날씨 등에 대한 기록
- 생산한 메뉴 품목
- 각 메뉴 품목의 생산량
- 각 메뉴 품목의 배식량

그림 6-2는 은퇴 기념 연회를 위한 생산 기록의 예이다. 여기에 제시된 계절 메뉴는 다른 연회에서도 활용될 수 있다.

케이터링을 할 때에는 준비한 음식의 양에 대해 정확한 기록을 남겨 추후 비슷한 행사가 있을 때 과잉생산이나 생산부족이 없도록 주의해야 한다. 이윤 사업인 케이터링의 경우 같은 행사가 반복되는 것이 아니기 때문에 정교한 수요예측이 어렵다. 따라서 신뢰할 만한 과거 기록이 더욱 중요하다.

고객에게 서비스할 메뉴 품목에 대한 중요 정보들은 주로 생산부서에서 기록하지만, 기록을 해야 하는 부서는 생산부서만이 아니다. 판매 기록과 생산 기록을 상호 참조해야만 신뢰할만한 자료가 완성되며, 이를 수요예측에 이용할 수 있다. 판매 기록은 고객 수의 변동 패턴을 알 수 있게 해 주어 수요예측에 유용하게 쓰인다.

생산부서의 과거 기록은 동일한 식사나 메뉴 품목을 생산하게 될 때 수요량을 예측할 수 있는 기초자료가 된다. 생산부서의 기록은 공급처명과 식재료 가격 정보가 포함된 구매부서의 기록과 연결되어야 한다.

6.3.4 수요예측 모형

특정 급식소에 가장 적합한 수요예측 모형을 선택하는 일은 쉽지 않다. 가장 쉬운 방법은 고객의 수와 필요한 각 메뉴 품목의 양을 추측하는 것이다. 놀랍게도 이를 비교적 정확하게 예측하는 셰

프나 조리원들이 많은데, 고객의 수가 거의 일정하고 메뉴의 변동이 없을 때는 더욱 그렇다. 그러나 고객이 어디서 무엇을 먹을지 스스로 결정할 수 있는 상황에서는 예측이 항상 맞는 것은 아니다. 이때에는 좀 더 과학적인 예측방법이 필요하다. 수요예측 모형의 종류는 다양하므로 각각의 특징을 알고 선택할 필요가 있다.

수요예측 모형의 기준 그동안 수많은 수요예측 모형이 개발되었지만, 트렌드는 컴퓨터에 기반한 정보시스템을 이용한 복잡한 모형으로 변화해왔다. 수요예측 모형을 선택할 때 고려해야 할 요인은 다음과 같다(Fitzsimmons & Sullivan, 1982).

- 가격
- 정확성
- 과거 데이터의 적합성
- 예측시간
- 행동패턴

가격 수요예측 모형의 가격은 개발 및 운영비용과 관련이 있다. 개발 비용은 모형을 만들고, 예측 안전성을 확인하고, 컴퓨터 예측 프로그램을 구매하는 데에서 발생한다. 관리자에게 모형 사용법을 교육할 때 비용이 발생하기도 한다. 운영비용은 자료의 양과 계산 시간에 따라 달라진다. 보다 정교한 모형은 방대한 자료를 필요로 하며, 이러한 모형은 값이 매우 비싸다.

정확성 수요예측 모형의 질은 미래에 일어날 일을 얼마나 정확하게 예측하는지에 따라 달라진다. 정확도는 조금 떨어지지만 저렴한 모형이 예측은 정확히 해내지만 값이 비싼 모형보다 더 나을 수도 있다. 어떤 모델을 선택할지는 푸드서비스 매니저의 몫이다.

과거 데이터의 적합성 대부분의 수요예측 모형은 과거의 행동 패턴이 미래에도 계속될 것이라는 가정에 기반하고 있다. 과거와 미래 사이에 명확한 연관성이 없다면, 과거의 자료는 예측에 적합하지 않을 것이다. 이런 경우에는 주관적인 접근, 즉 전문가의 의견에 의존하는 방법이 더 적합할 수 있다.

예측시간 예측시간은 예측하고자 하는 미래의 시간과 관련이 있다. 일반적으로 단기, 중기, 장기로 분류된다. 예측하고자 하는 품목에 따라 예측시간이 달라진다. 쉽게 상하는 물품은 단기적인 예측이 적합하며, 캔 제품에는 중기 또는 장기 예측이 적합하다.

행동패턴 앞서 언급한 대로 예측 모형은 과거에 관찰된 행동 패턴이 미래에도 계속될 것이라는, 다시 말해 실제 일어나는 일은 이미 알려진 패턴을 따른다는 가설에 기반하고 있다. 그러나 이러한 패턴은 예측이 불가능한 요인에 의해 영향을 받을 수 있으며, 이에 따라 예측에 오류가 발생할 수 있다. 수요예측 모형은 모든 과거의 자료 패턴에 똑같이 적용되는 것은 아니므로 특정 상황에 적합한 수요예측 모형을 선택해야 한다.

수요예측 모형의 유형 수요예측 모형은 다양한 방법으로 분류될 수 있지만, 크게 다음 세 가지 유형으로 나눌 수 있다.

- 시계열 분석법
- 인과형
- 주관적 방법

표 6-1 이동평균의 예

날	햄버거 판매수량	5일 이동 평균
1	150	—
2	180	—
3	185	—
4	170	—
5	195	176
6	200	186
7	185	187
8	160	182
9	175	183
10	180	180

시계열 분석법 흔히 사용되는 시계열 분석법(time series forecasting model)은 현재의 사건이 과거의 패턴을 따라간다는 가정에 기반을 둔다. 시계열 분석법은 자료에 편차가 있으면 예측이 어렵기 때문에 이러한 편차의 영향을 줄이기 위해 여러 가지 방법이 개발되었다.

시계열 분석 모형은 급식소의 단기 예측에 가장 적합하다. 과거의 자료가 트렌드를 알려주기는 하지만, 그 자체로 정확한 예측 자료가 되지는 않는다. 과거 자료를 유용하게 사용하려면, 편차를 줄여 미래까지 예측할 수 있는 트렌드 곡선을 그려야 한다. 급식소에서는 인과형 모형도 많이 사용하지만, 다른 방법보다 시계열 분석 모형인 이동평균과 지수평활을 더 많이 사용한다.

시계열 분석법 중 가장 일반적이며 쉬운 방법은 **이동평균법(moving average forecasting model)**이다. 이 방법에서는 트렌드 곡선의 첫 번째 점에 과거 5회 또는 그 이상 기간 동안 판매된 메뉴의 평균 개수를 찍는다. 트렌드 곡선의 두 번째 점은 첫 번째 판매 개수를 빼고 그 다음 판매 개수를 더하여 평균을 계산한 값이 된다. 모든 자료에 이 과정을 반복한다.

표 6-1은 이동평균법의 예를 보여준다. 이 자료는 지난 10일간 판매된 햄버거 개수이며, 5일 이동평균이 사용되었다. 첫 번째 5일 이동평균은 각 날에 판매된 개수를 더하고 5로 나누어 계산한 값으로, 평균 176개가 계산되었다. 다음 이동평균은 2~6일까지 판매된 숫자를 5로 나누어 계산한다. 맨 앞의 날을 빼고 다음 최근 날의 자료를 더하는 과정을 반복한다.

수요 데이터와 이동평균값을 그래프에 표시한 그림 6-3은 모형의 평활효과를 보여준다. 평활된 데이터 곡선은 수요량의 편차를 없애주어 과거의 트렌드를 보여준다. 평활 데이터는 과거에 일어난 일의 평균을 의미하므로 필요한 식수를 결정할 때에는 특별 행사, 휴일, 날씨, 기타 행사 등을 고려해야 한다.

지수평활법(exponential smoothing forecasting model)은 컴퓨터를 활용해 계산할 수 있는 시계열 분석법이다. 지수평활법은 이동평균법과 매우 비슷하지만, 이동평균법과는 달리 과거의 자료에 균등한 가중치를 부여하지 않는다. 대신 과거의 자료보다 최근 자료에 가중치를 더 부여하는 방식을 이용한다. 가중치, 즉 평활계수인 α가 가장 최근의 제공 식수와 가장 최근의 예측 식수에 적용된다. 따라서 그 이전의 자료는 필요하지 않다(Makridakis & Wheelwright, 1989). 평면계수인 평활계수(α)는 고객 수나 판매 개수를 예측할 때 가장 최근의 데이터를 얼마나 신뢰할 수 있는지 알려주는 기준이 된다.

평활계수는 0과 1 사이의 숫자로, 이전 예측에서의 오류를 조정하는 데 이용된다. α는 가장 최근의 제공 식수에 부여하는 가중치이며, $1 - \alpha$는 가장 최근의 예측 식수에 부여하는 가중치이

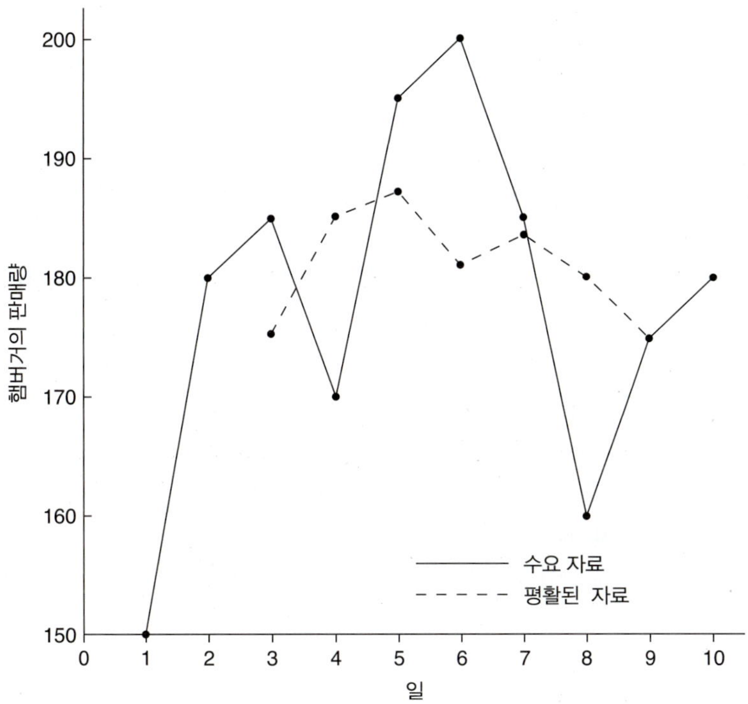

그림 6-3 이동평균의 평활효과

다. α가 1에 가까운 값이면 이전 예측에서 오류가 많았다는 뜻이며, 반대로 α가 0에 가까우면 이전 예측에서 오류가 적었다는 것을 뜻한다. 푸드서비스의 경우 큰 변화가 없다면 미래의 고객 요구는 과거와 크게 다르지 않다(Messersmith & Miller, 1992). 보통 α값 0.3을 제공 식수에, 0.7을 예측 식수에 적용한다. 가장 최근 예측 식수에 1 − α를 곱해주는데, 이는 최근 예측 식수에 큰 가중치를 두는 것이다. 예측이 반복되면, 1 − α 값은 점점 증가하게 되고, 과거의 데이터는 최근 데이터보다 트렌드 곡선에 미치는 영향력이 감소한다. 지수평활법의 수식은 아래와 같다.

$$F_t = [\alpha D_{t-1}] + [(1 - \alpha)F_{t-1}]$$

여기에서

α = 평활계수, 보통 0.1에서 0.3 사이
F_t = 시간 t에 대한 평활값(새로운 예측 식수)
D_{t-1} = 시간 $t - 1$일 때의 실제 관찰 값(가장 최근의 제공 식수)
F_{t-1} = 이전 평활값(가장 최근의 예측 식수)

글로 표현하면 예측 수식은 다음과 같다.

$$\text{새로운 예측 식수} = \left[\begin{matrix}\text{평활}\\\text{계수}\end{matrix} \times \begin{matrix}\text{가장 최근의}\\\text{제공 식수}\end{matrix}\right] \times \left[\begin{matrix}1 - \text{평활}\\\text{계수}\end{matrix} \times \begin{matrix}\text{가장 최근의}\\\text{예측 식수}\end{matrix}\right]$$

표 6-1에 있는 자료에서 7일째 예측에 지수평활법을 적용하면 다음과 같다.

$$\left(\begin{matrix}\text{평활}\\\text{계수}\end{matrix} \times \begin{matrix}\text{가장 최근의}\\\text{제공 식수}\end{matrix}\right) + \left(\begin{matrix}1 - \text{평활}\\\text{계수}\end{matrix} \times \begin{matrix}\text{가장 최근의}\\\text{예측 식수}\end{matrix}\right) = \text{7일째의 예측 식수}$$

$$(0.3 \times 200) + (0.7 \times 176) = 183$$

인과형 모형 인과형 모형(causal forecasting model)은 시계열법과 마찬가지로 예측할 메뉴 품목과 기타 요인들 간에 상관관계가 있다는 가설에 기초하고 있다. 이러한 요인에는 판매가격,

고객 수를 비롯해 메뉴에 영향을 미칠 수 있는 거의 모든 요인이 포함된다. 인과형 모형은 판매가격 등 한 가지 요인과의 연관성만을 기초로 한 모형부터 수많은 변수를 포함한 수학적인 방정식을 사용하는 모형까지 다양하다.

일반적으로 인과형 모형은 개발비용과 운영비용이 높은 편이어서 쉽게 부패하는 농산물 같은 식품의 수요를 예측하는 단기 예측에는 사용되지 않는다. 그러나 통조림처럼 중기, 장기 예측에 필요한 식품에는 많이 이용된다.

가장 많이 이용되는 인과형 모형은 **선형회귀 예측모형(regeression analysis forecasting model)**이다. 예측할 메뉴 품목이 종속변수가 되며, 종속변수의 값을 결정하는 요인들은 독립변수가 된다. 회귀모형에는 독립변수와 종속변수에 대한 과거 자료가 필요하며, 이를 바탕으로 회귀방정식을 찾아낸다. 회귀모형에는 선형회귀와 다중회귀가 있다.

선형회귀에서 **선형(linear)**이라는 말은 데이터를 바탕으로 일직선의 방정식을 찾아내는 분석을 의미한다. 예측할 메뉴 품목은 **종속변수(dependent variable;** *Y*), 종속변수에 영향을 주는 요인들은 **독립변수(independent variable;** *X*)라고 한다.

독립변수가 1개일 때에는 선형 회귀 과정을 통해 직선형태의 방정식으로 표현된다.

$$Y = a_0 + a_1X$$

이 방정식에서 a_0와 a_1은 회귀분석을 통해 얻어지는 상수이다. 그림 6-4에서 볼 수 있듯이 a_0은 y 절편이며 a_1은 선의 기울기다. *X*는 독립변수의 양을 나타낸다. 그림에서 점은 특정 *X*값(독립변수)에 대한 *Y*값(종속변수)을 의미한다. 변수들이 직선으로 표현될 수 있는지 알아보려면 그래프 용지에 변수들을 미리 그려보는 것도 좋은 방법이다. 변수간의 직선 관계가 미래 일정 기간 동안 계속될 것이라는 가설에 기초해 미래의 값을 예측할 수 있다. 방정식을 이용하려면 예측되는 미래의 *X*값을 대입하여 *Y*값을 구하면 된다. 병원 급식에서는 환자식수, 전체 환자의 수, 식당의 고객 수용력, 종사원의 수, 일반식 환자의 수, 치료식 환자의 수 등이 독립변수라고 할 수 있다. 인기 메뉴인 로스트비프를 예로 들어 보면, 이전 기록의 환자식수와 로스트비프의 양 사이의 상관관계를 이용해 회귀방정식을 만들 수 있다. 이에 따라 필요한 쇠고기의 양을 예측할 때에는 예측되는 환자식수를 방정식의 *X*에 대입시켜 필요한 로스트비프의 양인 *Y*를 구하면 된다.

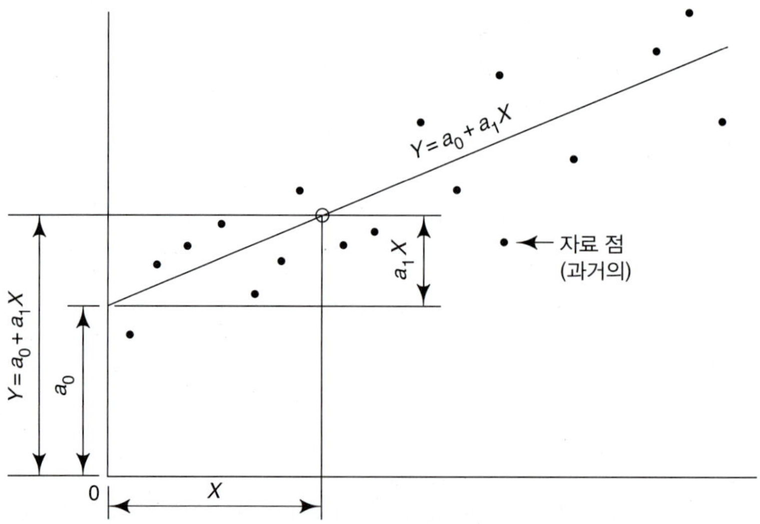

그림 6-4 전형적인 회귀선

종속변수에 영향을 미치는 독립변수가 2개 이상일 때는 다중회귀분석이라고 하며, 방정식은 다음과 같은 형태가 된다.

$$Y = a_0 = a_1X\{1\} = a_2X\{2\} = \dots = a_nX_n$$

다중회귀분석은 매우 복잡하며, 컴퓨터 프로그램이 필요하다.

주관적 예측 모형 주관적 예측 모형은 일반적으로 관련 자료가 부족하거나 시간에 따른 자료 간의 패턴이나 관계가 일관되지 않을 때 사용한다. 이러한 경우 과거와 미래 사이에는 연관성이 적다. 이때에는 예측할 품목과 관련이 있는 다른 의견이나 기타 정보에 의존해야 한다.

주관적인 예측 모형 중 하나로 **델파이 기법(Delphi technique)**이 있다. 델파이 기법에서는 전문가 패널이 주어진 주제에 대한 설문지를 작성하고 연구자에게 회신하면, 첫 번째 설문지의 결과를 종합해 패널들에게 수정을 요청한다. 다수의 동의가 있을 때까지 설문이 계속 진행된다. 델파이 기법은 시간이 소요되고 비용이 많이 드는 방법으로 급식 예측에는 적합하지 않다.

다른 질적인 예측 기법으로 시장 조사법, 패널 조사법, 예지적 예측법, 역사적 유추법이 있다. 시장 조사법은 실제 시장에 대해 가설을 세우고 이를 검증하는 체계적인 절차이다. 패널 조사법은 개인보다 전문가 집단이 더 많은 예측을 할 수 있다는 가설에 기초한다. 패널 조사법은 패널 구성원 간의 자유로운 의견 교환이 필요하다는 점에서 델파이 기법과는 차이가 있다. 예지적 예측법은 주관적 추측과 상상이 특징이다. 역사적 유추법은 새로운 품목의 도입과 성장을 비슷한 과거 신제품의 사례와 비교분석하는 방법이다.

6.4 생산일정계획

급식소에서의 **생산일정계획(production scheduling)**은 생산 하위시스템의 음식을 생산하기 위한 작업 순서라고 정의할 수 있다. 생산 관리에 있어 필수적인 생산일정계획은 계획과 실행의 두 단계로 이루어진다.

계획 단계에서는 생산할 각 메뉴 품목의 양과 각 작업장의 감독자에게 전달할 식재료의 양을 결정한다. 예를 들어, 저녁식사로 마리네이드 닭가슴살 구이, 페스토 소스 파스타, 아스파라거스, 아티초크와 토마토를 넣은 그린 샐러드, 사우어도우 롤, 신선한 딸기를 넣은 후로즌 요구르트 500인분을 만들기로 하였다고 하자. 푸드서비스 책임자는 500인분의 닭고기 구이, 파스타, 아스파라거스를 주요리 생산을 담당하는 감독자에게, 그린샐러드는 샐러드 부서에, 롤과 디저트는 배식 담당 종사원들에게 보내야 한다.

각 부서의 감독자는 생산일정을 계획하고 **실행 단계**에서의 책임을 맡는다. 각 메뉴 품목은 특정 조리원에게 맡겨지며, 생산일정표에는 조리를 시작할 시간이 기록되어 있다. 생산일정을 잘 계획하면 서비스가 지연되거나 음식의 품질이 저하되는 일 없이 배식 시간에 맞춰 음식을 준비할 수 있다. 감독자는 생산일정표에 의견을 적어 관리자에게 피드백을 줄 수 있다.

조리원 한 명에 시간제 보조원이 있는 작은 규모의 푸드서비스 업장에서는 푸드서비스 매니저가 현장 책임을 함께 맡게 된다. 그러나 규모가 작은 푸드서비스 업장이라고 하더라도 인건비와 식재료비를 모두 관리할 수 있는 매일매일의 생산일정표가 마련되어 있어야 한다.

6.4.1 생산일정

생산일정(production schedule)은 생산기능의 주요 통제 요소이다. 음식은 생산일정에 따라 만들어지며, 생산일정을 통해 예측이 얼마나 정확했는지를 확인할 수 있다. 메뉴의 생산은 표준레시피에 기반을 두어야 한다.

푸드서비스 업장마다 생산일정의 모양은 각각 다르며, 1쪽 분량의 생산일정으로부터 컴퓨터 프로그램을 이용해 인쇄해 만드는 생산일정까지 형태가 다양하다. 어떤 형태의 생산일정을 사용하든 모든 생산일정에는 부서, 생산날짜, 메뉴와 같은 기본적인 정보가 반드시 포함되어 있어야 하며, 실제로 이용한 고객 수, 날짜, 특별 이벤트 등 기타 관련 정보도 함께 명시되어야 한다. 구체적인 생산일정계획을 위해서는 다음과 같은 정보가 포함되어야 한다.

- 종사원 업무
- 생산 시간 스케줄
- 메뉴 품목
- 과잉생산과 생산부족
- 준비할 양
- 대체음식
- 산출량
- 추가적인 업무
- 특별 지시나 기타 내용
- 전처리

그림 6-5는 대학교 기숙사 급식소의 생산일정의 예이다. 생산일정의 상단에는 일반적인 정보가 적혀 있으며, 생산구역이 명시되어 있다.

생산일정은 보통 부서 내 게시판에 부착한다. 왼쪽 열에는 종사원의 이름이 적혀 있어 각자가 자신이 담당할 업무를 쉽게 찾을 수 있다. 메뉴 품목명에는 준비해야 할 음식명이 적혀 있다. 부서의 감독자는 생산일정표를 게시하고 동시에 종사원들에게 카드 형태의 레시피나 컴퓨터로 출력한 레시피를 나누어주기도 한다.

부서: 카페테리아　　　날짜: 2010년 11월 11일　　　식사: 조식

메뉴 생산

종사원	메뉴명	준비할 양	실제 산출량	잔식량	비고
J.Cortez	스크램블 에그	1,000인분			그릴에서 분산조리
J.Cortez	삶은 달걀	달걀 200개			30분 이상 두지 말 것
B.Shim	베이컨	2,250조각			컨벡션 오븐 사용
B.Shim	두부패티	75개			한번에 10인분 이상 내놓지 말 것
J.Jones	블루베리 팬케이크	500인분			냉동블루베리 사용, 주문시 조리
S.Wigen	머핀	500개			50개는 조식 케이터링용으로 사용

전처리

종사원	메뉴	준비할 양	비고
J.Cortez	로스트 포크	400파운드	쿠킹호일로 덮어 팬 로스트한 후 냉장보관
B.Shim	콩수프	500인분	수프 재료를 스팀쿠커에 넣고 끓이기
S.Wigen	바닐라 푸딩	250인분	푸딩을 만들고, 급랭한 후 뚜껑을 덮어 디저트용 냉장고에 보관

그림 6-5 푸드서비스 생산일정의 예

표 6-2 쌀의 분산조리 일정의 예

버터 라이스(800인분)

5파운드 압력에서 뚜껑을 덮지 않고 30분간 스팀쿠킹

시간	양[a]
오후 3:30	팬 1개
오후 3:45	팬 1개
오후 4:00	팬 2개
오후 4:30	팬 4개
오후 4:45	팬 2개

[a]쌀 4 lb/12 × 20 × 4인치 팬 = 80인분, 팬 10개 = 800인분

생산일정에 따라 각 메뉴품목별로 수요예측량만큼 음식을 준비하면 된다. 산출량이란 레시피에 따라 실제로 생산한 음식의 양을 말한다. 표준레시피와 생산일정에는 1인분량과 개수에 대한 정보가 포함되어 있어야 한다. 산출량은 각 메뉴품목별로 과잉생산이나 생산부족이 있었는지를 알 수 있게 해준다. 기타 내용은 부서의 감독자가 작성하는데, 사용 기구에 대한 정보나 배식 시 지시사항 등이 포함된다. 또한 삶은 달걀의 경우 '30분 이상 두지 말라'라든가 베이컨의 경우 '컨벡션 오븐을 사용하라' 등의 정보를 포함하기도 한다.

생산일정계획은 매우 중요한 생산 통제 요인으로, 생산일정을 어떻게 계획하느냐에 따라 재료비, 인건비, 에너지 비용 등이 달라진다. 그러나 생산일정계획이 얼마나 완벽하게 짜였는지 또는 종사원에게 어떤 임무를 부여하는지에 상관없이 생산일정을 실제로 실천하는 사람은 바로 종사원이다. 따라서 생산부서의 종사원 회의는 매우 중요하다.

분산조리(batch cooking)는 생산일정계획의 한 형태인데, 모든 푸드서비스 업장에서 분산조리를 하는 것은 아니다. 보통 채소요리에 분산조리를 많이 사용하는데, 전체 예측 수요량을 나누어 조리나 가열을 할 팬에 담아두고 필요시마다 조리하게 된다. 표 6-2에 대학교 기숙사 급식소에서 저녁식사로 제공할 버터 라이스의 작업일정표를 제시하였다. 배식 시간 동안 신선한 음식을 제공하면서 고객의 요구에 부합하려면 생산일정을 어떻게 계획해야 하는지를 알 수 있다.

오늘날에는 빠른 시간 안에 조리가 가능한 컨벡션 찜기, 콤비 오븐 같은 조리기기가 있기 때문에 다양한 메뉴를 분산조리할 수 있게 되었다. 특히 채소 요리는 배식대에 장시간 둘 경우 품질이 떨어지는 경우가 많기 때문에 분산조리하는 경우가 많다. 그릴이나 튀김, 브로일 메뉴 역시 서비스 요구에 부합하기 위해 소량씩 조리해야 한다.

6.4.2 생산 회의

규모가 작은 푸드서비스 업장의 매니저나 규모가 큰 푸드서비스 업장의 부서 감독자는 생산 부서의 종사원들과 매일 회의를 진행해야 한다. 생산 회의는 보통 짧게 진행되지만, 메뉴가 변경될 때에는 새로운 레시피와 업무분담에 대해 논의해야 하기 때문에 회의가 길어지기도 한다. 조식, 중식, 석식을 모두 제공하는 푸드서비스 업장에서는 생산 부서가 비교적 한가한 중식 이후에 회의를 한다.

회의에서는 생산 부서의 종사원들이 방금 서비스가 끝난 생산일정이 얼마나 효율적이었는지에 대해 이야기할 수 있다. 생산부족 등 문제가 발생했거나 분량 수정에 대한 의견이 있을 때에는 해당 내용을 기록하여 향후 같은 메뉴 품목을 서비스하게 될 때를 대비하도록 한다.

회의는 앞으로 서비스하게 될 3회의 식사에 대한 생산계획을 논의하는 것으로 마무리한다. 이때 종사원들은 메뉴에 대한 레시피, 가능한 대체음식, 다음 날의 전처리 업무를 검토해야 한다. 회의에서는 업무량에 대해 자유롭게 의견을 나눌 수 있어야 하며, 회의는 현장에서 실제로 생산 일정을 소화해야 하는 종사원들의 사기를 증진시킬 수 있다.

6.5 식재료 통제

식재료 통제는 생산 과정에서 품질과 양을 통제하는 주요 요인이며, 모든 푸드서비스 시스템에서 비용 관리를 위해 매우 중요하다. 식재료 통제는 식품의 구매, 검수, 저장으로 시작되며, 예측과 생산으로 이어진다.

식재료 통제의 중요한 2가지 측면은 식재료 창고와 표준레시피의 사용이다. **식재료 창고(ingredient room)** 또는 식재료 조합 구역(ingredient assembly area)은 여러 작업 구역으로 운반될 식재료의 양을 측량하기 위한 공간이다.

표준레시피(standardized recipe)를 개발해 활용하면 구매와 조리가 매우 용이해진다. 정확한 예측 수요량에 맞게 표준레시피의 양을 조절하면 음식의 품질을 일정하게 유지할 수 있다. 따라서 각각의 푸드서비스 업장마다 레시피와 생산과정을 표준화할 수 있는 프로그램을 개발할 필요가 있다.

6.6 식재료 창고

검수와 저장, 재고 관리는 식재료 통제의 중요한 개념이며, 출고는 더욱 중요하다. 출고에 대해서는 적절한 권한위임이 있어야 하며 필요한 양만큼만 출고를 시키는 등 명확한 방침과 절차에 따라 입고부터 배식까지 식재료와 물품의 출고를 관리해야 한다.

6.6.1 중앙집중형 식재료 창고의 장점

급식소에서는 어떤 형태로든 출고관리가 이루어진다. 식재료 창고를 사용하면 생산 부서의 종사원이 지나치게 많은 양의 식재료를 꺼내가는 것을 방지할 수 있어 비용을 절감하고 품질을 향상시킬 수 있다. 식재료 창고를 사용하면 좋은 점이 많이 있는데, 예를 들어 조리원이 식재료를 수합하고 측량하는 등의 단순작업에서 벗어나 음식을 조리하며, 장식하고, 1인분량을 조절하는 등 본연의 기술에 집중할 수 있다. 또한 식재료에 대한 접근을 제한함으로써 메뉴의 과잉생산이나 생산부족을 예방할 수 있으며, 비용을 관리할 수 있다.

식재료 창고의 개념은 1950년대 말에 시작되었다. 중앙집중형 식재료 창고를 고안해 낸 사람 중 한 명인 Flack(1959)은 식재료 창고의 가장 큰 장점을 인건비 감소라고 하였다. 최근 경쟁이 심해지고 노동력 풀이 감소함에 따라 관리자들은 품질, 비용 관리, 보다 효율적인 인력 활용에 더욱 관심을 보이고 있다. 결과적으로 많은 푸드서비스 업장에서 식재료 통제 개념을 도입하고 있다(Buchanan, 1993)

6.6.2 중앙집중형 식재료 통제

전통적으로 푸드서비스 업장에서는 조리원 각자가 창고나 냉장고, 냉동고에서 필요한 재료를 직접 꺼내서 사용해 왔다. 식재료는 상자나 봉지 등에 담긴 형태로 출고된다. 생산 구역에서는 당장 사용하지 않는 식재료를 저장 통이나 선반에 보관한다. 예를 들어, 설탕이나 밀가루 통은 작업대 아래에 두고, 향신료와 양념은 선반에 올려 둔다.

조리원이나 푸드서비스 매니저가 출고된 식재료 중 사용하지 않고 남은 식재료의 양을 기억한다는 것은 쉽지 않은 일일 뿐 아니라 이러한 방법으로는 통제가 어렵다. 쉽게 부패하는 식재료의 경우는 더욱 그렇다. 예를 들어, 30파운드짜리 냉동 혼합 채소 1봉지를 사용한 후 5파운드가 남았다면, 남은 5파운드는 다른 메뉴 품목에 혼합 채소가 쓰일 때까지 보관될 것이다. 수많은 식재료가 사용되고 있는 푸드서비스 업장에서 쓰고 남은 포장 식품을 관리하는 것은 쉬운 일이 아니다. 조리원은 남은 채소를 창고로 다시 보내기보다는 수프에 넣어버릴 수도 있다. 이렇게 하면 조리법이 달라지며, 원가도 올라간다. 이것은 전통적으로 행해졌던 식재료 출고의 여러 가지 문제점 중 단면에 불과하다.

중앙집중형으로 식재료를 통제하면, 수요예측량에 해당하는 25파운드만 출고되어 조리원에게 전달된다. 나머지 5파운드는 추후 혼합채소가 필요할 때까지 식재료 창고에서 냉동보관된다. 남은 식재료가 작업 공간 여기저기에 흩어져 보관되는 것이 아니라 중앙에 위치한 식재료 창고에 보관되기 때문에 식재료를 통제하기가 쉬워진다.

Buchanan(1993)이 지적했듯이, 음식 생산에는 기본적으로 두 가지 기능, 즉 전처리와 조리가 포함되어 있다. 전통적으로는 조리원이 이 두 가지 기능을 모두 수행해 왔지만, 조리원의 역할을 조리 업무에 집중시키고, 전처리에 필요한 단순작업은 숙련이 덜 된 종사원에게 담당시키면 작업 효율을 높일 수 있다.

또한 아직 숙련되지 않은 종사원은 전처리 업무를 하면서 자신의 기술을 향상시킬 수 있으며, 이를 통해 인건비도 절감할 수 있다. 비슷한 식재료가 사용되는 2개 이상 레시피의 식재료 관리를 통합하는 것도 효율을 높이는 방법 중 하나이다. 예를 들어, 중식에 서비스할 미트로프와 소스, 석식에 서비스할 수프와 샐러드에 모두 다진 양파가 필요할 수 있다. 전처리를 중앙집중화시키면, 필요한 분량의 양파를 한꺼번에 다져서 네 종류의 메뉴 품목에 사용할 만큼씩 나누어 담으면 된다.

6.6.3 식재료 창고의 기능

당일뿐 아니라 향후 식사 준비에 쓰일 식재료를 준비하기 위해 식재료를 조합하고, 전처리하고, 부피나 무게를 측정하는 것이 식재료 창고의 주요 기능이다. 구체적인 작업내용은 푸드서비스 업장마다 다양하지만, 일반적으로 식재료 창고의 업무는 조리 시작 24시간 전부터 시작된다(Buchanan, 1993).

식재료 창고에서는 건조식품이나 상온보관식품만을 측량하기도 하지만, 상온보관식품, 냉장식품, 냉동식품을 포함한 모든 식재료를 저장하고 측량하기도 한다. 식재료 창고를 제대로 운영하려면 전처리 도구나 저온 보관고 같은 적절한 기기가 필요하다. 만약 냉동식품을 미리 해동해야 한다면, 식재료 창고 안이나 근처에 냉동고가 있어야 한다.

식재료 창고의 종사원들은 생산 부서로 이동될 상자와 캔 따위를 분류한다. 캔이나 상자 안의 내용물을 덜어내 식재료 창고에서 미리 무게를 측정하기도 한다. 이렇게 하면 같은 제품이 여러 부서에서 사용될 경우 사용하고 남는 양을 줄일 수 있어 식재료 낭비를 피할 수 있다. 예를 들어, 메인 메뉴 생산 부서와 샐러드 생산 부서에서 캔에 들어 있는 토마토 소스를 필요로 할 때, 중앙집중형 식재료 창고를 이용하면 개봉하고 남아 다시 보관해야 하는 토마토 캔의 개수를 1개로 줄일 수 있다.

생산 필요량에 따라 발주한 육류 제품은 식재료 창고에서 처리하거나 그렇지 않을 수도 있다. 예를 들어, 생산 필요량에 따라 적정한 양으로 발주한 육류는 검수 후 생산 부서로 바로 전달되기도 한다. 그러나 식재료 창고를 통해 분배하면 통제가 더욱 쉬워진다.

채소를 세척하고 절단하거나, 고기에 빵가루를 입혀 팬에 담는 등의 전처리 작업은 전처리실이나 식재료 창고에서 이루어진다. 오늘날에는 이러한 제품 중 상당수를, 특히 채소류의 경우 이미 가공된 상태로 구매하는 경우가 많다.

각 레시피에 따라 모든 식재료를 측량하고, 전처리한 후에는 각 식재료를 포장하며 이름표를 붙인다. 각 레시피에 사용될 식재료는 레시피 복사본과 함께 해당 작업 부서로 보내지거나 필요할 때까지 식재료 창고에 보관해 둔다.

컴퓨터 프로그램을 사용하면 식재료 창고 업무를 더욱 원활하게 진행할 수 있다. 컴퓨터를 이용해 레시피의 분량을 조절할 수 있고 레시피를 인쇄할 수도 있다. 손으로 하는 것보다 컴퓨터를 활용하는 것이 빠르며, 읽기에도 더욱 편하고 정확하다. 컴퓨터를 활용해 레시피를 조절하면 식재료 창고 종사원의 업무 속도와 생산성이 향상되며, 제품 오류나 원가 계산상의 실수를 막을 수 있다. 컴퓨터는 각 식재료별로, 또는 각 생산 구역별로 필요량을 합산해 주기도 한다. 컴퓨터 기반 운영체계에 따라 레시피 조절이 가능하며, 각 식재료별로 이름표를 인쇄할 수도 있다. 이름표에는 보통 해당 메뉴 및 식재료명과 양이 표기된다.

6.6.4 식재료 창고의 구성

새로운 푸드서비스 업장을 설계할 때에는 잠금 장치가 있는 식재료 창고를 창고와 생산 구역 사이에 위치시켜야 한다. 기존 업장에서는 식재료 창고를 창고 안 또는 창고 근처에 설치하거나, 전처리실과 합치거나, 생산 구역 안의 특정 공간에 따로 만들 수 있다.

식재료 창고 안이나 주변에는 냉장과 급수 같은 대형 장비가 필요하다. 또한 식재료를 분류하고 운반하기 위한 트럭이나 카트가 필요하며, 설탕, 밀가루, 기타 건조 식재료를 보관할 수 있는 이동형 보관통도 필요하다. 향신료 같은 제품을 올려 둘 선반이 장착된 작업대도 있어야 한다. 그림 6-6은 식재료 창고 작업대의 예시이다.

다양한 유형의 식재료를 측량하기 위한 저울은 식재료 창고에서 가장 필수적인 기구이다. 식재료 창고의 기능에 따라 슬라이서, 버티컬/커터 믹서, 음식물 쓰레기 처리기, 믹서 등 다른 기구가 필요하기도 하다.

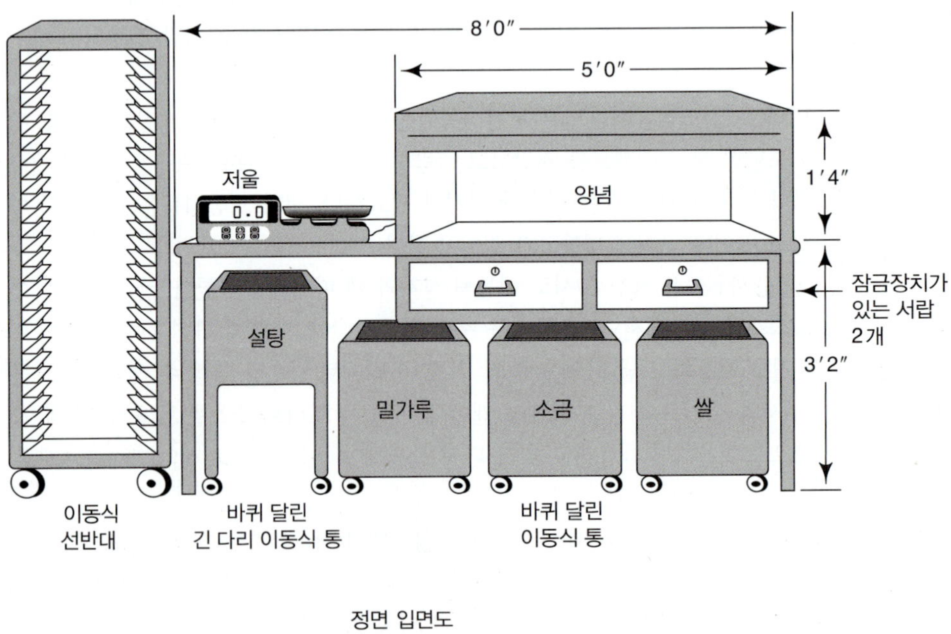

그림 6-6 식재료 창고의 작업대 배치

6.6.5 식재료 창고 종사원

Dougherty(1984a)에 따르면, 식재료 창고가 없는 업장에서는 생산 부서의 종사원이 식재료의 필요량을 결정하고, 식재료를 가져오며, 계량하는 일에 업무시간의 1/3을 소비한다고 한다. 이러한 일을 중앙집중화함으로써 생산 종사원들은 더 고단계의 기술을 요하는 업무를 자유롭게 할 수 있으며, 관리자는 숙련도가 낮은 종사원을 생산 부서에서 식재료 창고로 이동 배치할 수 있다. 식재료 분류 및 계량을 담당하는 상근 종사자가 필요하지 않은 소규모의 업장에서는 생산 종사원이 식재료를 계량하고 분류할 수 있도록 일정을 조절할 수 있다. Dougherty(1984b)가 지적했듯이, 업무를 더 많이 중앙집중화할수록 이익은 더욱 커진다.

식재료 창고에서 근무할 종사원은 글을 읽고 쓸 줄 알아야 하며, 간단한 연산이 가능하고, 저장 시설에 익숙해야 한다. 식재료 창고 종사원들은 검수, 저장, 식재료 분류를 담당하기도 한다. 이처럼 책임감이 요구되는 분야에는 자격요건과 훈련에 대한 내용이 구체적으로 마련되어 있어야 한다. 훈련에는 다음과 같은 내용이 포함되어야 한다.

- 특정 식품을 보관할 때 필요한 환경 조건
- 건조 보관에 있어서의 환기와 습도 요인
- 비식품과 독성 물질을 보관하고 다루는 데 필요한 안전 예방책
- 저장 중 식품의 오염이나 부패를 방지할 위생 기준
- 도난을 방지할 보안대책
- 측량 절차

식재료 창고 종사원에 대한 직무기술서에는 식재료 창고에서 행해지는 절차에 따른 활동들이 포함된다. 그림 6-7에 직무기술서의 예를 제시하였다.

다음은 식재료 분류를 담당하는 종사원이 일정관리 시 고려해야 할 요인들이다.

- 조직의 규모
- 식재료 배송 빈도와 시간
- 식재료 창고의 크기와 다른 창고의 위치
- 분류해야 할 메뉴 품목의 유형, 개수, 복잡성
- 식재료를 공급받는 작업 부서의 수
- 생산 및 배식 공간으로의 식재료 운반 일정
- 식재료 분류 영역에서 행해지는 전처리의 정도

업장이 크고 메뉴가 복잡할수록 전처리해야 할 양이 많아지며, 더 많은 종사원이 필요하다.

6.7 레시피

레시피(recipe)는 미리 정해 놓은 기준에 부합하는 결과물을 만들기 위해 계량해 놓은 식재료를 특정한 절차에 따라 조합하는 공식을 말한다. 레시피는 푸드서비스 매니저가 식재료 창고와 생산 담당 종사원에게 정보를 전달하는 문서화된 의사전달도구이다. 또한 레시피는 고객과 운영진을 만족시킬 수 있는 메뉴의 기준을 정하는 질적, 양적 통제 수단이다. 동일한 레시피가 사용되면 같은 양의 식재료가 사용되므로 각 레시피당 원가를 쉽게 계산할 수 있다.

레시피는 생산 책임자나 고객에게 메뉴를 서비스하는 종사원이 쉽게 이해할 수 있는 형태여야 한다. 레시피를 여러 번 점검하면 표준레시피가 될 수 있으며, 표준레시피를 따르면 항상 같은 결과물을 생산할 수 있다.

직무기술서

식재료 창고 종사원

요약:

푸드서비스 감독자의 감독 아래, 식재료를 분류하고, 측량하고, 포장하고, 이름표를 붙이는 업무를 책임진다. 소속되어 있는 부서나 병원 또는 의료기관의 안전한 식품 취급 및 위생 절차를 따라야 한다.

주요 직무 및 책임:

1. 레시피에 포함된 모든 음식 생산에 필요한 식재료를 분류하고, 측량하고, 포장하고, 이름표를 붙인다. 조리원들이 찾을 수 있는 적당한 곳에 식재료를 보관한다.
2. 부서 절차에 따라 식재료, 식기, 기구, 일회용품들을 준비한다.
3. 재고를 회전시키고, 새 제품을 개봉하기 전에 이미 개봉되어 있는 제품을 먼저 사용한다.
4. 부서나 의료기관 규제 표준에서 정한 조리, 가열/냉각, 표시, 식품의 안전한 저장에 관한 가이드라인과 기준에 따라 식재료를 안전하게 취급한다.
5. 지시내용에 따라 식품을 안전하게 보관하고 보관 온도를 유지하고 기록한다.
6. 부서나 의료기관 규제 표준에서 정한대로 작업 공간을 청소, 정리, 소독하며, 승인된 화학세제를 이용해 기기를 정기적으로 세척한다.
7. 레시피 표준화에 참여한다.
8. 병원과 부서의 방침과 절차를 따른다.
9. 인력 훈련을 돕는다.
10. 부여된 기타 직무를 수행한다.

지식, 기술, 능력

지식/기술:

영어로 구두나 문서상의 언어소통이 가능해야 하며 독해능력이 있어야 한다.
레시피 조정에 필요한 수학 계산을 할 수 있어야 한다.

능력:

30~50파운드를 들 수 있고 카트를 밀거나 끌 수 있어야 한다.
작업을 위해 100% 걷거나 서 있는 것이 필요하다.
작업을 위해 장기간 제자리에 서 있거나, 굽히고, 구부리고, 들고, 밀고, 끄는 것이 필요하기도 하다.
작업 환경 때문에 온도와 기후 변화(뜨겁고, 습하고, 차갑고, 축축한)를 견딜 능력이 필요하다.
냉장 공간 출입이 필요하다.

그림 6-7 직무기술서의 예

6.7.1 형식

대부분의 레시피는 특정한 패턴이나 스타일로 되어 있다. 레시피를 효과적으로 활용하려면 한 푸드서비스 업장에서 사용하는 모든 레시피는 같은 형식을 따라야 한다. 통일된 형식을 사용해야 조리원이 레시피를 쉽게 활용할 수 있다.

일반적으로 대량 레시피는 가정에서 사용하는 레시피와는 형식이 다른데, 가정에서 사용하는 레시피는 보통 식재료 목록에 이어 아래에 조리법이 적혀 있다. 푸드서비스 업장의 경우 조리원이 레시피를 읽을 때 위와 아래를 왔다 갔다 하면서 읽어야 한다면 실수하기 쉽다. 따라서 대량 레시피에는 일반적으로 식재료가 왼쪽 부분에 위치하고 그에 상응하는 조리법이 오른쪽에 위치한 형태가 사용된다. 보다 완벽한 형태의 레시피에서는 가로줄로 식재료군과 이를 이용한 조리법을 구분하고 세로줄로 식재료, 분량, 조리법을 구분한다. 보통은 가로줄만 있는 변형된 형태의 레시피가 자주 활용된다. 그림 6-8에 변형한 형태의 라자냐 레시피의 예를 제시하였다. 이러한 형태의 레시피는 레시피 카드나 컴퓨터 프린트용으로 모두 적합하다.

라자냐

산출량: 48인분 또는 12 × 20 × 2인치 크기의 팬 2개 분량   1인분량: 6온스
오븐: 화씨 350도   조리: 45분~1시간

재료명	**양**	**조리 방법**
갈은 쇠고기	구입시 중량 5파운드 (가식부량 3파운드)	육류의 내부 온도가 화씨 155도에 이를 때까지 쇠고기, 양파, 마늘을 조리한다. 기름을 제거한다.
잘게 다진 양파	2파운드 12온스(가식부량)	
저민 마늘	가식부량 1온스	
다진 토마토	3쿼트	토마토, 양념, 허브를 갈은 쇠고기 혼합물에 첨가한다. 약 45분간 끓인다.
토마토 퓌레	3컵	
토마토 페이스트	$4^1/_2$컵	
소금	2온스	
검은 후추	1작은술	
건조 바질	3큰술	
건조 오레가노	3큰술	
다진 파슬리(신선한 것)	$1^1/_2$온스	
냉동 라자냐 면	3파운드 8온스	
잘게 조각낸 모짜렐라 치즈	4파운드	치즈를 혼합한다.
파마산 치즈가루	10온스	12 × 20 × 2인치 크기의 팬 2개에 다음 순서대로 담는다. 1. 미트소스 2파운드 2. 라자냐 면 12온스(3장) 3. 커티지 치즈 1파운드 5온스 4. 파마산 치즈 $2^1/_2$온스 5. 모짜렐라 치즈 12온스 6. 미트 소스 2파운드 8온스 7. 2~6번 과정 반복 8. 모짜렐라 치즈 8온스
크림 스타일 커티지 치즈	2파운드 8온스	
		쿠킹호일로 덮는다. 화씨 350도에서 1~1시간 30분 굽는다. 자르기 전에 뚜껑을 열어 15~20분 방치한다. 4×6으로 자른다.

1인분당 영양소 함량

함량/1인분	**%DV**	**함량/1인분**	**%DV**	**함량/1인분**	**%DV**		**%DV**		**%DV**
총지방 18 g	27%	콜레스테롤 70 mg	23%	총탄수화물 37 g	12%	비타민A	22%	칼슘	34%
포화지방 9 g	46%	나트륨 1100 mg	46%	식이섬유 3~4 g	14%	비타민C	27%	철분	18%
단백질 33 g				당 8 g					

1일 영양소필요량은 2000 kcal를 기본으로 함.

기타 ■ 잠재위해식품. 식품안전기준: 배식할 음식은 내부온도를 화씨 140도 이상으로 유지할 것. 이전에 만들어진 음식과 새로 만든 음식을 혼합하지 말 것. 잔식은 화씨 40도 이하로 재빨리 냉각할 것(4시간 이내), 냉각절차에 대해서는 44쪽 참고. 잔식은 화씨 165도로 빠르게 가열할 것(2시간 이내), 재가열은 1회만 할 것. 사용하지 않은 것은 폐기할 것.

그림 6-8 전형적인 대량 레시피 형식의 예

자료: Molt, M. *Food for fifty*, 11th ed. Copyright © 2001. Reproduced by permission of Pearson Education.

레시피에는 음식을 조리하고 서비스하는 종사원들이 쉽게 활용할 수 있는 정보가 포함되어야 한다. 레시피에는 일반적으로 다음과 같은 정보가 포함되어 있다.

- 메뉴 품목명
- 총 산출량
- 1인분량 및 총 분량
- 조리시간과 온도
- 조리 순서에 따른 식재료 목록
- 무게, 크기, 개수 등으로 표현된 식재료의 양
- 조리법
- 패닝[1)]이나 1인분량 분할 관련 정보
- 배식, 장식 방법
- 식품안전(HACCP) 지침

그림 6-8에 있는 라자냐 레시피를 살펴보면, 중요한 기본 정보는 윗부분에 기록되어 있다. 기본 정보에는 산출량, 1인분량, 오븐 온도, 조리 시간이 포함된다. 식재료는 4단계의 조리법에 따라 사용되는 순서대로 적혀 있다. 식재료의 양은 식재료명 오른쪽에 표시된다. 향신료나 식용유처럼 적은 양을 사용하는 경우에는 가정에서 흔히 사용하는 작은술, 큰술 등의 단위를 사용하지만, 이러한 경우를 제외한 모든 식재료에 대해서는 미국의 표준 중량과 크기를 사용한다.

또한 1인분량당 영양정보도 포함된다. 잠재위해식품에 의한 문제를 예방할 수 있는 생산, 서비스, 보관 방법 등이 포함되며, 레시피 하단에는 각 메뉴에 대한 식품 안전 기준을 표기한다.

라자냐의 예에서처럼 48인분 이상인 대량 생산 레시피에는 작은술, 컵, 기타 가정용 단위가 아닌 표준 측정단위만을 사용한다. 많은 컴퓨터 프로그램이 양을 미터법으로 계산하지만 미국에서는 아직까지 이러한 측정단위가 일반적이지 않다. 무게 또는 부피만으로 계산해주는 프로그램도 있지만, 대부분의 프로그램에서는 무게와 부피가 동시에 계산된다. 식재료를 측정할 때는 부피보다 무게가 더 정확함에도 불구하고, 규모가 작은 푸드서비스 업장에서는 무게보다 부피를 사용하기도 한다.

각 식재료군에 대한 조리법은 레시피의 오른쪽에 적혀 있다. 라자냐를 만들 때에는 재료를 차곡차곡 쌓는 것이 매우 중요한데, 이러한 과정이 마지막 단계에 자세히 기록되어 있다. 또한 조리원의 편의를 위해 오븐 온도와 조리시간, 1인분량에 대한 내용을 다시 한 번 기록해 두었다. 조리법은 조리원이 매니저에게 추가 설명을 요구하지 않고도 완벽한 제품을 만들 수 있도록 명확하고 구체적으로 작성되어야 한다. 믹서와 같은 기기를 사용해야 하는 레시피에는 시간과 속도도 명시해야 한다. 예를 들어 케이크를 만들 때 세 가지 재료를 혼합하는 과정이라면 "쇼트닝, 설탕, 바닐라를 중간 속도로 10분간 혼합한다"와 같이 작성한다.

1인분량당 영양성분, 레시피의 변형 등 추가적인 정보는 레시피 하단에 첨가한다. 장식법, 식기에 담는 법, 서비스 전후 보관법 등 배식과 관련한 특별한 지시사항이 포함되기도 한다. 레시피 카드를 사용한다면, 이러한 추가내용은 아래쪽이나 뒷면에 쓸 수 있다. 그러나 식재료와 조리법은 카드 뒷면에 써서는 안 되며, 내용이 긴 레시피의 경우에는 다른 카드나 종이를 사용해야 한다.

레시피의 형식을 선택할 때에는 먼저 조리원들에게 가장 선호하는 레시피 형식을 선택하도록 할 수도 있다. 컴퓨터 프로그램을 사용하게 되면 레시피 형식을 임의로 바꿀 수 없으므로, 프로그램을 구입하기 전에 레시피 형식을 비교해 보아야 한다. 일단 형식이 정해지면 모든 레시피는 그

1) 패닝(panning): 파운드 케이크를 굽거나 라자냐를 만들 때 조리 팬에 반죽이나 재료를 담는 것.

형식대로 작성되어야 한다. 새로운 형식으로 바꿀 때에는 가장 많이 사용하는 레시피를 우선적으로 바꾸고 점차 나머지 레시피에 확대 적용하는 것이 가장 좋다. 생산부서 관리자는 생산부서 종사원들이 새로운 레시피 형식에 익숙해지도록 교육해야 한다.

작업현장에서 사용되는 레시피는 18~20인치 정도의 거리에서 쉽게 읽을 수 있을 정도의 크기로 인쇄해야 한다. 커다란 카드나 8 1/2 × 11인치 종이를 사용하면 된다. 식재료 창고나 생산부서에서 사용되는 레시피는 플라스틱 커버 안에 넣거나 선반에 걸어 둔다. 크게 인쇄하면 생산 종사원들이 레시피를 따로 집어 들지 않아도 잘 볼 수 있을 것이다.

레시피명은 보통 진한 글씨로 레시피 카드 맨 위의 가운데 또는 사이드에 쓴다. 대부분의 푸드서비스 업장에서는 레시피를 쉽게 찾을 수 있도록 레시피에 각각 번호를 매긴다. 번호는 음료류, 빵류, 케이크류, 치즈, 쿠키류, 난류, 어류, 육류, 파이류, 가금류, 샐러드류, 샌드위치류, 수프류, 채소류와 같이 주요 유형으로 구분할 수 있다. 각각의 레시피 번호는 메뉴 유형에 따른 번호와 각각의 레시피를 구별할 수 있는 번호를 조합하여 만든다. 어떤 체계를 사용하든 종사원이 쉽게 알 수 있는 것이어야 한다.

레시피 파일을 보관하는 방법은 푸드서비스 업장마다 다르다. 많은 업장에서 전산화된 푸드서비스 경영시스템을 사용하고 있는데, 전산화된 시스템은 레시피 데이터베이스를 제공하며 레시피 조정, 구매 요청, 원가 계산을 신속하게 해 준다. 전산화된 시스템을 사용할 경우 모든 레시피의 백업 파일을 보관해야 함은 두말할 필요도 없다.

6.7.2 레시피 표준화

모든 관리자는 정확히 따라 하기만 하면 같은 양과 품질의 제품을 일정하게 생산할 수 있는 레시피를 만들어야 한다. 다른 곳에서 사용하는 레시피를 사용한다고 해서 같은 제품을 생산할 수 있는 것이 아니다. 식재료의 특성, 고객의 요구, 종사원, 기기의 변화에 따라 레시피를 수정할 필요가 있으며, 경우에 따라서는 레시피를 이용하는 것 자체가 불가능하기도 하다. 생산 과정에는 많은 사람이 관여하고 있고, 각자가 자신만의 생각대로 제품을 만들려 하기 때문에 생산 절차는 복잡하고 어렵다. **레시피 표준화(recipe standardization)**는 특정 푸드서비스 업장의 특정 목표에 맞도록 레시피를 맞춤화하는 과정으로(Buchanan, 1993), 생산 관리자의 가장 중요한 직무 중 하나이다.

표준화 과정 중에는 제품이 운영진이 만든 품질 및 양적 기준에 부합할 때까지 테스트를 반복해야 한다. 특정 재료를 특정한 양만큼 사용하여 정확한 양을 생산해내는 형태로 레시피를 표준화하지 않으면 식재료비와 판매가를 정확히 계산할 수 없다. 예를 들어 비프 스튜의 레시피에서 냉동 또는 건조 채소를 신선 채소로 대체하는 등 식재료에 조금이라도 변화가 있을 경우에는 표준레시피를 다시 검토해야 한다.

레시피를 표준화하는 데에는 시간이 걸린다. 표준레시피를 활용하고 있는 가장 대표적인 곳은 제한된 메뉴를 제공하는 체인 레스토랑이다. 매일 각 체인점마다 비스킷, 피자 반죽 및 토핑, 프라이드 치킨, 프렌치 프라이 등의 1인분의 양과 내용물은 동일하다. 때로는 중앙집중형 식재료 창고의 몇몇 종사원만이 볼 수 있는 레시피에 따라 제품이 균일하게 유지되기도 한다. 포장된 식재료는 각 지역, 국가, 심지어 전 세계로 보내진다. 이러한 엄격한 통제가 없이는 제품 품질에 대한 국가적인 그리고 전 세계적인 명성을 유지할 수 없다.

표준레시피를 사용하면 다음과 같은 이점이 있다(Buchanan, 1993).

- 메뉴의 품질을 일정하게 유지한다.
- 메뉴의 양을 일정하게 유지한다. 레시피에 따라 원하는 정확한 양이 생산되어야 한다.
- 메뉴의 일관성을 유지한다. 동일한 메뉴의 1인분량은 같은 크기의 같은 모양이어야 한다.

- 조리원의 생산성을 향상시킨다. 레시피에 기록된 명확한 절차를 따르면 조리원의 효율성이 증가한다.
- 경영생산성을 증가시킨다. 레시피를 사용하면 추측에 의존해 발주를 하거나 조리원이 불필요한 질문을 하는 일을 방지할 수 있어 관리자는 고객을 만족시키는 업무에 집중할 수 있다.
- 과잉생산을 통제하여 비용을 절감한다. 예측된 분량만을 생산하여 낭비를 막는다.
- 재고수준을 통제하여 비용을 절감한다. 적정시기에 구매가 가능해지며 현금유동성이 증가한다.
- 메뉴의 원가계산이 간단해진다. 판매가격을 책정하는 데에는 정확한 원가계산이 필수적이다.
- 조리원 훈련이 간편해진다. 상세한 절차가 있는 레시피는 신입 조리원과 셰프들을 위한 개인 훈련 프로그램으로 사용될 수 있다.
- 작업만족감이 생긴다. 조리원들은 메뉴가 항상 같은 품질임을 확신할 수 있다.
- 특별한 식사 요구를 가진 고객의 불안감을 줄인다. 각각의 레시피에 대해 영양소 분석이 가능하며 알러지나 기타 건강 문제가 있는 고객을 위해 식재료를 확인할 수 있다.

표준레시피를 사용하면 많은 장점이 있기는 하지만, 성공의 열쇠는 메뉴가 생산되는 각 시간마다 레시피를 철저하게, 그리고 지속적으로 따라야 한다는 데에 있다. 인적 요소는 생산품의 품질과 일관성에 영향을 미치는 주요 변수이므로, 반드시 종사원에 대한 감독과 훈련이 필요하다.

표준레시피에는 몇 가지 제한점이 있다. 표준레시피를 따랐다고 해도 품질이 나쁜 식재료를 이용한다면 제품의 질을 향상시킬 수 없다(Mitani & Dutcher, 1992). 표준화했다고 해도 식품 자체의 차이에 따른 변화를 피할 수는 없다. 예를 들어, 기후, 식재료의 숙성도, 생산지, 신선도 등은 메뉴에 영향을 준다. 식재료를 대체하면 최종 제품에 영향을 미치므로, 이러한 경우에는 레시피를 다시 표준화해야 한다. 레시피는 각각의 푸드서비스 업장에 맞추어 표준화해야 한다. 푸드서비스 매니저는 업장에 변화가 생기면 이에 따라 표준레시피를 검토하고 갱신해야 한다.

표준레시피는 특정 푸드서비스 업장에서 사용하도록 개발된 것으로, 표준레시피를 이용하면 항상 동일한 결과물이 생산된다. 간혹 **대량 레시피**와 **표준레시피**의 용어를 혼동해 사용하기도 하는데, 25명 이상을 위한 레시피를 **대량 레시피(guantity recipe)**라고 한다. 그러나 각 업장에 맞게 조정하지 않은 대량 레시피는 표준레시피라고 할 수 없다.

Gregoire와 Henroid(2002)는 레시피 표준화 과정을 레시피 검증, 제품 평가, 분량 조절의 세 가지 단계로 이루어진 순환 과정으로 설명하였다(그림 6-9). 레시피 표준화는 레시피 검증 단계에서 시작되어 제품 평가 단계, 그리고 분량 조절 단계로 이동한다. 이 세 과정은 레시피가 표준화될 때까지 반복된다.

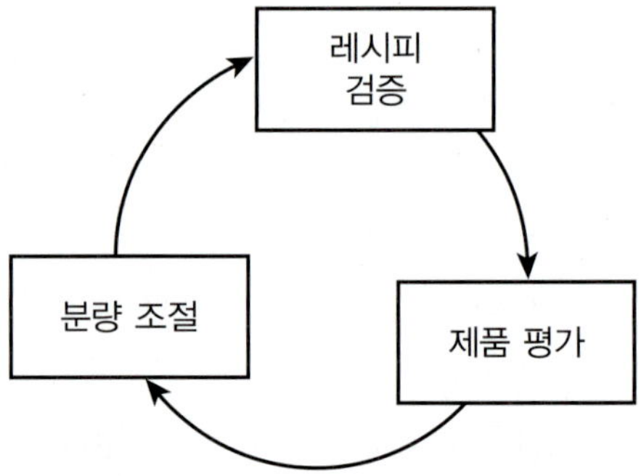

그림 6-9 레시피 표준화 순환 과정

레시피 검증 검증 단계는 4가지 주요 과정으로 이루어진다.

- 레시피의 구성요소 검토
  - ✓ 레시피명
  - ✓ 레시피 유형
  - ✓ 식재료
  - ✓ 각 식재료의 중량/분량
  - ✓ 조리방법
  - ✓ 조리온도와 시간
  - ✓ 1인분량
  - ✓ 레시피 산출량
  - ✓ 사용할 기기
- 레시피 작성
- 레시피 산출량 확인
- 레시피에 변화 기록

일반적으로 한번에 1개씩의 메뉴를 작업한다. 각 레시피 구성요소에 대한 검토는 레시피 작성 전에 완료되어야 한다.

제품 평가 레시피 검증 단계 다음에 제품 평가를 하며, 이는 레시피 표준화 과정에서 필수적이다. 제품 평가에 따라 레시피에 대한 푸드서비스 매니저, 종사원, 고객들의 수용도를 알 수 있다.

일반적으로 시제품을 만들기 전에 비형식적인 평가를 하게 된다. **비공식적 평가(informal evaluation)**는 제품의 표준화를 더 진행할 것인지를 결정하기 위해 시행한다. Gregoire와 Henroid (2002)에 의하면, 이러한 평가는 다음과 같은 것에 초점을 둔다.

- 제품의 시각적인 형태가 괜찮은가?
- 고객이 제품의 풍미를 좋아하는가?
- 레시피의 식재료가 구하기 쉬운가?
- 1인분량당 비용이 부서의 가이드라인에 부합하는가?
- 제품을 생산하는 데 필요한 노동시간이 부서 가이드라인에 부합하는가?
- 제품을 생산하는 데 필요한 기기가 있는가?
- 종사원들이 제품을 생산할 수 있는 기술을 보유하고 있는가?

만약 푸드서비스 업장의 종사원들이 해당 레시피를 활용할 가능성이 있다고 판단한다면 공식적인 평가가 진행된다. **공식적 평가(formal evaluation)**는 일반적으로 다음과 같은 절차로 진행된다(Gregoire & Henroid, 2002).

- 평가 패널로 종사원과 고객을 선정한다.
- 평가 도구를 선택하거나 개발한다.
- 샘플 레시피를 준비한다.
- 시식 장소에 물, 먹거나 마실 도구, 냅킨, 평가지, 연필 등을 준비한다.
- 참가자들이 맛을 보고 제품을 평가한다.
- 결과를 요약한다.
- 평가 결과에 기반하여 레시피에 대한 향후 계획을 결정한다.

산출량 조정 레시피의 산출량을 조정하는 방법으로는 변환계수법, 백분율법, 계측표 읽기법의 세 가지 방법이 있다. 오늘날에는 많은 급식소에서 컴퓨터 프로그램을 사용해 간단하게 레시피의 분량을 조절하고 있다.

변환계수법 변환계수에 의한 레시피 조정은 다음과 같은 단계로 이루어진다.

1단계 모든 식재료의 단위를 파운드나 온스 등 무게 단위로 바꾼다. 액체도 무게 단위로 바꾸거나 1쿼트나 1갤런에 대한 소수 값으로 바꾼다.

2단계 식재료의 양이 1파운드보다 많으면 정수와 소수 값으로 바꾼 후 소수점 첫째자리까지 반올림한다. 예를 들어 2파운드 10온스는 2.625파운드로 바꾸고, 다시 2.6파운드로 반올림한다. 식재료의 양이 1파운드보다 적을 경우에는 식재료의 무게를 소수점 둘째자리까지 표기한다(예: 0.62파운드). 표 6-3에 온스를 1파운드에 대한 소수 값으로, 그리고 컵과 쿼트를 1갤런에 대한 소수 값으로 전환한 값을 제시하였다.

3단계 원하는 산출량을 기준 레시피의 양으로 나누어 변환계수를 구한다.

4단계 모든 식재료에 변환계수를 곱한다.

5단계 새로운 식재료 양을 다시 파운드나 온스, 쿼트나 컵으로 바꾼다.

6단계 계량이 간단하도록 적당한 오차범위 안에서 반올림한다.

변환계수법을 이용한 예로 대학교 기숙사의 급식소에서 서비스할 메뉴 중 햄 로프를 생각해 보자. 현재 레시피는 50인분량 기준으로 되어 있지만, 수요예측량은 250인분이다. 앞서 설명한 절차에 따라 첫째, 식재료의 양을 표 6-4에 있는 소수 값으로 변환하여 원하는 분량에 맞게 조절할 수 있다.

기본 레시피를 50인분에서 250인분으로 전환하기 위한 변환계수는 250을 50으로 나누어 구할 수 있으며, 그 결과 변화계수는 5가 된다. 다음 단계는 식재료 양을 계수로 곱하는 것이다. 조리원의 편의를 위해 250인분을 위한 식재료는 표 6-5에서와 같이 파운드나 온스 또는 쿼트나 컵으로 표기한다.

백분율법 백분율법에서는 식재료의 단위를 무게로 변환한 후 식재료의 총 무게에 대한 각 식재료의 백분율을 계산한다. 몇 인분을 생산할지에 따라 식재료 백분율로부터 식재료의 양을 결정한다. 이 방법으로 생산해야 할 서빙 수와 수요예측량으로의 조절이 가능하며, 식재료를 대체하기도 쉽다.

백분율은 계산기로 쉽게 계산할 수 있으며 컴퓨터를 활용하면 더욱 쉽다. Molt(2001)는 백분율 방법으로 레시피를 조절하는 단계를 다음과 같이 설명하였다.

1단계 모든 식재료를 크기, 파운드, 온스 등의 단위에서 10분의 1파운드 단위로 변환한다. 냉동 달걀을 신선한 달걀로, 분말유를 액체유로 바꾸는 등 원할 경우 식재료를 대체한다.

2단계 각각의 식재료를 가식부량(Edible Portion, EP)으로 변환한 후 식재료의 무게를 합한다. 예를 들어, 당근과 셀러리는 세척하고 껍질을 벗긴 후의 무게이어야 한다. 레시피에는 구입시 중량(As Purchased, AP)과 가식부량이 모두 포함되어 있지만, 전체 중량을 결정할 때에는 가식부량을 이용한다.

3단계 전체 무게 대비 각 식재료의 백분율을 계산한다(모든 백분율의 합은 100이어야 한다).

$$\frac{\text{각 식품의 무게}}{\text{전체 무게}} \times 100 = \text{각 식재료의 백분율}$$

표 6-3 무게와 부피의 십진법 단위로의 변환

무게		십진법 단위
온스	**파운드**	
½		0.031
1		0.063
1½		0.093
2	1/8	0.125
2½		0.156
3		0.188
3½		0.218
4	1/4	0.250
4½		0.281
5		0.313
5½		0.343
6	3/8	0.375
6½		0.406
7		0.438
7½		0.469
8	1/2	0.500
8½		0.531
9		0.563
9½		0.594
10	5/8	0.625
10½		0.656
11		0.688
11½		0.719
12	3/4	0.750
12½		0.781
13		0.813
13½		0.844
14	7/8	0.875
14½		0.906
15		0.938
15½		0.969
16	1	1.000
부피		
1/4갤런(1쿼트/4컵)		0.250
1/2갤런(2쿼트/8컵)		0.500
3/4갤런(3쿼트/12컵)		0.750
1갤런(4쿼트/16컵)		1.000

표 6-4 십진법 단위로의 변환

식재료	양	십진법 단위
갈은 햄	4 lb	—
갈은 쇠고기	4 lb	—
갈은 돼지고기	4 lb	—
다진 양파	2 oz	0.125 lb
후추	½ tsp	0.5 tsp
빵가루	1 lb	—
달걀	1 lb 8 oz	1.5 lb
우유	1 qt	—

표 6-5 십진법 단위로부터의 변환

식재료	50인분	50 × 5 = 250인분	십진법 단위로부터의 변환
갈은 햄	4 lb	20 lb	20 lb
갈은 쇠고기	4 lb	20 lb	20 lb
갈은 돼지고기	4 lb	20 lb	20 lb
다진 양파	0.125 lb	0.625 lb	10 oz
후추	½ tsp	2.5 tsp	2½ tsp
빵가루	1 lb	5 lb	5 lb
달걀	1.5 lb	7.5 lb	7 lb 8 oz
우유	1 qt	5 qt	5 qt

4단계 식재료 비율을 검토한다. 여러 메뉴 품목에 대해 식재료 비율에 대한 기준 값이 이미 제시되어 있다. 분량 조절을 더 진행하기 전에 식재료 비율이 적정한지 검토해야 한다.

5단계 원하는 서빙 수를 제공하기 위해 필요한 중량을 정하게 되는데, 이때 팬의 크기, 1인분량, 기기의 용량을 고려해야 한다.
다음을 예로 들 수 있다.

- 전체 중량은 팬 당 중량으로 나눌 수 있어야 한다.
- 쿠키의 1인분량은 0.14파운드 정도이다. 원하는 서빙 수에 0.14를 곱하면 필요한 중량이 된다.
- 레시피의 전체 양은 믹싱볼 용량에 적합해야 한다.
- 결정된 서빙 수, 팬의 크기, 기기 용량에 따라 배치(batch)의 크기를 결정한다.

6단계 취급 손실량이 필요 중량에 더해져야 하며, 취급 손실량은 제품에 따라 1~10% 정도이다. 취급 손실을 레시피에 더하는 공식은 다음과 같다.

$$\text{필요한 총중량} = \frac{\text{원하는 산출량}}{100\% - \text{취급 손실 백분율}}$$

예: 옐로우 케이크는 1%의 취급 손실이 발생한다. 600인분을 생산하기 위해서는 80파운드가 필요하다.

$$100\% - 1\% = 99\% \text{ 또는 } 0.99$$

$$\text{필요한 총중량} = \frac{80\text{파운드}}{0.99}$$

따라서 필요한 총중량은 80.8파운드가 된다.

7단계 각 식재료의 백분율에 전체 중량을 곱하여 각 식재료의 필요량을 계산한다. 일단 각 식재료의 백분율이 정해지면, 어떤 서빙 수든 계산할 수 있으며 이때 전체 중량에 대한 식재료의 비율은 동일하다. 변환계수 방법에서처럼 식재료의 양이 1파운드를 넘으면 레시피에는 소수점 첫째자리까지 표시하며, 1파운드 이하일 경우에는 소수점 둘째자리까지 표시한다.

8단계 파운드를 잴 수 있는 저울이 없다면, 파운드를 온스나 부피로 바꾼다.

표 6-6, 6-7, 6-8은 백분율 방법을 이용해 레시피 분량을 조절하는 방법을 보여주고 있다. 백분율 방법을 이용해 1개당 0.1파운드인 데블스 푸드 케이크의 50인분에 대한 레시피를 작성한 예이다.

표 6-6 기존 레시피: 데블스 푸드 케이크

식재료	양
박력분	1 cup
설탕	3/4 cup
소다	3/4 tsp
소금	1/2 tsp
코코아	1/4 cup
쇼트닝	1/4 cup
버터밀크	1/2 cup
바닐라	1/2 tsp
달걀	1

표 6-7 식재료의 백분율: 데블스 푸드 케이크

백분율	식재료	기존 양	파운드
41.55	박력분	1 cup	1.00
31.16	설탕	3/4 cup	0.75
0.25	소다	3/4 tsp	0.0059
1.32	소금	1/2 tsp	0.0317
5.19	코코아	1/4 cup	0.125
5.19	쇼트닝	1/4 cup	0.125
10.39	버터밀크	1/2 cup	0.25
0.38	바닐라	1/2 tsp	0.0092
4.57	달걀	1	0.11
100.00			2.4068

표 6-8 데블스 푸드 케이크 50인분 레시피(개당 0.1파운드, 취급손실 1%)

백분율	식재료	파운드
41.55	박력분	2.10
31.16	설탕	1.58
0.25	소다	0.013
1.32	소금	0.067
5.19	코코아	0.26
5.19	쇼트닝	0.26
10.39	버터밀크	0.52
0.38	바닐라	0.019
4.57	달걀	0.231
100.00		5.05

계산: 50 × 0.10 lb/개 = 총 반죽 필요량(5 lb)
1% 취급 손실 = 5.0/.99 = 5.05 lb
5.05 lb × 각 식재료 백분율 = 50인분을 위한 각 재료의 양

계측표 이용법 레시피의 양을 조절하는 세 번째 방법은 계측표에서 직접 읽는 방법이다. 계측표를 사용하면 레시피 조절이 간단하고 빠르며, 수학적 계산이 필요하지 않다. 계측표에는 식재료의 무게와 부피에 대한 값이 모두 있다.

Buchanan(1993)은 25로 나눌 수 있도록 무게와 부피의 양을 조절한 계측표를 고안해냈다. 이 표에는 25인분에 해당하는 식재료의 무게와 부피로 시작해 500인분에 해당하는 식재료의 무게와 부피가 제시되어 있다. 이 계측표를 이용하면 25로 나눌 수 있는 서빙 수에 해당하는 산출량에 맞게 레시피를 조정할 수 있다. 표 6-9는 식재료량 조정을 위한 계측표의 예를 보여주고 있다. 예를 들어, 계측표를 활용하면 225인분을 만들 때 필요한 갈은 쇠고기의 양을 100인분용 레시피를 활용해 쉽게 알 수 있다. 100인분에 10파운드 8온스의 쇠고기가 필요하다면, 오른쪽 열의 200인분에 필요한 양(21파운드)과 왼쪽 열의 25인분에 필요한 양(2파운드 10온스)을 더하면, 225인분에 필요한 양인 23파운드 10온스를 구할 수 있다.

무게의 부피로의 전환 대량 레시피에는 대부분의 식재료가 무게로 표시되어 있다. 그러나 부피 단위(작은술, 큰술, 컵, 쿼트, 갤런)를 사용해야 한다면, Molt(2001)의 책에 제시된 다양한 표를 이용하여 무게를 부피로 변환할 수 있다:

표 6-9 레시피의 식재료량 조정을 위한 계측표의 예

산출량에 따른 식재료 양					
25인분	75인분	100인분	200인분	400인분	500인분
2 lb	6 lb	8 lb	16 lb	42 lb	40 lb
2 lb 2 oz	6 lb 6 oz	8 lb 8 oz	17 lb	34 lb	42 lb 8 oz
2 lb 6 oz	7 lb 2 oz	9 lb 8 oz	19 lb	38 lb	47 lb 8 oz
2 lb 10 oz	7 lb 14 oz	10 lb 8 oz	21 lb	42 lb	52 lb 8 oz

- 식재료의 무게와 그에 상응하는 대략적인 부피 표—예를 들어, 익힌 깍둑 썬 닭고기 1파운드는 3컵에 해당
- 무게와 부피의 기본 대응값 표—예를 들어, 우유 8온스는 1컵
- 일반적으로 사용되는 식재료에 대한 무게(1~16온스)와 부피 표—예를 들어, 밀가루 2온스는 1/4컵
- 무게와 부피의 반올림 지침 표—예를 들어, 1/2컵보다 많지만 1컵보다는 적은 양의 쌀을 대략적인 작은술의 개수나 무게로 전환한다. 이 표는 품질 통제를 위한 정확성은 유지하면서 무게나 부피를 간단하게 측정할 수 있는 대략적인 양으로 전환시켜준다.
- 온스의 파운드로의 전환 값 표—예를 들어, 버터 8온스는 0.5파운드. 이 표는 레시피 크기를 늘리거나 줄일 때 사용한다. 온스를 1파운드에 대한 소수 값으로 바꾸면 파운드와 온스를 곱하거나 나누는 것이 간단해진다.

가정용 레시피의 조절 오늘날에는 좋은 대량 레시피를 쉽게 구할 수 있지만, 매니저들은 문서화된 레시피 없이 음식을 만들어 내는 전문가의 조리법을 이용하거나 가정용 레시피를 대량 생산에 맞게 조정하는 등 자신만의 레시피를 개발하기를 원한다. 학생들이 집에서 레시피를 가져와 기숙사나 학교 푸드서비스 업장에 만들어달라고 요구할 수도 있으며, 요양원의 거주자들이 자신이 좋아하는 음식의 레시피를 가져와 조리원에게 만들어 달라고 할 수도 있다.

6~8인분에 해당하는 레시피를 100인분 이상의 양으로 조정할 때에는 특별히 고려해야 할 것들이 있다. 가정용 레시피를 대량 생산용으로 바꿀 때에는 아래와 같은 내용을 고려해야 한다.

- 어떤 식재료가 얼마만큼 사용되었는지 정확하게 알아야 한다.
- 조리법을 정확히 지켜 원래 가정용 레시피에서의 양으로 음식을 만들어보고 식재료 양이 정확하지 않거나 조리 과정에 불명확한 부분이 없는지 확인한다.
- 푸드서비스 업장에서 수용할 가능성이 있는지 알아보기 위해 만든 제품을 평가한다.
- 레시피 확장 단계를 진행한다. 레시피를 확장할 때에는 원래 제품의 품질과 형태를 유지해야 하며, 각 단계마다 품질을 평가하여 레시피가 수정됨에 따라 변경이 필요한지 점검한다.
- 레시피를 100인분량에 가깝게 조정한 후 취급 손실 또는 조리 손실률을 측정한다. 손실률은 보통 5~8%이다. 레시피의 실제 산출량을 검토한다. 대량 조리를 위해서 혼합, 조리, 준비 시간을 기록해야 하는데, 대량 생산을 할 때에는 이러한 시간이 상당히 증가하기 때문이다.
- 식재료의 균형을 평가하기 위해 식재료 비율을 비슷한 제품에 대한 대량 생산 레시피의 기준 식재료 비율과 비교한다.
- 레시피를 최종적으로 선택하기 전에 표준화된 레시피에 대한 패널과 고객의 수용도를 평가한다.

레시피 조정 방법은 컴퓨터 소프트웨어 프로그램에 따라 다양하므로 컴퓨터 프로그램 구입 시에는 미리 검토해야 한다. 레시피 조정에 사용되는 컴퓨터 프로그램에 대한 연구 결과에 따르면, 컴퓨터 프로그램에 따라 각 식재료의 양에서 큰 편차가 나타났는데, 이러한 편차는 제품 품질 편차의 원인이 된다(Lawless & Greagoire, 1987~88; Lawless, Gregoire, Canter & Setser, 1991). 컴퓨터 프로그램에서는 변환계수법이 가장 일반적으로 사용된다.

가정용 레시피를 대량 생산용으로 조정할 때에는 주의 깊은 평가가 필요하다. 가정에서 사용하는 일부 레시피는 시간상의 제한 때문에 대량으로 생산해야 하는 큰 규모의 푸드서비스 업장에는 적합하지 않다. 작업시간이 너무 오래 걸리는 음식 역시 푸드서비스 업장에 적용하기에는 원가가 너무 높다.

6.8 대량 조리

좋은 품질의 음식을 대량으로 조리할 때에는 매우 복잡한 변수가 영향을 미친다. 대량 조리는 조직과 푸드서비스의 유형에 따라 크게 달라진다. 예를 들어 하루에 1끼 또는 2끼를 제공하는 학교의 급식소는 하루 종일 운영하는 퀵서비스 레스토랑과는 다른 조리 과정의 어려움이 있다. 메뉴는 푸드서비스 시스템의 기본이기 때문에 하위시스템인 음식 생산은 어떤 메뉴를 선택하느냐에 따라 달라진다.

4장에서 네 가지 기본 푸드서비스 유형인 전통적 푸드서비스, 중앙공급식 푸드서비스, 조리저장식 푸드서비스, 조합식 푸드서비스를 살펴보았다. 서로 다른 푸드서비스 시스템에서 음식 생산 과정이 어떻게 달라지는지도 살펴보았다. 서비스 전에 해동과 가열만 하면 되는 반조리 식품을 사용하는 곳의 생산 과정은 모든 것을 처음부터 준비해야 하는 전통적 푸드서비스에서의 생산 과정과는 확연히 다르다.

대량 조리는 식재료, 조리 방법, 식품의 품질, 노동 생산성, 에너지 소비에 대한 통제와 관련되어 있으며, 이러한 내용들은 모두 원가통제를 위해 필수적이다. 생산계획은 고객들이 음식에 만족하는지, 적당한 양을 생산했는지, 미생물학적으로 안전한지, 제한적인 예산 안에서 생산되었는지에 따라 평가할 수 있다.

푸드서비스 시스템의 음식 생산이 복잡한 첫 번째 이유는 바로 양이다. 가정에서 소수를 위한 음식을 만들 때와는 달리 100인분의 음식을 조리할 때에는 더 세심한 계획과 대규모의 기기가 필요하다. 수천 명을 위해 음식을 만들 때에는 더더욱 복잡해진다. 많은 수의 고객을 위해 방대한 양의 음식을 만들려면 대규모의 기기와 기계화 과정이 필수적이다.

푸드서비스 매니저는 대량 조리의 원리를 이해해야 한다. 매니저가 조리 기술과 기기 사용에 관한 전문지식을 갖추면 푸드서비스 조직을 계획하고 평가하는 업무를 유능하게 해낼 수 있다. 대량 조리는 푸드서비스 산업의 기본 중에 기본이다.

그동안 조리 방법은 습열과 건열조리로만 분류되어 왔다. 조리기기 역시 이러한 기능만을 갖추고 있었다. 습열조리에는 여전히 스티머가 사용되며, 건열조리에는 브로일러, 튀김기, 오븐이 사용된다. 조리기기는 급식 운영 예산 중 가장 많은 비용을 차지한다. 그러나 비용을 아끼려고 저렴한 기기를 구입하게 되면 최상급의 기기를 구입하는 것보다 오히려 비용이 더 많이 들어갈 수도 있다. 가격결정에서 **스위트 스폿(sweet spot)**이라는 표현을 사용하는데, 스위트 스폿이란 메뉴당 원가가 가장 저렴하면서 최상의 가치를 얻을 수 있는 크기와 성능의 기기를 말한다. 기기를 제작하기 위해 필요한 원가의 상당부분이 인건비이기 때문에 기기의 크기가 작다고 해서 기대한 만큼 절약효과가 있는 것은 아니다. 절반 크기의 컨벡션 오븐은 풀 사이즈 오븐에 비해 고작 10~15% 정도 저렴할 뿐이다. 가치는 투자한 가격당 수행도와 용량으로 따져야 한다. 이러한 기준으로 기기를 선택하면 무조건 가장 저가의 기기를 선택하는 것보다 비용을 더 절약할 수 있다.

6.9 조리의 목적

조리의 목적은 크게 세 가지이다.

- 유해한 미생물을 파괴시켜 음식을 먹기에 안전하게 함
- 소화율을 증가시킴
- 풍미, 형태, 색, 질감, 향기의 변화와 증진

우선, 식품을 적정한 온도에서 조리하면 병균이 사멸된다. 특정 미생물을 사멸하는 데 필요한

열의 양은 가열 시간, 방법, 음식의 종류, 미생물의 종류와 농도 같은 요인에 따라 달라진다. 적절한 가열은 푸드서비스 위생에 있어 중요한 요인이지만, 조리 전과 후의 적절한 취급 역시 중요하다.

많은 경우, 조리된 식품은 소화가 더 잘 된다. 예를 들어, 조리한 육류 단백질은 날고기의 단백질보다 소화가 더 잘 된다. 감자나 밀가루와 같은 식품의 전분은 가열이나 굽는 과정 중 호화되고 소화력이 증가한다.

조리를 잘못할 경우, 영양소의 가치가 떨어지는 식품도 있다. 예를 들어 전처리 과정이나 생산 과정 중 채소를 잘못 다루면 비타민이나 무기질이 손실된다. 절단면의 면적과 전처리 후 조리까지 소요되는 시간은 영양소의 보존에 영향을 준다. 또한 물, 조리 시간, 조리 온도에 따라서도 영양소가 유실될 수 있다. 음식의 품질을 보존하기 위해서는 시간과 온도조절에 주의할 필요가 있다. 푸드서비스 매니저는 조리 과정 중 식품에서 일어나는 변화를 이해하기 위해서 식품과학에 대한 지식을 갖추어야 한다.

조리는 식품의 미학적 품질을 향상시키기도 한다. 음식은 잘못 조리하면 맛이 떨어질 수 있다. 다음의 네 가지 변수에 따라 조리된 음식의 품질이 달라진다.

- 원재료의 종류와 품질
- 레시피
- 조리종사자의 전문기술과 조리과정에 사용된 기술
- 구매부터 서비스까지의 모든 단계에서 음식을 보관하는 방법과 보관기간

음식의 풍미는 조리에 의해 강화되거나, 보전되거나, 향상되거나, 혼합된다. 색깔을 유지하는 것도 조리의 목적 중 하나다. 예를 들어, 채소가 지나치게 익으면 색깔이 탁해져 식욕을 떨어뜨린다. 또한 양배추, 콜리플라워, 브로콜리는 지나치게 익힐 경우, 곤죽같이 변하고 강한 향을 내어 품질이 떨어진다.

잘 조리한 육류와 그렇지 않은 육류의 품질을 비교해보면, 조리가 음식의 미학적 품질에 얼마나 큰 영향을 주는지 알 수 있다. 잘 구운 고기는 육즙이 풍부하고 풍미가 좋지만, 지나치게 구운 고기는 건조하고 질기다. 베이킹 제품의 품질도 조리 기술에 따라 크게 달라진다. 믹싱 과정이 지나치면 제품의 부드러움이 떨어지며, 너무 오래 굽거나 덜 구워도 품질이 떨어진다.

이런 사례들은 전처리, 조리, 서비스 과정 전체에 걸친 관리가 얼마나 중요한지를 보여준다. 특히 조리-냉장 방식과 조리-냉동 방식의 푸드서비스에서 보관 과정은 음식의 미학적 품질과 고객 수용성에 영향을 미치는 중요한 요인이다.

6.10 조리 방법

음식은 다양한 방법을 통해 생산된다. 세척한 후 서비스만 하면 되는 과일처럼 준비 과정이 간단한 음식이 있는가 하면, 레몬 머랭 파이처럼 준비 과정이 복잡한 음식도 있다. 음식의 생산 방법에는 조리, 냉각, 냉동 과정이 포함되며, 여러 과정들이 복합적으로 사용되기도 한다.

조리는 화학과 물리학에 기초한 과학이다. 조리 과정 중 식재료들은 다양한 형태의 반응을 일으킨다. 예를 들어, 베이킹 파우더는 수분에 노출되면 이산화탄소가 발생하며, 달걀, 식초, 기름을 혼합하면 일종의 유화액을 만들 수 있는데, 이 유화액이 마요네즈이다.

6.10.1 열의 전달

열은 다양한 반응을 일으키는데, 열원의 종류나 열의 세기에 따라 결과물이 달라진다. 열이 전달되는 데에는 다음과 같은 네 가지 방법이 있다(Spears, 1999).

- 전도
- 대류
- 복사
- 유도(인덕션)

전도(conduction)는 물체와 물체 간의 직접적인 접촉에 의해 열이 전달되는 것을 말한다. 열의 전도는 고체, 액체, 증기의 세 가지 상태에서 모두 일어난다. 고체인 금속은 좋은 열 전도체이지만, 금속의 종류에 따라 열 전도의 속도는 달라진다. 구리나 철, 알루미늄은 효과적인 열 전도체로 조리도구에 알맞다. 그러나 스테인리스 스틸은 열의 전도에 있어서는 그다지 효과적이지 않다. 열은 우선 가스나 전기 등의 열원으로부터 조리도구로 전달된다. 굽기(그릴링), 끓이기, 튀기기 등의 조리법에서는 주로 전도에 의해 열이 전달되며, 베이킹이나 로스팅에서도 열의 전도가 일어난다. 예를 들어, 팬 브로일링이나 그릴링으로 스테이크를 구울 경우 열은 열원에서 팬이나 그릴로 전도된 후 육류로 전도된다. 튀김에서는 기름이 튀김냄비와 음식 사이에서 열을 전도하는 매개체가 된다.

대류(convection)란 액체나 기체가 자연적으로 또는 인위적으로 순환함에 따라 열이 확산되는 현상이다. 자연적인 대류 현상은 액체나 기체 내의 밀도나 온도 차이 때문에 일어난다. 온도 차이에 의해 뜨거운 기체는 상승하고 차가운 기체는 하강한다. 때문에 액체가 담긴 냄비가 열을 받으면 대류에 의해 액체의 흐름이 형성된다.

인위적인 대류 현상은 기계 장치를 이용해 만들 수 있다. 예를 들어, 컨벡션 오븐이나 컨벡션 스티머 안에서는 팬이 열을 순환시키는 기능을 하기 때문에 열이 음식에 더 빨리 전달되며 조리가 신속하게 이루어진다. 대류 효과를 얻을 수 있는 또 다른 방법은 열 대신 음식을 순환시키는 것이다. 음식을 담은 선반이 회전하는 회전 오븐(reel oven)을 예로 들 수 있다. 냄비 안을 저어주는 것도 냄비 바닥에 열이 집중되는 것을 막고 열이 고루 순환할 수 있도록 해 대류 현상을 만든다. 예를 들어 소스나 푸딩을 만들 때에는 조리를 빨리 하기 위해서뿐만 아니라 바닥이 타는 것을 막기 위해서 저어주어야 한다.

복사(radiation)는 물체 내의 파동 운동에 의해 열이 발생하는 것이다. 전자기파 자체는 에너지를 가지고 있지 않지만, 전자기파가 음식에 침투하면 분자 운동을 일으켜 열을 발생시킨다. 적외선파는 가시광선보다 파장이 길다. 브로일링은 대표적인 적외선 요리이다. 브로일러 안에서는 전자나 세라믹 성분이 가스 불에 의해 가열되어 적외선을 방출하며, 방출된 적외선에 의해 음식이 익게 된다. 고강도 적외선 오븐(high-intensity infrared oven)은 음식을 더욱 빠르게 조리할 수 있도록 만들어진 것이다. 푸드서비스 업장에서는 적외선 램프를 이용해 서비스하기 전까지 음식을 적당한 온도로 보관하기도 한다. 레스토랑에서는 조리원이 서빙할 준비가 완료된 음식접시를 올려놓는 선반 위에 적외선 램프를 설치하기도 한다.

마이크로웨이브(microwave)는 전자기 튜브에서 발생하는 극초단파를 말한다. 마이크로웨이브는 음식 내부로 침투하여 수분이나 지방 분자를 동요시킨다. 이러한 동요로 인한 마찰은 열을 발생시키고 이 열이 음식을 익힌다. 마이크로웨이브는 수분이나 지방 분자에만 영향을 미치기 때문에 건조한 물건은 전자레인지에 넣어도 뜨거워지지 않는다. 때문에 음식을 가열하거나 조리할 때 일회용 플라스틱이나 종이 접시를 사용할 수 있다. 대부분의 마이크로웨이브는 음식 내부의 약 2인치 정도까지만 통과하기 때문에 큰 덩어리의 음식의 경우 중심 부분까지는 전도에 의해 열이 전달된다. 마이크로웨이브는 음식의 양에 비례해 조리시간이 증가하기 때문에, 급식소에서는 많이 사용하지 않는다. 대량의 음식을 전자레인지로 조리하려면 오븐이나 스티머로 조리하는 것보다 시간이 더 오래 걸리기 때문이다. 하지만 가정에서는 반조리 식품을 가열할 때 전자레인지를 흔히 사용한다. 전자레인지는 병원의 병동 안에 있는 주방에서도 많이 사용되며, 샌드위치나 수프를 데우는 데 사용할 수 있도록 작은 전자레인지가 부착된 자판기도 있다. 마이크로웨이브 기능과 대류 기능을 모두 갖추고 있는 조리도구도 있다. 이러한 조리도구를 사용하면 마이크로웨이브가 가열 에너지를 제공하며, 공기의 순환에 의해 표면의 색과 질감이 만들어진다. 예를 들어, 마이크로웨이브와 대류 기능을 함께 활용하면 감자를 보다 빠르게 조리할 수 있으며, 동시에 구운 감자의 질감과 향을 만들어 낼 수 있다.

유도(induction)는 전기 자기장을 이용해 금속으로 된 조리도구의 분자를 자극하는 방법이다 (Riell, 1992). 많은 급식소에서 유도의 원리를 이용한 인덕션 버너를 활용하고 있다. 인덕션 버너는 불꽃이 없으며 표면이 뜨거워지지도 않는다. 대신 조리도구의 분자가 자극되어 열이 발생하고 이 열에 의해 음식이 조리된다. 푸드서비스 매니저들은 유도에 의한 조리가 빠르고 깨끗하다고 말한다. 또한 유도에 의한 조리방법은 환기가 필요하지 않다.

6.10.2 조리 방법과 기기

조리방법은 습열조리와 건열조리로 구분된다. 건열조리는 건조한 기체, 뜨거운 금속, 복사, 또는 최소한의 뜨거운 지방에 의해 열이 전도되는 방법이다. 습열조리는 조리과정에 수분이나 수증기를 활용하는 방법이다. 각각의 음식에 따라 적합한 조리방법이 있다. 예를 들어, 연한 부위의 육류는 건열 방법으로 조리해야 하며, 스튜처럼 질긴 부위를 활용하는 요리는 습열로 조리해야 한다.

대량 조리와 조리 기기는 밀접한 관계가 있으므로 함께 고려해야 한다. 대량 조리와 조리 기기 모두 조리기술의 중요한 요소이다. 근본적으로 사용 가능한 기기에 따라 조리방법을 선택하게 된다. 조리방법과 기기의 선택은 업무스케줄, 생산성, 생산품의 품질, 서비스 속도, 위생 및 보수유지, 에너지 절약, 메뉴의 유연성, 비용의 통제 등 일일운영에 큰 영향을 미치므로 매우 중요하다. 지난 몇십 년 동안 보다 효율적이고 복잡한 기기들이 만들어지면서 조리기술은 더욱 복잡해졌다. 건열과 습열조리를 동시에 활용하는 복합 조리방법이 사용되고 있다. 조리기기는 습열, 건열, 복합조리도구로 구분할 수 있다.

6.10.3 습열

가장 흔히 사용되는 **습열 조리방법(moist heat mothod)**으로 보일링(boiling), 시머링(simmering), 스튜잉(stewing), 포우칭(poaching), 블랜칭(blanching), 브레이징(braising), 스티밍(steaming)이 있다. 보일링, 시머링, 스튜잉, 포우칭은 식품을 물이나 조미한 액체 안에서 익히는 방법이다. 액체의 온도에 따라 방법이 달라진다. 보일링은 끓고 있는 액체에서 음식을 익혀내는 것을 말한다. 보일링은 보통 채소와 전분류 식품에 이용된다. 온도가 높기 때문에 육류, 생선, 달걀에 이용하면 단백질이 단단하게 굳으며, 끓는 물의 움직임이 빨라 섬세한 음식의 경우 부서지기도 한다.

그림 6-10 스팀솥

자료: Groen, Dover Industries Company. Used by permission.

스팀솥 시머링이나 스튜잉이란 185~205°F 사이의 가볍게 끓는 액체 속에서 음식을 익히는 방법이다. "Boiled corned beef and cabbage"처럼 보통 보일링이란 표현을 많이 쓰지만, 대부분의 음식은 시머링의 방법으로 조리된다. 시머링에는 주로 **스팀솥(steam-jacketed kettle)**이 사용된다 (그림 6-10). 스팀솥은 두 개의 보일러처럼 작동한다. 한 개의 솥이 2인치 간격을 두고 다른 솥으로 둘러싸여 있는데, 두 개의 솥 사이 공간에 유입되는 수증기가 음식을 조리하는 데 필요한 열을 공급한다. 손잡이로 수증기의 양, 즉 압력을 조절할 수 있다. 압력이 높을수록 표면이 뜨거워지고 음식이 더 빨리 익는다. 요즈음의 스팀솥은 수증기를 공급하는 장치가 따로 연결되어 있는 대신 자체에 수증기를 만들어내는 보일러를 갖추고 있다. 스팀솥은 냉수 공급도 가능해 두 솥 사이의 공간에 찬물을 채우면 솥 안의 재료를 재빨리 냉각시킬 수 있다. 보통 스팀솥에는 솥 안의 내용물을 덜어내기 편하도록 주둥이와 지지대가 장착되어 있다.

포우칭은 뜨겁지만 보글보글 끓지는 않는 160~180°F의 온도로 소량의 물에 음식을 익히는 것을 말한다. 포우칭은 생선, 달걀, 과일 같은 섬세한 음식을 익힐 때 사용된다. 포우칭 방법으로 조리한 음식은 특별한 맛이 없기 때문에 셰프는 건강에 좋은 음식을 만들기 위해 고열량, 고지방, 고나트륨의 소스 없이 최대한의 향을 만들어 내야 한다.

블랜칭은 물에서 부분적으로 간단하게 데쳐내는 방법이다. 경우에 따라 프렌치 프라이처럼 뜨거운 기름에 블랜칭하는 음식도 있다. 물에 블랜칭할 때에는 두 가지 방법이 사용된다. 육류나 뼈에 있는 피, 소금기, 불순물을 녹여내기 위해 재료를 냉수에 담가둔 후 끓여 간단히 시머링한다. 그리고 찬물에 담가 식힌다. 블랜칭은 채소 안의 효소를 파괴시켜 색을 보존하기 위해서, 또는 채소와 과일의 껍질을 벗기기 쉽도록 연하게 만들기 위해서도 활용된다. 이러한 용도로 활용할 때에는 재료를 뜨거운 물에 재빨리 넣고 물이 다시 끓어오르면 건져내 냉수에 담가 재빨리 식히면 된다.

브레이징은 보통 음식을 갈색화시킨 후 소량의 액체에 조리하는 방법을 말한다. 가격을 중요시하는 오늘날의 셰프들은 향은 좋지만 질긴 편이고 가격은 저렴한 육류 부위를 브레이징한 메뉴를 선보이고 있다. 육류를 브레이징한 요리는 소량의 기름에 노릇하게 구워내 요리뿐 아니라 소스 역시 보기에도 좋고 향도 좋아진다. 오늘날에는 건강에 좋은 조리법을 강조하고 있으므로 네모 모양으로 자른 고기를 뜨거운 육수에 재빨리 구워내면 지방을 첨가하지 않고도 갈색을 내고 더 낮은 온도에서 조리할 수 있다. 팬에 남은 액체는 보통 농후제를 사용하는 대신 뜨거운 열에 걸쭉하게 조려낸다. 브레이징 방법 중에는 액체를 따로 첨가하지 않고 재료 자체의 수분으로 익히는 방법도 있다. 브레이징할 때는 보통 뚜껑이 달린 만능조리기를 많이 활용하지만, 레인지나 오븐에서도 가능하다. 브레이징 과정을 일컫는 다른 용어로는 팟 로스팅(pot roasting), 스위싱(swissing), 프리카싱(fricasseeing) 등이 있다.

스팀쿠커 스티밍이란 음식을 **수증기**에 직접 노출시켜 쪄내는 방법이다. 물의 기체 형태인 수증기는 매우 효과적인 열 전도체이기 때문에 급식소에서는 수증기를 많이 사용한다. 컨벡션 오븐과 그리들의 **열전달 속도(heat transfer rate)**가 각각 7 Btu, 38 Btu인 것에 비해 수증기의 열전달 속도는 300 Btu에 달한다. **압력 스팀쿠커(pressure steamers**; 저압인 경우 2~5 **psi**, 고압인 경우 15 psi)는 증기압을 만드는 공기를 가두고 제거하는 방식에 의해 작동된다(Spears, 1999). 무압력 컨벡션 스팀쿠커(그림 6-11)는 스팀쿠커 안에서 수증기가 순환하여 조리시간이 줄어든다. 스팀쿠커 안에 압력이 형성되지 않기 때문에 조리가 잘 되고 있는지 확인하기 위해 또는 조리 중간에 음식을 넣거나 빼기 위해 문을 열어도 괜찮다. **무압력 컨벡션 스팀쿠커(pressureless convection steamer)** 안쪽에 있는 팬에 의해 수증기가 대류하기 때문에 수증기로부터 음식으로 열이 전달되어 압력이 없어도 조리가 가능하다. 무압력 스팀쿠커는 환기 시스템을 갖추고 있어 212°F의 낮은 온도에서도 빠르게 조리된다. 무압력 스팀쿠커는 신선한 채소부터 냉동 채소까지 다양한 음식에 활용될 수 있다. 수증기가 계속 환기되기 때문에 음식에서 음식으로 좋지 않은 향이 전달되는 것도 막을 수 있다.

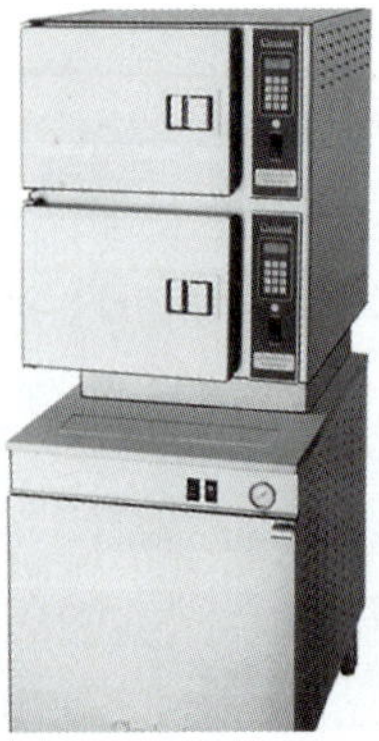

그림 6-11 무압력 컨벡션 스팀쿠커
자료: Cleveland Range Co., Inc. Used by permission.

6.10.4 건열

액체 없이 조리하는 방법에는 로스팅(roasting), 베이킹(baking), 오븐 프라잉(oven frying), 브로일링(broiling), 그릴링(grilling), 바비큐(barbecuing), 로티세리 쿠킹(rotisserie cooking), 프라잉(frying), 소테(sauteeing), 팬 프라잉(pan frying), 딥 프라잉(deep fat frying)이 있다. 기름은 액체이기 때문에 음식을 기름으로 조리하는 것을 건열 조리에 포함시키는 것은 옳지 않다고 주장하는 사람도 있다. 액체 조리, 건열 조리, 기름 조리의 세 가지 방법으로 구분하는 것이 적절하겠지만, 여기에서는 기름에 튀기는 조리법을 건열 조리에 포함시켰다.

브로일러 **브로일러(broiler)**는 육류, 가금류, 해산물 같은 재료를 올려놓는 선반의 위쪽에 열원이 있다. 열의 형태나 강도에 따라 재료는 열원으로부터 3~6인치 떨어뜨려 놓는다(Spears, 1999). 재료의 지방량, 질긴 정도, 두께 등에 따라 필요한 열의 양이 다르다. 조리 과정 중 재료에서 떨어지는 육즙이나 지방은 아래쪽의 기름받이로 떨어지기 때문에 화재의 가능성은 낮다. 많은 푸드서비스 업장에서, 특히 스테이크 하우스나 햄버거 가게에서 숯불구이가 많이 애용되고 있다. **숯불 브로일러(charbroiler;** 그림 6-12)는 가스, 전기, 숯, 나무 등으로 열을 낼 수 있다. 가스나 전기를 이용하는 브로일러는 열원 위쪽과 음식을 올리는 선반 아래쪽에 세라믹 조개탄 층이 있다. 열원이 아래쪽에도 있기 때문에 이것은 기술적으로 고려할 때 브로일링 방법이 아닌 그릴링이다. 또한 조리 중 육즙이나 지방이 열원 쪽으로 떨어지기 때문에 조리 중에 화염이나 연기가 발생하기도 하고 안전상의 문제를 일으킬 수도 있다. **살라만더(salamander)**와 **치즈 멜터(cheesemelter)**는 작은 크기의 브로일러로 레인지 위에 장착하기도 한다. 이 두 가지 기구의 차이를 살펴보면, 치즈 멜터는 훨씬 낮은 온도를 이용하기 때문에 음식을 조리하는 용도보다는 치즈를 녹이는 등 마무리 작업에 사용된다.

그림 6-12 숯불 브로일러

자료: Garland Group/U.S. Range. Used with permission.

그릴링, 그리들링, 팬 브로일링(pan broiling)은 모두 아래쪽으로부터의 열을 이용하는 건열 조리방법이다. 그릴링은 전 세계적으로 고객들이 좋아하는 향을 만들어낸다. 아시안 스타일 데리야키, 텍스-멕스 화지타, 중동의 케밥, all-America cowboy-grilled steak 등이 있다. **그릴링(grilling)**은 열원 위에 개방형 석쇠를 올리고 그 위에서 음식을 익힌다. 열원으로는 전기, 가스, 세라믹 조개탄, 향이 있는 나무 등을 이용한다. **그리들링(griddling)**은 가스나 전기 등의 열원 위에 번철을 올리고 그 위에서 음식을 익히는 방법이다. 번철의 표면이나 플레이트는 무쇠, 광택 스틸, 냉간 압연 스틸, 크롬 마감 판 등이 사용된다.

랭 제조회사는 푸드서비스의 기존 장비에 부착되는 **크램쉘(Clamshell)**[2] 후드로 양면 그릴링 기술을 도입하였다(그림 6-13). 후드의 적외선 브로일러와 아래쪽의 열원이 육즙이 빠져나가지 않게 하고 재료의 수축을 막아 육즙이 살아 있는 고기 요리를 단 30분 만에 빠르게 조리할 수 있다. 브로일러로 6분이 걸리는 뉴욕 스테이크는 4분 만에, 6분이 걸리는 닭고기 요리는 3분 만에 조리가 가능하다. 물론 재료의 두께나 무게에 따라 조리 시간이 달라진다. 몽골리안 바비큐라고 불리는 새로운 그릴링 기기도 있다. 몽골리안 바비큐는 지름이 4피트 정도 되는 평평하고 둥근 번철로 보통 회전된다. 몽골리안 바비큐 레스토랑에서는 손님이 원하는 음식을 선택하고 종사원이 커다란 번철에서 요리하는 모습을 직접 볼 수 있다.

튀김기 **튀김기(deep fat fryer)**는 가스, 전기, 적외선 버너로 가열되며, 바구니 안에 음식을 담아 기름이 들어 있는 튀김 냄비에 넣어 익힌다(그림 6-14). 급식소에서 사용하는 튀김기는 크게 발전되어 왔다(Spears, 1999). 주된 발전 사항 중 세 가지는 정확한 온도 조절이 가능해진 것, 튀김 온도의 빠른 회복이 가능해진 것(급식소에서 일정한 품질의 튀김을 재빨리 생산할 수 있도록

2) 조개 뚜껑 같은 뚜껑이 달린 형태.

그림 6-13 크램쉘

자료: Lang Manufacturing Company. Used by permission.

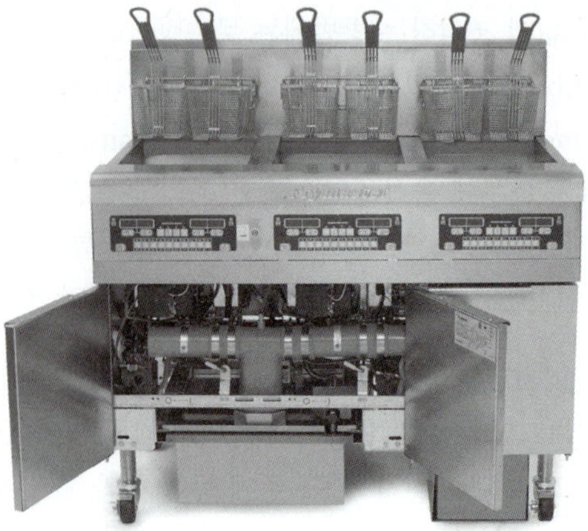

그림 6-14 튀김기

자료: Frymaster. Used by permission.

해줌), 튀김 기름에 남은 찌꺼기를 자동 정화하여 튀김유의 사용시간을 연장시킨 것이다. 튀김 냄비 안은 두 영역으로 구분할 수 있는데, 열원 위에 있는 **쿠킹 존**(*cooking zone*)과 열원 아래에 있으며 부스러기가 떨어지는 **콜드 존**(*cold zone*)이다. 콜드 존은 튀김 기름보다 차갑기 때문에 부스러기가 덜 탄다. **열 회복시간(heat recovery time)**, 즉 음식을 넣은 이후에 기름이 적정 조리온도로 회복되는 데 걸리는 시간은 전체 조리 시간에 큰 영향을 미친다.

오븐 로스팅과 베이킹은 열 전달의 세 가지 방법인 전도, 대류, 복사를 모두 이용한다. 열은 팬에서 음식으로 전도되며, 자연적 또는 인위적인 대류에 의해 공기가 순환한다. 열은 또한 오븐 내의 뜨거운 벽으로부터 복사된다. 푸드서비스 업장에서는 다양한 오븐이 사용된다. 중요한 세 가지 오븐 형태로 뜨거운 공기 오븐, 적외선 브로일러, 마이크로웨이브 오븐이 있다. 오븐을 구입하기 전에는 다음과 같은 사항을 고려해야 한다.

- 어떤 음식을 조리하는가?
- 그 음식을 어디에서 조리하는가?

대부분의 메뉴를 전처리부터 시작해 모두 조리했던 15년이나 20년 전에는 어떤 오븐이든 잘 활용할 수 있었다. 오늘날의 푸드서비스 업장에서는 다른 형태의 준비 작업을 필요로 하는 반조리 식품이나 냉동식품을 많이 사용한다. 따라서 여러 유형의 오븐 중 푸드서비스 업장에 적당한 것을 선택할 필요가 있다(그림 6-15, 6-16).

- **레인지 오븐(range oven)**은 스토브의 일부로 작업대 아래쪽에 설치한다. 주로 규모가 작은 곳에서 사용한다.
- **데크 오븐(deck oven**; 그림 6-15a)은 8인치 또는 12인치 높이의 세라믹이나 스테인리스 스틸 상판(데크)에 음식을 담은 팬을 올려 굽기 때문에 붙여진 이름이다. 보통 여러 개의 오븐이 쌓여 있는 형태로 되어 있다. 데크 오븐은 위쪽과 아래쪽의 온도를 각각 조절할 수 있어 빵, 롤, 디저트 등 베이커리 품목을 구울 때 용이하다.
- **컨벡션 오븐(convection oven**; 그림 6-15b)은 뒷면이나 옆면에 팬이 있어서 오븐 안의 공기를 순환시켜준다. 공간이 넓기 때문에 2~3배 많은 음식을 조리할 수 있고, 조리시간을 30% 줄여주며, 25~35°F의 저온에서도 조리가 가능하므로 에너지가 절약된다.
- **컨베이어 오븐(conveyor oven)**은 피자 오븐이라고도 불린다. 음식이 오븐 안을 통과하는

(a) 데크 오븐
자료: Blodgett. Used by permission.

(b) 컨벡션 오븐
자료: Blodgett. Used by permission.

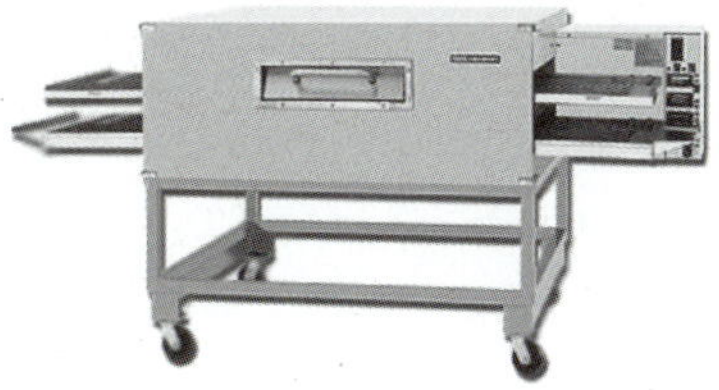

(c) 컨베이어 오븐
자료: Lincoln Foodservice Products. Used by permission.

(d) 마이크로웨이브 오븐
자료: Panasonic-Commercial Food Service, www.panasonic.com/cmo. Used by permission.

(e) 훈제 오븐
자료: Cookshack. Used by permission.

(f) 저온 오븐
자료: Alto-Shaam. Used by permission.

그림 6-15 상업용 오븐

켄베이어 벨트 위에서 움직이면서 익는다. 컨베이어 오븐(**impinger**; 그림 6-15c)은 빠른 속도로 뜨거운 공기를 오븐 안으로 불어넣어 다른 오븐보다 더 빨리 음식을 익혀준다. 적외선, 석영, 가스, 전기 등의 열원이 오븐의 온도를 600°F까지 올려준다.

- **마이크로웨이브 오븐(microwave oven**; 그림 6-15d)은 음식을 조리할 때보다는 이미 조리된 식품을 데울 때 더 많이 사용된다. 전자기 관에서 만들어진 마이크로웨이브가 음식을 통과하여 음식 안의 수분이나 지방 분자를 자극하며 분자의 자극에 의해 음식이 조리된다.
- **훈제 오븐(smoker oven**; 그림 6-15e)은 전기오븐으로, 한번에 100파운드의 육류를 훈제할 수 있는 작은 크기의 오븐이다. 나무토막을 이용해 연기를 내며 독특한 향을 내기 위해 향신료나 바비큐 소스를 육류에 바르기도 한다.
- **저온 오븐(low-temp cooking and holding oven**; 그림 6-15f)은 조리온도가 142~325°F, 유지온도가 60~200°F이다. 이 오븐을 사용하면 육류요리의 산출량이 25%까지 증가하며 에너지를 30~50% 정도 절감할 수 있다.
- **로티세리 오븐(rotisserie oven**; 그림 6-16)에는 쇠꼬챙이나 음식을 담을 수 있는 바구니 장치가 있다. 보통 뜨겁고 습한 오븐 안에서 꼬챙이나 바구니가 회전하면서 음식이 서서히 익는다. 가스, 전기, 나무, 숯불 등을 열원으로 이용한다. 로티세리 오븐은 보스턴 마켓에서 사용한 이후 다른 식품점에서도 찾아볼 수 있게 되었다.
- **장작화덕(wood-fired oven)**은 화덕 안에 장작을 태워 돌이나 벽돌을 가열하고 이것으로 음식을 익혀낸다. 장작으로 사용할 나무는 음식에 향을 주기 위해 어떤 스모크 향을 원하는지, 얼마나 불을 피우기 쉬운지, 수분은 얼마나 되는지 등을 고려하여 선택한다.

그림 6-16 작동 중인 로티세리 조리

자료: Hardt Equipment Manufacturing. Used by permission.

- **플래쉬베이크 오븐(FlashBake oven)**은 강한 빛과 적외선 에너지를 복합적으로 사용해 음식을 재빨리 익힌다. 피자, 닭가슴살, 프렌치 프라이 등을 더 빨리 조리할 수 있다(가슴살 2분, 프렌치 프라이 1분).

6.10.5 복합기능 기기

공간을 줄이는 것은 외식이나 급식 산업의 주요 목표 중 하나이다. 보통 스토브라고 불리는 레인지는 복합기능을 갖춘 대표적인 푸드서비스 기기이다. 공간은 비용이 많이 든다. 또한 공간은 생산이 아닌 수익을 증가시키기 위해 사용되어야 한다. 조리원이 매일 몇 마일씩 걸어 다닐 필요가 없는 경우, 음식을 준비하는 데 필요한 노동시간을 감소시킬 수 있다. 푸드서비스 업장에서의 공간 및 노동 문제를 경감시키기 위해 개발된 3가지 조리 도구가 있는데, 복합 컨벡션 오븐/스티머 또는 콤비오븐, 만능조리기, 컨벡션/마이크로웨이브 오븐이 그것이다.

그림 6-17 콤비 오븐

자료: Blodgett. Used by permission.

- **콤비오븐(combi-oven**; 그림 6-17)은 오븐 안에서 공기와 수증기를 대류시켜 고열과 습한 환경을 만들어준다. 육류, 해산물류, 가금류, 채소류, 심지어 부서지기 쉬운 머랭, 페이스트리, 바삭한 껍질이 있는 빵도 콤비오븐으로 만들 수 있다. 콤비오븐은 1가지 기기로 컨벡션, 스팀, 컨벡션 및 지속적인 스팀, 컨벡션 및 순환 스팀의 4가지 조리방법을 복합적으로 사용할 수 있다. 이러한 복합기능의 이점은 1가지의 기기로 다양한 메뉴를 생산할 수 있어 다재다능하다는 것이다. 또한 비용이 많이 드는 공간을 절약할 수 있고, 향, 색, 영양소는 최대한 살리는 동시에 음식의 손실은 최소화하면서 빠른 조리가 가능하다는 것이다. 컨벡션으로 익히는 로스트에 수증기를 추가하면 육류가 더 촉촉해진다(Fellin, 1996)
- **만능조리기(회전식 프라이팬)(tilting skillet** 또는 **tilting frypan**; 그림 6-18)에는 가스와 전기로 열을 내는 바닥과 네모 모양의 팬이 있고, 음식을 덜어내는 홈 등이 있다. 만능조리기는 모든 주방기기 중 가장 유능한 기기 중 하나인데, 레인지, 번철, 솥, 오븐, 육수 냄비, 중탕 냄비, 볶음팬 등의 이점을 복합적으로 가지고 있기 때문이다. 이 기기를 이용해 파스타, 스튜, 그래비, 소스, 여러 재료가 들어가는 앙트레의 분산조리가 가능하며, 베이컨 및 달걀, 햄버거, 스테이크 등 개별 주문 요리도 가능하다.

그림 6-18 만능조리기

자료: Groen, Dover Industries Company. Used by permission.

그림 6-19 컨벡션/마이크로웨이브 오븐

자료: Whirlpool Corporation. Used by permission.

- **컨벡션/마이크로웨이브 오븐(convection/microwave oven**; 그림 6-19)은 고속 오븐이라고도 불리는데, 컨벡션과 마이크로웨이브 기능을 모두 가지고 있다. 컨벡션이나 마이크로웨이브 기능만으로도 사용할 수 있고 복합적으로 사용할 수도 있다. 컨벡션/마이크로웨이브 오븐은 색깔을 내고, 굽고, 로스팅하는 컨벡션 오븐의 기능뿐 아니라 음식을 익히고 찌는 마이크로웨이브 기능을 한다. 컨벡션 오븐의 뜨거운 공기는 표면의 색깔과 질감을 만들어내며 마이크로웨이브는 주로 음식을 해동하고 가열하는 기능을 한다. 이러한 두 가지 기능을 복합함으로써 음식을 더 빨리 조리할 수 있으며 겉은 갈색이지만 속은 촉촉한 요리를 만들 수 있다.

6.11 생산 통제

통제(*control*)는 계획이 제대로 실행되었는지 확인하는 과정이다. 따라서 통제의 핵심은 해야 할 일을 이미 한 일과 비교하고 필요한 시정조치를 취하는 것이다. 통제는 표준에서 벗어나는 부분을 수정하기 위한 조치가 취해져야 효과적이라고 할 수 있다.

본질적으로 **품질의 통제**는 소비자에게 제공되는 모든 제품이 매일 일관성을 유지할 수 있도록 하는 것을 의미한다. 간단히 말해 양적 통제는 필요한 양만큼 정확히, 더 많지도 적지도 않게 생산하는 것을 의미한다. 모든 통제는 비용 통제와 직접 연관되어 있으므로 상업적 조직에서는 이윤을 창출하는 것, 비상업적 조직에서는 예산에 맞추는 것과 연관되어 있다. 과잉생산 또는 생산부족은 경영상의 문제를 일으키며 비용에도 영향을 준다. 시간, 온도, 제품 수율, 1회분량 통제, 제품 평가는 모두 품질과 양에 직접적으로 연관되어 있으며, 비용통제와 간접적으로 연관되어 있다.

6.11.1 시간과 온도 통제

시간과 온도(time and temperature)는 음식의 대량생산에 있어 결정적인 요소이다. 고품질의 제품을 생산하기 위해서는 시간과 온도를 통제해야 한다. 온도가 정확했다고 해도 조리 시간이 길어질 경우 과도한 수분 손실이 일어난다. 오늘날 사용하는 대부분의 조리 기기에는 타이머가 장착되어 있다. 또한 컴퓨터 프로그램을 이용해 조리 시간을 조절할 수도 있다.

음식을 알맞은 정도로 익히기 위해서는 온도가 중요하다. 식품에 따라 특정 온도에서 일어나는 물리적, 화학적 변화가 다르므로 알맞은 조리 온도가 달라진다. 음식에 열을 가하면 수분이 손실되기 때문에 물리적인 상태가 변화한다. 화학적인 변화는 식품마다 매우 다르고 복잡하다. 수분 측정기, 수증기 함량 분석기, 칼라 광학 센서 등 익은 정도를 측정하기 위한 복잡한 방법이 개발되었다.

자동으로 정확하게 온도를 조절해주는 온도조절장치를 이용해 온도를 통제하기도 한다. 온도조절장치는 주변의 온도변화에 영향을 받지 않고 측정하고자 하는 물체의 온도 변화에 빠르게 반응하며 쉽게 장착할 수 있는 것이어야 한다. 온도조절장치가 잘 작동되는지 주기적으로 점검하여야 한다.

표준레시피에는 로스팅과 베이킹에 대한 온도를 명시해야 한다. 다양한 음식의 최종 온도를 포함해 메뉴 항목의 조리 시간과 온도를 표기해야 한다. 예를 들어 육류의 익은 정도는 음식의 최종 온도를 명시하면 정확하다.

음식의 최종온도나 보관 중인 음식의 온도를 측정하기 위해서는 다양한 온도계가 필요하다. 육류 온도계는 육류 내부의 온도를 측정할 때 사용한다. **표 6-10**에는 육류의 익은 정도에 따른 (레어, 미디엄, 웰던) 세 가지 단계의 육류 내부 온도를 표시하였다. 그러나 육류를 조리할 때, 특히 큰 덩어리의 육류일 경우에는 **여열조리(carry-over cooking)**를 고려할 필요가 있다. 여열조리란 육류를 오븐에서 꺼낸 이후에도 육류의 내부 온도가 계속 상승하는 것을 말한다. 이러한 현상은 구워진 고기의 바깥쪽 온도가 안쪽 온도보다 높기 때문에 일어나며, 고기 덩어리 전체의 온도가 균일해질 때까지 열이 계속 전도된다.

대장균의 검출을 방지하기 위해 햄버거는 화씨 160도로 조리되어야 한다. 미국 식품안전검사국은 갈은 고기의 경우 내부온도가 화씨 160도에 이르기 전에 갈색으로 변화하기도 한다는 연구결과에 근거하여(Meat Industry Insights, 1998) 육류 온도계를 사용할 것을 강조하고 있다. 또 다른 연구에 따르면, 갈은 고기를 화씨 160도 이상으로 조리해도 여전히 분홍색일 경우도 있었다. 식품안전검사국은 더 이상 육류의 색깔이 갈은 고기의 안전성을 알려주는 믿을 만한 지표가 아니라고 경고하였다. 육류 온도계를 사용하는 것이 식품으로부터 발생할 수 있는 위험요소를 줄일 수 있는 가장 믿을 만한 방법이다. 식품온도계는 조리 마지막에 사용하며 15초 안에 온도를 측정한다. 육류 온도계는 햄버거의 가장 깊은 곳을 통과해야 한다. 위에서 찔러서 온도를 잴 수 있을 정도로 쇠고기 패티가 두껍지 않을 때에는 온도계를 측면에서 찔러서 온도를 측정해야 한다.

조리에서 시간과 온도는 서로 큰 연관이 있다. 최상등급 소갈비 구이와 같은 음식은 연하게 조리하기 위해 낮은 온도에서 오래 조리할 수 있다. 스트립 스테이크 같은 음식은 높은 온도에서 짧게 조리해야 한다.

최상품질의 제품을 만들기 위해 시간과 온도를 정확히 조절해야 하는 베이킹 제품을 보면 시간과 온도 사이의 밀접한 관계를 잘 알 수 있다. 예를 들어, 케이크를 지나치게 높은 온도에서 굽게 되면 반죽이 부풀기도 전에 표면이 익어 버린다. 결과적으로 케이크의 안쪽이 구워지기도 전에 껍질이 갈라져버리고 단단해진다.

6.11.2 산출량

산출량은 구매/생산/서비스 순환의 여러 단계에서 최종적으로 발생하는 결과물의 양을 뜻한다. 수율은 보통 무게, 부피 또는 분량(서빙 사이즈)으로 표현된다. 쌀과 파스타처럼 조리과정 중에 부피가 증가하는 식품이 있기도 하지만, 대부분의 식품은 각 단계를 거치면서 부피나 무게가 줄어

표 6-10 조리된 육류의 내부 온도

육류	내부 온도
갈은 육류 제품	
햄버거	160°F
쇠고기, 돼지고기, 양고기	160°F
닭고기, 칠면조고기	160°F
쇠고기, 양고기, 송아지고기	
로스트 & 스테이크	—
미디엄레어	145°F
미디엄	160°F
웰던	170°F
돼지고기	
찹, 로스트, 갈비	—
미디엄	160°F
웰던	170°F
신선 햄	160°F
소시지	160°F
가금류	
닭고기	165°F
오리고기	165°F
칠면조고기(속을 채우지 않은 것)	165°F
전체	165°F
가슴살	165°F
적색육	165°F
소, 가금류를 채운 것이나 따로 조리하는 것	165°F
달걀	
프라이, 수란	노른자와 흰자가 단단함
캐서롤	160°F
소스, 커스터드	160°F

자료: USDA/FDA (1997).

든다. **구입시 중량(as purchased, AP)**은 특정 수의 고객에서 서비스할 음식을 생산하기 위해 구입한 식품의 양을 말한다. 구입한 육류, 어류, 가금류의 중량은 조리 전에 껍질, 뼈, 지방 제거 등 여러 가지 이유로 감소한다. 이렇게 얻은 결과물을 **가식부량(edible portion, EP)**이라고 하는데, 가식부량이란 껍질, 뼈, 지방이 제거된 식재료의 무게를 뜻하는 것으로, 가식부를 조리하여 고객에게 서비스하게 된다. 조리하는 동안에는 식품의 축소가 일어나는데 로스트의 경우 35%까지 감소한다. 익은 고기 덩어리를 자르는 과정 중에 5%가 더 감소한다(Kotschevar & Donnelly, 1999).

구매를 할 때는 배식량의 산출을 위해 생산 과정 중 일어나는 손실을 고려해야 하며, 이러한 손실은 메뉴의 가격 결정에서도 중요하다. 가식부가 100%인 것은 이미 조리된 차가운 식육 및 가금류 제품뿐이다. 뼈, 껍질, 조리 손실에 해당하는 가격은 모두 구매 가격에 포함된다. USDA가 어린이 영양 프로그램에 활용할 목적으로 발행한 어린이 영양 프로그램을 위한 식품 구매 가이드에는 구매량 산출에 활용할 수 있는 다양한 식품의 가식부 산출률 정보가 포함되어 있다.

식품	산출량
갈은 쇠고기(지방 함량 30% 이하)	가식부 1파운드 = 조리한 살코기 0.7파운드
돼지 갈비	가식부 1파운드 = 조리한 살코기 0.3916파운드
닭가슴살	가식부 1파운드 = 껍질을 제거하고 조리한 살코기 0.47파운드
칠면조	가식부 1파운드 = 껍질을 제거하고 조리한 살코기 0.47파운드

예를 들어, 뼈와 껍질이 없는 닭가슴살 4온스가 필요할 경우 뼈와 껍질이 있는 닭가슴살 8.5온스를 구매해야 한다. 구매해야 할 뼈와 껍질이 있는 닭가슴살의 양을 계산하기 위해서는 가식부 4온스를 47% 수율(0.47)로 나눈다.

가식부 4온스 ÷ 0.47 = 구매량 8.5온스

푸드서비스 매니저에게 가식부의 가격은 중요하다. 뼈와 껍질이 있는 닭가슴살의 구매가격이 1온스당 0.106달러라고 가정해보자. 4온스의 뼈와 껍질이 없는 닭가슴살의 가식부 가격을 계산하려면(4온스 닭고기에 0.424달러), 구매가격(0.9달러)을 가식부 산출비율(0.47)로 나누면 된다.

구매가격 ÷ 가식부 산출비율 = 가식부 가격

또는

0.424달러 ÷ 0.47 = 0.90달러

식품	산출
사과	구매량 1파운드 = 씨를 제거하거나 껍질을 벗긴 배식 가능 사과 0.78파운드
바나나	구매량 1파운드 = 껍질 벗긴 바나나 0.64파운드
멜론	구매량 1파운드 = 배식 가능 멜론 0.47파운드
수박	구매량 1파운드 = 배식 가능 수박 0.61파운드
브로콜리	구매량 1파운드 = 조리 가능 브로콜리 0.81파운드
당근	구매량 1파운드 = 조리 또는 배식 가능 당근 0.70파운드
아이스버그 양상추	구매량 1파운드 = 배식 가능 양상추 0.76파운드

위의 표에서 알 수 있듯이, 껍질을 벗기거나 씨를 빼야 하는 과일, 조리를 해야 하는 과일이나 채소는 서비스 전에 무게가 줄어든다.

Food for Fifty(Molt 2001)에 있는 9인치짜리 애플 파이 7개(56인분)의 레시피에는 껍질과 씨를 제거한 사과 12파운드가 필요하다. 사과의 가식률은 78%다. 이 레시피를 위해 구매할 사과의 양을 계산하려면 12파운드를 78% 또는 0.78로 나누면 된다.

사과 가식부 12파운드 ÷ 0.78 = 사과 구매량 15.4파운드

사과 1 파운드의 구매가격이 0.8달러라면 다음과 같이 가식부 가격을 계산할 수 있다.

가식부 가격 = 0.80달러 ÷ 0.78 = 1파운드당 1.03달러

전처리 중에 일어나는 손실 이외에도 분량을 나누거나 굽기 위해 팬에 담는 과정 등 실제 생

표 6-11 방법에 따른 구운 감자의 산출량

감자의 종류	쿠킹호일로 감싸 400°F에서 굽기	기름을 발라 400°F에서 굽기
	←— 산출량 %	—→
적갈색 버뱅크 감자	94	76
아이리쉬 코블러 감자	97	83
카타딘 감자	95	77

자료: Based on data from Matthews (1976).

산과정에서도 손실이 발생한다. **조리손실(cooking loss)** 역시 수율 감소의 원인인데, 조리손실은 주로 수분손실 때문에 일어난다. 앞서 언급했듯이 음식을 조리할 때의 시간이나 온도는 수율에 영향을 미친다.

취급손실(handling loss)은 생산과정에서뿐 아니라 배식을 위해 분배하는 과정 중에도 일어난다. McManis와 Molt(1978)는 적정 수율을 결정하기 위해서는 취급손실도 고려해야 한다고 하였다. 또한 조리손실과 취급손실의 범위는 1~30%로 다양하며, 음식에 따라 달라진다고 지적하였다. 표 6-8의 데빌스 푸드 케이크에서는 분량 조정을 위한 백분율법을 적용할 때 1%의 취급손실을 명시하였다.

음식의 대량 생산 시에는 이러한 손실들이 전체 분량에 누적효과를 갖기도 한다. 따라서 필요 생산량을 예측할 때에는 이러한 손실을 반드시 고려해야 한다. 표준레시피에는 구매량에서 가식부로의 수율 변화를 고려한 총 수율과 분량을 명시해야 한다.

기기와 조리방법 역시 음식 수율에 영향을 준다. 표 6-11을 통해 알 수 있듯이, 조리방법은 최종 수율에 큰 영향을 미친다. 적갈색 버뱅크 감자를 쿠킹호일에 감싸 구우면 94%의 수율을 얻을 수 있지만, 호일이 없이 구울 경우 수율이 76%에 그친다.

그러나 음식을 생산하고 배식하는 과정 중 일어나는 취급손실에 대한 자료는 부족하다. 이러한 자료를 얻기 위한 연구가 진행되어야 하며, 생산과 배식 산출에 대한 정확한 자료도 있어야 한다. 컴퓨터 운영 정보시스템을 통해 주문, 레시피 수정, 생산 계획, 비용, 음식의 영양소 함량 등에 대한 믿을 만한 정보를 얻으려면 구매부터 서비스까지 산출량에 대한 정보가 있어야 한다.

6.11.3 1인분량 통제

1인분량 통제(portion control)는 음식의 대량 생산에 있어 중요한 통제요소 중 하나이다. 1인분량 통제는 균일한 양을 배식하는 것으로 이는 비용의 통제뿐 아니라 고객의 만족을 위해서도 중요하다. 어떤 유형의 푸드서비스이든 관계없이 고객은 지불한 가격 대비 획득한 가치에 관심을 가지며, 모든 사람에게 제공된 1인분량이 똑같지 않으면 불만을 갖는다. 예를 들어 상업적 카페테리아에서 어떤 사람이 다른 사람보다 더 많은 양의 스파게티를 받았다면, 적게 받은 양이 충분할지라도 그 사람은 불공평하다고 생각하게 된다.

다음의 몇 가지 중요한 원칙을 따르면 1인분량을 통제할 수 있다.

1. 필요한 분량을 생산할 수 있도록 자세하고 명확한 설명서에 따라 식품을 구매해야 한다. 식품은 정확한 크기를 명시하여 개수 단위로 주문하기도 한다. 예를 들어, 스위스 스테이크 레시피를 위해 4온스 중량의 둥근 스테이크 150개를 주문할 수 있다. 1인분량을 통제하는 다른 방법으로 1인분량으로 된 제품을 구매하는 것이다. 1인분량의 시리얼, 1인용 버터나 마가린, 1인용 포장된 크래커, 1회용 양념 등을 예로 들 수 있다.

표 6-12 디셔(disher)의 번호별 부피와 무게

디셔의 No.[a]	대략적인 부피[b]	대략적인 무게[b]	활용
6	10큰술(2/3컵)	6온스	앙트레용 샐러드
8	8큰술(1/2컵)	4~5온스	앙트레
10	6큰술(3/8컵)	3~4온스	디저트, 미트패티
12	5큰술(1/3컵)	2 1/2~3온스	크로켓, 채소, 머핀, 디저트, 샐러드
16	4큰술(1/4컵)	2~2 1/4온스	머핀, 디저트, 크로켓
20	3과 1/5큰술	1 3/4~2온스	머핀, 컵케이트, 소스, 샌드위치 속
24	2와 2/3큰술	1 1/2~1 3/4온스	크림퍼프
30	2와 1/5큰술	1~1 1/2온스	큰 드롭 쿠키
40	1과 1/2큰술	3/4온스	드롭 쿠키
60	1큰술	1/2온스	작은 드롭 쿠키, 가니쉬
100	부족한 2작은술		티 쿠키

자료: Adapted from *Food for Fifty* (p. 39) by M. Molt, 2001. Upper Saddle River, NJ: Prentice Hall. Used by permission.

[a]1쿼트(quart)의 식품으로 서비스할 수 있는 인분.

[b]이 부피와 무게는 디셔에 식품을 평평히 가득 담았을 때를 기준으로 함. 디셔에 식품을 볼록하게 담는 경우, 부피와 무게는 한 단계 더 큰 사이즈의 디셔에 해당하는 부피와 무게에 가까워짐.

2. 표준레시피를 사용해야 한다. 표준레시피에는 생산된 1인분량의 크기와 개수에 대한 정보가 포함되어 있다. 레시피에 따라 전처리, 생산, 서비스 과정을 진행하면 정확한 분량을 생산해낼 수 있다. 예를 들어 지나치게 높은 온도로 로스트를 요리하면 지나친 수분손실을 초래하며 수율을 감소시킨다.

3. 관리자와 조리원 모두 냄비, 디셔(disher)[3], 국자의 크기와 수율을 알고 있어야 한다. 표준레시피에도 팬과 배식 도구에 대한 정보가 있어야 한다. 급식소 종사원들이 음식을 정확하게 배식할 수 있도록 도와주는 디셔, 스푸들(spoodle)[4], 국자 등 분량 조절 도구들이 많이 있다. 표 6-12에 다양한 디셔와 각 디셔의 대략적인 산출량을 제시하였다. 보통 이러한 도구들의 크기를 나타내기 위해 숫자를 사용하는데, 이 숫자는 쿼트당 서빙 수를 제시한 것이다. 예를 들어 숫자 8의 디셔는 1쿼트당 8서빙에 해당하며, 이 디셔로 한 번 뜬 양은 약 1/2컵에 해당한다. 디셔는 미트볼, 드롭쿠키, 머핀 등과 같은 음식을 만들 때 일정한 크기를 만들기 위해 사용하기도 하며, 정확한 1인분량을 서빙하기 위해 배식에도 사용된다. 스푸들은 숟가락과 국자의 편리함을 합쳐놓은 도구이다. 종사원들이 정확한 크기의 배식 도구를 고를 수 있도록 색깔을 넣은 제품도 있다(그림 6-20). 손잡이가 11가지 다른 색깔로 구별되어 있는데, 예를 들어 1온스짜리는 검은 손잡이, 2온스는 파란색, 3온스는 핑크색, 6온스는 청록색, 8온스는 오렌지색 손잡이이다. 메뉴에 2온스의 옥수수가 필요하면 관리자는 조리원들에게 파란색 손잡이의 도구를 사용하도록, 아이스크림 1/2컵이 필요하다면 회색 손잡이의 도구를 사용하도록 지시하면 된다. 표 6-13에 여러 가지 크기의 국자별로 대략적인 무게와 부피를 제시하였다.

이러한 도구들은 거칠게 사용되므로 품질이 좋아야 하며, NSF[5]가 인증한 것이어야 한다. 또한 부식이 없는 18-8형 304 스테인리스 스틸로 만들어진 것이어야 하며, 내구성이 강하고 식기세

3) 아이스크림 등을 반구형으로 담는 기구.

4) 커다란 숟가락과 비슷하게 생긴 배식용 도구.

5) National Safety Foundation.

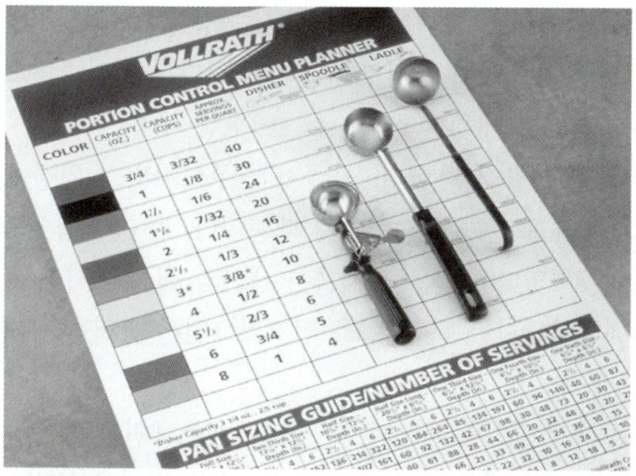

색깔 코딩 시스템

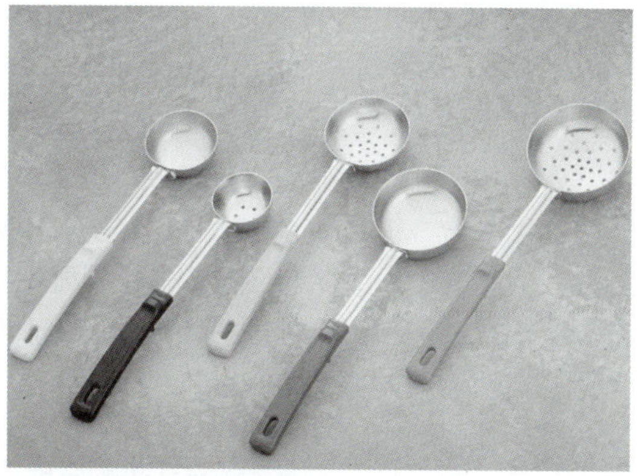

색깔 표시된 스푸들(spoodle)

색깔 표시된 국자

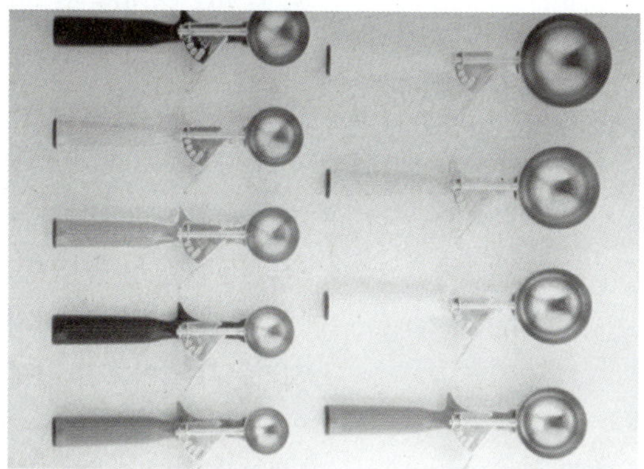

색깔 표시된 디셔(disher)

그림 6-20 색깔 표시된 집기들

표 6-13 국자별 무게 및 부피

대략적인 무게[a]	대략적인 부피[a]	1쿼트당 대략적인 분량	활용
1온스	1/8컵	32	소스, 샐러드 드레싱
2온스	1/4컵	16	그래비소스, 기타 소스
4온스	1/2컵	8	스튜, 크림
6온스	3/4컵	5	스튜, 크림, 수프
8온스	1컵	4	수프

자료: Adapted from *Food for Fifty* (p. 40) by M. Molt, 2001. Upper Saddle River, NJ: Prentice Hall. Used by permission.

[a]이 부피와 무게는 국자에 식품을 평평히 가득 담았을 때를 기준으로 함. 국자에 식품을 볼록하게 담는 경우, 부피와 무게는 한 단계 더 큰 사이즈의 국자에 해당하는 부피와 무게에 가까워짐.

척기에서도 안전해야 한다. 디셔의 손잡이는 한 개의 조각으로 만들어진 것이어야 하며, 편리하게 사용할 수 있도록 그립감이 좋아야 한다. 또한 자연적인 손의 동작을 위해 피로감을 줄일 수 있도록 인체공학적으로 설계된 엄지손가락용 탭이 장착되어 있어야 한다. 스푸들의 손잡이는 몇 시간 동안 편하게 작업할 수 있도록 디자인되어 있어야 하며, 차가운 온도부터 화씨 230도까지 견딜 수 있어야 한다. 국자는 화씨 180도까지 견딜 수 있어야 한다.

배식이나 조리를 위한 또 다른 도구로 숟가락, 집게, 햄버거나 팬케이크 뒤집개, 스파튤러/스크랩퍼 등이 있다. 이러한 도구들은 장기간 사용해야 하므로 신중하게 선택해야 한다. 예를 들어,

숟가락은 18-8형 304 스테인리스 스틸로 만들어진 것이어야 하는데, 구멍이 없거나, 구멍이 있거나, 기다란 구멍이 있는 형태가 있다. 손잡이는 보통 화씨 230도까지 견디는 플라스틱으로 되어 있다. 그 밖의 소도구들은 메뉴의 필요에 따라 구매해야 한다.

푸드서비스 업장에서는 여러 종류의 저울을 사용한다. 공급자가 푸드서비스 업장에 식품을 납품할 때부터 음식을 배식할 때까지 중량의 조절이 필수적이기 때문이다. 검수와 생산 단계에서의 저울 사용에 대해서는 앞선 장에서 언급하였다. 1인분량 저울은 생산과 배식 부서에서 분량 통제를 위한 중요한 도구이다. 조리원과 배식담당자는 1인분량을 점검할 1인분량 저울을 가지고 있어야 한다.

손으로 하는 것보다 더 고르고 일정하게 식품을 잘라주는 슬라이서는 1인분량 통제를 위한 훌륭한 도구이다. 그림 6-21에 슬라이서의 예를 제시하고 있다. 슬라이서는 칼날을 조정하여 원하는 두께로 조절할 수 있다. 급식소의 1인분량 통제 가이드에는 다양한 음식에 대한 슬라이서의 올바른 세팅 내용이 포함되어야 한다. 자동 슬라이서는 작업자가 손으로 작업할 필요가 없어 식품이 잘려지는 동안 다른 업무를 진행할 수 있도록 해준다. 슬라이서는 보통 육류나 육류가공품에 흔히 사용하지만 채소, 치즈, 빵, 그 밖의 다른 식품에도 사용할 수 있다. 그러나 사용 후에는 철저하게 세척하고 소독하는 것이 중요하다. 배식을 위해 슬라이서로 자른 음식을 담을 때에는 1인분량의 점검을 위해 1인분량 저울이 필요하다.

통제를 제대로 하지 못하였을 경우, 음식이 얼마나 부족해지며, 식재료 원가를 얼마나 상승시키는지 알아보기 위해, 배식 담당자가 닭고기와 채소볶음 주요리를 배식할 때 주의를 기울이지 않고 국자에 넘치도록 가득 담아 배식했다고 가정해보자. 결과적으로 산출량은 의도했던 1쿼트당 5국자가 아니라 4국자가 되었다. 즉 600명에게 배식할 양으로 계산된 레시피가 480인분밖에 생산하지 못했고 1인분량당 1달러로 예측한 식재료 원가가 1.25달러로 상승할 것이다. 120인분이 부족해진 결과로 메뉴를 교체해야 한다면 추가 비용이 발생할 것이고, 교체한 메뉴가 원래의 메뉴보다 값이 비싸고 더 빠른 조리가 필요한 음식이라면 비용은 더욱 증가할 것이다.

푸드서비스 업장에서는 생산과 배식 담당자를 위한 1인분량 통제 가이드를 마련해야 한다. 표 6-14에 사내 카페테리아에서 제공되는 특정 메뉴의 1인분량 예를 제시하였다. 적정한 도구와

그림 6-21 식품 슬라이서(food slicer)

자료: Hobart Corporation. Used by permission.

표 6-14 직원 카페테리아의 일부 메뉴 품목별 1인분량 지침

메뉴	1인분량
아침메뉴	
베이컨	2조각
뜨거운 시리얼	4온스 국자
삶거나 프라이한 달걀	2
스크램블드 에그	16번 디셔
잉글리쉬 머핀	반쪽자리 2개
소시지	2개
시럽이나 소스	2온스 국자
점심 주요리	
베이커드 빈즈	12번 디셔 1회
빵에 얹은 바비큐 고기	16번 디셔 1회
샌드위치 위에 얹은 육류, 달걀, 생선 샐러드 또는 냉채요리	12번 디셔 1회 또는 24번 디셔 2회
수프, 스튜, 칠리, 차우더	6온스 국자 1회
속을 채운 피망	피망 반 개에 해당하는 것으로 8번 디셔
저녁 주요리	
프라이드 치킨	가슴살 1개와 날개 1개 또는 허벅지살 1개와 다리 1개
치킨 커리	4온스 국자
튀긴 새우	18~20파운드짜리 5개
미트볼	미트볼 2개, 16번 디셔
스트로가노프 또는 소스나 그래비를 얹은 쇠고기	4온스 국자
감자, 채소, 대용식	
빵용 드레싱	12번 디셔 1회
브로콜리, 쪽	2~3쪽
튀긴 오크라	5개
매쉬드 스위트 포테이토	12번 디셔
타터 토트(감자 너겟)	10~12개
샐러드	
과일이나 채소를 곁들인 커티지 치즈	24번 디셔
데빌드 에그	반쪽자리 2개
감자 샐러드	12번 디셔
토마토 슬라이스	3개
디저트	
코블러	18 × 26인치 팬, 6 × 10으로 분할
아이스크림과 샤베트	12번 디셔
점보 쿠키	20번 디셔(굽기 전에)
파이	9인치 틀, 8조각

기술을 사용할 수 있도록 훈련과 감독이 필요하다.

푸드서비스 매니저는 **흑자경영(operating in the black)**을 위해서 1인분량 통제가 필수적이라는 사실을 잊지 말아야 한다. 모든 식품은 무게와 부피를 바탕으로 구매해야 하며, 정해진 무게와 1인분량 크기에 맞게 배식되어야 한다. 1인분량 통제는 비용 통제뿐 아니라 고객의 만족을 위해서도 필수적이다. 1인분량 통제를 하려면 정확한 명세서에 따라 구매하고 표준레시피를 사용하며 생산과 구매 모든 단계에서 적절한 도구와 기술을 사용해야 한다.

6.12 비상대책

푸드서비스 매니저는 다양한 상황(날씨, 자연재해, 테러리스트의 공격, 유행병)에 대비해 비상대책 계획을 마련해 두어야 한다. 비상대책 계획은 푸드서비스 업장에 위급상황이 발생했을 때 어떻게 음식을 준비할지에 대한 자세한 계획을 말한다. 예를 들어, 주방이 절전되었을 때나 가스가 떨어졌을 때 어떤 메뉴를 어떤 기구를 활용해 만들어야 하는지 등의 내용이 포함된다. 또 다른 위급상황으로 단수를 예로 들 수 있다. 많은 푸드서비스 업장이 응급상황에 대비해 며칠분의 식재료를 보유하고 있다. 여러 끼의 식사에 필요한 양의 생수와 간이 식량(Meals, Ready to Eat, MREs)을 보유하고 있는 푸드서비스 업장도 있다. 식재료, 물, 냉장 또는 냉동 트럭 등의 사용에 대해 공급자와 미리 협약해 놓을 수도 있다. 많은 병원의 급식분과에서는 보유하고 있는 식재료를 이용해 환자, 의료진, 방문객에게 3~5일 정도의 식사를 공급할 수 있는 응급 계획을 마련하고 있다.

Table top drill은 응급상황에 대처하는 관리자의 능력을 향상시키기 위한 훈련을 일컫는 말이다. 훈련 중에 응급 시나리오가 진행되고 관리자는 응급상황에 대한 전략에 대해 이야기하게 된다. 이러한 훈련에는 보통 조직의 여러 부서가 참여한다.

6.13 지속가능한 생산의 실천

환경에 대한 관심이 커짐에 따라 지속가능한 음식 생산 실천에 대한 관심도 함께 증대되었다. 이러한 실천 내용에는 지역 생산품 사용 확대, 쓰레기 감소, 자원절약 등이 포함된다.

미국 레스토랑협회(2008)는 레스토랑들이 지역농산물, 유기농식품, 지속가능한 해산물을 더 많이 사용하도록 권장하고 있다. 또한 고급 레스토랑의 86%가 지역 생산품을 제공하고 있다고 보고한 바 있다. 이 수치는 보통 30~50%가 정기적으로 지역 식품을 사용하고 있다고 보고한 병원이나 대학교 급식소보다 높은 수치이다(Chen, 2008; Huang, 2009).

Shanklin(2001)은 푸드서비스 업장이 1식당 8~16온스의 쓰레기를 배출하고 있다고 보고하였다. 이 정도 양의 쓰레기는 부피로는 1.5갤런 이상에 달한다. 이 쓰레기의 약 3/4이 포장폐기물이다. 음식 생산 과정에서 쓰레기의 양을 줄이려면 생산 모니터링, 재활용, 비료화처리, 펄핑, 음식 기부 등 쓰레기 감소를 위해 노력해야 한다.

과다 생산된 음식은 보통 재활용할 수 없어 쓰레기가 되는 경우가 많다. 준비된 양, 배식된 양, 폐기된 양 등을 자세히 기록하면, 이러한 기록에 근거하여 이후에 생산량을 조절할 수 있으며 음식물 쓰레기 양을 감소시키는 데에 도움이 된다. 린패스 회사는 식사 후에 음식물 쓰레기의 무게를 재는 기기의 도입과 쓰레기 감소의 중요성을 인식시키는 종사원 인식 프로그램을 포함한 ValuWaste 프로그램을 개발하였다.

재활용은 푸드서비스 업장에서 널리 활용된다. 생산부서에서는 주로 판지, 종이, 깡통, 플라스틱, 알루미늄, 유리 등이 재활용된다. 재활용 프로그램을 위해서는 재활용품을 유형별로 수집할 수 있는 여러 개의 쓰레기통이 필요하다. 조리 후 기름도 많은 급식소에서 재활용된다. 성공적인 재활용을 위해서는 조리원 훈련이 필수적이다.

미국환경보호청(EPA, www.epa,gov)에 따르면 매년 약 천억 파운드의 음식물쓰레기가 발생한다. 음식물쓰레기는 전체 고형 쓰레기의 11.7% 정도를 차지하는데, 그중 2.7%만이 재활용된다. 유기물질(음식, 생분해가능 물질)을 분해하여 퇴비를 만드는 **비료화처리(composting)**는 쓰레기 매립지에 묻히는 쓰레기 양을 감소시키며, 만들어진 비료는 농사에 활용할 수 있다. 일부 푸드서비스 업장이 비료화처리기를 갖추고 있으며, 지역의 비료화처리 회사가 음식물 쓰레기를 수거해 가기도 한다. Jennings(2007)는 샌프란시스코의 레스토랑들이 참여하는 전 도시의 비료화 프로그램을 상세히 설명한 바 있다.

푸드서비스 업장의 쓰레기 처리 비용은 쓰레기의 무게나 부피에 따라 달라진다. 펄핑은 쓰레기의 부피를 감소시키는 방법이다. 펄퍼는 쓰레기(종이, 일회용 용기, 음식물쓰레기)를 잘게 부수어 작은 덩어리로 만들어서 쓰레기의 부피를 줄여주는 기계이다. 일단 쓰레기와 물을 섞어 잘게 부순 후 물을 제거한다.

섭취에는 문제가 없지만 푸드서비스 업장에서는 재사용하지 않는 잔식을 기부하는 것 역시 쓰레기를 감소시킬 수 있는 방법 중 하나이다. 음식기부는 지역의 대피소 또는 푸드뱅크로 직접 보내지거나 음식구호 프로그램을 통해 보내진다. 1996년의 선한 사마리아 사람의 음식기부법(Bill Emerson Good Samaritan Food Donation Act)은 선의로 기부된 음식이 고객에게 해를 끼칠 경우 민사 또는 형사 책임으로부터 푸드서비스 기부자를 보호함으로써 푸드서비스 업장이 비영리 단체로 음식을 기부하는 것을 장려하였다.

6.14 에너지 이용

1970년대 중반의 미국 에너지 위기 이후, 1977년 미국 의회는 지속적인 에너지 계획 발전을 위한 법률을 통과시켰다. 1차 국가에너지계획은 1977년에 만들어진 후 여러 번 수정되었다. 2002년 통과한 국가 에너지 제정법은 전기 사용량을 줄이기 위한 새로운 효율기준을 마련하고 가정에서의 에너지 효율 향상에 대해 세금 인센티브를 제공하였다. 2008년의 고에너지 비용은 다시 에너지 효율에 대한 관심을 불러일으켰다.

미국 에너지국의 에너지정보국에 따르면 푸드서비스 업장 건물에서 사용하는 에너지는 전체 상업용 건물에서 사용하는 에너지의 6%를 차지한다. 푸드서비스 업장에서는 에너지원으로 주로 전기(50%)와 천연가스(47%)를 사용한다. 급식기술센터(www.fishnick.com)는 설비 점검을 실시하고 급식 관리자에게 에너지와 수자원 효율에 대한 중요 정보를 제공하고 있다.

많은 푸드서비스 업장에서는 설비 경비를 다른 경비만큼 중요하게 취급하지 않는다. 설비 경비는 조직의 일반 운영 예산에 흡수되어 푸드서비스 업장의 운영에 직접 부과되지 않기 때문이다. 병원과 학교의 급식소에서 사용된 에너지는 건물에서 사용된 전체 에너지의 5~10% 수준이다(Mason, Shanklin, Hee Wie & Wolfe, 1999). 미국 레스토랑협회는 매출액의 3~3.5%가 설비 경비로 사용된다고 추정하였다(www.restaurant.org). 식당운영에 있어 가장 큰 비용은 식재료비와 인건비이다(그림 6-22). 학교에서 급식을 생산하기 위해 얼마만큼의 에너지가 사용되는지 알아보기 위해 1994년 학교 급식 에너지 연구가 진행되었다. 연구의 주요 결과를 요약하면 그림 6-23과 같다.

다른 제조산업과 마찬가지로 푸드서비스 산업에도 에너지가 꾸준히 필요하다. 최종 제품인 음식을 만들 때에는 보통 냉장고, 냉동고, 오븐, 레인지, 튀김기, 보관 기기, 식기세척기, 급탕기, 에어컨 등 에너지를 사용하는 기기를 이용한다. 사람이 일하는 공간이나 고객이 음식을 서비스 받는 공간은 조명을 밝혀야 하고, 냉난방과 환기를 해야 한다. 운반 과정 역시 많은 푸드서비스

	서비스가 제한적인 레스토랑	풀 서비스 레스토랑 (평균 객단가 <15달러)	풀 서비스 레스토랑 (평균 객단가 15~25달러)	풀 서비스 레스토랑 (평균 객단가 >25달러)
	<—	총 매출의 백분율	—>	
수입				
음식 매출	100.0	90.9	78.0	72.5
음료 매출	0.0	9.1	22.0	27.5
운영 경비				
임금, 급료, 수당	29.4	33.0	33.2	33.7
직접 운영경비	5.9	5.3	5.4	6.5
음악/엔터테인먼트	0.0	0.0	0.1	0.1
마케팅	1.1	1.6	2.0	2.2
설비 관련비용	3.0	3.6	5.4	3.5
임대료	7.7	4.9	5.1	6.1
수리/시설유지비	1.4	1.5	1.4	1.3
감가상각	1.1	1.0	1.0	0.9
기타 경비	0.0	0.0	0.0	0.0
일반관리비	1.7	2.4	3.3	4.2
간접비	3.9	2.0	1.8	3.4

* 백분율은 총의 중앙백분율임

그림 6-22 외식산업의 수입과 지출

자료: Data from National Restaurant Association, *Restaurant Industry Operations Report* 2010.

	1식당 평균 BTU
조리저장식(조리-냉장) 시스템의 단위급식소	1,016
조리저장식(조리-냉장) 시스템 중앙급식소	3,683
전통적 시스템의 중앙급식소	3,622
전통적 시스템의 단위급식소	2,037

그림 6-23 학교 급식소의 에너지 사용

자료: Messersmith, A. M., Wheeler, G. M., & Rousso, V. (1994). Energy used to produce meals in school food service. *School Food Service Research Review, 18*(1), 29–37. Used by permission.

업장에서 에너지가 필요한 과정이다. 예를 들어, 중앙공급식 푸드서비스 업장에서는 운반이 중요하며, 휘발유 가격의 급등은 식단가를 증가시킨다.

1장에서 언급한 푸드서비스 시스템 모형에서 푸드서비스 시스템의 구성요소들에 대해 설명하였는데, 설비는 운영자원 또는 시스템의 투입으로 설명되었다. 냉난방과 조명은 구매, 생산, 배분과 배식, 위생과 유지보수 등 각각의 기능적 하위시스템에서 중요하다. 제품과 서비스 또는 산출물의 품질을 유지하려면 에너지를 필요로 하는 기기와 절차가 필요하다. 다른 자원과 마찬가지로, 푸드서비스 시스템(통제 요소)에서는 효율적인 에너지 사용을 위한 통제수단이 필요하다. 또한 에너지 사용을 점검하기 위한 여러 가지 기록이 필요하다.

음식의 생산이나 배식 순간에 정전이 일어난 위기상황을 고려해보자. 정전은 냉장고나 냉동고의 식품 손실 등 엄청난 영향을 초래할 수 있다.

미국은 역사적으로 에너지원이 풍부하였다. 그러나 에너지 요구의 지속적인 증가는 특히 원유에 대한 수입 의존량을 증가시켰다.

석유와 가스는 미국 에너지 소비의 거의 3/4을 차지하는데, 석유와 가스 모두 화석연료로 재생산이 불가능한 에너지원이다. 석유와 가스에 대한 의존은 감소할 것으로 예상된다. 그러나 석유와 가스는 앞으로도 미국의 주요 에너지원으로 계속 이용될 것으로 보이며, 2025년경에 이르면 전체 에너지 소비의 50% 정도를 차지할 것이다.

미국 레스토랑협회의 2010년 레스토랑 산업 운영 보고서(*Restaurant Industry Operations Report 2010*)에 따르면 음식점 운영에 있어 설비 관련 비용은 통제 가능한 비용이다. 평균 객단가가 낮은 풀 서비스 레스토랑의 설비 관련 비용은 전체 매출의 3.6%에 해당하는 높은 값이다. 객단가가 증가하면 전체 매출에 대한 설비 관련 비용이 상당히 안정적(3.4~3.5%)으로 유지되며, 제한된 서비스의 레스토랑은 그 비율이 가장 낮은 것으로 보고되었다(3.0%). 특히 퀵 서비스 레스토랑에서는 전기료가 설비 관련 비용 중 가장 큰 비율을 차지한다.

전국 레스토랑을 대상으로 조사한 결과, 전기, 가스, 수도, 쓰레기 처리를 포함한 설비 관련 비용은 다음과 같았다(*Restaurant Industry Operations Report*, 2010).

레스토랑 형태	객단가(달러)
서비스가 제한적인 레스토랑	368
풀서비스 레스토랑, 객단가 15달러 미만	342
풀서비스 레스토랑, 객단가 15~24.99달러	343
풀서비스 레스토랑, 객단가 25달러 이상	414

미국 에너지국의 에너지정보국(www.eia.doe.gov)은 미국의 에너지 사용량을 추적하였다. 그림 6-24는 푸드서비스 업장에서의 에너지 사용에 대한 내용을 보여주고 있다.

미국에서는 상업시설, 산업시설, 주거지, 교통시설의 냉난방, 조명, 가동을 위해 주요 에너지원을 혼합해 사용한다. 미국 에너지국의 데이터에 따르면(www.eia.doe.gov), 2010년에 미국에서 사용된 에너지 중 석유가 37%, 천연가스가 25%, 석탄이 21%, 핵 에너지 발전 전기가 9%, 그리고 재생가능 에너지가 약 8%를 차지했다. 에너지원은 다양한 단위로 판매 및 청구된다. 전기는 시간당 킬로와트(kWh), 천연가스는 섬(therm) 또는 백만입방피트(millions of cubic feet, MCF), 연

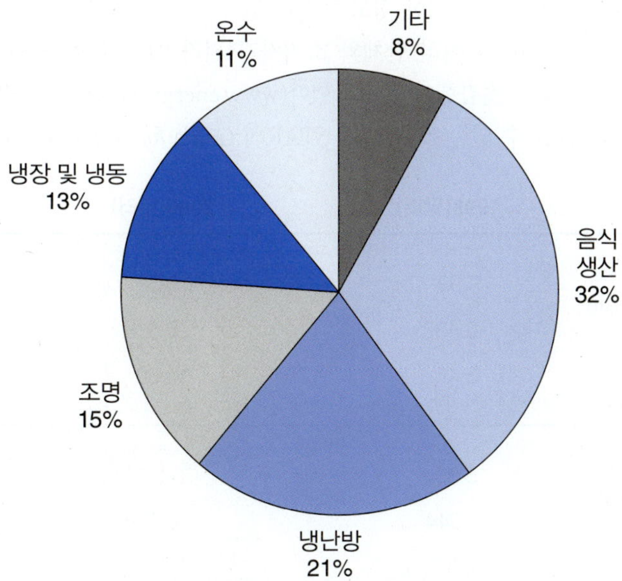

그림 6-24 푸드서비스 업장에서의 에너지 사용

료유는 갤런 또는 배럴 등을 사용한다. 여러 단위당 에너지의 양과 가격을 비교하기 위해 영국 열량 단위(British thermal unit, Btu)가 사용된다. 1 Btu는 1파운드의 물을 1°F 올리는 데 필요한 열량을 말한다. 일반적인 측정 단위는 백만 Btu(MMBtu)이다. 산업 및 상업적 사용자를 위한 대략적인 평균 가격은 다음과 같다(Marketplace: Statistic, 1999; www.eia.doe.gov).

Unkesbay(1977)는 푸드서비스 노동은 직접에너지와 간접에너지의 두 가지 요소를 가지고 있다고 하였다. **직접에너지(direct energy)**는 푸드서비스 업장에서 메뉴를 안전한 온도로 생산하고 서비스하기 위해 사용되는 에너지이다. 이것은 시설 안에서 배식될 메뉴를 위한 저장, 가열, 냉각, 포장, 재가열, 분배, 배식 등의 기능에 필요하다.

간접에너지(indirect energy)는 에너지를 간접적으로 사용하는 기능을 수행하기 위해 쓰이는 에너지를 말한다. 쓰레기처리, 위생, 급식소의 최상 노동환경 유지 등을 수행하기 위해 필요하다.

Unklesbay와 Unkesbay(1982)는 직접에너지를 효율적으로 이용함으로써 다음과 같은 세 가지의 음식 품질 특성을 얻을 수 있다고 하였다.

- 관능적 품질
- 식품 안전
- 영양소 보존

6.15 에너지와 물 절약

6.15.1 에너지 절약

푸드서비스 업장은 다른 상업적 건물에 비해 평방피트당 사용하는 에너지가 2.5배 가량 많다(EPA, 2010). ENERGY STAR 프로그램은 미국의 여러 단체와 미국환경보호청(EPA), 미국 에너지국이 자발적으로 참여한 파트너십으로, 건물과 가정에서의 에너지 효율을 증대하기 위한 프로그램이다. 여러 단체들은 자신들의 건물에서 전체 에너지 소비를 감소시키고 돈을 절약하기 위해, 비용 효율적인 전략을 따르는 파트너십에 동참하고 있다. EPA는 ENERGY STAR 프로그램 참여자들에게 기술정보, 맞춤형 지원 서비스, 홍보지원 등을 제공한다. 참여자들은 건물에 ENERGY STAR 로고를 부착할 수 있으며, 다른 기업들과 서로 벤치마킹할 수 있다. 웹사이트인 www.energystar.gov에 프로그램에 대한 정보가 실려 있다.

ENERGY STAR는 2009년 여러 단체와 소비자가 저가 에너지 효율 프로그램에 참여하여 170억 달러의 에너지 비용을 절감했다고 보고했다(www.energystar.gov). 그림 6-25에 푸드서비스 업장에서 에너지를 줄일 수 있는 ENERGY STAR의 *Giude for Restaurants*(2010)을 실었다.

에너지원	1999(달러)	2005(달러)	변화(%)
산업적 사용자			
천연가스, MMBtu	1.99	8.37	320
전기, kWh	0.433	0.518	20
연료유, MMBtu	3.46	14.50	319
상업적 사용자			
천연가스, MMBtu	5.39	11.53	114
전기, kWh	0.744	0.769	3
연료유, MMBtu	3.68	11.21	205

1. 유휴시간을 줄인다: 예열 시간을 점검하고, 사용하지 않는 기기의 전원을 끈다.
2. 현명하게 조리한다: 조리에는 가장 에너지 효율이 높은 기기를 사용한다. 즉, 로티세리보다 오븐이, 브로일러보다 그리들이 더 효율적이다.
3. 보수유지하고 수리한다: 개스킷, 새는 곳, 헐거운 문을 교체하는 등 기기를 잘 보수한다.
4. 효율적으로 재조정한다: 필요할 경우 온도조절창치를 검사하여 재조정한다. 고장난 손잡이와 제어판을 수리하거나 교체한다.
5. 점화용 불씨를 확인한다: 점화용 불씨를 확인하여 필요한 양만큼의 가스만을 사용하도록 한다.
6. 에너지 효율이 높은 기기를 구입한다: 새로운 기기를 구입할 때에는 ENERGY STAR 로고를 확인한다.
7. 용량을 고려하여 구입한다: 기기를 구입할 때는 수요량을 고려해 적절한 용량이 맞는지 확인한다. 용량이 지나치게 큰 기기를 구입하면 에너지를 낭비하게 된다.
8. 뚜껑을 덮는다: 조리시간을 단축하고 에너지를 절약하기 위해 조리 중에는 냄비, 스팀솥, 만능조리기의 뚜껑을 덮는다.
9. 코일을 검사한다: 냉장고, 냉동고, 아이스메이커를 깨끗하게 유지하고 잘 보수한다.

그림 6-25 푸드서비스 업장의 에너지 절약 방법

자료: EPA (2007). *Putting Energy into Profits: ENERGY STAR® Guide for Restaurants.*

그림 6-24에서 볼 수 있듯이 푸드서비스 업장에서 사용하는 에너지의 1/3은 푸드서비스 기기에 사용된다. 관리자는 ENERGY STAR 등급의 기기를 구입하고, 예열 시간을 제한하고, 계획된 조리온도를 따르며, 타이머를 사용하고, 사용 중인 기기의 전원만 켜도록 종사원들을 훈련하여 기기에 사용되는 에너지를 절약할 수 있다. 에너지 효율적 기기 중 고효율 가스버너는 같은 양의 가스로 더 많은 에너지를 생산하며, 적외선을 이용해 가열하는 튀김기도 마찬가지이다. 인덕션을 활용하는 전기기기 역시 더 효율적일 뿐만 아니라 주방의 내부 온도를 낮추어 준다. 열펌프 온수기는 조리 기기에서 발생하는 열을 사용할 뿐 아니라, 주방에 차가운 공기를 되돌려 준다.

보통 HVAC라고 불리는 난방, 환기, 냉방은 푸드서비스 업장의 에너지 사용량의 거의 1/4(21%)을 차지한다(그림 6-24). 작업공간과 배식공간의 온도를 조절하면 에너지를 절약할 수 있다. EPA(2010)는 온도조절장치의 온도를 1도씩 조절할 때마다 에너지 사용량이 4~5%씩 변하는 것으로 추정하였다. 따라서 여름에 온도조절장치의 온도를 3도 올리면, 냉방 비용을 12~15% 절감할 수 있다. 배기팬의 속도가 환기 필요량에 따라 달라지는 배기후드 조절장치를 장착하면 배기 시스템에 따른 급식소의 에너지 사용량을 30~50% 감소시킬 수 있다.

조명비용은 푸드서비스 업장 에너지 사용량의 약 15%를 차지한다(그림 6-24). 컴팩트 형광등(CFL) 같은 보다 에너지 효율적인 조명을 장착하면 에너지를 절약할 수 있다. EPA(2010)에 따르면, 서비스공간에 이러한 종류의 조명을 장착하면 에너지 소비와 열 방출을 75%까지 절약할 수 있다. EPA는 또한 자기식 안정기가 있는 T12 형광등을 전자식 안정기가 있는 T8이나 T5 형광등으로 교체할 것을 권고하고 있다. 비상탈출구 표시등으로 쓰이는 발광 다이오드(LED)등도 백열 전구보다 훨씬 에너지 효율이 높다.

냉장고 압축기(컴프레서)와 콘덴싱 코일은 많은 열을 방출한다. 컴프레서와 콘덴싱 코일을 건물 밖이나 지하 등 먼 곳에 설치하면 주방의 냉방량을 5~10% 감소시킬 수 있다. EPA(2010)는 냉장장치의 증발기와 콘덴서 팬에 전기 전류형 전동기(electronically commutated motors, ECM)를 설치하면 에너지 소비를 약 2/3까지 절약할 수 있는 것으로 추정하였다.

6.15.2 물 절약

레스토랑에서는 평균적으로 매년 300,000갤런의 물을 사용한다(Odesser-Torpsey, 2007). WaterSense®는 EPA가 수자원효율을 장려하고, 수자원효율 상품, 프로그램, 실천내용을 알리기 위해 시작한 프로그램이다(www.epa/gov/watersense). 수자원 절약을 위한 기준에 만족하는 기기에는 WaterSense® 로고를 부착할 수 있다.

조리나 세척 시 물을 아껴 쓰도록 종사원들을 훈련시켜야 한다. 위생 기준을 준수하면서 가능한 효율적으로 물을 사용하는 것이 목표이다. 다음과 같이 내용을 실천하면 푸드서비스 업장에서 물을 절약할 수 있다.

- 수도꼭지를 연 채로 두지 말 것, 새는 수도꼭지는 수리할 것
- 냉동식품은 흐르는 물보다는 냉장 해동할 것
- 세척은 흐르는 물보다 받아놓은 물로 할 것
- 아이스메이커가 얼음을 버리는 형태의 것이라면 얼음을 덜 버리도록 조절할 것
- 부피가 작은 분무기 노즐을 사용할 것
- 식기세척기는 가득 찼을 때 가동시킬 것
- 바닥 세척에는 스팀 테이블의 물을 활용할 것
- 바닥에 물이 넘쳐나도록 부어가며 세척하지 말 것
- 싱크대의 수도꼭지 마개를 부피가 작은 것으로 설치할 것
- 식기세척기의 헹굼물을 쓰레기 처리 구역에서 재사용할 것
- 공랭식 아이스메이커나 냉장고처럼 수자원 효율적인 기기를 구입할 것

6.16 에너지 관리

에너지비용을 관리하기 위해서는 설비 관련 비용을 추적하고 기기 사용을 모니터링하기 위한 기록보관 시스템을 유지해야 한다. 설비의 조명, 난방, 환기, 냉방을 위한 에너지 사용도 모니터하고 관리해야 한다.

에너지의 원가는 중요하며, 현재의 원가를 작년의 원가와 비교하면 기초적인 비교가 가능하다. 그러나 이용률의 증가 때문에 이러한 자료는 그다지 의미가 있지는 않다. 따라서 실제 이용량을 함께 분석해야 한다. 에너지 사용량과 비용을 분석하는 것은 중요한 관리 기능 중 하나이다. 그림 6-26에 있는 용어 사전에 에너지 소비와 관련된 몇 가지 주요 용어를 실었다.

Mason 등(1999)은 푸드서비스 업장의 에너지 관리를 지도하고 지휘할 에너지팀을 구성할 것을 제안하였다. 에너지팀은 조직에서 사용되는 에너지의 종류를 구별하고, 에너지 효율 향상이 가능한 구역을 찾아내기 위한 회계감사를 실시하며, 에너지 절약 목표를 설정하고 종사원을 훈련시킨다.

종사원 훈련은 에너지 절약 프로그램을 성공시키기 위한 중요한 요소이다. 궁극적으로 종사원은 적절한 시점에 기기를 켜고 끄며, 제대로 작동하지 않는 기기에 대해 보고하고, 기기를 적절히 활용할 책임이 있다. 기기 운영 일정을 계획하기 전에 종사원 훈련을 통해 프로그램의 목표와 운영비용 관리의 중요성을 알리고 종사원의 협조와 지지를 이끌어낼 필요가 있다.

암페어(ampere)—1옴의 저항에 1볼트의 전압을 가했을 때 흐르는 전류의 단위.

영국 열량(Btu)—1파운드의 물을 화씨 1도씨 올리는 데 필요한 열 에너지의 양.

마력(horsepower)—미국에서 사용하는 것으로 745.7와트에 해당하는 힘의 크기.

줄(joule)—전기, 자기, 역학 에너지의 단위. 1옴의 저항에서 1암페어의 전류가 1초간 하는 일의 양에 해당.

킬로와트(kilowatt)—1,000와트에 해당하는 힘의 단위.

킬로와트시(kWh)—1킬로와트의 전력을 1시간 사용했을 때의 에너지 양. 에너지 사용량을 계량하는 전기 계량기에서 사용함.

옴(ohm)—전기 저항의 단위.

섬(therm)—100,000 Btu에 해당하는 열의 단위. 에너지 사용량을 계량하는 천연가스 계량기에서 사용함.

볼트(volt)—1옴의 저항을 갖는 전류에서 1암페어의 전류가 생산하는 전위와 기전력의 단위.

와트(watt)—초당 1줄에 해당하는 힘의 단위. 전기와 역학 에너지를 측정할 때 사용함.

그림 6-26 에너지 관련 용어

요약

1. 음식 생산 하위 시스템이란 구입한 식품을 고객에게 서비스할 메뉴 품목으로 전환시키는 과정이다.
2. 이 장에서는 이동평균법, 지수평활법, 회귀분석, 역사적 기록 이용과 같은 다양한 수요예측 기법이 소개되었다.
3. 생산일정은 보통 하루 또는 한 끼를 기준으로 작성된다. 생산일정에는 일반적으로 준비할 메뉴 품목 및 양, 생산 담당자와 같은 정보가 포함된다. 또한 레시피 번호, 준비 및 서비스 시간, 준비 작업 내용과 같은 정보를 포함할 수 있다.
4. 식재료 창고는 음식을 생산하기 위해 필요한 식재료들의 양을 측량하여 카트에 나누어 담는 일을 하기 위한 중앙 공간으로 설계된다. 이렇게 분배된 식재료들은 각각의 조리 구역으로 이동된다.
5. 레시피의 양을 필요한 생산량에 따라 조절하기 위한 다양한 방법 중에는 변환계수법, 백분율법, 계측표 읽기법이 가장 많이 활용되고 있다.
6. 푸드서비스 기기에는 다양한 종류가 있다. 이 장에서는 이 중 주로 많이 사용되는 기기들을 소개하였다.
7. 재활용, 비료화, 펄핑(pulping), 기부와 같은 지속가능성을 고려한 실천을 통해 푸드서비스 업장에서 발생하는 쓰레기를 줄일 수 있다.
8. 직접 에너지란 조리나 서비스를 위해 필요한 에너지를 말한다. 간접에너지란 위생관리와 쓰레기 처리 등에 쓰이는 에너지처럼 직접 에너지를 사용하는 기능을 원활하게 하기 위해 사용되는 에너지를 말한다.
9. 암페어는 전류를 측정하는 단위이다. BTU는 열 에너지 단위이며, 1마력은 746와트에 해당하는 힘의 단위이다. 1킬로와트는 1,000와트이며, 섬(therm)은 천연 가스를 측정하는 단위이다. 전압은 전류를 흐르게 한다. 와트는 전력 단위이다.
10. 푸드서비스 업장에서 에너지와 물을 절약하기 위한 방법은 다양하다. 오븐 사용 시 필요한 경우에만 전원을 켜고, 창고형 냉장고나 냉동고에서 식품을 꺼낼 경우 문을 닫고 작업하는 것이 그 예이다. 사용하지 않는 공간의 조명은 꺼놓고, 필요한 경우에만 물을 흐르게 하고 절대 수도꼭지를 열어 놓지 않는 것 또한 좋은 예이다.

연습문제

1. 과잉생산과 생산부족이 원가에 어떻게 영향을 미치는지 서술하시오.
2. 수요량을 통제할 수 있는 두 가지 방법은 무엇인가?
3. 푸드서비스 산업에서 레시피 구축이 왜 중요한가?
4. 푸드서비스 산업에서 식재료 창고가 왜 중요하며, 식재료 창고에서는 어떤 일을 하는가?
5. 푸드서비스 산업에서 사용되는 에너지원에는 무엇이 있는가?
6. 푸드서비스 산업에서 에너지를 절약하는 것이 왜 중요한가?
7. 에너지 관리 계획을 어떻게 세울 수 있는지 설명하시오.

연구과제

1. 2~3명이 그룹을 이루어 지역의 푸드서비스 업장을 방문하여 생산 과정을 관찰하고, 푸드서비스 매니저와 대화를 나누어보자. 해당 푸드서비스 업장에서의 수요예측, 생산일정계획, 레시피 조정을 어떻게 하고 있는지에 대해 간단한 보고서를 작성해보자.
2. 지역 푸드서비스 업장의 1일 메뉴를 구해보자. 종사원들과 메뉴 생산 회의를 진행하고 있는 관리자의 역할과 관련된 역할극을 반 친구들과 함께 진행해보자.
3. 생산 관련 개념을 익힐 수 있는 게임을 만들어보자.
4. 지역의 푸드서비스 매니저와 함께 일해보고, 레시피의 표준화 작업에 동참해보자.
5. 그룹으로 지역의 푸드서비스 업장에 방문해보자. 자원 절약 실천 내용을 관찰하고 기록해보자. 반 친구들과 결과에 대해 함께 의논하고 관리자에게 전달할 수 있는 자원 실천 내용 목록을 작성해보자.
6. 지역 에너지 기업의 대표를 초청하여 푸드서비스 업장에서의 에너지 사용과 절약에 대해 함께 이야기해보자.

사례 연구

1. "Chef Spiro Gets to Work" in Lieux, E. M., & Luoto, P. K. (2008). *Exploring foodservice systems management through problems,* 3rd ed. Upper Saddle River, NJ: Pearson Prentice Hall.
2. "Fried Chicken Friday at Glen Maple Hospital" by J. Davis in Allen-Chabot, A., Jarvis, K., & O'Halloran, R. M. (2006). *Cases in foodservice and clinical nutrition management.* Upper Saddle River, NJ: Pearson Prentice Hall.
3. "Forecasting Surprise" by T. T. Marcus in Allen-Chabot, A., Jarvis, K., & O'Halloran, R. M. (2006). *Cases in foodservice and clinical nutrition management.* Upper Saddle River, NJ: Pearson Prentice Hall.

웹사이트

www.acfchefs.org American Culinary Federation, Inc.
www.affi.com American Frozen Food Institute
www.aibonline.org American Institute of Baking
www.asbe.org American Society of Baking
www.ciachef.edu Culinary Institute of America
www.energystar.gov ENERGY STAR® program
www.fesmag.com *Foodservice Equipment and Supply* magazine
www.fermag.com Foodservice Equipment Reports
www.nafem.org National Association of Foodservice Equipment Manufacturers
www.fishnick.com Food Service Technology Center

참고문헌

Adam, E., & Ebert, R. (1992). *Production and operations management: Concepts, models, and behaviors,* 5th ed. Englewood Cliffs, NJ: Prentice Hall.

American Society for Testing & Materials. (1988). *American Society for Testing & Materials: Manual on sensory testing, methods. ASTM Special Technical Publication No. 434.* Philadelphia, PA: Author.

Armentrout, J. S. (Ed.). (2000). *The professional chef's® techniques of healthy cooking,* 2nd ed. New York: Wiley.

Association endorses new EPA "green" utility program. (1992). *Washington Weekly, 12*(36), 2–3.

Aulbach, R. E. (1988). *Energy and water resource management,* 2nd ed. East Lansing, MI: Educational Institute of the American Hotel and Motel Association.

Beasley, M. A. (1991). Improving operational efficiencies—Part II. *Food Management, 26*(8), 52, 57.

Bendall, D. (1997). Ranges and griddles. *Food Management, 32*(3), 89, 91, 94.

Bowers, J. (Ed.). (1992). *Food theory and application,* 2nd ed. New York: Macmillan.

Buchanan, P. W. (1993). *Quantity food preparation: Standardizing recipes and controlling ingredients,* 3rd ed. Chicago, IL: The American Dietetic Association.

Chen, C. (2008). *College and university dining service administrators' intention to adopt sustainable practices: An application of the theory of planned behavior.* Unpublished doctoral dissertation, Iowa State University, Ames, IA.

Cooking equipment: Barbecue and smoke ovens. (1986). *Foodservice Equipment Supplies Specialist Magazine, 39*(5), 35.

Dale, J. C., & Kluga, T. (1992). Energy conservation: More than a good idea. *Cornell Hotel and Restaurant Administration Quarterly, 33*(6), 30–35.

Decareau, R. V. (1992). Microwaves in foodservice. *Journal of Foodservice Systems, 6,* 257–270.

Dougherty, D. A. (1984a). Forecasting production demand. In Rose, J. C. (Ed.), *Handbook for health care food service management* (193–199). Rockville, MD: Aspen.

Dougherty, D. A. (1984b). Issue control and ingredient assembly systems. In Rose, J. C. (Ed.), *Handbook for health care food service management* (199–205). Rockville, MD: Aspen.

Electric Foodservice Council. (1996). *Training manual*. Fayetteville, GA: Author.

Environmental Protection Agency (EPA). (2010). *ENERGY STAR® guide for restaurants: Putting energy into profits*. [Online]. Available: http://www.energystar.gov

Federal Energy Administration, Food Industry Advisory Committee. (1977). *Guide to energy conservation for foodservice*. Washington, DC: Government Printing Office.

Fellin, T. A. (1996). Oven overview. *School Foodservice and Nutrition, 50*(9), 63, 66.

Fitzsimmons, J. A., & Sullivan, R. S. (1982). *Service operations management*. New York: McGraw-Hill.

Flack, K. E. (1959). Central ingredient room simplifies food preparation and cuts costs. *Hospitals, 33*(17), 125, 128, 132.

Frable, F. (1996). Finding the 'sweet spot' in equipment pricing. *Nation's Restaurant News, 30*(27), 26, 28.

Garey, J. G., & Simko, M. D. (1987). Adherence to time and temperature standards and food acceptability. *Journal of the American Dietetic Association, 87*, 1513–1518.

Giese, J. (1992). Advances in microwave food processing. *Food Technology, 46*(9), 118–123.

Gilleran, S. (1991). Braising brings rich flavors to beef. *Restaurants & Institutions, 101*(22), 113–114, 121, 124.

Gisslen, W. (2002). *Professional cooking*, 5th ed. New York: Jossey-Bass.

Gregoire, M. B., & Henroid, D. (2002). *Measuring success with standardized recipes*. Washington, DC: United States Department of Agriculture.

Harrington, R. E. (1991). A kilowatt saved.... *Restaurants USA, 11*(2), 11.

Huang, H. (2009). *Sustainable practices of hospital food service directors*. Unpublished master's thesis, Rush University, Chicago, IL.

Jennings, L. (2007). Eco-friendly ways bring in green. *Nation's Restaurant News, 41*(39)(2), 90, 92, 94.

Jernigan, A. K., & Ross, L. N. (1989). *Food service equipment*, 3rd ed. Ames, IA: Iowa State University Press.

Jernigan, B. S. (1981). Guidelines for energy conservation. *Journal of the American Dietetic Association, 79*(4), 459–462.

Katsigris, C., & Thomas, C. (1999). *Design and equipment for restaurants and foodservice*. New York: Wiley.

Klein, B. P., Matthews, M. E., & Setser, C. S. (June 1984). *Foodservice systems: Time and temperature effects on food quality*. North Central Regional Research Publication No. 293. Urbana-Champagne: University of Illinois.

Kotschevar, L. H. (1990). *Standards, principles, and techniques in quantity food production*, 4th ed. New York: Wiley.

Kotschevar, L. H., & Donnelly, R. (1999). *Quantity food purchasing*, 5th ed. Upper Saddle River, NJ: Prentice Hall.

Kreith, F., & Burmeister, G. (1993). *Energy management and conservation*. Denver, CO: National Conference of State Legislatures, 7–9, 353.

Lampi, R. A., Pickard, D. W., Decareau, R. V., & Smith, D. P. (1990). Perspective and thoughts on foodservice equipment. *Food Technology, 44*(7), 60, 62, 64–66, 68–69, 132.

Lawless, S. T., & Gregoire, M. B. (1987–88). Selection of computer software for recipe adjustment. *NACUFS Journal, 13*(1), 24–27.

Lawless, S. T., Gregoire, M. B., Canter, D. D., & Setser, C. S. (1991). Comparison of cakes produced from computer-generated recipes. *School Food Service Research Review, 15*(1), 23–27.

Lorenzini, B. (1992). Cookware for ethnic fare. *Restaurants & Institutions, 102*(22), 153, 156.

Makridakis, S. G. (1990). *Forecasting, planning, and strategy for the 21st century*. New York: Free Press.

Makridakis, S., & Wheelwright, S. C. (Eds.). (1989). *Forecasting methods for management*, 5th ed. New York: Wiley.

Marketplace: Statistics, trends, and energy data. (1999). *Energy User News, 24*(2), 49.

Mason, D. M., Shanklin, C. W., Hee Wie, S., & Wolfe, K. (1999). *Environmental issues: Impacting foodservice & lodging operations*. Manhattan, KS: Kansas State University.

McManis, H., & Molt, M. (1978). Recipe standardization and percentage method of adjustment. *NACUFS Journal*, 35–41.

McWilliams, M. (1993). *Foods: Experimental perspectives*, 2nd ed. New York: Macmillan.

Meat Industry Insights. (1998). [Online]. Available: http://www.pb.net/spc/mii/970604.htm

Messersmith, A. M., & Miller, J. L. (1992). *Forecasting in foodservice*. New York: Wiley.

Messersmith, A. M., Moore, A. N., & Hoover, L. W. (1978). A multiechelon menu item forecasting system for hospitals. *Journal of the American Dietetic Association, 72*, 509–515.

Messersmith, A. M., Rousso, V., & Wheeler, G. (1993). Energy management in three easy steps. *School Food Service Journal, 47*(9), 41, 42, 44.

Messersmith, A. M., Rousso, V., & Wheeler, G. (1994). School food service energy. *School Food Service Research Review, 18*(1), 38–44.

Messersmith, A. M., Wheeler, G., & Rousso, R. (1994). Energy used to produce meals in school food service. *School Food Service Research Review, 18*(1), 29–36.

Miller, J. J., McCahon, C. S., & Miller, J. L. (1993). Foodservice forecasting: Differences in selection of simple mathematical models based on short-term and long-term data sets. *Hospitality Research Journal, 16*(2), 95–102.

Miller, J. L., & Shanklin, C. S. (1988). Forecasting menu item demand in foodservice operations. *Journal of the American Dietetic Association*, 88, 443–446, 449.

Miller, J. L., Thompson, P. A., & Orabella, M. M. (1991). Forecasting in foodservice: Model development, testing, and evaluation. *Journal of the American Dietetic Association, 91*, 569–574.

Mitani, J., & Dutcher, J. (1992). Standardized recipes: Are they worth the hassle? *School Food Service Journal, 46*(8), 70–72.

Mizer, D. A., Sonnier, B., Drummand, K. D., & Porter, M. (1999). *Food preparation for the professional*, 3rd ed. New York: Wiley.

Molt, M. (2001). *Food for fifty*, 11th ed. Englewood Cliffs, NJ: Prentice Hall.

National Restaurant Association. (1979). *Sanitation operations manual*. Chicago, IL: Author.

National Restaurant Association. (1982). *Energy management system*. Chicago, IL: Author.

National Restaurant Association. (1988). *Foodservice and energy to the year 2000*. Washington, DC: Author.

National Restaurant Association. (1992). *Foodservice manager 2000. Current issues report*. Washington, DC: Author.

National Restaurant Association. (2004). *Restaurant Industry Operations Report*. Washington, DC: Author.

National Restaurant Association. (2008). *Restaurant Industry Operations Report 2007–2008*. Washington, DC: Author.

Odesser-Torpsey, M. (2007). A question of water. *QSR Magazine* [Online]. Available: http://www.qsrmagazine.com

Palmer, H. H. (1972). Sensory methods in food-quality assessment. In Paul, P. C., & Palmer, H. H. (Eds.), *Food theory and application*

(727–738). New York: Wiley.

Palmer, J., Kasavana, M. L., & McPherson, R. (1993). Creating a technological circle of service. *Cornell Hotel and Restaurant Administration Quarterly, 34*(1), 81–87.

Patterson, P. (1993). Energy-saving tricks reduce overhead expenses. *Nation's Restaurant News, 25*(17), 56, 65.

Payne-Palacio, J., & Theis, M. (2001). *West & Wood's introduction to foodservice*, 9th ed. Upper Saddle River, NJ: Prentice Hall.

Puckett, R. P., & Miller, B. B. (1988). *Food service manual for health care institutions.* Chicago, IL: American Hospital Publishing.

Riell, H. (1992). Equipment's cutting edge. *Restaurants & Institutions, 12*(4), 22–23.

Ryan, N. R. (1991). Combination cooking. *Restaurants & Institutions, 101*(7), 73–74.

Setser, C. S. (1992). Sensory evaluation. In Kamel, B. S., & Stauffer, C. E. (Eds.), *Advances in baking technology* (254–291). New York: VCH Publishers.

Shanklin, C. W. (2001). Targeting the food service sector. *BioCycle, 43*(4), 38–43.

Shanklin, C. W., & Hoover, L. (1993). Position of the American Dietetic Association: Environmental issues. *Journal of the American Dietetic Association, 93*, 589–591.

Spears, M. C. (1999). *Foodservice procurement: Purchasing for profit.* Upper Saddle River, NJ: Prentice Hall.

Spertzel, J. K. (1992). Combi ovens: A revolution in cooking. *School Food Service Journal, 45*(8), 94, 96.

Stevens, J. W., & Scriven, C. R. (2000). *Manual of equipment and design for the foodservice industry*, 2nd ed. New York: Van Nostrand Reinhold.

Stone, H., & Sidel, J. L. (1992). *Sensory evaluation practices*, 2nd ed. New York: Academic Press.

Terrell, M. E., & Headlund, D. B. (1997). *Large quantity recipes*, 4th ed. New York: Wiley.

Thompson, P. K. (1992). Saving water can save you money. *Restaurants USA, 12*(4), 10–11.

Traub, J. (1999). The conservation question: Is your business doing its part? *Energy User News, 24*(2), 15–16.

Unklesbay, N., & Unklesbay, K. (1982). *Energy management in foodservice.* Westport, CT: AVI.

U.S. Department of Agriculture, Food and Nutrition Service. (2002). *Food buying guide for Child Nutrition Programs.* [Online]. Available: www.teamnutrition.usda.gov

Van Warner, R. (1993). Government reaction to food safety should quell fears, but be prudent. *Nation's Restaurant News, 27*(16), 21.

Williams, L. (1998). A new spin for rotisseries. *Restaurants & Institutions, 108*(26), 101–102.

Chapter

7 배식 및 서비스

개요

- 양질의 서비스는 푸드서비스 업장의 성공을 위한 핵심 요소이다.

학습목표

1. 푸드서비스 시스템의 하위시스템으로서의 배식과 서비스를 설명할 수 있다.
2. 중앙 서비스와 분산 서비스의 차이점을 설명할 수 있다.
3. 다양한 배식 방법의 장단점을 기술할 수 있다.
4. 카운터 서비스, 테이블 서비스, 트레이 서비스, 퀵 서비스, 셀프 서비스를 비교 설명할 수 있다.
5. 서비스 경제와 경험 경제를 비교 설명할 수 있다.

생산단계에서 마련된 음식은 서비스 공간으로 옮겨지고 고객에게 제공된다. 이 과정의 세부 항목까지 얼마나 주의를 기울였는지에 따라 푸드서비스 운영의 성공과 실패가 결정될 수 있다. 이 장에서는 배식 및 서비스 하위 시스템에 대해서 다루고자 한다. 또한 성공적인 서비스 제공을 위한 제안을 제시하였다.

7.1 기능적 하위시스템: 배식 및 서비스

배식 및 서비스는 푸드서비스 시스템을 구성하는 요소인 변환의 하위시스템 중 하나이다(그림 7-1). **배식(distribution)**은 생산 장소에서 서비스 장소로 음식을 옮기는 것을 말한다. **서비스(service)**는 고객에게 음식을 제공하는 것을 말한다. 푸드서비스 유형에 따라 배식의 중요성은 달라질 수 있으나, 서비스는 푸드서비스 유형과 관계없이 중요하다. 자판기는 스낵이나 빠른 식사를 원하는 고객에게 서비스를 제공하며, 고급 레스토랑에 일하는 종사원은 여유로운 분위기에서 식사를 원하는 고객에게 서비스를 제공한다.

다른 층, 다른 건물에 위치한 각자의 병실에서 식사하는 환자를 대상으로 급식을 제공하는 병원 급식에서 배식은 매우 중요하다. 특정한 환자를 위해 마련한 음식을 알맞은 장소에 배송하는 것은 쉬운 일이 아니며, 음식의 적정 온도와 심미적 모양을 유지하는 것은 더욱 어렵다. 반면, 음식을 만들어 바로 고객에게 제공하는 퀵 서비스 레스토랑의 경우, 음식을 현장에서 먹지 않거나 매장 내 식탁에서 먹기 때문에 배식이 상당히 간단하다.

일상식에서 포장 또는 배달음식의 중요도가 커졌다. 미국 전국레스토랑협회(The National Restaurant Association, NRA)의 보고에 따르면, 전체 레스토랑 이용의 약 60%가 포장이나 배달음식인 것으로 나타났다(www.restaurant.org).

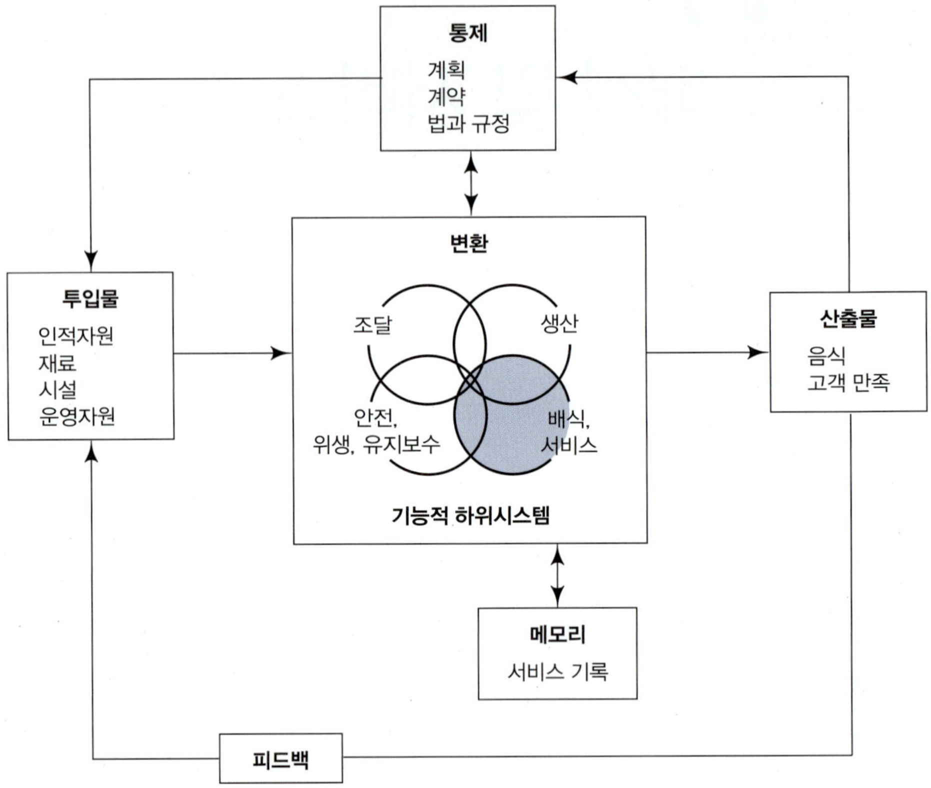

그림 7-1 푸드서비스 시스템 모형에서의 배식과 서비스 하위시스템

고도로 훈련된 종사원을 고용한 고급 레스토랑부터 카페테리아, 자판기, 뷔페 등 셀프 서비스 업장까지 다양한 푸드서비스 유형이 있으며, 제공되는 서비스의 형태도 다양하다. 서비스의 방식 및 속도, 품질은 푸드서비스의 성공에 영향을 미친다.

7.2 배식

음식을 생산 장소에서 서비스 장소로 옮기는 것을 배식이라고 하며, 배식은 주로 네 개의 요인에 의해 영향을 받는다.

- 음식의 생산방식
- 서비스 전 음식의 조합 정도
- 음식의 생산 장소와 서비스 장소 간의 물리적 거리
- 음식의 생산완료 시간과 서비스 시간 간의 차이

푸드서비스 매니저는 업장의 배식 방법을 결정할 때 이러한 요인들을 모두 고려해야 한다. 그림 4-1은 음식의 생산과 서비스 사이에 일어날 수 있는 다양한 과정, 즉 배식의 과정을 보여준다.

많은 레스토랑에서는 전통적 푸드서비스 방식을 적용하고 있으며, 생산된 음식이 고객에게 즉시 제공되기 때문에 특별한 장비는 필요하지 않다(그림 4-3). 음식이 생산완료 되는 시간과 고객에게 서비스가 이루어지는 시간 간에 차이가 발생할 경우 음식의 온도와 질을 유지하기 위한 배식 장비가 필요한 경우도 있다.

음식 생산이 완료되는 시간과 고객에게 서비스가 이루어지는 시간 간의 간격이 커지거나 음식의 생산 장소와 서비스 장소 간의 거리가 멀어질수록, 배식 작업과 배식에 필요한 장비의 옵션이 많아지게 된다. 음식 생산이 완료되는 시간과 서비스가 이루어지는 시간 간의 간격이 커지게 되면 고객에게 제공할 음식의 온도를 적정하게 유지하기 위한 보온이나 보냉기 등의 장비가 필요하다. 배식 과정에서 제공 음식의 적정온도에 대한 중점관리기준을 지키는 것은 매우 중요하다. 만약 배식에 필요한 기구 및 설비가 세척, 소독되지 않았거나 음식이 165°F(약 74°C) 이상으로 재가열되지 않았다면 중점관리기준을 만족시키지 못한다. 서비스 장소에 따라 보온기나 보냉기 등의 장비가 고정형이거나 이동식일 수 있다. 어떤 장비는 다목적으로 사용될 수 있어 배식뿐만 아니라 음식의 보관 및 서비스에 활용될 수 있다. 4장에서 소개되었던 푸드서비스 유형 중 중앙공급식 생산시스템을 적용하고 있는 급식소에서는 음식의 생산 장소와 서비스 장소까지 다소 거리가 있으므로 생산된 음식의 온도를 유지하며 운반해야 한다. 때문에 운반 중에 온도를 유지하기 위한 장비가 필요하다. 온도 유지를 위해 전기로 가열하거나 냉각하는 카트나 트럭 등이 사용되며, 혹은 단열처리한 카트가 사용된다. 또한 운반 과정에 대한 적절한 HACCP 관리가 중요해지고 있다. 음식의 생산 장소에서 다른 장소로 운반되기 전 지역 급식소에 음식이 도착했을 때, 서비스를 시작하기 전, 그리고 음식을 서비스하는 중에도 제공되는 음식의 안전성을 확보하기 위해 음식의 온도를 지속적으로 기록해야 한다.

그림 4-1에서와 같이, 음식의 생산과 서비스 사이에 배선의 과정이 있다. 배선(meal assembly) 방법에는 중앙 배선과 분선 배선이 있다.

중앙 배선의 경우, 조리장소(주 조리실)와 근접한 장소에서 일반적인 배선라인이나 파드(pod) 배선을 이용하여 이루어진다.

중앙 배선의 예는 그림 7-2와 같다. 중앙 배선에는 이동식 기기를 이용하며, 이동식 기기는 유연성이 있고 유지 관리가 편리해 널리 사용되고 있다. 세척을 할 때는 기기를 이동하거나 재배치할 수 있다. 식판 슬라이드는 중앙 배선의 필수 구성요소로, 식판이 식판 슬라이드를 따라서 이동하며 식판 슬라이드에 위치한 각 스테이션에서 조리된 음식을 식판에 담는다. 식판 슬라이드는 수동으로 움직이거나, 바퀴 또는 롤러 스케이트 장치로 움직일 수도 있다. 고무나 금속, 천 등으로 만들어진 전동 벨트 사용이 일반적이며, 전동 벨트는 직선 또는 곡선으로 디자인된다.

파드 배선 시스템은 기존의 배선 과정을 몇 개의 작은 단위로 나눈 것이라고 할 수 있다. 파드 배선 시스템은 일반적으로 T형 또는 U형이며 끝에 보온대가 놓여 있고 이와 수직으로 1개 또는 2개의 작업대와 이동형 냉장장치가 놓여 있다. 각 파드 배선 시스템에 2~3명의 조리원이 배

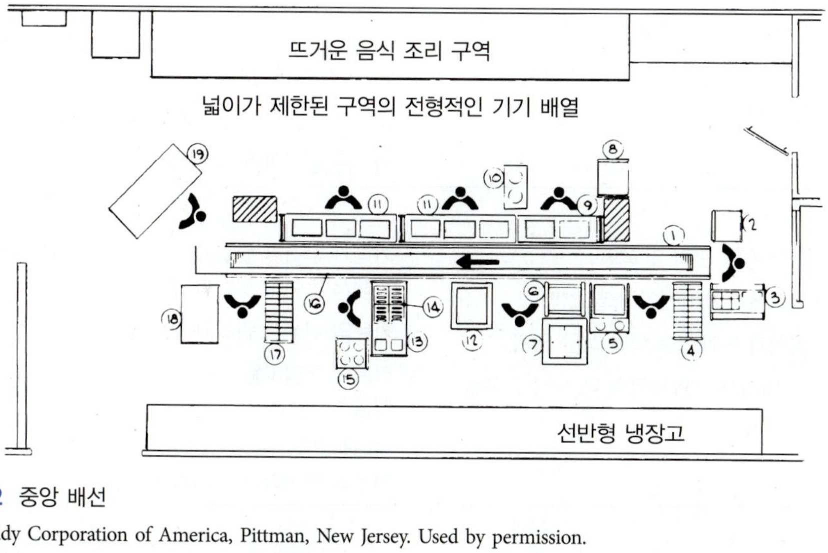

그림 7-2 중앙 배선

자료: Caddy Corporation of America, Pittman, New Jersey. Used by permission.

치되며 한 명은 뜨거운 음식을 담당하고 한 명 또는 두 명은 식판에 음식을 담는 역할을 한다. 한 사람에서 다른 사람으로 식판이 전달되면서 식판에 모든 음식이 담기게 된다. Schilling (2009)은 병원 급식, 대학 급식 등에서 파드 배선 시스템이 사용된 예를 소개하였다. 파드 배선 시스템을 도입한 푸드서비스 업장의 책임자는 식사 조합 시간은 줄고 조리원의 책임감은 증가시킬 수 있기 때문에 식사 조합에 인력을 줄일 수 있다고 하였다.

식판에 음식을 담으면 서비스가 이루어지는 장소로 운반하기 위해 카트에 담는다. 운반하는 동안 음식의 온도를 유지하기 위해 다양한 기술이 사용된다. 운반용 카트는 자동이거나, 종사원이 수동으로 움직이기도 하며 특수한 이동 장비가 사용되기도 한다. 오하이주립메디컬센터, 러시대학메디컬센터와 같이 규모가 큰 병원 에서는 **자동 운반차(automated guide vehicle, AGV)** 또는 이동가능한 로봇을 이용해 조리실에서 병실까지 식사를 운반한다. 자동 운반차를 활용한 자동화된 카트로 운반 과정에 필요한 노동력을 상당량 줄일 수 있다.

전통적 급식생산 체계에서 음식이 담긴 식판을 운반하기 위해 보냉과 보온기능을 가진 운반기기가 필요하다. 보온을 위한 방법은 표 7-1에 제시되어 있다. 운반하는 동안 계속적으로 열을 발생시키는 기지(bases) 또는 현재의 음식의 온도를 유지할 수 있는 단열 기지에 올려 두면 음식

표 7-1 다양한 (보온/보냉) 배식 방법의 장단점

배식 방법	장점	단점
보온		
가열 받침(펠릿[pellet], 개별 받침, 인덕션 받침)	지원 장비 및 시스템 운영이 복잡하지 않음. 특별한 그릇이 필요하지 않음: 표준 사이즈의 자기 그릇이면 어느 것이나 사용 가능. 특별한 운반 카트가 필요하지 않음.	우유, 샐러드, 젤라틴, 아이스크림과 같은 차가운 음식의 온도는 유지할 수 없음. 보온시간이 짧다(45분 미만). 보관, 저장, 운반, 세척 등의 작업이 추가적으로 필요함. 인덕션 받침의 경우, 가열이 시작되었는지 판단하기 어려움.
단열 용기	그릇과 음식만 단열됨; 특별히 가열해야 하는 받침이 없음. 사용이 쉬움. 화상의 위험이 없음. 특별한 운반 카트가 필요하지 않음.	보관, 저장, 운반, 세척 등의 작업이 추가적으로 필요함. 환자들이 퇴원시 종종 이 용기를 집으로 가져감.
보온 카트	식판이 고객에게 서비스될 때까지 음식이 따뜻하게 유지됨.	유지보수/수리 문제의 가능성이 높음. 카트가 무겁고 다루기 어려울 수 있음. 차가운 음식의 온도는 유지할 수 없음.
보온 및 보냉		
분리 식판	배선 과정의 중앙 관리 및 통제. 서비스 장소에서 재배선이 불필요함. 차가운 음식과 뜨거운 음식의 적온 유지. 일정 시간 내에서는 환자의 늦은 식사 요구를 수용할 수 있음.	카트가 무겁고 부피가 큼. 경사로를 지나기 위해서 동력이 필요할 수 있음. 카트의 위생적 관리가 어려움. 카트의 구입비용이 높고, 유지비용도 높을 수 있음. 상대적으로 무겁고, 다루기 어렵기 때문에, 카트와 벽면이 손상되기 쉬움.

표 7-1 다양한 (보온/보냉) 배식 방법의 장단점 (계속)

배식 방법	장점	단점
매치어트레이(match-a-tray) 단열 식판	서비스 전에 분산 배선이 필요한 것을 제외하면 분리 식판과 유사함. 가열이나 냉장을 위한 별도의 장치 없이 보온 보냉이 유지됨. 운반이 용이함. 무거운 폐쇄형 운반 카트가 필요하지 않음. 포개진 쟁반이 음식을 보호, 단열함 . 일회용 식기를 사용하므로 세척 부담을 줄일 수 있음. 수리, 교체, 유지보수할 복잡한 부속품이 없음.	분리 식판과 유사한 단점을 가짐. 서비스 전에 추가 배선 작업이 필요함. 특수한 일회용 식기를 구입해야 하므로 운영 비용이 높아짐. 온도 유지 시간이 최대 45분임. 일회용 식기 및 임대 비용 때문에 장기적으로는 다른 시스템에 비해 상당히 고비용임. 보온 파트의 부피가 상대적으로 작고 환기도 부족하기 때문에 뜨거운 음식은 스팀 조리된 것처럼 변할 수 있음 . 환자가 구획된 식판 이용에 거부감을 느낄 수 있음. 식판의 깊이가 깊어서 완전한 살균소독이 어려울 수 있음. 카트의 맨 위와 아래의 경우 식판을 겹쳐 높을 수 없어 저장 공간이 추가적으로 필요함. 상차림의 형식이 고정되어 있음.
단열 용기	그릇과 음식만 단열됨; 특별히 가열해야 하는 받침이 없음. 뜨거운 음식과 차가운 음식을 각각 단열용기에 담음. 화상의 위험이 없음. 차가운 음식의 온도를 30분 이상 유지할 수 있음. 특별한 단열 운반 카트가 필요하지 않음.	보관, 저장, 운반, 세척 등의 작업이 추가적으로 필요함 . 환자들이 퇴원시 종종 이 용기를 집으로 가져감. 뜨거운 음식은 30분 이상 유지될 수 없음.
보냉/재가열		
열전도 유닛이 있는 냉장 카트	배선 과정의 중앙 관리 및 통제. 서비스 장소에서 재배선이 불필요함. 냉장 온도 유지가 잘됨. 재가열이 잘됨 .	카트의 살균소독이 어려움. 카트의 초기 구입비용이 높고 유지비용도 높을 수 있음. 따뜻한 음료는 서비스 직전에 배선되어야 함. 모든 뜨거운 음식은 반드시 전도 받침 위의 접시나 볼의 크기에 맞아야 함.
분리 카트—냉장 및 컨벡션 가열	'열전도 유닛이 있는 냉장 카트'와 유사함. 뜨거운 음료를 포함한 모든 식품이 중앙 배선시 조합될 수 있음 .	카트는 무겁고 부피가 큼. 카트와 냉장/재가열 기기의 초기 구입비용이 매우 높음. 서비스 장소 가까운 곳에 냉장/재가열 기기를 위한 공간이 필요함.
보온/보냉 기능이 없는 경우		
뚜껑 있는 식판	식판은 기본적인 표준 기구임. 시스템의 기기 비용이 낮음.	신속한 운반 시스템이 필요함. 운반 과정의 노동 강도가 셈. 보온 보냉 기능이 약함.

자료: Information from "State-of-the-Art Review of Health Care Patient Feeding System Equipment" in *Hospital Patient Feeding Systems* (pp. 168–172) by P. Hysen & J. Harrison, 1982. Washington, DC: National Academy Press.

의 보온이 가능하다. 이러한 기지를 사용하는 운반 설비에는 보냉 기능이 포함되어 있지 않다. 가열기지 또는 단열기지를 사용하는 식판은 가열이나 냉장 기능이 없는 카트로 운반된다. 많은 급식소에서 단열 식판을 사용한다. 단열 식판은 추가적으로 가열이나 냉장을 할 수는 없으나, 현재의 열과 냉기를 일정 시간 동안 유지할 수는 있다.

보냉과 보온 작용을 동시에 할 수 있는 카트도 개발되어 있다. **분리 식판**(*split-tray*) 카트는 식판의 반쪽은 따뜻하게, 반쪽은 차갑게 유지될 수 있도록 만들어졌다. **매치드트레이**(*match-a-tray*) 방식의 카트는 보온이 필요한 음식을 가열구획에 담아 운반하며, 가열구획은 냉장 장치가 되어 있는 부분과 구분되어 있다. 식판을 운반하는 사람은 식판을 전달하기 전에 차가운 음식이 이미 담겨 있는 식판에 따뜻한 음식을 담아 전달해야 한다.

냉장조리 또는 냉동조리 생산 방식을 사용하는 경우, 생산과 서비스 사이에 재가열 공정이 추가된다(그림 4-1). 표 7-2에는 여러 재가열 공정의 장점과 단점이 제시되어 있다. 일반적으로 서비스 공간과 가까이 위치해 있는 조리실의 전자레인지 또는 컨벡션 오븐에서 재가열이 이루어진다. 과거에는 식판을 운반하는 사람이 식판을 전달하기 전에 음식을 가열하는 역할을 하였으나, 기술의 발달로 식판을 운반하는 카트에서 재가열이 가능하게 되었다. 카트에 구멍을 내서 냉각처리된 식판이 놓일 수 있도록 만들어 놓은 카트가 있다. 이 카트의 구멍을 통해서 열을 내는 부분과 음식이 닿게 하여 가열이 가능하다. 때문에 식판의 일부는 냉장된 채로 남아 있을 수 있고 일부는 데워질 수 있다. 분리 식판과 가열 원리를 통합한 새로운 방법은 식판의 반쪽에는 냉장 온

표 7-2 다양한 재가열법의 장단점

방법	장점	단점
전자레인지	가열시간이 짧음. 환자의 요구에 신속히 대처할 수 있음.	식품이 과도하게 익어버리기 쉽고, 식품에 따라서는 가열이 골고루 되지 않아 덜 가열되어 찬 부분이 있을 수 있음. 식품의 갈색화가 되지 않아, 식품에 따라서는 부자연스러운 모양을 가질 수 있음. 재가열에 대해 훈련된 종사원이 필요함. 종사원 교육이 필수적임. 전자레인지의 유지보수에 상당한 비용이 발생할 수 있음.
컨벡션 오븐	한 번에 12~30식을 가열할 수 있음. 즉 전자레인지와 비교할 때 재가열 및 재조합 과정을 보다 효율적으로 할 수 있음.	전통적 오븐에 비하면 속도가 빠르지만, 전자레인지보다는 빠르지 않음. 식품에 따라서는 조리 손실이 크게 발생하거나 식품 표면이 두꺼워질 수 있음. 일부 식품은 균일한 온도로 가열되지 않음.
전도 가열 유닛	한번에 12~30식을 가열할 수 있음. 즉 모든 식사를 동시에 준비 완료할 수 있음.	기기의 가열 표면이 매우 뜨거워서 종사원의 화상위험이 있음. 음식이 가열 표면 위에서 요리되므로 이 표면을 깨끗이 청소하기가 어려움. 재가열 시간이 45분 소요됨.

도로 차가운 음식의 온도를 유지하도록, 나머지 반쪽은 컨벡션 오븐에서 음식이 재가열되도록 되어 있다.

비중앙형 또는 **분산 배선(decentralized meal assembly)**에서는 음식을 한 장소에서 생산하고 음식을 고객과 가까운 장소로 운반해 조합한다. 각각의 장소에는 온도를 적절하게 유지하기 위한 설비(보온기 또는 냉장장비)가 필요하다. 구운 음식이나 튀긴 음식 등은 온도 유지가 어려우므로, 이러한 경우 조리설비가 서비스 공간에 구비되어 있어야 한다.

중앙 배선(centralited meal assembly)에서는 음식을 생산하고 음식을 조합한 후 서비스 공간으로 음식을 운반한다. 커피나 토스트 같은 몇몇의 메뉴는 서비스 공간에서 준비될 수도 있다. 이러한 방식은 음식을 다루는 작업을 줄일 수 있으며, 한 장소에서 생산과 조합이 이루어지므로 관리·감독하기가 쉽다. 제공되는 음식 분량을 일정하게 할 수 있으며, 동일한 형태로 담을 수 있고 음식 낭비를 줄일 수 있다. 또한 인력이 필요한 시간을 줄이고 분산형 조리실로 사용되는 공간을 다른 목적으로 사용할 수 있다. 그러나 식사조합 시간과 환자에게 제공되는 시간의 간격이 적어 음식의 질이 높을 수 있다는 장점 때문에 분산형 식사조합을 선택하는 기관도 있다. 또한 분산형 식사 조합의 경우 각 고객의 요구에 맞춰 제공할 수 있고 고객의 요구에 따라 메뉴의 대체 및 변경이 용이하다는 장점이 있다.

시설의 배치와 디자인에 따라서 배선과 배식 방법을 조합하여 사용할 수도 있다. 어떤 시설은 중앙 배선한 식판을 서비스하기도 하고, 단위급식소로 음식을 운반하여 분산 배선한 식판을 서비스할 수도 있다.

7.3 서비스 유형

다양한 서비스 유형이 있으며, 서비스 유형 간의 조합도 가능하다. 서비스는 테이블 서비스, 카운터 서비스, 퀵 서비스, 셀프 서비스, 트레이 서비스, 테이크 아웃 서비스, 배달 서비스로 구분된다. 서비스 조합의 예로 테이블 서비스를 제공하는 레스토랑에 셀프 서비스 샐러드 바가 있는 경우를 들 수 있다.

장소와 시간에 따라 서비스 형태는 달라질 수 있다. 고급 음식점에서 테이블에 앉아 바로 옆에서 준비되는 음식을 먹을 수도 있으며, 커피와 도넛을 구입하거나, 해변에서 핫도그를 구입하는 것처럼 선택할 수 있는 범위가 많다.

7.3.1 테이블 서비스

테이블 서비스(table service)는 외식에서 가장 흔한 서비스 유형이다. 테이블 서비스는 매우 간단할 수도, 매우 공들인 서비스가 될 수도 있으며, 이는 웨이터의 서비스에 따라 결정된다. 대부분의 테이블 서비스의 경우, 호스트(host), 호스티스(hostess), 지배인(maitre d'hotel) 등의 직원이 고객을 식당 내 테이블로 안내한다. 웨이터는 고객의 주문을 받고, 고객에게 음식을 전달하는 역할을 하며, 버스 스텝(bus staff)으로 불리는 직원은 음료를 담아주거나 테이블 정리 정돈 등의 역할을 한다.

주방 또는 서비스 키친에서 접시에 음식을 담아 고객에게 제공하는 방식도 테이블 서비스의 일종이며, 미국에서 가장 흔한 서비스 방식이기 때문에 **아메리칸스타일** 서비스라고 불린다. 테이블 서비스에서 서비스에 보다 공을 들일 경우, **프렌치스타일**이라고 하며 고객의 테이블에서 음식이 준비된다. 또 다른 방식으로 **패밀리스타일**이 있는데, 웨이터가 큰 접시나 그릇에 음식을 담아 고객마다 음식을 나눠 제공한다. 바비큐 등을 판매하는 레스토랑의 경우 패밀리스타일의 서비스 유형을 택하고 있으며, 일부의 초등학교, 거주형 정신병원, 양로원 등에서도 이러한 서비스 유형을 택하고 있다.

테이블 서비스의 주요한 성공 요인은 훈련이 잘 된 웨이터와 서비스를 제공하는 직원이다. 최고급 레스토랑에서 근무하는 웨이터는 고도로 전문화되어 있다.

7.3.2 카운터 서비스

카운터 서비스(counter service)는 레스토랑, 커피숍, 고객이 빠른 서비스를 원하는 경우에 많이 사용된다. 혼자 식사하는 사람은 카운터에서 다른 사람들과 합석할 수 있으며 서로 교류할 수 있다. 가장 일반적인 카운터의 배치는 그림 7-3과 같으며 이러한 카운터 배치를 통해, 고객에게 빠른 서비스를 제공할 수 있을 뿐 아니라 효율적이다. 카운터에서 근무하는 직원은 고객에게 주문을 받고, 음식을 전달하는 역할 및 테이블을 정리 정돈하는 역할 등을 하며, 카운터의 피크타임 외 시간에는 계산 업무까지 한다.

7.3.3 셀프 서비스

셀프 서비스(self-service)는 다양한 푸드서비스에서 사용될 수 있으며, 카페테리아가 가장 일반적인 형태이다. 셀프 서비스에서는 고객이 서비스 카운터나 전시되어 있는 메뉴판에서 자신이 원하는 음식을 선택하고 지정장소에서 이에 해당하는 가격을 지불하면 된다. 뷔페, 자판기, 스포츠 센

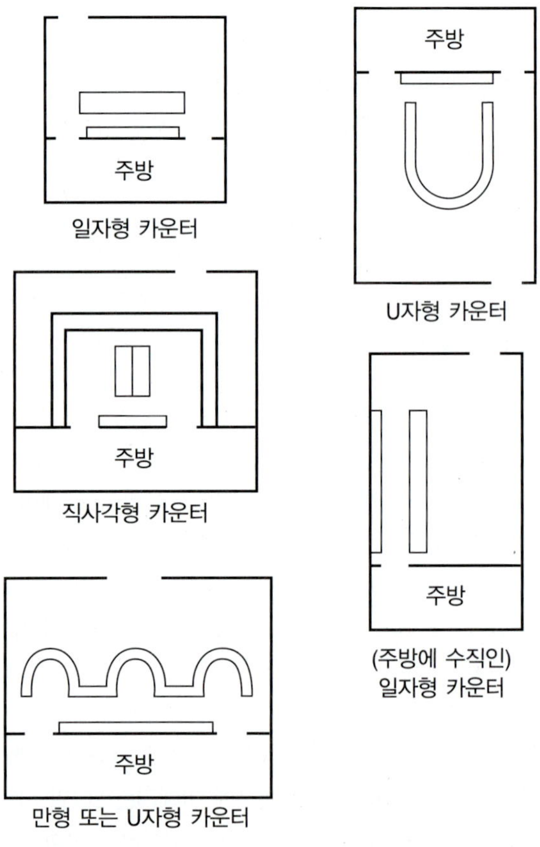

그림 7-3 카운터 서비스의 다양한 배치

자료: *How to Manage a Restaurant or Institutional Food Service* (p. 105) by J. W. Stokes, 1982. Dubuque, IA: William C. Brown. Used by permission.

터 등의 매점 혹은 길거리에서 핫도그를 판매하는 카트나 다양한 메뉴를 판매할 수 있도록 장비를 갖추고 있는 벤 등의 이동식 판매점 등에서 셀프 서비스를 활용할 수 있다. 24시간 바쁘게 살아가는 현대사회에 상상가능한 모든 장소에서 셀프 서비스가 가능하다고 볼 수 있다.

카페테리아 서비스는 미리 준비된 음식을 셀프 서비스로, 또는 메뉴 품목의 일부를 종사원에 의해 서비스 받는 방식이다. 급식소나 사내 식당에서 카페테리아 서비스를 사용한다. 고객 스스로 쟁반 또는 그릇 등을 치우는 것이 일반적이며, 이를 통해 인건비를 줄일 수 있다. 셀프 서비스에서는 메뉴 전시, 판촉(홍보), 마케팅이 관건이다.

카페테리아 서비스의 가장 일반적 배치는 직선식 카운터이다. 일반적으로 카운터의 길이는 고객의 수가 아닌, 메뉴의 양과 다양성에 따라 정해지며, 길이는 다양할 수 있다.

직선식 카운터의 대안으로는 광장형이 있으며, 스크램블(scramble) 또는 푸드 코트 시스템이라고도 불린다. 이러한 배치에서는 광장 내의 3~4개의 면에 스테이션 또는 카운터를 놓고 음식이 나오는 곳과 간격을 두어 고객이 긴 줄에 서 있지 않고 스테이션과 스테이션 사이를 이동할 수 있다. 따라서 고객의 줄 서는 시간을 줄이고 작은 공간에서 많은 고객에게 서비스를 제공할 수 있다.

퀵 서비스는 고객이 중앙에 마련된 곳에서 음식을 주문하고 가격을 지불하며, 이곳에서 고객에게 음식을 제공한다. 서비스 종사원은 고객의 주문을 받은 후 계산하고 주문한 대로 음식을 담아 고객에게 제공한다. 몇몇의 경우는 서비스 종사원이 주문을 받고, 주문 받은 음식의 전체 또는 일부를 담는 역할을 하며, 또 다른 경우는 주문을 받고 계산하는 종사원과 주문한 음식을 담는 역할을 하는 종사원으로 구분되어 있다. 고객이 주문 후 번호표를 받고 기다리면, 그들의 테이블로 음식이 제공되는 퀵 서비스 매장도 있다. 드라이브 트루 서비스는 퀵 서비스의 일종으로 고객들이 승용차를 탄 채로 주문을 하는 곳에서 지불하는 곳, 음식을 받는 곳으로 운전하여 지나가는 방식이다.

뷔페 서비스는 모든 형태의 푸드서비스 중 최근 대중적으로 가장 많이 사용되는 서비스 방식이다. 뷔페는 고객이 뷔페 테이블에 마련된 음식을 선택하여 가져가는 방식으로 대학 기숙사, 병원의 직원식당, 또는 산업체 급식에서 일상의 단조로움을 피하기 위해, 또는 친목을 목적으로 일시적으로 뷔페 서비스를 운영하기도 한다.

뷔페 서비스는 주어진 시간 동안, 적은 수의 종사원으로 많은 고객에게 서비스를 제공할 수 있다. 일반적으로 뷔페를 이용하는 방법은 고객이 뷔페 테이블에 마련된 주메뉴, 채소와 샐러드를 선택한 후 식기, 냅킨, 물이 마련된 테이블로 이동하게 된다.

자판기를 통해 전 세계에 걸쳐 매년 엄청난 금액의 상품과 서비스가 고객에게 판매되고 있다. 기록상 기계를 이용하여 상품을 판매한 역사는 오래되었으나, 1940년대 중반까지 미국 경제에서 자판기의 효과는 크지 않았다. 고객들은 서비스 종사원 역할을 하는 자판기와 의사소통해야 하며, 자판기는 고객의 요구 사항에 만족시키기 위한 작업을 수행한다. 자판기로 부패하기 쉬운 음식을 판매할 경우, 온도 관리가 매일 이루어져야 한다. 또한 판매되는 상품의 숫자를 세거나, 상품을 다룰 때 철저히 해야 하며, 순환 절차에 대한 관리도 이루어져야 한다. 위생 관리를 위한 절차와 일정도 확인이 필요하다. 자판기로 고객과 관계가 형성되므로, 자판기를 다루는 종사원의 훈련도 중요하다.

많은 기관에서는 직접 자판기를 설치하기보다는 계약을 통해 자판기를 운영한다. 자판기 공급업체는 사고, 책임, 위험 보험 계약 등을 주기적으로 점검해야 한다(Beasley, 1990). 또한 공급업체는 자판기 설치 및 판매 시 준수해야 하는 도시, 나라, 주, 다른 기관의 규제를 확인해야 한다. 공급업체 선정에 앞서, 본사를 방문해서 어떻게, 어떤 조건 하에서 음식이 준비되는지 확인하면 도움이 될 수 있다. 경쟁입찰은 수수료 비율 및 장비 교체 협상이 가능하므로 이점이 있다.

자판기를 가지고 있는 푸드서비스 책임자는 고객의 요구에 맞게 판매 프로그램을 구성할 수 있으며, 자판기로 수익을 얻을 수 있는 혁신적이고 창조적인 방법을 생각해야 한다.

시장의 변화에 따라 고객의 요구와 선호도는 변화한다(Friedland, 1997). 스낵 판매 자판기에 대한 연구에 의하면, 고객들은 유명 브랜드 상품, 건강한 상품, 새로운 상품, 보다 다양한 상품의 구비를 필요로 한다. 따라서 이러한 내용을 개선한 보다 매력적인 자판기는 자판기에 대한 인식을 높일 수 있을 것이다. 다양한 선택이 가능한 자판기와 음료를 판매하는 자판기를 함께 배치하면 고객의 선택을 다양하게 할 수 있다.

자판기는 신용 및 직불 카드 계산이 가능하도록 개선되었다. 직불 카드로 계산이 가능하게 됨에 따라 고객들이 거스름돈으로 동전이 생기는 경우가 줄어들었다.

7.3.4 트레이 서비스

종사원이 쟁반을 이용해 고객에게 음식을 전달하는 방식을 트레이 서비스(tray service)라고 하며 주로 의료기관이나 기내식에서 활용된다. 룸 서비스는 쟁반이나 카트를 이용하여 호텔 객실로 음식을 전달하므로 트레이 서비스에 해당한다.

기내식은 기내의 특징에 맞게 계약한 업체에서 생산한다. 운영 방식에 맞추어 특수한 식판 조합 설비가 제작된다. 기내에는 따뜻한 음식 및 차가운 음식 제공을 위해 가열을 돕는 보온기능과 냉각을 위한 기능이 있어야 한다. 적절한 수만큼의 식사를 제공할 수 있도록 관리가 이루어져야 하며 식기부터 제공하는 음료까지 다양한 품목에 대한 모니터링이 이루어져야 한다. 출발지에서는 기내에 음식이 탑재되고, 도착지에서는 사용한 식판을 내리게 된다.

많은 병원에서는 전통적인 중앙 배선 서비스를 고객이 요구에 따라 제공하는 룸 서비스로 바꾸고 있다. 병원의 룸 서비스는, 호텔에서 이루어지는 것과 같이 환자가 먹고 싶은 시간에 급식부서에 연락해 식사를 주문하게 된다. 미국의 메모리얼슬로안케터링암센터 급식 부서에서는 2001년에 서비스 방식을 룸 서비스로 바꾼 후 환자의 만족도와 식사섭취량이 증가한 것으로 나타났다. Cox(2005)에 따르면, 룸 서비스로 바꾼 이후 프레스개니 만족도(Press Ganey satisfaction)[1]가 24th 퍼센타일에서 99th 퍼센타일로 증가하였으며 환자의 식사섭취량이 29%에서 88%로 증가하여 환자들이 제공된 음식의 반 이상을 섭취하게 된 것으로 나타났다.

트레이 또는 룸 서비스에서 음식의 질과 적정 온도 유지는 매우 중요하다. 서비스 장소와 트레이에 음식을 담는 장소가 떨어져 있는 경우 서비스 장소로의 음식 운반이 필요하다.

병원 등의 시설에서는 환자나 거주자가 자신이 먹을 메뉴 품목을 직접 선택하기도 한다. 중앙 배선 방식을 사용하는 경우, 환자가 선택한 음식이 배선 전에 배선라인에 준비된다. 급식전산시스템을 활용하면 선택한 음식명을 티켓으로 출력하여, 선택된 음식이 원활하게 배선될 수 있다.

병원에서는 환자에게 맞는 식사가 제대로 제공되었는지 확인하는 것이 중요하므로 환자를 식별할 수 있는 정보 두 가지를 활용한다. 환자를 식별할 수 있는 방법으로는 다양한 것들이 있으며, 가장 많이 사용되는 것은 환자의 이름, 입원번호, 생일이다.

병원에는 접촉이 제한된 환자도 있을 수 있으므로, 음식을 전달하는 종사원의 훈련이 중요하다. 서비스 훈련에는 특별한 상황에 대한 지침이 담긴 매뉴얼이 사용되는 경우가 많다. 예를 들어, 종사원은 병실에 들어갈 때, 식당에서 고객을 만났을 때 등에 어떤 말을 해야 하는지 등을 매뉴얼을 통해 알 수 있다. 환자와의 짧은 만남에서도 환자가 긍정적인 느낌을 받을 수 있도록 교육이 이루어져야 한다.

1) 프레스개니 협회의 환자 만족도 조사. 프레스개니는 환자의 만족도 조사를 하는 협회이다.

7.3.5 테이크아웃 서비스

테이크아웃 서비스(takeout service)는 푸드서비스 유형 중 빠른 속도로 성장하고 있다. 가족 구성원이 경제활동에 참여하고 가정생활과 업무 간의 균형을 맞추기 위해 집에서 요리를 하는 경우가 줄어들게 되었다. 테이크아웃 서비스를 이용하면 고객들이 음식을 구입하는 장소와 음식을 먹는 장소를 선택할 수 있다. 미국인의 반 이상이 매주 테이크아웃 또는 배달로 음식을 구입하며, 음식점 주문의 20%가 자동차에서 이루어지는 것으로 보고되었다(Sloan, 2005). 퀵 서비스 레스토랑에서 테이크아웃을 제공하는 경우가 많다. 많은 푸드서비스 업장에서는 음식을 포장하여 집에서 섭취할 수 있게끔 판매하는 **가정식 대용식(home meal replacement)** 프로그램을 제공하고 있다. 고객은 음식을 빨리 구입해 가기 위해 사전주문을 하기도 한다.

7.3.6 배달 서비스

테이크아웃 서비스와 마찬가지로, 배달 서비스도 푸드서비스 유형 중 빠른 속도로 성장하고 있다. 배달 서비스는 푸드서비스 업장에서 고객에게 음식을 운반하는 것을 말한다. 일반적으로 고객의 집 또는 사무실에서 배달 서비스를 이용하며, 음식 비용 이외에 배달 비용이 추가되기도 한다. 푸드서비스 업장에서는 배달 과정 중 음식 적정 온도 유지에 가장 신경을 써야 한다. 이러한 경우, 특수 카트 또는 단열 용기 등의 운반 장비가 필요하다.

7.4 서비스 관리

Alberchtt와 Zemke(1995)는 **서비스 관리(service management)**란 철학이며 사고 과정이라 하였다. 또한 서비스 관리는 가치와 태도의 집합, 방법들의 집합이라고도 하였다. 조직은 고객 중심으로 변화하기 위해 경영을 통해 시간과 자원을 사용하고, 계획, 상상해야 하며 상당한 노력을 투자해야 한다.

7.4.1 종합적 품질 서비스

조직에서는 **종합적 품질 서비스(total quality service)** 모형을 만드는 것이 필요하며, 장기적 안목을 가지고 조직의 존재 이유, 즉 무엇을 서비스할 것인가에 중점을 두어야 한다(Albrecht, 1993; Albrecht, 1995; Albrecht & Zemke, 2001). 종합적 품질 서비스에서는 모든 품질 기준이 고객을 고려해야 하며, 고객에게 뛰어난 가치를 제공할 수 있도록 도움을 주어야 한다. 품질 기준은 조직의 '최대한'을 의미하는 것이 아니라 조직에서 제공할 수 있는 '최소한'을 의미한다.

제2차 세계대전 이후, 세계는 품질 패러다임에 빠져 있었다. 알브레히드(Albrecht, 1993)는 **패러다임(paradigm)**을 사람들이 생각하고 행동하는 방법을 지배하는 정신적인 틀이라고 하였다. 이 당시 품질은 생산된 제품의 무결점에 중점을 두었으며, 서비스의 품질에는 관심을 두지 않았다. 21세기에는 제품과 서비스의 구분이 필요 없게 될 것이며 이는 **고객 가치(customer value)**로 교체될 것이다. 고객 가치는 고객의 유형 및 무형의 경험에 기초하며, 고객은 경험을 통해 기업에 대한 인상을 결정한다(Albrecht, 1993). 품질은 제품 또는 제품을 생산하는 과정이 아니라 '고객'을 기준으로 해야 한다. 품질에서 고객 가치로 변화하고 있는 **패러다임 변화(paradigm shift)**가 조직 내에서 일어나고 있다(Barker, 1992).

고객에게는 특정 레스토랑에서 식사하는 것이 한 번 일어나는, 특별한 이벤트로 여겨지지만 종사원에게는 반복적이고 평범한 일상이다. 고객들은 자신이 경험한 부정적인 경험을 잊을 수 없기 때문에 종사원이 다음에 더 잘한다고 하더라도, 고객의 부정적인 경험을 긍정적으로 바꾸는 것은 어렵다. 좋은 서비스는 고객을 만족시킬 수는 있지만 항상 고객 가치를 제공하는 것은 아니다. 그러나 고객이 기대했던 것 이상의 서비스는 고객을 만족시킬 수 있다(Marvin, 1992). 고객들은 마음속으로 점수를 매기고 잠재의식적으로 그들의 경험에 대해 가치 점수를 매긴다. 경험이 긍정적일수록 높은 점수를 매기게 된다. 만약 다른 경쟁 상대의 레스토랑에 비해 점수가 높았다면, 고객들은 재방문할 것이다. 그러나 만약 경쟁 상대의 레스토랑에 매겨진 점수가 더 높다면, 레스토랑 운영에는 어려움이 생긴다. 푸드서비스 유형 및 제공하는 서비스 유형과 상관없이, 종사원의 역할은 매우 중요하다.

미국상무부(The U.S. Department of Commerce)는 레스토랑에 불만족한 고객의 90% 이상이 다른 레스토랑을 선택한다고 보고하였다. 또한 불만족을 경험한 고객은 자신의 나쁜 경험에 대해 9명 이상의 사람들에게 말을 할 것이라고 하였다(Bode, 1993).

종사원 일관된 품질의 서비스를 제공하기 위해서는 잘 훈련된 종사원이 필요하다. 종사원은 서비스 과정에 대한 지식, 고객을 배려하는 태도와 서비스를 수행하기 위한 능력을 가지고 있어야 한다. 대부분의 푸드서비스 매니저는 종사원에게 의사결정 권한을 부여하여 고객이 긍정적인 경험을 할 수 있도록 돕는다.

교차 훈련(cross-training)은 종사원이 고객 가치에 대해 생각하도록 하는 방법이다. 교차 훈련을 통해 종사원은 푸드서비스 운영에 대해 이해하고 각각의 운영 단위에서 어떤 일이 일어나는지 파악할 수 있는 기회를 가질 수 있으며, 결과적으로 충성스런 종사원이 될 수 있다(Weinstein, 1992). 일부 푸드서비스 업장에서는 교차 훈련 프로그램을 마련해두고 있다. 예를 들어, 최소임금으로 테이블 정리부터 시작한 홀 종사원이 빠르게 승진하였고, 최종적으로 높은 급여를 받는 종사원이 되었다. 이후에 다시 주방에서 일하며 어떻게 주방이 운영되는지를 확인하고, 컴퓨터 프로그램을 배우며, 홀 종사원과 주방 종사원의 간의 관계를 어떻게 관리하는지를 파악한다. 주방에서 일하는 종사원 또한 동일한 기회를 갖는다. 이러한 교차 훈련을 통해 고객 가치에 대해서 같은 생각을 할 수 있게 되며, 홀 종사원과 주방 종사원 간에 장애물을 줄일 수 있다. 예를 들어, 교차 훈련을 받은 주방장은 홀 종사원의 요구사항이 종사원 개인의 것이 아닌 고객의 요구사항임을 인식할 수 있게 된다.

유럽식의 고급 레스토랑에서는 서비스 제공은 명예로운 직업이며 경력으로 여겨진다. 경력과는 상관없이 새로운 직원 모두는 완벽한 웨이터가 되기 위해 1년 정도의 견습 프로그램을 거쳐야 한다. 오랜 기간의 엄격한 훈련 프로그램을 갖춘 레스토랑도 있으며, 레스토랑에 대한 일반지식, 레스토랑에서 제공하는 음식과 와인에 대한 필기시험이나 레스토랑에서 일어날 수 있는 가상 상황에 대한 에세이 작성 등이 이루어진다.

종사원에게 직업에 대한 열정 소진, 정신적 고갈, 상실 등은 흔하게 나타난다. 직무에 대한 종사원의 만족도는 서비스 질에 크게 영향을 미치기 때문에 관리 차원에서 종사원을 대상으로 직무 만족도 조사를 실시하여야 한다. 관리자들은 일을 잘하는 종사원을 활용하고 그들에게 많은 양의 작업을 할당하며 종사원은 그들이 수행한 일에 대해 보상을 받아야 한다.

특별고객 이 책에서 이미 여러 차례 인구통계학적 특성, 삶의 방식, 메뉴 선호도 등 고객과 관련된 사항에 대해서 언급하였다. 또한 이 책의 거의 모든 장에서 고객 감동의 중요성을 다루었다. 그러나 일반적인 유형이 아닌 특별고객이 외식을 하는 경우는 어떠한가? 푸드서비스에서는 단골고객, 혼자 식사하는 고객, 어린이를 동반한 고객, 장애를 가진 고객을 어떻게 대해야 하는가? 레스토랑, 학교 및 대학 급식소, 병원에서는 이러한 고객을 다른 고객과 동일하게 대하여도 되는가?

일반적으로 레스토랑 고객은 1회성 고객으로 여겨지는데, 특히 휴가기간 동안 목적지에 가는 도중에 식사를 위해 레스토랑을 방문하는 경우는 특히 그러하다. 만약 고객이 휴가기간 동안이나 특별한 이벤트가 있을 때만 레스토랑을 방문한다면 레스토랑의 유지가 어려울 것이다. 따라서 레스토랑에서는 레스토랑을 지속적으로 방문하는 고객에게 감사를 표시하기 위해 여러 가지 방법을 도입하였다. 캘리포니아의 레스토랑 체인에서는 단골 고객에게 별도의 전화번호가 적힌 예약 카드를 제공하여 예약시 우선권을 갖을 수 있도록 배려하였다. 이는 레스토랑이 단골 고객에 최고 우선순위를 제공한 것이다.

버지니아 해변에 위치한 레스토랑에서는 TLC(The Local Customer) 프로그램을 도입했다. 비성수기 기간인 9월부터 2월에 레스토랑을 10번 방문하는 고객에게 자격을 준다. 자격을 받은 고객은 예약을 받지 않는 성수기에도 자리를 예약할 수 있게 된다. 또한 무료로 식전 음식이나, 와인 한 잔을 제공받는 등 혜택이 주어진다. 고객들은 그들이 특별한 대우를 받고 있다는 느낌이 들면 재방문하게 된다.

종사원은 또한 혼자 식사하러 온 고객에게 세심한 서비스를 제공하도록 교육받고 있다. 식사 공간 디자이너들은 혼자 온 고객이 편안히 식사할 수 있도록 부스를 만들었다. 또 다른 디자인 아이디어로 긴 의자가 있는데, 이는 벽을 따라 길게 놓여 있고 앉을 수 있는 공간이 충분하다. 이 긴 의자 앞에는 한 명부터 네 명까지 앉을 수 있는 작은 테이블이 놓여 있다. 1인용 식탁을 구석진 자리나 주방 입구와 가까이 곳에 배치하지 말고 식당 곳곳에 배치하는 것이 좋다. 여행객이나 혼자 식사하러 온 사람들을 위한 공간을 메인 다이닝 공간과 통합하여 운영하며 레스토랑 내에 바를 설치하여 점심시간 등에 회사원이 혼자 식사를 하러 오는 경우에 활용한다.

대부분의 레스토랑은 어린이를 위한 메뉴를 갖추고, 어린이를 동반한 부모가 식사하는 동안 어린이가 가지고 놀 수 있는 게임을 제공한다. 고객을 위해 보육서비스를 제공하는 레스토랑도 있다.

장애가 있는 사람들은 이동에 어려움을 느껴서 외식을 하기가 어려우며 특히 휠체어를 이용하고 있는 경우에 더욱 그렇다. 청각 및 시각 장애인에게도 마찬가지이다. 1992년 1월 26일에 미국장애인법(American Disabilities Act)이 제정되었으며, 공공시설 등에 적용되어 레스토랑에서는 장애를 가진 고객들이 레스토랑의 정문, 복도, 테이블, 셀프 서비스, 그리고 화장실을 이용할 수 있도록 해야 한다. 미국장애인법은 레스토랑뿐만 아니라 급식소에도 적용된다. 병원과 요양원에 근무하는 푸드서비스 매니저는 미국장애인법을 준수해야 하며, 다른 급식소의 매니저보다 장애를 가진 고객에 대한 급식 제공 경험이 많아야 한다.

7.4.2 서비스 관리 방법

Romm(1989)은 레스토랑 사업은 고객과 서비스를 제공하는 종사원 간의 사회적 공간에서 이루어진다고 하였다. 종사원이 서비스를 일관성 있게 제공하고, 서비스 품질 및 고객을 대하는 능력을 향상시키는 것이 푸드서비스의 과제이다. 매니저는 종사원이 고객에게 진심이 느껴지는 친절한 행동을 하기를 원한다. 이를 위해서는 두 가지 단계가 선행되어야 한다. 첫 번째 단계는 서비스 종사원에 더욱 주목하는 것이며, 사업 구조에서 그들의 위치를 재검토해야 한다. 두 번째 단계는 서비스 종사원의 행동을 바꾸기 위해 방법을 모색해야 한다. 매니저는 서비스 종사원이 고객을 챙기고 고객을 기쁘게 하길 바라지만, 반대로 매니저가 종사원을 챙기는 경우는 드물다. 매니저들은 일반적으로 이익을 창출하려면 종사원의 노동시간을 줄여 인건비를 낮추어야 한다고 말하지만 이와 모순되게 종사원이 고객에게 좋은 서비스할 것을 기대한다.

고객 서비스 품질을 달성하기 위해서는 고객 서비스의 절차적인 측면과 인적 측면이 모두 충족되어야 한다(Martin, 2002). 고객 서비스의 네 가지 기본 유형은 다음과 같다.

- **냉랭한 종사원(Freezer).** 절차 및 인적 측면의 서비스가 모두 부족한 유형의 서비스이며, 고객은 "우리는 당신을 신경 쓰고 싶지 않다"라는 느낌을 받을 수 있다.
- **공장형 종사원(Factory).** 절차의 효율성 측면 쪽으로 기울어진 서비스를 제공한다. 서비스가 적절한 시간에 효율적으로 이루어지지만 종사원은 차갑고, 냉정하여 고객들에게 "우리를 돈으로만 보는군요. 우리는 당신이 업무를 효율적으로 할 수 있도록 도와야 하는군요"라는 인상을 남긴다.
- **친절한 동물원(Friendly zoo).** 종사원이 매우 친절하고 진정성 있으며, 고객을 잘 챙기는 유형의 서비스이다. 그러나 서비스는 매우 천천히, 일관적이지 않게, 비조직적으로 이루어지며, 고객이 "열심히 하고는 있지만 사실 무엇을 하고 있는지 잘 모른다"라고 느낄 수 있다.
- **질 높은 고객 서비스(Quality customer service).** 절차적인 측면과 인적 측면이 조화로운 서비스 유형이다. 따라서 고객이 "나를 신경 쓰고 있으며, 서비스 제공이 원활하게 이루어지고 있다"라고 느낄 수 있다.

서비스 품질의 절차적인 측면에서는 제공되는 서비스의 형태와 시간에 중점을 두며 서비스의 적시성, 점진적인 흐름, 기대, 의사소통, 피드백, 조정, 조직 및 감독 등이 해당된다. 서비스 품질의 인적 측면 차원에서는 서비스 스타일에 중점을 두며 태도, 소통의 기술, 행동이 해당된다.

Martin(2002)은 고객 서비스 품질에 대한 여섯 단계의 접근방법을 소개하였다. 이를 통해서 기대하는 바람직한 결과는 적절한 서비스 지식, 태도, 품질 서비스를 제공하기 위한 종사원 행동이다.

1. 고객의 절차 및 인적 측면의 서비스 기대치를 이해하라.
2. 품질 서비스의 문화와 리더십 분위기를 조성해라.
3. 서비스 제공에 대한 명확하고 간결한 기준을 마련해라.
4. 조직적 시스템에 서비스 기준을 통합시켜라.
5. 진행상황을 평가하고, 성공에 보상해라.
6. 서비스 품질을 향상시키기 위해 계속적으로 노력해라.

아무리 서비스 종사원의 훈련이 잘 되었다고 하더라도, 서비스 실패 상황을 다루는 것은 어려울 수 있다. Ford와 Heaton(2000)은 고객에게는 실제 저지른 실수보다, 서비스 실패를 회복하는 것이 더욱 중요하고 하였다. 서비스 실패를 회복하는 능력에 따라 고객의 재방문 가능성이 달라진다. Martin(2002)은 서비스 실패를 긍정적으로 회복하기 위한 문제 해결 일곱 단계를 다음과 같이 소개하였다.

1. 서비스 제공자는 불평이나 문제제기를 주의 깊게 **듣는다(LISTEN)**.
2. 서비스 제공자는 고객에게 들은 내용을 확인하기 위해 고객에게 들었던 불편 또는 문제점을 **다시 말한다(REPEAT)**.
3. 서비스 제공자는 문제나 불편의 책임이 누구의 것인지를 떠나서 고객에게 **사과한다(APOLOGIZE)**.
4. 서비스 제공자는 고객의 감정(화남, 욕구불만, 실망 등)을 **인정한다(ACKNOWLEDGE)**. 이는 비방어적 문제해결방법을 위한 중요한 단계이다.
5. 서비스 제공자는 고객에게 어떻게 문제를 해결하는 것이 좋은지 물음으로써 문제를 **해결한다(MAKE)**.

6. 서비스 제공자는 문제를 해결하기 위해 혹은 잘못을 바로잡기 위해 어떤 행동을 할 수 있는지를 **설명한다(EYDLAIN)**.
7. 서비스 제공자는 고객에게 그들의 문제와 불편에 대해 주목하게 해주어 "감사합니다"라고 **말한다(SAY)**.

7.4.3 팁 제공

미국에서는 테이블 및 카운터 서비스 레스토랑, 호텔 룸 서비스에서 종사원에게 팁을 주는 것이 일반적이다. 유럽에서는 레스토랑이나 호텔 청구서에 서비스 비용이 추가되어 있는 경우가 흔하다. 사무실이나 가정에 음식을 배달하는 종사원에게 팁을 주는 경우가 많아지고 있다. 팁은 자발적이지만, 서비스 비용은 그렇지 않다. 서비스 비용은 고객의 영수증에 더해져서 미리 계산되며, 레스토랑의 소득과세 대상인 총 수입의 한 부분으로 팁과는 다르다. 고용주는 종사원에게 서비스 비용을 주어야 할 의무가 없다. 그러나 대부분의 경우, 서비스 비용은 종사원의 임금에 반영된다. 서비스 비용과는 달리, 팁의 경우는 종사원이 가질 수 있다.

푸드서비스 매니저는 팁에 대한 연방정부 및 주의 법 및 규정에 대해 인지하고 있어야 한다. 종사원에게 팁은 소득의 한 부분이므로 해당 기관에 보고해야 한다. 비록 소득에 대한 보고의 책임은 종사원에게 있지만 팁으로 생긴 소득이 보고되지 않으면 푸드서비스 업장이 팁으로 생긴 소득에 대하여 급여 세금을 내야 한다.

국세청(The Internal Revenue Service, IRS)은 팁에 대한 보고에 대해 세 가지 방법의 자율 준수 협약을 마련하였다: Tip Reporting Alternative Commitment(TRAC), Tip Rate Determination Agreement(TRDA), Employee-Designed Tip Reporting Alternative Commitment (EMTRAC). 추가 정보는 www.irs.gov에서 찾을 수 있다.

7.4.4 서비스 통제

고객의 영수증을 관리하는 것은 관리자의 또 다른 고민거리이다. 가장 효율적으로 관리하는 방법 중 하나는 고객이 지불해야 하는 모든 메뉴를 고객에게 확인하는 것이다. 전통적인 방법으로 중복 영수증 사용이 있다. 종사원이 고객의 영수증에 주문을 받아 적으면 이는 동시에 다른 종이에 동일하게 기록되어 주방으로 전달된다. 오늘날에는 고객의 주문을 문서화하는 수단으로, 주방으로 주문을 전달하는 데 컴퓨터가 널리 사용되고 있다.

다른 방법은 메뉴 품목에 적절한 가격을 미리 책정해놓는 것이다. 가격이 프로그래밍되어 있는 계산대 또는 컴퓨터 시스템이 사용되며, 책정된 가격이 시스템에 등록되어 종사원은 가격을 임의로 바꿀 수 없다.

레스토랑에서는 신용카드로 결제가 가능하다. 신용카드 번호는 거래를 승인하는 방법으로 사용되며, 분실 및 도난 카드는 몇 초 이내에 확인할 수 있다. 집이나 사무실에서 전화로 음식을 주문하는 고객은 주문 시 그들의 카드 번호를 알려주고, 그들이 기다리는 동안 카드 승인이 이루어진다.

7.5 경험 경제

Pine과 Gilmore(1999)는 서비스 경제에서 경험 경제로 변화하고 있다고 하였다. 그들의 저서 "경험 경제(*experience economy*)"에서 상품에 기반을 두는 것에서 경험을 통해 가치를 얻는 것으로 미국의 경제가 움직이고 있다고 하였다. 원자재 경제에서는 직접 채소와 가축을 키우고 자급자족하였으며, 물건을 생산하기 시작한 1800년 후반부터는 시장과 식료품점에서 식재료를 구입하기 시작하였고 상품 경제가 시작되었다. 1950년대에 이르러서 서비스 경제가 도입되었으며, 레스토랑 등에서 외식으로 식사를 하기 시작하였다. 1990년대에는 경험 경제가 일반적이 되었고, 고객들은 스타벅스, 하드록카페 등의 장소에서 가치를 경험하게 되었다. 레스토랑과 급식소에서는 고객과 함께 함으로써 가치를 경험할 수 있도록 한다. Pine과 Gilmore는 고객의 참여를 두 개의 축, 즉 참여와 연결/환경적 관계로 설명하였다. 참여는 수동적-적극적 범위이며, 연결/환경적 관계는 동화(정신적 참여)-몰입(육체적 참여) 범위이다.

이 두 축에 의해 고객의 체험은 오락, 교육, 현실탈피, 탐미의 4개의 영역으로 구분된다.

- 오락(고객은 수동적으로 참여하며, 고객과 환경 간에는 동화가 형성되는 경우)의 경우, 고객들이 식사를 더욱 즐길 수 있도록 환경을 만들어야 하며, 피자가게 등에서 애니메이션 캐릭터가 연기하는 것이 여기에 해당한다.
- 교육(고객은 적극적으로 참여하며, 고객과 환경 간에는 동화가 형성되는 경우)에서는 고객이 적극적으로 참여한다. 병원 카페테리아에서 영양정보와 지역 생산품 공급 업체에 대한 정보를 공유하는 것은 식사 경험과 교육이 동시에 이루어지는 것이다.
- 현실탈피에서는 고객이 적극적으로 참여하며 동시에 고객이 몰입할 수 있는 환경이 마련된다. 'The Mars 2112' 레스토랑은 인테리어를 통해 고객이 식사하는 동안에 화성을 체험하는 느낌을 줄 수 있도록 하였다.
- 탐미는 고객이 수동적으로 경험에 참여하지만, 고객이 몰입할 수 있는 환경을 제공한다. 'Rainforest Café'에서 고객은 식사하면서 심미적인 경험을 할 수 있다.

푸드서비스 매니저는 고객들이 가치를 경험할 수 있도록 운영에 오락, 교육, 현실도피, 미학주의의 4개의 영역을 반영할 수 있는 방안을 모색해야 한다.

Gilmore와 Pine(2007)은 고객은 경험 경제에 진정성을 추구한다고 하였다. 고객이 추구하는 진정성은 다섯 가지로 구분될 수 있으며, 진정성을 전략적으로 푸드서비스 운영에 통합시킨다면 사업을 성공할 수 있을 것이라고 하였다.

- **꾸미지 않은 진정성:** 인위적이거나 합성되지 않은 자연 상태의 것으로 인식된다(예: 유기농 식품이나 수제 비누 등).
- **본래의 진정성:** 원본 그대로의 디자인 또는 처음 나온 것, 카피가 아닌 것으로 인식된다(예: 아이패드나 코카콜라 유리병).
- **우수한 진정성:** 그들이 잘하는 것, 그들만이 실행할 수 있는 것으로 인식된다(예: 노드스트롬의 것, 리츠칼튼 호텔, 쿠바 시가).
- **참고의 진정성:** 인간의 역사 또는 기록 등으로부터 영감을 받을 수 있는 것으로 되는 것으로 인식된다(예: 중국의 차 문화, 라스베이거스의 네온불빛).
- **영향적 진정성:** 더 높은 목표에 도달할 수 있도록 다른 사람에게 영향을 미칠 수 있는 것으로 인식된다(예: 하드락카페의 지속가능성 구호인 "지구를 구하자", 에덴 올터너티브 요양원).

미국푸드서비스연구소(The Foodservice Institute of America)는 전국적 컨퍼런스를 개최하여 푸드서비스 전문가들이 경험 경제 및 진정성에 대한 개념, 푸드서비스 운영에서의 적용방법 등에 대해 논의할 수 있는 기회를 마련하였다. 회의 내용을 담은 백서(Barsamian & Hammar, 2009)에는 고객이 푸드서비스에서 진정성 있는 경험을 할 수 있도록 하는 전략이 소개되어 있다.

- 기억에 남는 고객 경험
- 고객 맞춤 상품 및 서비스
- 상품 및 서비스 제공 시의 진정성
- 고객이 원하는 경험을 제공하는 종사원의 훈련
- 기술의 사용
- 고객 불만에 대한 성실하고 진정성 있는 빠른 해결

요약

1. 배식 및 서비스는 푸드서비스 시스템 모형을 구성하는 기능적 하위시스템의 하나이다. 배식은 음식을 생산 장소에서 서비스 장소로 이동하는 것이고, 서비스는 음식을 고객에게 제공하는 것이다.
2. 중앙 서비스의 경우, 식사를 조리장소와 근접한 장소에서 조합하여 서비스 장소로 이동시킨다. 분산 서비스의 경우, 조리된 대량의 음식을 서비스 장소와 근접한 장소로 이동한 후 조합한다.
3. 표 7-1은 다양한 배식 시스템의 장단점을 보여준다.
4. 음식 서비스 유형으로 다음과 같은 것이 있다. 카운터 서비스는 고객이 카운터에 앉고 그 반대편에서 일하는 종사원으로부터 음식을 제공받는 서비스이다. 테이블 서비스의 경우, 고객은 테이블에 앉아 있고 종사원이 주문을 받은 후 음식을 제공한다. 트레이 서비스에서는 종사원이 고객에게 음식을 담은 쟁반을 전달하고, 셀프 서비스에서는 고객이 진열되어 있는 음식을 선택하여 가져간다.
5. 서비스 경제에서는 홀에서의 음식 서비스에만 중점을 두지만, 경험 경제에서는 오락, 교육, 현실탈피, 탐미 등의 경험을 포함하도록 서비스를 확대한다.

연습문제

1. 생산 방식, 식사 사전 조합 정도, 생산 장소와 서비스 장소의 물리적 거리, 생산완료 시간과 서비스 시간 간의 차이가 배식 및 서비스 하위시스템에 미치는 영향에 대해서 토론해보자.
2. 음식을 데우는 방법 중 적어도 세 가지의 방법에 대해 그 차이를 기술해 보시오.
3. 서비스 유형 중 세 가지 유형에 대해 설명하시오.
4. 종합적 품질 서비스는 무엇인가? 푸드서비스 운영에서 종합적 품질 서비스가 중요한 이유는 무엇인가?
5. 푸드서비스 매니저는 서비스 품질을 어떻게 통제할 수 있는가?

연구과제

1. 2~3명으로 팀을 나누고 팀별로 다른 유형의 급식소를 방문해보자. 배식과 서비스 과정을 관찰하고, 요약 정리하여 반 친구들과 공유해보자.
2. 푸드서비스 매니저를 초대하여 서비스 품질에 대해 종사원을 어떻게 교육시키는지 이야기를 들어보자.
3. 푸드서비스 업장의 서비스를 평가할 수 있는 설문지를 개발하고 미스터리 쇼퍼로 푸드서비스 업장을 방문하여 업장의 서비스를 평가해보자.
4. 푸드서비스 운영에서 오락, 교육, 현실탈피, 탐미적 경험을 할 수 있도록 디자인해보자.

사례 연구

1. "Deliver Me from Complaints" in Lieux, E. M., & Luoto, P. K. (2008). *Exploring foodservice systems management through problems.* 3rd ed. Upper Saddle River, NJ: Pearson Prentice Hall.
2. "Give Me Five" in Lieux, E. M., & Luoto, P. K. (2008). *Exploring foodservice systems management through problems.* 3rd ed. Upper Saddle River, NJ: Pearson Prentice Hall.
3. Implementing Room Service in the Hospital by N. E. Robinson in Allen-Chabot, A., Jarvis, K., & O'Halloran, R. M. (2006). *Cases in foodservice and clinical nutrition management.* Upper Saddle River, NJ: Pearson Prentice Hall.

4. Evaluation of Patient Satisfaction Using Two Different Tray Systems. by A. Knoblcok-Holm in Allen-Chabot, A., Jarvis, K., & O'Halloran, R. M. (2006). *Cases in foodservice and clinical nutrition management.* Upper Saddle River, NJ: Pearson Prentice Hall.

웹사이트

www.irs.gov U.S. Internal Revenue Service
www.isixsigma.com iSixSigma Service Quality
www.dsgstars.com DSG Associates Mystery Shoppers
www.nafem.org North American Foodservice Equipment Manufacturers

참고문헌

Albrecht, K. (1993). *The only thing that matters.* New York: HarperCollins.

Albrecht, K. (1995). *At America's service.* Homewood, IL: Dow Jones-Irwin.

Albrecht, K., & Zemke, R. (1995). *Service America! Doing business in the new economy.* Homewood, IL: Dow Jones-Irwin.

Albrecht, K., & Zemke, R. (2001). *Service America in the new economy.* Columbus, OH: McGraw-Hill.

Anticipating paradigm shifts. (1993). *Food Management, 28*(1), 92.

Barker, J. A. (1992). *Future edge: Discovering the new paradigms of success.* New York: William Morrow.

Barsamian, A., & Hammar, M. (2009). *Connecting the resources: Authenticity, mass customization, and revenue. Foodservice Institute of America White Paper.* [Online]. Available: www.fia-us.org

Beasley, M. A. (1990). Ways vending can work for you. *Food Management, 25*(8), 42, 46.

Beasley, M. A. (1993). Vending: New paths to success. *Food Management, 28*(3), 32.

Bode, D. (1993). The secret service of professional mystery shoppers. *Nation's Restaurant News, 27*(35), 66.

Boorstin, D. J. (1992). Service in America. *Restaurants & Institutions, 102*(11), 70, 74, 82.

Boss, D. (1992). A diversity of individuals. *Food Management, 27*(9), 16.

Brault, D. (1993). Customer time at table unchanged. *Restaurants USA, 13*(3), 37–38.

Buzalka, M. (1998). Canteen brings QSR brands to vending. *Food Management, 33*(7), 20–21.

Cox, S. (2005). On-demand room service. In Putting the WOW! in Dietetics: An Introduction to Customer Satisfaction. [Online]. Available: www.eatright.org

Crosby, M. A. (1992). Bouillabaisse, burgers, and babysitting. *Restaurants USA, 12*(6), 13–16.

Cullen, N. C. (2001). *Life beyond the line.* Upper Saddle River, NJ: Prentice Hall.

Fintel, J. (1991). How to keep them coming back. *Restaurants USA, 11*(5), 14–15.

Follin, M. (1991). Two for the road: Double drive-thru restaurants. *Restaurants USA, 11*(3), 26–28.

Ford, R. C., & Heaton, C. P. (2000). *Managing the guest experience in hospitality.* Albany, NY: Delmar.

Friedland, A. (1997). Machine cuisine: Vending as the technology of convenience. *Food Management, 32*(7), 30–33, 36, 38.

Frinstahl, T. W. (1989). My employees are my service guarantee. *Harvard Business Review, 67*(4), 28–32.

Gilmore, J. H., & Pine, B. J. (2007). *Authenticity.* Boston, MA: Harvard

Gilmore, J. H., & Pine, B. J. (2007). *Authenticity.* Boston, MA: Harvard Business School Press.

Gotschall, B. (1989). Catering prevails when funding fails. *Restaurants & Institutions, 99*(14), 148–152.

Heskett, J. L. (1986). *Managing in the service economy.* Boston, MA: Harvard Business School Press.

How does service drive the service company? (1991). *Harvard Business Review, 69*(6), 146–150, 154, 156–158.

Hysen, P., Boehrer, J., Greenberg, A., Noseworthy, E., Prentkowski, D., Wilson, T., & Boss, D. (1993). Anticipating paradigm shifts in foodservice. *Food Management, 28*(1), 100–103, 106–108.

Hysen, P., & Harrison, J. (1982). State-of-the art review of health care patient feeding system equipment. In *Hospital patient feeding systems* (pp. 159–192). Washington, DC: National Academy Press.

Iwamuro, R. (1992). Carryout and delivery from tableservice restaurants. *Restaurants USA, 12*(10), 48–51.

Keegan, P. O. (1993). McD's playground concept grows by 'Leaps & Bounds.' *Nation's Restaurant News, 27*(11), 3, 65.

Lorenzini, B. (1992). Fire up burnt-out employees. *Restaurants & Institutions, 102*(7), 27–28.

Martin, W. B. (1986a). Defining what quality service is for you. *Cornell Hotel and Restaurant Administration Quarterly, 26*(4), 32–37.

Martin, W. B. (1986b). *Quality service: The restaurant manager's bible.* Ithaca, NY: Cornell University, School of Hotel Administration.

Martin, W. B. (2002). *Quality service.* Upper Saddle River, NJ: Prentice Hall.

Marvin, B. (1992). Toward exemplary service. *Restaurants & Institutions, 102*(11), 86–87, 93, 95, 97.

National Restaurant Association and National Center for Access Unlimited. (1992). *Americans with Disabilities Act: Answers for foodservice operators.* Washington, DC: Authors.

Pickworth, J. R. (1988). Service delivery systems in the food service industry. *International Journal of Hospitality Management, 7*(1), 43–61.

Pine, B. J., & Gilmore, J. H. (1999). *The experience economy.* Boston, MA: Harvard Business School Press.

Prewitt, M. (1992). Wanted: Singles. *Nation's Restaurant News, 26*(50), 27–28.

Reichheld, F. F. (1993). Loyalty-based management. *Harvard Business Review, 71*(2), 64–73.

Roach, D. (1997). IRS claims to be on track with tip agreements. *Restaurants USA, 17*(6), 8.

Romm, D. (1989). "Restauration" theater: Giving direction to service. *Cornell Hotel and Restaurant Administration Quarterly, 29*(4), 31–39.

Ryan, N. R. (1991). Food to go. *Restaurants & Institutions, 101*(6), 84–85, 88, 92, 98.

Ryan, N. R. (1993). They give service with a style. *Restaurants & Institutions, 103*(13), 71, 74, 76.

Sanders, E., Paz, P., & Wilkinson, R. (2002). *Service at its best.* Upper Saddle River, NJ: Prentice Hall.

Schilling, B. (2009). POD-TASTIC. *Foodservice Director,* [Online]. Available: www.fsdmag.com

Schuster, K. (1992). Managing cultural diversity. *Food Management, 27*(9), 118–119, 122–123, 128–129.

Shapiro, B. P., Rangan, V. K., & Sviokla, J. J. (1992). Staple yourself to an order. *Harvard Business Review, 70*(4), 113–122.

Sherer, M. (1993). Anticipating paradigm shifts in institutions. *Food Management, 28*(1), 93–96.

Sloan, A. E. (2005). Top 10 global food trends. *Food Technology.* 59(4): 20–32.

Stern, G. M. (1990). Table for one. *Restaurants USA, 10*(3), 14–16.

Stern, G. M. (1991). Service in the 1990s: The way to grow your business. *Restaurants USA, 11*(5), 11–13.

Weinstein, J. (1992). The accessible restaurant. *Restaurants & Institutions, 102*(9), 96–98, 102, 104, 110, 117.

Chapter

8 안전, 위생 및 유지보수

개요

- 식품안전에서 가장 중요한 요소는 손 씻기와 시간 및 온도 관리이다.
- 계획과 모니터링은 성공적인 위생, 유지, 리스크 관리의 중요한 요소이다.

학습 목표

1. 안전, 위생 및 유지보수 하위시스템의 구성요소를 기술할 수 있다.
2. '청결하다'와 '위생적이다'의 차이를 설명할 수 있다.
3. 고형폐기물의 관리 방법을 비교, 설명할 수 있다.
4. 식품안전, 종사원 안전 및 고객안전을 확보하기 위한 지침을 개발할 수 있다.

안전, 위생 및 유지보수는 푸드서비스 운영에 있어 중요한 요소이다. 푸드서비스 매니저는 종사원 안전과 고객 안전을 책임져야 하며, 이러한 안전을 확보하는 데에는 시설과 기기의 위생과 유지보수가 중요하다. 이 장에서는 푸드서비스 시스템 모형에서 안전, 위생 및 유지보수 하위시스템에 대하여 학습한다. 또한 식품안전을 확보하기 위한 매니저의 기술, 리스크(risk) 관리, 고형폐기물 관리의 개념에 대해서도 다룬다.

8.1 기능적 하위시스템: 안전, 위생 및 유지보수

안전, 위생 및 유지보수는 푸드서비스 시스템에서 주요한 기능적 하위시스템에 속하며 모든 다른 하위시스템에도 영향을 미친다(그림 8-1).

푸드서비스 업장에서 안전을 확보하는 것은 푸드서비스 매니저의 책임이며, 이 책임에는 종사원 안전, 고객 안전, 제공된 음식의 안전도 포함된다. 또한 리스크 관리도 안전 문제에 중점을 두는 경우가 많다.

다른 산업에 비해 환대산업의 직업은 상대적으로 안전한 편이다. 노동통계국 자료(www.bls.gov)에 의하면, 2010년 레저 및 환대산업 분야에서 치명적이지 않은 산업 재해자 수는 정규직 종사원 100명당 4.2명이었다. 이 수치는 1990년 8.4명보다 감소한 것으로, 전체 산업 재해자 수 평균과 동일하였다. 그러나 푸드서비스 시설에는 잠재적 위험이 많다. 자주 발생하는 자상, 화상 등의 사소한 부상뿐만 아니라 더 심각한 부상도 자주 발생한다. 푸드서비스 업장에서는 대량의 뜨거운 음식을 취급하고 다양한 설비들을 사용하고, 무겁고 큰 물건들을 이동하는 등 여러 위험요인들이 있기 때문에 우선적으로 높은 안전의식이 요구된다. 사고로 인해 종사원이나 고객이 상해를 입거나 사망에 이를 수 있으므로 푸드서비스 매니저는 사고 예방을 우선순위에 두어야 한다.

기기 및 설비의 유지보수도 중요하다. 안전한 환경은 청결 유지 및 시설 유지와 관련이 있다. 예를 들어, 바

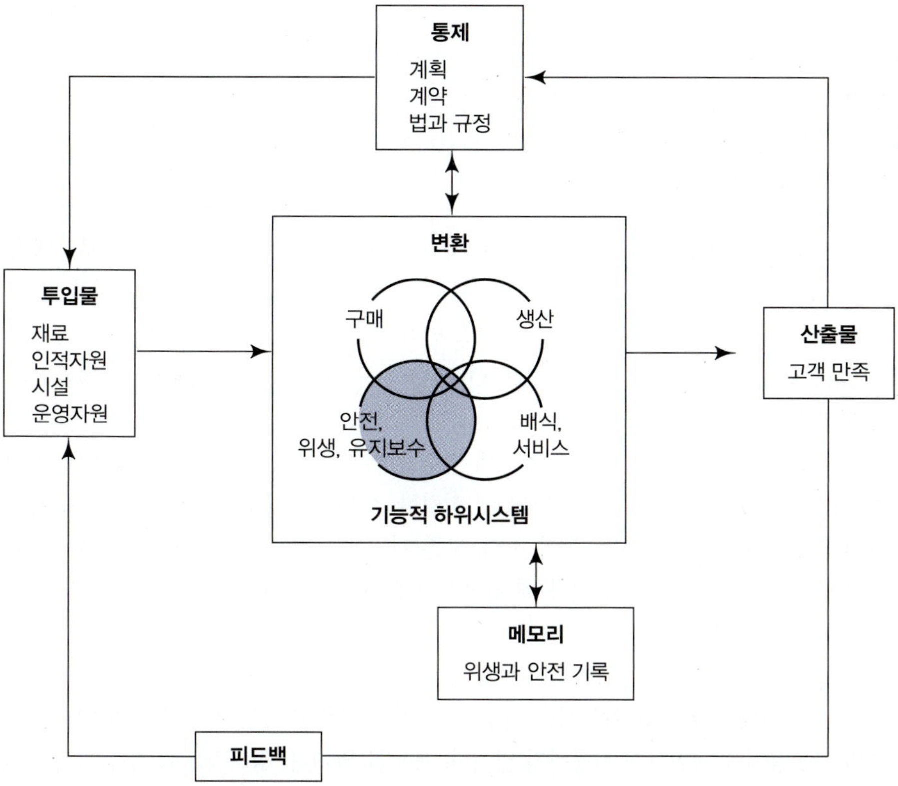

그림 8-1 푸드서비스 시스템 모형에서의 안전, 위생 및 유지보수 하위시스템

닥에 떨어진 이물질을 청소하지 않아 넘어지는 경우, 생산 설비의 후드에 기름이 축적되어 화재가 발생하는 경우가 있다.

8.2 종사원 안전

사고(accident)는 예상하지 못한 이유로 부상, 손실, 손상이 일어난 것을 말한다. 또한 사고는 활동이나 기능을 방해하는 계획되지 않은 사건이기도 하다. 부주의로 인한 사고든 아니든 상관없이 대부분의 사고는 방지될 수 있다. 안전은 고용주의 책임이다. 원인이 있다고 해서 반드시 사고가 발생하는 것은 아니며, 대부분의 사고는 통제가 가능하다(Somerville, 1992). 직장에서 발생하는 사고의 가장 흔한 원인은 과로(육체적 한계를 넘어선 근무), 충격사고(부딪치거나 물체에 의함), 낙하이며(Goetsch, 2010), 레스토랑에서 발생되는 가장 흔한 부상은 염좌/접질림(34%), 베임/찔림(18%), 화상(10%), 타박상(10%), 골절(7%), 기타 상해(21%)이다(Filiaggi와 Courtney, 2003). Schweitzer(2010)는 푸드서비스 안전 프로그램을 효과적으로 실행하기 위한 주요 구성요소로 다음을 제시하였다.

- **관리자의 의지**(종사원의 상해에 대하여 조사하고 관심을 보여주는 안전행동 관리자모델은 더 안전한 작업 환경을 만들 수 있음)
- **종사원의 참여**(종사원의 안전 회의 참석, 안전 정보 게시, 안전 수칙 이행)
- **의사소통**(안전을 위한 행동 및 실천에 대한 의사소통, 안전 문제를 공유하기 위한 의견함 및 회의)
- **교육 및 훈련**(안전을 위한 오리엔테이션, 안전한 행동을 위한 직업훈련)
- **상해보고 및 처리**(상해보고를 위한 형식 및 절차, 상해보고 내용을 검토하기 위한 방법, 행

동수정을 위한 방법)
- **직장 복귀 정책**(직장에 복귀하기 위한 자세한 과정 및 절차)
- **안전 프로그램**(종사원의 참여, 상세한 지침 및 절차, 교육)
- **안전 심사 및 검사**(안전한 작업 환경을 확보하기 위해 업장에서의 일상작업 검사 및 공식적 검사 수행, 행동수정 완료에 대한 심사)

푸드서비스 업장에는 부상뿐 아니라 모든 사고를 예방하기 위한 사고 예방 프로그램이 있어야 한다. 사고는 많은 비용을 발생시키고 보험료를 증가하게 하며, 생산성 손실, 시간 낭비, 초과 근무 비용 상승, 근로자 보상 청구, 잠재적 소송, 인적 손해를 발생시킬 수 있다. 또한 산업안전보건법(Occupational Safety and Health Act, OSHA)의 규정을 위반하는 경우에는 벌금이나 법적 조치를 받을 수 있다.

시설과 기기의 설계와 유지보수는 안전에 영향을 미친다. 예를 들어, 바닥 및 배선은 제대로 수리되어야 하며, 작업 공간, 복도, 외부시설에 적절한 조명을 설치해야 한다. 출구에는 미끄럼 방지 바닥재를 사용하고 출구 표시를 해야 하며, 모든 기기에는 필요한 안전장치가 있어야 한다. 또한 푸드서비스 시설에 적절한 소화기를 배치하여 쉽게 사용할 수 있도록 해야 한다. 기본 이동 동선은 충돌을 방지하도록 설계되어야 한다.

사고는 대부분 사람의 실수로 발생하는데, 예를 들어 종사원이 무거운 짐을 올바르지 못한 방법으로 들거나, 바닥에 떨어진 이물질을 치우지 않거나, 젖은 바닥을 가로질러 가거나, 푸드서비스 설비의 안전장치를 적절하게 사용하지 않거나, 통로를 막거나, 정기적으로 기름 필터를 청소하지 않는 것 등으로 인해 발생할 수 있다. 교육은 안전 프로그램에 있어서 중요한 부분을 차지하므로 종사원들은 사고를 예방하기 위해 위험을 인지하고 피하는 법이나 위험한 조건을 수정하는 법을 교육받아야 한다. 또한 신입 종사원에게는 작업의 첫 날 안전 절차 및 설비 취급에 대하여 교육하는 것이 좋다(Spertzel, 1992b).

8.2.1 산업안전보건법

미국 의회는 1970년 산업안전보건법을 통과시켰다. 법의 목적은 "가능한 한 모든 작업 근로자들의 안전과 건강한 작업 조건을 보장하고 인적 자원을 보존하기 위함"이다.

산업안전보건법에서는 준법감시인이 시설을 조사하도록 하여 기준 준수 여부와 업장 위험 여부를 확인하도록 하고 있다. 준법감시인이 산업안전보건법에 따라 조사해야 할 세부적인 조항 중 일부는 다음과 같다.

- 소화기 접근성 및 소화기 사용에 대한 준비성
- 바닥 배수구, 발코니 저장 공간, 입고 장소의 안전장치
- 계단 보호 난간대의 적절성
- 사다리의 안전성
- 푸드서비스 시설에 대한 적절한 안전장치 및 전기 접지
- 통로의 조명설치와 장애물 제거
- 응급 처치 용품 및 지침의 용이성
- 익스텐션 전기코드 사용의 적절성
- 산업안전보건법 게시 및 요구 조건의 기록보존에 대한 준수성

표준이나 규칙을 위반한 경우, 산업안전보건국 지역 책임자는 준법감시인의 조사 보고서를 검토하여 소환장을 발행한다. 위반종류에 따라 벌금부과가 가능하며, 위반내용이 매우 심각한 경

우 법적 조치도 가능하다.

대부분의 병원에서는 산업안전관리자를 지정하거나 여러 명의 구성원으로 이루어진 산업안전부서를 구성하는데, 산업안전관리자나 산업안전부서는 각 부서의 관리자와 함께 산업안전보건법과 그 밖의 보건 및 안전 규정을 준수하는 일을 하게 된다. 이들은 또한 푸드서비스 사고 및 건강 검사에 대한 모니터링을 실시한다.

8.2.2 화재 안전

푸드서비스 업장은 다른 사업장에 비해 화재가 빈번하게 발생한다(NRA Educational Foundation, 1992). 화재가 발생하는 데에는 산소, 연료, 열이 필요하며 대부분의 화재는 연료와 열의 부주의로 발생된다. 화재 진압은 일반적으로 산소 또는 연료의 근원을 차단하는 데에 초점을 맞춘다(Goetsch, 2010).

매니저는 정기적으로 업장을 확인해야 하며, 화재 발생 가능한 위험을 통제하기 위한 절차를 세워야 한다. 프라이팬의 뜨거운 기름은 425°F(약 218°C)와 500°F(260°C) 사이에서 불꽃으로 인하여 폭발할 수 있다. 기름은 화재의 원인이 될 수 있으며, 다른 원인으로 발생한 화재를 더욱 키우기도 한다. 또한 환기 시스템, 벽, 설비, 기타 표면에 있는 기름은 가연성이 높기 때문에 레인지의 후드나 필터에 쌓인 기름을 정기적으로 청소하지 않으면 화재가 발생할 수 있다(Bendall, 1992). 대형 레스토랑에서 사용하기 좋은 방법 중에 환기추출기가 있다. 환기추출기는 원심 작업을 통해 기름을 빼내는 후드 조절장치이며, 자동 세척 기능이 있는 것도 있어서 예약된 시간에 세제와 뜨거운 물로 후드 내부를 자동으로 청소해주기도 한다. 테스트한 결과, 공기 중 기름을 90% 이상 제거할 수 있는 환기장치도 있다.

그림 8-2에 미국 전국화재예방협회가 제시한 화재 유형 세 가지(ABC)와 소화기의 종류를 나

화재의 등급

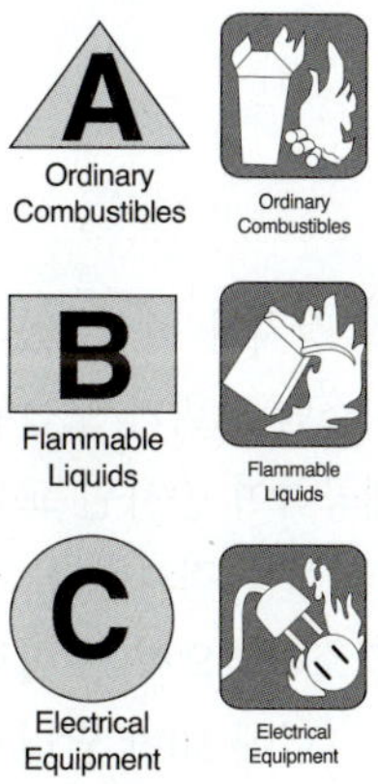

A등급 화재: 나무, 종이, 피복, 판지, 플라스틱
예: 쓰레기통 화재, 레스토랑의 커튼이나 테이블보 화재

B등급 화재: 유지, 액체 쇼트닝, 기름, 가연성 액체
예: 튀김냄비 화재, 주방의 가연성 화학물질 유출 화재

C등급 화재: 전기 기기, 모터, 스위치, 마모된 코드
예: 토스터기 화재, 절단기 모터 화재

소화기의 유형

건조 화학제품: 소화약제를 포함. 압축된 비가연성 가스를 추진제로 사용. 다양한 등급의 화재에 사용

물: 물을 포함. 압축된 비가연성 가스를 추진제로 사용. A 등급 화재에 사용

이산화탄소(CO_2): 압축된 액체 이산화탄소를 포함. B, C 등급 화재에 사용

그림 8-2 화재의 등급과 소화기 유형
자료: Information from www.hanford.gov/fire/safety.

타냈다. 푸드서비스 매니저는 각 소화기의 차이를 숙지하고 적절한 종류를 구입해야 한다. 각 지역 소방서에서 소화기 사용법을 알려 주기도 한다.

모든 조리 설비 위에는 물 소화기 또는 건식 및 습식 화학물질 소화기, 열 및 연기 탐지 장치, 기타 다른 화재 방지장치 등을 설치해야 한다. 물 소화기인 스프링쿨러는 모든 종류의 화재에 효과적이며, 이 장치에는 물이 무제한으로 공급되어야 한다. 또한 건식 및 습식 화학물질 소화기는 노즐의 파이프를 통하여 용기 안에 있는 화학물질이 배출되며, 사용한 후 즉시 교체하여 지속적으로 화재를 방지할 수 있어야 한다. 대부분의 경우, 각 주의 소방국장은 안전과 화재 예방을 위해 건물의 설계 및 건설을 승인하는 책임을 가지고 있다.

8.2.3 개인보호장비

개인보호장비는 푸드서비스 종사원을 상해나 질병으로부터 보호하기 위해 사용된다. 예를 들어, 식기 세척기의 스케일을 제거할 때 강력한 화학물질로부터 눈과 손을 보호하기 위한 보호안경과 고무장갑, 뜨거운 그릴에서 작업을 할 때 착용하는 석면 팔 보호대, 칼날이 있는 기계를 청소할 때 착용하는 스테인리스 스틸 메쉬 장갑 같은 것들이 개인보호장비이다.

혈액이나 기타 체액 유출물을 청소할 때는 개인보호장비와 특수 청소용품을 사용해야 한다. 대부분의 업장에는 이러한 유출물을 청소하기 위한 절차와 특수 화학 약품을 구비하고 있다. 이러한 화학 약품을 사용할 때에는 보호장갑을 착용해야 하며, 시간 및 절차에 대한 지침을 따라야 한다.

보건의료시설 종사원은 병실을 출입하기도 한다. 만약 비말, 공기, 접촉 등으로 전염될 수 있는 질병을 가진 환자의 병실을 출입할 경우, 전염 주의사항을 숙지해야 하며 개인보호장비를 착용해야 한다. 질병에 따라 병실에 들어가는 종사원은 보호가운, 장갑, 마스크를 착용해야 할 수도 있다. 잠재적인 질병의 전파 가능성을 막기 위해 병실 안에서 바로 폐기할 수 있는 일회용 접시와 쟁반에 음식을 제공해야 할 때도 있다. 필요한 주의사항을 확인할 수 있는 차트가 보건의료시설에 비치되어야 한다.

8.2.4 종사원 안전 프로그램

보험회사는 적은 비용으로 최고의 서비스를 받을 수 있기 때문에 중요한 안전 장치가 될 수 있다 (Somerville, 1992). 보험회사의 서비스에는 안전 프로그램 수립이나 기존 시스템 강화가 포함된다. 일부 보험업자는 업장을 감사하고, 안전 매뉴얼이나 영화 및 동영상을 제공하여 종사원 교육에 도움을 준다. 종합적인 안전 감사를 위해 종사원의 동선에 따라 철저하게 시설을 검사한다. 자체검사 보고서를 보유하고 있는 대부분의 레스토랑에서는 사고가 유의하게 감소하였으며, 보험료를 크게 줄이는 효과를 보였다. 갓파더스 피자(Godfather's Pizza)의 경우에는 1년에 50만 달러가 절약되었다.

여러 가지 면에서 안전은 시설의 건설 및 설계와 관련이 있지만, 종사원이 안전을 실천하는 것 또한 안전 프로그램의 중요한 요소이다. 인체공학은 안전한 작업을 위한 또 다른 요인이기도 하다. **인체공학(ergonomics)**은 노동자가 설비, 작업 장소, 기후와 같은 작업 환경과 어떻게 상호작용하는지를 검토하는 것이다. 인체공학은 안전과 관련이 큰 조명이나 신발 같은 요인에 영향을 미치기도 한다. 인체공학적으로 노동자의 안전을 지키기 위한 권고의 예로 허리 부담을 줄이기 위해 중간 선반에 무거운 물건을 저장하는 것이 있다.

장비 제조업체는 압력 스티머에 안전밸브를 내장하고, 슬라이서 및 절단기에 안전보호 장치를 내장하는 기능을 가진 장비를 개발해 왔다(DOL Officially Declares, 1991). 한 단계 더 나아

그림 8-3 푸드서비스 업장의 안전 실천에 대한 미니 포스터의 예
자료: National Restaurant Association, Chicago. Used by permission.

가 노동부는 레스토랑에서 16~17년 된 전력 중심의 식품슬라이서 사용을 공식적으로 금지하는 규정을 만들었다. 산업안전보건법에서는 서비스 및 유지보수를 하는 동안 예상치 못한 전기 장비의 가동으로 작업자가 부상을 당하는 것을 예방하기 위해 "전원 잠금 및 경고 부착(lock out tag out)"을 하도록 명시하고 있다.

안전 교육은 신입 종사원교육과 기존 종사원교육 모두에 중점을 두어야 한다. 안전 및 사고 예방에 대한 자료들은 국립안전위원회나 미국적십자 등을 통해 얻을 수 있다. 또한 주 및 지방 소방기관의 직원을 교육 연사로 활용할 수도 있다. 미국 레스토랑협회(National Restaurant Association, NRA, www.restaurant.org)는 업장의 안전 교육 자료와 미니 포스터를 다양하게 발표하고 있다. 미니 포스터(그림 8-3)는 푸드서비스 매니저가 지속적으로 업장의 안전을 개선하는 데 도움이 될 수 있다. 또한 국립푸드서비스 관리연구소(National Foodservice Management Institute, NFSMI, www.nfsmi.org)는 푸드서비스 매니저가 종사원 교육에 이용할 수 있는 포스터와 교육자료들을 보유하고 있다.

8.2.5 직장폭력

국립산업안전보건연구원(National Institute of Occupational Safety and Health, NIOSH)은 직장폭력을 직장에서 또는 근무시간 중 발생하는 사람에 대한 폭력행위로 정의하였다(www.cdc.gov/niosh). 직장폭력에는 구두 및 서면 위협, 위협적 언어, 신체적 폭행, 가중 폭행이 포함된다. 미국에서 200만 명 이상의 노동자가 매년 직장폭력의 피해를 당하고 있다(UI IPRC, 2001). 직장폭력의 가능성은 대중을 대상으로 하는 레스토랑이나 유사 푸드서비스를 하는 조직에서 증가되고 있다. 또한 조직 내부에서 금전 거래가 발생하는 경우나 배달 서비스를 하는 분야의 경우에 직장폭력의 가능성을 가지고 있다.

아이오와대학교 상해예방연구센터(2001)에서는 직장폭력을 4가지 유형으로 분류하였다.

- **범죄 의도**: 가해자가 사업체나 직원과 타당한 연계성이 없으며, 강도와 같이 범죄 의도를 가지고 폭력을 저지른다.
- **고객/의뢰인**: 가해자가 사업체와 타당한 연계성이 있으며, 서비스를 제공받는 동안 폭력이 발생된다.

- **직원 대 직원:** 가해자가 사업체의 현재 직원이거나 전 직원이며, 다른 직원 또는 이전 직원을 위협하거나 공격한다.
- **개인적인 관계:** 가해자가 사업체의 직원이 아니며, 직원과 개인적인 친분이 있다.

직장 살인사건의 대부분은 범죄 의도에 의한 것으로 보고되었으며, 직장폭력으로 인한 보건의료 사고의 대부분은 고객/의뢰인 폭력에 의한 것으로 보고되었다.

산업안전보건국(Occupational Safety and Health Administration, www.osha.gov)은 직장폭력을 줄이기 위한 여러 가지 방법들을 제안하고 있다.

- 직원에 의한 직장폭력이나 직원을 향한 직장폭력의 경우 무관용 정책을 수립한다.
- 모든 직원에게 직장폭력을 어떻게 인지하는지, 만약 폭력을 경험하거나 목격했을 때 어떻게 해야 하는지, 잠재적인 폭력 상태가 어떻게 확산되는지, 직원들을 어떻게 보호해야 되는지에 대한 직장 안전교육을 실시한다.
- 보안요원 배치, 감시카메라 설치, 외부인 출입제한을 통해 직장의 안전을 보장한다.
- 안전금고를 제공하여 소지하는 현금의 액수를 제한한다.
- 야간에 위험상황이 발생할 가능성을 대비하여 2인 1조 시스템을 활용한다.

8.3 고객안전

종사원 안전에 대해 기술한 내용은 고객안전에도 적용된다. 고객은 통로 바닥의 균열, 열리지 않는 출구, 식당 바닥의 기름기, 뜨거운 커피 잔 등으로 심각한 사고를 당할 수 있으며, 소송을 하기도 한다. 고객안전은 푸드서비스 매니저와 종사원의 책임이다. 종사원 매뉴얼 및 종사원 교육자료에는 응급처치 절차가 포함되어야 한다(NRA Educational Foundation, 1992). 푸드서비스 업장에는 항상 완벽하게 구비된 구급상자가 비치되어 있어야 한다. 구급상자 안에 반드시 구비해야 하는 세부 공급 목록을 법으로 지정하고 있는 주도 있다. 산업안전보건법에서는 회사의 담당의사 조언에 따라 레스토랑에 구급상자를 비치하거나 지역사회의 응급실로의 이동 및 연락이 가능하게 하도록 명시하고 있다. 이상적으로는, 응급처치에 대해 훈련을 받은 자격이 있는 종사원이 푸드서비스 업장에 항상 상주해야 한다. 응급처치에는 하임리히법(Heimlich maneuver), 심폐소생법(CPR), 잠재적 알레르기반응 식별법이 포함된다.

모든 질식 사고의 약 60%가 레스토랑에서 발생한다(Herlong, 1991). 하임리히법이 소개된 1974년 이전에는 매년 약 20,000명의 질식 사망자가 발생하였으나, 현재는 약 2,000~3,000명이 발생하고 있다. 응급처치 훈련을 요구하는 법은 주마다 다양하다. 어떤 주에서는 레스토랑 안에 모든 종사원이 볼 수 있도록 하임리히법 교육용 그림을 게시하게 하지만, 푸드서비스 종사원에 대한 공식적인 교육뿐만 아니라 교육 자료도 게시하도록 규정하고 있는 주도 있다. 레스토랑협회, 적십자, 하임리히 연구소는 하임리히법의 차트와 교육 자료를 제공하고 있다.

8.4 식품안전

질병통제예방센터(Centers for Disease Control and Prevention, CDC)는 푸드서비스 산업에서의 잘못된 식품 취급으로 인해 식중독이 다수 발생하였다고 경고하고 있다. 공중보건국(Public Health Service, PHS)이 질병확산에서 우유의 역할에 대해 연구한 1900년대 초부터 식품안전 확보를 위한 노력이 시작되었다. 모델 코드(Model Code)는 주정부와 지역정부의 효과적인 식중독 예방 프로그램의 시행을 돕기 위해 개발되었다.

푸드 코드(*Food Code*)(2009)[1](www.fda.gov 참조)는 식품의약국, 농무부의 식품안전검사국, 질병통제예방센터가 공동으로 발간하였다. 푸드 코드는 레스토랑, 식료품점, 급식소(요양원, 병원, 학교, 보육센터 등)와 같은 소매점의 식품안전을 감시하는 규제 기관에서 사용할 수 있는 규정이다. 푸드 코드는 식품안전 관리의 책임이 있는 모든 정부기관이 사용할 수 있다. 푸드 코드 조항들은 연방 식품법 및 규정과 일관성 있는 내용으로 이루어져 있으며, 모든 정부기관에서의 법적 적용 용이성을 확보할 수 있도록 만들어졌다. 1997년 푸드 코드가 처음으로 발간된 이후, 식중독을 예방 및 모니터링하기 위한 노력이 이루어졌으며, 가능한 한 소비자들에게 가장 안전한 식품을 제공하기 위한 노력도 이루어졌다.

푸드 코드는 연방법이나 연방 규정이 아니다. 푸드 코드는 식품을 안전하고 적절하게 보호하기 위한 규제 시스템을 통일하고자 하는 미국식품의약국의 최선의 조언이라고 할 수 있다. 각 주, 자치주, 시 보건부는 코드의 일부나 전부를 채택할 수 있는 선택권을 가지고 있기 때문에, 보건부의 관할 지역에 따라 식품안전 규정은 다양하다. 이 장에 포함된 식품안전 정보는 푸드 코드(2009)의 권고 사항을 반영하고 있다. 이 식품안전 정보는 지역 보건부에서 결정한 해당 지역의 푸드서비스 작업에 대한 세부 규칙과 일치해야 사용이 가능하다.

대중의 인식은 소비자가 가정에서 식품을 더 신중하게 다루어야 한다는 방향으로 변하였다(Featsent, 1998). 육류 및 농산물의 전국적인 리콜로 인해 고객의 인식이 높아졌고 식품 공급에 대해 철저하게 검토하게 되었다. 푸드서비스 매니저는 업장에서 발생할 수 있는 모든 식품안전 위험을 예방해야 한다.

미국 질병통제예방센터는 식품의 오염도가 낮더라도 전 세계적으로 퍼질 수 있고, 질병의 특정 원인이 되는 세균, 바이러스 같은 새로운 **식중독 병원균(foodborne pathogens)**을 막는 것에 중점을 두고 예방 노력을 확대하고 있다. 미국 질병통제예방센터는 식중독이 동일한 균주 또는 공통 감염원에 의한 것인지를 공중 보건 전문가들이 결정할 수 있도록 펄스넷(PulseNet) 시스템을 개발하였다. 펄스넷은 식중독을 일으킬 수 있는 세균의 "유전자 지문" 감식을 수행하는 공중보건실험실의 전국 네트워크이다. 펄스넷은 주 및 지역 보건부에 연결된 미국 질병통제예방센터의 중앙 컴퓨터에 세균의 "유전자 지문" 데이터를 보유하여 식중독 발생의 조기경보시스템을 제공한다(www.cdc.gov/pulsenet).

부패와 오염은 식품안전에 영향을 미친다. **부패(spoilage)**는 화학적 또는 생물학적 원인으로 인간이 소비하기에 부적합한 것을 의미한다. Longrée와 Armbruster(1996)는 식품이 섭취하기에 적합하다는 것을 보장하기 위한 기준을 아래와 같이 명시하였다.

- 식품 숙성 및 개발 단계에서 오염이 없는 것
- 생산 및 후속 처리의 모든 단계에서 오염이 없는 것
- 식품 효소의 작용, 미생물, 곤충 및 설치류의 활동, 기생충의 침입, 압력, 냉동, 가열, 건조에 의한 손상으로 인해 불쾌한 물리·화학적 변화가 없는 것
- 식중독을 일으키는 미생물과 기생충이 없는 것

오염(contamination)은 식품 안에 해를 끼치는 물질이 존재하는 것이다. 오염은 자연적으로 발생할 수도 있고 인간 또는 환경에 의해 발생할 수도 있다. 식품의 오염은 일반적으로 생물학적, 물리적, 화학적 오염으로 분류된다. 식품의 오염 여부는 외관, 냄새, 맛으로 결정하기 어려울 수 있다. 곰팡이, 변색 또는 모양 변형, 이상한 냄새, 이상한 맛 등은 식품이 오염되었다는 것을 나타낸다.

1) 미국 FDA의 *Food Code*는 우리나라의 식품 공전과 같은 유사한 규정집이다.

8.4.1 생물학적 오염

지금까지 수천 종의 **미생물(microorganism)**이 발견되었다. 대부분은 무해하지만 어떤 **병원균(pathogens)**은 유해하며, 질병과 사망의 원인이 될 수 있다. 유해한 미생물이 식품 오염 및 식중독을 일으킬 때 생물학적 오염이 발생한다.

현재 식중독은 미국의 주요한 건강문제로 인식되고 있다. 질병통제예방센터는 매년 미국에서 7,600만 건의 식중독이 발생하는 것으로 예측하고 있다(www.cdc.gov, 2010). 전국적으로 식중독으로 인한 사망자는 매년 5,000명에 달한다. 질병통제예방센터에 따르면, 보고된 식중독 발생의 절반 이상이 바로 먹을 수 있는 음식을 대중에게 제공하는 상업적 외식과 급식에서의 부주의로 인한 것이었다. 미국농무부 경제연구청(Economic Research Service)의 경제학자에 따르면, 세균성 식중독 중 가장 비용이 많이 드는 병원체로 *Campylobacter*, *Salmonella*, *E. coli*, *Listeria* 등이 있다(www.ers.usda.gov). 경제연구청은 이 병원균들로 인한 치료, 생산성 손실, 조기 사망에 대한 경제적 비용이 연간 70억 달러를 초과하는 것으로 추정하고 있다(Crutchfield & Roberts, 2000).

병원균은 세균, 바이러스, 기생충, 진균, 자연독으로 분류할 수 있다. 병원균은 성장하기에 좋은 온도, 습도, 기질이 있는 곳은 어디에서나 발견된다. 특별한 목적으로 통제된 조건에서 배양한다면, 식품 보존, 알코올 생산, 특별한 풍미 개발에 있어 가치 있고 유용하게 사용될 수 있는 미생물도 있다. 그렇지 않은 다른 미생물 활동은 식중독이나 독소의 주요 원인이 될 수 있다.

식중독 미생물은 성장하기에 적절한 조건을 필요로 한다. **FAT TOM**은 식중독 미생물이 성장하기에 이상적인 조건을 확인하는 데 사용되는 약어이다(NRA Educational Foundation, 2010).

- F = Food(식품)—특히 탄수화물과 단백질.
- A = Acidity(산도)—이상적인 pH는 pH 4.6~7.5이다.
- T = Temperature(온도)—성장하기에 가장 좋은 온도는 41~135°F(5~57°C)이다.
- T = Time(시간)—식품은 제한된 시간 동안만 위험온도범위에 있어야 한다.
- O = Oxygen(산소)—필요로 하기도 하고, 필요로 하지 않기도 한다.
- M = Moisture(습도)—수분활성도(A_w)가 8.5 이상일 때 성장하기에 좋다.

세균 세균(bacteria)은 현미경으로만 볼 수 있으며, 구형, 막대형, 나선형 등 다양한 크기와 모양의 단세포 생물이다. 질병통제예방센터에 따르면, 가장 일반적인 감염형 식중독은 *Campylobacter*, *Salmonella*, *Escherichia coli* O157:H7 세균들에 의한 것들이다(www.cdc.gov, 2010).

각각 다른 종류의 세균들이 성장하는 데 필요한 요건은 다양하지만, 모든 세균 세포는 몇 가지 단계를 거쳐 성장한다(McSwane, Rue, Linton, & Williams, 2004). 세균의 증식이 안정되면 일정기간 동안 생산된 세포의 수를 그래프로 그릴 수 있다. 그림 8-4는 일반적인 세균의 성장곡선을 보여준다. 성장곡선은 다음과 같이 네 단계로 이루어진다.

- 유도기—세균 세포가 존재하지만 거의 성장이 없는 초기 단계
- 대수기—상대적으로 짧은 시간에 급속하게 성장하는 단계
- 정체기—세균 세포가 죽기 시작하며 성장의 속도는 둔화되고 결국은 중지되는 단계
- 사멸기—영양소 부족과 폐기물 과잉으로 인하여 세균 세포가 새로 생성되는 것보다 더 빨리 죽는 단계

식품은 세균 성장에 필요한 가장 중요한 조건이다(McSwane et al., 2004). 단백질이나 탄수화물이 많은 식품은 세균이 성장하기에 가장 좋은 조건을 만들어 준다.

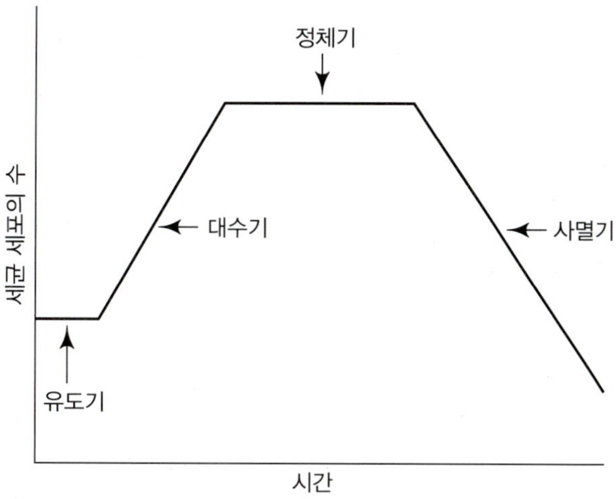

그림 8-4 세균 세포의 성장곡선

pH 값(pH value)으로 표시되는 식품의 산성 또는 알칼리성 정도 또한 세균의 성장에 영향을 미친다. pH 값은 수소 이온 농도를 나타내며, 0에서 14까지의 값을 가지는데 7이 중성을 나타낸다. 7 아래의 값은 산성을 나타내고, 7 위의 값은 알칼리성을 나타낸다. 세균의 pH에 대한 반응은 다양하게 나타난다. 일부는 산에 아주 강하지만, 일반적으로 중성에 가까운 pH에서 가장 잘 성장하기 때문에, 식품 보존을 위해 세균 증식을 억제하는 용도로 종종 산을 사용한다. 식품 감염이나 식중독을 일으키는 미생물의 증식은 약산성, 중성, 약알칼리성 식품 재료에서 잘 일어난다(Longrée & Armbruster, 1996). 그림 8-5에 몇 가지 대표적인 식품의 pH를 표시하였다.

미생물이 성장하기 위해서는 특정 온도를 필요로 한다. 최적의 온도에서 세포의 증식과 성장이 가장 빠르게 일어나지만, 최적 온도 근처의 최소 및 최대 온도 내에서 세포가 성장하게 된다. 병원성 미생물이 성장하거나 독소가 생성될 수 있기 때문에 시간과 온도를 통제할 필요가 있는 식품을 **잠재위해식품(potentially hazardous foods)**이라고 한다(*Food Code*, 2009). 잠재적으로 위험한 식품은 일반적으로 단백질과 수분을 포함하고 있으며, 중성 또는 약산성의 pH를 가지고 있다. 잠재적으로 위험한 식품은 미생물의 성장을 방지하기 위해 시간과 온도를 통제할 필요가 있다. 잠재적으로 위험한 식품에는 우유 및 유제품, 육류, 가금류, 돼지고기, 양고기, 생선, 조개류, 달걀, 날 콩나물, 구운 감자, 두부, 얇게 썬 멜론 등이 포함된다.

다양한 종류의 세균들은 온도에 다르게 반응한다. 미생물의 포자는 휴면기이면서 무성기인데, 이것은 일반적으로 성숙한 영양세포보다 열에 더 강하다. 어떤 세균은 세균이 성숙할 때 세포벽 내부에 포자를 형성한다. 포자는 높은 열, 낮은 습도, 그 외 불리한 조건에서도 세균의 영양세포보다 더 강하다. 포자는 오랜 기간 동안 휴면 상태를 유지할 수 있으며, 새롭고 민감한 영양세포가 생존에 유리한 조건일 때 발아할 수도 있다.

미생물의 열 저항성은 **가열치사시간(thermal death time)**, 즉 특정 조건 하에서 특정 수의 영양세포나 포자를 사멸시키는 데 필요한 온도별 필요 시간이다. 열로 인한 사멸은 유기체의 연령, 노출되는 온도, 열을 가하는 시간, 수분의 존재, 매체의 성질에 따라 달라진다. 따라서 시간과 온도는 식품의 미생물학적 질을 유지하는 데 중요하다.

한 개의 세포는 짧은 시간 동안에도 백만 개 이상의 새로운 세포를 생성할 수 있으므로, 시간 역시 세균의 성장에 중요한 요소이다. 세균은 질병을 일으키기에 충분한 세포들을 증식하는 데 약 4시간이 걸린다.

세균이 성장하기 위한 산소의 필요성에는 차이가 있다. **호기성 세균(aerobic bacteria)**의 성

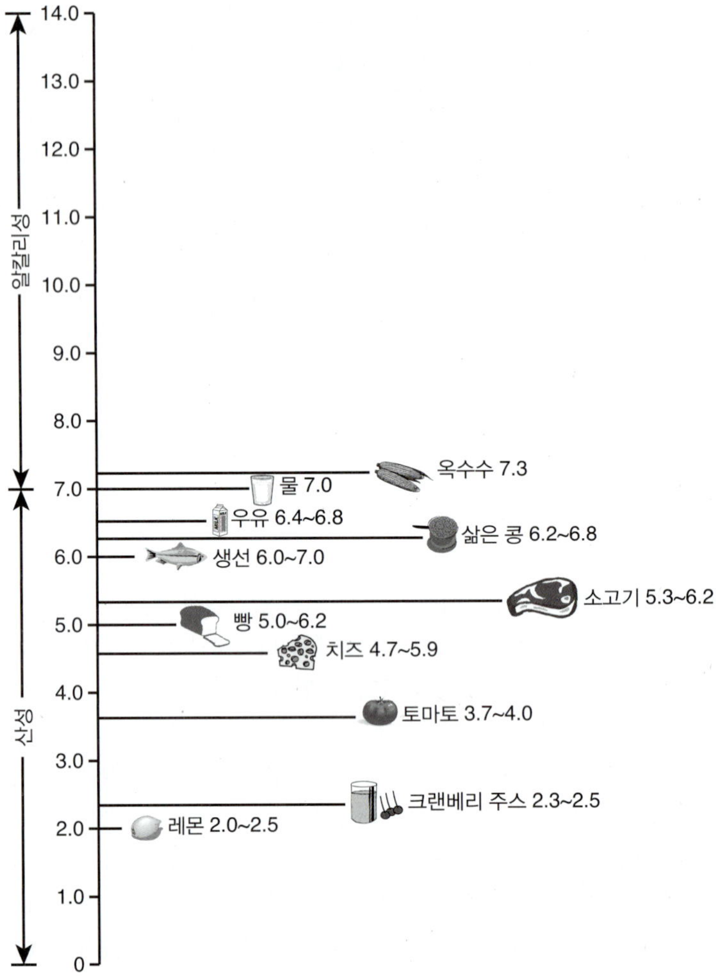

그림 8-5 대표적인 식품의 pH

장에는 산소가 필요하지만, **혐기성 세균(anaerobic bacteria)**은 산소가 없어도 증식할 수 있다.

세균의 증식은 식품에서 사용할 수 있는 수분에 의해 영향을 받는다. 세균의 성장에 사용할 수 있는 물의 양을 **수분 활성도**(A_w)라고 한다. 세균의 성장을 위해서는 수분활성도가 0.85보다 높아야 한다(McSwane ey al., 2004). 소금이나 설탕과 같은 용질의 존재, 냉동, 건조는 물의 사용을 제한한다.

다양한 억제제는 세균의 증식과 사멸에 뚜렷한 영향을 미친다. Longrée와 Armbruster(1996)에 따르면, 미생물의 대사산물인 억제제는 식품 안에서 미생물의 대사과정이 일어나는 동안 발달되어 이미 식품 안에 포함되어 있을 수도 있다. 또는 가공하는 사람에 의해 의도적으로 첨가될 수도 있다. 예를 들어, 크랜베리에 함유되어 있는 벤조산과 달걀 흰자에 함유되어 있는 리소자임은 자연적인 식품 억제제이다. 과일즙에서 또는 와인생산 과정에서 효모의 성장 및 발효로 생성된 알코올은 축적되어 독성이 될 수 있는 억제제의 예이다.

일부 세균은 성장하고 사멸되면서 식품 안에서 독소를 만든다. 독소는 종종 가열 또는 냉동으로 파괴되지 않으며, 질병이나 사망을 일으킬 수 있다.

감염형 식중독(foodborne infection)은 많은 수의 병원성 세균 세포가 식품에 의해 위장관으로 전달되어 활동함으로써 발생한다. **독소형 식중독(foodborne intoxication)**은 섭취 이전에 식품에 생성된 독소에 의해 발생한다. 독소의 섭취는 질병의 원인이 된다. 독소가 함유된 식품을 섭취한 후 2시간 정도의 짧은 시간 내에 증상이 나타날 수도 있다. 일반적으로 감염형 식중독의 잠복기는 독소형 식중독의 잠복기보다 길다.

감염형 식중독이나 독소형 식중독의 원인이 되는 다양한 병원성 세균에 대한 정보를 **표 8-1**과 **표 8-2**에 요약하였다. 식중독 증상은 심각하게 나타날 수 있으며, 보통 메스꺼움, 경련, 구토, 설사를 유발한다.

살모넬라 식중독을 자주 일으키는 살모넬라(*Salmonella spp.*)는 살모넬라증(salmonellosis)의 원인이 된다. 세균이 증식하는 동안 식품에 독소를 방출하지 않고 오히려 섭취한 세포가 장관 안에서 계속해서 증식을 일으켜 질병을 발생시킨다. 살모넬라의 1차 오염원은 보균 동물의 장관이다. 보균자는 증상이나 질병을 나타내지 않지만 원인균을 보유하고 있다. 여러 곤충과 애완동물이 살모넬라의 보유체가 될 수 있다. 식용 동물은 주요한 보유체이며, 특히 돼지, 닭, 칠면조, 오리 등이 있다. 살모넬라증은 오염된 식품으로 크게 확산되며, 미국에서는 주요한 전염성 질환 중 하나이다.

많은 생식 식품과 가공 식품이 살모넬라를 운반하는 것으로 알려져 왔다. 관련 식품으로는 날고기, 가금류, 조개, 가공 육류, 달걀 제품, 분유 등이 있다. 종종 살모넬라증의 원인으로 확인되는 메뉴로 육류 혼합물, 드레싱, 그레이비, 푸딩, 크림으로 채워진 패스트리가 있다. 식품취급자로 인해 또는 비위생적인 행위로 인해 종종 식중독이 발병된다. 안전성을 보장하기 위해서는 식품을 생산, 저장, 제공하는 과정에서 따뜻한 온도로 오랜 기간 방치하거나, 천천히 냉각하지 말아야 하며, 오염된 표면을 잘라내도록 주의해야 한다.

세균성 이질 세균성 이질(*Shigella spp.*)은 세균성 이질 식중독(shigellosis)을 일으키는 또 다른 세균이며, 때때로 bacillary dysentery라고도 불린다. 세균을 섭취하고 1~7일 후 감염이 발생한다. 사람은 세균성 이질의 주요 보유체이다. 보균자는 분변으로 세균성 이질을 배설하며, 보균자가 손을 제대로 씻지 않을 경우 식품을 통해 전염된다. 또한 파리도 세균을 운반하는 것으로 알려져 있다. 관련 식품으로 감자, 참치, 칠면조가 있으며, 마카로니 샐러드처럼 맨손으로 준비하게 되는 음식이나, 농산물, 수분이 많고 조리된 식품도 이에 해당한다. 종사원들이 화장실 사용 후 손을 깨끗이 씻고, 식품을 급속하게 냉각하고, 파리를 방제한다면 세균성 이질 식중독은 예방할 수 있다.

리스테리아 리스테리아(*Listeria monocytogenes*)는 자연계에 널리 분포하며, 리스테리아증(listeriosis)을 일으키는 세균이다. 리스테리아는 건강한 사람 보균자, 양, 소, 가금류의 분변에 있다. 또한 우유에서 발견되며, 씻지 않은 엽채류, 과일, 토양에서도 발견된다. 유제품 가공공장, 육류 가공공장에서 발견되기도 한다. 리스테리아증은 오염된 델리카트슨 식품(delicatessen food), 우유, 부드러운 치즈[멕시코 스타일 페타(feta), 브리(Brie), 카망베르(Camembert), 블루 베인드(blue-veined) 치즈 등]의 섭취와 관련이 있으며, 덜 익힌 닭고기와도 관련이 있다.

황색포도상구균 일반적으로 *staph* 또는 *S. aureus*라고도 하는 황색포도상구균(*Staphylococcus aureus*)은 포도상구균의 형태이며, 위장염 증상을 일으키는 주요한 식중독 원인균이다. 황색포도상구균은 많은 수로 증식할 때 독소를 생산할 수 있다. 황색포도상구균 독소는 단백질 함량이 높은 식품에서 매우 빈번하게 식중독을 일으킨다. 황색포도상구균 식중독의 독소와 가장 관련 가능성이 큰 식품으로 크림 파이, 커스터드, 미트 소스, 그레이비, 육류 샐러드가 있다. 식품에 영향을 주는 외관, 맛, 냄새는 눈에 띄게 변하지 않는다. 식품 안에서 황색포도상구균의 증식을 막기 위해서는 온도를 주의하여 통제해야 한다. 황색포도상구균은 온도가 충분히 낮지 않거나 냉각과정이 빠르게 진행되지 않을 경우 냉장 온도에서도 증식된다.

표 8-1 주요 세균성 식중독의 병원균

	세균						
	살모넬라	**세균성 이질**	**리스테리아**	**황색포도상구균**	**클로스트리디움 퍼프린젠스**	**바실러스 세레우스**	**클로스트리디움 보툴리눔**
잠복기	6~48시간	12~50시간	3~70일	1~6시간	8~22시간	0.5~5시간 8~16시간	12~36시간
질병의 기간	2~3일	치료에 따라 달라짐	치료에 따라 달라지나, 면역 손상 시 높은 치사율을 가지고 있음	1~2일	24시간, 만성적 증상의 경우 1~2주	6~24시간	4~5일에서 1년
증상	복통, 두통, 메스꺼움, 구토, 발열, 설사	복통, 설사, 발열, 오한, 탈수, 구토	메스꺼움, 구토, 두통, 발열, 오한, 요통, 뇌수막염	메스꺼움, 구토, 설사, 탈수	복통, 설사	메스꺼움, 구토, 설사, 복부 경련	현기증, 시각장애, 연하곤란, 호흡마비
오염원	물, 토양, 국내 야생 동물, 사람, 특히 보균자	사람의 배설물, 파리	사람, 국내 야생 동물, 가금류, 토양, 물, 진흙	사람(피부, 코, 목, 감염 상처), 동물	사람(장관), 동물, 토양	토양, 곡물	토양, 물
관련 식품	가금류 및 가금류 샐러드, 육류 및 육류 제품, 우유, 달걀, 달걀 커스터드 및 소스, 기타 단백질 식품	감자, 참치, 새우, 칠면조 및 마카로니 샐러드, 양상추, 수분이 있고 혼합된 식품, 우유 및 유제품	살균하지 않은 우유와 치즈, 채소, 가금류 및 육류, 해산물, 조리되어 있고 냉동되어 있어 바로 먹을 수 있는 식품	재가열 식품, 햄 및 육류제품, 유제품, 커스터드, 육류, 달걀, 감자 샐러드, 크림이 가득한 페이스트리, 기타 단백질 식품	제공되기 전에 적절하게 조리, 보관, 냉각되지 않은 조리된 가금류 및 육류제품	쌀 및 쌀 요리, 커스터드, 조미료, 건조 식품 혼합물, 향신료, 푸딩, 시리얼 제품, 소스, 채소 요리, 미트로프(meatloaf)	마늘이 포함된 오일 제품, 구운 양파, 스튜, 육류 및 가금류 덩어리, 저산성 식품 등의 부적절하게 가공된 캔제품
포자 형성	아니오	아니오	아니오	아니오	예	예	예
예방	교차오염 방지, 가금류는 최소 165°F 이상으로 철저하게 가열, 조리된 육류 및 육류제품은 빠르게 냉각, 올바른 개인 위생을 실천하여 식품취급자의 분변오염 방지	교차오염 방지, 올바른 개인 위생을 실천하여 식품취급자의 분변오염 방지, 위생적인 식품과 물을 사용, 파리 방제, 식품을 급속하게 냉각	살균된 우유 및 유제품을 사용, 적절한 온도로 식품을 조리, 교차오염 방지, 표면을 세척하고 소독	맨손으로 인한 오염 방지, 식품 준비 및 제공 업무로부터 아픈 식품취급자 배제, 올바른 개인 위생 실천, 위생적인 습관 실천, 식품의 적절한 가열, 냉각, 냉장	조리된 육류 음식 및 육류제품의 냉각과 재가열 시 주의하여 시간, 온도 통제	주의하여 시간, 온도 통제, 빠른 냉각, 적절한 재가열	수제 통조림 제품 사용금지, 수비드(sous vide) 제품, 부피가 큰 식품, 벌크포장 식품의 사용 시 주의하여 시간, 온도 통제, 수비드 포장의 냉장 유지, 마늘이 포함된 오일제품 구매 시 바로 사용할 수 있을 만큼의 적은 양 선택, 요청된 분량만 조리, 남은 음식의 빠른 냉각

자료: Based on information from ServSafe® Essentials by the Educational Foundation of the National Restaurant Association, 2006, Chicago, IL: Author and the Bad Bag Book by the Center of Food Safety and Applied Nutrition (see www.fda.gov).

표 8-2 기타 세균성 식중독의 병원균

	세균			
	캄필로박터 제주니	**병원성 대장균**	**장염비브리오균, 비브리오 페혈균**	**여시니아 엔테로콜리티카, 여시니아 슈도튜베르쿨로시스**
잠복기	3~5일	12~72시간	4~96시간	24~48시간
질병의 기간	1~4일	1~3일	1~8일	며칠에서 몇 주
증상	설사, 발열, 구토, 복통, 두통	피 묻은 설사, 심한 복통, 메스꺼움, 구토, 설사, 발열	설사, 복부 경련, 구토, 두통, 발열, 오한	복통, 구토, 설사, 두통
오염원	국내 야생 동물	사람(장관), 동물, 특히 소	어패류(특히 멕시코 만에서)	토양, 물, 돼지, 야생 설치류
관련 식품	생채소, 살균하지 않은 우유 및 유제품, 가금류, 돼지고기, 쇠고기, 양고기	날것이나 덜 익힌 쇠고기 및 적색육류, 수입 치즈, 살균하지 않은 우유, 날생선, 크림 파이, 으깬 감자, 기타 조리된 식품	날것 또는 부적절하게 조리된 굴, 오염된 물의 조개	날것 또는 부분적으로 조리된 육류(쇠고기, 돼지 고기, 양고기), 굴, 생선, 원유
포자 형성	아니오	아니오	아니오	아니오
예방	교차오염을 방지, 철저하게 식품을 조리	철저하게 쇠고기 및 적색육류의 조리, 교차오염 방지, 안전한 식품과 물 공급, 올바른 개인위생 실천으로 식품취급자에 의한 분변 오염 방지	날것 또는 덜 익힌 해산물을 피하기, 승인된 공급처의 해산물 구입	철저하게 식품을 조리, 교차오염을 최소화, 적절한 세척 및 시설 소독

자료: Based on information from ServSafe® Coursebook by the Educational Foundation of the National Restaurant Association, 1999, Chicago, IL: Author and the Bad Bag Book by the Center of Food Safety and Applied Nutrition (see www.fda.gov).

클로스트리디움 퍼프린젠스 클로스트리디움 퍼프린젠스(*Clostridium perfringens*)는 건강한 동물과 사람의 장내에 흔히 상주하며, 토양, 하수, 물, 먼지에서 발견되고 클로스트리디움 퍼프린젠스성 위장염의 원인이 된다. 감염된 음식이 계속해서 실온에 방치되거나 4~5시간 동안 부적절한 온도에서 큰 덩어리 상태로 냉동되었을 때 발생한다. 또한 관련식품으로 육류, 가금류, 육류 혼합물, 그레이비가 있다. 하룻밤 동안 고기를 로스팅하는 것은 낮은 온도에서 조리가 되기 때문에 식중독의 원인이 되기도 한다. 클로스트리디움 퍼프린젠스 증식을 예방하기 위해서는 40°F 이하 또는 145°F 이상으로 유지해야 하며 조리된 식품을 급속하게 냉각하는 것도 중요한 예방법이다.

바실러스 세레우스 바실러스 세레우스(*Bacillus cereus*)가 토양에서 발견되면서, 푸드서비스 매니저는 그동안 안전하다고 생각했던 많은 식품에 포함되어 있을 수 있는 바실러스 세레우스 독소에 대해 우려하기 시작했다(NRA Educational Foundation, 2004). 바실러스 세레우스 균은 곡물, 쌀, 밀가루, 향신료, 전분, 수프, 그레이비, 푸딩에 사용되는 건조 믹스 제품에서 발견되고 있으며, 바실러스 세레우스성 위장염을 발생시킬 수 있다. 세균의 급속한 증식과 포자의 발육을 방지하기 위해 시간 및 온도 통제가 매우 중요하다. 음식을 실온에 방치하지 않고 고온에 저장하거나 40°F 이하로 급속하게 냉각하여야 한다.

클로스트리디움 보툴리늄 클로스트리디움 보툴리늄(*Clostridium botulinum*)은 신경에 영향을 미치는 독소를 생성하기 때문에 매우 위험하다. 보툴리즘(botulism)은 클로스트리디움 보툴리늄에 의한 식품 독소중독이다. 보툴리즘은 부적절하게 가공된 수제 통조림 식품에서 종종 발생하지만, 식품 가공 기술이 개선되면서 크게 감소되었다. 육류, 생선, 저산성 채소가 독소를 형성하고 성장하게 하는 것으로 나타났다.

보툴리즘을 방지하기 위한 주의사항으로 안전한 공급처에서의 식품 조달, 수제 통조림 제품 및 저산성 제품 사용 금지, 새거나 결함이 있는 통조림 제품 파기, 권장하는 조건에서 식품 저장, 냉동식품의 적절한 해동 등이 있다.

부적절하게 가공된 제품 이외에 의심되는 관련식품으로 훈제 진공포장 생선, 마늘이 포함된 오일 제품, 구운 양파, 구운 감자, 칠면조 고기 덩어리, 스튜가 있다. 수비드(sous vide) 제품은 진공 포장을 하기 때문에 잠재적인 위험성을 가지고 있다. 토양에서 자란 채소, 특히 감자는 이 독소의 주요 운반 매개체가 될 수 있다.

캄필로박터 제주니 캄필로박터 제주니(*Campylobacter jejuni*)는 인간의 병원체로 알려지기 이전에 수의학에서 잘 알려진 병원체였다. 지금은 사람에게 가장 흔한 위장염을 일으키는 원인 중 하나로 인식되고 있다. 이 질병을 캄필로박테리아증(campylobacteriosis) 또는 캄필로박터 장염(campylobacter enteritis)이라고도 한다. 병원체가 소, 양, 돼지, 가금류 같은 식용동물의 살에 존재하기 때문에 식품공급을 통해 유입될 수 있다. 특히 가금류를 통한 유입이 일반적이다. 미국 식품의약국에서 인용한 설문조사 추정치에 의하면, 날가금류의 20~100%는 캄필로박터 제주니에 감염된 것으로 나타났다(Bad Bug Book, www.fda.gov). 살균되지 않은 우유와 불소처리하지 않은 물은 또 다른 원인이 될 수 있다. 적절하게 식품을 조리하고 우유를 살균한다면 세균을 사멸시킬 수 있다.

병원성 대장균 병원성 대장균(*Escherichia coli* 또는 *E. coli*)은 현재 장관독소원성 대장균(enterotoxigenic *E. coli*), 장관병원성 대장균(enteropathogenic *E. coli*), 장관출혈성 대장균(enterohemorrhagic *E. coli O157:H7*), 장관침투성 대장균(enteroinvasive *E. coli*) 4개의 군으로 분류된다. 가장 흔한 것은 쉬가독소(shiga toxin)를 생산하여 출혈성 대장염을 일으키는 장관출혈성 대장균이다. 장관출혈성 대장균은 대부분 날 쇠고기나 덜 익힌 쇠고기의 섭취를 통해 전파되며, 심각한 질병이나 사망의 원인이 된다. 이 세균은 소의 장내에서 발견되는데 도축 과정에서 고기의 표면으로 전달된다. 스테이크나 로스트를 위해 고기를 자른 부분의 표면에 있는 세균은 굽거나 로스팅하면 사멸하게 된다(MaCarthy, 1993). 그러나 고기를 갈면 세균이 제품 표면으로부터 내부로 이동하게 되고, 병원성 대장균(*E. coli*)을 사멸시키기가 어려워진다. 미국농무부(USDA, www.usda.gov)는 햄버거 및 갈은 고기혼합물을 최소한 160°F에서 조리해야 한다고 권고하였다. 몇몇 국가에서 장관출혈성 대장균에 오염된 갈은 쇠고기의 발견으로 인해 리콜이 진행되었다.

장염비브리오균, 비브리오 패혈균 장염비브리오균(*Vibrio parahaemolyticus*)과 비브리오 패혈균(*Vibrio vulnificus*)은 해수에서 성장하는 세균으로 굴, 조개, 게 등의 패류를 오염시킬 수 있으며, 두 가지 세균은 모두 비브리오 위장염을 일으킬 수 있다. 당뇨병이 있을 때 비브리오 패혈균이 패혈증을 발생시킬 수 있다. 감염된 조개를 날로 먹었을 때, 설사, 메스꺼움, 구토, 발열, 오한이 나타나며 조개를 가열하면 두 가지 세균 모두를 사멸시킬 수 있다.

여시니아 엔테로콜리티카, 여시니아 슈도투베르쿨로시스 여시니아 엔테로콜리티카(*Yersinia enterocolitica*)와 여시니아 슈도투베르쿨로시스(*Yersinia pseudotuberculosis*)에 의해 발생되는 질병인 여시니아증(yersiniosis)은 발열, 복통을 일으키는 것이 특징이며, 종종 맹장염처럼 보이기도 한다. 오염의 정확한 원인은 알려져 있지 않지만 병원체는 흔히 토양과 물에서 발견된다. 미국에서보다는 북부 유럽, 스칸디나비아, 일본에서 더 흔하게 나타난다.

표 8-3 식중독을 일으키는 병원성 바이러스

	바이러스		
	노로바이러스	**A형 간염**	**로타바이러스**
잠복기	24~48시간	10~50일	1~3일
질병의 기간	1~3일	1~2주	4~8일
증상	메스꺼움, 구토, 설사, 복통, 두통, 미열	급작스러운 발열, 피로, 두통, 메스꺼움, 복통, 황달	복통, 구토, 설사, 미열
오염원	사람(장관), 오염된 물	사람(장관), 오염된 식품과 물	사람(장관), 오염된 물
관련 식품	생채소, 준비된 샐러드, 날조개, 사람의 분변에 오염된 물	물, 조개류, 샐러드, 얼음, 편육, 과일 및 과일주스, 채소, 우유 및 유제품	샐러드, 과일, 생채소처럼 취급 후에 더 조리하지 않는 식품, 물, 얼음
포자 형성	안함	안함	안함
예방	안전한 식품 및 물의 공급처 사용, 올바른 개인위생을 실천하여 식품취급자로부터의 분변오염 방지, 철저하게 식품을 조리	승인된 공급처에서의 조개류 구매, 종사원의 올바른 손씻기로 교차오염 방지, 위생적인 물 사용	위생적인 물 사용, 종사원의 올바른 손씻기로 교차오염 방지

자료: Based on information from *ServSafe® Coursebook* by the Educational Foundation of the National Restaurant Association, 1999, Chicago, IL: Author and the *Bad Bag Book* by the Center of Food Safety and Applied Nutrition (see www.fda.gov).

바이러스 바이러스(viruse)는 완전한 세포가 아닌 작은 병원균이다. 바이러스는 숙주의 살아 있는 세포에서 증식하며, 조리된 식품에서는 증식하지 않는다. 또한 식물, 동물, 사람에게 질병을 일으킬 수 있다. 바이러스는 식품이나 물에 의해 전파될 수 있지만, 살아 있는 세포에서만 증식할 수 있다. 사람과 사람 사이에서 또는 식품과 사람 사이에서 쉽게 전파된다.

여러 면에서 세균과 유사하여 효과적인 성장 및 증식을 위해서는 적절한 온도, 영양소, 수분, pH를 필요로 한다. 바이러스에 의한 인간 질병의 예로 독감, 소아마비, 수두, 간염이 있으며, 일부는 식중독 발생과 관련이 있다. 대부분의 바이러스는 고온(149~212°F)이나 냉장온도에서 활동하지 않는다. 표 8-3에 식중독을 일으키는 바이러스에 대한 정보를 제시하였다.

노로바이러스 노로바이러스(norovirus)는 감염된 식품취급자의 잘못된 개인위생으로 인해 발생하는 바이러스성 질병이다(NRA Educational Foundation, 2010). 바이러스이기 때문에 식품에서 증식하지는 않지만 식품을 먹게 될 때까지 살아 있는 상태로 유지된다. 노로바이러스는 매우 전염성이 강하며, 소량의 균을 섭취해도 질병을 일으킬 수 있다. 이 바이러스는 유람선에서 발생한 몇몇 식중독 사고의 원인으로 확인되었으며, 때로는 선박을 회항하게 하는 원인이 되기도 하였다. 최근 노로바이러스(전에는 *norwalk virus*로 알려져 있었음)가 빠르게 증가하고 있어 건강을 위협하고 있다. 식중독은 하수로 오염된 물, 오염 지역에서 번식하고 수확한 날조개류, 감염된 식품취급자가 화장실 사용 후 손을 깨끗하게 씻지 않아 원인이 된 분변, 바로 먹을 수 있는 식품을 통한 바이러스의 전파 같은 원인들로 인해 발생한다. 미국 질병통제예방센터는 위장염 식중독을 일으키는 절반 이상의 원인이 노로바이러스나 유사한 바이러스에 의한 것으로 추측하고 있다(www.cdc.gov, 2010).

A형 간염 간염(*hepatitis*)은 간에 염증을 일으키는 흔한 질병이다. 간이 정상적으로 기능하지 못하고, 결국 피부가 노랗게 되는 황달을 일으키게 된다. 바이러스성 간염의 주요 세 가지 유형은 A형, B형, C형 간염이다.

A형 간염(hepatitis A)은 가장 전염성이 강하며 종종 어린이와 젊은 성인에게 발생된다. 발생 원인은 아래와 같다.

- 오염된 물을 마시는 것
- 오염된 물로 조리하거나 오염된 물로 세척한 식품을 섭취하는 것
- 간염 바이러스에 감염된 사람에 의해 오염된 식품을 섭취하는 것
- 오염된 컵이나 식기를 만지고 입에 손을 넣는 것, 상처를 만지는 것, 염증을 개방하는 것
- 오염된 물에 사는 조개, 대합, 홍합, 굴을 먹는 것

바이러스는 적은 양을 섭취해도 사람을 감염시킬 수 있다. 감염된 사람에게 4~5주 동안 증상이 나타나지 않을 수 있지만, 증상이 나타나기 전에 다른 사람에게 바이러스를 전염시킬 가능성이 매우 높다.

로토바이러스 로토바이러스(rotoviruses)의 유형은 여섯 가지로 확인되었으며, 그 중 사람에게 위장염 반응을 일으키는 것으로 알려진 유형은 세 가지(Group A, B, C)이다. 로토바이러스는 감염된 사람의 분변에서 발견되며, 불량한 개인위생 때문에 다른 사람에게 전파되어 또 다른 사람의 식품을 오염시킬 수 있다. 간호 시설과 보육 센터에서 발생되는 경우가 가장 흔하게 보고된다. 샐러드, 샌드위치, 디저트 같이 바로 먹을 수 있는 식품은 오염된 후 조리하지 않기 때문에 종종 매개체가 된다.

기생충 기생충(parasite)은 생존을 위해 숙주를 필요로 하는 살아 있는 유기체이다. 선모충(*Trichinae*), 고래회충(*Anisakis*), 와포자충(*Cryptosporidium*), 람블편모충(*Giardia duodenalis* 또는 *lamblia*)이 있다.

선모충 선모충병은 신체의 근육에 영향을 주는 식중독이며, *Trichinae parasite*가 원인균이다. 감염된 동물의 덜 익힌 고기를 먹은 사람은 선모충병에 걸릴 수 있으며, 돼지고기, 돼지고기 제품, 야생 동물고기는 선모충(trichinae)의 1차 감염원이다(New York City Department of Health Bureau of Communicable Disease, 1998). 그러나 식품을 적절한 온도에서 조리하면 예방할 수 있다. 미국 돼지고기생산자협회와 미국농무부 식품안전검사국은 돼지고기가 160°F의 최종 온도에서 조리되는 것이 좋다고 권고한다.

고래회충 요즘 유행하는 스시, 사시미, 세비체 같은 날 해산물과 덜 익힌 생선요리는 촌충, 회충 감염을 일으키는 새로운 원인이 되었다. 회충의 형태를 가진 고래회충(anisakis)은 소화기관 벽에 붙어서 공격하기 때문에 사람에게 특별히 손상을 입힐 수 있으며, 고래회충을 제거하기 위해서는 수술이 필요하다. 고래회충 기생충을 섭취하면 아니사키스증(anisakasis)이라는 질병이 발생한다. 고래회충 기생충은 가열조리나 냉동으로 파괴된다. 푸드 코드(2009)에 의하면 가열 조리되지 않은 생선은 철저하게 −31°F에 냉동한 후 24시간 동안 −4°F 이하에서 보관해야 한다. 또는 −31°F 이하에 냉동한 후 15시간 동안 보관하거나, −4°F 이하에 냉동한 후 168시간(7일) 동안 보관해야 한다. 푸드서비스 매니저는 90일 동안 서류철에 처리과정에 대한 기록을 유지해야 한다.

원포자충, 작은와포자충, 람블편모충 원포자충(*Cyclospora cayetanensis*), 작은와포자충(*Cryptosporidium parvum*), 람블편모충(*Giardia duodenalis*, *lamblia* 또는 *intestinalis*) 같은 여러 기생충은 오염된 개인의 분변이나 오염된 물에서 발견된다. 부적절하게 처리된 물을 농산물 경작

에 사용하고, 해당 농산물을 먹기 전에 제대로 세척하지 않은 경우 이 기생충이 종종 전파된다. 감염된 사람이 손을 올바른 방법으로 씻지 않았을 경우에도 다른 사람에게 기생충을 전파할 수 있다.

원포자충 원포자충(*Cyclospora cayetanensis*)은 미세하게 작은 기생충으로 하나의 세포로 구성되어 있다. 원포자충 감염은 개발도상국에 거주하거나 여행하는 사람들에게서 종종 발견된다. 이들이 오염된 물을 섭취하거나 오염된 물로 세척한 생 농산물을 섭취하였을 경우 문제가 된다. 감염된 후 증상을 나타내기까지 걸리는 시간은 대개 일주일 이상이다.

진균 진균(fungi)에는 곰팡이, 효모, 버섯 등의 단일 및 다세포 생물이 포함된다. **곰팡이(mold)**는 세균보다 더 크고 복잡한 구조를 가지고 있다. 일반적으로, 곰팡이는 넓은 범위의 기질에서 성장하는데, 습하거나 건조한 환경, 산성이거나 산성이 아닌 환경, 염분과 당분이 높거나 낮은 환경에서도 성장한다. 곰팡이의 최적 온도는 77°F에서 86°F 사이이지만, 더 넓은 범위의 온도에 걸쳐 성장한다. 곰팡이가 성장하면 강한 색, 솜털, 가루, 솜털다발 및 솜털조각 같은 외관을 나타내기 때문에, 육안으로 식별할 수 있는 부패의 가장 일반적인 유형이다. 고르곤졸라, 블루치즈 같은 일부 식품은 제품의 자연적 성분으로 곰팡이를 가지고 있다.

효모(yeast)는 식중독을 일으키는 것으로 알려져 있지 않지만 설탕을 함유한 식품의 부패 원인이 될 수 있다. 효모는 식품 산업에서 중요한 역할을 하는 단세포 식물이다. 특히 맥주, 와인, 빵의 발효 또는 팽창물질로 이용된다. 효모는 바람직하지 않은 반응을 유도하여 신맛을 나타낼 수 있다.

버섯(mushroom)은 곰팡이의 일종이며, 섭취하기에 안전한 여러 종류가 있다. 하지만 일부는 독성이 있으며, 섭취했을 경우 식중독을 일으킬 수 있다(다음 장에서 설명).

자연독 자연독의 예로 생선독, 조개독, 버섯독이 있다. 이 독소는 냉동, 가열조리, 절임에 의해 제거될 수 없기 때문에, 독소가 있는 식품을 사람이 섭취하면 독소도 함께 섭취하게 된다. 생선 독소로는 히스타민, 시구아톡신, 삭시톡신, 브레브톡신, 도모산이 있다.

히스타민 스콤브로이드 식중독(scombroid poisoning)은 시간/온도 통제가 되지 않은 고등어과 생선(scombroid)이나 비슷한 종류의 생선(참치, 고등어, 돌고래)에 존재하는 세균이 높은 농도의 히스타민(histamine)을 만들면서 이것을 사람이 섭취했을 때 발생된다. 히스타민은 두통, 목구멍과 입 안에 발열, 얼굴과 목의 홍기, 발한과 같은 알레르기 반응을 일으키는 독소이다.

시구아톡신, 삭시톡신, 브레브톡신, 도모산 많은 종류의 해조류는 독소를 포함하고 있다. 독소는 조류나 조류를 섭취하는 작은 생선으로 이동하게 되고, 조류나 작은 생선을 섭취하는 조개와 생선으로 다시 이동하게 된다. 결국에는 조개나 생선을 섭취하는 인간에게 전달된다. 시구아테라 생선중독(ciguatera fish poisoning)은 **시구아톡신**(*ciguatoxin*)을 섭취하면 발생된다. 시구아톡신은 이것을 섭취하는 작은 생선으로 이동하게 되고, 작은 생선을 섭취한 포식성의 열대 암초 생선(베라쿠다, 그루퍼, 잭, 도미)에서 발견된다. 마비성 패류독의 원인인 **삭시톡신**(*saxitoxin*), 신경성 패류독의 원인인 **브레브톡신**(*brevetoxin*), 기억상실성 패류독의 원인인 **도모산**(*domoic acid*)은 오염된 물의 조개(대합, 홍합, 굴, 가리비)에 있을 수 있다(NRA Educational Foundation, 2010). 이 독소는 감염된 생선을 섭취한 사람에게 전달된다. 이러한 생선독 중 어느 것도 가열조리 또는 냉동으로 제거되지 않기 때문에, 승인되고 신뢰할 수 있는 공급업체로부터 구입하는 것이 질병을 방지하는 중요한 방법이다.

버섯독 버섯독(mushroom toxins)은 원형질독(amanitin, gyromitrin, orellanine), 신경독(ibotenic acid, muscimol, psilocybin), 위장관 자극독, 디설피람(disulfiram)의 네 가지 범주로 구분된다. 버섯독은 다양한 종류의 버섯에 의해 자연적으로 생산되며, 가열조리 또는 냉동으로 파괴되지 않는다. 독소의 종류에 따라 위장 고통, 신경 장애, 장기 장애, 심지어 사망에까지 이를 수 있다. 야생에서 자란 버섯을 섭취했을 때 버섯독에 의한 중독이 가장 자주 발생한다.

프리온 최근 관심이 되고 있는 식중독 중 하나는 **프리온**(*prion*; 단백질을 뜻하는 protein과 바이러스 입자를 뜻하는 viron의 합성어)이라는 유기체 그룹이다. Cody와 Kunkel(2002)에 따르면, 프리온 단백질은 뇌 세포막에서 발견된 작은 글리코실레이트 단백질(glycosylated protein) 분자이다. 프리온병은 **전염성 해면상 뇌증**(*Transmissible Spongiform Encephalopathy*, TSE)으로도 불리는데 동물과 사람 모두에서 발생할 수 있는 뇌의 전염성 질병이다. 이 질병은 소에서는 **광우병**(*bovine spongiform encephalopathy*, BSE, mad cow disease)으로 불리며, 양에서는 **스크래피**(*scrapie*), 사슴이나 고라니에서는 **만성 소모성 질병**(*chronic wasting disease*), 사람에서는 **크로이츠펠트 야콥병**(*Creutzfeld Jakob disease*, CJD) 또는 **게르스트만-슈트라우슬러증후군**(*Gerstmann Sträussler syndrome*, GSS)으로 불린다. 프리온은 열에 매우 강하고, 100°C로 가열해도 불활성화되지 않는다. 프리온병은 종과 다른 종 사이의 전염이다. 사람이 감염되고 임상 증상이 나타날 때까지의 기간은 종종 10년 이상이 걸린다(www.prionics.ch, 2005). 사람이 질병에 걸리면 행동 변화, 운동 실조, 진행성 치매, 사망의 과정으로 진행된다(Cody & Kunkel, 2002).

8.4.2 물리적 오염

물리적 오염은 식품에 있어서는 안 되는 물질이 실수로 유입되어 발생한다(NRA Educational Foundation, 2010). 깨진 유리컵이나 법랑 접시에서 얇은 조각으로 떨어져 나온 유리 및 금속 조각은 위험하다. 낡은 캔 오프너를 사용하여 캔을 열 때 금속조각이 식품으로 떨어질 수도 있으며, 그 외의 물리적 오염으로 포장상자의 스테이플러 심, 손톱이나 머리카락, 먼지, 뼈, 보석, 과일 씨 등이 있다. 특히 물리적인 오염 물질 때문에 위험해지는 경우로 독극물 테러를 위하여 소프트 포장 식품을 조작하는 것이 있는데 배달된 식품에서 조작된 증거가 보일 경우 사용하지 말아야 한다.

8.4.3 화학적 오염

화학적 오염은 화학물질, 독성금속, 소독제 같은 물질이 식품에 유입될 때 발생한다(NRA Educational Foundation, 2010). 다음은 푸드서비스 작업 중 발생할 수 있는 화학적 오염의 예이다.

- 농약, 세제, 소독제 같은 화학물질에 의한 식품 오염
- 첨가제, 방부제, 향신료의 과도한 양 사용
- 금속으로 만들어진 용기에 산성식품의 작용
- 독성 금속으로 인한 식품 오염

해충은 식품을 손상시키고, 먹을 수 없게 만들며, 선호도를 떨어뜨리며, 안전하지 못하게 만든다. 해충을 죽이거나 성장을 억제하는 화학물질이 **농약**(*pesticide*)이다(Chaisson, Petersen, & Douglass. 1991). 농약은 일반적으로 밭에서 자라는 작물에 사용되지만, 운송 및 보관 중에 벌레나 곰팡이 침입을 방지하기 위해 수확 후에 사용되기도 한다. 농약에 대한 의존도를 줄일 수 있는 방법에 관한 많은 연구들이 수행되고 있다.

통합해충관리(Integrated Pest Management, IPM)는 농업에서 해충을 제어하기 위해 사용되

는 대안적 접근방법이며, 업장의 해충을 방지 및 제거하기 위해 통합해충관리 프로그램을 푸드서비스 업장에 도입하였다. 농업의 통합해충관리에는 최신 농업기술 및 생물학적 방제가 포함된다. 최신 농업기술이나 해충 천적 및 해충 질병 같은 생물학적 방제를 이용하면 농약의 양을 줄일 수 있다. 미국농무부와 미국식품의약국은 식품공급에 대하여 모니터링할 책임이 있으며, 잔류 농도가 허용 한계 내에 있는지를 확인해야 한다.

푸드서비스 업장에서의 통합해충관리에는 작업 중에 해충이 접근하는 것을 방지하는 것, 식품, 물, 업장 내의 해충 서식처를 제거하는 것이 포함된다. 또한 해충이 업장에 들어올 경우, 인가된 해충방제작업(Pest Control Operation, PCO)을 이용해 해충을 제거하는 것도 포함된다. 푸드서비스 업장에서 가장 흔한 해충으로는 바퀴벌레, 설치류(생쥐, 쥐), 파리, 초파리가 있다. 바퀴벌레는 습하고, 따뜻하고, 어두운 곳에서 생활 및 번식하므로 강한 기름 냄새, 후추 알갱이같이 생긴 배설물, 캡슐 형상의 알 껍질 등 바퀴벌레가 남긴 흔적으로만 서식 여부를 알 수 있다. 설치류는 조용한 장소의 구멍에서 사는 경향이 있기 때문에 자주 발견되지는 않는다. 설치류 침입의 흔적은 갉아먹은 표시, 빛이 나는 검은 배설물, 먼지 표면의 자국 등으로 알 수 있다.

파리는 바퀴벌레보다 인간의 건강에 더 위협적인 존재이다. 파리의 먹이는 사람과 동물의 폐기물이나 쓰레기이기 때문에 식중독을 전파하게 된다. 파리는 주로 문이나 외부로 난 구멍을 통해 들어온다. 따라서 밀폐되는 문, 자동 폐쇄 문, 닫힌 창문, 방충망 같은 시설을 설치하면 통제할 수 있다. 쓰레기를 잘 분류하고 밀폐하여 보관하는 것 또한 중요하다. 파리는 해충방제작업 자격증을 가진 작업자가 방제해야 한다. 초파리는 날아다니는 작은 곤충으로 보통 식품 주위에 몰려든다. 초파리는 일반적으로 배수구처럼 따뜻하고 습한 장소에서 번식하는데, 해충방제작업 자격증을 가진 작업자가 통제할 수 있다(NRA Educational Foundation, 2010).

세제, 광택제, 부식제, 청소 및 건조제 같은 푸드서비스 화학물질은 사람에게 독성을 나타내며, 절대 식품과 접촉되어서는 안 된다. 이러한 물질은 식품에서 멀리 떨어진 안전한 장소에 보관해야 하며, 어떻게 사용하고 저장하는지에 대한 설명을 주의 깊게 읽어야 한다.

맛, 안전, 식품의 일관성을 유지하는 데 사용되는 **첨가물**(*additives*) 역시 식품의 오염과 관련되어 있다. 제품의 외관 또는 맛을 향상시키기 위해 사용되는 첨가물을 지나치게 많이 사용하거나, 해당 물질에 민감하거나 알레르기가 있는 사람이 먹은 경우, 화학적 오염이 될 수 있다. 일부 보존료 및 식품 첨가물은 과도한 양을 사용하게 되면 질병을 일으키는 원인이 된다.

예를 들어, 풍미를 향상시켜주는 아질산염은 특정 유해 세균의 성장을 방지하기 위해 육류 산업에서 사용하는 보존제이다(NRA Educational Foundation, 2004). 과학자들은 아질산염을 처리한 육류가 지나치게 갈색으로 변했거나 탔을 경우 암과 관련이 있다는 사실을 규명하였다. 그 영향으로 육류 산업에서는 아질산염의 사용량을 줄이고 있다.

1980년대에 발생한 많은 식품 관련 질병은 생과일 및 생채소, 새우, 말린 과일, 와인에 사용되었던 아황산염 때문이었다. 현재는 아황산염을 사용하는 경우 식품 포장에 표기해야 한다. 미국식품의약국에서는 소비자에게 제공 또는 판매하는 생과일과 생채소에 아황산염 사용을 금지하고 있기 때문에, 푸드서비스 업장에서는 신선한 농산물의 색상 보존 목적으로 레몬주스나 구연산을 사용하고 있다.

첨가제 및 보존제의 사용은 여전히 과학자와 입법자의 논의 대상이다. 특정 식품 첨가물 및 보존제를 과도하게 사용하는 것은 질병의 원인이 되지만, 그 이유는 아직 확인되지 않았다.

풍미를 증가시키기 위해 사용되는 첨가제인 글루탐산나트륨(monosodium glutamate, MSG)을 과량 사용하는 것이 식중독을 일으킬 수 있다는 점은 의문으로 남아 있다. 글루탐산나트륨은 흔히 중국음식과 일본음식에서 과도하게 사용되기 때문에, 글루탐산나트륨으로 인해 나타나는 뚜렷한 반응을 "중화음식점증후군(Chinese Restaurant Syndrome)"이라고 한다. 글루탐산나트륨은 또한 나트륨 함량이 매우 높다. 섭취 후 나타나는 증상은 대부분 주관적인데, 얼굴과 목 피부가 당겨지는 느낌, 얼얼한 감각, 현기증, 두통 등의 증상이 나타난다. 글루탐산나트륨은 글루탐산나트륨에 대해 민감성을 가진 사람에게만 영향을 미친다(Cody & Kunkel, 2002). 연방법은 글루탐산나트륨을 첨가하는 모든 제품에 표시하는 것을 의무화하였다.

식품 방사선 조사는 식품 첨가물로 분류되며, 미국식품의약국에 의해 규제된다. 식품 방사선 조사는 식중독을 유발하는 미생물을 통제하고 숙성을 지연시켜, 신선한 과일과 채소 같은 냉장 식품의 저장 수명을 연장시킨다. 또한 향신료나 말린 허브와 같은 저장 식품의 저장 수명을 연장시킨다.

식품 알레르기(Food Allergy)는 특정 식품에 대한 신체 면역 체계의 반응이다. 알레르기 반응의 증상으로는 가려움, 입, 얼굴, 두피 주위의 부종, 목조임 느낌, 호흡 천명, 호흡 곤란, 두드러기, 복통, 구토, 설사, 의식 상실이 있으며, 심지어는 사망에 이르기도 한다(NRA Educational Foundation, 2010). 식품 알레르기를 유발하는 가장 일반적인 항원으로는 땅콩 및 견과류, 우유 및 유제품, 달걀, 갑각류, 밀, 대두가 있다. 메이요 클리닉(www.mayoclinic.com)의 의사들에 의하면 식품 알레르기는 어린이의 6~8%, 성인의 약 4%에서 나타난다. 고객이 알레르기 반응을 일으킬 가능성을 줄이기 위해서는 알레르기 유발 식품에 표시를 하고, 성분을 설명할 수 있는 종사원을 배치하며, 식품 생산 영역에서 교차오염을 방지하는 것이 필요하다.

화학적 오염은 강산성 음식을 금속 용기에 준비할 때나 저장할 때 발생할 수 있다. 황동 또는 구리, 아연 도금, 회색 법랑 용기를 사용한 경우에는 중독이 나타날 수 있다. 과일주스는 납 유약을 바른 법랑 용기나 틴밀크 캔(tin milk can)에 저장하면 안 된다. 부적절한 금속 용기를 사용할 때 중독을 일으키는 것으로 알려져 있다. 금속 중독에 연관되어 있는 것으로 사우어크라우트(sauerkraut)[2], 토마토, 과일 젤라틴, 레모네이드, 과일 펀치가 있다.

독성 금속도 식중독과 관련이 있다. 구리는 산성 식품이나 탄산음료에 장기적으로 접촉하면 독성을 나타낼 수 있다. 자동판매기 산업에서는 구리 송수관으로 역류될 가능성이 있는 모든 즉석 탄산 음료수 판매를 자발적으로 중단하였다. 또한 카드뮴으로 도금한 냉장고 선반에 육류 같은 식품을 직접 올려놓을 경우 독성이 생길 수 있다.

8.4.4 식품안전을 보장하기 위한 푸드서비스 작업의 실행

푸드서비스 매니저의 궁극적인 목표는 고객을 식중독으로부터 보호할 수 있는 안전한 식품을 제공하는 것이다. 푸드서비스 매니저는 안전한 식품을 구매, 생산하여 고객에게 제공하는 과정에 대한 책임이 있으며, 지속적으로 종사원을 교육하는 것에 대한 책임도 져야 한다.

식품안전을 통제하기 위해서는 식품 자체, 식품 취급과 관련이 있는 종사원 및 고객, 시설 및 장비에 중점을 두어야 한다. 식중독으로 인한 소송비용, 의료비 청구, 임금 손실, 사업 손실은 매우 커질 수 있다(NRA Educational Foundation, 2004).

식품 구매에 있어서의 식품안전 식재료를 구매하기 전에 오염될 수 있는 경로로는 그림 8-6에서와 같이 오염된 장비, 감염된 해충 및 동물, 처리되지 않은 하수, 안전하지 않은 물, 오염된 토양이 있다. 구매한 후에 오염될 수 있는 가능성은 식품의 보관, 준비, 제공의 과정에 존재한다. 식품이 오염되었을 경우 사람이 섭취하면 질병이 발생한다.

그림 8-7은 호흡기 배출, 염증 개방, 상처, 종기를 통해 감염되거나 배설물로 더러워진 손을 통해 감염된 사람이 준비한 식품으로 전파 가능한 경로를 보여준다. 오염된 식품을 섭취하면 다

---

2) 양배추를 소금에 절여 발효시킨 독일 음식.

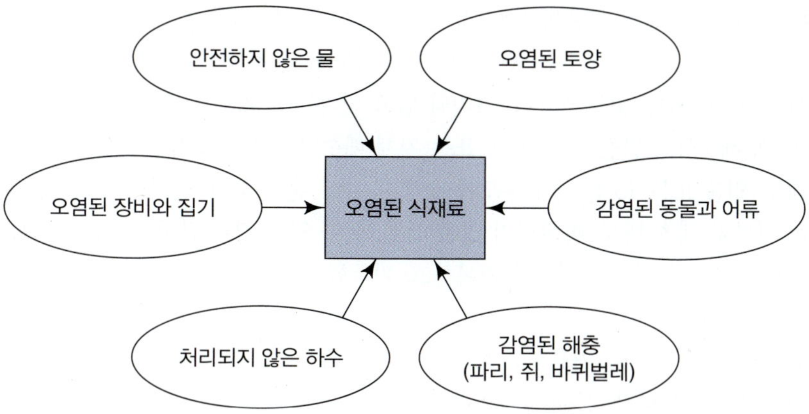

그림 8-6 식재료의 오염원

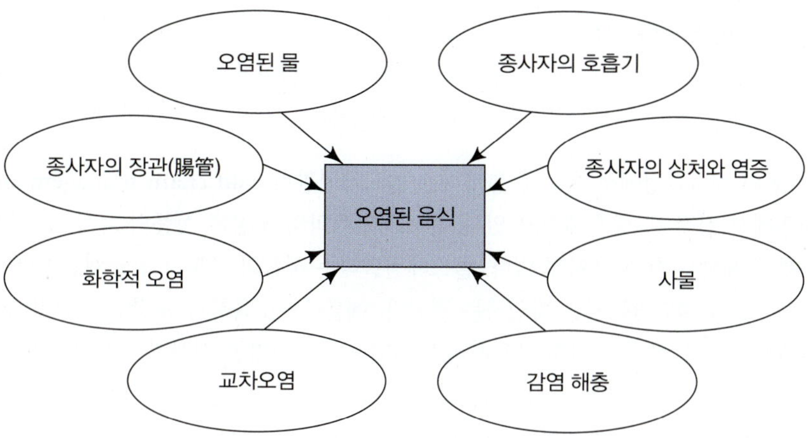

그림 8-7 음식의 오염원

른 사람에게 전파된다.

미국농무부 경제연구청(Economic Research Service, www.ers.usda.gov)은 미국인의 식생활에서 식품의 수입은 매우 일반적인 일이라고 보고하였다. 2007년에는 거의 800억 달러의 식품이 미국으로 수입되었다. 2005년 미국에서 소비된 어패류의 약 80%가 수입되었고, 과일과 견과류의 32%, 채소류의 13%, 적색육류의 10%가 수입되었다. 수입된 식품(특히 농산물)은 식중독 발생 증가로 연결되었다. 푸드서비스 운영자는 농산물마케팅협회(Produce Marketing Association)에서 설정한 재배 및 운송 기준을 준수한 신뢰할 수 있는 생산자 및 공급자와의 거래를 통해 잠재적으로 오염된 식품을 피할 수 있다.

식품은 신뢰할 수 있는 승인된 공급 업체로부터 구매하여야 한다. 푸드서비스 매니저는 GMP(Good Manufacturing Practices) 또는 GAP(Good Agricultural Practices)를 사용하고 있는 공급 업체를 방문하여 시설에 대한 검사를 해야 한다.

검수 및 보관에 있어서의 식품안전 식품안전은 푸드서비스 업장의 검수에서 시작된다. 피크 시간을 피하여 납품하여야 납품한 물품을 신중하게 검사할 수 있는 충분한 시간을 가질 수 있다. 납품한 물품의 온도 및 포장 상태를 모두 검사해야 한다. 검수에서 확인해야 할 식품안전 기준은 다음과 같다(NRA Educational Foundation, 2006, 2010).

- **육류:** 41°F 이하, 밝고 붉은색, 단단함, 끈적끈적하지 않은 질감, 무취, 온전하고 깨끗한 포장
- **가금류:** 41°F 이하, 변색 없음, 단단함, 무취, 냉동 또는 자체 배수되는 얼음 조각으로 포장
- **생선류:** 41°F 이하, 밝고 붉은 아가미와 밝고 빛나는 피부, 단단한 육질, 온화한 바다와 해초 냄새, 깨끗하고 완전한 눈, 냉동 또는 자체 배수되는 얼음 조각으로 포장
- **조개류:** 얼음 또는 45°F 이하 온도에서 생존, 내부 온도 45°F 이하에서 조개껍질 제거, 온화한 바다와 해초 냄새, 파손되지 않은 껍질, 살아 있는 경우 닫힌 껍질, 용기(관리자는 마지막으로 조개가 제공된 날짜를 기록하고, 기록했던 카드를 90일간 파일에 보관)에 조개류 ID카드 부착(포장한 사람의 이름, 주소, 인증 번호)
- **난류:** 45°F 이하, 무취, 깨끗하고 깨지지 않은 껍질
- **액체, 냉동, 건조 달걀:** 살균, 미국농무부 검사 마크
- **유제품:** 41°F 이하, 살균, 미국식품의약국 A등급 기준 준수, 전형적인 풍미, 질감, 균일한 색상의 치즈
- **통조림:** 올바른 상태의 캔, 올바른 상태로 밀봉(끝이 부풀어 오르거나, 물이 새거나, 움푹 들어간 곳이 없어야 함)
- **건조 제품:** 온전한 포장(구멍, 찢김, 상처, 물 얼룩이 없어야 함)
- **농산물:** 푸른 채소, 멜론, 토마토, 기타 가공 농산물이 생것이면서 잘린 경우 41°F 이하

공급체인의 배달과정에서 온도를 통제하는 **콜드체인관리(cold chain management)**는 푸드서비스 산업에서 점점 더 중요해지고 있다. 콜드체인관리의 초점은 식품의 유통 및 저장 단계에 걸쳐 온도를 통제하는 환경 유지에 있다. 콜드체인관리는 제품의 온도가 공급체인 단계에서 허용 가능한 수준으로 유지되었는지를 확인하는 것이다. 예를 들어, 육류를 포장하는 공장에서의 처음 과정으로부터 보관 및 운송을 거쳐 푸드서비스 작업자에게 도착할 때까지 육류 온도를 추적 관리하여야 한다. 콜드체인관리에는 냉장 또는 냉동 트럭, 절연 용기, 온도 데이터 기록 장치 사용, 창고의 물품 저장 조건에 대한 면밀한 모니터링이 포함된다.

푸드서비스 매니저의 또 다른 관심 영역으로 식품을 보관할 때의 식품안전이 있다. 적절한 보관 온도는 5장에서 다루었다. 적절한 보관 방법은 **교차오염(cross-contamination)**을 방지하여 어떤 식품으로부터 다른 식품으로 미생물이 전달되는 것을 방지하는 것이다. 교차오염을 막기 위해서는 날고기, 날가금류, 날생선은 조리된 음식이나 바로 먹을 수 있는 식품과 분리하여 보관해야 한다. 날가금류는 가장 낮은 선반에 보관해야 한다. 다진 날고기는 날닭고기 위에 보관해야 하지만, 덩어리 날고기와 날생선의 아래 선반에 배치해야 한다. 날고기는 날가금류와 다진 날고기 위쪽, 그리고 조리된 음식과 바로 먹을 수 있는 식품의 아래쪽에 보관해야 한다. 조리된 음식과 바로 먹을 수 있는 식품은 날고기, 날생선, 날가금류보다 가장 위쪽에 보관해야 한다. 음식을 제대로 포장하여 적정 위치에 보관하면 저장된 재료 사이의 교차오염 위험을 줄일 수 있다.

보관된 식품에는 내용과 보관 날짜를 표시해야 하며, 가장 오래된 식품을 먼저 사용하도록 해야 한다. 또한 바닥에서 적어도 6인치 이상 떨어진 선반에 저장해야 하며, 적절한 온도에서 보관해야 한다. 식품은 내구성이 있는 밀폐된 용기에 보관해야 하며, 식품을 화학용기나 쓰레기봉투에 보관해서는 안 된다. 화학제품은 식품에서 별도로 분리하여 보관해야 한다.

생산 및 서비스에 있어서의 식품안전 생산 및 서비스 단계의 식품안전은 식품과 취급 방법에 중점을 두어야 한다. 또한, 종사원의 위생 및 실천, 시설 및 장비의 청결도 중요하다.

시간과 온도의 관계 대부분의 식중독은 부적절한 조리와 부적합한 식품보관 때문에 발생한다(www.cdc.gov). 최소온도, 최대온도, 최적온도는 병원성 미생물의 종류에 따라 다르나, 미생

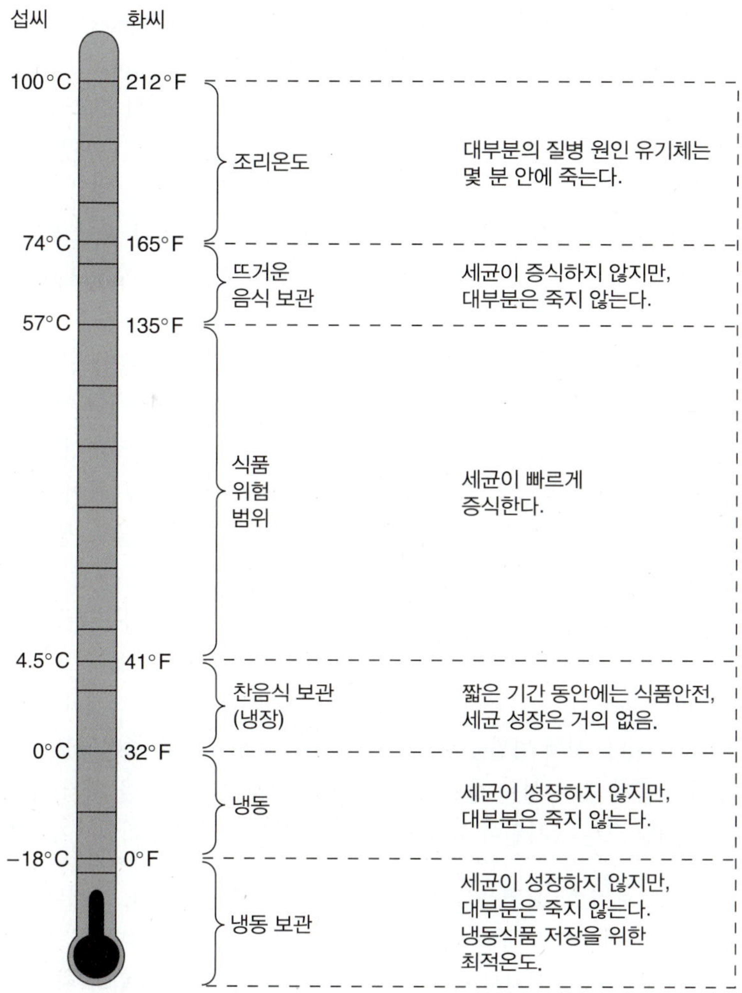

그림 8-8 위생과 식품안전에 중요한 온도

자료: Adapted from *Keeping Food Safe to Eat*, Home and Garden Bulletin No. 162, 1970, Washington, DC: U.S. Department of Agriculture. Revised based on *Food Code 2009*.

물은 일반적으로 41°F(5°C)와 135°F(약 57°C) 사이의 온도에서 잘 자란다(그림 8-8). 세균은 이 온도범위에서 급속하게 증식하기 때문에 이 온도범위를 일반적으로 **위험온도범위(temperature danger zone)**라고 한다. 푸드 코드(2009)는 *time/temperature control for safety*(*TCS*) 식품으로 불리는 잠재위해식품은 135°F(약 57°C)와 70°F(약 21°C) 사이에서 2시간 이내, 135°F(약 57°C)와 41°F(5°C) 사이 또는 41°F(5°C) 이하로 6시간 이내에 냉장시켜야 한다고 명시하였다(www.fda.gov). 취급주의식품의 안전 온도는 41°F(5°C) 이하 및 135°F(약 57°C) 이상이다.

교차오염 생산 및 제공 단계에서 부적절하게 식품을 취급하는 경우, 교차오염이 발생할 수 있다. 교차오염은 다음과 같은 작업에서 발생할 수 있다.

- 도마에서 날고기를 자르고 난 후, 적절하게 세척 및 소독하지 않은 경우 또는 같은 도마로 농산물을 자르는 경우
- 날고기를 취급한 후, 손을 적절하게 씻지 않은 경우 또는 바로 먹을 수 있는 식품을 취급하는 경우

종사원의 위생 및 실천 푸드서비스 업장에서 식품안전 프로그램의 기본은 종사원의 개인 위생과 올바른 식품취급의 실천이다. 비위생적인 종사원이 식품을 생산 및 제공할 경우 세균에

의해 감염되거나 오염될 수 있다(Beasley, 1993). 예비 종사원을 면담할 때, 관리자는 개인의 몸치장 습관과 외모에 주의해야 한다. 레스토랑협회 교육재단(NRA Educational Foundation, 1995)에 의하면, 가정과 직장에서 위생 관리가 불량한 종사원은 식중독 발생의 주요 원인이 된다. 그러므로 푸드서비스 매니저는 종사원의 고용 전후 및 교육과정 중 식품안전과 위생에 대한 중요성을 강조해야 한다.

푸드서비스 종사원의 개인위생 프로그램은 개인 청결 유지, 적절한 작업 복장 착용, 위생적 손 관리의 세 가지 주요 구성요소를 포함해야 한다(NRA Educational Foundation, 2010). 개인 청결을 위해 적절하게 목욕을 하고 머리를 감아야 한다. 적절한 작업 복장을 위해 머리를 묶고, 깨끗한 옷을 입으며, 적절한 신발(발가락이 안 보이는 것, 미끄럼 방지 밑창)을 착용해야 하고, 작업장을 떠날 때 앞치마를 벗어야 하며, 장신구를 착용하지 않아야 한다. 개인 청결에서 가장 중요한 것은 철저하게 자주 손을 씻는 것이므로, 교육 프로그램에서 이를 강조하여야 한다. 지역마다 규정은 다양하지만, 대부분 손톱은 짧고 청결해야 하며, 가짜 손톱 및 매니큐어는 사용할 수 없다고 명시하고 있다. 또한 손에 상처 및 부상을 입은 경우, 깨끗한 붕대나 골무, 장갑으로 덮어야 한다고 명시하고 있다.

식품취급자는 장갑 사용에 대한 잘못된 안전의식을 가질 수 있다. 식품취급자들이 오염된 식품을 취급한 후 장갑을 바꾸어 끼지 않으면, 다른 식품으로의 교차오염을 일으킬 수 있다. 여러 지역의 규정에서 바로 먹을 수 있는 식품은 맨손으로 취급할 수 없으며, 식기나 장갑을 낀 손으로 제공하도록 명시하고 있다. 침에 병원균이 포함되어 있을 수 있으므로, 종사원들은 음식을 준비하거나 제공하고, 작업 공간 및 시설을 청소할 때, 먹거나, 마시거나, 흡연을 하거나, 껌을 씹어서는 안 된다. 매니저는 매일 모든 종사원이 올바른 위생을 실천하고 있는지 확인하여야 한다.

고객관리 고객으로 인한 오염을 통제하는 것은 더 어려운 일이다. 그러나 시설 설계 또는 지침 및 절차가 여러 측면에서 도움이 될 수 있다. 배식창구나 샐러드 바에 스니즈 가드(음식이 오염되는 것을 막는 보호물)를 설치하면, 전염성이 강한 질병을 가진 사람과 차단하여 세균의 확산을 줄일 수 있다.

캘리포니아대학교의 연구자들은 샐러드 바의 위생 상태를 확인한 결과(ADEC Environmental Sanitation and Food Safety, 1997), 고객의 60%가 샐러드 바에서 스스로 음식을 담는 동안 위생상 바르지 못한 행동을 적어도 한 가지 이상씩 하고 있음을 관찰하였다. 고객들은 종종 다음과 같은 행동을 보였다.

- 식기에 옮기는 동안 주변에 음식을 흘림
- 샐러드 드레싱에 자신의 손가락을 담그고 핥아서 맛을 봄
- 서빙 라인에서 기다리고 있는 동안 자신의 접시에 있는 음식을 먹음
- 음식에 더 가까이 가기 위해 스니즈 가드 아래로 자신의 머리를 집어넣음
- 이미 사용한 접시에 다시 음식을 담음

시설 및 설비 식품 생산, 서비스 장소, 설비의 적절한 청결은 식품안전 프로그램의 중요한 구성요소이다. 푸드 코드(2009)는 실온에서 잠재적으로 위험한 취급주의식품을 준비하는 접촉 장소를 적어도 4시간마다 청소해야 한다고 규정하고 있다.

8.4.5 식품안전 프로그램

식품안전 프로그램이 잘 설계되면, 모든 식품 생산 활동에서 식품을 취급하면서 발생되는 오류를 감시하고 해당 오류를 제거할 수 있다. 중요관리점을 확인하고 표준운영절차(Standard Operating

Procedures, SOPs)를 설정해야 하며, HACCP 모델을 선택해야 한다.

미국 식품의약국은 식품안전을 실행하기 위한 지침으로 푸드 코드를 발행하지만, 각각의 보건부는 관할 구역의 위생 지침 및 절차를 설정해야 한다.

HACCP 모델 **HACCP(Hazard Analysis Critical Control Point)** 개념은 특별히 미생물학적인 통제를 강조한 것으로, 식품가공 산업의 품질을 통제하기 위해 처음 개발된 모델이다. 중요관리점은 생산 가공의 단계이다. 생산 가공 단계에서의 미흡한 관리는 안전성에 허용할 수 없는 위험을 초래할 수 있다. HACCP은 잠재적 위험을 확실히 분석하고 시정 조치하는 품질관리의 예방적 접근이다.

HACCP 프로그램은 우주 공간에서 우주 비행사에게 절대적으로 안전한 식품을 공급해야 하는 미국 국립항공우주국(NASA)이 1971년에 개발하였다. 이 시스템은 식품을 취급하는 과정 중의 무결점을 보장해야 하며, 생산이 완료된 제품에서 오염을 찾아내기보다는 생산이 완료되기 전에 오류를 수정해야 한다(Dulen, 1998).

원래의 HACCP 모델은 미생물학적 품질뿐만 아니라 영양적 및 관능적 품질의 개념이 포함되어 있었으나, Bobeng과 David(1978)가 푸드서비스 업장에서 사용하기 위해 수정하였다. Bobeng과 David는 전통적 방식, 조리-냉장 방식, 조리-냉동 방식으로 운영되는 병원 급식에서 주요리의 품질 통제를 위해 모델을 적용하였다. HACCP 모델은 작업 흐름도를 사용한 관리점 선택, 중요관리점 확인, 관리를 위한 모니터링 설정의 세 가지 단계로 개발되었다.

1988년, 국립 식품미생물기준 자문위원회(National Advisory Committee on Microbiological Criteria for Foods, NACMCF)는 식품의 미생물학적 안전성에 대한 지침 및 권장 사항을 농무부 장관과 보건복지부 장관에게 제공하기 위해 설립되었다. 미국농무부 산하의 공인된 자문위원회인 국립 식품미생물기준 자문위원회는 미국농무부(식품안전검사국), 보건복지부(식품의약국, 질병통제예방센터), 상무부(수산청), 국방부(육군 의무감실), 학계, 업계, 공무원을 포함하여 구성된다. 1992년 11월, 국립 식품미생물기준 자문위원회는 HACCP 계획을 수립할 때 고려해야 할 7가지 원칙을 다음과 같이 정의하였다.

- 원칙 1: 위해요소 분석
- 원칙 2: 중요관리점 결정
- 원칙 3: 중요 한계기준 설정
- 원칙 4: 모니터링 절차 수립
- 원칙 5: 개선 조치 방법 설정
- 원칙 6: 검증 절차 설정
- 원칙 7: 기록유지 및 문서화 절차 설정

식품의 작업 흐름에 따른 각 단계에서 위험이 발생될 수 있으며, 이 위험은 푸드서비스의 조건이 위해를 발생시킬 가능성을 의미한다(Spears, 1999). **위해(hazard)**는 허용할 수 없는 오염으로 간주된다. 위험요소들이 결정되면, 조달 부서 책임자는 검수 및 보관 영역의 중요관리점을 확인할 필요가 있다. **중요관리점(critical control points)**은 푸드서비스 과정에서 통제가 가능한 단계 또는 절차로, 식품안전 위해요소가 예방되거나 제거되거나 허용할 수 있는 수준으로 감소될 수 있는 시점을 말한다. 식품이 오염될 가능성이 가장 높은 생산과정의 시점을 확인하는 것이 목적이다(Dulen, 1998).

연방정부기관, 인정기관, 지역 보건부는 많은 푸드서비스 업장에 HACCP 프로그램을 운영하도록 하고 있다. 미국농무부(2005), 전국레스토랑협회(2004), 국립푸드서비스관리연구소(2002),

아이오와주립대학교의 온라인 HACCP 정보센터(www.iowahaccp.iastate.edu/sections/foodservice.cfm)에서는 푸드서비스 업장의 HACCP 계획 및 절차를 개발하는 관리자에게 도움을 주기 위해 매뉴얼과 자료들을 개발해왔다.

아이오와주립대학교의 HACCP 정보센터에 따르면, 강력한 HACCP 프로그램을 위한 기본은 필요한 필수 프로그램을 포함하는 것이다. 필수 프로그램으로 다음과 같은 것들이 있다.

- 위생 표준운영절차
- 품질 관리
- 종사원 교육 및 훈련
- 개인위생
- 안전한 식품 취급 및 보관
- 온도 모니터링
- 물품사양 및 공급 업체
- 식품 리콜 및 재난 계획
- 설비 모니터링 및 교정
- 예방적 유지 프로그램
- 통합해충관리

문서화된 **표준운영절차(Standard Operating Procedures, SOPs)**는 필수 프로그램 중 하나이다. 표준운영절차는 일상적인 작업에 대해 기록한 단계별 지침이다. 아이오와주립대학교의 HACCP 정보센터 온라인에 표준운영절차 체크리스트와 샘플이 탑재되어 있다. 손씻기에 대한 표준운영절차의 예는 **그림 8-9**와 같다.

HACCP 프로그램에서는 온도를 반드시 모니터링하고 기록해야 한다. 식품안전을 위험하게 하는 사례 중 하나로 냉장고에 수프와 육수 같은 뜨거운 음식을 깊은 용기에 넣어두는 것이 가장 자주 언급되고 있다. 뜨거운 음식은 지정된 시간 안에 권장하는 안전온도에 도달되지 못할 뿐 아니라 용기의 열이 냉장고 안의 온도를 상승시킬 수 있다. 뜨거운 음식의 급속 냉장을 위해서는 얕은 그릇에 담아야 한다. 돌풍 냉각 장치를 사용하면 식품을 빠르게 냉각시킬 수 있다. Olds와 Sneed(2005)는 3갤런 냄비에 담긴 칠리를 135°F(약 57°C)로부터 70°F(약 21°C)로 냉각하는 데 워크인냉장고(walk-in refrigerator)에서 24시간 이상이 소요되었다고 하였다(Olds & Sneed, 2005). 그러나 뜨거운 칠리를 2인치 팬에 담아 워크인냉장고에 저장하였을 경우, 135°F(약 57°C)로부터 70°F(약 21°C)로 냉각시키는 데 7시간이 소요되었다. 칠리를 2인치 팬에 담아 돌풍냉각기로 135°F(약 57°C)로부터 70°F(약 21°C)로 냉각시키는 데에는 2시간 미만이 걸렸다.

중요관리점을 결정한 후, 문제 영역에서의 위해를 방지하기 위한 방법을 설정하여야 한다. 성공적인 통제를 위해서는 모니터링이 이루어져야 한다. 상세한 문서 기록은 청결의 증거이므로(예로, 실험실 세균 검사), 온도 확인과 같은 상세한 문서 기록 또한 HACCP의 일부분이다. HACCP 프로그램은 많은 기록을 유지해야 하는데, 작은 업장에서는 쉬운 일이 아니다. HACCP 수행으로 식중독의 위험이 완전히 제거되지는 않는다. 부주의한 식품 취급의 가능성은 여전히 남아 있다.

식품의 작업 흐름도를 확인함으로써 오염 발생이나 미생물 성장이 나타날 수 있는 지점을 확인할 수 있다. 작업 흐름과 중요관리점이 동일한 유사한 식품(차가운 고기 샌드위치나 크림스프 등)이 있다면 함께 HACCP 계획을 세울 수 있다. HACCP 프로그램을 수행하기 위해서는 기존에 사용하던 온도계보다 더 정교한 온도계가 필요하다. 종종 냉장고나 오븐 안의 온도를 재기 위해 동일한 온도계가 사용되었으나, 최근 온도계는 매우 전문화되고 있다. 예를 들어, 어떤 온도계는 오븐용으로 설계되었으며, 어떤 온도계는 깊은 튀김 기름용, 어떤 온도계는 커피용으로 설계되

Iowa State University
School HACCP Project

학교 지역: ______________________
부서: ______________________
정 책 No: ______________________

표준운영절차

손씻기

정책: 모든 식품생산과 관련된 직원들은 아이들에게 제공되는 식품의 안전을 보장하기 위해 적절한 손씻기를 해야 한다.

절차: 학교 급식의 모든 종사원들은 다음 단계에 따라 손씻기를 해야 한다.

1. 손(손톱 밑 포함)과 팔을 비누와 따뜻한 물(최소 110°F)로 적극적으로 철저하게 씻기
2. 비누로 세척— 분말 또는 액체 비누
3. 손톱 아래는 위생 손톱 브러쉬 사용
4. 철저하게 손가락 사이를 씻기
5. 손 세척 목적으로 설계된 전용 손세정대 사용. 생산 작업구역에서 싱크대에 손을 씻지 않기
6. 일회용 수건 또는 뜨거운 건조 기계로 손 말리기(개폐식 천 타월 분배기는 사용 안하기), 깨끗한 손의 재오염을 방지하기 위해 종이 타월을 사용하여 위생적으로 수도꼭지를 잠그기

작업 감독자는 다음을 수행한다.

1. 모든 직원이 적절한 절차를 따르고 있는지 확인하기 위해 모니터링한다.
2. 올바른 손씻기에 사용할 수 있는 용품이 충분한지 확인한다.
3. 필요에 따른 후속조치를 한다.

정책 최종 수정: __________

그림 8-9 손씻기에 대한 표준운영절차의 예

자료: www.iowahaccp. iastate.edu/sections/foodservice.cfm.

었다. 잠재적으로 위해한 모든 취급주의식품은 특정 HACCP 지침에 따라 준비되어야 한다. 그림 8-10에는 푸드서비스 작업에 필요한 온도계를 보여주고 있는데, 바이메탈 막대 온도계 또는 디지털 포켓 온도계, 냉장고/냉동고/건조창고 온도계, 고온 온도계, 육류 온도계이다. HACCP 매니저로 불리는 세 번째 온도계는 모든 식품 준비 과정에 대한 온도, 시간, 위치를 기록하고 전송하기 위한 전기 장치이다. 식품 준비 과정 중 필요한 정확한 기록 관리, 다운로드 기능은 사용자가 시정 조치한 기록이나 필요한 기록을 그래프와 차트로 자료화할 수 있기 때문에 기록을 검토하고 분석할 수 있다.

바이메탈 막대 온도계는 가장 일반적으로 사용되는 온도계다. 이 온도계 막대의 움푹 들어간 부분까지 식품 안으로 꽂아야 정확한 값을 얻을 수 있다. 필요에 따라 정기적으로 온도계의 정확도를 확인하고 재조정해야 한다. 온도계를 **교정(calibrate)**하는 가장 쉬운 방법은 최소 30초 동안 얼음물 유리잔에 온도계를 넣어두는 것이다. 온도계가 32°F를 나타내지 않는 경우, 표시기 헤드의 아래 조정 너트를 렌치로 열고 정확한 온도를 표시할 때까지 표시기 헤드를 회전하여 보정한다.

많은 푸드서비스 업장에서는 *T-Stick*이라고 하는 일회용 제품을 사용하여 온도계의 사용을

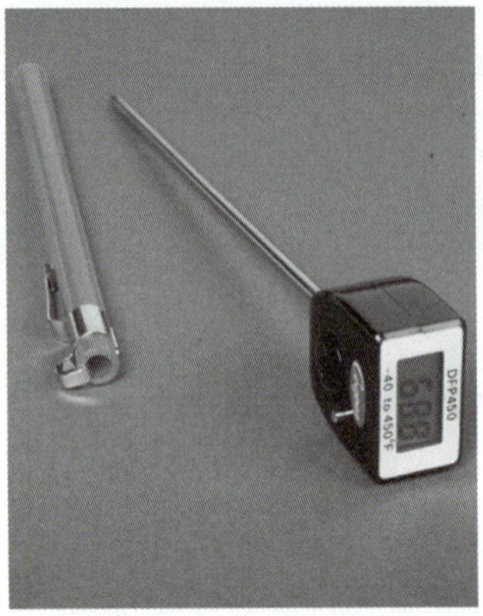

디지털 포켓 온도계

냉장고/냉동고/건조창고 온도계

HACCP 매니저

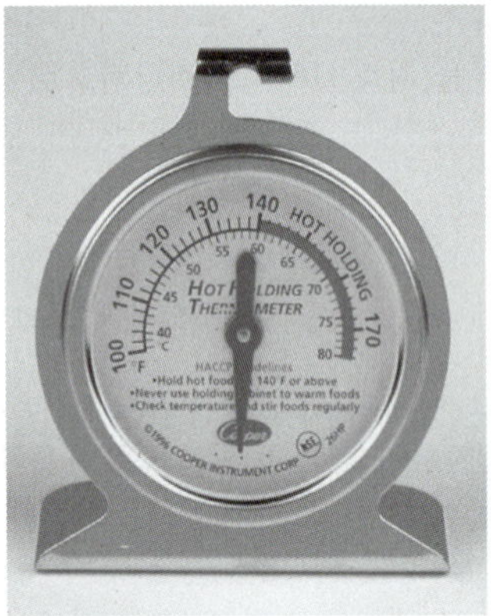

고온 온도계

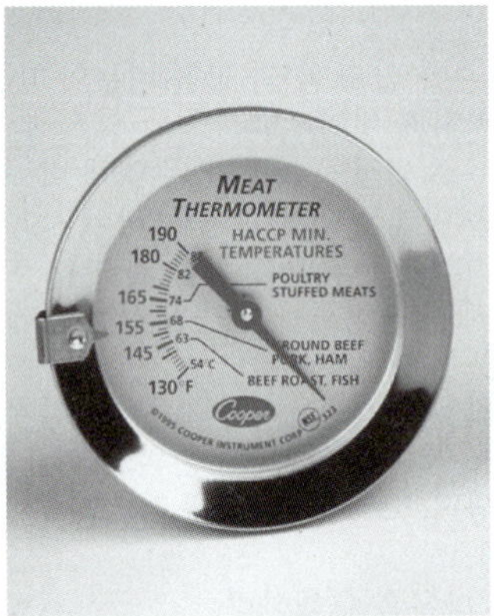

육류 온도계

그림 8-10 푸드서비스 업장에서 사용하는 온도계
자료: Cooper-Atkins. Used by permission.

보완해왔다. T-Stick은 식품의 온도를 모니터링하기 위해 사용하거나 식기세척기의 최종 헹굼 온도를 모니터링하기 위해 사용하는 다목적 센서 스틱이다. T-Stick은 레스토랑 및 기타 푸드서비스 업장에서 식품안전을 고취시키는 역할을 할 수 있고, 상대적으로 저렴하며 종사원들이 시간을 들이지 않고 쉽게 찾아 사용할 수 있다. T-Stick 140 Plus는 뜨거운 음식이나 스팀 테이블 위에 있는 식품의 온도를 모니터링할 때 사용된다. 식품에 위해를 끼치는 세균의 성장을 정지시키기 위해서는 식품의 온도를 140°F(60°C) 이상으로 유지해야 한다. T-Stick은 안전 한계인 142~144°F (약 61~62°C)에서 녹색으로 변한다. T-Stick 160은 햄버거, 다진 고기, 생선, 돼지고기, 달걀의 조리 온도를 모니터링하고, 식기세척기의 최종 헹굼온도를 확인할 때 사용한다. 온도가 160°F(약 71°C)에 도달하면 검은색으로 변한다. 햄버거 조리에 T-Stick 160을 사용하는 방법이 **그림 8-11**에 제시되어 있다. T-Stick을 부착한 식기를 식기세척기에 넣어 식기세척기의 마지막 헹굼온도를 확인하는 방법으로 사용된다.

아이오와 HACCP 웹사이트(http://www.iowahaccp.iastate.edu/sections/foodservice.cfm)에는 푸드서비스 매니저가 HACCP 프로그램을 개발하는 데에 도움이 될 다양한 자료들이 탑재되어 있다. 또한 학교에서 운영하고 있는 HACCP의 과정을 자세히 설명한 연구 사례, 표준운영절차, 온도 모니터링 양식, 종사원 교육자료 등도 탑재되어 있다.

생물테러 2001년 9월 11일 미국에서 발생한 테러 공격은 법률 제정을 촉구하는 계기가 되었으며, 더 확실하게 식품 공급을 보호할 수 있도록 운영방법에 변화를 가져왔다. 의회가 법

1 T-Stick의 플라스틱 코팅된 흰 끝부분을 햄버거의 중앙에 꽂으시오. 보호 플라스틱 코팅을 제거하지 마시오. 5초간 기다리시오.

2 햄버거에서 T-Stick을 뽑으시오. 플라스틱 코팅된 끝부분이 검은색으로 변하였다면 식품의 온도가 160°F(71°C)에 도달한 것입니다. T-Stick은 폐기하시오.

3 플라스틱 코팅된 끝부분이 여전히 흰색이라면 식품의 온도가 아직 160°F(71°C)에 도달하지 않은 것입니다. 이런 경우, 햄버거를 좀 더 가열한 후, 앞에서 사용한 T-Stick을 사용하여 1, 2단계를 반복하시오.

그림 8-11 햄버거를 조리하는 동안 T-Stick 160을 이용하여 온도를 모니터링하는 방법
자료: ECOLAB®. Used by permission.

을 통과시켰고, 부시 대통령은 2002년 6월 12월 '2002년 생물테러법(Bioterrorism Act, Public Health Security and Bioterrorism Preparedness and Response Act of 2002)' 법안에 서명을 하였다. 법률 title 3은 식품 공급의 안전성과 보안 유지에 초점을 맞추고 있다. **생물테러(bioterrorism)**는 질병을 일으키는 원인인 생물학적 작용제나 세균을 의도적으로 사용하는 것이다. 미국 국토안보부(Department of Homeland Security)는 2002년 국토안보법(Homeland Security Act of 2002)의 일환으로 테러 공격에 대한 미국의 취약성을 줄이기 위해 마련되었다. 국가의 식품과 물은 테러 공격의 잠재적인 대상으로 규정되었다.

2005년 9월, 미국의 국토안보부, 농무부, 식품의약국, 연방수사국(Federal Bureau of Investigation, FBI)은 민간업계와 협력을 시작하였으며, 국가의 식품공급을 보호하기 위한 정책을 **전략적 협력방안 프로그램 농산물테러리즘 계획**(*Strategic Partnership Program Agroterrorism, SPPA*)이라고 명명하였다.

많은 조직들이 푸드서비스 업장을 위한 식품의 생물안전 지침을 개발하였다. 식품의약국의 식품안전응용영양센터는 식품 가공자 및 소비자를 위한 식품안전 예방지침을 개발하였다(www.foodsafety.gov). 지침서는 조작, 범죄, 테러행동의 대상이 되는 식품의 위험성을 줄이기 위해 푸드서비스 작업자가 취할 수 있는 방안을 명시하였다. 지침서에는 식품안전, 시설보안, 종사원 채용 및 감독, 컴퓨터시스템 보안, 원료 및 포장 안전, 운영, 완제품 같은 영역의 관리에 대한 내용이 포함되어 있다. 푸드서비스 작업자는 운영위험관리(Operations Risk Management, ORM) 과정을 수행하여 식품안전 위험 감소에 가장 큰 영향을 미칠 수 있는 예방적 방안을 우선적으로 행하는 것이 좋다. 미국농무부의 식품영양부서(Food and Nutrition Service, FNS)는 식품의 생물학적 안전을 계획하는 학교 푸드서비스 책임자에게 도움을 주기 위해 '학교 급식의 생물학적 안전을 확인하기 위한 목록: 생물학적 안전 관리계획 개발(2004)'(*Biosecurity Checklist for School Foodservice: Developing a Biosecurity Management Plan* 2004, http://healthymeals.nal.usda.gov/hsmrs/biosecurity.pdf)을 발표하였다. 식사관리자협회(Dietary Manager's Association, www.dmaonline.org)는 식품안전을 확보하기 위해 다음과 같이 제안하였다.

- 인식—작업과 작업 주변의 비정상적인 활동에 대한 경계
- 조달—신뢰할 수 있는 업체를 이용하고 납품 물품을 주의 깊게 검수
- 접근—푸드서비스 작업에 대한 접근 통제
- 인사 관리—신중한 지원자 선발 및 종사원 스케줄의 작성, 게시 및 적용
- 모니터링—종사원 및 고객 관찰, 잘 사용하지 않는 공간 확인
- 계획—연락처 목록을 포함하여 실행 준비가 되어 있는 자세한 대응 계획 수립
- 교육—비정상적인 발생에 대한 모니터링을 하고 보고하는 데 필요한 역할에 대한 직원 교육

8.4.6 민원사항 처리절차

모든 푸드서비스 매니저에게 식중독 발생은 언제나 힘든 일이다. 조리사가 그릴을 적절한 온도로 가열하지 못할 수 있고, 냉장고가 고장 날 수도 있다. 또한 종사원이 농산물 및 육류를 절단하기 전에 손을 씻는 것을 잊을 수도 있고, 납품업자가 오염된 제품을 배달할 수도 있다. 푸드서비스 시설에서 섭취한 식품으로 인해 건강에 해를 입었다고 믿는 고객은 매니저를 고소할 수 있다

식중독 민원 양식

날짜: ____________ 보고서 작성자: ____________________

신청인 연락처 정보:
(이름, 주소, 전화 번호, 이메일 주소)

섭취한 음식과 시간:

증상 및 발병시기:
(구역질, 설사, 구토, 현기증, 발열, 두통, 시력 저하, 복부 경련)

받은 의료 치료:
(의사 이름, 병원 이름, 연락처 정보)

통보한 기관:
(기관 이름, 연락처)

그림 8-12 식중독 민원 보고서

(NRA Educational Foundation, 1995). 고객은 정당한 불만을 가질 수 있으며, 이 위기를 제대로 관리하는 것이 힘들 수 있다.

고객의 식중독에 대한 항의가 있을 때, 그 고객에게 그림 8-12와 유사한 민원 보고서를 작성하게 하는 것은 좋다. 시간이 촉박하더라도 민원 보고서를 작성하게 하면 필요한 내용을 정확하게 질문할 수 있다. Cheney(1993)는 민원 사항을 받기 위한 단계를 다음과 같이 제안하였다.

- 동행한 모든 고객의 이름 및 주소, 서빙 직원, 고객 방문 시간 및 날짜, 의심스런 음식 등 관련 있는 모든 정보를 얻는다.
- 관심을 보이고 정중하게 대응하지만, 책임을 인정하거나 의료청구에 대한 지불은 하지 않는다.
- 증상을 제안하지 않는다. 그러나 불평하는 사람의 이야기는 들어준다.
- 증상이 시작된 시간을 기록한다. 시간 기록은 질병을 파악하고 푸드서비스 작업의 책임을 결정하는 데 도움이 된다.
- 가능하면 의심되는 음식을 섭취하기 전과 후에 먹은 모든 식사와 간식을 기록한다.
- 의료적 조언을 하지 않는다. 정보는 수집하지만, 증상을 해석하지 않는다.

모든 푸드서비스 업장은 식품안전에 대한 민원처리를 위한 위기관리 계획이 있어야 한다. 그림 8-13에 식중독 발생에 대한 위기관리 계획을 개발하기 위한 단계가 세부적으로 설명되어 있다.

8.5 위생

위생상태를 높은 수준으로 유지하기 위한 기본은 제대로 설계된 푸드서비스 시설이다. 위생적인 설계를 위한 첫 번째 요구사항은 청결성으로, 시설을 쉽게 청소할 수 있도록 배치하는 것을 뜻한다. 설비 및 비품은 위생기준을 준수하도록 배열 및 설계되어야 하며 쓰레기와 폐기물은 식품 오염 및 해충을 피하기 위해 분리되어야 한다.

식품안전 위기관리 계획의 개발 단계

1. 계획 개발을 위한 매니저와 종사원으로 이루어진 팀을 구성한다.
2. 비상시 연락할 사람의 연락처 목록을 만들어 전화기 옆에 놓는다.
3. 푸드서비스 업장의 위기관리 책임자와 공식 대변인을 명확하게 지정한다.
4. 식중독 민원 양식의 작성, 의심되는 식품의 샘플 보관, 해당 책임자와 종사원에게의 통보, 지역 보건 부서 조사관 연락 등을 포함하는 단계별 행동계획을 개발한다.
5. 미디어에 대한 질문과 답변 목록을 개발한다.
6. 미디어에 대응하기 위한 샘플 보도 자료, 내외부 미디어 연락처 목록, 미디어 접촉시 해야 할 일과 하지 말아야 할 일 등을 포함하는 미디어 위기 키트(kit)를 개발한다.
7. 미디어와 접촉할 진실되고 전문적인 대변인을 확보한다.
8. 내부 종사원과의 의사소통에 대한 지침을 포함한다. 내부종사원들에게 그들의 역할과 미디어 처리에 대한 정보를 제공한다.
9. 모든 정보를 모아 노트북에 저장하고, 사용이 용이한 장소에 보관한다.
10. 시뮬레이션을 통해 계획을 시험한다.

그림 8-13 식중독 발생에 대한 위기관리 계획 개발

자료: Adapted from food safety illustrated, Vol. 1, Issue1, Winter 2001. Used with permission of the national restaurant association educational foundation.

시설은 청결한 것으로 충분하지 않으며, 위생적이어야 한다. 종종 청결과 위생은 동의어로 사용되지만, **청결(clean)**이란 물리적 오물이나 유기물이 없는 상태를 의미한다(Fraser & Pascal, 2010). 이러한 것들은 표면적으로는 깨끗해 보이지만 병원체 또는 유해 화학물질의 잠복처일 수 있다. **위생(sanitary)**은 "세척된 식품 접촉 표면에 반복적인 열을 가하거나 또는 화학물질을 도포한 후 미생물 수를 평가한 결과, 공중보건의 중요한 대표적인 질병 미생물이 5 logs 감소(99.999%의 감소와 동일)하는 것"을 의미한다(*Food Code*, 2009). 푸드서비스의 시설 및 설비를 유지보수하기 위해 필요한 것이 세척과 소독이다. 세척과 소독은 푸드서비스 업장의 시설을 잘 관리하기 위한 기초가 된다. 푸드서비스 업장에서 식품과 접촉한 표면(판매대, 기구, 설비)은 반드시 세척, 헹굼, 소독, 자연건조해야 한다.

세척제는 식품, 먼지, 다른 침적물 등을 제거하는 데 사용되는 화학물질이다. 푸드서비스 업장에서는 보통 네 가지 유형의 세척제를 사용하고 있다(NRA Educational Foundation, 2010).

- 세제—표면(바닥, 벽, 판매대, 설비)의 먼지를 제거하기 위해 사용
- 연마용 세척제—제거하기 어려운 먼지 제거를 도와주는 연마재 포함
- 탈지제—표면(오븐, 그릴, 환기장치)의 기름을 제거하기 위해 사용
- 탈회제—무기 침적물(식기세척기, 스팀관)을 제거하기 위해 사용

접시, 식기, 냄비, 팬 등 식품과 접촉하는 모든 표면은 **소독(*sanitization*)**해야 한다. 소독을 위해서는 열이나 화학소독제를 사용하여야 한다.

어떤 소독제는 세균뿐만 아니라 사람에게도 독성이 있으므로 음식과 접촉하지 않는 표면에만 사용해야 한다. 그 외의 소독제는 독성이 없을 수도 있지만 푸드서비스 업장에서 사용하기에 부적절한 비호감의 맛이나 냄새가 있을 수 있다. 푸드서비스 업장에서 소독에 일반적으로 사용되는 세 가지 화학물질은 염소, 요오드, 그리고 4급 암모니아이다. 표 8-4는 이들 소독제의 속성과 사용 절차를 요약하였다.

표 8-4 화학 소독제

	염소	요오드	4급 암모니아
최소 농도, 온도, 시간	75°F(24°C) 이상에서 7초간 50~99 ppm	68°F(20°C)에서 30초간 12.5~25 ppm	제조업체의 권장 사항에 따라
pH(세제 잔류는 용액의 *pH*를 상승시키므로 먼저 철저하게 헹군다.)	물온도 75°F(24°C)일 때 8.0 이하, 물온도 100°F(38°C)일 때 10.0 이하	5.0 미만이어야 함	제조업체의 권장 사항에 따라
부식성	일부 물질에 부식	비부식성	비부식성
물에서 유기 오염물질에 대한 반응	빠르게 비활성	덜 효과적으로 만듦	쉽게 영향을 받지 않음
경수에 대한 반응	영향 없음	영향 없음	비활성화되는 경우도 있지만 배합에 따라 달라지므로 라벨을 읽어야 함. 500 ppm 이상 경수는 바람직하지 않은 경우도 있음
용액의 강도 표시	시험 키트 필요	존재하면 황색을 나타냄, 농도를 측정하기 위해서는 시험 키트 사용	시험 키트(test kit) 필요. 라벨 지침을 따름

자료: Based on information from *ServSafe® Essentials* by the Educational Foundation of the National Restaurant Association, 2010–.

소독제 효과는 소독제의 농도, 경도, 온도, 물의 pH, 표면과의 접촉시간에 따라 달라진다. 화학 소독제의 경우, 미국환경보호청에서 규제한다.

청소용 및 소독용 화학물질은 식품과 떨어진 장소에 원래의 용기 안에 저장해야 한다. 다른 용기에 저장하는 경우, 그 용기에 제품의 정보를 명확하게 표기하여 부착해야 한다.

각 화학물질에 대한 정보가 들어 있는 **물질안전보건자료(Material Safety Data Sheet, MSDS)**는 푸드서비스 종사원들이 쉽게 사용할 수 있어야 한다. 산업안전보건법에 의하면 화학물질 제조업자는 성분 목록, 화학물질의 물리적 특성 정보, 안전한 취급 및 사용법, 물리적 위해 및 건강상 위해, 위급상황 및 응급처치 정보, 제조사의 연락처와 함께 각 화학물질의 물질안전보건자료를 제공해야 한다.

8.5.1 검수 및 보관의 위생

검수 장소는 청소가 용이하도록 설계되어야 한다. 바닥은 쉽게 문질러지고 씻기는 재질로 되어 있어야 하며, 적절한 배수시설이 있어야 한다. 또한 세척할 수 있는 물이 가까운 곳에 연결되어 있어야 한다. 청소용품 저장 공간은 편리한 곳에 위치해야 하며, 검수 장소에는 곤충이 모여드는 경향이 있으므로 입구에서부터 적절한 통제가 필요하다.

건조 창고 바닥은 청소가 용이해야 하며, 안전사고 방지를 위해 미끄럼방지 처리를 해야 한다. 외부 벽과 바닥을 잘 건축해야 하고 곤충 및 설치류 침입을 방지할 수 있어야 하며, 절연이 되어야 한다. 벽과 천장은 밝은색으로 칠해야 하고, 습기가 스며들지 않는 부드러운 표면으로 마감되어야 하며, 세척 및 수리가 용이해야 한다. 제품을 바닥에 보관해서는 안 된다. 자주 바닥을 청소할 수 있도록 선반 또는 파렛트에 보관해야 한다. 스팀관, 배관, 온수관이 건조 창고를 통과해야 한다면 반드시 절연이 되어 있어야 한다.

워크인 냉장실 및 냉동실의 위생적 관리를 위해서는 세척능력을 보유해야 한다. 단단한 표면, 쉽게 청소할 수 있는 바닥, 벽, 기구는 매끄럽고 내수성이 있는 재료로 마감되어야 한다. 특수한 바닥 청소제품은 저온 보관 장소의 바닥을 세척하고 건조하는 데 사용할 수 있다. 세척한 물을 버리는 배관은 워크인 냉장실 및 냉동실 안쪽에 위치해야 한다. 마지막으로 위생 상태를 유지하도록 일정한 환기와 적절한 조명이 있어야 한다.

8.5.2 식기세척

식기세척(ware washing)은 유리제품, 접시류, 냄비류, 팬류를 수동 또는 자동으로 세척하고 소독하는 과정이다. 식기세척 과정에서 가장 일반적인 설비는 싱크대, 식기세척기, 냄비 및 팬 세척기이다. 접시 세척기와 유리제품 세척기 등 특화된 설비도 이용할 수 있다.

식기세척기 요즘은 많은 다양한 브랜드의 식기세척기가 시중에 판매되고 있다. 대부분의 제조업체는 간단한 모델에서부터 매우 정교한 설비의 모델까지 시리즈를 만들고 있다. 식기세척의 과정은 수동이든지 기계 구동이든지 음식물 제거, 애벌세척, 세척, 소독, 바람건조로 구성된다. 비록 식기세척기가 식기 및 용기의 세척 및 소독을 위한 가장 적절한 방법이더라도, 기계가 제대로 설치되거나 작동되지 않으면 문제가 발생할 수 있다(표 8-5 참조).

구입하고자 하는 기계의 사이즈를 선택할 때는 기계의 최대 수용 능력에 대한 제조사의 데이터 목록을 확인해야 한다. 세척실에서의 실제 수용 능력은 70%로 간주하여 결정해야 한다. 최대치까지 달성되는 것은 거의 불가능하다. 식기세척력은 세척실 배치의 효율성 및 유형, 동선, 접시에 음식물이 남아 있는 시간 및 형태, 물의 경도, 식기세척기 작동의 기술에 따라 달라진다.

일부 식기세척기의 차이를 설명하기 위해 호바트(Hobart) 브랜드의 예를 들어 보자(그림

표 8-5 식기세척기 문제 및 해결 방법

징후	가능한 원인	권장 해결 방법
오염된 식기	불충분한 세제	세척 물에 충분히 세제를 사용하여 오염현탁액을 만든다.
	너무 낮은 온도의 물로 세척	식품 잔류물의 용해 및 열 축적의 용이성을 위해 권장되는 범위 내에서 수온을 유지한다.
	불충분한 세척 및 헹굼 시간	효과적인 세척 및 헹굼을 위한 충분한 시간을 허용한다. (시간은 타이머에 의해 또는 컨베이어 속도에 의해 자동으로 통제되어야 한다.)
	불충분한 음식물의 애벌 스크래핑	세척하기 이전에 물로 접시의 음식물을 스크래핑한다.
	부적절한 랙킹(racking)	적절한 랙(rack)의 크기와 형태에 따라 접시를 장착한다. 은식기류는 항상 미리 담가 두어야 한다.
얇은 막	물의 경화	외부적 연화 과정을 사용한다. 내부적 조건을 만들기 위해 적절한 세제를 사용한다. 염소계 세제를 사용한다. 세척 및 헹굼 물의 온도를 확인한다. 물이 권장 온도 범위 이상으로 유지될 경우 얇은 막이 형성될 수 있다.
	세제 잔재	헹굼 물의 적절한 압력 및 양을 유지한다.
	부적절한 세척 및 헹굼 장비	자주 그리고 적절한 세척 방법을 사용하여 장비에 스케일이 형성되는 것을 방지한다. 물의 압력과 양을 적절하게 유지한다.
기름기	낮은 pH, 불충분한 세제, 적은 물	기름을 비누화할 수 있는 적절한 알칼리성을 유지한다. 세제, 물 온도를 확인한다.
얇은 막	온도. 부적절하게 세척된 장비	적절한 분사 작업을 제공하기 위해 모든 세척 및 헹굼 노즐이 막히지 않게 한다. 막힌 헹굼 노즐은 세척 탱크의 흘러넘침을 방해할 수 있다.
긴 줄 자국	알칼리성 물	알칼리성을 줄이기 위해 외부 처리 방법을 사용한다.
얼룩	헹굼물 경화	외부적 또는 내부적으로 연화시킨다.
	너무 높거나 너무 낮은 헹굼 물 온도	헹굼 온도를 확인한다. 식기가 갑자기 건조되었을 수 있다. 또는 물이 배수되기 전에 식기가 건조되었을 수 있다.
	헹굼과 보관 사이의 불충분한 시간	공기 건조를 위한 충분한 시간을 준다.
거품	세제: 너무 연화되었거나 경화된 물	거품이 적은 제품으로 변경한다. 물의 상태를 조절하는 적절한 처리 방법을 사용한다.
	식품 오염	세척하기 전에 모든 오염물을 적절하게 제거한다. 탄수화물, 단백질, 지방의 분해는 세척하는 동안 거품을 발생시킬 수 있다.
	너무 낮은 온도의 세척	세척 온도를 높인다.

자료: *Recommended Field Evaluation Procedures for Commercial Warewashing Machines*, 2009 Ann Arbor, MI: National Sanitation Foundation. Used by permission.

8-14a~d). 일반적으로 식기세척기는 가지고 있는 탱크의 수로 분류된다. 식기세척기는 도어 랙 컨베이어(door rack conveyor) 식기세척기와 플라이트타입 연속형 랙킹 자동 컨베이어(flight-type continuous-racking automatic conveyor) 식기세척기로 구분할 수 있다(Spears, 1999).

- **단일탱크.** 접시, 컵, 은제품류, 유리류에 적합하다. **스크래핑(scrapping)**은 남은 음식을 처분할 때 사용되는 식기세척기 용어이다. 그림 8-14a의 단일탱크 모델은 코너에 설치할 수 있도록 디자인되었으며, 수동으로 여는 두 개의 문과 한 개의 세척-헹굼 탱크를 가지고 있다. 이 세척기는 접시가 움직이지 않도록 랙(rack)장치를 가지고 있다. 이 기계의 큰 버전은 (그림 8-14b) 18인치 × 26인치의 시트 팬(sheet pan)이나, 60-quart의 믹싱 그릇까지 세척할 수 있다.
- **랙 컨베이어.** 그림 8-14c는 랙 컨베이어(rack conveyor) 식기세척기에 접시가 들어 있는 모습이다. 접시는 스크래핑, 분류 과정을 거쳐 랙 위에 놓이고, 사용한 접시가 담긴 랙은 컨베이어가 가동되면서 기계 안으로 들어가게 된다. 랙 컨베이어 식기세척기가 가지고 있는

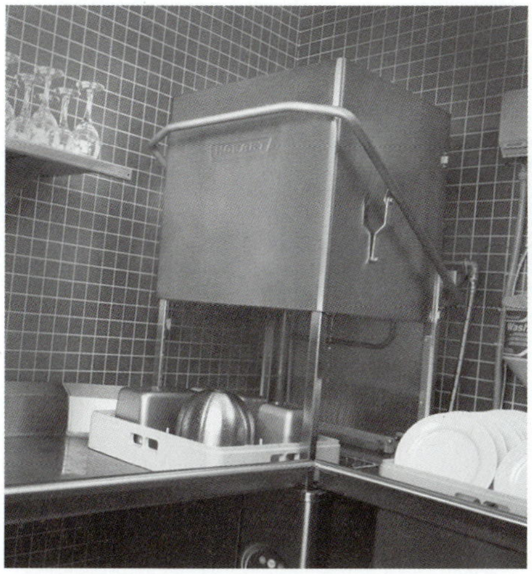

그림 8-14a 코너형, 단일탱크 식기세척기
자료: Image courtesy of Hobart, a division of ITW Food Equipment Group.

그림 8-14b 단일탱크 식기세척기
자료: Image courtesy of Hobart, a division of ITW Food Equipment Group.

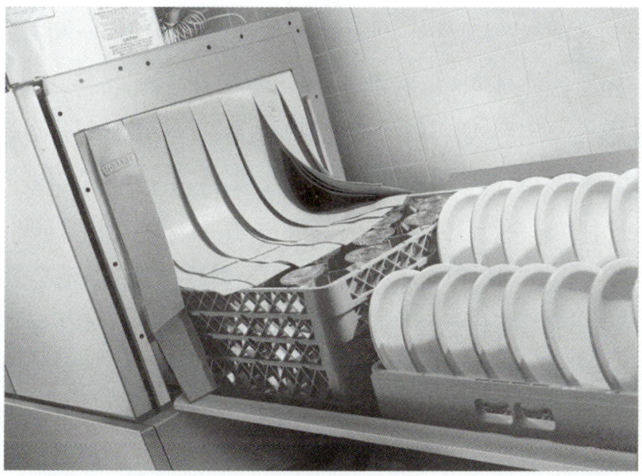

그림 8-14c 랙 컨베이어 식기세척기
자료: Image courtesy of Hobart, a division of ITW Food Equipment Group.

그림 8-14d 플라이트 타입 연속형 컨베이어 식기세척기
자료: Image courtesy of Hobart, a division of ITW Food Equipment Group.

탱크의 수는 한 개에서 세 개까지 다양하다. 2 탱크 세척기는 애벌세척 탱크와 파워 세척 탱크로 구성되어 있으며, 3 탱크 세척기는 대형 애벌세척 탱크와 파워 세척 탱크, 파워 헹굼 탱크로 구성되어 있다. 애벌세척 탱크에서는 파워 세척 탱크로부터 세제가 섞인 물을 공급받아 강력한 분사를 통해 오염물을 제거한다.

- **플라이트 타입 연속형 컨베이어.** 플라이트 타입 연속형 컨베이어(flight-type continuous conveyor) 식기세척기는 일반적으로 많은 양을 작업할 때 사용된다. 그림 8-14d와 같이, 랙에 놓인 것보다 많은 접시와 쟁반들이 컨베이어의 플라스틱 선반 칸에 놓인다. 기계를 통과하기 전에 유리잔, 컵, 납작한 접시와 같이 더 작은 식기들을 랙에 장착한다.

냄비 및 팬 세척기 작은 냄비와 팬은 식기세척기로 세척할 수 있다. 칼이나 주걱의 오염물질을 긁거나 눌러 붙은 식품 찌꺼기를 불리는 것은 보통 조리 구역에서 가까운 싱크대에서 행해진다. 일반적인 절차는 냄비와 팬의 대량세척을 완료한 후 애벌 헹굼된 냄비와 팬을 식기세척기로 옮겨 세척 및 소독을 하는 것이다.

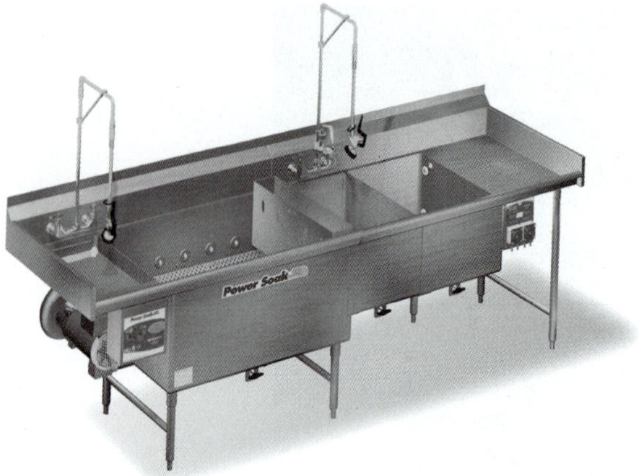

그림 8-15 파워 담금 싱크(Power Soak)
자료: Power Soak. Used by permission.

대규모 업장에서는 냄비 및 팬 세척기를 사용한다. 냄비 및 팬 세척기는 강력하며, 조리에 사용한 냄비와 팬을 세척하는 데 유용하다. 냄비세척은 가압된 온수를 직접 오염된 표면에 분사하는 방식으로 접시세척과는 매우 다르다.

파워 담금 싱크(Power Soak)라 불리는 설비(그림 8-15)는 냄비와 팬을 쉽게 세척할 수 있다. 파워 담금 싱크는 센 물살과 온수를 이용해 자연적으로 세척하는 방법을 이용한다. 세척의 최적 온도인 115°F를 유지하면, 오염물질을 느슨하게 하며, 강력한 분사를 통해 들러붙은 오염물질을 제거할 수 있다. 물분사 세척이기 때문에 오염된 냄비와 팬은 손으로 문질러서 오염물질을 제거해야 한다. 파워 담금 싱크는 매우 강력해서 더러운 환기장치 필터나 오븐 부품의 오염을 제거할 수 있다. 파워 담금 싱크 뒤의 "power"는 매 순간 300갤런 이상의 물을 보내는 재순환 세척펌프를 작동하는 스위치이다. 종사원은 처음 일을 시작할 때, 먼저 탱크를 따뜻한 물로 채우고, 세제를 추가해야 한다. 팬을 애벌헹굼하고 오염물을 긁어냈기 때문에, 물과 세제로 몇 시간 동안 완벽히 세척하게 된다. 열선은 115°F로 유지된다. 탱크에 물이 존재해야 열선이 자동적으로 켜지고, 물이 탱크에서 비워지면 열선은 자동적으로 꺼진다.

배관의 문제점 적절하게 배관을 설치하는 것은 **음용수(potable)**와 비음용수의 섞임을 방지하기 위해 중요하다. 공급하는 물의 교차오염은 배관이나 하수관의 오염물질이 음용수 공급라인 쪽으로 혼입되는 경우에 발생할 수 있다. 이런 교차오염은 수도꼭지에 연결된 호스를 걸레통에 담가 두는 것 같이 음용수 공급 압력이 오염수 공급 압력보다 낮아지는 경우 발생할 수 있다. 교차오염은 송수관의 진공 차단과 같은 역류 방지 장치, 또는 싱크대의 수도꼭지 맨 아래와 싱크대 물의 가장 높은 지점에 공극을 두는 장치를 설치함으로써 예방될 수 있다(NRA Educational Foundation, 2010).

8.5.3 주방 및 식사장소의 위생

푸드서비스 시설 및 설비의 위생을 위해서는 푸드서비스 종사원과 푸드서비스 관리에 있어 지속적인 노력이 필요하다. 적절한 청소 절차에 대한 정기적인 교육 프로그램이 구축되어야 한다.

위생 계획은 시설이 계획되는 시기부터 시작되어야 한다. 바닥, 벽, 천장은 유지보수하기 쉽게 건축되어야 하고, 설비 및 비품은 청소가 가능하도록 배열 및 설계되어야 한다. 바퀴가 있는 설비나 가스 설비를 빠르게 연결 해제할 수 있는 형태는 설비의 이동을 용이하게 하여 청소가 쉽다. 쓰레기 및 오물의 적절한 처리 시설은 식품의 오염 및 해충 방지에 필수적이다.

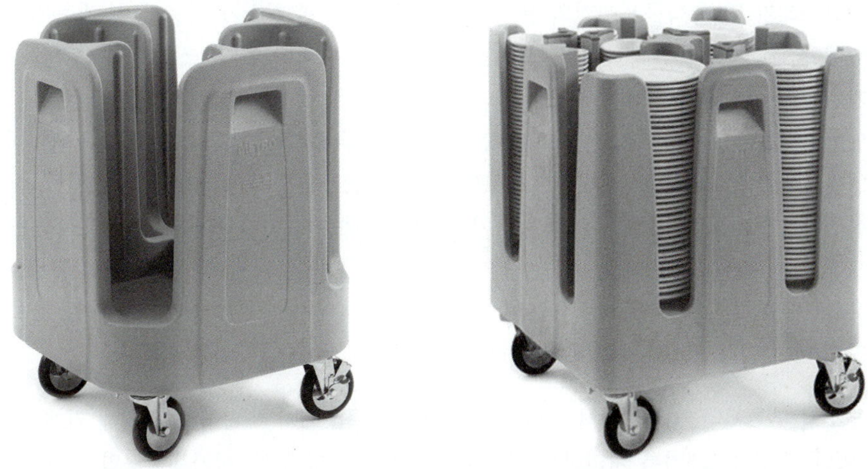

그림 8-16 폴리머 "포커칩(poker chip)" 식기 카트와 조절 가능한 폴리머 "포커칩" 식기 카트
자료: Inter Metro Industries Corporation (1999). Used by permission.

일반적으로, 바닥청소를 할 때는 다음 절차를 규칙적으로 따른다.

- 흘린 액체는 자국을 없애고 안전 위해요소를 제거하기 위해 즉시 닦아야 한다.
- 정기적인 바닥청소 일정을 세워야 한다. 조리구역과 같이 혼잡하고 음식을 흘리기 쉬운 바닥은 철저히 청소를 해야 한다. 최소한 매일 닦고, 정기적으로 세척하고 증기청소를 해야 한다.
- 빗자루, 걸레, 진공청소기 등의 바닥 청소 장비는 정기적으로 세척해야 한다.

8.5.4 식기 보관

깨끗한 식기의 보관 및 취급 역시 푸드서비스 업장의 중요한 위생프로그램 중 하나이다. 모든 식기 및 용기는 건조하고 깨끗하며 바닥과 떨어진 먼지 없는 곳에 보관한다. 또한 먼지, 걸레, 흙탕물, 다른 형태의 오염물질로부터 보호되어야 한다. 다양한 종류의 식기와 컵을 저장하기 위해 설계된 이동 기구를 사용하는 것이 좋다. 금속카트는 고강도 플라스틱으로 대체되고 있다(그림 8-16). 두 가지 모두 매끄럽고 네 면에 손잡이가 장착되어 있으며 네 개의 회전 네오프렌[3] 바퀴를 가지고 있다(두 개의 바퀴에는 브레이크 기능이 있음). 왼쪽 카트는 직경 4 1/2인치로부터 12 5/8인치까지의 접시를 4열 단위로 쌓을 수 있다. 오른쪽 카트는 전통적인 8열 대신에 9열로 쌓을 수 있는 것이 독특하다. 총 용량이 접시 540개이고, 각 열은 최대 60개의 접시까지 쌓을 수 있다. 고밀도 폴리머로 만들어져 균열, 벗겨짐, 깎임이 잘 생기지 않는다. 또한 일체형으로 성형된 범퍼를 가지고 있으며, 다양한 색의 제품이 있다.

8.5.5 일반쓰레기와 음식물쓰레기 처리

푸드서비스 업장의 일반쓰레기와 음식물쓰레기는 식품, 설비, 식기 오염의 잠재성과 곤충 및 해충의 공격에 대한 잠재성이 있기 때문에 신중하게 처리되어야 한다. 매니저는 업장의 일반쓰레기와 음식물쓰레기를 처리하고 고형폐기물을 처리하는 절차를 확립해야 한다.

취급 절차 푸드서비스 업장에서 일반쓰레기 및 음식물쓰레기를 처리하기 위해 다음과 같은 일반적 규칙이 적용된다.

3) 합성고무의 일종.

- 일반쓰레기 및 음식물쓰레기의 용기는 새지 않고, 쉽게 청소가 가능하며, 해충을 막을 수 있어야 한다. 또한 밀폐되는 뚜껑이 있고 내구성이 있어야 한다. 쓰레기 처리가 쉽도록 용기의 안에 비닐봉투를 사용하기도 한다.
- 일반쓰레기 및 음식물쓰레기는 아무 장소에나 쌓아두어서는 안 되며, 용기 안에 담아야 한다.
- 일반쓰레기 및 음식물쓰레기는 조리구역에 두지 않도록 상시 처리되어야 한다.
- 음식물쓰레기 보관 장소는 쉽게 청소가 가능하고 해충이 방지되어야 한다. 음식물쓰레기를 오랜 시간 보관해야 할 경우, 부패, 악취, 해충 침입을 막기 위해 냉장 공간에 보관해야 한다.
- 음식물쓰레기통을 청소하는 장소는 온수시설과 배수시설이 있어야 하며, 식품 조리 및 저장 구역과 멀리 떨어져 위치해야 한다.

대부분의 푸드서비스 시설에서 일반쓰레기 및 음식물쓰레기를 처리하기 위해 기계장치가 사용되고 있다. 음식물쓰레기를 처리하는 기구는 최소한 전처리 구역, 식기세척구역, 냄비 및 팬 세척 구역에 비치되어야 한다. 물 소비 및 하수 사용이 지역사회와 관련 있는 경우, 음식물쓰레기 처리 기구를 대신하여 **펄퍼(pulper)**가 사용되고 있다. 펄퍼는 판지, 종이, 식품 폐기물을 처리하기 위해 특별히 고안된 것을 제외하고는 음식물쓰레기를 처리하는 데 사용된다. 펄퍼는 분쇄장치에서 음식물쓰레기를 걸쭉하게 수화시키고, 수화된 물을 압력으로 밀어 낸 후, 반건조, 분해 과정을 거쳐 펄프를 만들어 낸다. 넘친 물은 펄핑 탱크에서 재사용된다. 고형폐기물의 경우 85%가량 감소될 수 있어 매립 시 공간을 절약할 수 있다. 펄퍼로 처리 가능한 것은 종이접시, 발포고무, 호일, 골판지 상자, 뼈, 음식찌꺼기, 플라스틱이다. 펄퍼는 매일 세척되어야 한다.

일반쓰레기의 기계적 압축기는 캔과 종이팩과 같은 건조한 대량 쓰레기에 사용된다. 일반쓰레기를 압축하면 원래 부피의 1/5로 감소시킬 수 있다.

고형폐기물 푸드서비스 업장에서 폐기되는 식품 폐기물, 종이, 골판지, 금속, 플라스틱과 같은 고체 및 반고체 제품들을 **고형폐기물**이라 한다. 고형폐기물의 일부는 재활용되고 다른 것들은 소각장이나 매립지에서 처분된다. 1990년 미국 의회에 의해 통과된 오염방지법(Pollution Prevention Act)에서 가장 우선적으로 선언한 것은 처분 장소의 오염 방지 및 오염 감소이다. 이 법의 일부분으로 미국에서는 최소 25%의 고형폐기물을 재활용한다는 목표를 설정하였다. 환경보호청은 고형폐기물 관리 문제를 해결하기 위한 우선순위를 개발하였다. 그 목표는 오염이 발생되기 전에 오염을 예방하는 것이다(Mason, Shanklin, Hee Wie, & Wolfe, 1999). 우선순위에 포함되어 있는 내용은 다음과 같다.

- 오염원의 감소
- 퇴비화를 포함한 재활용
- 매립
- 소각

고형폐기물을 효율적, 효과적으로 관리하기 위해서는 계획이 수립되어야 한다. 통합적인 고형폐기물 관리 프로그램은 다음 사항들을 포함하고 있다.

- 메뉴 작성 및 계획
- 구매 사양
- 음식 생산의 실행
- 서비스 방법
- 1인분량 조절

- 폐기제품 처리 방법
- 소비자 교육
- 종사원 교육

일반적으로 푸드서비스 업장에서 폐기되는 고형폐기물의 약 60~70%는 서비스와 관련되어 있다(Hollingsworth, Shanklin, & Cross, 1995). 서비스 폐기물로 식품, 냅킨, 빨대, 양념포장이 있다. 나머지 30%~40%는 식품 생산 구역과 전처리 구역에서 발생한다.

미국영양사협회의 환경보존(Shanklin & Hackes, 2001)과 생태 지속 가능성(Harmon & Gerald, 2007) 지지에 관한 입장은 생성되는 폐기물 양을 최소화하는, 환경적으로 책임 있는 실천을 권장하는 것이다. 관련 논문에 의하면, 푸드서비스 업장에서 제공하는 식사당 평균 0.32 lb.에서 1.47 lb.의 음식 및 포장폐기물이 버려진다. 매립되는 쓰레기의 양을 감소시키기 위해 푸드서비스 매니저에 의한 **오염원 감소(source reduction)**, 재활용, 쓰레기 소각을 포함한 통합된 폐기물 관리 시스템 개발이 장려되고 있다. **재활용(recycling)**은 가치 있는 새로운 물질이나 유용한 상품으로 재처리하여 고형폐기물을 제거하는 행위이다(Foodservice and Packaging Institute, 1991). 종이, 금속, 플라스틱, 유리 같은 전형적인 포장 물질 중 많은 것들이 재활용될 수 있다. 미국 퇴비위원회(Composting Council)에 따르면, **퇴비(composting)**는 유기 분해의 자연적 과정을 응용 및 조절한 것이다(Crosby, 1993). 식품에 오염된 식품폐기물, 종이, 골판지 같은 모든 유기물은 퇴비화할 수 있다. 상업적인 퇴비 공장은 수요가 큰 농업 및 원예업에서 유기 폐기물을 풍부한 영양의 토양으로 변환시키는 자연적인 생물분해를 가속화하였다.

연소(combustion)나 소각은 가연성 폐기물의 에너지 가치를 복구하는 고형폐기물 재활용의 한 형태이다(Council on Plastics and Packaging in the Environment, 1991). 현대의 폐기물 에너지 공장은 쓰레기의 부피를 감소시켜 매립되는 쓰레기를 80~90%까지 감소시켰고, 수익과 전기를 발생시켰다.

전국적으로 병원, 요양원, 학교, 교도소, 단과대학 및 대학교, 기타의 급식소에서는 고형폐기물을 성공적으로 재활용하고 퇴비화하였다(Chen, Arendt, & Gregoire, 2010; Huang, Gregoire, Tangney, & Stone, 2010; King, 1995; Su, Mason, & ShankJin, 1994). 그 결과로 대부분의 급식소 운영자는 다음 사항들을 실행하게 되었다.

- 재활용
- 오염원 감소 실천
- 소각
- 퇴비화

가장 일반적으로 재활용되는 품목은 판지(84%), 알루미늄(79%), 폐식용유 및 유지(79%), 종이(78%)였다. 가장 일반적인 오염원 감소 방법은 재사용 가능한 머그 또는 컵 사용 프로그램이었다(74%). 운영자는 일회용품의 사용을 감소시키고, 대량 구매를 하고 있었다. 운영자들은 향후 과제로 지역 내 재활용업자의 부족(39%), 개선과 소비자의 관심 부족(32%) 개선 등을 꼽았다.

두 개 이상의 지역 및 행정구역이 지역사회의 매립지나 폐기물 처리 시스템을 개발하기 위해 자원을 결합하는 경우도 있다. 일부 지역사회는 고형폐기물을 관리하기 위한 임시보관장소를 사용한다. 임시보관장소에 수집되고 압축된 고형폐기물은 가까운 주 또는 다른 주로 이동하여 매립된다. 몇몇 지역사회는 법적으로 처리하기 위해 음식물쓰레기를 100마일 이상 멀리 운반하고 있다(Mason, Shanklin, Hee Wie, & Wolfe, 1999).

생물학적 환경정화 기업들이 레스토랑의 오래되고 만성적인 문제인 하수구와 그리스트랩의 막힘 문제를 해결하기 위한 기술을 혁신하였다(Yaffar& Dibner, 1992). 레스토랑 매니저는 긴급

상황이 발생할 때마다 배수관 청소 회사나 배관공을 이용할 수 있다. 또는 화학적이거나 생물학적인 예방 및 유지 프로그램을 운영하는 생물학적 환경정화 회사를 이용할 수 있다. **생물학적 해법(biological solution)**은 하수구 막힘의 원인인 동물성 지방이나 식품을 제거하는 세균을 사용하는 것이다. 유지, 밀가루, 기타의 식품에서 자연발생적으로 생기는 유기체를 제거할 수가 있다. 일단 식품 요인이 제거되면, 유기체가 제거되면서 환경은 원래의 자연 상태로 돌아가게 된다. 정기적으로 화학적 또는 생물학적인 해결방법을 사용하면 예방적 유지보수를 할 수 있으며, 이 비용은 예산에서 고정비용 항목이 된다.

8.5.6 종사원 및 고객 편의시설

종사원이 옷을 갈아입을 수 있도록 탈의실이 제공되어야 하며, 종사원이 일하는 동안 일상복 및 소지품을 보관할 수 있도록 자물쇠가 있는 개인 사물함이 제공되어야 한다. 종사원의 안전과 탈의를 위해서는 충분한 공간과 조명이 필요하다. 바닥, 특히 변기나 손세정대가 있는 지역은 시멘트 위에 타일을 붙이거나 다른 내수성 재료로 마감해야 한다. 종사원의 편의시설은 작업장과 가까운 곳에 있어야 한다.

고객 화장실은 식당에서 접근하기 쉬워야 한다. 대부분의 외식 업장에서 화장실 입구는 식당과 조화를 이루도록 꾸며진다. 화장실 입구의 벽에 벽지를 바르고 바닥에 카페트를 붙여도 되지만, 변기와 손세정대가 있는 장소에는 타일을 붙여야 한다.

종사원 및 고객 화장실을 깨끗하게 유지하는 것은 관리에 있어서 주요한 문제가 될 수 있다. 특히 종사원 교대시간 또는 고객식사 시간 등 가장 붐비는 시간에는 감독관리가 요구된다. 푸드서비스 업장의 화장실이 청결하지 않아 고객이 불만족한다면, 많은 고객들은 다시 그 업장을 방문하지 않게 된다. 종사원 화장실도 고객 화장실과 같은 관리가 이루어져야 한다.

8.5.7 종사원 위생교육

위생 프로그램이 효과적으로 진행되려면 바람직한 위생 습관을 지니고 있고 식품취급 실천지침을 따르는 훈련된 종사원이 있어야 한다. 또한 경영진의 리더십, 적절한 도구 및 설비의 제공, 지속적인 확인조치도 중요하다. 푸드서비스 종사원이 적절한 위생 실천에 대한 지식이 없다면, 위생 프로그램은 시간, 돈, 노력 낭비가 된다(Longrée & Armbruster, 1996).

푸드서비스 매니저가 위생 프로그램의 설계 및 구현에 대한 통솔력을 갖추기 위한 교육에는 미생물학과 위생학이 포함되어야 한다. 푸드 코드(2009)에는 "검사 중 감독관이 요청할 경우, 책임 담당자는 식품 작업에 내재된 위험에 기초하여 식중독 예방, HACCP의 적용, 푸드 코드의 요구사항 등 규제력 있는 사항에 대해 입증해야 한다"고 규정하고 있다. 많은 곳에서 이러한 사항을 입증하는 데 필요한 식품안전관리자자격증(ServSafe®) 같은 자격증을 요구한다. 역량을 유지하기 위해서는 지속적인 교육이 필요하다.

여러 전문가 협회가 푸드서비스 산업의 위생 실천 개선에 있어 중요한 역할을 해왔다. 미국의 학교급식협회나 식사관리자협회 같은 몇몇 기관의 자격 프로그램 주요 구성요소에는 위생 실천의 지식과 역량이 포함되어 있다. 미국 레스토랑협회 교육재단은 푸드서비스 매니저를 위한 위생, 교육, 식품안전관리자자격증(ServSafe®)을 계획하여 전국적으로 통일된 위생 실천 개선에 공헌하였다.

종사원 교육은 푸드서비스 매니저의 책임이다. 신입 종사원에 대해서는 안전한 식품취급 실천방법과 개인위생에 관한 초기 교육이 필요하다.

매니저가 안전한 식품취급에 대한 교육 프로그램을 수행할 때 활용할 수 있는 교육 도구들이 많이 개발되어 있다. 연방 및 주의 보건기관, 상업단체, 민간단체들은 저비용 또는 무료로 이용할 수 있는 비디오테이프, 필름, 슬라이드, 포스터, 설명서들을 보유하고 있다. 또한 많은 푸드서비스 기관이 교육을 위한 포괄적인 매뉴얼을 개발하였으며, 이 매뉴얼은 인사관리를 위한 참고자료로도 사용될 수 있다.

교육자료, 미니포스터, 기타 교육 도구들은 여러 회사 및 기관으로부터 받아 활용할 수 있다. 그림 8-17의 미니포스터는 통합식품안전정보전달시스템에서 얻을 수 있는 자료의 예이다(www.profoodsafety.org). 이 포스터는 영어가 모국어가 아닌 푸드서비스 종사원을 교육할 수 있도록 14개국의 언어로 되어 있다.

종사원 교육을 위한 온라인 식품안전 강좌는 아이오와주립대 사회교육원의 식품안전 웹사이트에서 이용 가능하다(www.extension.iastate.edu/foodsafety). 또한 아이오와주립대 사회교육원 웹사이트에는 종사원의 안전한 식품 실천에 관한 동기를 유발하기 위해 매니저가 활용할 수 있는 동기부여 도구도 탑재되어 있다(http://www.extension.iastate.edu/foodsafety/toolkit/). 온라인 정보는 미국 정부의 식품안전 웹사이트(www.foodsafety.gov)와 온라인 식품안전 응답 라인(www.foodsafetyanswers.org)에서 활용할 수 있다. 국립 푸드서비스 경영연구원(National Foodservice Management Institute, www.ufsmi.org)은 식품안전에 대한 다양한 교육 자료와 포스터를 보유하고 있다.

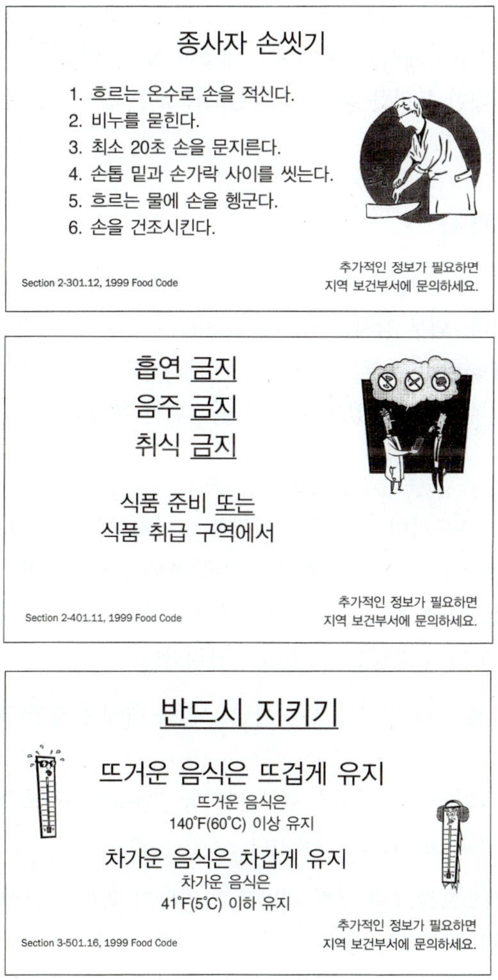

그림 8-17 위생 포스터

자료: Integrated Food Safety Information Delivery System (www.profoodsafety.org) signs made possible from grant # FD-R-001731-01 from the Food and Drug Administration.

식품안전교육 연합체는 소비자 식품안전과 연관된 교육자료 및 교육프로그램을 개발하기 위해 설립되었다. 식품안전교육 연합체는 식품안전을 촉진하는 식품안전교육(www.fightbac.org)을 위해 Fight BAC!® 캠페인을 개발하였다. 이 캠페인에는 다음 네 가지 주요 식품안전원칙을 홍보하는 교육 자료 및 포스터가 포함되어 있다.

- 청결(손과 표면)
- 분리(교차오염을 피하기 위해)
- 냉각(적절한 식품 냉동 및 냉장)
- 가열(적절한 내부 온도까지 식품 가열)

8.6 정부의 위생 규정 및 표준

소비자가 이용 가능한 식품공급을 보호하는 것은 연방정부, 주정부 및 지방정부의 책임이다. 무역협회 및 연구 기관, 전문가 단체, 민간 협회 및 재단은 특히 식품공급에 대한 미생물학적 기준에 관심을 갖고 있다.

LA 지역 보건국의 식품취급자 자격증 프로그램은, 예를 들어 최소 4시간의 교육을 포함한다. 운영자들은 자격증 신청서를 제출하고 수수료를 지불해야 한다. 보건검사등급시스템에서 90% 이상의 점수를 얻은 식당은 "A"등급, 80~90%는 "B"등급, 70~79%는 "C"등급을 받게 된다. 시설 내에 상세한 검사카드 및 등급이 게시되어야 하고, 대중이 볼 수 있도록 온라인에 공개되어야 한다. 법에서는 고객이 위생에 대한 불만을 제기할 수 있도록 보건국 사무소의 소재지와 전화번호를 레스토랑에 게시하도록 규정하고 있다.

8.6.1 위생표준의 검사

푸드서비스 위생표준의 준수에 대한 평가는 두 가지 방법으로 이루어진다. 시설 및 실행에 대한 외부 감사와 내부 감사이다. **외부 감사(external audit)**는 정부 및 비정부 기관에 의해 수행될 수 있고, **내부 감사(internal audit)**는 푸드서비스 조직 관리자의 책임이다. 내부 감사는 위생에 대한 자체 검사 프로그램의 일부가 될 수 있으며, 또한 광범위한 총체적질관리 프로그램의 구성요소가 될 수도 있다.

외부 감사 외부 감사는 푸드서비스 시설의 위생을 모니터링하기 위해 연방정부기관, 주정부기관, 지방정부기관이 수행한다. 대부분의 주정부, 지방정부는 푸드서비스 시설의 위생 실천 표준 설정에 보건국(Public Health Service) 규정을 채택하고 있다. 주정부 및 지방정부의 보건부서는 푸드서비스 업장이 다음과 같이 운영될 수 있도록 관리한다.

- 위생적인 식품취급에 대한 지식이 있는 사람의 감독 하에 운영한다(Longrée & Armbruster, 1996).
- 식품위해 발생의 기회를 최소화하기 위해 기기를 갖추고, 유지보수 및 운영한다.
- 건강하고 안전한 재료 및 식품을 사용한다.

보건부의 푸드서비스 검사 프로그램 규정 개발을 지원하기 위해 미국식품의약국은 푸드 코드를 개발하였다(US DHHS FDA, 2009). 일부 주기관 및 지방기관은 자체적인 규정을 개발한다. 검사 횟수는 지역 기관이 결정하지만, 미국식품의약국은 적어도 6개월에 1회 이상 검사하도록 권장하고 있다.

위생 감독관(sanitarian)은 보건공무원 또는 검사자라고도 불리는데, 위생 원칙, 위생 방법,

공중보건에 대한 교육을 받은 사람이다(NRA Educational Foundation, 1992). 푸드서비스 매니저와 책임자는 검사받는 동안 위생 감독관과 동행해야 한다. 푸드서비스 매니저와 책임자는 위생 감독관에게 적절한 질문을 하면서 위생 감독관의 경험과 전문 지식을 활용해야 하며, 종사원들 역시 감독관의 경험과 전문 지식에 따라 일을 하도록 격려해야 한다. 푸드서비스 매니저와 책임자는 검사받는 동안 기록을 해야 하며, 문제 해결에 적극적이어야 한다. 문제가 발견되었을 경우, 종사원들과 논의하여 즉시 수정해야 한다. 푸드서비스 매니저와 종사원은 위생 감독관의 방문을 환영해야 한다. 푸드서비스 매니저와 종사원들이 고객에게 안전한 식품을 제공하기 위해 진심으로 노력하고 있다면 위생 감독관의 방문을 기분 나쁘게 생각하지 않아야 한다.

일부 지역에서는 시설의 외관이나 온도 측정(spot-checking temperatures)에 집중하는 전통적인 보건부 검사를 대신해 HACCP 원칙을 적용하고 있다. HACCP 원칙을 훈련받은 검사자는 검수에서부터 제공까지 식품 흐름과 관련된 절차를 검토하고, 각 단계의 중요관리점을 확인할 수 있다. 많은 주 및 지방 법령은 **그림 8-18**에 제시된 식품의약국 식품시설 검사보고서 양식을 따르고 있다. 검사 보고서 작성을 위한 준수 항목 및 방향에 대한 정의는 푸드 코드(2009)에 기재되어 있다.

좋은 위생 프로그램과 잘 훈련된 종사원이 있으면 안전한 식품을 확보할 수 있으며 수준 높은 위생보고서를 작성할 수 있다(NRA Educational Foundation, 2010). 경력이 오래된 위생 감독관들은 위반사항 시정 방법에 대하여 조언해 줄 수 있다. 미국식품의약국의 푸드 코드에 따르면, 모든 위반사항에 대한 시정 조치가 이루어져야 한다. 더 중대한 위반사항이 있을 경우, 검사관이 승인한 기간 내에 시정 조치가 이루어져야 한다. 위생 감독관은 위반사항이 심각하거나 공중보건 측면에서 위험할 경우 영업을 정지시킬 수 있는 권한이 있다.

대다수의 관할지역에서는 신축이나 대규모 리모델링을 위한 계획 및 사양에 대한 검토를 요구하기 때문에, 푸드서비스 시설이 구축되기 전에 시설에 대한 검사과정이 시작될 수 있다. 시설 구축이 완료되면 방문검사를 받은 후 운영 허가를 받게 된다. 푸드서비스 업장이 문을 연 후에는 이전 검사에서의 위반사항 심각성이나 책임 기관의 업무량을 감안하여 정기적인 검사가 이루어진다.

내부 감사 푸드서비스 조직은 위생표준을 유지하는 수단으로 자체검사 프로그램을 가지고 있어야 한다. TQM 프로그램이 있는 조직에서는 위생실천에 대한 감사가 주요 구성요소 중 하나이어야 한다. 중요관리점을 위반한 경우, 시정 조치할 권한이 있는 종사원은 내부 감사의 중요한 요소가 될 수 있다. 자체 검사에 의한 자발적 식품안전 프로그램은 푸드서비스 업장이 생산 각 단계의 식품안전을 확보하고 있다는 사실을 정부와 대중에게 보장해 줄 수 있을 것이다.

8.6.2 규정

5장에서는 생산자로부터 구매자에 이르기까지 식품 품질에 관련되어 있는 주요 연방정부기관에 대하여 논의하였다. 식품을 구매한 후의 식품위생 및 식품서비스는 주로 주 및 지방 기관이나 민간단체가 통제한다.

정부의 역할 미국공중보건국과 미국공중보건국의 세분화된 기관인 미국식품의약국, 두 기관 모두 미국보건복지부 산하 기관이다. 이 두 기관은 모든 미국인의 건강을 보호하고 필수적인 휴먼서비스(특히 자신을 도울 수 없는 사람들을 위해)를 제공할 책임이 있다(Department of Health and Human Services, 1998). 미국공중보건국은 건강상 위해를 파악 및 통제하고, 보건의료서비스를 제공한다. 또한 연구를 수행 및 지원하며, 건강 관련 교육을 개발하고 있다.

양식 3-A

식품시설 검사보고서

____ 쪽의 ____

주(state) 코드에 의거하여	위험 요인/중재 위반 건수		날짜:
	반복 위험 요인/중재 위반 건수		시작 시간:
	점수(선택사항)		종료 시간:

설립	주소	시/도	우편번호	전화번호
면허/허가	인정 분류	검사목적	추정유형	위험유형

식중독의 위험 요인과 공공 보건 개입

번호가 있는 각 항목에 대한 준수 상태에 O표를 지정.(IN, OUT, N/O, N/A) COS & R 박스에 적절하게 "X" 표시

IN: 준수 OUT: 미준수 N/O=관찰되지 않는 N/A=해당사항 없음 COS: 검사 시 현장에서 수정 R: 반복 위반

	준수 현황		COS	R
	감 독			
1	IN OUT	책임자는 수행 의무 및 지식 설명		
	종사원 건강			
2	IN OUT	관리인식, 정책 존재		
3	IN OUT	적절한 보고, 제한 및 배제		
	좋은 위생 습관			
4	IN OUT N/O	적절한 식사, 시식, 음주, 담배 사용		
5	IN OUT N/O	눈, 코, 입에서의 분비물 없음		
	손에 의한 오염 방지			
6	IN OUT N/O	손을 깨끗이 하고 적절한 세척		
7	IN OUT N/A N/O	맨손으로 바로 먹을 수 있는 식품과 접촉하지 않고 승인된 다른 방법을 올바르게 따라하기		
8	IN OUT	적절한 손씻기 시설 제공과 접근성		
	승인된 재료			
9	IN OUT	승인된 출처에서 가져온 식품		
10	IN OUT N/A N/O	적당한 온도에서 식품 받기		
11	IN OUT	좋은 상태, 안전, 섞이지 않은 식품		
12	IN OUT N/A N/O	필요한 기록 이용가능성, 재고식별 택, 기생충 파괴		
	오염으로부터 보호			
13	IN OUT N/A	분리되고 보호된 음식		
14	IN OUT N/A	식품접촉표면: 청소 및 소독		
15	IN OUT	반납된, 이전에 제공된, 재처리된, 안전하지 않은 음식의 적절한 처리		

	준수 현황		COS	R
	잠재적으로 위험한 식품(TCS 식품)			
16	IN OUT N/A N/O	적절한 가열 시간과 온도		
17	IN OUT N/A N/O	뜨거움 유지를 위한 적절한 재가열 과정		
18	IN OUT N/A N/O	적절한 냉각 시간과 온도		
19	IN OUT N/A N/O	적절한 뜨거움 유지 온도		
20	IN OUT N/A	적절한 냉각 유지 온도		
21	IN OUT N/A N/O	적절한 날짜표시 및 배치		
22	IN OUT N/A N/O	공중 보건 통제 시간: 절차&기록		
	소비자 주의사항			
23	IN OUT N/A	날것 또는 덜 익힌 음식에 대한 소비자 주의사항 제공		
	감수성이 예민한 집단			
24	IN OUT N/A	살균된 식품사용, 금지 식품은 제공되지 않음.		
	화학적			
25	IN OUT N/A	식품첨가물: 승인된 것 적절하게 사용		
26	IN OUT	독성물질을 적절하게 확인, 저장, 사용		
	승인 절차 준수			
27	IN OUT N/A	다양하고 전문화된 과정과 HACCP 계획의 준수 여부		

질병통제예방센터가 보고한 식중독 발생 위험 요인 중 가장 흔한 요인은 식품 준비 및 종사원 행동이다.
공중 보건 중재는 식중독이나 부상을 방지하기 위한 통제 수단이다.

좋은 소매 실행

좋은 소매 실행은 음식에 병원균, 화학물질 및 물리적 객체의 유입을 통제하는 예방 조치이다.

번호 빈칸에 규정을 불이행시 "X" 표시 COS & R 박스에 적절하게 "X" 표시 COS: 검사 시 현장에서 수정 R: 반복 위반

			COS	R
		안전한 음식과 물		
28		필요한 경우에 사용되는 살균 계란		
29		승인된 물과 얼음		
30		전문화된 처리 방법으로 얻음		
		음식 온도 통제		
31		적절한 냉각 방법 사용, 온도 통제를 위한 적절한 장비		
32		음식은 뜨겁게 유지하기 위해 적절하게 가열		
33		승인된 해동 방법 사용		
34		정확한 온도계 제공		
		음식 식별		
35		제대로 라벨된 식품: 원래의 용기		
		식품 오염 방지		
36		곤충, 설치류, 동물이 존재하지 않음		
37		식품 준비, 저장, 진열 시 오염 예방		
38		개인 청결		
39		청소용 천: 제대로 사용하고 보관		
40		과일과 채소 세척		

			COS	R
		기구의 적절한 사용		
41		사용기구: 적절하게 저장		
42		주방기구, 설비 및 린넨 : 적절하게 건조 저장, 취급		
43		단일사용/단일 제공 규약: 적절한 저장, 사용		
44		적절한 장갑 사용		
		주방기구, 설비, 자동판매기		
45		식품 및 비식품 표면 청소, 적절한 설계, 구성, 사용		
46		세척시설: 설치, 유지관리, 사용		
47		비식품 접촉 표면 청결		
		물리적 시설		
48		냉수, 온수사용 가능: 적절한 압력		
49		배관 설치: 적절한 역류 장치		
50		하수 및 폐수 적절한 처리		
51		화장실 시설: 적절한 건설, 공급, 청소		
52		음식물쓰레기/쓰레기 적절하게 처리: 시설 유지관리		
53		물리적 시설 설치, 유지관리, 청소		
54		적절한 환기와 조명: 설계된 장소 사용		

책임자(서명)	날짜:
검사자(서명)	후속조치: 네 아니오 후속조치 날짜:

그림 8-18 식품시설 검사보고서

자료: *Food Code*, 2005.

특히 위생규정 및 위생표준과 관련되어 있는 미국공중보건국 산하 기관으로 미국 질병통제예방센터와 미국식품의약국이 있다. 미국 질병통제예방센터는 식중독 조사 및 기록보고에 대한 책임을 가지고 있다. 또한 질병 및 기타 예방 가능한 위험을 통제하는 데 있어서 리더십과 방향을

제공함으로써 공중 보건을 보호할 책임을 가지고 있다. 질병통제예방센터 내의 교육국에서는 푸드서비스 산업의 식중독을 통제하기 위한 프로그램을 개발한다. 질병통제예방센터는 식중독을 포함한 질병 발생 원인을 파악하는 일을 지원할 책임이 있다.

식품의약국은 불안전한 식품, 불순한 식품, 불안전한 약물 및 화장품, 기타 잠재적인 위험에 대항하여 국민의 건강을 보호하기 위해 노력한다. 미국식품의약국은 식품안전에 대한 책임을 갖는 규제 기관으로 설립되었으며, 식품안전검사국은 미국농무부의 산하기관으로 동일한 책임을 갖고 있다. 미국식품의약국은 식품을 실험분석하여 미생물학적 및 화학적 독성물질, 불순물, 잘못된 표시 등을 발견하며, 미국농무부는 육류 및 가금류의 작업현장을 검사하고, 동물 건강, 위생, 제품 표시를 확인한다(Cody & Kunkel, 2002).

5장에서 설명했듯이, 식품의약국은 미국 주와 주 사이의 식품 수송을 규제하는 책임을 가지고 있으며, 기차, 비행기, 선박 등 주와 주를 이동하는 수송수단 내 푸드서비스 시설을 검사할 책임이 있다. 또한 지방정부는 푸드서비스 시설을 검사해야 할 일차적인 책임을 가지고 있으며, 미국 식품의약국은 모델 코드(model code)와 법령을 개발하고 교육 및 기술을 지원함으로써 지방정부를 지원한다. 미국식품의약국은 연방 식품 · 의약품 · 화장품법(Federal Food, Drug, and Cosmetic Act)을 관장한다. 미국식품의약국은 달걀 제품검사, 생물테러, 공정한 포장 및 표시, 차(tea) 수입법령을 관리한다. 미국농무부 식품안전검사국은 가금류 제품검사, 달걀 제품검사, 연방 육류검사 법령들을 관리한다.

대부분의 주정부 및 지방정부는 푸드서비스 시설에 대한 위생실천 표준을 수립하기 위해 미국 공중보건국 법령을 채택하고 있다. 일반적으로 미국공중보건국 법령은 종사원이 식품을 안전하게 다룰 자격이 있는지 결정하기 위해 건강진단을 요구한다. 또한 위생실천에 대한 단기 교육 프로그램을 이수해야 하는 식품 취급자 인증을 요구한다.

주정부나 지방정부의 공무원은 청결 및 위생표준에 대한 수행도를 비교하기 위해 푸드서비스 업장을 정기적으로 점검한다. 모든 결함은 다음 검사 전까지 시정되어야 하며, 일반적으로 위생표준에 심각하게 부족할 경우 정부는 영업을 정지시킬 권한이 있다.

미국보건복지부 내의 다른 기관인 환경보호국 또한 푸드서비스 시설의 위생과 관련된 특정 분야에 대한 책임을 가지고 있다. 환경보호국은 다양한 연구, 모니터링, 표준 설정, 집행 활동을 통해 환경 법규를 준수하고 오염을 체계적으로 관리하기 위해 노력한다. 푸드서비스 산업에 특히 관심 있는 분야는 수질 기준, 대기 질, 살충제, 소음 감소, 고형폐기물 관리에 대한 프로그램들이다.

기타 조직의 역할 상당수의 기타 조직들은 각종 식품의 위생 품질을 향상시키고 유지하며, 푸드서비스 작업에 대한 표준을 설정하는 데 적극적이다. 예를 들어, 식품 산업의 여러 부분과 연관이 있는 무역 및 전문 기관은 식품 가공 작업을 위한 위생표준을 설정하고 있다.

전국레스토랑협회 교육재단은 푸드서비스 위생표준을 개발하고 교육을 촉진시키는 데 적극적인 리더십을 발휘해 왔다. **전국레스토랑협회(National Restauraunt Assocication)** 교육재단은 식품안전관리자자격증(ServSafe®)을 개발하였다. 식품안전관리자자격증(ServSafe®)은 잠재적으로 위험한 3가지 분야인 식품안전, 책임 있는 음주서비스, 고객안전에 집중된 위기관리프로그램이다(NRA Educational Foundation, 1995). 식품안전관리자자격증(ServSafe®) 과정은 위험 평가, 지침 설립, 종사원교육을 위한 매니저의 역할에 초점을 맞추고 있다. 식품안전관리자자격증(ServSafe®) 프로그램에는 주제별 교재 및 종사원교육 자료가 포함되어 있다. 종사원교육 자료로 학습 가이드, 비디오, 고용주용 키트(지도자 지침서와 기타 교육 도구가 포함됨)가 있다. 과정을 수료하고 교육재단이 관리하는 인증 시험에 통과한 사람은 교육재단의 식품안전관리자자격증

(ServSafe®)을 받을 수 있다. 대부분의 주 및 지방 보건당국은 매니저 또는 푸드서비스 작업 담당자가 위생 자격증을 보유할 것을 요구하고 있다.

의료 산업 분야의 경우 **조인트커미션(The Joint Commission)**의 승인이나 방문을 통한 위생 실천 평가를 포함함으로써 위생표준 수준을 높였다. 과거의 미국영양사협회(American Dietetic Association)였던 **영양학술원(Academy of Nutrition Dietetics)**은 수년 동안 식품의 안전성을 강조해 왔다. 또한 전문가를 위한 식품안전: 참고 및 학습 가이드(*Food Safety for Professionals: A reference and Study Guide*; Cody & Kunkel. 2002), 식품의 농약: 전문가를 위한 가이드(*Pesticides in Food: A Guide for Professionals*; Chaisson, Petersen, & Douglass. 1991), 푸드서비스 운영에서 재해 및 비상 대비(*Disaster and Emergency Preparedness in Foodservice Operations*; Puckett & Norton, 2003)를 출간하였다.

고등교육기관의 푸드서비스 전문가 연합회인 **전국푸드서비스대학협회(National Association of College and University Food Services, NACUFS)**는 표준매뉴얼을 출간한다. 이 표준매뉴얼은 자발적인 공동 검사 프로그램의 일환이며, 작업 개선을 위한 자체 감시 프로그램으로 사용되도록 설계되었다. 이 매뉴얼의 주요 구성은 위생, 안전 및 유지보수이다.

이전에 미국학교급식협회(American School Food Service Association, AFSFA)였던 **학교영양협회(School Nutrition Association, SNA)**는 학교 급식이 올바른 위생을 실천하도록 독려해 왔으며, 종사원을 위한 교육 제공에 적극적으로 참여해왔다. 학교영양협회가 개발한 '성공지침(*Keys to Excellence*; ASFAS, 1995)'에는 위생 및 안전 표준이 상세화되어 있다. 학교 급식 책임자는 www.schoolnutrition.org에서 지침을 활용하여 작업을 스스로 평가할 수 있다. 학교영양협회는 회원을 위해 다양한 온라인 식품안전교육프로그램을 제공하고 있다.

국립푸드서비스 관리연구소(National Food Service Management Institute)는 연구를 수행하고, 학교 급식 관계자에게 교육을 제공하기 위해 설립되었다. 국립푸드서비스 경영연구원은 학교 식품안전 프로그램 개발 및 하절기 푸드서비스 프로그램의 식품안전(*Developing a School Food Safety Program* and *Food Safety for Summer Foodservice Programs*)과 같은 몇몇 식품안전 지침 자료를 출간해 왔다.

공중보건에 있어서 모든 지식 분야 및 전문 분야를 대표하는 **미국공중보건협회(American Public Health Association, APHA)**는 식품위생에 관한 지침 및 표준을 수립하는 식품 보호 위원회를 두고 있다. 식품 보호 및 위생 분야의 전문가를 위한 여러 다른 협회도 식품안전과 위생 관련 표준 및 집행 절차를 장려하고 있다.

체인레스토랑협의회(National Council of Chain Restaurants)는 정부 정책을 수립을 돕고 고객의 우려를 해소하기 위한 특별 단체인 식품안전 위원회를 구성하였다(Allen, 1993). 이 위원회는 미래를 위한 식품안전 형성에 적극적인 역할을 계획하고 있다. 또한 새로운 연방 정부의 식품안전 지침 개발에 참여할 계획이다. 식품안전 위원회는 육류 및 가금류 제품의 병원균을 줄이기 위한 새로운 방법을 개발하기 위해 미국농무부 식품안전검사국이 개최하는 공청회에 참여할 계획이다. 마지막으로, 위원회는 주 및 지방 수준에서 식품안전 문제에 대한 정보를 수집하고 보급함으로써 푸드서비스 산업에 대한 감시기구 역할을 할 것이다.

국립위생재단(National Sanitation Foundation, NSF)은 위생과 관련된 가장 영향력 있는 준민영 기관의 하나이다. 산업 지도자와 공중보건 분야 공무원의 집단으로 조직된 미국 국립위생재단은 서비스, 연구, 교육 분야의 공중보건 및 환경 관련 프로그램을 개발하고 관리하기 위한 임무를 갖는 비상업적, 비영리적 조직이다(National Sanitation Foundation, 1997). 미국 국립위생재단은 업계 관계자, 기업, 연방 및 주의 규제 기관, 일반 대중과 함께 제품 및 서비스에 대한 전국적으로 동일하고 자발적인 합의 기준을 개발한다. 포함되어 있는 사항은 다음과 같다.

- 식수 처리 장치
- 푸드서비스 기기
- 자동 판매기
- 수영장 설비
- 폐기물 압축기 시스템
- 폐수 처리 장치
- 플라스틱 배관 시스템 구성요소
- 물 절약 시스템

기기 제조자들은 미국 국립위생재단에 제조한 기기에 대한 평가를 요청할 수 있으며, 국립위생재단 기준에 적합한 기기에 대하여 국립위생재단의 인증 시험 성적서를 받을 수 있다.

8.7 유지보수

시설 및 기기는 HACCP 기반 프로그램의 중요한 요소이다. 잘못 설계된 시설 및 기기는 세척 및 소독이 어려울 수 있다(NRA Educational Foundation, 2004). 공중보건, 건축, 도시계획 부서는 신축 건설이나 리모델링을 하기 전 시설 건설을 규제하고 계획을 승인하는 권한을 가지고 있다. 법무부 평등기회위원회는 미국장애인법에 따라 장애가 있는 고객 및 종사원이 시설을 이용할 수 있도록 시설 설계 지침을 마련하였다.

푸드서비스 매니저는 상업적 푸드서비스 기기에 대한 국립위생재단 인터내셔널(National Sanitation Foundation International, NSF International) 인증마크를 받기 위해 노력하거나 **보험협회안전시험소(Underwriters Laboratories, UL)** 위생클래스 등재를 위해 노력해야 한다. UL의 위생클래스 등재는 국립위생재단 인터내셔널 인증마크의 기준을 준수한다(그림 8-19).

국립위생재단 인터내셔널의 기준 중 하나는 기기의 청소가 용이해야 한다는 것이다. 친숙한 기호인 UL은 건축 관계자, 전기 검사관, 공중보건 관계자, 소비자에게 잘 알려져 있다. UL은 상업용 가스 및 전기 조리 기기, 안전 및 위생 인증, 에너지 효율성을 추구하는 회사가 생산한 냉장

그림 8-19 푸드서비스 기기의 미국 보험협회안전시험소(Underwriters Laboratories®) 인증 마크와 국립위생재단 인터내셔널(National Sanitation Foundation® International) 인증 마크

냉동고, 식품 준비 기기, 처리 기기를 평가하는 데에 70년의 경험을 가지고 있다. UL 직원들은 다양한 푸드서비스 산업 기기를 연구하는 전문가들이다. 또한 UL은 상업적 푸드서비스 산업 분야에서 약 20개의 안전기준을 개발하였다(Underwriters Laboratories Inc., 1993). 이러한 안전기준을 충족하는 기기는 파란색의 UL 위생 인증 마크를 붙일 수 있다(그림 8-19).

예방적 유지보수(preventive maintenance)는 기기 및 시설을 양호한 상태로 유지하는 과정이다. 예방적 유지보수는 두 가지 측면이 있다. 정기적인 청소 일정 및 표준 절차와 예방 및 수리를 통한 푸드서비스 기기 및 시설의 유지보수이다.

일부 청소 작업은 매일 수행되어야 하며, 특정 종사원의 일상 업무에 포함시켜야 한다. 다른 청소 작업은 작업의 적절성에 따라 매주, 매월, 또는 더 적은 빈도로 계획되지만, 시설의 적절한 유지보수를 위해서는 정기적으로 수행되어야 한다. 추가 종사원 또는 특수 청소 작업원이 필요할 경우도 있다. 하지만 어떠한 경우라도 시설 유지보수 프로그램을 효과적으로 수행하기 위해서는 적절한 도구, 기기, 세척 재료가 필수적이며, 필요에 따라 직접 준비하여야 한다.

모든 청소 작업의 대상, 시간, 방법, 담당에 대한 내용은 작업일정표에 포함되어야 한다. 식품 생산 영역을 위한 종합 청소 일정표의 일부를 **표 8-6**에 제시하였다.

종합 청소 일정에 덧붙여 특정 세척 절차도 개발해야 할 필요가 있다. 종사원은 푸드서비스 기기를 세척하는 절차와 적절한 세척 장비 및 재료에 대해 교육을 받아야 한다. 기기 세척 절차는 상세하게 단계별로 절차가 제시되어 있어야 한다. **표 8-7**에 중요한 안전 수칙과 함께 식품 믹서 세척 절차를 소개하였다. 다른 모든 기기에 대해서도 비슷한 절차가 개발되어야 한다. 제조업체의 지침은 이러한 절차를 개발하는 데 도움이 될 수 있다.

위생 프로그램의 품질을 확인하는 방법으로 식기, 조리기구, 기기의 세균 수를 확인하는 방법이 있다. 일부 지역에서는 보건 검사자가 이러한 테스트를 수행하기도 한다.

기기의 유지보수에 대한 기록 관리는 매니저가 수행해야 할 중요한 업무 중 하나이다. 기록에는 업장의 기기에 대한 사용년수, 상태, 서비스 내역, 유지보수 요구사항이 포함되는 것이 좋다. 기기의 수리 또는 교환 여부를 고려할 때, 수리 횟수 및 각각의 비용에 대한 기록은 중요한 정보가 된다. 물품 목록과 서비스의 기록을 유지하는 것은 보증에 관한 정보를 얻을 수 있다는 또 하나의 장점을 가지고 있다. 매니저가 기록 자료를 갖고 있지 않는 경우, 구입한 기기의 보증 기간이 남아 있는 데에도 불구하고 부품 및 서비스에 대해 비용을 지불하게 될 수도 있다. 전자 데이터베이스는 예방적 유지보수 및 보증 정보를 추적하는 데 도움이 된다.

표 8-6 식품 준비 구역의 청소 일정(일부) 예시

항목	무엇을	언제	방법	담당자
보관 용기	냄비/팬 싱크대에서 세척	비었을 때	냄비/팬 세척 절차 참조	________
작업대 표면	세척과 소독	사용 후 및 하루 마감 시	작업대 표면 세척 절차 참조	________
서빙 카운터	오물 제거	필요할 때마다	서빙 카운터 세척 절차 참조	________
	내외부의 세척과 소독	하루 마감 시	서빙 카운터 세척 절차 참조	________
믹서	믹서 볼과 봉을 냄비/팬 싱크대로 이동	사용 후	냄비/팬 세척 절차 참조	________
	모든 표면을 세척하고 소독	사용 후	기기 세척 절차 참조	________

표 8-7 믹서의 세척 절차 예시

언제	어떻게	방법
사용 후	1. 기기의 전원을 끈다. 2. 믹서의 볼과 봉을 냄비/팬 싱크대로 옮긴다. 3. 기기의 전원 코드를 분리한다. 4. 모든 표면을 세척하고 소독한다.	먼저 적절한 세제로 세척한 후; 적절한 소독액으로 소독

8.8 리스크 관리

안전, 위생 및 유지보수는 푸드서비스 업장의 사고나 질병을 예방하는 데 있어서 중요한 구성요소이자 리스크 관리의 주요 구성요소이다.

리스크(risk)는 손실 또는 손상의 가능성을 말한다. **리스크 관리(risk management)**는 어떤 미래의 사건이 조직에 해를 입힐 가능성에 대처하기 위한 활동이다. 다든 레스토랑(Darden restraurant)의 리스크 관리 책임자인 Tom Cippolone에 따르면, 리스크 관리자의 역할은 종사원과 고객을 위해 가능한 한 가장 안전한 환경을 만드는 것이다(Carlino, 2002). 리스크 관리자의 책임으로 업장 보안 감독, 종사원 및 고객의 업장 안전 보장, 소송 관리, 조직의 수익 향상이 있다.

비영리 리스크 관리 센터(2002)에서 리스크 관리는 기본적으로 다음의 세 가지 질문에 대답하는 것이라고 제안하고 있다.

- 무엇이 잘못 될 수 있는가?
- 무엇을 할 것인가(첫 번째 장소에서 발생되는 피해를 예방하는 것뿐 아니라 "사건"의 여파에 대처하기)?
- 사건이 발생하면, 어떻게 보상할 것인가?

리스크 관리자는 일반적으로 조직의 잠재적인 리스크 영역을 파악하고 리스크 가능성을 줄이기 위한 전략을 계획해야 한다. 하드락 카페(Hard Rock Cafe)의 리스크 관리 담당자인 John Pinkerton은 그의 부서 역할은 사람, 재산, 이익의 보호임을 명시하였다(Carlino, 2002).

종사원 교육은 조직의 리스크를 감소시키는 데 있어서 중요하다. 종사원을 제대로 교육하지 않으면 재정적, 신체적, 정신적 손상 및 손해의 주요 원인이 된다(King, 2002). 종사원 교육은 배정된 작업을 안전하게 수행하는 방법뿐만 아니라, 바닥에 엎질러진 이물질, 뜨겁거나 날카로운 모서리 같이 다른 사람에게 피해를 입힐 수 있는 상황에 대해 주의를 기울이는 방법도 포함해야 한다.

리스크 관리는 조직에서 리스크 관리자로 정해진 사람만 해야 하는 것은 아니다. 모든 매니저는 업장에서 발생할 수 있는 손실이나 손상에 대한 잠재성을 주의 깊게 관찰해야 한다.

요약

1. 안전, 위생 및 유지보수의 하위시스템으로 식품안전, 종사원 안전, 고객안전과 관련된 활동과 푸드서비스 시설 및 기기의 위생 및 안전과 관련된 활동이 포함된다.
2. '청결하다'와 '위생적이다'의 의미는 다르다. '청결하다'는 것은 오물이 없는 상태를 의미하고, '위생적이다'는 것은 질병의 원인이 되는 유기물이 없는 상태를 의미한다.

3. 푸드서비스 시설의 고형폐기물은 여러 가지 방법으로 관리한다. 판지, 종이, 플라스틱, 유리, 알루미늄은 재활용할 수 있고, 식품은 퇴비화할 수 있으며, 기타 여러 품목들은 소각할 수 있다. 소각할 때 발생되는 에너지는 다른 용도로 활용될 수 있다.
4. 본문에 식품안전, 종사원 안전, 고객안전을 확보하기 위한 지침과 관련하여 여러 가지 예가 제시되어 있다. 식품안전, 종사원 안전, 고객안전을 위한 지침의 예로 "식품을 위험온도범위(41~135°F, 5~57°C)에서 4시간을 초과하여 놓아두면 안 된다", "식품을 떨어뜨렸을 경우, 즉시 닦아야 한다", "출구는 식당 홀에서 눈에 띄도록 표시되어야 한다" 등이 있다.

연습문제

1. 식품 부패의 네 가지 유형을 설명하고 각각의 예를 드시오.
2. 식중독 병원체는 무엇인가? 각각 세 가지 예를 들어 기술하시오.
3. 식품 품질 관리에서 위생의 역할은 무엇인가?
4. 식품안전을 지원하기 위한 규정에는 어떤 것이 있는지 기술하시오.
5. 푸드서비스 산업에서 유지보수의 역할은 무엇인가?
6. 종사원의 안전을 보장하기 위해 1970년 의회에서 통과된 법은 무엇인가? 이 법은 어떻게 고객의 안전을 보장하는가?
7. 리스크 관리란 무엇인가? 리스크 관리가 푸드서비스 운영에서 중요한 이유는 무엇인가?

연구과제

1. 2~3명 그룹으로 식중독 병원체를 연구하고, 미래의 푸드서비스 매니저로서 이 병원균에 대하여 알아야 하는 것이 무엇인지 핸드아웃을 작성해보자.
2. 지역 위생 감독관을 수업에 초대하고, 위생검사가 어떻게 이루어지는지 토론해보자.
3. 지역 학교나 요양시설 푸드서비스 책임자와 함께 일해보고, 아직 문서화되지 않은 표준운영절차를 확인해보자(www.iowahaccp.iastate.edu/sections/foodservice.cfm). 해당 작업에 대하여 최소 두 개의 표준운영절차를 작성해보자.
4. 푸드 코드(2005)에 있는 식품 시설 검사 보고서 양식을 이용하여, 지역 푸드서비스 책임자와 함께 보고서를 작성해보자.

사례 연구

1. "The Toxic Hamburger" in Lieux, E. M., & Luoto, P. K. (2008). *Exploring foodservice systems management through problems*, 3rd ed. Upper Saddle River, NJ: Pearson Prentice Hall.
2. "The Ceiling is Falling!" by S. Kosharek in Allen-Chabot, A., Jarvis, K., & O'Halloran, R. M. (2006). *Cases in foodservice and clinical nutrition management*. Upper Saddle River, NJ: Pearson Prentice Hall.
3. "The Cafeteria Server with a Nose Ring" by S. Kosharek in Allen-Chabot, A., Jarvis, K., & O'Halloran, R. M. (2006). *Cases in foodservice and clinical nutrition management*. Upper Saddle River, NJ: Pearson Prentice Hall.
4. "Long-term Care Mock Survey: Kitchen Sanitation Inspection" by M. Altman-Traub in Allen-Chabot, A., Jarvis, K., & O'Halloran, R. M. (2006). *Cases in foodservice and clinical nutrition management*. Upper Saddle River, NJ: Pearson Prentice Hall.
5. "Outbreak at the Gates Hotel" in Williams, A. G (1997). *Hospitality cases in marketing and operations*. Upper Saddle River, NJ: Pearson Prentice Hall.

웹사이트

www.fsis.usda.gov USDA Food Safety and Inspection Service

www.dhs.gov U.S. Department of Homeland Security

www.foodsafety.gov *Food Code* 1997, 1999, 2001, 2005

www.foodsafety.gov U.S. Government Food Safety Web site

http://www.iowahaccp.iastate.edu/sections/foodservice.cfm HACCP Information Center, Iowa State University

www.extension.iastate.edu/foodsafety Iowa State University Extension Food Safety Web site

www.foodsafetyanswers.org Online food safety answers

www.fightbac.org Partnership for Food Safety Education

www.nal.usda.gov/fsrio/ Food Safety Research Information Office at the National Agriculture Library

www.foodsafety.psu.edu Pennsylvania State University Food Safety Web site

www.profoodsafety.org Integrated Food Safety Information Delivery System

www.cdc.gov/foodsafety Centers for Disease Control Food Safety Web site

www.nsf.org National Sanitation Foundation
www.ul.com Underwriters Laboratory
www.otherwhitemeat.com National Pork Council
http://www.fsis.usda.gov/ National Advisory Committee on Microbiological Criteria for Food
www.prionics.ch Prionics AG Corporation

참고문헌

ADEC Environmental Sanitation and Food Safety. (1997). Safety at the salad bar. [Online]. Available: http://www.dec.state.ak.us/eh/fss/consumers/saladbar.htm

Alaska Sea Grant College Program. (1997). HACCP news releases. [Online]. Available: http://www.seagrant.uaf.edu/

Allen, R. L. (1993). NCCR creates group to battle food fears. *Nation's Restaurant News, 27*(24), 7.

Allen, R. L. (1996). Foodservice operators cheer FDA's new HACCP seafood-safety program. *Nation's Restaurant News, 30*(2), 3, 61.

American School Food Service Association. (1995). Keys to excellence. Alexandria, VA: Author. [Online]. Available: www.schoolnutrition.org

American School Food Service Association. (1998). A history of the American School Food Service Association. [Online]. Available: www.schoolnutrition.org

Beasley, M. A. (1993). Food safety through hygiene. *Food Management, 28*(5), 36.

Bendall, D. (1992). Keeping your kitchen safe and secure. *Restaurant Hospitality, 76*(11), 124, 126.

Bobeng, B. J., & David, B. D. (1977). HACCP models for quality control of entrée production in foodservice systems. *Journal of Food Protection, 40*(9), 632–638.

Bobeng, B. J., & David, B. D. (1978). HACCP models for quality control of entrée production in hospital foodservice systems. I: Development of Hazard Analysis Critical Control Point models II: Quality assessment of beef loaves utilizing HACCP models. *Journal of the American Dietetic Association, 73*(5), 524–535.

Boss, D., & King, P. (1993). SFM's waste management survey. *Food Management, 28*(3), 42, 44.

Bryan, F. L. (2001). Conducting effective foodborne disease investigations. *Food Safety Magazine, 7*(1), 23–26, 45–47.

Byers, B., Shanklin, C. W., Hoover, L. C., & Puckett, R. (1994). *Food service manual for health care institutions.* Chicago, IL: American Hospital Publishing.

Carlino, B. (2002). Risk managers: Defusing explosive issues ranks as No. 1 priority. *Nation's Restaurant News.* [Online]. Available: www.nrn.com

Chaisson, C. F., Petersen, B., & Douglass, J. S. (1991). *Pesticides in food: A guide for professionals.* Chicago, IL: The American Dietetic Association.

Chen, C. J., Arendt, S. W., & Gregoire, M. B. (2010). What sustainable practices exist in college and university dining services? *Journal of Foodservice Management and Education,* 3(1), 5–10 [Online]. Available: www.fsmec.org.

Cheney, K. (1993). Managing a crisis. *Restaurants & Institutions, 103*(13), 51, 56, 58, 62, 66.

Cleaning and sanitization of food-contact surfaces in retail/foodservice establishments. *Food Safety Magazine.* [Online]. Available: www.foodsafetymagazine.com.

Cody, M. M., & Kunkel, M. E. (2002). *Food safety for professionals: A reference and study guide* (2nd ed.). Chicago, IL: The American Dietetic Association.

Council on Plastics and Packaging in the Environment. (1991). *Questions and answers on plastics, packaging and the environment.* Washington, DC: Author.

Crosby, M. A. (1993). Composting: Recycling restaurant waste back to its roots. *Restaurants USA, 13*(1), 10–11.

Crutchfield, S. R., & Roberts, T. (2000). Food safety efforts accelerate in the 1990s. *Food Review, 23*(3), 44–49. [Online]. Available: www.ers.usda.gov

Department of Health and Human Services. (1998). HHS: What we do. [Online]. Available: http://www.hhs.gov/

Dkystra, J. J., & Schwarz, A. R. (1991). The race against germs. *School Food Service Journal, 45*(6), 92, 94, 98.

DOL officially declares meat slicers off-limits to 16–17-year-olds. (1991). *Washington Weekly, 11*(47), 4.

Dulen, J. (1998). HACCP becomes reality. *Restaurants & Institutions, 108*(3), 90.

Environmental Protection Agency. (1988). *EPA report to Congress: Solid waste disposal in the United States.* Vols. 1 and 2. Washington, DC: U.S. Government Printing Office.

Environmental Protection Agency, Office of Solid Waste. (1989). *The solid waste dilemma: An agenda for action. Final report of the Municipal Solid Waste Task Force.* Washington, DC: U.S. Government Printing Office. EPA/530-SW-89-019.

Farquharson, J. (1998). Education, training key. *Food Management, 33*(9), 70.

FAS Online. (1998). U.S. fruit and vegetable import: Calendar year 1997. [Online]. Available: http://www.fas.usda.gov

Featsent, A. W. (1998). Food Fright! Consumers' perceptions of food safety versus reality. *Restaurants USA, 18*(6), 30–34.

Filiaggi, A. J., & Courtney, T. K. (2003). Restaurant hazards: Practice-based approaches to disabling occupational injuries. *Professional Safety,* 48(5), 18–23.

Fontana, A. J. (2001). Water activity's role in food safety and quality. *Food Safety Magazine, 7*(1), 19–21, 57.

Food and Drug Administration. (1995). Center for food safety and applied nutrition. [Online]. Available: www.fda.gov

Foodservice & Packaging Institute, Inc. (1991). *Foodservice disposables: Should I feel guilty?* Washington, DC: Author.

Foodservice injury rates hover near average. (1992). *Washington Weekly, 12*(3), 4.

Frable, F. (1996a). New, low-cost pulpers merit a rethinking of waste disposal. *Nation's Restaurant News, 30*(5), 39, 51.

Frable, F. (1996b). Manage equipment maintenance, replacement with software. *Nation's Restaurant News, 30*(5), 39, 51.

Frumkin, D. (2002). Foodservice takes aim on violence in the workplace. *Nation's Restaurant News.* [Online]. Available: www.nrn.com

Goetsch, D. L. (2010). *Basics of occupational safety.* Upper Saddle River, NJ: Pearson/Prentice Hall.

Government regulation of food safety: Interaction of scientific and societal forces. A scientific status summary by the Institute of Food Technologists' expert panel on food safety and nutrition. (1992). *Food Technology, 46*(1), 73–80.

GRAS status: What's in a name? (1992). *Food Insight* (March/April), 6–7.

Hannahs, G. (1995). Cryptosporidium parvum: An emerging pathogen. [Online]. Available: http://biology.kenyon.edu/slonc/bio38/hannahs/crypto.htm

Harmon, A. H., & Gerard, B. L. (2007). Position of the American Dietetic Association: Food and nutrition professionals can implement practices to conserve natural resources and support ecological sustainability. *Journal of the American Dietetic Association, 107*, 1033–1043.

Hazard analysis and critical control point principles and application guidelines. (1998). *Journal of Food Production, 61*(9), 1246–1259. [Online]. Available: www.fsis.usda.gov

Herlong, J. E. (1991). The Heimlich maneuver: Part of a new standard of service? *Restaurants USA, 11*(2), 17–19.

Hollingsworth, M. D., Shanklin, C. W., & Cross, N. (1995). Waste stream analysis in seven selected school foodservice operations. *School Food Service Research Review, 19*(2), 81–87.

Huang, E., Gregoire, M. B., Tangney, C., & Stone, M. (2010). What sustainable practices exist in hospital foodservice? *Journal of Foodservice Business Research.* [Online]. Available: www.informaworld.com

Illinois Department of Public Health. (1997). Healthbeat. [Online]. Available: www.idph.state.il.us/

Industry shows signs of improvement on a slippery issue. (1998). *Nation's Restaurants News.* [Online]. Available: www.nrn.com

Kim, K. (2004). Restaurant industry's commitment to professionalism results in decrease in workplace injuries. [Online]. Available: www.restaurant.org

King, P. (1992). Implementing a HAACP program. *Food Management, 27*(12), 54, 56, 58.

King, P. (1993). Recycling & source reduction. *Food Management, 28*(1), 54–55, 58, 60.

King, P. (1995). Garbage wars '95: A mid-decade report. *Food Management, 30*(6), 82–86.

King, P. (2002). On-site feeders say customer safety is first and foremost. *Nation's Restaurant News.* [Online]. Available: www.nrn.com

Kleiner, A. (1991). What does it mean to be green? *Harvard Business Review, 69*(4), 38–42, 44, 46–47.

Liston, J. (1989). Current issues in food safety—especially seafoods. *Journal of the American Dietetic Association, 89*(7), 911–913.

Liston, J. (1990). Microbial hazards of seafood consumption. *Food Technology, 44*(12), 56, 58–62.

Longrée, K., & Armbruster, G. (1996). *Quantity food sanitation* (5th ed). New York: Wiley.

Longrée, K., & Blaker, G. G. (1982). *Sanitary techniques in foodservice* (2nd ed.). New York: Wiley.

Lorenzini, B. (1992). Institutional giants face the waste issue. *Restaurants & Institutions, 102*(7), 80–81, 88–89, 92, 96.

Mason, D. M., Shanklin, C. W., Hee Wie, S., & Wolfe, K. (1999). *Environmental issues: Impacting foodservice & lodging operations.* Manhattan, KS: Kansas State University.

McCarthy, B. (1993). All about burgers. *Restaurants & Institutions, 103*(7), 89.

McLauchin, A. (1993). Restaurants urged to cook ground beef thoroughly. *Restaurants USA, 13*(3), 7.

McSwane, D., Rue, N. R., Linton, R., & Williams, A. G. (2004). *Food safety fundamentals.* Upper Saddle River, NJ: Prentice Hall.

Minor, L. J. (1983). *Sanitation, safety & environmental standards.* Westport, CT: AVI.

National Advisory Committee for Microbiological Criteria for Foods. (1989). *HACCP principles for food production.* Washington, DC: U.S. Department of Agriculture, Food Safety and Inspection Service.

National Association of College and University Food Services. (1991). *National Association of College and University Food Services professional standards manual* (2nd ed.). East Lansing, MI: Michigan State University.

National Association of College and University Food Services. (1998). About NACUFS. [Online]. Available: http://www.nacufs.org

National Food Service Management Institute. (2002). *HACCP for child nutrition programs.* Oxford, MS: Author.

National Pork Producers Council. (2002). Cooking today's pork. [Online]. Available: http://www.otherwhitemeat.com

National Restaurant Association. (1979). *Sanitation operations manual.* Chicago, IL: Author.

National Restaurant Association. (1981). *Safety operations manual.* Chicago, IL: Author.

National Restaurant Association. (1984). *Sanitation operations manual.* Chicago, IL: Author.

National Restaurant Association. (1986). *A restaurateur's guide to consumer food safety concerns. Current issues report.* Washington, DC: Author.

National Restaurant Association. (1989). *The solid waste problem. Current issues report.* Washington, DC: Author.

National Restaurant Association. (1991). *Make a S.A.F.E. choice: Sanitary assessment of food environment.* Washington, DC: Author.

National Restaurant Association. (2002). *A practical approach to HACCP.* Chicago, IL: Author.

National Restaurant Association, Educational Foundation (1992). *Applied Foodservice Sanitation* (3rd ed.) Chicago, IL: Author.

National Restaurant Association, Educational Foundation. (1995). ServSafe® Serving Safe Food: Certification Coursebook. Chicago, IL: Author.

National Restaurant Association, Educational Foundation. (2004). ServSafe® Coursebook, 3rd ed. Chicago, IL: Author.

National Restaurant Association, Educational Foundation. (2006). ServSafe® Essentials, 4th ed. Chicago, IL: Author.

National Restaurant Association, Educational Foundation. (2010). ServSafe® Essentials, 5th ed. Chicago, IL: Author.

National Sanitation Foundation. (1982). *Recommended field evaluation procedures for spray-type dishwashing machines.* Ann Arbor, MI: Author.

National Sanitation Foundation. (1997). The National Sanitation Foundation: The standard for performance. [Online]. Available: www.nfs.org

New York City Department of Health Bureau of Communicable Disease. (1998). Trichinosis. [Online]. Available: www.nyc.gov/html/doh/html/cd/cd.shtml

Nonprofit Risk Management Center. (2002). Risk Management Basics. [Online]. Available: www.nonprofitrisk.org

Olds, D. A., & Sneed, J. (2005). Cooling rates of chili using refrigerator, blast chiller, and chill stick cooling methods. [Online]. Available: http://docs.schoolnutrition.org/newsroom/jcnm/05spring/olds/index.asp

Opitz, A. (1992). Recycling: Making a world of difference. *School Food Service Journal, 46*(2), 24–25, 28, 30.

Patterson, P. (1993). Clean it or close it: Business demands strong sanitary focus. *Nation's Restaurant News, 27*(9), 44.

Pence, J. (1992). The greening of food service in North America. In *Food service and the environment: Conference proceedings* (1–12).

Wellington, New Zealand: Victoria University of Wellington.

Puckett, R., & Norton, C. (2003). *Disaster and emergency preparedness in food service operations.* Chicago, IL: American Dietetic Association.

Puzo, D. (1998). Food safety: The thin blue. *Restaurants & Institutions, 108*(11), 94–95, 100, 102, 104, 106.

Quinton, B., & Weinstein, J. (1991). Operations: Who's leading the green revolution? *Restaurants & Institutions, 101*(30), 32–35, 38, 44, 45, 54.

Riell, H. (1993). Pulpers get a new life at age 40. *Restaurants USA, 13*(3), 9.

Saving the planet. What school food service needs to know about going green. (1992). *School Food Service Journal, 46*(2), 20–21.

Schweitzer, D. (2010). Foodservice kitchen safety: A model for reducing employee injuries. *Dietary Manager*, June, 20–24

Shanklin, C. (1991). Solid waste management: How will you respond to the challenge? *Journal of the American Dietetic Association, 91,* 663–664.

Shanklin, C., & Hackes, B. (2001). Position of the American Dietetic Association: Dietetics professionals can implement practices to conserve natural resources and protect the environment. *Journal of the American Dietetic Association, 101,* 1221–1227.

Shanklin, C. W., & Hoover, L. (1993). Position of the American Dietetic Association: Environmental Issues. *Journal of the American Dietetic Association, 93,* 589–591.

Solid waste management resource guide. (1992). *School Food Service Journal, 46*(2), 42.

Somerville, S. R. (1992). Safety is no accident. *Restaurants USA, 12*(7), 14–18.

Spears, M. C. (1999). *Foodservice procurement: Purchasing for profit.* Upper Saddle River, NJ: Prentice Hall.

Spertzel, J. K. (1992a). The great dishroom debate: Permanentware vs. disposables. *School Food Service Journal, 46*(2), 36–38.

Spertzel, J. K. (1992b). Safety is no accident. *School Food Service Journal, 46*(4), 50–53.

Su, A., Mason, D. M., & Shanklin, C. W. (1994). Kansas school foodservice operators solid waste management practice. Unpublished raw data.

Testin, R. F., & Vergano, P. J. (1990). Packaging in America in the 1990s: *Packaging's role in contemporary American society: The benefits and challenges.* Herndon, VA: Institute of Packaging Professionals.

The complete HACCP manual for institutional food service operations (2nd ed.). (1997). Dunkirk, NY: Food Service Associates.

Thorner, M. E., & Manning, P. B. (1983). *Quality control in foodservice* (rev. ed.). Westport, CT: AVI Publishing.

Underwriters Laboratories, Inc. (1993). *Foodservice equipment.* Northbrook, IL: Author.

University of Iowa Injury Prevention Research Center (UI IPRC). (2001). *Workplace violence.* [Online]. Available: http://www.public-health.uiowa.edu/IPRC/NATION.PDF

Unklesbay, N. (1977). Monitoring for quality control in alternate foodservice systems. *Journal of the American Dietetic Association, 71*(4), 423–428.

Unklesbay, N., Maxcy, R. B., Knickrehm, M., Stevenson, K., Cremer, M., & Matthews, M. E. (1977). Foodservice systems: Product flow and microbial quality and safety of foods. North Central Regional Research Bulletin No. 245. Columbia: University of Missouri Columbia Agricultural Experiment Station.

U.S. Department of Agriculture. (1970). *Keeping food safe to eat, Home and Garden Bulletin No. 162.* Washington, DC: Author.

U.S. Department of Agriculture. (2004). Biosecurity Checklist for School Foodservice: Developing a Biosecurity Management Plan. [Online]. Available: http://healthymeals.nal.usda.gov/hsmrs/biosecurity.pdf

U.S. Department of Agriculture. (2005). Guidance for school food authorities: Developing a school food safety program based on the process approach to HACCP principles. [Online]. Available: www.fns.usda.gov/fns/safety/pdf/HACCPGuidance.pdf

U.S. Department of Health, Education, and Welfare, Public Health Service, Food and Drug Administration. (1978). *Food service sanitation manual: 1976 recommendations of the Food and Drug Administration.* DHEW Publication No. (FDA) 78-2081. Washington, DC: Government Printing Office.

U.S. Department of Health and Human Services, Food and Drug Administration. *Food Code 2009.* [Online]. Available: www.fda.gov/Food/FoodSafety/RetailFoodProtection/FoodCode/FoodCode2009/

U.S. Food and Drug Administration Center for Food Safety and Applied Nutrition. (2002). The Bad Bug Book. [Online]. Available: www.fda.gov

Way, L. (1992). OSHA test promotes foodservice safety. *Restaurants USA, 12*(4), 7.

Weinstein, J. (1991a). The clean restaurant. I: Physical plant. *Restaurants & Institutions, 101*(12), 90–91, 94, 96, 98, 100, 106–107.

Weinstein, J. (1991b). The clean restaurant. II: Employee hygiene. *Restaurants & Institutions, 101*(13), 138–139, 142, 144, 148.

Weinstein, J. (1992a). Greening of the giants. *Restaurants & Institutions, 102*(19), 146–150, 152, 156.

Weinstein, J. (1992b). The accessible restaurant. *Restaurants & Institutions, 102*(9), 96–98, 102, 104, 110, 117.

Wolf, I. D. (1992). Critical issues in food safety, 1991–2000. *Food Technology, 46*(1), 64–70.

Yaffar, E. A., & Dibner, M. D. (1992). Grease-eating microbes: A high-tech solution to a low-tech problem. *Cornell Hotel and Restaurant Administration Quarterly, 33*(6), 84–90.

Chapter

9 관리의 원칙

개요

- 관리는 기술적, 인간적, 개념적 능력을 필요로 한다.
- 관리자는 다양한 역할과 기능을 수행한다.
- 성공하는 관리자는 효과적이며 효율적이다.
- 관리자는 조직문화의 형성을 돕는다.
- 관리자는 세계 경제의 흐름을 이해하고, 그에 기초하여 경영한다.

학습목표

1. 효과성, 효율성, 권한, 책임, 통제 범위와 같은 관리 관련 용어를 정의할 수 있다.
2. 관리자의 역할과 기능을 설명할 수 있다.
3. 기술적, 인간적, 개념적 능력의 차이를 설명할 수 있다.
4. 조직도를 그릴 수 있다.
5. 세계화가 푸드서비스 업장에 미치는 영향을 분석할 수 있다.

관리는 푸드서비스 시스템에서 투입을 산출로 변환하는 과정에 필수적인 요소이다. 이 장에서는 관리의 개념을 설명하고 푸드서비스 운영에 적용하여 살펴본다. 특히 푸드서비스 시스템의 변환과정에서의 관리 기능의 중요성을 집중적으로 다룬다. 또한 조직을 구성하는 방법, 사회적 책임, 세계화에 대한 내용도 다룬다.

9.1 관리 과정

관리(management)란 조직의 목표 달성을 위해 상호 관련성이 없는 자원을 하나의 총체적 시스템으로 통합하는 과정을 의미한다. 관리는 계획, 조직화, 충원, 지휘, 통제와 같은 기능을 포함하며, 조직의 하위시스템의 활동 조정에 핵심적이다. Robbins, Decenzo, Coulter(2011)는 관리를 다른 이들과 협업하거나 다른 사람들을 통하여 일련의 활동을 효율적, 효과적으로 완수할 수 있도록 작업 활동을 조정하는 과정이라고 설명하였다. 이러한 정의는 모두 조직의 목적 및 목표 달성에 초점을 둔 관리 활동의 중요성을 강조한다. 그림 9-1에서 나타나듯이 관리는 투입을 산출로 만드는 변환과정의 일부분이다.

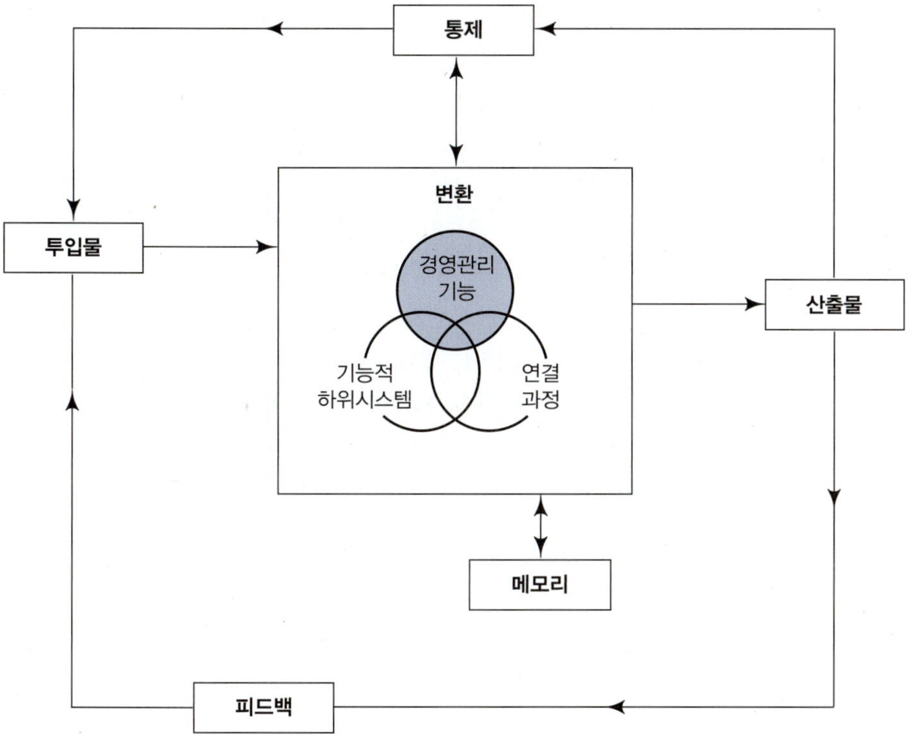

그림 9-1 푸드서비스 시스템 모형의 경영관리기능

9.1.1 조직 관리

개인의 활동 대부분이 조직 안에서 이루어지기 때문에 관리의 개념은 광범위하게 적용된다. 인간은 기본적으로 서로 협력하며 상호의존적 관계를 맺으려는 성향을 갖고 있다. 비공식적, 임시적인 조직부터 공식적, 체계적인 조직까지 모든 조직에서 관리가 필요하다. **조직(organization)**은 목적 달성을 위해 체계적, 조직적으로 협업하는 사람들의 집단이다(Griffin, 2001). 관리자는 조직의 목적 달성을 위해 조직의 다양한 자원을 획득, 조직, 결합함으로써 합리적으로 조정하는 역할을 담당한다. 관리는 조직의 효과적, 효율적 목적 달성을 위해 여러 자원(인력, 재료, 시설, 운영 자원)에 대하여 행하는 일련의 활동(계획, 조직화, 충원, 지휘, 통제)이다.

9.1.2 관리의 효율성과 효과성

관리를 위해서는 도덕, 윤리, 이상을 고려하면서 인적, 물적 자원을 조정해야 한다. 목적은 가치와 선호에 따라 결정되지만, 목적 달성의 수단은 사회적, 도덕적으로 수용 가능해야 한다. 관리자의 업무는 예측이 어렵고 도전적인 경우가 많으나, 한편으로는 변화를 선도할 기회가 많다.

관리 과정에서는 권한, 책임, 의무의 개념이 중요하다. **권한(authority)**이란 상위 관리자가 하위 관리자에게 위임하는 것으로, 관리자의 직위에 근거하여 다른 이들을 지휘하고 특정한 행동을 취할 권리이다. **책임(responsibility)**이란 주어진 업무를 수행하거나 다른 이들이 수행하는 것을 감시할 의무를 의미한다. 책임은 특정 인물이 수용한 의무이므로 다른 사람에게 위임하거나 전가할 수 없다. 원칙적으로 책임을 맡은 사람은 그 책임을 다할 의무가 있다. **의무(accountability)**란 자신, 일부 조직, 또는 심지어 대중에 대한 책임을 다하는 상태를 의미한다. 시스템의 맥락에서 관리는 목표를 달성하는 과정으로 정의되므로 의무는 관리 역할의 필수적 측면이라 할 수 있다.

관리자들은 자원이 부족하고 위기가 증가하는 상황에서도 성과를 내야 한다. 조직이 성공하기 위해서는 한정된 자원을 효율적, 효과적으로 사용하여 원하는 결과를 얻어야만 한다. **효율성(efficiency)**은 "일을 올바르게 하는 것", **효과성(effectiveness)**은 "올바른 일을 하는 것"을 의미한다.

Robbins, Decenzo, Coulter(2011)에 따르면 경영에 있어서 효율성, 즉 일을 올바르게 하는 능력은 최소의 투입으로 최대의 산출을 얻는 것을 의미한다. 예를 들어 식재료비를 줄여 목적을 달성한 푸드서비스 매니저는 일을 효율적으로 했다고 볼 수 있다. 이에 반하여 효과성은 적절한 목표를 선택하는 능력을 의미한다. 성공적인 푸드서비스 매니저는 품질 기대치의 충족 여부를 확인하기 위해 고객을 인터뷰하는 것과 같이 목표 달성을 위한 적절한 수단을 선택해야 한다.

피시 앤 칩스를 선호하는 고객에게 구운 오렌지 러피[1] 메뉴 제공을 계획한 푸드서비스 매니저의 행동은 효율적일지 몰라도 효과적이지는 않다. 즉, 효율성이 아무리 높아도 효과성은 보장되지 않는다. 최초로 효율성과 효과성을 관리 성과와 관련 지은 경영학자 중 한 명인 드러커(Drucker, 1964)는 일을 올바르게 하는 방법이 아니라 올바른 일을 찾는 방법이 중요하다고 말했다. 따라서 효과성은 의무의 핵심과도 같다.

9.2 관리자의 유형

이제까지 **관리자**(*manager*)라는 용어는 인적자원과 기타 자원에 대한 책임이 있는 모든 이들을 가리키는 용어로 사용되었다. 그러나 조직에는 다양한 업무와 책임을 맡은 여러 유형의 관리자가 있다. 업무의 수준과 책임의 성격에 따라 관리자를 분류할 수 있다.

9.2.1 관리 단계

대부분의 조직에서는 관리 단계를 하위, 중간, 최고 단계로 구분한다(그림 9-2). 보통 하위 관리자에게는 종사원을 감독할 책임이 있다. 푸드서비스 업장에서 하위 관리자는 푸드서비스 슈퍼바이저(supervisor)로 지칭되며 기능적 책임을 지기도 한다. 예를 들어 대학교 기숙사의 급식소에서 하위 관리자는 생산, 서비스, 위생관리를 담당한다.

1장에서 조직의 세 단계(기술적, 조직적, 정책결정 단계)를 보여주는 모델(그림 1-3 참조)을 소개하였다. 그림 9-2는 관리 단계가 조직의 세 단계와 어떻게 연결되는지를 보여준다. 하위 관리자는 기술적 단계의 업무를 수행하며 일별 운영 활동에 대한 책임이 있다.

중간 관리는 조직의 복잡성에 따라 둘 이상의 관리 단계를 포괄하기도 한다. 중간 관리자의

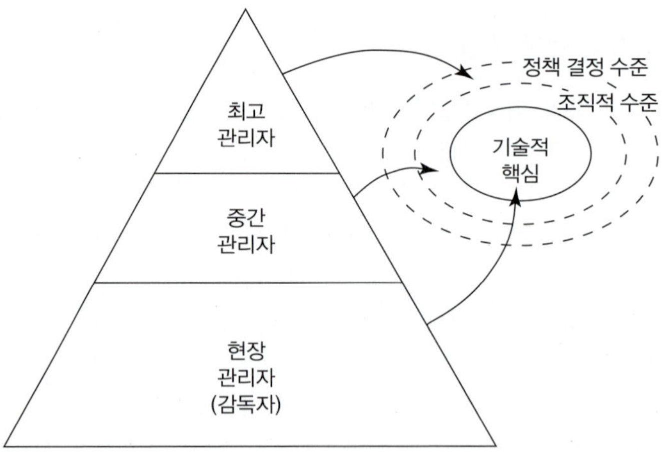

그림 9-2 관리자 직위와 조직에서의 역할

1) orange roughy, 뉴질랜드 연안에 서식하는 심해어류의 일종.

주요 업무는 조직의 지침 이행에 필요한 활동 조정과 기술적 단계의 활동 촉진이다. 중간 관리자는 다른 관리자의 활동을 지휘하며 때로는 기능적 종사원들의 활동을 지휘하기도 한다. 또한 중간 관리자는 하위 관리자와 최고 관리자 간의 커뮤니케이션을 촉진하고 조직적 단계의 업무를 수행한다.

대학교 기숙사 급식의 경우, 한 명 이상의 중간 관리자가 급식 운영을 구성하는 다양한 부서를 조정하는 책임을 지기도 한다. 캠퍼스 규모와 고객 편의성을 고려할 때 부서 관리자 및 부서 부관리자를 보유한 푸드서비스 센터가 여러 개 있어야 한다. 각 부서 내의 하위 관리자는 부서 관리자에게, 부서 관리자는 캠퍼스 푸드서비스 책임자에게 보고한다.

최고 관리자는 조직을 통제하는 소수의 경영진으로 구성된다. 이들은 조직의 비전을 만들고 전반적인 관리 책임을 지며, 운영 지침을 수립하고, 조직과 환경의 상호작용을 가이드한다. 최고 관리자들은 정책결정 단계의 업무를 담당한다. 레스토랑 체인의 여러 단위를 관리하는 관리자는 지침 이행, 판매 촉진, 시설의 유지 보수, 재무 관리, 인력 관리 등에 대한 책임이 있다(Umbreit, 1989).

관리자 교육 푸드서비스 업장의 하위 관리자들은 종사원에서 시작하여 관리자로 승진한 경우가 많으므로 공식적인 관리 교육을 받지 못했을 가능성이 있다. 그러나 의료시설 급식소의 하위 관리자는 직업전문학교, 전문대학, 방송통신대학교 등에서 1~2년간 영양 관리 프로그램을 수료한 경우가 많다. 또한 의료시설에서는 영양기능사(dietetic technician)가 환자 영양 관리를 위해 하위 관리자로 고용되는 경우가 증가하고 있다. 일반적으로 영양기능사는 2년간 준학사 과정을 수료한 상태이다.

푸드서비스의 중간 관리자와 최고 관리자는 전문적 교육을 받은 경우가 많다. 최근에는 푸드서비스 또는 환대산업 경영 관련 학위 소지자가 관리자로 채용되는 경향이 나타나고 있다.

종합적품질관리(TQM)의 관리 단계 전통적인 조직 모델은 하위 관리자들이 아래층에 있는 피라미드형 구조이다(그림 9-2). 피라미드 구성요소의 순서를 뒤집으면 종합적품질관리에 전념하는 조직에 적용 가능한 모델이 만들어진다(그림 9-3). 이 모델에 따르면 관리자는 종사원이 음식을 만들고 고객에게 서비스를 제공함에 있어 종사원을 지원 및 지도해야 한다.

그림 9-3 TQM 조직의 고객 중심 경영

최고 관리자는 변화를 위한 전략을 수립함으로써 푸드서비스 조직의 미래를 위한 비전을 만드는 데 집중해야 한다(Huge & Vasily, 1990). 푸드서비스 조직의 목적은 고객을 만족시키고 음식과 서비스로 고객에게 기쁨을 주는 것이다. Dessler(2002)는 기업이 치열한 경쟁과 기술적 변화에 다음의 방식으로 대처한다고 설명하였다.

- 보다 작은 운영 단위를 생성한다.
- 교차기능을 수행하는 팀을 만든다.
- 종사원에게 의사 결정 권한을 위임한다.
- 조직 내 단계의 수를 축소한다.
- 비전과 가치를 강조한다.
- 인터넷의 활용 방안을 모색한다.

Robbins와 Coulter(2007)는 미래의 기업은 유연하고, 고객 중심적이고, 기술을 중시하고, 역동적이며, 관여를 중시할 것이라고 하였다. 전통적으로 최고 관리자들의 영역에 속했던 활동을 다른 조직 구성원이 공유 및 수행하는 경우가 늘어날 것이다.

관리자는 모든 종사원이 문제를 해결하고, 조직을 개선하고, 해결책을 실행할 수 있도록 독려하고 종사원들에게 권한을 위임하는 환경을 조성해야 한다. 종사원들이 소속된 기업의 수익, 손실, 시장 점유율을 이해할 수 있도록 관리자는 사업과 경쟁 관련 정보를 모든 종사원들과 공유해야 한다. 정보를 공유해야만 종사원이 기업의 미션에 부합하는 의사결정을 내릴 수 있다(Gufreda, Maynard, & Lytle, 1990).

9.2.2 일반 관리자와 기능적 관리자

앞에서는 관리자를 조직 내 단계에 따라 분류하였다. 관리자는 그들이 책임지고 있는 활동의 범위를 기준으로 다르게 분류될 수 있다. 이 기준을 따르면 관리자를 일반 관리자와 기능적 관리자로 분류할 수 있다.

일반 관리자(general manager)는 푸드서비스 업장의 모든 활동에 대한 책임이 있다. 레스토랑에서 특정 근무 시간대에 발생하는 모든 일에 대한 책임은 해당 시간에 근무하는 일반 관리자에게 있다. **기능적 관리자(functional manager)**는 예를 들어 바(bar)와 같은 조직의 한 영역에 대한 책임만 있다. 그러나 바 담당 관리자가 결근하면 일반 관리자가 해당 관리자를 대신하거나 해당 관리자의 대체 인력을 지정해야 한다.

규모가 작은 조직은 일반 관리자를 한 명, 크고 복잡한 조직은 일반 관리자를 여러 명 보유하기도 한다. 대학교 푸드서비스 책임자, 부서 관리자, 부서 부관리자는 보통 일반 관리자로 분류된다. 부서의 규모에 따라 둘 이상의 기능적 관리자가 부서의 여러 활동에 대한 책임을 지기도 한다.

9.3 관리자의 역할

민츠버그(Mintzberg, 1980)는 직위에 따른 일련의 행동을 조직화한 집합이라고 표현한 다양한 역할로 관리자의 업무를 설명하였다. 그림 9-4와 같이 민츠버그는 관리자의 업무를 상이하지만 밀접하게 연관된 10가지 역할로 설명하였다. 관리자의 공식적 권위에서 대인관계 역할, 정보처리 역할, 의사결정 역할이 파생된다.

9.3.1 대인관계 역할

대표자, 리더, 연결자가 수행하는 **대인관계 역할(interpersonal roles)**의 초점은 인간관계에 있다. 일부 관리 전문가는 **대표자(*figurehead*)**의 역할을 관리 대표로서의 책임으로 본다. 이들은 조직이

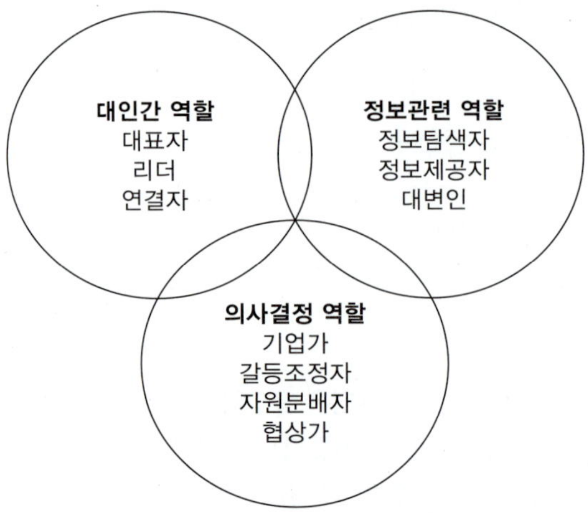

그림 9-4 경영관리의 역할

나 단위의 수장이므로 성명서 작성, 중요 행사 참석 등 의식과 관련된 업무를 수행해야 한다. 이러한 업무의 다른 예로는 고위층 방문단을 접견하거나 훈련을 이수한 직원에게 수여할 증서에 서명하는 일을 들 수 있다.

리더(*leader*)는 조직이나 부서뿐만 아니라 직원의 업무에 대한 책임이 있다. 리더의 역할은 직원 충원과 훈련부터 직원에게 동기를 부여하는 환경 조성까지 포괄한다. 민츠버그(1975)는 관리자의 영향력은 그가 리더 역할을 수행할 때 가장 잘 드러난다고 하였다. 관리자는 직원들의 개인적 니즈를 조직의 목표와 조화시킬 수 있도록 장려 및 지원해야 한다.

관리자는 또한 조직 내부와 외부의 사람을 다루는 **연결자**(*liaison*) 역할을 해야 한다. 관리자는 조직 내 다른 부서, 공급업자, 고객과 원만한 관계를 유지해야 한다. 관리자의 조직 내 단계에 따라 연결자로서의 책임이 달라진다. 민츠버그(1975)의 연구에 따르면, 최고 경영진이 외부 사람과 보낸 시간은 사람과 보낸 총 시간의 44%에 달했다. 연결자의 역할은 관리자의 정보 시스템 구축에 중요하다.

9.3.2 정보처리 역할

민츠버그(1975)에 따르면 커뮤니케이션이 관리자의 가장 중요한 역할일 수 있다. 관리자는 적절한 의사결정을 하기 위해 정보를 필요로 하고, 관리자가 관할하는 조직 또는 부서의 직원은 관리자를 통하여 얻는 정보에 의존한다. 민츠버그(1975)는 정보처리 역할은 정보탐색자, 정보제공자, 대변인으로서의 역할이라고 설명했다.

정보탐색자(*monitor*)로서 관리자는 조직을 보다 효과적으로 만들 정보를 지속적으로 탐색한다. 관리자는 연락 담당자와 그 하위 직원에게 문의하여 정보를 얻는 한편, 별도 요청 없이 기존 연락망에서 얻을 수 있는 정보도 기민하게 수집해야 한다. 또한 관리자는 정보를 다양한 형태로 수집하고 조직을 위해 활용하는 방안을 파악해야 한다.

정보제공자(*disseminator*)로서 관리자는 정보제공자가 없으면 정보를 접하기 어려운 하위 구성원들에게 정보를 전달한다. 이 역할은 직원들의 정보 관련 니즈에 대한 파악이 중요하다. 관리자는 직원이 조직에 대하여 더 잘 알고, 효과적으로 일하는 데 필요한 정보를 전달해야 한다.

대변인(*spokesperson*) 역할을 하는 관리자는 조직 또는 부서 내부와 외부의 사람들에게 정보를 전달한다. 예를 들어 병원의 영양 책임자는 경영자에게 여러 문제를 지속적으로 보고해야 하고, 호텔의 식음료 관리자는 일반 관리자에게 전반적인 정보를 보고해야 한다. 대변인의 역할은 입법자, 공급업체, 지역 단체에게 정보를 제공하는 일을 포함하기도 한다.

9.3.3 의사결정 역할

관리자는 조직 내 의사결정에 중요한 역할을 한다. 관리자는 공식적 권한이 있기 때문에 조직의 신규 활동이나 전략을 결정할 수 있다. 민츠버그(1975)가 주장하였듯이 관리자는 정보처리 역할을 통하여 의사결정에 필요한 기본 정보를 얻을 수 있다. 의사결정 역할은 기업가, 갈등조정자, 자원배분자, 협상자로서의 역할이다.

기업가(*entrepreneur*)로서 경영관리자는 자발적으로 변화를 주도한다. 기업가 역할의 예로는 경쟁 레스토랑 또는 고객과의 커뮤니케이션 후 신규 메뉴를 도입하는 일이 있다.

갈등조정자(*disturbance handler*) 역할을 하는 관리자는 자신의 통제를 벗어난 상황에 대응해야 한다. 이 역할을 수행하는 관리자는 상황이 간과할 수 없을 정도로 심각할 경우 행동에 나서야 한다. 이러한 상황의 예로 파업, 공급업자가 질 좋은 제품 또는 서비스를 공급하지 못하는 상황을 들 수 있다. 훌륭한 관리자가 위기상황을 피하기 위해 노력해도 예기치 못한 사고를 모두 피할 수 있을 정도로 원활히 운영되거나 체계화된 조직은 없다. 한편 서툰 관리자가 위기가 발생할 때까지 이를 방치하여 갈등이 생기기도 한다. 훌륭한 관리자는 우발적인 위기에 대처해야 한다.

자원배분자(*resource allocator*)로서 관리자는 조직의 자원을 누구에게 어떻게 분배할지 결정한다. 관리자는 중요한 결정을 내릴 때 전체적 우선순위와 업장의 니즈를 고려해야 한다. 이와 같은 결정에는 절충이 필요한 경우가 많다.

협상가(*negotiator*)로서 관리자는 만족스러운 절충안을 도출할 때까지 주고받는 과정을 이어간다. 관리자는 공급자와 복잡한 계약을 맺거나 조직 내에서 비교적 덜 형식적인 협상을 할 때 필요한 정보와 권위를 가진 유일한 사람이므로 이러한 책임을 이행한다. 예를 들어 체인 레스토랑의 지점 관리자는 지역에서 특수한 광고를 하기 위해 본사와 협상하기도 한다.

9.4 관리 능력

카츠(Katz, 1974)는 모든 관리자에게 필요한 능력으로 기술적, 인간적, 개념적 능력을 제시하였다. 세 가지 능력은 관리 책임의 단계에 따라 상대적 중요성이 달라지기도 한다. 카츠는 **능력(skill)**을 개발할 수 있고 성과에서 나타나는 역량이라고 정의하였다. 또한 그는 관리자를 조직의 목표 달성을 위해 다른 이들의 활동을 지휘하며 이를 통해 목표 달성의 책임을 다하는 사람이라고 설명하였다. 기술적, 인간적, 개념적 능력은 서로 연관되어 있으나 이하에서 따로 설명한다.

9.4.1 기술적 능력

기술적 능력(technical skill)은 특정한 분야, 특히 기술과 관련된 분야에 대한 이해와 숙련을 의미한다. 이러한 기술은 전문지식, 분석능력, 도구 및 절차의 활용에 대한 전문 지식을 요구한다. 관리자는 책임이 있는 활동을 이해 및 감독하기 위해 충분한 기술적 능력이 필요하다. 예를 들어 푸드서비스 매니저는 대량 조리와 설비 운영을 이해해야 한다. 매니저는 부하 직원들에게 적절한 질문을 하고, 업장 평가, 종사원 훈련, 위기 상황 대처에 필요한 기술적 능력을 갖추어야 한다.

9.4.2 인간적 능력

인간적 능력(human skill) 또는 **대인관계 능력(interpersonal skill)**은 협업하고 사람들의 행동을 이해하는 능력이다. 효과적인 의사소통이 필요한 이 능력은 관리자의 모든 활동에서 매우 중요하며 모든 활동을 할 때 지속적으로 발휘되어야 한다. 카츠(1974)가 말한대로 인간적 능력의 필요성은 특정 시점에 국한되지 않는다. 이 능력을 갖춘 관리자의 활동은 자연스럽고 지속적이며 조직 내 다른 이들의 니즈와 동기에 부합한다.

카츠(1974)는 인간적 능력을 관리자가 관리하는 단위 내에서의 리더십과 조직 간 관계에서 발휘하는 능력의 두 가지로 묘사하였다. 이는 민츠버그(1975)가 묘사한 리더와 연결자의 대인관계 역할과 유사하다. 두 학자는 공통적으로 조직 내외부의 사람들과 모두 효과적으로 협업하는 관리자의 중요성을 강조하였다. 예를 들어 대학교 푸드서비스 책임자는 부서 관리자, 기숙사 책임자, 시설유지 책임자, 교내 구매 책임자와 함께 업무를 효과적으로 수행해야 한다.

9.4.3 개념적 능력

개념적 능력(conceptual skill)은 조직 내 다양한 부분의 상호 의존성과 한 부분의 변화가 다른 부분에 미치는 영향을 파악하고 조직을 총체적으로 이해하는 능력이다. 이 능력은 조직을 환경적 맥락에서 이해하는 역량을 포함한다. 유사 조직, 공급업체와의 관계가 환경적 맥락의 예시에 해당한다. 또한 이 능력은 조직에 작용하는 정치, 사회, 경제적 힘에 대한 이해를 포함한다. 개념적 능력은 경영에 대한 시스템적 접근법이다. 관리자는 조직의 이익을 극대화하는 방향으로 결정을 내리기 위해 특정 상황에서 다양한 힘의 관계를 이해함에 있어 개념적 능력이 필요하다.

요컨대 카츠(1974)는 효과적인 관리를 위해 관리자에게 기본적인 능력 세 가지가 필요하다고 주장하였다. 업무에서 기계적 측면의 완수를 위해 기술적 능력이 필요하고, 협업을 위해 인간적 능력이 필요하며, 업무 관련 요소 간의 상호연관성 이해를 위해 개념적 능력이 필요하다.

9.4.4 관리 단계와 능력

위에서 제시한 세 가지 능력은 모든 관리 단계에서 필요하지만 관리자의 책임 단계에 따라 세 가지의 상대적 중요성이 달라진다(그림 9-5). 기술적 능력은 Hersey, Blanchard, Johnson(2000)이 감독과 비감독이라고 명명한 하위 관리 단계에서 가장 중요하며 상위 단계에서는 덜 중요하다. 비감독 수준의 예로 다른 직원에게 실무교육을 하는 직원을 들 수 있다. 감독 수준의 예시로 푸드서비스 생산 감독자는 일별 운영에 관여하는 종사원의 감독에 기술적 능력을 종종 활용해야 한다. 기술적 능력은 상품 평가, 직원 훈련, 문제 해결에 중요하다.

중간 관리자는 업장 평가와 다양한 업무 수행에 적합한 능력을 지닌 직원 선발에 기술적 능력을 활용한다. 위기 상황에서도 중간 관리자에게 기술적 능력이 요구되기도 한다. 경영진 수준의 최고 관리자는 일별 운영에 관여하지 않지만 효과적인 계획을 세우기 위해 운영의 기술적 측면을 이해해야 한다.

그림 9-5가 보여주듯이 다른 이들과 성공적으로 협업하는 능력을 의미하는 인간적 능력은 모든 단계의 관리자에게 필수적이다. 일별로 종사원들을 감독해야 하는 일선 관리자는 종사원들이 맡은 업무를 완수할 수 있도록 이들을 안내 및 지도해야 한다. 관리자는 종사원들이 양질의 상품을 생산하고, 기쁜 마음으로 고객 서비스를 제공하며, 설거지를 제대로 하도록 동기를 부여해야 한다. 사기와 만족은 각 종사원이 성공적인 성과를 내는 데 중요하다.

중간 관리자는 조직에서 중심적 역할을 담당하므로 인간적 능력이 각별히 요구된다. 중간 관리자는 자신이 관리하는 그룹을 성공적으로 이끌고, 다른 그룹과도 원활한 관계를 맺어야 한다. 최고 관리자는 조직 외부 사람과의 관계를 동등하게 성공적으로 맺어야 한다.

그림 9-5 종사원과 매니저에게 필요한 기술

개념적 능력의 중요성은 단계가 올라갈수록 증가한다. 상위 단계로 올라갈수록 조직의 많은 부분에 영향을 미치는 장기적이고 광범위한 결정에 대한 관리자의 관여도가 증가한다. 따라서 상위 단계의 관리자에게 가장 중요한 능력은 개념적 능력이다.

9.5 관리의 기능

관리자의 직무는 여러 가지 방식으로 설명된다. 관리자의 직무를 "기능"이라고 부르는 기준에 따라 조직하는 경우가 많다. 관리의 다섯 가지 기능은 계획, 조직화, 충원, 지휘, 통제이다. 관리자는 이와 같은 기능을 조직 내 하위시스템의 활동 조정 과정에서 수행한다.

9.5.1 계획

계획은 관리상의 계획 절차의 결과물로, 조직의 목표를 설정하고 그 목표 달성을 위한 과정을 결정하도록 한다. 계획은 목표 달성을 위해 자원을 획득 및 사용하며, 구성원에게 역할을 배정하는 일을 가능케 한다. 계획은 또한 성과를 모니터링하고 필요한 경우 수정 조치를 취함에 있어 필요한 기준을 제공한다.

계획의 정의 **계획(planning)**은 어떤 일을 미리 결정하는 것으로, 관리자가 조직, 충원, 지휘, 통제 기능을 수행함에 있어 필수적이다. 예컨대 감독자 또는 관리자가 메뉴를 결정하는데, 이때 메뉴는 음식 조리 단위의 준비(조직), 직원 수(충원) 및 직원별 업무(지휘), 상품의 품질과 비용(통제)을 결정하는 기초 계획이다.

그림 9-6은 계획의 단계를 보여준다. 초기 계획은 조직의 목적 및 목표에 관련하며, 여러 하위 시스템의 목표에 기초가 된다. **목적(goals)**은 개인, 그룹 또는 조직이 성취하고자 하는 미래의 바람직한 상태를 의미하며(Kast & Rosenzweig, 1985), **목표(objectives)**는 목적 또는 종착점이며, 모든 관리 계획이 나아갈 방향을 의미한다(Fulmer, 1988). 목표가 정해지면 이를 보다 체계적 방식으로 실현하기 위해 정책, 절차, 방법과 같은 구체적 계획을 수립한다. **정책(policies)**은 조직 내 행동에 대한 가이드라인이며, **절차(procedures)**와 **방법(methods)**은 실행을 위한 단계를 규정한다.

조직은 그림 9-7과 같이 소수의 광범위한 계획과 다수의 구체적인 계획을 보유한다. 학교 내 학교 급식소들은 오직 두 개의 광범위한 계획을 보유하는 경우도 있다. 이의 예로 기준과 예산에

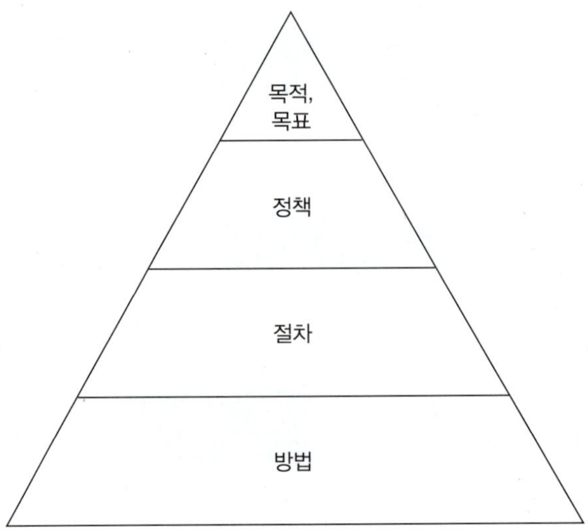

그림 9-6 계획의 계층

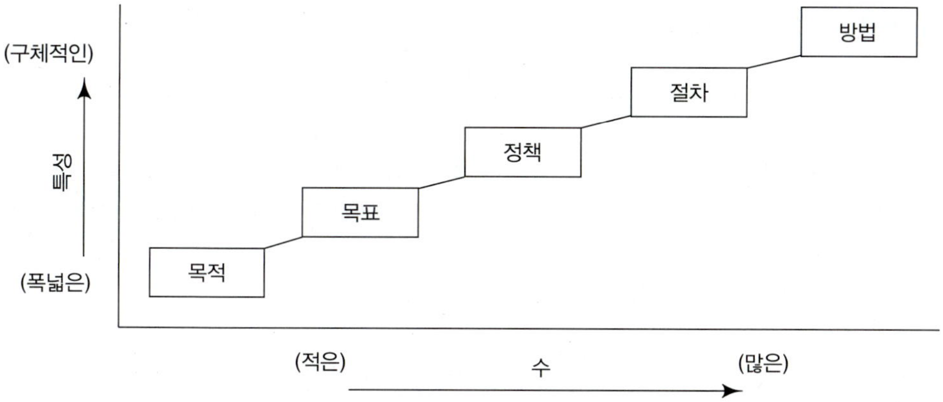

그림 9-7 계획의 수와 특성 간의 관계

맞춘 영양가 높은 식사 제공과 영양 교육 제공이라는 목적을 들 수 있다. 이 목적의 달성과 학군 내 여러 급식소의 균일성 확보를 위하여 다양한 지침이 필요할 것이다. 푸드서비스 종사원에게 지침 이행에 관한 구체적 안내를 제공하기 위하여 보다 많은 절차가 필요할 수 있다.

계획의 차원 Kast와 Rosenzweig(1985)는 계획의 네 가지 차원을 반복성(repetitiveness), 기간(time span), 관리 단계(level of management), 유연성(flexibility)으로 정의했는데, 이들은 모두 계획 과정에서 중요한 구성요소이다.

반복성 그림 9-8은 조직의 목표 달성을 위해 사용하는 지속적 계획과 일회성 계획 간의 관계를 보여준다. **지속적 계획(standing plans)**은 반복되는 활동에 대한 계획으로, 계속적으로 활용되는 반면, **일회성 계획(single-use plans)**은 단일 목적(*single purpose*)이라고도 하며, 반복적으로 활용되지 않고 역사상의 기록으로 남는다. 지속적 계획의 결과물로 지침, 운영 절차, 방법, 규칙이 있는데, 이들은 다양한 하위시스템을 연결하는 주요 응집력을 제공한다.

가장 광범위한 지속적 계획인 **지침(policy)**은 이사회나 최고 관리자들이 결정하는 조직적 행동에 대한 전반적인 가이드라인이다. 조직은 가장 중요한 기능을 포괄하는 광범위한 지침을 갖고 있어야 한다. 이러한 지침은 형식화되어 있고 지침 및 절차 매뉴얼에 수록된 경우가 많다. 표 9-1에 지침과 절차의 특성이 나타나 있다.

절차와 방법은 특정 활동의 성과를 얻기 위해 필요한 보다 분명한 단계를 수립하며 특히 기술적 단계에서의 활용을 염두에 두고 개발된다. **절차(procedure)**는 활동을 시간 순서에 따라 보여주며, **방법(method)**은 절차상의 한 단계를 보다 상세하게 나타낸다.

규칙(rule)은 규칙이 유효한 모든 경우에 해야 할 것과 해서는 안될 것을 명시한다. 푸드서비

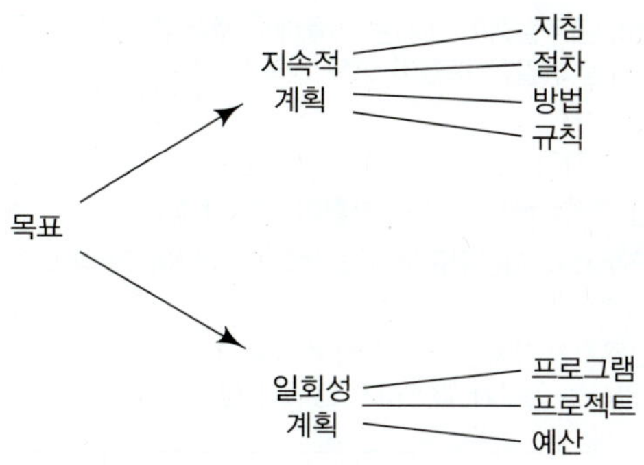

그림 9-8 지속적 계획과 일회성 계획의 목표와의 관계

표 9-1 정책과 절차의 특성

정책	절차
조직 전반에 걸친 의사결정에 대한 가이드제공	행동의 구체적 가이드 제공
의사결정이 가능한 범위 결정	과업완수를 위한 중요도 단계의 상세 기술
조직의 목적과 목표 활성화	종사원의 성과를 위한 일련의 행동에 대한 순서 제공
활동에 대한 방향성 제공	

스 업장에서 흡연을 금지하고 유니폼 착용을 의무화하고 머리 모양을 제한하는 것을 예로 들 수 있다. 그림 9-9는 병원의 영양 관리 부서에서 사용하는 지침과 절차의 예이다.

지속적 계획을 세우면 시스템 내 업장 간의 일관성을 확보할 수 있다는 장점이 있다. 지속적 계획을 수립, 이해, 수용하면 특정한 상황에서 유사한 활동을 할 수 있게 된다. 그러나 지속적 계획으로 변화에 대한 저항이 생길 수 있다는 단점도 있다.

예외적 관리는 지속적 계획과 관련된 중요한 개념이다. 지속적 계획이 의사결정의 가이드라인 역할을 하지만 지침의 적용에 의문이 제기될 때마다 상위 관리자가 관여해야 한다.

일회성 계획, 즉 단기 목적은 세부 목적 달성을 위해 상대적으로 짧은 기간에 대하여 세운 계획이다. 푸드서비스 조직에서 세우는 단기 계획의 예로 레스토랑 체인의 중앙 식품가공 시설의 설계, 개발, 건설에 대한 주요 프로그램, 대학 기숙사 급식소의 "깜짝 이벤트 메뉴" 프로그램이나 컨트리 클럽의 새해 전야 축하 계획 등을 들 수 있다.

기간 계획 기간은 단기간과 장기간으로 분류된다. 단기 계획, 즉 운영 계획은 주로 일년 이하의 기간에 대한 계획이다. 그 예로 연간 운영 예산이 있다. 대부분의 조직에서 장기 계획은 5개

정책: 휴무 일정

정책 준칙: 정상적인 출근기록을 위해서 종사원은 휴무에 대한 감독자의 사전 승인을 받아야 한다. 근무 일정은 부서의 업무량과 종사원의 휴무에 대한 니즈에 따라 작성된다. 본 정책은 병원의 일반적 결근 정책의 부속정책이다.

절차:

1. 휴무는 근무일정 게시 최소 2주 전에 감독자에게 신청해야 한다.
   - 휴무 신청은 부서의 업무량과 대체근무 가능자 유무에 따라 최대한 승인된다.
   - 일반적으로, 각 부서당 최대 한 명만 휴무가 승인된다. 먼저 신청하는 사람에게 우선권이 주어진다.
2. 상황에 따라 근무일정이 게시된 이후에도 휴무를 신청할 수 있다. 이러한 경우에는 다음과 같은 조건이 모든 만족한 경우에 한하여 감독자의 승인을 얻을 수 있다.
   - 휴무 신청자가 대체근무자를 구해야 함.
   - 대체근무자는 해당 업무의 경험이 있어야 함.
   - 대체근무자의 시간외근무가 발생하지 않아야 함(감독자의 승인이 있는 경우는 예외).
   - 대체근무자가 대체근무로 인하여 연속으로 6일 이상 또는 3번의 주말 이상 일하는 경우가 발생하지 않아야 함.

그림 9-9 소규모 병원의 정책과 절차의 예

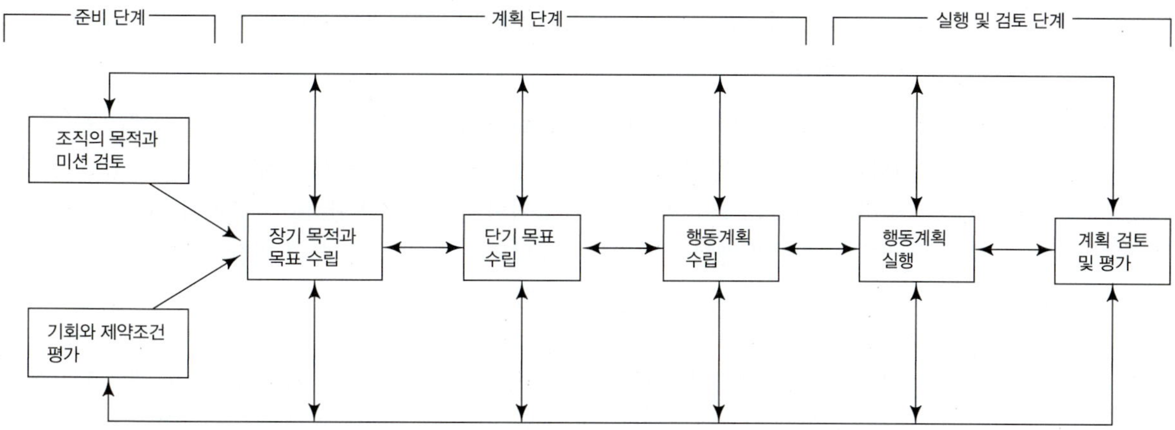

그림 9-10 장기 계획 모형

년에 대한 계획이다. 그러나 주요한 건축 프로그램 등 일부 계획은 보다 긴 기간에 대하여 수립된다. 장기 계획은 현재 상태의 평가와 변화에 대한 예측에서 시작한다. 관리자는 한 곳에서 일어나는 활동과 활동의 결과로 인해 다른 곳에서 나타나는 결과 간 관계를 파악할 수 있어야 한다(Kanter, 1992). 효과적인 장기 계획에는 조직의 장기적 비전을 나타내는 미션이 필요하다.

그림 9-10의 모델은 준비, 계획, 실행, 검토로 이어지는 장기 계획의 진행 과정을 보여준다. 준비 단계에서는 조직의 미션과 기회를 고려하여 기초 계획을 구상한다. 계획 단계에서는 장기 계획 실천의 근간이 될 장기적 목표와 목적, 단기적 목표, 실행계획을 세운다. 최종 검토 및 평가가 이어져 검토, 평가 후 계획을 수정하기도 한다.

전략적 계획(strategic planning)은 미래에 얻고자 하는 결과를 어떻게 달성할 것이며 성공을 어떻게 측정, 평가할 것인지 결정하는 지속적, 체계적 과정이다. 1920년대 초반, 하버드 경영대학은 사업체를 위한 최초의 전략적 계획 방법론 중 하나인 하버드 정책 모형(Harvard Policy Model)을 개발하였다. 이 모형에서 **전략**은 기업 및 기업의 사업을 정의하는 목적 및 지침의 패턴으로 정의되었다. **전략(strategy)**은 사업을 하나로 묶는 줄기 또는 기저의 논리이다. 기업은 자원, 고위 경영진, 시장 정보, 사회적 의무를 통합하는 방식으로 기업의 목적과 지침을 연결한다. 전략은 조직 구조와 기업의 경제적 성장을 이끌 적절한 전략을 결정한다.

전략의 어원은 자원을 효과적으로 활용하여 적을 무찌를 계획을 세운다는 의미의 그리스어 *stratego*이다. 오늘날에도 전략적 계획은 장애 극복의 의미가 강하다. 오늘날 기업은 인적, 물적, 시설, 운영 자원의 효과적인 활용 계획을 통해 경쟁우위를 확보해야 한다. 전략적 계획은 결과물로 참여자들이 성취를 위해 취해야 할 활동을 통합하는 간단한 실행 문서이다.

조직의 **전략적 계획**(*strategic planning*)과 **장기 계획**(*long-range planning*)은 동의어로 활용되는 경우가 많은데(Bryson, 1995), 두 계획의 결과는 거의 같을지 몰라도 실제로는 둘 사이에 다음과 같은 근본적 차이가 있다.

- 두 계획 모두 성과 개선을 위해 조직이 해야 할 일에 중점을 두지만, 전략적 계획은 문제 파악과 해결에, 장기 계획은 목적과 목표의 명시와 이들을 토대로 한 작업 프로그램 개발에 더 집중한다.
- 전략적 계획은 장기 계획보다 조직의 내외부 환경 평가를 더 중시한다.
- 전략적 계획을 세우는 사람들은 조직의 이상적 모습을 추구하며 이상의 달성 방안을 모색한다.
- 전략적 계획은 장기 계획보다 활동 지향적이다. 전략적 계획을 세우는 사람들은 미래에 나

타날 수 있는 결과의 범위를 고려하며, 현재의 결정과 활동이 그 범위에 미칠 영향을 중시한다.

전략적 계획의 예로 맥도날드(Alva, 1988)의 포장 샐러드 도입 사례를 들 수 있다(Alva, 1988). 맥도날드는 샐러드 제공의 장점에 근거하여 장기적 계획을 수립했다. 또한 품질 관리가 어렵고 드라이브스루에서 운영이 불가한 샐러드바의 단점을 극복하기 위하여 전략적 계획을 수립했다. 전략적 계획 단계에서 맥도날드는 출시 이전 약 십 년간 다양한 샐러드 제공법을 실험하였다. 이 실험의 목적은 매출의 50%를 차지하는 드라이브스루 고객에게 품질, 서비스가 우수한 샐러드를 제공하는 것이었다. 초기에 맥도날드 샐러드는 별도로 포장된 드레싱과 함께 1제공량 또는 0.5제공량씩 플라스틱 용기에 담겨 판매되었다. 거대한 미디어 광고 덕분에 포장 샐러드는 급속한 인기를 누렸다. 그 결과 다른 레스토랑에서 맥도날드 사례의 모방에 나섰다. 오늘날 버거킹(Burger King), 하디스(Hardee's), 아비스(Arby's), 케이에프씨(KFC), 웬디스인터네셔널(Wendy's International) 또한 포장 샐러드를 판매하고 있다. 한편 2004년에는 프리미엄 샐러드의 도입으로 샐러드의 제품군이 확장되었다.

관리 단계 계획에 참여하는 관리자의 단계와 계획의 단계에는 상관성이 있다(그림 9-11). 조직에서 의사결정 단계에 있는 최고 관리자는 그림 9-11에 나타나듯이 목적 및 목표를 포함하는 광범위하고 포괄적인 계획을 세운다. 조직이나 조정 단계에 있는 중간 관리자는 지침을, 기술적 또는 운영 단계에 있는 하위 관리자는 절차와 방법을 개발한다.

관리 단계에 따라 계획의 책임이 달라지는 현상은 관리자에게 필요한 능력의 이해를 돕는다. 앞서 관리자에게 요구되는 기술적, 인간적, 개념적 능력 중 개념적 능력은 최고 관리자, 기술적 능력은 하위 관리자에게 특히 중요하다고 언급하였다. 관리자가 광범위한 계획, 구체적인 운영 계획 중 무엇에 대한 책임이 있는지 생각하면 이를 더 쉽게 이해할 수 있다. 장기 계획과 전략적 계획은 장기적이고 광범위하므로 상위 관리자들은 환경과 연계하여 조직 전반을 볼 수 있는 개념적 능력을 갖춰야 한다. 하위 관리자는 일별 생산과 서비스 활동을 계획해야 하므로 기술적 운영에 해박해야 한다.

이 개념을 푸드서비스 조직에 적용하면 대규모 외식 기업의 최고 관리자는 신규 출점지 물색, 신메뉴 도입에 따른 비용, 매출, 이익 평가, 사업 확장에 필요한 자본 예측 등을 담당한다. 반면에 한 업장의 관리자는 종사자 근무 계획, 날씨에 따른 고객 수 변화 예측, 다음날 사용할 식재료 발주 등을 담당한다. 상위 단계의 관리자일수록 장기적 계획 수립 능력을 갖춰야 한다.

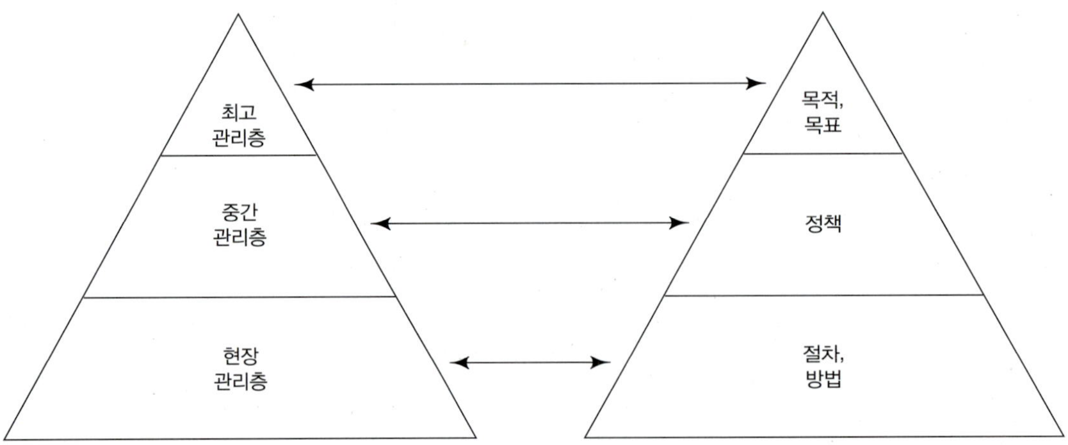

그림 9-11 경영계층별 계획에 대한 책임

유연성 계획에서 허용 가능한 유연성의 정도를 결정하는 것이 중요하다. 장기 계획은 장기간의 자원 사용과 관련된 의사결정을 포함한다. 급변하는 기술, 경쟁, 시장 상황, 정치적 압력 때문에 미래 예측은 매우 어렵다. 유연하지 못한 초기 계획은 변화 대응 능력에 악영향을 미친다. 조직은 단기적인 운영 계획을 상대적으로 덜 유연하게, 장기적인 전략적 계획을 더 유연하게 수립함으로써 경직성과 유연성을 절충할 수 있다.

9.5.2 조직화

목표와 계획을 수립한 후 관리자는 목표 달성을 위해 업무를 조정해야 한다. **조직화(organizing)**는 업무를 분류하고, 권한을 위임하고, 관계의 조정에 대비하고, 의사결정을 촉진하는 과정이다(Robbins & Coulter, 2005). 조직화 기능에 대한 보다 자세한 내용은 이 장의 뒤에서 다룬다.

조직화의 결과는 공식적인 조직의 개발이며, 조직은 보통 도표로 표시된다. 이의 예시로 그림 9-12의 대학교 기숙사 푸드서비스 부서의 조직도를 들 수 있다. 관리자는 목표와 목표 달성을 위한 계획을 수립한 후 계획 실행을 위해 조직을 설계해야 한다.

상이한 목표를 가진 조직은 상이한 조직 구조를 가져야 한다. 예를 들어 패스트푸드 레스토랑의 조직은 고급 레스토랑의 조직과 다르며, 소규모 양로원의 푸드서비스 조직은 대규모 대학부속병원의 푸드서비스 조직과 다르다.

조직화는 분업 과정을 포함하는데, 업무는 부서화를 통해 수평적으로 또는 권한 위임을 통해 수직적으로 나누어질 수 있다. 조직 구조 설계 과정에서 일선과 스태프 권한 관계가 설정된다. 일반적으로 라인 구성원은 선형 책임 관계에 있다. 스태프 구성원은 일선 관리자에게 조언하는 역할을 한다.

9.5.3 충원

조직에서 가장 귀중한 자원은 인적자원이다. 이들은 조직에 노동력, 재능, 추진력, 헌신을 제공한다. 조직의 목적 달성에 가장 효과적인 인력을 모집, 선발, 훈련, 계발하는 **충원(staffing)**은 관리자의 가장 중요한 업무이다. 적절한 목적 추구와 이 목적 달성을 위한 활동 전개의 모든 단계에서

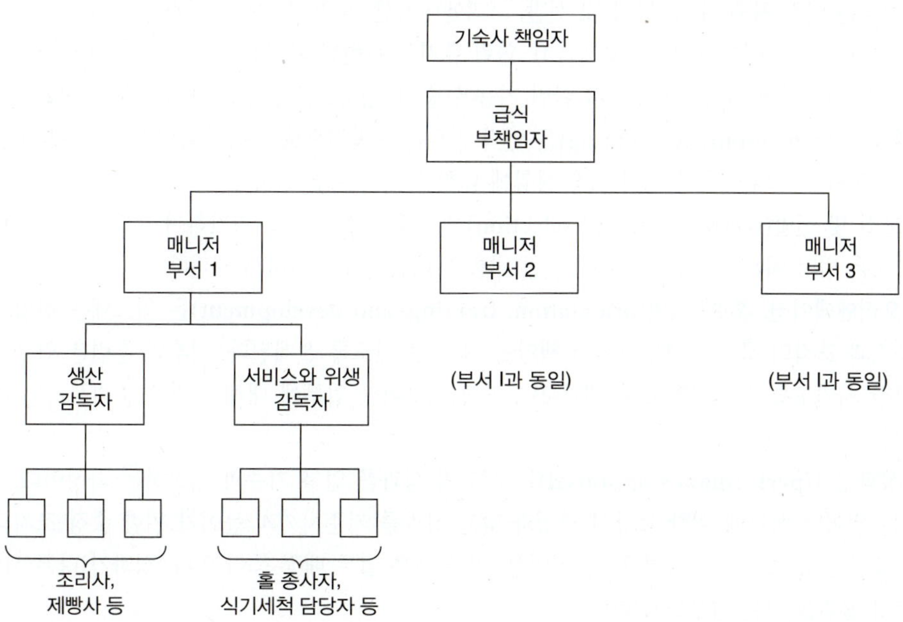

그림 9-12 대학기숙사 급식 부서 조직도

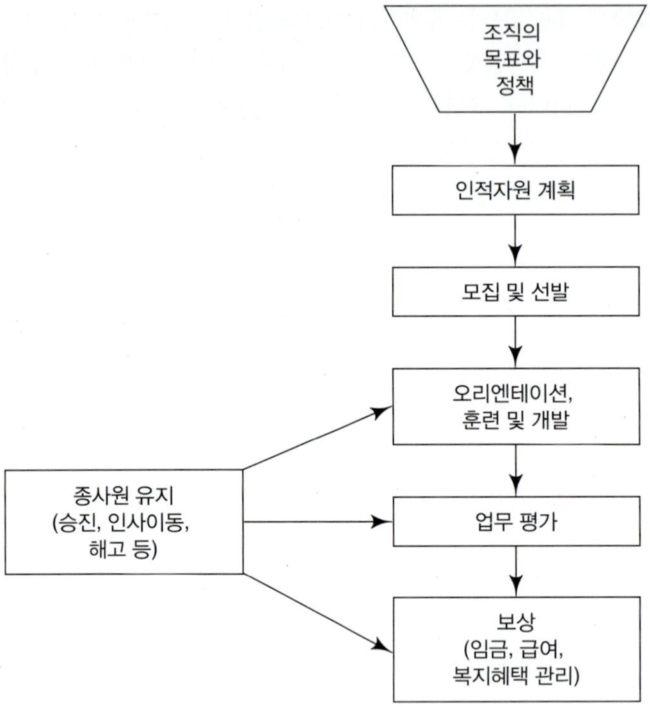

그림 9-13 인적자원 확충 프로세스의 단계

유능한 직원이 필요하다.

조직화 과정에서 다양한 직무가 정의된다. 충원은 적절한 시기에 적절한 위치에 적절한 인력을 공급하는 일련의 과정이다. 퇴사, 은퇴, 기타 사유로 인사 변화가 끊임없이 일어나기 때문에 충원은 지속적으로 이루어진다.

많은 조직에서 주로 인사 부서가 충원을 수행하지만 충원 책임은 하위 관리자에게 있다. 심지어 직원 모집 및 선발 과정에 관여하지 않는 모든 하위 관리자도 훈련, 교육, 기타 충원의 요소에 대한 책임이 있다.

충원은 인적 자원 계획, 모집 및 선발, 오리엔테이션, 훈련 및 계발, 성과평가, 보상으로 구성되는 여러 단계로 이루어진다(그림 9-13). 인력 유지와 관련된 다양한 충원 기능은 이러한 절차와 밀접하게 연관되어 있다. 인력 유지 관련 기능은 승진, 강등, 인사이동, 해고를 포함한다. **인적자원 계획(human resources planning)**은 인력 필요를 지속적으로 충족할 수 있도록 수립된다. 이 과정은 충원 니즈의 예측과 인력 시장 상황에 대한 분석을 포함한다.

모집 및 선발(recruitment and selection)은 지원자를 모으고 평가하여 선택하는 과정이다. 이 과정은 법적 이유로 복잡해졌는데 관련 내용은 12장에서 자세히 소개된다.

오리엔테이션, 훈련, 계발(orientation, training, and development)은 최초에는 신입 직원이 조직과 조직의 목적, 정책, 자신의 책임을 익힐 수 있도록 설계된다. 이후의 훈련은 업무 능력을 향상 시키도록 설계되었으며, 개발 프로그램은 늘어난 업무에 대해 직원을 준비시키는 데 사용된다.

성과평가(performance appraisal)는 개인의 성과를 업무 기준과 비교하는 과정이다. 업무 평가는 뛰어난 성과에 대한 보상의 결정과 낮은 성과를 기준치까지 높이기 위한 수정 조치의 결정을 포함한다. 보상에는 상여금, 임금 인상, 더 어려운 업무 배정 등이 있다. 성과가 나쁜 사람들은 추가 훈련을 받는 경우도 있다.

보상은 임금과 연봉에 관련된 모든 활동을 포함한다. 보험 프로그램, 휴가, 은퇴 프로그램 등을 포함하는 부가 혜택은 보상에서 중요한 부분을 차지한다.

9.5.4 지휘

관리의 지휘 기능은 목표 달성을 위해 인적자원의 활동을 통솔하고 인적자원을 적절한 곳에 배치하는 것을 의미한다. **지휘(directing)**는 특히 개인 및 집단 행동과 관련 있는 인적자원 관련 기능이다. 모든 관리는 사람들과의 상호작용을 포함하므로 다른 이들과 영향을 주고받는 방식에 관한 이해를 요구한다. 다른 이들을 지휘하는 관리자는 이러한 이해를 바탕으로 다른 이들의 노동력을 활용하여 업무를 완수한다.

지휘에는 구성원이 조직의 목적 달성에 기여하고자 하는 동기를 부여하는 환경 조성이 중요하다. 이러한 환경에 사기, 만족도, 생산성, 의사소통과 같은 다양한 요소가 영향을 미친다. 1장에서 시스템 산출로서의 인사 만족도에 대한 설명에서 언급되었듯이 관리자는 종사원이 조직에서 목표를 달성하도록 지원하고 종사원의 개인적 목표와 조직의 목표가 일치하도록 해야 한다.

전통적 관점에서 조직은 명령, 제재, 경제적 보상으로 직원에게 동기를 부여했다. 1920년대 말, Western Electric과 하버드대 연구자들이 유명한 호손(Hawthorne) 연구를 수행했다. 이들은 사회적 및 심리적 상태, 비공식적인 조직적 압력, 의사 결정 참여, 인정 등의 요인이 직원의 업무 성과와 관련이 있음을 발견하였다. 그 이후 행동 과학은 작업장 내 동기와 행동에 관한 이해를 제고해왔다. 오늘날 지휘는 개인 간, 집단 간 관계 모두와 관련되어 있는 것으로 간주된다. 관리자의 역할은 조직의 목적 달성에 필요한 협동과 헌신을 이끌어내기 위해 이러한 관계에 영향을 미치는 것이다. 오늘날 교육 수준이 높은 인력이 많아짐으로써 조직에서 참여적 관리를 활용하는 경우가 증가했다. 10장에 이러한 유형 및 기타 유형의 리더십, 리더십 유형에 영향을 미치는 요인 등에 대한 구체적 설명이 제시되어 있다.

9.5.5 통제

통제(controlling)는 계획이 실행되도록 만드는 과정으로, 실행한 것과 실행할 것을 비교하고 필요한 경우 수정 조치를 취하는 활동을 포함한다. 통제는 다른 관리 기능과 영향을 주고 받는 연속적 과정이 되어야 한다. 예컨대 계획 과정에서 수립한 목적, 목표, 지침은 통제의 기준이 된다. 이러한 기준과 성과를 비교하면 새로운 목적, 목표, 지침에 대한 니즈가 명확해진다. 조직, 충원, 지휘가 효과적으로 이루어지면 통제의 효과도 증가한다. 역으로 통제가 효과적으로 이루어지면 조직, 충원, 지휘의 효과가 증가한다. 관리 기능 간 상호관련성과 상호의존성 맥락에서 통제는 계획과 가장 밀접한 관계가 있다.

계획 과정에서 세운 **기준(standards)**은 예상되는 일의 차원을 결정한다. 관리자들은 예상되는 성과 기준을 이용하여 성과를 통제한다. 이어서 관리자는 통제 과정에서 나온 피드백으로 계획을 평가 및 조정한다(그림 9-14). 관리의 통제 기능은 그림 9-15에 제시된 대로 세 가지 단계를 포함한다.

그림 9-14 계획-통제 순환

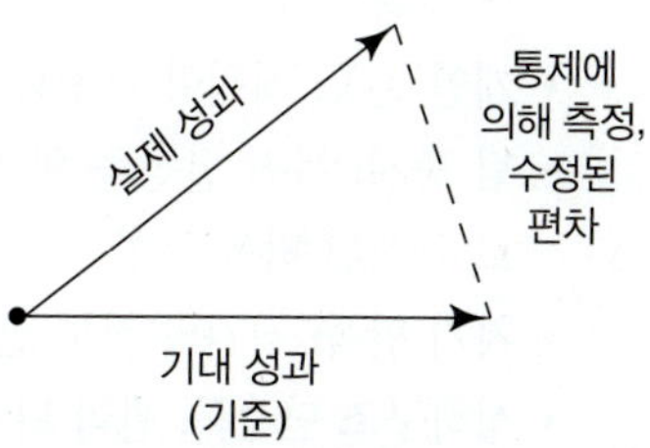

그림 9-15 경영관리의 통제기능

- 실제 성과를 측정하고 기대 성과 또는 기준과 비교한다.
- 실제 성과와 기대 성과의 차이를 분석하고 이 차이가 허용 범위 내에 있는지 판단한다.
- 허용 불가한 차이에 대한 수정 조치를 취한다.

기대되는 기준에서 크게 벗어난 성과는 직원의 성과와 밀접한 연관이 있기 때문에 수정 조치 이행은 지휘와 통제에 영향을 미친다. 예컨대 특정한 레시피를 따랐으나 생산량이 기대치보다 적은 문제의 원인은 종사원의 계량도구 선택 실수일 수 있다.

9.6 조직 구조

조직은 목표 달성을 위해 어느 정도 조정된 형태로 협업하는 사람들의 집단으로 정의된다. 이상적인 조직은 자원을 최대한 효율적으로 활용한다.

조직 구조는 관리자들이 세운 목표와 목표 달성을 위해 수립한 계획 및 프로그램을 기반으로 한다. 서로 다른 목표를 가진 전통적 조직과 새로운 조직에는 서로 다른 유형의 구조가 필요하다.

9.6.1 전통적 조직

Kast와 Rosenzweig(1985)는 **전통적 조직(traditional organization)**이 종종 다음과 같은 용어로 정의된다.

- **조직도와 직무명세서 또는 직위지침서**—공식적 관계와 임무의 패턴
- **차별화 또는 부서화**—단위 및 사람 별로 다양한 활동 또는 업무를 배정
- **통합**—개별 활동 또는 업무의 조정
- **권한 위임**—조직 내 권력, 지위, 계층적 관계
- **행정 체제**—계획, 공인된 지침, 절차, 통제를 통한 조직 구성원들의 활동 및 관계 안내

전통적인 조직에서 조직화의 주요 목적 중 하나는 질서가 만들어내는 명령계통을 수립하는 것이다. 권위가 제대로 정립되지 않으면 모든 이들이 다른 이들에게 지시를 하는 혼란이 나타날 수 있다.

9.6.2 혁신적 조직

혁신적 조직에서 고용주는 업무의 품질 향상과 기업 또는 조직 문화 발전을 위해 노력해야 한다. 혁신적 조직은 다음의 특징을 지닌다(Kesier, DeMicco, Cobanoglu, Grimes 2008; Dresselr, 2002).

- **의사결정 권한 위임:** 관리자뿐만 아니라 종사원도 의사 결정에 참여
- **사회성:** 모든 구성원들이 조직에 대한 소속감을 소유
- **관리 권력의 새로운 원리:** 기존에는 하향식 권한만 존재했으나 상향식, 수평적 권한과 투입의 흐름이 추가
- **개인 존중:** 직원이 수행하는 업무보다 직원 개개인의 중요성을 인정
- **팀 중시:** 목적 달성을 위해 개인보다 팀을 중시하며 직원과 관리자, 또는 직원이나 관리자로 구성된 팀을 구성
- **자기 만족:** 직원의 직무 만족도와 성취감을 중시
- **상하구조 단순화:** 관리 단계의 수를 축소
- **비전 및 가치 강조:** 많은 기업에서 직원이 헌신할 수 있는 명확한 비전 및 가치 수립의 중

요성을 인식

- **변화 촉매로서의 관리자:** 변화를 조직의 성공에 중요한 요인으로 인식하며, 관리자에게 변화를 자극 및 촉진하는 역할을 기대
- **기술적 지식:** 모든 형태의 기술을 효과적으로 사용하고 인터넷에 노출되는 것이 조직의 필수 구성요소

노동생활의 질 **노동생활의 질(quality of work life, QWL)**을 개선하기 위해서 관리자는 업무가 조직 및 설계된 방식을 파악해야 한다. 각 조직마다 상이한 문제점이 있고 이러한 문제를 해결하기 위해 작업을 설계한다. 이 질을 개선하기 위해 캐나다 온타리오주의 Quality Center of Life Centre에서 제시한 방법 중 일부는 다음과 같다(Sherman, Snell, & Bohlander, 1997).

- 가능한 한 가장 낮은 단계에서 의사를 결정한다.
- 종사원들로 구성된 팀이 업무에 책임을 진다.
- 직원과 조직의 기술적 및 사회적 잠재력을 발전시킨다.
- 생산에 품질과 품질 관리가 포함된다.
- 직원 안전과 건강을 중시한다.
- 직무 수행에 필요한 즉각적인 피드백을 제공한다.
- 팀이 문제를 해결하지만 결정에 대한 책임은 조직의 모든 단계에서 공유한다.

참여적 관리, 리더-구성원 관계, 자가 관리 팀, 팀 중심의 리더십은 모든 규모의 조직에서 점차 더 중요해지고 있다. **참여적 관리(participative management)**는 직원이 자신의 업무와 고용조건에 대한 의사결정에 참여할 수 있도록 하는 권한부여를 포함한다(Sherman, Snell, & Bohlander, 1997). 이는 새로운 개념은 아니지만 조직별로 다양하게 활용되고 있다. **리더-구성원 관계(leader-member relations)**는 리더와 작업 그룹 간 관계의 성격을 의미한다. 리더와 그룹 사이에 상호 신뢰, 존중, 신임, 호감이 있을 경우 관계가 좋다고 할 수 있다. 반대로 신뢰, 존중, 신임, 호감이 없으면 관계가 나쁘다 할 수 있다. 당연히 좋은 관계가 바람직하다(Griffin, 2001).

많은 경영학자들은 **리더십(leadership)**을 주어진 환경에서 목적 달성을 위한 개인 또는 집단의 활동에 영향을 미치는 과정으로 정의한다(Hersey, Blanchard, & Johnson, 1996). 조직에서 팀은 종사원으로 구성된 집단으로, 감시가 아예 없거나 거의 없는 하나의 단위 역할을 한다. 성과는 종사원의 헌신으로 이루어진다. 조직 내 상호의존성이 신뢰와 존경이 있는 관계로 이어진다. 따라서 **팀 중심 리더십(team-based leadership)**은 그룹으로 간주되는 공동의 목적이나 목표 달성을 위해 주기적으로 교류하는 두 명 이상의 사람들을 의미한다. 오늘날, 팀은 **자체관리 팀(self-managed team)**으로 일컬어지기도 하는데 이는 팀에서 일일 업무를 수행하기 때문이다. 조직에서 팀을 만드는 이유에는 여러 가지가 있다. 그 예로 팀을 만들면 업무를 수행하는 종사원에게 보다 많은 책임, 권위, 의사 결정 권한을 부여할 수 있다는 점을 들 수 있다. 이상적인 경우에 팀은 응집력이 강하며 높은 성과를 내는 집단이 된다.

기업 문화 **기업 문화(corporate culture)** 또는 **조직 문화(organizational culture)**는 조직을 하나로 묶는 공동의 철학, 가치, 전제, 신념, 기대, 태도, 규범으로 정의된다(Sherman, Snell & Bohlander, 1997).

모든 기업에 문화가 있으나 모든 문화가 바람직하지는 않다. 성공한 기업은 직원을 중시하고 팀의 일부로 대우하는 긍정적인 문화를 도입했다. 긍정적 문화의 공통 특성은 다음과 같다(Fintel, 1989).

- **진실성:** 구성원 간 신뢰 구축
- **상향식 관리:** 종사원들을 팀의 구성원으로 대우
- **즐거움 찾기:** 직장 내에서나 직장 밖에서 즐거움 찾기
- **지역사회 참여:** 지역사회 서비스 프로그램에 참여
- **건강 중시:** 건강한 신체에 건강한 정신이 깃든다는 믿음을 실천으로 이행

문화는 최상위 단계에서 시작되지만 모든 단계의 종사원에게 전달되어야 한다. 관리자는 조직 문화에 대해 지속적으로 이야기해야 한다. 일부 조직은 문화 원칙이나 미션을 담은 홍보물을 모든 구성원이 볼 수 있도록 게시하기도 한다. 피자헛의 문화는 "주인의식(ownership)"으로 요약할 수 있는데, 이는 모든 직원이 전문 지식, 혁신적 아이디어, 성의 있는 근무로 회사의 방향에 영향을 미칠 수 있다는 믿음을 의미한다.

뛰어난 업무 성과에 대한 보상, 필요한 훈련, 지속적인 피드백을 제공함으로써 관리자와 종사원 사이에 좋은 관계를 발전시키는 것은 종사원들이 업무를 보다 잘 수행하는 데 도움이 되는 배려심 깊은 문화 조성에 크게 기여한다. 푸드서비스 업장에서 배려하는 문화를 만들기 위해서는 다음에 유의해야 한다.

- 서면으로 된 미션을 만든다.
- 직원들에게 미션을 상기시킨다.
- 실천적인 관리 방식을 도입한다.
- 관리자와 종사원 사이의 개방적 관계를 장려한다.
- 시간제 종사원에게도 권한을 위임한다.
- 우수한 성과에 대하여 인센티브를 지급한다.
- 우수한 성과를 표창한다.
- 직원에게 주인의식을 심어준다.

이상의 사항을 준수하면 종사원이 조직에서 오래 근무할 확률이 높아지며, 근무했던 종사원은 회사에 대하여 긍정적 견해를 가지게 된다.

배려하는 문화를 만드는 가장 좋은 시작점은 미션을 만들고, 모든 종사원이 이를 이해하고 신뢰함으로써 자신의 성과가 조직의 성공에 얼마나 중요한지 이해하도록 하는 것이다. 종사원이 이를 이해하면 관리자는 종사원이 직장 내에서의 목표를 달성하도록 지원 및 안내해야 한다. 이를 위해 관리자와 종사원 사이에 개방적 커뮤니케이션을 촉진하는 실천적인 관리가 필요하다. 보상체계의 발전도 배려하는 문화 조성에 도움이 된다.

회사의 기업 문화가 미션 및 가치 선언문에 어떻게 표현되는지는 많은 기업의 웹 사이트에서 찾아볼 수 있다. 예를 들어, 올리브가든의 웹 사이트(www.olivegarden.com)에는 회사와 종사원 원칙에 대한 다음과 같은 선언문이 포함되어 있다.

> 올리브가든은 진정한 이탈리안 다이닝 경험을 가진 모든 손님을 기쁘게 하는 데 중점을 둔 현지 패밀리 레스토랑입니다. 우리는 신선하고 단순하며 맛있는 이탈리안 음식과 좋은 와인을 제공하며, 편안하고 가정과 같은 이탈리안식 세팅을 제공하는 것에 대해 자랑스럽게 생각합니다. 고객들을 가족이나 친구처럼 환영합니다. 우리의 목적은 100%의 고객을 기쁘게 하기 위해 열정을 다하는 *Hospitaliano*! 입니다.

종사원 원칙:

1. 우리는 개방적이고 정직한 의사 소통, 상호 존중, 강한 팀워크를 만들기 위해 전념합니다.

2. 우리는 각 개인의 역할, 책임, 중요한 성과 지표에 대해 명확히 합니다.
3. 우리는 선발, 훈련, 직무 수행의 기준과 타협하지 않습니다.
   - 우리는 성공을 위한 기술 및 잠재성을 가진 사람들만 고용합니다.
   - 사람들은 요구되는 역량을 증명했을 때, 교육을 통해 발전합니다.
   - 동료 인터뷰는 팀을 위해 적합한 사람들을 선택하는 데 도움이 될 수 있습니다.
4. 변화를 만드는 과정에서 우리는 행동하는 사람들의 의견을 모색하고, 경청하고, 그들의 생각을 가치 있게 여깁니다.
5. 누구나 기술을 발전시키기 위해 정기적이고 지속적인 교육 기회를 기대해야 합니다.
6. 책임이 충족되지 않으면 빠르게 행동합니다.
   - 피드백
   - 재교육/재지시
   - 적절한 결과와 비교하여 결과 평가
7. 우리는 결과를 이루어내고 성공을 공유할 것입니다.

러시 대학교 의학센터(Rush University Medical Center)(www.rush.edu)는 웹 사이트에 미션과 가치를 다음과 같이 제시하고 있다.

> 러시 대학교 의학센터의 미션은 환자들에게 가장 좋은 치료를 제공하는 것입니다. 우리는 교육 및 연구에 대한 노력, 지역 봉사 프로그램, 다른 병원과의 관계를 통해 현재와 미래에 시카고 내 다양한 지역 사회를 위한 환자 치료의 우수성을 향상시키기 위해 전념합니다.
>
> 의학센터의 중요한 가치(혁신, 협력, 책임, 존경, 우수성)는 우리의 미션과 비전에 대한 로드맵입니다. I CARE로 알려진 이 다섯 가지 가치는 러시 직원의 모든 결정 뒤에 있는 철학을 전합니다. 러시 직원은 또한 이러한 가치를 연민을 가지고 수행하는 데 전념합니다. 이것은 러시 커뮤니티의 모든 구성원이 공유하는 헌신으로 이어져 높은 품질의 환자 치료를 제공합니다.

두 회사 모두 선언문에서 직원 및 고객에 대한 강한 의지를 보여주지만 각 회사는 차별화된 특성을 가지고 있다.

9.6.3 분업

조직화는 기본적으로 인력을 수직, 수평 또는 그물 형식으로 나누는 과정이다. 또한, 함께 일하는 사람들과의 협업이 시너지 효과를 창출하기 때문에 조직화는 업무의 효율과 품질을 향상시킨다. 1장에서 정의된 바와 같이 시너지는 조직의 여러 부분 또는 단위가 협력하여 기능할 때 개별적으로 기능할 때보다 더 큰 효과가 나타남을 의미한다. 시너지 효과는 분업과 조정의 결과물로 나타날 수 있다. 분업과 조정은 모두 조직의 결과물이다. 개선된 커뮤니케이션 역시 조직의 산물이 될 수 있다. 전통적인 조직에서 직원의 직위는 수직 또는 수평적인 위치로 묘사되었다. 새로운 관리 구조를 따르는 조직은 직원이 팀을 이루어 일하고 의사결정 권한을 위임 받으므로 분업 형태가 불분명하다. 조직에서 팀 위주의 구조와 그물 형식 구조가 점차 더 보편화되고 있다.

수직적 구조 **수직적 분업(vertical division of labor)**은 권위의 상하구조에 기반한다. 수직적 분업은 조직의 다양한 단계에서 권한 확보를 가능케 하고, 커뮤니케이션의 흐름을 촉진한다.

명령계통(chain of command)은 조직의 모든 직위에 필요한 명확하고 상이한 권한을 부여한다(Griffin, 2001). 명령계통에는 두 가지 원칙이 있다. 먼저 **명령계통의 일원화(unity of com-**

mand)란 직원이 오직 한 명의 관리자에게만 보고해야 한다는 원칙이다. 또한 **사다리 원칙(scalar principle)**이란 명령계통이 조직의 최하위 단계부터 최고 단계까지 분명하고 끊어지지 않는 선으로 연결되어야 한다는 원칙이다.

그림 9-16의 대학부속병원 식품영양 부서의 조직도는 수직적 분업을 보여준다.

집권적 조직에서 대부분의 의사 결정은 최고 관리자의 몫이며 하위 단계 관리자의 의사 결정 권한은 제한된다. 집권 또는 분권의 정도는 조직의 낮은 단계에서 행하는 의사결정의 수, 이러한 결정의 중요성, 하위 단계 관리자들이 의사결정할 때 요구되는 확인의 정도로 결정된다.

대규모 조직에서 분권 정도에는 편차가 있다. 일부 조직에서는 주요 기능의 분권 정도가 높은 반면, 구매, 회계, 인사와 같은 보조 기능의 집권 정도가 높게 나타나기도 한다. 예를 들어 대규모 병원에서 식품 영양 서비스 책임자는 생산과 서비스에 대한 권한이 있는 반면 구매 부서가 병원 전체의 구매를 담당하므로 구매 권한이 제한될 수 있다.

수평적 구조 **수평적 분업(horizontal division of labor)**은 비슷한 단계의 직원들이 보다 수월하게 협업할 수 있게 그룹을 만들어 준다. 수평적 조직은 직원들이 모든 단계 및 부서와 아이디어를 공유하도록 장려한다(Van Warner, 1993).

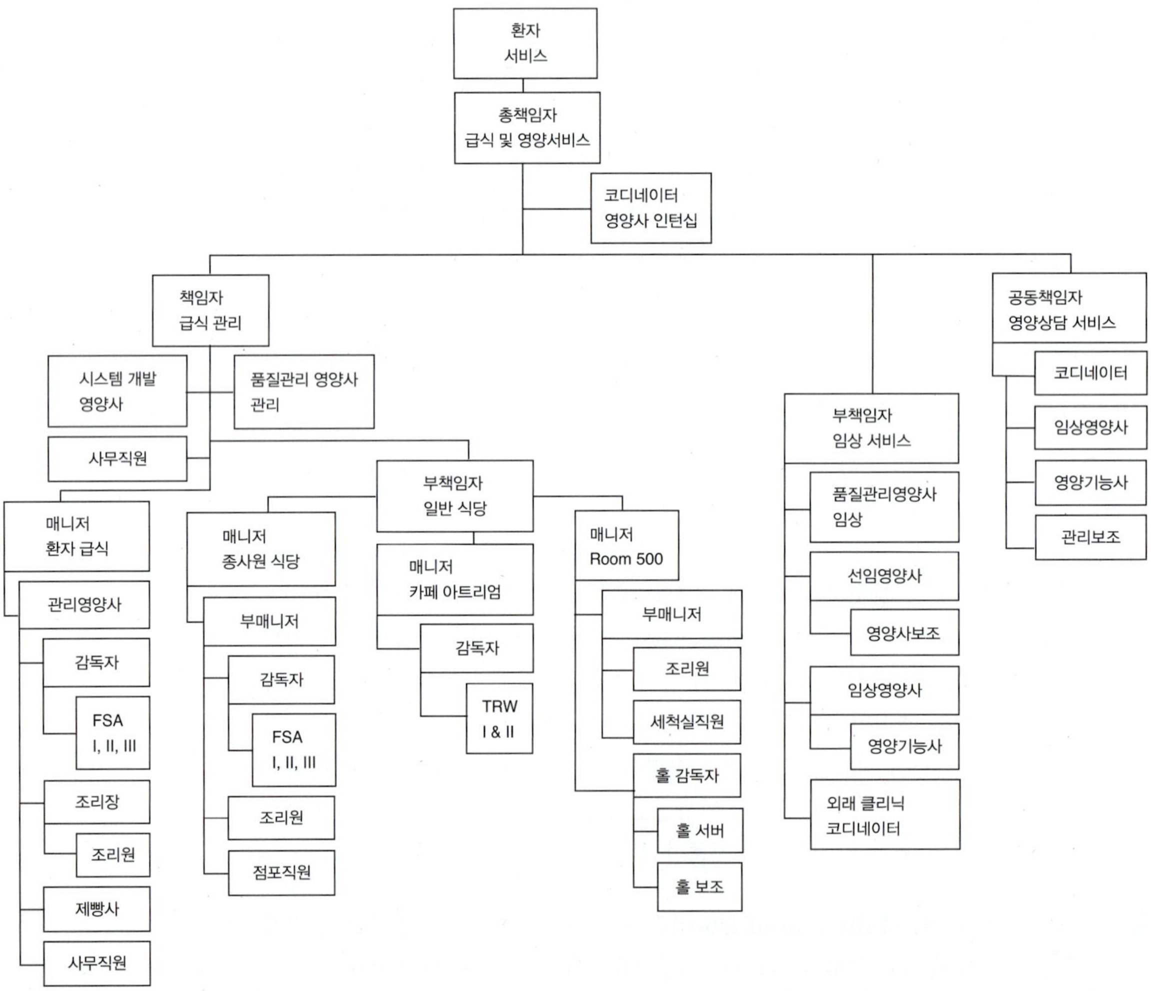

그림 9-16 조직도

자료: Department of Food and Nutrition Services, Rush University Medical Center, Chicago, IL. Used by permission.

관리자와 직원은 다양한 업무를 수행할 수 있도록 **교차 훈련(cross-trained)**을 받는다. 이때 훈련 환경을 조성하기 위해 단계가 단순화된다. 교차 훈련은 지루함을 줄여 작업의 품질에 긍정적인 영향을 미치기도 한다(Griffin, 2001). 수평적 구조의 궁극적 목적은 내부 문제 및 관료주의의 방해가 덜하고, 유연하며, 반응이 신속한 조직을 만드는 것이다. 재설계된 조직은 소비자 중심적이며 모든 구성원이 고객에게 뛰어난 품질, 가치, 서비스를 제공한다는 목적을 지녀야 한다.

팀 팀 단위의 분업은 보다 공식적인 조직 구조 대신에 작업 그룹 또는 팀으로 조직을 편성하는 것을 의미한다. 팀이 관리상의 계층과 무관하게 조직의 업무를 설계 및 수행한다.

매트릭스 매트릭스(matrix)는 특별한 프로젝트 수행을 위해 종종 활용된다. 이 구조는 다양한 부서에서 선발된 전문가들이 특정한 프로젝트를 수행하기 위해 프로젝트 관리자와 함께 일하는 형태이다. 프로젝트가 완료되면 종사원은 본연의 자리로 돌아간다.

9.6.4 조직의 근본 개념

관리자가 관리할 수 있는 하위 종사원의 수는 제한이 있기 때문에, 조직의 활동은 여러 영역으로 분화되고 각 영역을 책임지는 관리자가 존재한다.

권한, 책임, 위임 **권한(authority)**이란 관리자가 다른 사람을 지휘하고 행동을 취할 권리를 의미하며, 이 권리는 조직 내 지위에서 비롯된다. 권한은 수직적 상하관계를 따라 위에서 아래로 부여되는 것이다. 하위 단계로 갈수록 권한의 폭과 범위가 좁아진다(그림 9-17). 그림 9-16의 조직도에 이 개념을 적용하면 가장 광범위한 권한을 갖는 관리자는 급식관리 책임자이며, 하위 단계로 갈수록 권한의 범위가 축소된다. 따라서 바람직한 조직 활동은 단계별 업무와 권한의 파악을 포함한다.

책임(responsibility)은 권한과 밀접한 연관이 있으며 주어진 활동을 수행할 의무를 의미한다. 직무를 수락한다는 것은 의무를 직접 다하거나 다른 사람이 다하도록 만들어야 함에 동의한다는 것을 의미한다. 책임은 자신이 받아들인 의무이므로 부하직원에게 위임 또는 전가할 수 없다. 즉, 의무는 직무를 수락한 사람에게 남아 있다. 관리자가 책임을 위임한 경우에도 자신의 책임을 회피할 수 없다. 예를 들어 푸드서비스 매니저는 종종 레시피를 준수하여 음식을 만들 책임을 위임한다. 그러나 레시피가 준수되지 않은 경우(예: 레시피에 없는 소금을 사용함), 궁극적 책임은 매니저에게 있다.

동등성 원리(parity principle)라고 불리는 조직 원칙에 따르면 권한과 책임은 부합해야 한

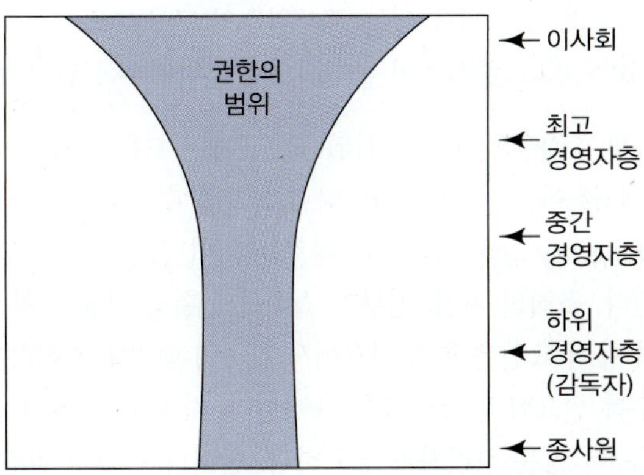

그림 9-17 권한의 축소 개념

다. 관리자는 부하직원이 업무를 수행할 수 있도록 충분한 권한을 위임해야 한다. 부하직원은 권한을 위임받은 업무에 대하여 책임도 수용하게 된다.

위임(delegation)이란 조직 내에서 특정한 개인에게 업무를 배정하는 과정이다. 이 과정을 통하여 권한과 책임이 하위 단계로 이양된다. 관리는 다른 사람과 함께 또는 다른 사람을 통하여 일을 완수하는 과정이기 때문에, 위임은 관리의 핵심이라 할 수 있다.

많은 관리자가 위임을 어려워한다. 그들은 종종 의사소통에 필요한 시간과 노력 때문에 위임을 충분히 하지 않는다. 많은 관리자들이 "일이 제대로 되기를 원하면 직접 하라"는 말을 신뢰한다.

효과적인 위임에는 여러 가지 장점이 있다. 위임은 부하직원의 잠재력 개발에 가장 중요한 수단 중 하나이다. 또한 부하직원에게 더 많은 책임을 위임함으로써 관리자가 개념적 능력이 필요한 계획 및 기타 업무에 집중할 수 있게 된다. 효과적인 위임에는 다음의 세 요소가 중요하다.

- 구체적인 업무를 분명히 맡겨야 한다. 관리자는 부하직원이 업무를 이해하도록 업무의 성격을 설명해야 한다.
- 충분한 권한을 함께 위임해야 한다. 부하직원은 맡은 의무를 다하기 위하여 충분한 권한을 지녀야 한다. 권한을 받은 부하직원뿐만 아니라 그와 업무를 함께 수행하는 직원 모두 그 권한을 충분히 이해해야 한다.
- 책임이 수반되어야 한다. 부하직원이 주어진 업무를 책임 있게 완수하기 위하여 책임감이 있어야 한다. 고객의 기대를 만족시키기 위해 품질 관련 의사 결정 권한을 위임해야 한다.

관리의 범위 **통제 범위(span of control)**라고도 불리는 관리의 범위(span of management)는 한 사람이 효과적으로 감독할 수 있는 인원을 의미한다. 적절한 인원을 결정하기 위해 여러 가지 요소를 고려해야 한다.

- **조직의 정책.** 정책이 명확하게 수립되어 있으면 관리자는 의사결정에 투입하는 시간을 줄일 수 있다. 정책이 종합적일수록 관리의 범위가 넓어진다.
- **전문가 스태프의 활용 가능 여부.** 전문가 스태프가 업무에 대한 조언, 서비스를 제공하는 경우, 관리자의 관리 범위가 증가한다.
- **스태프의 역량.** 숙련된 스태프는 철저한 감독 없이 업무를 수행할 수 있으므로 유능한 관리자가 관리 범위를 넓히는 데 도움을 준다.
- **객관적 기준.** 객관적 기준과 표준화된 절차를 갖춘 조직에는 직원이 자신의 상태를 비교할 기준이 있으므로 관리자는 예외 상황에 집중할 수 있다. 따라서 관리 범위가 증가한다.
- **업무의 성격.** 업무가 복잡할수록 감독이 더 많이 필요하다. 일반적으로 업무가 단순하고 균일할수록 관리 범위가 증가한다.
- **인력의 분산.** 관리자의 감독 하에 있는 종사원들의 근무지가 분산되면 관리자가 모든 근무지를 방문하기 어려워진다. 종사원이 물리적으로 분산될수록 관리 범위가 줄어든다.

관리자가 관리 가능한 종사원의 수가 제한된다는 문제는 모든 조직과 산업에 적용된다. 적절한 관리 범위는 어느 정도인가? 이는 상황에 따라 다르다고 볼 수 있다. 이러한 관점으로 보는 접근법을 **상황적응적 접근**(*contingency approach*)이라 부르는데 이 접근법은 조직의 여러 가지 문제에 대한 답을 찾을 때 활용된다. 조직의 지침, 전문가 스태프의 활용 가능 여부, 스태프의 역량, 객관적 기준, 기술, 업무의 성격 등의 요인은 특정 상황에서 관리의 범위를 결정하는 데 영향을 미친다.

관리 범위가 좁을수록 필요한 단계의 수는 증가한다. 각 단계를 관리자가 반드시 감독해야 하므로 단계가 증가할수록 더 많은 관리자가 필요하다. 반대로 관리의 범위가 넓으면 필요한 단계와 관리자가 적다. 따라서 조직 구조는 **그림 9-18**처럼 좁고 높은 피라미드 모양이나 넓고 낮은 피

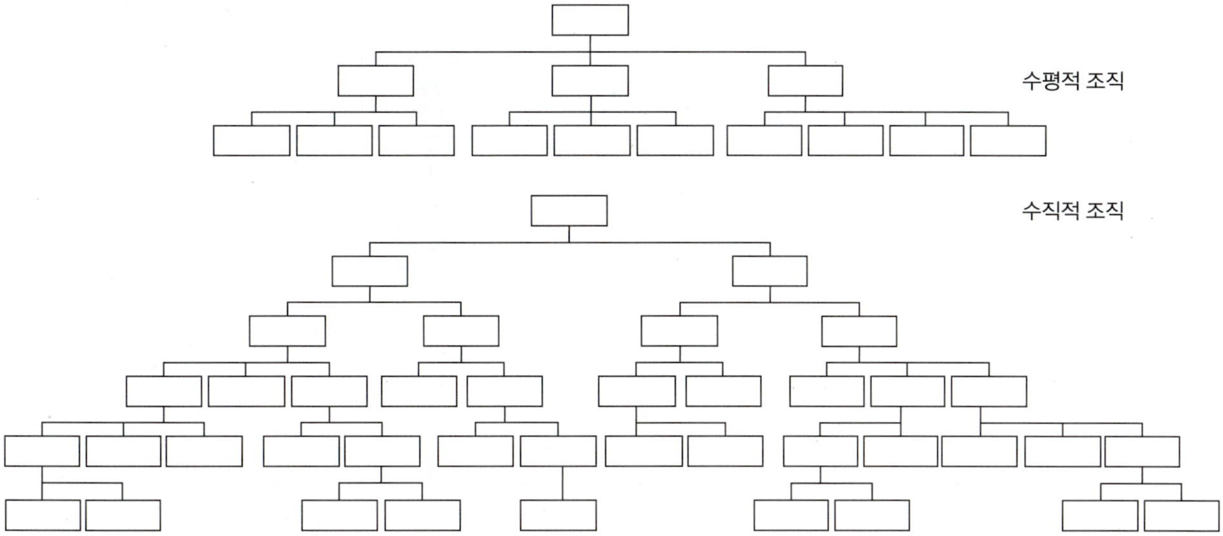

그림 9-18 수평적 조직과 수직적 조직의 구조

라미드 모양을 띠게 된다. 리더십 스타일, 관리자의 특성도 관리의 범위에 영향을 미친다.

초기의 경영학자들은 수식에 근거하여 관리자-하위 종사원 관계의 적절한 비율을 찾기 위해 노력했다. 1993년 Graicunas는 이 수에 대한 고전적인 논문을 발표하였다(1973, 원문은 1933년에 발간). Graicunas와 다른 학자들의 연구에 기반하여 Urwick(1938)은 관리의 범위를 다음과 같이 설명하였다. "모든 상사는 업무가 연동되는 하위직원 5인, 또는 최대 6인까지 직접 감독할 수 있다."

초기의 연구가 나온 이후로 학자들은 다양한 요인이 적절한 관리의 범위에 영향을 미치며 관리자-하위 종사원 관계의 비율이 유일하게 영향을 미치는 요인이 아님을 발견했다. 앞서 언급된 요인 외에도 직무의 복잡성, 다양성, 근접성과 관리자의 능력도 관리 범위에 영향을 미친다. 오늘날 관리의 범위는 조직의 구조 형성에 중요한 요인이지만 이상적인 범위를 결정하는 단 하나의 수식은 존재하지 않는다(Griffin, 2001).

푸드서비스 조직의 경우 종사원의 교육 및 기술 수준이 상대적으로 낮으므로 관리의 범위가 좁은 편이 적절한 경우가 많다. 종사원의 숙련도가 높은 경우에는 관리의 범위가 넓어질 수 있으며 감독자가 적게 필요할 것이다.

공식 권한과 수용 권한 앞에서 권한은 관리자가 다른 사람을 지휘하고 행동을 취할 권리로 정의되었다. 그러나 사실 이는 권한 중 공식적 권한에 한정되는 정의이다. 이 정의는 1800년대 후반부터 1900년대 초반 관리의 개념 발전에 기여한 독일의 사회학자 Weber(1947)의 주장에서 비롯되었다. 그는 권한을 "정당한 권력"으로 간주했다. 이때 권한은 관리자가 명령을 내리는 것이 정당하며 하위 종사원이 이를 어기는 것은 부당하다고 믿는 부하직원의 자발적, 무조건적인 순응을 포함하는 개념이었다.

오늘날 경영학에서는 권한에 공식 권한과 수용 권한이 있다고 본다. **공식 권한(formal authority)**은 권한의 흐름이 상위에서 하위로 이동하므로 하향식 이론(top-down theory)으로 간주된다(그림 9-19). 공식 권한은 직위에 따른 권한(*positional authority*)으로도 정의되는데, 이는 권한이 조직 내 지위, 직위에 따라 결정됨을 의미한다. 예를 들어 생산 관리자의 조직 내 지위 때문에 조리원과 기타 생산 종사원들은 관리자에게 특정한 권한이 있음을 인지하게 된다.

수용 권한(acceptance authority)은 하위직원의 동의가 없으면 관리자의 권한이 무효하다는

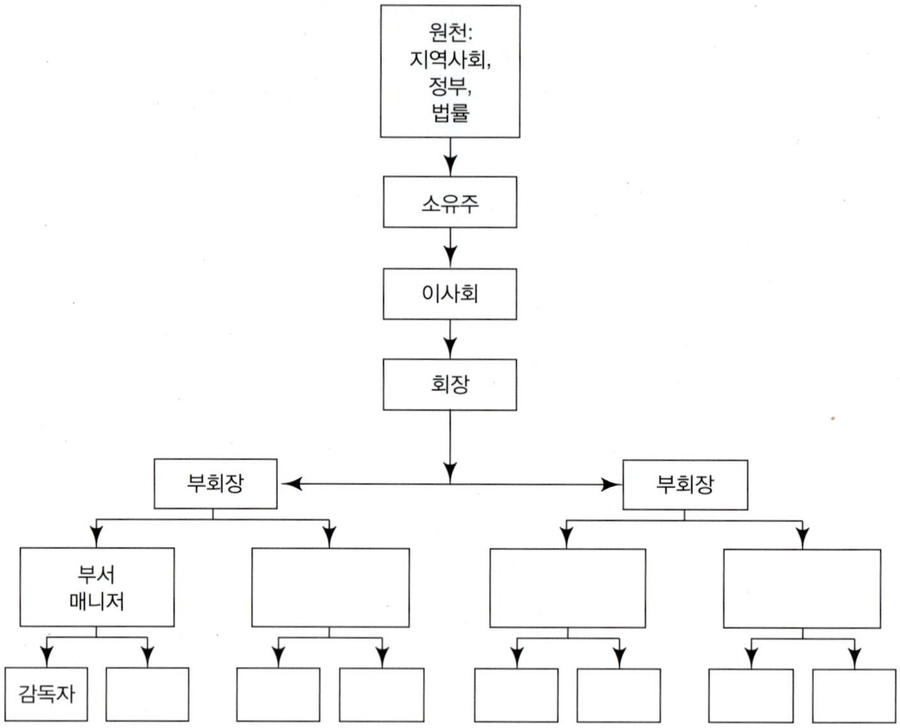

그림 9-19 조직 내 공식적 권한의 흐름

개념을 바탕으로 한다. 관리자가 공식적 권한을 가지고 있다 하더라도 이 권한에 종사원들이 동의할 때 권한은 비로소 효력을 가진다. 수용-복종의 과정은 하위 종사원이 받아들이는 수용범위와 관련이 있다. 즉, 관리자의 명령이 종사원이 예상한 직무의 범위 내에 있으면 종사원은 의심없이 명령을 수용한다. 그러나 관리자의 명령이 예상 범위에서 벗어나면 종사원은 명령을 거절할 수 있다. 예를 들어 조리원은 메뉴에 기재된 모든 음식을 기꺼이 만들고, 심지어 급히 변경된 메뉴의 음식도 기꺼이 만들지라도 식기세척은 자신의 업무가 아니라고 생각하여 이에는 전혀 관여하지 않을 수 있다.

수용 권한은 관리자의 능력과 개인적 특성과도 연관이 있다. **능력 권한(authority of competence)** 또는 전문적 지식은 기술적 지식과 경험을 바탕으로 한다. 종사원 관리자의 직위가 아니라 전문성을 믿고 명령을 받아들인다.

이러한 개념은 푸드서비스 매니저의 기술적 능력의 중요성을 강조한다. 푸드서비스 매니저가 생산 방법, 설비 운영 등의 기술적 운영에 대해 이해하고 있으면, 종사원들은 매니저가 전문성이 있다고 생각하여 매니저의 지시를 보다 잘 따른다.

하부 종사원은 지시 내리는 사람을 흡족하게 하거나 돕기 위해서 관리자의 권한을 수용하기도 한다. 잘 알려진 역사적 인물들의 카리스마적 리더십이 이러한 권한의 전형을 보여준다.

9.6.5 부서화

사람들이 조직을 만든 후 먼저 하는 일 중 하나는 전문성 확보를 위하여 업무를 나누는 작업이다. 조직이 성장하고 업무의 양과 다양성이 증가할수록 이와 같은 분업은 직무와 부서로 형식화된다.

부서화(departmentalization)는 논리적 배치에 따라 업무를 그룹으로 묶는 과정으로, 가장 보편적인 분업 방법이다(Griffin, 2001). 다양한 방법으로 조직화된 작업 단위라도 모든 작업 단위는 업무를 나누고 그에 따라 업무와 권한 관계의 패턴을 확립한다. 이 패턴이 조직 구조가 된다.

예를 들어 부부가 소규모 음식점에서 샌드위치, 샐러드, 음료의 제조, 고객 응대, 수금, 테이블 정리, 설거지, 기타 유지보수 작업을 함께 한다고 가정하자. 이들은 음식점 규모와 고객 수가 증가하면 바쁜 시간대에 파트 타임 종사원을 채용할 수도 있다. 광범위한 업무를 담당했던 부부와 달리 새 종사원은 특정한 업무를 담당하게 될 것이다. 특정 업무에 대한 일자리가 생기는 셈이다.

이 작은 사업체가 국가 전역에 점포를 보유한 거대한 체인의 모체가 될 수 있다. 그렇게 될 경우 조직에 새로운 관리 단계, 고도로 전문화된 업무, 공식적인 관계가 필요할 것이다. 나아가 기업의 단계로 들어서면 마케팅, 구매, 재무 등 특정한 기능에 초점을 맞춘 부서가 생길 것이다. 이 과정은 하나의 조직에서 업무, 관리 단계, 분업, 부서가 어떻게 발전하는지를 보여준다.

기능 **기능별 부서화**(*functional departmentalization*)는 조직의 단위가 업무 성격에 따라 나눠진 경우에 해당한다(이때 기능이란 계획, 통제 등 관리의 기능이 아니라 재무, 생산 등 조직의 기능이다). 모든 조직은 제품이나 서비스를 생산하고, 이들을 마케팅하고, 사업 자금을 마련한다. 따라서 대부분의 조직은 생산, 영업, 재무의 세 가지 기본 기능을 갖고 있다고 할 수 있다. 비영리 푸드서비스 업장에서 영업 기능은 고객 서비스나 신용을 쌓는 일, 재무 기능은 사업상 업무로 볼 수 있다. 그러나 이러한 조직에서도 마케팅의 필요성은 널리 알려져 있다.

이러한 기능별 부서화의 장점은 기능을 해치지 않으면서 전문화할 수 있고, 설비와 기타 자원을 효율적으로 활용할 수 있다는 점이다. 또한 이는 자연스럽게 엮이는 기능을 그룹으로 묶음으로써 활동을 논리적으로 조정할 수 있게 한다. 기능별 부서화의 결과, 각 부서와 부서의 관리자는 한 유형의 업무에만 관여하게 된다.

제품과 서비스 제품이나 서비스를 기준으로 부서화하는 경우, 보통 한 명의 관리자가 해당 제품 및 서비스의 생산과 마케팅에 필요한 모든 활동을 지휘한다. **제품 부서화**(*product departmentalization*)는 직원들이 특정 제품에 일체감을 느끼도록 하고, 확장, 개선, 다양화를 장려할 수 있다. 그러나 이 방식을 따르면 여러 부문이나 부서가 마케팅, 생산 등에 관여함으로써 기능의 중복 문제가 발생할 수 있다. 이 형태의 부서화는 푸드서비스 산업에서 대기업을 제외하고는 찾아보기 어렵다.

지리 지역에 따라 부서를 나누는 방법은 물리적으로 분산되어 있으며 자율적인 업장이나 사무소를 유지하는 조직에서 주로 사용한다. **지리적 부서화**(*geography departmentalization*)는 현지 인력 활용, 신용 구축, 지역 특수성에 대한 민감성 측면에서 장점이 있다.

레스토랑 체인은 지역을 기준으로 조직을 나누고 특정 지역 내 모든 업장의 책임을 지역 관리자와 직원에게 맡기는 경우가 많다. 예를 들어 미국의 대규모 위탁급식 기업 일부는 동부, 중서부, 북동부, 북서부, 남부와 같이 지역을 나눠 관리한다.

고객 부서를 구분하는 또 다른 기준은 상품을 구매하는 고객이다. 예를 들어 학교, 대학교, 병원 부문을 나눈 위탁급식 회사는 고객에 따른 부서화의 예를 보여준다. 식료품점에 제품을 납품하고, 호텔, 레스토랑, 기관에 제품을 납품하는 도매 사업체는 거래 담당 부서를 두 개로 나누기도 한다. 이러한 부서화로 도매업자는 식료품점과 푸드서비스 운영업체 각각의 니즈를 만족할 수 있게 된다.

기타(Other Types) 조직을 나누는 다른 기준으로는 공정, 설비, 시간이 있다. 공정과 설비는 기능별 부서화와 밀접한 관련이 있다. 대규모 푸드서비스 업장의 생산 단위 내 튀김 섹션은 공정 또는 설비를 바탕으로 한 부서화를 보여준다. 식품 가공 공장은 대량 생산의 특수성에 기인한 니즈 때문에 공정이나 설비를 기준으로 단위를 나누기도 한다.

일부 조직에서는 시간이나 교대 근무 시간대(*time* or *shift*)에 따라 조직을 나누기도 한다. 병원 등 시간에 맞춰 운영되는 조직에서 이 방식을 사용하기도 한다. 일반적으로 이 방식을 적용하면 활동을 공정 또는 기능에 따라 먼저 부서화하고, 시간을 기준으로 다시 부서화한다. 예를 들어 병원에서는 영양, 간호 등 기능에 따라 부서화가 수행된다. 이어서 각 부서에서는 교대 근무 시간대 각각에 감독자를 배정하고 교대 근무를 실시한다.

부서화는 분업의 수단이 될 뿐 아니라 통제와 커뮤니케이션을 개선한다. 일반적으로 조직이 성장함에 따라 단계와 부서의 수도 증가한다. 조직별 니즈에 따라 최적의 부서화 방식은 달라질 수 있다.

9.6.6 라인과 스태프

인력은 권한 위임을 통한 수직적 분업과 부서화를 통한 수평적 분업으로 분류되기도 하나, 라인과 스태프로 분류되기도 한다. **라인 직위(line position)**는 조직의 목적 달성에 핵심적인 직계조직에 해당하는 직위로, 생산 관리자나 서비스 관리자가 이에 해당한다. 그림 9-16의 환자 푸드서비스 관리가 라인 직위의 예를 보여준다. **스태프 직위(staff position)**는 라인에 전문지식, 조언, 지원을 제공하는 역할을 하며, 총무나 인사 관리자가 이에 해당된다. 그림 9-16의 시스템 개발 영양사가 이에 대한 예이다.

라인 직원은 일반적으로 제품, 서비스의 생산을 담당하고, 스태프 직원은 보조, 지원 역할을 한다. 스태프 업무는 주로 스태프 활동의 수행, 기술적 지식의 활용, 라인 관리자를 대상으로 한 기술적 지식 생성 및 기술적 정보 전달을 중심으로 한다.

권한 권한(authority)은 라인과 스태프의 차이점 중 하나이다. 라인의 권한은 조직의 위계적 질서에서 비롯된 공식 권한인 반면, 스태프의 권한은 특정 활동에 대한 전문 지식을 기반으로 한다. 보통 스태프 직원은 전문 지식을 활용하여 라인 관리자에게 조언을 제공하지만 그들에게 지시를 내릴 권한은 없다. 그러나 예외가 두 가지 있다. 첫째, 스태프 관리자는 자신의 부서원에게 권한을 행사할 수 있다. 둘째, 스태프는 제한된 영역 내 활동에서 라인에 대한 기능적 권한을 지닐 수 있다. 이 기능적 권한은 특정 활동에 대하여 위임되며 이 활동을 수행하는 관리자는 지휘의 권한을 갖는다. 이렇게 주어진 권한은 대상이 되는 특정한 활동에 대해서만 유효하다.

예를 들어 품질 관리 관리자가 다른 부서의 감독자 활동에 대하여 기능적 권한을 갖는 경우가 있다. 품질 문제를 발견하면 이 관리자는 감독자에게 문제 해결 전까지 생산을 중단하도록 지시할 수 있다.

중앙공급식 푸드서비스에서도 이러한 예를 발견할 수 있다. 품질관리 스태프에 속하는 미생물학자가 식품 가공 공장에서 생산되는 제품에서 미생물학적 문제를 발견하면 오염원이 파악될 때까지 생산을 중단시킬 수 있다.

행정농도 **행정농도(administrative intensity)**란 관리직이 스태프 직위에 밀집된 정도를 뜻한다(Griffin, 2001). 행정농도가 높은 조직은 상대적으로 라인에 비해 스태프의 규모가 큰 반면, 행정농도가 낮은 조직은 라인의 규모가 크다. 최근 들어 많은 조직이 스태프 직위를 줄여 행정농도를 낮추고 있다.

9.6.7 조직도

조직도는 그림 9-16과 같이 조직 구조를 도식화한 것이다. 조직도는 공식적 권한과 커뮤니케이션 네트워크를 명시하면서 직위와 기능의 관계를 보여준다. 조직도에서 직위명은 해당 직위에서 수행하는 활동을 대략적으로 나타내고, 최고 직위와의 거리는 해당 직위의 상대적 위치를 나타낸다. 직위 간의 수평선은 공식적인 상호작용을 의미한다.

조직도는 구조를 단순화한 모델로, 현실을 정확히 반영하지 못하므로 한계점이 있다. 예를 들어 여기에는 상관이 부하직원에 대하여 가진 권한의 정도는 표시되지 않는다. 그러나 조직도는 직원이 구조를 이해, 시각화하는 데 유용하다. 조직은 역동적이고 시간 경과에 따라 크게 변화하므로 주기적으로 조직도를 수정해야 한다.

조직도의 승인을 이사회에서 담당하기도 하지만 조직도의 제작, 검토, 승인에 대한 권한과 책임은 주로 최고 관리자에게 있다. 부서 차원에서는 조직도에 대한 책임이 부서장에게 있지만, 조직도 승인은 상위 단계에서 하기도 한다.

예전에는 수직적 조직도가 가장 전형적인 형태였으나, 최근 신생 조직에서는 수평적 조직도를 사용하기도 한다. 수직적 조직도는 단계를 피라미드 형태로 나타내며, 선으로 명령계통을 표시한다. 특별한 관계는 선과 기능을 추가하여 표시할 수 있다. 스태프 기능은 최고 관리자와 부서 관리자를 수평선상에 배치하여 나타낼 수 있다. 예를 들어, 그림 9-16에서 급식관리 책임자와 영양상담 공동 책임자는 동일한 선상에 위치하는데, 이는 두 책임자가 부서 내에서 동일한 권한과 책임이 있음을 의미한다.

9.6.8 조정

조정(coordination)은 조직 구조의 중요한 구성요소로, 여러 부서의 활동을 연결하는 과정이다. 업무 전문화와 부서화는 업무를 작은 단위로 나누고 단위를 합쳐 부서로 만드는 과정을 포함한다. 이 과정이 끝나면 부서의 활동을 연결해야 하고 조직의 목표와 부합하도록 만들어야 한다. 상호의존적인 단위를 효과적으로 조정하는 방법으로는 지침, 절차, 규칙, 기준, 의사소통, 위원회, 테스크포스(task force) 등의 수평적 상호작용이 있다.

예를 들어 대형 병원의 부서 사이에는 **수평적 상호 작용**(*horizontal interaction*)이 필요하다. 간호팀과 식품영양팀의 직원은 수직적 의사소통보다 직접적 의사소통을 하는 경우가 많다. 이러한 수평적 관계는 의사소통을 촉진한다.

지침, 절차, 규칙은 업장이 일관성을 확보하도록 하며, 조정의 중요한 수단이 된다. 관리자는 활동을 조정하기 위해 스케줄과 기타 계획을 만들 수 있다. 그러나 규칙에 지나치게 의존하면 문제가 나타날 수 있다.

푸드서비스 업장에서 기준은 조정 이전에 수립되어야 한다. 예를 들어 대규모 패스트푸드 레스토랑은 보통 제품 생산, 서비스와 관련한 기준을 갖고 있다. 특정 도너츠 체인의 경우, 튀긴 후 4시간 이내에 판매되지 않은 상품은 폐기한다는 기준을 갖고 있다. 또한 제조, 튀김 공정과 관련된 기준도 갖고 있다.

관리자가 조직에서 활동을 조정할 수 있는 또 다른 방법은 **연결 역할**(*linking role*)이다. 의사소통은 관리자가 상위 또는 자신이 속한 단계의 관리자와 연결할 책임이다. 이 개념은 Likert(1961)가 관리자를 "연결 핀(linking pins)"으로 묘사한 데서 파생되었다.

위원회와 테스크포스도 조정의 수단이다. 이러한 집단은 문제 해결에 여러 부서가 개입해야 할 경우에 중요한 역할을 한다. 여러 부서가 개입된 문제를 이러한 집단에서 효율적으로 해결하기도 한다.

위원회와 테스크포스는 모든 푸드서비스 업장에서 흔히 찾아볼 수 있다. 대도시에 있는 여러 푸드서비스 업장은 취약계층과 노숙자에게 급식을 제공할 방법을 찾기 위해 테스크포스를 구성하기도 한다.

9.7 관리 관련 최신 이슈

9.7.1 기업의 사회적 책임

Wheelen과 Hunger(2008)는 **사회적 책임(social responsibility)**을 조직의 이윤 창출을 넘어선 사회에 대한 책임으로 정의하였다. 학자들은 사회적 책임이 구체적으로 무엇을 수반하는지에 대하여 다른 견해를 갖고 있다.

Carroll(1979, 2004)은 기업의 네 가지 책임을 제시하였다.

- **경제적 책임:** 사회적 가치가 있는 제품과 서비스를 생산할 "필수불가결한(must do)" 책임으로, 채권자와 주주에게 돈을 지불할 수 있게 한다.
- **법적 책임:** 정부가 부과한 법을 준수할 책임으로, "반드시 이행해야 하는(have to do)" 책임이다.
- **윤리적 책임:** 사회에서 수용된 행동 양식을 따를 책임으로, "이행해야 하는(should do)" 책임이다.
- **자율적 책임:** 자발적으로 선의를 베풀 책임으로, "이행하면 좋은(might do)" 책임이다.

Carroll에 의하면, 기업의 윤리적, 자율적 책임은 기업의 사회적 책임을 포괄하는 개념이다.

Robbins와 Coulter(2005)는 사회적 책임을 다하는 기업에는 강력하게 사회 정의를 지지하고, 환경을 보호하며, 사회 및 문화 활동을 지원하는 관리자가 있다고 주장하였다. 소비자가 사회적 책임을 다하는 기업에 보상을 제공하기도 한다. Faville(2006)는 83%의 소비자가 사회 및 환경적 책임을 다하는 회사를 더 신뢰한다고 보고하였고, DaSilva(2004)는 90%의 미국인이 기업의 부정 행위에 대응하고자 다른 회사의 상품 구매를 고려한다는 것을 발견했다.

많은 기업이 사회적 책임과 관련한 성과를 강조하기 위해 연간 사회적 책임 보고서를 발표한다. 얌 브랜드(Yum! Brands', KFC, 피자헛, 타코벨의 모회사)(www.yum.com)와 맥도날드(www.mcdonalds.com)가 발표하는 지속가능성 보고서에는 보다 나은 세상을 만들기 위한 노력이 담긴 프로젝트에 대한 세부 정보가 담겨 있다.

9.7.2 세계화

정보통신기술이 발달하고 해외 여행이 수월해지면서 세계화가 촉진되었다. 그 결과, 한 지역의 경제, 정치, 문화, 환경적 현상이 다른 지역에 미치는 영향력이 증가했다. 음식, 의복, 설비, 차 등 일상적으로 사용하는 여러 제품이 다른 나라에서 **수입(import)**되고 있다. 미국 또한 많은 제품을 다른 나라에 수출(export)한다.

이와 관련한 관점은 다양하다. 일부 사람들은 차이를 인정하지 못하고 **지역주의(parochial attitude)**를 고수하기도 하고, 어떤 사람들은 자국의 관행과 접근법을 최고로 여기는 **자민족 중심주의(ethnocentric attitude)**를 고수하기도 한다. 세계화를 보는 가장 바람직한 관점은 국적과 상관 없이 최선의 접근법 모색에 집중하는 **지구 중심주의(geocentric attitude)**이다.

세계화(globalization)에 대한 지지, 즉 다른 국가의 사람 또는 조직 사이의 상호작용에 대한 지지는 이 과정에 대한 개인적 믿음에 따라 달라진다. Levin Institute(www.globalization101.org)에 따르면, 세계화를 지지하는 사람들은 세계화가 저개발 국가의 경제적 지위와 삶의 질을 향상시킨다고 믿는다. 세계화에 반대하는 사람들은 세계화가 로컬 기업을 희생시켜 다국적 기업을 성장시킨다고 생각한다. 세계화는 경제적, 정치적/법적, 사회문화적, 과학기술적 환경에 영향을 미친다(Dressler, 2002).

Javidan과 House(2001)는 62개국 내 조직의 리더십과 문화를 조사하여 국가별 문화는 자기주장, 미래지향성, 성 차별, 불확실성 회피, 권력 거리, 개인주의/집단주의, 조직 내 집단주의, 실적지향성, 인간성 지향의 9가지 차원에서 차이를 보인다고 보고하였다. 이러한 차이에 대한 이해는 자라온 문화적 환경과 근무하는 문화적 환경이 다른 관리자에게 특히 중요하다.

경제적 환경 경제적 환경은 국가의 경제 시스템, 경제 발전 수준, 환율, 무역 협정 유형 등을 포함한다. 경제 환경은 국제 통상에도 영향을 미친다.

경제 체제에 두 가지가 존재한다. 일부 국가는 두 체계를 혼합하여 사용하기도 한다. **시장경제(market economy**; 종종 **자본주의경제** 또는 **자유시장경제**라고도 한다) 체제에서는 시장의 수요와 공급이 무엇을 생산할지를 결정한다. **계획경제(command economy**; 종종 **국가관리경제**라고도 한다) 체제에서는 중앙 계획 기관이 무엇을, 언제, 누가, 얼마나 생산할지 결정한다. 상법, 은행 규제, 사법 집행은 시장경제에서 훨씬 더 중요하다.

국가별로 경제 발전의 수준과 속도는 차이가 크다. 미국 등 일부 국가는 경제 성장을 촉진하는 생산, 운송, 통신, 규제 등의 기반시설이 잘 갖추어져 있다. 반면 많은 개발도상국은 이러한 기반시설이 부족하여 세계 무역 시장에서 경쟁력을 확보하기 어렵다. 한 국가의 통화가 다른 국가에서 갖는 가치를 의미하는 **환율(exchange rate)**도 국제 무역에 영향을 미친다.

많은 국가에서 무역 협정을 맺는다. **자유무역(free trade)** 협정은 협정을 맺은 국가 사이에 **관세(tariffs)** 등 무역 장벽이 없음을 의미한다. **공동시장(common market)**은 회원국 간의 자유무역을 가능케 하고 비회원국에 대해서는 무역 정책을 수립한다. 다음은 무역협정의 예이다.

- **WTO:** 세계무역기구(World Trade Organization)는 140개 이상의 회원국으로 구성되어 있으며 무역, 은행, 보험, 통신, 회원국 간 여행에 관한 협정을 포함한다.
- **NAFTA:** 북미자유무역협정(North American Free Trade Agreement)은 캐나다, 미국, 멕시코의 자유 무역에 관한 협정이다. 세 회원국 상호 간 관세를 대부분 철폐하였지만 비회원국에 대한 관세는 각 회원국이 자율적으로 결정하도록 한다. 회원국 간 운송 절차를 간소화하였으며 건강, 안전에 대한 까다로운 기준을 설정하였다.
- **EU:** 현 유럽연합(European Union), 전 유럽 경제 공동체(European Economic Community)는 27개의 회원국으로 구성되어 있고, 회원국끼리 자유 무역 구역을 형성하며, 비회원국에 대하여 공동 무역 정책을 시행한다.
- **ASEAN:** 동남아국가연합(Association of South-East Asian Nations)은 무역을 자유화하고 회원국 간 관세를 낮추고자 하는 동남아시아 10개국의 모임이다.
- **APEC:** 아시아태평양경제협력체(Asia Pacific Economic Cooperation)는 환태평양 지역의 21개국으로 구성되어 있으며, 해당 지역 내에서 보다 자유로운 무역을 촉진하기 위해 노력한다.

정치적 · 법적 환경 정치적 및 법적 환경은 세계화에 영향을 미친다. 상품의 생산과 판매를 조절하기 위해 무역 장벽을 만드는 경우가 많다. 무역 장벽으로는 관세, **정부보조금(subsidies)**, **수출입 한도량(quotas)** 등이 있다.

정치 체계가 불안정하거나 테러 또는 소요 사태 발생 위험이 있는 국가는 세계화가 제한될 수 있다. 국가의 사법 제도와 상법도 세계화의 용이성에 영향을 미친다.

사회문화적 환경 사회문화적 환경은 각국의 문화와 가치를 포함하며 차이가 클 수 있다. Hofstede (1980, 1992)는 국가 간 문화 차이에서 사회의 가치가 갖는 영향력이 가장 클 수 있다고 주장하였다. Hofstede의 연구를 발전시킨 GLOBE(Global Leadership and Organizational Behavior Effectiveness) 연구 프로그램은 62개국의 관리자 18,000명에 대한 자료를 수집하여 문화의 차이를 나타내는 아홉 가지 차원을 규명하였다(Robbins & Coulter, 2007).

- **자기주장:** 자기주장과 강인함, 배려와 부드러움에 상대적으로 가치를 두는 정도.
- **미래지향성:** 계획이나 미래의 만족을 위해 현재의 만족을 포기하는 행동 등 미래지향적 행동을 하는 정도.
- **성 차이:** 여성에게 주어지는 지위와 의사결정 책임의 정도.
- **인간성 지향:** 이타심, 관대함, 배려, 친절한 행동에 가치를 두고 보상을 하는 정도.
- **개인주의 vs 집단주의:** 개인 간 관계가 친밀하거나 느슨한 정도. 어떤 국가에서는 개인이 자신의 이익에 집중하는 반면(개인주의), 또 다른 국가에서는 다른 이들의 이익에 집중한다(집단주의).
- **조직 내 집단주의:** 가족, 친구, 조직 등 집단에 대한 소속감에 가치를 두는 정도.
- **실적지향성:** 집단 구성원들의 성과 향상과 탁월한 성과를 장려하고, 탁월한 성과를 거두거나 성과를 향상한 구성원이 보상을 받는 정도.
- **권력 거리:** 권력을 덜 가진 조직 구성원이 권력이 균등하게 배분되지 않음을 예상하고 수용하는 정도.
- **불확실성 회피:** 알려지거나 예상하지 않은 일을 편하게 받아들이는 정도.

9.7.3 관리 기법

푸드서비스 업장에서 보편화된 관리 기법으로 여러 가지가 존재한다. 행동 모델링, 개방정책, 현장 관리, 재미있는 일터 만들기 등이 그 예이다.

행동 모델링(*behavior modeling*)은 "나처럼 해(do as I do)"라는 문구로 설명되기도 한다. 이는 직원에게 기대하는 행동을 모범을 보이는 것을 의미한다. 관리자가 고객을 대하는 방식, 따라야 할 식품 안전 규칙, 종사자와 대화하는 방식 등은 모두 관리자의 기대 수준을 종사원에게 보여준다.

개방정책(*open door policy*)을 택한 관리자는 직원이 아이디어, 고민, 질문 등을 들고 사무실을 찾아오도록 장려한다. 이 정책은 관리자가 친근하며 종사원의 문제점이나 아이디어를 들을 시간이 있다는 것을 전제로 한다.

현장 관리(*managing by walking around*)는 관리자가 업장을 주기적으로 방문하여 현장 종사원, 감독자와 대화를 나누는 기법이다. 현장 관리 기법은 업장에서 일어나는 일을 직접 보고 현장 종사원을 비공식적으로 방문할 기회를 제공한다.

재미있는 일터 만들기의 중요성은 Lundin, Paul과 Christensen(2000)의 저서인 "*FISH! A Remarkable Way to Boost Morale and Improve Results*"에서 처음 소개되었다. 이 책은 즐거운 분위기와 뛰어난 고객 서비스로 큰 성공을 거둔 시애틀에 위치한 수산시장 Pike's Place Fish의 사례를 소개한다. Collins(2001)가 "대단한(great)" 기업들의 특성을 연구한 결과, "재미있게 일하기"가 중요한 특성 중 하나임이 드러났다.

9.7.4 정치

다른 이들에게 영향을 미치고 다른 이들을 통제하는 기술 또는 과학을 의미하는 **정치(politicis)** 는 모든 조직에 존재한다. 정치는 조직의 운영을 촉진할 수도 있고 저해할 수도 있다. Keiser 등(2008)은 푸드서비스 업장에서 볼 수 있는 정치적 기술을 다음과 같이 제시하였다.

- **보상이 뒤따르는 부탁**—다른 사람의 부탁을 들어주면서 언젠가 받게 될 보상을 기대한다.
- **동맹**—상호 이익이 연관된 문제에 대하여 몇몇 사람들이 서로 지원을 약속하면 다수의 강점으로 권력을 얻는다.
- **유쾌함**—정치적 권력을 얻기 위해 친목을 이용한다.
- **지지층 확보**—조직 내 다수가 한 사람을 따르도록 결속시킴으로써 특정 주제에 대하여 한 사람이 지닌 영향력을 높인다.
- **아첨**—다른 사람과의 관계에서 정치적 이점을 이용하고자 상급자의 승인을 받는다.

요약

1. **효과성**은 "올바른 일을 하는 것," **효율성**은 "일을 올바르게 하는 것"을 의미한다. **권한**(*authority*)은 관리자가 다른 사람의 업무를 지휘할 수 있는 권리이며, **책임**은 주어진 업무를 직접 수행하거나 다른 사람이 해당 업무를 수행하도록 만든 의무이다. **통제 범위**는 관리자 한 명이 감독할 수 있는 직원의 수이다.
2. 민츠버그(1975)에 의하면 관리자의 역할은 대표자, 리더, 연결자, 정보탐색자, 정보제공자, 대변인, 기업가, 갈등조정자, 자원배분자, 협상가 중 한 가지 이상을 포함한다. 관리자는 계획, 조직화, 충원, 지휘, 통제의 기능을 수행한다.
3. 카츠(1974)는 모든 관리자가 가져야 할 기본적인 능력으로 특정한 활동에 대한 이해와 숙련을 의미하는 기술적 능력, 다른 사람들과 협업하고 그들의 행동을 이해하는 인간적 능력, 조직을 총체적으로 이해하는 개념적 능력을 들었다.
4. 조직도란 조직 내 여러 직위를 도식적으로 나타낸 것이다. 이 장에 조직도의 여러 예시가 수록되어 있다.

연습문제

1. 푸드서비스 매니저에게 요구되는 것은 무엇인가?
2. 푸드서비스 매니저는 어떻게 노동 생활의 질을 개선할 수 있는가?
3. 민츠버그가 제시한 관리자의 역할 각각에 해당하는 푸드서비스 매니저의 활동을 제시하시오.
4. 푸드서비스 종사원의 업무가 나눠지는 방식을 설명하시오.
5. 관리 능력은 푸드서비스 매니저가 수행하는 기능과 어떻게 연관되는가?

연구과제

1. 푸드서비스 매니저를 강의에 초청하여 매니저의 역할에 대한 설명을 듣고 그가 수행하는 관리 기능의 예시를 요청해보자.
2. 팀을 만들어 업무에서 기술적, 인간적, 개념적 능력을 활용한 사례를 팀원들과 공유해보자.
3. 팀을 만들어 팀별로 인근의 푸드서비스 업장을 방문하여 매니저와 지속가능한 프로그램에 대하여 논의해보자. 각 팀이 배운 점을 공유해보자.
4. 팀을 만들어 팀별로 특정한 국가의 문화를 조사하고, 이 장에서 소개한 Global Leadership and Organizational Behavior Effectiveness(GLOBE) 연구 프로그램의 아홉 가지 차원에 따라 해당 문화를 파악해보자. 각 팀이 배운 내용을 공유해보자.
5. *FISH! A Remarkable Way to Boost Morale and Improve Results*를 읽고 책에서 제시한 원리를 푸드서비스 업장에 적용할 수 있는 방법을 논의해보자.

사례 연구

1. "What's Next"? in Lieux, E. M., & Luoto, P. K. (2008). *Exploring foodservice systems management through problems*, 3rd ed. Upper Saddle River, NJ: Pearson Prentice Hall.
2. Changing from Contract to Self-Operated and Back Again by R. M. O'Halloran in Allen-Chabot, A., Jarvis, K., & O'Halloran, R. M. (2006). *Cases in foodservice and clinical nutrition management*. Upper Saddle River, NJ: Pearson Prentice Hall.
3. Problem Question #20 on Management Decision on Customer Complaints in Allen-Chabot, A., Curtis, S., & Blake, A. (2001) *Inlet Isles: A hospital case study*. Upper Saddle River, NJ: Pearson Prentice Hall.

웹사이트

www.onetcenter.org U.S. Department of Labor O*NET (Occupational Information Network)

www.aom.pace.edu Academy of Management online

참고문헌

Alva, M. (1988). The death of the salad bar. *Nation's Restaurant News, 22*(17), F7–F8.

American Institute of Management. (1959). *What is management?* New York: American Management Association.

Boettinger, H. M. (1975). Is management really an art? *Harvard Business Review, 53*(1), 54–55, 57–59, 61, 63–64.

Bryson, J. M. (1995). *Strategic planning for public and nonprofit organizations: A guide to strengthening and sustaining organizational achievement.* San Francisco, CA: Jossey-Bass.

Bryson, J. M. (1999). *Strategic planning for public and nonprofit organizations: A guide to strengthening and sustaining organizational achievement*, 2nd ed. San Francisco, CA: Jossey Bass.

Byers, B., Shanklin, C. W., Hoover, L. C., & Puckett, R. (1994). *Food service manual for health care institutions.* Chicago, IL: American Hospital Publishing.

Cain, H. (1998). Here's some good news—now what are you going to do with it? *Restaurants USA, 18*(11), 50.

Carroll, A. B. (1979). A three-dimensional conceptual model of corporate performance. *Academy of Management Review* (October), 497–505.

Carroll, A. B. (2004). Managing ethically with global stakeholders: A present and future challenge. *Academy of Management Executive* (May), 114–120.

Chase, R. B., & Aquilano, N. J. (1992). *Production and operations management: A life-cycle approach*, 4th ed. Homewood, IL: Richard D. Irwin.

Collins, J. (2001). *Good to great.* New York: HarperCollins.

DaSilva, A. (2004, December 8). Multi-year study finds 21% increase in Americans who say corporate support of social issues is important in building trust. *Cone Communications Press Release.* [online]. Available: www.coneinc.com

Dessler, G. (2002). *A framework for management.* Upper Saddle River, NJ: Prentice Hall.

Donnelly, J. H., Gibson, J. L., & Ivancevich, J. M. (1997). *Fundamentals of management* (10th ed.). Homewood, IL: BPI/Irwin.

Drucker, P. F. (1964). *Managing for results.* New York: Harper & Row.

Eating Place Trends: Management Trends. (1998). *Restaurants USA, 18*(11), F5–F7.

Faville, K. (2006, October 24).Civic-minded millennials prepared to reward or punish companies based on commitment to social causes. *Cone Communications Press Release.* [online]. Available: www.coneinc.com

Ferguson, D. H., & Berger, F. (1984). Restaurant managers: What do they really do? *Cornell Hotel and Restaurant Administration Quarterly, 25*(1), 27–38.

Fintel, J. (1989). Restaurant cultures: Positive cultures can keep companies healthy. *Restaurants USA, 9*(10), 12–16.

Fulmer, R. M. (1988). *The new management*, 4th ed. New York: Macmillan.

Ghorpade, J., & Atchison, T. J. (1980). The concept of job analysis: A review and some suggestions. *Public Personnel Management, 9*, 134–143.

Graicunas, V. A. (1973). Relationship in organization. In Gulick, L., & Urwick, F. L. (eds.), *Papers on the science of administration* (pp. 181–187). New York: Institute of Public Administration. Original work published 1933.

Griffin, R. W. (2001). *Management*, 7th ed. Boston, MA: Houghton Mifflin.

Gufreda, J. J., Maynard, L. A., & Lytle, L. N. (1990). Employee involvement in the quality process. In Huge, E. C. (ed.), *Total quality: An executive's guide for the 1990s* (pp. 162–176). Homewood, IL: Dow Jones-Irwin.

Hackman, J. R. (1977). Work design. In Hackman, J. R., & Suttle, J. L. (eds.), *Improving life at work: Behavioral science approaches to organizational change* (pp. 96–162). Glenview, IL: Scott, Foresman.

Haimann, T., Scott, W. G., & Conner, P. E. (1985). *Managing the modern organization*, 4th ed. Boston, MA: Houghton Mifflin.

Hamilton, J. (1993). Toppling the power of the pyramid. *Hospitals, 67*(1), 38, 40–41.

Hart, C. W. L., Spizizen, G. S., & Muller, C. C. (1988). Management development in the foodservice industry. *Hospitality Education and Research Journal, 12*(1), 1–20.

Hersey, P., Blanchard, K., & Johnson, D. (2000). *Management of organizational behavior: Utilizing human resources*, 8th ed. Upper Saddle River, NJ: Prentice Hall.

Hirschhorn, L., & Gilmore, T. (1992). The new boundaries of the "boundaryless" company. *Harvard Business Review, 70*(3), 104–115.

Hofstede, G. (1980). Motivation, leadership and organization: Do American theories apply abroad? *Organizational Dynamics*, Summer, 42–63.

Hofstede, G. (1992). Cultural dimensions in people management. In Puck, F., Tichy, N., & Barnett, C. (eds.), *Globalizing management* (pp. 139–158). New York: John Wiley & Sons, Inc.

Huber, G. P., & McDaniel, R. R. (1986). The decision-making paradigm of organizational design. *Management Science, 32*(5), 572–589.

Huge, E. C., & Vasily, G. (1990). Leading cultural change: Developing vision and change strategy. In Huge, E. C. (ed.), *Total quality: An executive's guide for the 1990s* (pp. 54–69). Homewood, IL: Dow Jones-Irwin.

Hunt, V. D. (1992). *Quality in America: How to implement a competitive quality program.* Homewood, IL: Business One Irwin.

Javidan, M., & House, R. J. Cultural acumen for the global manager: Lessons from Project GLOBE. *Organizational Dynamics*, Spring, 289–305.

Jones, P. (1993). Foodservice operations management. In Khan, M., Olsen, M., & Var, T. (eds.), *VNR's encyclopedia of hospitality and tourism* (pp. 27–36). New York: Van Nostrand Reinhold.

Kanter, R. M. (1992). The long view. *Harvard Business Review, 70*(5), 9–11.

Kast, F. E., & Rosenzweig, J. E. (1985). *Organization and management: A systems and contingency approach*, 4th ed. New York: McGraw-Hill.

Katz, R. L. (1974). Skills of an effective administrator. *Harvard Business Review, 52*(5), 90–102.

Katzenbach, J. R., & Smith, D. K. (1993). The discipline of teams. *Harvard Business Review, 71*(2), 111–120.

Keiser, J., DeMicco, F. J., Cobanoglu, C., & Grimes, R. N. (2008). *Analyzing and controlling foodservice costs: A managerial and technological approach*, 5th ed. Upper Saddle River, NJ: Prentice Hall.

Likert, R. (1961). *New patterns of management.* New York: McGraw-Hill.

Lundin, S. C., Paul, H., & Christensen, J. (2000). *FISH! A remarkable way to boost morale and improve results.* New York: Hyperion.

Mintzberg, H. (1975). The manager's job: Folklore and fact. *Harvard Business Review, 53*(4), 49–61.

Mintzberg, H. (1980). *The nature of managerial work.* Englewood Cliffs, NJ: Prentice Hall.

Mintzberg, H. (1981). Organization design: Fashion or fit? *Harvard Business Review, 59*(1), 103–116.

Mintzberg, H. (1987). Crafting strategy. *Harvard Business Review, 65*(4), 66–75.

Mintzberg, H. (1989). *Mintzberg on management: Inside our strange world of organizations.* New York: Free Press.

Pesci, P. H., Spears, M. C., & Vaden, A. G. (1982). A method for developing major responsibilities and performance standards for foodservice personnel. *NACUFS Journal, 4*, 17–21.

Peters, T. (1992). *Liberation management: Necessary disorganization for the nanosecond nineties.* New York: Knopf.

Primozic, K. I., Primozic, E. A., & Leben, J. (1991). *Strategic choices: Supremacy, survival, or sayonara.* New York: McGraw-Hill.

Robbins, S. P., & Coulter, M. (2005). *Management*, 8th ed. Upper Saddle River, NJ: Prentice Hall.

Robbins, S. P., & Coulter, M. (2007). *Management*, 9th ed. Upper Saddle River, NJ: Prentice Hall.

Robbins, S. P., Decenzo, D. A., & Coulter, M. (2011). *Fundamentals of management*, 7th ed. Upper Saddle River, NJ: Prentice Hall.

Roethlisberger, F. J., & Dickson, W. J. (1956). *Management and the worker.* Cambridge, MA: Harvard University Press.

Sherman, A. W., Snell, S., & Bohlander, G. W. (1997). *Managing human resources*, 11th ed. Cincinnati, OH: South-Western Publishing.

Sultemeier, P. M., Gregoire, M. B., & Spears, M. C. (1989). Managerial functions of college and university foodservice managers. *Journal of the American Dietetic Association, 89*(7), 924–928.

Tse, E. C., & Olsen, M. D. (1988). The impact of strategy and structure on the organizational performance of restaurant firms. *Hospitality Education and Research Journal, 12*(2), 265–276.

Ulrich, D., & Wiersema, M. E. (1989). Gaining strategic and organizational capability in a turbulent business environment. *Academy of Management Executive, 3*(2), 115–122.

Umbreit, W. T. (1989). Multi-unit management: Managing at a distance. *Cornell Hotel and Restaurant Administration Quarterly, 30*(1), 53–59.

Urwick, L. F. (1938). *Scientific principles and organizations.* Institute of Management Series No. 19. New York: American Management Association.

U.S. Department of Labor, Employment, and Training Administration. (1991). *Dictionary of occupational titles*, 4th ed. Washington, DC: U.S. Government Printing Office.

Uyterhoeven, H. E. R. (1992). General managers in the middle. *Harvard Business Review, 70*(2), 75–85.

Van Warner, R. (1993). Reinventing the organization. *Nation's Restaurant News, 27*(26), 29.

Weber, M. (1947). *The theory of social and economic organizations.* New York: Free Press.

Weller, N. (1992). Preparing written job descriptions. *Restaurants USA, 12*(2), 20–23.

West, J. J. (1990). Strategy, environmental scanning and firm performance: An integration of content and process in the foodservice industry. *Hospitality Research Journal, 14*(1), 87–100.

Wheelen, T. L., & Hunger, J. D. (2008). *Strategic management and business policy.* Upper Saddle River, NJ: Prentice Hall.

Chapter

10 리더십과 조직변화

개요

- 리더십과 관리는 다르다.
- 리더십은 다른 사람의 목표 달성에 영향을 미친다.
- 리더는 변화의 주역이어야 한다.

학습 목표

1. 동기부여 이론과 이러한 이론을 푸드서비스 관리에 어떻게 적용할 수 있는지 설명할 수 있다.
2. 직무만족, 조직시민행동, 지속적몰입, 정서적몰입의 개념에 대하여 설명할 수 있다.
3. 리더가 가질 수 있는 다양한 권력의 원천을 설명할 수 있다.
4. 다양한 리더십 이론을 비교 설명할 수 있다.
5. 조직 변화를 실행할 수 있다.

리더십의 개념을 이해하기 위하여 오랫동안 많은 연구들이 진행되었지만 유능한 리더의 요건에 대한 지식은 아직 부족하다. 이 장에서는 리더십, 동기부여 이론, 조직 변화에 대하여 살펴본다. 리더의 역할은 구성원이 조직의 목표달성에 기여할 수 있도록 동기를 부여하는 환경을 형성하는 것과 연관이 있다. **그림 10-1**과 같이 리더십은 푸드서비스 시스템을 포괄하며 시스템이 나아갈 방향에 영향을 미친다.

10.1 동기부여 및 업무 성과

동기부여는 인간 행동의 원인에 관심을 두고 있으며, 관리자는 근무환경 안에서 인간의 행동에 영향을 미칠 수 있기 때문에 인간의 행동을 이해하는 것이 중요하다. 동기부여와 인간 행동에 대한 연구는 인간 본성의 복잡한 문제에 대한 해결책을 찾고자 한다.

조직에서 인적자원은 중요하므로 관리자는 인간의 행동을 이해하고 과거뿐 아니라 미래의 변화나 예측에 대해 이해해야 한다. 동기가 부여된 종사원은 업무 성과가 높아지고 결근, 이직, 불만사항, 근무태만이 줄어든다.

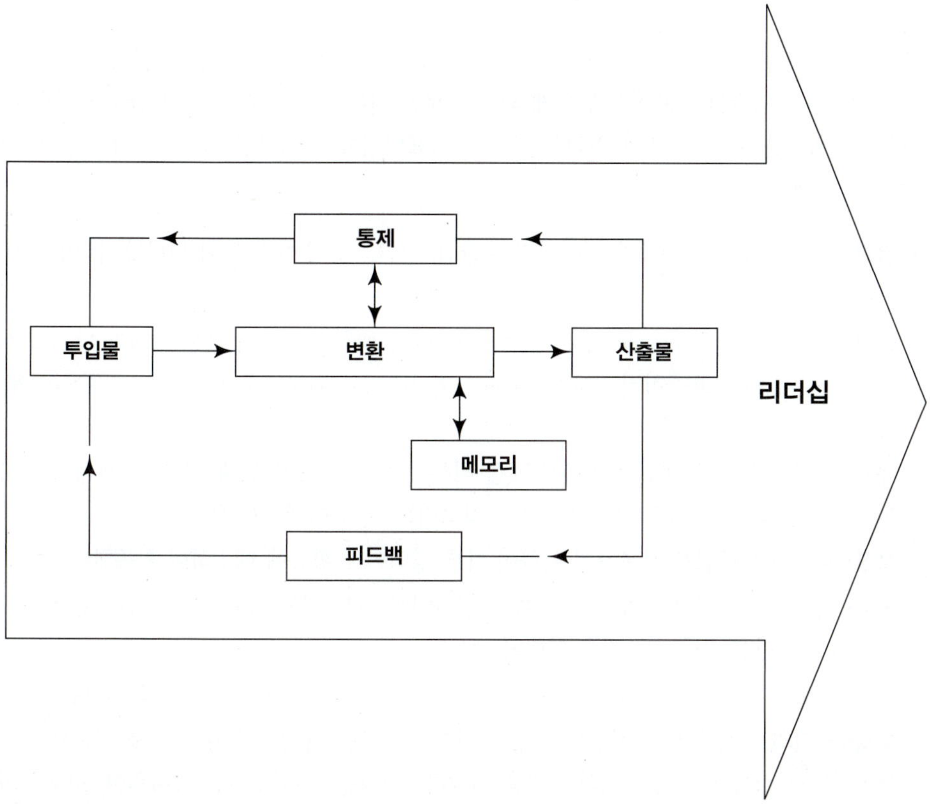

그림 10-1 리더십과 푸드서비스 시스템 모형

10.1.1 동기부여의 의미

동기부여에는 일반적으로 **목표**, **갈망**, **의향**, **목적**, **의도** 등의 단어가 포함된다. 흔히 인용되는 동기부여의 정의는 Berelson과 Steiner(1964)가 제안한 것으로, **동기부여(motivation)**란 인간을 움직이게 하는 내면적 상태(욕망, 요구, 추진력)라고 정의된다. 동기부여 과정은 다음과 같은 일련의 연속적인 단계로 볼 수 있다.

욕구(needs) → 추진력(drives) 또는 동기(motives) → 목표 달성(achievement of goals)

욕구(needs)는 목표나 목적달성에 대한 동기를 부여하며, 욕구는 물질적 또는 심리적 부족으로 인하여 생긴다. **물질적 욕구**는 일차적인 욕구로 식품, 물, 주택 등 본능적인 욕구를 말하며, **심리적 욕구**는 문화 또는 환경과의 상호작용 과정에서 습득되는 것으로 존경, 애정, 권력 등이 해당한다.

추진력이나 동기는 행동의 "이유"로 개인의 행동 방향을 결정하거나 활동을 유지시킨다. Hersey, Blanchard, Johnson(1996)은 **동기(motive)**란 인간이 어떤 행동을 하도록 유도하는 것이라고 설명하였다. 목표가 달성되면 욕구가 충족되고 동기가 줄어들어 평형상태가 되지만, 다시 다른 욕구가 생기면 위와 같은 과정을 통하여 다시 욕구를 충족하려고 한다.

긍정적인 동기부여와 부정적인 동기부여는 구별되어야 한다. **긍정적인 동기부여**는 목적을 달성하고 상황을 유지하도록 이끌어 주지만 **부정적 동기부여**는 이와는 반대로 이를 하지 않도록 한다.

목표 또한 긍정적이거나 부정적일 수 있다. 종사원의 **긍정적인 목표**는 바람직하며 목표지향적인 행동은 최고의 성과를 도출하지만 **부정적인 목표**는 그렇지 않다. 목표는 개인의 주관적인 경험, 신체적 능력, 규범 및 가치, 목표의 잠재적인 접근성 등에 따라 결정되며 개인의 신념 등에 영향을 미친다.

욕구나 목표는 상호의존적이며 인간은 자신의 욕구를 항상 인식하고 있지 않으며 욕구와 목표는 항상 변한다. 인간이 목표에 도달하게 되면 새로운 다른 목표를 찾게 되고 만약 도달하지 못하면 다른 대체물을 찾는다. 또한 인간은 욕구나 목표달성에 실패하면 좌절하거나 다음과 같은 방어적 행동을 한다.

- **철회:** 업무에 대한 참여도가 적어지면 무관심, 결근, 지각, 이직 등이 나타날 수 있다. 이러한 현상은 좌절감을 일으키는 상황을 피하려고 하는 메커니즘의 일종이다.
- **공격:** 개인이 직접적으로 공격을 당할 때 나타나는 행동으로 상사 때문에 화가 난 푸드서비스 종사원이 이를 표출하기 위하여 상사를 비난하거나 취사도구를 던지는 경우가 이에 해당한다.
- **대체:** 본래의 목적을 대신하여 다른 것을 찾는 행동으로 승진에 제외된 푸드서비스 종사원이 직장 외부의 조직에서 리더의 지위를 찾으려는 것이 이에 해당한다.
- **보상:** 자신의 부족함을 보충하기 위하여 다른 영역이나 활동에 매진하여 활동한다.
- **퇴행:** 개인이 불쾌한 상황에 닥쳤을 때 어린아이와 같은 행동을 보이는 것으로 주방에서 시끄럽게 떠들면서 장난치는 것은 퇴행의 예이다.
- **억압:** 인식을 상실하거나 좌절 또는 불안감을 일으킨 사건을 잊어버리는 행동이다.
- **투영:** 자신의 감정을 다른 사람의 감정에 빗대는 것으로 규범이나 규칙에 불만을 가지고 있는 푸드서비스 종사원이 개인의 불만을 인정하기보다는 오히려 다른 종사원이 얼마나 화가 났는지 상사에게 말하는 경우가 이에 해당한다.
- **합리화:** 실제적인 원인보다는 사회적으로 수용 가능한 원인을 말하는 것으로 제빵사가 오븐이 좋지 않아서 빵이 맛없게 만들어졌다고 말하는 경우가 이러한 방어 메커니즘을 활용한 예이다.

인간은 위와 같은 방어 메커니즘에 의존하는 경향이 있으므로 관리자는 종사원의 방어행동이 최소화되도록 건설적인 행동을 북돋아 주고 종사원의 방어 행동에 대해 이해하고 공감하도록 한다.

10.1.2 동기부여 이론

동기부여 이론에는 욕구계층, 성취-권력-친화, 이요인, 기대이론, 강화이론이 있다. 동기부여 이론은 인간의 행동을 이해하는 데 유용하다.

욕구계층이론 가장 널리 알려진 동기부여 이론은 매슬로우(Maslow, 1943)가 제안한 **욕구계층이론**(*need hierarchy theory*)이다. 인간은 특정한 욕구를 충족할 때 동기가 부여되고 인간에게 동기를 부여할 수 있는 욕구는 계층을 형성하고 있다(그림 10-2).

- **생리적**—생명을 유지하기 위하여 충족되어야 하는 인간의 생리적 욕구
- **안전**—물리적 또는 신체적 위험으로부터 벗어나려는 욕구
- **사회적**—사랑, 애정, 소속감에 대한 욕구
- **존경**—동료로부터의 존경과 존중, 자기존중의 감정에 대한 욕구
- **자아실현**—자신의 성장 가능성을 발휘하고 싶어 하는 욕구

욕구계층이론에 의하면, 인간의 욕구는 하위 계층 욕구가 부분적이거나 완벽하게 채워지면

매슬로우의 계층	욕구를 충족시키는 방법의 예
자아실현 욕구 창의력을 통한 자신의 성장가능성 인식	개인이 성장과 발전할 수 있는 기회와 창의력을 발휘할 수 있는 업무에 도전
존경 욕구 성취, 인정 및 지위	직무에 대한 책임, 칭찬과 보상, 승진, 권한이 있는 경영진
사회적 욕구 사랑, 소속감, 인간관계	친밀한 동료 관계, 구성원과의 활동(볼링, 소프트볼리그, 피크닉, 행사)
안전 욕구 위험으로부터의 보호, 공포로부터의 자유, 안전	보험, 퇴직연금제도와 같은 프로그램, 직무 안정성, 안전하고 건강한 작업 환경, 공평한 리더십 등
생리적 욕구 생존의 욕구, 공기, 물, 음식, 옷, 집, 성	임금, 근무 환경

그림 10-2 매슬로우의 욕구계층과 조직에서의 욕구 충족 방법

상위 계층 욕구를 충족하려 한다. **상위 욕구(prepotent need)**는 다른 욕구보다 더 많은 영향을 미치는 욕구로 욕구가 만족되면 더 이상 동기부여되지 못한다. 그러나 하위 계층의 욕구는 상위 계층 욕구가 발생하기 전에 완벽하게 만족될 필요는 없다. 예를 들면, 사회적 욕구가 동기부여되기 전에 안전 욕구가 완전히 충족될 필요는 없다.

우리 사회에서는 다른 욕구보다 생리적 욕구와 안전 욕구가 더 수월하게 충족되고 있으며, 조직이 제공하는 임금이나 보너스 같은 보상은 생리적 욕구와 안전 욕구에 영향을 준다. 관리자는 개인의 욕구를 만족시켜줄 수 있는 방안을 제공해야 한다. 예를 들면, 경기가 나쁠 때는 생리적 욕구와 안전 욕구를 충족시킴으로써 종사원의 행동을 변화시킬 수 있지만 경기가 좋을 때는 상위 계층의 욕구를 충족시켜야 한다. 매슬로우의 욕구계층이론은 관리자가 종사원에게 동기부여하고자 할 때 유용하게 활용할 수 있다.

생존관계성장 이론 알더퍼(Alderfer, 1972)는 종사원의 행동에 영향을 미치는 인간의 욕구를 좀 더 단순하게 구분한 생존관계성장 이론(*Existence Relatedness Growth* [ERG] *theory*)을 제안하였다. 알더퍼는 인간의 욕구를 세 가지로 구분하였다.

- 생존: 생존의 기본적인 욕구(음식, 물, 집, 안전)
- 관계: 가족과 친구, 동료 및 종사원 간의 관계를 형성하고자 하는 욕구
- 성장: 창의력, 성장성, 의미 있는 업무를 수행하고자 하는 욕구

ERG 이론은 매슬로우 이론과 달리 좌절-퇴행의 원칙(frustration-regression principle)을 적용하였다. 만약 상위 계층인 성장욕구가 채워지지 않으면 좌절하거나 하위 계층인 관계욕구 또는 생존욕구로 퇴행할 수 있다고 하였다.

성취-권력-친화 이론 맥클리랜드(McClelland, 1985)에 의하면 욕구는 환경과 상호작용하면서

개발되고 습득된다. **성취-권력-친화 이론(Achievement-Power-Affiliation)**은 모든 사람은 다음과 같은 세 가지 욕구를 가지고 있다고 주장하였다.

- 성취욕구
- 권력욕구
- 친화욕구

성취동기 과거보다 일을 더 잘하고 효과적으로 일을 하려고 하는 욕구로 성취욕구가 높은 사람은 다음과 같은 특징이 있다.

- 목표지향적이다.
- 도전을 추구하지만 성취 가능한 목표를 설정한다.
- 성공에 따른 보상보다는 일 자체의 성취감에 더 중점을 준다.
- 수행결과에 대한 피드백을 원한다.
- 문제를 해결하려는 책임감이 있다.
- 열정이 많고 일을 열심히 하고자 한다.

성취욕구가 높은 사람은 경영이나 영업을 하는 위치에 있는 경우가 많으며 조직에서 주도적인 역할을 맡기 때문에 앞서 나가는 경향이 있다. 또한 이러한 사람은 과업지향적이고 본인의 능력을 최대로 발휘해 일을 하므로 다른 사람도 자신과 같아지기를 기대한다. 그래서 성취욕구가 높은 푸드서비스 관리자는 성취욕구가 낮은 종사원을 관리하는 데 어려움을 느낄 수 있다.

권력동기 다른 사람들에게 영향력을 행사하고자 하는 욕구로 권력욕구가 높은 사람은 다음과 같은 특징이 있다.

- 우세한 상황에서 다른 사람과 경쟁하는 것을 즐긴다.
- 다른 사람에게 영향을 주거나 권력을 갖고자 한다.
- 다른 사람과 대응하려고 한다.

맥클리랜드와 버넘(1976)은 관리자가 조직의 목표를 성취하기 위해 권력을 사용하면 긍정적이지만, 개인이 자신의 이익을 추구하기 위해 사용하면 부정적일 수 있다고 하였다.

친화동기 다른 사람과 우호적인 관계를 형성하거나 유지하고자 하는 욕구로 친화욕구가 높은 사람은 다음과 같은 특징이 있다.

- 다른 사람들에게 사랑받고 싶어 한다.
- 인간관계를 형성하거나 유지하려 한다.
- 사회활동을 즐긴다.
- 조직에 참여한다.

맥클리랜드(1985)는 정도의 차이는 있지만 모든 사람은 친화욕구를 가지고 있다고 하였다. 어떤 사람은 성취욕구는 높지만 권력욕구는 보통이고 친화욕구는 낮을 수 있다. 관리자는 개인의 욕구 차이를 이해하고 종사원을 동기부여해야 한다. 친화욕구가 높은 푸드서비스 종사원은 칭찬이나 격려를 통하여 동기부여하고 성취욕구가 높은 종사원은 책임감을 증대시키거나 업무에 대한 피드백을 제공하도록 한다.

이요인 이론 허즈버그(Herzberg, 1966)는 욕구를 만족시키는 업무의 보상이나 결과에 중점을 둔 **이요인 이론(two-factor theory)**을 제안하였다. 직무만족과 직무불만족에 영향을 주는 보상이나 결과의 두 가지 요인이 존재하고 있다. **동기부여 요인**(*motivators*)은 만족에 영향을 주는 요인으로 직무 자체와 관련되어 있으며 다음과 같은 요인이 해당된다.

- 성취감
- 인정
- 책임감
- 승진
- 직무 자체
- 성장 가능성

유지 요인(*maintenance factors*) 또는 **위생 요인**(*hygiene factors*)은 직무 불만족에 영향을 주는 것으로 직무 환경과 관련되어 있으며 다음과 같은 요인이 해당된다.

- 급여
- 감독자
- 고용 안정성
- 작업조건
- 조직 정책
- 직장에서의 대인관계

직무 만족에 영향을 미치는 동기부여 요인과 직무 불만족에 영향을 미치는 유지 요인은 분리되어 있으며 서로 다른 차원의 요인이다. 유지 요인은 종사원의 직무 불만족을 해소시킬 수는 있지만 만족을 가져다주지는 않으며, 동기부여 요인은 직무만족에 영향을 미치지만 동기부여 요인이 충족되지 않는다고 불만족을 느끼는 것은 아니다. 허즈버그의 이요인 이론은 일반사람이 아닌 기술자와 회계사 200명을 대상으로 하여 한계점이 있지만 종사원의 동기부여를 위한 인식 전환에 영향을 미쳤다.

매슬로우나 허즈버그의 동기부여 이론은 서로 유사한 점이 많다. 매슬로우의 욕구계층 이론은 종사원의 욕구나 동기를 파악하는 데 도움이 되고 허즈버그의 이요인 이론은 종사원의 욕구를 만족시킬 수 있는 요인을 이해하는 데 도움을 준다. 매슬로우의 욕구계층 이론과 허즈버그의 이요인 이론을 비교하여 그림 10-3에 제시하였다. 매슬로우의 생리적 욕구, 안전 욕구, 사회적 욕구는 유지 요인에 해당하고 존경 욕구는 유지 요인과 동기부여 요인 모두와 관련이 있다. 직장에서 타인으로부터의 존경은 유지 요인에 해당하는 반면, 자기 존중(인정)은 동기부여 요인에 해당된다고 볼 수 있다. 매슬로우의 자아실현 욕구는 허즈버그의 동기부여 요인과 연관이 있다.

기대이론 관리자는 인간의 욕구를 이해하고 종사원의 욕구를 충족시킬 수 있는 방안을 다양화해야 한다. 그러나 동기부여에 대한 욕구 중심의 접근은 개개인의 차이를 설명하지 못하고 사람의 행동에 대하여 명확하게 설명하지 못한다. 이러한 이유로 몇 년 전부터 동기부여에 대한 기대 중심의 접근이 진행되었다. 이 중 가장 유명한 두 개의 이론이 브룸(Vroom, 1994)과 포터와 롤러(Porter and Lawler, 1968)가 제안한 이론이다. **기대이론(expectancy theory)**은 인간의 행동을 개인의 목표, 선택, 목표 달성에 따른 기대감으로 설명한다. 이 이론에서는 인간은 자신이 원하는 결과를 결정하고 그들이 원하는 결과가 현실적으로 달성 가능하다고 가정하고 있으며, 인간은 즐거움을 증가시키고 불만을 줄이기 위하여 행동한다고 본다.

기대이론에 의하면 인간은 노력을 하면 보상이 주어질 것이고, 이러한 보상이 가치 있다고 생각할 때 동기부여가 된다. 먼저, 첫 번째 부분은 다음과 같은 두 가지 요소로 구성된다.

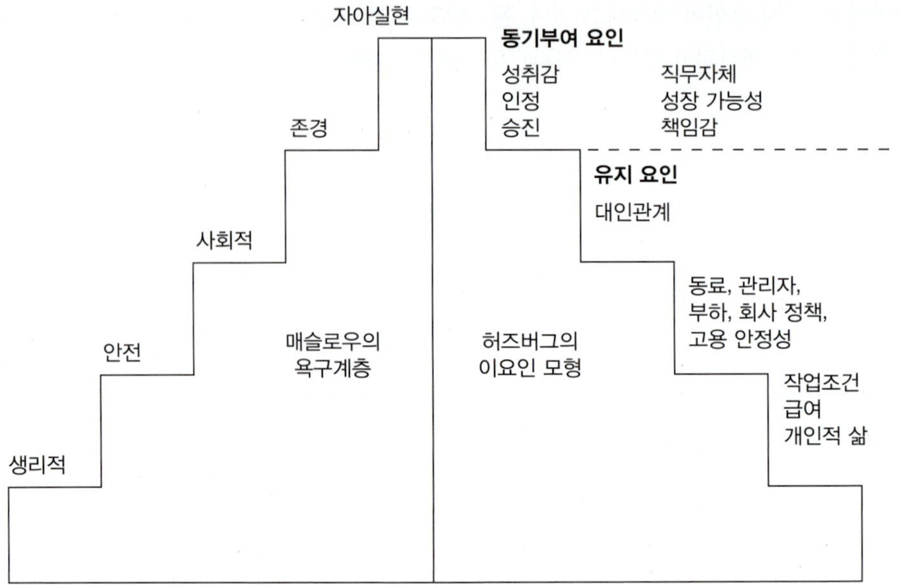

그림 10-3 매슬로우와 허즈버그의 동기부여 모형 비교

- 노력하면 성과를 높일 수 있을 것이라는 기대
- 성과를 높이면 보상이 주어질 것이라는 기대

이러한 기대는 개인의 경험에 의해서 개발된다.

두 번째로 기대이론은 조직에서 제공하는 보상이 종사원에게 얼마나 가치 있는가에 관심을 두는데 이를 **유의성(valence)**이라고 한다. 조직은 모든 보상이 가치가 있다고 생각하는 경향이 있으나 종사원들에게 어떤 보상은 다른 것보다 가치가 있다고 여겨지지만, 부정적으로 여겨지는 보상도 있다.

기대이론에 의하면, 기대와 유의성 요소는 동기부여를 결정하고 두 가지 요소 모두는 높은 동기부여를 위하여 반드시 필요하다. 즉, 높은 기대 또는 높은 유의성 하나만으로는 동기부여하기 어렵다. 만약 종사원이 임금에 높은 가치(높은 유의성)를 두고 있지만 임금이 인상될 가능성이 낮을(낮은 기대) 경우, 종사원은 임금이 인상되지 않을 것이라고 생각하여 동기부여가 되지 않을 것이다.

조직의 모든 종사원은 같은 목표를 가지거나 임금, 승진, 이익, 직업 환경에 같은 가치를 가지고 있지 않으므로 관리자는 개인의 목표와 동기부여에 영향을 미치는 가치를 반드시 파악해야 한다. 기대이론은 종사원의 목표가 작업장에서의 종사원의 행동에 미치는 영향을 설명한다. 종사원의 행동은 특정 행동이 목표 성취로 이끌 수 있는 가능성에 영향을 받는다.

강화이론 스키너(Skinner, 1971)의 **강화이론(reinforcement theory)**은 **조작적 조건형성**(*operant conditioning*)이나 **행동 수정**(*behavior modification*)이라고도 한다. 강화이론은 동기나 동기부여 과정을 강조하기보다는 반복적인 습득의 과정에서 과거의 행동이 미래의 행동에 미치는 영향에 관심을 갖는다.

스키너에 의하면, 인간은 과거의 경험을 토대로 행동한다고 하였다. 인간은 긍정적인 결과를 선호하며 부정적인 결과를 야기하는 행동을 하지 않으려고 한다. 예를 들면 과거에 푸드서비스 종사원이 집이나 학교 등에서 규칙을 준수하지 않아 처벌을 받았던 경험이 있으면 조직에서 처벌을 받지 않기 위하여 규칙이나 정책을 준수하려고 한다. 강화이론은 강화된 행동은 반복되지만 강화되지 않은 행동은 반복되지 않는다는 것에 기반한다.

강화물(*reinforcers*)은 항상 보상되거나 긍정적일 필요는 없다. 예를 들어, 푸드서비스 종사원에게 청소면제, 야근면제 등과 같이 부정적인 것에서 제외시켜 줌으로써 바람직한 행동을 하도록 하는 회피 강화(avoidance reinforcers)를 사용할 수도 있다. 그러나 최근에는 임금인상, 승진, 인정 등과 같은 물질적, 정신적인 보상을 통한 긍정적인 강화물 사용을 강조하고 있다.

내재적 동기와 외재적 동기 이론 **내재적 동기(intrinsic motivation)**는 개인의 흥미, 호기심이나 수행했던 일에 대한 만족감과 같은 요인으로부터 생기고 **외재적 동기(extrinsic motivation)**는 임금, 강압, 경쟁 등과 같은 외부적인 요인에 의해 발생한다.

미하이 칙센트미하이(Mihaly Csikszentmihalyi, 1990)는 **내재적 동기의 최적의 상태**는 개인이 활동 자체에 완전히 집중할 수 있는 "몰입(flow)"의 상태라고 주장하였다. 그는 몰입의 상태가 되기 위해서는 개인이 일을 수행할 수 있는 기술을 가지고 있어야 하며, 업무 자체에 대해 강한 도전정신이 있어야 한다고 하였다. 몰입을 경험한 종사원은 보다 생산적이고 스트레스를 적게 받으며 직업에 대한 만족도가 높다.

10.1.3 직무만족

동기부여와 직무만족은 밀접한 연관이 있다. 동기부여는 인간이 일을 수행하도록 하는 것에 영향을 미치고 직무만족은 특정 상황에서 인간의 태도에 영향을 미친다. 동기부여는 욕구와 목표에 의해 결정되지만, 직무만족은 상황이나 환경에 의해 결정된다.

George와 Jones(2002)는 직무만족에 대한 이론과 모형을 성격, 가치관, 업무환경, 사회적 영향 등의 요소에 중점을 두고 설명하였다. **직무만족(job satisfaction)**은 긍정적이든 부정적이든 직업에 대한 개인의 사고방식을 의미하며 이것은 조직의 **사기**와 동일하지는 않다. 사기는 집단의 태도에 중점을 두고 직무만족은 개개인의 태도에 중점을 두고 있다.

수많은 관리자들은 직무만족과 직무수행은 양적인 상관관계가 있다고 믿으며, 직무만족이 높을수록 업무성과가 높다고 생각한다. 그러나 몇몇 연구에서는 직무만족과 직무수행 간에는 관련성이 적다고 보고하고 있으며, 직무에 대한 만족이 감소할수록 이직할 가능성이 높아진다는 연구결과도 있다. George와 Jones(2002)는 직무만족이 높은 종사원은 직장을 그만둘 생각을 하지 않지만 직장에 불만이 있을 때 새로운 직장을 찾아 이직할 것이라 하였다.

조직시민행동(Organizational Citizenship Behaviors)은 조직에서 공식적으로 부여된 직무 이상을 수행하는 행동으로 직무만족과 연관이 있다. 조직시민행동에는 위험으로부터 조직을 보호하는 행동, 동료를 도와주거나 건설적인 제안을 도출하거나 개인의 능력 및 기술을 발달시키는 행동 등이 포함되며, 이런 행동은 조직의 일원으로서 요구되는 것은 아니지만 조직의 효율성을 위하여 필요하다. 만족도가 높은 종사원은 다양한 형태의 조직시민행동을 한다.

개인이 자신의 직무에 가지고 있는 감정과 신념도 **직무만족**이라고 하며, 이러한 감정과 신념이 조직에서 보다 넓은 의미로 사용될 때 **조직몰입**(*organizational commitment*)이라는 개념이 사용된다. Allen과 Meyer(1996)는 조직몰입을 정서적 몰입과 지속적 몰입으로 설명하였다. **정서적 몰입(affective commitment)**은 조직에 대하여 종사원이 느끼는 몰입으로 종사원은 조직의 구성원인 것을 기뻐하기 때문에 조직을 위하여 행동하려 한다. 정서적 몰입이 높은 종사원은 자발적인 의사에 의해 조직에 남기를 원하여 조직에 근무한다. **지속적 몰입(continuance commitment)**은 종사원이 조직을 떠남으로써 발생하는 손해(예: 연금, 의료혜택 등의 손해)로 인하여 생기는 몰입으로 지속적 몰입이 높은 종사원은 자발적으로 원하여 조직에 근무하는 것이 아니라 근무하지 않으면 발생되는 손해가 커서 근무하지 않으면 안 된다는 생각을 가지고 근무한다.

George와 Jones(2002)는 정서적 몰입이 높을 때 종사원이 조직을 위하여 바람직한 업무를 수행할 가능성이 높고 조직시민행동을 할수록 사직할 가능성이 낮다고 하였다. 또한 George와 Jones는 지속적 몰입은 조직에 대한 신념보다는 본인의 필요성에 의해 근무를 하는 것이므로 지속적 몰입이 높은 종사원은 자신에게 주어진 업무 이상을 하지 않으려 한다고 주장하였다.

10.2 리더십

리더십(leadership)은 조직의 목표달성을 위하여 개인이나 집단의 행동에 영향을 미치는 과정을 의미한다. Hersey, Blanchard, Johnson(1996)은 리더십 과정(L)을 리더(*l*eader), 종사원(*f*ollower), 상황(*s*ituational) 변수로 설명하였으며 이들의 관계를 다음과 같이 표현하였다.

$$L = f\,(l, f, s)$$

리더십은 누군가가 다른 개인이나 집단의 행동에 영향을 주는 상황에서 발생되기 때문에 리더십은 조직의 특정한 유형에 국한되지 않고 직장, 사회, 집 등 여러 장소에서 시도된다. 역동적이고 효과적인 리더십은 실패한 조직을 성공적으로 리드하는 데 중요한 역할을 한다. 리더는 일을 효과적으로 수행할 수 있도록 이끄는 능력을 지닌 사람으로 효과적인 리더는 조직에서 목표달성을 위하여 일하는 종사원에게 영향을 미칠 수 있는 사람이다.

10.2.1 리더십과 권력

리더는 권력을 가지고 있으며 권력에는 다양한 차원이 있다. 권력은 리더가 추종자의 행동에 영향을 미치는 수단 중의 하나이기 때문에 권력의 개념은 리더십과 권한의 개념과 밀접한 관련성이 있다.

전통적 권력 구조 권력은 종사원이 규정이나 규칙을 준수하도록 종사원의 행동에 영향을 주는 원천이다. 학자들은 권력을 지위 권력과 개인적 권력으로 구분하였는데 **지위 권력**은 조직에서 나오는 힘으로 조직에서 개인의 지위에 따라 생긴 권력을 의미하고 **개인적 권력**은 개인의 내부적인 원천에서 나오는 힘으로 개인의 특성이나 전문지식 등에서 비롯된다.

여러 학자들이 권력의 원천에 대하여 제안하였으며 이 중 프렌치와 레이븐(French & Raven, 1960)이 주장한 권력의 원천이 가장 일반적이다. 프렌치와 레이븐(1960)은 권력을 권력의 원천에 따라 합법적 권력, 보상적 권력, 강제적 권력, 전문적 권력, 준거적 권력으로 구분하였다. 이외 다른 학자(Hersey, Blanchard, & Johnson, 1996; Raven & Kluganski, 1970)들은 권력을 권력의 원천에 따라 정보소유 권력과 연결 권력으로 제안하였다. 다른 사람의 행동에 영향을 주는 수단인 권력의 일곱 가지 원천은 다음과 같다.

- **합법적 권력.** 개인이 조직에서 공식적으로 가지고 있는 직위로 인하여 얻게 되는 권력이다. 일반적으로 직위가 높을수록 합법적 권력이 높은 경향이 있다. 합법적 권력이 높은 리더는 본인의 직위 때문에 지시할 권리를 가지고 있다고 생각하여 다른 사람이 자신의 명령에 따를 것을 요구한다.

- **보상적 권력.** 임금인상이나 승진, 선호하는 업무를 할당하거나 보상할 수 있는 능력을 갖고 있을 때 발생하는 권력이다.
- **강제적 권력.** 처벌할 수 있거나 처벌을 명령할 수 있는 권한에서 오는 권력으로 강제적 권력이 있는 리더는 종사원에게 해고, 강등, 위협 또는 바람직하지 않은 업무를 부여할 수 있다.
- **전문적 권력.** 자신이 갖고 있는 교육이나 경험으로부터 얻은 지식과 업무 능력으로 생기는 권력으로 리더가 교육이나 경험이 뛰어나다고 여겨지면 종사원은 리더를 따른다.
- **준거적 권력.** 카리스마라고도 일컫는다. 종사원들이 리더와 동일시되거나 본받고 싶어하는 것을 바탕으로 하는 권력이다. 준거적 권력이 높은 리더는 일반적으로 다른 사람에게 존경과 사랑을 받으며 종사원이 리더와 동일시하려는 욕구와 존경심 때문에 리더는 다른 사람에게 영향을 준다.
- **정보소유 권력.** 정보를 많이 가지고 있는 리더가 가지는 권력으로 정보를 원하는 종사원에게 영향을 미친다.
- **연결 권력.** 조직 내·외부에 영향력 있거나 중요한 사람과의 연결능력으로 인하여 갖게 되는 권력이며 영향력이 있는 연결에 포함되기를 선호하는 종사원들이 연결 권력이 높은 리더에게 영향을 받는다.

리더에게는 모든 권력이 중요하겠지만, 특히 전문적 권력과 준거적 권력은 종사원의 만족감 및 업무수행과 밀접한 관련이 있다. 강제적 권력은 가장 부정적인 영향을 미치고 전문적 권력과 합법적 권력은 가장 중요한 권력처럼 여겨지지만, 일반적으로 리더에게 중요한 영향을 미치는 권력은 상황에 따라 다르다.

10.2.2 인간 본성에 관한 이론

종사원의 동기부여가 높은 환경을 형성하기 위해서 관리자는 인간의 본성에 대하여 이해하고 이를 리더십 유형에 반영하도록 해야 한다. 맥그리거와 베니스(McGregor and Bennis, 1985), 아지리스(Argyris, 1957)가 주장한 이론은 인간의 본성을 이해하는 데 유용하다.

맥그리거의 XY 이론 맥그리거는 인간의 본성과 동기부여의 관계를 이해하는 것이 중요하다고 강조하였다. 맥그리거는 리더를 관찰하여 인간의 본성을 두 가지 유형으로 개념화한 **XY 이론(Theory X and Theory Y)**을 주장하였다. 부정적인 X 이론과 긍정적인 Y 이론은 관리자가 종사원을 어떻게 동기부여하는지에 대한 가정과 연관되어 있으며 두 가지 개념은 인간의 본성과 연관되어 있다. XY 이론의 기본 가정은 그림 10-4와 같다.

X 이론에 따르면, 인간은 두려움을 통해 동기부여가 되고 관리자는 조직의 목표를 달성하기 위하여 종사원을 철저히 감독해야 한다. 관리자는 종사원의 약점이나 단점으로부터 종사원을 보호해야 하고 종사원이 행동하도록 자극해야 한다. X 이론을 지지하는 사람들이 있기는 하지만 X 이론은 행동과학의 최신 개념과는 맞지 않는 한계가 있다. 이와 반대로 Y 이론은 종사원이 개인의 만족감을 경험함으로써 자발적으로 일을 하도록 하는 경영 리더십을 강조하고 있다. X 이론의 견해를 갖는 관리자는 독재적인 경향을 가지고 있으며, Y 이론의 견해를 갖는 관리자는 참여적인 경향을 지니고 있다.

Mondy, Sharplin, Flippo(1988)는 인간의 본성 중 Y 이론의 견해를 갖는 관리자는 탄력 근무시간, 직무 충실, 참여적 의사결정 등과 같은 일을 중요하다고 여긴다고 하였다. 맥그리거는 조직

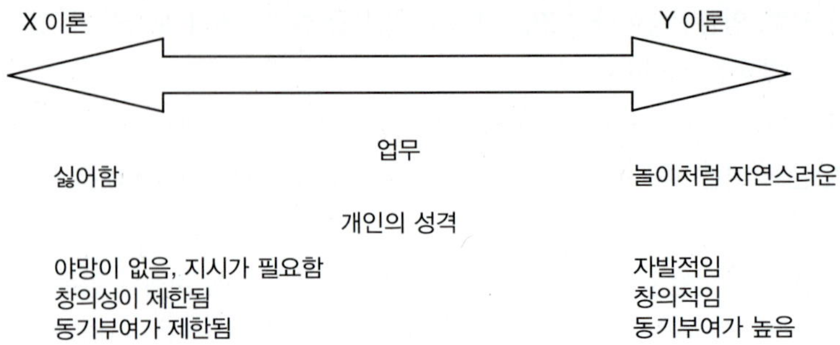

그림 10-4 맥그리거의 XY 이론

성과와 관리를 향상시키기 위하여 Y 이론이 만능 해결책이라고 여기지는 않았지만 Y 이론이 기본적으로 필요하다고 주장하였다.

아지리스의 미성숙-성숙 이론 아지리스(Argyris, 1957) 연구는 관리자가 인간의 행동을 이해하는 데 도움이 된다. 아지리스에 따르면, 인간은 오랜 기간 동안 성숙한 어른으로 성장하는 과정에서 수많은 성격의 변화가 일어나고(**표 10-1**) 이러한 변화들은 연속적이며 미성숙에서 성숙의 방향으로 건강한 성격이 발전한다는 **미성숙-성숙 이론(Immaturity-Maturity Theory)**을 주장하였다.

아지리스는 단순한 게으름 때문에 종사원이 무관심해지거나 조직에 문제가 발생한다고 여기지는 않았다. 조직이 종사원을 성숙하지 못한 상태로 둠으로써 종사원이 발전하지 못하게 하고 있다고 주장하였다. 업무 전문화, 명령 계통, 감독 범위 등의 전통적인 조직화 원칙 때문에 종사원이 미성숙하게 된다고 하였다. 아지리스는 종사원이 소속되어 있는 조직에서 개별적인 인간으로서 성숙할 수 있는 근로조건을 제공해주는 경영을 주장하였으며, 종사원의 잠재능력을 더 많이 사용할 수 있도록 일터에서 성장할 수 있는 기회 제공을 강조하였다.

아지리스 이론은 현장에서 업무와 종사원의 행동을 이해하는 데 적용될 수 있다. 푸드서비스 현장의 경우, 종사원이 수행하는 조리, 설거지 등 주방관련 업무는 반복적이고 무미건조하여 종사원이 업무에 만족하지 못할 수 있다. 이럴 경우에는 관리자는 근로 환경을 최대한 다양하게 하여 종사원이 자신의 잠재된 능력을 발휘할 수 있도록 분위기를 형성하는 것이 필요하다. 이를 통하여 종사원은 자신의 능력을 발휘할 수 있고 동기부여가 증가할 수 있는 것이다.

표 10-1 아지리스의 미성숙-성숙 이론

미성숙	성숙
수동적	능동성
의존성	독립성
제한된 행동	다양한 행동
얕은 관심	깊은 관심
단기적 시각	장기적 시각
종속적 지위	상위 및 대등한 지위
자아의식 결여	자아의식과 자기통제

10.2.3 효과적인 리더십

효과적인 리더는 다른 사람에게 영향을 미친다. 공식적인 권한에 근거하여 종사원에게 영향을 미치는 리더를 **공식적 리더(formal leaders)**라고 한다. 한편 공식적인 권한은 없지만 특별한 기술이나 재능으로 다른 사람에게 영향을 미치는 경우가 있는데 이러한 리더를 **비공식적 리더(informal leaders)**라고 한다. 일반적으로 모든 조직에는 두 리더가 모두 존재하며, 조직의 목표달성을 위해서는 두 리더가 모두 필요하다.

리더십의 특성 이론 리더의 특성을 규명하기 위하여 수많은 연구가 수행되었다. 특성(traits)이란 인간이 어떻게 생각하고 느끼고 행동하는지에 대한 개인적인 특징이다. Maxwell(1999)은 효과적인 리더가 되기 위해 필요한 개인적인 특징을 다음과 같이 21가지로 정리하였다.

- 성품
- 카리스마
- 헌신
- 의사소통
- 능력
- 용기
- 통찰력
- 집중력
- 관대함
- 결단력
- 경청
- 열정
- 긍정적인 태도
- 문제해결 능력
- 관계
- 책임감
- 안정감
- 자기단련
- 섬기는 마음가짐
- 배우려는 자세
- 비전

George와 Jones(2002)는 여러 연구결과를 요약하여 리더십과 관련된 특성을 다음과 같이 제안하였다.

- 지능
- 업무와 관련된 지식
- 지배력
- 자신감
- 에너지와 활동성
- 인내력

- 성실성과 정직
- 정서적 성숙

리더십의 기본 유형 초기 연구에서는 리더십의 유형을 전제적 리더십, 자유방임적 리더십, 민주적 리더십으로 구분하였다(Rue & Byars, 1989). 의사결정에 대한 책임에 따라 리더십의 유형을 구분하였는데, 일반적으로 **전제적 리더**는 모든 결정을 자신이 하고 **자유방임적 리더**는 종사원이 의사결정을 하도록 하며, **민주적 리더**는 종사원이 의사결정을 할 수 있도록 이끌어주고 격려해준다.

초기에는 민주적 리더십이 가장 이상적인 리더십의 유형으로 생각되었지만, 최근 연구에는 다양한 상황에 적합한 리더십이 효과적인 것으로 여겨지고 있다.

리더십의 행동 이론 행동 이론에서는 리더의 인성이나 신체적 특성보다는 리더의 다양한 행동 유형에 관심을 두었다. 행동 이론에 대한 주요 연구는 미시간 대학교와 오하이오주립 대학교에서 수행되었다.

미시간 대학교 리더십 연구 미시간 대학교의 사회조사연구소에서 실시한 리더십 연구는 리더십의 효과를 특성화하기 위해 실시되었다. 미시간 대학교에서는 리더십의 유형을 인간중심적 유형과 과업중심적 유형으로 구분하였는데(Kahn & Katz, 1960) 인간중심적 리더는 업무에서 인간관계를 강조하고 과업중심적 리더는 업무 수행과 일의 기술적 특징을 강조한다. 미시간 대학교의 연구결과에 의하면 생산성이 높은 부서의 리더는 다음과 같은 특성이 있다.

- 상급자가 엄격하게 감독하기보다는 관대하다.
- 관리자에게 더 많은 시간을 할애한다.
- 종사원을 엄격하게 감독하기보다는 관대하게 한다.
- 생산중심적이기보다는 인간중심적이다.

미시간 대학교 사회조사연구소의 책임자인 리커트(Likert, 1967)는 리더십 연구를 토대로 리더십 유형을 권위주의 유형, 참여적 유형 등으로 제안하였다.

- 착취적 권위주의
- 자선적 권위주의
- 자문적
- 참여적

착취적 권위주의 관리유형은 두려움, 위협, 처벌과 적은 보상에 의하여 종사원이 동기부여가 된다고 보았으며, 대부분의 의사결정은 최고 관리자가 하고 종사원과 관리자의 의사소통은 가끔 이루어진다. **자선적 권위주의** 유형은 사소한 사항만 종사원이 의사결정하며 상부와의 의사소통은 거의 이루어지지 않는다. **자문적** 유형은 종사원에게 권한을 주기는 하지만 정보는 하향적으로 이동되고 주요한 의사결정은 상부로부터 이루어진다. **참여적** 관리 유형은 신뢰와 책임감을 기본으로 하고 종사원은 상사와 업무에 대하여 논의하고 의사소통이 쌍방향으로 이루어지며, 의사결정은 조직에서 평등하고 폭 넓게 이루어진다.

리커트는 여러 가지 리더십 유형 중 참여적 리더십을 가장 효율적인 유형으로 평가하고 조직의 목표를 설정하는 과정이나 업무와 관련한 의사를 결정할 때는 종사원이 최대한 참여하도록 하는 것이 중요하다고 강조하였다.

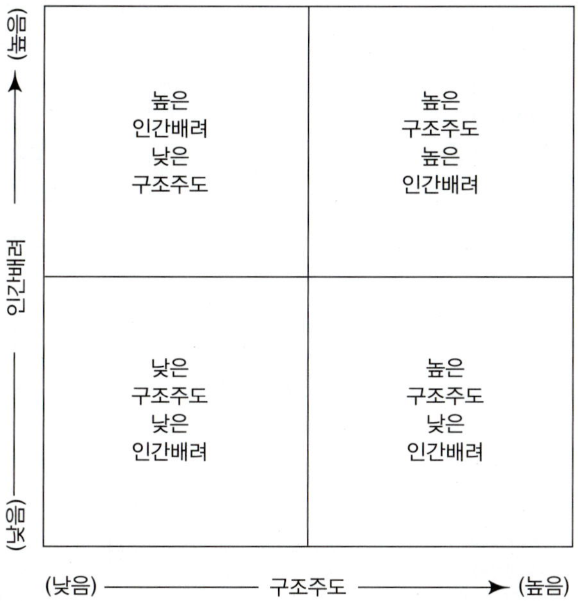

그림 10-5 오하이오주립대학교의 리더십 사분면

오하이오주립대학교 리더십 연구 1940년대부터 오하이오주립 대학교에서 리더의 행동에 대한 연구가 시작되었다. 오하이오주립 대학교의 연구는 미시간 대학교의 연구와 비슷한 시기에 유사한 개념으로 이루어졌으며 오하이오주립 대학교의 연구(Stogdill, 1974)에서는 리더의 행동을 인간배려와 구조주도의 두 가지 개념으로 설명하였다.

인간배려형은 리더와 종사원 사이에 우정, 신뢰, 존경 및 강한 유대관계 등을 형성하는 행동을 중시하고 종사원을 지지하고 종사원의 생각을 잘 수용하며 의사결정 시 참여하도록 기회를 준다.

구조주도형은 목표를 설정하고 리더와 종사원 간의 관계와 의사소통 경로를 명확히 하는 것을 중요시한다. 구조주도형 리더는 목표나 과업의 마감기한을 중요시하고 종사원에게 일을 구체적으로 할당하며 업무의 목표치를 분명하게 설명한다.

오하이오주립대학교의 리더십 연구는 인간배려와 구조주도의 두 가지 리더의 행동을 독립된 별개의 차원으로 보았다. 즉 한 차원에서의 점수가 높다고 다른 차원의 점수가 높은 것은 아니다. 리더의 행동을 두 가지 차원으로 설명하였으며, 다음과 같이 리더십의 유형을 네 가지로 구분하였다(그림 10-5).

일반적으로 높은 인간배려와 높은 구조주도형 리더가 다른 리더보다 업무수행도가 높고 종사원의 만족도가 높은 경향이 있지만 리더십의 효과는 집단에 따라 차이가 있을 수 있다.

오하이오주립대학교에서 제안한 2차원적인 네 가지 리더십 유형은 블레이크와 뮤톤(Blake and Mouton, 1964, 1978)의 관리격자도 모형의 토대가 되었다. 관리격자도는 오하이오주립대학교의 모형과 유사하게 종사원과 직무에 대하여 관심을 두었다.

리더십 격자 블레이크와 뮤톤(Blake and Mouton, 1964, 1978)의 관리격자도 모형은 블레이크와 맥캔스(Blake and McCanse, 1991; www.gridod.com) 리더십 격자의 토대가 되었으며 블레이크와 뮤톤의 모형을 그림 10-6에 제시하였다. 블레이크와 맥캔스는 리더십 유형을 가로축 및 세로축의 9개로 나누어 전체 81개의 격자로 구성하였으며 이 중 대표적인 일곱 가지 유형은 다음과 같다.

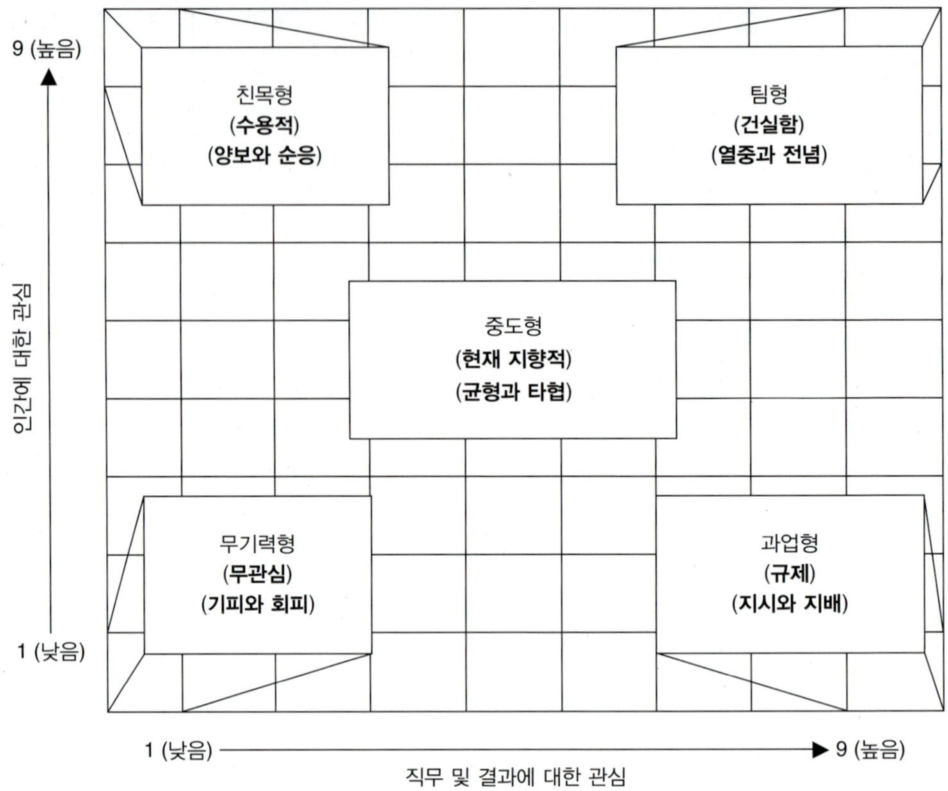

그림 10-6 블레이크와 뮤톤의 리더십 격자

- **무기력형([1,1])**—매우 무관심한 관리자로 업무를 완료하기 위하여 최소한의 노력을 하며 책임감이 낮다. 또한 종사원이나 일의 결과에 관심이 거의 없다.
- **친목형([1,9])**—업무에 대한 관심은 낮지만 종사원에 대한 관심은 높은 유형으로 관리자는 수용적이며 온화하고 조화로운 환경을 형성하도록 노력하지만 조직의 목표달성을 위한 노력에는 관심이 적다.
- **과업형([9,1])**—매우 지배적인 리더로 효율적인 과업이나 결과에만 관심을 가지고 규칙이나 결과를 강조한다.
- **중도형([5,5])**—관리자는 현재 지향적이고 종사원이 긍정적인 사기를 유지하고 직무에 균형을 이룰 수 있도록 하는 것에 관심이 높다. 의사결정을 위해서는 다른 이들의 의견을 검토한다.
- **팀형([9,9])**—관리자는 착실하고 구성원 모두가 직무에 열중하고 전념하는 것에 중점을 두고 있으며 신뢰나 존경의 관계를 강조한다.
- **가부장형([1,9; 9,1])**—관리자는 자신과 타인을 위한 대책방법을 지시하고 종사원이 업무를 계획하거나 의사결정하는 것을 저지한다.
- **기회주의형([1,1; 1,9; 9,1; 5,5; 9,9])**—다른 이들을 조종하고 이용하며 관리자 개인의 이익을 위해 일하도록 종사원을 설득한다.

관리격자와 리더십 격자는 조직개발에 널리 이용되고 있으며, 리더십 유형의 명칭보다는 숫자로 말하는 경우가 많다. 예를 들어 인간과 직무 모두에 높은 관심을 가지고 있는 리더를 팀형이라고 언급하기보다는 9,9라고 숫자로 칭하는 경우가 많다.

리더십 측정 도구 쿠제스와 포스너(Kouzes & Posner, 2002)는 리더의 능력을 평가하는 리더십 측정 도구(Leadership Practices Inventory, LPI)를 개발하였다. 성공적인 리더는 다음과 같은 다섯 가지 행위를 나타낸다.

- **과정에 도전한다**—리더는 위험을 감수하고 혁신적이고 실험적이다.
- **비전을 공유하고 고무한다**—리더는 미래를 설계하고 다른 이들이 이러한 미래에 흥미를 느끼도록 한다.
- **다른 사람이 행동하도록 한다**—리더는 팀워크와 협력을 장려하고 다른 이에게 힘을 부여한다. 다섯 가지 중 가장 중요한 행위이다.
- **모델을 제시한다**—리더는 모범이 된다.
- **가슴에 와 닿게 격려한다**—리더는 타인의 일을 이해하고 그들이 지치거나 좌절할 때 또는 환멸을 느낄 때 격려한다.

Arendt와 Gregoire(2005a, b)는 쿠제스와 포스너의 LPI를 이용하여 대학 학생들의 리더십 행동을 탐구한 결과, 학생들이 다양한 상황에서 자신을 리더로 인식한다는 것을 발견하였다. 학생에게서 가장 흔히 발견되는 리더십의 행동은 다른 사람이 행동하도록 이끄는 것이었다.

리더십의 상황 이론 상황적합적 접근(situational and contingency approaches)은 상황에 따라 리더의 기술, 행동 및 역할이 달라져야 한다는 것이다. 이 접근법은 리더의 행동이 어떤 상황에서는 효과적일지라도 다른 상황에서는 그렇지 않을 수 있다는 가설을 토대로 하고 있다. 최근의 리더십 연구는 리더십의 상황에 초점을 맞추는 방향으로 변화하고 있다. 초기 리더십의 상황적합적 접근 중 하나는 Tannenbaum과 Schmidt(1958)가 개발하였으며 피들러(Fiedler, 1967) 역시 상당한 공헌을 하였다. Reddin(1967a)과 Hersey, Blanchard, Johnson(1996)이 리더십의 상황에 따른 모형을 개발하였으며, 이번스(Evans)는 경로-목표 리더십 모형(path-goal leadership model)을 주장하였다.

리더십 연속선 Tannenbaum과 Schmidt(1958, 1973)는 리더의 행동을 연속선으로 간주하여 리더십의 유형을 제시하였다. 각 행동 유형은 관리자의 권한 크기와 하급자의 의사결정에 대한 위임정도와 관련이 있다. 그림 10-7에 관리자가 사용할 수 있는 리더십의 유형을 제시하였다. 연속선의 한 끝은 의사결정이나 종사원에게 의사결정을 지시하는 것을 나타내고, 다른 쪽 끝은 종사원에게 의사결정의 책임을 위임하는 것을 나타낸다.

관리자, 종사원 및 상황의 세 구성요소가 리더십에 영향을 주고 있다(표 10-2). 구성요소는 상황별로 다르므로 하나의 리더십 유형이 모든 상황에서 효과적이지는 않다. 연속선은 관리자가 구체적인 상황에서 관리자, 종사원 및 상황에 따라서 다양한 접근법을 적용한다는 개념이다.

성공적인 리더는 주어진 시간 동안 결정에 영향을 미칠 수 있는 요인들을 민감하게 인식하고 상황을 파악하여 사람, 조직, 사회 환경적 요인과 관련된 일에서 적절하게 행동한다. 일반적으로 많은 연구자들은 관리자가 의사결정에 있어서 종사원과 함께하는 참여적인 접근법을 권장한다. 참여형 리더십은 다음과 같은 장점이 있다.

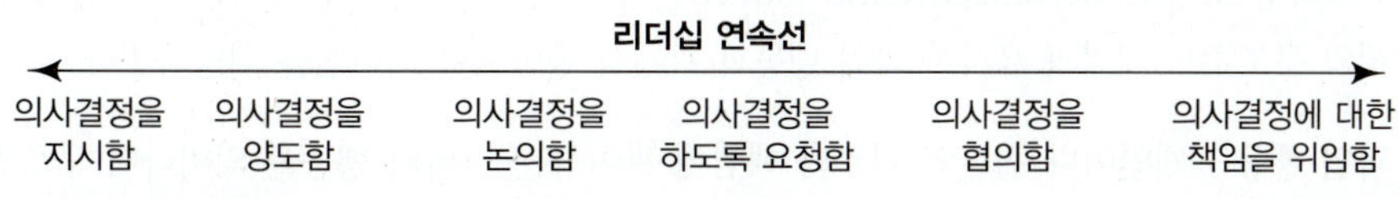

그림 10-7 리더십 연속선

표 10-2 상황별 적절한 리더십을 결정하는 요소

관리자	종사원	상황
• 리더십 유형	• 기술 수준	• 시간 압박
• 경험	• 책임감	• 조직 문화
• 가치관	• 문제에 대한 이해	• 업무 팀의 효과성
• 자신과 다른 사람에 대한 신뢰	• 공동의사결정에 대한 안심	• 문제의 유형
	• 업무 스타일과 도덕성	• 다른 사람들의 개입 (최고 경영층, 외부 그룹)
	• 애매모호한 상태에 대한 참을성	

- 종사원들의 동기부여 수준을 높인다.
- 변화하려는 의지를 강화시킨다.
- 의사결정의 질을 높인다.
- 팀워크와 근로의욕을 향상시킨다.
- 종사원들의 개인 발전을 가져온다.

만약 관리자가 모든 상황에서 다르게 반응한다면 일관적이지 않거나 우유부단해질 수 있는 단점이 있다. 효과적인 리더십의 핵심은 리더는 유사한 영향력을 행사하는 상황에서는 일관적으로 행동해야 한다는 것이다.

상황적합 접근 피들러(Fiedler, 1967)는 세 개의 주요한 상황적 변화에 중점을 둔 상황적합 모형(contingency model)을 제안하였다. 리더에게 호의적인가를 결정하는 리더십 상황은 세 가지 요소로 결정되며, 상황적 요소에는 리더-부하관계, 과업구조, 지위권력이 해당한다.

- **리더-부하관계**—리더와 조직 구성원과의 관계
- **과업구조**—과제의 구조화된 정도
- **지위권력**—리더가 가지는 권력과 권한의 정도

상황의 호의성은 해당 상황이 리더로 하여금 조직에서 영향력을 발휘할 수 있게 하는 정도를 말한다. 리더에게 가장 호의적인 상황은 리더가 구성원들에게 호감을 얻고(좋은 리더-부하관계) 우세한 위치를 점유하며(높은 지위권력) 구체적인 과업(높은 과업구조)을 지휘할 때이다. 피들러는 다양한 상황에서 효과적인 리더십 유형을 찾기 위해 과업지향적, 관계지향적 리더십을 연구하였다. 상황이 매우 호의적이거나 비호의적일 경우에는 과업지향적인 리더가 좋은 성과를 내는 경향이 있다. 상황이 좋을 때는 리더가 의사결정을 내리고 방향을 제시하는 것을 구성원이 좋아한다. 그러나 상황이 중간 정도일 때는 관계지향적 리더가 더욱 효과적이다. 피들러의 연구는 상황별로 가장 효과적인 리더십의 스타일을 제시하는 데 있어서 매우 중요하다.

리더 효과성 모형 Hersey, Blanchard, Johnson(1996)은 수용 가능성을 고려한 리더십 모형인 리더 효과성 모형(leader effectiveness model)을 개발하였다. 이 이론에서는 오하이오 연구의 인간배려와 구조주도 개념과 유사한 과업 행동과 관계성 행동으로 리더십을 설명하였다.

- **과업 행동**—개인이나 집단의 임무와 책임에 관여하는 리더의 행동을 의미하며 구성원에게 무엇을, 어떻게, 언제, 어디서, 누가 할 것인지 등을 지시하는 작업을 포함한다.

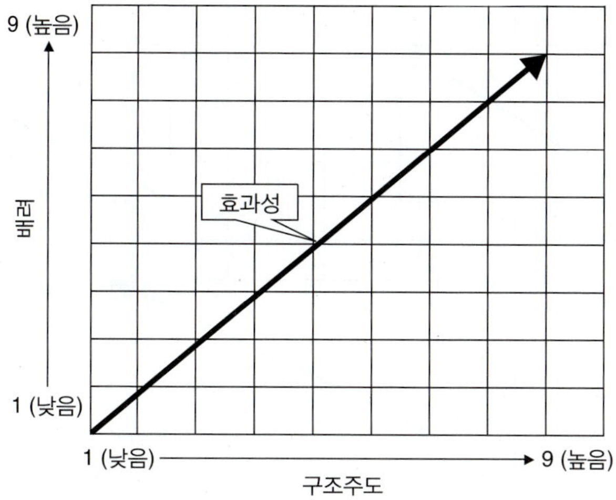

그림 10-8 전반적인 리더십의 효과성

- **관계성 행동**—리더가 양방향 혹은 다중 의사소통을 하는 행동으로 듣기, 도와주기 및 지지하기 등을 포함한다(Hersey, Blanchard, & Johnson, 1996).

리더의 효과성이 상황에 대처하는 리더의 유형에 달려 있다는 점을 고려한 오하이오의 연구결과에 근거하여 2차원 모형에 리더십 효과성의 범위를 추가하였다(그림 10-8). 레딘(Reddin, 1967a)은 상황에 따라서 특정 리더십이 효과적일 수도 있지만 효과적이지 않을 수도 있다고 주장하였다.

Hersey, Blanchard, Johnson은 과업과 관계성 행동에 효과성 차원을 추가하여 리더십 유형과 개별적 상황에서의 개념을 결합하였다. 리더의 유형은 주어진 환경에 적합할 때는 **효과적**(*effective*)이지만 환경에 부적합할 때는 **비효과적**(*ineffective*)이라고 하였다. 즉 효과적인 리더 유형과 그렇지 않은 리더 유형은 리더의 행동에 있는 것이 아니라 환경에서 적합한 행동을 하는가와 관련이 있는 것이다.

Hersey, Blanchard, Johnson의 모형(그림 10-9)에서 언급하였듯이 구체적인 상황에서 나타나는 리더십의 유형은 효과성과 비효과성의 사이에 존재하며 표 10-3과 같이 적절한 리더의 행동은 종사원, 상급자, 동료와 연관성이 많다. Tannenbaum과 Schmidt의 리더십 연속선에서 지적되었던 일관성의 문제는 효과성 모형에서도 제기되었는데 Hersey, Blanchard, Johnson은 모든 상황에서 동일한 리더의 유형을 적용하는 것이 아니라 하였다. 대신에 유사한 상황에서는 같은 리더 유형을 사용하는 **일관성**이 있어야 한다. 상황의 변화에 맞게 유형을 적절하게 변화시켜야 한다.

여러 상황들이 복합적으로 연관되어 있어 리더가 리더십 환경을 파악하는 것이 쉽지 않다(Hersey, Blanchard, & Johnson, 1996). 리더는 종사원, 상급자, 동료, 조직기관 및 작업 환경적 요구 등과 상호작용해야 한다. Hersey, Blanchard, Johnson(1996)은 가장 효과적인 리더십 유형은 종사원의 직무와 관련한 의욕수준과 상황적 요구에 따라 다르다고 하였다. 작업 환경에 대한 **성숙수준**(*readiness*)은 성취 가능한 목표에 대한 달성 욕구, 책임을 수용하려는 욕구와 능력, 업무와 관련된 교육, 경험 및 기술로 정의된다. Hersey, Blanchard, Johnson은 리더십의 유형을 종사원의 성숙수준에 따라 네 가지로 구분하였으며(그림 10-10), 개인의 성숙수준은 관리자에게 개인이 더 많은 발전을 할 수 있도록 하는 토대가 된다.

종사원의 성숙수준이 낮고 경험이 적은 종사원을 지도할 때에는 "지시적(telling)" 리더십 유형(S1)을 사용하여 종사원을 관리하는 것이 효과적일 수 있다(그림 10-10).

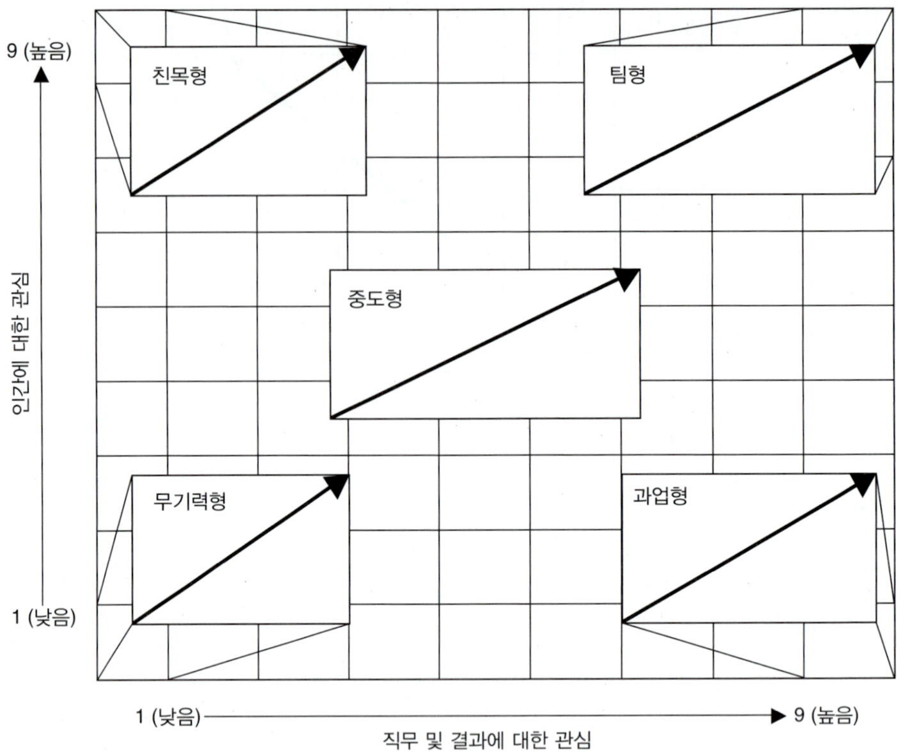

그림 10-9 다양한 리더십 유형의 효과성

참고: 상자의 검은색 화살표는 각 리더십 유형에 낮은 효과성부터 매우 높은 효과성까지 다양한 수준의 효과성이 있음을 의미함

표 10-3 효과적 & 비효과적 리더십 유형

기본 유형	효과적	비효과적
높은 과업과 낮은 관계성 행동	구성원에게 도움이 되는 목표를 달성하기 위한 체계화된 방법을 가진 것으로 보임.	다른 사람에게 체계를 강요하는 것으로 보임; 때로는 무례하고 단기적 성과에만 관심이 있는 것으로 보임.
높은 과업과 높은 관계성 행동	목표를 설정하고 업무를 수행하기 위한 조직의 니즈를 만족시킬 뿐 아니라 높은 수준의 사회정서적 지지를 제공하는 것으로 보임.	필요 이상으로 체계를 강조하고 인간관계에 진실하지 않은 것으로 보임.
높은 관계성과 낮은 과업 행동	사람에 대한 암묵적 신뢰를 가지고 있고, 사람들의 목적 달성에 대하여 주된 관심을 가지고 있는 것으로 보임.	주로 조화에 관심이 있는 것으로 보임; 때로는 관계를 망치거나 "좋은 사람" 이미지를 잃을 위험이 있는 경우 직무 달성의 의지가 없는 것으로 보임.
낮은 관계성과 낮은 과업 행동	직무 수행에 관련한 의사결정을 종사원에게 적절하게 위임하고, 조직에서 요구되는 사회정서적 지지를 거의 제공하지 않는 것으로 보임.	구성원이 요구하는 체계나 사회 정서적 지지를 거의 제공하지 않는 것으로 보임.

관리자가 종사원의 성숙수준이 낮다고 판단되면 관리자는 이에 적합한 리더십 유형을 결정할 수 있다. 즉, Hersey, Blanchard, Johnson의 리더 효과성 모형은 리더십의 유용한 틀을 제공한다. 효과성 모형은 최상의 리더십 유형이라도 모든 상황에 맞지는 않는다고 설명하였다. 리더십의 유형은 종사원과 상황의 요구에 따라 대응할 수 있는 융통성이 있어야 하며 효과적인 리더는 종사원의 발전이나 변화 또는 상황적 요구에 맞추어 스타일을 바꾸어야 한다.

푸드서비스 관리자는 리더의 위치에 있는 사람으로서 변하는 환경과 조건에 유동적으로 자신

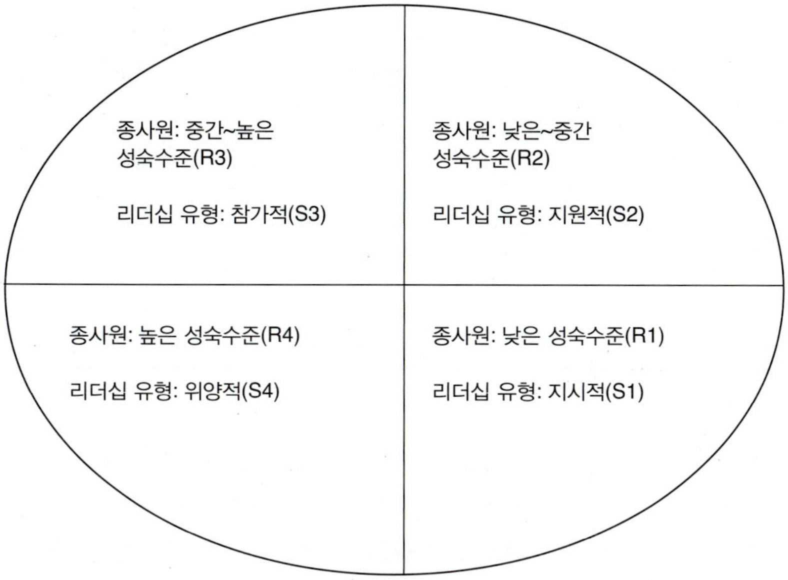

그림 10-10 종사원의 성숙수준에 따라 적절한 리더십 유형
자료: Adapted from information in Hersey, P., Blanchard, K. H., & Johnson, D. E. (1996).

의 리더십 유형을 적용해야 한다. 만약 신입 종사원에게 새로운 팀을 구성해 주어야 하는 상황에서는 관리자는 직접적이고 강한 지시적인(telling) 리더십을, 오랫동안 함께 일한 팀을 관리할 때는 참가적(participative)이거나 위양적(delegating)인 리더십을 발휘하는 것이 효과적이다.

경로-목표 모형 이번스(Evans, 1970)와 하우스(House, 1971)는 종사원의 동기부여에 영향을 미치는 상황이론에 중점을 두고 리더십 이론을 개발하였다. 이 모형은 동기부여에 대한 기대에 근거한 것으로 기대치와 가치성을 강조하였다. 경로-목표 모형(path-goal leadership model)은 리더가 종사원의 목표와 목표를 달성하는 경로에 미치는 영향에 관심을 두었다.

기대감은 노력이 보상받을 수 있다는 믿음이며 가치성은 그러한 보상이 가치가 있다는 것으로 기본적인 경로-목표 이론의 목표는 궁극적으로 개인에게 높은 가치를 주는 보상으로 연결되기 때문에 개인은 목표를 추구하기 위하여 이성적으로 행동한다고 가정하였다.

리더는 다음과 같은 방법으로 종사원의 기대감과 가치성에 영향을 줄 수 있다.

- 종사원이 높은 가치를 두고 있는 직무에 종사원을 배정한다.
- 종사원이 목표를 성취하도록 지지한다.
- 목표를 성취하도록 보상을 한다(임금 인상, 인정, 승진).
- 종사원이 가치 있다고 생각하는 구체적인 보상을 제공한다.

이러한 리더의 행동은 종사원에게 일에 대한 동기를 높임으로써 더 높은 수준의 성취를 가능하도록 하기 때문에 효과적이다. 경로-목표 리더십 개념은 네 가지의 리더 행동 유형과 두 가지의 상황 요인에 중점을 두고 있다(House & Mitchell, 1974).

- **지시적**—가이드라인을 제공하고 종사원에게 기대되는 것을 스스로 알게 하고 정확한 성과 표준을 설정하며 규칙에 따르도록 행동을 규제하는 리더십 행동
- **지원적**—종사원의 웰빙과 니즈에 대한 관심을 나타내고 친절한 리더십 행동
- **성취 지향적**—도전적인 목표를 설정하고 성과의 향상을 추구하는 리더십 행동
- **참여적**—정보 공유, 종사원 상담, 집단적 의사결정을 강조하는 리더십 행동

표 10-4 상황 리더십 요인

	지시적	지원적	참여적	성취 지향적
설명	구체적인 지시와 가이드를 주는 리더	친절하고 지지적인 리더	종사원의 제안을 묻고 고려하는 리더	높은 목표를 설정하고 목표 성취를 요구하는 리더
종사원 특성	안전성에 대한 높은 욕구 외적 통제소재(locus of control) 낮은 성장 니즈	소속감에 대한 높은 욕구	내적 통제소재 높은 성장 욕구	직무에 대한 도전의식 부족
작업 환경	구조화된 업무	비구조화되고 단순한 업무	복잡한 업무	단순하거나 복잡한 업무

상황 요인에는 통제소재(locus of control)와 같은 하급자의 특성, 과업의 구조와 복잡성 등과 같은 작업환경 특성이 포함된다. **통제소재**는 개인이 사건을 내적이나 외적으로 통제해서 영향을 미칠 수 있는 정도를 말한다. **내적 통제소재**가 높은 종사원은 자신의 내적인 강점이나 취약점으로 인하여 성공 또는 실패를 한다고 생각하지만, **외적 통제소재**가 높은 종사원은 그들을 둘러싼 환경적 요인에 의해 성공 또는 실패가 결정된다고 여긴다.

표 10-4에 다양한 상황 요인에 따른 효과적인 리더의 행동에 대하여 정리하였다. 높은 소속력을 필요로 하는 푸드서비스 종사원들은 지원적(supportive) 리더에 대해 상대적으로 만족하고 안전을 중요하게 여기는 종사원은 지시적(directive) 리더에게 보다 만족한다. 업무의 성격은 주어진 상황에서의 적절한 리더십의 행동에 영향을 주기도 한다.

리더십의 상호관계 이론 리더십의 상호적 접근은 리더 자체의 특성보다는 리더와 종사원 간의 상호작용에 보다 중점을 두고 있으며 상호작용의 정서적 요소를 매우 중요시한다.

변혁적 리더십 나드 베이스(Bernard Bass, 1985, 1986)가 **변혁적 리더십(transformational leadership)**에 대한 개념을 처음으로 소개하였다. 변혁적 리더십은 리더가 종사원을 다음과 같이 바꾸거나 변화시킬 때 발생하는 리더십이다.

- 리더를 믿게 한다.
- 조직의 목표를 성취하는 데 공헌하도록 행동하게 한다.
- 높은 수준으로 수행하도록 한다.

George와 Jones(2002)는 이러한 변형 과정을 보여주는 모형을 개발하였다. 그림 10-11과 같이 변혁적 리더는 카리스마가 있고 지적으로 종사원을 자극하고 고무시키며 종사원의 발전에 관여한다. 그 결과 종사원은 그들의 임무에 대한 중요성을 더 잘 인식하고 수행한다. 또한 종사원은 개인의 성장, 발전 및 성취에 대하여 스스로 인식하고 종사원 개인의 이익이나 이로움보다는 조직의 이익을 위하여 일하도록 동기부여된다.

변혁적 리더는 변화의 매개자이다. 변혁적 리더는 조직의 구성원을 고무시켜 그들이 가능하다고 생각하는 것보다 더 많은 것을 달성하도록 한다. Robbins와 Coulter(2002)에 따르면 변혁적 리더는 종사원 개인의 관심사와 발전에 관한 욕구에 관심을 기울이고 종사원이 문제를 새로운 시각으로 볼 수 있게 도와줌으로써 종사원의 인식을 변화시키고 종사원의 기운을 북돋우며 고무시켜서 조직의 목표를 성취할 수 있도록 한다.

변혁적 리더십은 종종 **거래적 리더십(transactional leadership)**과 비교되는데 **거래적 리더(transactional leader)**는 종사원에게 규칙과 업무에서 요구하는 조건을 분명히 하고 보상과 처벌

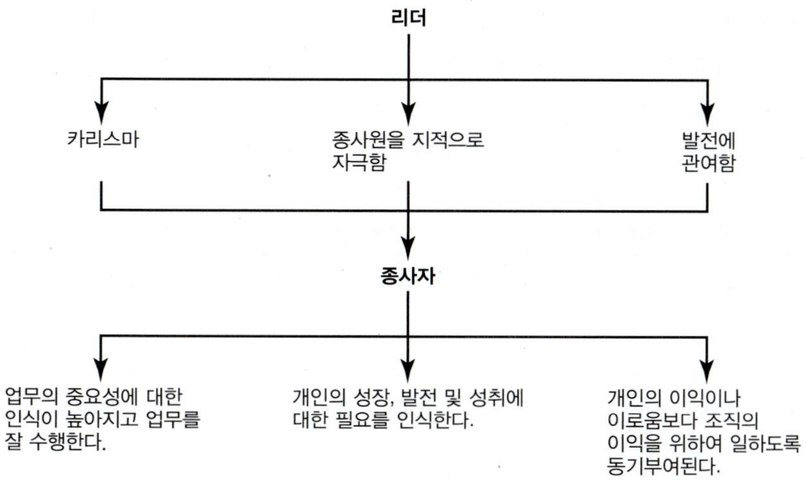

그림 10-11 변혁적 리더십

을 적절히 사용하여 종사원을 지도하고 동기를 유발한다. 변혁적 리더십은 거래적 리더십의 연장 선상이라고 생각할 수 있다.

섬김의 리더십 Greenleaf(1977)는 다른 사람의 욕구를 만족시켜주고 다른 사람이 육체적 및 정서적으로 성장할 수 있도록 도와주는 하인의 개념을 사용하여 **섬기는 리더**(*servant leader*)를 소개하였다. 섬기는 리더는 종사원의 의견에 귀를 기울이고 서로 신뢰하고 협력하여 종사원의 잠재력을 발휘할 수 있도록 이끌어준다.

리더십 역량 Yukl(2002)은 감성 지능, 사회적 지능 및 상위 인지 등과 같은 리더십의 역량을 추가적으로 제안하였다.

감성 지능(emotional intelligence)은 자신의 감정과 다른 사람의 감정을 조화하고 대인관계에 있어서 감정조절을 하는 능력이다(Goleman, 1998). 이성을 관리하는 정서와 이성을 통합하는 능력으로 감성 지능에는 자기감정을 인지하는 기술과 자기감정을 다른 사람과 교류하는 기술, 다른 사람의 정서를 이해하여 공감하는 기술, 적절한 행동을 하도록 감정을 통제하는 기술 등이 포함된다.

사회적 지능(social intelligence)은 특정 상황에서 리더십에 요구되는 사항을 결정하고 적절하게 대응하는 능력으로 지각력과 행동유연성으로 구성된다(Yukl, 2002). 지각력은 조직에 영향을 미치려는 시도를 제한하거나 강화하는 특징, 사회관계 및 집합적 과정을 이해하는 능력이다. 행동유연성은 자신의 행동을 상황에 맞추려고 하는 것을 의미한다.

상위 인지(metacognition)는 변화에 대해 배우고 수용하는 능력(Yukl, 2002)으로 자기를 성찰하여 문제를 규명하고 해결하며 향상될 방법을 찾는 능력이다. 기술과 정서에 관하여 자기 자신의 능력과 한계를 인식하는 것이기도 한다.

감성 리더십 Goleman, Boyatzis, McKee's(2002)는 리더가 갖춰야 할 가장 중요한 요소는 감성이라고 강조하였다. 감성 리더십은 감성 지능의 개념을 중시하고 감정을 이입하는 듣기와 **공명**(*resonance*), 다른 사람의 감정에 대한 인지와 영향력을 강조하였다. 이들은 4,000회 정도 실시한 연구결과를 토대로 긍정적인 감성 스타일을 사용한 리더가 그렇지 않은 리더보다 재정적으로 훨씬 좋은 결과를 가져왔다고 밝혔다. 저자는 감성 리더십과 관련하여 다름과 같은 여섯 가지의 리더십 유형을 제시하였다.

- **비전제시형**—리더는 조직이 목표하는 것을 분명히 전달하고 종사원의 가치와 조직의 비전을 조화시키며 종사원에게 그들의 작업이 중요함을 믿도록 하는데 도움을 준다. 가장 효과적인 유형으로 간주된다.
- **코치형**—리더는 종사원이 자신의 강점과 약점, 직업상 목적을 발견할 수 있도록 1대 1로 종사원들과 교류하고 자신감과 자주성을 가질 수 있도록 돕는다. 이러한 작업은 종사원의 능력에 따라 종사원들 자신에게 위임되기도 한다.
- **관계중시형**—리더는 종사원의 정서적인 요구에 집중하고, 조화를 촉진하며 우호적인 상호관계를 강화하고 대인 관계를 양성한다.
- **민주형**—리더가 의사결정과정에서 종사원들의 의견을 수용한다. 듣는 것이 중요하다.
- **선도형**—리더는 외부적인 보상이 아닌 높은 성과기준을 설정함으로써 성공을 이끈다. 종사원이 동기 유발되어 있고 매우 경쟁적이며 지도가 거의 필요하지 않은 상황에서 기능한다.
- **지시형**—리더는 의사소통 없이 명령만을 사용하며 비상 시 사용한다.

10.2.4 리더십 이론의 적용

효과적인 리더는 상황을 분석하여 리더십의 유형을 선택하거나 환경을 자신의 상황에 맞게 변화시킨다. 또한 리더는 비전을 가지고 있으며, 조직의 목표를 위하여 종사원을 이끌 수 있다. 최고의 리더십 유형은 정해진 것이 없으며 리더십은 리더, 종사원, 상황 등에 영향을 받는다. 리더의 행동은 상급자, 종사원, 동료들의 유형, 기대, 업무적 요구, 조직적 특성에 따라 효과적일 수도 있고 그렇지 않을 수도 있다. 리더십은 목표 성취를 위해 영향력을 행사하는 활동적인 절차이기 때문에 성공적인 리더는 과업과 사람을 모두 고려해야 한다.

푸드서비스 산업의 관리자를 대상으로 한 연구에 의하면 효과적인 리더는 다음과 같다(Cichy, Sciarini, Cook, & Patton, 1991).

- 명확한 비전을 개발하고 제시한다.
- 신뢰를 얻고 돌려준다.
- 경청하고 효과적으로 의사소통한다.
- 다른 사람이 포기할 때 끈기 있게 버틴다.

미국의 100대 푸드서비스 관리자에게 효과적인 리더에 대하여 조사한 결과(Cichy, Sciarini, and Patton, 1992), 효과적인 리더는 다음의 여섯 가지 특성이 있었다.

- 비전을 개발한다.
- 종사원들을 신뢰한다.
- 리스크를 독려한다.
- 단순화한다.
- 냉정을 유지한다.
- 반대의견을 기꺼이 받아들인다.

10.2.5 리더십 개발

개인이 리더로서 자신의 능력을 파악하고 향상시키는 것을 **리더십 개발**이라고 한다. 리더십이 조직의 성공에 필수적이고 리더십이 개발 가능하다는 것을 전제로 하고 있다. Greenberg(2005)는 리더십 개발 프로그램에 사용되는 기술에 대하여 정리하였다.

- **360도 다면 평가**—종사원, 동료, 상사로부터 평가나 조언을 받으며 상사는 변화가 필요한 리더십을 찾아내는 것을 돕는다.
- **네트워킹**—중요한 정보를 제공하고 동료 간의 관계를 돈독히 하며 협력을 촉진하기 위해 조직의 내부와 외부 인력과 상호작용한다.
- **경영자 코칭**—리더의 강점과 약점을 측정하고 리더십 개발을 위한 포괄적인 계획을 수립하기 위해 코치와 1대 1로 상호작용한다.
- **멘토링**—경력 개발을 돕기 위하여 경험이 더 많은 동료로부터 도움을 받는다.
- **직무 배치**—리더십을 경험할 수 있는 지위에 배치한다.
- **실천학습**—배움과 실천에 계속적으로 참여한다.

리더십 개발과정은 아니지만 리더십 개발프로그램에서 자신에 대해 더 많이 알고 다른 사람을 대하는 방법에 대하여 알기 위하여 성격을 파악하는 것이 흔히 사용된다. 가장 일반적인 성격 유형 검사는 심리유형응용프로그램센터(the Center for Applications of Psychological Type, www.capt.org)에서 제공하는 마이어브릭스 유형지표(the Myers-Briggs Type Indicator, MBTI®)와 인스케이프 퍼브리싱사(Inscape Publishing, www.inscapepublishing.com)에 의해 개발된 DISC® 평가이다.

MBTI®는 성격을 네 개의 차원으로 구분한다.

- **외향성-내향성(Extroversion-Introversion, *EI*)**—외향성은 외부 지향적이고 사람들과 물체에 대한 인식을 근거로 한다. 내향성은 내부적인 것을 지향하고 개념과 아이디어에 대한 인식을 근거로 한다.
- **감각적-직관적(Sensing-Intuition, *SN*)**—감각은 명확하고 유형적인 자료를 선호하며, 직관은 추상적이고 개념적인 것을 선호한다.
- **사고적-감정적(Thinking-Feeling, *TF*)**—사고적은 논리적, 분석적 및 객관적으로 의사결정을 하고, 감정적은 기분, 개인적 및 사회적 가치에 근거하여 의사결정을 한다.
- **판단적-인식적(Judgment-Perception, *JP*)**—판단은 다른 것을 볼 때의 판단의 과정을 중요시하고, 인식은 인식의 과정을 중요시한다.

이러한 네 개의 차원을 조합하면 총 16가지 유형의 성격을 설명할 수 있다. 예를 들면 ISTJ는 내향적, 감각적, 사고적 및 판단적인 성격을 표현한다. MBTI®는 반드시 이 범주의 해석이 가능한 훈련된 감독자가 관리해야 한다.

DISC® 평가는 다음과 같은 네 가지 차원의 강도에 중점을 둔다.

- **주도성(Dominance):** 결과를 성취하기 위하여 장애를 극복함으로써 스스로 환경을 조성하는 것을 강조한다(직접적인, 대담한, 지배적, 설득적으로 표현).
- **사교성(Influence):** 다른 사람을 설득하거나 영향을 줌으로써 스스로 환경을 조성하는 것을 강조한다(열정적, 설득적, 사교적으로 표현).
- **안정성(Steadiness):** 업무를 수행하기 위하여 다른 사람과 협력하는 것을 강조한다(인내심 있는, 충실한, 예측 가능한으로 표현).
- **신중성(Conscientiousness):** 업무의 품질과 정확성을 높이기 위하여 기존 환경 속에서 근면하게 일하는 것을 강조한다(정확한, 사실 탐구적, 조직적으로 표현).

각 차원의 강도 패턴에 따라 개인의 성격을 15가지 고전적 프로파일(profile) 패턴 중 하나로 설명할 수 있다. 예를 들면, 낮은 D, 높은 I, 높은 S, 낮은 C를 가진 사람은 **상담자성 패턴**이다.

10.3 관리와 리더십의 비교

관리(*management*)와 리더십(*leadership*)의 개념은 타인의 업무를 감독하거나 조직의 목표 성취를 위해 업무를 지휘하는 자의 역할을 설명하는 데 통용된다. John Kotter(1999)는 리더십과 관리는 다르다고 믿었으며, 다음과 같이 리더십과 관리를 구분하였다.

- 리더십은 변화에 대처하는 반면, 관리는 복잡한 것에 대처한다.
- 관리는 인간이 목표를 성취하도록 조직하고 리더십은 인간을 목표에 맞게 조정하고 목표에 도달할 수 있도록 의사소통과 자율권 부여를 포함한다.
- 관리는 인간을 올바른 방향으로 이끌어서 통제하지만, 리더십은 인간의 기본적 욕구를 만족시킴으로써 동기부여한다.

Robbins와 Coulter(2002)는 관리와 리더십이 다르다는 것에 동의하였으며 관리자가 직위에 임명되면 그들의 영향력은 직위에서 나온다고 하였다. 리더는 공식적인 권한이 없이도 영향력을 미칠 수 있다.

10.4 개인 및 조직의 변화

변화(change)는 한 상태에서 다른 상태로의 이동이다. 개인의 삶과 조직적 활동에서 예측 가능한 형태이다. 변화는 종종 다른 방식으로 상황을 바라볼 수 있도록 하는 패러다임의 전환, 사고방식의 파괴를 포함한다. 효과적인 관리자와 리더는 자신과 타인 간의 변화를 만들고 또한 이런 변화된 상황을 받아들인다.

10.4.1 개인적 변화

개인적 변화는 개인 특성을 변화하기 위한 계획시행에 관심을 둔다. 스티븐 코비(Steven Covey)는 개인적 변화를 강력하게 지지하였는데 그는 **성공한 사람들의 7가지 습관**(Covey, 1989)이라는 책에서 개인이 자신을 변화시키고 더욱 효율적이 될 수 있는 방법을 설명하였다.

스티븐 코비는 삶에 있어서의 작은 변화가 자세와 행동의 변화에 의해 만들어진다고 강조하였고 두드러지는 변화를 만들기 위해서는 개인의 기본적 패러다임의 변화가 필요하다고 하였다. 스티븐 코비는 일곱 가지 습관이 내재화된다면 개인이 문제를 더욱 잘 해결하고 기회를 극대화하며 다른 기회들을 지속적으로 습득하고 통합할 수 있다고 하였다. 일곱 가지 습관은 다음과 같다.

1. 주도적이 되라.
2. 끝을 생각하며 시작하라.
3. 소중한 것을 먼저 하라.
4. 윈-윈을 생각하라.
5. 먼저 이해하고 다음에 이해시켜라.
6. 시너지를 내라.
7. 끊임없이 쇄신하라(육체적, 정신적, 사회/정서적, 영적 측면 복구).

10.4.2 조직적 변화

조직적 변화(organizational change)는 조직을 한 지점에서 다른 지점으로 이동시키는 것을 포함한다. 변화에 대한 관리는 푸드서비스 관리자의 임무에 있어서 필수적인 부분이다. 변화를 위한 다양한 외부적 및 내부적 제약이 조직 내에 존재하는데 이러한 제약은 다음과 같다.

- 경쟁
- 정부의 법령 및 법규
- 경제적 및 정치적 압력
- 기술
- 종사원의 자세
- 작업장의 특성
- 새로운 기구 도입

변화를 일으키기 위해서는 촉매제가 필요한데 관리자는 종종 조직의 변화를 위한 촉매제 역할을 하며, 이들을 **변화추진자(change agent)**라고 한다.

레윈(Lewin, 1951)은 최초로 조직에서의 성공적인 변화 모형을 제시하였다. 레윈의 3단계 모형에서 성공적인 변화는 현재 상황을 해빙(*unfreezing*)하여 새로운 상태로 변화(*changing*)시키고 조직이 그 변화를 지속할 수 있도록 재결빙(*refreezing*)하는 과정이 필요하다고 말한다. 레윈은 조직 내에는 언제나 서로 상반되는 두 개의 힘이 있다고 믿었다. 변화를 위한 힘과 변화에 저항하는 힘이 그것이다. 힘들이 균형을 이룰 때 조직은 현상을 유지하고 조직에서 변화를 창조하는 것은 관리자가 변화에 대한 저항을 감소하거나 변화를 위한 힘을 증대시키는 둘 중 하나 또는 두 가지 모두를 위한 방법을 찾는 것을 포함한다.

Robbins와 Coulter(2002)는 업무의 안정성과 예측 가능성을 제안한 레윈의 모형은 오늘날의 불확실하고 역동적인 비즈니스 환경에서는 잘 맞지 않다고 주장하였다. 그들은 경영 변화를 방해받지 않는 급류를 계속적으로 조정하는 것과 유사하다고 말한다. 변화하는 환경에서 효과적이기 위해서는 오늘날의 관리자는 조직 내에서 변화에 적응할 수 있는 방법을 찾고 종사원과 조직의 변화에 대한 저항을 관리할 필요가 있다고 하였다.

개인은 여러 가지 이유로 변화에 저항하는데 가장 일반적인 이유는 변화의 결과에 대한 불확실성과 불안전감, 변화로 인해 발생할 개인적 손실에 대한 우려, 개인적 습관 및 변화가 조직의 가장 좋은 이익이 아닐 것이라는 믿음이다. 조직 또한 권력 기반, 조직 구조 및 조직 문화에 있어서 변화를 방해하려는 특성을 가진다. 관리자는 의사소통, 교육, 참여적 의사결정, 권한 위임, 협상, 조정 및 강압 등 다양한 기술을 동원하여 변화에 대한 저항력을 감소시킬 수 있다.

스펜서 존슨(Spensor Johnson)의 베스트셀러 **누가 내 치즈를 옮겼을까?**(Johnson, 1998)에서 변화에 적응하는 실용적 통찰을 제시되었다. 이 책은 변화에 직면한 많은 조직의 종사원들의 필독서이기도 하다. 존슨은 개인이 변화를 더욱 잘 받아들이고 변화에 잘 적응할 수 있는 몇 가지 가이드라인을 제시하였다.

- 변화는 항상 일어나고 있다.
- 변화에 참여해라.
- 변화를 모니터링해라.
- 변화에 신속하게 적응해라.
- 변화해라.
- 변화를 즐겨라.
- 신속히 변화를 준비하고 그 변화를 즐겨라.

요약

1. 매슬로우의 욕구계층 이론, 맥클리랜드의 성취-권력-친화 이론, 허즈버그의 이요인 이론, 브룸의 기대이론, 스키너의 강화이론이 가장 잘 알려진 동기이론이라 할 수 있다. 매슬로우의 이론에서 동기는 생리적, 안전, 사회적, 존경, 자아실현 순서의 기초적 욕구를 만족시키기 위해 유발된다고 설명된다. 맥클리랜드의 이론에서 인간의 욕구는 성취욕구, 권력욕구, 친화욕구의 세 가지로 설명된다. 허즈버그의 이론에 따르면, 작업조건, 급여, 고용 안정성, 대인관계와 같은 유지 요인은 동기부여 요인은 되지 못하고 단지 불만족을 유발할 수 있는 요인이다. 허즈버그는 성취감, 인정, 승진, 책임감 등과 같은 직무 자체와 관련한 요인을 동기부여 요인이라 하였다. 브룸의 기대이론에 의하면, 종사원들은 스스로의 노력에 대해 보상이 있을 것이고 또한 이러한 보상이 가치 있는 것이라 생각할 때 동기부여가 된다. 스키너의 강화이론에서는 강화된 행동은 반복될 것이라 설명한다. 푸드서비스 관리자들은 여러 동기부여 이론을 통해 종사원들을 보다 잘 이해하고 종사원들에게 동기를 부여하기 위한 업무환경을 만들 수 있는 방안을 마련할 수 있다.
2. 직무만족은 직무에 대한 긍정적이거나 부정적인 태도와 관련한다. 조직시민행동은 조직의 효율성을 높이기 위한 종사원들의 긍정적, 자발적 행동이다. 지속적 몰입은 종사원이 조직을 떠날 경우 발생하는 손해가 상당히 크기 때문에 가지게 되는 조직에 대한 몰입이다. 정서적 몰입은 종사원이 조직을 신뢰하고 조직을 위하여 최선을 다하고자 하는 경우 가지는 조직에 대한 몰입이다.
3. 원천에 따라 다양한 권력이 있다. 개인적 권력은 개인의 특성과 전문성으로부터 나온다. 지위 권력은 공식적 지위에 근간한다. 합법적 권력은 형식적 지위로부터 나온다. 보상적 권력은 타인에게 보상할 수 있는 능력으로부터, 강제적 권력은 타인을 벌할 수 있는 권한으로부터 나온다. 전문적 권력은 업무에 관하여 많은 지식을 가진 것으로 여겨지는 리더가 가질 수 있으며, 준거적 권력(카리스마)은 타인에게 영향력을 미칠 수 있는 능력이며, 존경받는 리더만이 가질 수 있는 권력이다. 정보소유 권력은 정보의 소유 또는 정보에 대한 접근 권한이 있을 때, 연결 권력은 영향력 있는 주요 인사와의 인맥이 있을 때 가질 수 있다.
4. 리더십에 관하여 많은 이론들이 논의되었다. 이러한 리더십 이론들은 크게 리더로서 가져야 할 개인의 특성에 중점을 둔 특성 이론, 리더로서 중요한 행동에 초점을 둔 행동이론, 리더는 상황에 따라 다르게 행동해야 한다는 상황 이론, 리더의 특성보다 리더와 종사원들 간의 상호작용에 중점을 둔 상호관계 이론으로 분류될 수 있다.
5. 변화란 한 상태에서 다른 상태로의 이동을 의미한다. 관리자가 변화를 효과적으로 주도하기 위해서는 소통, 교육, 협상, 참여적 의사결정, 권한 위임과 같은 기술을 이용함으로써 변화에 대한 구성원들의 저항을 최소화해야 한다.

연습문제

1. 리더십과 관리의 차이점을 기술하시오.
2. 직무만족과 조직시민행동의 관련성에 대하여 설명하시오.
3. 맥그리거의 X 이론과 Y 이론에 따른 리더십 행동의 차이점을 기술하시오.
4. 효과적인 리더의 특성은 무엇인가?
5. 미시간 대학교 리더십, 오하이오주립 대학교 리더십, 블레이크와 뮤톤의 리더십 격자도의 유사점과 차이점을 설명하시오.
6. 리더십의 상황에 따른 유형이란 무엇인가?
7. 감성 지능이 무엇이고, 감성 지능과 효과적인 리더의 관련성에 대하여 설명하시오.
8. 변화에 대한 레윈의 모형에 대하여 설명하고, 이 모형이 조직의 변화관리에 어떠한 도움을 줄 수 있는지 설명하시오.

연구과제

1. 회사의 리더를 대상으로 종사원을 동기 부여하는 방법에 대하여 인터뷰를 하고 리더의 리더십 철학과 리더십의 유형이 어떻게 변화되었는지 조사해보자.
2. '누가 내 치즈를 옮겼을까?' 책을 읽고 관리자가 변화에 적응할 때 어떤 개념을 적용해야 하는지 설명해보자.
3. 효과적인 리더라고 생각되는 사람을 찾아보고 이 장에서 설명하는 개념을 사용하여 리더십의 특징을 설명해보자.
4. MBTI®, DISC® 또는 학생 LPI를 실시하고 학생들의 결과를 설명해보자.

사례 연구

1. "Steering a New Course" in Lieux, E. M., & Luoto, P. K. (2008). *Exploring foodservice systems management through problems*, 3rd ed. Upper Saddle River, NJ: Pearson Prentice Hall
2. "The Lakeside Inn" in Gilmore, S. (2005). *Cases in human resource management in hospitality.* Upper Saddle River, NJ: Pearson Prentice Hall.
3. "Moving Ahead with Room Service" in Lieux, E. M., & Luoto, P. K. (2008). *Exploring foodservice systems management through problems*, 3rd ed. Upper Saddle River, NJ: Pearson Prentice Hall.

웹사이트

www.ccl.org Center for Creative Leadership

http://leadership.wharton.upenn.edu/welcome/index.shtml Wharton Center for Leadership and Change Management

www.capt.org Center for Applications of Psychological Type (Myers Briggs)

www.inscapepublishing.com Inscape Publishing (DISC assessment)

참고문헌

Alderfer, C. P. (1972). *Existence, relatedness, and growth: Human needs in organizational settings.* New York: Free Press.

Allen, N. J., & Meyer, P. (1996). Affective, continuous, and normative commitment in organizations: An examination of instinct validity. *Journal of Vocational Behavior, 49,* 252–276.

Arendt, S. W., & Gregoire, M. B. (2005a). Leadership behaviors of undergraduate dietetics students—practices, contex s, and self perceptions. *Journal of the American Dietetic Association, 105,* 1289–1294.

Arendt, S. W., & Gregoire, M. B. (2005b). Leadership behaviors in hospitality management students. *Journal of Hospitality and Tourism Education, 17*(4): 20–27.

Argyris, C. (1957). *Personality and organization.* New York: Harper & Row.

Badaracco, J. L., & Ellsworth, R. R. (1993). *Leadership and the quest for integrity.* Boston, MA: Harvard Business School Press.

Barrett, E. B., Nagy, M. C., & Maize, R. S. (1992). Salary discrepancies between male and female foodservice directors in JCAHO-accredited hospitals. *Journal of the American Dietetic Association, 92,* 1078–1082.

Bass, B. M. (1985). *Leadership and performance beyond expectations.* New York: The Free Press.

Bass, B. M. (1986). *Transformational leadership: Charistina and beyond* (Technical Report No. 85–90). Binghamton, NY: State University of New York, School of Management.

Batty, J. (1992). Breaking through the glass ceiling. *Restaurants USA, 12*(10), 37–41.

Batty, J. (1993). Finding the balance between work and family life. *Restaurants USA, 13*(3), 26–31.

Bennis, W. (1997). *Why leaders can't lead: The unconscious conspiracy continues.* San Francisco, CA: Jossey-Bass.

Berelson, B., & Steiner, G. A. (1964). *Human behavior: An inventory of scientific findings.* New York: Harcourt, Brace, & World.

Blake, R. R., & McCanse, A. A. (1991). *Leadership dilemmas—Grid solutions.* Houston, TX: Gulf Publishing.

Blake, R. R., & Mouton, J. S. (1964). *The managerial grid.* Houston, TX: Gulf Publishing.

Blake, R. R., & Mouton, J. S. (1978). *The new managerial grid.* Houston, TX: Gulf Publishing.

Blake, R. R., & Mouton, J. S. (1984). *The managerial grid III* (3rd ed.). Houston, TX: Gulf Publishing.

Burack, E. H., & Mathys, N. J. (1983). *Introduction to management: A career perspective.* New York: Wiley.

Cichy, R. F., Sciarini, M. P., Cook, C. L., & Patton, M. E. (1991). Leadership in the lodging and non-commercial food service industries. *FIU Hospitality Review, 9*(1), 1–10.

Cichy, R. F., Sciarini, M. P., & Patton, M. E. (1992). Food-service leadership: Could Attila run a restaurant? *Cornell Hotel and Restaurant Administration Quarterly, 33*(1), 47–55.

Covey, S. R. (1989). *The 7 habits of highly effective people.* New York: Simon & Schuster.

Csikszentmihalyi, M. (1990). *Flow: The psychology of optimal experience.* New York: Harper and Row.

Drucker, P. F. (1993). *Managing for the future: The 1990s and beyond.* New York: Truman Tally Books/Dutton.

Evans, M. G. (1970). The effects of supervisory behavior on the path-goal relationship. *Organizational Behavior and Human Performance, 5*(3), 277–298.

Fiedler, F. E. (1967). *A theory of leadership effectiveness.* New York: McGraw-Hill.

French, J. R. P., & Raven, B. (1960). The bases of social power. In Cartwright, D., & Zander, A. (eds.), *Group dynamics: Research and theory,* 2nd ed. (pp. 607–623). Ann Arbor, MI: University of Michigan, Institute for Social Research.

George, J. M., & Jones, G. R. (2002). *Organizational behavior* (3rd ed.). Upper Saddle River, NJ: Prentice Hall.

Goleman, D. (1998) *Working with emotional intelligence.* New York: Bantam Books.

Goleman, D., Boyatzis, R., & McKee, A. (2002). *Primal leadership: Learning to lead with emotional intelligence.* Boston, MA: Harvard Business School Press.

Greenberg, J. (2005). *Managing behavior in organizations.* Upper Saddle River, NJ: Prentice Hall.

Greenleaf, R. (1977). *Servant leadership: A journey in the nature of legitimate power and greatness.* New York: Paulist Press.

Griffin, R. W. (1999). *Management* (6th ed.). Boston, MA: Houghton Mifflin.

Hersey, P., Blanchard, K. H., & Johnson, D. E. (1996). *Management of organizational behavior: Utilizing human resources* (7th ed.). Upper Saddle River, NJ: Prentice Hall.

Herzberg, F. (1966). *Work and the nature of man.* Cleveland, OH: World.

Herzberg, F. (1974). The wise old Turk. *Harvard Business Review, 52*(5), 70–80.

Herzberg, F. (1987). One more time: How do you motivate employees? *Harvard Business Review, 65*(5), 109–120.

Hopkins, D. E., Vaden, A. G., & Vaden, R. E. (1980). Some aspects of organization identification among school food service employees. *School Food Service Research Review, 4*(1), 34–42.

House, R. J. (1971). A path-goal theory of leader effectiveness. *Administrative Science Quarterly, 16*(3), 321–338.

House, R. J., & Mitchell, T. R. (1974). Path-goal theory of leadership. *Journal of Contemporary Business,* Autumn, 3, 81–97.

Johnson, S. (1998). *Who moved my cheese?* New York: Putnan.

Kahn, R., & Katz, D. (1960). Leadership practices in relation to productivity and morale. In Cartwright, D., & Zander, A. (eds.), *Group dynamics: Research and theory,* 2nd ed. (pp. 554–570). Elmsford, NY: Row Peterson.

Kanter, R. M. (1989). The new managerial work. *Harvard Business Review, 67*(6), 85–92.

Kotter, J. P. (1990). What leaders really do. *Harvard Business Review, 68*(3), 103–111.

Kotter, J. P. (1999). *John Kotter on what leaders really do.* Boston, MA: Harvard Business School Press.

Kouzes, J. M., & Posner, B. Z. (2002). *The Leadership Challenge* (3rd ed). San Francisco, CA: Jossey-Bass.

Lewin, K. (1951). *Field theory in social science.* New York: Harper & Row.

Likert, R. (1967). *Human organization: Its management and value.* New York: McGraw-Hill.

Maccoby, M. (1981). *The leader: A new face for American management.* New York: Simon & Schuster.

Maccoby, M. (1995). *Why work: Motivating and leading the new generation* (2nd ed.). New York: Simon & Schuster.

Maslow, A. H. (1943). A theory of human motivation. *Psychology Review, 50,* 370–396.

Maslow, A. H. (1987). *Motivation and personality* (3rd ed.). New York: Harper & Row.

Maxwell, J. C. (1999). *The 21 indispensable qualities of a leader.* Nashville, TN: Thomas Nelson.

McClelland, D. C. (1985). *The achieving society.* New York: Free Press.

McClelland, D. C., & Burnham, D. H. (1976). Power is a great motivator. *Harvard Business Review, 54*(2), 100–110.

McGregor, D., & Bennis, W. C. (1985). *The human side of enterprise.* New York: McGraw-Hill.

Middlemist, R. D., & Hitt, M. A. (1981). *Organizational behavior: Applied concepts.* Chicago, IL: Science Research Association.

Mondy, R. W., Sharplin, A., & Flippo, E. B. (1988). *Management: Concepts and practices* (4th ed.). Boston, MA: Allyn & Bacon.

Naisbitt, J., & Aburdene, P. (1990). *Megatrends 2000: Ten new directions for the 1990s.* New York: William Morrow.

Peters, T. J., & Austin, N. A. (1989). *Passion for excellence: The leadership difference.* New York: Random House.

Porter, L. W., & Lawler, E. E. (1968). *Managerial attitudes and performance.* Homewood, IL: Irwin-Dorsey.

Raven, B. H., & Kluganski, W. (1970). Conflict and power. In P. G. Swingle (ed.), *The structure of conflict* (pp. 69–109). New York: Academic Press.

Reddin, W. J. (1967a). The 3-D management style theory. *Training and Development Journal, 21*(4), 8–17.

Reddin, W. J. (1967b). *The 3-D management style theory. Theory paper No. 2—Managerial styles.* Fredericton, NB, Canada: Social Sciences Systems.

Retrospective commentary. (1973). *Harvard Business Review, 51*(3), 162–164, 166–168, 170, 173, 175, 178–183.

Robbins, S. P., & Coulter, M. (2002). *Management* (7th ed.). Upper Saddle River, NJ: Prentice Hall.

Rue, L. W., & Byars, L. L. (1989). *Management Theory and Application* (5th ed). Homewood, IL: Richard D. Irwin.

Schwartz, F. N. (1989). Management women and the new facts of life. *Harvard Business Review, 67*(1), 65–76.

Schwartz, F. N. (1992). Women as a business imperative. *Harvard Business Review, 70*(2), 105–113.

Skinner, B. F. (1971). *Beyond freedom and dignity.* New York: Knopf.

Slater, D. (1989). Role models: Inspiring by example. *Restaurants USA, 9*(6), 15–17.

Smith, P. C., Kendall, L. M., & Hulin, C. L. (1969). *The measurement of satisfaction in work and retirement: A strategy for the study of attitudes.* Chicago, IL: Rand McNally.

Stogdill, R. M. (1974). *Handbook of leadership.* New York: Free Press.

Tannenbaum, R., & Schmidt, W. H. (1958). How to choose a leadership pattern. *Harvard Business Review, 36*(2), 95–101.

Tannenbaum, R., & Schmidt, W. H. (1973). How to choose a leadership pattern. *Harvard Business Review, 51*(3), 162–168.

Vroom, V. H. (1994). *Work and motivation.* San Francisco, CA: Jossey-Bass.

Yukl, G. (2002). *Leadership in organizations* (5th ed.). Upper Saddle River, NJ: Prentice Hall.

Zaleznik, A. (1977). Managers and leaders: Are they different? *Harvard Business Review, 55*(3), 67–78.

Zaleznik, A. (1993). *Learning leadership: Cases and commentaries on abuses of power in organizations.* Chicago, IL: Bonus Books.

Chapter

11 의사결정, 소통, 균형유지

개요

- 유능한 매니저가 되려면 의사결정과 소통을 잘 해야 한다.

학습목표

1. 의사결정 과정과 의사결정 유형에 대해 논할 수 있다.
2. 다양한 의사결정 기술들을 비교, 설명할 수 있다.
3. 소통 과정과 소통 향상을 위한 전략을 기술할 수 있다.
4. 균형유지의 개념과 푸드서비스 시스템에서 균형유지의 역할을 정의할 수 있다.

의사결정, 소통, 균형유지는 푸드서비스 운영의 목표를 달성하기 위해 수행하는 일들을 조직화하는 데 필요한 연결과정이다. 이 장에서는 이러한 각각의 개념에 대하여 논의하고, 조직을 성공적으로 운영하기 위해서 이러한 연결과정이 어떠한 역할을 수행하는지에 대한 예를 제시하고자 한다. 미래 매니저로서, 당신은 매일 의사결정과 소통을 해야 할 것이다. 당신의 행동과 의사결정은 조직에 필요한 균형을 유지하는 데 도움이 될 것이다.

11.1 연결과정

조직의 목적과 목표를 달성하기 위한 시스템 활동을 조직화하기 위하여 연결과정이 필요하며, 의사결정, 소통, 균형유지가 연결과정에 해당한다(그림 11-1).

의사결정은 여러 가지 대안에서 한 가지를 선택 및 결정하는 과정이고, **소통**은 결정된 사항과 다양한 정보를 전달하는 방법이다. **균형유지**는 조직의 안정화를 유지시키는 것으로 효과적인 의사결정 및 소통과 관련되어 있다.

연결과정은 푸드서비스 시스템에서 투입과 산출의 변환 과정을 효과적으로 운영하기 위해 필요하며 과거에 비해 현재에는 의사결정자가 알아야 할 것들이 많아졌다. 컴퓨터의 발전으로 인해 정보를 수집하고 처리하는 일의 영역이 커졌으나, 정보가 지식과 동일하지 않으므로 정보를 의사결정에서 사용할 수 있는 지식으로 만들기 위하여 많은 정보 중 사실만 선택하거나, 현재의 상황에 관련된 것만을 선택하여야 한다.

연결과정은 자원 또는 시스템 투입의 흐름에 영향을 미친다. 의사결정 및 소통을 통해 인력, 자본, 시설·설비가 시스템으로 투입될 수 있다.

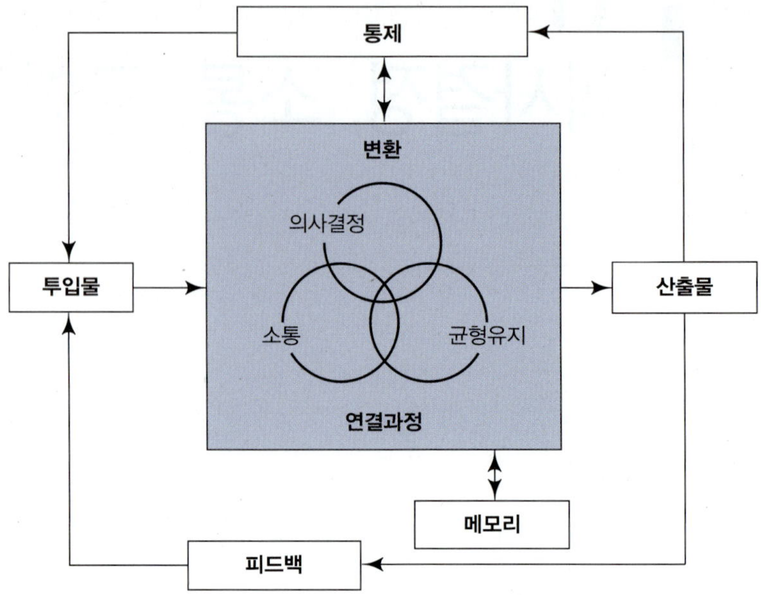

그림 11-1 푸드서비스 시스템 모형에서의 연결과정

11.2 의사결정

매니저는 개인과 조직의 목표 달성을 위해 의사결정을 한다. 유능한 매니저가 되려면 반드시 훌륭한 의사결정자여야 한다. 의사결정에는 세 가지 주요 단계가 있다. 첫째, **문제의 정의**, 둘째, **선택 가능한 대안 모색 및 분석**, 셋째 **대안의 선택**이다.

의사결정의 단계를 분석해보면, 경영 관련 결정인지 아닌지에 따라 차이가 있다. 경영 관련 의사결정에는 세 가지 단계가 모두 포함되며, 경영 관련이 아닌 경우의 의사결정에서는 마지막 단계인 대안을 선택하는 단계에 초점이 맞추어져 있다. 예를 들어, 고객이 너무 익은 스테이크에 불만을 표시할 경우, 종사원은 전형적인 방법으로 고객을 응대하고 새 것으로 교환해 줄 것이다. 종합적 품질 경영(TQM)의 철학에 준하여 의사결정의 권한이 주어진 종사원이라면, 스테이크를 교환해 줄 뿐만 아니라 영수증에서 스테이크 값을 제외할 수 있다. 그러나 경영은 반드시 대안과 결과를 생각해야 하며 종사원이 의사결정을 할 수 있도록 훈련되어야 한다.

11.2.1 의사결정의 형태

푸드서비스 매니저는 많은 형태의 결정을 해야 하며, 대부분의 의사결정은 정형적 의사결정과 비정형적 의사결정 중 하나이다.

정형적 의사결정 vs. 비정형적 의사결정 **정형적 의사결정(programmed decision)**은 정해진 정책이나 과정에 따라 행해진다. 일반적으로, 의사결정자는 정형화되어 있는 방식의 의사결정에 익숙하다. 이러한 결정은 **일상적이거나 반복적인 의사결정**이라고도 한다. 정형적 의사결정에서는 판단에 제한이 있을 수 있다. 이러한 결정은 주로 조직의 하부관리자나 종사원에 의해서 이루어진다. 정형적 의사결정의 예로 영양기능사(diet technician)가 당뇨병 환자에게 신선한 과일 한 조각을 제공하는 것, 또는 과일통조림을 당뇨병 환자용 푸딩으로 교체하는 것이 있다. 영양기능사는 당뇨병 환자가 섭취해도 되는, 즉 교체 가능한 대안들에 대해서 훈련되어 있고, 감독자의 조언 없이도 정형화된 방법에 의해서 의사결정을 할 수 있다.

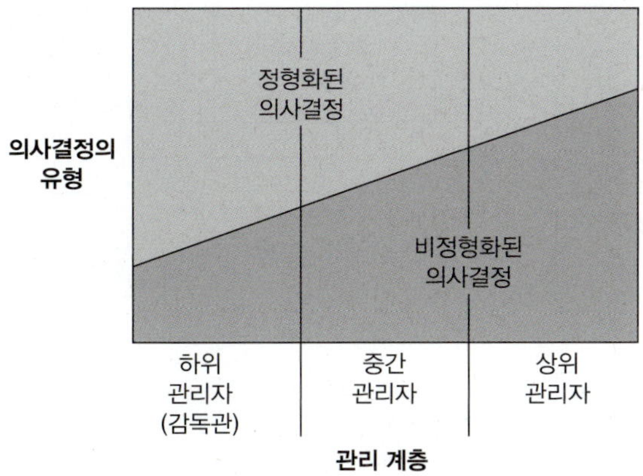

그림 11-2 관리 계층에 따른 의사결정 유형

비정형적 의사결정(nonprogrammed decision)은 특수성을 가지고 있으며, 전례가 거의 없거나 전혀 없을 수도 있다. 이러한 결정은 정형적 의사결정에 비해 상대적으로 비구조화되어 있으며, 의사결정자의 창의적인 접근이 요구된다. 비정형적 의사결정을 할 때, 의사결정자는 사용될 결정의 절차에 대해서 염두에 두어야 한다. 이러한 결정은 정형적 의사결정보다 어려운 경향이 있다. 새로운 장비의 위치 선정, 장비의 부품 선택 등이 비정형적인 의사결정의 예이다.

정형적 의사결정은 대부분 즉각적인 해결을 요구하거나 구체적인 문제, 빈번하게 자주 일어나는 정량적인 문제를 다루기 때문에 결정에 걸리는 시간이 짧다. 그러나 비정형적 의사결정은 정성적인 문제를 다루며 판단에 의해 결정되는 정도가 크기 때문에 결정에 시간이 많이 소요된다. 판단이 필요한 결정을 할 때, 매니저는 정해진 정책 및 과정보다는 지혜, 경험, 철학적 통찰력에 의존해야 한다.

의사결정의 종류는 조직 내의 관리 계층과도 관련이 있다. 상위 관리자는 결정에 긴 시간이 요구되며, 하위 관리자보다 결정을 필요로 하는 경우가 더 많다. 반대로 하위 관리자는 결정에 짧은 시간이 요구되며, 결정을 필요로 하는 경우도 적다. 그러므로 상위 관리자는 비정형적 의사결정을 하고 하위 관리자는 정형적 의사결정을 수행하는 경향이 있다(그림 11-2). 예를 들어, 푸드서비스 슈퍼바이저는 일상적인 운영에 대한 의사결정을 하는 반면, 푸드서비스 책임자는 조직 전체의 미래에 대한 의사결정을 할 책임이 있다.

조직적 의사결정 vs. 개인적 의사결정 비정형적 의사결정에는 조직적 의사결정과 개인적 의사결정이 있다. **조직적 의사결정**(*organizational decision*)은 조직의 목적, 목표, 활동과 관련이 있으며, **개인적 의사결정**(*personal decision*)은 매니저의 개인적 목적과 관련이 있다. 개인적 의사결정 방법은 조직에 영향을 미치며, 그 반대의 경우도 마찬가지이다.

예를 들어, 대학 급식소에서 근무하는 매니저가 유명 외식 업체에서 일하기 위해 퇴사를 결정할 수 있다. 대학 급식소에서 이직한 이후, 외식 업체는 전근 발령에 의해 매니저를 다른 지역으로 이동시키기로 결정할 수 있다. 첫 번째 결정은 두 조직에 영향을 미치는 개인적 의사결정이며, 두 번째 결정은 개인에게 영향을 미치는 조직적 의사결정이다.

11.2.2 의사결정 과정

푸드서비스 매니저는 끊임없이 의사결정을 하므로 모든 문제를 과학적으로 분석할 수는 없다. 매니저가 합리적이고 논리적으로 의사결정하기 위해서는 그림 11-3과 같은 과정을 따라야 하며, 이러한

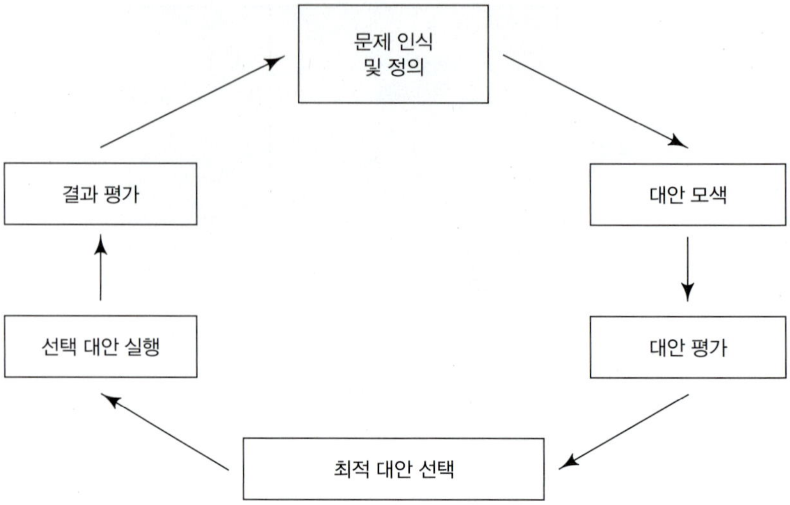

그림 11-3 의사결정 과정

과정은 의사결정자가 사실에 중점을 두고, 부적절한 추정이나 함정에 빠지지 않도록 도와준다.

상황 인식 및 정의 누군가에게 문제가 있음을 인지시키고, 관련 의사결정이 필요하다고 여기게 하는 자극이 필요하다. 이러한 자극은 긍정적이거나 부정적일 수 있다. 조치를 취하기 전에 문제에 대한 명확한 정의가 필요하다. 매니저는 문제를 이해해야 하며, 문제와 시스템 상의 다른 요소들과의 관계를 이해해야 한다.

대안 모색 문제가 인지되고 정의된 후에는 대안이 모색되어야 한다. 대안의 창의성이 검토되어야 한다. 중요한 결정일수록, 대안을 선택하는 것에 더욱 신중해야 한다. 창의적인 대안의 경우, 법적규제, 도덕과 윤리규범, 힘과 권위 등의 제약들에 의해 제한될 수 있다.

대안 평가 푸드서비스 매니저는 의사결정을 위해서 다양한 대안들을 평가해야 하며, 대안의 목적에 대한 적절성, 실현가능성, 적용 결과 등을 살펴봐야 한다. 예를 들어, 푸드서비스 매니저가 식재료 공급업체를 선택할 때는 업체의 신뢰성, 식재료의 가격 및 배달 시간, 주문 식재료의 다양성 등을 고려해야 한다. 공급업체 중 선택 가능한 업체를 확인하고, 그들의 관련 정보를 수집한 후, 다양한 기준으로 평가하고 순위를 매겨야 한다. 성공적인 대안 선택을 위해 대안에 대한 평가는 신중해야 한다. 대안 선택에 있어서 가장 고려해야 하는 사항은 운영에 미치는 영향력과 선택에 따른 비용이다. 매니저는 중요한 선택을 위해 대안들의 비용을 추정해봐야 할 것이다.

최적 대안 선택 대안의 목적에 대한 적절성, 실현가능성, 적용 결과 등을 평가한 후에 몇 개의 대안들을 탈락시킨다. 남아 있는 대안 중에 최선의 것을 선택하는 것이 의사결정의 핵심이며 의사결정자는 종종 최종의 선택에서 주관적인 선택을 해야만 한다.

최선을 다하여 대안을 찾는다 하더라도, 사람이나 상황에 의한 제한사항이 있을 수 있기 때문에 가능한 모든 대안을 찾을 수 있는 것은 아니다. 모든 대안과 잠재된 결과에 대한 정보를 완벽하게 수집하는 것은 불가능하기 때문에, 목표달성을 극대화할 수 있는 결정을 내리기가 쉽지는 않다. 대안 및 대안의 결과에 대한 충분한 정보가 있어야 최선의 선택이 가능하다. 매니저는 최적의 선택이 아닌 "만족"하거나 "만족스러운" 대안을 선택한다(March & Simon, 1958). 최선의 선택이 아닌 만족스러운 대안을 선택하는 방법은 매니저가 추가 대안을 찾는 것을 멈추고 최소한을

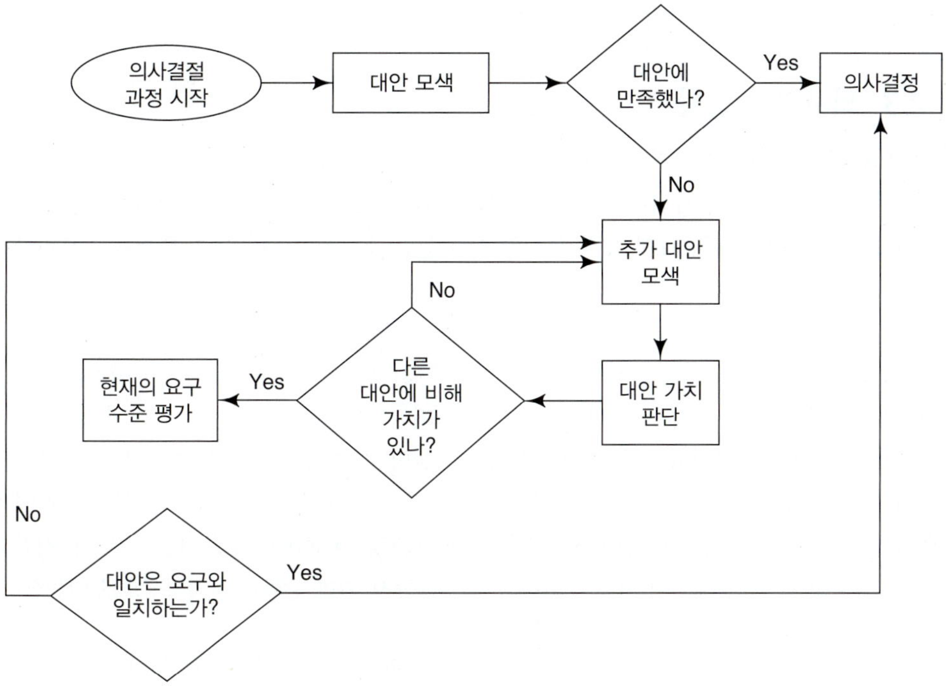

그림 11-4 의사결정에서의 '만족'

만족시키는 대안을 선택하는 경우이다.

그림 11-4에서 보여주는 것과 같이 대안에 대한 "만족"은 의사결정의 접근 방식이다. 이 모델에서는 만약 의사결정자가 수용 가능한 대안을 찾았고 이에 만족한다면, 그 대안이 선택될 것이다. 반면 의사결정자가 찾은 대안을 만족하지 않는다면, 새로운 대안을 찾게 될 것이다. 새로운 대안이 이전의 것보다 현재의 요구를 충족시킬 수 있다면, 새로운 대안이 선택될 것이다. 의사결정자가 선택한 대안에 대한 만족 정도에 따라 최종 결정이 이루어진다. 그러므로 매니저는 최적의 대안이 없을 때, 최소한의 만족 조건을 충족하는 첫 번째의 대안을 선택해야 한다. 이는 매니저가 최선의 것을 선택하는 것이 아니라 만족할 수 있는 것을 선택하는 것이다.

선택안 실행 대안을 선택한 후에는 이를 실행해야 하지만 어려울 수 있다. 결정을 실행할 때, 매니저는 불안감, 불편함, 모르는 것에 대한 두려움을 포함하여 변화에 대한 사람들의 반대를 고려해야 한다. 의사결정 과정은 결정이 이루어지면 끝나는 것이 아니라 반드시 실행되어야 하며, 매니저는 선택한 대안이 문제를 해결할 수 있는지 확인하기 위해 실행 결과를 살펴야 한다.

사후관리 및 평가 최종적으로 매니저는 결정에 대한 효과성을 평가하여 결정한 대안이 올바른 것인지를 파악하여야 한다. 만약 그렇지 않은 경우, 두 번째 혹은 세 번째 대안이 더 좋은 선택이었을 수도 있으며, 혹은 문제가 잘못 정의되었을 수도 있다. 선택된 대안은 최선이었을 수도 있으며, 좀 더 시간을 두고 지켜봐야 할 수도 있으며, 실행하면서 대안 수정이 필요할 수도 있다.

결과를 모니터링하면 향후 목표를 설정하거나 의사결정을 할 때 고려해야 할 사항들이 발생된다. 많은 좋은 결정들은 실행의 부족으로 실패한다. 결정은 적절하게 소통되어야 하며, 종사원들의 지지를 필요로 한다. 예를 들어 재고관리를 위한 컴퓨터 프로그램은 종사원의 실행이 있기 전까지는 가치가 없다. 게다가 필요한 자원 특히 인적자원은 프로그램 실행을 위해 할당되어야 한다. 매니저는 일단 결정을 내리면 역할이 끝난 것으로 생각하기 쉽다. 그러나 현실은 그렇지 않으며 결정의 적절한 실행은 의사결정에 있어서 매우 필수적인 요소이다.

11.2.3 의사결정 상황

위에서 언급했던 의사결정 과정의 단계와는 관계없이, 결정은 순간마다 이루어지며 그 상황도 매우 다르다. 예를 들어, 평상시 수요일 점심급식을 이용하는 2,000명의 학생을 위해 음식을 만드는 대학 기숙사 급식소의 경우, 11시 30분부터 한 시간 동안 소나기가 내린다면, 학생들이 준비한 음식을 먹으로 오지 않을 수 있다. 따라서 과도한 생산을 막기 위한 의사결정이 필요하게 된다. 비록 자연재해는 의사결정자에 의해 통제될 수는 없지만, 의사결정의 결과에는 영향을 미친다.

그러므로 환경은 의사결정 과정에 영향을 미친다. 환경은 변화하며, 예측하기 어렵다. 정보가 완벽하지 않거나 통제할 수 없는 요인을 포함하고 있더라도 매니저는 가능한 정보 안에서 결정을 해야 한다. 의사결정은 **확실성, 위험성, 불확실성**으로 설명될 수 있다(**그림 11-5**). 의사결정은 결정을 내려야 하는 시간 프레임에 따라 다양할 수 있다. 더 미래의 일을 결정할수록, 환경 조건에 대한 확실성은 감소된다. 시간 프레임과 확실성의 정도는 **그림 11-6**과 같이 표현될 수 있다. 시간 프레임이 길어질수록, 즉 현재에서 미래로 갈수록, 확실성에서 위험 상황과 불확실성으로 이동한다.

확실성이 높은 상황 **확실성이 높은 상황(conditions of certainty)**인 경우, 의사결정자는 결과를 확신할 수 있을 만큼 많은 정보를 가지고 있다. 따라서 확실한 상황에서의 결정은 목표를 극대화할 수 있는 대안을 선택할 수 있다. 예를 들어, 몇 명의 학생들이 학교급식을 먹을 예정인지는 매일 아침 교사들에 의해서 확인이 가능하다. 이 정보가 급식부서에 전달되면 학교급식을 먹을 예정인 학생 수를 전제로 급식 생산량을 결정할 수 있다. 이와 같은 상황에서는 몇 명의 학생이 점심을 먹을지에 대해 추측할 필요가 없다. 확실성이 높은 상황에서는 선형계획법, 손익분기점 분석, 재고관리모델 등과 같은 경영과학기술이 효과적으로 사용될 수 있다.

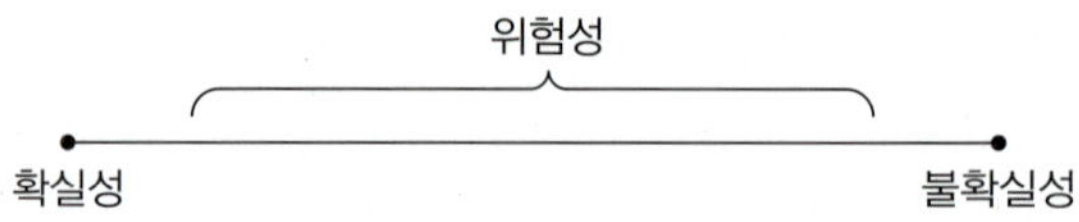

그림 11-5 의사결정에서의 확실성-불확실성의 연속성

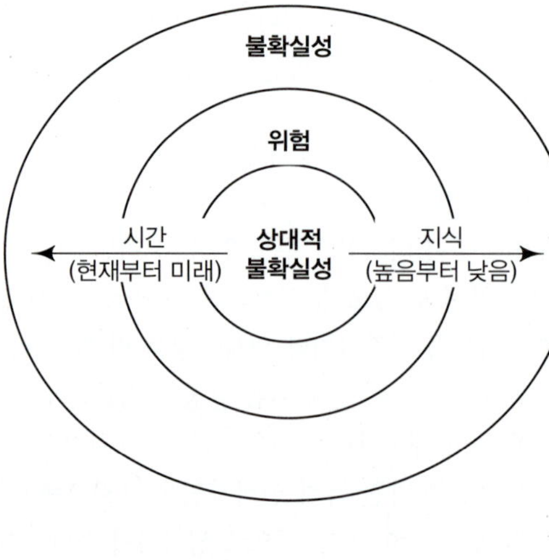

그림 11-6 의사결정에서의 확실성, 위험, 불확실성

위험 상황 요즘과 같이 복잡하고 빠르게 변화하는 사회에서는 확실성이 높은 상황에서 결정을 내리는 경우가 드물다. 때문에 미래에 일어날 수 있는 일의 발생 가능성(likelihood) 또는 확률(probability)을 추정하는 것이 계획을 세우는 데 도움이 된다. 이러한 상황을 '**위험 상황(conditions of risk)**'이라고 하며, 여러 확률 기법을 의사결정에 활용할 수 있다. 위험 상황에서 의사결정을 할 때, 매니저는 몇 가지 문제 중 어느 하나가 발생할 가능성에 직면한다. 매니저는 연구나 그 동안의 경험, 그리고 이용 가능한 정보에 근거하여 추정을 할 수 있으며, 확률 계산은 다양한 상태에 대해서 인지하고 있을 때 가능하다.

앞에서 예를 들었던 대학 급식에서 소나기가 미치는 영향을 다시 얘기하면, 매니저가 급식 생산량을 예측할 때, 기상예보를 통해서 비가 올 가능성에 대한 정보를 알고 있을 수 있다. 또한 과거의 기록을 통해서 평일 점심시간에 비가 내리는 경우의 급식인원 등을 예측할 수 있다. 그러므로 결과를 확실하게 알 수 없는 상태에서 매니저는 과잉 생산 또는 부족 생산의 가능성이 있는 위험 상황에 있지만, 생각지 않았던 소나기가 내리는 경우에 대한 급식인원을 예측하기 위해 기상예보와 과거의 기록을 통해 도움을 얻을 수 있다.

확률은 주어진 대안의 기댓값을 계산할 수 있도록 도와준다. 특정한 결정에 대한 기댓값은 같은 상황이 반복되었을 때 동일한 결정이 내려질 수 있다는 결과들의 평균값이다.

불확실성이 높은 상황 미래에 일어나는 사건의 발생을 예측할 수 없는 경우, **불확실성이 높은 상황(conditions of uncertainty)**이라고 할 수 있다. 시간 프레임이 길 때 많은 변화 또는 알려지지 않은 사실이 나타날 수 있다. 확실정도에 따라 일이 발생할 가능성이 예측되므로, 불확실성이 높은 상황에서는 예측이 매우 어렵다. 매니저는 이러한 상황에서 그들의 경험, 판단, 선택의 범위를 좁힐 수 있는 직관이 필요하다. 불확실성을 줄일 수 있는 요소를 투입하거나 관련 지식이 풍부한 사람을 의사결정에 합류시키는 것도 도움이 될 수 있다. 매니저는 불확실성이 높은 상황에서 의사결정을 미루거나, 위험이 적은 방법을 찾기도 한다.

그러나 의사결정자가 발생할 수 있는 상황에 대한 지식이 거의 없거나 아예 없음에도 불구하고 결정을 해야 한다면, 세 가지 기본 방법 중 하나를 선택할 수 있다. 첫 번째는 여러 대안의 예측 가능한 결과 중 가장 최선의 대안을 선택하는 것이다. 이것은 **낙관적 선택 방식**이며 가끔 **최대한의 선택 방식**이라고 불린다. 두 번째는 불확실성을 다루는 방법이며, 각 대안의 가장 최악의 결과와 비교하여 가장 부정적 결과가 덜 나올 수 있는 대안을 선택하는 것이다. 이것은 **비관적 선택 방식**이며 **최소한의 선택 방식**이라고 불린다. 마지막은 가능한 결과의 예측에 대한 편차가 가장 작은 대안을 선택하는 것이다. 이것은 **위험을 피하는 선택 방식**이며 계획을 세우기에는 효과적이지만, 수익에 대한 잠재력은 낙천적인 선택 방식에 비해 적다.

11.2.4 의사결정 기술

매니저의 의사결정을 돕기 위한 다양한 기술들이 있으며, 이러한 기술 중 일부는 매우 복잡하고 정량적이다. 몇몇 의사결정 기술을 간단히 소개하고자 한다.

의사결정 나무 의사결정 나무는 특정 문제에 대해 기준을 세워 연속선상에서 의사결정을 할 수 있도록 한다. 여러 개의 '가지'를 연결하는 작업을 통해 나무형태로 그려진다. 이 과정은 최소 두 개의 대안 중 하나를 결정을 하는 것으로 시작된다. 대안에 대한 각 결과의 확률이 금전적 가치와 함께 확인된다.

의사결정 나무의 간단한 예를 그림 11-7에 제시하였다. 제시된 예에서 의사결정의 문제는 레스토랑의 서비스 영역을 포장 음식까지 확장할 것인지를 정하는 것이다. 서비스 영역을 확장하는

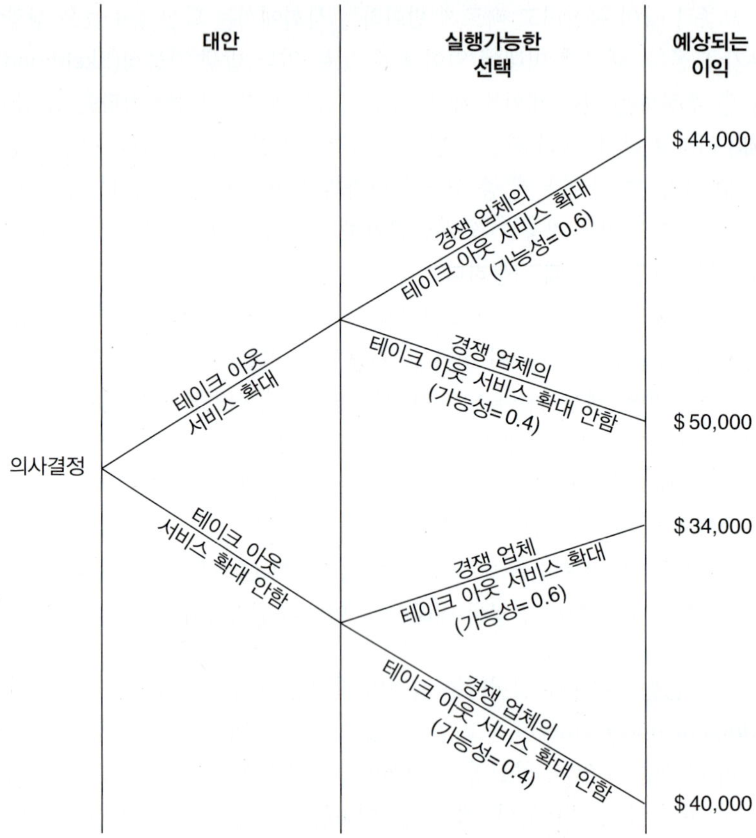

그림 11-7 레스토랑 서비스의 확장에 대한 의사결정 나무의 예

것과 확장하지 않는 것의 두 가지 대안이 있다. 레스토랑 경영자는 다른 구역의 레스토랑에서 포장 음식을 판매하는 경우 생기는 경쟁의 가능성에 직면한다. 결정을 내리기 위해, 순이익에 미치는 영향과 함께 발생할 수 있는 각각의 모든 경우의 가능성을 확인해야 한다. 이렇게 할 경우 레스토랑 경영자는 수익을 낼 수 있는 잠재력이 가장 큰 방향으로 결정할 수 있다.

비용편익 비용편익은 결정에 대한 비용과 재정적 이익을 비교하는 분석법이다. 때로는 재정적 가치를 무형의 이익으로 대체하여 분석할 수 있다. 대부분의 매니저는 새로운 직원을 채용하거나 프로그램을 추가하기 전에, 실행 및 유지에 드는 비용을 이를 적용했을 때 성과 향상과 비교하려 한다(RGI Cost Benefit Analysis, 1998). 성과 향상에는 돈으로 환산되는 수익이나 조직의 목적 달성에 기여하는 정도가 포함될 수 있다. 비용편익분석을 실행할 수 있는 몇 가지 방법이 있다. 컴퓨터를 사용하면 쉽게 계산할 수 있으며 정보도 얻을 수 있다. 그러나 경영진은 정보가 과부하되는 것을 피하기 위해 어떤 종류의 정보가 필요한지 결정해야 한다.

비용효과 비용효과는 대안을 선택할 때 특정 목적을 달성하기 위한 비용과 효과 측면에서 비교하는 기술이다. 일반적으로 같은 목적을 이루기 위해 비용을 최소화하려 할 때 활용된다. 비용을 측정할 수 없을 때는 예산 사용을 제한하여 생산을 극대화할 수 있도록 활용된다.

구조선택 모형으로 비용효과의 개념을 설명할 수 있다. 원하는 목표를 결정하고, 목표를 충족시키기 위한 대안들을 나열한다. 그 대안들은 비용적인 측면과 효과적 측면에서 평가되며, 정해진 기준에 따라 비교하여 바람직한 순서대로 놓이게 된다. 잠재된 효과도 주요 고려사항이기 때문에 항상 최소의 비용이 사용되는 대안이 선택되는 것은 아니다.

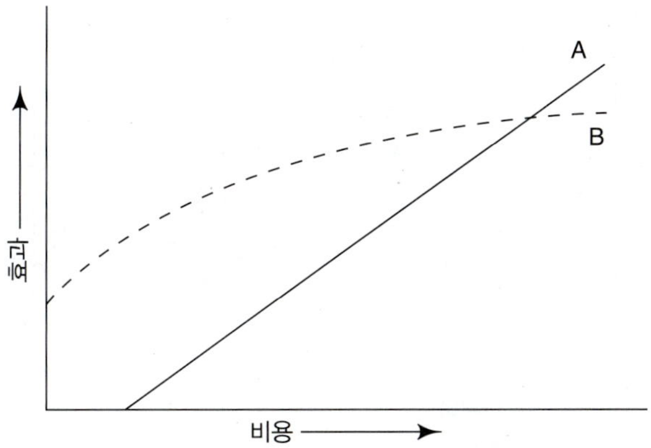

그림 11-8 의사결정에서의 대안 비교

자료: M. C. Spears: "Concepts of Cost Effectiveness: Accountability for Nutrition, Productivity." Copyright The American Dietetic Association. Reprinted by permission from *Journal of the American Dietetic Association*, 68, p. 343, 1976.

최종 결정은 가장 최적의 두 개의 대안 중 하나를 선택하는 것이다. 대안선택을 위해 간략하게 비교한 결과는 그림 11-8과 같다. 비용효과 곡선에서 대안 A와 B가 교차하는 지점은 사용된 비용이 같은 지점이고, 효과를 판단할 수 있다. 교차지점에서 보다 적은 비용이 든다면, 대안 B는 더 효과적일 것이다. 만약 교차지점에서 발생하는 비용이 높아도 괜찮다면 대안 A가 선호될 것이다. 의사결정자가 높은 비용으로도 효과성을 얻는 것이 가치 있다고 판단한다면 결정을 내릴 수 있다.

비용효과의 개념은 메뉴로 어떤 종류의 사과파이를 생산할 것인지 결정하는 생산 비용 분석으로 설명할 수 있다(표 11-1). 제시된 네 개의 파이에 사용되는 식재료, 노동비용, 음식의 품질, 고객의 수용성에 대하여 분석하였다. 그림 11-9의 구조선택 모형에서와 같이, 목표는 최저 비용으로 고객의 기대를 충족하는 고품질 제품을 제공하는 것이다.

네 가지의 대안은 다음과 같다.

- 부분적으로 만들어 제공하는 파이(제품 1)
- 처음부터 만들어 제공하는 파이(제품 2)
- 바로 제공하면 되는 냉동 파이(제품 3)
- 구워서 제공하면 되는 냉동 파이(제품 4)

표 11-1 사과 파이 옵션의 비용효과 분석

	← 애플파이의 유형			→
분석기준	**부분 수제 (냉동 크러스트, 기성품 필링과 토핑)**	**수제**	**냉동 (그대로 제공 가능)**	**냉동 (구운 후 제공 가능)**
재료비	$18.35	$16.24	$35.00	$32.00
인건비	$11.85	$20.73	$ 0.00	$ 6.10
식품 품질 평가 (5 = 매우 우수)	3.8	4.9	4.2	4.6
고객 수용도 (5 = 매우 우수)	3.5	4.8	3.9	4.2

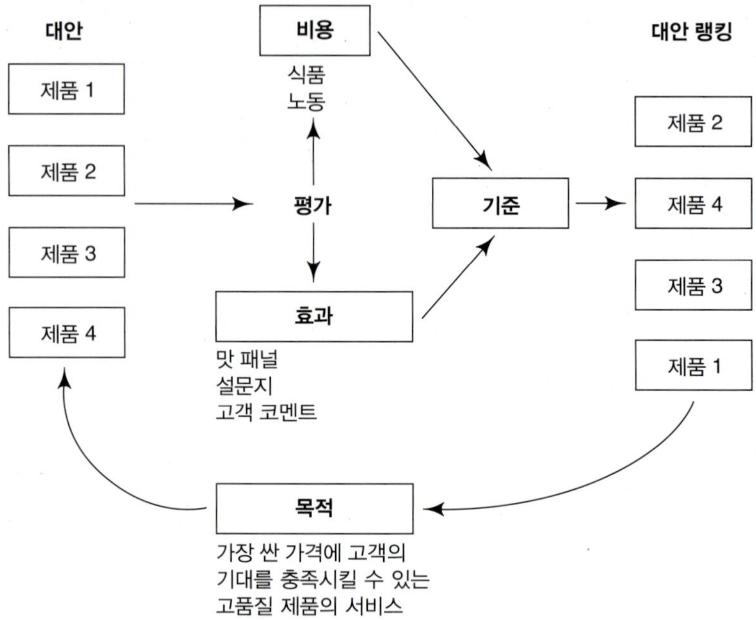

그림 11-9 사과파이 선택을 위한 구조선택 모형

선택의 기준은 파이의 재료가 시장에서 구입 가능한지, 최종 제공되는 파이의 품질이 좋은지, 고객들이 만족하는지, 재료 비용과 노동 비용이 낮은지이다. 네 가지의 파이의 품질은 셰프, 매니저, 고객으로 구성된 맛을 평가하는 패널을 통해 확인할 수 있으며, 고객의 수용력은 고객들을 대상으로 수행된 설문조사를 통해 가능하다. 셰프는 비용효과 모델의 원가 구성 요소에 대하여 비용분석을 수행한다. 비용효과 분석을 수행한 후, 대안들의 순위를 매긴다. 최종 결정은 각 파이의 비용을 조절하면서 가정에서 구운 것과 같은 맛을 내는 '처음부터 만들어 제공하는 파이'이다. 두 번째 대안은 '구워서 제공하면 되는 냉동 파이'이다.

네트워크 퍼트(The Program Evaluation and Review Technique, PERT)와 임계경로법(Critical Path Method, CPM)은 의사결정에 사용하는 네트워크이다. **네트워크(network)**는 정의된 활동 및 사건에 대하여 흐름과 순서의 묘사를 통해 설명하는 그래픽 표현 방법이다. 네트워크에서 '**활동**(*activity*)'은 수행해야 하는 일을 뜻하며, '**사건**(*event*)'은 활동의 시작이나 끝을 의미한다.

퍼트와 임계경로법은 대형 프로젝트를 계획, 스케줄링, 관리하는 데 자주 사용되는 경영과학 기술이다. 예를 들어, 환자식을 제공하는 급식소의 매니저가 환자를 위한 휴일 식사의 계획 및 관리를 향상시킬 때 사용할 수 있다. 특정 프로젝트의 활동 순서를 묘사하기 위해 사용되는 퍼트 유형 시스템에서 두 기술은 결합될 수 있다. **프로젝트**(*project*)는 목적에 도달하기 위해 일정한 순서로 수행해야 하는 과업의 집합으로 정의된다. 네트워크 다이어그램에서 업무는 점(circle)으로 표시되며, 각각의 활동은 업무를 연결하는 선으로 표시된다. 화살표는 업무가 성공적으로 이루어질 수 있는 순서를 나타내기 위해 각 선 위에 그려진다.

프로젝트를 운영하는 첫 번째 단계는 프로젝트를 완성하기 위한 모든 활동을 열거하는 것이다. **표 11-2**와 같이 환자에게 휴일 식사가 준비 및 제공되는 일련의 활동에 대한 목록을 작성하여 알파벳으로 식별 가능하도록 한다. 각 활동의 순서에 맞게 작성해야 한다. 예를 들면 환자들의 식판을 모으는 작업의 J 활동은 샐러드를 담는 D 활동, 주메뉴와 채소를 준비하는 F 활동, 디저트를 담는 I 활동이 완료되기 전에는 시작할 수가 없다. 그러나 A 활동은 다른 활동의 완료와 상관없이 수행되기 때문에 아무 때나 시작할 수 있다.

표 11-2 퍼트(PERT) 활동

활동	활동 내용	활동 시간	다음 활동
A	휴일 메뉴 계획	2시간	—
B	식품의 발주 및 검수	48시간	A
C	샐러드 준비	1시간	B
D	샐러드 플레이팅	1시간	C
E	생산 오븐 예열	0.3시간	B
F	앙트레와 채소 준비	2.5시간	E
G	베이커리 오븐 예열	0.3시간	B
H	디저트 준비	4시간	G
I	디저트 플레이팅	1시간	H
J	환자 식판 조합	1시간	D, F, I
K	식판을 환자에게 서비스	0.25시간	F

다음 단계는 모든 활동을 연결할 수 있는 네트워크 다이어그램을 그리는 것이다. 그림 11-10에서는 표 11-2에 작성하였던 프로젝트의 네트워크를 보여준다. 퍼트 유형 시스템은 활동을 끝마쳐야 하는 시간이 정해지지 않은 프로젝트에 사용되기 때문에, 각 활동의 시간을 확인하기 위해 아래의 시간을 추정해야 한다.

- 가장 유리한 조건을 가정할 경우, 가장 적절한 시간 혹은 가장 짧게 걸리는 시간
- 가장 현실적인 시간을 의미하는 가장 가능성 있는 시간
- 가장 불리한 조건을 가정할 경우, 가장 적절하지 않은 시간, 혹은 가장 오래 걸리는 시간

표 11-2와 그림 11-10에서 가장 적절한 시간, 가능성 있는 시간, 가장 적절하지 않은 시간, 평균 시간을 확인할 수 있다. 각각의 활동을 시간으로 그리면, 휴일 식사를 준비하고 제공하는 데에 소요되는 최소한의 시간이 결정된다. 네트워크를 연결하는 선에 시간을 기입하면 총 소요되는 시간을 알 수 있다. 어떤 활동이 지연되면, 프로젝트를 완료하는 시간도 연장될 수 있으므로, 가장 오래 걸리는 시간을 **'임계 경로'**라고 말한다. 예에서 매니저가 A, B, G, H, I, J, K 활동을 고려하고 있는데, 이러한 활동은 임계 경로에 위치하며, 정해진 시간에 완료하지 못한다면 급식제공시간이 지연될 수 있다. 업무의 완료시간은 56.55시간이다. PERT Chart EXPERT(www.criticaltools.com)와 SmartDraw(www.SMartDraw.com)와 같은 컴퓨터 소프트웨어 프로그램은 퍼트 다이어그램을 그려주고 임계 경로를 확인할 수 있으며 상업적으로 이용가능하다.

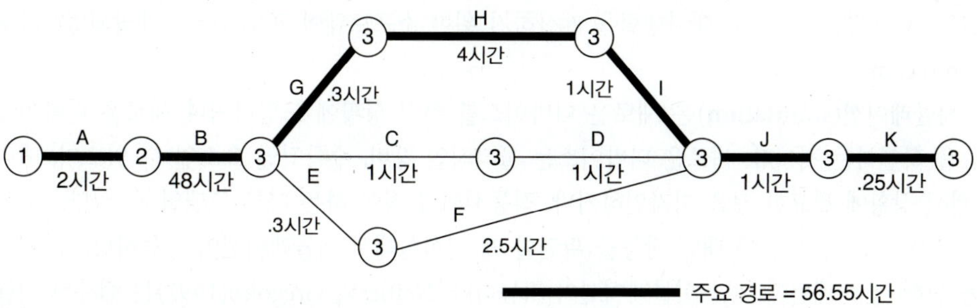

그림 11-10 퍼트(PERT) 네트워크 차트의 예

선형계획법 **선형계획법(linear programming)** 기술은 목적 달성을 위해 어떤 자원들의 조합이 적합할지를 결정하는 데 활용된다. Loomba(1978)는 선형계획법이 운영관리를 위한 의사결정에 가장 활용도가 높으며, 유용한 기술이라고 하였다. 선형계획법으로 가장 적합한 제품 믹스(product mix), 운송 일정, 공장 위치, 인력 및 기계의 할당 등을 결정할 수 있다.

선형계획법은 주어진 자원을 이용하여 가장 적은 비용과 높은 이익을 찾는 것을 목표로 한다. 선형계획법을 사용할 때는 한계도 고려해야 한다. 일반적인 전제 조건은 선형이나 직선으로 표현되는 관계가 요인들 간에 존재한다는 것이다. 매니저는 선형계획법을 다룰 때 측정 가능한 목표 또는 효과를 판단하는 기준을 파악해야 한다. 또한 제약조건도 분명히 해야 한다.

경영과학연구소(Institute for Operations Research and the Management Sciences, www.informs.org)에서 선형계획법을 사용할 수 있는 40개 이상의 소프트웨어 패키지를 조사하였다. 각각의 패키지는 필요한 운영체계, 사용된 모델링의 환경, 해결 가능한 문제의 크기에 따라 다른 것으로 보고되었다.

Balintfy, Rumpf, Sinha(1980)는 선형계획법 기술을 사용하여 학교급식에서 가장 적은 비용으로 제공할 수 있는 메뉴를 계획하였다. Balintfy는 선형계획법을 사용하여 메뉴를 계획하는 것을 최초로 시도한 사람이다. 그의 연구에서 가장 적은 비용의 메뉴를 계획하기 위해 영양소를 통제하고 심미적 요소를 수치화할 수 있는 모델을 설계하였다. 추후 메뉴계획모델에 식품선호도를 포함하였다. 그러나 목적함수와 제약조건을 결정하고 이를 정량화하기 위한 시간이 필요하기 때문에 이 기술의 사용은 제한적이었다.

기타 의사결정 기술 게임이론, 대기행렬이론, 시뮬레이션 모델과 같은 다양한 정량적 의사결정 기술이 개발되었다. 복잡한 컴퓨터 모델을 사용하기 때문에 푸드서비스에서 이러한 기술을 적용하는 것은 어려울 수 있다. 그러나 푸드서비스 분야가 개발됨에 따라 급식관리자는 이러한 기술을 사용할 수 있게 되었고, 의사결정의 효율성을 향상시킬 수 있게 되었다.

게임이론(game theory)은 반대의 상황에 대해서 생각해보게 함으로써 경쟁 상황에서 의사결정을 할 수 있게 한다. 예를 들어, 시장 공유에 대한 경쟁 상황일 때 게임이론을 사용할 수 있다. 모든 경쟁자가 그 게임에서 이기고자 하며, 독립적이고 합리적인 선택을 할 것이라는 것이 가정된다. 경쟁자들은 최대한으로 얻고자 하며, 최소한으로 잃고자 한다. 게임이론에서는 경쟁자들이 무엇을 하든지 최소치로 잃으면서 최대치로 얻을 수 있도록 제시한다.

대기행렬이론(queuing theory)은 줄을 서서 기다리는 동안의 관계에 의해 개발되었다. 고객들이 서비스를 기다리거나 생산 공정의 검사를 대기할 때가 대기행렬이론에서 다루는 전형적인 문제들이다. 이 이론은 대기의 비용과 대기를 줄이기 위해 시설 확충을 하는 데 드는 비용의 균형이다. 문제는 전체 대기에 드는 비용을 파악하는 것이다. 이는 대기를 용인하는 비용과 대기를 줄이기 위해 시설을 확충하는 데 드는 비용이다. 때때로 대기를 줄이는 것이 더 비용이 들 수 있다. 대기행렬의 기본적인 틀은 **그림 11-11**과 같다. 대기행렬의 문제는 분석적 과정과 시뮬레이션을 통해 해결할 수 있다. 대기행렬을 계산하기 위한 소프트웨어 프로그램도 개발되었다(www.nemo-q.com).

시뮬레이션(simulation)은 새로운 디바이스를 현실 상황에 도입하거나 새로운 디바이스의 성능을 확인하는 것이다. 새로운 디바이스는 물리적인 장비, 수학적인 요소일 수 있으며, 매니저가 현실 상황에 필요한 것을 디자인하거나, 작동시키고 싶어 하는 다른 모델일 수 있다. 예를 들어, 장비의 새로운 부품에 대한 작동을 확인할 때 실험실에서 시뮬레이션이 가능하다. 수학적 모델을 통해 행동 패턴에 대한 시뮬레이션이 가능하다. Nettles와 Gregoire(1997)는 컴퓨터 시뮬레이션을 활용하여 점심급식에서 종사원의 행동 패턴을 조사하였으며, 종사원의 교실 도착 시간에

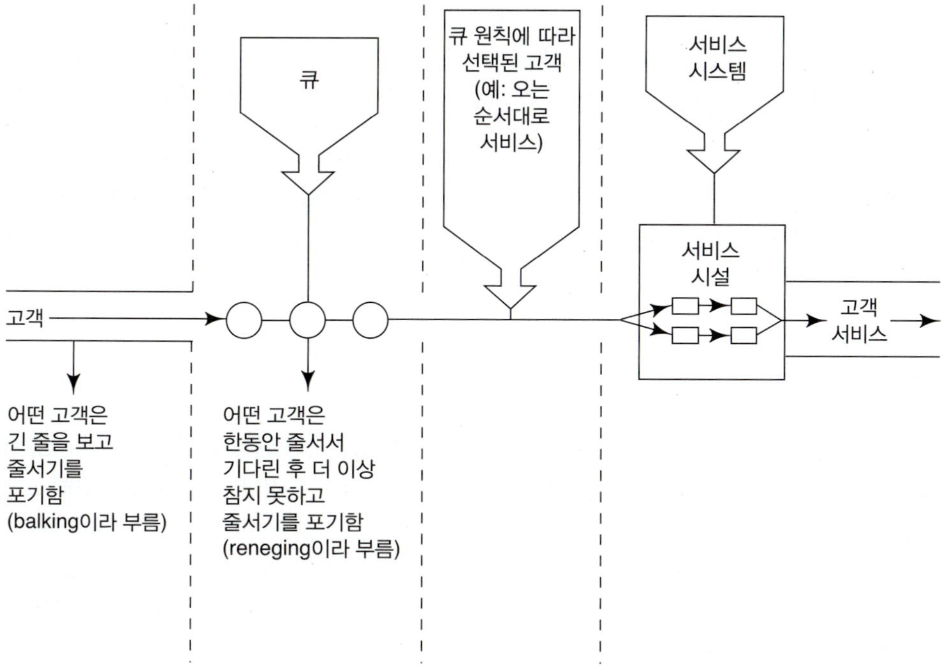

그림 11-11 대기행렬 시스템의 기본 프레임워크

자료: N. P. Loomba, *From management: A quantitative perspective*, 1st ed., P. 429. ©1978. Printed And Electronically Reproduced By Permission of Pearson Education, Inc., Upper Saddle River, NJ.

변화를 줌으로써 학생들의 대기 시간을 줄일 수 있는지를 파악하고자 하였다.

컴퓨터 시뮬레이션을 사용하는 것에 대한 이점은 다음과 같다.

- 작업을 방해하지 않으면서 절차의 변화에 대한 실험을 할 수 있다.
- 업무를 완료해야 하는 시간을 수정할 수 있으며, 작업에 미치는 영향을 살펴볼 수 있다.
- 작업 흐름에서의 병목현상이 어디서 발생되었는지를 확인할 수 있다.

GoldSim(www.goldsim.com)에는 여러 종류의 컴퓨터 시뮬레이션 프로그램이 있으며, 특별한 상황에 맞춰 사용되는 것과 일반적인 목적으로 사용되는 것이 있다. 일반적인 목적으로 사용되는 시뮬레이션 프로그램은 대체로 이산사건시뮬레이터(discrete event simulators), 시스템다이나믹프로그램(systems dynamic programs) 등으로 구분된다. 일반적으로 이산사건시뮬레이터는 시뮬레이션 과정에 사용되고 모델링 트랜잭션 흐름 방식을 사용한다. ProModel, Arena, Extend은 예제 프로그램들에 해당된다. S시스템다이나믹프로그램은 대체로 상업용과 조직체계의 시뮬레이션에 사용되고, 간단한 재고관리와 작업공정을 기본으로 한다. 이러한 유형의 프로그램으로 Stella, iThink, Powersim가 있다. 단순한 모델 시뮬레이션은 @RISK와 Crystal Ball 같은 Excel spreadsheet with an add-in 프로그램을 사용하여 수행될 수도 있다.

인공지능(artificial intelligence)은 의사결정자들이 생각하는 과정을 복제하는 것이 가능한 컴퓨터 프로그램이다(Griffin, 1999). **전문가시스템(expert system)**은 인공지능 컴퓨터 프로그램 중 하나이다(Cook, 1992). 이 시스템은 전문가의 문제 해결 행동을 모방하여 문제를 해결한다. 의사결정은 "만약 ~라면"이라는 것에 대한 탐색으로 시작한다. 가상의 레스토랑에서 스테이크 가격을 책정하기 위한 "만약 ~라면"이라는 문장의 예시는 다음과 같다. 가격 책정 사항은 볼드체 글씨의 문장으로 표기되어 있다.

- 스테이크의 이익이 높고, 수요가 낮은 경우에는 가격 책정 시 **가격을 낮춘다.**
- 스테이크의 이익이 보통이고, 수요도 보통인 경우에는 가격 책정 시 **가격을 유지한다.**
- 스테이크의 이익이 낮고, 수요는 높은 경우에는 가격 책정 시 **가격을 높인다.**

모든 시뮬레이션 모델의 목표는 모델을 통해 다양한 작업 환경의 시스템 행동을 이해하는 것이다. 현실에서 실험이 필요하지만 생략되곤 한다. 수학적인 시뮬레이션의 개발로 복잡한 컴퓨터 프로그램이 가능하다. 이 모델을 실행하기 위해서는 시스템을 구성하는 요소에 대한 묘사를 수학적 용어로 바꾸어야 한다.

11.2.5 집단 의사결정

대부분의 조직에서는 집단이 의사결정을 해야 하는 경우가 많다. 집단으로 특별위원회, 팀, 테스크포스, 프로젝트 그룹 등이 있을 수 있다. 또한 비공식 집단이 특정한 결정을 돕기 위해 모집될 수도 있다.

개인 vs. 집단 집단 의사결정이 필요할 때는 언제인가? 이에 대해서 상당한 논의가 이루어져왔다. Burack과 Mathys(1983)는 개인 또는 집단의 의사결정은 문제의 복잡성 및 중요성, 가능한 시간, 수용의 정도, 결정에 필요한 정보의 양, 조직 내에서 의사결정이 이루어지는 일반적 방법과 같은 요인들에 따라 달라진다고 하였다. 그들은 경영에 있어서 가능한 세 가지의 의사결정을 소개하였다.

- **개인적 의사결정:** 매니저는 그들이 취할 수 있는 정보를 이용하여 스스로 결정을 할 수 있다.
- **결합 의사결정:** 매니저는 다른 사람들과 의논하여 결정을 내릴 수 있다.
- **집단 의사결정:** 매니저는 매니저가 포함된 집단의 결정에 따를 수 있다.

매니저는 결정을 위해 많은 정보를 필요로 할 때나 다른 사람의 생각을 알아보고자 할 때 집단 의사결정을 활용할 수 있다. 집단 의사결정은 비정형적 의사결정에 해당된다. 대부분의 조직에서는 개인이 계속적으로 혼자서 의사결정을 하도록 하지는 않는다. 대부분의 문제들은 복잡하며, 해결방안 모색을 위해 다양한 영역의 전문 지식을 필요로 한다.

집단 의사결정은 둘 이상의 조직들에 영향을 미치는 결정을 할 때 사용될 수도 있다. 여러 조직에서 결정을 수용하고 실행해야 하므로 의사결정에 영향을 받는 집단을 포함시키면 도움이 될 수 있다.

집단 의사결정 방법 조직 내의 중요한 의사결정은 개인이 하는 것보다 집단에서 이루어지는 경우가 더 많다. 집단 의사결정은 대부분 상호작용 그룹, 델파이 그룹, 명목 그룹, 포커스 그룹을 통해서 이루어질 수 있다.

상호작용 그룹 상호작용 그룹은 집단구성원 간의 토의, 논의, 최적의 대안에 대한 동의 등을 통해서 의사결정을 한다(Griffin, 1999). 집단으로는 부서, 작업그룹, 상임위원회가 있으며, 새로운 집단을 만드는 경우, 특별위원회, 팀 또는 테스크포스가 있다. 이 방법의 장점은 새로운 아이디어를 내거나 서로 간의 이해를 증진시킬 수 있다는 점이다.

델파이 그룹 델파이 그룹(Delphi group)은 전문가 의견의 합의를 도출하기 위해 활용된다. 전문가 패널은 개별적으로 참여하여 특정 문제에 대한 의견을 제시한다. 그들이 제시한 의견은 모아져서 통합된 후, 두 번째 의견 제시를 위해 다시 패널에게 돌아가게 된다. 제시한 의견이 일반적이지 않을 경우, 다른 패널에게 전달되기 전에 자신의 의견을 정당화할 수 있도록 요청받는다. 제시한 의견이 모아져 통합된 후에 전문가 집단은 의사결정을 내린다. 델파이 방법은 전문가의 의견을 파악할 수 있어서 유용하긴 하지만, 시간이 너무 많이 소요되고 일상적인 의사결정을 내리기에는 비용이 많이 든다.

명목 그룹 명목 그룹은 창의적이고 혁신적인 대안이나 아이디어를 생산하는 구조화된 의사결정 방법이다. 집단 구성원은 함께 만나지만 자유로운 대화는 제한된다. 매니저가 문제를 제시하고 그들에게 문제를 해결할 수 있는 다양한 대안 작성을 요구한다. 집단 구성원은 차트에 그들의 아이디어를 번갈아가며 제시한다. 구성원이 여러 대안에 대해 투표하여 그 순위를 매긴다. 1순위의 대안이 그룹의 결정을 대표하게 되며, 매니저는 이 결정을 수락하거나 거절할 수 있다.

포커스 그룹 포커스 그룹(focus group)은 정성적인 정보를 모으는 방법이다. 포커스 그룹은 큰 규모의 멀티 유닛 체인과 개별 레스토랑 등에서 고객들의 의견을 듣기 위한 방법으로 사용되어 왔다. 포커스 그룹은 10~20명으로 구성되며, 모두 모여 1회에 약 2시간 동안 토의한다. 포커스 그룹에는 레스토랑 이용 횟수가 많은 고객, 경쟁 업소의 이용 고객 등과 같이 특정 기준에 맞는 남자와 여자가 참여할 수 있도록 한다. 포커스 그룹은 사람의 행동 동기에 대해서 알아보고, 왜 사람들이 그와 같이 행동하고 그렇지 않은 경우는 왜 그런지에 대해서 알아본다. 밥에번스팜스(Bob Evans Farms)는 판매 부진을 해결하기 위해 포커스 그룹 방법을 사용하였으며, 버거킹은 치킨샌드위치 옵션을 도입하기 전에 포커스 그룹 방법을 사용하였다.

집단 의사결정의 장점과 단점 집단 의사결정의 장점은 보다 많은 정보와 지식을 얻을 수 있다는 것이다. 집단은 개인보다 더 많은 대안을 생각해 낼 수 있고, 같이 일하는 집단 또는 부서의 종사원이 결정에 대해 소통할 수 있다.

집단 의사결정의 단점은 '집단'이기 때문에 사실이나 대안에 대한 토의가 충분하게 이루어지지 못하는 것이다. 집단 안에 존재하는 규범, 구성원의 역할, 소통 방식, 응집성 등은 집단 토의를 방해하는 요인이 되며, 결정이 비효율적으로 이루어지게 한다. 또한 집단 의사결정은 시간과 비용이 많이 들며 한 사람이 집단을 이끌 수도 있다. 집단 의사결정에서 결정을 방해하는 '집단 사고'와 '위험 이동'이 일어나기도 한다.

집단 사고(groupthink)는 집단의 의사결정보다는 집단 구성원에게 더 중점을 두고 있기 때문에, 구성원들은 다른 구성원의 판단에 가혹하게 반응하는 것을 피하고 싶어 하는 것을 의미한다. 그들은 팀 정신에 대한 위협으로 인식하는 논쟁과 갈등을 싫어한다. Janis(1983)는 집단 사고의 개념을 일반화시켰으며, 집단 구성원들이 보트를 흔들고 싶어 하지 않기 때문에 잘못된 결정을 할 수 있다고 말했다.

위험 이동(risky shift)은 개인일 때보다 집단 안에 있을 때, 보다 위험한 선택을 하는 개인적인 경향이라고 볼 수 있다. 개인 의사결정 시에는 혼자 위험에 대하여 책임을 지지만 집단 의사결정에는 구성원들과 공유할 수 있기 때문에 집단 의사결정 시에 위험한 결정을 하게 되기도 한다.

11.3 소통

소통은 조직의 목적 달성을 위해 조직원 간의 의견을 조정하고, 그들이 효과적으로 함께 일을 할 수 있도록 하는 역할을 한다. 모든 조직에서는 소통의 중요성을 인식하고 이를 향상시키기 위해 많은 비용을 지출한다. 매니저는 조직의 비전과 목표를 전달하기 위해 그들의 상사, 다른 매니저, 종사원과 소통해야 한다(Graffin, 1999). 또한 다른 사람들도 자신의 업무에서 발생하는 사항을 알리고 보다 효과적인 방안에 대하여 그들의 매니저와 소통해야 한다.

이 장의 앞부분에서는, 연결과정의 한 부분으로서 소통이 효과적인 운영 및 푸드서비스 시스템 기능에 필수요소임을 파악하였다. Mintzberg(1975)는 관리자가 소통에 많은 시간을 할애하고 있으며 언어적 소통이 차지하는 비중이 크다고 하였다.

조직들과의 소통과 매니저의 업무 효율성에서도 중요하기 때문에 지도자적 위치에 있는 사람은 소통의 기초에 대해서 잘 알고 있어야 하며, 적절하게 소통을 사용해야 한다. 소통 과정이 적절하지 않으면 종사원의 업무 불만족이 높아지고, 고객 불만족 등이 초래될 수 있다.

적절하지 않은 소통은 더 심각한 상황이 발생할 수 있다는 단서일 수도 있다. 소통이 적절하다고 하더라도 모든 조직차원의 문제에 대한 해결책은 아니다. 계획과 결정을 실행하기 위해 조직 내의 사람들과 소통을 해야 하지만, 잘못된 계획이나 결정을 보완해 줄 수는 없다. 그러므로 소통은 매니저에게 매우 중요한 기술이다.

11.3.1 소통의 정의

소통은 관련된 사람들에게 의미 있는 정보를 전달하는 것이다. '이해의 전달'로 정의될 수도 있다. 효과적인 소통은 수신된 메시지가 의도한 메시지와 가능한 한 가깝도록 메시지를 보내는 과정이다(Griffin, 1999). 대면하는 방식부터 서면 각서까지 소통의 유형은 다양하며, 언어적, 비언어적, 암시적 메시지가 포함된다. 조직 내에서의 소통은 개인 간의 소통과, 공식적인 조직 구조 내에서의 소통이라는 두 가지 관점으로 볼 수 있다. 소통의 두 가지 기본 유형은 상호 의존적이고 상호 연관되어 있다.

가장 기본적인 소통의 형태는 '발신자 → 메시지 → 수신자'이며, 모든 소통의 유형에 포함되어 있다.

11.3.2 소통 과정

가장 간단한 모델에서는 소통이 복잡하지 않다. 보다 복잡해진 소통 모델은 **그림 11-12**와 같다. 소통 과정은 발신자가 정보를 수신자에게 전송할 때 시작된다. 발신자는 다른 사람 또는 다른 집단에 전송할 메시지, 아이디어, 사실, 기타 정보를 가지고 있다.

예를 들어, 레스토랑 매니저가 전통적 경영방식을 새로운 방식으로 바꾸기로 결심한 후, 중간관리자급의 몇 명을 해고할 계획을 세웠다고 가정해보자. 매니저가 사장에게 계획을 말하고자 한다면, 이 생각은 발신자에게 간단할 수도 있고 복잡할 수도 있는 의미를 가진다. 의미는 매우 개인적인 추상적 개념일 수 있다. **그림 11-13**과 같이 소통과 의미 전달을 위한 기호 및 동작 사이에 직접적인 관계는 존재하지 않는다. 소통에서 발생하는 흔한 문제는 수신자가 발신자의 의도대로 메시지를 이해하지 못해서 생기는 오해이다.

발신자는 발송할 정보를 기호 또는 동작으로 부호화해야 한다. 예를 들어, 매니저가 사장에게 "중간관리자를 해고할 것입니다." 또는 "비용을 절감할 것입니다." 또는 "중간관리자를 다른 직책으로 재배치할 것입니다."라고 말했을 수 있다. 매니저는 "중간관리직을 없애면 비용을 절감할 것입니다."라고 말할 수 있다. 부호화 과정은 메시지의 내용과 발신자와 수신자의 친분 정도에 영향을 받는다.

메시지가 부호화되면, 적절한 경로를 통해서 발송된다. 경로에는 회의, 대면토의, 메모, 편지, 이메일, 보고서, 전화통화가 있다. 사장이 레스토랑과 멀리 떨어진 곳에 있다면, 매니저는 전화로 얘기할 것이다. 메시지가 수신되면, 메시지는 수신자에 의해 의미가 있는 형태로 해석된다. 사장이 "좋다. 아낄 수 있는 돈을 다른 레스토랑에 투자해야겠다." 또는 "회사를 위해 좋은 소식이다."

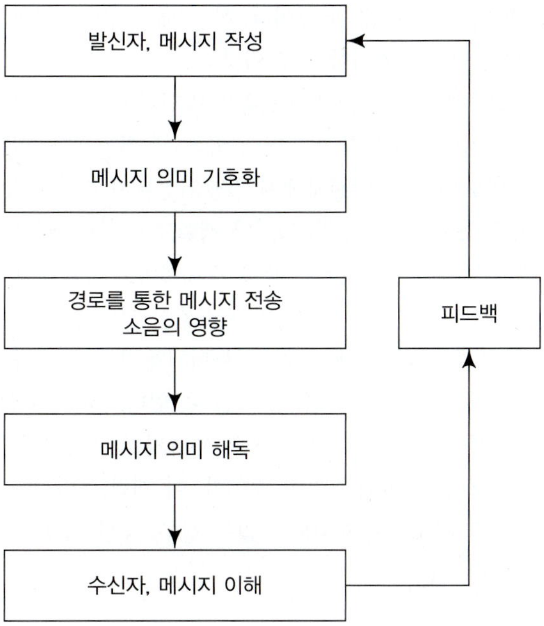

그림 11-12 소통 과정

또는 "자신(매니저)의 월급이 오를 수 있도록 노력하는구나!"라고 생각할 수 있다. 이 의미는 구체적인 것부터 추상적인 것까지 다양할 수 있다. 사장의 실제적 감정은 '회사를 위해 좋은 소식이다.'일 것이다. 때로는 메시지의 의미가 또 다른 응답을 요구하게 되며, 새로운 메시지가 발신자에게 도착하게 되면 발신자-수신자 순환은 다시 시작된다. 사장이 매니저에게 회사를 위해 좋은 소식이라고 말하고 그 계획에 대해서 논의할 수 있는 미팅 약속을 할 것이다.

소음은 메시지가 전송되는 중에 메시지를 왜곡하는 등의 방해되는 모든 형태 것을 의미한다. 소음에는 수신자가 들을 수 있는 능력이 없는 것, 발신자가 너무 부드럽게 말하는 것, 외부의 소리 때문에 메시지가 왜곡되는 것, 수신자가 집중하지 못하는 것 등이 있다. 만약 사장이 다른 것을 생각하고 매니저에게 레스토랑의 연례 방문 때 만나서 얘기하자고 했다면, 왜 매니저가 사장

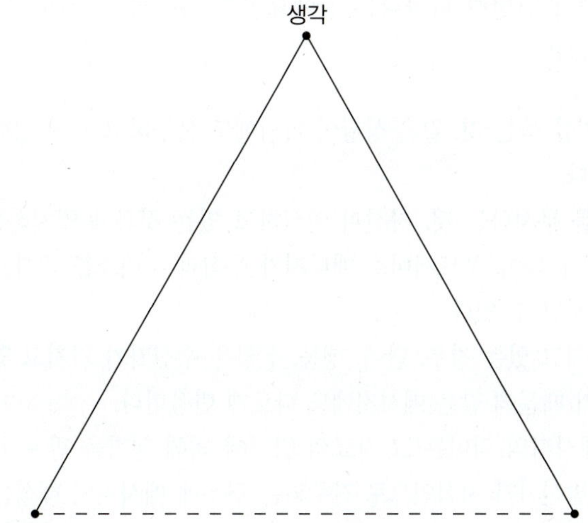

그림 11-13 의미의 삼각 구도

을 위해 돈을 아끼려고 애쓰는지 궁금해 할 것이다. 한편 매니저의 생각과 생각을 알리고자 하는 노력을 긍정적으로 평가하고 미팅을 계획할 수도 있다.

소통은 일방적 또는 양방향적이다. **일방적 소통**은 발신자가 수신자의 피드백을 바라지 않고 소통을 한다. **양방향 소통**은 수신자로부터 피드백이 있을 때 가능하다. 피드백은 소통 과정의 효율성을 높이고 메시지가 의도한 대로 수신자에게 전달되었는지 확인할 수 있도록 한다. 일방적 소통은 양방향 소통에 비해 소요되는 시간은 적지만 정확도가 낮다. 만약 소통이 빠르게 이루어져야 하고 정확도를 요하지 않는다면 일방적 소통은 경제적이고 효율적일 것이다. 그러나 정확도가 중요하고 전달하려는 메시지가 복잡하다면 양방향 소통이 이루어져야 한다.

발신자와 수신자 모두의 소통 기술, 태도, 지식, 사회체계 또는 문화가 소통에 영향을 미친다. 발신자와 수신자 사이의 차이는 소통에 문제를 야기할 수 있다. 가장 분명한 문제는 발신자와 수신자가 사용하는 언어가 다를 때 나타난다. 영어를 사용하지 않는 종사원을 통솔해야 하는 푸드서비스 매니저는 이 개념을 확실히 이해해야 할 것이다. 이 개념은 다른 유형의 소통에도 적용할 수 있다. 예를 들어, 전자 통신 시스템이 호환되지 않는 경우, 통신 고장이 발생할 수 있다.

11.3.3 개인간 소통

소통에서 흔히 메시지가 전달되었고, 정확하게 수신되었다고 종종 잘못된 가정을 한다. 이러한 가정은 때로는 잘못될 수 있으며 소통에서 문제를 일으키는 원인이기도 하다.

개인 간의 소통은 개인과 개인 사이에 이루어지는 것이며, 개인 간의 소통의 목적은 이해를 높이는 것이다(그림 11-14). 발신자가 '의미한 것'과 수신자가 '이해한 것'이 일치하는 것이 바람직하다.

11.3.4 소통의 장애요인

매니저와 종사원이 결과와 기대했던 것과 차이가 생긴 이유를 논의할 때, 매니저가 종사원에게 공통적으로 듣는 말이 "이해하지 못했습니다."이다. 매니저와 종사원 간의 소통이 잘못되면 식당의 세팅이 잘못되거나, 준비한 음식의 양이 잘못되었을 수도 있고, 보조 기구(dietary aide)가 시간에 맞춰 도착하지 못할 수도 있다.

개인 간의 소통에서 빈번히 나타나는 장애요인은 다음과 같다(Sayles & Strauss, 1966; Chaney & Martin, 2004).

- **기대되는 메시지를 듣는 것.** 같은 상황이 아님에도 불구하고 과거 경험은 특정 메시지를 듣고 기대하게 한다.
- **갈등되는 정보를 무시하는 것.** 자신이 인식하고 있는 것과 불일치하는 메시지는 무시되는 경향이 있다. 예를 들어, 푸드서비스 매니저가 음식과 서비스를 좋다고 생각하는 경우 고객들의 불만이 무시될 수 있다.
- **다른 인식을 가지고 있는 경우.** 단어, 행동, 상황은 수신자가 가지고 있는 가치와 경험을 반영하여 인식되기 때문에 같은 메시지에도 다르게 반응한다.
- **자료의 평가.** 메시지의 의미는 그 자료의 평가에 의해 영향을 받는다. 발신자의 지식을 의심하는 경우와 발신자가 지식인으로 간주되는 경우에 메시지의 해석은 달라질 수 있다.
- **단어 해석의 차이점.** 단어는 여러 개의 의미를 가질 수 있다. 누군가에게 "디너"는 오후의 식사를 의미하며, 다른 이에게는 저녁에 먹는 식사를 의미하기도 한다.

슈퍼바이저가 한 말

스미스 씨, 세 명의 직원이 아프다고 전화가 왔어요. 두 명은 다른 직원이 4시간씩 연장 근무를 해서 대신할 것이지만 다른 한 명은 부족한대로 일해야 할 것 같아요.

좋은 소통의 예
(의미한 것 = 이해된 것)

슈퍼바이저가 의미한 내용	디렉터가 이해한 내용
• 3명의 풀타임 직원이 아프다고 전화함 • 2명의 풀타임 직원이 4시간씩 연장 근무하기로 함 • 한 명은 대체인력이 없음; 이 일은 다른 직원들이 해내야 함	• 몇 명의 직원이 아프다고 전화함 • 슈퍼바이저가 몇 명의 직원이 대신하여 일하도록 할 수 있었고 연장수당을 지급할 것임

좋지 않은 소통의 예
(의미한 것 ≠ 이해된 것)

슈퍼바이저가 의미한 내용	디렉터가 이해한 내용
• 3명의 풀타임 직원이 아프다고 전화함 • 2명의 풀타임 직원이 4시간씩 연장 근무하기로 함 • 한 명은 대체인력이 없음; 이 일은 다른 직원들이 해내야 함	• 주요 질병의 발생으로 많은 직원이 아파 결근함 • 슈퍼바이저는 모든 결원을 대체하기 위하여 노력하지 않음 • 슈퍼바이저는 일을 수행하기 위해 연장수당을 지불해야 했음

그림 11-14 이해의 영역

- **비언어적 신호의 무시.** 목소리 음색, 얼굴 표정, 몸짓은 소통에 영향을 미친다. 메시지를 전달할 때 발신자는 수신자가 정신이 없어서 듣지 못할 것이라는 사실을 무시할 수 있다.
- **감정적으로 되는 것.** 감정은 메시지의 전달과 해석에 영향을 미친다. 수신자가 발신자를 적대적으로 인식했다면, 방어적이거나 공격적으로 반응할 것이며 소통에 부정적으로 작용할 것이다.
- **문화적 차이.** 민족, 종교, 사회적 지위의 차이는 메시지를 이해하는 데 영향을 미칠 수 있다.
- **언어적 문제.** 발신자와 수신자가 말하는 언어, 방언, 악센트의 차이 또는 발신자가 이해하기 어려운 단어를 사용하는 경우, 메시지에 대한 이해가 달라질 수 있다.

추론(*inference*)은 소통을 방해하거나 원활하게 한다. Haney(1986)는 추론이 다른 사람들과의 소통에서 끊임없이 발생한다고 하였다. 때문에 불완전한 정보를 바탕으로 결론을 내리고, 행동하게 된다. 만약 추론이 정확하지 않다면 문제가 발생할 수 있다. 추론이 정확하다면, 불필요한 정보를 피할 수 있으므로 소통을 효과적으로 이끌 수 있다. 그러나 추론은 잘못된 결론을 이끌 수 있는 잠재성이 있어 위험하다.

Haney는 소통에 있어 또 다른 장애요인으로 '완전함(*allness*)'을 지적하였다. 이것은 어떤 것에 대해 모든 것을 알고 있으며 말할 수 있다고 무의식적으로 가정할 때 발생되며, 이로 인해 오만, 편견, 닫힌 마음이 생길 수 있다. "잘난 체 하는" 사람은 누구나 쉽게 알아볼 수 있다. 이런 사람들은 완전함 개념의 전형적인 사람이다.

다른 사람들과 효과적으로 상호작용하는 능력은 완전함에 의해 부정적인 영향을 받는다. 특히, 특정 분야의 전문가는 비전문가와 소통할 때 완전함이 생길 수 있음을 염두에 두어야 한다. 특별히 지식 수준이 높은 사람들에게서 나타나는 흔한 실수가 다른 사람에 비해 아는 것이 많다고 느끼는 것이다.

이와 같은 장애요인은 개인 간의 소통을 방해하고 관계에 심각한 문제를 발생시킬 수 있다. 이러한 장애요인에 민감하게 인식하는 것은 소통을 향상시키는 데 도움이 될 수 있다. 개인 간의 소통을 강화시키기 위한 방법으로도 사용될 수 있다.

11.3.5 소통 개선 방법

소통 개선을 위한 기술이 그림 11-15에 요약되어 있다. 피드백을 사용하면 발신자는 수신자의 언어적 및 비언어적 신호를 감지할 수 있기 때문에 소통을 효율적으로 할 수 있다. 질문은 피드백이 가능한 양방향 소통을 통해 혼란이 되는 부분을 명확하게 할 수 있기 때문에 권장되는 방법이다. 또한 직접 대면하는 소통은 피드백을 유도할 수 있다. 일반적으로 대면상황이거나 전화 또는 이메일로 대화하는 양방향 소통에서 사람들은 보다 자유롭게 자신을 표현할 수 있다.

여러 개의 소통 방법을 활용하면 메시지가 정확하게 전달될 가능성을 높일 수 있다. 예를 들어, 메모를 전달한 다음에 구두로 메시지를 전달하면 소통을 강화시킬 수 있다.

수신자에 대해 민감하게 신경 쓸 경우, 수신자의 상황을 고려한 메시지 전달이 가능해진다. 개개인은 가치, 필요, 태도, 기대가 각자 다르다. 이러한 차이에 대한 공감은 개인 간의 소통을 원활하게 한다.

소통에서 신호의 의미를 인식하는 것은 중요하다. 예를 들어, 부정적 의미에 대해 민감하게 사용하거나 사람들을 화나게 하는 단어를 사용하지 않는 것은 개인 간의 소통을 향상시키는 방법이다.

"말로 하지 않고 행동으로 하는 것"은 소통을 향상시키는 또 다른 방법이다. 물론 메시지의 타이밍과 행동으로 단어를 보완하는 것을 고려해야 한다.

직접적이고 단순한 언어를 사용하고 전문용어를 사용하지 않는 것은 소통을 향상시키는 또 다른 방법이다. 특히 중요한 점은 수신자의 지식수준에 맞게 메시지를 보내야 한다는 것이다. 이것은 어린이를 대상으로 하는 소통에서 중요하다. 또한 성인들의 경우 "이해되지 않습니다."라고 말하는 것을 꺼릴 수 있기 때문에 성인과의 소통에서도 필요하다. 메시지를 적절히 반복하면 수

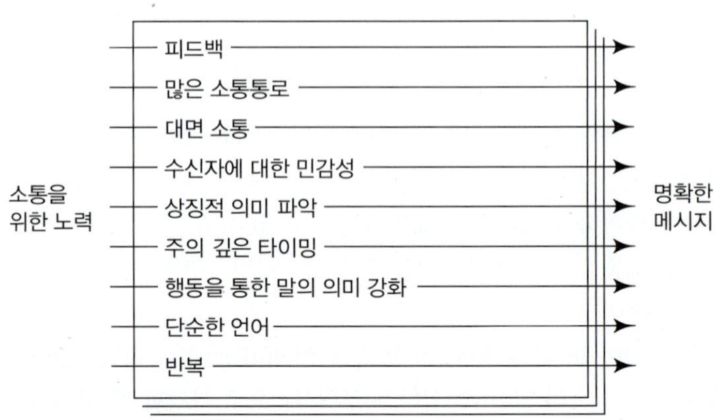

그림 11-15 소통 개선을 위한 기술

신자의 이해를 도울 수 있다. 그러나 중복하거나, 남용하는 것은 오히려 수신자의 주의를 흐리게 만들 수 있다.

듣기는 효과적인 소통의 기본이다. 메시지 수신과정이 메시지 발송과정만큼 상당한 부분을 차지하기 때문이다. 듣는 것을 방해할 수 있는 경우로 수신자가 다른 생각을 하고 있거나, 다른 논점에 대해서 심취해 있거나, 이전에 나누었던 대화 내용에서 벗어나지 못하는 것이 있다. 조바심과 메시지에 대한 관심 부족은 듣기의 또 다른 방해요소이다.

11.3.6 조직 내 소통

개인 간의 소통 관련 요소들은 조직 내의 소통에도 적용된다. 효과적인 조직 내 소통은 조직 내 사람들 간에 정확하게 정보를 전달하는 것이다. 그러나 조직 내 소통의 효과는 조직이 가지고 있는 고유의 특성에 의해 영향을 받는다.

Lesikar(1977)는 소통의 공식적 경로, 권위구조, 직업의 전문성, 정보소유가 효과적인 조직 내 소통에 영향을 미치는 네 가지 요소라고 하였다. 공식적 경로는 공간상의 소통 효율성에 영향을 미친다. 첫째로, 조직이 커질수록, 경로의 거리가 점점 커진다. 둘째로, 소통의 공식적 경로는 조직의 여러 계층 간의 정보 흐름을 저해할 수 있다. 예를 들어, 셰프는 발생하는 문제에 대해 푸드서비스 슈퍼바이저와 항상 소통한다. 그러나 푸드서비스 감독자는 셰프와의 소통에서 발생하는 정보에 대해서 지점 매니저와 소통을 할 수도 있고 그렇지 않을 수도 있다. 높은 직위의 매니저가 많은 정보를 가질 수 있는 것은 장점이 되기도 하지만 단점이 될 수도 있다. 높은 직위의 매니저가 항상 모든 정보 수신할 수 있는 것은 아니다. 조직에서 계층이 늘어나면 조직의 위로 또는 아래로 가는 메시지의 정확성이 영향을 받을 수 있다.

조직 구성원 간에는 직위 및 권력의 차이가 있기 때문에, 권위구조는 소통에 영향을 미친다. 소통의 내용과 정확성은 권위 차이에 의해 영향을 받는다. 푸드서비스 매니저와 종사원 사이의 대화는 예의 바르며 다소 공식적인 경향이 있다.

직업의 전문성은 소통에 도움이 되기도 하며, 소통을 어렵게 만들기도 한다. 같은 일을 하는 집단 내에서 구성원들이 같은 전문용어를 사용하면 응집력이 생기므로 소통이 원활해진다. 그러나 반대로 집단 간의 소통은 저해될 수도 있다. 카페테리아 종사원들 간 혹은 생산직 종사원들 간의 소통은 자연스럽게 이루어질 수 있으나, 카페테리아 종사원과 생산직 종사원 간의 소통은 효율적으로 이루어지기 어렵다.

정보소유는 개인이 그들의 직무에 대해 가지고 있는 특정한 정보와 관련 지식을 의미한다. 어떤 정보는 그것을 가진 사람들에게 권력일 수 있으므로, 다른 사람과 정보를 공유하기를 꺼리게 만들 수 있다.

조직의 소통을 방해하는 다른 요인으로 업장에 너무 많은 종사원이 있는 경우, 매니저의 관심을 끌기 위해 경쟁하는 사람이 많은 경우, 부적절한 소통 방법을 선택한 경우, 시간적 제한이 있는 경우가 있다. 예를 들어, 민감한 문제를 다루기에는 대면 소통이 아닌 문자로 된 편지가 오히려 감정을 다치게 할 수 있다.

조직 내부의 소통 방향 조직 내에서 매니저는 하향, 상향, 수평, 대각선의 네 가지 방향으로 소통해야 한다. 비록 이 장에서는 간략하게 논의하였지만, 매니저는 조직 밖의 개인 또는 집단과도 효과적으로 소통해야 한다.

하향식 소통 조직 내 높은 직위에 있는 개인은 하위 직위의 사람들과 하향식 소통을 한다. 하향식 소통의 방법에는 작업 지침, 정책, 절차 매뉴얼, 조직의 공식 간행물이 있다. 중간관리자와

서면 소통의 예	구두 소통의 예
전단지	확성기 알림
이메일	타운홀미팅
핸드북	구두지시
편지	구두명령
메모	구두발표
뉴스레터	
통지	
임금 쪽지	
팸플릿	
정책과 절차	
보고서	
서면 지시	

그림 11-16 하향식 소통의 예

하위 관리자들은 이메일, 메모, 다른 공식적 지침으로 연락한다. 하향식 소통의 다양한 경로는 그림 11-16과 같다.

라디오, 텔레비전, 신문 보도 자료와 같은 외부 수단도 종사원들 또는 대중과의 소통에 활용될 수 있다. 예를 들어, 눈으로 인해 학교가 문을 닫는 경우 라디오와 텔레비전을 통해서 알리는 것이 일반적이며 이는 지역 학교의 직원, 학부모, 학생들과의 소통 방법이 된다.

상향식 소통 효과적인 조직은 하향식 소통뿐만 아니라 상향식 소통을 위한 개방적 경로가 필요하다. 상향식 소통의 방법으로는 건의함, 특별 미팅, 진정절차가 있다. 정보가 상향으로 흐르는 경로에 대해 그림 11-17에 정리되어 있다.

효과적인 상향식 소통은 종사원이 조직에서 어떤 일들이 일어나는지 말할 수 있는 기회를 갖게 되기 때문에 중요하다. 조직의 운영에서 하위조직의 정보를 수신하는 것은 중요하다.

수평적 소통 소통의 수평적 흐름은 조직적 효율성을 증진시킨다. 푸드서비스 운영에서 생산과 서비스 간에 수평 소통이 효과적으로 이루어지게 되면, 품질 좋은 음식이 적절한 시간에 고객에게 제공될 수 있다. 각 부서의 팀장 회의는 부서 간의 수평적 소통을 원활하게 하는 방법이다.

대각선 방향의 소통 조직의 규모가 큰 경우에 대각선 방향의 소통으로 시간과 노력을 최소

서면 소통의 예	구두 소통의 예
직원 건의함	이직 면접
설문지	진정 절차
	직원 미팅
	옴브즈퍼슨(고충처리담당관)
	터놓고 말하기(open-door policy)

그림 11-17 상향식 소통의 예

화할 수 있다. 조직 내에서 대각선으로 배치된 부서 또는 조직 간에 보고서나 기타 정보가 직접 전달되면 정보의 흐름이 효과적으로 발생할 수 있다.

푸드서비스에서 물건을 주문하는 업무를 담당하는 종사원이 급식 담당 부서를 통하기보다는 구매 담당 부서로 바로 요청을 보내는 경우, 직접적으로 소통이 이루어지며, 물건의 주문과 수령이 원활해진다. 이때의 소통은 공식적 또는 비공식적일 수 있다.

비공식적 소통 조직 내의 비공식적 네트워크는 공식적 소통 경로를 보완하기 위해 개발된다. 구두로 소통하는 대부분의 경우는 대면했을 때, 전화통화할 때, 집단 내에서 토의할 때 일어난다. 구두로 소통할 때의 장점은 질문과 대답이 바로 이뤄질 수 있으며 얼굴 표정을 읽을 수 있는 등 빠른 피드백이 가능하다는 것이다. 또한 사용하기 쉽고 필기도구가 필요하지 않다. 구두로 소통할 때의 단점은 전달하는 메시지가 왜곡될 수 있다는 것이다.

그레이프바인(grapevine)은 조직의 소통을 원활하게 하고 조직 내에서 개인의 사회적 욕구를 충족시킬 수 있는 비공식적 소통의 한 방법이다. 그레이프바인으로 정보 중 일부가 누락되거나 왜곡될 수 있으며, 때로는 소문이나 루머가 전달될 수도 있으나, 조직 내에서 빠르고 정확하게 정보를 얻을 수 있어 유용할 때도 있다.

그레이프바인의 장점과 중요성을 인지한 매니저는 이를 통한 소통으로 조직 내 구성원의 요구를 파악할 수 있다. 비공식적 소통 체계는 조직 내 사람들 간의 자연스러운 관계를 이용하여 업무와 관련된 정보의 흐름을 빠르게 한다. 루머는 약간의 진실성도 있지만 큰 문제를 일으키는 요소이기 때문에, 그레이프바인을 사용하는 것은 위험한 대안일 수 있다.

공식적 소통 서면상으로 이루어지는 소통은 구두상으로 이루어지는 소통보다 공식적이며 권위 있는 소통이다. 공식적 소통은 메시지를 받는 모든 사람들이 같은 단어를 사용하기 때문에 메시지가 정확하게 해석될 수 있으며, 일관성 있는 행동이 요구될 때나 관련한 기록이 필요할 때 자주 사용된다. 소통에 대한 영구적인 기록이 가능하고, 수신자는 필요할 때마다 이를 참고할 수 있다. 그러나 서면상으로 이루어지는 소통의 단점은 중요하지 않은 서류가 많아지는 것이다. 조직의 레드 테이프(red tape)[1]는 과도한 서면 소통으로 인한 결과라고 볼 수 있다.

매니저의 대부분은 피드백과 소통을 방해하기 때문에 서면 소통을 선호하지 않는다(Griffin, 1999). 매니저가 공문을 발송할 때, 관련 내용을 작성하고, 발송하고, 수신하고, 문서를 열어서 읽어야 하는 일련의 과정이 있다. 잘못 이해된 메시지를 바로 잡을 때까지는 기간이 소요된다. 전화통화나 이메일 메시지는 짧은 기간 동안 동일한 결과를 얻을 수도 있다.

최근 전자통신의 혁신을 통해 조직의 소통은 급격하게 변화되었다. 인터넷은 푸드서비스 업장의 소통에서 필수요소가 되었다. 원격회의, 화상회의, 웹 회의를 통해 관리자는 이동 없이 사람들과 대면하여 회의를 진행할 수 있게 되었다. 전화, 팩스, 이메일, 문자 등으로 소통이 쉬워졌다. 많은 사람들이 핸드폰을 사용하여 출근길에 문자 메시지를 보내거나 전화를 보내기도 한다. 팩스 기계는 서면 소통이 가능하며 피드백을 빨리 받을 수 있다. 블로그, 트윗, 위키 등으로 업무와 관련한 기록을 온라인으로 할 수 있게 되었다. 네트워크나 무선 상의 소통에서 F2F(Face to Face), DRIB(Don't Read If Busy), NRN(No Reply Necessary) 등과 같은 새로운 약어를 사용하게 되었으며, netlingo.com과 같은 온라인 사이트에서는 이에 대한 새로운 약어와 이의 사용방법에 대해서 안내하고 있다. 심리학자들은 이러한 소통의 발전에서 나타날 수 있는 문제에 대해 생각하기 시작했다. 사람들은 더 이상 조직의 그레이프바인의 일부가 아니며 조직 내에서 비공식적 소통을

1) 관청에서 공문서를 묶을 때 쓰는 붉은 끈에서 유래된 말로 번거로운 형식주의를 의미한다.

하지 않게 된다. 또한 전자통신의 사용은 강력한 문화 구축, 협력 관계 발전, 신뢰 및 협력하는 분위기 조성을 어렵게 만든다.

11.3.7 문화 간 및 다문화 소통

기업이 전 세계로 진출함에 따라 다른 문화권의 사람들과 소통하는 **문화 간 소통(intercultural communication;** 때로는 **다문화**라는 용어를 사용함)의 중요성이 증가하였다. 문화는 사람들의 삶의 방식과 그들의 언어적, 신체적, 심리적 차원을 다룬다(Chaney & Martin, 2004). 언어적 또는 비언어적 메시지를 부호화 또는 해독하는데 규범, 규율, 문화가 영향을 미친다. 상대방의 언어에 대한 이해뿐만 아니라 관습을 이해하면 소통 과정의 질이 향상될 수 있다.

문화 간의 소통을 알아보기 위해 다른 나라로 이동할 필요는 없다. 해마다 많은 나라에서 미국으로 이주하고 있고, 문화적응 문제에 직면하고 있다. **문화적응(acculturation)**은 새로운 문화 또는 다른 문화에 적응하거나 이를 수용함에 따라 나타나며 다음의 네 가지 방법 중 한 가지로 나타날 수 있다.

- **동화(assimilation):** 새로운 문화를 흡수하고 기존에 가졌던 문화를 버린다.
- **통합(integration):** 새로운 문화가 중요한 부분이 되지만 기존에 가졌던 문화의 진정성은 유지한다.
- **분리(separation):** 기존의 문화를 유지하고 새로운 문화와 독립된 상태를 유지한다.
- **탈문화화(deculturation):** 기존의 문화를 잃어버리고 다른 문화도 수용하지 않는다.

효과적인 문화 간 소통은 국가나 지역 언어에 대한 미묘한 차이뿐만 아니라 여러 문제에 대한 이해가 필요하다. Chaney와 Martin(2004)은 소통 과정에 영향을 미치는 문화 간 차이의 문제를 파악하고자 하였다.

- **유사언어:** 메시지를 전달하는 목소리의 속도, 음정, 크기 등의 유사언어는 메시지의 의미를 해석하는 데 영향을 미친다. 유사언어는 긍정적 또는 부정적인 감정과 태도를 전달할 수 있다. 어떤 문화에서는 빠르고 크게 말하는 것이 일반적이지만, 다른 문화에서는 화난 상태라고 여겨질 수 있다.
- **시간언어:** 시간에 대한 태도를 일컬으며 문화 간에 매우 다양하다. 일부에서는 한 번에 주로 한 가지 활동에 집중하는 **단일적 시간**(*monochromic time*)이 가장 일반적인 반면, 다른 곳에서는 동시에 몇 가지의 일을 수행하는 **다색적 시간**(*polychromic time*)이 더 일반적이다. 또한 시간에 대한 태도는 시간 엄수에 대한 인식이기도 하다. 어떤 문화에서는 "정시에" 일을 처리해야 하지만 다른 문화에서는 오늘 못한 일을 내일로 미루는 "마나마(mañana)[2)]" 태도를 가질 수 있다.
- **공간언어:** 공간언어는 소통할 때 개인과 개인 사이의 물리적 거리이다. 또한 문화 간에 차이가 있고 주어진 메시지의 해석을 바꿀 수도 있다. 예를 들어, 미국 사람들은 그리스, 라틴 아메리카, 아랍 문화의 사람들보다 더 넓은 공간을 원하는 경향이 있다. Hall과 Hall(1990)은 네 가지 상호작용 영역에 대하여 다음과 같이 설명하였다.

  친밀한 영역: 18인치 미만, 아주 가까운 친구 또는 사업상의 악수를 할 때

  개인 영역: 18인치~4피트, 다른 사람에게 지시하거나 긴밀하게 일할 때

2) 내일, 조만간을 의미한다.

사회 영역: 4피트~12피트, 대부분의 사업상 상호작용할 때

공공 영역: 12피트 이상, 매우 공식적으로 상호작용할 때

- **눈동자언어:** 소통 중 눈 마주침의 사용 정도이다. 어떤 문화에서는 눈을 직접적으로 맞추는 것이 경청의 의미로 여겨지지만, 다른 문화에서는 무례하고 나쁜 예절로 간주된다. 직접적 눈 마주침과 마주침이 지속되는 시간은 소통 과정에서 의도하지 않은 비언어적 메시지를 전달할 수 있다.
- **냄새언어:** 소통 과정에서 냄새는 긍정적 또는 부정적인 비언어적 영향을 미칠 수 있다. 어떤 문화에서는 채취, 호흡, 옷 냄새가 부정적으로 느껴질 수 있으며 어떤 문화에서는 자연스럽고 위험하지 않게 느껴지기도 한다.
- **접촉행위:** 신체접촉을 통한 소통이라고 설명할 수 있다. 적절한 수준으로 사용하면 신뢰감과 의지를 전달할 수 있다. 그러나 부적절한 수준으로 사용하면 불편하게 여겨지며 불신하거나 짜증나게 만들 수 있다.
- **신체언어:** 소통 과정에서 얼굴표정, 몸짓, 자세 등 몸의 움직임을 말하며, 표현, 강조, 설명을 위해 사용될 수 있다. 잘못 해석되면 무시, 분노, 부끄러움의 의미로 받아들여질 수 있다. 엄지를 치켜드는 몸짓의 경우, 미국에서는 모든 것이 잘 진행되고 있다는 신호이지만 서아프리카에서는 예의 없는 행동으로 간주된다.
- **색채언어:** 색깔은 문화마다 다른 의미를 가지며 의도하지 않은 비언어적 메시지를 전달할 수 있다. 흰색의 경우 어떤 문화에서는 평화롭고 순수한 의미지만 다른 문화에서는 애도와 관련 의미이다.
- **침묵:** 침묵의 기간과 적절성은 문화에 따라 다르게 해석될 수 있다. 미국의 사업가들에게는 침묵이 길면 불편하다는 뜻이지만 일본 사업가들에게는 침묵은 협상 중에 일어나는 흔한 일이다.

Robbins(2005)는 다른 문화의 사람과 상호작용할 때, 잘못된 개념과 해석을 피할 수 있는 네 가지 사항을 제안하였다.

- **유사성이 입증될 때까지 다를 수 있음을 가정해라**—다른 나라 사람들의 관습, 가치, 신념은 매우 다르기 때문에 자신의 문화와 비슷하다고 생각하면 소통에서 오류가 발생할 수 있다.
- **해석 또는 평가보다는 설명을 강조해라**—어떻게 말했는지에 중점을 두지 말고 무엇을 원하는지를 파악하는 것에 중점을 둔다.
- **공감하도록 연습해라**—잘 이해하기 위하여 경청하고 있다는 것을 상대방에게 보여주면 상대방은 전달하고자 하는 것을 더욱 정확하게 받아드릴 수 있다.
- **당신의 해석을 진행 중인 가설로 여겨라**—초기에 파악한 다른 문화 간의 소통의 의미는 정확하지 않을 수 있으므로 상대방이 의도한 것에 대한 의미를 계속적으로 해석하는 것이 필요하다.

서면상으로 이루어지는 소통도 문화마다 다르다. Chaney와 Martin(2004)은 영어로 서면 소통을 하는 경우를 위해 다음을 제안하였다.

- 가장 공통적인 영어 단어를 사용해라. 가장 일반적인 의미를 사용해라. 가장 일반적인 방법으로 사용해라.
- 너무 많은 의미를 내포하지 않는 단어와 유사한 의미를 가진 단어가 별로 없는 단어를 사용해라.

- 은어, 약어, 이모티콘(:-o), 줄임말(*for*를 4로 사용하거나, *you*를 U로 사용하는 것) 사용을 피해라.
- 문법에 따라 작성하고, 잘못 배치한 수식어, 현수분사(dangling participles), 불완전한 문장을 피해라.
- 짧고 간단한 문장을 사용해라.

11.3.8 협상

협상(negotiation)은 소통 형태 중 하나로 둘 이상의 참석자가 합의에 도달하기 위해 제안하며 대안을 제시하고 양보하는 과정이다. 종종 협상 과정에서 두 명의 참석자가 다른 관점을 가지고 있으며, 타협은 협상을 이뤄낸 결과이다.

Robbins(2005)는 협상의 유형을 분배적 협상과 통합적 협상으로 설명하고 있다. **분배적 협상(distributive bargaining)**은 이용할 수 있는 자원이 고정되어 있고, 각자 가지고 가야하는 분량에 중점을 두는 상황에서 협상할 때 발생한다. 이러한 협상에서 각 당사자는 자신이 목표하는 것을 가질 수 있는지가 관건이 되며, 자신이 허용할 수 있는 것보다 적을 경우 협상에 영향을 미칠 수 있다. 자신이 목표하는 것과 허용할 수 있는 것이 겹치는 부분을 타협범위라고 부르며, 타협범위가 각 당사자가 가지고 싶은 것에 가까워지면 협상에 성공하는 것이고 그 반대는 협상에 실패하는 것이라고 볼 수 있다.

통합적 협상(integrative bargaining)은 이용가능한 자원이 다양할 때 발생하며, 협상에 도달할 수 있는 가능성이 높다. 통합적 협상에서는 각 당사자 모두 협상에서 성공할 수도 있다.

협상은 매니저의 업무 중 여러 측면에서 발생할 수 있다. 협상이 이루어지는 문제의 예를 다음에 제시하였다.

- 매니저와 종사원 간의 급여 및 복리 후생
- 매니저와 공급자 간의 가격 및 납품 문제
- 경영진과 노동조합 대표 간의 단체 협약 채결
- 다른 지점에서 근무하는 매니저들 간의 업무 책임 및 업무 완료와 관련된 의견 차이

Robbins와 Coulter(2002)가 매니저의 효과적인 협상 도출을 위해 제안한 내용은 아래와 같다.

- **협상해야 하는 상대에 대해서 조사해라**—다른 사람의 입장을 이해하면 그의 행동을 더 잘 이해하고 도움이 될만한 해결방법을 제안할 수 있다.
- **긍정적으로 시작해라**—긍정적인 태도로 협상하는 것은 상호 간을 긍정적으로 만들고 협상을 도출하는 시간을 단축할 수 있다.
- **개인의 성격보다는 해당 문제에 집중해라**—상대방의 개인적 특성이 아닌 협상해야 할 문제에 집중해라.
- **초기 제안에 너무 집중하지 마라**—초기 제안은 극단적이고 이상적인 경향이 있다.
- **윈-윈(win-win) 상황을 강조해라**—통합적인 해결 방안과 같이 상대방의 관심을 끌 수 있는 협상점을 찾아라.
- **개방적이고 신뢰할 수 있는 환경을 만들어라**—개방적이고 신뢰할 수 있는 환경을 만들기 위해서는 말을 줄이고 상대방의 말을 경청하며, 관련하여 질문하고 상대방의 상태에 집중하고 공격적으로 되는 것을 피해야 한다.

Kolb와 Williams(2000)는 이면협상(shadow negotiation)의 개념을 설명하였다. 이 개념에서는 교섭자들을 다루는 방법, 의견 수렴 방법, 무언의 협상에서 누구의 관심이 흔들리고 있는지에 대해 언급을 하고 있다. 그들은 소통이 이루어지지 않는 협상을 건설적인 대화로 원활하게 바꾸기 위한 몇 가지 전략적 힘의 조치(power moves), 과정의 조치(process moves), 이해의 조치(appreciative moves)를 제안하였다.

- **명확한 성과금을 제공해라**(힘의 조치): 각자의 입장에서 어떤 이익을 가지게 되는지 확실히 해라. 다른 입장의 사람들이 자신이 얻을 수 있는 가치를 볼 수 있도록 도와라.
- **현재의 상황을 파악하라**(힘의 조치): 현재 상황의 부정적인 영향을 인지할 수 있도록 만들어라.
- **지지를 얻어라**(힘의 조치): 동지를 모집하여 실질적인 지원을 해준 후 지침을 제공하고 개입을 유발해라.
- **초기 아이디어에 주목해라**(과정의 조치): 본격적 협상에 들어가기 전에, 협상의 내용을 제고해라.
- **과정을 재구성해라**(과정의 조치): 생각을 달리하여 목표를 달성할 수 있는 방법을 찾아라.
- **공감대를 형성해라**(과정의 조치): 공식적인 논의에 앞서서 지원을 받기 위한 활동을 해라.
- **다른 사람의 체면을 세워라**(이해의 조치): 다른 사람의 표정에 주의해라. 다른 사람을 존중하고 당황하게 만들지 말라.
- **대화를 유지해라**(이해의 조치): 즉각적으로 동의하지 않도록 논의를 계속 진행할 수 있는 방법을 찾아라.
- **다른 시각으로 생각해라**(이해의 조치): 협상해야 하는 문제에 대해 여러 가지 관점으로 생각할 수 있도록 해라.

11.4 균형유지

1장에서 언급한 연결 과정인 **균형유지(balance)**는 경제학적, 정책적, 사회적, 기술적 조건의 변화에 대한 경영적 측면의 적응으로 설명될 수 있다. 푸드서비스 조직은 목표 달성을 위한 모든 활동을 조정 및 통합하는 메커니즘을 제공하는 경영의 조직화 기능으로 인한 산물이다. Stoner와 Wankel(1986)에 따르면 조직화 과정에는 안정성과 변화에 대한 회사의 요구를 균형화하는 작업이 포함된다. 조직의 구조는 구성원의 행동에 안정성과 신뢰성을 부여하며, 조직에서 안정성과 신뢰성은 같은 목표를 향해 일관되게 움직여야 한다. 조직의 구조를 바꾸는 것은 변화에 적응함으로써 변화를 가져오게 하는 수단이 될 수 있으며 변화에 대한 저항의 근원이 될 수 있다.

오늘날 조직의 내부 및 외부 상황은 빠르고 급진적으로 변화하고 있다. 경제 상황, 자원 및 자본의 가용성과 비용, 기술 및 제품의 혁신, 정부의 규정은 빠른 속도로 변화할 수 있다. 다양한 외부 세력과의 경쟁 등은 조직의 구조, 목표, 운영 방법을 변화하도록 하고 있다. 변화를 요구하는 움직임은 조직 내에서 특히 새로운 전략, 기술, 종사원들의 태도 및 행동에서 나타날 수도 있다. 종사원이 인간의 가치와 권위에 대해 중점을 두기 시작하면서 내부적으로 변화가 일어나고 있다. 종사원은 차별 철폐, 안전, 보상, 기타 법률 안에서 자신의 권리를 주장하며 경영 의사결정에 대한 공정성에 의문을 제기하기도 한다. 종사원들은 그들의 일터에서 삶의 질이 향상되기를 바라며, 변화를 위한 내·외부적 영향력은 특히 가치와 태도의 변화가 필요할 때 종종 연계되는 경향이 있다.

조직 설계는 외적 환경의 세 가지 유형인 안전성, 변화성, 격변성에 의해 영향을 받는다(Stoner & Wankel, 1986). 안전한 환경은 변화를 적게 경험하거나 변화가 거의 없는 경우이며, 생산에 있어서 변화가 크게 나타나지 않고 수정할 부분에 대한 사전에 계획이 가능하다. 시장의 요구에 대한 예상이 가능하고 조직에 영향을 미치는 법규는 일정 기간 동안 변하지 않는다. 안전한 환경에서는 기술적인 변화가 많지 않다. 그러나 환경의 변화는 생산, 시장, 법, 기술의 변화를 유도한다. 이러한 변화는 경향이 분명하기 때문에 관리자는 크게 동요하지 않는다. 대부분의 서비스 산업은 **변화하는 환경**에서 기능을 수행한다. 경쟁자가 새롭고 예상치 못했던 제품을 출시할 때, 급진적으로 기업에 영향을 미치는 법이 통과되었을 때, 제품 디자인 또는 생산 방법에 갑작스런 기술의 변화가 있을 때, 조직은 **격변하는 환경**에 놓이게 된다. 몇몇 조직은 빠르게 변화하는 환경에서도 지속적으로 기능을 수행한다. 그러나 만약 갑작스럽게 환경이 변화하는 상황이 발생하면, 일시적인 기간 동안은 변화에 적응하기 위하여 노력해야 한다. 조직 내에 변화를 요구하는 세력이 존재하지만, 일부는 현재의 균형 잡힌 상태를 유지하기를 원한다. 변화에 반대하는 세력은 안정성과 현상 유지를 지지한다. Lewin의 **역장이론**(*Force-field theory*)에서는 모든 행동은 추진력과 저항력 사이에 균형의 결과로 설명된다(de Rivera, 1976). 추진력은 한 방향으로 힘을 가하고 저항력은 그 반대 방향으로 힘을 가하기 때문에 힘이 조절될 수 있다. 추진력이 증가하면 작업이 향상될 뿐만 아니라 저항력도 커지게 된다. 아주 바쁜 테마파크 내 푸드서비스 매니저가 이익을 증가시키기 위해 종사원을 매주 주말에도 일하게 하기로 결정한 경우, 오히려 종사원의 적대감, 불신, 저항이 커지면서 생산력이 감소될 수 있다. 추진력이 저항력을 만들어내기 때문이다. 그러므로 변화하기 위해서는 추진력을 키우는 것보다 저항력을 낮추는 것이 더 효과적인 방법이다. 조직의 균형을 유지하기 위해서는 작업 수행을 위한 너무 적지도 너무 많지도 않은 힘을 가지고 있어야 한다.

모든 조직은 그들의 제품과 서비스에 최선을 다해야 하며 미래에 대한 확고한 비전과 가치가 필요하다. Peters와 Waterman(1988)은 세 가지 요구에 대응하는 균형 잡힌 구조의 특징을 설명하였다. 첫째는 기초에 기반을 두고 효율성을 유지하는 것, 둘째는 정기적으로 혁신을 시도하는 것, 셋째는 주요 위협에 대한 대응력을 확보하여 고착화를 피하는 것이다. 조직의 구조는 각각의 요구에 대응하는 다음 세 가지의 요소를 기반으로 한다.

- **안정적 요소**—효율성의 요구에 대응하며 부서 구조에서 찾을 수 있다.
- **기업가적 요소**—지속적인 적응과 혁신을 위해 요구되는 구조를 작게 유지한다.
- **습관탈피 요소**—다양한 힘에 대해 조절하면서 조직을 재구성하려는 의지를 자주 갖는다.

요약

1. 의사결정은 여러 가지 대안 중 실행에 옮길 한 가지를 선택하는 과정이다. 매니저는 다양한 유형의 의사결정에 관여한다. '정형적 의사결정'은 정해진 정책과 과정에 따라 행해진다. '비정형적 의사결정'은 비교적 비구조화되어 있고, 정해진 정책과 과정에 따를 수 없는 특수성을 가지고 있어 관리자의 판단이 요구된다. 매니저들은 다양한 수준의 불확실성과 위험 하에 의사결정을 하게 된다.
2. 관리자의 의사결정 과정에는 다양한 기술이 이용된다. 의사결정 나무, 비용편익 및 비용효과 분석과 같이 정보 분석을 요하는 기술들이 있다. 의사결정 나무는 유형화된 의사결정 순서를 이용하여 의사결정에 도달할 수 있도록 돕고, 비용편익 및 비용효과 분석은 최선의 의사결정을 위해 정량적 자료를 사용한다. 또한 퍼트(PERT), 임계경로법(CPM), 선형계획법은 수학적 모델링을 통해 의사결정 과정에 필요한 자료를 제공한다. 포커스 그룹, 델파이 기법, 명목 그룹은 토의과정을 통해 의사결정을 돕는 기술이다.
3. 소통 과정에서 발신자는 메시지를 부호화하여 수신자에게 보내고, 수신자는 메시지를 해석한다. 피드백 이용, 소통통로의 다양화, 대면 소통, 수신자에 대한 민감성 확보, 단어의 상징적 의미 파악, 주의 깊은 타이밍 사용, 행동을 통한 말의 의미 강화, 단순한 언어 사용, 반복을 통해 소통 과정을 개선할 수 있다.

4. 균형유지는 매니저가 푸드서비스 업장의 경제적, 정치적, 사회적, 기술적 환경에 적응하는 것이다. 균형유지는 푸드서비스 시스템 내의 변환과정에서 투입물을 산출물로 변환하는 것을 돕는 중요한 연결과정이다.

연습문제

1. 의사결정 과정의 여섯 단계를 설명하시오.
2. 조직 내의 의사결정을 돕기 위한 소통은 어떻게 해야 하는가?
3. 집단과 개인 의사결정의 장점과 단점은 무엇인가?
4. 하향적, 상향적, 수평적, 대각선 방향의 소통으로 이루어지는 소통의 경로는 어떠한가?
5. 매니저가 조직 내 소통의 장애물을 줄이기 위한 방법에는 무엇이 있는가?
6. 소통 과정에서 문화는 어떠한 영향을 미치는가?

연구과제

1. 다섯 명으로 팀을 나누어 한 사람이 이야기를 만들고 그것을 귓속말로 옆의 사람에게 전달하자. 옆 사람에게 귓속말로 전해들은 이야기에 대해서 전달하자. 모두가 이야기를 들을 수 있도록 이러한 과정을 계속하자. 마지막 사람은 들은 이야기를 크게 말해 보자. 이야기를 만들었던 첫 번째 사람은 자신이 만들었던 이야기에 대해서 말하자. 소통 과정 중 무엇이 실패하게 만들었는지 논의하자. 푸드서비스 업장에서 소통의 오류가 어떻게 일어나는지에 대해 논의해보자.
2. 푸드서비스 매니저와 대화를 통해 어떻게 의사결정을 하는지 알아보자. 의사결정의 예에 대해서 물어보자. 인터뷰 결과를 반 친구들과 공유하자.
3. 다른 문화의 친구를 초대하여 그들의 관습에 대해서 대화하고 소통과 관련된 그들의 문화를 체험해보자.

사례 연구

1. "To Whom it May Concern" in Lieux, E. M., & Luoto, P. K. (2008). *Exploring foodservice systems management through problems*, 3rd ed. Upper Saddle River, NJ: Pearson Prentice Hall.
2. "Walnut Hill Retirement Community" Gilmore, S. A. (2005). *Cases in human resource management.* Upper Saddle River, NJ: Pearson Prentice Hall.
3. "Jakarta Country Club" Gilmore, S. A. (2005). *Cases in human resource management.* Upper Saddle River, NJ: Pearson Prentice Hall.

웹사이트

www.iabc.com International Association of Business Communication
www.qpronline.com QPRonline—an online quality management resource
www.toastmasters.org Toastmaster's International

참고문헌

Alkhazraji, K. M. (1997). *Immigrants and cultural adaptation in the American workplace.* New York: Garland.

Balintfy, J. L., Rumpf, D., & Sinha, P. (1980). The effect of preference-maximized menu on consumption of school lunches. *School Food Service Research Review, 4*(1), 48–53.

Batty, J. (1993). Communication between the sexes. *Restaurants USA, 13*(6), 31–34.

Berger, E., Ferguson, D. H., & Woods, R. (1987). How restaurateurs make decisions. *Cornell Hotel and Restaurant Administration Quarterly, 27*(4), 49–57.

Brownell, J. (1987). Listening: The toughest management skill. *Cornell Hotel and Restaurant Administration Quarterly, 27*(4), 65–71.

Burack, E. H., & Mathys, N. J. (1983). *Introduction to management: A career perspective.* New York: Wiley.

Chaney, L. H., & Martin, J. S. (2004). *Intercultural business communication.* Upper Saddle River, NJ: Prentice Hall.

Cook, R. L. (1992). Expert systems in purchasing: Application and development. *International Journal of Purchasing and Materials Management, 28*(4), 20–27.

Dee, D. (1990). Focus groups: Finding out why customers act the way they do. *Restaurants USA, 10*(7), 30–34.

de Rivera, J. (Ed.). (1976). *Field theory as human-science: Contributions of Levin's Berlin group.* New York: Gardner Press.

Dinehart, J. W. (1997). The Web: Toy or tool for restaurants? *Restaurants & Institutions, 107*(16), 74, 76.

Etzioni, A. (1989). Humble decision-making. *Harvard Business Review, 67*(4), 122–126.

Griffin, R. W. (1999). *Management* (6th ed.). Boston, MA: Houghton Mifflin.

Hall, E. T., & Hall, M. R. (1990). *Understanding cultural differences: Germans, French, and Americans.* Yarmouth, ME: Intercultural Press.

Hampton, D. R. (1986). *Management* (3rd ed.). New York: McGraw-Hill.

Haney, W. V. (1986). *Communication and interpersonal relations: Texts and cases* (5th ed.). Homewood, IL: Richard D. Irwin.

Hersey, P., Blanchard, K., & Johnson, D. E. (1996). *Management of organizational behavior: Utilizing human resources* (7th ed.). Englewood Cliffs, NJ: Prentice Hall.

Janis, L. L. (1983). Groupthink. In Staw, B. M. (ed.), *Psychological foundations of organizational behavior,* 2nd ed. (pp. 514–522). Glenview, IL: Scott, Foresman.

Kolb, D. M., & Williams, J. (2000). *Shadow negotiation.* New York: Simon & Schuster.

Leitch, G. A. (1989). Application of a PERT-type system and "crashing" in a food service operation. *FIU Hospitality Review,* 7(2), 66–76.

Lesikar, R. V. (1977). A general semantics approach to communication barriers in organization. In Davis, K. (ed.), *Organizational behavior: A book of readings,* 5th ed. (pp. 336–340). New York: McGraw-Hill.

Lesikar, R. V., & Pettit, J. D. (1994). *Communication theory and application.* Homewood, IL: Richard D. Irwin.

Loomba, N. P. (1978). *Management: A quantitative perspective.* New York: Macmillan.

March, J. G., & Simon, H. A. (1958). *Organizations.* New York: Wiley.

Mintzberg, H. (1975). The manager's job: Folklore and fact. *Harvard Business Review, 53*(4): 49–61.

Mondy, R. W., & Premeaux, S. R. (1992). *Management: Concepts, practices, & skills* (6th ed.). Boston, MA: Allyn & Bacon.

Nettles, M. F., & Gregoire, M. B. (1997). Use of computer simulation in school foodservice. *Journal of Foodservice Systems, 4*(3), 143–156.

Peters, T. J., & Waterman, R. H. (1988). *In search of excellence: Lessons from America's best-run companies.* New York: Harper & Row.

RGI Cost Benefit Analysis. (1998). [Online]. Available: http://www.cts.com/browse/rgi/cba.htm

Robbins, S. P. (2005). *Essential of organizational behavior* (8th ed.). Upper Saddle River, NJ: Prentice Hall.

Robbins, S. P., & Coulter, M. (2002). *Management* (7th ed.). Upper Saddle River, NJ: Prentice Hall.

Rogers, C. R., & Roethlisberger, F. J. (1991). Barriers and gateways to communication. *Harvard Business Review, 69*(6), 105–111.

Rue, L. W., & Byars, L. L. (1989). *Management: Theory and application* (5th ed.). Homewood, IL: Richard D. Irwin.

Sayles, L. R. (1989). *Leadership: Managing in real organizations* (2nd ed.). New York: McGraw-Hill.

Sayles, L. R., & Strauss, G. (1966). *Human behavior in organizations.* Englewood Cliffs, NJ: Prentice Hall.

Spears, M. C. (1976). Concepts of cost effectiveness: Accountability for nutrition, productivity. *Journal of the American Dietetic Association, 68*(4), 341–346.

Stoner, J. A. F., & Wankel, C. (1986). *Management* (3rd ed.). Englewood Cliffs, NJ: Prentice Hall.

Chapter

12 인적자원관리

개요

- 인적자원은 급식소에서 가장 중요한 투입 요소 중의 하나이다.
- 종사원을 신중하게 선발, 훈련, 개발, 관리하면 인건비를 감소시킬 수 있다.

학습 목표

1. 인적자원관리에서의 모집, 선발, 오리엔테이션, 훈련, 성과평가의 차이점을 설명할 수 있다.
2. 인적자원관리에 영향을 미치는 법을 다섯 가지 이상 기술할 수 있다.
3. 단체교섭, 노조간부, 조정, 중재와 같은 노사관계 관련 용어를 정의할 수 있다.
4. 작업 단위의 생산성을 분석하고, 생산성 증대를 위한 방안을 제시할 수 있다.

푸드서비스 업장에서 가장 중요한 자원 중 하나는 인적자원이다. 이 장에서는 조직의 인적자원관리와 관련된 다양한 책임들에 대해 다루게 된다. 또한 종사원의 모집, 선발, 오리엔테이션, 훈련, 개발, 보상, 관리 및 평가의 과정에 대해 살펴보게 될 것이다.

12.1 인적자원관리의 발전

과거에는 직원의 선발, 훈련, 개발 및 보상은 인사관리(personnel management) 분야의 기본적인 기능으로 여겨졌으며, 이러한 기능들은 상호 관계없이 독립적인 것으로 생각되었다. **인적자원관리(human resources management, HRM)**는 전통적인 관점에서 벗어나 조직의 목표를 달성할 수 있도록 종사원의 모집, 선발, 훈련, 개발, 보상, 관리 및 유지하는 과정을 포함하고 있다.

동력장치가 개발되고 기술이 향상되면서 제품의 대량생산이 가능해졌다. 제품생산이 공장화되면서 가격은 저렴해졌고, 인사관리는 인적자원관리로 변하였다. 공장작업은 단조롭고 건강에 해로운 면도 있었으며, 종종 위험한 경우도 있었다. 1880년대 후반, 관련법과 단체 교섭이 생겨나면서부터 노동조건이 개선되기 시작하였다. 1890년대 초 생산기술이 개선되고 노동을 절약할 수 있는 기계들을 사용하면서 대량생산이 가능해졌다. 종사원의 생산성을 향상시키기 위해 작업과 관련된 자료를 수집하고 분석하는 체계적 접근법인 **과학적 관리(scientific management)**가 제조업 분야에서 등장하였다(Sherman, Snell, & Bohlander, 1997). 과학적 관리의 아버지로 불리는 프레드릭 테일러(Frederick W. Taylor), 프랭크와 길리언 길브레드(Frank and Lillian Gilbreth), 헨리 간트(Henry L. Gantt)는 과업 표준화와 시간연구를 강조하였다.

표 12-1 전통적 인사관리와 종합적 품질에 중점을 준 인적자원관리 프로그램의 비교

전통적 인사관리	종합적 품질에 중점을 둔 인적자원관리
조직 문화: • 생산성 • 이익 • 개인적 성과 • 권위적 리더십 • 문제 치료 • 제한적인 종사자 프로그램	조직 문화: • 질 • 고객만족 • 집단/ 팀 성과 • 코칭/ 효과적인 리더십 • 문제 예방 • 다양한 종사자 집중 프로그램(안전성, 건강, 지원)
직무특성: • 세분화된 직무 설명 • 제한적 직무 기술 • 좁은 통제 범위 • 표준 절차 • 생산성 • 효율성 • 하향적 의사소통 • 선형적 경력 경로	직무특성: • 자율적이고 권한이 주어진 팀 • 폭넓은 범위, 문제 해결 기술 • 혁신 • 폭넓은 통제 범위 • 개별화 • 품질, 문제 해결 • 다방향 의사소통 • 수평적 경력 경로
평가: • 개인적인 목표 • 개인적인 노력 • 재정적인 업무 • 감독자의 평가	평가: • 팀 목표 • 공동체, 팀으로서의 노력 • 품질 및 서비스 • 감독자, 고객, 동료의 평가

인적자원관리는 관리기능에 인간적 접근을 강조하던 1920년대에 시작되었다. 인간관계 운동인 호손(Hawthorne) 연구와 행동과학은 오늘날의 인적자원관리에 영향을 주었다. 1935년에 국가노동관계법을 시작으로 인적자원관리와 함께 주 및 지방 법률이 증가하였다. 인적자원관리자는 푸드서비스 운영을 관리하는 데 있어서 국가 및 현지의 법률과 규정을 준수하여야 한다. 또한 관리자는 조직의 전략과 변화의 폭넓은 역할을 수행하는 동시에 작업의 하위 종사원들도 고려해야 한다.

전통적인 조직관리에서 벗어나 종합적인 품질관리를 하고자 하는 움직임은 인적자원에 더 많은 기능적 요소들을 요구한다. 블랙번과 로젠(Blackburn and Rosen, 1993)은 말콤 볼드리지상(Malcolm Baldrige Award)을 수상한 조직의 인적자원 전문가를 면접 조사하여 수상에 기여한 회사의 인적자원관리 변화에 대하여 설명하였다. 전통적 인사관리와 종합적 품질에 중점을 두고 있는 인적자원관리 프로그램은 표 12-1에서 비교하였다.

볼드리지상((Baldrige Award)을 수상한 조직에 종합적 품질경영을 실시한 결과 정시에 물건을 배달하는 경우가 증가하고 고객 불만이 감소하였으며 새로운 제품을 개발하는 데 소요되는 시간이 감소하였다. 인적자원관리는 경영관리 기능에 포함되는 요소로, 푸드서비스 시스템의 과정 중 변환 과정의 일부이다(그림 12-1). 인적자원관리는 푸드서비스 시스템의 주요 투입요소 중 하나로 모집, 선발, 오리엔테이션, 훈련, 개발, 감독, 평가로 이루어진다. 효과적인 인적자원관리는 종사원의 만족으로 이어지고 이는 푸드서비스 시스템의 산출에 영향을 미친다. 한때 조직의 형식적인 역할을 담당하였던 인적자원 관리자는 이제 전략적 정책위원으로 각광받고 있다(Blackburn & Rosen, 1993).

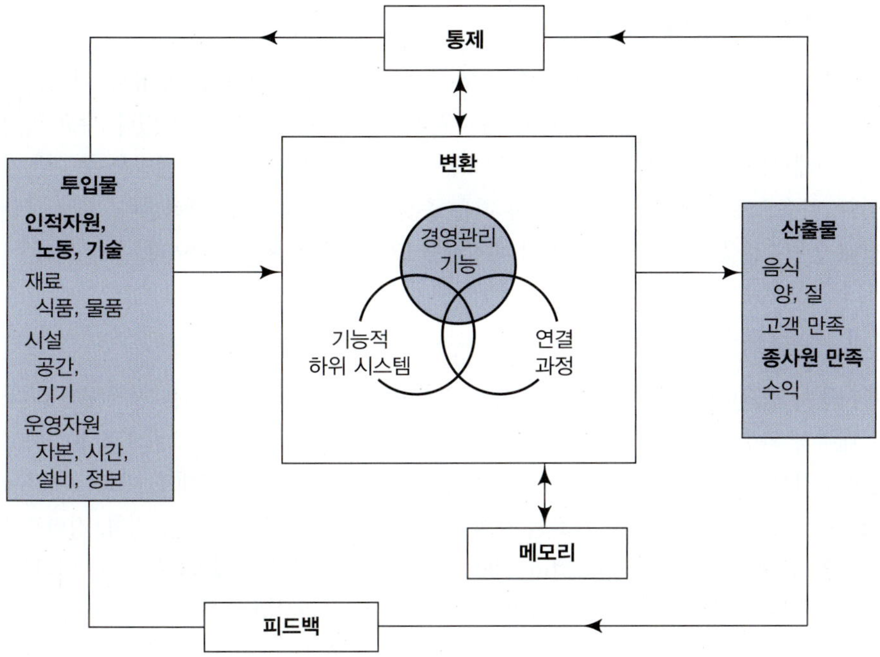

그림 12-1 인적자원관리: 변환과정의 경영관리 기능

12.2 인적자원 계획

인적자원 계획(human resources planning)은 조직 내외의 상황을 고려하여 필요한 인력을 적절히 규정하고 예측하는 과정이다(Sherman, Snell & Bohlander, 1997). 인적자원 계획의 목적은 인력을 가장 효과적으로 사용하고 일이 발생하였을 때 자격을 갖춘 사람을 필요한 만큼 적절하게 제공하는 데 있다. 전략적 계획을 수립할 때는 필요한 종사원을 확실하게 예측하여야 하고 수요와 공급을 분석하는 것이 필요하다. 모든 인적자원 계획은 법적인 범위 내에서 이루어져야 한다.

12.2.1 전략적 계획

인적자원 계획은 조직의 전략적 계획에 맞추어 수립되어야 한다. 조직의 목표를 계획할 때에는 먼저 내 · 외부에서 제공 가능한 인적자원이 결정되어야 한다. 전략 계획팀에 인적자원 관리자가 있어야 하며, 인적자원 관리자는 현재 종사원들의 기술, 능력, 지식, 향후 종사원의 훈련 및 개발에 요구되는 사항을 파악해야 한다. 또한 자격을 갖춘 종사원을 고용하기 위한 임금과 보상에 대하여 파악하고 있어야 한다.

인적자원 관리자는 경제요인, 기술변화, 정치 및 입법 문제, 육아나 교육 관련 사회적 문제, 노동인구에 대한 인구학적 동향 등 환경변화에 능동적인 자세를 가져야 한다(Sherman, Snell, & Bohlander, 1997). 경제 호황기에는 실업률이 낮기 때문에 취업하고자 하는 종사원이 적고 불경기에는 조직이 직원의 수를 줄이려고 한다. 기술적 변화는 조직에서 필요로 하는 종사원의 유형에 영향을 미칠 수 있다. 이와 같이 조직 환경은 인적자원 계획의 범위를 결정한다. 관리자는 조직에서 필요로 하는 직업에 대하여 충분히 이해하고 종사원의 활용 및 조직의 계획을 평가한 후 계획해야 한다.

12.2.2 수요 및 공급 예측

인적자원의 수요예측은 특정 시기에 특정 직무를 수행하는 데 필요한 인원, 유형, 자격을 결정하는 것이다. 과거 자료는 조리원, 보조원 등 종사원의 수요예측 시 사용될 수 있다. 수요 및 공급을 예측하기 위해서는 우선 조직의 내부에서 필요한 인적자원을 어느 정도 공급받을 수 있는지 파악해야 한다. 다음으로 외부에서 충원하여야 하는 종사원의 유형과 수를 예측한다. 가장 간단한 방법은 현재 인력수준을 기준으로 이직률과 퇴직률을 고려하여 예측하는 것이다.

12.2.3 공급분석

일단 종사원이 필요하다고 판단되면 관리자는 적정한 종사원의 수와 유형을 결정해야 한다. 공급분석은 내부와 외부에서 모두 사용된다. 내부 공급분석은 조직의 업무를 그림으로 표시하고 추후 충원되어야 하는 종사원 수 및 현재 종사원 수를 기입한 채용 도표를 토대로 예측한다(Sherman, Snell, & Bohlander, 1997). 채용 도표를 포함하여 종사원의 교육정도, 기술, 경험, 경력포부 등에 대한 정보를 인사관리라고 한다(Griffin, 2001). 인력의 외부공급을 예측하는 것은 어려울 수 있다. 예를 들어 몬테나주에서 향후 3년 동안 일자리를 찾는 조리사의 수를 예측하는 것은 불가능하다. 인력의 외부공급은 노동조합, 정부 보고서 및 학생 교육기관에서 제공하는 자료 등을 통하여 분석할 수 있다.

12.2.4 수요 및 공급의 균형

인력의 공급문제를 해결하기 위하여 전략을 세워야 하며, 관리자는 인력시장 등을 활용하여 더 많은 종사원을 모집하도록 한다. 관리자는 외부의 공급과 내부의 수요를 비교한 후에 내부인력의 부족분 또는 과잉정도를 파악하고 계획을 세운다. 수요는 예측을 근거로 하고, 공급은 공석을 채우기 위해 필요한 자격을 가지고 있는 종사원을 찾는 것에 근거하여 이루어진다. 만약 종사원이 부족하면 새로운 종사원을 고용하거나 현 종사원을 재교육하여 고용할 수 있다. 또한 퇴직자를 재취업시키거나 반조리 식품을 이용하는 등 인력 절감방법을 도입할 수 있다. 종사원을 고용하고자 하는 경우, 외부 인력 예측은 관리자가 모집 프로그램을 계획하는 데 도움이 될 수 있다.

12.2.5 직무분석

직무분석은 인적자원관리의 기본으로 직무와 관련된 의무, 과업, 활동과 같은 정보를 얻는 과정이다(Sherman, Snell, & Bohlander, 1997). 대규모 조직에서의 **직무분석(job analysis)**은 종종 특정 목적을 위해 전문가가 수행하기도 한다. 이런 직무분석가는 대부분 산업 공학적 배경을 가지고 다양한 툴을 사용하여 분석하는데, 작업을 수행하는 종사원을 관찰하거나 인터뷰하는 방법을 사용하기도 하고 종사원이 설문지에 응답하도록 하는 방법을 사용하여 분석하기도 한다. 소규모 조직에서는 직무의 관리자나 업무를 담당하고 있는 종사원이 직무분석을 수행한다.

직무분석은 미리 정해진 단계에 따라 체계적으로 직무를 조사하는 과정으로 이루어진다. 직무조사는 직무에 대한 자료 수집, 행동, 직무 기준 설정, 기계 및 도구 사용, 직무 내용 및 요구되는 지식/기술 등을 파악하는 순서로 이루어진다. 직무분석의 결과는 조사 완료 후 20~30가지의 개별적인 업무와 활동에 대한 정보로 정리하여 기술된다. 직무분석은 실제 직무에서 요구하는 사항에 대한 객관적이고 입증 가능한 정보와 관련이 있다. 일반적으로 직무분석에는 직무의 전반적인 요약, 업무 내용, 다른 종사원과의 관계, 기계 및 도구 사용, 신체적 활동, 위험요소, 자격, 필요한 지식 및 기술 등의 내용이 포함된다(Cascio & Aguinis, 2011). 직무분석을 통하여 개발된 직

11-9051.0 푸드서비스 매니저
정의: 음식과 음료를 제공하는 서비스하는 조직이나 부서의 활동을 계획, 지휘, 조정하는 사람.
업무: 조리된 음식을 맛과 향기로 테스트하여 식성과 풍미에 맞는지 확인한다. 음식의 품질과 서비스 또는 시설에 대한 불만을 조사 및 해결한다. 음식·음료의 주문과 접수, 제품의 품질과 수량을 파악하기 위해 주문한 내역을 확인한다. 음식이 철저하게 준비되고 제공되었는지를 파악하기 위하여 음식의 준비 방법, 제공량, 가니쉬 및 음식의 전시에 대해 감독한다. 비용이 예산에 맞게 적절히 지출되었는지 파악하기 위해 예산과 급여 기록을 체크하고 금융거래를 검토한다. 직원의 업무시간과 업무를 편성한다. 음식 준비와 제공이 보건 및 화재안전 관련 규정에 맞는지 여부를 확인하고 숙박시설과 식당시설의 건물유지·보수를 감독한다. 음식을 경제적으로 사용하고 적절한 시간 안에 준비가 가능하도록 조리직원에게 임무를 할당한다. 위생, 식품보조금에 관해 공공기관에서 요구하는 내용을 기록한다. 직원 실적과 고객서비스에 대한 기준을 확립한다.

그림 12-2 푸드서비스 매니저의 정의와 업무

자료: O*NET, U.S. Department of Labor online occupational information network at www.onetcenter.org.

무기술서 및 직무명세서는 인적자원관리 시 관리자가 사용할 수 있도록 최대한 정확해야 한다. 직무기술서, 직무명세서, 수행기준은 직무분석의 결과물이다.

직업 정보 네트워크인 O*NET(www.onetcenter.org)은 직무와 관련하여 관리자와 종사원 모두에게 유용한 정보가 있는 온라인 사이트이다. 이 사이트는 미국노동부가 관리하고 있으며, 표준직업분류(Standard Occupational Classification, SOC) 시스템에서 정하고 있는 1,200개 이상의 직무에 대한 정보가 있다. 각각의 직업 명칭에는 SOC 번호와 직업의 정의, 수행해야 할 업무, 필요한 지식, 기술 및 능력, 업무 활동 및 직무 내용, 관심, 직무의 가치, 관련 직업이 포함되어 있으며 국가와 주 단위의 임금과 고용 정보가 링크되어 있다. 또한 이 사이트에는 경력 관리 툴, 테스트와 평가에 대한 가이드 및 직업 관련 전망 등이 게시되어 있다. 관련된 예는 그림 12-2와 같다.

12.2.6 직무기술서

직무기술서(job description)는 업무, 의무, 책임과 작업 환경 및 업무수행에 사용되는 도구, 재료, 장비 등을 기술한 표이다(Griffin, 2001). 대부분의 직무기술서에는 세 가지 이상의 영역에 대한 내용을 포함하고 있다. 즉 직무명, 직무내용, 직무책임이다. 직무명세서가 별도로 마련되어 있지 않은 경우에는, 보통 직무기술서의 마지막에 포함시킨다. 바텐더의 직무기술서에 대한 예시는 그림 12-3과 같다.

직무명 **직무명(job title)**은 조직에서 종사원의 상태 및 위치를 설명하기 때문에 종사원에게 중요하다. 직무명은 한정된 범위, 즉 직무의 권한을 나타낼 수도 있다. '위생 관리자'라는 직무명은 '위생관리 종사원'보다 더 많은 권한을 지니고 있는 직무를 의미한다. '주방장'이라는 직무명은 '조리사' 또는 '조리 보조원'보다 더 높은 직무를 의미한다. 최근까지 일부 직무는 웨이터(waiter) 또는 웨이트리스(waitress)와 같이 남성이나 여성, 하나의 성별만을 의미하는 용어로 사용되었다. 그러나 이제는 웨이터나 웨이트리스라는 용어 대신 종사원(waitperson)이라는 용어를 사용하여 성

직무기술서

직위: 바텐더

보고받는 자: 식당 매니저, 레스토랑 매니저 또는 연회/음식조달자

직위 요약: 바텐더는 바 테이블을 설치하고 이를 유지관리/운영하는 사람이며 고객 또는 종사원으로부터 주문받은 음료를 따라 알코올성·비알코올성 음료로 나누어 준비하고 서빙한다. 칵테일을 제조하고, 와인과 병맥주 또는 생맥주를 제공하고 주문을 받는다. 또한 판매대금을 받고 잔돈을 거슬러 준다. 이외에 유리제품은 세척 및 살균을 하고, 음료용 가니쉬를 준비하고 에피타이저를 준비한다.

업무 및 주요역량:

업무	필요한 능력
1. 고객 또는 종사원으로부터 음료를 주문받음.	1. 대인관계 2. 정보
2. 바 또는 식당에서 고객에게 표준조리법에 근거한 알코올성·비알코올성 음료를 제조하여 서빙함. 술, 소다, 물, 설탕 등의 재료를 혼합하여 칵테일 또는 기타 음료수를 준비하며 와인, 병맥주, 통에 든 생맥주를 제공함.	1. 정보 2. 시스템
3. 음료주문 내역을 기록하고 계산 시 대금을 받고 잔돈을 거슬러 줌.	1. 대인관계 2. 정보 3. 기술
4. 술 또는 그 밖의 음료수와 자재에 대해 주문함.	1. 자원
5. 음료잔과 병을 배치하고 음료를 판매함.	1. 자원 2. 정보
6. 음료에 제공되는 과일을 손질함.	1. 자원
7. 식기류를 세척하고 소독함.	1. 시스템
8. 피클, 치즈, 냉육 등 애피타이저를 준비하고 보충함.	1. 자원

조건:

교육수준: 고등학교 졸업 또는 그 동등자격요건. 21세 이상(주 법률상 미성년자를 허용하지 않을 때).

경력 맥주와 포도주, 음료에 대한 기초적 지식, 표준 음료제조법에 익숙해야 함. 기초 계산능력과 금전 처리에 관한 능력 보유가 필요함.

신체적 조건: 4시간 동안 지속가능한 체력 필요함. 최대 50파운드 무게를 들 수 있으며 구부리거나 서 있는 것이 가능해야 함.

그림 12-3 바텐더의 직무기술서의 예

자료: From "Model Position Descriptions for the Restaurant Industry" 2000, National Restaurant Association.

별을 나타내지 않도록 하고 있다.

직무내용 일반적으로 **직무내용(job identification)**은 직무명 다음에 기술된다(Sherman, Snell, & Bohlander, 1997). 직무내용에는 부서의 위치, 보고를 받는 자, 부서 내의 종사원 수와 직무에 관한 코드번호 등과 같은 정보가 포함된다. 이런 정보는 바텐더 직무기술서 예시에서 살펴볼 수 있다(그림 12-3).

직무책임 **직무책임(job duties)**은 보통 중요한 순으로 제시된다. 이러한 내용은 소요되는 시간의 비율을 측정하여 각 업무의 중요도 또는 가치를 나타낸다. 직무기술서에 제시된 바텐더의 직무책임은 그림 12-3과 같다.

자격조건 직무기술서의 자격조건에는 해당 직위에서 성공적으로 업무를 수행하기 위해 요구되는 지식 및 기술이 제시되어 있다. 여기에는 서 있는 시간이나 물건을 얼마나 옮길 수 있는가와 같은 건강 상태도 포함되어 있다.

12.2.7 직무명세서

직무명세서(job specification)는 개인적 자질, 특성, 기술 및 직무 수행에 필요한 신상정보 등을 명시한 것이다(Dessler, 2008). 직무명세서는 일반적으로 직무 스펙(job spec)이라고도 하며, 사용하는 기계, 직업적 위험성, 건강, 안전, 편안함 등 직무 환경에 대한 내용들이 포함되어 있다. 직무에 대한 지식과 직무 요구 사항은 선택방법을 개발하고 적합한 임금을 설계하는 데 필요하다. 바텐더의 직무기술서에서 자격조건 기준은 직무기술서에 포함된 직무명세서이다. 직무책임은 모호하게 기술되어 있는 경우가 종종 있다. 현재 연방 가이드라인과 법원에서는 직무와 관련된 상세한 수행기준을 요구한다.

12.2.8 수행기준

수행도(performance)는 특정 직무가 요구하는 일정 수준의 품질을 의미하며, **수행기준(performance standards)**은 바람직한 결과에 대한 기준치를 말한다. 객관적으로 측정 가능한 기준으로는 품질, 양, 시간적 요인 등이 있으며, 이러한 것들은 생산성을 기준으로 분류할 수 있다. 많은 조직에서는 생산성에 대한 기준을 과거의 수행을 토대로 작성한다. 수행기준은 직위에 따라 다르지만 전형적으로 직무관련 요소와 안전 및 위생요소가 포함된다.

그림 12-4에 조리장과 관련된 직무기술서의 수행기준을 제시하였다. 책임과 네 가지의 관련

지역 병원
식품&영양 서비스 부서

직무기술서

직무명: 조리장　　부서: 급식　　날짜: 2010년 09월
채용 담당자: 생산관리 책임자　　직업 코드#: 116
임금:　　수정: 1997년 2월
피감독인 수: 해당사항 없음

학력요구사항: 고등학교 또는 그에 준하는 수준, 푸드서비스 또는 조리 학습자 선호

과거경력요구사항: 요리 기관 또는 보건업에서 경험이 1년 또는 동등한 수준의 경험

기타 사항: 열, 습기, 증기, 음식 냄새, 냉장시설 온도 및 젖은 바닥에 노출될 수 있으며, 칼로 인한 상해 또는 전기기기에 의한 부상이 있을 수 있음. 조리설비에 의한 화상, 염좌, 골절, 낙상 등이 있을 수 있음. 업무는 서서 또는 움직이면서 수행되며 육체적인 힘을 필요로 하는 용품 및 뜨거운 식자재 등을 운반하거나 들어 올리는 경우가 있음.

직업 요약: 1명 이상의 조리사와 함께 팀으로 일하게 되며, 환자 또는 푸드서비스 직원을 대상으로 하는 생산업에 참가해야 함. 표준조리법에 따라 육류, 생선, 조류, 채소, 육수, 소스, 수프, 샐러드와 구운 식품 등을 준비함. 신선도와 적정 온도를 확인하고 음식 낭비를 최소화해야 함.

책임	수행 표준
3. 영양학 담당 기관에서 규정한 표준품질과 지역, 주, 연방 보건 기관에서 규정한 모든 음식 관리 기초 지침을 준수해야 함.	**A.** 모든 음식은 적정 온도에서 보관되어야 함. 차가운 음식은 41°F 이하, 뜨거운 음식은 140°F 이상에서 보관한다. 유지·처리과정은 이 온도 범위 사이에서 4시간 이상 노출되어서는 안 됨. **B.** 모든 음식은 저장 시 포장되고, 라벨이 부착되며 날짜가 표기되어야 함. **C.** 모든 음식은 선입선출을 원칙으로 하여 담당기관의 음식 유지·저장 표준에 부합되게 순환되어야 함. **D.** 모든 음식은 스팀테이블 레이아웃 다이어그램(steam-table layout diagram)에 명시된 대로 적정 온도로 제공되어야 함.

그림 12-4 수행 표준이 포함된 직무기술서의 일부

표 12-2 조리사 II의 주요 책임별 비중

	푸드서비스 업장				
책임 영역	**1**	**2**	**3**	**전체**	**최종 비중**
	<—— % 우선순위[a] ——>				%
1. 음식 생산	48	47	43	47	45[b]
2. 기기 관리	5	5	6	5	5
3. 음식 저장 및 손질	3	3	4	3	5
4. 종사자 훈련	15	16	17	16	15
5. 개인 위생	3	2	3	3	5
6. 직무 습관	26	27	27	26	25

자료: "A Method for Developing Major Responsibilities and Performance Standards for Foodservice Personnel," by P. H. Pesci, M. C. Spears, & G. Vaden, 1982, *NACUFS Journal*, pp. 17–21. Used by permission.

[a]각 음식 센터 조리사가 부여하는 책임의 범위 안에서 작업의 우선순위를 기반으로 산정함.

[b]비중은 각 음식센터의 자료와 % 우선순위를 검토한 후 계산하였음. 전반적인 % 우선순위 자료는 캔사스 주립대학에서 제안한 것을 고려하여 각 주요 책임에 5%를 증가하여 조정하였음.

수행기준은 조리사의 투입관리로 규정되었다. 수행기준은 직무와 관련된 행동을 근거로 구체적으로 기술되어야 한다. 또한 관찰된 행동은 기준에 따라 뚜렷하게 구분된다. 종사원을 평가할 때 수행기준을 측정하는 것은 관리자의 책임이다.

Byers, Shanklin, Hoover와 Puckett(1994)에 의하면, 대부분의 조직은 인적자원부서에서 수행평가 측정 시스템을 개발하며, 관리자 또는 인적자원부서에서 측정도구 및 측정 빈도 개발을 담당한다. 조직 내에서의 수행기준 평가척도는 모두 유사하다. 일반적으로 기술되는 '항상, 자주, 때때로, 거의, 전혀' 등과 같은 용어들을 숫자로 변환하여 점수를 매긴다. 종사원은 수행기준 점수와 담당 업무 관련 총점을 합하여 점수를 받게 된다.

담당 업무별 소요 시간의 비율이 상대적으로 중요하며, 이러한 비율은 관리자 또는 다른 종사원들이 결정한다. 수행평가 점수는 업무별 중요도에 따라 총 점수로 계산된다. Pesci, Spears와 Vaden(1982)은 대학교 생활관 급식소의 종사원 수행기준을 고안하는 방법론을 개발하였으며, 이 방법론에는 조리사의 주요한 책임 및 관련한 표준 기준이 포함되어 있다. 표 12-2에서는 우선순위에 근거한 조리사의 영역별 책임 비중을 제시하였다.

12.2.9 직무 설계

직무 설계(job design)는 직무 분석의 결과물로서 조직의 효율성과 종사원의 직무만족을 향상시키기 위하여 직무를 구조화하는 것이다(Sherman, Snell, & Bohlander, 1997). 업무는 관리가능한 단위로 나누어져야 하며, 이런 직무는 종사원들이 수행할 수 있어야 한다. **직무(job)**는 여러 가지 과업(task)의 결합된 단위로 할당된 종사원이 수행한다(Chase & Aquilano, 1992). 각각의 직무는 종사원이 직무에 대해 오해하지 않고 그들에게 무엇을 요구하는지 이해할 수 있도록 명백하고 분명해야 한다(Sherman, Snell, & Bohlander, 1997).

그림 12-5에서 볼 수 있듯이 직무 구조에는 다양한 요인들이 영향을 미치기 때문에 직무 설계는 복잡한 기능이다. 직무 설계 시에는 직무를 수행하는 사람, 수행 장소 및 방법 등이 결정되어야 한다. 또한 직무 설계 시에는 직장생활의 질을 고려해야 한다. 직무확대, 직무충실화, 직무특성 및 직무 담당 팀 등을 고려하면 직장생활의 질을 향상시킬 수 있다.

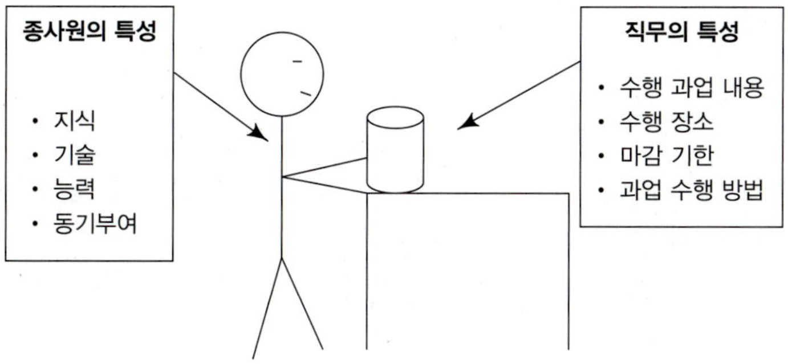

그림 12-5 직무 설계의 요소

12.2.10 직무확대

직무확대(job enlargement)는 수행하는 과업의 수적 증가를 의미한다. 과업은 직무를 구성하는 개별적인 활동이다. 예를 들면, 채소 껍질 벗기기와 식재료 측량은 저장창고 종사원이 수행하는 직무이다. 만약 종사원이 제한된 수의 동일한 과업만을 반복적으로 한다면 지겨워질 수 있기 때문에 지루함을 벗어나게 하기 위하여 직무를 확대한다.

12.2.11 직무충실화

종사원의 동기부여는 과업의 수적 증가만으로는 충분하지 않다. **직무충실화(job enrichment)**는 종사원이 책임, 성취감, 성장, 타인으로부터의 인정을 느낄 기회를 더 많이 얻을 수 있도록 직무를 재설계하는 것이다(Dessler, 2008). 프레드릭 허즈버그(Frederick Herzberg)는 직무만족과 목표달성이 종사원에게 동기를 부여한다는 내용의 직무충실화를 주장하였으며, 그는 직무충실과 종사원의 동기부여를 위한 다섯 가지 요소를 주장하였다.

- 성취감
- 인정
- 성장
- 책임
- 수행

이런 요소들은 직무의 일부에 적용되기보다는 전체 직무에 적용된다. 이 요소들은 종사원들이 더 많은 의사결정권을 가지고 자신의 일에 임할 수 있도록 한다. 내부 고객인 종사원이 의사결정하고 직무에 만족감을 얻을 수 있도록 하기 때문에 직무충실화는 지속적 품질 향상 프로그램의 요소라고 할 수 있다.

12.2.12 직무 특성

행동과학자들은 직무 설계의 새로운 영역을 연구하였는데 이들은 조직의 효율성과 종사원의 만족도를 향상시킬 수 있는 직무의 다양한 측면에 관심을 두었다(Sherman, Snell, & Bohlander, 1997). Hackman(1977)의 연구에서는 직무 특성을 다섯 가지 직무차원으로 규정하였다.

- 기술의 다양성
- 직무의 정체성

- 직무의 중요성
- 자율성
- 피드백

Hackman은 직무 특성들이 높게 나타날수록, 업무의 의미와 책임감, 업무 활동의 실제적인 결과에 대한 지식이 업무 성과와 직무 만족에 기여할 수 있다고 하였다. 그는 다섯 가지 직무 특성이 강화될수록 업무 담당자들은 동기부여가 되고 직장에서의 만족감이 높아진다고 하였다.

12.2.13 법적 환경

노동조합 계약서는 이직, 승진, 해고에 관한 규정을 포함하고 있으며, 인적자원 계획에 영향을 준다. 정부의 입법도 인적자원 계획에 중요한 요인이다.

12.2.14 인적자원관리 관련법

인적자원관리와 관련된 법은 표 12-3에 제시되어 있다. 대부분의 법은 조직 내에서 준수해야 하는 기준이 된다. 인적자원과 관련된 가장 초기의 법은 근로기준법(Fair Labor Standards Act,

표 12-3 인적자원관리에 영향을 미치는 주요 연방법

날짜	법률	설명
1938	근로기준법	최저임금 지불, 초과근무임금, 아동고용제한, 기록관리를 의무화함
1963	남녀평등임금법	성별에 관계없이 동일한 업무를 하였을 시에는 동일한 임금을 요구함
1964	공민권법 VII(1974년 수정)	인종, 피부색, 종교, 성별 또는 국적에 따른 차별 금지; 미연방고용기회균등위원회(EEOC)를 설립
1967	고용상연령차별금지법(1978년, 1986년 수정)	40~70세 사이 직원에 대한 차별 금지
1973	직업재활법	장애인 고용과 편의 제공에서의 차별 철폐 조치
1978	임신차별금지법(공민권법 VII의 수정)	임신, 출산 또는 관련 의료상의 문제로 인한 성차별분야 확대
1986	이민개혁통제법	시민권 또는 국적에 기초한 차별 금지. 고용주에게 직원이 미국에서 근무할 수 있는 정당한 권한이 있음을 확인할 것을 요구
1988	노동자적응과 재훈련통고에 관한 법(WARN)	고용주가 직원에게 임박한 해고를 통지할 것을 요구
1990	미국장애인법	신체적, 정신적 장애 또는 만성질병에 기인한 차별 금지
1990	이민법	고도로 숙련된 전문가와 실무진의 이민허가 수준 증가
1991	1991년 시민적권리 (시민적권리와 미국장애인법의 개정)	국제적 차별과 학대에 대한 대책을 제공하고 차별 희생자에 대한 보호를 확대함. 유리천장위원회(Glass ceiling commission)를 설립함. 공공기관 직원 등 포괄할 수 있는 범위를 확대함
1993	가족 및 의료휴가법	병가, 아이출산 또는 입양, 배우자·부모·아동의 보살핌, 군대 일원으로서 심각한 건강장애 발생 시 근로자에게 1년당 12주까지 무임금 고용보장 휴가 제공
1994	병역근로자고용 및 재고용법	병역 의무 이행을 위해 직장을 떠나는 근로자에 대한 차별 금지법
1996	건강보험양도 및 책임에 관한 법률	현재의 질병보장보험을 신입 직원의 보험플랜으로 이전하는 것을 허가
1996	불법이민개혁법	비자 기간을 초과하여 미국에 잔류하는 자 또는 비이민 자격을 위반하는 자에 대한 엄중한 제한
2010	부담적정보험법	건강보험보장을 직원과 그 가족까지 확대하는 법률

1938)이다. 이 법에서는 종사원의 최저 임금에 대한 사항이 제시되어 있다. 종사원 중 팁을 받는 일부 종사원은 최저 임금에서 제외되었다. 이 법안은 초과근무 임금의 제정을 요구하였으며, 초과근무 임금은 통상 임금의 1.5배 이상이어야 한다. 관리자들은 초과근무에 대하여 0/40 또는 8/80의 기준을 선택할 수 있다. 0/40 가이드라인은 주간 40시간 이상을 근무하는 종사원들이 받을 수 있는 초과임금이다. 반면, 8/80 가이드라인은 하루 8시간 이상 또는 2주일 동안 80시간 이상 근무하는 종사원들이 받을 수 있는 초과임금이다. 두 가지 가이드라인의 차이점은 5일제 8시간 근무보다는 4일제 10시간 근무를 하는 것처럼 대체근무 계획을 작성하기가 쉽다는 것이다. 관리자들은 경영진의 사전 승인 여부와 관계없이 종사원이 초과근무를 했을 때는 수당을 지급해야만 한다. 종사원들이 비합법적인 초과근무에 익숙해졌다 하더라도 관리자는 임금을 지불하여야 한다.

12.2.15 고용기회 균등 관련법

종사원들의 **균등한 고용기회(equal employment opportunity)**를 제시하고 있는 많은 법들이 통과되었다(비차별적 대우). 표 12-3과 같이 인종, 피부색, 성별, 종교, 국적, 연령, 장애 여부 및 임신 여부에 따른 고용차별을 불법화하는 많은 법들이 통과하였다.

1964년 공민권법 제7장(Title VII of the Civil Rights Act)을 토대로 **평등고용추진위원회(Equal Employment Opportunity Commission)**가 설립되었다. 이 위원회는 5명의 위원과 1명의 법률자문위원으로 구성되어 있으며 이들은 모두 미국 대통령이 임명하고 상원이 임기를 인정한다(위원 5년, 법률자문위원 4년). 위원회는 고용기회균등 정책을 제정하고 민법상의 고용규정과 인종차별건에 대한 규정을 정한다. 위원회는 90개 이상 국가에 53개의 사무실이 있으며 지역평등고용추진국(local fair employment practices agencies)과 60개가 넘는 고용권리사무소를 통해 업무를 수행하고 있다.

차별 **차별(discrimination)**은 법률적인 의미로 어떠한 특성을 가진 개인 또는 집단에게 편견 또는 불공정한 대우를 하는 것을 의미한다. 표 12-3과 같이 연령, 성별, 인종, 피부색, 종교, 국적, 육체적 또는 정신적 장애 및 병역 여부에 따른 직장에서의 차별은 불법이다.

차별에 대한 세 가지의 예외가 있다. 해당 예외는 **진정 직업자격(bona fide occupational qualifications)**, 연공 서열제(seniority systems)와 실적제(merit systems), 시험 또는 학력에 대한 요구사항(testing and education requirements)이 해당된다. 진정 직업자격은 종사원의 특정 자격 요건을 필요로 하여 차별하는 것으로 차별법에서 제외된다. 예를 들면, 종교에 근거한 차별은 공민권법 제7장에 근거하여 불법이다. 그러나 교회와 같은 종교적 기관의 성직자에 대한 진정 직업자격의 차별은 종교적인 합법으로 인정한다. 진정 직업자격의 필요성에 대한 입증은 고용주가 한다.

연공 서열제(seniority)는 조직에서의 근로기간을 의미한다. 연공 서열제는 종사원에게 근무기간에 근거한 권리와 혜택을 인정한다. 노조법은 연공 서열제가 공석에 대한 내부적 후보자를 선택하는 데 사용된다고 명시해 놓았다. 시험 또는 학력에 대한 요구사항은 반드시 일자리와 관련이 있어야 하며, 고용주는 시험 또는 학력에 대한 요구조건이 차별에 근거하지 않았다는 것을 증명해야 한다.

괴롭힘 평등고용추진위원회는 **성희롱(sexual harassment)**을 공민권법 제7장에 위배되는 성적 차별로 규정하였다. 위원회는 성희롱을 "원하지 않은 성적 문제, 성적 요구, 언어 또는 육체적인 성적 행동을 요구하고, 그 요구에 굴복 또는 거부하는 경우 개인의 취업에 영향을 주거나 직장에서의 업무 성과에 악영향을 주고 그 대상자에 대하여 공격적이거나 적대적으로 대하는 것"으로 정의하였다. 1986년 미국 대법원은 성희롱이 공민권법 제7장을 위배한다고 판결하였으며 성희롱 관련 소송에서 고용주의 "나는 모릅니다"라는 태도를 차단하였다. 1991년 공민권법은 고의적인 성희롱에 대하여 적절한 대책을 세웠다. 1998년 6월 26일 대법원은 고용주가 사건의 발생에 대해 알지 못하였더라도 관리자로서 성희롱에 대한 간접적인 책임이 있다고 판결하였다. 대법원은 무지는 이유가 되지 못하며 고용주가 성희롱에 대한 책임을 져야 한다고 하였다(Davis, 1998).

평등고용추진위원회와 유사기관에서는 2010년 성희롱과 관련된 11,000건 이상의 고소를 접수하였다. 평등고용추진위원회는 성희롱을 두 가지로 분류하였다. 첫 번째는 대가성 여부이다. 이것은 라틴어로 '무엇을 위한 무엇'으로 해석된다. 관리자가 성적인 요구를 한 경우 종사원은 직업적 이익을 위하여 그러한 희롱을 감수하는 것이다(Batty, 1993). 두 번째는 관리자, 동료 또는 비종사원에 의해 조성된 **적대적인 직장 분위기**이다. 만약 직장 내에서 성희롱 행위가 발생했다면 공민권법 제7장에 따라 고용주에게는 책임이 따른다(Hamilton & Veglahn, 1992). 레스토랑 주인이 성적인 유니폼을 착용하도록 요구하여 성차별 소송이 진행되었다(Batty, 1993). 일반적으로 여성이 성적 학대 또는 추행의 희생자가 되지만 남성들 중에서도 여성상사에게 성희롱을 경험하기도 한다.

이민 1986년 의회는 미국 내의 개인 또는 기관에서의 불법 채용을 통제하기 위한 이민개혁통제법(Immigration Reform and Control Act)을 통과시켰다. 고용주는 미국 내 지원자의 법적 권리에 관한 문서를 확인하고 합법적인 권리에 대한 사항을 유지시켜줌으로써 법을 준수해야 한다. 이민개혁통제법에서는 미국 내에서 종사원의 신원과 자격을 입증하기 위해 고용주에게 I-9와 같은 문서를 작성하도록 한다. 이 법은 직원 4인 이상인 회사의 종사원 또는 지원자에 대해 국적 또는 시민권에 근거하여 차별하는 것을 금지한다. 많은 고용주들이 이민 서류작업을 과도하고 부담스럽게 느끼고 있으며, 외국인 종사원들에 대한 고용 편견에 대한 연방의 금지법에 대해서는 거의 알지 못하고 있다(Employer Focus Groups, 1993). 1990년 이민법에서는 고도의 전문기술직종을 가진 사람들의 이민을 합법화하고 증가하는 이민에 대한 미국의 정책을 수정하였다. 1996년 불법이민개혁과 이민책임 법안이 법률로 제정되었다. 이 법에서는 비자 상 허가된 기간 이상을 미국에 체류하거나 이민법을 위반한 자에게 높은 벌금을 부과하도록 한다. 이 법은 또한 외국인의 혜택에 대한 추가 제한을 규정하고 있다.

1996년 불법이민개혁 및 이민책임법(The Illegal Immigration Reform and Immigrant Responsibility Act)은 비자 상 허가된 기간 이상 체류하는 자들에 대해 벌금을 확대하였다. 비자 상 허가된 기간을 초과하여 180일에서 365일 동안 체류 시 3년간 미국 입국이 금지된다. 1년 이상 체류 시에는 10년간 입국이 금지된다.

장애 미국장애인법(Americans with Disabilities Act)은 4,300만 명 이상의 미국 장애인에게 새로운 권리와 확장된 기존권을 보장하기 위하여 제정한 포괄적인 법률이다. 또한 이 법은 기존 법(Cross, 1993)에 의해 보호받지 못하는 미국 장애인을 보호하며, 해당 법의 목적은 다음과 같다.

- 장애인에 대한 차별을 해소하기 위한 국가적 권한 부여
- 장애인에 대한 일관적인 시행 표준 제시
- 연방 정부가 이 표준을 추진하기 위한 핵심적 역할을 담당하도록 함
- 장애인을 차별하고 있는 주요 지역들을 다루기 위한 의회의 권한 발동

미국장애인법에 따른 장애인의 정의는 광범위하며, 아래 세 부류의 사람들에게 시민권 보호를 한다(ADA Employment, 1993; www.eeoc.gov, 2011)

- 하나 이상의 주요 생활 활동을 제약하는 육체적, 정신적 장애. 예: 걷기, 보기, 듣기, 말하기, 배우기, 일하기 등
- 이미 회복되었거나 재활 중인 사람의 장애에 대한 기록. 예: 정신, 정서적, 육체적 병약함과

알코올 또는 약물중독

- 장애가 있음을 의미하는 다른 사람들의 반응. 예: 중화상, 에이즈에 걸렸다는 소문

평등고용추진위원회는 장애에 해당하는 조건을 제시하였으며, 기형, 시각장애, 언어장애, 면역결핍바이러스, 에이즈, 간질, 정신 지체, 약물복용경력 등이 이에 해당한다(Cross, 1993). 미국 장애인법에 따르면 기술, 학력, 경력상 직무 자격요건에 부족한 장애인을 고용할 의무는 없다. 그러나 고용조건에 적합한 장애자와 해당 업무의 필수적인 기능을 수행할 수 있는 장애자에게는 동등한 채용 기회와 대우를 제공해야 한다(McLauchlin, 1992). 고용주는 고용한 장애인이 근무를 수월하게 할 수 있다면 편의를 제공해야 한다. 평등고용추진위원회는 **합리적인 편의제공**의 의미를 "장애인이긴 하지만 해당 직무에 적합한 지원자 또는 종사원이 비장애인과 동등하게 구직과정에 참여하거나 작업장에서 필수적인 기능을 수행하고 혜택과 특권을 누릴 수 있도록 근무환경을 변화 또는 조정하는 것"으로 정의한다(www.eeoc.gov). 합리적 편의제공은 기계 제공, 작업 일정 조정, 교육 재료 수정, 문자판독시 보조인이나 통역인 제공 또는 작업장을 더욱 편리하게 수정하는 작업 등을 포함한다.

12.9.16 소수집단 우대정책

소수집단 우대정책(affirmative action)은 정부와 계약을 체결한 기관의 의식적이고 주도적인 노력의 결과이다. 이 정책은 관련 노동시장의 비율을 기준으로 하여 소수자와 여성의 고용을 보장하기 위한 것이다(Mondy, Noe, & Premeaux, 2002). 우대정책은 미국노동부의 연방계약준수국(Department of Labor's Employment Standards Administration's Office of Federal Contract Compliance)의 프로그램으로 운영된다(www.dol.gov 참조).

고용기회균등법은 고용주가 작업장을 분석해 차별이 발생한 영역에 대한 수정조치 계획을 요구하는 법이다(Sherman, Snell, & Bohlander, 1997). 소수집단 우대정책 프로그램의 목적은 자격이 있는 소수자들 및 여성, 장애인을 작업장에 채용하는 것으로 고용주는 모든 사람들에게 고용기회에 대한 동등한 정보를 제공하고 공정하게 경쟁할 수 있도록 해야 한다. 또한 모든 종사원에게 동등한 승진의 기회를 부여해야 한다. 우대정책 프로그램은 고용평등기회에 대한 회사의 태도를 반영하는 정책강령을 분명히 해야 하며, 종사원들이 회사의 그러한 시행과정에 참여하고 모니터링 및 보고 등을 수행할 수 있도록 해야 한다(Mondy, Noe, & Premeaux, 2002). 우대정책 프로그램에는 여성과 소수자의 채용미달의 원인을 분석하고 결함을 보충하기 위한 타임테이블을 설계하는 내용이 포함된다. 미국노동부는 모범이 되는 기업에게 상을 수여하는데 2007년에 상을 수상한 세 개의 기관 중 한 곳은 러시대학교 메디컬센터였으며, 2008년 상을 수상한 두 개의 기관 중 한 곳은 텍사스대학교의 사우스웨스턴 메디컬센터였다(www.dol.gov).

다양성 관리 작업장은 소수그룹, 여성 및 나이 많은 종사원이 증가하면서 더욱 다양해지고 있다. 이러한 다양한 작업장을 관리하기 위해서는 다양성의 잠재적 이익을 최대화(높은 문화적 인식, 폭넓은 언어능력 등)하고, 회사 성과에 장애가 될 수 있는 잠재적 장벽(편견 등)을 최소화해야 한다(Dressler, 2008).

다양성(diversity)은 나이, 성별, 인종, 종교, 문화, 국적 및 생활방식 등 인구학적 특성으로 정의된다. 다양성으로 인해 종사원들의 사고와 학습, 행동 및 대화방법이 다르게 나타난다. 먼디(Mondy)는 효과적인 다양성 관리를 위해서는 다음의 항목들이 포함되어야 한다고 하였다.

- 포괄적 문화 추구
- 지지적인 문화 형성

- 종사원의 요구 및 기여를 가치 있게 여김
- 다양한 작업장의 지속적인 개발 권장

많은 조직에서는 조직 내 다양성을 수용하고 다양성을 향상시키기 위하여 계획과 목적을 수립하였다.

12.3 고용과정

조직에서 인적자원에 대한 요구가 있으면 새로운 종사원을 모집하여 배치하는 단계를 거치게 된다. 고용과정은 모집, 선발, 오리엔테이션으로 분류된다.

12.3.1 모집

모집(recruitment)은 결원을 보충하기 위하여 적합한 잠재적 지원자를 확보하고 장려하는 과정이다(Mondy, Noe, & Premeaux, 2002). 조직은 지원자들에게 직무에 대한 자격요건과 기회에 대한 정보를 제공해야 하며, 관리자는 결원을 내부에서 보충할 것인지 아니면 외부에서 보충할 것인지 결정해야 한다. 또한 관리자는 종사원의 능력이나 조직의 채용 정책 및 직무 요구조건에 따라 결정한다.

내부모집 조직은 결원을 보충하기 위하여 승진 또는 전직을 통하여 내부 종사원을 채용하고자 한다(Sherman, Snell, & Bohlander, 1997). 승진은 아래와 같은 장점이 있다.

- 종사원의 사기진작과 동기부여가 되며 이러한 승진은 공정한 것으로 여겨진다.
- 해고로부터 보호된다.
- 직업적 경험이 확대된다.
- 현재 종사원의 능력을 최대한으로 활용하고 종사원에 대한 투자로 인한 보상이 증가한다.
- 외부 모집보다 비용이 적게 든다.
- 조직에 익숙하여 훈련과 오리엔테이션 과정이 줄어든다.

후보자 모색방법 내부 모집에는 다양한 방법이 사용된다. 적합한 후보자는 전산화된 기록, 사내 공모, 사내 근무순환 및 해고된 종사원 소환에 의해 선발할 수 있다(Sherman, Snell, & Bohlander, 1997). 종사원 능력과 특성에 대한 전산화된 기록은 적합한 내부 후보자 선발을 수월하게 한다.

조직에서는 사내 공모 및 사내 근무순환을 이용해 종사원을 충원할 수 있으며, 관련 공고는 게시판 또는 직원용 출판물, 특별 책자, 이메일, 공공 주소 시스템을 사용할 수 있다. 또한 경기상황이 호전되고 우수한 상태를 유지하고 있다면 해고되었던 종사원을 재고용할 수 있다.

내부모집의 제한점 상급직위의 내부모집은 현재의 일자리와 매우 다를 수 있다는 제한점이 있다. 예를 들면, 푸드서비스 생산관리자가 실적이 좋아 상위 관리자로 승진이 되었으나 상위 관리자에게 요구되는 지식과 기술에 적합하지 않아서 실패할 수 있다. 또한 고용된 종사원으로부터 새로운 아이디어를 얻기 어렵다는 단점이 있다. 조직의 정책이 내부에서 후원자를 모집하는 것이라도 새로운 아이디어를 얻기 위하여 종종 외부 후보자를 고려해봐야 한다.

외부모집 조직의 외부에서 적합한 종사원을 채용하는 것이다. 승진이 되면 다음과 같은 반응이 발생한다. 모집에 관련한 관리자는 어떤 종사원을 모집할지 결정해야 한다. 노동시장은 직업의 종류와 임금에 따라 다양하다.

외부 모집은 구직 광고나 무역잡지, 온라인 구인광고 서비스 등을 통해 가능하고 라디오, 텔레비전, 게시판 및 포스터를 사용할 수도 있다. **고용기회균등**에 대한 내용을 광고에 포함하여야 한다. 취업설명회는 많은 지원자에게 회사에 대한 정보를 제공할 수 있는 자리이다. 먼디(Mondy, 2008)는 직원모집 전략의 다양성을 인터넷을 통해 설명하였다. 예를 들면 Monster.com, HotJobs.com과 CareerBuilder.com 등의 일반적인 웹사이트와 NACElink 등의 대학생을 위한 웹사이트, hospitalsoup.com 등의 병원직을 위한 웹사이트 등이 여기에 해당된다.

각 주에서는 실업자 보험 프로그램을 보유한 모집 업체가 있으며 각 업체는 미국고용서비스(U.S. Employment Services)가 규제하고 있다. 실업자는 반드시 지역 사무소에 등록하여 주당 실업수당을 받는다(Sherman, Snell, & Bohlander, 1997). 지역 사무소에는 그 지역용으로 전산화된 직업소개소가 있으며, 미국고용서비스는 전국적인 데이터 뱅크를 가진다. 이러한 직업소개소에서는 모집 테스트, 일자리 분석, 평가 프로그램 및 지역사회 임금 조사 등을 실시한다. 종사원을 모집하는 기업과 소개소는 지원자가 올바른 직업을 구할 수 있도록 도와주고 고용주 또는 지원자로부터 수수료를 받는다. 반대로 헤드헌팅 업체는 고용주가 적합한 종사원을 구할 수 있도록 지원한다.

교육기관은 직업상 경험이 부족한 지원자에게 좋은 자원이 된다. 고등학생은 아르바이트나 하급직에 채용이 가능하다. 직업학교나 전문 대학에서는 기술적 업무에 적합한 지원자를 배출하며, 대학교에서는 기술적이고 전문적인 영역에 적합한 지원자를 배출한다. 여러 기관의 채용담당자는 새로운 종사원을 모집하기 위해 대학 캠퍼스로 파견되기도 한다.

다른 모집 방법으로 현재 근무하는 종사원의 추천 등에 의한 방법이다. 많은 전문기관들이 관련 정보를 제공하기도 한다. 노동조합 또한 좋은 정보제공원이 될 수 있다. 일용직 고용업체는 모집정보원으로 가장 빠르게 성장하고 있다(Sherman, Snell, & Bohlander, 1997). 일용직 종사원은 고용주로부터 여러 혜택을 받지는 못하며, 실업보험을 받지 못하고 해고될 수도 있다. 종사원 파견은 고용관계가 끝난 후 종사원이 파견형식으로 재취업하는 것으로 파견업체는 모든 인적자원의 의무를 관리해 주고 수수료를 받는다.

모든 모집활동에서 기업은 법률적 요건을 인식해야 하며, 조직 관행 및 정책이 고용균등기회에 위배되어서는 안 된다.

12.3.2 선발

선발(selection)은 지원자 모집 후의 과정으로 직무에서 요구하는 지원자의 기술, 지식, 교육정도를 비교하는 과정 및 조직과 지원자의 의사결정 과정이 포함된다. 지원자의 자격 요건은 직무명세서에 제시된 요구사항과 비교해야 한다. 서류 검토 후 고용주는 직무를 쉽게 익히고 직무에 어려움 없이 적응할 수 있는 적합한 지원자를 채용한다. 노동조합 협약과 시민 서비스 규율로 종사원을 보호할 수 있다. 종사원의 해고에 관한 규정은 엄격하다.

모든 종사원의 선발 과정은 고용평등법, 법원의 결정, **선발 과정에 대한 가이드라인** 안에서 이루어져야 한다(www.dol.gov 참고). 이 가이드라인에서는 고용주에게 업무 수행을 예측 및 측정하여 타당한 결정을 내리도록 권장하고 있다(Sherman, Snell, & Bohlander, 1997).

선발과정의 단계는 그림 12-6과 같다. 실제 선발과정은 조직과 그 조직의 수준에 따라 다양하다. 예를 들면, 생산 및 서비스직 선발 면접은 기계적인 반면, 관리자 선발에서는 이력서를 받은 후 공식적인 지원서를 받고 인터뷰를 실시하는 포괄적인 과정이 필요하다. 선발과정은 윤리적 기준 및 법적 조건에 맞아야 한다. 선발의 목적은 지원자들이 직무를 성공적으로 수행할 수 있는지 판단할 수 있는 정보를 수집하고자 하는 데 있다(Griffin, 2001).

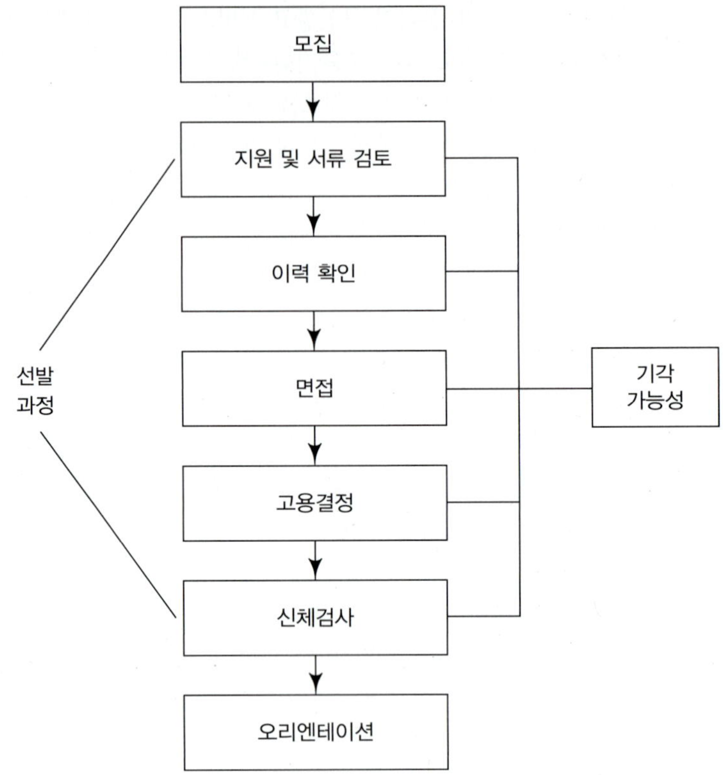

그림 12-6 종사자의 선발 단계

지원 및 서류 검토 지원서는 아래와 같은 세 가지의 정보를 제공한다.

- 지원자가 관심 갖고 있는 직책에 대한 정보를 제공한다.
- 면접관에게 인터뷰를 위한 기초정보를 제공한다.
- 종사원이 채용될 경우, 인적관련 서류로 이용된다.

조직의 인적자원관리부에서 지원서와 초기 서류검토 작업이 수행된다.

지원서는 법적인 문서로 간주되고 지원자가 작성한 것이어야 한다. 거짓으로 작성하였거나 잘못된 정보를 기재하면 불이익을 받을 수 있다. 채용부서는 지원서에서 필요한 정보를 수집한다. 지원서는 지원자의 교육정도, 경력, 기술 등의 정보를 제공한다. 지원자의 연령, 성별, 인종, 종교, 국적, 가족관계 등에 대한 질문은 1964년 공민권법(Civil Rights Act) 규정에 위반될 수 있다. 지원서에서 요구하는 정보로 인하여 지원자가 차별을 받으면 안 된다.

일부 조직에서는 부적합한 지원자를 선별하기 위하여 사전 면접을 실시한다. 사전 면접은 관심을 갖고 면접해야 할 지원자를 판별하는 빠른 방법이다(Marvin, 1992). 부적합한 교육수준, 경력 및 직업에 대한 무관심 등은 탈락의 주요인이다. 지원자는 과거의 경력, 희망 임금, 직무와 관련한 이슈에 대한 질문을 받을 수 있다. 푸드서비스 업장에서는 지원자의 주말 및 휴일근무 희망 정도, 출근 및 야간 근무 등이 주요 논의 사항이다.

고용검사 많은 조직에서 고용 전에 검사를 실시한다. 표준화되고 맞춤화된 검사는 지원자의 능력, 인성, 지식, 태도 및 관심을 평가한다. 고용 전 검사는 지원자가 채용될 직위와 관련하여 이루어지며 보호해야 할 소수자를 부당하게 차별하면 안 된다. 검사에서는 검사의 **신뢰성(reliability)** 과 타당성(validity)이 중요하며 신뢰성은 검사 결과의 일관성과 관련되어 있다. 한 번 이상의 검사를 치르는 경우, 그 결과는 매번 같아야 한다. 신뢰성은 검사/재검사, 1/2분석 또는 대안적 방법 등 여러 기술적인 요소로 평가된다(Dessler, 2008). **타당성(validity)**은 결과의 정확성과 관련이 있다. 즉, 이 검사가 측정하고자 하는 것을 측정하고 있는지를 보는 것이다.

타당성은 내용타당성, 기준타당성 및 구성타당성으로 구분할 수 있다. **내용타당성**(*content validity*)은 직무에서 수행해야 하는 과업을 정확하게 측정하고 있는가를 검사하는 것으로, 각 항목이 측정하고자 하는 개념이나 속성을 잘 대표하고 있는지를 나타낸다. **기준타당성**(*criterion validity*)은 검사에서 좋은 결과가 나온 지원자가 과업도 잘 수행할 수 있다는 것의 정확성을 측정하는 것으로, 개념이나 속성에 대한 측정값이 다른 기준과 얼마나 상관관계가 있는지를 판단한다. **구성타당성**(*construct validity*)은 창의성과 리더십 같은 특성을 정확하게 측정할 수 있는가를 검사하는 것으로, 검사를 통하여 측정하는 내용이나 행동이 직무 수행의 중요한 특성을 대표할 수 있는가를 판단한다. 먼디는 고용주가 지원자의 업무적합성 여부를 선별할 수 있는 고용 전 검사를 여러 가지 유형으로 분류하였다.

- **인지 태도 검사:** 일반적인 이성적 능력, 기억력, 언어능력, 언어 유창함, 수학적 능력
- **심리운동성 능력 검사:** 지원자의 강점, 조직성, 응집성 검사
- **직무 지식 검사:** 지원자가 맡게 될 직무에 대한 지식 검사
- **업무 샘플 검사:** 직무에서 요구하는 과업 수행
- **직업적 흥미 검사:** 지원자가 가장 관심 있어 하는 분야에서 직업적 만족을 얻을 수 있는지 여부를 측정
- **인성 검사:** 스스로 보고한 특징, 소질 및 분위기 등을 측정
- **유전 검사:** 유전적인 질병 검사
- **글씨체 분석 검:** 글씨체를 통해 개인적 특징을 분석
- **거짓말탐지기 검사:** 지원서에 적은 내용 검증

업무분야와 조직에 따라 검사의 유형은 달라진다. 푸드서비스 업체 사무직에 근무할 지원자는 타자 능력과 같은 심리운동성 능력검사를 받아야 하고 푸드서비스 업체 관리직의 지원자는 영수증 또는 예산 계획을 위한 금융회계 검사 또는 인성 및 인지 태도 검사 등을 거쳐야 한다.

이력점검 많은 조직에서는 관행적으로 초기 면접 이후 이력사항을 확인한다. 한편, 이력점검은 채용 면접을 모두 거친 후에 이뤄지기도 한다. 면접관은 적합한 지원자를 선정하고 그의 이력과 관련 정보들을 검토한다.

대부분의 기관에서는 편지, 전화, 이메일 등으로 관련 문서를 확인한다. 전화를 활용한 이력검사는 시간 절약과 신뢰성 때문에 많이 사용된다. 지원자의 업무습관과 수행 능력을 아는 것은 감독관에게 가장 좋은 정보가 될 수 있다. 그러나 부적합한 이력점검은 높은 이직률, 직원 절도, 화이트 칼라 범죄 등의 주요 원인이 될 수 있다.

면접 고용면접은 가장 일반적이고 중요한 절차이다. 면접은 1인 또는 그룹으로 행해지며 그림 12-7과 같다. 면접자의 다양성으로 인해 면접의 검증성에 대해 심각한 의혹이 제기되기도 한다. 관리자 및 전문 인력 고용에는 일련의 면접이 수행된다.

예를 들면 대형 메디컬 센터의 식품영양서비스 부서에 지원한 지원자가 다른 부서의 여러 감독관 및 전문 인력들과 면접을 하고 식품영양서비스 부서가 아닌 다른 부서로 배치되기도 한다. 한편 같은 병원의 조리사 지원자는 단 한 명의 감독관과 영양사가 면접하기도 한다.

면접은 구조화되거나 그렇지 않은 경우도 있다. **구조화된 면접(structured interview)**은 면

소개

이 지침은 면접관들이 공정하고 객관적인 면접을 수행하는 데 도움을 주기 위해 설계되었다. 면접을 통해 지원자들의 업무달성 가능성에 관한 정보를 최대한 제공받을 수 있어야 한다. 가장 좋은 면접은 객관적이면서 면접관들이 직원후보자들의 지식과 기술, 능력을 제대로 판단할 수 있는 면접이다.

면접 개발

면접 팀 구성

팀을 구성할 수 있다면 팀으로 면접한다. 팀으로 구성하면 시간을 절약할 수 있고 지원자들 간의 비교가 가능하다. 면접 팀의 인원은 다양할 수 있다. 그러나 일반적으로 2~3명으로 구성하는 것을 추천한다.

면접관의 채용분야에 대한 숙지

면접관들은 입사시 담당하게 되는 주요 업무와 책임, 필수 지식, 기술 및 능력에 대해 잘 알고 있어야 한다. 각 면접관들은 직무에 관한 내용을 주의 깊게 검토하여야 한다.

선택기준의 수립

선택기준은 업무의 복잡성 및 수준과 일치하여야 한다. 선택 과정에서 입증될 수 있는 성과요인에 집중한다. 소속예정 부서와 조직의 목표를 이해한다. 이러한 기준은 직무와 관련이 있어야 하며 면접과 관련 훈련, 교육, 경험, 차별철폐조치 목표 등의 과정 동안의 수행도를 포함한다.
예: 효과적인 구두에 의한 의사소통 능력, 현장에서의 추리기술, 낯선 이에게 효과적으로 자신을 표현할 수 있는 능력에 따라 업무적 성공이 어느 정도 좌우됩니까?

직무관련 질문 개발

“알아두면 좋은 것들”에 관한 질문은 하지 않는다! 면접관들의 연관 없는 질문 때문에 탈락한 지원자들로부터 법률소송을 당할 수 있다.

면접 전략 개발

여러 가지 다른 면접 전략들이 존재한다. 직무 수준과 기술적 요구조건에 부합하는 면접 전략을 개발해야 한다.

응답 평가 시스템 수립

선택 기준에 기초하여 참가자들의 응답에 대한 점수를 매기는 방식은 유익하다. 이러한 방식의 응답 평가는 선택과정을 더욱 쉽고 객관적으로 만든다.

면접 제안사항

질문 준비

질문을 만들 때에는 직무와 관련 있고 직위 수준과 복합도에 맞는 것이어야 한다.
각 선택 기준의 중요도에 근거한 질문을 평가하는 데 유익하다. 하단에는 면접관들이 일반적으로 사용하는 6개의 주요 질문 카테고리가 제시되어 있다. 다른 유형의 질문들을 혼합하여 특정 대답을 얻어낼 수 있다.

1. **폐쇄형 질문:** 면접관들이 초반에 특정 정보를 얻거나 특정 종류의 지식을 결정내릴 때 유익하다. 예: “다섯 개의 관련된 사항을 구분할 수 있나요?”
2. **조사성 질문:** 이 질문들은 면접관들의 심층 질문이 가능하게 한다. 예: “왜죠?”, “무엇 때문에 그렇게 된 거죠?”, 또는 “어떤 상황에서 그 일이 일어났나요?”
3. **가설적 질문:** 직무관련 요소에 기초하여 문제해결 방안에 대한 가설적 질문을 한다. 예: “만약 ~라면 어떻게 하시겠어요?” “어떻게 처리하겠나요?...”
4. **유도 질문:** 이 질문들은 참가자들이 두 가지 바람직하지 않은 대안 중에서 선택하도록 강요한다. 유도 질문을 수행하는 가장 효과적인 방법은 두 가지 대안을 고려할 수 있는 실제 상황을 이끌어오는 것이다. 그런 후 질문한다. “당신의 ... 한때에 대한 접근법은 무엇인가요?”
5. **유도 신문:** 면접관들은 참가자들이 바람직한 응답을 제공할 수 있도록 질문을 구성한다. 이 질문으로 참가자에 대한 정보를 얻을 수는 없다.
6. **조정가능한 질문:** 가장 효과적인 질문으로 가장 방대한 정보량을 끌어낼 수 있으며 참가자들에게 자유로운 답변을 하도록 한다. 예: “당신의 최근 직업에서 어떤 점이 좋았습니까?”

전략의 결정

면접 전략은 다양하지만 다음과 같이 세 가지 다른 전략의 예가 있다.

1. **상황 면접:** 이 전략은 당신이 실제 작업장에 접근할수록 더 좋은 평가를 받을 수 있다는 가정에 근거한다.

그림 12-7 면접 가이드

상황 인터뷰는 작업장 관람과 면접자에게 일부 실제 작업 수행 또는 업무와 밀접한 분야의 수행 요청 등을 포함할 수 있다.

2. **압박 면접:** 이 전략은 면접자를 곤란하게 하거나 부정적 내용으로 구성된 질문을 사용하는 방법이다. 면접관들은 압박 아래에서 침착하고 재빠르게 대처하는 능력을 평가하기 위해 채용후보자들을 당황하게 만들려고 노력한다. 만약 면접자가 과도한 압박을 받는 직업군에 종사할 일이 없다면 이 전략은 적절하지 않다.
3. **행동 면접:** 면접관은 행동 패턴을 파악한다. 모든 질문은 과거에 근거하여 한다. 이 전략은 "본성은 고치기 어렵다"는 가정에 기반한다. 면접관은 참여자의 과거에 일어났던 일을 바탕으로 미래 행동을 예측할 수 있다.

각 전략들은 장점과 단점을 갖는다. 모든 면접자들에게 단일 전략을 포괄적으로 사용해서는 안 된다. 직위 수준별로 상이한 면접 접근방식이 요청된다. 분별 있는 접근법은 각 스타일의 장점을 채택하고 결합하여 총체적 전략을 수립하는 것이다.

참고: 인사부(K.A.R.1-6-10)의 사전 승인 없이 테스트 장치를 사용하는 것은 면접절차에 해당하지 않는다.

평가 응답

면접자들의 응답 평가의 일부로서 면접관들은 직업 요구사항과 임무, 책임 등 관련 직업내용에 대해 검토해야 한다. 또한 면접관들은 업무경력과 관련된 학위취득 및 직업상 필요한 무형적 요건에 대하여 고려해야 한다. 마지막으로 면접관들은 선택기준을 검토하고, 그 기준에 근거하여 응답 평가, 점수산출, 순위 선정을 하여야 한다.

면접과정

사전면접

1. 사후 인터뷰, 기록 등에 필요한 충분한 시간을 제공한다.
2. 방해를 받지 않도록 면접을 구성한다.
3. 신청서와 신청자들의 이력서를 검토한다.
4. 각 신청자에게 직업에 대한 정확한 정보를 제공하고 면접 시작 전에 읽을 수 있는 충분한 시간을 준다.

면접 개시

1. 직위가 할당되는 기관 또는 단위의 기능을 검토한다.
2. 참가자들에게 직업과 관련된 질의응답 기회를 제공한다.
3. 면접 과정을 참가자들에게 설명해준다.

질문

1. 개발 단계에서 수립된 방법에 따라 참가자들에게 질문한다.
2. 모든 참가자들에게 일관되어야 한다.
3. 참가자들에게 각 질문에 응답할 수 있는 충분한 시간을 준다.
4. 질문으로부터 끌어낼 수 있는 모든 관련 정보를 기록한다.

면접 종료

1. 참가자들에게 어떻게 채용결정이 이뤄지고 통보가 진행될 것인지 알려준다.
2. 참가자가 업무를 시작할 수 있는 날짜를 확인한다.
3. 참가자들의 정확한 주소와 연락처를 확인한다.
4. 참가자들에게 질문할 수 있는 마지막 기회를 준다.
5. 참가자들의 증빙서류에서 필요한 모든 정보를 입수한다.

사후면접

1. 선택 기준 검토.
2. 기록에 대한 검토 및 완료.
3. 면접 참가자들에 대한 논의 및 편견 금지.
4. 개발 단계에서 수립된 선택기준을 사용.
5. 선택기준에 근거하여 참가자들의 순위 선정.
6. 만약 첫 번째 선발절차로 선발문제가 발생하면 두 번째, 세 번째 선택절차를 수렴하여 결정.
7. 최종 권고의 기초를 서류화함.
8. 모든 면접참가자들에게 선발결과 발표 전 면접결과를 알려줌.

그림 12-7 면접 가이드 (계속)

자료: State of Kansas, Department of Administration, Division of Personnel Services. Used by permission.

접관이 여러 가지 질문을 한다. 면접관은 사전에 질문을 준비하고 답변을 기록한다. 이 경우 모든 면접자에게 일관성 있는 질문을 한다. 면접 내용에는 필수적 정보가 포함되어 있으며, 개인적 편견을 최소화할 수 있다. 주로 하급직 고용에 사용된다. 종종 구조화된 면접은 지원자의 행동에 중점을 둔다. **상황 면접질문(situational interview questions)**은 지원자에게 가상적인 상황에서 실시할 행동에 대하여 묻는다. 예를 들면, '만약 음식을 훔치는 종사원을 보았을 때 어떻게 대응하겠는가?'라는 질문을 할 수 있다. 또한 **행동 면접질문(behavioral interview questions)**은 지원자의 과거행동에 중점을 두고 질문한다. 예를 들면, '어떻게 어려운 목표를 달성하였는가?'라고 질문한다.

비구조화된 면접(unstructured interview)은 면접관이 자유롭게 질문을 한다. 예를 들면 '당신의 예전 직업에 대해 말해보시오'와 같은 광범위한 질문을 한다. 대인관계의 기술을 파악할 때 유용하다. 비구조화된 면접은 지원자들의 대답을 비교하기 어렵다. 질문이 일반적이지 않기 때문에 업무 특성이 다양한 고급 인력 선발에 유용하다.

홈페이지 www.hr-guide.com에는 면접에 사용되는 2,000개 이상의 예시 질문과 조언들이 게시되어 있다. 어떠한 방법을 사용하든지 간에 인터뷰는 계획적으로 하여야 한다. 먼저, 면접관들은 충원할 직무에 대한 기술서와 명세서를 충분히 숙지해야 한다. 둘째, 지원서에 작성된 지원자의 경력 등 이력사항을 면밀하게 검토해야 한다. 셋째, 구조화된 면접 시에는 질문을 미리 준비한다. 비구조화된 면접에서는 전반적인 개요를 준비한다.

다른 고용과정과 마찬가지로 면접도 법적인 범위 안에서 실시되어야 한다. 평등고용추진위원회는 민족, 피부색, 연령, 종교, 성별, 국적과 관련된 질문을 하는 것을 허용하지 않는다. 그러나 직업상 수작업을 필요로 하는 경우에는 육체적인 약점을 질문할 수는 있다. 캔사스 주의 면접에 대한 가이드라인은 **표 12-4**와 같다. 효과적인 면접 방법은 다음을 포함한다. 위에 열거되어 있지 않다고 해도 채용과 명시적으로 관계되지 않은 정보에 관한 질문은 삼가야 한다.

- 지원자와 친밀한 관계를 형성한다.
- 면접에 방해되지 않도록 충분한 시간을 배정한다.
- 프라이버시를 확보할 수 있는 곳에서 면접을 한다.
- 차별을 야기할 수 있는 질문은 피한다.
- 예, 아니오로 대답해야 하는 질문은 피한다.
- 대답을 명백하게 예상할 수 있는 질문은 하지 않는다.
- 지원자가 자기 자신을 표현할 수 있는 질문을 한다.
- **개인적 편견(personal biases)**을 가지는 질문은 피한다.
- **후광효과(halo effect)**를 배제한다.

신체검사 고용 전 마지막 단계이다. 미국장애인법에서는 반드시 직업적 특성과 관계된 의료검사를 하도록 하고 있으며 고용인이 확정되기 전까지는 실시하지 않는다(www.usdoj.gov 참조). 모든 고용주가 신체검사를 요구하지는 않지만 지원자가 직무를 수행하기 위하여 육체적으로 가능한지 파악해야 할 때는 신체검사를 실시할 수 있다.

일부 도시 또는 국가의 보건관련 규정에는 급식 종사원은 고용 전 음식취급자 승인을 받도록 명시되어 있다. 이러한 절차는 지역규정에 따라 다르며 위생교육훈련, 음식취급 연습 검사, 일부 신체검사 등을 해야 한다. 급식업체에서는 음식 오염과 전염병 전파에 대한 우려 때문에 혈액검사, 대변배양검사, 결핵검사를 시행하고 있으며, 고용 후에도 주기적으로 실시하기도 한다. 의료기관에서는 이러한 검사를 하는 것이 일반적이다. 고용 전 약물검사도 일반적인 검사로 실시되고 있다.

고용결정 선발과정의 가장 중요한 단계가 지원자의 고용을 결정하는 과정이다. 임금을 지불하는 새로운 종사원을 배치하는 것이기 때문에 고용결정은 신중하게 이루어져야 한다. 비교적 짧은 수습기간 및 소수자 우대정책 등을 고려하도록 한다.

표 12-4 캔사스 주의 직원 면접 지침

	허락된 질문	반드시 피해야 할 질문[a]
이름	업무와 교육기록을 확인할 수 있는 질문	가계, 혈통, 국적, 조상 또는 혼인관계와 관련된 이름에 관한 질문
나이	연령이 법률적 요구사항이라면 구직자가 채용 연령기준을 만족하는지 확인하기 위해 질문 가능	연령이 법률적 기준요건이 아니라면 연령을 입증하는 어떠한 질문 또는 요구도 피해야 한다. 비고: 1986년에 수정된 고용연령차별금지법은 40세 이상 연령에 대한 차별을 금지한다. 차별에 반대하는 캔사스 법은 18세 이상에 대한 차별을 금지한다.
인종 또는 피부색	인종은 차별철폐조치 시행의 통계기록을 위해 요구될 수 있다. 이때 면접자들은 반드시 그러한 정보에 대한 제공이 자발적인 것임을 밝혀야 한다.	종족 또는 피부색을 시사할 수 있는 모든 질문
성별	진정한 직업자격(BFOQ)이 존재하는 경우에만 성별과 관련된 질문 또는 채용 제한이 가능하다(이 BFOQ 예외는 법원과 EEOC에서 매우 좁게 해석된다). 고용주는 반드시 BFOQ의 존재와 영향받는 모든 구성원들이 직업을 수행할 능력이 있는지를 입증하여야 한다.	성별에 관한 모든 질문
혼인관계 및 가족관계	면접자가 특정 업무 스케줄을 준수 (그리고/또는) 출장이 가능한지 질문	부부관계 정보, 자녀, 자녀 양육 일정 또는 임신에 관한 모든 질문
장애	차별에 반대하는 캔사스 법, 1990년 미국장애인법에 따라, 구직자들은 편의시설의 유무 조건에서 기본 임무를 수행할 수 있는지에 대한 질문을 할 수 있다.	구직자의 장애여부 또는 장애특성이나 그 심각성에 대한 질문. 장애인과의 관계 또는 연계성에 대한 질문들 비고: 지나친 어려움이 입증되는 경우를 제외하고 고용주들은 장애 직원에 대한 적절한 편의를 제공해야 한다. 적절한 편의에는 이용가능한 시설 유치, 업무재편성, 업무일정 수정, 점검수정, 교육자료 또는 교육정책 변경, 설비 또는 장치 습득 또는 조정, 장애인에게 독서 도우미 또는 해설자 배치가 포함됨
종교	고용주들은 면접자들에게 업무에 필요한 통상적 근무 시간 수와 일수를 제공할 수 있다. 비고: 지나친 어려움이 입증되는 경우를 제외하고 고용주들은 반드시 직원들의 종교생활에 대한 합리적인 편의를 제공해야 한다. 합리적인 편의에는 자발적 대리인 임용, 스케줄 유연화, 직무의 수평전환, 업무 변경, 연례휴가 또는 기타 휴가를 포함한다.	면접자의 종교생활과 관련된 모든 질문
주소	구직자들과의 연락을 위해 질문가능. 족벌주의 정책에 따라 구직자와의 동거인 이름도 질문할 수 있다.	면접자의 민족성 또는 국적과 관련된 질문
가계 또는 국적	특정 언어가 직업 수행에 필수적일 경우 구직자들의 읽기, 말하기, 쓰기, 유창성 질문	면접자의 가계, 조상, 국적, 후손, 출생지, 모국어, 외국어 습득경로

(다음 페이지에 계속)

표 12-4 캔사스 주의 직원 면접 지침 (계속)

	허락된 질문	반드시 피해야 할 질문[a]
체포, 유죄판결 및 재판기록	특정 직업적합성에 관계되는 체포 기록과 실제 유죄기록—채용 시 그러한 기록이 직무에 영향을 미치는지 여부와 혐의범죄가 실제로 발생했을 가능성, 체포 후 경과한 시간을 반드시 고려한다. 유죄—고용주는 반드시 범죄의 특성과 심각성, 범죄 또는 선고 이후 경과한 시간, 범죄와 직무의 연관성 등을 살펴야 한다.	직무와 상당한 관련성이 없는 개별 구직자의 체포, 유죄, 재판 기록에 대한 확인 또는 질문
출생지 · 시민권	만약 미국 시민권이 법률적 요건이라면 시민권에 대한 질문은 허가된다. 채용될 구직자들은 반드시 취업자격증명(Form 1-9)을 제출해야 한다.	면접자 또는 면접자 친척의 출생지에 관한 질문
병역	특정 직업과 연관된 교육 및 경험	제대 유형
사진	채용 후 식별을 위한 사진	채용 전 사진 제공에 대한 요구 또는 제의
교육	구직자의 학업, 직업, 전문적 교육과정. 이수한 학교	교육기관 관련 국적, 인종, 종교에 관한 질문. 수강 연수와 졸업날짜
경험	과거 고용주의 성명, 주소, 입사일, 퇴사이유, 임금 정보 등을 포함한 직업적 경험	직종과 무관한 직업경험
재정상태	업무적으로 필요한 경우 재정적 안정성에 관한 질문 가능. 관련 사례기관으로 캔자스 주 순찰대, 캔자스 수사국, 캔자스 로터리가 있다.	업무적으로 필요하지 않은 경우의 재정 안전성에 관한 질문
비상연락처	채용 후 비상시 연락하는 가능한 사람의 이름 및 주소	비상시 연락가능한 친척의 이름 및 주소
기관	참여자가 소속되려는 기관에 관한 질문	참여자가 소속된 모든 기관의 명단
추천서	구직자에 대한 전문적인 추천 그리고/ 또는 소견적 추천서를 제공한 사람의 성명과 주소	특정 개인의 추천서에 대한 요구
친척	친족등용정책에 부합하는 주 기관에 이미 채용된 구직자의 친척성명	주 기관에 의해 채용되지 않은 구직자 친척의 성명 또는 주소

자료: State of Kansas, Department of Administration, Division of Personnel Services. Used by permission.

[a] 이 표에 기술되어 있지 않아도, 고용 결정에 필요하지 않은 질문은 모두 삼가해야 한다.

지원자에 대한 정보가 수집되면 요약 작업이 필요하다. 체크리스트와 요약본은 결정 과정에서 지원자의 평가에 관련한 정보를 파악하는 수단으로 사용된다. 지원자는 객관적인 기준에 따라 매겨진 총 점수를 토대로 순위가 정해진다. 비록 고용이 점수만을 토대로 결정되지는 않지만, 이 방법은 의사결정자가 지원자와 관련된 요인을 체계적으로 평가할 수 있도록 해준다.

일반적으로 관리자 또는 감독관이 새로운 종사원에게 고용결정을 통보한다. 대기업에서는 상위 경영자의 승인이 필요하다. 최종 고용결정 전, 인사조치위원에 의해 고용결정에 대한 검토 작업이 이뤄질 수 있다. 조직에서 고용이 결정되면 지원자가 의사결정할 수 있도록 직무에 대한 구체적인 특성, 업무, 임금 및 근무시간에 대하여 설명한다. 탈락한 지원자에게도 결과와 불합격 사유에 대하여 통보한다.

제시된 임금은 그 지역의 유사업종과 비슷한 수준이어야 하며, 조직의 기존 임금구조와 비슷해야 한다. 지나치게 낮은 임금은 새로운 종사원을 불만족스럽게 할 수 있으며, 너무 높은 임금은

____ 1.	신입사원에게 부서의 위치, 주차 시설정보, 오리엔테이션 일정, 근무 첫 주의 업무일정 및 부서에 관한 간략한 정보를 제시한 환영편지를 보낸다.
____ 2.	신입사원을 환영하고 관계를 구축한다.
____ 3.	부서를 소개하고 경영자들과 동료들을 소개한다; 화장실과 사물함, 휴식 공간, 타임리코더(시간기록계)를 안내해준다.
____ 4.	필요한 경우, 열쇠를 제공한다.
____ 5.	서명이 필요한 양식들을 검토한다.
____ 6.	신입사원 핸드북을 검토한다.
____ 7.	부서정책과 절차를 살펴본다. 복장 규정과 출석, 임금, 휴식, 안전, 행동 수칙에 관해 검토한다.
____ 8.	업무와 책임에 대해 검토 및 설명한다.
____ 9.	질문의 절차 및 중요성을 명확하게 한다.
____ 10.	신입사원을 현장교육담당자에게 소개한다.

그림 12-8 신입사원 오리엔테이션 체크리스트

현재 근무하는 종사원들의 사기를 저하시킬 수 있다.

12.3.3 오리엔테이션

종사원의 모집과 선발은 고용과정에서 중요한 단계이다. 그러나 오리엔테이션이 적절하게 실시되지 않으면 철저한 계획과 의사결정이 무의미하게 된다. **오리엔테이션(orientation)**은 신입사원이 빠른 시간 내에 직무에 익숙해질 수 있도록 하는 정규과정이다(Sherman, Snell, & Bohlander, 1997).

오리엔테이션은 신입사원이 조직에서 효율적으로 업무를 수행할 수 있도록 정보를 제공하는 과정으로 다음과 같은 세 가지 유형의 정보가 주로 포함된다.

- 조직에 대한 설명과 종사원이 조직의 목표달성을 위해 어떻게 해야 하는지
- 조직의 정책, 업무규칙 및 혜택 등 구체적인 정보
- 일반적인 업무일과에 관한 정보

소규모 조직보다 대규모 조직에서의 오리엔테이션이 더 형식적인 경향이 있다. 그러나 종사원의 좋은 시작을 위해서는 오리엔테이션의 규모나 형식에 상관없이 그 과정이 중요하다. 인적자원부서의 경우, 해당 부서의 종사원은 조직 전체의 정책과 혜택에 대한 정보를 신입사원에게 제공한다. 이후 오리엔테이션은 직무와 관련된 사항에 집중한다.

만약 신입사원이 오리엔테이션 과정에 적응하면 다음과 같은 목적을 달성할 수 있다. 첫째, 종사원의 실수를 줄일 수 있어서 시작 비용을 최소화할 수 있다. 둘째, 근심이 줄어든다. 셋째, 실제 직업적 기대 창출이 가능하다.

근무 첫날은 종사원의 성공과 실패를 평가할 수 있는 중요한 날이다. 이때 활동은 업무 장소 견학과 사물함, 휴게실, 화장실 등을 둘러보는 것이며 관리자와 동료 종사원들을 소개받는다. 또한 완수해야 할 업무를 지시하고 질문과 대답 시간을 갖는다. 퍼켓(Puckett, 1982)은 신입사원의 오리엔테이션을 위해 그림 12-8과 같은 체크리스트를 만들었다. 신입사원에게 첫날부터 과중한 정보 및 업무 부담을 주면 안 된다. 초기 몇 주 동안은 주기적 모니터링과 강화 역시 피해야 한다. 퍼켓이 제안한 2, 3주째 마지막 날 진행해야 할 오리엔테이션에 대한 체크리스트는 그림 12-9에 제시하였다.

____	**1.** 화재, 재난, 안전, 위생, 사고예방 등 관련 훈련이 완료되었는지 검토한다.
____	**2.** 복장규정, 출근기록계, 출석 등 관련 부서방침을 검토한다.
____	**3.** 직무 책임에 대해 검토한다.
____	**4.** 업무 성과 측정절차를 설명한다.
____	**5.** 모든 필요 양식에 서명했는지 검토한다.
____	**6.** 직원 핸드북, 부서 규정 등과 관련해 질문이 있는지 직원에게 묻는다.
____	**7.** 기기 사용을 포함한 업무 수행을 관찰한다.

그림 12-9 오리엔테이션 사후 체크 리스트

12.4 인적자원의 개발 및 유지

고용과정은 인적자원을 효율적이고 안정적으로 형성하는 초기단계일 뿐이다. 종사원은 그들의 잠재력을 지속적으로 개발해야 한다. 이러한 개발은 오리엔테이션으로 시작되나 근무과정에서 지속적으로 요구된다. 종사원의 능력개발은 기관의 성공을 위해 갈수록 중요해지고 있다. 기술적 변화는 종사원이 새로운 과정과 기술에 맞추어 지식과 기술을 습득할 것을 요구한다. 성과평가는 인적자원의 개발 및 유지를 위한 또 다른 단계이다. 또 다른 직원 채용 기능에는 승진, 이직, 좌천, 분리, 보상 관리가 포함된다(임금, 급여와 수당의 관리).

12.4.1 훈련과 개발

종사원의 훈련 및 개발은 관리자의 필수적 의무이다. **훈련(training)**은 종사원에게 필요한 기술을 교육하는 것이고, **경영개발(management development)**은 관리자의 기술적, 인성적, 개념적 기술을 증진하는 것이다. 대부분의 종사원들은 지식, 기술 및 능력을 갖추고 있지만 일부 종사원들의 경우에는 업무 수행 전에 광범위한 훈련을 할 필요가 있다. 훈련 프로그램의 기본 목표는 조직의 목표달성을 돕고 종사원의 개인적 목표달성을 하는 데 있다.

새로운 직무의 수행을 위해서는 신입사원과 종사원의 훈련이 필요하며, 모든 종사원이 푸드서비스 운영 기준을 준수하도록 하기 위해서도 훈련이 필요하다. 연방규정과 인증기준에서는 의료시설에서의 종사원 훈련을 의무화하고 있다. 푸드서비스 산업의 다른 분야에서도 종사원의 훈련과 개발은 생산성 증가와 종사원의 사기증진을 위하여 긍정적인 것으로 인식하고 있다.

고용주는 직무와 별개의 훈련 및 개발 프로그램을 제공하기도 한다. 일부 기관에서는 교육지원 정책도 행해지고 있다. 예를 들면, 러시대학교 메디컬센터에서는 1년에 2,000달러를 훈련과 개발 비용으로 지출한다.

또 다른 교육적인 관심은 문맹으로, 종사원의 문맹을 해결하기 위한 해결방법을 찾아야 한다(Sherer, 1990). 이는 사회적인 병폐의 해결과정이기도 하다. 푸드서비스 업계에는 낮은 기술성과 저임금으로 인하여 교육을 받지 못한 종사원들이 많이 근무한다. 많은 푸드서비스 매니저들이 종사원과 그 가족들의 문맹률을 낮추기 위한 프로그램을 제공하고 있다. 지역 학교, 성인상담교육 센터, 교육부, 지역 대학, 연방 정부의 직업훈련 파트너십 기금 등에서 도움을 받을 수 있다. 비용과 관계없이 기본적 기술과 제2외국어로서의 영어 훈련 프로그램은 레스토랑 운영자에게 도움이 된다. 대부분의 운영자들은 이러한 비용이 가치 있다고 말한다. 문맹 해결 프로그램은 종사원의 사기를 증진시키며, 활발한 의사소통이 가능하게 한다. 또한 이직률을 낮추고 생산성을 높일 수 있다.

대규모 조직에서는 다양한 프로그램을 통한 훈련과 개발이 가능하다. 일부 훈련은 그룹으로 행해지기도 하지만 개별적 훈련도 필수적이다. 또한 어떤 종류의 훈련과 개발이 필요하고 어디에서 필요한지를 평가하는 과정이 필요하다.

훈련과 개발에 대한 필요성이 확인되면 매니저는 적절한 훈련과 개발을 실시해야 한다. **직장 내 훈련(on-the-job training)**은 종사원이 특정 직무와 관련 일을 어떻게 해야 하는지를 배우고, 직무순환, 인턴십, 견습 등과 같은 실제적인 훈련을 통하여 직무를 직접적으로 습득하는 방법이다. 직무순환을 통하여 종사원은 일정기간 동안 업무를 배정받고 여러 가지 기술을 익힌다. 인턴십 과정에서는 실제적 훈련과 이론적 수업을 모두 실시한다. 견습 기간에 종사원은 훈련을 담당하게 될 전문기술을 가지고 있는 동료와 함께 한다.

직장 외 훈련(off-the-job training)은 직장 외부에서 수행된다. 직장 외 훈련에서는 실제 작업 환경과 유사한 실험적 경험, 사례연구나 역할 놀이 등과 같은 참여적 경험 훈련부터 세미나, 강의와 같은 교실활동 방법을 사용하여 훈련한다. 프로그램화된 학습 방법은 주제가 조직적이고 논리적이며, 훈련 참여자들의 반응을 요구한다. 컴퓨터 보조 학습은 컴퓨터를 활용하여 교육 자료를 직접 제공하기 위해 사용된다. 관리게임은 관리자를 훈련하기 위한 방법으로, 가상 조직의 의사결정에 사용될 수 있다.

푸드서비스 업장에서는 교대근무와 대체휴가가 흔한 일이기 때문에 직무연수 계획시 각 종사원의 업무 스케줄과 업무량도 고려해야 한다. 정기적인 업무활동 때문에 시간적 여유가 없는 경우에는, 일주일 중 근무일 마지막 날 또는 1회 교대 근무 마지막 날 훈련을 하며, 이것도 불가능한 경우에는 교대근무 시작일에 하도록 한다. 근무시간이 아닌 다른 시간에 훈련이 진행되는 경우, 일반적으로 종사원에게 훈련 참석에 따른 추가 수당을 지급한다. 주중에 실시되는 직무교육은 15분에서 1시간 이내로 다양하게 진행된다. 또한 가능한 경우라면 언제라도 시각보조물, 시범, 인쇄물 등을 사용하도록 한다. 다른 부서 또는 외부 조직의 훈련자를 참여시킴으로써 프로그램에 흥미를 더해줄 수 있다. 훈련 중 종사원에게도 참여기회를 제공해야 하며, 훈련은 정해진 시간에 시작하고 끝내야 한다. 교육 계획은 훈련 효과에 영향을 미치며, 교육 계획에 대한 예를 그림 12-10에 제시하였다.

훈련 명칭: 화재 안전 **훈련 날짜:** 2010년 04월 14일, 04월 16일

목적: 교육과정 종료 후 직원들은 다음 사항을 할 수 있어야 한다:

1. RACE와 PASS 과정을 설명한다.
2. 소화기를 조작한다.
3. 지정된 화재 대피 경로를 안내한다.

훈련 내용 개요:

1. 화재경보알림시스템을 설명한다.
2. RACE와 PASS 절차를 검토한다.
3. 주방화재안전지침을 논의한다.
4. 화재대비절차를 설명한다.

학습활동:

1. 시범을 보인 후 직원들이 소화기를 다뤄볼 수 있게 한다.
2. 화재대피경로를 걸어간다.
3. 화재안전평가퀴즈를 낸다.

참고문헌:

러시 대학교 의료센터 식품영양서비스정책과 절차 설명서, VII, 정책 7-3

직업적 안전 소화기 연습에 관한 러시 대학교 의료센터

Gregorie, M.B.,&Spears, M.C.(2007). **푸드서비스 기관: 경영 시스템 접근법.** Upper Saddle River, NJ: Pearson Prentice Hall, pp.340-342.

그림 12-10 현장 교육 문서의 예

1. 직무와 관련된 내용만을 포함한다.
2. 종사자가 아직 습득하지 못한 기술에 중점을 둔다.
3. 학습을 보강하기 위하여 실습을 한다.
4. 학습의 목표를 명확하게 기술한다.
5. 자료를 철저하게 준비한다.
6. 자격을 갖춘 준비된 강사를 활용한다.
7. 수동적이기보다는 적극적인 학습 환경을 조성한다.
8. 점진적으로 기술을 개발하도록 훈련순서를 조정한다.
9. 기대하는 수행력 기준을 자세하게 설명하고 이러한 기준을 평가한다.
10. 올바른 지식과 행동을 강화하도록 한다.
11. 다양한 학습 스타일에 맞춰 여러 교육 기법을 사용한다.
12. 학습에 따라 종사자의 독립적인 수행력을 향상하도록 한다.
13. 가능하다면 학습자의 훈련 속도에 맞춘다.

그림 12-11 효과적인 학습 환경 조성을 위한 전략

리피트(Lippitt, 1996)는 효과적인 학습 환경 조성을 위하여 종사원 훈련 시 고려해야 하는 사항을 제시하였다(그림 12-11). 종사원의 능력이 강화되지 않는다면 주로 훈련 방법이 잘못되었기 때문이다. 매니저는 보통 종사원의 실수는 지적하지만 임무를 정확하게 수행한 종사원을 칭찬하지는 않는다.

'연습이 완벽을 만든다'는 말이 훈련과정에도 적용된다. 흔히 매니저는 종사원이 완벽해질 것을 요구한다. 매니저는 종사원의 학습 능력이 개인마다 차이가 있다는 것을 쉽게 잊어버린다. 학습이 느린 종사원이라고 해서 모두 업무수행 능력이 형편없는 것은 아니므로 훈련은 반드시 개인차를 고려하여 진행되어야 한다.

매니저와 직원을 위한 개발에는 대학과 전문 훈련 기관 등으로부터 지속적인 교육기회를 제공받는 것이 포함된다. 워크숍, 단기강의, 세미나, 무역박람회, 컨벤션도 포함된다. 조직 중에는 매니저와 종사원이 근무기간이나 교육휴가 동안 학위를 취득할 수 있도록 보조하는 경우도 있다. 교육 경험이 업무와 무관하더라도 경험 자체가 종사원의 사기를 높이고 새로운 아이디어 창출 및 정보의 원천이 되는 새로운 대인관계 형성에 기여할 수 있다. 조직은 이러한 교육에 소요되는 비용의 일부 또는 전부를 지원한다.

훈련 및 개발 프로그램은 평가가 끝나기 전까지는 끝난 것이 아니다. 종사원은 훈련 및 개발에 대한 만족도, 훈련이나 개발을 통해 얻게 된 이익 및 향후 제안 등을 통해 개인과 그룹 훈련을 평가한다. 그러나 진정한 훈련의 효과는 종사원의 업무 성과 향상으로 나타난다.

12.4.2 성과평가

성과(performance)는 개인의 업무수행 정도를 의미하며, 결과를 기준으로 측정한다. **성과평가(performance appraisal)**는 조직에서 특정기간 동안 종사원의 수행 정도를 평가하는 과정으로 공식적이지 않은 경우도 포함된다. 성과평가 프로그램의 성공과 실패는 관리자의 철학, 태도 및 기술에 달려 있다(Sherman, Snell, & Bohlander, 1997). 첫 번째 단계는 정보 수집이다. 해당 정보는 종사원이 조직의 요구를 충족하였는지 여부를 평가하는 기반이 되며, 직원들의 높은 성과 달성을 위해 다른 종사원들에게도 결과가 전달된다. Mondy, Noe와 Premeaux(2002)는 효율적인 성과평가 시스템을 다음과 같이 분류하였다.

- **직무관련 기준**—수행 평가에는 수행한 업무와 직접적으로 관련된 기준만을 포함해야 한다.
- **기대되는 수행 정도**—분명하게 규정되어야 하며, 매니저와 종사원은 반드시 평가기간 전에 의논해야 한다.
- **표준화**—동일한 감독관 아래 동일한 직업군에 있는 종사원은 동일한 방법으로 평가해야 한다.
- **훈련된 평가자**—다른 사람의 업무를 평가하는 사람은 정확성, 일관성, 객관성, 공정성에 대한 훈련을 받아야 한다.
- **지속적인 의사소통**—업무 수행에 대한 피드백을 지속적으로 제공하여야 한다.
- **수행 검토**—종사원의 수행에 대해 토론할 수 있는 일정을 마련해야 한다.
- **적법절차**—공식적인 불만사항 처리 절차가 수립되어야 한다.

목표 성과평가 프로그램의 기본적인 목표는 다음과 같다.

- 종사원이 그들의 성과를 경영진과 의논할 수 있는 기회를 제공한다.
- 종사원의 수행에 대한 강점과 약점을 파악한다.
- 기준에 미달할 경우, 종사원에게 기준에 도달할 수 있는 방법을 제안한다.
- 개인적인 목표 설정과 자기 계발 계획을 보조해 준다.
- 향후 업무의 배정과 임금의 기초자료를 제공한다.

성과평가는 주로 보상을 결정할 때 사용된다(Sherman, Snell, & Bohlander, 1997). 종사원의 이직, 승진, 좌천과 같은 배치 결정은 주로 성과평가에 기반을 두고 이루어진다. 또한 많은 조직들이 불공평한 고용과 해고를 방지하기 위하여 성과평가를 이용한다.

참여자 성과평가를 위해서는 많은 자원이 투입된다. 매니저 또는 슈퍼바이저는 종사원의 업무 평가에 대한 책임이 있다. 종사원은 동료나 경영진의 수행 정도를 평가하기도 한다. 신뢰성을 유지하기 어려운 경우 종사원들이 서로를 평가하는 평가방식을 적용하기 힘든데, 특히 소규모 조직에서 그러하다. 또한 동료로부터 받는 부정적인 평가가 팀워크에서 개인의 노력에 영향을 줄 수 있는 경우도 그렇다. 360도 다면평가는 동료, 부하 및 감독관의 평가를 모두 포함한다. 일반적으로 인사 고과 전에 자기 자신을 평가하는 자가평가 방법이 사용된다.

방법 성과평가법에는 체크리스트법, 평가척도법, 주요사건 기술법, 목표관리법, 360도 다면 피드백 등이 있다. 체크리스트법은 성과평가를 평가하지 않고 기록만 하는 것이다. 이 방법은 '예' 또는 '아니오'로 대답할 수 있는 질문이나 진술서 목록으로 평가하는 것이다. 다음은 조리원에 대한 인사고과 체크리스트로, '예' 또는 '아니오'로 대답하도록 구성되어 있다.

조리원

_____ 은 고객만족에 관심을 기울인다.
_____ 은 주문이 불분명하면 종사원과 이를 검토한다.
_____ 은 메뉴 프리젠테이션에 주의를 기울인다.
_____ 은 식품 안전 원칙을 준수한다.

평가의 범위가 넓은 **평가척도법(rating scale)**도 개발되었다. 이는 성과평가에서 매우 흔히 사용되는 방법으로 종사원의 특징 및 특성을 척도에 따라 평가하는 방법이다(Sherman, Snell, & Bohlander, 1997). 평가척도법은 매우 다양한데, (1) 개인의 특성 및 차원, (2) 평가자의 직무수행 정도 평가, (3) 척도법상 점수를 명백하게 하는 정도에서 차이가 있다.

도표식 평가척도법은 가장 널리 사용된다. 각각의 직무 표준 또는 특성은 “1. 불만족, 2. 수용 가능, 3. 매우 뛰어남” 또는 “1. 기대 이하, 2. 기대 충족, 3. 기대 이상” 등으로 분류된다. **복합 표준 척도**(*mixed standard scales*)는 기본 평가척도법을 수정한 것이다. 이 방법은 특성 평가보다는 세 가지 관련 행동에 대하여 평가하고자 사용한다(예를 들면, 1. 불만족: 지도가 있었음에도 수행에 실패함). 특성은 “뛰어남, 평균, 부족함”과 같은 세 가지 유형으로 기술할 수 있다(Sherman, Snell, & Bohlander, 1997).

주요사건 기술법은 사건 시 종사원의 행동에 대하여 파악한 내용을 포함한다(Ingalsbe & Spears, 1979). 그 사건으로 인하여 종사원이 업무를 하지 않았거나 업무에 실패한 경우 해당 사건은 위험한 것으로 간주된다. 따라서 주요사건 기술법은 조사원 수행의 긍정적이거나 부정적인 면을 모두 포함한다. 이 방법은 평가 기간 동안 종사원의 행동에 대한 자료를 제공해준다는 장점이 있지만, 긴 시간이 소요된다는 단점이 있다.

행동기준 고과법(BARS)은 도표식 평가척도법과 주요 사건기술법을 혼용한 것이다. 이 방법은 주로 5~10개의 척도로 구성되며, 직무 수행에서 중요한 차원에 대해 비효율적인 행동부터 효율적인 행동까지 표시하도록 한다.

목표관리법(management by objectives, MBO)은 주로 매니저와 전문 인력의 수행을 평가하는 방법으로 매니저와 상급자는 주로 달성하는데 1~2년이 소요되는 성취 목적을 협의하여 결정하고 그 성과를 함께 평가한다. 목표에 대한 주기적인 평가과정은 일 년 간격으로 진행된다. 목표는 적절히 수정이 가능하다. 목표 성취도는 기간 말에 평가의 기초자료가 된다. 목표관리법은 상당히 많은 목표에 대한 피드백을 제공하는 반면, 과도한 시간과 문서작업이 요구된다. 목표관리법 프로그램이 성공하기 위해서는 여러 가지 조건이 충족되어야 한다(Sherman, Snell, & Bohlander, 1997).

1. 장기 목표와 단기 목표를 모두 정량화할 수 있고 측정할 수 있는 수준으로 설정한다.
2. 예상 결과는 종사원이 통제할 수 있어야 하며 각 수준마다 일관된 목표를 세워야 한다.
3. 매니저와 종사원은 목표를 검토하고 평가하는 데 필요한 시간을 계획해야 한다.
4. 각 종사원은 목표 달성 방법이 기술된 목표 진술서가 있어야 한다.

목표관리법 역시 단점이 있다. 이 방법은 조직의 성공에 어느 정도 영향을 주기는 하지만 긴 시간이 소요되며 비용이 많이 든다. 또한 수행도 자료가 주로 단기간의 결과 측정을 위주로 한다는 비판도 있다.

360도 다면 피드백 방법(*360-degree feedback method*)은 조직계층의 상부 및 하부 모두가 평가하는 방법이다. 전형적으로 동료, 하급자 및 상급자 모두가 성과평가를 한다. 얌 브랜드 주식회사(Yum Brand, Inc.)는 다면 피드백 방법을 사용하여 1,000개 지점의 피자헛, 타코벨, KFC, A&W 및 롱 존 실버스 프랜차이즈의 종사원을 평가하였다(Shuit, 2005).

고과면접 고과면접은 매니저가 종사원의 업무 수행에 대해서 서로 논의하고 개선될 수 있는 영역을 탐색하는 자리이다. 또한 종사원의 고민거리와 문제점에 대하여 논의할 수 있다. 면접의 목적이 종사원들이 향상할 수 있는 계획을 수립하는 것이기 때문에 매니저는 과거보다는 미래에 관심을 둔다. 종사원은 면접 전에 고과평가 양식을 작성하고 슈퍼바이저는 이 서류를 활용해 면접 동안 평가와 비교를 한다. 면접은 며칠 전에 미리 날짜를 정하고, 독립적인 공간에서 실시된다. 면접에서 논의되는 사항들은 종사원에게 새로운 내용이어서는 안 된다. 가능한 경우, 매니저는 면접 전에 종사원과 논의 사항에 대해 미리 상담을 해야 한다. 고과면접 시 관리자가 고려하여야 할 사항은 다음과 같다.

- 단점보다는 강점을 강조한다.
- 성격적 부분에서의 권장사항을 언급하는 것은 피하고 업무를 보다 잘 수행할 수 있는 적절

한 방법을 제시한다.

- 향상을 위해 필요하거나 적합한 행동에 대하여 논의한다.
- 현재 직무에서 종사원의 성장 가능성에 집중한다.
- 적정한 기간 내에서 목적달성을 위한 변화나 성장 계획을 세운다.

고과면접은 평가에 있어 가장 중요한 부분이다. 그러나 종사원의 과거 성과를 논의하고 발전 계획을 한꺼번에 논의하는 것은 쉽지 않다. 이럴 때는 면접을 두 부분으로 나누는 것이 좋다.

12.4.3 인사단행

성과평가 과정은 여러 인사단행의 기초 자료가 된다. 종사원의 수행 능력이 부족한 경우, 이를 시정하기 위한 계획을 수립하거나 적절한 징계가 내려진다. 승진, 좌천, 전직, 이직 또는 해고, 사직, 퇴직 등과 같은 인사단행이 이루어질 수 있다. 종사원 해고는 적절한 작업환경을 유지하는 데 필요한 또 다른 인사단행이다.

승진 조직에서 높은 수준의 직위로 이동하는 것을 의미한다. **승진(promotion)**한 경우 임금과 직위가 상승하고 더 많은 기술과 책임이 요구된다. 승진은 성과 향상에 대한 인센티브이다. 승진은 성과평가와 긴밀하게 연결되며 우수한 성과를 인정하는 방법의 하나이지만, 종사원이 지닌 능력이 적합하지 않은 위치로 승진이 진행되어서는 안 된다. 예를 들어 여러 개의 푸드서비스 업장이 있는 업체의 지역 매니저가 중앙본부의 사원으로 잘못 배치될 수도 있으나, 대신 이 종사원은 더 높은 직위로 승진이 가능하다.

승진에는 실적제와 연공서열제가 있다. 승진은 실적에 따라 공정하게 이루어져야 한다. 그러나 이 경우에도 문제는 발생할 수 있다. 예를 들어 승진을 하지 못한 종사원이 항의를 하는 문제가 발생할 수 있다. 조직에 노조가 있는 경우, 노조협약은 연공서열제에 따른 승진을 요구할 수 있다.

적합한 종사원에게 관리직을 부여하고자 계획하는 것이 **계승계획(succession planning)**이다. Mondy, Noe와 Premeaux(2002)는 계승계획에 대한 경영 데이터베이스를 만들 것을 권장하였다. 데이터베이스에는 관리자의 현재 직위, 개발된 전문프로그램, 승진 가능한 직위 및 가능한 대체인력 등에 대한 정보가 포함된다.

좌천 **좌천(demotion)**은 기술, 책임, 직위, 임금 등을 낮은 수준으로 강등하는 것을 의미한다. 종사원은 구조조정으로 인하여 좌천되기도 하며, 좌천은 징계조치의 수단으로 사용되기도 한다. 좌천된 상황을 받아들이고 이에 적응하는 것은 어렵다. 따라서 좌천된 종사원에게는 특별한 감독이나 상담이 필요하다. 오랫동안 근무한 종사원의 능력 또는 기술이 저하되었다면 좌천보다는 업무를 재구성하는 것이 해결책이다. 어떤 경우에는 약간의 권위와 책임을 부여하고 종사원을 이동시킴으로써 문제가 해결되기도 한다.

전직 **전직(transfer)**은 종사원을 조직 내의 다른 유사한 부서로 이동시키는 것을 의미한다. 이때 임금과 성과 및 요구조건 등은 모두 동일하다. 전직에는 종사원의 작업팀, 작업장, 소속 부서를 바꾸거나 종사원을 다른 지역으로 이동시키는 것을 포함된다. 종사원의 근무지를 현재 수요가 가장 많은 곳으로 이동시킬 수도 있다. 종사원이 다른 직무를 선호하거나 역량을 발휘할 수 있는 다른 팀에 배치되기를 희망할 경우 전직이 진행되기도 한다.

이직 **이직(separation)**은 자발적이든 비자발적이든 고용이 종료되는 것을 의미한다. 자발적인 이직 또는 퇴직을 하는 경우, 많은 조직에서 설문지 작성이나 면접을 통하여 종사원이 왜 그만두는지를 알아내야 한다. 이 면접을 통하여 종사원과 관련된 문제점을 파악할 수 있다. 인적자원 연구자는 회사를 떠나는 종사원으로부터 조직에서 발생할 수 있는 문제에 대한 통찰력을 얻을 수 있다고 말한다. 면접을 통해 고용주는 왜 종사원들이 사퇴하는지를 파악하게 되고 이직을 감소시킬 수 있도록 계획을 수정할 수 있다.

고용주는 종사원에게 투자를 한 것이므로, 비자발적 이직 또는 해고는 가장 마지막 수단으로 간주된다. 비자발적 이직 또는 해고 전에는 훈련과 상담을 실시하여야 한다. 또한 종사원을 해고할 때에는 종사원의 업무수행 능력이 떨어짐을 증명할 수 있는 서류가 필요하다.

인력감축으로 인하여 이직이 되는 경우도 있다. 새로운 기술 도입과 경기침체의 결과로 해고가 단행될 수도 있다. 해고 결정은 신중해야 하고 가능한 다른 일자리를 제안하는 것이 좋다.

12.4.4 종사원 징계

종사원이 조직의 정책이나 규칙을 준수하지 않았을 때, 이에 대한 조치로 **징계(discipline)**를 한다. 징계를 통하여 효율적인 성과 달성과 업무 규칙을 준수하도록 하는 것이 목적이다. 또한 징계를 통하여 성과와 행동의 최소기준을 제시하기도 한다. 일반적인 징계사유를 그림 12-12에 제시하였다.

푸드서비스 운영자들은 효과적인 징계조치를 위해서는 종사원과의 접촉을 유지해야 한다는 점에서 의견이 일치한다(Boyle, 1987). 징계는 쉽지는 않지만 생산적이다. 문제에 대하여 경고를 받은 종사원은 매니저와 함께 문제를 풀어나갈 수 있으며, 이는 종사원이 지속적으로 성과를 이루는 데 기여할 수 있다.

징계절차 일반적으로 징계절차는 다음과 같다.

- 기록과정 없는 구두 경고
- 종사원의 인사관리부에 기입하고 구두 경고
- 서면 징계
- 정직
- 해고

근무태도
결근(무단/ 상습적)
태만
작업장 이탈
지각
작업 포기

업무 수행력
직무를 수행하지 않음
반항
절차를 따르지 않음
부주의
작업 중 부적절한 음식 섭취
부적절하게 근무시간 기록 카드를 찍음
기계를 절적하게 사용하지 못함

개인행동
직장 폭력
언어 폭력
정직성 부족
기물 파손
약물 남용
제한 구역에서 흡연
도박
총기소지
권한 남용

외관
복장
개인위생
이름표

그림 12-12 징계 사유

종사원의 징계사유에 따라 절차는 달라질 수 있다. 예를 들면, 종사원의 절도가 드러났을 때에는 경고나 정직이 아닌 즉시 해고가 가능하다. 징계의 주요 사항은 일관성을 유지하는 것이다. 종사원이 같은 상황에서 다른 종사원들과 동일한 징계를 받는다고 느껴야 한다. 징계조치는 종사원 행동의 결과이지, 감독자와의 인격적 분쟁에 의한 것이 아니다. 징계는 직접적으로 하여야 하며 화를 내거나 사과를 하는 과정 없이 조용히 진행되어야 한다. 관리자는 논쟁을 피해야 하고, 사적인 용도로 징계를 사용하여 종사원을 불쾌하게 하면 안 된다. 몇몇의 경우에는 공적인 징계가 상황을 수습하는 데 필요할 수도 있다.

대부분의 조직에서 고충처리 절차는 적법한 절차에 따라 이루어져야 한다. 즉, 부당하게 인사단행이 되었다고 여기는 종사원들에게 공정한 절차로 고충처리가 진행되어야 한다. 일반적으로 이 절차는 과정이 복잡하다. 우선 종사원은 상급자에게 검토를 요청한다. 만족스러운 답변을 얻지 못한 경우 더 높은 상급자의 검토가 필요하다. 검토를 담당하는 고충처리 위원회는 명령식으로 문제를 해결하지는 않는다. 노조화된 조직에서의 고충처리 절차는 노조협약에 명시되어 있으며, 기관 내에서 문제가 해결되지 않을 경우 외부 중재자에게 도움을 요청할 수 있는 조항이 있다.

아래 방법을 사용하면 고충처리와 징계를 줄일 수 있다.

- 정확한 직무기술서, 직무명세서 및 직무기준 마련
- 일자리에 적합한 직원 선발
- 효율적인 오리엔테이션, 훈련, 개발 및 수행평가 시스템 개발
- 상급자의 좋은 인간관계 기술 이용

원인 분석 직속 슈퍼바이저는 종사원이 징계를 받지 않도록 예방하거나 잘못된 점을 수정해 주어야 할 책임이 있다. 슈퍼바이저는 징계를 내리기 전에 종사원이 정책과 규칙을 숙지하고 있었는지를 고려하여 불만족스러운 성과를 낸 이유를 찾아야 한다. 종사원이 관련 정책을 인지하고 있었다면, 슈퍼바이저는 문제의 원인을 파악하는 것이 문제적 행동을 다루는 것만큼 중요하다는 점을 잊어서는 안 된다. 문제가 반복되지 않기 위해서는 원인 분석이 필요하다.

건강문제, 개인적 위기, 정서문제 또는 약물에 의존하는 등의 이유로 종사원의 직무 수행 결과가 불만족스러운 것일 수 있다. 결혼, 가족, 재정상태 또는 법률적 문제 등 개인적인 위기 상황은 종사원의 직무 수행 정도에 영향을 미칠 수 있다.

스트레스 역시 영향을 미칠 수 있다. 대부분의 종사원이 스트레스를 이겨낼 수 있다 하더라도 이를 해결하지 못하는 일부 종사원들은 문제가 될 수 있다. 문제가 있는 종사원은 정신건강, 알코올 중독, 약물 남용의 증상을 보일 수 있다. 주로 과중한 업무 때문에 극도의 피로 및 스트레스가 발생하며 이로 인하여 푸드서비스 업계에서 이직하기도 한다.

슈퍼바이저는 문제가 되는 행동이 발생할 수 있는 모든 원인을 주의 깊게 살펴야 한다. 슈퍼바이저가 종사원을 지원하거나 종사원과 상담할 준비가 되어 있지 않은 경우가 있기 때문에, 조직에서 훈련이나 정책적 가이드라인, 상담 방법 등을 제공하는 경우가 많다. 상담은 슈퍼바이저 또는 종사원을 위한 것이며 조직의 내부 및 외부에서 특별 상담자나 약물 담당자를 지원한다.

많은 조직에서 문제가 있는 직원에게 긍정적으로 다가가는 시도를 하고 있다. **종사원 지원프로그램(employee assistance program, EAP)**은 알코올 및 약물 중독, 정서장애, 결혼, 가족, 재정적 어려움과 같은 문제가 있는 종사원들이 상담, 충고 또는 치료를 받을 수 있도록 한다.

일반적으로 종사원 지원프로그램에는 상급자 훈련, 내부 종사원 상담, 기관에 대한 조언 서비스 등이 포함되어 있다. 조직은 문제가 있는 종사원을 해고하는 것은 비인간적이며 비효율적이라는 것을 알고 있다. 종사원 지원프로그램은 비용 대비 효율이 높은 방법이다.

12.4.5 보상관리

종사원에 대한 보상은 조직 운영비의 상당 부분을 차지한다. 종사원을 고용하고 그들과 함께 일을 하기 위해서는 좋은 근무환경, 건전한 고용관행과 개인의 능력에 대한 적절한 보상, 직업에 대한 책임감이 필수적이다.

보상 **보상(compensation)**은 조직이 종사원에게 직무 또는 성과에 대한 대가로 제공하는 재정적인 보수이다. 월급, 임금, 복리후생 등이 보상에 포함된다. **월급**(*salary*)은 장기간 고용된 관리직 또는 전문직 종사원에게 제공하는 보수이다. **임금**(*wage*)은 공정 노동기준법(Fair Labor Standards Act)에 따라 제공하는 시급으로 최저 임금법 또는 노동기준법으로 불린다. 고용주는 종사원의 임금률을 설정하기 위해서 임금 믹스 등을 고려해야 한다. 복리후생은 간접적인 보상으로 종사원이나 가족을 위한 보험이 이에 해당한다. 현금으로 받는 월급과 임금은 직접적인 보상이며, 계획의 형태로 종사원에게 제공되는 복리후생은 간접적인 보상이다.

임금 믹스 종사원의 임금에 영향을 주는 외적 및 내적 요인의 결합인 **임금 믹스**(wage mix; Sherman, Snell, & Bohlander, 1997)를 그림 12-13에 제시하였다.

외적 요인 외적 요인에는 노동시장의 상태, 생계비용, 단체교섭, 정부의 영향력 등이 포함된다. 노동시장의 상태는 그 지역 종사원의 수요 및 공급을 반영한다. 임금은 지역의 임금 수준과 비슷하게 결정해야 한다. 만약 그 지역에서 정보 수집이 어려운 경우 국가조사 자료를 이용할 수 있다. 미국노동통계국의 경우, 온라인으로 근로시간과 임금 데이터를 수집하여 제공하고 있다(www.bls.gov 참조).

인플레이션 기간 동안에는 종사원의 구매력을 유지하기 위하여 주기적으로 임금이 인상된다(Sherman, Snell, & Bohlander, 1997). 임금 산정 시에는 시간에 따른 가격의 평균적인 변화를 나타내는 소비자 물가지수를 주로 이용한다. 노동조합은 임금 인상을 위해 단체 교섭을 한다. 노조의 목표는 실질임금을 소비자 물가 이상으로 인상하는 것이다.

내적 요인 조직 내에 보상프로그램이 없는 경우, 직무에 익숙한 종사원이 직무의 가치를 결정할 수 있다. 임금률은 노동 시장이나 단체교섭의 영향을 받는다. 보상프로그램이 있는 조직에서는 직무 평가를 이용하여 임금을 설정하고, 직무평가를 통해 해당 직무의 상대적 가치를 결정한다. 보상의 첫 단계는 직무 내용과 책임, 교육정도, 경험 및 기술 등의 요구조건을 규명하기 위하여 직무를 평가하는 것이다.

직무평가를 위한 두 가지 방법은 직무 서열법과 직무 분류법이다. **직무 서열법**은 직무의 상대적 가치를 측정하는 것으로 가장 단순한 방법이다. 하지만 기술과 평가자가 가지고 있는 정보의 양에 따라 달라질 수 있다. **직무 분류법**은 여러 임금의 계급 또는 등급을 미리 결정한 후 그 기준에 따라서 평가하는 방법이다. 이 방법은 동일한 가치의 직무에 동일한 임금 등급을 적용하도록 구성되었다.

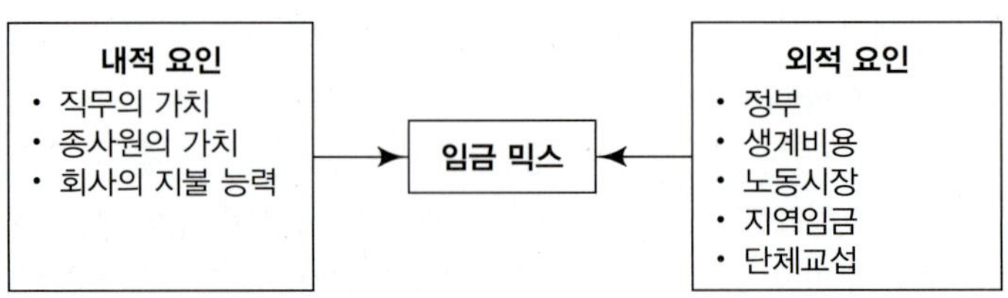

그림 12-13 임금 믹스(mix)에 영향을 주는 요인

종사원의 상대적 가치는 동등한 자격 요건을 가진 자가 동일한 임금을 받는 것을 전제로 한다. 수행도의 차이는 승진 등의 다양한 인센티브로 보상한다. 능률제 승급(merit raises)은 효과적인 인사고과를 기반으로 해야 하지만, 주로 자동적으로 실시된다. 고용주의 지불 능력은 공공 부문에서 기금을 제공하는 납세자의 의지 혹은 민간 부문에서 제품과 서비스로부터 얻은 이익을 기반으로 한다.

복리후생 **복리후생(benefits)**은 고용주가 종사원에게 제공하는 비금전적 보상이다. 종사원의 복리후생에 대한 비용은 점점 증가하고 있다. Mondy, Noe와 Premeaux(2002)에 따르면, 1년에 30,000달러를 버는 종사원은 복리후생으로 약 11,700달러(40% 정도)를 받는다고 한다. 사회보장연금과 산재보험 등의 복리후생은 법적으로 의무화되어 있다. 건강보험이나 유급휴가 등은 법정 외 복리후생제도로 회사의 재량으로 주어진다.

Gómez-Mejía, Balkin과 Cardy(2001)는 복리후생을 다음과 같이 여섯 가지로 분류하였다.

- **법적 복리후생**—사회보장, 산재보상, 실업보험, 가족 및 요양 휴가 등이 있다.
- **건강보험**—건강, 치아 및 안과 관리에 대한 보험이다. 서비스는 전통적인 실손 의료보험설계, 종합적 건강관리기관 및 지정시혜기구 등을 통하여 제공받는다.
- **퇴직금**—은퇴 후 종사원이 받는 수입으로 연금액보증제도 또는 401(K)과 같은 확정 기여형연금제도, 개인퇴직연금제도, 종사원 주식옵션제도 등이 있다.
- **보험**—생명보험, 산재보험, 실업부가금 등을 위한 보험 등이 있다.
- **유급휴가**—일을 하지 않은 시간에 대한 급여로, 병가, 휴가, 휴일, 퍼스널타임[일을 쉬어도 결근이나 휴가 등이 되지 않고 유급(有給)으로 취급해 주는 일정한 시간], 퇴직수당 등이 있다.
- **종사원 서비스**—아동 돌보미, 헬스클럽 회원권, 회사 보조금, 주차권, 학자금, 금융서비스, 회사 상품 할인판매, 교통편 제공, 의류비, 직원보조프로그램 등의 종사원 서비스를 제공한다.

종사원마다 서로 다른 복리후생을 요구하기 때문에 선택적 복리후생 제도가 증가하고 있다. **선택적 복리후생 제도**는 조직마다 다르며, 어떤 회사는 복리후생 품목에서 종사원이 원하는 것을 선택할 수는 모듈 선택형을 개발하고 있다. **선택항목추가형**은 일반적으로 종사원이 받는 필수적인 복리후생과 선택 가능한 항목을 추가적으로 구성한 것이다. **선택적 지출 계좌형**은 고용주나 종사원이 세금을 포함한 소득을 적립하여 아동 돌보미나 건강관리에 이용하도록 하는 방법이다.

정부의 영향력 1930년대부터 조직의 보상 관행에 중대한 영향을 끼치는 광범위한 연방법이 시행되었다. 비차별적 보상을 강조하는 법이 있고, 보상 또는 복리후생과 관련되어 있는 법이 있다. 예를 들면, 공정근로기준법(Fair Labor Standards Act)은 보상과 관련이 있으며, 사회보장연금, 실업급여, 산재보험 등은 복리후생과 관련이 있다. 개인연금계획 역시 종사원퇴직소득보장법(Employment Retirement Income Security Act)을 토대로 연방법에 의해 규정된다. 또한 푸드서비스 업계와 기타 서비스 업계에는 팁을 받는 종사원에게 적용되는 제정법과 규정도 시행되고 있다. 관리자는 보상과 고용에 관련 법률조항을 항상 확인해야 한다.

보상 규정 공정근로기준법(Fair Labor Standards Act)은 1938년에 통과되었으며, 이후 여러 차례 개정되었다. 공정근로기준법의 주요 조항은 최저임금, 초과근무수당, 미성년자 노동 및 평등권에 관한 것이다. 법률이 여러 해를 거치며 개정되면서 보호받는 업무의 범위가 확대되고 최저임금이 인상되었다. 푸드서비스 업계 종사원은 1960년대 중반까지는 최저 임금법에 의해 보호받지 못했다. 고용주는 0/40 초과근무정책에 따라 정규임금을 주간 40시간 초과 근무 시 1시간당 1½의 비율로 지불하거나 일일 8시간 또는 주당 80시간 초과 근무 시 8/80정책에 따라 임금을 지불하였다. 공정근로기준법은 위험 직종에서 18세 미만 미성년자의 채용을 금지하고 있다. 16세 미만 미성년자의 채용 역시 이 법에 의해 통제된다. 1963년의 동일임금법(Equal Pay Act)과 1967년 연방의 연령차별금지법(Federal Age Discrimination Act)은 여성과 40세 이상의 종사원에 대한 차별을 금지하고 있다.

이 법률에는 최저임금과 초과근무 관련 사항에서 제외된 특정 직업에 대한 사항도 정의되어 있다. 경영자, 전문가 및 외부 판매원은 대상에서 제외되었다. 종사원의 면제는 업무상의 책임과 의무 및 임금에 따라 결정된다. 직무상 책임과 임금 규정에 대한 정의와 요구사항은 이러한 적용제외 범주에 대해 미국노동부가 규정하였다.

복리후생 규정 1935년 사회보장법(Social Security Act)은 퇴직, 실업, 상해, 경제적 보호자의 사망 또는 상해로 인한 종사원의 임금상실에 대한 보험프로그램을 개설하였다. 사회보장프로그램은 종사원의 수익에 부과되는 세금으로 운영된다.

최근 세율과 세법상의 최고임금은 복리후생의 자유화를 위하여 주기적으로 수정되었다. 1960년대 중반, 사회보장법의 개정으로 의료보장 프로그램(Medicaid and Medicare Programs)이 생겨났다.

사회보장법에 의해 보호받는 직장에서 근무해 온 종사원과 해고당한 종사원은 26주까지 실업보험수당을 받을 수 있다. 실업률이 높을 때는 기간이 연장되기도 한다. 이러한 혜택을 받으려는 실업자는 주요 고용 기관에 실업수당 신청서를 제출하여 일자리를 등록하고, 추천하는 일자리에 근무해야 한다. 각 주는 고유의 실업보험법률을 가지고 있으며 법에는 관련 용어와 복리후생이 규정되어 있다. 실업수당기금은 임금에 근거한 연방정부의 근로소득세에서 나온다. 최저임금법에 따라 실업보상 프로그램에 운용되는 대부분의 세금은 주(states)로 환급된다.

1911년 산업재해로 상해를 입은 종사원에게 수당을 지급하는 최초의 미국법이 제정되었다. 오늘날 대부분의 미국 종사원은 산재보험에 가입되어 있다. 작업장 사고와 탄진폐병, 방사성질환, 석면증 등 업무관련 질병으로 인한 비용은 사업비용으로 간주되며 궁극적으로는 소비자에게 영향을 미친다. 각 주에는 산재법을 관리하는 고유의 법과 기관이 있다. 일반적으로 이러한 법은 작업장 사고의 희생자들에게 수익과 의료복지를 제공하며 신체상해소송에서 소송의 지연을 감소시킨다. 또한 고용주가 안전과 재활에 관심을 가지도록 하며 변호사와 증인 관련 비용을 없애고 사고의 원인 조사를 촉진한다.

대부분의 비농가 종사원은 개인연금계획, 종사원 복지를 위한 이익배분제도 또는 저축계획으로 퇴직을 준비한다. 최근 이러한 프로그램들은 연방 법규를 기반으로 증가하고 있다. 연금계획의 실패를 예방하기 위하여 1974년에 종사원퇴직소득보장법(Employment Retirement Income Security Act)이 제정되었다. 비록 이 법률에서는 고용주에게 연금계획 설계를 요구하지는 않지만, 계획 설계를 위한 기준을 제공하고 있다. 이 법에는 고용자책임, 공개와 보고, 근로자 참여와 보험적용범위가 제정되어 있다.

휴가, 병가, 휴무일, 병역 등 유급휴가는 보상 복리후생에 포함된다. 1933년에 제정된 가족 구성원을 돌보기 위한 휴가병가법(Family and Medical Leave Act)은 직업 및 가족을 보호하기 위한 휴가와 임시 병가를 승인하고 있다(노동부, 1999년, www.dol.gov). 이 법안은 종사원이 최고 12주까지 유급휴가를 받을 수 있도록 하였다.

- 신생아 출산과 양육
- 입양이나 가정위탁
- 가족구성원의 건강 문제에 의한 휴가(배우자, 자녀 또는 부모)
- 심각한 건강상 문제로 근무가 곤란한 종사원의 병가

세 가지 종류의 법률은 회사의 건강보험과 관련된 복리후생에 영향을 준다. 1985년의 총괄예산조종법(Consolidated Omnibus Budget Reconciliation Act)은 사퇴 등으로 회사를 떠난 종사원이 건강보험을 계속적으로 제공받도록 하였으며, 종사원의 가족은 이전 고용주가 제공한 건강보험을 18~36개월 동안 추가적으로 제공받을 수 있다. 종사원은 반드시 보험료를 모두 납부해야 한다. 1996년에는 건강보험양도 및 책임법(Health Insurance Portability and Accountability Act)이 통과되었다. 이 법안은 종사원이 일자리를 옮길 때 이미 존재하는 의료상태에 의해 보험금 차이 없이 건강보험 계획을 바꿀 수 있도록 하고 있다. 2010년 제정된 지불가능한건강보험법(Affordable Healthcare Act)은 중소기업이 종사원에게 건강보험을 보조할 수 있도록 세금을 공제해 준다. 건강보험의 범위는 26세 이하의 가족까지 포함되며, 공공건강보험 옵션, 건강관리 및 연장자를 위한 의료처방 혜택을 제공한다.

12.5 충원과 배치

충원과 **배치**라는 용어는 서로 바꾸어 사용할 수도 있으나, 사실 다른 의미로 사용되며 서로 연관된 기능을 가지고 있다. **충원(staffing)**은 일을 완료하는 데 필요한 적절한 직원 수를 결정하는 것과 관련이 있다. 직무분석과 작업생산표준은 필요한 인력을 결정하기 위한 기초가 된다.

배치(scheduling)는 충원된 종사원을 근무에 필요한 수대로 배치하는 것을 의미한다. 배치는 종사원의 근무시간과 근무날짜를 포함하여 구성한다. 배치의 어려운 점은 바쁜 점심시간에도 종사원의 수가 충분하여야 하며, 식사시간 사이의 여유로운 시간에도 종사원 수가 초과되지 않도록 고려해야 한다는 것이다.

12.5.1 변수

충원과 배치는 많은 요인에 따라 달라진다. 어떤 음식이 제공되며, 푸드서비스 업장이 어디에 위치하는지에 따라 직원 수와 그들이 일하는 시간에 차이가 날 수 있다. 또한 푸드서비스 유형(전통적, 중앙공급식, 조리저장식, 조합식)도 충원과 배치에 영향을 미친다.

운영의 차이점 충원과 배치는 업장의 운영 방법에 따라 차이가 있다. 예를 들면, 외식업소는 주로 주말 저녁이 피크타임이고, 화요일 혹은 수요일 저녁에는 사람이 없다. 그러나 상업지역에서 위치한 급식소의 경우에는 점심시간이 주된 운영시간이고 저녁에는 손님이 적을 것이다. 일반적으로 병원의 환자 수가 계절마다 다른 것과 마찬가지이다. 방학과 휴가철에는 환자가 매우 적다.

대학 기숙사 급식, 학교구내식당, 일부 푸드서비스 업장은 고객 수요 예측이 훨씬 쉽다. 그러나 이러한 사업장에서는 다양한 요인(학교행사 일정, 메뉴)들이 영향을 미친다. 이러한 예들은 푸드서비스 매니저가 충원과 배치를 통해 초과 인력을 사용하지 않고 적절한 인원을 확보해야 함을 보여준다.

배치는 무단 결근, 이직, 휴가, 휴일, 비근무일, 직원의 기술 차이에 따라 더 복잡해진다. 이러한 고려사항뿐만 아니라, 특별 행사나 케이터링도 배치에 영향을 미친다. 필요한 최소한의 충원 결정은 운영상 모든 일을 처리할 수 있어야 한다는 것이 기본이다.

푸드서비스 유형 푸드서비스 유형은 운영에 있어서 충원의 주요 결정요인이다. 전통적 푸드서비스와 조합식 푸드서비스를 비교하면 종사원의 충원에 큰 차이가 있다. 대부분의 음식을 처음부터 준비해야 하는 전통적 푸드서비스로 운영되는 병원 급식소와 음식의 조리과정이 거의 필요 없는 조합식 푸드서비스로 운영되는 병원 급식소의 운영 방식에는 차이가 있을 것이다.

미리 준비된 음식을 제공하는 조리-냉장이나 조리-냉동 방식을 사용하는 푸드서비스 업장의 장점 중 하나는 많은 종사원들, 특히 주방에서 일하는 종사원들을 월요일부터 금요일까지, 5일, 40시간 기준으로 규칙적으로 운영할 수 있다는 점이다. 이러한 배치가 가능한 이유는 제품을 바로 제공하는 것이 아니라 재고로 저장하기 때문이다. 결과적으로 주말 동안이나 휴일의 식사 때에는 서빙, 설거지, 청소를 하는 최소 인원만 필요하다. 따라서 이른 아침, 늦은 밤, 주말 또는 휴일에 근무해야 하는 종사원의 수가 매우 적어진다.

12.5.2 대체 근로자

종일 근무자로만 배치하여 푸드서비스 업장을 운영하는 경우 문제가 발생할 수 있다. 바쁜 시간에 종사원이 부족하여 고객들이 불만을 제기할 수도 있고, 여유로운 시간에는 종사원들이 급여 대비 아무것도 하고 있지 않아 매니저가 걱정을 하기도 한다. 많은 서비스 산업에 있어서 해결책은 파트타임 종사원을 고용하거나 임시직을 고용하여 바쁜 시간에만 도움을 줄 수 있도록 하는 것이다.

파트타임 종사원 몇몇 푸드서비스 업장의 경우 대부분의 종사원이 파트타임으로 일하며, 퀵 서비스 레스토랑에는 파트타임 종사원이 특히 많다. 파트타임 종사원들은 종종 휴가, 병가, 휴일, 보험 등 복리후생 혜택을 받지는 못한다. 몇몇 조직에서는 파트타임 종사원들도 일정 시간 이상 근무한 경우에는 이러한 혜택을 제공하기도 한다. 휴가, 병가와 같은 혜택은 근무시간에 비례하여 할당된다.

퀵 서비스 레스토랑에서 파트타임 종사원 대부분은 십대나 대학생들로 구성된다. 그러나 출생률의 감소로 이러한 연령대의 파트타임 종사원들이 감소하였다. 고용주들은 십대들에게 영향을 미칠 수 있는 노동법을 알고 있어야 하며, 다음에 제시한 고용 관련 연방규제 사항을 이해해야 한다(Employers Should, 1993).

- 최소 14세 이상이 되어야 푸드서비스 업장에서 일을 할 수 있다.
- 14~15세 종사원은 1일 8시간, 주 40시간으로 근로 시간을 제한한다. 16살 이하 종사원은 학기 중에는 주중 오전 7시 이전, 저녁 9시 이후에는 일을 할 수 없다.
- 14~15세 종사원은 기계나 설비의 수리 및 유지보수 직업에 종사할 수 없다. 요리(소다수 판매점, 간이식당, 스낵바, 카페테리아의 서빙카운터 외)를 하거나 빵을 굽는 것, 차량에 물건을 상하차 하는 일은 금지한다.
- 18세 미만의 종사원은 동력에 의해 작동되는 육류 및 식품 슬라이서를 다루는 일을 할 수 없다.

모든 주에는 미성년자 고용법이 있다. 많은 경우 주의 법이 연방법보다 훨씬 기준이 높다. 위 두 가지 법에 모두 적용되는 고용주는 더 높은 기준을 준수해야 한다.

요일에 따라 식수의 차이가 큰 푸드서비스 업장이나 특별 이벤트 등이 있을 경우에는 바쁜 주말에만 일을 하거나 이벤트를 도와주는 종사원을 배치함으로써 적절히 충원을 해야 한다.

푸드서비스 매니저는 피크타임에만 일하는 종사원을 배치하는 **변동근무배치(split shift scheduling)**를 활용할 수 있다. 이 방법은 식사시간 사이, 업무량이 적은 시간에 최소 인원을 충원할 수 있는 방법이다. 손님의 자리를 안내하는 종사원이나 서빙하는 종사원은 점심시간에만 일하도록 배치하고, 식당이 문을 닫는 오후 시간에는 배치를 하지 않다가 저녁시간에 다시 근무하도록 배치한다. 그러나 많은 주에서 일정 시간 이상 근무를 하도록 법이 정해져 있으므로, 이 배치방법은 주의하여 실시해야 한다.

임시 및 파견 근로자 푸드서비스 산업의 성장과 종사원의 부족 때문에 매니저들은 임시근로자라는 좀 더 고비용의 방법을 사용하게 되었다. 요즘에는 많은 분야에서 전문적인 **임시근로자** 소개업체를 통해 단기간 일할 임시 근로자를 모집한다. 소개비는 표준 급여의 3분의 1 이상이 되기도 한다. 어떤 매니저들은 채용과 종사원을 위한 복리후생 혜택에서 비용을 절약해 추가비용을 충당하기도 한다.

소개업체에 따라 설거지를 하는 사람부터 주방장, 호텔관리자부터 지배인이나 영업관리자까지 직군의 범위에 맞는 능력을 가진 종사원을 구할 수 있다. 임시근로자의 자질과 그들에게 규칙적으로 지출하는 비용에 대해 의문을 갖는 매니저들도 있다. 임시근로자를 채용해야 하는 푸드서비스 매니저는 소개업체에 전화를 걸어 요구사항을 전달하고 시간당 수당을 결정한다. 소개업체는 근무 가능한 인력 데이터베이스를 검토하고 가능한 가장 적합한 사람을 찾는다. 종사원들은 출근을 하고 임무를 완수한 후, 소개업체에서 급여를 받고, 소개업체는 회사에 청구한다. 시간당 수당은 정규 종사원들의 50~150% 이상 된다. 대부분 소개업체는 복리후생 혜택, 보상, 책임보험을 제공한다.

시카고에서 시작된 또 다른 아이디어는 파견근로자이다. 전국적으로 1,500개 이상의 파견업체에서 백만 명 이상의 파견근로자들이 모든 종류의 일을 하고 있다(Resnick, 1993). 치솟는 보험비용과 각종 정부 규정 준수 비용은 종사원을 책임지는 데 어려움을 겪게 만들었다. 레스토랑 주인들은 급여지급부터 의료보험, 근로자 보상보험 등 모든 것을 대행해 주는 파견업체를 통해 종사원을 채용함으로써 비용과 고민거리를 줄이고 레스토랑 운영에만 집중할 수 있다. 파견대행 업체는 종사원들을 고용한 후 매월 일정 비율의 대금을 지급받고 종사원들을 파견한다. 이러한 방식으로 파견업체는 고용과 관련된 일들을 처리하고 고객사는 종사원 관리, 급여 조정, 배치 등의 감독 관리를 하게 된다. 몇몇 파견업체는 종사원을 가려서 고용하기도 한다. 푸드서비스 매니저들은 파견대행업체의 재정상태를 검토하여 신중히 선택해야 한다. 파견업체가 부도날 경우 푸드서비스 매니저가 종사원들의 건강보험과 보상 청구에 대한 책임이 있기 때문이다.

12.5.3 충원에 필요한 지수들

종사원의 충원을 위해 푸드서비스 산업에서 사용되는 몇몇 지수들이 개발되었다. 그러나 종사원 충원에 대한 기준들은 자동차산업의 기준처럼 정교한 수준은 아니다.

Sneed와 Kresse(1989)는 다양한 푸드서비스 업장에서 노동 시간당 음식의 **생산성 수준(productivity levels)**을 다음과 같이 제시하였다.

퀵 서비스 레스토랑	9.5
파인 다이닝 레스토랑	1.4
패밀리 레스토랑	4.8
카페테리아	5.5
의료 시설	3.5
요양 시설	5.0
학교 급식	13~15.0

이런 생산성 지수는 산업평균을 반영하며, 필요한 직원 충원을 산정하고, 근로자의 수행을 평가하는 지침으로만 활용되어야 한다. 생산성 수준은 산업평균과 비교할 수 있지만, 조직 자체의 생산성을 시간별로 비교하는 것이 더 의미가 있다(Sneed & Kresse, 1989). 생산성 편차는 자체비교를 통해 확인하고 개선할 수 있다.

정규직 한 자리를 커버하기 위해서는 매일 대략 1.55명의 종사원이 필요하다(Keiser, DeMicco, & Grimes, 2000). 채용해야 하는 종사원 수는 각 자리마다 1.55명의 종사원 수를 곱하여 구할 수 있다. 대부분의 푸드서비스 업장에서는 1년 365일 식사를 제공하지만, 보통 정규직은 휴가와 연차 등으로 평균 1년에 236일만 근무하기 때문이다. 실제로 필요한 종사원 수를 결정하기 위해서 전체 정규직 자릿수에 0.55를 곱하여 충원할 정규직 종사원 수를 산정한다.

필요 종사원은 **FTEs(Full Time Equivalents)**로 설명될 수 있다. FTEs는 하루 8시간, 주 40시간, 연 2,080시간 근무하는 정규 종사원이 한 일을 기초로 한다. 순수한 FTEs 값은 시설을 운영하는 데 있어서 필요한 최소 종사원 수를 나타내고, 조정된 FTEs는 복리후생과 휴가를 고려한 값이다. FTEs의 최소 값은 푸드서비스를 운영하는 데 필요한 총 시간을 한 명의 정규 종사원의 업무시간으로 나눈 값이다. 예를 들면, 만약 식당을 365일 운영하는데 하루 200시간의 노동력이 필요하다고 하면, 1년에는 73,000시간(200 × 365)이 필요하다. 이 값은 1년에 35 FTEs(73,000/2,080)로 계산된다. 이는 하루 8시간 근무하는 정규직 종사원 35명을 고용하거나 파트타임 종사원 35명 이상(예를 들면 하루 4시간 근무하는 70명의 종사원)을 고용해야 한다는 것이다. **식당량(meal equivalent)**은 한 끼 식사에 해당하는 간식 혹은 음료의 수를 나타낸다. 식당량은 환자에게 끼니 사이 간식과 영양가 있는 음식물을 제공하고, 카페테리아 고객에게 음료와 끼니 사이 음식을 제공하는 의료시설에서 흔히 사용한다. 간식을 준비하는 데는 노동시간이 덜 들기 때문에, 이런 "작은 식사"를 메인으로 하는 계산 공식이 필요하다. 실제 현장 푸드서비스 운영에서는 음식이나 간식의 수를 3, 4, 5와 같은 구체적인 숫자로 나눈다. 외식에서의 식당량은 특정 시간 동안 총 매출액을 전형적인 한 끼 식사 비용으로 나누어 결정한다. 예를 들면 전형적인 한 끼 식사는 샐러드, 앙트레, 빵, 디저트, 음료로 구성된다.

12.5.4 직원의 작업일정 계획

푸드서비스 업장에서는 작업일정 계획이 특히 어렵다. 하루 3끼를 운영하는 곳에서 아침과 저녁 사이의 시간은 전체 2교대로 운영하기 어렵다. 식사시간 때에는 보통 더 많은 수의 종사원이 필요하고, 식사시간 사이에는 적은 인원이 필요하다. 매니저는 운영에 최선이 될 수 있는 형태로 작업일정을 계획해야 한다.

작업일정의 유형 푸드서비스 매니저는 세 가지 유형의 작업일정(기본일정, 근무교대일정, 생산일정)을 계획해야 한다. 기본일정에는 근무, 비번, 휴가 내용을 보여준다. 근무교대일정에는 작업내용과 근무시간을 표시하고, 일주일에 며칠 근무하는지, 정규 종사원이 비번일 경우 해야 할 일들은 무엇인지 등에 대한 내용을 포함시켜야 한다. 생산일정은 음식을 생산하는 작업에서 수행해야 할 임무를 나타낸다.

기본일정 대부분의 푸드서비스 업장에서 기본일정은 비번을 포함해 직원 작업일정에 대한 전체적인 계획을 보여준다. 일반적으로 휴무를 계획하기 위해 순환 체계를 활용하는데, 특히 1주일에 6~7일 단위로 운영되는 업장의 경우 그렇다. 이를 통해 종사원들이 주말에 주기적으로 쉴 수 있도록 해 준다. 격주 혹은 매월 셋째 주를 휴무로 하는 정책은 많이 사용되는 방법이다. 기본일정은 1주, 2주 혹은 1달 기준으로 계획한다.

그림 12-14는 매일 2,200식을 제공하는 대학 기숙사 급식에서 조리원별로 작성된 기본일정표이다. 이 일정표는 2주 순환근무 기준이다. 각 작업 위치별 상세 근무시간은 첫 번째 열에 적고, 할당된 종사원의 이름은 두 번째 열에 적혀 있다. 작업 할당은 1주차, 2주차 각각의 날에 표시하며, X는 비번을 나타낸다. 정규직 종사원은 2주 근무 동안 첫째 주 토요일과 둘째 주 일요일, 또는 첫째 주 일요일과 둘째 주 토요일 등 이틀의 휴일을 갖는다. 표 안에 "중식"이라고 표현한 것은 할당된 조리원이 비번이기 때문에 반드시 중식 준비를 도와야 한다는 의미이다. 푸드서비스

		첫 주							둘째 주						
시간	이름	일	월	화	수	목	금	토	일	월	화	수	목	금	토
5:30-2:00	Johnson, Cindy	X				X					X				X
5:30-2:00	Smith, Bill			X				X	X				X		
6:00-2:30	Erickson, Sue	X				X						X			X
6:00-2:30	Henry, Amanda	X					X				X				X
6:00-2:00	Porter, Jill				X			X	X					X	
5:30-2:10	Vallen, Eric	X	X						X	X					
10:30-7:00	Simkin, Jan			X				X	X				X		
10:30-7:00	Oliver, Hazel	X				X					X				X
10:30-7:00	Hill, Bertha		중식	X				X	X				X	중식	
10:30-7:00	Ring, Darlene				X		중식	X	X					X	
10:30-7:00	Olsen, Maggie		X					X	X					X	
10:30-7:00	Wilson, Art	X				중식	X			X					X
10:30-7:00	Miller, Carol	X					X			중식	중식	X			X

그림 12-14 조리 부서의 기본 일정의 예

업장에서는 각 업무 단위별로 유사한 기본일정표를 만들 수 있다.

2주간의 유급휴가는 대부분의 조직에서 사용되며, 근무 연수에 따라서 3주 혹은 그 이상으로 연장되기도 한다. 휴일은 보통 1년에 8~10일로 다양하다. 푸드서비스 산업은 휴일이나 휴가기간에도 운영해야 하는 경우가 많기 때문에, 휴가와 휴일 동안의 작업 일정 계획은 매니저가 겪는 또 다른 어려움이다. 일부 외식업소에서는 종사원들이 일 년 중 가장 바쁜 날에 휴가를 가려고 하기 때문에 기존 종사원보다 오히려 더 많은 추가 인력이 필요하다. 이때 종사원들은 보통 높은 휴일 근무수당으로 보상받는다.

초과근무 형태나 과도한 대체 종사원들의 근무로 인해 지출되는 높은 인건비를 줄이기 위해서는 휴가 계획을 신중히 세워야 한다. 매니저들은 종사원이 연중 업무량이 적은 날 휴가를 사용하도록 해야 하며, 근무시간 시차제를 활용해 대체 근로자 수를 최소화해야 한다. 연초에 각 종사원들이 원하는 휴가 일정을 제출하도록 함으로써 휴가일정을 효과적으로 계획할 수 있다. 기본일정 계획을 통해 노동력을 가장 효과적으로 사용할 준비를 할 수 있다.

교대근무 일정 **교대근무 일정(shift schedule)**은 작업장의 충원 패턴을 보여준다. 그림 12-15의 일정을 살펴보면, 16시간 동안 3끼 분량의 세척실 작업일정은 기본적으로 2교대로 운영된다. 푸드서비스 업장에서는 융통성이 없는 근무교대일정이 효율적인 것은 아니다. 예를 들면, 그림 12-15에서 6명의 세척원들이 모두 아침 7시까지 출근하도록 되어 있다. 하지만 세척해야 할 그릇은 7시 30분에서 7시 45분이 되어야 세척실에 들어온다. 세척기에 물을 채우고, 아침식사에 사용될 세척 준비를 하는 데에는 한두 명의 종사원이 필요할 뿐이다. 다른 종사원들은 달리 할 일이 없다.

교대근무 일정은 **시차제근무 일정(staggered schedule)**으로 변형할 수 있다(그림 12-16). 이는 종사원들의 출근시간을 다르게 하여 노동력을 효율적으로 사용할 수 있게 한다. 시차제 일정을 통해 한가하게 보내는 시간을 줄일 수 있으며, 이러한 일정은 활동 패턴이 유동적인 푸드서비스 업장에 적용하기에 더 적합하다.

초과근무 통제 초과근무를 통제하지 않으면 인건비 상승의 주원인이 된다. 종사원들에게 정상적인 시간 이상의 작업이 필요한 경우도 있다. 그러나 슈퍼바이저가 작업일정을 적절히 계획하지 못했을 경우에도 초과근무를 필요하기도 하다. 게다가 1.5배의 초과근무수당을 받을 수 있기 때문

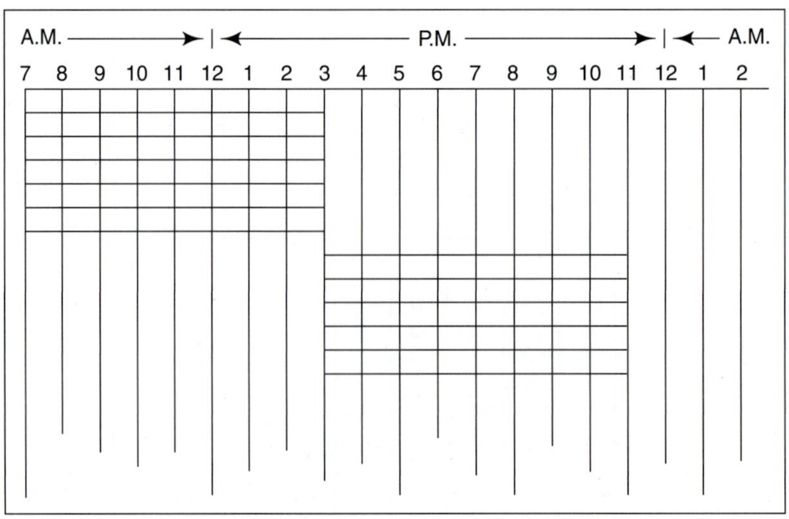

그림 12-15 세척실의 교대근무 일정의 예

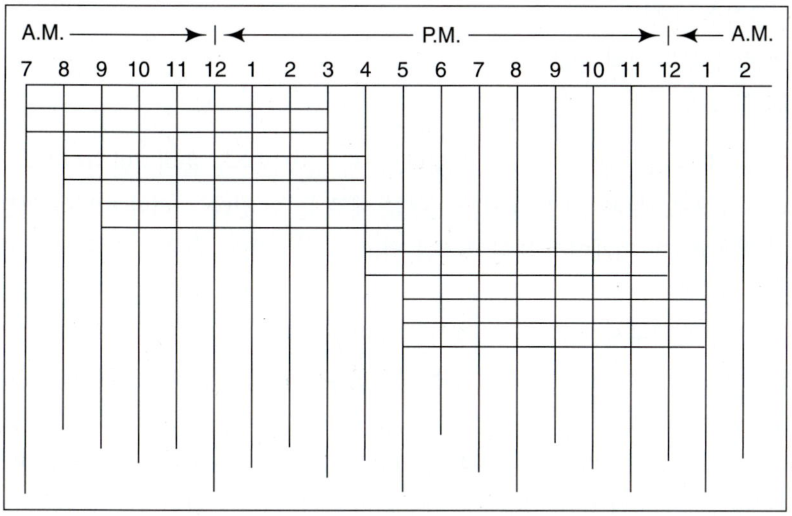

그림 12-16 세척실의 시차제근무 일정의 예

에 종사원이 일부러 초과근무를 하기도 한다. 적절한 충원과 현실적인 작업일정을 계획한다면, 긴급한 경우에만 초과근무가 필요하게 될 것이다.

근무시간 기록카드 정책은 종사원들이 정확히 계획된 시간에 출·퇴근하도록 공식화되어야 한다. 오늘날 대부분의 조직에서는 오래된 시간기록시스템 대신에 전산화된 시간엄수시스템을 가지고 있다. 직원들이 개인 식별 카드로 시간 측정기계 또는 등록기의 인식통로를 통과하면 매니저는 매일 각 직원의 전날 근무시간에 대한 출력물을 얻을 수 있다. 초과근무가 기록되면, 매니저는 적절한 시간 안에 인건비 변동을 통제할 수 있는 방안을 생각해야 한다. 법적인 이유나 인건비 통제 때문에 초과근무 시간에 대한 조절이 필요하다. 노동법은 초과근무수당이 종사원 때문에 발생한 것으로 정의하고 있으며, 일반적으로 시계로 기록된 시간이 초과근무규정에 해당되는 종사원의 공식적인 근무시간 기록이다.

그림 12-17에서와 같이, 예상할 수 있는 초과근무는 초과근무 승인 요청에 의해 조절될 수 있을 것이다. 초과근무 승인은 관리직원의 서명으로 확인된다. 설비의 고장 또는 예기치 못한 영업으로 예측할 수 없는 초과근무가 발생했을 경우에는 24시간 이내에 초과근무 보고서를 제출해야 한다. 초과근무의 양과 사유가 기재되어야 하며 매니저는 완성된 양식에 서명해야 한다.

새로운 작업일정 대안 최근 몇 년 사이 전형적인 주당 근무시간에 대한 대안 방법이 관심을 받고 있다. 자유재량 근무, 새로운 형태의 파트타임 고용 등이 해당한다. 이러한 새로운 접근방식은 다음 세 가지 범주로 분류할 수 있다.

초과근무 승인

날짜: ____________________

이름: ____________________ 부서: ____________________

초과근무 사유: ____

초과근무 시간: ____________ 시간

____

부서관리자의 서명

그림 12-17 초과근무 승인양식의 예

- 주 근무일수 단축[1)]
- 자유재량 근무/탄력적 근무
- 파트타임 고용

주 근무일수 단축에는 세 가지 형태가 있다. 첫째, 근무일수는 줄이지만 총 근무시간은 일정하게 유지하는 것으로, 주 4일, 1일 10시간 근무를 예로 들 수 있다. 이러한 방법을 일부 푸드서비스 업장에서 적용했지만 업계에서 널리 인기를 얻고 있지는 않다. 둘째, 주당 근무 시간을 줄이고 근무일수는 동일하게 유지하는 것이다. 예를 들어, 하루 7시간 근무를 원칙으로 하는 조직도 있다. 셋째, 근무일수와 근무시간을 모두 변경하는 것이다.

자유재량 근무는 근무시간 시차제와 **유동적인 근무시간**을 포함한다. **근무시간 시차제**를 사용함으로써 조직 또는 종사원은 일을 시작하고 싶은 시간을 정해진 관리 옵션에서 선택할 수 있다.

탄력적 근무제에서는 조직이 근무시작 시간대를 설정하고 종사원이 이 중에서 선택하도록 한다. 탄력적 근무제를 변형한 많은 방법들이 개발되어 왔다. 그러나 탄력적 근무제는 생산 및 공급의 수요, 정해진 식사시간 때문에 푸드서비스 업장에서는 실용적이지 않다.

작업계약은 종사원이 특정 업무나 업무의 일부분에 대한 수행을 계약하는 형태로 탄력적 근무제의 다른 형태이다. 이 방법은 특별한 음식이나 특별한 서비스를 제공하기 원하는 일부 케이터링 업체에서 사용하고 있다.

파트타임 고용의 새로운 두 가지 변화로 일자리 나누기와 작업 분할이 등장했다. 하나의 작업을 나누어 둘 이상의 직원이 일하는 일자리 나누기는 그들 각자가 직무기술서에 있는 작업 전체의 범위를 수행할 수 있어야 한다. 단일직무를 구성하는 작업을 나누는 **작업 분할**은 둘 또는 그 이상의 직원에게 차별화된 작업을 할당하는 방법이다.

이러한 새로운 작업일정 대안 방법들이 시도되어 왔으며, 현재 푸드서비스 산업에서 사용되고 있다. 다른 방법들은 푸드서비스 산업의 고유한 특성 때문에 적합하지 않다. 새로운 작업일정 방법을 시험 적용할 때에는 직원 수용, 예비검사 등을 통해 조심스럽게 진행해야 한다. 또한 변경하기 전에 결과를 주의 깊게 평가해야 한다.

12.6 노사관계

1800년대 이후로, 노동조합은 조직의 관행, 규율, 정치적 사상을 형성하는 중요한 힘이 되었다 (Sherman, Snell, & Bohlander, 1997). 노동조합은 조직의 생산성, 미국의 세계적 경쟁력, 노동법의 발전, 인적자원 정책 및 실행에 영향을 주기 때문에 지속적인 관심대상이다. 대부분의 조직과 마찬가지로, 노동조합은 운영과 철학에서 많은 변화를 겪고 있다. 미국에서 노동은 노동관리 프로그램, 노동조합 회사 인수, 노동조합 이사회에 의한 대표성 등을 포함하는 새로운 역할을 가진다.

따라서 노사관계는 조직의 여러 유형 중 인적자원관리의 중요한 기능이다. **노사관계(labor relation)**는 관리자와 노동조합의 상호작용을 표현한 용어이다. 고용주와 노동조합 사이의 단체협약 조항을 합의하기 위한 협상에 초점을 맞춘 **단체교섭(collective baigaining)**은 노사관계와 밀접한 관련성이 있다. 노동조합은 다양한 인적자원관리 기능을 지휘하고 통제하는 관리자에게는 쉬운 대상이 아니다. 예를 들어, 노동조합 연공 규정은 승진이나 교육에 영향을 미친다. 임금비율이 노조협상에 의해 결정되거나 노동조합 지침에 부합하도록 직원 수행평가 방법을 수정해야 할 경우도 있다. 따라서 노사관계는 고용주가 고려해주어야 할 인적자원관리의 특별한 기능이다.

1) 하루 작업량을 늘리고 출근하는 날짜를 줄이는 제도.

역사적으로 노동조합은 국가의 제조업, 광업, 운수업, 건설업 분야에서 큰 성과를 이루었다. 이러한 분야의 감소와 서비스 관련업의 상대적 성장으로 많은 서비스업의 종사원들은 노동조합을 조직해왔다. 비숙련된 노동력 때문에 소매업소와 레스토랑들은 노동조합의 영향을 받지 않을 것으로 생각되었으나, 새로운 조합원 수가 증가하였다. 1970년대 법률에서 노동조합 가입 근로자의 비영리의료기관 우선면제규정을 삭제했다. 이러한 발전은 푸드서비 매니저가 노동법률, 단체교섭, 노사관계의 다른 측면에 대한 지식을 갖추어야 함을 보여준다.

12.6.1 노동조합의 가입 이유

종사원들은 종종 직업적, 사회적, 정치적인 이유로 노동조합 가입을 고려한다. 종사원들이 단결하여 노동조합에 가입하는 대부분의 이유는 보수, 고용안정, 관리에 대한 불만족이다(Mondy, Noe, & Premeaux, 2002). 종사원들이 고용주와 개인적으로 협상을 하고 부당 대우에 대해 스스로를 보호하기에는 한계가 있다. 연구에 의하면 종사원들은 경제적 필요, 관리정책에 대한 불만족, 사회적 필요를 충족시키기 위해 노동조합에 가입한다. 그 결과, 많은 종사원들이 노동조합을 통해 공동으로 협상하는 쪽이 유리하다는 것을 알게 되었다. 또한 교섭방법은 법에 의해 보호된다. 종사원이 노동조합원인 경우 인적자원관리는 노동조합이 협상 대상이며 계약조건이 된다. 노동조합은 종사원들에게 사회적인 표출수단을 제공하고 지도력을 발휘할 수 있는 기회를 제공하기도 한다. 일부 종사원들은 고용 조건으로 노동조합 가입을 요구하는 **유니온샵**(*union shop*)[2)]에서 일하기 때문에 노동조합에 가입한다.

12.6.2 노동조합의 구조 및 기능

현대의 노동조합은 중세의 장인 길드(협회)에 그 뿌리를 두고 있다. 수 세기 동안, 유사한 직업 기술을 가진 사람들이 해당 직업을 통제하고, 표준 직업 행동을 정의하며, 고용을 조절하기 위해 조직을 형성해왔다. 미국의 첫 노동조합 활동은 1700년대 후반으로 거슬러 올라간다.

1955년 목수와 배관공 같은 직능별 조합으로 구성된 미국노동총동맹(American Federation of Labor, AFL)과 산업조합으로 구성된 산업별노동조합회의(Congress of Industrial Organizations, CIO)가 **AFL-CIO**로 합병하였다. 52개의 국내 및 국제 노동조합이 이 연합에 속해 있다. AFL-CIO는 연합 회원에게 다음과 같은 내용을 제공한다(Sherman, Snell, & Bohlander, 1997).

- 노동에 관한 문제에 있어 입법기관을 대상으로 한 로비활동
- 산하 노동조합 사이에서 조직 활동 조정
- 노동조합의 장점과 우려를 대중에 표명
- 노동조합 사이에서 발생하는 분쟁 해결

국내 및 국제 노동조합 사이의 주요한 차이점은 국제 조합은 외국에서 직원을 조직하고 지역조합 인가를 받는다는 것이다. 국내 조합은 노동계약의 협상 및 관리에 기술적 지원을 제공하며, 파업기간 동안에 재정적 지원, 노조 후원 퇴직연금적립제도 관리 및 기타 부가 혜택, 지역 노조직원의 교육 프로그램, 출판물 등을 제공한다. 또한 국내노조는 일반적으로 지역의회에서 로비활동을 한다. 마지막으로 국내노조는 지역노조가 될 수 있는 규칙과 조건을 설정한다.

지역조합의 간부는 지역 노동계약과 회원 고충조사를 맡는다. **노조간부(union stevard** 또는

2) 전 종사원의 고용 조건이 사용자와 노동조합과의 협정으로 정해지는 기업체.

shop stewarol)는 직속상관이나 다른 관리자와의 관계에서 조합회원을 대표한다. 예를 들어, 관리자가 징계 문제로 조합직원과 회의하는 경우 노조간부는 일반적으로 회의에 참석한다. 노조간부는 대개 자신의 부서 조합원에 의해 선출되며 급료를 받지 않고 일한다. 노조간부가 고충회의에서 회원을 대표하는 경우 손실된 급료는 조합에서 지불한다. **사업 대리인(business representive)**은 노조간부가 노조를 관리하고 회원의 고충을 해결하지 못하는 경우 지역 노조에 의해서 고용된다. 푸드서비스 관련 종사원을 위한 몇몇 노동조합이 있으며, 다음은 가장 큰 미국 내의 노동조합이다.

- Hotel Employee and Restaurant Employees(HERE) Union
- United Food and Commercial Workers Union
- Service Employees International Union(SEIU)
- American Federation of State, County, and Municipal Employees(AFSCME)
- International Brotherhood of Teamsters

12.6.3 노동조합의 형성과 성장

노동조합 형성에 관심이 있는 종사원의 수가 충분한지 결정이 되면 노동조합을 형성할 수 있다. 이러한 관심은 **인증카드**에 서명한 종사원 수로 결정된다. 법에 따르면, 선거 개최를 위해 필요한 서명 종사원의 수는 적어도 30% 이상이다.

인증카드의 서명을 통해 충분한 관심이 표현되면, 그 조직은 선거 개최를 위해 전국 노동관계위원회(National Labor Relations Board, NLRB)에 신청서를 제출할 수 있다. 일반적으로 일단 선거가 지시되면, 조합회원의 강점과 우려를 상세하게 설명함으로써 노조 지지자와 기업 경영진들의 치열한 운동이 시작된다. 종사원의 대다수가 투표를 하는 경우, 전국 노동관계위원회는 선거 날짜를 정하고, 비밀투표과정을 감시하며, 선거 결과를 보고하고, 노조를 서면으로 증명한다.

노조의 지속성은 충분한 수의 회원들이 통일된 목소리를 내는 데에 있다. 노조는 노조원 증가를 위하여 정치적 참여, 노조 간법, 조합 조직자의 이용 등을 포함한 다양한 전략을 사용한다(Mondy, Noe, & Premeaux, 2002). 정치적 참여노력은 후보자들의 지지, 노동문제에 대한 후보자들의 교육, 비슷한 신념을 가진 다른 그룹과의 전략적 제휴 형성에 초점을 맞추고 있다. **노조 간법(union salting)**은 조합 조직자가 비노조 작업장의 일자리를 지원하는 과정이다. 일단 고용되면 조직자는 조합을 만들기 위해 노력한다(Iverson, 2001).

12.6.4 정부규제

네 개의 주요 연방법률(Norris-LaGuardia, Wagner, Taft-Hartley, and Landrum-Griffin acts)은 노동관리 관계에서의 고용주와 노조행위를 민간부분에서 규제한다. 공공부분에서는 주와 지방 정부 직원들은 주 법의 적용을 받고, 연방 정부의 공무원은 1978년 제정된 공무원개혁법(Civil Service Reform Act)의 적용을 받는다.

노리스-라가디아법 반금지명령법(Anti-injunction Act)으로도 알려진 노리스-라가디아법(Norris-LaGuardia Act)은 1932년에 제정되었는데, 피켓시위나 파업행동을 하는 종사원들의 조합을 금지하려는 고용주의 능력을 제한한다. 또한 노리스-라가디아법은 **황견계약**(*yellow-dog contracts*)을 무효화하였다. 황견계약은 근로자에게 현재 조합원이 아니며 노조에 가입하지도 않겠다는 약속을 요구하는 계약이다.

와그너법(Wagner Act) 1935년 제정된 와그너법은 공식적으로 전국노동관계법(National Labor Relations Act)으로 불리며, 모든 법률의 노사관계에 가장 중요한 영향을 미쳐왔다. 이 법에서는 종사원들이 선택한 대표를 통해서 집단적으로 교섭 및 조직을 할 때 연방정부가 이를 보호하도록 하고 있다. 와그너법은 **교섭단위(bargaining unit)**에 속한 모든 종사원에 대해 노동조합이 독점적 교섭 대리인이 될 수 있는 권한을 명시하고 있다. 법은 다음과 같은 행위를 부당노동행위로 규정한다.

- 회사 노조의 지원 관리
- 노조활동을 하는 종사원의 해고 또는 징계
- **전국노동관계위원회(National Labor Relations Board)**에 불평을 하는 종사원에 대한 차별
- 종사원 대표와의 교섭 거부
- 상호부조 또는 보호를 목적으로 단체 행동을 하는 종사원의 권리 방해

전국노동관계위원회의 주요 임무는 대표를 결정하기 위한 비밀투표를 실시하고, 부당노동행위에 관한 법률 해석 및 적용을 하는 것이다. 법원은 부당노동행위에 대한 결정을 검토할 수 있으나 대표선출에 있어서는 전국노동관계위원회의 결정이 최종적이다.

태프트-하틀리법 태프트-하틀리법(Taft-Hartley Act)은 트루만 대통령(President Truman)의 거부권 행사로 1947년 통과되었다. 이 법은 와그너법을 개정한 것으로, 대부분의 주요 조항은 이전 법의 내용이 유지되었다. 법안의 주요 취지는 노사 간 힘의 균형이었다. 와그너법이 통과되기 이전에는 직원들이 조직구성과 협상에 거의 힘이 없었으며, 초기의 노동 법안에서는 고용주의 활동만을 제한했었다. 와그너법이 통과됨에 따라 노동조합의 교섭력이 상당히 증가했기 때문에, 노동조합의 행위 규제를 고려할 필요가 있었다. 태프트-하틀리법은 다음 활동을 부당노동행위로 규정하고 있다.

- 이익 협상을 위한 단체 선택에 있어서 고용주를 저지하거나 강압하는 것
- 고용주가 특정 종사원을 차별하도록 설득하는 것
- 단체교섭 거부
- 이차적인 보이콧과 관할권 분쟁에 참여
- 다른 노조에 이미 대표가 있음에도 고용주에게 강제 인정받으려는 시도
- 과도한 노조설립 비용 요구
- "과잉고용요구"를 하거나 미수행 업무에 대한 임금 지급 요구

1974년 의회는 사설 비영리 의료기관과 요양원에도 태프트-하틀리법 적용을 확대하였다. 규정은 병원 종사원을 대표하는 노동조합에게 근로 계약 종료 90일 전에 통보할 것을 요구하였다. 이는 다른 산업에 비해 30일 더 많은 것이다. 또한 의료시설에서의 노동쟁의는 자동적으로 연방조정화해국(Federal Mediation and Conciliation Service)에 의한 중재노력의 대상이 된다(Sloane & Witney, 1996).

랜드럼-그리핀법 노동조합공개 및 보고법(Labor-Management Reporting and Disclosure Act)으로도 알려진 랜드럼-그리핀법(Landrum-Griffin Act)은 태프트-하틀리법의 규정이 노동관련 갈취를 막지 못하자 1959년 통과되었다. 이 조사에서 소수의 노동조직과 고용주들이 대의권에 대한 직원의 권리와 노동조직 안에서의 적법절차를 거부하고 있는 것으로 나타났다.

이 법은 노동조합 임원에 대한 주기적인 선거를 실시할 것, 회원은 조합 내부와 외부 모두에서 적법한 절차를 거쳐 자격을 가질 것, 노동 계약의 사본을 대상 종사원에게 제공할 것, 노조 관

계자와 기업 간의 금융 거래는 미국노동부에 공개할 것을 규정한다. 태프트-하틀리법은 이차적인 보이콧에 엄격히 적용된다. 이차적인 보이콧은 조합이 파업의 영향을 받은 상품을 취급하는 사업자와의 사업을 중단할 것을 사측이나 다른 조합에 요청할 때 발생한다. 조합은 상품의 사용 중단만을 요청할 수 있다.

12.6.5 계약 협상

직원 협상 조직으로써 노조가 승인을 얻어 낸 후, 경영진과의 계약 협상이 시작된다. 협상은 어렵고 민감한 과정이다. 지역 협상에서 있어서 노조 측은 지역 협상위원회의 대표가 되며 제휴되어 있는 전국 연합 분야의 대표를 포함할 수 있다. 경영진은 조직의 직원, 재무 및 운영 관리자, 변호사 등으로 구성되며, 전국적인 교섭은 전국 연합의 최상위 관리자와 최고 기업경영자나 직원이 주도한다. 주요 협상분야는 주로 5개 분야로 분류된다.

- **경제적 문제**는 기본급, 야간근무수당, 초과근무수당, 근속연수, 생활비수당, 연금, 보험, 휴일, 휴가와 관련된 규정을 다룬다.
- **고용안정**은 직업, 소득보호 등에 대한 자격을 말한다. 해고 처리 과정, 승진, 전보, 특정 작업 할당, 실업 급여, 퇴직 급여, 초과 근무 수당이 일반적으로 조합 계약의 고용안정 조항에 포함되어 있다.
- **근로조건 문제**는 근무규정, 고용안정 기간, 근무 배치, 건강, 안전에 관한 사항을 포함하고 있다.
- **경영진의 권리문제**는 직원에게 방향을 제시하거나 훈육할 수 있는 권리로 설명된다.
- **개인적 권리문제**는 직원의 고충처리 절차의 설립과 관련된다.

협상을 위해서는 세심한 준비가 중요하며, 준비 과정에는 전략 계획과 교섭 제안이나 입장을 지원하기 위한 데이터 수집이 포함되어야 한다. 협상이 수행되는 조건은 조직마다 매우 다양하고, 달성하고자 하는 각 측면의 목적과 그들의 상대적 위치에 따른 강점에 따라 달라진다. 노조 설립 후 첫 협상은 보통 이후의 협상보다 어렵다. 계약의 협상은 종종 자신의 입장은 공개하지 않으면서 상대의 입장을 파악하려는 특성이 있다.

제안이나 입장은 일반적으로 꼭 이루어야만 할 것으로 느껴지는 것, 타협할 것, 교환을 목적으로 제출하는 것으로 분류된다. 협상을 통해 양측의 모든 제안이나 입장이 합의에 도달하면 그에 따라 처리된다. 즉, 각각의 제안이나 입장을 상대방이 수용하여야 하며, 전체나 일부를 손해보는 형태이거나 철회하는 형태가 된다. 협상 제안 또는 입장을 달성하기 위해 각 측은 지원을 얻거나 상대측에게 압력을 가하는 데 필요한 논리나 증거를 제시해야 한다. 이 권력 투쟁의 결과 누가 더 양보를 하게 되는지가 결정된다.

노동조합은 파업, 피켓시위, 고용주의 상품 보이콧 등을 통해 권력을 보여주기도 한다. 조합에 의해 타격을 받은 고용주는 운영을 지속할 수도 있고, 운영 중단으로 직장폐쇄를 할 수도 있다. 파업 또는 직장폐쇄가 된 경우 양측 모두 영향을 받는다. 따라서 일반적으로 양측 모두 타협을 위해 고심한다.

두 당사자가 교착 상태를 해결할 수 없는 경우, 조정자 또는 중재자인 제삼자에게 도움을 요청할 수 있다. **조정자(mediator)**는 노사 간의 대화 통로를 만들려고 시도하지만 강제할 힘은 없다. 조정에 있어서 타협 해결책은 제삼자가 제공할 수 있으며, 계약이 강제적 조정을 요하는 경우에는 **중재자(arbitrator)**가 노조와 고용주를 강제로 호출할 수 있다. 계약이 단체교섭을 통해 체결된 후에는 양측 대표자가 작성된 문서에 서명을 해야 한다.

12.7 생산성 향상

생산성 향상은 신문, 텔레비전, 시사 잡지, 무역, 전문 문학 등 거의 모든 분야에서 사용하는 용어이다. 생산성은 효율적 인력, 설비, 재정 자원과 관련이 있으며 투입 대비 산출 비율을 수학적으로 나타낸다(Olson & Meyer, 1987). 푸드서비스 업장에서는 생산성 측정, 작업 설계의 원칙, 작업 측정, 품질 개선 팀의 활용이 생산성 향상에 도움을 준다.

12.7.1 생산성 측정

푸드서비스 매니저에게 생산성 측정은 중요하다. 생산성은 하나 이상의 투입요소에 대한 다양한 생산물의 비율에 의해 평가될 수 있다. 노동 생산성 측정에 자주 사용되는 공식은 그림 12-18에 있다. 기록유지 시스템에는 푸드서비스 업장의 조직관리 분석을 위해 선정된 생산성 측정 자료가 체계적으로 저장된다. 이러한 측정은 특정 작업 내에서 시간에 따른 경향성을 조사하는 데에 사용할 수 있다. 또한 조직 내에서 다양한 작업을 비교할 수 있으며, 특정 푸드서비스 업장의 데이터와도 비교할 수 있다.

생산성(productivity)은 투입에 대한 산출의 비율이거나 푸드서비스 시스템의 자원에 대한 목표달성의 비율이다. 투입을 줄이거나 산출을 증가시키거나, 또는 둘 다 동시에 수행함으로써 생산성을 증가시킬 수 있다. 높은 회전율, 높은 비용, 인력에 의존하는 수익원의 높은 비율 등은 급식 관리자가 생산성 향상에 노력해야 함을 보여준다.

Konz와 Johnson(1999)에 따르면, 노동 비효율성은 여러 가지 요인의 결과일 수 있다.

- 형편없는 제품 디자인
- 작업방법
- 관리
- 직원
- 물자 낭비
- 부적절한 도구
- 부적절한 유지보수
- 잘못된 생산 일정

$$\text{식사/노동시간(Meals/labor hour)} = \frac{\text{총 제공된 식사/일}}{\text{노동시간(hours)/일}}$$

$$\text{시간(Minutes)/식사(Minutes/meal)} = \frac{\text{노동시간(minutes)/일}}{\text{총 제공된 식사/일}}$$

$$\text{급여비용/일(Payroll cost/day)} = \Sigma\ \text{각 직원의 시간당 임금} \times \text{각 직원의 근무시간}$$

$$\text{급여비용/제공된 식사(Payroll cost/meal served)} = \frac{\text{총 하루 급여비용}}{\text{제공된 식사/일}}$$

$$\text{인건비/일(Labor cost/day)} = \text{총 급여비용/일} + \text{총 다른 모든 직접인건비(부가혜택 등)/일}$$

$$\text{인건비/제공된 식사(Labor cost/meal served)} = \frac{\text{총 인건비/일}}{\text{제공된 식사/일}}$$

그림 12-18 생산성 계산법

- 이유 없는 결근
- 부주의

12.7.2 푸드서비스에서의 작업측정

작업측정(work measurement)은 수행된 작업의 양과 해당 작업을 수행하는 데 투입된 인적자원의 공평한 관계를 설정하는 방법이다. 여러 생산성 측정은 이미 이 장에서 설명하였다. 생산 운영에 있어서 작업 측정은 인적자원의 효과적 사용을 위해 필수적이다.

작업측정 연구에서 나온 데이터로부터 대안적인 생산/서비스의 하위시스템 평가, 비용의 결정 및 조절, 직원구성, 작업배치, 생산할 것인지 구입할 것인지에 대한 결정, 시설과 배치 계획, 직원 업무에 있어서 변화의 필요성 확인, 업무의 순서나 시기 등을 결정할 수 있다. David(1978)는 작업측정 데이터는 생산 표준시간과 같은 유용한 경영 보조도구를 개발하기 위해 필요하다고 지적했다. 작업분석, 사건 샘플링 또는 작업 샘플링, 표준자료법, 미리 지정된 동작시간은 푸드서비스 작업에서 분석을 위한 작업 측정의 기본 기법이다.

작업분석(activity analysis)은 개별 종사원이 수행한 활동을 순서대로 기록한 것에 대한 지속적 관찰, 한 작업장에서 수행된 작업, 생산 작업 단위, 또는 어떤 목적에서 수행된 설비의 사용시간과 관련이 있다. 데이터는 사람 동작에 따라 짧거나 긴 주기의 작업에 대한 표준을 확립하기 위해 사용된다. 보통 5분에서 15분 사이의 주기로 직원활동을 기록하는 단순화된 기술이 개발되었다. 이 기술은 직원 시간 기록 보고시스템으로 불려왔다(DenHartog. Carlson, & Romisher. 1978). 그림 12-19는 학교 급식 조리장에서의 **종사원 시간 기록** 양식이다. 종사원들은 하루 업무시간 동안 매 10분마다 양식에 데이터를 입력하도록 요청받는다. 데이터는 학교 급식 내에서 다양한 작업에 전념하는 시간을 분석할 수 있게 한다.

사건 샘플링(occurrence sampling) 또는 작업 샘플링(activity sampling)은 종사원들의 직간접적 활동에 따른 작업시간과 비작업시간을 측정하는 방법을 설명하고, 설비의 동작 시간 및 비동작시간을 측정하기 위해 문헌에서 사용하는 용어이다. 또한 **작업 샘플링**이라는 용어도 이 기법과 관련하여 사용될 수 있다. 그러나 Konz와 Johnson(1999)은 샘플링되는 것은 직접 작업, 간접작업, 또는 작업지연을 일으킬 수 있는 다양한 사건의 발생이기 때문에, 사건 샘플링이 작업 샘플링보다 더 정확한 용어라고 하였다. 추정치는 간헐적으로, 무작위로, 즉각적인 관찰에 의하여 지정된 시간 동안 지정된 활동에 소요된 시간 비율로 계산된다.

사건 샘플링은 푸드서비스 업장 연구에 널리 사용되어 왔다. 이러한 연구 중 몇몇은 이 장의 끝에 참고문헌 목록에 언급되어 있다. 많은 작업이 위스콘신 대학에서 행해졌는데, 위스콘신 대학에서는 **워크 샘플링을 위한 방법 매뉴얼**(*Methodology Manual for Work Sampling: Productivity of Dietary Personnel*)을 개발하였다(University of Wisconsin–Madison, 1967). 이 매뉴얼에는 푸드서비스 운영에서 활동 샘플링 연구를 수행하는 방법이 설명되어 있다. 직접작업, 간접작업, 작업지연이 포함된 작업 기능 및 분류는 그림 12-20에서 정의되어 있다.

사건 샘플링에 필요한 관찰의 수는 연구의 유형, 운영의 유형, 직원의 수에 따라 달라진다. 사건 샘플링 연구에서 나온 데이터는 식당량(meal equivalent)당 노동시간이나 일부 다른 특정 활동에 대한 노동시간을 계산하는 데 사용된다. 예를 들어, Block, Roach와 Konz(1985)는 대학 기숙사 식당에서 채소를 세척하는 시간을 연구하기 위해 사건 샘플링을 활용했다. 또한 Oyarzan과 동료들(2000)은 점원 식사에 소비되는 시간을 연구하기 위해 사건 샘플링을 사용했다. 사건 샘플링의 장점 중 하나는 특정 분야의 여러 노동자가 단일 관찰자에 의해 동시에 연구될 수 있다는 점이다.

표준자료법은 다양한 작업에 공통된 요소 및 동작 시간을 결정하는 방법이다(David, 1978). 이러한 값으로부터, 특정 작업에 대한 총 시간이 계산될 수 있다. David(1978)는 주어진 작업 유

링컨 공립 학교의 푸드서비스 연구를 위한
시간 보고서

링컨 공립 학교
비즈니스 업무부
시간관리 보고 양식

부 서

• 직원이름 근무 주

일자	단위	기능	프로젝트	일자	단위	기능	프로젝트	일자	단위	기능	프로젝트

푸드서비스 활동 보고용 코드:
직원, 기능, 프로젝트

푸드서비스 업무 분석을 위한 코딩

코드/기능		코드/프로젝트	
1	Washing 씻기	1	Salad Fruit/Veg 샐러드(야채/과일)
2	Chopping 다지기	2	Fruit Can/Fresh 과일(캔/생)
3	Dipping 담그기	3	Dessert 디저트
4	Stirring 교반	4	Vegetables 야채
5	Mixing 혼합	5	Entree 앙트레
6	Panning 팬닝	6	Juice 주스
7	Shaping 성형	7	Milk 우유
8	Weighing 계량	8	Breads 빵
9	Buttering 바르기	9	Restroom 화장실
10	Cutting 자르기	10	Dishes 접시
11	Sorting 분류하기	11	Trays 쟁반
12	Opening 열기	12	Silverware 은제품
13	Peeling 벗기기	13	Carts 카트
14	Supplying 공급	14	Tables 테이블
15	Cleaning 청소	15	Refrig./Freezers 냉장/ 냉동
16	Scraping 긁기	16	Pots & Pans 냄비와 팬
17	Shredding 채썰기	17	Steam Tab/Count 스팀테이블/카운트
18	Pouring 붓기	18	Stove 스토브
19	Planning 계획	19	Ovens 오븐
20	Ordering 주문	20	Mixer 믹서
21	Counting 계산	21	Work Schedules 작업 배치
22	Wrapping 포장	22	Qualify Planner 품질계획자
23	Accounting 회계	23	Deposit Slip 예금 전표
24	Deliming 탈회	24	Floors 작업장
25	Putting Away 치우기	25	Steam Equipment 스팀 설비
		26	Dish Machine 식기세척기
		27	Dish Ally 손세정 용품 받침세트
		28	Food Order 음식 주문
		29	Nonfood Order 음식 외 주문
		30	Clothes 천

그림 12-19 직원 시간 기록시스템을 위한 양식과 코드

자료: "Employee Logs as a Basis for Time Analysis," by R. DenHartog, H. Carlson, & J. M. Romisher, 1978, *School Food Service Research Review, 2*(2), p. 99. Used by permission.

형에 대한 표준시간에 유의한 영향을 미치는 작업 변수들에 대해서는 먼저 가설이 세워져야 한다고 하였다. 그런 다음 그 작업장에서 작업의 다양한 종류와 수에 대한 시간 데이터를 수집한다. 데이터는 표준시간과 표준시간에 유의하게 영향을 미칠 것으로 생각되는 각 변수들과의 관계를 결정하는 데 사용된다.

미리 결정된 동작 시간은 알고 있는 표준시간 값을 가지고 있는 기본 동작으로 업무를 세분

직접 작업

최종 제품의 생산에 직접적으로 참여하는 모든 필수 활동(최종 제품은 하루에 제공된 식사의 총 수)

- **프로세싱**
  물리적 또는 화학적 방법으로 식료품의 외관을 변경하는 행위
  - **준비 또는 사전 처리**
    예비행위 또는 준비, 배식, 서비스에 대한 준비의 과정
  - **준비 또는 조리**
    배식이나 서비스에 대한 최종 행위 또는 준비의 과정
- **서비스**
  배식을 위해 시설을 준비하는 행위, 카페테리아 고객이나 환자에게 배식하기 위해 준비된 음식을 나누고 조합하는 행위(커피숍 작업장에서 식사가 제공된다면 또한 커피숍에서)
- **이동**
  음식, 용품, 설비를 부서 내의 한 곳에서 다른 곳의 지정된 위치로 또는 환자의 병동으로 운반하는 행위
  - **음식 운반**
    부서 내에서 음식을 한 곳에서 다른 곳의 지정된 위치로 옮기는 행위
  - **기기, 용품 등의 운반**
    장비, 용품, 다른 물건들을 부서 내의 한 곳에서 다른 곳의 지정된 위치로 옮기는 행위
  - **환자에게 트레이 배달**
    트레이 운반차, 덤웨이터나 트레이베이어(trayveyor)로부터 환자의 트레이를 꺼내고, 환자 머리맡으로 운반하는 행위
  - **환자의 트레이 반환**
    환자의 머리맡에서 음식 트럭, 병동의 덤웨이터로 트레이를 운반하는 행위
  - **무의미한 이동**
    운반물이나 지침 없이 부서 내 다른 영역으로 이동하는 행위
- **사무(일상적인)**
  수신, 편집, 배부, 일상적인 기록 데이터와 부서 운영을 위해 필요한 정보의 저장 행위
- **청소**
  설비, 시설, 용품 사용에 대한 위생적인 환경을 제공하기 위해 오염이나 먼지를 제거하는 행위
  - **냄비와 팬 씻기**
    다량조리 용기와 조리 용구를 긁고, 세척하고, 헹구는 행위
  - **접시 세척**
    식기류의 위생적 사용을 위한 오염, 먼지제거 준비행위(도자기, 은제품, 유리제품과 쟁반)
  - **시설관리**
    설치되거나 이동되는 설비 또는 시설의 위생적 사용을 위한 오염, 먼지 제거 행위
- **검수**
  부서 외부에서 공급된 식품의 인수, 검사, 저장 행위

간접 작업

최종 제품의 생산에 기여하는 어떤 촉매 활동

- **지시 또는 교육**
  교육, 학습 상황, 작업 중에 구두 또는 서면으로 지시를 하거나 지시를 받는 행위
- **평가**
  미래 계획에 대한 결정을 하기 위해 일의 양 또는 가치를 판단하거나 추정하는 행위
- **회의**
  예약된 회의의 형태로 한 명 이상의 사람과 하는 대화 또는 행위
- **사무**

그림 12-20 업무 분류 및 정의

자료: Adapted from *Methodology Manual for Work Sampling, Productivity of Dietary Personnel* by the University of Wisconsin-Madison, 1967.

부서 운영에 필요한 정보와 데이터의 기록을 통제하는 편집 및 공식화 관리 행위

지연

직원이 근무시간이나 직간접 작업 어디에도 참여하고 있지 않은 모든 시간

- **어쩔 수 없는 지연**
  직접적 및 간접적 작업 기능의 수행에 있어서 통제할 수 없는 방해로 인해 직원이 일하지 못하는 시간
- **개인적 지연 및 유휴 지연**
  개인적이거나 피할 수 있는 지연으로 인해 직원이 일하지 않는 시간
  - **개인적 지연**
    작업 영역에서 벗어나 허용된 시간으로 인해 직원이 일하지 않는 시간
  - **유휴 시간**
    직원 책임 하에 발생한 모든 피할 수 있는 지연(어쩔 수 없는 지연 또는 개인적 지연이 아닌 다른 지연)

그림 12-20 (계속)

화하는 기법을 포함시킨다(David, 1978). 그 목적은 실제로 작업을 수행하지 않고 특정 작업에 대한 시간주기를 설정하는 것이다. 대신, 주기를 구성하는 기본 동작에 대해 미리 정해진 시간이 종합된다. **시간측정법**은 산업에서 널리 사용하지만 시간이 많이 소요된다. David(1978)는 시간측정법은 일반적으로 긴 주기 작업 또는 푸드서비스 업무 같이 제한된 반복을 하는 작업에서는 적합하지 않다고 결론지었다. 작업의 7가지 기본요소가 더 크게, 더 압축된 요소로 결합된 **master standard data(MSD)**라 불리는 대안 기술이 개발되었다.

Montag, MCKinley, Kleinschmidt(1964)는 MSD를 최초로 푸드서비스 업장에 적용하였으며, 그들은 이 방법이 푸드서비스에 보편적으로 적용되는 코드화된 표준 요소를 개발하는 데에 적합하다고 판단하였다. 이 장의 참고문헌에 나열된 일부 연구에서는 푸드서비스 업장에서 생산시간을 조사하기 위해 MSD를 사용한 다른 연구를 인용하고 있다. 이러한 연구(Ridley, Matthews, & McProud, 1984) 중 하나로 병원 조리실에서 음식을 조합하고 초단파 가열을 하는 노동시간을 개발하기 위해 MSD를 사용하였다. 연구자들은 또한 병원 조리실의 실제 조건하에서 총 노동시간이 MSD 예측시간과 유사했기 때문에 해당 기법이 표준 노동시간을 개발하는 데 효과적이라고 하였다. 그러나 이러한 작업 측정 기법은 푸드서비스 산업에 적용하기에는 한계가 있다. 이러한 데이터를 해석하는 데 필요한 시간이나 전문 지식이 부족한 경우가 많기 때문이다.

요약

1. 인적자원관리는 조직의 목표 달성을 위해 인력을 모집, 선발, 오리엔테이션, 훈련, 개발, 유지하는 통합적인 과정이다. 모집은 구직자를 찾아 지원을 독려하는 과정이며, 선발은 지원자가 직무에 필요한 지식이나 기술 및 능력을 갖추었는지 평가하여 가장 적합한 지원자를 선택하는 과정이다. 또한 오리엔테이션은 새로운 직원이 조직과 업무 등에 익숙해지도록 교육하는 것이며, 훈련은 직원의 기술을 향상시키고자 실시되는 것이다. 성과평가는 종사원의 성과를 기준과 비교하는 것이다.

2. 조직의 인적자원관리에 영향을 주는 많은 법들이 있다. 미국의 경우, 종사원 선발과 고용과정에 영향을 미치는 대표적인 법으로 공정근로기준법(Fair Labor Standards Act), 동일임금법(Equal Pay Act), 공민권법 제7장(Title VII and the Civil Rights Act), 연령 및 임신차별금지법(Age and Pregnancy Discrimination Acts), 고용평등법(Equal Employment Opportunity Act), 미국장애인법(Americans with Disabilities Act) 등이 있다. 이외에 조직의 복리후생 프로그램에는 휴가병가법(Family and Medical Leave Act),

건강보험양도 및 책임법(Health Insurance Portability and Accountability Act) 등이 영향을 주며, 노사관계와 관련해서는 노리스-라가디아법(Norris- LaGuardia Act), 와그너법(Wagner Act), 태프트-하틀리법(Taft-Hartley Act), 랜드럼-그리핀법(Landrum-Griffin Act) 등도 영향을 미치고 있다.

3. 노사 관계에 관한 특수한 용어들이 있다. 단체교섭은 노사 관계를 규정하는 단체협약에 관한 노사 간의 협상이며, 노조간부는 사측과의 관계에 있어서 노동자 측을 대표하기 위해 선출된 노동조합원이다. 조정은 객관적인 제삼자가 강제성이 없는 중재안을 제시하는 과정이며, 중재는 객관적인 제삼자가 강제성 있는 중재안을 제시하는 것이다.
4. 생산성은 투입물 대비 산출물을 의미한다. 생산성은 작업 방법의 변경, 작업일정 개선, 적절한 직원 교육을 통해 향상시킬 수 있다.

연습문제

1. 푸드서비스 산업에서 인적 자원을 성공적으로 계획할 수 있는 절차는 무엇인가?
2. 푸드서비스 매니저는 선택, 예비교육, 훈련, 개발, 성과평가를 통해 어떻게 인건비를 통제할 수 있는가?
3. 조직의 어떤 변수가 직원 충원 및 작업 일정에 영향을 미치는가?
4. 파트타임과 임시 종사원의 차이점은 무엇인가?
5. 생산성은 어떻게 향상시킬 수 있는가?
6. 노사관계는 무엇이고, 인적자원관리와 어떻게 관련되어 있는가?

연구과제

1. 3~4명의 팀을 만들자. 각 학생이 고용된 위치에 대한 구인활동 과정과 채용 과정을 설명해보자. 각 경험 과정의 유사성과 차이를 자세히 설명하는 차트를 만들어보자.
2. 지역 내 푸드서비스 업장의 인적자원관리자를 초대하여 자신의 작업장의 인적자원관리에서 현안을 논의해보자.
3. 지역 내 푸드서비스 업장의 노동조합 계약 사본을 얻은 후, 계약에 포함된 사례 유형을 알아보자.

사례 연구

1. "Who Changed My Job"? in Lieux, E. M., & Luoto, P. K. (2008). *Exploring foodservice systems management through problems*, 3rd ed. Upper Saddle River, NJ: Pearson Prentice Hall.
2. "Too Sick, Too Soon!" by J. Robinett in Allen-Chabot, A., Jarvis, K., & O'Halloran, R. M. (2006). *Cases in foodservice and clinical nutrition management.* Upper Saddle River, NJ: Pearson Prentice Hall.
3. Broadview Medical Center in Gilmore, S. (2005). *Cases in Human Resource Management in Hospitality.* Upper Saddle River, NJ: Pearson Prentice Hall.
4. Brookes University Residence Dining Services in Gilmore, S. (2005). *Cases in Human Resource Management in Hospitality.* Upper Saddle River, NJ: Pearson Prentice Hall.

웹사이트

http://stats.bls.gov Bureau of Labor Statistics
www.hr-guide.com Human Resources Management Web site
www.eeoc.gov Equal Employment Opportunity Commission
http://online.onetcenter.org O*NET, Occupational Information Network
www.dol.gov U.S. Department of Labor
www.nlrb.gov National Labor Relations Board

참고문헌

Aaron, T., & Dry, E. (1992). Sexual harassment in the hospitality industry. *Cornell Hotel and Restaurant Administration Quarterly, 33*(2), 92–95.

ADA employment rules to take effect July 26 for many employers. (1993). *Washington Weekly, 12*(20), 1, 4.

Batty, J. (1993). Preventing sexual harassment in the restaurant. *Restaurants USA, 13*(1), 30–34.

Beasley, M. A. (1991). The story behind quality improvement. *Food Management, 26*(5), 52, 56, 58, 60.

Beasley, M. A. (1993). Better performance appraisals. *Food Management, 28*(9), 38.

Blackburn, R., & Rosen, B. (1993). Total quality and human resources management: Lessons learned from Baldrige Award–winning companies. *Academy of Management Executive, 7*(3), 49–66.

Block, A. A., Roach, F. R., & Konz, S. A. (1985). Occurrence sampling in a residence hall foodservice: Cleaning times for selected vegetables. *Journal of the American Dietetic Association, 85*(2), 206–209.

Boyle, K. (1987). Effective employee discipline requires keeping in close touch. *Restaurants USA, 7*(10), 26–28.

Byers, B., Shanklin, C. W., Hoover, L. C., & Puckett, R. (1994). *Food service manual for health care instituitions.* Chicago, IL: American Hospital Publishing.

Cascio, W. F., & Aguinis, H. (2011). Applied psychology in human resource management (7th ed.). Upper Saddle River: Prentice Hall.

Chase, R. B., & Aquilano, N. J. (1992). *Production and operations management: A life-cycle approach,* 4th ed. Homewood, IL: Richard D. Irwin.

Cheney, K. (1993). Avoid the Zoë Baird trap. *Restaurants & Institutions, 103*(11), 153–154.

Conrad, P. J., & Maddux, R. B. (1997). *Guide to affirmative action: A primer for supervisors and managers.* Los Altos, CA: Crisp Publications.

Cross, E. W. (1992). AIDS: Legal implications for managers. *Journal of the American Dietetic Association, 92,* 74–77.

Cross, E. W. (1993). Implementing the Americans with Disabilities Act. *Journal of the American Dietetic Association, 93,* 272–275.

David, B. D. (1978). Work measurement in food service operations. *School Food Service Research Review, 2*(1), 5–11.

Davis, H. A. (1998). Sex and the workplace: Part II. *Food Management, 33*(8), 82, 84, 86.

Dear National Restaurant Association member...(Issue on the Family and Medical Leave Act). (1993). *Washington Weekly, 13*(28), 1–12.

Deinhart, J. R., & Gregoire, M. B. (1993). Job satisfaction, job involvement, job security, and customer focus of quick-service restaurant employees. *Hospitality Research Journal, 16*(2), 29–43.

DenHartog, R., Carlson, H., & Romisher, J. M. (1978). Employee logs as a basis for time analysis. *School Food Service Research Review, 2*(2), 98–101.

Department of Labor. (1999). The Family and Medical Leave Act of 1993. [Online]. Available: http://www.dol.gov

Dressler, G. (2008). *Human resource management,* 11th ed. Upper Saddle River, NJ: Pearson Prentice Hall.

Doherty, R. F. (1989). *Industrial and labor relations terms: A glossary,* 5th ed. ILR Bulletin No. 44. Ithaca, NY: Cornell University Press.

Doyle, F. (1992). Hiring your way to a great staff. *Restaurants USA, 12*(6), 20–22.

Drucker, P. F. (1993). *Managing for the future: The 1990s and beyond.* New York: Truman Talley Books/Dalton.

Employee focus groups criticize immigration paperwork. (1993). *Washington Weekly, 13*(34), 4.

Employers should brush up on teen-labor laws for summer hire. (1993). *Washington Weekly, 13*(25), 4.

Foodservice accounts for about 11% of ADA charges at Justice Department. (1993). *Washington Weekly, 13*(4), 1.

Forrest, L. C. (1996). *Training for the hospitality industry,* 2nd ed. East Lansing, MI: Educational Institute of the American Hotel and Motel Association.

Freedman, D. H. (1992). Is management still a science? *Harvard Business Review, 70*(6), 26–28, 30, 32–38.

Gómez-Mejía, L. R., Balkin, D. B., & Cardy, R. L. (2001). *Managing human resources,* 3rd ed. Upper Saddle River, NJ: Prentice Hall.

Goodgame, D. (1993). Ready to operate. *Time, 142*(12), 54–58.

Griffin, R. W. (2001). *Management,* 7th ed. Boston, MA: Houghton Mifflin.

Hackman, J. R. (1977). Work design. In J. R. Hackman and J. L. Sattle (eds.), *Improving life at work: Behavioral sciences approaches to organizational change* (pp. 86–162). Glenview, IL: Scott, Foresman.

Hamilton, A. J., & Veglahn, P. A. (1992). Sexual harassment: The hostile workplace. *Cornell Hotel and Restaurant Administration Quarterly, 33*(2), 88–92.

Heneman, H. G., Schwab, D. P., Fossum, J. A., & Dyer, L. D. (1989). *Personnel/human resource management,* 4th ed. Homewood, IL: Richard D. Irwin.

Hogan, J. J. (1992). Turnover and what to do about it. *Cornell Hotel and Restaurant Administration Quarterly, 33*(1), 40–45.

Industry at a Glance. (2002). [Online]. Available : www.restaurant.org

Ingalsbe, N., & Spears, M. C. (1979). Development of an instrument to evaluate critical incident performance. *Journal of the American Dietetic Association, 74*(2), 134–140.

Iverson, K. M. (2001). *Managing human resources in the hospitality industry.* Upper Saddle River, NJ: Prentice Hall.

Iwamuro, R. (1992). Disabled workers in foodservice. *Restaurants USA, 11*(6), 36–38.

Iwamuro, R. (1993). Foodservice employee profile. *Restaurants USA, 13*(6), 37–41.

Jenks, J. M., & Zevnik, B. L. P. (1989). ABCs of job interviewing. *Harvard Business Review, 67*(4), 38–39, 42.

Jesseph, S. A. (1989). Employee termination. II: Some dos and don'ts. *Personnel, 66*(2), 36–38.

Kansas Department of Administration: Division of Personnel Services. (1999). About the State Affirmative Action Plan for Equal Employment Opportunity. [Online]. Available: http://da.state.ks.us/ps/subject/eeoc.htm

Kazarian, E. A. (1979). *Work analysis and design for hotels, restaurants and institutions,* 2nd ed. Westport, CT: AVI.

Keiser, J. R., DeMicco, F., & Grimes, R. N., (2000). *Contempory management theory: Controlling and analyzing costs in food service operations,* 4th ed. Upper Saddle River, NJ: Prentice Hall.

Kohl, J. P., & Greenlaw, P. S. (1992). The ADA, part II: Implications for managers. *Labor Law Journal, 42,* 52–56.

Konz, S., & Johnson, S. (1999). *Work design: Industrial ergonomics,* 5th ed. Scottsdale, AZ: Holcomb Hathaway.

Koral, A. M. (1994). *Conducting the lawful employment interview: How to avoid charges of discrimination when interviewing job candidates,* 4th ed. New York: Executive Enterprises Publications.

Krone, C., Tabacchi, M., & Farber, B. (1989b). Manager burnout. *Cornell Hotel and Restaurant Administration Quarterly, 30*(3), 58–63.

Lorenzini, B. (1992). The accessible restaurant. Part II: Employee accommodation. *Restaurants & Institutions, 102*(12), 150–151, 154, 158, 162, 166, 168, 170.

Lundberg, D. E., & Armatas, J. P. (1982). *The management of people in hotels and restaurants,* 5th ed. New York: Richard Irwin.

Marvin, B. (1992). How to hire the right people. *Restaurants & Institutions, 102*(14), 60–61, 68, 73, 75, 77.

Mayo, C. R., & Olsen, M. D. (1987). Food servings per labor hour: An alternative productivity measure. *School Food Service Research Review, 11*(1), 48–51.

McCool, A. C., & Stevens, G. E. (1989). Older workers: Can they be motivated to seek employment in the hospitality industry? A preliminary report: Factors influencing older persons to retire or to work beyond the usual retirement age. *Hospitality Education and Research Journal, 13*(3), 569–572.

McLauchlin, A. (1992). Take note: ADA's employment rules take effect in July. *Restaurants USA, 12*(5), 9–10.

Mondy, R. W. (2008). *Human resource management,* 10th ed. Upper Saddle River, NJ: Prentice Hall.

Mondy, R. W., Noe, R. M., & Premeaux, S. R. (2002). *Human resource management,* 8th ed. Upper Saddle River, NJ: Prentice Hall.

Montag, G. M., McKinley, M. M., & Kleinschmidt, A. C. (1964). Predetermined motion times: A tool in food production management. *Journal of the American Dietetic Association, 45,* 206–211.

Muczyk, J. P., & Reimaon, B. C. (1989). MBO as a complement to effective leadership. *Academy of Management Executive, 3*(2), 131–138.

National Restaurant Association. (1987). *A primer on how to recruit, hire, and retain employees.* Washington, DC: Author.

National Restaurant Association. (1992). *Americans with Disabilities Act: Answers for foodservice operators.* Washington, DC: Author.

National Restaurant Association. (1998). *Employee profile.* Conducted by the Research Department at National Restaurant Association. Washington, DC: Author.

Ninemeier, J. D. (1999). *Planning and control for food and beverage operations,* 4th ed. East Lansing, MI: Educational Institute of the American Hotel and Motel Association.

Olson, M. D., & Meyer, M. K. (1987). Current perspectives on productivity in food service and suggestions for the future. *School Food Service Research Review, 11*(2), 87–93.

Oyarzan, V. N., Lafferty, L. J., Gregoire, M. B., Sowa, D. C., Dowling, R. A., & Shott, S. (2000). Evaluation of efficiency and effectiveness measurements of a foodservice system that included a spoken menu. *Journal of the American Dietetic Association, 100,* 460–463.

Palmer, J., Kasavana, M. L., & McPherson, R. (1993). Creating a technological circle of service. *Cornell Hotel and Restaurant Administration Quarterly, 34*(1), 81–87.

Panitz, B. (1999). Year of the restaurant. *Restaurants USA, 19*(2), 26–30.

Pesci, P. H., Spears, M. C., & Vaden, A. G. (1982). A method for developing major responsibilities and performance standards for food service personnel. *NACUFS Journal, 4,* 17–21.

Pickworth, J. R. (1987). Minding the Ps and Qs: Linking quality and productivity. *Cornell Hotel and Restaurant Administration Quarterly, 8*(1), 40–45.

Puckett, R. P. (1982). Dietetics: Making or breaking the new employee. *Contemporary Administrator, 5*(10), 14–16.

Quick, R. C. (1989). Employee assistance programs: Beating alcoholism in the dish room and the board room. *Cornell Hotel and Restaurant Administration Quarterly, 29*(4), 63–69.

Resnick, R. (1993). Leasing workers. *Restaurants USA, 13*(6), 14–17.

Ridley, S. J., Matthews, M. E., & McProud, L. M. (1984). Labor time code for assembling and microwave heating menu items in a hospital galley. *Journal of the American Dietetic Association, 84*(6), 648–654.

Ruf, K. L., & Matthews, M. E. (1973). Production time standards. *Hospitals, 47*(9), 82, 84, 86, 88, 89, 90.

Sherer, M. (1990). If you don't have a literacy program Read this now! *Restaurants & Institutions, 100*(27), 75, 78, 82, 84, 88, 92.

Sherman, A. W., Snell, S., & Bohlander, G. W. (1997). *Managing human resources,* 11th ed. Cincinnati, OH: South-Western Publishing.

Shuit, D. P. (2005). Yum does a 360. *Workforce Management.* [Online]. Available: http://www.workforce.com/section/10/feature/23/99/39/

Sloane, A. A., & Witney, F. (1996). *Labor relations,* 9th ed. Englewood Cliffs, NJ: Prentice Hall.

Smart, B. D. (1990). *The smart interviewer.* New York: Wiley.

Smith, J. H., Jr. (1992). A study of handicapped employment in the hospitality industry. *Hospitality and Tourism Educator, 4*(3), 16–25.

Sneed, J., & Kresse, K. H. (1989). *Understanding foodservice financial management.* Rockville, MD: Aspen Publishers.

Spertzel, J. K. (1992). The Americans with Disabilities Act: Employment doors open a little wider for the disabled. *School Food Service Journal, 46*(4), 36–37.

This, L., & Lippitt, G. (1966). Learning theories and training. *Training and Development Journal, 20*(4), 2.

University of Wisconsin–Madison. (1967). *Methodology manual for work sampling: Productivity of dietary personnel.* Madison, WI: Author.

Ursin, C. (1999). It's your move: Stop sexual harassment before it degrades your restaurant. *Restaurant USA, 19*(1), 34–38.

VanDyke, T., & Strick, S. (1988). New concepts to old topics: Employee recruitment, selection and retention. *Hospitality Education and Research Journal, 12*(2), 347–360.

Weinstein, J. (1992a). Here's how smart restaurant companies turn training and development into...personnel success. *Restaurants & Institutions, 102*(29), 92–93, 96, 101, 104, 108, 113.

Weinstein, J. (1992b). Initial ADA complaints scarce. *Restaurants & Institutions, 102*(25), 105–108.

What the new family and medical leave law will require. (1993). *Washington Weekly, 13*(7), 2.

Wheelhouse, D. R. (1989). *Managing human resources in the hospitality industry.* East Lansing, MI: Educational Institute of the American Hotel and Motel Association.

Woods, R. H., & Kavanaugh, R. R. (1992). Here comes the ADA—are you ready? *Cornell Hotel and Restaurant Administration Quarterly, 33*(1), 24–32.

Woods, R. H., & Macaulay, J. F. (1987). Exit interviews. How to turn a file filler into a management tool. *Cornell Hotel and Restaurant Administration Quarterly, 28*(3), 38–46.

Zemke, R. (1989a). Employee orientation: A process, not a program. *Training, 26*(8), 33–35, 37–38.

Zemke, R. (1989b). Workplace illiteracy. Shall we overcome? *Training, 26*(6), 33–39.

Chapter

13 재무관리

개요

- 재무관리의 핵심은 비용을 최소화하면서 수익을 극대화하는 것이다.
- 푸드서비스 매니저의 역량에 따라 재무관리의 성공 여부가 달라진다.

학습목표

1. 기업실체 개념, 계속기업 개념, 비용 원칙, 현금주의 회계와 발생주의 회계, 일관성의 원칙, 보수주의 등의 회계원칙을 정의할 수 있다.
2. 대차대조표와 손익계산서에 나타난 정보를 평가할 수 있다.
3. 유동성, 지불능력, 수익성 및 운영비율을 구분하여 설명할 수 있다.
4. 손익분기점 분석 및 그 구성요소인 고정비용과 변동비용을 설명할 수 있다.
5. 운영 예산을 세울 수 있다.
6. 기기 구입을 제안하기 위한 자금회수기간과 순현재가치를 계산할 수 있다.
7. 메뉴 가격 책정을 위한 전략을 설명할 수 있다.

효과적인 재무관리는 푸드서비스 업장의 성공에 매우 중요하다. 이 장에서는 재무성과를 분석하기 위한 회계와 재무관리의 전반적인 개념과 재무자원의 이용에 관한 의사결정에 도움을 주는 여러 보고서를 다룬다.

13.1 재무정보의 이용자

영리조직에서 회계정보를 이용하는 사람은 그 정보를 사용하는 목적에 따라 소유주, 이사회, 관리자, 채권자, 종사원, 정부기관, 금융전문가의 일곱 개의 그룹으로 구분된다. 소유주는 기업활동에 투자를 하며, 투자의 손익에 관심을 가진다. 조직·기업의 업무집행에 관한 사항을 결정하는 이사회는 관리자의 운영 효과성을 판단하기 위해 회계정보를 이용한다. 관리자는 일별 또는 장기간의 운영상태를 평가하고 계획을 평가하기 위해 회계정보를 이용한다. 채권자는 대출과 관련하여 기업의 원리금 지급능력을 평가하기 위해 회계정보를 필요로 한다. 반면, 종사원은 기업의 안정성, 급여 및 퇴직금의 지급능력을 살펴보기 위해 회계정보를 이용한다. 정부기관은 조세정책과 법규와 관련하여 회계정보를 사용하며, 기업의 외부 금융전문가는 고객사의 요청이나 특정한 목적을 위해 회계정보를 필요로 한다.

특정 개인의 재정적 이익을 추구하지 않고 사회적 필요를 충족하기 위해 재화와 서비스를 제공하는 비영리조직도 대부분 영리조직과 같은 목적으로 회계정보를 이용한다. 병원이나 학교와 같은 비영리조직은 운영수익을 납세자가 기부자에게 분배하지 않고, 조직의 목적을 위해 사용한다. 세금으로 운영되는 조직의 경우 소유주에 해당하는 국민들은 공금의 효율적 운영에 관심을 갖는다. 비영리조직의 운영을 감독하는 이사회는 운영의 효율성을 평가하기 위해 조직의 회계정보를 필요로 한다. 공급업자는 조직의 대금 지급능력을 평가하기 위해 회계정보를 이용하는 반면, 관리자는 이용가능한 자금을 확인하고 지출을 조절하기 위한 목적으로 회계정보를 이용한다.

13.2 시스템 모형에서의 재무관리

그림 13-1과 같이 재무관리는 푸드서비스 시스템의 여러 부분에 관여한다. 자본은 시스템의 투입물이다. 관리자는 자본을 투입하여 산출물인 수익을 생산한다. 예산은 시스템의 통제역할을 하는 계획에 포함되며, 여러 재무정보를 저장하는 것은 시스템 내의 메모리 기능의 일부이다. 재무제표를 준비하고 해석하는 것은 푸드서비스 매니저의 주요 책임이다.

13.3 회계의 주요 측면

회계감사(auditing)는 회계정보를 제3자의 입장에서 검토하는 과정이다. 회계감사를 통해 재무보고서와 관련된 기록들을 검토하고 이러한 보고서들의 공정성과 신뢰성을 형성하게 된다.

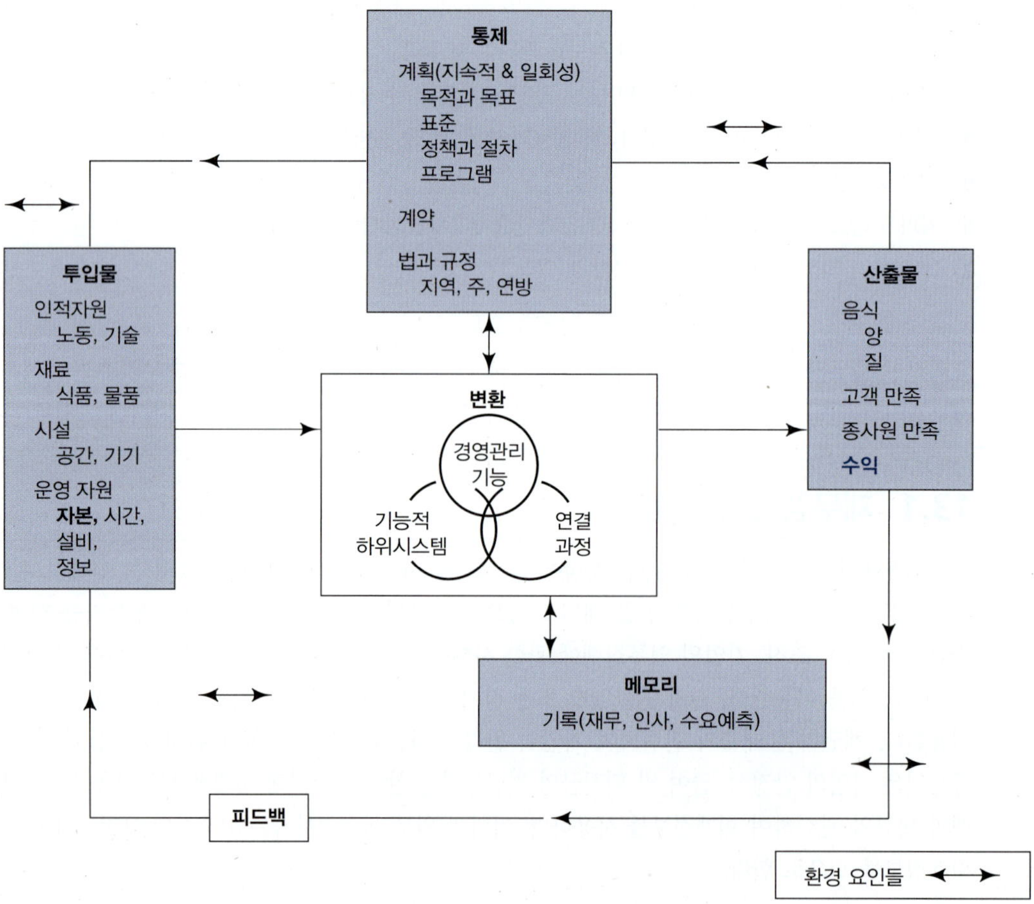

그림 13-1 푸드시스템 모형

자료: Adapted from *A Model for Evaluating the Foodservice System* by A. G. Vaden, 1980. Manhattan, KS: Kansas State University. © 1980. Used by permission.

원가회계(cost accounting)는 원가를 결정하고 통제하는 과정으로, 현재의 운영을 통제하고 계획을 위한 자료로 사용하기 위해 원가와 관련된 자료를 수집하며 해석하는 데 초점을 맞추고 있다. 전통적으로 원가회계에서는 생산과정과 상품의 원가가 중요시되었으나, 최근 들어 분배원가도 주목을 받고 있다. 푸드서비스 기업에서는 서비스원가도 고려해야 한다.

재무회계(financial accounting)는 조직이 과거에 수행한 경제적 거래에 대한 결과를 보고하는 회계로, 대차대조표와 손익계산서가 재무회계의 한 예이다.

관리회계(managerial accounting)는 일별 운영과 미래 운영의 경영관리를 지원하기 위해 과거의 재무 자료와 추정 재무 자료를 이용한다. 대안의 원가를 계산하는 것이 관리회계의 중요한 기능이 하나이다. 또한 예산 계획과 예산 대비 성과의 평가 또한 관리회계의 주요 기능이다.

13.4 회계 원칙

재무제표를 적절히 해석하기 위해서는 회계의 기본 원칙에 대하여 이해할 필요가 있다. 일반적으로 인정된 회계 원칙(Generally Accepted Accounting Principles, GAAP)에 따른 재무제표는 일관성을 확보할 수 있다. 이러한 원칙은 미국공인회계사협회, 미국회계학회, 재무회계기준위원회와 같은 조직에 의해서 만들어졌다.

13.4.1 기업실체 개념

기업실체(business entity) 개념은 기업을 소유주와 분리된 독립개체로 보는 것을 전제로 한다. 예컨대, 개인이 소유하고 있는 레스토랑이라도 레스토랑의 운영을 통해 발생된 현금은 소유주의 것으로 보지 않는다. 회계의 목적상, 기업의 운영과 직접적으로 관련된 자금과 부채만 기업 회계에 포함된다.

13.4.2 회계의 기본 방정식

조직의 자원, 빚, 소유권은 회계 용어로 각각 자산, 부채, 자기자본으로 불린다. "자산은 부채와 자기자본의 합과 같다"라는 기본 수식은 이들의 관계를 나타낸다. 대차대조표에서 특정 자산의 증가는 다른 자산의 감소를 동반하거나 부채나 자기자본의 증가를 동반한다.

13.4.3 계속기업 개념

회계의 기본 가정 중의 하나는 기업을 일시적인 존재로 보는 것이 아니라 계속 존재하는 조직으로 보는 것이다. 이와 같은 개념은 기업의 자산 가치를 현재 시점의 교환가치로 간주하기보다는 기업이 미래에 수익을 창출할 수 있는 능력으로 평가한다.

13.4.4 측정단위로의 화폐

화폐는 기업 활동의 기초가 되며, 소위 수익의 일반적 단위이다. 회계정보의 일관성의 위해 모든 기업의 거래비용은 화폐가치로 기록된다. 따라서 기업의 모든 회계와 관련한 정보는 화폐의 단위로 작성된다. 우수한 종사원의 가치는 화폐의 단위로 표현할 수 없기 때문에 회계정보에는 포함될 수 없다.

13.4.5 비용 원칙

비용 원칙은 자산 가치의 평가와 거래의 기록을 거래가 발생하는 시점의 화폐가치로 기록하는 것에 관한 것이다. 비용은 재화나 서비스를 생산하는 데 들어간 금액을 의미한다.

13.4.6 현금주의 회계와 발생주의 회계

거래비용을 기록할 때 사용되는 방법으로, **현금주의 회계**는 실제 현금의 수입과 지출이 발생한 시점을 기준으로 작성한다. 대부분의 조직에서 사용되는 **발생주의 회계**는 실제 수입과 지출을 초래한 거래가 발생된 시점을 기준으로 인식한다.

13.4.7 수익 · 비용의 대응

발생주의 회계에 있어서 회계 기간 중에 발생한 모든 수익을 수익 발생을 위해 소비된 비용과 대응시킨다는 개념이다. 예를 들어, 레스토랑의 소유주가 특정 회계기간에 식재료를 구매하여 그 다음 회계 기간에 판매를 하였다고 하자. 만일 수익·비용 대응원칙이 적용되지 않는다고 한다면, 그 재료비는 실제로 그 재료가 사용된 기간의 직전 회계기간에 기록될 것이다. 그렇게 되면 그 첫 회계기간의 비용은 실제보다 많게 기록되고, 다음 회계기간의 이익은 더 증가하는 결과로 이어질 것이다. 수익과 비용의 대응원칙은 발생주의 회계의 기본이 되는 개념이다.

13.4.8 감가상각

감가상각이란 발생주의 회계의 한 측면으로, 고정자산의 취득 원가를 기기를 사용하는 기간 동안에 나누어 체계적으로 적절하게 분배하는 것을 말한다. 감가상각을 적용하는 데는 여러 방법들이 사용되고 있는데, 정액법이 그 예이다. 정액법을 사용하는 경우, 감가상각 비용은 해당 기기를 사용하는 기간 동안 동일한 금액으로 측정된다. 만일 한 기기의 감가상각비를 회계연도 단위로 정액법을 사용한다면 그 금액은 다음과 같이 계산할 수 있을 것이다.

(고정자산의 원가 – 잔존 가치[어떤 시설의 서비스 수명이 끝난 후에도 남아 있는 가치])/내용연수

사용 초기에 그 가치가 급속히 감소하는 자산의 경우에는 정률법을 사용하기도 한다. 정률법은 첫 해에 가장 많은 상각비가 계상되지만 이후 점차 적은 비용을 산정하는 방법이다.

13.4.9 완전공시 원칙

재무제표는 회계정보 이용자의 이해, 판단이나 의사결정에 영향을 미칠 수 있는 모든 회계정보를 제공해야 한다. 공시된 재무제표는 정확한 회계정보의 해석에 필요한 회계 방법, 회계 방법의 변경, 재무제표의 정확한 해석과 관련된 이슈 등과 같은 중요한 정보를 포함해야 한다.

13.4.10 일관성의 원칙

기업이 기간별 회계처리를 할 때, 그 기업은 회계 사용기준에 있어서 일정한 회계처리 원칙을 사용해야 한다. 회계원칙이 동일하지 않으면, 재무제표는 정확하게 해석되지 않는다. 예를 들어, 감가상각비를 측정하는 방법이 달라지면, 그에 따른 감가상각비가 달라지고 순이익도 영향을 받게 된다.

13.4.11 중요성의 원칙

절대적인 정확성과 완전성을 갖춘 회계 정보를 제공한다는 것은 현실적으로 불가능하고, 경제적으로도 바람직하지 않다. 중요성의 원칙이란 사건이나 정보가 회계정보 이용자들의 의사결정에 변화를 일으킬만큼 중요한 경우에만 고려되어야 한다는 것이다. 해당 정보의 포함이나 누락이 회계 정보 이용자의 판단에 영향을 미칠 수 있다면, 일반적으로 해당 정보를 중요한 것으로 고려된다.

13.4.12 보수주의

보수주의는 거래의 기록과 자산가치의 평가에서의 절제를 의미한다. 역사적으로 회계사들은 되도록 수익이나 자산 가치를 적게 하는 방법이나 절차를 선호하는 보수적인 경향이 있다.

13.5 기본 재무제표

관리자는 주로 대차대조표와 손익계산서와 같은 재무보고서를 사용하며, 각각의 보고서는 조직 운영의 성과 평가에 중요한 정보를 제공한다.

대차대조표(balance sheet)는 특정 시점의 기업 자산, 부채, 자본의 상태를 나타내고, **손익계산서(income statement)**는 일정기간 동안의 기업의 이익과 손실에 대한 정보를 제공한다. 대차대조표는 특정시점의 기업의 재무상태를 보여주기 때문에 정적인 보고서라 할 수 있고, 손익계산서는 시간의 흐름에 따른 운영의 결과를 보여주기 때문에 동적인 보고서라 할 수 있다.

13.5.1 대차대조표

대차대조표는 주로 월말, 분기말, 연말과 같은 특정 시점에서의 기업의 자산, 부채, 자기자본으로 구성되어 있다. 대차대조표는 자산은 부채와 자기자본의 합과 일치해야 한다는 기본 원칙에 근거하여 작성된다. 그림 13-2는 대차대조표의 예시이다.

자산 대차대조표의 첫 번째 항목은 **자산(assets)**으로, 보통 유동자산과 고정자산으로 분류된다. **유동자산**은 현금과 단기간(보통 1년)에 현금화가 가능한 외상 매출, 재고, 선불 비용, 예금, 시장성이 있는 모든 유가증권 등을 포함한다. **고정자산**은 투자 또는 영업활동에 사용할 목적으로 장기간 보유하는 자산을 말하며, 판매를 목적으로 하지 않는 토지, 건물, 가구, 기기 및 설비 등이 포함된다. 대개 고정자산은 시간에 지남에 따라 그 가치가 낮아지기 때문에, 고정자산의 가치는 감가상각에 의해 감소된다.

부채 **부채(liabilities)**는 유동부채와 고정부채로 나누어진다. **유동부채**는 1년 안에 상환해야 하는 부채로 선수금, 미지급금 등이며, 특히 미지급금은 결산일을 기준으로 대가를 지급하지 않은 급여, 이자 등이 포함된다. **고정부채**는 금번 회계기간 내에 상환하지 않을 부채를 의미한다. 고정부채의 예로는 건물이나 토지에 대한 대출을 들 수 있다. 올해 상환해야 할 대출금은 유동부채이고, 그림 13-2에서 보듯이 이 금액만큼 고정부채는 줄어든다.

자기자본 대차대조표의 **자기자본(owner's equity)** 항목은 소유주의 기업에 대한 지분과 운영으로부터 발생된 이익잉여금을 포함한다.

미드타운 델리
대차대조표
2010년 12월 31일

자산		부채와 자본	
유동자산		**유동부채**	
현금		선수금	$28,585
보유현금과 당좌예금	$34,156	미수금	8,590
저축예금	5,521	당기분 모기지 대출금	24,000
외상매출금	67,278	총 유동부채	$61,175
재고	5,330		
선불비용	5,688		
총 유동자산	$117,973		
고정자산		**장기부채**	
토지	$375,000	모기지 대출금	$390,047
건물	402,950	당기분 제외	(24,000)
가구 및 기기	67,000	총 부채	$366,047
식기류	28,856		
감가상각 제외	(117,000)		
총 고정자산	$756,806		
기타 자산	$6,083	**자기자본**	
		주식 자본	$47,000
		자본 잉여금	365,503
		이익 잉여금	41,137
		총 자본	$453,640
총 자산	$880,862	**총 부채 및 자본**	$880,862

그림 13-2 대차대조표의 예

13.5.2 손익계산서

손익계산서는 일정기간 동안의 기업의 운영성과를 보여주며, 매출, 비용, 이익 혹은 손실과 같은 항목으로 구성되어 있는 재무제표이다. 그림 13-3은 외식기업의 손익계산서이고, 그림 13-4는 병원과 학교 급식과 같은 급식소에서 주로 사용하는 월별 운영 손익계산서이다.

매출 또는 수익은 일정 기간 동안의 현금수입이나 업장에 배정된 기금을 포함한다. 예를 들어, 대학교 급식소의 매출은 기숙사생들이 급식비로 미리 지불한 돈과 일반 학생들이 지불한 현금을 포함한다.

푸드서비스 업장에서 사용되는 손익계산서의 매출원가 항목은 상품(음식과 서비스)의 판매수익을 위해 투입되는 비용을 나타낸다. 매출 원가는 다음과 같이 계산된다.

회계기간 시작점의 초기 재고	$XXX
+ 회계기간 내 재료 구입 비용	+ XXX
사용 가능한 총 재고 금액	$XXX
− 회계기간 종료점의 재고	− XXX
회계기간 내의 매출 원가	$XXX

노스 스타 레스토랑 2010년 12월 21일		
수입		
식품		$884,250
음료		379,150
총 수입		$1,263,400
공통 영업비용		
판매 및 일반관리	$252,000	
마케팅	69,200	
자산운영 및 유지보수	108,300	
연료비	73,000	502,500
고정비 제외 전 수입		$760,900
고정비		
재산세	$101,200	
보험료	23,800	
이자	84,900	
감가상각	170,100	380,000
세전 수입		$380,900
세금		182,832
순수입		$198,068

그림 13-3 손익계산서의 예

리버사이드 지역 메디컬 센터
2010년 4월

	환자급식	종사원식당	방문자 카페	자판기	케이터링	합계
수입		$271,442	$45,431	$20,610	$43,991	$381,474
비용						
식품						
육류	$30,301	$39,590	$5,088	$1,803	$5,389	$82,171
유제품	$21,032	$14,570	$1,890	$938	$2,002	$40,432
식료품	$17,794	$15,569	$2,035	$1,001	$2,156	$38,555
신선/냉동	$22,435	$18,296	$2,326	$721	$1,463	$45,241
베이커리	$14,571	$16,248	$1,894	$936	$1,694	$35,343
보조식	$11,822	$0	$0	$0	$0	$11,822
기타	$6,940	$8,542	$1,615	$1,804	$1,548	$20,449
합계	$124,895	$112,815	$14,848	$7,203	$14,252	$274,013
인건비						
급여						$165,478
파트타임	$175,469	$157,390	$20,437	$3,770	$16,314	$373,380
청소용품	$400	$425	$187	$90	$176	$1,278
종이	$1,260	$1,629	$405	$250	$598	$4,142
수리/유지	$2,256	$0	$0	$0	$0	$2,256
사무용품	$230	$169	$97	$0	$83	$579
식기류	$382	$258	$0	$0	$0	$640
책/잡지	$59	$0	$0	$0	$25	$84
기타	$479	$258	$84	$25	$49	$895
총 비용	$305,430	$272,944	$36,058	$11,338	$31,497	$822,745

그림 13-4 병원 푸드서비스 부서의 월별 손익계산서

총 수익 또는 판매 수익은 매출에서 매출 원가를 빼서 구할 수 있다.

순이익이나 순손실은 총 수익에서 부가적으로 쓰인 여러 비용들을 빼서 구할 수 있다. 비영리 단체에서는 순이익이라는 것은 비용에 비하여 과도한 수익이 발생한 경우를 의미한다.

13.6 재무제표의 분석

관리자는 재무제표를 분석하기 위해 다양한 분석방법을 사용해야 한다. 분석방법으로는 비율분석, 추세분석, 공통형 재무제표, 손익분기점분석 등이 있다. 관리자는 다양한 방법의 재무제표 분석을 통해 기업의 재무정보를 이해하고 운영성과를 과거와 비교할 수 있다. 관리자는 다양한 비교를 통해 재무정보를 검토하고 분석하는데 이러한 비교는 내부비교와 외부비교로 구분된다. 컴퓨터를 이용하면 이러한 계산과 비교를 보다 효율적으로 수행할 수 있다.

내부 기준 비교는 기업의 현재 성과를 예산, 과거 실적, 또는 사전에 수립한 기준과 비교, 검토하는 것이다. 예산은 특정기간의 재무 운영 계획을 나타내므로 예산과의 비교를 통해 운영이 계획대로 되고 있는지를 파악할 수 있다. 현재의 성과를 과거의 실적과 비교함으로써 시간에 따른 운영상의 변화에 대한 정보를 얻을 수 있다. 사전에 수립한 기준은 현재 성과와 비교할 수 있는 기대 성과의 객관적인 지표가 된다.

외부 기준 비교는 유사 기업과의 성과 비교 또는 산업의 평균적인 성과와의 비교를 포함한다. 의료푸드서비스 협회와 같은 외부 전문기관을 통해 해당 산업의 전반적인 성과에 대한 자료를 구할 수 있다.

13.6.1 재무비율 분석

재무비율 분석(ratio analysis)은 관련성이 있는 재무제표의 구성항목 간의 비율을 통한 재무 정보의 분석법이다. 유동성 비율, 지불능력 비율, 활동성 비율, 수익성 비율, 운영 비율 등이 있다. 각각의 비율이 예는 **표 13-1**과 같다.

유동성 비율 유동성 비율(*liquidity ratios*)은 기업의 단기채무에 대한 지급능력을 의미한다. 기업이 수익을 창출하지만, 그 수익이 채무를 상환할 정도로 충분하지 않을 경우, 유동성 비율은 낮게 나타날 수 있다. 가장 많이 활용되고 있는 유동성 비율의 지표로는 유동비율과 산성시험비율이 있다. 두 방법에 사용되는 항목들은 대차대조표에서 찾아볼 수 있다. **유동비율**(*current ratio*)은 유동부채에 대해서 유동자산이 차지하는 비율을 나타낸다.

$$\text{유동비율} = \frac{\text{유동자산}}{\text{유동부채}}$$

채권자나 투자자는 기업의 부채상환 능력을 보여주는 유동비율이 높은 것을 선호하는 반면, 경영자들은 필요 이상의 현금 또는 재고의 보유를 피하기 위해 유동비율을 낮게 유지하고자 한다. 기업에 입장에서 유동성이 필요 이상으로 높다는 것은 현금보유로 인해 그만큼 다른 곳에 투자하여 수익을 올릴 수 있는 기회를 상실하고 있다는 것을 의미하기 때문이다.

산성시험비율(*acid test ratio*) 또는 **당좌비율**(*quick ratio*)로 불리는 이 비율지표는 유동자산에서 쉽게 현금화할 수 있는 자산만을 유동부채로 나누어 계산하는데, 이 비율을 통해 유동비율보다 기업의 단기 채무지급 능력을 더욱 정확하게 평가할 수 있다.

$$\text{산성시험비율} = \frac{\text{현금} + \text{외상매출금} + \text{시장성 있는 유가증권}}{\text{유동부채}}$$

표 13-1 재무비율의 종류

종류	예
유동성 비율	유동 비율 산성-시험 비율
지불능력 비율	지불능력 비율 부채 비율 자산대비 부채 비율
활동성 비율	재고자산 회전율 객실 점유율
수익성 비율	배출액 이익률 자기자본 이익률 총자산 이익률
운영 비율	수익구조 분석 객단가 식재료원가율 인건비 비율 1인당 식재료비 노동시간당 식수 풀타임 종사자당 식수 1식당 노동시간

지불능력 비율 지불능력 비율(*solvency ratios*)은 기업의 장기부채상환능력을 보여주며, 레버리지(leverage)라고도 한다. 지불능력 비율은 총자산과 총부채의 관계를 보여준다.

$$\text{지불능력 비율} = \frac{\text{총자산}}{\text{총부채}}$$

또 다른 지불능력 비율을 보여주는 지표로는 부채와 자기자본의 비율을 보여주는 자본대비 부채 비율(debt to equity ratio)과 부채와 자산의 비율을 보여주는 자산대비 부채 비율(debt to asset ratios)이 있다.

활동성 비율 활동성 비율(*activity ratios*)은 기업의 자산이 얼마나 효율적으로 이용되고 있는지를 측정하는 것으로, 주로 백분율 또는 회전율로 표현된다. 주로 사용되는 활동성 비율로는 **재고자산 회전율**(*inventory turnover ratio*)이 있는데, 이것은 일정 기간 내 재고자산의 회전속도를 나타낸다.

$$\text{재고자산 회전율} = \frac{\text{매출원가}}{\text{평균재고자산}}$$

높은 재고자산 회전율은 한정된 자산이 기업의 운영을 위해 빠르게 회전되는 것을 의미하는 반면, 낮은 재고자산 회전율은 큰 자산규모가 재고로 묶여 있는 상태를 나타낸다. 호텔과 같은 숙박산업에는 활동성 비율의 지표로 **객실 점유율**을 사용하는데, 전체 판매 가능한 객실 수와 판매된 객실 수의 비율을 말한다.

$$\text{객실 점유율} = \frac{\text{판매된 객실 수}}{\text{판매가능한 객실 수}}$$

수익성 비율 수익성 비율(*profitability ratios*)은 기업의 매출액 또는 자산의 투자와 관련된 이익 창출 능력을 나타내는 지표이다. 수익 또는 순이익은 매출액에서 모든 비용을 제하고 남는 것으로, 수익성 비율의 계산에 절대적으로 필요한 정보이다. 평균 수익성 수준은 다르나 급식, 외식을 포함한 모든 푸드서비스 기업은 일정수준의 순이익을 창출해야 한다. 대표적인 수익성 비율의 예시로는 매출액이익률, 자기자본이익률, 총자산이익률이 있다.

$$\text{매출액이익률} = \frac{\text{순이익}}{\text{매출액}}$$

$$\text{자기자본이익률} = \frac{\text{순이익}}{\text{자기자본}}$$

$$\text{총자산이익률} = \frac{\text{순이익}}{\text{총자산}}$$

가장 보편적으로 이용되는 **매출액이익률**(*profit margin*)은 전반적인 재무의 효율성을 보여주고, 그 정보는 손익계산서에서 찾을 수 있다. **자기자본이익률**(*return on equity*)은 기업의 수익 창출 활동을 위해 사용된 투자자금에 대한 수익성을 측정하고, **총자산이익률**(*return on assets*)은 경영의 성과를 보내주는 지표로 기업에 투자한 자기자본의 효율성을 나타낸다. 두 가지 지표에 쓰는 정보는 대차대조표와 손익계산서에서 찾을 수 있다.

운영 비율 운영 비율(*operating ratios*)은 기업의 매출액 창출 및 비용 절감 측면에서의 운영 성과를 보여준다. **수익구조의 분석**은 판매분석 방법 중의 하나로, 전체 수익 중에서 특정한 영업활동을 통해 벌어들일 수익의 비율을 의미한다. 레스토랑에서 판매된 음식과 음료의 판매액과 전체 영업수익과의 비율이 운영 비율의 예가 될 수 있다. 전체 수익 중에서 푸드서비스 운영, 케이터링 서비스, 또는 자동판매기로부터의 매출을 전체 매출과 비교하는 것 또한 운영비율의 예가 된다.

객단가는 경영성과를 측정하는 방법으로, 매출액을 방문한 고객의 수로 나누어 계산할 수 있다. 객단가 이외에도 푸드서비스 업장에서는 자리회전율, 대기시간, 인력대비매출과 같은 지표도 사용한다.

이 장의 머리말에서 언급했듯이, 관리자의 주요 업무는 원가를 조절하는 것이다. 그 조직의 수익성은 관리자의 원가조절의 효율성과 밀접한 관계가 있다. 푸드서비스 조직에서는 운영의 효율성을 측정하기 위해 보편적으로 다음의 두 지표를 사용한다.

$$\text{식재료비 비율} = \frac{\text{식재료비}}{\text{매출액}}$$

$$\text{인건비 비율} = \frac{\text{인건비}}{\text{매출액}}$$

메뉴를 제공하기 위해 지불된 전체 식재료 비용에서 식재료 품목별로 나누어 계산한 식재료별 비율은 식재료와 관련한 비용상의 문제점 파악을 위해 이용할 수 있다. 만약 2개월 이상 지속적으로 육류에 대한 비용이 증가한다면, 관리자는 제공되는 메뉴의 종류, 구입가격, 재고조사, 구입방법, 중량조절 또는 판매가격을 조절할 필요성이 있다.

운영의 성과를 평가하는 또 다른 방법으로는 **고객 1인당 지출된 식재료비 비율**을 확인하는 것이 있다. 이것은 주로 대학교 급식과 병원 급식에서 식재료비 비율을 분석할 때 사용하는 방법으로, 특정 기간에 사용한 총 식재료비를 총 이용고객수의 수로 나누어 계산하다.

인건비를 분석하는 방법에도 여러 가지가 있다.

$$\text{노동시간당 생산 식사수} = \frac{\text{총 식수}}{\text{총 노동시간}}$$

$$\text{전일제 근무자당 생산 식수} = \frac{\text{총 식수}}{\text{전일제 환산 근무자 수}}$$

$$\text{1식당 노동시간} = \frac{\text{총 노동시간}}{\text{총 식수}}$$

재무비율의 이용 재무비율 분석은 조직의 재무 안정성과 운영의 효율성을 평가하는 효과적인 방법으로, 관리자의 의사결정과 운영 조정에 필요한 정보를 제공한다. 그러나 각각의 재무분석 방법은 조직의 운영에 맞게 적절히 적용되어야 하고, 관리자는 회계 또는 재무와 관련된 정보를 이해하고 그 관계를 이해해야 한다.

효과적인 의사결정을 위해 단 1개의 비율분석 지표를 사용하는 것은 부족하므로, 분석에는 다양한 지표를 이용하여야 한다. 비율분석 지표를 이용할 때는 기간별 비교를 통한 추세분석이 함께 수반되어야 한다. 또한 기간별 데이터 분석을 비교할 때는 동일한 회계 방법을 사용하여야 한다.

캔자스 주립대학의 Kevin Saucer 박사는 관리자가 재무비율 분석에 근거해 의사결정을 할 때에는 분모에 해당하는 값을 바꾸어야 하는지, 분자에 해당하는 값을 바꾸어야 하는지, 아니면 둘 다를 바꾸어야 하는지 결정할 필요가 있으며, 또한 이렇게 했을 때 비율이 어떻게 달라지는지 이해해야 한다고 하였다. 예를 들면, 관리자는 목표로 하는 식재료비 비율을 구하려면 식재료비(분자)와 매출(분모)을 구하는 방법을 알아야 한다. 머핀의 식재료비가 0.4달러이고, 판매가격이 1.2달러라면, 식재료비 비율은 33%이다. 목표로 하는 식재료비 비율이 30%라면, 식재료비를 줄이기 위해 관리자는 식재료를 바꾸거나, 저렴한 식재료를 구매하여 식재료비를 0.36달러로 줄이고 머핀을 1.2달러에 판매하거나, 동일한 식재료를 사용하면서 머핀의 판매가격을 1.3달러로 올려서 30%의 식재료비 비율을 만족시킬 수 있다.

13.6.2 추세분석

추세분석(*trend analysis*)은 과거의 데이터를 비교, 분석하는 방법으로, 그 변화의 차이는 비율이나 절대적인 숫자로 나타낼 수 있다. 추세분석은 조직의 향후 매출이나 활동의 예측에 이용된다. 추세분석에서는 여러 가지 비율분석 지표들을 사용하는데, 그 지표에 대한 설명은 다음 장에서 다룬다.

과거의 재무자료를 그래픽으로 분석하여 보여주는 방법을 통해 관리자는 보다 쉽게 변화를 인지하고 이해할 수 있다. 예를 들어, 많은 관리자가 정기적으로 매출액 대비 식재료비, 인건비와 기타 운영비의 비율을 그래프로 그려 살펴보기도 하는데, 보통 세로축에 비율의 변화를 표시하고,

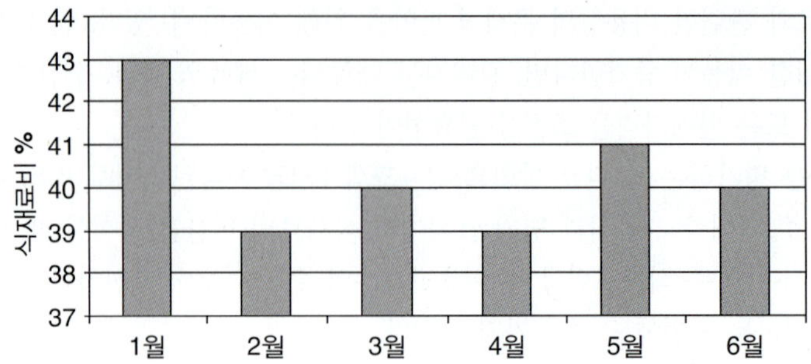

그림 13-5 식재료비 비율 추세분석

가로축을 시간(일별, 월별, 연별)으로 나누어 작성한다. 그림 13-5는 6개월 동안의 식재료비 비율을 보여준다.

13.6.3 공통형 재무제표

서로 다른 회계기간이나 동일 조직의 다른 부서 간의 재무제표를 비교하는 것은 회계의 규모가 서로 다르기 때문에 쉽지 않다. 모든 항목을 백분율로 나타낸 **공통형 재무제표(common-size statement)**는 체인 레스토랑이나 캠퍼스 내 다이닝서비스 센터와 같이 서로 다른 조직의 손익계산서를 비교하거나 기간별의 차이를 볼 때 특히 유용하게 사용된다. 공통형 손익계산서를 준비하려면 모든 항목을 매출에 대한 백분율로 표시해야 하며, 공통형 대차대조표의 경우에는 모든 항목을 자산에 대한 백분율로 표시해야 한다. 조직이 속한 산업 분야의 성과와 비교하기 위한 재무제표도 백분율로 나타낸다.

13.6.4 손익분기 분석

손익분기 분석(break-even analysis)은 재무자료를 분석하는 또 다른 방법으로, **손익분기점** (*break-even point*)에서 그 이름이 파생되었다. 손익분기점은 이익이나 손실이 일어나지 않고 총매출액과 총비용이 일치하는 지점을 의미한다.

손익분기 분석에서 비용은 고정비용과 변동비용으로 나누어진다. **고정비용(fixed costs, FCs)**은 생산량의 증감에 관계없이 항상 일정하게 발생하며, 생산량이 없을 때에도 운영을 위해 지불되는 비용이다. 건물의 크기와 제품의 생산량이 증가함에 따라 고정비도 증가하며, 보험, 임대료, 정규직원의 인건비, 세금 등이 고정비에 포함된다.

변동비용(variable costs, VCs)은 판매량에 비례하여 변동하는 비용을 의미하며, 판매량의 증가에 따라 증가하는 식재료비와 같은 직접 재료비가 이에 포함된다.

고정비와 변동비의 성격을 동시에 가지고 있어, 정확하게 구분할 수 없는 혼합비용을 **준변동비**라고 부른다. 인건비, 수선/유지비, 전력, 상하수도, 전기, 가스비 등이 이에 포함된다. 손익분기 분석을 실행하기 전에 관리자는 준변동비를 고정비와 변동비로 구분해야 한다. 준변동비를 고정비와 변동비로 분류한 후, 다음과 같은 공식을 통해 손익분기점을 구한다.

$$\text{손익분기점} = \frac{\text{고정비용}}{1 - \dfrac{\text{변동비용}}{\text{매출액}}}$$

예를 들어, XYZ 레스토랑의 경우, 고정비가 24,000달러, 변동비는 60,000달러, 그리고 판매액이 100,000달러일 때, 손익분기점은 다음과 같이 계산된다.

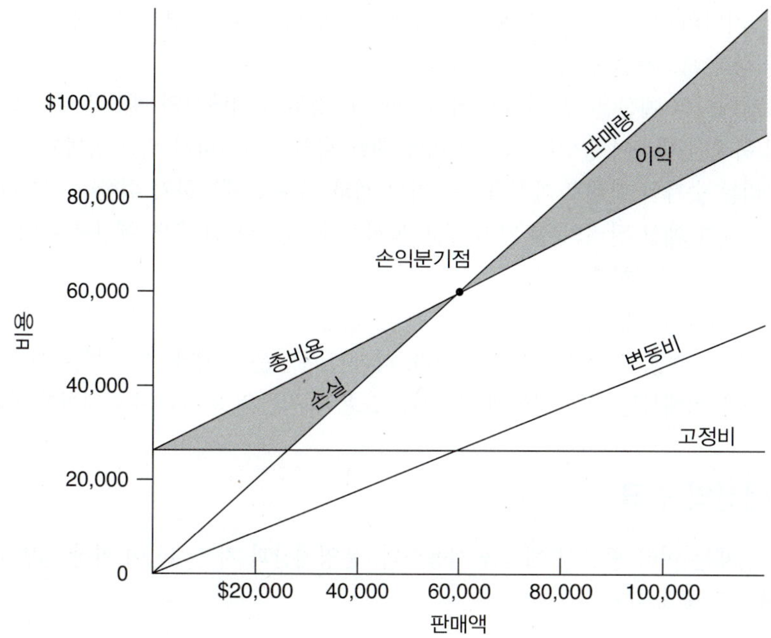

그림 13-6 XYZ 레스토랑의 손익분기 도표

$$손익분기점 = \frac{\$24,000}{1 - \frac{\$60,000}{\$100,000}}$$

$$= \frac{\$24,000}{1 - 0.60}$$

$$= \frac{\$24,000}{0.40}$$

$$= \$60,000$$

위의 식에서 분모로 사용된 1에서 매출대비변동비용을 뺀 값을 **공헌마진(contribution margin)**이라고 하며, 식에서 보여준 것과 같이 공헌마진은 0.40 또는 40%이고, XYZ 레스토랑의 손익분기점은 그림 13-6에서 확인할 수 있다.

손익분기 분석은 미래의 수입, 비용, 이익에 대한 계획을 세우고 예측하는 데 사용된다. 관리자는 이 분석방법은 통해 판매량, 비용, 이익의 상호관계를 이해할 수 있다. 그러나 이 분석은 조직의 운영 비용을 알고, 또한 비용을 고정비용과 변동비용으로 구분할 수 있는 경우에만 이용할 수 있다. 온라인 손익분기분석 계산이 가능한 사이트로 www.dinkytown.com가 있다. CVP(cost volume profit) 분석은 손익분기분석의 일종인데, CVP 공식을 이용하면 목표 수익 달성을 위한 판매량을 계산할 수 있다. CVP 공식은 다음과 같다.

$$판매\ 또는\ 수익\ 수준 = \frac{변동비 + 목표\ 이익}{1 - \frac{변동비}{판매액}}$$

13.7 예산 관리

예산(budget)은 재무 용어로 기술한 기업의 운영 계획으로, 판매량과 연동하여 비용과 이익을 통제하기 위한 계획이기도 한다. 예산 관리(budgeting)란 예산의 계획, 준비, 통제, 보고, 활용하는 전 과정이다. 기업의 예산 통제를 위해서는 예산 목표에 따른 조정, 평가, 통제를 위해 해당 기간 내내 예산과 성과 보고서를 이용하게 된다.

정부 조직에서의 예산은 그 의미가 약간 다르다. 정부 조직에서의 예산은 주어진 기간 동안 또는 주어진 목적에 대하여 승인된 목록과 이에 대한 재원을 마련하기 위한 방법이다.

예산 관리는 숫자의 형태로 계획을 수립하고 성과 기준을 개발하기 위한 조직화된 과정이다. 계획, 조정, 통제가 예산 관리의 세 가지 주요 목적이다. 제대로 된 운영 예산은 운영의 전반적인 구조와 실태 파악을 용이하게 한다.

예산은 통제의 기초가 되지만 반드시 조직 내 운영 인력에 의해 실행되어야 한다. 예산은 지침의 정기적 점검, 수정, 수립을 위한 도구이다. 따라서 예산은 실행가능한 계획이어야 한다. 효과적인 예산수립을 위해서는 예산 실행에 관여하는 모든 직원들의 의견이 수렴되어야 한다.

13.7.1 예산의 종류

푸드서비스 업체는 여러 종류의 예산을 사용한다. 운영예산과 자본예산이 가장 일반적으로 사용된다. 현금예산도 중요하다.

운영예산 대부분 조직에서 운영예산(*operating budget*) 준비의 첫 단계는 **예산의 판매액 또는 수익**을 결정하는 것이다. 특정 기간 동안 예상되는 매출액을 나타내는 매출액 예산을 수립할 때는 다양한 외적 및 내적 요인들을 고려해야 한다. 조직의 과거 예산과 성과를 바탕으로, 향후 매출액에 영향을 미칠 수 있는 예상치 못한 특이사항 등도 고려해야 한다.

제품의 판매가격 변화에 영향을 주는 요인도 고려해야 한다. 예를 들어 대학의 기숙사비가 오른다면 학생 1인당 급식 운영에 할당된 비율을 검토할 필요가 있다. 새로운 경쟁업체의 등장과 새로운 사업의 출현, 산업의 트렌드, 국가경제의 변화와 같은 국가적, 지역적 변화도 고려해야 한다.

조직의 이익 목표도 고려해야 한다. 매출액에 따른 예상 이익을 추정해야 한다. 계절에 따른 매출액의 변화도 예측해야 한다.

매출액을 예측한 후, 그에 따른 **비용** 예산을 세운다. 이때 예상 매출액과 관련하여 식재료비, 인건비, 기타 운영비 등을 추정해야 한다. 식재료비를 편성할 때는 식품 가격의 변화를 고려해야 한다.

인건비 예산의 추정에서는 임금의 증가뿐 아니라 근로소득세의 증가가 중요한 고려 요소이다. 또한 푸드서비스 매니저는 인력에 영향을 미칠 수 있는 메뉴의 변화나 기타 운영상의 변화를 고려해야 한다. 기타 운영비를 추정할 때도 비슷한 요인들을 고려해야 한다.

자본예산 **자본비용예산**(*capital expenditure budget*)도 운영예산 수립과 같은 시기에 수립된다. 자본 비용은 건물의 개선, 확장, 대체 및 기기나 토지에 사용된다. 이러한 주요 자본 투자는 시설의 확장이나 개선을 목적으로 한다.

자본예산에 포함되는 품목은 보통 그 품목의 구입 비용과 사용연한에 기초한다. 대부분의 조직은 5,000달러 혹은 10,000달러를 기준으로 영업예산에 들어갈 품목과 자본예산에 들어갈 품목을 구분한다.

자본예산은 보통 장기재무계획이며 규모가 크기 때문에 신중하게 계획되어야 한다, 자본예산은 다년간에 걸쳐 할당되기도 한다.

현금예산 예산기간 동안 예상되는 현금의 유입과 지출의 세부적인 항목을 나타내는 현금예산(cash budget) 또한 많은 조직에서 사용된다. 현금예산은 관리자가 현금의 유출과 유입을 조정하고, 필요한 시기에 현금을 확보할 수 있도록 도와준다. 또한 관리자는 현금예산을 통해 세금이나 보험료와 같은 큰 규모의 지출을 계획하고, 단기 투자를 위해 가용한 자금을 파악할 수 있다.

추정손익계산서(Pro Forma Statement) 영리 조직의 관리자는 예산 계획의 일부로 보통 추정손익계산서를 작성한다. 재무제표를 예산 편성의 한 부분으로 준비한다. **추정손익계산서(pro forma statement)**는 매출과 비용 예산의 조합이며, 이에 따른 예상 이익을 포함한다. 예산을 계획할 때는 각종 비율을 계산해 봄으로써 매출이나 수입에 대한 비용의 예상이 적절한지를 파악해야 한다.

13.7.2 예산관리의 개념

예산을 편성하는 과정은 조직마다 다르나, 푸드서비스 매니저는 보통 예산계획의 특정 부분에만 관여한다. 규모가 큰 조직에서는 주로 재무담당자가 현금예산과 조직의 전반적인 예산에 대한 계획을 수립한다.

예산계획 과정이 끝나면, 검토와 승인절차를 걸쳐 예산 편성안이 확정된다. 매 분기마다 예산과 그에 해당하는 운영성과를 예산과 비교, 평가하고 보고한다. 푸드서비스 매니저는 예산과 실제 성과를 비교하여 수립된 목표를 어느 정도 달성하였는지를 스스로 평가함으로써 효율적인 관리활동을 수행할 수 있다.

고정예산(*fixed budget*)은 단일한 매출액에 대하여 편성되는 반면, **변동예산**(*flexible budget*)은 다양한 수준의 매출액에 대하여 편성되므로, 매출 변화가 큰 산업에 유용하게 사용된다. 푸드서비스 업장에서는 실제 발생되는 매출에 따라 비용을 조정하기 위해 두세 가지 매출 수준에 따른 예산을 준비할 수 있다. 예를 들어, 리조트 호텔이나 병원은 객실 점유비율에 있어 그 변화가 클 것으로 예상된다. 이에 변동예산을 사용하면 객실 점유율에 따라 비용을 조정할 수 있어, 효과적인 운영을 할 수 있다.

일부 조직에서는 점진주의 예산편성(incremental budgeting)을 이용하여 현재 존재하는 예산을 바탕으로 다음 해의 예산을 편성하는 방법도 사용되고 있다. 품목에 따라 예산 증가율은 달라질 수 있다. 예를 들어, 채소와 과일보다 육류의 비용 증가가 더 많이 예상된다면, 다음 해의 예산에는 육류 품목의 예산을 더 높게 배정할 것이다.

13.7.3 투자 결정

자본예산에 포함되는 비용에는 이러한 비용이 조직에 가져올 혜택에 대한 정당성이 필요하다. 이러한 자본 예산의 정당성을 평가하기 위한 몇 가지 방법이 있는데 투자회수기간과 순현재가치 가 가장 보편적으로 사용된다.

투자회수기간(payback period)이란 조직이 특정 투자안을 선택함으로써 지출한 비용이 회수되는 데 소요되는 기간이다. 투자회수기간은 프로젝트 또는 기기 구입에 투자한 비용을 예상되는 연 수입으로 나누어 계산하며 보통 연 단위로 나타낸다.

예컨대, 병원의 푸드서비스 매니저가 직원급식소에서 사용할 새로운 기기의 구입을 고려하고 있다고 하자. 기기의 구입가격은 8,000달러이고, 그 기기를 사용함으로써 예상되는 수익은 연간 2,500달러이다. 이때, 투자회수기간은 3.2년이다.

$$\frac{\text{초기 투자비용}}{\text{예상되는 연간 수익}} = \frac{\$8000}{\$2500} = 3.2$$

투자회수기간의 방법은 이해와 계산이 쉽지만 **화폐의 시간적 가치(time value of money)**

표 13-2 현금흐름 할인계수표

기간	5%	6%	7%	8%	9%	10%	11%	12%	13%	14%	15%	16%	17%	18%	19%	20%	25%	30%
1	0.9524	0.9434	0.9346	0.9259	0.9174	0.9091	0.9009	0.8929	0.8850	0.8772	0.8696	0.8621	0.8547	0.8475	0.8403	0.8333	0.8000	0.7692
2	0.9070	0.8900	0.8734	0.8573	0.8417	0.8264	0.8116	0.7972	0.7831	0.7695	0.7561	0.7432	0.7305	0.7182	0.7062	0.6944	0.6400	0.5917
3	0.8638	0.8396	0.8163	0.7938	0.7722	0.7513	0.7312	0.7118	0.6931	0.6750	0.6575	0.6407	0.6244	0.6086	0.5934	0.5787	0.5120	0.4552
4	0.8227	0.7921	0.7629	0.7350	0.7084	0.6830	0.6587	0.6355	0.6133	0.5921	0.5718	0.5523	0.5337	0.5158	0.4987	0.4823	0.4096	0.3501
5	0.7835	0.7473	0.7130	0.6806	0.6499	0.6209	0.5935	0.5674	0.5428	0.5194	0.4972	0.4761	0.4561	0.4371	0.4191	0.4019	0.3277	0.2693
6	0.7462	0.7050	0.6663	0.6302	0.5963	0.5645	0.5346	0.5066	0.4803	0.4556	0.4323	0.4104	0.3898	0.3704	0.3521	0.3349	0.2621	0.2072
7	0.7107	0.6651	0.6228	0.5835	0.5470	0.5132	0.4817	0.4524	0.4251	0.3996	0.3759	0.3538	0.3332	0.3139	0.2959	0.2791	0.2097	0.1594
8	0.6768	0.6274	0.5820	0.5403	0.5019	0.4665	0.4339	0.4039	0.3762	0.3506	0.3269	0.3050	0.2848	0.2660	0.2487	0.2326	0.1678	0.1226
9	0.6446	0.5919	0.5439	0.5003	0.4604	0.4241	0.3909	0.3606	0.3329	0.3075	0.2843	0.2630	0.2434	0.2255	0.2090	0.1938	0.1342	0.0943
10	0.6139	0.5584	0.5084	0.4632	0.4224	0.3855	0.3522	0.3220	0.2946	0.2697	0.2472	0.2267	0.2080	0.1911	0.1756	0.1615	0.1074	0.0725
11	0.5847	0.5268	0.4751	0.4289	0.3875	0.3505	0.3173	0.2875	0.2607	0.2366	0.2149	0.1954	0.1778	0.1619	0.1476	0.1346	0.0859	0.0558
12	0.5568	0.4970	0.4440	0.3971	0.3555	0.3186	0.2858	0.2567	0.2307	0.2076	0.1869	0.1685	0.1520	0.1372	0.1240	0.1122	0.0687	0.0429
13	0.5303	0.4688	0.4150	0.3677	0.3262	0.2897	0.2575	0.2292	0.2042	0.1821	0.1625	0.1452	0.1299	0.1163	0.1042	0.0935	0.0550	0.0330
14	0.5051	0.4423	0.3878	0.3405	0.2993	0.2633	0.2320	0.2046	0.1807	0.1597	0.1413	0.1252	0.1110	0.0986	0.0876	0.0779	0.0440	0.0254
15	0.4810	0.4173	0.3625	0.3152	0.2745	0.2394	0.2090	0.1827	0.1599	0.1401	0.1229	0.1079	0.0949	0.0835	0.0736	0.0649	0.0352	0.0195
16	0.4581	0.3937	0.3387	0.2919	0.2519	0.2176	0.1883	0.1631	0.1415	0.1229	0.1069	0.0930	0.0811	0.0708	0.0618	0.0541	0.0281	0.0150
17	0.4363	0.3714	0.3166	0.2703	0.2311	0.1978	0.1696	0.1456	0.1252	0.1078	0.0929	0.0802	0.0693	0.0600	0.0520	0.0451	0.0225	0.0116
18	0.4155	0.3503	0.2959	0.2503	0.2120	0.1799	0.1528	0.1300	0.1108	0.0946	0.0808	0.0691	0.0592	0.0508	0.0437	0.0376	0.0180	0.0089
19	0.3957	0.3305	0.2765	0.2317	0.1945	0.1635	0.1377	0.1161	0.0981	0.0829	0.0703	0.0596	0.0506	0.0431	0.0367	0.0313	0.0144	0.0068
20	0.3769	0.3118	0.2584	0.2146	0.1784	0.1486	0.1240	0.1037	0.0868	0.0728	0.0611	0.0514	0.0433	0.0365	0.0308	0.0261	0.0115	0.0053

를 고려하지 않았다는 단점을 가지고 있다. 화폐의 시간적 가치의 전제는 오늘의 1달러는 미래의 1달러보다 가치가 크다는 것이다. 왜냐하면 현재의 현금은 좋은 곳에 투자하여 미래에 더 많은 가치를 창출할 가능성이 있기 때문이다. 즉, 미래의 현금 가치는 투자함으로써 얻을 수 있는 수익률에 따라 달라진다.

순현재가치(net present value, NPV)는 화폐의 시간적 가치를 고려하여 투자에 대한 자본지출을 평가하는 데 있어 보다 정교한 방법으로 선호된다. 이 방법에서는 투자로부터 발생하는 모든 현금유입과 현금유출의 가치에 의해 산출되는 순현재가치를 비교하여 투자여부를 결정한다.

현금의 현재가치를 계산하기 위해서는 아래와 같은 정보들이 필요하다.

- 예상되는 초기 투자비용
- 투자안을 선택함에 따라 예상되는 연간 수입 또는 원가절감
- 자본비용
- 현금흐름 할인율을 보여주는 표(표 13-2 참조)

자본지출을 위한 **초기 투자금**은 기업의 점포 면적을 확장하거나, 기업에서 보유하고 있는 기계, 시설, 장비 등을 구입할 때 소요되는 비용을 의미한다. **예상되는 수입 또는 원가 절감비용**은 투자를 통해 예상되는 연도별 수입 또는 절감할 수 있는 비용을 뜻한다. 자본비용은 투자로부터 예상되는 최소한의 이익을 말한다. 즉, 자본비용은 기업이 투자한 금액으로 매년 얻을 수 있는 이익률을 의미한다. 현금흐름 할인계수(표 13-2)는 미래에 발생 가능한 일정한 금액을 현재시점의 화폐가치로 환산할 때 사용되는 비율이다.

표 13-3은 앞에서 예를 들었던 기기를 구입했을 때 예상되는 순현재가치의 계산을 보여준다. 기기의 구입 비용은 8,000달러로, 순현재가치의 계산에서는 음의 값으로 나타난다. 이 병원의 자본비용을 7%로 가정한다면, 병원 푸드서비스 관리자는 기기의 수명기간 10년 동안 매년 2,500달러의 이익을 생산할 것으로 예상할 수 있다. 표 13-3은 현금흐름 할인비율(표 13-2에서 7%에 해당하는 숫자)이 순현재가치 9,558달러를 얻기 위해 미래의 예상되는 현금흐름(수입)에 어떻게 적용되는지를 보여준다. 이와 같은 순현재가치 방법이 좋은지 나쁜지에 대한 여부를 결정할 수 있는 비교 기준은 존재하지 않는다. 그러나 전통적으로 순현재가치를 이용해 투자안을 평가할 때는

표 13-3 기기의 순현재가치 계산의 예

	현금흐름($)	할인계수	현재가치
초기 투자금	–8,000	—	–8,000
1차연도 수입	2,500	0.9346	2,336
2차연도 수입	2,500	0.8734	2,183
3차연도 수입	2,500	0.8163	2,041
4차연도 수입	2,500	0.7629	1,907
5차연도 수입	2,500	0.7130	1,782
6차연도 수입	2,500	0.6663	1,666
7차연도 수입	2,500	0.6228	1,557
8차연도 수입	2,500	0.5820	1,455
9차연도 수입	2,500	0.5439	1,360
10차연도 수입	2,500	0.5084	1,271
순현재가치	—	—	9,558

특정 투자안의 순현재가치가 0보다 클 경우 해당 투자안을 채택한다.

순현재가치 방법은 자본비용이 그 자본이 다른 곳에 투자된 경우 예상되는 이익을 잘 반영하고, 또한 자본비용이 투자기간 동안 일정하게 유지된다는 가정하에서만 유효한 방법이다. 그러나 현실에서는 이러한 가정이 항상 유효하지 않다. 그럼에도 불구하고, 자본비용의 평가방법으로는 순현재가치 방법이 자금회수기간 방법보다 정교하여 많이 사용되고 있다. 이익목표가 있는 푸드서비스 업체의 경우 특히 이러한 순현재가치 방법을 주로 사용한다.

13.8 메뉴의 가격책정

메뉴 가격의 책정은 가장 어려운 의사결정 중의 하나이다. 메뉴의 가격은 식재료비, 인건비와 더불어 임대료, 광고비와 같은 운영비를 고려하여 결정해야 한다. 또한 고객이 인식하는 메뉴의 가치와 경쟁도 고려해야 한다. 관리자는 다른 경쟁업체들의 활동도 고려해야 하는데, 예를 들어 맥도날드에서 판매하는 햄버거의 가격은 각 지역마다 다르고, 그 가격은 해당 지역의 평균 햄버거 가격을 기준으로 책정된다.

메뉴 가격의 책정은 푸드서비스 매니저에게 있어 끊임없는 도전이다. 레스토랑 경영자는 가능한 가장 높은 수익을 내면서 고객들의 재방문을 유도할 수 있는 가격을 찾고자 노력해야 한다. 푸드서비스 매니저는 예산의 범위 내에서 최고의 품질의 음식을 제공하며, 모든 비용을 충당하는 가격을 찾고자 노력한다.

메뉴의 가격을 책정하는 과정은 보통 전산화되어 있다. 푸드서비스 업장에서 사용하는 대부분의 프로그램에는 메뉴의 가격을 설정하는 기능이 포함되어 있다. 메뉴의 이름과 1인 제공량을 프로그램에 입력하면, 해당 메뉴의 식재료비와 판매가격이 계산된다.

13.8.1 가격책정의 방법

메뉴의 가격을 책정하는 데에는 다양한 방법이 사용되고 있으나, 가장 보편적인 방법으로는 식재료비와 인건비를 바탕으로 가격을 책정하는 방법이 있다. 이 장에서 계수가격책정법, 기초원가법, 실제원가법에 대해 공부한다.

계수법 **계수가격책정법(factor pricing method)**은 마크업법(*markup method*)으로도 불린다. **마크업(markup)**은 비용과 판매가격의 차이를 의미하며, 푸드서비스 조직에 따라 다양하다. 먼저, 적정 식재료원가율을 정하고 100으로 나누어 가격계수를 구한다. 가격계수를 메뉴의 식재료원가와 곱하여 메뉴의 판매가격을 결정한다.

$$\text{메뉴의 식품원가} \times \text{가격계수} = \text{메뉴의 판매가격}$$

만약 경영자가 40%를 식재료비 비율로 설정했다면, 가격계수는 2.5(100/40)가 된다. 따라서 2달러의 식품원가를 가진 메뉴의 판매가격은 5달러로 계산된다($2.00 × 2.5 = $5.00)

계수가격결정법은 계산이 간단하고 사용하기 쉬워 자주 사용되는 반면, 식재료원가 이외의 다른 비용을 고려하지 않는다는 단점이 있다. 즉, 이 방법은 고객이 인식하는 메뉴의 가치를 고려하지 않고, 고객이 모든 메뉴에 대해서 일정한 마크업을 지불하지 않는다는 사실을 무시한다.

기초원가법 **기초원가(prime cost)**는 서비스, 위생, 관리비용을 제외하고 메뉴와 관련하여 직접적으로 들어간 식재료비와 직접인건비를 합한 것을 의미한다. 각 메뉴의 기초원가를 계산하기 위해서는 각 메뉴에 해당하는 식재료비와 직접인건비에 대한 정보가 필요하여, 이와 같은 정보의 준비에는 많은 노력이 필요하다. 기초원가법을 현실적으로 활용하기 위해 기초원가의 비율은 식재료비, 직접인건비와 운영이익을 고려하여 결정하여야 한다.

예를 들면, 식재료비가 2달러, 직접인건비가 2.25달러인 메뉴의 기초원가는 4.25달러이다. 관리자가 메뉴가격의 30%는 식재료비, 판매가격의 35%는 직접인건비와 기타 운영비용으로 받겠다고 결정했다면, 메뉴의 가격은 다음과 같이 결정된다. 운영이익을 35%로 정했다면, 기초원가에 계수 1.54(100%/65% = 1.54)를 곱하여 준다. 즉, $4.25의 기초원가에 계수 1.54를 곱하여($4.25 × 1.54), 6.55달러를 메뉴의 판매가격으로 결정할 수 있다.

실제원가법 **실제원가(actual cost)**는 메뉴가 완성된 시점에서 발생되어 기록된 총비용이다. 실제원가를 사용하기 위해서는 메뉴를 만들기 위해 지출된 식재료비와 인건비를 주요 변동비로 계산한다. 여기에 기타 변동비, 고정비, 이익을 함께 고려하여 메뉴의 가격이 결정된다. 즉 메뉴의 가격은 실제 발생한 비용(식재료비, 인건비, 추가 변동비, 고정비)과 원하는 수준의 이익을 더하여 결정된다. 실제원가법은 발생된 모든 비용과 기대 이익이 판매 가격에 포함된다는 장점이 있으나, 가격 결정에 필요한 정보 수집에 오랜 시간이 소요된다는 단점이 있다.

13.8.2 가격책정의 심리학

푸드서비스 운영자들은 가격을 결정할 때, **가격책정의 심리학(pricing psychology)**을 고려해야 한다. 심리학자들에 따르면, 상품의 가격이 고객의 구매의사 결정에 영향을 미친다고 한다. 고객의 소비를 촉진시키기 위해 다양한 전략이 사용되는데, 푸드서비스에서 주로 사용하는 방법으로는 홀수가격 책정법, 무게당 가격 책정법 등이 있다.

홀수가격 책정법은 가격의 끝자릿수를 0이 아닌 수로 표시하여, 소비자에게 심리적으로 저렴하다는 느낌을 주어 판매량을 늘리는 방법이다.

- 가격의 끝자릿수를 홀수로 표시하는 방법(예: $4.75)
- 가격의 끝자릿수를 0이 아닌 수로 표시하는 방법(예: $4.77)
- 가격의 숫자를 9로 끝나게 하는 방법(예: $4.99)

무게당가격 책정법은 푸드서비스 업장이나 슈퍼마켓에서 사용하는 방법으로, 샐러드와 샌드위치 바에서 주로 사용된다. 메뉴 가격의 상승은 고객에게 있어 불만족을 일으킬 수 있는 반면, 고객 스스로 중량을 결정함으로써 불만족의 수준을 낮출 수 있다. 무게당가격을 결정하기 위해서는, 예상되는 이용 고객수에게 제공될 총 식재료의 양을 숙지하고 있어야 한다. 무게당가격은 인건비, 기타 운영비와 원하는 수준의 이익을 모두 포함한 비용을 충당할 수 있는 수준이어야 한다. 메뉴의 가격은 무게당 비용과 마크업 계수(markup factor)를 곱하여 책정한다. 무게당가격 책정법은 고객에게 본인이 먹은 양에 대한 비용을 지불했다는 심리적 만족감을 준다.

2단계 가격 책정법은 병원과 같은 푸드서비스 업장에서 차별화된 식사와 서비스를 제공받고 싶어하는 고객을 위해 고안된 방법이다. 추가 가격을 지불하고자 하는 고객들은 고품질의 서비스와 메뉴를 제공받을 수 있다. 고객의 개인별 요구를 충족시키기 위해 개인별 식사 공간, 요리사가 준비하는 풀 서비스 메뉴, 스페셜 메뉴의 제공이 이루어진다.

알라카르테(à la carte menu)는 개별화된 메뉴의 종류라기보다는 메뉴가격의 책정법 중 하나로 설명될 수 있다. 개별 메뉴의 가격을 책정하고, 고객이 원하는 메뉴를 선택하고, 선택된 메뉴에 대해서만 값을 지불하는 방법이다.

따블도우떼(table d'hôte)는 몇 개의 메뉴들이 하나의 세트로 구성되어 고정 금액을 지불하고 해당되는 메뉴를 모두 제공받는 방법이다.

13.9 비용 통제

조직의 이익 증진을 위해서는 수익을 증대시키거나 비용을 조정, 감소시켜야 한다. 수익을 증가시키는 데 한계가 있는 푸드서비스 업장의 운영에서는 비용 통제가 중요하다. 인건비와 식재료비의 통제는 푸드서비스 매니저의 주요 책임이다.

그림 13-7에서 보는 바와 같이, 관리자의 조직 내 위치와 책임범위에 따라 비용을 모니터링, 통제하는 역할의 범위가 달라진다. 하부관리자는 운영을 관찰하고 구매와 생산 및 현금관리와 같은 시간별 일별 재무업무를 담당하는 반면, 상급 관리자로 갈수록 보다 전략적이고 계획 중심의 업무를 하게 된다. 그림 13-7은 다양한 재무관리 업무의 매시간부터 매년에 이르는 수행 빈도를 보여준다.

많은 푸드서비스 매니저들이 매달 중요한 재무정보를 보다 쉽게 관리하고 찾을 수 있도록 도와주는 대시보드(dashboard)를 사용하고 있다. 대시보드는 한 화면에서 재무와 관련된 다양한 정보를 중앙 집중적으로 보여주고, 정보를 찾을 수 있도록 해주며, 그림 13-8과 같이 한 페이지의 엑셀페이지로 요약 가능하거나, 그림 13-9처럼 그래프로 재무성과를 이해하기 쉽게 나타낼 수도 있다.

Pavesic와 Magnant(2005)는 효과적인 비용통제 프로그램을 이용하면 다음과 같은 이점이 있다고 하였다.

- 일상적인 의사결정을 위한 정보 제공
- 개별 또는 부서별 효율성 모니터링
- 수입, 비용 및 예산과의 차이에 대한 정보 제공
- 사기와 절도 예방
- 조직의 현재 진행방향 및 위치 제시
- 발생 후 조치보다는 예방의 강조
- 손실의 감소보다는 이익의 극대화

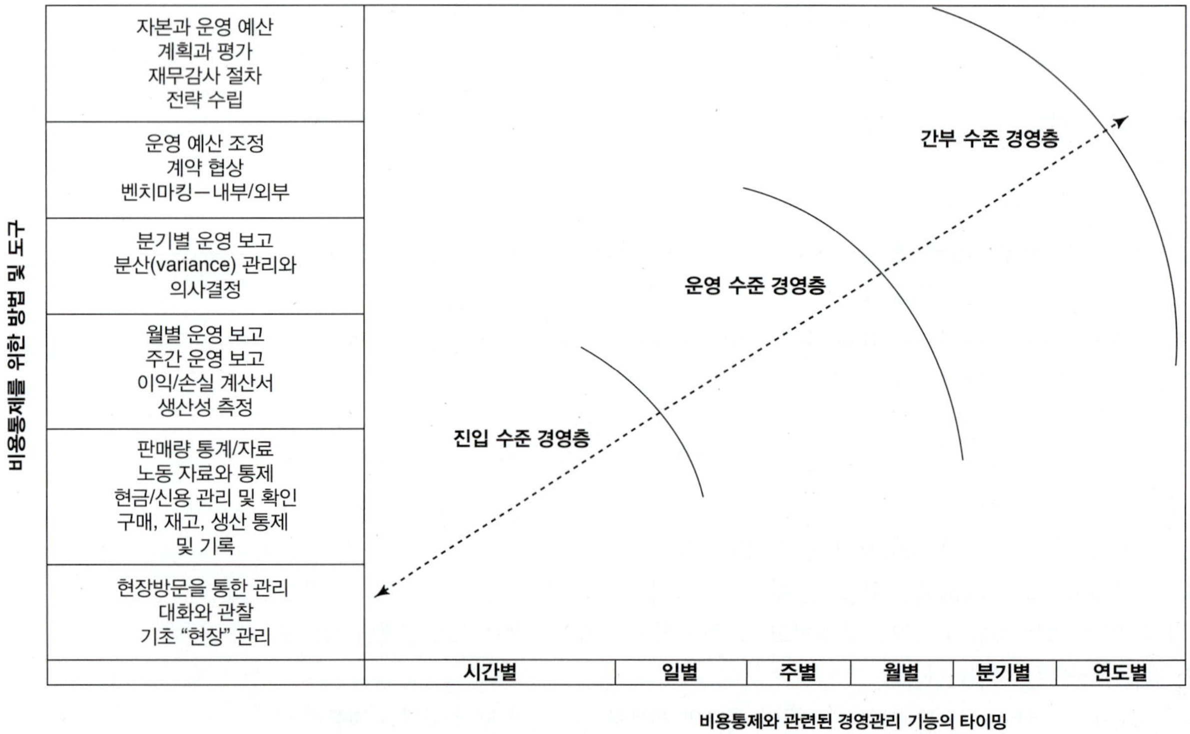

그림 13-7 비용통제를 위한 방법, 도구, 경영관리 타이밍

식품과 영양 서비스 대시보드 환자 급식	7월
환자 일(Patient Days, PD)	14,440
환자 식수 + 식사 대용	65,207
식수/PD	4.52
매출:	
총 매출(고객 트레이)	$149,419
비용:	
식재료비	$120,074
인건비(복리후생비 제외)	$296,157
기타 비용	$146,822
임대료	$91,932
복리후생비(Fringe Benefit, FB)	$91,809
노동:	
시간외 노동을 포함한 총 노동시간	15,313
시간외 노동시간	547
운영비율:	
총 노동시간/PD	1.06
총 노동시간/식수	0.235
식재료비/PD	$8.31
식재료비/식수	$1.84
인건비/PD	$20.51
인건비/식수	$4.54
기타비용/PD	$10.17
기타비용/식수	$2.25
PD당 총 원가(렌트와 FB 제외)	$38.99
PD당 총 원가(렌트와 FB 포함)	$51.72
1식당 총 원가(렌트와 FB 제외)	$8.63
1식당 총 원가(렌트와 FB 포함)	$11.45
재고회전율	3

그림 13-8 대시보드(dashboard)의 예

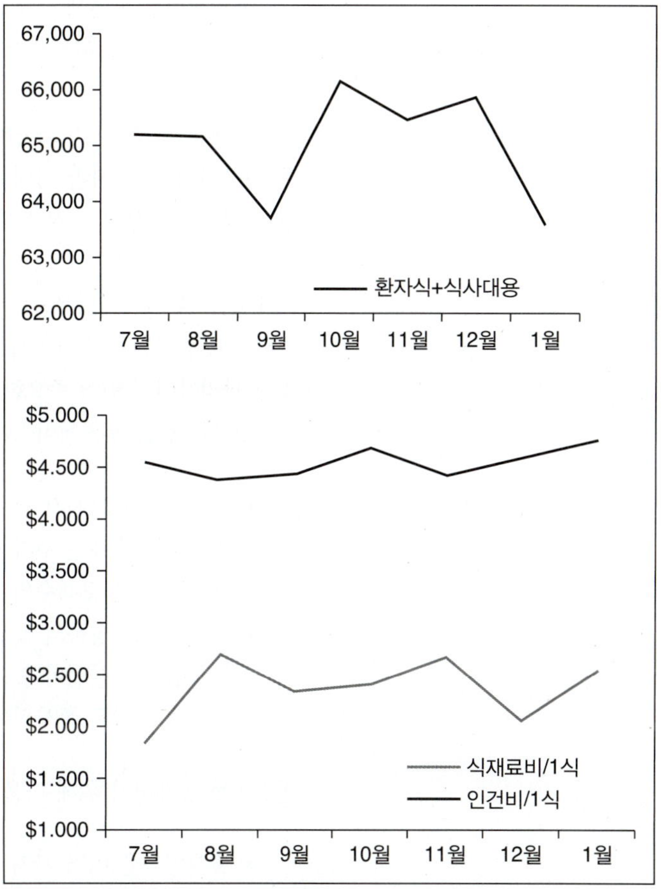

그림 13-9 대시보드(dashboard) 그래프의 예

13.9.1 인건비

인건비를 통제, 절감하고, 동시에 노동생산성을 증가시키는 것은 모든 푸드서비스 메니저에게 요구되는 중요한 역할이다. 푸드서비스 산업은 인력 중심의 산업이기에, 전통적으로 인건비는 푸드서비스 운영에 있어 많은 비용을 차지해 왔다. 따라서 효과적인 인건비 관리는 푸드서비스 산업의 재정적 성과에 큰 영향을 미칠 수 있다. 직무분석, 직무단순화, 업무의 표준화, 적절한 인력배치와 같은 방법들은 인건비 평가 및 절감에 도움을 줄 수 있다. Keiser, Demicco, Grimes(2008)

등의 학자들은 인건비를 서비스 기업의 운영에서 가장 중요한 비용이라고 하였다.

다른 산업과 달리, 푸드서비스 산업은 인적자원의 특이성이 있는데, 다음은 미국 레스토랑협회(2006)에서 발표한 푸드서비스 산업 종사자들의 특징이다.

- 여성
- 30세 이하
- 미혼
- 가족 중 2명 이상의 근로자가 있는 가정
- 주당 평균 25시간 이하의 파트타임 종사원

푸드서비스 산업에 소수집단의 경영자와 소유주가 증가함에 따라 약 10명 중 6명의 관리자는 여성(57%)이고, 16%는 히스패닉계 출신, 14%는 아프리카계 미국인이다(Industry at a Glance, 2009).

오랫동안, 푸드서비스 산업은 십대를 고용하는 가장 큰 산업이었다. 그러나 출산율 저하와 같은 인구의 변화에 따라 십대 인력이 점차 감소하고 있다. 또한 푸드서비스 산업 종사원의 작업시간은 길어지고 업체의 운영시간이 청소년들의 학업시간과 겹쳐짐에 따라, 노년층과 장애를 가진 사람들이 푸드서비스 산업의 새로운 종사원이 될 것이라는 전망도 있다. 따라서 직원을 채용하고 스케줄을 결정하는 업무는 푸드서비스 매니저에게는 중요한 과제로 남아 있다. 노동생산성을 증가시키고 종사원들이 만족하는 임금을 제공함으로써 유능한 종사원을 확보하여 인건비를 줄이는 것이 관리자에게 있어 중요한 업무로 부각되고 있다.

다음과 같은 푸드서비스 산업의 특성으로 인해 효과적인 인적자원 관리에는 어려움이 따른다.

- 7일 운영과 24시간 근무를 해야 푸드서비스 업체들이 많다.
- 피크 시간대에는 추가적인 인력이 요구된다.
- 계절에 따른 고객수의 변화가 있다.
- 푸드서비스 상품의 특성상 음식은 저장할 수 없다.
- 노동집약적 산업이다.
- 숙련되지 않은 종사원이 많다.

인건비를 통제하기 위해 다음과 같은 다양한 방법을 실행할 수 있다.

- 종사원들을 여러 가지 업무에 익숙할 수 있도록 훈련하여 운영상 바쁜 시기와 한가한 시기에 잠재적으로 요구되는 노동량을 줄일 수 있다.
- 정기적으로 노동생산성을 체크하고 휴식시간 제공을 통해 모든 종사원의 업무성과를 극대화한다.
- 초과 근무수당을 방지하기 위해 출·퇴근 시간을 감독한다.
- 방문 고객수의 변화에 따라 조정될 수 있는 종사원 스케줄을 개발한다.
- 인건비 감축을 위한 새로운 기술을 이용한다.
- 메뉴를 평가하여, 메뉴의 수와 복잡성을 줄이거나 사전가공된 식품을 구매한다.

13.9.2 식재료비

푸드서비스 경영에서 식재료비는 두 번째로 많은 비용으로 지출되는 항목이다. 식재료비는 제공되는 메뉴의 품질, 구매하는 식재료의 양과 폐기되는 음식물 쓰레기의 양에 따라 달라진다.

다음은 식재료비를 줄이거나 통제하기 위해 사용되는 보편적인 방법들이다.

- 주기적으로(주별 또는 월별) 비용을 관리감독하고, 예산과 차이가 나는 이유를 조사한다.
- 냉장 또는 보관 중인 식품의 월별 재고조사를 실시하여, 재고의 정확한 파악과 선입선출이 지켜지고 있는지 점검한다. 이를 통해 필요량보다 과잉 보관되는 식재료가 없는지 파악할 수 있다.
- 표준레시피를 지키고 고객에게 제공되는 메뉴의 정량을 지킨다.
- 전처리와 메뉴 제공 후 발생한 음식물 쓰레기 양을 조사하여, 음식물 쓰레기를 줄이고 식재료비를 절약할 수 있는 방법을 고안한다.
- 식재료 구입과정과 검수과정을 통해 신선한 식품을 적절한 가격으로 구입하였는지, 식재료가 적절한 방법으로 보관되고 있는지를 검토한다.
- 메뉴의 가격이 식재료비와 다른 비용을 충당할 수 있는 수준인지 검토한다.

13.9.3 현금관리

음식을 판매하는 모든 푸드서비스 업장은 적절한 방법으로 현금을 관리해야 한다. 이 장에서 현금이라 함은 카드의 전표와 수표, 그리고 지폐와 동전을 포함한 화폐를 의미한다.

샌디에이고 대학에서는 현금관리와 관련하여 다음과 같은 방법들을 제안하였다.

- 업무의 분리: 현금을 관리하는 업무는 다른 업무와는 분리되어야 한다. 예를 들어, 고객으로부터 돈을 받는 직원은 금전 등록기를 관리하거나 현금을 마감하는 작업을 맡을 수 없다.
- 권한, 책임 및 승인: "누가" 현금에 접근할 수 있고, "왜" 현금에 접근하였는지, "어디에" 현금이 있는지, "어떠한" 절차를 통해 관리하는지에 대한 내용의 정책과 절차는 문서로 구비되어 있어야 한다.
- 자산의 보안: 자산의 보안을 위해서 현금을 관리하는 직원이나 관리자의 신원조사가 필요할 수도 있다. 현금관리와 관련된 업무를 다룰 수 있는 직원은 한정되어 있고, 보안을 위해 밤새 보관할 수 있는 현금의 양은 최소한으로 하되, 관련 업무는 비공개로 처리되어야 한다.
- 회계감사: 현금관리에 대한 정기적인 감사와 매일매일 관련업무에 대한 관리감독이 수행되어야 한다. 경우에 따라 감시카메라가 설치되기도 한다.

푸드서비스 업장에는 현금관리와 관련된 세부 사항과 절차들이 마련되어 있어야 한다. 현금관리와 관련하여 일반적이고 가장 바람직한 방법으로는 두 명의 직원이 서로 다른 금전 출납기를 관리하도록 하고, 감독자가 현금관리를 담당하는 직원들을 감독하고, 금전 출납기를 열어두거나 방치하는 일이 없도록 한다. 업무를 마칠 때에는 직원과 감독자는 현금관리와 관계된 업무를 문서화하여 보관하여야 한다.

요약

1. 재무보고의 정확성과 일관성을 확보하는 데 필요한 회계원칙은 다양하다. 기업실체 개념은 기업의 회계가 소유주의 회계에서 독립되어 있음을 의미한다. 계속기업 개념은 기업이 계속 존재한다는 가정을 의미한다. 비용원칙은 기업의 거래가 화폐 가치로 측정됨을 의미한다. 현금주의 회계는 현금수입과 현금지출이 발생한 시점을 기준으로 손익을 계산하고, 발생주의 회계는 수입과 비용을 초래한 거래가 발생한 시점을 기준으로 손익을 계산한다. 일관성의 원칙은 기업이 일정한 회계처리 원칙을 고수해야 함을 의미한다. 보수주의는 거래를 기록하고 가치를 평가할 때 되도록

이익 또는 자산가치를 적게 산정하는 원리를 의미한다.

2. 대차대조표는 특정 시점에서 기업의 재무 상태를 나타내고, 손익계산서는 일정 기간 동안의 운영 성과를 보여준다. 대차대조표나 손익계산서에 나타난 정보는 비율분석, 추세분석, 공통형 재무제표/손익계산서 비교를 통하여 분석할 수 있으며, 유사한 다른 업장의 대차대조표나 손익계산서에 나타난 정보와 비교할 수 있다.
3. 유동비율, 당좌비율 등의 유동성 비율은 기업이 단기 채무를 상환할 수 있는 능력을 나타낸다. 부채비율, 자산대비부채비율 등의 지불능력 비율은 기업이 장기 채무를 상환할 수 있는 능력을 나타낸다. 순이익률, 자기자본이익률, 총자산이익률 등의 수익성 비율은 기업이 수익을 창출하는 능력을 나타낸다. 재고자산회전율 등의 활동성 비율은 기업이 자산을 얼마나 효율적으로 활용하고 있는지 나타낸다. 식재료비 비율, 고객 1인당 식재료비, 노동시간당 생산식수 등의 운영 비율은 업장이 얼마나 성공적으로 수입을 창출하고 비용을 통제하는지 보여준다.
4. 손익분기점 분석으로 매출과 비용이 일치하는 지점을 파악할 수 있다. 비용은 고정비용(생산량의 영향을 받지 않는 비용)과 변동비용(생산량에 비례하여 변하는 비용)으로 구분된다.
5. 예산은 조직의 재무 운영 계획이다. 일반적으로 조직은 단기적인 운영예산과 장기적인 자본예산을 수립한다.
6. 자금회수기간은 기기에 투자한 비용을 기기를 보유함으로써 예상되는 연간 절감액 또는 수입으로 나누어 계산한다. 순현재가치는 투자로 얻게 될 미래의 순편익(편익-비용)을 현재 가치로 환산한 값이다.
7. 메뉴 가격을 책정하는 모든 전략들은 메뉴 품목의 식재료비를 활용하여 메뉴 가격을 계산한다. 계수가격책정법은 식재료비에 미리 정한 계수를 곱하여 메뉴 품목의 가격을 결정하는 전략이다. 기초원가법은 식재료비와 직접인건비를 더한 값에 계수를 곱하여 가격을 결정하는 전략이다. 실제원가법은 실제 비용(고정비용과 변동비용)에 원하는 수준의 이익을 더하여 가격을 결정하는 전략이다.

연습문제

1. 다음 용어의 정의를 쓰시오: **회계감사, 감가상각, 중요성 원칙, 자산, 부채, 자본예산, 현금의 현재가치**
2. 유동비율은 유동성 비율의 일종이고 자산대비부채비율은 지불능력 비율의 일종인 이유는 무엇인가?
3. 운영비율의 예로는 어떤 것이 있는가? 푸드서비스 메니저들이 이러한 운영비율들을 쓰는 이유는 무엇인가?
4. 고정비용은 손익분기점에 어떠한 영향을 미치는가?
5. 병원의 재무이사가 푸드서비스 책임자의 기기구입을 위해 투자회수기간보다 순현재가치를 이용하는 것을 선호한다면 그 이유는 무엇일까?

연구과제

1. 지역 푸드서비스 업체로부터 재무보고서를 구하여 각종 비율을 계산한 후 이러한 재무 정보에 근거하여 해당 업체의 전망에 대해 토론해보자.
2. 두세 명의 학생으로 그룹을 만든 후, 각 그룹별로 지역의 푸드서비스 매니저를 인터뷰하여 어떤 재무 보고서를 검토하고 어떤 자료를 분석하는지 알아보자. 인터뷰 결과를 동료 학우들과 토론해보자.

사례 연구

1. "Jeff Jordan" in Lieux, E. M., & Luoto, P. K. (2008). *Exploring foodservice systems management through problems*, 3rd ed. Upper Saddle River, NJ: Pearson Prentice Hall.
2. Budget planning to improve the bottom line by L. R. Hofmeister in Allen-Chabot, A., Jarvis, K., & O'Halloran, R. M. (2006). *Cases in foodservice and clinical nutrition management*. Upper Saddle River, NJ: Pearson Prentice Hall.
3. Meals per labor hour: Interpreting the data by A. Allen-Chabot in Allen-Chabot, A., Jarvis, K., & O'Halloran, R. M. (2006). *Cases in foodservice and clinical nutrition management*. Upper Saddle River, NJ: Pearson Prentice Hall.
4. "Community General Hospital" in Stretcher, R., & Michael, T. B. (2003). *Cases in financial management*. Upper Saddle River, NJ: Pearson Prentice Hall.
5. Problem Question #4 on food cost in Allen-Chabot, A., Curtis, S., & Blake, A. (2001). *Inlet Isles: A hospital case study*. Upper Saddle River, NJ: Pearson Prentice Hall.

웹사이트

www.nfsmi.org National Food Service Management Institute
www.restaurant.org National Restaurant Association
www.foodservice.com Foodservice management information
www.restaurantresults.com Restaurant management information

참고문헌

Anthony, R. N., & Young, D. W. (1998). *Management control in non-profit organizations*, 6th ed. Homewood, IL: Richard D. Irwin.

Baker, M. M. (1988). Meeting the challenge in foodservice management: Enhanced quality at less cost. *Journal of the American Dietetic Association, 88,* 441–442.

Barwise, P., Marsh, P. R., & Wensley, R. (1989). Must finance and strategy clash? *Harvard Business Review, 67*(5), 85–90.

Coltman, M. M. (1997). *Hospitality management accounting*, 6th ed. New York: Van Nostrand Reinhold.

DeMicco, F. J., Dempsey, S. J., Galer, F. F., & Baker, M. (1988). Participative budgeting and participant motivation: A review of the literature. *FIU Hospitality Review, 6*(1), 77–94.

DeYoung, R., & Gregoire, M. B. (1993). Use of capital budgeting techniques by foodservice directors in for-profit and not-for-profit hospitals. *Journal of the American Dietetic Association, 93,* 67–69.

Dittmer, P. R., & Griffin, G. G. (1997). *Principles of food, beverage, and labor cost controls for hotels and restaurants*, 5th ed. New York: Van Nostrand Reinhold.

Educational Institute of the American Hotel and Motel Association. (1987). *A uniform system of accounts and expenses dictionary for small hotels, motels, and motor hotels*, 4th ed. East Lansing, MI: Author.

Educational Institute of the American Hotel and Motel Association. (1996). *A uniform system of accounts for the lodging industry*, 9th ed. New York: Author.

Everett, M. D. (1989). Managerial accounting systems: A decision-making tool. *Cornell Hotel and Restaurant Administration Quarterly, 30*(1), 46–51.

Fromm, B., Moore, A. N., & Hoover, L. W. (1980). Computer-generated fiscal reports for food cost accounting. *Journal of the American Dietetic Association, 77,* 170–174.

Horngren, C. T., & Foster, G. (1991). *Cost accounting: A managerial emphasis*, 7th ed. Englewood Cliffs, NJ: Prentice Hall.

Industry at a Glance. (2009). [Online]. Available: www.restaurant.org

Keiser, J. R., DeMicco, F., & Grimes, R. N. (2000). *Contemporary management theory: Controlling and analyzing costs in food service operations*, 4th ed. Upper Saddle River, NJ: Prentice Hall.

Kreul, L. M., & Scott, A. M. (1982). Magic numbers: Psychological aspects of menu pricing. *Cornell Hotel and Restaurant Administration Quarterly, 23*(2), 70–75.

Kwansa, F., & Evans, M. R. (1988). Financial management in the context of the organizational life cycle. *Hospitality Education and Research Journal, 12*(2), 197–214.

Moncarz, E. S., & O'Brien, W. G. (1990). The powerful and versatile spreadsheet. *The Bottom Line, 5*(4), 16–21.

National Restaurant Association. (1995). *Uniform system of accounts for restaurants*, 3rd ed. Washington, DC: Author in cooperation with Laventhol & Horwath.

National Restaurant Association. (2006). Fact Sheet. [Online]. Available: www.restaurant.org

National Restaurant Association. (2009). Fact Sheet. [Online]. Available: www.restaurant.org

Ninemeier, J. D. (1999). *Planning and control for food and beverage operations*, 4th ed. East Lansing, MI: Educational Institute of the American Hotel and Motel Association.

Pavesic, D. (1988). Taking the anxiety out of menu pricing. *Restaurant Management, 2*(2), 56–57.

Pavesic, D. V., & Magnant, P. E. (2005). *Fundamental principles of restaurant cost control*, 2nd ed. Upper Saddle River, NJ: Prentice Hall.

Rose, J. (ed.). (1984). *Handbook for healthcare foodservice management.* Rockville, MD: Aspen Publishers.

Schmidgall, R. S. (1997). *Hospitality industry managerial accounting*, 4th ed. East Lansing, MI: Educational Institute of the American Hotel and Motel Association.

Schmidgall, R. S., Geller, A. N., & Ilvento, C. (1993). Financial analysis using the statement of cash flows. *Cornell Hotel and Restaurant Administration Quarterly, 34*(1), 47–53.

Schmidgall, R. S., & Ninemeier, J. D. (1986). Food-service budgeting: How the chains do it. *Cornell Hotel and Restaurant Administration Quarterly, 26*(4), 51–55.

Sneed, J., & Kresse, K. H. (1989). *Understanding foodservice financial management.* Rockville, MD: Aspen Publishers.

Stinson, J. P., & Guley, H. M. (1988). Use of the microcomputer to determine direct costs of menu items. *Journal of the American Dietetic Association, 88,* 586–590.

Chapter

14 푸드서비스 마케팅

개요

- 마케팅이란 광고나 촉진을 포함하는 광의의 개념이다.
- 마케팅은 고객의 니즈를 파악하고 이러한 니즈를 만족시키면서 동시에 수익을 창출할 수 있는 상품을 설계하는 과정을 포함한다.

학습목표

1. 마케팅 믹스, 표적 시장, 시장 세분화, 촉진과 같은 주요 마케팅 용어를 정의할 수 있다.
2. 푸드서비스 업장을 위한 마케팅 계획을 세울 수 있다.
3. 인구통계학적, 지리적, 심리학적 특성에 따른 시장 세분화 방법을 설명할 수 있다.

마케팅은 푸드서비스 산업을 비롯한 다양한 산업에서의 비즈니스 철학이자 방법이 되었다. 마케팅이란 광고를 하거나 제품을 판매하는 것 이상의 의미를 지닌다. 이 장에서는 마케팅의 기초적 개념과 정의를 익히고, 푸드서비스 매니저로서 푸드서비스 운영에 적용할 수 있는 마케팅 프로그램을 개발할 수 있도록 마케팅 전략과 전술을 학습한다.

14.1 시스템 모형에서의 마케팅 관리

급식업체든 외식업체든 모든 푸드서비스 업장의 매니저는 마케팅을 경영관리의 요소로 인식해야 한다. 마케팅은 푸드서비스 시스템 모형에서 투입물을 산출물로 변환시키는 관리 기능에 포함되어 있는 필수 요소이다(그림 14-1). 과거에는 마케팅이 제품의 관점에서 정의되었으나, 요즘에는 소비자의 관점이 더욱 강조되고 있다. 푸드서비스 매니저에 의한 마케팅 원리의 성공적인 활용은 푸드서비스 시스템의 산출물인 고객 만족에 영향을 미친다.

14.2 마케팅의 정의

마케팅은 다양하게 정의되고 있는데, 미국마케팅협회(American Marketing Association, AMA)에서는 **마케팅(marketing)**을 "고객 가치를 창조하고 소통하고 전달하며 조직과 조직 이해관계자에게 이익이 되도록 고객과의 관계를 관리하는 일련의 과정이자 조직적인 기능"으로 정의하고 있다(www.marketingpower.com).

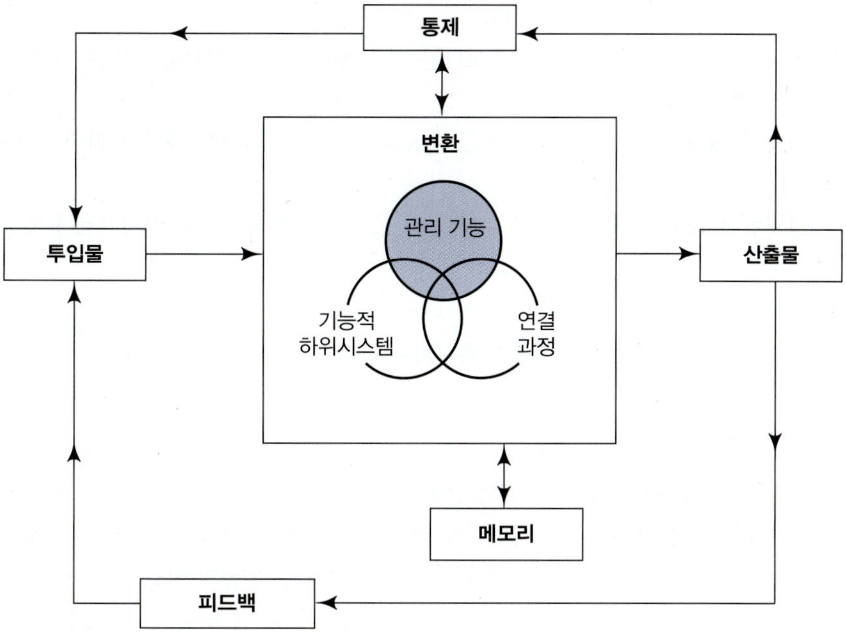

그림 14-1 푸드서비스 시스템 모형

상품을 시장에 내놓는 데는 많은 활동이 필요하다. 제품의 생산자, 판매자, 구매자 모두가 마케팅에 연관되어 있다. 급식업체 매니저들은 지난 십 년 동안 원가와 인건비가 급격히 상승하자 급식업체의 운영에 마케팅 원칙을 적용해야 함을 인식하게 되었다. 특히 대학, 헬스케어 제공기관 및 기타 급식소에서 이러한 생존경쟁이 매우 중요해졌다. 외식업체 매니저는 레스토랑의 높은 실패율을 알기에 시장에서 경쟁력을 갖추는 것의 중요성을 일찍이 인식해 왔다.

교환은 둘 이상의 개인이나 조직 간에서 발생하며 교환을 하는 당사자들은 기꺼이 "가치가 있는 어떤 것"을 얻기 위해 "가치가 있는 어떤 것"을 포기해야 한다(Pride & Ferrell, 1997). 판매자와 구매자는 그림 14-2에서 보는 바와 같이 각자가 가지고 있는 "가치 있는 것"이 상대방에게 잘 이용될 수 있도록 의사소통을 해야 한다. 대부분의 경우, 판매자는 제품을, 구매자는 현금이나 신용과 같은 재정적 자원을 보유하고 있다. 교환을 통해 제품은 또 다른 제품이나 현금으로 거래된다. 이러한 교환은 판매자와 구매자가 모두 만족할 때 이루어진다. 즉, 구매자는 판매자로부터 받은 제품에 만족하고 판매자는 제품에 대한 대가에 만족해야 한다.

14.3 마케팅의 개념

마케팅 개념은 고객과 제품판매에 대한 관점이 드러나는 조직의 경영 철학이다. 마케팅에서 상품이란 제품, 서비스 혹은 아이디어를 뜻한다. 코틀러 등(Kotler, Bowen, & Makens, 1999)은 마케팅 철학을 다음의 다섯 가지 개념으로 분류하였다.

- **제조/생산지향적 개념**—고객은 적정한 가격에 제공되는 제품을 선호하므로, 기업은 제품

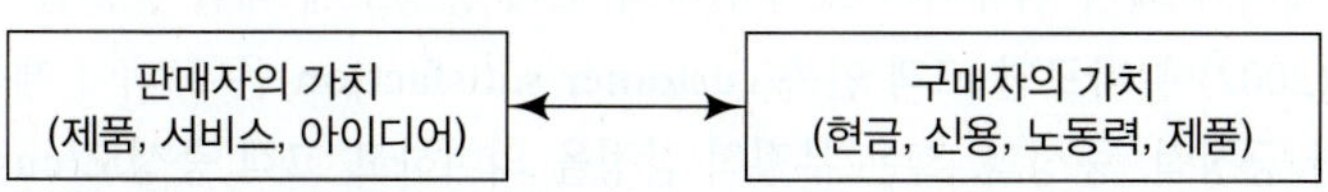

그림 14-2 판매자와 구매자의 가치 교환

의 생산, 유통 효율성에 중점을 둔다.

- **제품지향적 개념**—고객은 신규제품보다는 기존제품을 선호하므로, 기업은 기존제품의 개선과 개발을 우선시한다.
- **판매지향적 개념**—고객의 제품 구매를 유도하기 위해서 기업은 대규모 판촉 활동을 펼쳐야 한다.
- **마케팅지향적 개념**—기업은 표적 시장의 니즈와 요구를 파악하여 경쟁자보다 효율적이며 효과적으로 고객을 만족시켜야 한다.
- **사회지향적 개념**—기업이 표적 시장의 니즈와 요구를 파악하여 고객과 사회의 웰빙을 유지하고 개선하는 방법으로 고객을 만족시켜야 한다.

14.3.1 마케팅의 역사

조직의 경영 철학인 마케팅 개념이 늘 고객 만족을 지향해 왔던 것만은 아니다. 마케팅의 근대적 개념은 1800년대 후반 산업혁명에서 비롯되었는데 이때는 고객 만족의 개념이 대두되기 이전으로 마케팅에 있어 생산과 판매를 중시하였다. 대량생산 시스템, 운송의 발달, 효율적인 기술로 말미암아 제품의 생산량이 폭발적으로 늘어났으며 제품의 판매가격을 낮출 수 있었다. 산업혁명 초기의 마케팅은 보다 효율적으로 제품을 유통하는 것에 집중되어 있었다. 제품 생산량은 한정적인 반면, 제품에 대한 수요가 높고 시장 내 경쟁이 미미했으므로 생산업자나 판매자는 소비자 니즈를 파악해야 할 필요성을 느끼지 못하였다. 이렇듯 생산의 시대에는 수요충족을 위한 생산증대가 마케팅의 목적이었다(Evans & Berman, 1996).

생산업자의 생산능력이 최대치에 이르러 생산량이 수요량을 넘어서게 되자 기업은 자사의 제품 판매에 주력할 판매직 종사자를 채용하였다. 1920년대에 들어서면서 기업이 고객의 욕구에 관심을 두는 판매의 시대가 펼쳐진다. 기업은 이미 생산한 제품을 판매하기 위하여 소비자 측면에서 변화를 모색하게 되었고 고객의 욕구를 변화시키기 위한 노력으로 광고를 포함한 판매촉진 활동에 주력하였다. 판매의 시대에는 이러한 판촉 활동이 기업의 이익 증대를 위한 주요한 수단으로 여겨졌다.

1950년대 초반에 들어서면서 기업의 임원진들은 소비자가 자사의 제품을 구매하도록 유도하는 데에 효율적인 제품생산과 활발한 판촉활동 외의 방안이 필요하다는 것을 깨닫게 되었다. 이때부터 기업 내에 마케팅 부서를 별도로 두고 소비자 조사, 제품 디자인, 가격책정, 유통, 판촉 관련 업무를 전담하게 하는 마케팅의 시대가 시작되었다. 마케팅 부서의 대표격인 마케팅 매니저는 소비자 조사를 수행하는 덕분에 지난 20년간 기업의 주요 의사결정에 참여해 왔다.

치열한 경쟁 환경에서 기업은 신규고객 확보뿐만 아니라 기존고객 유지를 위한 노력 또한 중요시해야 한다(Evans & Berman, 1996). Pine(1993)은 기업의 경쟁력이 대량생산 제품의 개별화(mass customization)에 있다고 밝힌 바 있다. 대량생산 제품의 개별화란 다양한 고객 니즈를 충족할 수 있는 다양한 제품을 마련하는 것이며, 이를 위해서는 다양한 상품과 서비스를 개발하여 생산하고 그러한 제품을 적정한 가격에 소비자에게 전달할 수 있어야 한다. 예를 들어 버거킹의 광고 캠페인 슬로건인 "Have It Your Way!"(당신이 원하는 대로!)나 "Sometimes You've Gotta' Break the Rules."(때로는 규칙을 어겨야 해.)은 대량생산 제품의 개별화를 어필하고 있다. 이러한 고객 만족 중심의 마케팅지향적 개념은 마케팅 시대의 토대를 마련하였다.

성공적인 마케터가 되기 위해서는 고객 만족과 고객 충성도에 대한 충분한 이해가 선행되어야 한다. Harrell(2002)에 따르면 **고객 만족(customer satisfaction)**은 고객이 제품으로부터 얻게 되는 가치에 대한 긍정적, 중성적, 혹은 부정적 감정을 의미하고 **고객 충성도(customer loyalty)**는 특정 브랜드를 꾸준하게 구매하는 빈도를 뜻한다.

14.3.2 마케팅의 실행

조직의 경영 철학에 따라 조직에서 채택한 마케팅 개념에 기반하여 마케팅 계획을 개발하고 마케팅 계획에 따라 마케팅의 실행이 이루어진다. Lewis, Chacko, Chambers(1997)는 마케팅 개념이 '고객은 절대적인 선택권을 가진 왕이다'라는 가정에서 비롯된다고 하였다. 따라서 조직의 수익 창출을 위해서는 고객을 더욱 잘 섬기는 것 외에는 왕도가 없다.

조직에서 채택한 마케팅 개념은 모든 영역의 사업 활동에 영향을 미치기 때문에 조직의 최고 경영진으로부터 전적인 지지를 받아야 한다. 최고 경영진은 마케팅 개념을 경영철학에도 접목하여 사업의 경영관리 전반에서 고객을 최우선으로 삼아야 한다. 또한 조직 내 모든 매니저와 종사원의 지원이 있어야만 이러한 마케팅 개념을 전사적으로 구현할 수 있다(Pride & Ferrell, 1997).

마케팅 실행의 첫째 단계로 경영진은 고객 니즈 파악을 위한 정보 시스템을 마련해야 한다. 수집된 정보는 고객 니즈를 만족시킬 수 있는 제품개발에 활용된다. 이러한 정보 시스템 구축에는 많은 비용이 든다. 이와 같이 고객지향적인 조직이 되는 데는 자본과 시간의 투자가 필요하다. 다음 단계로 모든 마케팅 관련 활동을 조직화하기 위해 조직을 재정비해야 한다. 조직 내 최고 경영진을 구성할 때 마케팅 부서장을 포함시킨다(Pride & Ferrell, 1997).

그런데 이러한 전사적인 마케팅적 접근이 모든 문제를 해결하는 것은 아니다. 대부분의 대량생산 체제에서는 다양하고 변화무쌍한 고객 니즈를 모두 만족시킬 수 있는 제품을 생산해 낼 수 없다. 소비자 조사에 투입한 비용과 시간의 양과는 상관없이 팔리지 않는 제품이 여전히 생산되는 것이다. 때로는 특정 세부집단을 만족시키는 제품이 다른 세부집단을 불만족하게 하는 경우도 있다. 예를 들어 제한된 메뉴를 판매하는 레스토랑은 가족단위 고객의 가족 구성원 모두를 만족시킬 수 없다.

14.4 마케팅 관리

마케팅 관리란 마케팅 활동을 계획하고 체계화, 실행, 조정하는 과정으로 이를 통해 판매자와 구매자 간의 교환이 효과적이며 효율적으로 이루어지게 된다(Pride & Ferrell, 1997). 푸드서비스 시스템 모형에서 마케팅 관리는 변환과정의 요소인 관리 기능의 일부에 해당한다. **효과성(effectiveness)**이라는 것은 조직의 목표 달성 정도를 뜻하며, **효율성(efficiency)**이라는 것은 조직의 목표 달성을 위한 자원의 투입을 최소화하는 것을 의미한다. 이러한 정의들을 정리하여 Pride와 Ferrell(1997)은 마케팅 관리의 목적은 판매자와 구매자 간의 교환이 최소의 비용으로 용이하게 이루어지게 하는 것이라 하였다.

이러한 마케팅 관리의 목적을 달성하기 위해서는 마케팅 전략을 개발, 관리하여야 한다. 전략이란 목적 달성을 위한 주요 결정사항들을 아우르는 개념으로, **마케팅 전략(marketing strategy)**에는 표적 시장의 선정과 특성 분석, 표적 시장에 따른 마케팅 믹스의 설계와 유지가 포함된다.

14.4.1 마케팅 믹스

마케팅 매니저가 마케팅 관리를 한다는 것은 마케팅 믹스 및 환경 관련 요인들을 다룬다는 것을 의미한다. **마케팅 믹스(marketing mix)**는 조직의 목표를 달성하고 표적 시장을 만족시키기 위해 사용하는 마케팅 요소의 특정 조합이다(Evans & Berman, 1996). 마케팅 믹스의 변수에는 상품, 가격, 유통, 촉진, 조직이 조정할 수 있는 기타 요인이 포함된다. 이들 변수를 구매자의 선호에 맞추어 조합하게 된다. **표적 시장(target market)**은 조직이 마케팅 믹스를 통하여 니즈를 만족시키고자 하는 대상 집단이다(Pride & Ferrell, 1997). 마케팅 환경의 변수로는 정치적, 법적, 규제적, 사회적, 경제적, 경쟁적, 기술적 요인이 있다. 마케팅 매니저는 마케팅 믹스의 각 요소에 필요한 활동과 관련한 많은 결정을 내려야 한다.

상품 **상품(product)**에는 제품, 서비스, 아이디어가 포함된다(Hsu & Powers, 2002). 제품제조는 마케팅 활동이 아니지만 소비자의 니즈를 파악하고 제품 디자인에 대한 조사를 수행하는 것은 마케팅 활동이다. 제품에 관련된 마케팅 결정사항으로는 신제품 개발, 판촉제품 선정, 기존제품 단종이 있다. **신제품(new product)**이란 시장에 처음으로 소개되는 혁신적이며 완전히 새로운 제품을 뜻하며 맥도날드의 맥그리들®(McGriddle®)을 예로 들 수 있다. **체인 신제품(new to the chain)**은 KFC의 치킨 너겟을 모방한 맥도날드의 치킨 맥너겟®(Chicken McNuggets®)과 같이 이미 다른 체인점에서 성공적으로 판매하고 있는 제품을 모방하여 해당 체인에서 새롭게 내놓은 제품을 의미한다.

가격 **가격(price)**은 구매자가 교환의 대가로 판매자에게 지불해야 하는 돈의 양이다. 푸드서비스 운영에서 가격 경쟁은 매우 흔하다. 마케팅 믹스의 주요 요소인 가격은 경쟁의 도구가 되기도 하며, 제품 이미지 구축에 도움을 주기도 한다. 마케팅 매니저는 제품의 가격 정책 수립에 참여하게 되는데 마케팅 매니저는 소비자가 교환을 통해 획득하게 되는 가치를 고려한다는 사실에 주목해야 한다. 즉, 기업이 제품 판매를 통해 수익을 창출할 수 있는 동시에 고객은 교환을 통해 획득하는 가치가 있다고 느끼는 수준에서 가격을 책정하여야 한다.

촉진 **촉진(promotion)**을 통해 신제품이나 브랜드의 인지도가 향상되거나 인기가 떨어진 제품이 새로이 일반대중의 주목을 받게 되기도 한다. Lewis, Chacko, Chambers(1997)는 **촉진**을 단기간의 판매 증대를 위한 장려책으로서의 마케팅 커뮤니케이션으로 정의하였다. 미국에서는 푸드서비스 산업이 광고를 가장 많이 하는 산업 중의 하나이다. 푸드서비스 산업의 광고량이 1980년대에 1970년대 대비 4배로 증가하였다. 특히 QSR(quick-service restaurant) 기업이 차지하는 광고 물량의 비중이 상당히 큰 편으로 맥도날드는 연간 1억 달러가 넘는 마케팅 비용을 지출하고 있다. 반면, 고급스러운 메뉴와 서비스를 제공하는 파인다이닝과 같은 푸드서비스 운영에서는 촉진의 중요성이 비교적 낮은 편이다.

유통 **유통(place)**은 음식과 서비스가 제공되는 장소를 일컫는다. 음식이 어느 곳에서나 조리되는 추세가 증가하고 있다. 식품제조 업체는 메뉴 품목을 준비하고 포장하고 위탁사나 음식점에 배송한다. 식품제조 업체와 푸드서비스 업체가 각각 서로의 영역을 침범하면서 경쟁이 날로 심화되고 있는 양상이다. 많은 푸드서비스 업체에서 비용이 적게 드는 키오스크나 움직임이 자유로운 카트 형태로 업장을 운영하게 되고 이에 따라 배송의 운영 규모 또한 축소하고 있다. 배스킨라빈스는 아이스크림을 쇼핑몰이나 공항의 키오스크에서도 판매하고 있으며 피자헛은 수천 곳의 학교와 병원에 피자를 배달하고 있다.

14.4.2 마케팅 환경

구매자와 마케팅 믹스를 둘러싸고 있는 **마케팅 환경(marketing environment, 그림 14-3)**에는 정치적, 법적, 규제적, 사회적, 경제적, 경쟁적, 기술적 요인이 있다. 마케팅 매니저는 이들 요인의 영향을 받으며, 마케팅 환경은 제품에 대한 고객 니즈와 고객 선호에 영향을 끼친다. 환경적 요인은 마케팅 매니저의 특정 마케팅 활동의 수행 방식에 직접적인 영향을 주기도 하며, 환경적 요인이 마케팅 믹스에 대한 고객 반응에 영향을 끼쳐 마케팅 매니저의 결정에도 영향을 줄 수 있다.

정치적 요인은 정치경제적 안정성과 국가의 의사결정에 영향을 끼치는 요인으로 결과적으로 자국 내의 주요 사안, 무역협정에서의 협상, 대외정책의 결정에 영향을 주게 된다. 정치적인 입김은 호스피탈리티 산업과 헬스케어 산업에 막대한 영향을 미칠 수 있으므로 전국음식점협회

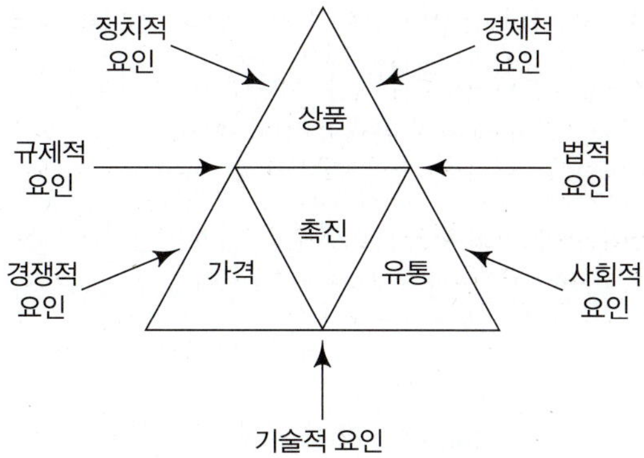

그림 14-3 마케팅 믹스에 영향을 미치는 환경 요인

(National Restaurant Association, NRA), 미국호텔숙박협회(American Hotel and Lodging Association, AH&LA), 미국영양사협회(American Dietetic Association, ADA)[1], 학교영양협회(School Nutrition Association, SNA)는 각 조직의 이익을 대변하는 로비스트를 워싱턴 정가에 두고 있다.

법적 요인은 입법과 법 해석에 관련되어 있다. 시장경쟁 과열을 방지하고 고객 보호를 위해 제정된 다양한 법에 의해 마케팅이 조정되며, 마케터와 법정에 의한 법 조항 해석이 마케팅 믹스의 요소에 크나큰 영향력을 발휘한다.

지역, 주, 연방의 규제적 요인은 마케팅의 의사결정에 영향을 끼치는 규제의 개발과 시행이다. 연방 규제 기관의 경우, 미심쩍은 사항을 규제하기 위해 관련 산업계에 지침을 개발하도록 독려하고 해당 산업의 주요 업체들은 이에 대개 협조하게 된다. 개별 산업이나 상거래 조직에서 자체적으로 규제를 만들기도 한다.

사회적 요인에 의해 마케터는 의사결정에 대한 책임을 지게 되었다. 수천 개의 소비자 단체가 환경 오염이나 농약 사용과 같은 이슈에 대해 심각성을 제기하고 있다. 소비자 단체는 식품 표시에 관한 의견도 활발히 개진하고 있다.

경제적 요인은 경쟁에 주요한 영향을 끼치는 요인이다. 경쟁은 제품 공급을 조정하는 산업의 수, 기존 산업에의 신규업체 진입 난이도, 공급 대비 수요의 영향을 받는다. 수요는 구매자의 구매 의도와 구매력에 의해 결정된다.

기술적 요인은 일상 생활에 영향을 주는 요인이자 제품에 대한 욕구와 마케팅 믹스의 안정성에도 영향을 끼치는 요인이다. 생산될 제품의 유형은 커뮤니케이션, 교통, 컴퓨터, 포장과 관련된 기술의 영향을 받게 된다.

매니저는 환경의 주요한 변화에 따라 마케팅 전략을 조정할 수 있는 능력을 갖추어야 한다. 또한 기회와 위협이 공존하는 역동적인 마케팅 환경에 대한 인식을 바탕으로 매니저는 효과적인 마케팅 전략을 수립해야 한다.

14.4.3 시장 세분화

Swinyard와 Struman(1986)은 넓은 고객층을 "자연적인" 시장 집단으로 세분화하는 것이 레스토랑 마케팅의 성공적인 전략개발을 위한 기본이라고 했다. **시장 세분화(market segmentation)**는 전체 시장을 유사한 니즈, 욕구, 가치, 구매행동을 지닌 사람들을 집단으로 나누는 과정이다(Harrell,

1) 2012년에 Academy of Nutrition and Dietetics로 기관명을 변경.

2002). 여기서 시장은 장소가 아닌 사람의 집단을 의미한다. 집단은 제품에 대한 니즈가 있고 구매능력, 구매의도, 구매권한을 갖는다. 세분화된 시장은 한 가지 이상의 특성을 공유하여 유사한 제품 니즈를 갖는 개인, 집단, 또는 조직의 혼합체이다.

유사한 니즈를 가진 동질적 시장을 대상으로 한 마케팅 믹스의 설계가 이질적 니즈를 가진 집단을 대상으로 한 설계보다 용이하다. 시장 세분화 시에는 적합한 변수의 선택이 매우 중요하다. 시장 세분화에 사용하는 변수는 지리적 변수, 인구통계학적 변수, 심리학적 변수, 구매행동 변수의 네 개의 범주로 나뉜다. 각 범주에 속하는 변수의 예를 **표 14-1**에 제시하였다.

지리적 변수 **지리적 변수(geographic variables)**는 고객 니즈에 영향을 끼치는 기후, 지형, 천연자원, 인구밀도, 하위문화 가치를 포함한다. 지역 규모와 도시, 교외, 지방의 지역 특색 또한 지리적 변수로 볼 수 있다. 아울러 인구 수, 고객 선호, 소비 패턴을 고려하여 마케팅 의사결정을 내려야 한다. 지리적 변수의 예로, 루이지애나의 케이준 요리를 들 수 있다. 케이준 요리는 루이지애나

표 14-1 시장 세분화 변수

변수	일반적 구분
지리적	
지역	태평양, 산악, 서북 중부, 서남 중부, 동북 중부, 동부
	중남부, 대서양 남부, 대서양 중부, 뉴잉글랜드
도시지역 인구 수	5,000 미만, 5,000~20,000, 20,000~50,000, 50,000~100,000, 100,000~250,000, 250,000~500,000, 500,000~1,000,000, 1,000,000~4,000,000, 4,000,000 이상
지역 특색	도시, 교외, 지방
기후	북부, 남부
인구통계학적	
나이	6세 미만, 6~11세, 12~19세, 20~34세, 35~49세, 50~64세, 65세 이상
성별	남자, 여자
가족 수	1~2인, 3~4인, 5인 이상
가족 생애주기	젊은 미혼, 자녀가 없는 젊은 기혼자, 자녀 중 막내가 6세 미만인 젊은 기혼자, 자녀 중 막내가 6세 이상인 젊은 기혼자, 자녀가 있는 나이든 기혼자, 자녀가 18세 이상인 나이든 기혼자, 나이든 미혼, 기타
수입	\$10,000 미만, \$10,000~\$15,000, \$15,000~\$20,000, \$20,000~\$30,000, \$30,000~\$50,000, \$50,000~\$100,000, \$100,000 이상
직업	전문가/기술자, 관리자/임원/사업주, 사무직/판매직, 장인/건설현장 등의 감독관, 직공, 농부, 은퇴자, 학생, 주부, 무직
교육 수준	초등학교 또는 초등학교 미만, 고등학교 중퇴, 고등학교 졸업, 대학 중퇴, 대학, 대학원
종교	천주교, 개신교, 유대교, 이슬람교, 힌두교, 기타
인종	백인, 흑인, 아시아인
국적	미국, 영국, 프랑스, 독일, 이태리, 일본

(다음 페이지에 계속)

표 14-1 시장 세분화 변수 (계속)

변수	일반적 구분
심리학적	
사회계층	하위 하층, 상위 하층, 노동자층, 중산층, 상위 중산층, 하위 상류층, 상위 상류층
라이프스타일	이성애자, 세련되고 활발히 사회생활하는 사람, 예술적인 재능이나 관심이 있는 사람
성격	강박적인, 사교적인, 권위적인, 야심적인
구매행동 측면	
상황	일반적인 경우, 특별한 경우
혜택	품질, 서비스, 경제성, 속도
사용자 상태	비이용자, 이전 이용자, 잠재 이용자, 신규 이용자, 주기적 이용자
사용 빈도	가끔 이용, 보통 이용, 빈번 이용
충성도 정도	전혀 없음, 중간 정도, 강함, 절대적임
구매의도 단계	모름, 알고 있음, 정보가 있음, 관심 있음, 구매를 원함, 구매하고자 함
제품에 대한 태도	열정적인, 긍정적인, 무관심한, 부정적인, 적대적인

자료: *Marketing for Hospitality and Tourism*, 4th ed., by Kotler, Bowen, and Makens © 2006. Reprinted by permission of Pearson Education, Inc., Upper Saddle River, NJ.

문화인데 뉴욕과 캘리포니아에도 전파되었다. 푸드서비스 매니저가 시장상황을 신속하게 파악하여 적절한 조치를 취하고자 한다면, 의사결정 단계 이전에 시장 분석을 수행하여 새로운 메뉴를 선보일 시기와 장소를 판단하여야 한다.

인구통계학적 변수 **인구통계학적 변수(demographic variables)**에는 인구 특징인 나이, 성별, 인종, 민족성, 소득, 교육, 직업, 가족 수, 가족 생애주기, 종교, 사회계급, 가격민감도가 있다. 이들 변수는 제품 선택에 영향을 줄 수 있으므로 마케팅 대상으로 고려 중인 인구 집단과 관련 있는 인구통계학적 변수를 확인하여야 한다.

심리학적 변수 **심리학적 변수(psychographic variables)**에는 시장 세분화에 이용할 수 있는 다양한 요인이 있는데 그 중 동기와 라이프스타일을 주로 이용한다. **동기**는 고객의 구매 이유에 따라, **라이프스타일**은 삶의 방식에서 중요시 여기는 것에 따라 시장을 세분화한다.

라이프스타일의 관점에서 시장 세분화를 실시할 때 사용할 수 있는 분류 시스템으로 Strategic Business Insights(www.strategicbusinessinsights.com)가 지원하는 **Values and Life-Styles (VALS™)** 프로그램이 있다. VALS 프로그램은 세분 시장의 고객행동을 예측하기 위해, 소비자의 자원보유 정도와 소비자의 태도를 설명하는 일차적 동기를 두 개의 축으로 하여 시장 세분화를 실시하고 각 세분 시장을 정의한다.

자원이란 개인이 지니고 있는 역량과 심리학적, 신체적, 인구통계학적, 물질적 도구를 뜻한다. VALS 모형에서 세로축은 자원보유 정도를 나타내고 가로축은 일차적 동기를 나타내는데, 일차적 동기는 새로움 추구 정도에 따라 다음의 세 가지로 구분된다.

- **이상(ideals)**—지식과 원칙에 근거하여 선택한다.
- **성취(achievement)**—동료집단에게 자신의 성공을 드러내는 것을 선택한다.

- **자기표현(self-expression)**—사회적·신체적 활동, 다양성 혹은 위험에 대한 욕구에 근거하여 선택한다.

Strategic Business Insights는 자원과 동기의 측면을 조합하여 소비자를 여덟 개의 집단으로 분류하고 각 집단을 다음과 같이 정의하였다.

- **혁신가(innovators)**—자원과 동기가 최고 수준에 해당하는 집단으로 활동적인 소비자이자 새로운 아이디어를 받아들이는 변화의 선구자이다. 상류층의 틈새 제품과 서비스를 선호하는 편이다.
- **사상가(thinkers)**—사상가로 분류되는 소비자는 '이상'적인 것을 추구하며 성숙하고 사색적이며 다양한 정보의 소유자이다. 질서, 지식, 책임에 가치를 두고 자신들의 원칙에 근거하여 판단을 내린다. 수입이 넉넉하여 제품 선택에 별다른 제약이 없지만, 구매하는 제품의 내구성, 기능성, 가치를 따지는 경향이 있다.
- **성취자(achievers)**—자원보유 수준이 높고 '성취'에 의해 동기가 부여되는 집단으로 동료집단에게 성공을 과시할 수 있는 고급 제품을 좋아하고 일을 우선시하며 보수적이고 가치중심적이다.
- **경험자(experiencers)**—자원보유 수준이 높고 '자기 표현'에 의해 동기가 부여되는 집단으로 다양성, 흥미, 새롭고 위험한 활동을 추구한다. 패션, 유흥, 사교활동에 지출 비중이 높으며 젊고 충동적이고 반항적인 경향을 나타낸다.
- **믿는자(believers)**—자원보유 수준이 낮고 '이상'에 의해 동기가 부여되는 집단으로 기존의 방식을 따르는 보수적 성향을 나타내며, 생활의 중심을 가정, 가족, 사회나 종교조직에 둔다. 미국 제품을 선호하고 유명 브랜드를 좋아한다.
- **분투자(strivers)**—자원보유 수준이 낮고 '성취'에 의해 동기가 부여되는 소비자들의 집단이다. 남들이 가진 것을 본인도 가지려고 하지만, 대부분 재정적 자원이 부족하여 원하는 것을 구매하지 못한다.
- **제조자(makers)**—자원보유 수준이 낮고 '자기 표현'에 의해 동기가 부여되는 소비자들의 집단으로 실용적이고 자기충족적이며 전통적이다. 이들은 집 짓기, 자동차 수리, 채소 병조림 만들기와 같이 본인이 직접 부딪히면서 세상을 경험한다. 실용성 있는 제품이나 기능적인 용도가 있는 제품을 구매한다.
- **생존자(survivors)**—자원과 동기가 최저 수준에 해당하는 집단으로 보안과 안전이 중대 관심사인 매우 조심스러운 소비자이다. 자기가 좋아하는 브랜드의 제품을 가격할인 시에 구입한다.

구매행동 변수 구매행동 변수는 소비자의 제품 이용행태와 제품에 대한 태도에 관한 것으로 구매량, 구매의도, 충성도, 구매행태와 같은 변수가 있다. 카페인이 없는 다이어트 콜라와 같이 특정 고객집단을 만족시키기 위해서 특별한 제품을 생산해야 할 수도 있다. 소비자의 제품 이용행태를 고려한 세분화로는 1인가구의 니즈에 맞춘 냉동식품을 예로 들 수 있다. 혼자 사는 사람을 위해 한번 먹을 양만큼 포장하여 판매한다.

14.4.4 글로벌 시장 세분화

다수의 대형 푸드서비스 기업이 수십 년간 글로벌 마케팅을 전개해 왔다. 글로벌 마케팅의 시장 세분화 전략 수립 시에는 국가 간의 차이나 국내의 차이가 모두 고려되어야 한다. 나라마다 문화적, 사회적 양식에 차이가 있고 구매행태에 영향을 미치는 경제적 수준, 기술개발 수준에도 차이가 있다(Wind & Douglas, 2001). 글로벌 시장 세분화는 국가 차원의 매크로 수준과 개인 차원의 마이크로 수준에서 모두 이루어져야 한다. 매크로 수준의 글로벌 시장 세분화 시 고려할 사항은 다음과 같다.

- 일반적인 국가 특성
  - 지리적 위치(아시아 국가와 아프리카 국가)
  - 인구통계학적 특성(나이, 인종 다양성)
  - 사회경제적 개발 수준(국가의 경제개발 정도에 따라 구매제품의 유형에 차이가 있음)
  - 문화적 특성(가족의 중요성, 여성 지위, 민족적·종교적 신념 체계, 색감과 같은 미적인 측면, 기능성)
  - 정치적 요인(정부의 구매 통제 정도, 의사 결정자의 지위와 역할)
- 특정 상황에 대한 국가의 특성
  - 법적·경제적 제약(제품에 따른 정부의 판매지원 여부, 관세와 세금, 특허 협정, 품질기준 및 품질관리, 소비자 신용 규제)
  - 시장 상황(경쟁 정도, 사업 태도, 제품 수명주기, 기술, 중간 마케팅 조직, 소매점 수와 규모)
  - 제품관련 문화, 라이프스타일 특성(물질 소유에 대한 개인적 가치, 여가 시간의 양과 여가를 보내는 방법)

편익에 따른 세분화와 민족에 따른 세분화는 글로벌 시장 세분화에서 쉽게 찾아볼 수 있다. 편익 세분화는 제품이 제공하는 편익, 제품이 해결하는 문제점, 혹은 제품이 드러내는 쟁점에 초점을 두며, 민족 세분화는 민족성과 문화적 차이에 기초를 둔다.

14.4.5 고객 관계 관리

시장 세분화를 마쳤다면 마케팅 매니저는 고객의 특성을 파악해야 한다. 이를 **고객 관계 관리**라고 하며 고객 관계 관리에는 고객 정보를 저장한 데이터베이스를 이용한다. 고객 데이터베이스에는 구매 정보와 고객 접촉 정보가 저장되어 있다. 피자헛은 고객의 전화주문 시 주문 메뉴, 쿠폰 사용 여부, 주소와 전화번호를 수집한다. 다음 전화주문 때는 수집해 둔 정보를 참고하여 구매를 고려할 수 있도록 고객에게 유사한 메뉴를 제안한다.

14.4.6 틈새 마케팅과 마이크로마케팅

시장 세분화의 새로운 전략으로 틈새 마케팅과 마이크로마케팅이 있다. 독특한 관심이나 특성을 지닌 소비자들을 제한적으로 정의한 틈새를 대상으로 펼치는 **틈새 마케팅(niche arketing)**은 작지만 수익성이 있는 시장임을 확인하고 해당 시장을 만족시킬 제품을 만들어낸다. **마이크로마케팅(micromarketing)**은 가장 작은 틈새인 고객 한 명을 대상으로 하는 마케팅이다.

14.4.7 소셜미디어 마케팅

소셜미디어 마케팅(social media marketing)은 소셜미디어 네트워크를 통한 마케팅에 초점을 두는 인터넷 마케팅의 한 형태이다. 푸드서비스 매니저는 소셜 네트워킹 사이트와 스마트 폰 앱을 이용하여 기존 고객과 잠재 고객 모두에게 효과적으로 접근할 수 있다. 모바일 커뮤니케이션 이용자에게 음식점 관련된 정보를 전달하기에 페이스북, 트위터, 유튜브, 블로그가 특히 효과적인 것으로 알려졌다.

14.4.8 브랜딩

미국마케팅협회에 따르면 **브랜드(brand)**란 "판매자의 상품이나 서비스를 다른 판매자의 상품이나 서비스와 구별할 수 있는 이름, 용어, 디자인, 상징, 혹은 특징"이다. 브랜드는 빅맥(Big Mac)과 같이 하나의 품목일 수 있고, KFC 치킨과 같이 품목의 집합체일 수 있으며, 시스코(Sysco) 상표가 붙은 품목처럼 특정 기업에서 판매하는 모든 품목을 뜻할 수도 있다. 맥도날드의 골든 아치와 피자헛의 빨간 지붕과 같이 상표로 등록된 특정한 로고, 색깔, 혹은 상징물로 브랜드를 구분할 수 있다.

맥도날드와 같이 다수의 장소에 사업장을 두고 있는 전국 규모의 기업도 브랜드이고, 자체적으로 브랜드화하여 한 곳에서만 운영되는 사업장도 브랜드이다. 예를 들어 뚜 머르카도(Tu Mercado)는 샌디에이고대학교 급식의 자체 브랜드이다. 뚜 머르카도에서는 유기농 품목, 엄격한 채식주의자를 위한 품목, 일반 채식주의자를 위한 품목이 두루 제공된다(Ramsey, 2010).

브랜드는 로고나 상징물보다 큰 광의의 개념이다. 브랜드는 푸드서비스 업장의 다양한 측면, 제공되는 음식의 종류, 음식과 서비스의 품질, 음식과 서비스가 제공되는 환경, 직원과의 상호작용, 해당 푸드서비스 업장의 기타 다른 특색을 반영한다. Hendrie(2011)는 푸드서비스 매니저가 브랜드를 개발할 때 11개의 P에 대해 숙고할 것을 제안했다.

- 원칙(Principles)—사업의 의사결정을 이끌어낼 가치를 결정하라.
- 연극(Play)—이상적인 고객 경험을 단계별로 묘사하라.
- 약속(Promise)—고객이 기대해도 좋을 브랜드 경험에 대해 고객과 약속하라.
- 장소(Place)—고객이 브랜드 약속을 경험하게 될 공간을 설계하라.
- 사람(People)—고객의 브랜드 선택 이유를 이해하고, 직원을 고객 경험의 장에서 배우의 역할을 하게 하라.
- 생산 요소(Production elements)—놀라운 경험을 만들어라.
- 소품(Props)—계획대로 고객이 브랜드를 경험할 수 있도록 적합한 시설과 조형물을 배치하라.
- 가격(Price)—고객 경험의 가치에 근거하여 가격을 책정하라.
- 촉진(Promotion)—브랜드 경험을 전하라.
- 언론(Press)—홍보와 마케팅으로 브랜드에 대한 소문을 널리 퍼뜨려라.
- 평가와 보상(Performance reviews and prizes)—직원의 적절한 직무 수행에 대하여 격려하고 보상하라.

특정 브랜드를 고객이 반복적으로 구매하는 **브랜드 충성도(brand loyalty)**는 푸드서비스 산업과 호스피탈리티 산업에서 지속적으로 그 중요성이 부각되고 있다. 다수의 기업에서 브랜드 충성도 향상을 위해 고객에게 인센티브를 제공한다. 항공기 탑승 실적에 따라 무료 항공권을 제공하는 항공사의 마일리지 적립 제도는 초기 로열티 프로그램의 대표적인 예이다. 레스토랑의 로열티 프로그램으로는 특별좌석 예약, 고객 특성에 맞춘 메뉴, 식음료 무료 제공, 단골고객을 위한 쿠폰이 있다.

켈러(Keller, 2001)는 **브랜드 자산(brand equity)**을 "동일한 노력을 투입하더라도 소비자의 브랜드에 대한 지식에 따라 차별적으로 발생하는 마케팅 효과"로 정의하였다. 브랜드 인식은 고객의 해당 브랜드에 대한 직간접적인 경험을 통해 형성되고, 브랜드 가치는 고객의 브랜드 인식에 따라 창출된다. 본질적으로, 브랜드의 힘은 그 브랜드에 대한 고객의 인식에 기초를 둔다. 아커(Aaker, 1996)는 브랜드 자산이 브랜드 충성도, 브랜드 인지도, 지각된 품질, 브랜드 연상, 브랜드 등록 자산으로 구성된다고 하였다.

14.5 서비스 마케팅

마케팅의 정의에서 의미하는 **상품**이란 제품, 서비스, 아이디어, 또는 이 세 가지의 조합을 뜻한다. **제품**은 손으로 만질 수 있는 유형성을 지닌 상품이고, **서비스**는 사람이나 사물에 제공된 인간적·기계적 용역으로 무형성의 상품이다. 코틀러(Kotler, 1996)는 서비스를 '한 쪽에서 다른 쪽에게 제공할 수 있는 어떠한 행동이나 수행으로서 본질적으로 무형이며 그 어느 것도 소유하지 않는 것'으로 정의하였다.

제조업 분야의 기업이 여전히 건재한 가운데 서비스 분야가 미국 **국내총생산(Gross Domestic Product, GDP)**의 62%, 소비지출의 67%를 차지하면서 서비스가 상품을 대체하는 양상을 보이고 있다(www.bea.gov, 2010). 서비스 분야가 성장하는 이유는 다음과 같다. 현대 미국사회는 산업사회에서 정보사회로 이행되었는데, 서비스는 정보사회에서 생산활동의 주요 재료이다. 서비스에 대한 인식에도 변화가 일어났다. 서비스는 더 이상 생산·제조 과정의 부산물이 아니며 제품 그 자체로 간주된다. 미국 내 부의 증대는 금융, 여행, 엔터테인먼트, 퍼스널케어 서비스의 성장으로 이어졌다. 여성취업 증가와 같은 라이프스타일의 변화는 아이돌봄, 가사 도우미, 식사준비와 같은 시간절약 서비스에 대한 수요 증가를 가져왔다. 노인층에서는 건강돌봄 서비스에 대한 수요, 젊은층에서는 피트니스와 건강 유지 서비스에 대한 수요가 증가하고 있다. 기술의 발전에 따라 복잡한 제품이 개발, 판매됨에 따라 점검과 수리에 대한 수요가 발생하였고, 이를 제공하는 전문화된 서비스가 증가하였다.

Lewis, Chacko, Chambers(1997)는 호스피탈리티 산업의 사업체와 같은 서비스 기업의 경우, 마케팅과 경영관리가 별개가 아님을 강조하였다. Zeithaml, Bitner, Gremler(2006)는 제조·상품의 마케팅과 서비스 상품의 마케팅에는 차이가 있음을 강조하였다. 서비스 마케팅에는 제품 마케팅과는 다른 전략과 전술이 필요하다.

14.5.1 서비스의 특성

Zithaml, Parasuraman, Berry(1985)와 Zeithaml, Bitner, Gremler(2006)에 따르면 서비스 마케팅의 문제는 제품 마케팅의 문제와 같지 않다. 서비스 마케팅의 네 가지 특성인 무형성, 비분리성, 소멸성, 이질성을 보면 왜 서비스는 생산 전에 판매되는데, 제품은 판매 전에 생산되는지 알 수 있다(Berry & Parasuraman, 1991; Zeithaml, Bitner, & Gremler, 2006). 또한 서비스 마케팅은 제품 마케팅보다 고객에게 구매 전에 끼칠 수 있는 영향력이 적다.

무형성 일반적으로, **서비스의 무형성(intangibility of service)**은 서비스에 무엇이 결여되었는지로 정의된다. 즉, 서비스는 보이지 않거나, 만질 수 없거나, 맛볼 수 없거나, 냄새 맡을 수 없거나, 소유할 수 없는 것이다(Pride & Ferrell, 1997; Zeithaml, Bitner, & Gremler, 2006). 유형성을 띠는 상품과는 달리 서비스는 무언가를 수행하는 것이고 따라서 무형적이다. 그런데 서비스에도 몇몇 유형적인 속성이 있다. 분위기는 유형적 속성의 예로 오랫동안 마케팅 도구로 이용되어 왔다.

분위기(atmospherics)란 고객관심을 유발하고 고객구매를 자극하는 사업장 디자인의 물리적 요소이다(Pride & Ferrell, 1997). Berry와 Parasuraman(1991)은 유형적인 요소를 관리하여 서비스에 대해 신호를 적절히 전달하는 것이 서비스 마케터의 주된 책임이라고 하였다.

사업장의 내·외부를 친근한, 흥미로운, 조용한, 또는 고상한 분위기로 연출할 수 있다. 신규 고객은 대개 외관으로 레스토랑을 판단하므로 **외부 분위기**는 신규 고객에게 중요하다. 창문이 깨끗이 닦여 있지 않거나 땅바닥이 지저분하다면 그 음식점의 서비스도 형편없을 것이라고 생각할 수 있다. **내부 분위기**에는 조명, 벽면과 바닥 마감재, 가구, 화장실이 있다. 기분 좋고 깨끗한 내부의 음식점이라면 고객은 아마도 흠 잡을 데 없는 서비스를 기대할 것이다. 감각 요소 또한 분위기를 만들어낸다. 색깔은 고객을 끌어들일 수 있다. 예를 들면, 제한된 메뉴를 판매하는 레스토랑에서는 빨간색, 노란색 등을 사용하는데, 밝은 색깔이 허기를 더욱 자극하여 식사 속도가 빨라지고 결과적으로 회전 수를 늘리는 것으로 나타났기 때문이다. **소리**도 중요하다. 결혼 기념일을 축하하려는 고객은 음식점 내부가 소란스러운 곳을 선택하지 않을 것이다. **냄새** 또한 고려할 만하다. 갓 구워낸 빵 냄새는 고객에게 보살핌을 받고 있으며 누군가가 나를 원하고 있다는 느낌이 들게 한다. 다시 말하자면, 이러한 유형적인 감각 요소를 통해 고객은 무형적인 서비스를 지각할 수 있게 된다(Pride & Ferrell, 1997).

레빗(Levitt, 1981)은 "고객은 서비스를 받고 나서야 무엇을 받았는지를 알게 된다"는 점이 서비스의 무형성에 있어 가장 중요하다고 하였다. 고객은 대차대조표에 나타나는 유형적인 자산보다 더욱 소중하다. 이러한 개념을 이해하는 기업은 제품과 서비스를 고객에게 끊임없이 맞추어 간다. 고객을 일회성 거래 가치로 판단하는 것이 아니라 기업에 대한 고객의 생애가치(customer's lifetime value)를 고려하기 때문이다(Treacy & Wiersema, 1993).

비분리성 Pride와 Ferrell(1997)과 Zeithaml, Bitner, Gremler(2006)에 따르면, 생산과 소비의 **비분리성(inseparability)**은 무형성과 관련이 있다. 서비스는 대개 서비스 소비시점에 생산된다. 상업적인 푸드서비스 업장에서 서비스 직원, 바텐더, 매니저 등은 고객이 서비스를 소비하는 동시에 서비스를 생산한다. 주문을 받아 식사를 제공하는 종사원의 지식과 효율성, 고객이 원하는 방식대로 정확히 음료를 혼합하려는 바텐더의 욕구, 고객의 만족여부에 대한 매니저의 책임감은 생산과 소비의 비분리성에 대한 예이다. 병원 급식에서는 서비스 직원이 식사를 직접 배달하고 그 순간 직원의 태도와 관심에 의해 환자의 만족도가 결정된다. 학교 급식에서는 배식할 때 조리사가 따스한 미소를 지으면 학생들의 식사 수용도가 높아진다.

소멸성 서비스는 저장해 두었다가 판매할 수 없다. 이를 **서비스의 소멸성(perishability of service)**이라 한다(Evans & Berman, 1996; Zeithaml, Bitner, & Gremler, 2006). 서비스는 재고화가 불가능하다. 서비스는 생산과 동시에 소비되므로 소멸적이다. 서비스 공급자는 기간에 관계없이 일정한 수요가 형성되도록 고객의 서비스 수요를 조절하기 위해 노력해야 한다. 서비스 업장은 수요 발생 시 서비스를 즉각적으로 생산할 수 있는 용량과 역량을 갖추고 있어야 한다. 그러나 수요가 없으면, 마련해 둔 서비스 용량과 역량은 사라지고 버려져 재무적 손실을 입게 된다(Lewis, Chacko, & Chambers, 1997). 예를 들어 과잉인원 배치는 인건비 상승을, 과소인원 배치와 수요 증가는 서비스 지연을 초래한다.

인원을 충분히 두고도 손실을 보지 않으려면 서비스 제공 가격을 높이는 방법이 있다. 수준 높은 서비스를 제공하는 레스토랑에서는 흔히 고가 전략을 이용한다. 그러나 대부분의 푸드서비스 업체에서는 이러한 전략을 사용할 수 없다. 인원 감축은 마케팅 결정이자 경영관리상의 결정이며, 인원 감축이 고객에 끼칠 영향을 최우선으로 고려하여 결정해야 한다. 고객에게 서비스를 마케팅하였다면 고객은 그러한 서비스를 기대할 것이므로, 경영진은 과잉인원 배치의 발생 가능성과 이에 따른 원가 상승을 감수해야만 한다. 그러나 고객이 비용보다 가치를 두는 것이 바로 시간이다. 룸 서비스를, 점심식사 서빙을, 와인 서빙을, 혹은 식사 후 계산서를 기다리다가 고객들은 짜증이 날 수 있다. 제한된 메뉴를 서비스하는 레스토랑은 고객의 대기시간을 줄여 매출 증대를 이루어 크게 성공하였다. 마케팅이 고객 기대를 창출하고, 고객과 약속을 하고, 고객에게 가치를 제공하고, 위험성을 감소시키면, 경영진은 신규고객의 창출 비용보다 훨씬 적은 비용으로 기존 고객을 유지할 수 있음을 이해해야 한다.

이질성 **서비스의 이질성(heterogeneity of service)**은 사람마다 수행이 균일하지 않아 발생하는 차이에 대한 것이다(Zeithaml, Bitner, & Gremler, 2006). 서비스의 이질성은 미숙한 종사원, 고객 인지 및 고객 스스로에서 기인한 서비스 품질의 변동으로, 이는 서비스 직원의 부족 때문에 발생하는 형편없는 서비스와는 다른 것이다. 서비스의 차이는 같은 조직 내에서 발생하거나, 종사원의 그날 그날 상황에 따라 발생하거나, 서비스를 제공받는 고객에 따라 발생할 수 있다. 대부분의 서비스는 노동 강도가 높고, 종사원마다 서비스 수행의 정도가 다르다. 출신 배경이 다르고 성격도 다른 종사원들이 각자 처하는 다양한 상황에서 어떤 식으로 대응할지를 매니저들이 예측하기란 쉽지 않은 일이다.

고객과 약속을 하는 서비스 마케터는 종사원이 상황을 어떻게 처리할지 혹은 고객이 서비스를 어떻게 인지할지 알 수 없다. Lewis, Chacko, Chambers(1997)는 좋은 서비스가 나쁜 서비스로 받아들여질 수도 있다고 하였다. 어떤 고객은 커피잔을 비우기 전에 항상 잔을 채워줘서 좋아할 수 있지만, 다른 고객은 커피잔을 비우고 싶은데 그러지 못해서 언짢아할 수도 있다. 때로 서비스를 적게 하는 것이 서비스를 더 많이 하는 것일 수 있다. 인기를 끌고 있는 샐러드 바가 이에 해당한다. 음식을 스스로 담아와야 하므로 고객 입장에서는 더 적은 서비스를 제공받는 것이지만, 많은 사람들이 원하는 음식을 직접 선택한다는 아이디어를 좋아한다.

14.5.2 서비스 마케팅 믹스

서비스 마케팅 매니저는 고객 니즈를 만족시키는 편익을 제공해야만 한다. 표적 시장을 정의하고 마케팅 믹스를 결정한 후에 마케팅 전략을 확정해야 한다. 실행 전략에 있어서는 차이가 있겠지만 제품 마케팅 믹스의 네 가지 요소(상품, 유통, 촉진, 가격)가 서비스 마케팅에도 적용된다. 예를 들어 서비스 제공 접점의 서버에 의한 촉진이 제품 마케팅의 촉진과 다른 것처럼, 무형적인 서비스가 곧 상품이므로 고객을 대상으로 한 상품의 정의 또한 제품 마케팅의 상품과는 다를 것이다. Zeithaml, Bitner, Gremler(2006)는 4P에 추가하여 3P, 즉 사람(people), 물리적 증거(physical evidence), 프로세스(process)를 고려해야 한다고 하였다.

사람은 서비스를 제공하는 매개로서 기업과 서비스에 대한 고객 인지에 영향을 미친다. 물리적 증거는 책자, 메뉴, 간판과 같이 서비스를 유형적으로 나타낸 것이다. 프로세스는 활동의 실제 흐름을 뜻한다.

14.6 전략적 마케팅

마케팅 전략은 표적 시장 선정 및 분석, 적절한 마케팅 믹스 수립 및 유지와 관계가 있다. 전략적 계획 과정은 조직의 미션과 목표로 시작하여 마케팅 계획으로 마무리된다.

14.6.1 전략적 계획 과정

Evans와 Berman(1996)은 마케팅의 전략적 계획 과정으로 다음의 7단계를 제시하였다.

- 조직의 미션을 정의하라.
- 전략적 사업 단위를 설정하라.
- 마케팅 목표를 수립하라.
- 상황분석을 수행하라.
- 마케팅 전략을 개발하라.
- 전술 계획을 실행하라.
- 결과를 검토하라.

조직의 **미션(mission statement)**은 조직의 목적, 경쟁, 표적 시장, 제품, 서비스를 요약하고, 소비자, 종사원, 기업주, 지역사회를 포함하는 서비스 수혜자를 요약한 것이다. 예를 들어 병원의 미션은 예산 한도 내에서 지역사회 주민에게 입원환자와 외래환자 의료 서비스를 제공하는 것이다. 각 부서에는 조직의 미션에 부합하는 부서의 미션이 있다. 푸드서비스 부서의 미션은 부서의 예산 내에서 환자, 종사원, 방문객에게 음식을 제공하는 것이다.

조직의 미션을 정의하고 나면, 조직은 **전략적 사업 단위(strategic business units, SBUs)**를 설정해야 한다. SBU는 조직의 독립된 구성요소이며, SBU마다 집중적으로 공략할 시장이 있고 SBU의 모든 기능을 전략에 맞춰 배치하는 매니저가 있다. SBU는 전략적 마케팅 계획의 기초 단위가 된다. 예를 들어 병원은 기업 수준이고, 병원의 푸드서비스 부서는 전략적 사업 단위로 볼 수 있다. 모든 SBU에는 각각에 해당하는 미션, 경쟁자, 기업의 전략과 일관되는 전략에 따라 명확히 정의한 시장이 있다.

마케팅 목표(marketing objective)는 마케팅 활동을 통해 무엇을 성취할지를 서술한 것이다. 조직의 각 SBU는 마케팅 수행을 위해 SBU 자신의 목표를 명확하고 단순한 용어로 설정해 둘 필요가 있다. 목표는 일반적으로 양적인 용어(판매금액, 이익 성장률, 시장 점유율)와 질적인 용어(이미지, 독특성, 고객 서비스)를 모두 사용하여 서술된다. 대다수의 레스토랑과 기타 푸드서비스 조직에서는 양적인 목표(예를 들어, 매출액)와 질적인 목표(예를 들어, 새로운 테마를 바탕으로 한 독특함)를 조합하여 마케팅 목표를 설정한다.

상황분석(situation analysis)은 마케팅의 기회와 조직의 잠재적 문제점을 파악하는 것이다. 매니저는 조직의 현재 상황과 향후 조직이 나아갈 방향에 대해 알고 있어야 한다.

상황분석에 보통 이용되는 기술로 **SWOT 분석(SWOT analysis)**이 있다. SWOT 분석은 조직의 강점, 약점, 기회, 위협(*S*trengths, *W*eaknesses, *O*pportunities, *T*hreats) 요인의 파악에 초점을 둔다. 마케팅에 SWOT 분석을 이용할 때, 일반적으로 시장 점유율, 고객 충성도, 고객 만족, 이전의 마케팅 성공요인에 초점을 둔다. 강점은 기업이 제공할 수 있는 독특한 자원으로 정의된다. 약점은 기업의 목표 달성을 제한하는 기업의 능력에 있어서의 제한점이다. 기회는 경쟁적 이득이 존재하거나 신규시장 개발 가능성이 있는 영역이다. 위협은 목표 달성을 방해할 수 있는 외부요소이다.

마케팅 전략(marketing strategy)은 표적 시장의 선정 및 분석과 표적 시장을 만족시킬 적절한 마케팅 믹스의 수립 및 유지에 관한 것이다. 전략은 가능한 한 구체적이어야 한다(Pride & Ferrell, 1997). 예를 들어 디저트 매출 증대를 위해 "저지방 프로즌 요거트의 메뉴 추가를 광고할 것이다"와 같이 모호한 전략을 수립하는 것은 적절하지 않다. 적절한 전략은 "저지방 프로즌 요거트를 메뉴에 추가하고, 건강을 중시하는 소비자를 대상으로 광고를 실시하여 3개월 이내에 디저트 판매액을 10% 향상할 것이다"와 같이 구체적인 내용을 기술해야 한다.

마케팅 전략은 특정한 행동인 일련의 **전술(tactics)**을 통해서 실행하게 된다. Lewis, Chacko, Chambers(1997)에 의하면, 전략은 고객 확보 및 유지 방법이고, 전술은 고객 확보 및 유지 방법에 대한 단계별 과정이다. "고객에게 선택받는 레스토랑이 되자"는 목표이고, "고객에게 더 나은 가치를 제공하라"는 전략이다. 예약고객을 위해 별도로 자리를 마련해 둔다, 고객의 이름을 부른다, 메뉴를 읽기에 편한 크기로 인쇄한다, 특별식이 필요한 고객을 위한 선택메뉴를 제공한다 등은 전술의 예이다. 전술은 전략으로부터 나온다. 이는 전략을 먼저 개발해야 함을 뜻한다.

결과 검토는 일정기간 동안의 실제 수행사항을 수행 기준에 비교하는 것이다. 예산, 일정표, 매출, 비용 분석을 결과 분석에 이용할 수 있다. 실제 수행결과가 수행 기준에 미치지 못한다면 문제 영역을 파악하여 시정 조치를 취해야 한다. 대다수의 조직에서 수행결과가 수행 기준에 미치지 못할 경우를 대비한 상황별 대책을 마련해 두게 된다.

14.6.2 마케팅 조사

성공적인 마케팅 계획의 기초는 조사이다(Yesawich, 1987). 조사를 통해서 상품, 유통, 촉진, 가격의 최적 조합에 대해 적절한 판단을 내릴 수 있다. 시장 조사는 신규고객 유입, 트렌드 유지, 고객 니즈에 맞춘 메뉴 조정에 의해 성공적인 업장 운영을 가능하게 한다(Stern, 1990). 그런데 직관과 과거의 경험이 과학적인 의사결정보다 마케팅 결정을 좌우하는 경우가 많다.

미국마케팅협회는 **마케팅 조사(marketing research)**를 '마케팅 기회 및 문제를 정의하여 파악하고, 마케팅 행동을 유발, 개선, 평가하며, 마케팅 수행을 감시하고, 과정으로서의 마케팅을 이해하게 하는 정보를 통해 마케터와 소비자, 고객, 일반 대중을 이어주는 기능'으로 정의한다(www.marketingpower.com). 효과적인 마케팅 조사는 무계획하거나 일관성 없는 진행을 지양하고 체계적으로 실시하는 것이다. 마케팅 조사는 서비스에 대한 고객 기대와 인지를 파악하는 중요한 수단으로(Zeithaml, Bitner, & Gremler, 2006) 자료 수집, 기록, 분석을 포함하는 일련의 단계이다(Evans & Berman, 1996). 데이터는 해당 조직 자체, 공정한 마케팅 조사 기업, 또는 조사 전문가 등 다양한 소스를 이용하여 수집할 수 있다. 전국음식점협회(www.restaurant.org), 헬스케어 푸드서비스협회(Association of Healthcare Foodservice, www.healthcarefoodservice.org), 국립푸드서비스관리연구소(National Food Service Management Institute, www.nfsmi.org)와 같은 전문가 집단이나 정부 기관이 푸드서비스 산업의 조직을 위해 트렌드 및 소비자 관련 자료를 제공한다.

조사 수행 시에는 객관성, 정확성, 철저함이 중요하다.

- **객관성**—편견 없이 열린 마음의 자세로 조사 수행, 자료와 분석에 근거하여 결론 도출
- **정확성**—주의를 기울여 구축한 조사도구의 사용
- **철저함**—표본의 대표성 확보, 설문 사용 시 사전조사 수행, 통계적으로 올바른 분석 실시

마케팅 조사 과정(그림 14-4)은 논리적으로 문제를 해결하기 위해 문제 정의, 자료 수집, 자료 분석, 제안, 보고서 준비의 다섯 단계로 구성된다. 마케팅 조사를 수행하는 푸드서비스 매니저는 각 단계에 대해 생각해 보고 문제에 맞게 각 단계를 조정해야 한다.

Zeithaml, Bitner, Gremler(2006)는 효과적인 서비스 마케팅 조사 프로그램을 위해 필요한 몇 가지 기준을 제안하였다.

- 양적 조사와 질적 조사를 모두 포함한다.
- 고객 기대와 인지를 모두 포함한다.

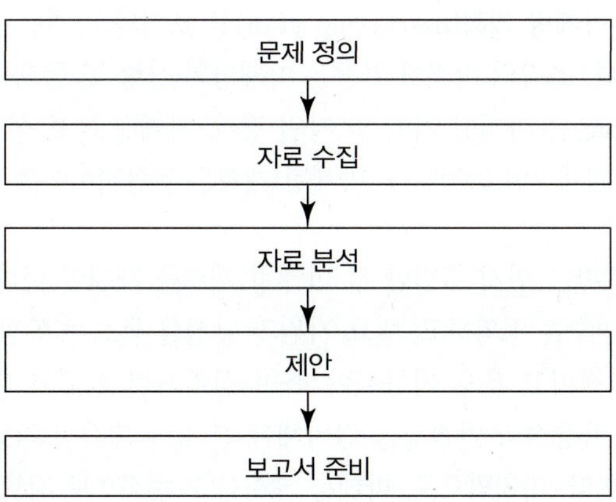

그림 14-4 마케팅 조사 과정

- 조사 비용과 정보가 주는 가치의 균형을 유지한다.
- 통계적 타당성을 확보한다.
- 속성의 중요성이나 우선 순위를 측정한다.
- 적절한 빈도로 시행한다.
- 충성도, 행동 의도, 또는 실제 행동의 측정치를 포함한다.

서비스 마케팅을 위한 자료 수집에는 다양한 방법이 이용된다(Zeithaml, Bitner, & Gremler, 2006). 모든 방법을 이용할 기업은 없겠지만, 대부분의 기업은 소비자와 소비자 인식에 대한 자료를 수집하기 위해 하나 이상의 방법을 이용한다. 조사 방법은 다음과 같다.

- **불평 수집:** 소비자로부터 불평을 적극적으로 수집하여 종사원과 매니저가 수집한 불평을 문서화하여 표로 만들고 불평의 원인을 파악한다.
- **중요 사건 연구:** 질적 면담을 이용하여 고객이 기업에 관련된 자신의 (긍정적이고 부정적인) 경험을 일상적으로 이야기하듯이 말하도록 한다.
- **요구 조사:** 고객이 서비스에서 기대하는 속성과 편익을 결정하기 위해 설문조사, 구조화된 브레인 스토밍, 광범위한 선행연구 검토를 실시한다.
- **관계 및 서비스 품질 설문조사:** 고객과 기업의 관계를 평가하고 수행 개선이 필요한 측면을 확인하기 위해 정기적으로 구조화된 설문조사를 실시한다.
- **추적 전화 또는 사후 설문조사:** 전화, 컴퓨터 이용 설문, 또는 종이 설문을 통해 서비스 접촉에 즉시 이어서 서비스 접촉에 대한 고객의 평가를 수집한다.
- **서비스 기대 회의:** 고객의 기대 수준을 파악하기 위해 고객과의 회의를 개최한다.
- **과정의 중요점 평가:** 서비스 접촉이 완료되기 전에 시정조치를 취할 수 있도록 서비스 접촉 과정 동안에 소비자 피드백을 수집한다.
- **시장지향적 문화기술(ethnography):** 주로 비디오 녹화를 통해 자연스런 상황에서의 소비 행태를 관찰한다.
- **암행조사(mystery shopping):** 외부 기업을 고용하여 고객으로서 서비스를 경험하고 사전에 작성된 설문지를 이용하여 경험을 평가한다.
- **고객 패널:** 현재의 고객 집단을 통해 서비스에 대한 태도와 인식을 정기적으로 파악한다.
- **이탈 고객 조사:** 이탈 고객을 찾아 이탈 이유에 대해 자세히 알아본다.

14.6.3 마케팅 계획

Pride와 Ferrell(1997)은 **마케팅 계획(marketing plan)**을 조직의 마케팅 활동을 관장하는 문서 또는 청사진으로 정의하였다. 조직의 마케팅 활동은 마케팅의 실행 및 통제를 포함한다. **마케팅 계획 수립(marketing planning)**은 마케팅 기회 및 자원 평가, 마케팅 목표 설정, 마케팅 전략 개발, 실행 및 통제 계획에 대한 체계적인 과정이다. 마케팅 계획은 통합적이어야 하며 평가되어야 한다.

마케팅 계획의 수립 전략을 먼저 수립한 후 마케팅 계획을 세워야 한다. 마케팅 계획에서는 표적 시장과 마케팅 믹스 변수를 정의하고, 필요 자원과 달성할 목표를 확정해야 한다.

마케팅 계획은 사실적이고 운용 가능해야 하며 실행하기 쉬워야 한다(Lewis, Chacko, & Chambers, 1997). 또한 융통성과 안정성을 겸비해야 한다. 구체적인 책임사항을 완료 일시와 함께 계획 내에 명시해야 한다. 마지막으로, 마케팅 계획을 지속적으로 검토하고 평가하여 현시점에 적합하도록 유지해야 한다.

마케팅 계획의 종류(Types of Plans) 마케팅 계획을 기간, 범위, 개발 방법에 따라 분류할 수 있다(Evans & Berman, 1996). 마케팅 계획은 보통 단기간으로 간주되는 1년을 단위로 개발한다. 때로 2~5년의 중기 계획이 사용되며 드물지만 5년 이상의 장기 마케팅 계획이 개발되기도 한다. 중단기 계획은 장기 계획보다 세부적이고 운영에 더욱 적합한 방향으로 맞추어져 있다.

마케팅 계획의 범위는 매우 다양하다. 개별 메뉴 품목과 특별 서비스를 위해 별도의 마케팅 계획을 개발할 수도 있다.

마케팅 계획의 개발 방법에는 세부사항에서 출발하는 상향식 접근, 일반사항에서 시작하여 세부사항으로 진행되는 하향식 접근, 또는 이 두 가지의 조합이 있다. **상향식 접근 방식**은 종사원의 정보를 목표, 예측, 일정, 마케팅 믹스의 설정에 이용한다. 세부사항에서 출발하는 마케팅 계획은 현실적이고 직원의 사기진작에 도움이 된다. 신규 메뉴의 마케팅 영향을 예측하는 것과 같이, 세부사항에서 출발한 계획을 하나의 통합된 계획으로 조직화하는 데 있어 부서간 갈등으로 인한 어려움이 있을 수 있다. **하향식 접근 방식**에서는 최고 경영층이 계획 관련 활동을 지시하고 통제한다. 최고 경영층은 경쟁과 환경에 대한 이해를 바탕으로 마케팅 방향을 제시한다. 이때 최고 경영층이 하위 매니저에게 조언을 구하지 않는다면, 조직 내 의욕이 감소할 것이다. 이 두 가지 방식의 조합이 최선의 해결책이 될 수 있을 것이다. 최고 경영층이 전체적인 목표와 정책을 수립하고 하위수준 매니저는 정책의 실행을 위한 계획을 세울 수 있다(Evans & Berman, 1996).

계획 통합 마케팅 믹스의 상품, 유통, 촉진, 가격 요소를 동시에 진행하려면, 마케팅 통합이 필요하다(Evans & Berman, 1996). 통합된 마케팅 계획은 다양한 구성요소가 통일되고 일관되어 조화롭다. Evans와 Berman(1996)에 따르면 통합된 마케팅 계획은 다음의 사항을 포함하게 된다.

- 조직의 분명한 미션
- 시간에 따른 안정성
- 마케팅 믹스의 조화
- SBU 간의 협동
- 양립할 수 있는 단기, 중기, 장기 계획
- 정확하게 정의된 표적 시장
- 장기적인 경쟁 우위

조직의 미션은 조직의 사업 형태와 시장에서의 조직 위치를 정의한다. 미션은 제품이나 서비스의 추가나 제거, 혹은 신규 표적 시장 선정이나 기존 표적 시장 탈락과 연관된다. 제대로 실행하고 평가할 수 있도록 마케팅 계획에는 시간에 따른 안정성을 보여주어야 한다.

마케팅 믹스의 상품, 유통, 촉진, 가격 요소는 각 부서 내에서 조직화되어야 한다(Evans & Berman, 1996). 단기, 중기, 장기 계획에 설명된 전략과 자원이 개별 부서나 개별 단위로 배치될 때 부서나 SBU 간 협업의 필요성이 증가한다. 각 부서나 SBU에 공통된 계획은 조직의 전반적인 마케팅 계획이 된다. 표적 시장은 마케팅 노력과 향후 방향성을 제시하기 위해 마케팅 계획에서 확인할 필요가 있다. 만약 두 개 이상의 다른 표적 시장이 제시되면 각 표적 시장을 분명히 정의해야 한다. 예를 들어 어린이와 부모를 대상으로 케이터링을 하는 푸드서비스 조직은 아마도 이 두 부분을 대상으로 별개의 전략을 마련할 것이다.

시장에서의 성공적인 경쟁을 위한 장기 계획 개발 시에는 고객 기대와 제품 및 서비스의 품질을 강조할 필요가 있다. 외부 고객에 중점을 두면서, 주방장, 셰프, 서비스 직원, 캐셔 등 내부 고객 모두가 함께 일해야만 한다.

14.6.4 통제와 평가

통제 푸드서비스 조직의 모든 측면의 관리에 통제가 필요하듯이 마케팅에도 통제가 필요하다. 매니저는 조직 목표에 바탕을 둔 마케팅 활동의 수행 기준을 설정해야 한다. 내부 기준은 일반적으로 이익, 매출, 또는 비용으로 표현된다. 대부분의 조직은 마케팅 활동 지원을 위해 컨설턴트나 마케팅 조사 기업과 같은 외부 조직이나 개인을 이용한다.

푸드서비스 매니저가 마케팅을 통제하려 할 때 번번이 정보의 부재로 인한 문제에 부딪히게 된다. 마케팅 통제는 얼마간의 융통성을 발휘하여 환경의 변화를 수용할 수 있어야 하지만, 변화가 너무 잦거나 그 폭이 크다면 통제의 효과가 떨어질 수밖에 없다. 마케팅은 다른 활동과 겹치기 때문에 정확한 비용을 산정하기가 어렵다.

평가 **매출 분석(sales analysis)**은 마케팅 전략의 실제 수행을 평가하는 데 이용될 수 있다(Pride & Ferrell, 1997). 매출 분석은 매출액이나 시장 점유 매출 자료를 자세히 검토한 것이다. 달러는 이익, 판매, 비용의 공통분모이므로 달러로 표시되는 매출액을 매출 분석에 주로 이용한다. 가격 인상과 가격 인하는 총 매출액에 영향을 주므로 분석 시 고려해야 한다. 예를 들어 레스토랑이 올해 가격을 10% 인상했고 매출 규모가 전년 대비 10% 상승했다면 판매량은 향상하지 않은 것이다. 레스토랑 마케팅 매니저는 가격 변화의 영향을 제외해야 한다.

시장 점유율(market share)은 제품에 대한 산업 매출액의 백분율로 제시된다. 시장 점유율을 사용하는 이유는 매출 변화가 조직의 마케팅 전략의 효과인지, 통제할 수 없는 환경 요인에 의한 것인지를 추정하기 위해서이다. 레스토랑 매출이 감소하고 시장 점유율이 일정하다면 산업의 매출 규모가 감소했다고 본다. 만약 레스토랑 매출과 시장 점유율이 모두 하락했다면 마케팅 전략이 효과적이지 않았다고 할 수 있다. 시장 점유율 분석이 기업마다 상이한 목표를 설정하는 등의 통제할 수 없는 요인에 바탕을 두고 있기 때문에 시장 점유율 분석 시에는 해석에 유의할 필요가 있다.

요약

1. 마케팅은 고객을 만족시킴과 동시에 조직 목표를 달성할 수 있는 제품, 서비스, 아이디어를 계획, 촉진, 분배하는 과정을 포함하는 복잡한 과정이다. 마케팅 믹스는 상품, 가격, 유통, 촉진의 조합이다. 표적 시장은 공통된 특징을 지닌 소비자 집단이다. 시장 세분화는 소비자 특성에 따라 시장을 나누는 과정이다. 촉진이란 상품에 대한 인지도를 높이거나 새롭게 관심을 끌기 위한 다양한 기술을 이용하는 것이다.
2. 마케팅 계획은 표적 시장을 정의하고, 마케팅 믹스를 기술하고, 계획 실행을 위한 필요 자원을 명확히 해야 한다. 이러한 계획은 실행이 가능하고 쉬우며, 탄력적이어야 하며, 구체적인 책임과 완료 일시를 명확히 해야 한다. 마케팅 조사를 통해 계획 수립을 위한 자료를 수집해야 한다.
3. 시장 세분화를 위한 다양한 방법이 있다. 인구통계학적 특성에 따른 세분화에서는 나이, 성별, 인종, 민족, 수입, 교육, 직업, 종교, 사회적 계급 등과 같은 특성에 따라 소비자 집단을 나눈다. 지리적 특성에 따른 세분화의 경우, 도시, 주, 국가나 세계의 지역, 인구 등의 지표를 이용한다. 심리학적 세분화는 라이프스타일, 동기, 가치 등과 같은 요인에 따라 소비자 집단을 분류하는 것이다.

연습문제

1. 마케팅 환경이란 무엇인가? 마케팅 계획을 개발하고 실행할 때 마케팅 환경을 고려해야 하는 이유는 무엇인가?
2. 마케팅 개념을 정의하고, 푸드서비스 운영에 마케팅 개념이 어떻게 적용되는지 서술하시오.
3. 마케팅 믹스와 시장 세분화에 영향을 끼치는 변수로는 어떤 것들이 있는가?

4. 서비스의 네 가지 특성을 서술하고, 서비스의 특성이 푸드서비스 마케팅에 어떠한 영향을 미치는지 설명하시오.
5. 푸드서비스 마케팅을 강화하기 위해 전략적 계획을 적용하는 방안에 대해 서술하시오.
6. 브랜드 창출에 수반되는 요소는 무엇인가?
7. 푸드서비스 마케팅에서 소셜미디어의 활용 방안을 기술하시오.

연구과제

1. 활발한 마케팅 활동을 펼치고 있는 지역의 푸드서비스 업장 매니저를 인터뷰해보자. 인터뷰 내용에는 표적 시장에 대한 설명, 수집하고 있는 자료의 유형, 마케팅 계획의 개발 과정, 평가방법이 포함되도록 하자.
2. 두세 명이 한 조를 이루어 지역 푸드서비스 업체를 위한 마케팅 계획을 개발해보자.
3. 지역의 푸드서비스 업체와 협업하여 해당 업체를 홍보할 웹사이트 블로그를 개발해보자.

사례 연구

1. "Who's Going to Buy Healthy When Yummy's More Fun"? in Lieux, E. M., & Luoto, P. K. (2008). *Exploring foodservice systems management through problems*, 3rd ed. Upper Saddle River, NJ: Pearson Prentice Hall.
2. "So You Want to be a Millionaire"? in Lieux, E. M., & Luoto, P. K. (2008). *Exploring foodservice systems management through problems*, 3rd ed. Upper Saddle River, NJ: Pearson Prentice Hall.
3. Marketing Outpatient Nutrition Counseling by K. Meyer in Allen-Chabot, A., Jarvis, K., & O'Halloran, R. M. (2006). *Cases in foodservice and clinical nutrition management*. Upper Saddle River, NJ: Pearson Prentice Hall.
4. American Film Studio and Bar in Williams, A.G. (1997). *Hospitality cases in marketing and operations*. Upper Saddle River, NJ: Pearson Prentice Hall.

웹사이트

www.bea.gov Bureau of Economic Analysis
www.marketingpower.com American Marketing Association
www.hsmai.org Hospitality Sales and Marketing Association International
www.demographics.com American Demographics
www.sri.com SRI Consulting Business Intelligence
www.quirks.com Quirk's Marketing Research Review
www.strglobal.com Smith Travel Research
www.census.gov U.S. Census Bureau

참고문헌

Aaker, D. A. (1996). Measuring brand equity across products and markets, *California Management Review, 38*(3), 102–120.

Albrecht, K. (1995). *At America's service: How your company can join the customer service revolution*. Homewood, IL: Dow Jones-Irwin.

Albrecht, K., & Zemke, R. (1995). *Service America! Doing business in the new economy*. Homewood, IL: Dow Jones-Irwin.

Allen, R. L. (1992). The world of target marketing. *Nation's Restaurant News, 26*(11), 25, 62.

Berry, L. L., & Parasuraman, A. (1991). *Marketing services: Competing through quality*. New York: Free Press.

Chaudhry, R. (1993). Food for tot. *Restaurants & Institutions, 103*(7), 131, 134.

Congram, C. A., & Friedman, M. L. (eds.). (1991). *The AMA handbook of marketing for the service industries*. New York: AMACOM.

Davidow, W. H., & Uttal, B. (1989). Service companies: Focus or falter. *Harvard Business Review, 67*(4), 77–85.

Dodd, J. (1992). President's page: The fifth P. *Journal of the American Dietetic Association, 92*, 616–617.

Evans, J. R., & Berman, B. (1996). *Marketing*, 7th ed. Upper Saddle River, NJ: Prentice Hall.

Forgac, J. (1999). Marketing. In Martin, J., & Conklin, M. (eds.), *Managing child nutrition programs* (pp. 611–626). Gaithersburg, MO: Aspen.

Gronroos, C. (1990). *Service management and marketing: Managing the moments of truth in service competition*. Lexington, MA: Lexington Books.

Harrell, G. B. (2002). *Marketing*, 2nd ed. Upper Saddle River, NJ: Prentice Hall.

Hart, C. W., Casserly, G., & Lawless, M. J. (1984). The product life cycle: How useful? *Cornell Hotel and Restaurant Administration Quarterly, 25*(3), 54–63.

Hendrie, R. J. (2011). Restaurant branding: The 11 Ps of a remarkable brand. *Restaurant Report*. [Online]. Available: www.restuarantreport.com

Heskett, J. L. (1986). *Managing in the service economy*. Boston, MA: Harvard Business School Press.

Houston, F. S. (1986). The marketing concept: What it is and what it is not. *Journal of Marketing, 50*(2), 81–87.

Hsu, C. H. C., & Powers, J. (2002). *Marketing hospitality*, 3rd ed. New York: John Wiley.

Jacobs, P. (1993). Staying focused: Strategic plans need constant care. *Nation's Restaurant News, 27*(20), 22.

Kanter, R. M. (1992). Think like the customer: The global business logic. *Harvard Business Review, 70*(4), 9–10.

Kashani, K. (1989). Beware the pitfalls of global marketing. *Harvard Business Review, 67*(5), 91–98.

Keller, K. L. (2001). Conceptualizing, measuring, and managing customer-based brand equity, *Journal of Marketing, 57*(1), 1–22.

Kotler, P. (1977). From sales obsession to marketing effectiveness. *Harvard Business Review, 55*(6), 67–75.

Kotler, P. (1996). *Marketing management: Analysis, planning and control*, 9th ed. Englewood Cliffs, NJ: Prentice Hall.

Kotler, P., Bowen, J., & Makens, J. (1999). *Marketing for hospitality and tourism*, 2nd ed. Upper Saddle River, NJ: Prentice Hall.

Levitt, T. (1981). Marketing intangible products and product intangibles. *Harvard Business Review, 59*(3), 94–102.

Lewis, R. C. (1984). Theoretical and practical considerations in research design. *Cornell Hotel and Restaurant Administration Quarterly, 24*(4), 25–35.

Lewis, R. C. (1989). Hospitality marketing: The internal approach. *Cornell Hotel and Restaurant Administration Quarterly, 30*(3), 41–45.

Lewis, R. C., Chacko, H. E., & Chambers, R. E. (1997). *Marketing leadership in hospitality: Foundations and practices*, 2nd ed. New York: Van Nostrand Reinhold.

Lovelock, C. H. (1980). Why marketing management needs to be different for services. In Donnelly, J. H., & George, W. R. (eds.), *Marketing of services* (pp. 708–719). Chicago, IL: American Marketing Association.

Lovelock, C. H. (1983). Classifying services to gain strategic marketing insights. *Journal of Marketing, 47*(3), 9–20.

Lovelock, C. H. (1996). *Services marketing*, 3rd ed. Englewood Cliffs, NJ: Prentice Hall.

McKenna, R. (1988). Marketing in an age of diversity. *Harvard Business Review, 66*(5), 88–95.

McKenna, R. (1991). Marketing is everything. *Harvard Business Review, 69*(1), 65–79.

National income and product accounts. (1992). *Survey of Current Business, 72*(9), 5–47.

Pine, B. J., II. (1993). *Mass customization: The new frontier in business competition*. Boston, MA: Harvard Business School Press.

Powers, T. (1995). *Introduction to management in the hospitality industry*, 5th ed. New York: John Wiley.

5th ed. New York: John Wiley.

Pride, W. M., & Ferrell, O. C. (1997). *Marketing: Concepts and strategies*, 10th ed. Boston, MA: Houghton Mifflin.

Ramsey, J. (2010) Bountiful brands. *Foodservice Director* [Online]. Available: www.fsdmag.com

Solomon, J. (1993). Homemade marketing strategies. *Restaurants USA, 13*(1), 17–19.

Star, S. H. (1989). Marketing and its discontents. *Harvard Business Review, 67*(6), 148–154.

Stern, G. M. (1990). The case for marketing research. *Restaurants USA, 10*(7), 26–29.

Sullivan, J. (1991). Market your restaurant as you work the floor. *Nation's Restaurant News, 25*(16), 22.

Swinyard, W. R., & Struman, K. D. (1986). Market segmentation: Finding the heart of your restaurant's market. *Cornell Hotel and Restaurant Administration Quarterly, 27*(1), 89–96.

Treacy, M., & Wiersema, F. (1993). Customer intimacy and other value disciplines. *Harvard Business Review, 71*(1), 84–93.

Uhl, K. P., & Upah, G. D. (1986). The marketing of services. In Sheth, J. N., & Garrett, D. E. (eds.), *Marketing management: A comprehensive reader* (pp. 999–1026). Cincinnati, OH: South-Western Publishing.

Vance, D. E. (1992). Capture your market—then work to keep it. *Nation's Restaurant News, 26*(6), 52.

West, J. J., & Olsen, M. D. (1989). Competitive tactics in foodservice: Are high performers different? *Cornell Hotel and Restaurant Administration Quarterly, 30*(1), 68–71.

Wind, Y., & Douglas, S. P. (2001). International market segmentation. *European Journal of Marketing, 6*(1), 17–25.

Yesawich, P. C. (1987). Hospitality marketing for the '90s: Effective marketing research. *Cornell Hotel and Restaurant Administration Quarterly, 28*(1), 49–57.

Yesawich, P. C. (1988). Planning: The second step in market development. *Cornell Hotel and Restaurant Administration Quarterly, 28*(4), 71–81.

Yesawich, P. C. (1989). The final steps in market development: Execution and measurement of programs. *Cornell Hotel and Restaurant Administration Quarterly, 29*(4), 83–91.

Zeithaml, V. A., Bitner, M. J., & Gremler, D. D. (2006). *Services marketing*. Boston, MA: McGraw-Hill Irwin.

Zeithaml, V. A., Parasuraman, A., & Berry, L. L. (1985). Problems and strategies in services marketing. *Journal of Marketing, 49*(2), 33–46.

Zeithaml, V. A., Parasuraman, A., & Berry, L. L. (1990). *Delivering quality service: Balancing customer perceptions and expectations*. New York: Free Press.

Chapter

15 음식, 만족, 수익

개요

- 푸드서비스 조직이 고품질의 음식을 정확한 양으로 제공하고, 종사원과 고객을 모두 만족시키며, 환경에 최소한의 영향을 끼치고, 수익을 창출한다면 성공적이라 할 수 있다.

학습목표

1. 푸드서비스 시스템 모형의 산출물을 기술할 수 있다.
2. 푸스서비스 시스템 모형의 산출물을 측정할 수 있다.

이 장에서는 푸드서비스 시스템 모형의 주요 요소인 산출물에 대해 학습한다. 산출물의 질을 측정하는 방법과 이러한 측정결과에 따른 푸드서비스 조직의 평가 방법을 살펴본다.

15.1 푸드서비스 시스템 모형의 산출물

푸드서비스 시스템 모형의 주요 산출물(그림 15-1)에는 생산한 음식의 양과 질, 고객 만족, 종사원 만족, 수익이 있다. 이들 모두가 중요한 산출물이며 푸드서비스 매니저는 각 산출물에 대해 설정된 목표를 달성해야 할 책임이 있다.

15.2 음식의 양

대부분의 푸드서비스 업장에서는 고객의 니즈에 맞추기 위해 충분한 양의 음식을 생산하고자 한다. 음식의 양은 제공하기 위해 준비하는 음식의 수를 의미한다.

음식의 양은 조직의 재무 성과와 고객 만족에 영향을 끼치는 중요한 산출물이다. 과잉생산(overproduction)한 음식은 보통 사용하지 못하고 버리게 되어 수입 손실을 초래한다. 조직에는 이러한 생산물의 생산과정에 투입된 비용이 발생한다. 과잉생산물을 팔지 못하고 버리게 되면, 투입된 비용을 상쇄할 수입을 벌어들일 수 없다. 반대로, 생산부족(underproduction)은 고객의 만족을 저하시킬 수 있다. 푸드서비스 업장을 찾은 고객은 기대한 특정 메뉴를 먹을 수 없게 되면 실망하고 이러한 불만족으로 다시는 그 업장을 찾지 않을 수도 있다.

15.3 음식의 질

음식의 질에 있어서 가장 중요한 요소는 식재료와 조리 기술이다. Sanders와 Hill(2001)이 제시한 음식의 질을 결정하는 요소는 다음과 같다.

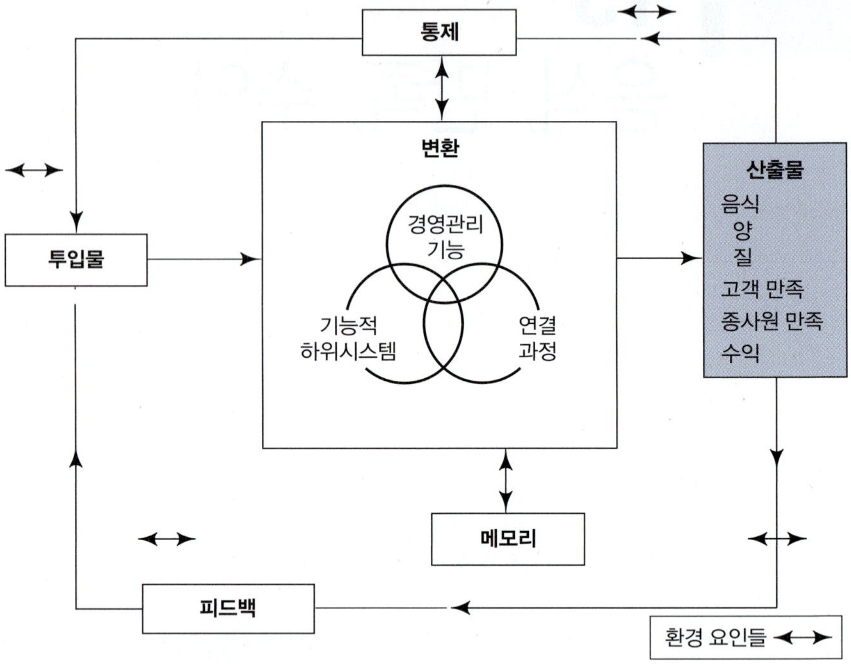

그림 15-1 푸드서비스 시스템의 산출

자료: Adapted from *A Model for Evaluating the Foodservice System* by A. G. Vaden, 1980. Manhattan, KS: Kansas State University. © 1980. Used by permission.

- 맛
- 식재료의 질
- 제공량
- 조리법
- 서비스

조직이 목표로 하는 품질에 맞는 음식의 생산을 위해 식재료의 질과 제품 기준은 중요한 요소이다. 식재료의 질은 푸드서비스 매니저가 만든 식품 명세서(food specification)에 명시된다. 식품 명세서의 예와 관련 참고자료를 부록 A와 B에 제시하였다. 식재료의 질은 보통 그 식재료가 사용될 메뉴 품목, 음식의 가격, 음식이 제공될 분위기에 따라 다르게 결정된다.

제품 기준(product standards)은 음식에 대한 기대치이다. 이러한 제품 기준은 조직의 수행을 관찰하거나 이에 따른 시정조치를 취할 때 기초를 제공한다.

질이라는 단어는 대체로 기준이라는 단어와 함께 사용되며, 푸드서비스의 전통적인 목표(예를 들어, 가능한 최고 품질의 음식 생산)에서 가장 중요한 부분을 차지한다. 음식 질의 기본적 속성인 미생물적, 영양학적, 관능적인 속성은 구매-생산-제공의 전 과정에서 통제할 필요가 있다. 푸드서비스 업장에 따라서는 조리부터 서비스에 이르는 시간의 길이가 매우 중요할 수 있고, 영양학적 가치에 대한 모니터링이 필요하기도 하다.

푸드서비스에서는 질에 대한 고객의 해석이 중요하지만, 질은 과학적으로도 정의될 수 있다. Thorner와 Manning(1983)은 분석가나 기술자가 의미하는 질이란, 사전에 명확히 정의된 규격에 따라 제품의 화학적, 물리적 특성을 분류하거나 등급을 매겨 얻는 지표나 측정값이라고 하였다. 제품의 질을 설정하기 위해 평가해야 할 필수적인 요소는 향미, 질감, 외관, 항상성, 기호성, 영양학적 가치, 안전성, 취급 용이성, 편의성, 보관 안정성, 포장이다.

Thorner와 Manning(1983)은 질 평가에 있어 중요한 요소로 다음의 두 가지를 제시하였다.

- 제품의 화학적·물리적 측정값
- 소비자에 의한 제품의 수용도

이에 더하여 경영층은 질과 비용, 이익, 판매가격과의 관계, 특히 질이 제품의 비용, 창출되는 이익, 소비자의 수용도와 갖는 관계에 대하여 관심을 갖는다.

질 나쁜 음식의 원인으로는 열악한 위생, 부적절한 취급, 기기의 기능불량, 부적절한 전처리 또는 조리, 부주의 등이 있을 수 있다. Thorner와 Manning(1983)은 음식의 질 변화에 영향을 미치는 중요 요소를 다음과 같이 제시하였다.

- 미생물적, 생화학적, 물리적, 또는 화학적 요소에 의한 부패
- 물의 사용이 원활하지 못한 상태
- 열악한 위생과 비효과적인 그릇 씻기
- 부적절하고 잘못된 사전조리, 조리, 사후조리
- 잘못된 온도
- 잘못된 시간
- 잘못된 계량에서 비롯한 잘못된 혼합
- 미흡한 기기 관리
- 해충과 농약의 잔존
- 미흡한 포장

이들 요소는 개별적으로 또는 함께 질을 저하시킬 수 있으며 음식의 향미, 질감, 외관, 항상성에 변화를 가져올 수 있다.

그림 15-2는 대학 기숙사 급식의 메뉴와 각 메뉴 품목의 평가를 위한 품질 기준을 보여준다. 음식은 재료의 양, 정확한 생산방법, 생산량, 제공 방법이 포함된 표준 레시피에 따라 조리되어야 한다. 푸드서비스 매니저들이 메뉴 품목에 대한 품질 기준을 미리 세워놓지 않아 통제와 평가의 기초로 삼을 기준이 없는 경우가 상당히 많다. **제품 평가(product evaluation)**는 음식의 질을 평가하는 요소이다. 제품 평가란 식재료의 규격 및 완성품의 기준에 제품을 비교하는 것을 의미한다.

음식 품질은 관능적, 화학적, 물리적 방법에 의해 평가된다. 관능적 방법은 음식이 맛, 냄새, 촉촉함, 부드러움, 질감과 같은 질에 차이가 있는지 판단하고, 그 차이의 방향과 정도를 정의하는 데 사용된다(Palmer, 1972). 화학적·물리적 방법은 색감, 질감, 향미에 대한 차이의 원인을 확인하기 위해 관능적 방법과 함께 이용된다. 이 방법은 관능적 방법보다 재연이 용이하고 시간이 덜 소요되지만 감각에 확연하게 드러나는 품질의 측정에만 이용이 가능하다는 한계가 있다.

이 책에서의 **관능 평가(sensory analysis)**는 감각을 통해 음식의 질감, 향미, 외관을 측정하는 과학으로 정의하는데, 관능 평가에 대한 모든 정의에 측정, 음식의 특성, 인간의 감각이 공통으로 포함되어 있다.

대규모의 푸드서비스 조직에서는 품질 관리 연구소의 훈련된 직원이 정기적으로 새로운 메뉴 품목의 초기 개발 단계에 관능적, 물리적, 화학적 평가를 수행한다. 다점포를 운영하는 대형 푸드서비스 조직의 경우 일반적으로 중앙 본부에서 품질 관리 프로그램을 운영한다.

식품의 물리적, 화학적 검사는 소규모의 푸드서비스 조직에서는 실시하기 어려울 수 있다. 또한 이러한 검사는 식품과학의 영역이며 본 교재의 범위를 벗어난다. 패널에 의한 신규 메뉴 품목의 관능 평가와 소비자 평가는 소규모의 푸드서비스 조직에서도 이용할 수 있으므로 이에 대해 논의하고자 한다.

Skelton(1984)은 푸드서비스 운영의 지속적 성공을 위해서는 기존 메뉴 품목의 품질 유지 및

메뉴

치즈버거

따뜻한 더치 감자 샐러드

통째로 얇게 썬 토마토 오이 딜 피클

퍼지 브라우니

신선한 컵 과일

메뉴 품목별 표준

치즈버거. 햄버거 패티의 속은 촉촉하고 부드러우면서 겉면은 고르게 갈색이고 육즙이 있으며 윤기가 흘러야 한다. 조리된 패티 속의 온도는 화씨 160도를 넘어야 한다. 외관이 만족스러워야 하며 전형적인 쇠고기의 풍미가 나야 한다. 구워낸 패티 위에 올린 가공 아메리칸 치즈가 녹아서 (패티의 육질이) 질겨지지 않게 한다. 아메리칸 치즈는 노란빛의 오렌지색을 띠는 전형적인 유형의 치즈로 독특한 향미가 나지만 고기의 향미에 영향을 주지는 않을 것이다.

번(햄버거 빵). 번의 겉면은 황금빛이 도는 갈색으로 부드러워야 한다. 번 내부는 큰 공기 구멍 없이 질감이 곱고 매끄러우며 얇은 세포벽이 있어야 한다. 흰색 빵 부스러기는 촉촉하고 부드러워야 한다. 번은 신선해야 한다.

따뜻한 더치 감자 샐러드. 통째로 얇게 썰어 조리한 감자는 부드러우면서 부서지지 않을 정도의 질감이다. 깍둑썰기 한 셀러리, 다진 양파, 피멘토, 파슬리, 1/8인치 두께의 바삭한 베이컨 조각은 각자의 향미와 색감을 도드라지게 드러낸다. 새콤한 식초 소스는 적당한 단맛을 내고 걸쭉하며 모든 재료를 충분히 덮어낸다. 샐러드는 따뜻한 상태로 제공한다.

퍼지 브라우니. 겉면은 어두운 갈색이고 부드러우며 속은 겉면보다 더 어두운 색이다. 질감은 살짝 질깃한 정도로 부스러기가 생기지 않아야 한다. 브라우니는 밀가루 반죽이나 페이스트리 반죽 같아서는 안 되고 약간 촉촉하고 부드러워야 한다. 견과류 조각을 알아볼 수 있게 골고루 흩뿌려야 한다. 각각의 브라우니는 한 변이 약 3인치 정도의 정사각형 모양이고 높이가 일정하게 3/4인치가 되도록 한다.

신선한 컵 과일. 과일은, 예를 들어 황금빛 복숭아, 푸른 자두, 빨간 수박, 청포도, 흰색 바나나와 같이 색깔, 질감, 향미, 모양에 맞춰 선택한다. 과일을 한입크기로 자른다. 이때 과일마다 고루 일정한 양이 되도록 한다. 레몬, 라임, 또는 다른 과일즙 향미가 나는 시럽을 과일이 살짝 덮이는 정도로 뿌린다.

그림 15-2 대학 기숙사 급식의 점심 메뉴에 대한 품질 기준의 예

신규 메뉴 도입을 위해 관능 평가를 이용해야 한다고 주장하였다. 신규 메뉴에서 오류가 발생하면 메뉴판 재인쇄, 종사원 훈련, 불만족 고객에 의한 사업 손실에 따른 막대한 비용이 초래될 수 있다.

신규 메뉴를 고객에게 제공하기 전에 관능 패널이나 소비자 패널의 관능 평가를 실시해야 한다. **관능 패널**은 신규 메뉴 품목의 품질 특성과 차이점을 판별하도록 훈련받은 6~12명의 인원으로 구성되어 비교적 규모가 작은 편이다. 패널 구성원은 점수 카드 및 음식을 묘사하는 어휘의 사용에 익숙해야 한다. 또한 기본적인 맛(단맛, 짠맛, 신맛, 쓴맛)의 다양한 수준을 판별할 수 있어야 하며 타당한 정확도 내에서 평가를 반복할 수 있어야 한다.

소규모인 관능 패널과는 대조적으로 **소비자 패널**은 대체로 표적 시장을 대표하는 50~100명의 인원으로 구성된다. 소비자 패널은 메뉴 품목에 대한 소비자의 수용도나 선호도를 평가한다.

제품 평가에 이용되는 분석적 관능 평가와 기호도 관능 평가는 다음과 같이 정의된다.

- **분석적 관능 평가**—제품의 관능적 특성에 대해 질과 양의 차이점과 유사점을 판별하기 위해 특별히 훈련된 패널이 평가하는 것
- **기호도 관능 평가**—훈련을 받지 않은 소비자 패널이 제품의 수용도와 선호도를 평가하고 제품에 대한 의견을 제시하는 것

Skelton(1984)은 푸드서비스 업장에서는 일반적으로 음식 품목 간의 판별, 음식의 특성 묘사, 음식에 대한 수용도 및 선호도 판단의 세 가지 목적으로 관능 평가를 실시한다고 하였다.

- **판별 관능 평가**—이 평가는 음식 품목 간에 감지할 수 있는 차이를 판별한다. 예를 들어 판별자는 세 가지 시료 중에서 다른 한 가지를 판별해 낸다. 패널이 시료 간의 차이를 판별하지 못한다면, 재료의 변화나 제조 과정의 변화가 실험 대상 제품의 품질에 영향을 미치지 않았다는 결론을 내릴 수 있다.
- **묘사 관능 평가**—관능적인 특성에 대한 정보를 제공하는 묘사 평가는 품질 관리와 레시피 개발에 필요하다. 맛, 향, 질감, 부드러움의 정도, 항상성과 같은 속성을 형용사, 숫자 척도, 순위를 사용하여 평가한다. 음식의 특성을 묘사하는 용어 목록을 그림 15-3에 제시하였다.
- **수용도 및 선호도 관능 평가**—소비자 패널이 참여하는 수용도 및 선호도 관능 평가에서는, 제시한 메뉴 품목에 대한 선호 여부를 소비자에게 질문하여 답을 하도록 한다. 이 평가를

외관(시각적인 특성)

- 색깔

파란색	어두운	초록색	빨간색
밝은	흐릿한	옅은	흰색
갈색	회색	연한	노란색

- 기타 시각적인 특성[a]

맑은	무지갯빛의	거품	반투명한
탁한	윤기가 나는	침전물	투명한
거품이 떠 있는	우중충한	반짝거리는	일정한 색소 분포
광택이 나는	불투명한	기포가 발생하는	

외관(물리적 형태)[b]

깨진	큰	둥그런	매끈한
잘 부서지는	입자가 헐거운	쪼글쪼글한	길고 가느다란
멍울진	중간의	쪼그라든	모양이 고른
평평한	매끈하지 않은	작은	크기가 고른
불규칙한			

입에서 느끼는 향기와 향미[c]

(불에)태운	달걀 맛이 나는	이상한 맛이 나는	그을린
버터 향이 나는	생선 냄새가 나는	견과 맛이 나는	매운
(설탕을 졸인 것과 같이)달콤한	꽃 향이 나는	악취가 나는	전분 맛이 나는
유제품 같은	과일 맛이 나는	산패한	

품질 판정

수용할만한	신선한	낮은	최적의
매력적인	풍부한	부드럽고 기분 좋은	만족스러운
연약한	좋은	보통의	형편 없는
바람직한	높은	불쾌한	기름진
훌륭한	이상적인	기분 나쁜	신선하지 않은

맛과 화학적 느낌 요인

톡 쏘는 듯한	타는 듯한	날카로운	달콤한
얼얼한	시원함	신	시큼한
쓴	짠		

그림 15-3 식품 평가 용어

질감 속성

- 항상성—지속적인 형태의 변화를 통해 변형되는 것에 대한 저항성

액체의	뻣뻣한	두꺼운	끈적거리는
흐르는	시럽 같은	얇은	물 같은
끈적끈적한			

- 기하학적 특성—크기, 모양 및 촉각 신경에 의해 인지되는 입자의 방향

거친	크리스털 같은	알갱이 모양의	매끈하지 않은
탄산가스가 든	(크기가)고른	불규칙한	날카로운
확실한 형태가 없는	(알갱이가)고른	덩어리가 많은	매끄러운
반짝반짝 빛나는	얇게 벗겨지는	구멍이 많은	길고 가느다란
깨진	평평한	가루 같은	(크기가)고르지 않은
성긴 조직의	거품 같은	부은	균일한
굵은	거품으로 된	과육 모양의	
크림 같은	알갱이가 있는	규칙적인	

- 기계적 변형—압박에 대한 식품의 반응

끈기 있는	탄력 있는	파삭파삭한	뻑뻑한
탱탱한	단단한	질척질척한	끈적끈적한
잘 부러지는	부러질만한	가소성이 좋은	엉성한
쫄깃쫄깃한	잘 부서지는	고무 같은	연한
점착력이 있는	부드럽고 쫄깃한	짧은	들러붙는
아삭아삭한	끈끈한	부드러운	질긴
잘 부서지는	딱딱한	견고한	
바삭바삭한	흐느적거리는	길고 가느다란	

- 입안의 느낌—음식이 쪼개질 때 느껴지는 음식의 수분, 기름의 물리적 느낌

건조해지는	기름진	촉촉한	군침이 도는
마른	즙이 많은	입안에 막이 생기는	질척한

[a]색소와 관련된 것이 아닌 빛의 반사나 전달과 관련된 속성
[b]입자 간에 들러붙음이나 규격에 관련된 시각적 인지
[c]비강과 구강을 통해서 음식과 음료에서 인지되는 특정 향미를 제공하는 휘발성 물질에 의해 발생하는 감각

그림 15-3 식품 평가 용어 (계속)

통해 특정한 메뉴의 특성에 대한 선호를 평가하거나 메뉴에 대한 전반적인 선호도 점수를 얻을 수 있다. 새로 개발한 레시피로 만든 음식과 기존 레시피로 만든 음식에 대한 소비자의 전반적인 선호도에 차이가 없다면, 새로운 레시피가 기존 레시피보다 우월하지 않은 것으로 결론지을 수 있다.

적절한 계획 하에 실행, 분석한 관능 평가를 통해 푸드서비스 매니저는 시장에서 성공할 제품을 개발하고 식재료 및 메뉴 품목의 기준을 설정할 수 있다(Setser, 1992). 훈련된 패널은 레시피 개발 과정 중의 판별 평가와 묘사 평가, 저장 기간의 품질 평가, 제품의 항상성 결정에 이용된다. 소비자 패널은 제품 수용도와 구매 가능성 결정에 도움을 줄 수 있다.

신규 메뉴 품목을 도입하기 전에 레시피 표준화가 선행되어야 하는데, 레시피 표준화의 마지막 단계는 주로 조리사, 슈퍼바이저, 매니저로 구성된 맛 패널이 실시하는 제품의 수용성 평가이다. 블루베리 머핀과 닭고기 채소 볶음 레시피의 평가 기준을 그림 15-4에 제시하였다.

관능 평가는 레시피 표준화 과정에서 유용하게 이용될 수 있다. 레시피 표준화 과정의 초기

블루베리 머핀

블루베리 머핀은 외관, 질감, 부드러움, 향미를 포함하는 전반적인 적합성에서 점수를 획득해야 한다. 머핀의 윗부분은 울퉁불퉁하지 않고 둥그런 모양이며 겉면은 바삭바삭하고 반짝거리며 황금빛이 도는 갈색이어야 한다. 무게 대비 부피가 커야 한다. 속은 뚫린 부분 없이 굵고 고른 알갱이가 있으면서 촉촉하고 가벼우며 부드러워야 한다. 머핀 전체에 통 블루베리가 고르게 분포되어 있어야 한다. 블루베리는 촉촉하되 머핀을 변색시키지 않아야 한다. 머핀의 향미는 너무 달거나 빵 같지 않고 은은해야 하며 블루베리의 자연스러운 맛이 나야 한다.

닭고기 채소 볶음

닭고기와 채소는 외관, 질감, 부드러움 및 향미를 포함하는 전반적인 적합성에서 점수를 획득해야 한다. 외관이 만족스러워야 하고 닭고기와 채소를 알아볼 수 있어야 한다. 한 입 크기의 닭고기는 연하고 즙이 많아야 한다. 신선한 채소는 본래의 아삭아삭함과 자연스런 색감을 지니고 있어야 한다. 신선한 생강과 마늘은 다른 재료의 향미를 해치지 않으면서 다른 재료의 맛을 강화해야 한다. 소스는 투명하고 재료에는 윤기가 흘러야 한다.

그림 15-4 레시피 표준화를 위한 품질 표준의 예

단계에서 조리사와 매니저는 관능 평가를 이용하여 조리법과 식재료의 변화에 가장 큰 영향을 받을 관능적 속성이 무엇인지 결정하고, 그 속성에 대한 소비자 수용도의 일반적 트렌드를 제시할 수 있다. 이러한 유형의 관능 평가로 가장 기초적인 두 가지가 판별 평가와 수용도 평가이다. 차이 평가와 순위 평가와 같은 **판별 평가**에는 숙련된 패널 요원이나 규모가 큰 패널이 필요한 것은 아니다. **이점 비교 실험**은 달콤함, 덩어리짐, 씹을 때의 촉촉함, 가벼움, 또는 갈변의 정도 등의 특성에 대하여 시료 한 쌍의 차이를 구분하는 데 이용된다. 이점 비교 평가에 사용되는 평가 양식의 예는 그림 15-5와 같다.

순위 실험은 이점 비교 실험을 세 개 이상의 시료로 확장한 것으로 패널 요원들은 제시된 시료의 특성의 강도에 따라 순위를 매기게 된다. 예를 들어 레시피의 조리법 변화가 제품의 촉촉함 정도에 영향을 미치는지 알고자 한다면 이 제품의 촉촉함 정도에 대해 순위 실험을 실시해야 한다. 순위 실험에 사용되는 설문 유형의 예를 그림 15-6에 나타내었다.

패널 요원에게는 시료를 무작위 순서로 제시하여 제시한 순서가 결과에 미치는 영향을 최소화해야 한다. 패널 요원의 수는 10~12명이 적절하다. 판별 평가의 결과를 수용도나 선호도를 알아보는 기호도 평가의 결과와 비교하면 패널 요원들이 좋아하는 변화의 방향을 파악할 수 있다.

기호도 평가에서는 패널 요원의 수와 유형이 중요하다. 이러한 평가는 제품에 대한 소비자 반

패널요원 이름 ______________________ 날짜 ______________

제품 ______________________________________

두 개의 블루베리 머핀 시료의 단맛을 평가하시오. 왼쪽에 놓인 머핀을 먼저 맛보시오. 어느 것에서 단맛이 더 나는지 표시하시오.

코드번호 581	코드번호 716
—	—

의견:

그림 15-5 이점 비교 실험 양식의 예

패널요원 이름 ______________________ 날짜 ______________

머핀을 씹을 때 머핀의 촉촉한 정도에 따라 순위를 매기시오. 가장 촉촉하지 않은 시료에 1위를, 가장 촉촉한 시료에 4위를 부여하시오. 해당하는 순위에 시료의 코드번호를 적으시오. 코드화된 머핀 시료를 다음 순서로 맛보시오: *212, 336, 471, 649.*

____	____	____	____
1	2	3	4

그림 15-6 순위 실험 양식의 예

응을 예측하는 것을 목적으로 한다. 패널 요원의 대표성이 부족하거나 패널 요원이 편향성을 띠면 평가 결과를 신뢰하기 어렵다. 실험실 내에서 이루어지는 평가의 경우, 일반적으로는 20~40명의 패널 요원들로 바람직한 결과를 도출할 수 있으며, 제품의 좋음/나쁨에 대한 평가 시에는 50~100명 정도의 요원이 필요하다. 이보다 더 큰 규모의 패널은 매우 높은 정확도가 요구되는 경우에만 이용한다.

제품 간의 상대적 선호도 파악을 위해서는, 이점 비교 실험이나 순위 실험이 적절하다. 이러한 유형의 실험에서는 "두 개의 닭고기 채소 볶음 시료가 제시되어 있다. 각 시료를 지정된 순서대로 맛 보고, 선호하는 짠맛 수준에 해당하는 시료에 표시하라"와 같은 제시문대로 패널 요원들이 평가를 수행하고 답을 작성한다. 개별 속성에 대해 **좋음/나쁨 척도**를 사용하여 추가적인 정보를 얻을 수 있다. 블루베리 머핀의 주요한 세 가지 특성과 각 특성에 대한 척도의 예가 그림 15-7에 주어져 있다. 판별 평가에서 수집한 속성 강도 정보와 상대적 선호도에 대한 자료를 비교하여

패널요원 이름: John Green

날짜: 02/05/10

제품명: 블루베리 머핀

각 속성에 대해 머핀에 대한 당신의 평가 결과를 표시하기 위해 다음에 주어진 척도의 한 곳에 체크 표시하시오.

단맛	**짠맛**	**바삭함**
❑ 극도로 좋음	❑ 극도로 좋음	❑ 극도로 좋음
❑ 매우 좋음	❑ 매우 좋음	☑ 매우 좋음
❑ 좋음	❑ 좋음	❑ 좋음
❑ 약간 좋음	❑ 약간 좋음	❑ 약간 좋음
❑ 좋지도 싫지도 않음	☑ 좋지도 싫지도 않음	❑ 좋지도 싫지도 않음
☑ 약간 싫음	❑ 약간 싫음	❑ 약간 싫음
❑ 싫음	❑ 싫음	❑ 싫음
❑ 매우 싫음	❑ 매우 싫음	❑ 매우 싫음
❑ 극도로 싫음	❑ 극도로 싫음	❑ 극도로 싫음

의견: 평가 결과를 설명하시오.

시큼한 블루베리와 어울리기에는 머핀의 단맛이 부족하다.

그림 15-7 블루베리 머핀의 수용도를 평가하기 위한 기호 척도의 예

재료의 양, 조리 시간, 조리 과정, 또는 제공 방법을 조정한 후에 조정된 제품으로 다음 평가를 실시할 수도 있다. 일반적으로, 다양한 변화로 인한 효과를 체계적으로 평가하려면 1회의 평가에서는 한 개의 변화만을 다루어야 한다.

레시피 조정이 완료된 후 두 개 이상의 머핀에 대해 좋음/나쁨 척도를 이용하여 전반적인 수용도를 파악할 수 있다. 이러한 평가 시에는 소비자의 평가가 포함되곤 한다. 완벽한 레시피를 만들기 위해서는 다수의 평가가 필요할 수 있다. 시제품에 대한 수용 가능성이 확인되어야만 해당 제품의 레시피를 푸드서비스 운영에서 사용하는 공통의 양식으로 작성하여 보관하게 된다.

15.4 고객 만족

고객 만족(customer satisfaction)은 푸드서비스 시스템의 주요 산출물이다. 고객 만족은 고객이 제공받은 음식과 서비스 및 이러한 음식과 서비스를 제공받은 분위기에 대한 고객 인식과 관련된다. 푸드서비스 산업은 고객 만족에 매우 민감한 산업이다. 고객은 음식을 먹는 동안 음식과 식사 경험에 대한 만족 여부를 결정한다.

15.4.1 고객 만족 평가 방법

푸드서비스 매니저가 고객 만족 수준을 측정하기 위해 사용할 수 있는 다양한 도구가 있다. 고객의 식사 경험이 생생할 때인 식후에 바로 고객 의견을 수렴하면 식사 경험에 대해 정확한 정보를 수집할 수 있다. 고객 만족에 관련한 정보를 수집할 때 주로 이용되는 방법은 다음과 같다(Sanders & Hill, 2001).

- 둘러보기
- 고객과 이야기하기
- 고객 의견 카드
- 출구 면담
- 암행 조사원 보고서
- 고객 설문조사
- 표적 집단

둘러보기(*walk-through audit*)는 매니저가 업장을 돌아다니며 음식, 서비스, 업장의 관리상태를 관찰하고 평가하는 것이다. 일반적으로 운영기준을 바탕으로 하여 개발된 검사표가 마련되어 있으며 매니저는 업장을 둘러보는 동안에 검사표를 작성한다.

고객과 이야기하기(*talking to guests*)는 고객과 이야기하며 고객의 이야기를 주의 깊게 듣는 것으로 매니저가 고객 만족을 평가하는 최선의 방법 중의 하나이다. 매니저는 종종 "식사가 어떠셨습니까?", "식사 경험을 개선하기 위해 우리가 무엇을 할 수 있을까요?"와 같은 개방형 질문을 하여 고객으로부터 방대한 양의 의견을 이끌어낼 수 있다. 이와 같은 개방형 질문을 통해 음식, 서비스, 또는 식사 분위기와 관련된 다양한 속성에 대해 고객의 의견을 알아낼 수 있다.

많은 푸드서비스 업장에서 **고객 의견 카드(*customer comment cards*)**를 고객 의견 수집 도구로 이용한다. 서버가 고객에게 카드를 직접 건네거나 테이블이나 트레이에 카드를 올려놓기도 한다. 고객 의견 카드는 주로 몇 개의 주요 질문과 추가 의견을 위한 빈칸으로 구성되어 있다. 고객 의견 카드를 활용할 때 가장 주의해야 하는 점은 수집된 정보의 대표성이다. 대개 매우 만족하거나 매우 불만족한 고객만이 카드를 작성하므로 전체적인 고객 만족의 실체가 아닌 왜곡된 정보일 수 있기 때문이다.

출구 면담(*exit interviews*)은 고객 만족 자료를 수집하는 방법 중의 하나이다. 출구 면담은 식사를 마치고 업장을 나가는 고객을 대상으로 하므로 고객이 지체하는 것을 원하지 않을 수 있어서 대체로 실시하기가 쉽지 않다. 출구 면담에 사용되는 양식은 다양하다. 폐쇄형 질문을 사용하여 네/아니오 또는 훌륭하다, 좋다, 형편없다 같은 일정한 응답을 요청하거나, 고객이 자유롭게 답할 수 있도록 개방형 질문을 이용할 수 있다.

암행 조사원(mystery shoppers)은 푸드서비스 업장에서 고객으로 가장하여 식사를 하도록 고용된 사람으로, 자신의 경험과 다른 이용객의 경험을 평가한 보고서를 제출한다. 암행 조사원은 보고서를 통해 관리자가 마치 한 장의 그림을 보듯 식사 경험을 실감나게 파악할 수 있도록 해야 한다. 암행 조사원은 상당히 자세하게 평가할 수도 있고 그림 15-8과 같이 간단 명료하게 평가할 수도 있다. 암행 조사원의 신분은 종사원들에게 노출되어서는 안 된다. 때로 이러한 조사원은 본사 차원에서 고용되기 때문에 매니저도 모를 수 있다.

암행 조사원의 임무는 관찰, 동기 부여, 유지의 3단계로 나눌 수 있다. 암행 조사원의 관찰은 암행 조사원이 누구인지, 언제 음식점을 방문했는지 알려지지 않으므로 가능하다. 암행 조사원의 지속적인 피드백이 이루어지고 좋은 평가를 받는 업장에 대해서 직원의 임금을 인상해 준다면, 암행 조사원의 활동을 통해 종사원의 동기 부여가 더욱 손쉽게 이루어질 수 있다. 마지막으로, 암행 조사원 방문의 필요성이 줄어든다면 훌륭한 고객 서비스가 유지되고 있는 것으로 간주할 수 있을 것이다.

매사추세츠대학교는 학생들을 고용하여 교내 식당의 암행 조사원으로 활동하도록 하고 있다. 이 암행 조사원들은 음식과 서비스 품질에 대해 매주 평가보고서를 작성한다.

고객 설문조사(*customer surveys*)는 푸드서비스 매니저가 개발하거나 컨설팅 회사로부터 구매할 수 있다. Press Ganey, Inc. 설문조사는 병원 환자를 대상으로 환자 만족을 평가하는 설문조사의 예이다. 여기에는 푸드서비스에 대한 환자의 만족도를 평가하는 별도의 영역이 있다. 고객

암행 조사원 평가

방문일: ______________________ 시간: ______________

특성	아니오	네
음식점이 깨끗하였다.		
테이블, 의자, 바에 놓인 의자가 편안하였다.		
당신이 도착하고 수 분 이내에 호스트가 인사하였다.		
담당 서버가 미소를 띠고 친절한 환영을 표하며 인사하였다.		
담당 서버가 단정하고 깨끗하며 적절한 차림새로 나타났다.		
다양한 메뉴가 제공되었다.		
담당 서버가 메뉴에 대한 질문에 대답할 수 있었다.		
음식이 시간에 맞게 제공되었다.		
주문한 대로 음식이 제공되었다.		
음식의 품질이 기대 수준에 맞거나 그 이상이었다.		
음식의 온도가 적절하였다.		
문제가 만족스럽게 해결되었다.		

의견:

그림 15-8 암행 조사원 평가 양식의 예

설문조사는 우편, 전화 면담, 또는 인터넷을 통해 실시할 수 있다. 일반적으로 설문조사는 푸드서비스 운영의 구체적인 측면에 대해 고객 만족 정보를 수집할 수 있는 질문 목록을 포함한다. 고객 만족 보고서인 Consumer Reports on Eating Share Trends(CREST®)와 American Customer Satisfaction Index™(ACSI)는 전국 규모의 설문조사로 레스토랑의 고객 만족 자료를 제공한다. 두 조사 모두 산업에 대한 고객 만족의 전반적인 측정결과를 제공한다.

표적 집단(*focus groups*)은 구체적인 정보를 수집하기 위해 한자리에 모여 토의를 하는 5~15명의 소비자 집단이다. 표적 집단 구성원은 반복 방문하는 단골고객이거나 무작위로 선정된 잠재고객일 수 있다. 표적 집단 토의는 시간이 많이 소요된다는 단점이 있으나, 자세한 정보를 수집할 수 있다는 장점이 있다.

이상 소개된 고객 만족 평가 방법은 푸드서비스 매니저가 중점적으로 다루고자 하는 문제에 따라 다양하게 이용될 수 있다. 표 15-1은 고객 만족 평가의 주제 영역을 보여준다.

15.4.2 고객 만족과 조직 수익성

Heskett 등(1994)은 논문을 통해 직원 만족, 서비스 품질, 고객 만족, 조직의 수익성 간의 연관성을 실험적으로 증명하였다. 연구자들은 이 변수들 간의 관계를 모형화하여 서비스-수익 체인

표 15-1 고객 만족 평가에 사용될 수 있는 주제

분야	영역
시설	내관 및 외관
	조명
	소음 수준
	청결
	분위기
	위치
음식	외관
	맛/향미
	온도
	가격/가치
	메뉴 선택
	제공량
서비스	종사원의 정중함
	종사원의 지식
	서비스의 시의성
	주문의 정확성
	계산서 준비/지불
	종사원의 응대
	종사원의 친절함
	종사원의 외모
	고객과의 상호작용에서의 적절성

표 15-2 의료산업에서의 총체적 고객 만족을 위한 계명

1. 고객의 피드백을 지속적으로 측정, 모니터하고 공유하라.
2. 고객이 떠나가는 것은 어떠한 경우도 불가피한 것으로 치부되거나 무시되어서는 안 된다.
3. 조직의 모든 수준에서 고객 만족을 전도하라.
4. 고객과의 모든 접점은 고객 만족을 측정, 관리하고 배울 수 있는 기회이다.
5. 고객 만족을 높이기 위해 불만족을 이용하라.
6. BHAGs(Big, Hairy, Audacious Goals, 크고 스릴 있고 대담한 목표)로 고객 만족에 헌신하라.
7. 고객 만족의 평가 결과를 비판적으로 해석하라.
8. 모든 고객의 특별한 니즈에 귀를 기울여라.
9. 직원의 만족 = 고객 만족 = 성공.
10. 고객 만족을 관리하기 위해 직원의 이직률을 관리하라.
11. 고객 불만족에 대해 어떠한 변명도 용납하지 말라.
12. 고객 만족에 기여한 종사원의 실행을 보상, 인정, 강화하라.
13. 일곱 개 영역(고객 만족, 생산성, 경제, 품질, 조직 분위기, 사람, 성장, 혁신)에서 주요 사업 결과의 균형을 맞춰라.
14. 고객 만족을 위한 수행 기준을 일정하게 설정하고 그 기준에 미달하는 것은 절대 받아들이지 말라.
15. 가장 뛰어난 회사만을 벤치마킹하고 또한 그러한 회사를 의료산업에서만 찾지 말라.
16. 종사원이 자유롭게 문제 해결을 하도록 하여 고객 만족을 창조하라.
17. 의료진과 연합하라.
18. 시장 점유보다 고객 점유에 가치를 먼저 두고 측정하라.

자료: Sherman (1999); American Dietetic Association (2005).

(Service-Profit Chain)를 제안하였다. 서비스-수익 체인에 의하면 업무 현장 설계, 직무 설계, 종사원 인정을 통해 조직 내부의 서비스 품질이 높아지면 직원들의 만족도가 높아지게 된다. 만족도가 높은 직원은 더 생산적이고 더 오랜 기간 조직에 머무르게 되며, 이러한 직원은 더 나은 고객 서비스를 제공하고, 이는 더 만족하고 충성스런 고객을 낳는다. 만족하고 충성스런 고객을 보유하면 조직의 매출과 수익성이 향상될 것이다. Sherman(1999) 또한 조직 성공을 위한 고객 만족의 중요성을 강조하였으며 헬스케어 전문가가 총체적 고객 만족을 이루기 위해 따라야 할 18계명을 제안하였다(표 15-2).

15.5 종사원 만족

종사원 만족(employee satisfaction)은 종사원이 스스로의 직업에 대해 갖는 신념과 느낌이다. George와 Jones(2002)에 따르면, 직업에 대한 만족은 성격, 가치, 작업 상황, 사회적 영향의 네 가지 요인의 영향을 받는다(그림 15-9). **성격**은 각 개인이 직업에 대해 어떻게 생각하고 느끼는지에 영향을 준다. **가치**는 내적인 구성요소(직업 자체의 본질과 관련)와 외적인 구성요소(일의 결과와 관련) 양쪽을 모두 포함한다. 가치는 일로부터 기대하는 결과가 무엇인지, 직장에서의 적절한 행동이 무엇인지에 대한 종사원의 신념에 영향을 끼친다. **작업 상황**은 종사원의 직업 만족 수준에 막대한 영향을 주는 것으로 알려져 있다. 작업 상황은 종사원이 수행하는 직무, 상호작용하는 사람, 직장의 물리적인 환경, 조직이 종사원을 대하는 방식이다. 조직이 종사원을 대하는 방식은 임금, 근무시간, 직업 안정성으로 증명된다. 사회적 영향은 타인과 조직 문화가 개인의 태도와 행동에 영향을 주는 것을 말한다.

관리자가 종사원 만족을 평가하는 데 사용할 수 있는 다양한 측정도구가 있다. 가장 보편적으로 사용되는 도구로 Minnesota Satisfaction Questionnaire(Weiss et al., 1967)와 Job Descriptive

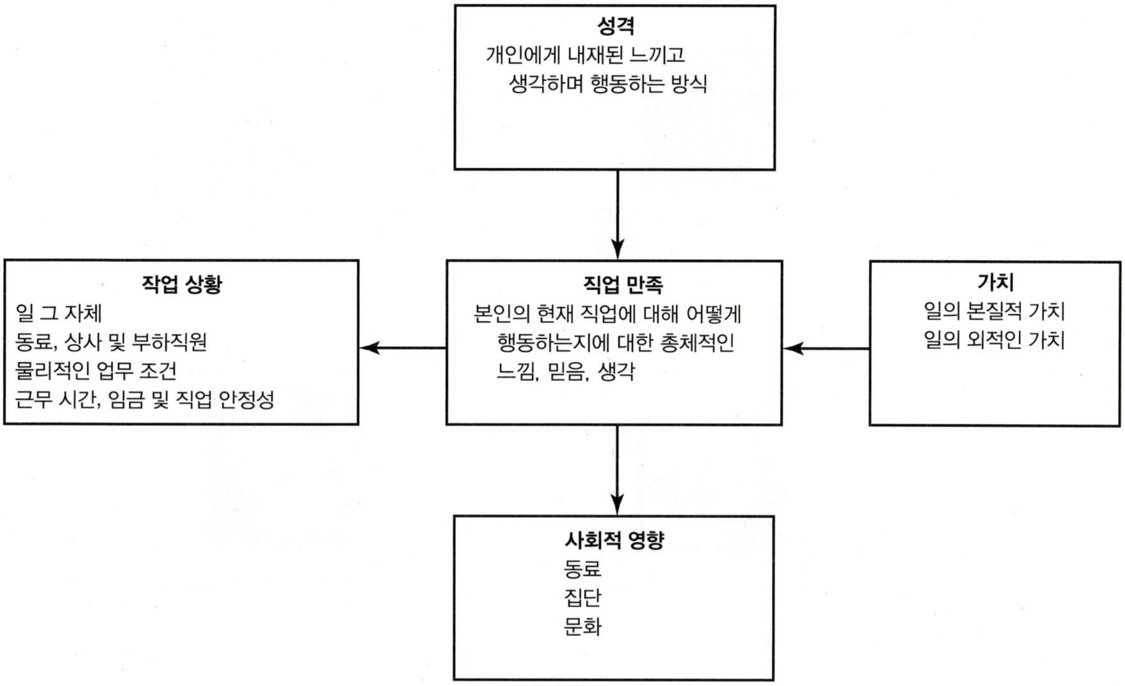

그림 15-9 직업 만족의 요인

자료: Reprinted with permission from George, J. M., & Jones, G. R. (2002). *Organizational Behavior*. Upper Saddle River, NJ: Prentice Hall.

Index[JDI](Balzer et al., 1997)가 있다. Minnesota Satisfaction Questionnaire는 일과 관련된 20가지 영역에 걸쳐 만족도를 측정한다. 20가지 영역은 사용 능력, 성취, 활동, 진급, 권위, 회사 정책, 보상, 동료, 창의성, 독립성, 도덕적 가치, 인정, 책임감, 안전성, 사회적 서비스, 사회적 지위, 인간 관계 감독, 기술적 감독, 다양성, 근무 조건이다. JDI는 현재 직업의 일, 현재 임금, 승진 기회, 감독, 동료의 다섯 가지 영역을 측정한다.

종사원 만족은 직업에 대한 종사원의 행동에 영향을 준다. 만족한 종사원은 자신의 직업에 대해 더욱 긍정적인 태도를 지니게 된다. 이러한 긍정적인 종사원의 태도는 고객에게 쉽게 전달되어 대체로 고객 만족 및 수익 증대로 이어진다.

15.6 수익

푸드서비스 시스템 모형의 최종적인 산출물은 **수익(financial accountability)**이다. 푸드서비스 매니저는 조직의 영리추구 여부에 관계없이 비용을 통제하고 매출을 발생시켜야 한다. 13장에서 조직의 재정을 관리하기 위해 조직에서 관리해야 할 재무 기록의 유형에 대해 자세히 다루었다.

수익성에는 재무 기록을 제대로 관리하는 것뿐 아니라 적절한 이해 당사자에게 운영의 재정 상태를 적절히 소통하는 것도 포함된다. 재무 보고를 위한 틀로는 단일 회계 체계(National Restaurant Association, 1995)를 일반적으로 사용한다.

Kasavana와 Smith가 1982년에 소개한 **메뉴 엔지니어링(menu engineering)**은 메뉴 품목의 인기(메뉴 믹스)와 수익(공헌 이익)을 함께 고려한 관리 도구이다. 메뉴 엔지니어링 모형은 특정 메뉴 품목의 다른 메뉴에 대한 상대적인 인기도(메뉴 믹스)와 해당 품목의 수익성(공헌 이익)에 따라 그림 15-10에서와 같이 메뉴 품목을 사분면 중 하나의 영역에 속하도록 구분한다.

그림 15-11에서 보듯 엑셀을 이용하여 메뉴 엔지니어링 분석을 할 수 있다. 분석에 이용할 각 변수를 열로 생성하고 메뉴 품목의 자료를 행에 입력한다. 열에 해당하는 변수는 다음과 같다.

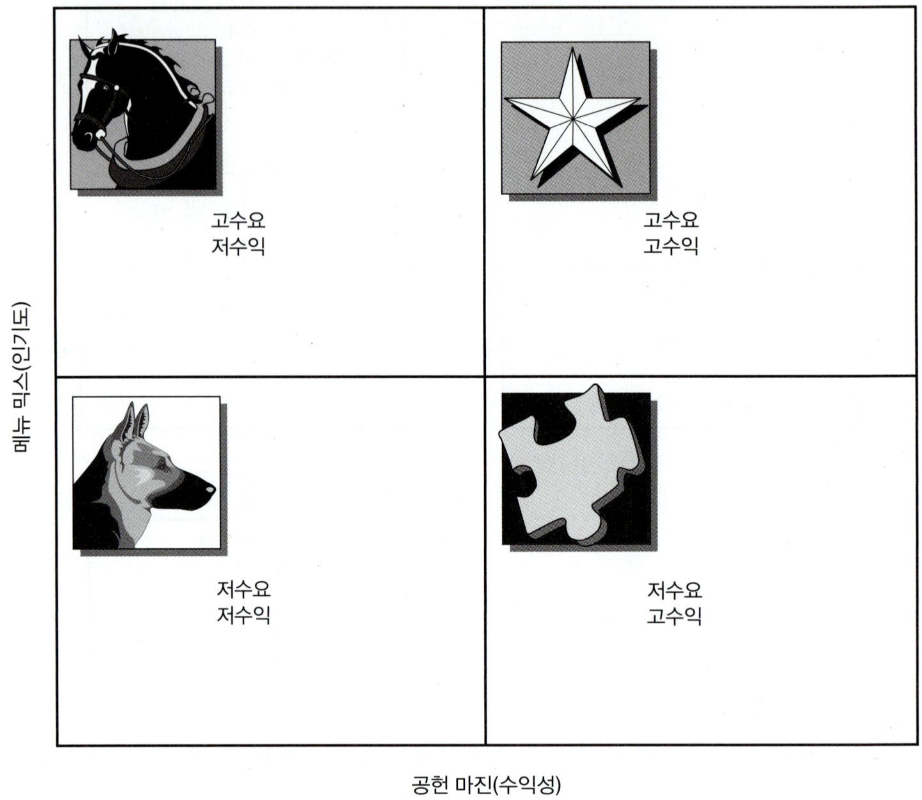

그림 15-10 메뉴 엔지니어링 매트릭스

자료: Based on information from Kasavana, M. L., & Smith, D. I. (1982). *Menu Engineering: A Practical Guide to Menu Analysis*. Lansing, MI: Hospitality Publications.

A	B	C	D	E	F	G	H	I
메뉴 품목명	판매량	인기도 (메뉴 믹스)	품목 원가	판매가	수익성 (공헌 이익)	총 원가	총 매출	총 수익성 (공헌 이익)

그림 15-11 메뉴 엔지니어링 계산표 양식

- **A열: 메뉴 품목명:** 개별 메뉴 품목의 이름
- **B열: 판매량:** 메뉴 품목의 총 판매수량
- **C열: 인기도(메뉴 믹스):** 개별 메뉴 품목을 메뉴에 있는 다른 품목과 비교했을 때의 인기 표시, 개별 메뉴 품목의 판매수량을 모든 메뉴 품목의 총 판매수량(B열의 합계)으로 나누어 계산
- **D열: 품목 원가:** 메뉴 품목의 개별 판매에 소요되는 원재료비
- **E열: 판매가:** 메뉴 품목의 개별 판매가
- **F열: 품목 수익성(공헌 이익):** 메뉴 품목의 원재료비와 판매가의 차이, 판매가(E열)에서 메뉴 품목 원가(D열)를 차감하여 계산
- **G열: 총 원가:** 판매된 특정 메뉴 품목 전부를 생산하는 데 소요된 총 원재료비, 판매수량(B

열)을 품목 원가(D열)에 곱하여 계산

- **H열: 총 매출:** 특정 메뉴 품목의 총 판매로 발생하는 총 매출, 판매수량(B열)을 판매가(E열)에 곱하여 계산
- **I열: 총 수익성(공헌 이익):** 특정 메뉴 품목의 총 판매로부터 발생하는 총 공헌 이익, 총 매출(H열)에서 총 원가(G열)를 차감하여 계산

각 메뉴 품목의 인기도(메뉴 믹스)는 100을 해당 메뉴 품목의 총 판매수량(B열의 합)으로 나눈 후에 0.7을 곱해서 계산한다. 각 메뉴 품목의 인기도 값이 평균 인기도 값보다 위(높은 인기)인지 아래(낮은 인기)인지 비교하여 높은 메뉴 믹스와 낮은 메뉴 믹스로 분류한다.

각 메뉴 품목의 수익성(공헌 이익)은 해당 메뉴 품목의 총 공헌 이익(I열의 합계)을 총 판매수량(B열)으로 나누어서 계산한다. 각 메뉴 품목의 수익성 값을 평균 수익성 값과 비교하여 높은 공헌 이익과 낮은 공헌 이익으로 분류한다.

이러한 분류의 결과로 각 메뉴 품목은 다음의 네 개 범주로 구분된다.

- **별(Stars)**—수익성이 높고 인기가 있는 메뉴이므로 매니저는 해당 품목의 기준을 잘 유지하고 해당 품목에 대한 판촉활동을 전개해야 한다.
- **밭 가는 말(Plow Horses)**—인기가 있으나 수익을 내는 메뉴가 아니므로 매니저는 해당 품목의 가격 인상을 고려할 수 있다.
- **퍼즐(Puzzles)**—수익성은 좋으나 인기가 없는 메뉴로 매니저는 해당 품목을 계속 제공할 것인지를 고려할 수 있다.
- **개(Dogs)**—인기가 없으며 수익을 내지도 않는 메뉴이므로 매니저는 해당 품목의 단종을 고려해야 한다.

15.7 지속가능성

비교적 최근에 지속가능한 실행이 푸드서비스 운영의 산출물의 하나로 포함되기 시작했다. 그림 15-12는 푸드서비스 업장의 지속가능성을 평가하는 체크리스트이다. 체크리스트는 다음 사항에 초점을 두고 있다.

- 식품, 물품, 기기의 구매 실행
- 쓰레기 관리
- 에너지와 물 절약
- 건물 설계

많은 조직이 지속가능한 실행에 대해 목표를 설정하고, 목표 달성을 평가하는 지속가능성 프로그램을 수립하고 있다. 컴패스그룹(Compass Group, www.cgnad.com)의 Green Threads 프로그램, 본에퍼티트매니지먼트(Bon Appétit Management, www.circleofresponsibility.com/)의 Circle of Responsibility 프로그램, 웨스턴워싱턴대학교(Western Washington University, www.wwu.edu)와 노스캐롤라이나주립대학교(North Carolina State University, www.ncsudining.com)의 Sustainable Dining이 그 예이다.

많은 조직에서 지속가능성에 관한 평가 및 인증 프로그램을 만들어냈다. 이러한 지침과 도구는 푸드서비스 조직의 지속가능성 실행 평가에 이용될 수 있다.

Healthcare Without Harm 조직(www.noharm.org)과 Center for Maximum Potential Building Systems(www.mpbs.org)의 구성원들에 의해 개발된 *Green Guide to Healthcare*(www.

푸드서비스 업장의 지속가능성 평가

실행	전혀	가끔	항상
구매			
유기농 식품을 구매한다.			
지역에서 농산물을 구매한다.			
지속가능한 해산물을 구매한다.			
지속가능성 인증을 받은 커피를 구매한다.			
생분해성의 1회 용품을 구매한다.			
재활용 재료로 만들어진 종이제품을 사용한다.			
“그린” 화학물질을 구매한다.			
쓰레기 관리			
모든 끼니의 쓰레기 양/부피를 모니터한다.			
남은 음식을 지역 쉼터에 기부한다.			
지방, 기름은 재활용한다.			
종이(신문, 사무용지)를 재활용한다.			
깡통을 재활용한다.			
알루미늄 캔을 재활용한다.			
플라스틱을 재활용한다.			
판지를 재활용한다.			
영구적인 용기(자기, 은식기, 컵)를 사용한다.			
리필 가능하고 영구적으로 사용 가능한 음료컵 프로그램을 제공한다.			
유기 폐기물로 퇴비를 만든다.			
에너지와 물 절약			
수도 사용량을 모니터한다.			
에너지 사용량을 모니터한다.			
Energy Star® 기기를 구매한다.			
WaterSense 기기를 구매한다.			
사무실에 자동 소등 스위치를 가지고 있다.			
밤마다 컴퓨터와 기기를 끈다.			
수도꼭지에 센서가 있다.			
고효율 분무기 노즐과 수도꼭지를 사용한다.			
냉장고와 냉동고에 에어 커튼을 사용한다.			
건물 설계			
에너지와 환경 디자인 리더십(LEED) 인증 원칙을 사용한다.			

그림 15-12 푸드서비스 업장의 지속가능성 평가 체크리스트

gghc.org)는 헬스케어 조직의 운영 실행뿐 아니라 조직 설계를 평가하는 도구이다. 조직이 지속가능한 실행을 행하면 해당 조직에 점수를 부여한다. 푸드서비스 업장의 지속가능한 실행의 예로는, 지속가능한 방식으로 지역에서 생산된 식품을 구매, 재사용이 가능한 제품이나 친환경적인 제품을 구매, 음료와 물을 재사용 용기에 담아 제공, 재활용, 재사용, 기부, 비료화 처리 프로그램을 통

한 쓰레기 감축, 유독한 화학물질과 농약 사용 최소화 등이 있다.

그린음식점협회(Green Restaurant Association, www.dinegreen.com)는 지속가능한 실행을 실천하는 음식점을 위한 인증 프로그램을 제공한다. 평가의 결과로 물 효율성, 쓰레기 감축과 재활용, 지속가능한 가구와 건축 재료 사용, 지속가능한 식품 구매, 에너지 관리, 재활용이나 환경친화적인 일회용 그릇 사용, 화학물질과 오염 감소에 대해 점수를 부여한다.

전국대학(교)푸드서비스협회(National Association of College and University Food Service) 조직은 *NACUFS 지속가능성 지침*(*NACUFS Sustainability Guide*, www.nacufs.org)을 발행하여 대학(교) 푸드서비스 관리자가 그들의 지속가능성 실행을 평가할 수 있는 정보와 평가 도구를 제공하였다. NACUFS 지속가능성 지침은 운반과 배분, 식품 및 설비 구매, 화학물질 감소, 예방적인 보수, 시설 공사, 에너지와 물 절약의 영역별로 지속가능한 실행을 제안하고 있다.

요약

1. 푸드서비스 시스템 모형의 산출물로는 음식의 질과 양, 고객 만족, 종사원 만족, 수익이 포함된다.
2. 다양한 방법을 통해 푸스서비스 시스템의 산출물을 측정할 수 있다. 음식의 양은 정확한 생산 기록으로 측정할 수 있다. 음식의 질은 음식의 특성, 제공량, 식재료의 질을 평가하고 제품 기준과 비교함으로써 평가할 수 있다. 고객 만족의 경우, 둘러보기, 고객과 이야기하기, 고객 의견 카드, 출구 면담, 암행 조사원 보고서, 고객 설문조사, 표적 집단을 이용하여 평가할 수 있다. 종사원 만족은 Minnesota Satisfaction Questionnaire나 Job Diagnostic Index와 같은 표준화된 양식을 이용하여 측정할 수 있다. 수익은 재무 보고서와 조직 목표에 근거하여 측정할 수 있다.

연습문제

1. 질 높은 식재료 사용 여부를 어떻게 판단할 것인가?
2. 푸드서비스 관리자가 고객 만족 여부를 확인하기 위해 수집해야 할 정보는 무엇인가?
3. 둘러보기를 통해서 수집된 자료는 고객과 이야기하기에서 수집된 자료와 어떤 차이점이 있는가?
4. 종사원의 직업 만족에 영향을 미치는 요인에는 어떤 것들이 있는가?
5. 메뉴 엔지니어링 분석에서 메뉴 믹스와 공헌 이익의 차이점은 무엇인가?
6. 퍼즐로 분류된 메뉴 품목과 비교하여 밭 가는 말로 분류된 메뉴 품목에 어떠한 전략을 취해야 할 것인가?
7. 푸드서비스 운영에서 구현되는 지속가능성 실천을 어떻게 평가할 수 있는가?

연구과제

1. 지역 내 푸드서비스 업장에서 사용할 고객 만족 설문조사와 둘러보기 양식을 개발해보자. 개발한 양식을 이용하여 자료를 수집하여 해당 푸드서비스 업장의 관리자를 위한 보고서를 작성해보자.
2. 지역 내 푸드서비스 업장의 메뉴 품목에 관련한 재무 자료와 매출 자료를 요청해보자. 메뉴 엔지니어링 기술을 이용하여 메뉴를 분석하고 분석 결과를 바탕으로 푸드서비스 관리자에게 제언해보자.
3. 그린음식점협회(Green Restaurant Association)의 지속가능 인증 지침인 *헬스케어에서의 그린 지침*(*Green Guide to Healthcare*)이나 *NACUFS 지속가능성 지침*(*NACUFS Sustainability Guide*)을 이용하여 지역 내 푸드서비스 업장의 지속가능성 실천을 평가해보자.

사례 연구

1. "Change is a Four Letter Word" in Lieux, E. M., & Luoto, P. K. (2008). *Exploring foodservice systems management through problems*, 3rd ed. Upper Saddle River, NJ: Pearson Prentice Hall.
2. "The Heart of the Matter" by G. Hinch in Allen-Chabot, A., Jarvis, K., & O'Halloran, R. M. (2006). *Cases in foodservice and clinical nutrition management*. Upper Saddle River, NJ: Pearson Prentice Hall.
3. Problem Question #6 on Patient Satisfaction in Allen-Chabot, A., Curtis, S., & Blake, A. (2001). *Inlet Isles: A hospital case study*. Upper Saddle River, NJ: Pearson Prentice Hall.

웹사이트

www.busreslab.com The Business Research Lab—restaurant customer satisfaction surveying

www.pressganey.com Press Ganey, Inc.—hospital patient satisfaction

www.theacsi.org American Customer Satisfaction Index

www.npd.com NPD Foodservice Information—CREST® report

www.bgsu.edu/departments/psych/io/JDI Job Descriptive Index

www.psych.umn.edu/psylabs/vpr/msqinf.htm Minnesota Satisfaction Questionnaire

www.noharm.org Healthcare Without Harm organization

www.gghc.org Green Guide to Healthcare

www.dinegreen.com Green Restaurant Association

참고문헌

American Dietetic Association. (2005). Putting the WOW! in Dietetics: An Introduction to Customer Satisfaction. [Online]. Available: www.eatright.org

Balzer, W. K., Kihm, J. A., Smith, P. C., Irwin, J. L., Bachiochi, P. D., Robie, C., Sinar, E. F., & Parra, L. F. (1997). *Users' manual for the Job Descriptive Index (JDI, 1997 Revision) and the Job in General scales.* Bowling Green, OH: Bowling Green State University.

Bartlett, A. L., Probber, J. K., & Scerbo, F. B. (1999). Student employees in university foodservice: Job design, job characteristics, and job satisfaction. *NACUFS Journal, 21,* 14–29.

Duke K. M., & Sneed J. (1989). A research model for relating job characteristics to job satisfaction of university foodservice employees. *Journal of the American Dietetic Association, 89,* 1087–1091.

George, J. M., & Jones, G. R. (2002). *Organizational behavior,* 3rd ed. Upper Saddle River, NJ: Prentice Hall.

Heskett, J. L., Lones, T. O., Loveman, G. W., Sasser, W. E., & Schlesinger, L. A. (1994). Putting the service-profit chain to work. *Harvard Business Review,* March–April: 164–174.

Kasavana, M., & Smith, D. (1982). *Menu engineering—A practical guide.* Lansing, MI: Hospitality Publishers.

National Restaurant Association. (1995). *Uniform system of accounts for restaurants,* 3rd ed. Washington, DC: Author.

Palmer, N. H. (1972). Sensory methods in food-quality assessment. In Paul, P. C., & Palmer, H. H. (eds.). *Food theory and application* (pp. 727–738). New York: John Wiley.

Sanders, E. E., & Hill T. H. (2001). *Foodservice profitability: A control approach.* Upper Saddle River, NJ: Prentice Hall.

Setser, C. S. (1992). Sensory evaluation. In Karmel, B. S., & Stauffer, C. E. (eds.). *Advances in baking technology* (pp. 254–291). New York: VCH Publishers.

Sherman, S. C. (1999). *Total customer satisfaction: A comprehensive approach for health care providers.* San Francisco, CA: Jossey-Bass.

Skelton, M. (1984). Sensory evaluation of food. *Cornell Hotel and Restaurant Administration Quarterly, 24*(4), 51–57.

Sneed, J. (1988). Job characteristics and job satisfaction of school foodservice employees. *School Food Service Research Review, 12,* 65–68.

Sneed, J., & Herman, C. M. (1990). Influence of job characteristics and organizational commitment on job satisfaction of hospital foodservice employees. *Journal of the American Dietetic Association, 90,* 1072–1076.

Thorner, M. E., & Manning, P. B. (1983). *Quantity control in foodservice.* Westport, CT: AVI.

Weiss, D. J., Dawis, R. V., England, G. W., & Lofquist, L. H. (1967). *Manual for the Minnesota Satisfaction Questionnaire.* Minneapolis, MI: University of Minnesota Industrial Relations Center.

부록 A

식품 명세서 샘플

EP—가식부; **AP**—구매한대로; **IQF**—급속냉동

신선한 과일 및 채소

자몽(Grapefruit)

원산지: 제철에는 텍사스를 선호함. 가능하지 않은 경우 플로리다 또는 캘리포니아산으로 대체(구매자와 상담)

용도: 아침식사용 과일(1/2 제공됨), EP 47%

보관방법: 냉장 트럭으로 신선하게 배송

품질: US No.1, 황금 분홍색 또는 흰색 과육

허용범위: 표면의 1/3 이상이 변색되어서는 안 됨

포장단위: 35파운드/상자, 48개/상자

가격: 큰 상자(box) 단위

양상추(lettuce, iceberg)

원산지: 캘리포니아; 품질이 좋지 않은 경우 애리조나, 플로리다 또는 멕시코로 대체

용도: 샐러드용 채썰기(제대로 손질되지 않았다면 꼭지 부분을 잘 손질해야 함)

보관방법: 냉장 트럭으로 41°F 또는 더 낮은 온도로 배송

품질: US No.1, 신선하고 녹색이며 부패 또는 손상이 없어야 함

허용범위: 딱딱한 것 40% 및 견고한 것 60%

포장단위: 40~50파운드/상자, 24개/상자

가격: 상자 단위

가공된 과일 및 채소

강낭콩(Beans, Green)

원산지: 오리건 blue lake 또는 북서부 지역

형태: 캔

용도: 강낭콩 및 양파 캐서롤[1)]

품질: US Grade A

크기: 3~4 크기의 체로 걸러지는, 거의 2인치 길이로 절단

포장단위: 용기별로 6/#10캔

가격: 용기 단위

1) 캐서롤(Casserole): 오븐에 넣어서 천천히 익혀 만드는, 한국 음식의 찌개나 찜 비슷한 요리.

체리(Cherries)

형태: 붉은색의 시큼하며, 씨가 제거된 형태

보관방법: 캔, 정제수 함유

용도: 체리 파이

품질: US Grade B

포장단위: 용기별로 6/#10캔

가격: 용기 단위

냉동 감자튀김(Potatoes, French Fried, Frozen)

형태: 물결모양으로 절단, 3/8인치 × 3/8인치

용도: 메뉴에서 채소 선택

품질: US Grade A

상표: Ore-Ida 또는 Simplot

보관방법: 냉동, 상자 내 온도를 0°F 또는 더 낮은 온도로 유지하며 냉동트럭으로 배송

포장단위: 용기별로 6/5파운드 상자

가격: 상자 또는 용기 단위

냉동 녹색완두콩 및 진주 양파(Green Peas and Pearl Onions, Frozen)

용도: 카페테리아(셀프 서비스식 식당) 배식 메뉴에서 채소 선택

품질: 녹색완두콩은 US Grade A; 진주 양파는 US Grade No.2 또는 더 나은 등급

크기: 녹색완두콩은 3~4 크기의 체에 걸러지는 크기. 진주 양파는 지름이 1/2인치 미만이며, 최소한 상자에 100개당 $2^1/_2$파운드

보관방법: 냉동, 상자 내 온도를 0°F 또는 더 낮은 온도로 유지하며 냉동트럭으로 배송

포장단위: 용기별로 $12/2^1/_2$파운드 상자

가격: 상자 또는 용기 단위

냉동 딸기(Strawberries, Frozen)

형태: IQF, 자르지 않은 온전한 형태

크기: 지름 1/2인치에서 1인치 사이

품질: US Grade A

보관방법: 용기 내 온도를 0°F 또는 더 낮은 온도로 유지하며 냉동트럭으로 배송

포장단위: 내부가 섬유판 판지로 된 비닐 포장지, 용기별로 $6/6^1/_2$파운드

가격: 상자 또는 용기 단위

복숭아(Peaches)

형태: 반으로 자른 황도

용도: 디저트 및 샐러드

보관방법: 캔

시럽 농도: light 14°~18° Brix

품질: US Grade B

수량: 최대 30~40개

포장단위: 용기별로 6/#10캔

가격: 용기 단위

크랜베리 혼합 주스(Cranberry Juice Cocktail)

형태: 크랜베리의 붉은색을 띠는 맑은 형태

용도: 음료

품질: US Grade A

강화: 비타민 C

원재료명: 정제수, 크랜베리 주스, 설탕 및 전화당, 덱스트로즈, 비타민 C 강화

상표: Ocean Spray 또는 Sysco Classic

포장단위: 용기별로 12/46온스 병

가격: 용기 단위

젤리(Jelly)

용도: 구워서 만든 제품

종류: 용기별로 사과맛 2, 블랙베리 2, 포도 2

포장단위: 용기별로 6/#10캔

가격: 용기 단위

딸기 잼(Jam, Strawberry)

용도: 개별 포장 제공

상표: Smuckers

포장단위: 용기별로 200/½온스로 포장

가격: 용기 단위

유제품

우유(Milk)

형태: 액상 우유, 2% 저지방

용도: 병원 개별 환자 서비스

보관방법: 41°F 또는 더 낮은 온도 유지하며 냉장트럭으로 신선하게 배송

품질: US Grade A, 살균

유지방: 적어도 2%

유고형분: 적어도 무지방으로 8.25%

비타민 A: 쿼트[2)]당 적어도 2,000 IU 함유

비타민 D: 쿼트당 적어도 400 IU 함유

포장단위: 반 파인트(1/4 quart) 상자, 50/용기

가격: 반 파인트(1/4 quart) 상자 단위

요거트(Yogurt)

형태: 플레인 무지방 요거트

용도: 샐러드 드레싱, 멕시코 메뉴에 포함된 항목

보관방법: 41°F 또는 더 낮은 온도 유지하며 냉장트럭으로 배송

상표: Dannon plain nonfat yogurt

품질: 살아 있고 활동적인 배양균을 함유한 요거트에 대한 National Yogurt Association 기준 충족

유지방: 0.5% 미만

유고형분: 8.25% 이하의 지방 함량

포장단위: 32온스 상자, 6상자/용기

가격: 용기 단위

미국산 치즈(Cheese, American)

형태: 살균 공정된 미국산 저지방 치즈

용도: 뜨겁게 제공되는 앙트레[3)], 샐러드 바

보관방법: 38~40°F 온도 유지하며 냉장트럭으로 배송

품질: USDA의 용융 시험에서 3등급과 살균 공정된 미국산 치즈에 대한 FDA의 구성요건을 충족시켜야 함

포장단위: 용기별로 6/5파운드의 덩어리

가격: 덩어리 또는 용기 단위

버터(Butter)

형태: 소금을 첨가하지 않은 달콤한 크림

용도: 고객 서비스

2) 쿼트(Quart): 액량의 단위. 영국, 캐나다에서는 2파인트(pint) 또는 약 1.14리터, 미국에서는 0.94리터.

3) 앙트레(Entrées): 식당이나 만찬에서 주요리. 또는 주요리 앞에 나오는 요리.

보관방법: 41°F 또는 더 낮은 온도 유지하며 냉장트럭으로 배송

품질: USDA Grade AA(93점)

유지방: 적어도 80%

포장단위: 1파운드당 개별적으로 호일에 쌓여 있는 72개의 작은 덩어리로 되어 있음, 용기별 5파운드

가격: 용기 단위

건조식품

건포도(Raisins)

형태: Muscat(포도 품종), 씨 없는 열매

용도: 빵과 스위트롤

품질: US Grade B(선택)

포장단위: 내부가 섬유판 판지로 된 비닐 포장지에 30파운드로 포장

가격: 상자 단위

오렌지 주스(Orange Juice)

형태: 냉동, 농축, 무가당, 칼슘 강화

용도: 아침식사 및 스낵 음료

보관방법: 냉동상태, 용기 내부가 최소 0°F가 되도록 냉동트럭으로 배송

품질: US Grade A

강화: 8 액상온스당 제삼인산칼슘(tricalcium phosphate) 및 인산칼슘제 300 mg

희석: 3:1 비율

상품명: Minute Maid, Coca Cola Co.

포장단위: 용기별 12/32온스 캔

가격: 용기 단위

가금류 및 달걀

닭가슴살 필레(Chicken Breast Fillets)

형태: 뼈와 껍질이 없으며 갈비 살이 없는 형태의 케이준 양념의 가슴살 1/2

용도: 케이준 맛이 나는 구운 닭가슴살

등급: 구이용 영계/튀김용 영계

보관방법: 냉동상태, 0°F에서 냉동트럭으로 배송

품질: US Grade A

중량: $3^1/_2$에서 $4^1/_2$온스 사이

포장단위: 10파운드 상자

가격: 상자 단위

달걀(Eggs)

형태: 단단한 껍질 형태

용도: 아침식사 항목—달걀 프라이, 수란, 반숙 달걀, 오믈렛

보관방법: 41°F 또는 더 낮은 온도 유지하며 냉장트럭으로 배송

품질: US Grade AA

껍질 색: 흰색

납품시간: 알을 낳은 지 14일 이내

크기: 대형, 12개에 24온스

포장단위: 방수제재의 판(틀)에 12개씩 담은 단위로 30판(틀)

가격: 판(틀) 단위

난백 분말(Dried Egg Whites)

형태: 건조된 형태의 달걀 흰자

용도: 특히 머랭과 케이크를 굽는 용도

보관방법: 분무건조 형태, 글루코오스 제거

포장단위: 용기별 6/#10캔

가격: 용기 단위

양곡

밀가루(Flour)

원산지: 북미지역과 캐나다

형태: 제빵용 강력분

용도: 전문 빵과 롤(둥근 빵)

구성: 최소 11%의 표백한 강화 글루텐

포장단위: 50파운드 부대(자루)

가격: 부대(자루) 단위

시리얼(Cereal)

형태: 건조 형태

용도: 아침식사 및 디스펜서 기계에 담아 두는 스낵

상품명: Kellogg's Frosted Flakes

포장단위: 용기별 4/2$^{1}/_{2}$파운드 비닐백

가격: 용기 단위

파스타(Pasta)

형태: 즉석 라자냐 면

용도: 구운 라자냐 캐서롤

구성: 100% 듀럼 밀로 만든 세몰리나, 강화

포장단위: 10파운드 상자, 손수 포장

가격: 상자 단위

해산물

송어(Rainbow Trout)

원산지: 아이다호 Snake 강의 맑은 물에 있는 송어 양식장

형태: 손질된 형태(내장과 머리, 꼬리, 지느러미 및 비늘 제거)

용도: 식사를 하면서 뼈를 발라내도록 통째로 구운 생선

보관방법: 41°F 또는 더 낮은 온도 유지하며 냉장트럭으로 신선하게 배송

품질: USDA Grade A 또는 동등한 품질

중량: 내장을 제거한 상태에서 8~10온스

포장단위: 10파운드 상자

가격: 상자 단위

오렌지 러피(Orange Roughy)

원산지: 뉴질랜드 해역

형태: 뼈와 비늘이 없는 살코기

용도: 석쇠구이

보관방법: 냉동, 0°F 또는 더 낮은 온도로 유지하며 냉동트럭으로 배송

품질: USDC Grade A 또는 동등한 품질

보증(증명서): PUFI[4] 동봉

중량: 글레이즈[5]하지 않은 살코기 형태로 6~8온스. 허용오차 ±0.5온스. 글레이즈는 총 중량의 6%를 초과하여서는 아니됨.

포장단위: 20파운드 상자

가격: 상자 단위

구운 피쉬 스틱(가늘고 긴 생선 토막 튀김) (Breaded Fish(Pollock) Sticks)

원산지: 북대서양

형태: 뼈와 비늘이 없는 생선 토막, 가볍게 구운 IQF

용도: 오븐 구이

보관방법: 냉동, 영하 10°F 온도에서 냉동트럭으로 배송

품질: Van de Kamp의 구운 피쉬 스틱 또는 동등한 품질의 제품

중량: 0.67온스/스틱, 65% 고형 생선, 35% 브레딩[6]

포장단위: 10파운드 상자

가격: 상자 단위

---

4) PUFI(Packed Under Federal Inspection): 해산물을 취급하는 업체에서 USDC(US Department of Commerce)에서 정하고 있는 규정에 따라 안전하게 공정되었음을 증명해 주는 것.

5) 글레이즈(Glaze): 생선을 냉동하여 저장할 때, 건조나 변질을 막기 위하여 생선에 덮는 얼음 피막.

6) 브레딩(Breading): 튀기거나 볶기 전에 식품 표면에 묻히는 빵가루.

홍합(Mussels)

원산지: 양식

형태: 살아 있는 상태로, 껍데기 안에 들어 있으며 수염을 제거한 형태

용도: 찜

보관방법: 신선한 상태, 35~40°F 사이의 온도를 유지하며 냉장트럭으로 배송

품질: 껍데기는 세척이 되어 있어야 하며 먼지와 잔해가 없어야 하고, 두드렸을 때 단단하게 닫혀 있어야 함

중량: 45~55파운드/부셸[7)]

포장단위: 부셸

가격: 부셸 단위

7) 부셸(Bushel): 곡물이나 과일의 중량 단위로 8갤런에 해당하는 양.

부록 B

식품 명세서 작성 참고 자료

정부 출간물

Institutional Meat Purchase Specifications (IMPS). Available from: Livestock and Meat Standardization Branch, USDA, AMS, LS, SB, 1400 Independence Avenue, SW, Stop 0254, Washington, DC 20250-0254 (202) 720-4486. [Online]. Available: www.ams.usda.gov

Gunn, M. (1995). *First Choice: A purchasing systems manual for school food service.* Hattiesburg, MS: National Food Service Management Institute.

책/온라인 자료

Almanac of the canning, freezing, preserving industries. (Annual). Westminster, MD: Edward E. Judge & Sons.

Feinstein, A. H., & Stefanelli, J. M. (2007). *Purchasing: Selection and procurement for the hospitality industry* (7th ed.). New York: John Wiley & Sons.

Kotschevar, L. H., & Donnelly, R. (1999). *Quantity food purchasing* (5th ed.). Upper Saddle River, NJ: Merrill/Prentice Hall.

North American Meat Processors Association. (2002). *The meat and poultry buyers guide.* Available on CD-ROM at www.namp.com

Produce Marketing Association. (2009). *I know produce.* Available from the Produce Marketing Association at www.pma.com

Reed, L. S. (1993). *SPECS: The comprehensive foodservice purchasing and specification manual* (2nd ed.). New York: John Wiley & Sons.

Spears, M. C. (1999). *Foodservice procurement: Purchasing for profit.* Upper Saddle River, NJ: Merrill/Prentice Hall.

Warfel, M. C., Cremer, M. L., & Hug, R. J. (2005). *Purchasing for food service managers* (5th ed.). Berkeley, CA: McCutchen Publishing.

부록 C

식품 표준

음료

코코아(Cocoa) 코코아 또는 핫초코는 진한 갈색을 띤다. 맛은 섬세한(delicately) 단맛이며, 진한 코코아 향이 지배적이다. 코코아 분말은 우유와 잘 혼합되어야 하며, 녹지 않은 코코아 알갱이가 보여서는 안 된다. 코코아는 조리된 전분 맛이 나고, 껍질을 제거해야 하며 우유보다 농도가 약간 진해야 한다(Kotschevar & Donnelly, 1999).

커피(Coffee) 30분 미만으로 끓인 커피는 맛으로 평가되며, 평가 항목에 포함되는 맛과 향은 균형이 맞아야 하고 만족스러운 맛을 주기에 충분히 강해야 한다. 맛은 쓴맛(떫은맛), 신맛, 단맛이 적절하게 균형을 이루어야 한다. 커피 다발(bouquet)의 향은 향긋하고, 부드럽고 풍부해야 한다. 끓인 커피는 밝고 깨끗해야 하며, 색은 풍부하고 진한 갈색이어야 한다. 커피는 진한 맛이 느껴지고, 물보다 더 밀도가 높다는 것이 입에서 느껴져야 한다. 커피는 160°에서 200°F 사이의 온도로 제공되어야 한다(Spears, 1999). 아이스 커피는 같은 특성을 가지나 얼음에 의해서 희석되므로 처음 끓였을 때 더 진해야 한다.

차(Tea) 차는 맛, 강도, 선명도 및 색에 의해 판단된다. 일반적으로 차는 탄닌에 의해 약간 쓴맛을 가지며, 약간의 단맛과 신맛이 있다. 향은 과일 향이 나며 향긋해야 한다. '*Brisk*'라는 용어는 종종 차의 향미 있고 활기를 주는(자극을 주는) 품질을 의미한다. 차의 유형은 끓였을 때의 색에 의해 결정된다. 예를 들어, 녹차는 녹황색의 엷은 액체로 과일 향이 상당히 난다; 우롱차는 더 색이 어두우며 쓴맛이 덜 나고 여전히 과일 향은 나나 녹차보다는 맛이 부드럽다; 홍차는 구릿빛이 나도록 끓인 차로 부드럽고 가벼운 맛을 지니지만 약간 신맛이 난다(Kotschevar & Donnelly, 1999). 아이스 티는 같은 특성을 지니나 얼음에 의해서 희석되므로 처음 끓였을 때 더 진해야 한다.

퀵브레드(Bread, Quick)

비스킷, 베이킹 파우더(Biscuits, Baking Powder) 구운 비스킷의 측면은 둥그렇고, 상단은 상당히 평평하며 매끄러워야 한다. 크기는 굽지 않은 비스킷의 2~3배여야 한다. 겉부분은 밝은 갈색을 띠어야 한다. 내부는 얇은 층으로 벗겨질 수 있어야 하며 곡식으로 된 구조임에도 불구하고 크럼[1]은 촉촉하고 폭신한 아이보리 흰색이어야 한다. 베이킹 파우더의 맛이 약간 나는 부드러운 맛이어야 한다.

비스킷, 시나몬 건포도(Biscuits, Cinnamon Raisin) 시나몬, 설탕, 통통한 건포도를 베이킹 파우더에 첨가하여 비스킷 밀가루 반죽을 매콤하고 달콤한 맛을 가진 밝은 갈색의 비스킷으로 만든다. 비스킷에서 갈색 시나몬 가루가 눈에 띈다. 촉촉한 상태의 통(whole) 건포도를 골고루 분산되도록 넣는다. 구성은 보통 비스킷보다 약간 더 촘촘하다. 구운 비스킷 위에 설탕 가루를 얇게 뿌려 단맛을 더해 주고 표면을 부드럽게 만들어 준다.

1) 크럼(Crumb): 빵, 비스킷의 부스러기 또는 빵의 부드러운 속부분으로 빵 속이라고도 함.

빵, 옥수수(Bread, Corn) 빵의 껍질은 바삭바삭하고, 위쪽은 반짝반짝 자갈과 같은 느낌의 옅은 갈색으로 색은 위쪽이 측면이나 아래쪽보다 더 어둡다. 내부는 굵고 촉촉하며, 밝고 부드러운 크럼으로 되어 있고 터너링[2)]이 없다. 잘랐을 때, 약간 부스러질 수 있다. 색은 옥수수 가루를 사용하였을 때의 특징이 나타나야 하므로, 하얀색 또는 노란색이거나 푸른색을 띤다. 맛은 옥수수의 맛이 잘 어우러져야 한다. 단맛은 지역적 특성에 따라 달라진다.

빵, 한 덩어리(Bread, Loaf) 머핀 반죽 빵은 막대 모양으로 윗부분의 껍질이 일정한 중간 정도의 갈색을 가지며, 가운데 부분이 갈라진다. 내부 결(grain)은 배합에 따라 굵은 것에서 매우 촘촘한 것까지 있다. 빵은 터너링이 없으며 크럼이 촉촉하다. 감미료에 의해 약간 달콤한 맛이 나며 다른 첨가물(예를 들면, 바나나, 크랜베리, 견과류, 대추야자(열매), 향신료)의 특징들이 약하게 스며들어 있다. 색은 첨가된 재료에 따라 달라지며, 재료들은 고르게 분산되고 각각이 구별될 수 있어야 한다.

케이크 도넛(Cake Doughnuts) 외부는 진한 노릇노릇한 갈색으로, 바삭바삭한 껍질을 가지며, 안쪽 중심부는 튀긴 음식보다는 구운 제품과 더 비슷하다. 안쪽은 옅은 노란색이어야 한다. 도넛은 약간 주름지거나 중간에 별모양의 구멍이 뚫린 균일한 원형이어야 한다. 크럼은 질이 좋고 부드러우며 촉촉한, 동일한 크기의 조각들이어야 한다. 부피는 도넛의 중량과 비례하여 커야 한다. 맛은 은은하며 균형이 잘 맞아야 한다. 밝은색을 강조하기 위하여 윤기 나게 하거나 코팅하는 경우, 이것이 맛을 좌우하여서는 안 된다.

커피 케이크(Coffee Cake) 노릇노릇한 갈색 껍질은 달콤해 보이거나 반짝이게 보일 수 있으며, 약간 바삭바삭할 수도 있다. 윗부분은 토핑에 따라 울퉁불퉁해진다. 입자의 크기는 버터 케이크보다는 약간 크지만 머핀보다는 작다. 맛, 향기 및 색은 재료의 특성에 따라 달라지며, 특히 추출물, 과일, 견과류 또는 향신료와 같은 첨가물을 넣었을 때 특징이 잘 드러난다. 모든 첨가물은 고르게 분산되고 식별이 가능하여야 한다. 커피 케이크는 상당히 빠른 시간에 신선도가 떨어지므로 따뜻한 상태로 제공되어야 한다.

이스트브레드(Bread, Yeast)

프랑스 빵(Bread, French) 껍질 표면은 비교적 얇고, 단단하며 딱딱하고, 윗부분을 가로지르는 모양으로 3~5회 정도 대각선 사선 모양이 있는 노릇노릇한 갈색을 지닌다. 한 덩어리는 원기둥 모양으로 최소 12인치 길이에 지름이 3인치가 되어야 한다. 내부는 촉촉하고 부드러우며 탄력적인(신축성 있는) 크럼으로 이루어져 있다. 입자는 균일하게 얇고 다양한 크기로 되어 있다. 기공(air pockets)이 있는 것이 바람직하다. 맛은 약간 이스트가 강조된 담백한 맛이다.

식빵(Bread, Plain) 빵은 노릇노릇한 갈색의 윗부분과 일정한 갈색의 측면, 끝부분, 아랫면이 대칭적 덩어리 모양을 가져야 한다. 껍질은 부드럽고 쉽게 잘라져야 한다. 내부 감촉은 비록 결이 보이지만 질이 좋고 큰 기공이 없으며 얇은 벽으로 된 타원형 입자로 되어 있다. 아이보리 흰색의 크럼은 촉촉하고 부드러우며 덜 구워진 것 같은 흔적없이 베어 물었을 때 약간 질겨야 한다. 맛있고 견과류 같은 느낌이 나며 이스트의 기미가 약간 느껴진다. 빵의 밀도와 색은 사용된 밀가루의 유형에 따라 다양하다(빵은 밀, 호밀 또는 하얀 밀). 또한 색은 첨가하는 재료에 따라 달라지며(예를 들어, 갈색 설탕, 당밀[3)], 건포도, 향신료), 첨가하는 재료들은 고르게 분산되어 있어야 한다.

---

2) 터너링(Tunneling): 많은 양의 머핀 생산시, 재료를 섞을 때 지나치게 돌려서 가늘고 긴 구멍이 생기는 조건을 말함.

3) 당밀(Molasses): 설탕을 제조할 때에 부산물로 생산되는 자당을 함유하는 액체의 총칭으로 더 이상 설탕을 회수하기 어려운 것.

막대 빵(Bread Sticks) 특징은 식빵과 동일하다. 겉표면은 노릇노릇한 갈색으로 바삭바삭해야 한다. 막대는 거의 5인치 길이에 1인치 지름을 가져야 한다.

크루아상(Croissants) 겉표면은 노릇노릇하고, 조각조각 얇게 벗겨지며 부드럽다. 내부는 매우 촉촉하고 밝은색을 띠며 얇게 벗겨지고 한 장 한 장씩 쉽게 떨어진다. 크루아상은 버터의 맛과 색을 띤다. 모양은 용도에 따라 초승달 모양에서 둥근 모양, 일자 모양까지 다양하다.

콜라체(Kolache) 특징은 레몬 껍질을 갈아 넣은 롤케이크의 맛과 동일하다. 콜라체는 중간에 말린 자두나 살구, 양배추 또는 크림치즈, 혹은 퍼피 씨(양귀비 씨로) 속을 채운 둥근 모양이다. 껍질은 노릇노릇한 갈색으로 속은 촉촉하지만 단단하다. 윗부분은 체로 거른 설탕가루로 덮여 있다.

시나몬 롤(Rolls, Cinnamon) 롤(둥근 빵)은 롤케이크의 특징을 가지며 중량에 비례하여 적절한 부피를 가진다. 기본 준비 과정으로 인해 독특한 모양을 갖는다. 기본 준비 과정에서 밀가루 반죽 시트에 시나몬과 설탕을 뿌리고, 둥그렇게 말아서 균일한 두께의 조각으로 잘라준다. 롤은 노릇노릇한 갈색 껍질을 가지며, 일반적으로 설탕 가루로 표면을 덮는다. 맛은 달콤하고, 밀가루 느낌이 나며, 부드럽고 시나몬이 강화된 맛이다.

디너 롤(Rolls, Dinner) 특징은 식빵과 동일하다. 크기와 모양은 다양하다. 윗부분의 껍질은 노릇노릇한 갈색으로, 부드럽고 둥근 모양이며 밑바닥은 옅은 갈색이어야 한다.

팬 롤(Rolls, Pan) 특징은 디너 롤과 비슷하다. 팬 롤은 윗부분과 밑바닥이 갈색이어야 하고, 또한 측면은 구이팬(베이킹 팬)의 가장자리에 위치하도록 하여야 한다. 다른 쪽은 롤의 내부와 비슷하다.

피칸 롤(Rolls, Sticky Pecan) 한입 크기 조각의 피칸을 갈색 설탕 시럽과 함께 토핑했다는 점을 제외하고는 시나몬 롤과 비슷한 특징을 가진다. 부드러운 시럽 토핑은 반짝거리고, 깨끗하며 부드러워야 한다. 피칸은 롤 전반에 골고루 분산되어야 하며 내부에도 골고루 분산되어야 한다.

롤 케이크(Rolls, Sweet) 내부는 난황색이 어려 있으며, 크럼이 더 촉촉하고 더 달콤하며 맛이 더 풍부하다는 점만 제외하면 식빵과 비슷한 특징을 가진다. 맛을 더하기 위하여 과일이나 견과류, 향신료와 같은 다른 재료를 첨가한다. 롤 케이크의 맛과 모양을 향상시키기 위하여 광택을 내거나(glaze) 아이싱[4] 또는 설탕을 뿌린다.

시리얼, 파스타, 쌀

조리된 시리얼(Cereal, Cooked) 시리얼의 색은 곡식 색에 따라 좌우된다: 오트밀은 황갈색이고, 녹말은 하얀색이며 옥수수 가루는 노란색이다. 조리된 시리얼은 조리된 녹말 맛이 나고 부드러워야 한다. 두께와 질감, 부드러움은 일관되어야 한다. 조리된 시리얼은 뜨거운 상태로 제공되어야 한다.

조리된 파스타(Pasta, Cooked) 파스타는 아이보리색이나 첨가하는 재료가 갖는 특유의 색을 갖는다; 시금치로부터 초록색, 토마토로부터 분홍색, 오징어로부터 검은색, 옥수수나 사프란으로부터 황금색, 달걀 노른자로부터 진한 노란색 또는 통밀가루로부터 밝은 황갈색을 가져올 수 있다. 조리된 파스타는 쫄깃쫄깃하고 적당히 씹히는 맛이 있으면서 자극적이지 않은 맛을 내고, 다양한 소스와 혼합되어 조리된 녹말의 맛을 낸다.

4) 아이싱(Icing): 케이크에 바르는 크림, 장식.

크림 파스타 소스(Pasta Sauce, Creamy) 흰색 소스 기반은 조리된 녹말의 맛을 띠는 부드럽고 강하지 않은 맛이어야 한다. 크림이 재료 중 하나라면 진한 맛이 분명해진다. 닭육수, 마늘 및/또는 허브를 첨가하여 흰색 소스와 혼합하여야 한다. 치즈와 가금류 고기, 해산물 및 채소를 포함하는 재료들은 각각이 구별되어야 하며 재료가 가지고 있는 특유의 맛과 색을 소스에 더할 수 있어야 한다.

맑은 파스타 소스(Pasta Sauce, Light) 소스는 밝은색에 거의 맑은 형태이다. 바질, 마늘, 올리브 오일, 파슬리가 두드러진 맛을 나타내며 파스타의 부드러운 맛을 향상시켜 준다. 허브와 신선한 파마산 치즈 가루를 첨가하여 완제품에 톡 쏘는 맛을 더해준다. 다진 마늘은 소스에 마늘 특유의 맛과 씹히는 특성을 더해 준다.

토마토 파스타 소스(Pasta Sauce, Red) 소스는 주황색 토마토색이어야 한다. 뜨거운 파스타 위에 올려져 제공될 때 흘러내리는 것을 방지하기 위해서 농도는 충분히 걸쭉해야 한다. 토마토 맛이 두드러져야 하나 잘게 썬 마늘, 피망, 양파, 허브로 맛이 강조된다. 갈색이 될 때까지 구운 다진 고기나 미트볼은 고기의 맛을 더하기 위하여 소스와 함께 조리할 수 있다.

끓이고 찌고 구운 쌀(Rice, Boiled, Steamed, Baked) 쌀은 순수한 하얀색이어야 하며, 각각의 곡물은 온전한 형태로 구분되어 있어야 한다. 현미는 밝은 갈색을 갖는다. 쌀알은 부드러우나 견고하고 자극적이지 않은 조리된 녹말의 맛을 갖는다.

디저트

케이크(Cake)

엔젤 푸드[5](Angel Food) 거칠고 밝은 갈색의 껍질은 만졌을 때 건조하다. 내부는 눈처럼 하얀색이다. 크럼은 부드럽고, 촉촉하며, 밝은색에 솜털 같이 가볍고 부드러우면서 약간 탄력이 있어야 한다. 입자 크기는 약간 울퉁불퉁하며, 입자의 막은 균일하게 얇다. 약간 달콤하고 균형이 잘 이루어져 있으며 조리된 달걀 흰자 맛이 난다.

버터(Butter) 껍질은 무광택 표면으로 한층 노릇노릇해야 한다. 윗부분은 약간 둥근 모양으로 봉긋하게 부어올라야 하며 갈라진 곳이 없어야 한다. 옅은 노란색의 내부는 부드럽고, 촉촉하며 벨벳과 같이 아주 부드러운 크럼을 가지며 일정한 두께의 매우 작은 입자들로 되어 있다. 달콤하고, 부드러우며 버터 맛이 난다. 맛과 색은 첨가하는 재료(예를 들면, 갈색 설탕, 초콜릿, 향신료)에 따라 달라진다.

당근(Carrot) 껍질은 부드럽고 거의 갈변되지 않아야 한다. 내부는 시나몬 갈색으로 매우 촉촉하고 촘촘하다. 갈아 넣은 당근을 감지해 내기는 어려우나, 이것이 제품에 풍성함과 수분을 더해 준다. 다진 견과류와 시나몬 맛은 알아내기 쉽다. 케이크는 보통 자극적이지 않은 맛의 크림치즈 아이싱으로 표면을 덮으며, 이는 시나몬의 좋은 맛과 잘 혼합된다.

쉬폰(Chiffon) 거칠고 밝은 갈색의 껍질은 만졌을 때 건조하다. 촉감은 섬세하고 탄력 있으며 가볍다. 막이 얇은 작고, 질 좋은 일정한 형태의 입자가 좋다. 크럼은 촉촉하고 부드러워야 한다. 색은 옅은 노란색으로 은은한 맛이 나지만 첨가되는 재료 및 착색료와 착향료에 따라 색과 맛이 모두 바뀔 수 있다. 예를 들면, 초콜릿, 마라스키노 체리 주스 및 향신료를 첨가할 수 있다.

5) 엔젤 푸드(Angel Food): 화이트 케이크를 만들기 위해 달걀 흰자를 단단하게 거품을 내어 만드는 것.

초콜릿(Chocolate) 색과 껍질을 제외하고는 버터 케이크의 특성과 동일하다. 색상은 불그스름한 색에서 진한 갈색까지 다양하다. 껍질의 갈변은 알아차리기 어렵다. 맛의 강렬함은 초콜릿의 다양한 유형에 따라 부드러운 단맛에서 강한 달콤 쌉싸름한 맛까지 있다.

아이싱(Icing) 크림아이싱[6]은 부드럽고 잘 펴져야 한다. 모양을 유지하면서도 거품같이 푹신하여야 하며 케이크에 잘 부착되어야 한다. 색과 맛은 재료에 따라 달라진다. 케이크 아이싱을 위한 지방 함량은 쉽게 자르기 위하여 10~25%의 범위를 갖는다.

파운드(Pound) 덩어리 형태의 케이크는 윗부분 중앙부에 자그마한 원형을 좁게 양분하는 밝은 갈색의 껍질을 갖는다. 내부는 부드러운 크럼을 갖는 노란색이다. 촉감은 입자가 질이 좋고 촘촘하여 견고해야 한다. 맛은 균형이 잘 맞고 버터처럼 달콤하다.

쿠키(Cookies)

바(Bar) 바는 거의 3×2 1/2 인치로 1/2~3/4인치의 일정한 높이를 가져야 한다. 윗부분과 밑바닥 껍질은 균일하게 중간 정도의 갈색을 띤다. 절단면은 일직선이어야 한다. 촉감은 쫄깃한 것부터 케이크와 같은 촉감까지 다양하다. 바에 첨가하는 모든 것(예를 들면, 초콜릿 칩, 코코넛, 건조한 과일, 견과류, 향신료)은 고르게 분산되어야 하며 식별이 가능해야 한다. 맛은 풍부하고, 달콤하며 첨가물의 특징을 잘 나타내야 한다. 광택을 내고, 아이싱을 하거나 설탕 가루를 뿌리는 토핑을 첨가할 수 있다.

브라우니(Brownie) 막대 모양의 쿠키와 비슷한 특징을 갖는다. 외부는 어두운 갈색으로 부드럽다. 내부는 외부보다 더 어둡다. 브라우니는 부드럽고 부스러짐이 없이 적당히 쫄깃한 촉감을 가지며 약간 촉촉하다. 견과류는 고르게 분산되어야 하며 식별이 가능해야 한다. 아이싱 토핑을 첨가할 수 있다.

번철에 떨어뜨려 굽는 쿠키(Drop) 모양은 대칭된 원형이며 거의 3인치의 지름을 갖는다. 길이는 1/4부터 1/2인치까지 다양하며, 이는 쿠키가 쫄깃한지 아니면 케이크와 같은지에 따라 결정된다. 윗부분과 밑바닥은 특별한 종류의 쿠키를 만들기 위해 첨가한 것이 아니라면(예를 들면, 설탕 쿠키) 설탕 결정이 보이지 않도록 균등한 갈색을 띠어야 한다. 맛은 풍부하고 달콤하며 첨가된 재료들의 특성을 잘 나타내야 한다. 예를 들면 버터 스카치나 초콜릿 칩, 초콜릿 덩어리, 코코넛, 건조 과일, 견과류, 오트밀, 향신료와 같은 재료들을 첨가한 경우 이 재료들은 고르게 잘 분산되고 식별이 가능해야 한다. 광택, 아이싱 혹은 설탕 가루를 뿌려 쿠키의 표면을 덮을 수 있다.

파이(Pie)

크림(Cream) 파이의 속은 불투명하고 크림 같으며 부드러우며 덩어리가 없어야 한다. 속은 냉각시켰을 때 모양을 유지하여야 하며 절단면만 약간 축소되고 모양이 유지되어야 한다. 속의 양은 파이의 껍데기를 채울 정도로 충분해야 한다. 맛과 색은 첨가한 재료의 특성에 따라 달라지며, 바나나, 버터 스카치, 초콜릿, 코코넛, 바닐라와 같은 착색료와 착향료에 따라서도 달라진다. 크림 파이는 준비가 되면 즉시 냉장시켜야 한다.

커스터드(Custard) 맨 윗부분의 얇은 막은 갈색 너트맥(육두구 나무의 열매로 양념 · 향미료로 쓰임) 부스러기를 뿌린 노란색이다. 옅은 노란색 속은 크림과 같고, 매끄러우며 윤기가 나고 부드

6) 크림아이싱(Cream Icing): 버터나 쇼트닝과 같은 유지에 설탕과 분유를 섞어 크림 상태로 만든 아이싱. 버터크림도 여기에 속하지만 보통 버터크림보다 부드럽고 분유나 연유로 묽게 한 크림을 크림 아이싱이라 함.

럽다. 젤은 균일하게 응고되어야 하고 기공이 없어야 한다. 달걀과 너트맥의 맛이 지배적이다. 파이는 넘치지 않을 정도로 적당한 양의 속을 채우고 껍질은 바삭바삭해야 한다. 커스터드 파이는 냉장한 상태로 제공되어야 한다.

과일(Fruit) 걸쭉한 주스는 맑고, 밝은색을 띠며 부드럽고 약간 조리된 녹말의 맛이 나야 한다. 한입 크기의 과일 조각은 각각 식별이 가능해야 한다. 속은 절단면에서만 약간 줄어들어야 한다. 맛은 적당히 달콤하고 특정 과일—사과, 살구, 블루베리, 체리, 구스베리, 복숭아, 파인애플 및 대황—의 특성을 나타낸다.

레몬(Lemon) 속은 레몬 껍질 특유의 색을 띠는 반투명한 젤이어야 한다. 속은 끈적거리고 잘랐을 때 모양을 유지하여야 한다. 타르트와 단것이 잘 조화된 맛이다. 속의 양은 바삭바삭한 껍질을 적당하게 채울 수 있어야 한다.

머랭(Meringue) 윗부분은 옅은 금빛이며 내부는 눈과 같은 하얀색이다. 머랭은 부드럽고, 보송보송한 느낌이며 촉촉하고 달콤한 맛이어야 한다. 머랭은 파이 속을 완벽하게 덮어야 하고 가장자리가 바삭바삭해야 한다. 액체 방울 또는 흐른 자국이 발견되어서는 안 된다.

페이스트리(Pastry) 껍질이 얇아야 한다. 윗 표면은 거칠고 부드러운 광택이 나는 수포처럼 봉긋봉긋한 것들로 덮여 있어야 한다. 윗부분의 중앙은 밝고 노릇노릇한 갈색으로 되어 있어야 하며, 가장자리 쪽으로 약간 어두운 색을 띠어야 한다. 윗부분과 밑바닥 껍질의 촉감은 바삭바삭하고 얇게 벗겨지며 포크가 들어갈 정도로 부드럽지만 잘 바스러지지는 않아야 한다. 껍질은 쉽게 잘라져야 한다. 소금의 양과 지방의 형태에 따라 맛이 달라진다. 굽기 전에 윗부분의 껍질에 달걀옷을 입히고 알갱이 형태의 백설탕을 뿌려야 한다.

호박(Pumpkin) 색은 적갈색으로 향신료의 얼룩얼룩한 자국을 알아볼 수 있어야 한다. 속은 끈적거리고 잘랐을 때 모양을 유지할 수 있어야 한다. 촉감은 약간 거칠어야 한다. 시나몬, 정향[7], 생강, 너트맥의 좋은 향이 호박과 부드럽게 잘 어우러진 맛이어야 한다.

그레이엄 크래커[8](Shell, Graham Cracker) 겉 껍데기는 파이 굽는 팬의 모양을 그대로 유지하여야 한다. 겉 껍데기에는 설탕 결정이 보이지 않아야 하며 바삭바삭해야 한다. 버터 맛이 나고 달콤하며 그레이엄 크래커의 특징이 잘 나타나는 맛이어야 한다.

치즈 케이크(Cheesecake) 윗부분은 아이보리 흰색의 사워크림 혼합물로 덮고, 측면과 밑바닥은 그레이엄 크래커 껍질의 갈색이어야 한다. 내부는 크림 치즈와 같은 부드러운 농도를 가지며 일정한 농도로 응고되어야 한다. 치즈 케이크는 옅은 노란색이며 매우 부드러운 치즈와 달걀, 바닐라의 맛을 갖는다. 색과 맛은 첨가하는 재료에 따라 다양하다(예를 들면, 초콜릿, 레몬, 민트, 호박, 향신료). 구운 치즈 케이크는 종종 체리, 레몬, 라스베리나 딸기 글레이즈로 위에 토핑을 한다.

크림 푸딩(Cream Pudding) 푸딩은 윤이 나고 크림과 같이 부드러우며 덩어리와 표층이 없어야 한다. 숟가락으로 뜨려고 할 때 약간 봉분처럼 쌓여 있어야 한다. 색과 맛은 첨가하는 재료와 착색료 및 착향료에 따라 달라진다(예를 들면, 버터 스카치, 초콜릿, 바닐라).

건조 과일(Fruit Crisp) 바삭바삭한 토핑은 약간 걸쭉하고 설탕이 가미된 과일 혼합물(예를 들어, 사과, 블루베리 또는 신버찌)을 골고루 분산시켜야 한다. 토핑은 은은한 갈색으로 거칠고, 부스러지기 쉬운 오트밀, 갈색 설탕, 버터의 미각적 특성을 일관되게 지니고 있다.

---

7) 정향(Cloves): 열대성 정향나무의 꽃을 말린 것. 향신료로 씀.
8) 그레이엄 크래커(Graham Cracker): 통밀로 만든 사각형 비스킷.

알류(Eggs)

달걀 프라이(Fried) 외형은 밝고, 윤기가 나며 모서리가 둥근 작은 모양이어야 한다. 반숙된 달걀 프라이는 밝은 노란색 또는 주황색을 띠어야 하며, 달걀 노른자가 보기 좋게 통통해야 한다. 만약 달걀을 뒤집는다면, 노른자는 응고된 흰자의 얇은 막으로 덮인다. 달걀은 빛이 나고 속은 부드러워야 한다. 응고된 부분은 견고하지만 부드러워야 한다.

오믈렛(Omelet) 맨 아랫부분은 은은한 밝은 갈색이고 윗부분은 옅은 노란색이다. 오믈렛은 촉촉하고 부드러우며 은은한 맛이 나야 한다. 일반적으로 오믈렛은 다양한 재료들로 채워진다(깍둑썰기한 토마토, 기름에 단시간에 튀긴 버섯, 잘게 자른 치즈, 작은 정육면체 모양의 햄). 접거나 둥글게 말아 놓은 모양은 매끄럽고 균일하여야 한다.

수란(Poached) 수란은 밝은 노른자에 가깝게 야들야들한 흰자가 밀착되어 있다. 수란은 넓게 펼쳐지기보다는 매끄러운 모서리를 가지면서 촘촘하다. 응고된 부분은 약간 견고하지만 부드러워야 한다.

스크램블(Scrambled) 스크램블은 부드러운 광택을 지닌 밝고 투명한 색이어야 하며, 타지 않아야 한다. 일정한 옅은 노란색 달걀은 부드럽고 촉촉한 작은 조각들로 되어 있어야 한다. 맛은 은은하며 강하지 않고 순해야 한다.

반숙 또는 완숙(Soft or Hard Cooked) 외형은 밝고 원래의 색을 띠고 있는 신선한 상태여야 하며 깨끗하여야 한다. 반숙의 노른자는 따뜻하게 유지되어야 하며, 익힌 정도에 따라 응고된 흰자의 1/2~3/4 정도가 반숙된 액체 상태여야 한다. 완숙 달걀은 파슬파슬한 고체의 노른자를 가지며, 노른자의 색은 밝은 노란색이거나 주황색이어야 하고, 일정하게 응고되어야 한다. 완숙 달걀의 흰자는 단단하고 윤기가 나야 한다.

주메뉴, 부메뉴

주메뉴(Entrées)

프라이드 치킨 스테이크(Chicken Fried Steak) 겉은 노릇노릇한 갈색으로 바삭바삭하게 구워져야 하며, 양념이 잘 되고 튀김옷이 입혀져 있어야 한다. 부드러워진 비프 커틀릿의 내부는 촉촉해야 한다. 맛은 신선한 쇠고기의 특징을 그대로 지니고 있어야 한다. 일반적으로 프라이드 치킨 스테이크는 고기 기름으로 만든 밀크 그레이비[9]와 함께 제공된다.

치킨 테트라치니[10](Chicken Tetrazzini) 노란색을 띠는 주황색의 녹인 파마산 치즈 또는 파마산 치즈 가루를 스파게티와 식별 가능한 재료들(잘게 다진 청고추, 양파, 파슬리, 피망 및 얇게 썬 버섯)이 있는 옅은 노란색 치킨 소스 내의 치킨 덩어리 위에 뿌려준다. 스파게티는 부드러우면서 조리된 녹말전분의 쫄깃쫄깃한 맛이 있어야 한다. 소스는 강하지 않고 은은한 맛의 스파게티와 섞어 주어야 한다. 접시에서 한 숟가락 떴을 때, 일부가 약간 흐를 정도의 농도여야 한다.

칠리 콘 카르네[11](Chili con Carne) 거칠게 저민 고기, 토마토, 콩 혼합물의 색은 적갈색이어야

9) 밀크 그레이비(Milk Gravy): 우지(牛脂) · 우유 · 밀가루 · 조미료로 만든 화이트소스.
10) 치킨 테트라치니(Chicken Tetrazzini): 깍두기 모양으로 자른 치킨을 크림 소스와 섞고, 누들을 넣은 치즈를 곁들여서 찜구이 냄비로 찐 것.
11) 칠리 콘 카르네(Chili con Carene): 칠리고추를 넣은 고기와 강낭콩 스튜(멕시코 요리).

한다. 잘 섞인 맛은 재료와 양념(칠리 가루, 쿠민[12], 마늘, 양파 포함)의 특성이 반영되어야 한다. 제공될 때 농도는 진해야 한다.

파히타[13](Fajita) 속 재료 안에 들어 있는 고기 혹은 가금류 고기 조각의 색은 붉은 갈색이고, 이 색은 튀긴 홍고추와 청고추의 껍질을 벗기고 양파를 잘게 썬 것과 대조된다. 고기 또는 가금류의 부드러운 껍질은 다양한 양념장으로 맛을 낼 수 있다. 속 재료는 일반적으로 증기로 익힌 밀가루 토르티야 안에 넣어 둥그렇게 말아서 치즈, 과카몰리[14], 살사 및 사워크림과 같은 양념장과 함께 제공된다.

구운 저민 쇠고기 패티(햄버거)(Grilled Ground Beef Patty(Hamburger)) 겉은 일정한 어두운 갈색을 띠어야 하고 윤기가 나야 한다. 내부는 약간 분홍색에서 밝은 갈색까지 익힌 정도에 따라 색이 달라진다. 패티는 쇠고기 특유의 맛을 지니고 있으면서 촉촉하고 부드러워야 한다. 조리된 패티에 함유된 지방 함유량은 날고기에 대한 세부 항목에 살코기 대 지방의 비율로 반영되어야 한다. 패티는 즉시 제공되어야 한다.

라자냐(Lasagna) 재료는 층별로 식별이 가능해야 한다; 가장자리가 리본 모양인 라자냐 면, 옅은 노란색의 파마산 및 모짜렐라 치즈, 하얀 리코타 또는 코티지 치즈 및 익은 고기 조각과 어두운 녹색 허브가 들어 있는 붉은 토마토 소스. 면은 부드러우나 쫄깃쫄깃해야 하고; 치즈는 부드럽고, 매끄러운 농도를 가지며; 소스는 진해야 한다. 라자냐는 매운 토마토 쇠고기 맛과 부드러운 모짜렐라 치즈, 하얀 치즈 및 톡 쏘는 느낌의 파마산 치즈와 잘 섞여야 한다. 라자냐는 제공될 때 가장자리가 날카롭게 잘려 모양이 유지된 채로 제공되어야 한다.

마카로니 및 치즈(Macaroni and Cheese) 마카로니는 쫄깃쫄깃하지만 부드러워야 하고, 조리된 녹말의 맛이 나야 한다. 소스는 중간 정도의 진한 농도를 가지고 있으며 아메리칸 치즈 또는 체다 치즈의 맛이 난다. 마카로니 각각의 조각은 완벽하게 밝은 노란색 크림 소스로 덮여 있어야 한다. 접시에서 한 숟가락 떴을 때, 일부가 약간 흐를 정도의 농도여야 한다.

미트 로프[15](Meat Loaf) 다진 고기 혼합물은 어두운 갈색이어야 하며 안쪽은 일정한 갈색으로 되어 있고 껍질이 얇아야 한다. 미트 로프는 촉촉하여야 하며 잘랐을 때 모양을 유지할 수 있을 정도로 단단해야 한다. 맛은 재료들(소고기 베이스, 케첩, 말린 양파 수프, 마늘, 양파) 특유의 맛을 살릴 수 있어야 한다.

피자(Pizza) 구운 피자의 색은 재료의 특성을 나타낼 수 있어야 한다. 이스트가 팽창하여 약간 부풀어 오른 껍질은 얇고 부서지기 쉽거나 두껍고 쫄깃쫄깃해야 하며, 밑바닥과 가장자리는 잘 구워져야 한다. 일반적으로 소스는 농도가 짙고 바질, 회향, 마늘, 오레가노와 같은 양념과 잘 섞인 토마토 베이스를 사용한다. 토핑은 치즈(보통 모짜렐라 치즈), 과일, 고기, 해산물, 채소 중 어떠한 것과도 조합이 가능하다. 피자 조각은 팬의 모양에 따라 각각 원형, 쐐기형 또는 정사각형이 될 수 있다.

스튜(Stew) 포크로 찔렀을 때 부드럽게 들어가며, 한입 크기의 고기 또는 가금류의 작은 덩어리는 크기가 일정하고 밝은 갈색이어야 한다. 한입 크기의 채소는 견고하나 부드러워야 하고 맛과 모양의 특징을 유지해야 한다. 고기 또는 가금류와 채소는 부드럽고 중간 정도의 농도를 가지며

---

12) 쿠민(Cumin): 중동요리에 사용되는 중요한 향신료로 케밥 특유의 향을 냄.
13) 파히타(Fajita): 양파 · 고추 · 닭고기 또는 쇠고기 따위를 조리해 토르티야로 싸서 먹는 멕시코 요리.
14) 과카몰리(Guacamole): 아보카도를 으깬 것에 양파, 토마토, 고추 등을 섞어 만든 멕시코 요리.
15) 미트 로프(Meat Loaf): 다진 고기를 식빵 모양으로 구운 요리.

맛이 은은한 천연 그레이비를 위에 뿌려 준다. 변형된 형태는 페이스트리나 드롭쿠키로 스튜를 덮고 노릇노릇한 갈색이 될 때까지 굽는 포트 파이[16)]다.

참치 및 면(Tuna and Noodles) 가볍게 구워 녹인 주황색 치즈를 닭고기 베이스의 화이트소스에 담겨 있는 아이보리색 면과 참치 덩어리 위에 뿌려준다. 면은 부드러워야 하나 쫄깃쫄깃해야(적당히 씹히는 맛이 있어야) 하고 조리된 녹말의 맛이 나야 한다. 화이트소스는 참치 특유의 맛이 두드러지는 부드럽고 은은한 맛이어야 한다. 다진 셀러리와 양파는 바삭바삭함과 함께 맛을 더해준다. 한 사람 몫의 양은 전반적으로 반고체의 농도를 가지며, 접시에서 한 숟가락 떴을 때 일부가 약간 흐를 정도의 농도여야 한다.

부메뉴(Accompaniments)

빵 드레싱(Bread Dressing) 구운(baked) 드레싱은 부피와 부드러움에 비해 중량이 덜 나가야 한다. 고기 또는 가금류에 수분을 보충해야 하므로, 진한 소스는 건조시키고 건조한 고기는 촉촉하게 한다. 제공 시에는 함께 제공하여야 한다. 다진 셀러리, 양파, 양념은 고기 또는 가금류의 맛과 잘 혼합되어야 한다. 하루 지난 흰 빵이 주재료지만 옥수수 빵도 인기가 있다. 드레싱의 색은 빵 종류에 따라 특유의 색을 띠게 된다.

구운 사과(Fried Apples) 거의 1/2인치 두께의 사과 링은 부드럽고 윤기가 나며 밝은 갈색이어야 한다. 시큼털털한 사과는 설탕에 졸이거나 갈색 설탕과 버터 맛이 나야 한다. 사과 맛은 앙트레를 보완하기 위해 적당한 달콤함이 두드러져야 한다.

볶음밥(Fried Rice) 간장 특유의 색과 맛이 나며, 간장은 찐 밥과 잘 섞여 있다. 다진 양파, 얼린 완두콩, 잘게 조각난 당근, 부드럽지만 견고한 스크램블 에그의 작은 조각들은 각각이 구분되어야 하고, 밥에 색과 맛을 더해줘야 한다.

튀김(Fritters) 바삭바삭한 껍질은 노릇노릇한 갈색으로, 안쪽은 구운 제품과 비슷한 노란색을 띤다. 튀김은 보통 둥근 모양이다. 맛은 약간 달콤하며 자극적이지 않은 순한 맛으로, 첨가하는 재료(사과, 바나나, 옥수수, 배 또는 파인애플과 같은 재료) 특유의 맛이 더해져 맛을 보완한다.

서양식 볶음밥(Rice Pilaf) 밥은 연한 노란색으로, 조리된 녹말의 맛이 나며 부드럽다. 곡물은 밝고, 푹신푹신하며 각각이 구분되어야 한다. 잘 다져진 양파와 마가린 또는 버터는 밥에 닭고기 수프와 양념을 첨가함으로써 밥이 가지고 있는 자극적이지 않은 맛에 진한 맛을 더한다. 또한 추가하는 재료(녹색 후추, 버섯, 피망 및 마름[17)])에 따라 맛이 풍부해질 수 있다.

생선, 고기, 가금류

조리된 생선(Fish, Cooked) 조리된 생선의 색은 날것일 때의 색을 연상시킬 수 있어야 한다(즉, 오렌지 러피의 하얀색, 연어의 분홍빛이 도는 주황색, 황새치의 옅은 황갈색). 맛과 냄새는 자극적이지 않고 순해야 하며 신선한 생선의 특징을 나타낼 수 있어야 한다. 생선살은 촉촉해야 하고 쉽게 떨어져야 한다. 양념과 소스는 생선의 순한 맛을 더해 줄 수 있어야 한다.

조리된 고기(Meat, Cooked) 고기는 조리되었을 때 보기 좋은 형태여야 한다. 고기는 촉촉하고 (고기를 요리할 때 나오는) 기름이 많아야 하며 색이 좋아야 한다. 맛과 색은 고기의 형태, 조리

16) 포트 파이(Pot Pie): 고기를 넣은 파이.

17) 마름(Water Chestnut): 수생 식물의 하나. 열매는 식용함.

방법과 구운 정도에 따라 자연스러워야 한다. 소고기와 양고기 구이는 갈색으로 잘 구워져야 하고, 송아지 고기의 겉표면은 붉은색이 도는 갈색이어야 하며, 돼지고기의 표면은 진한 갈색이 균일하게 분포되어야 한다. 양고기와 돼지고기 구이의 겉표면은 바삭바삭해야 한다. 얇게 썰어 구운 고기는 단단하고 육즙이 많으며 부드럽고 모양을 유지할 수 있어야 한다. 석쇠에 구운 고기는 맛과 향이 잘 전달되는 진한 갈색을 띤다. 푹 삶은 고기는 부드럽고 육즙이 많으며 표면은 기름지고 윤기가 난다. 푹 삶은 고기의 조각은 일정하고 평평하며 대칭되어야 한다.

조리된 가금류(Poultry, Cooked) 가금류 살코기는 촉촉하고 (고기를 요리할 때 나오는) 기름은 연한 노란색에서 밝은 갈색까지의 색을 띠어야 한다. 가금류의 형태 및 조리 방법에 따라 맛과 색이 자연스럽게 나타나야 한다. 구운 가금류의 껍질은 바삭바삭해야 한다. 얇게 썰어 구운 가금류는 단단하고 육즙이 많으며 부드럽고 모양을 유지할 수 있어야 한다. 끓인 가금류의 맛은 은은하고 아이보리색을 띤다. 살코기는 부드럽고 촉촉해야 하며, 모양을 유지할 수 있어야 한다. 육수의 색은 연한 노란색이어야 한다.

조리된 해산물(Seafood, Cooked) 해산물 종류에 따라 해산물이 갖는 고유의 색을 갖고 있어야 한다(새우, 바닷가재, 게는 바깥쪽은 분홍색, 안쪽은 흰색을 띠며; 굴은 회색; 가리비는 흰색이다). 조개류는 모래가 없고 부드러우며 촉촉해야 한다. 맛은 자극적이지 않은 순한 맛으로 양념 및 소스와 잘 섞어 해산물의 특징을 나타낼 수 있어야 한다.

샐러드

과일 샐러드(Fruit) 신선한 과일은 익은 상태이나 단단해야 하고 맛과 촉감 및 색의 다양한 측면을 고려하여 선택한다. 맛은 향미가 있고 잘 혼합된 맛이어야 한다. 색은 맑고, 신선하며 자연스러워야 한다. 과일은 빨리 산화되므로 갈변을 막기 위해 레몬이나 다른 과일의 즙에 적셔야 한다. 과일은 각각이 구분될 수 있어야 하며 한입에 먹을 수 있는 크기로 깔끔하게 잘려야 한다. 강조하기 위하여 사용하는 초록색 잎이 많은 음식은 냉장한 상태로 아삭아삭해야 한다. 과일 샐러드의 드레싱은 보통 약간 달콤하고 과일 주스나 꿀을 넣은 맛이 난다. 통조림 과일은 샐러드에 사용하기 전에 캔에 담겨져 있는 액체를 잘 따라내야 한다.

몰디드 샐러드[18](Molded) 판매용 젤라틴 디저트는 베이스로 사용되는 것이 일반적이다. 젤라틴은 밝은 광채가 있고 투명한 색으로, 사용할 수 있도록 잘 갖추어져 있어야 하며 맛있어야 한다. 모양을 유지하고 있을 정도로 단단해야 하며, 특히 잘랐을 때 여전히 부드럽지만 흔들거리며 투명해야 한다. 재료는 약간 달콤하고 고유의 맛을 내며 젤라틴에 과일맛을 보완해 줄 수 있어야 한다. 재료는 한입 크기로 잘라 젤라틴 내에 일정하게 분포되도록 넣되 총 레시피 중량의 35%를 초과하지 않도록 하여야 한다. 강조하기 위하여 사용하는 푸른 채소는 차갑고 아삭아삭해야 한다.

토스트 샐러드(Tossed) 푸른 채소는 색이 뚜렷해야 하고 한입 크기이며 깔끔하게 잘리거나 찢어질 수 있어야 한다. 또한 좋은 비율을 갖추어야 한다. 한 가지 이상의 푸른 채소는 촉감과 색, 맛에 다양성을 줄 수 있다(예를 들면, 컬리 엔다이브, 에스카로르, 아이스버그 또는 잎 상추, 적색 치커리, 로메인(상추의 일종) 및 시금치). 푸른 채소는 냉장한 상태로 아삭아삭하며 건조되어 있어야 한다. 다른 재료 또한 첨가할 수 있다(예를 들면, 아보카도, 브로콜리, 채 썬 당근, 얇게 썬 버섯, 토마토 웨지[19], 얇게 썬 무). 드레싱과 양념은 제공하기 직전에 뿌려야 하며, 샐러드 내의 재

18) 몰디드 샐러드(Molded Salad): 젤라틴 안에 고기나 채소를 넣은 샐러드.

19) 토마토 웨지(Tomato Wedges): 토마토 웨지(얇게 쐐기 모양으로 자른 토마토).

료들을 보완할 수 있어야 한다. 가니쉬[20](예를 들면, 알팔파 싹, 바삭바삭한 베이컨, 양념한 크루톤[21]), 해바라기씨, 구운 참깨, 구운 맥아)는 샐러드에 맛과 바삭바삭함을 더해 준다.

채소 샐러드(Vegetable) 생채소와 조리한 채소는 맛, 촉감 및 색에 따라 선택된다. 향미가 있고 맛있어야 하며 서로 잘 보완해 줄 수 있어야 한다. 색은 맑고 신선하며 자연스러워야 한다. 생채소는 아삭아삭하고 조리된 채소는 부드러우면서 견고해야 한다. 채소는 한입 크기로 깔끔하게 잘려야 한다. 톡 쏘는 드레싱 안에 재워 둔 채소는 맛을 더해 줄 수 있다.

샌드위치

차가운 샌드위치(Cold)

치즈, 고기, 가금류(Cheese, Meat, Poultry) 빵은 신선하고 단단하며 촘촘하고 부드러운 크럼에서 오는 촉촉함과 좋은 맛을 지녀야 한다. 빵은 가장자리가 깨끗하게 잘려야 한다. 고기, 가금류 또는 치즈는 얇게 자르거나 얇게 깎아야 한다. 양상추, 얇게 자른 피클과 얇은 토마토 조각은 바삭함과 맛을 더해 준다.

부드러운 재료로 속을 만든 샌드위치(Soft Filling) 빵은 신선하고 단단하며, 촘촘하고 부드러운 크럼에서 오는 촉촉함과 좋은 맛을 지녀야 한다. 치킨, 달걀, 햄, 참치와 다른 속 재료들은 식별 가능해야 하고, 쉽게 펴 발라져야 하지만 모양을 유지하고 있을 만큼은 단단해야 한다. 다진 셀러리, 녹색 후추, 피클은 속의 색과 아삭함을 더해 준다. 샐러드 드레싱은 모든 재료 위에 다 뿌려져야 하며 결합제로 제공되어야 한다. 참치에 레몬주스를 뿌리거나 달걀에 머스타드 소스를 뿌리는 것처럼, 기본적인 재료의 순한 맛을 다양한 양념이 보완해 줄 수 있다. 빵은 가장자리가 깨끗하게 잘려야 한다. 샌드위치를 집었을 때 속 재료가 빠져나가지 않고 다 함께 있어야 한다.

따뜻한 샌드위치(Hot)

베이컨, 양상추, 토마토(Bacon, Lettuce, and Tomato) 빵은 신선하고 단단하며, 촘촘하고 부드러운 크럼에서 오는 촉촉함과 좋은 맛을 지녀야 한다. 노릇노릇한 갈색 토스트 빵은 따뜻해야 하고 베이컨은 바삭바삭하고 따뜻해야 한다. 양상추는 차갑고 아삭아삭해야 하며 얇게 자른 토마토도 차가워야 한다. 토스트 빵과 속재료는 가장자리가 깔끔하게 잘라져야 한다. 마요네즈는 보통 따로 제공된다.

바비큐한 고기(Barbecued Meat) 보통 빵 또는 둥근 빵은 신선하고 단단하며, 촘촘하고 부드러운 크럼에서 오는 촉촉함과 좋은 맛을 지녀야 한다. 고기는 부드러워야 하며, 얇게 잘라 적갈색의 매운 바비큐 소스를 그 위에 덮어야 한다. 고기의 맛은 고기 유형에 따른 고유의 특성을 띠어야 하며, 소스 맛은 고기의 맛을 보완해주어야 한다.

치즈버거(Cheeseburger) 둥근 햄버거 빵은 신선하게 구워져야 하며 겉은 노릇노릇한 갈색을 띠고 안쪽은 부드러운 하얀색을 띠어야 한다. 구운 햄버거는 신선한 쇠고기의 맛이 나고 육즙이 풍부하며 갈색의 윤기 나는 내부는 부드러워야 한다. 치즈버거는 녹인 치즈로 덮여야 한다.

쇠고기 구이(Roast Beef) 샌드위치는 빵을 양쪽으로 하여 닫힌 형태거나 열린 형태가 있으며, 하나 또는 두 조각의 빵과 구운 쇠고기 및 그레이비로 구성된다. 쇠고기는 육즙이 많고 얇게 잘린

20) 가니쉬(Garnish): 음식의 외형을 돋보이게 하기 위해 음식에 곁들이는 것.

21) 크루톤(Crouton): 수프나 샐러드에 넣는, 바삭하게 튀긴 작은 빵 조각.

형태로 따뜻하게 제공되며 쇠고기 특유의 맛을 지닌다. 그레이비는 종종 별도로 제공되기도 한다. 그레이비란 고기가 자체의 육즙과 함께 제공되는 것을 말하거나 짙은 농도의 고기즙을 말한다.

수프

뜨거운 수프(Hot)

콩(Bean) 약간 진한 수프는 분홍색 햄을 작은 육면체 모양으로 잘라 넣은 밝은 황갈색이다. 콩과 햄은 매우 부드럽지만 식별이 가능해야 한다. 햄은 맛이 강해 순한 흰 강낭콩이나 Great Northern bean과 잘 어우러진다. 검은 후추, 다진 셀러리와 양파로 만든 양념은 맛을 더해 준다.

쇠고기 쌀 수프(Beef Rice) 투명한 갈색의 쇠고기 육수는 무게감이 있으며 표면에 미세하게 작은 지방 방울들이 있다. 쌀의 각 낟알은 떨어져 있어야 한다. 다진 셀러리와 양파는 수프에 특유의 맛을 더해준다. 연한 노란색을 띠는 닭고기 쌀 수프가 변형된 형태이다.

비스크[22](Bisque) 비스크는 크림 수프로 다양하게 만들 수 있고 다진 조개를 포함하며 게, 바닷가재나 새우를 포함할 수 있다. 약간 짙은 수프는 연한 오렌지색을 띤다. 맛은 해산물의 종류와 크림, 다양한 양념에 따라 달라지며 종종 달지 않은 셰리 와인을 첨가한다.

부용[23](Bouillon) 부용은 맑고 밝은색의 수프로 기름진 고기, 가금류 또는 채소 맛이 난다. 기본으로 사용되는 재료에 따라 색이 달라진다. 표면에는 미세하게 작은 지방 방울들이 어느 정도 있을 수 있다.

치즈(Cheese) 농도가 옅은 화이트소스 베이스의 수프는 체다치즈의 특징인 노란 빛깔이 나는 주황색이다. 다진 양파와 잘 자른 당근 및 셀러리는 부드러우나 아삭아삭해야 하고 닭고기 육수와 치즈의 맛을 더해 줄 수 있어야 한다. 수프의 농도는 중간 정도로, 헤비크림[24]과 비슷하며 숟가락을 가볍게 막처럼 덮는 정도의 농도를 갖는다.

클램 차우더, 맨해튼(Clam Chowder, Manhattan) 차우더는 토마토의 붉은 빛깔을 지녀야 한다. 다진 조개와 작게 조각낸 볶은 양파 및 노릇노릇한 갈색의 소금 간을 한 돼지껍질 또는 베이컨은 부드러우면서도 견고해야 한다. 맛은 매콤하지만 월계수 잎, 검은 후추, 백리향 및 우스터소스를 사용하여 아주 강한 맛이 나지는 않도록 한다.

클램 차우더, 뉴잉글랜드(Clam Chowder, New England) 차우더는 헤비크림의 농도와 같은 밝은 크림색을 띠어야 한다. 다진 조개와 작은 조각으로 볶은 양파 및 노릇노릇한 갈색의 소금 간을 한 돼지고기 또는 베이컨은 각각이 구별되어야 하며 각 재료 특유의 맛을 낼 수 있어야 한다. 감자는 각 면의 길이가 1/2인치인 정육면체로 자르고 부드러우면서도 견고해야 한다.

콩소메[25](Consommé) 콩소메는 맑고 농축된 수프로, 연한 노란색이나 밝은 갈색을 띠며 미묘한 맛이 나는 닭고기, 생선, 수렵조[26], 고기 또는 채소 맛이 난다. 표면에는 미세하게 작은 지방 방울들이 어느 정도 있을 수 있다.

---

22) 비스크(Bisque): 조개류로 만든 진한 수프.
23) 부용(Bouillon): 고기나 채소를 끓여 만든 육수로서 맑은 수프나 소스용으로 씀.
24) 헤비크림(Heavy Cream): 우유에서 유지방만을 분리해서 만든 제품으로 유지방을 48% 이상 함유한 것.
25) 콩소메(Consommé): 맑은 고깃 국물로 된 수프.
26) 수렵조(Game): 사냥할 수 있도록 허가되어 있는 새, 사냥의 대상이 되는 새.

크림(Cream) 색과 맛은 화이트소스 베이스에 첨가하고자 하는 고기, 가금류 또는 채소를 으깨거나 고운 체로 거르거나 다지는 정도에 따라 달라진다. 농도는 중간 정도로 헤비크림과 비슷하며 숟가락을 가볍게 막처럼 덮을 정도의 농도여야 한다.

양파수프(French Onion) 어두운 갈색의 쇠고기 국과 얇게 썬 볶은 양파를 구운 프랑스 빵 위에 뿌리고 녹인 스위스 치즈와 파마산 치즈로 완전히 덮어야 한다. 수프는 약간 진한 농도로 검은 후추나 볶은 양파, 우스터소스와 같은 강하고 매콤한 맛을 지닌 재료들과 잘 섞어야 한다.

오리엔탈 치킨(Oriental Chicken) 부드러운 맛이 나고 투명한 육수는 연한 노란색이어야 하며 채소는 선명하고 밝은색이어야 한다. 부드러운 닭고기는 각 면의 길이가 1/2인치인 정육면체여야 하고 골파[27]는 1/8 인치로 얇게 썰어야 한다. 다른 채소(예를 들면, 버섯과 시금치)는 아삭아삭하게 한입 크기로 잘라야 한다. 얇은 면이나 닭고기 만두는 부드러워야 한다.

감자(Potato) 크림이 진한 하얀 수프는 주로 감자 퓌레를 넣어 걸쭉해진다. 다진 셀러리와 양파는 감자와 우유의 순한 맛과 잘 섞여야 한다. 버터와 크림은 맛에 풍부함을 더해주기 위하여 첨가한다. 양념, 특히 흰 후추가 맛을 더해준다.

말린 완두콩(Split Pea) 수프는 작은 정육면체 조각으로 된 분홍색 햄과 푸른 완두콩이 어우러진 색이다. 말린 완두콩은 매우 부드럽거나 으깨져야 하고 햄을 부드럽게 해야 한다. 햄 특유의 맛이 두드러져야 하고 순한 맛의 완두콩과 잘 섞여야 한다. 다진 당근, 양파 및 감자는 각각이 구별되어야 하고 수프에 맛을 더해줘야 한다. 검은콩, 렌즈콩 및 노란 말린 완두콩을 포함하면 다양해진다.

쇠고기 채소(Vegetable Beef) 수프는 다지거나 1/2인치 크기의 정육면체로 썬 쇠고기와 식별 가능한 많은 채소를 넣어 만든 것으로 적갈색을 띠어야 한다. 수프는 전통적으로 다진 셀러리, 양파, 토마토 및 정육면체로 썬 당근과 감자가 들어가야 하며, 부드러우면서 견고하며 특유의 맛을 가지고 있어야 한다.

차가운 수프(Cold)

근대 보르시치[28](Beet Borscht) 냉각 수프는 사워크림 한 덩이로 새빨간색 위를 덮는다. 재료는 다져진 상태이고 맛은 근대, 셀러리 및 콩소메 육수에 양파가 혼합된 맛이다. 레몬즙이나 레드와인으로 만든 식초 및 사워크림에서 신맛이 난다.

과일(Fruit) 색과 냉각 수프의 지배적인 맛은 과일의 형태와 베리류의 퓌레(예를 들면, 블루베리, 배, 라스베리 또는 딸기)에 따라 달라진다. 맛은 톡 쏘는 맛이 있는 약간 단맛으로 레몬즙과 사워크림 한 덩어리에서 이러한 맛이 난다. 농도는 부드러우면서 약간 걸쭉하다.

가스파초[29](Gazpacho) 냉각 수프는 토마토의 빨간색을 띠며, 다진 셀러리 조각과 오이, 초록색 피망, 파슬리, 볶은 버섯 및 양파가 들어 있다. 토마토 특유의 맛이 두드러지며 다른 재료와 잘 섞여야 한다. 레드와인으로 만든 식초로 인하여 신맛이 나고, 우스터소스와 타바스코 소스로 인하여 매운 맛이 난다.

---

27) 골파(Green onion): 샐러드·양념용.

28) 보르시치(Borscht): 러시아나 폴란드 사람들이 먹는, 비트(beetroot)로 만든 수프.

29) 가스파초(Gazpacho): 토마토, 후추, 오이 등으로 만들어 차게 먹는 스페인 수프.

감자 크림수프(Vichyssoise) 냉각 수프는 크림과 같은 흰색을 띠며, 다진 쪽파 또는 파슬리로 위를 덮는다. 맛은 닭고기 국, 감자 및 양파가 섞인 맛이다. 촉감은 크림과 같이 부드럽다.

채소

일반적인 채소(General)

튀김(Deep-Fat Fried[30]) 튀김옷이나 빵가루를 입혀 노릇노릇한 갈색으로 바삭바삭하게 튀기며 채소는 부드러우나 기름에 산패되지 않아야 한다. 튀김에 매우 자주 사용하는 채소는 가지, 버섯, 오크라, 양파 및 애호박이다. 꽃양배추, 당근, 파스닙[31] 및 고구마는 찐 후 튀긴다. 지방 또는 기름은 자극적이지 않아야 한다. 딥핑 소스는 채소의 맛을 더해 줘야 한다.

구운 채소(Grilled) 채소들—골파, 가지, 버섯, 피망(초록색, 주황색, 빨간색, 노란색)과 가지—은 각각을 구분할 수 있어야 하며, 채소 조각들은 부드러워야 하고 구운 자국이 더 어둡게 보이도록 약간 구워져야 한다. 대부분 육즙을 끼얹기 위하여 올리브 오일을 사용하며, 올리브 오일은 자극적이지 않은 순한맛이어야 한다. 맛을 더하기 위하여 오일에 허브를 넣기도 한다.

찐 채소(Steamed) 고유의 색을 가지고 있으며 투명해야 하고 뚜렷하고 일정한 형태를 유지해야 한다. 고유의 맛을 내면서 달콤하고 맛있으며 익지 않은 생채소는 없어야 한다. 양념은 약간 차이를 보이지만 채소의 맛과 잘 혼합되어야 한다. 촉감은 형태에 따라 다양하다. 완두콩이나 양배추처럼 수분이 많은 채소는 약간 설익혀야 한다. 콩류와 감자는 부드러워야 한다.

볶은 채소(Stir-Fried) 한입 크기의 채소 조각은 각각을 구분할 수 있어야 하며 고유의 색과 본래의 아삭함을 유지해야 한다. 맛은 채소 종류(예를 들어, 브로콜리, 당근, 꽃양배추, 셀러리, 버섯, 양파, 피망, 깍지 완두, 토마토 및 가지)에 따라 그 고유의 특성을 나타내야 한다. 양념(신선한 생강, 마늘, 참기름 및 간장)은 채소의 맛을 더해 준다. 채소는 밝고 투명한 옥수수 전분 글레이즈로 옷을 입힐 수 있다.

콩류

구운 콩(Beans, Baked) 조리한 흰색 강낭콩은 부드러워야 하며 추가한 재료(케첩, 당밀, 머스터드, 양파 및/또는 소금에 절인 돼지고기) 특유의 색을 지녀야 한다. 첨가한 재료의 맛은 콩에 스며들어야 한다. 구운 콩은 촉촉하고 모양을 유지해야 한다.

삶아서 튀겨 놓은 콩[32](Beans, Refried) 음식은 분홍색을 띠는 갈색이어야 하며(껍질색이 얼룩덜룩한) 강낭콩의 색을 띠어야 한다. 양념(칠리 파우더, 마늘, 할라피뇨, 양파 및 타바스코 소스)은 콩의 본래 맛을 더해 주나 압도하지는 않아야 한다. 조리용 기름의 맛은 은은해야 한다. 삶아서 튀겨 놓은 콩은 으깬 상태로, 약간 덩어리가 많은 농도여야 하며, 약간 수분이 있어야 한다.

조리된 콩류(Cooked) 콩류의 본래 모양은 조리하는 동안 유지되어야 한다. 조리된 콩류는 부드러워야 하나 특성은 유지하여야 하고, 신선한 음식의 전형적인 색(검은색, 얼룩무늬, 붉은색 또는 하얀 콩; 눈 부위는 까맣고 녹색으로 구분된 완두콩이나 노란색 완두콩, 갈색 또는 붉은색 편두)을 지녀야 한다. 콩류의 종류에 따라 다양한 맛이 나며 각각이 독특해야 한다. 다양한 양념과 재료는 맛을 보완해 주어야 한다.

---

30) 튀김(Deep-Fat Fried): 140~190°C 온도에서 재료의 3~5배의 기름을 넣고 튀기는 것.

31) 파스닙(Parsnip): 배추 뿌리 같이 생긴 채소.

32) 삶아서 튀겨 놓은 콩(Refried beans): 특히 멕시코 요리에 쓰이는, 필요할 경우 다시 데워 쓰기만 하면 되는 요리 재료.

감자

그라탕[33](Au Gratin) 표면은 밝은 갈색으로, 녹인 치즈의 특성인 윤기나는 부드러운 노란색이어야 한다. 조리된 정육면체 또는 얇게 썬 감자는 크기가 일정해야 하며 부드러우나 견고해야 한다. 치즈 소스는 부드러워야 하며, 밝은 노란색을 띠고 감자를 덮을 만큼 두꺼워야 한다. 음식이 제공될 때 모양이 유지되어야 한다.

구운 감자(Baked) 껍질은 전형적인 갈색 감자의 색이며 바삭바삭해야 하고, 만져보면 익힌 정도를 알 수 있다. 속은 부드럽고 파슬파슬한 촉감을 가져야 한다. 감자는 증기가 빠져 질척하지 않도록 오븐에서 꺼내오자마자 잘라야 한다. 맛은 부드러우면서 베이컨이나 버터, 치즈, 쪽파, 미트소스, 채소 또는 사워크림과 같은 토핑과 잘 어우러져야 한다.

끓이거나 찐 감자(Boiled or Steamed) 하얗고 약간 불투명한 감자는 양념, 소스 및 다른 재료들과 잘 섞여 순한 맛을 내야 한다. 감자는 부드러워야 하나 단단해서 정육면체로 자르거나 채 썰거나 얇게 썰 때 모양을 유지할 수 있어야 한다.

튀김(Deep-Fat Fried) 다양한 길이와 모양으로 자른 감자는 물결무늬나 매끈한 무늬를 지닌다. 겉부분은 노릇노릇한 갈색으로 바삭바삭하며, 안쪽은 하얗고 부드러워야 한다. 조리용 기름은 독특하지 않은 맛으로 특별한 맛이 나지 않아야 한다.

으깬 감자(Mashed) 색은 크림과 같은 흰색이며 촉감은 전체적으로 모두 부드러워야 한다. 소금, 버터 및 우유와 혼합하여 감자 고유의 맛을 더해 주면서 강한 맛을 내지는 않아야 한다.

독일식 감자 샐러드(Potato Salad, German) 얇게 썬 조리된 감자는 부드러우나 견고해야 한다. 다진 양파, 바삭바삭한 베이컨 조각, 깍둑썰기한 셀러리, 피망 및 파슬리는 색과 맛에 있어서 각각을 구별할 수 있어야 한다. 타르트 식초 소스는 적당히 달콤해야 하고 모든 재료를 덮을 수 있을 만큼 농도가 걸쭉해야 한다. 샐러드는 뜨거운 상태로 제공되어야 한다.

---

33) 그라탕(Au Gratin): 빵가루나 치즈를 씌워 오븐 등에서 노릇하게 살짝 익힌 요리.

국문 찾아보기

1인분량 통제 portion control 191
ABC 재고관리 방법 ABC inventory method 141
LED 조명 light-emitting diodes light 86
pH 값 pH value 235
SWOT 분석 SWOT analysis 466
XY 이론 Theory X and Theory Y 323

ㄱ

가격 price 456
가격책정의 심리학 pricing psychology 445
가식부량 edible portion, EP 189
가열치사시간 thermal death time 235
가정식 대용식 home meal replacement 217
가치 value 107
가치분석 value analysis 107
가치흐름지도 value stream map 37
간접에너지 indirect energy 200
간접조명 indirect lighting 86
간트차트 Gantt chart 39
감성 지능 emotional intelligence 335
감염형 식중독 foodborne infection 236
강화이론 reinforcement theory 320
개념적 능력 conceptual skill 286
개방형 시스템 open system 3
개인윤리 personal ethics 145
개인적 편견 personal biases 392
거래적 리더 transactional leader 334
거래적 리더십 transactional leadership 334
검수 receiving 124
게이지 gauge 87
게임이론 game theory 354
경계 boundary 4
경계의 침투성 permeability of boundary 4
경영개발 management development 396
경영관리 기능 management function 6
경쟁우위 competitive advantage 9
경쟁자 competitors 10
경제적 발주량 economic order quantity, EOQ 143
계발 development 294
계수가격책정법 factor pricing method 444
계승계획 succession planning 401
계약 contract 20
계획 planning 288
계획경제 command economy 309
계획설계 schematic design 85
계획-실행-평가-조치 PDCA 38
고객 customer 32
고객 가치 customer value 217
고객 만족 customer satisfaction 454, 481
고객 충성도 customer loyalty 454
고장모드영향분석 failure mode and effect analysis 37
고정메뉴 static menu 48
고정비용 fixed costs, FCs 438
고정입찰 fixed bid 114
곰팡이 mold 243
공동시장 common market 309
공식 권한 formal authority 303
공식적 리더 formal leaders 325
공식적 평가 formal evaluation 171
공통형 재무제표 common-size statement 438
공헌마진 contribution margin 439
교대근무 일정 shift schedule 412
과잉생산 overproduction 153
과학적 관리 scientific management 373
관능평가 sensory analysis 475
관리 management 280
관리도 control chart 38
관리의료 managed care 16
관리회계 managerial accounting 429
관세 tariffs 309
관찰 observation 55
교섭단위 bargaining unit 417
교정 calibrate 253
교차오염 cross-contamination 248
교차 훈련 cross-trained, cross-training 218, 301
구두 메뉴 spoken menu 47
구매 purchasing 95
구입시 중량 as purchased, AP 189
구조화된 면접 structured interview 392
국내총생산 Gross Domestic Product, GDP 463
국립위생재단 National Sanitation Foundation, NSF 272
권장섭취량 Recommended Dietary Allowances, RDAs 59, 61
권한 authority 281, 301
권한 위임 empowerment 33
규칙 rule 289
균등한 고용기회 equal employment opportunity 383
균형유지 balance 7, 369
그레이프바인 grapevine 365
그리들링 griddling 183
그린워시 greenwash 24
그릴링 grilling 183
근본원인분석 root cause analysis 36
급식 onsite foodservice 11
기능 관리자 functional manager 284
기능적 하위시스템 functional subsystems 6
기대이론 expectancy theory 319
기술명세서 technical specification 109
기술적 능력 technical skill 286
기업가 entrepreneur 22
기업 문화 corporate culture 297
기업윤리 business ethics 145
기준 standards 295
기초원가 prime cost 444

ㄴ

낮은 재고수준 minimum inventory 142
내부 감사 internal audit 268
내부고객 internal customer 32
내·외적 통제 internal and external control 2
내재적 동기 intrinsic motivation 321
네트워크 network 352
노동생활의 질 quality of work life, QWL 297
노사관계 labor relation 414
노조 간법 union salting 416
노조간부 union stevard 415
능력 skill 286

능력 권한 authority of competence 304

ㄷ

다양성 diversity 385
단체교섭 collective baigaining 414
대기행렬이론 queuing theory 354
대량 레시피 guantity recipe 170
대류 convection 180
대인관계 능력 interpersonal skill 286
대인관계 역할 interpersonal roles 284
대차대조표 balance sheet 431
대형슈퍼마켓 supermarket 97
델파이 기법 Delphi technique 159
도난 pilferage 130
도매상 wholesalers 97
독립변수 independent variable 158
독소형 식중독 foodborne intoxication 236
동기 motive 315
동기부여 motivation 315
동등성 원리 parity principle 301
등결과성 equifinality 4
따블도우떼 table d'hôte 47

ㄹ

라인 직위 line position 306
레스토랑 타입 메뉴 restaurant-type menu 48
레시피 recipe 165
레시피의 표준화 recipe standardization 169
로컬푸드 locally grown foods 99
루멘 lumen 86
룸 서비스 room service 47
리더-구성원 관계 leader-member relations 297
리더십 leadership 297, 322
리스크 risk 275
리스크 관리 risk management 275
리엔지니어링 reengineering 31
린 lean 31

ㅁ

마이크로마케팅 micromarketing 461
마이크로웨이브 microwave 180
마이플레이트 Myplate 57
마케팅 marketing 452
마케팅 계획 marketing plan 468
마케팅 계획 수립 marketing planning 468
마케팅 목표 marketing objective 466
마케팅 믹스 marketing mix 455
마케팅 전략 marketing strategy 455, 466
마케팅 조사 marketing research 467
마케팅 환경 marketing environment 456
마크업 markup 444
매출 분석 sales analysis 470
메뉴 menu 45
메뉴 심리학 menu psychology 47
메뉴 엔지니어링 menu engineering 485
메모리 memory 3
명령계통 chain of command 299
명령계통 일원화 unity of command 299
명세서 specification 109
모집 recruitment 386
모집 및 선발 recruitment and selection 294
모형 model 2
목적 goals 288
목표 objectives 288
목표관리법 management by objectives, MBO 400
무압력 컨벡션 스팀쿠커 pressureless convection steamer 182
문화 간 소통 intercultural communication 366
문화적응 acculturation 366
물질안전보건자료 Material Safety Data Sheet, MSDS 259
미국공중보건협회 American Public Health Association, APHA 272
미국인을 위한 식생활지침 Dietary Guidelines for American 56
미생물 microorganism 234
미성숙-성숙 이론 Immaturity-Maturity Theory 324
미션 mission statement 466

ㅂ

방법 method 288, 289
방전등 electric discharge light 86
배식 distribution 207
배치 scheduling 407
백열등 incandescent lights 86
버블다이어그램 bubble diagram 84
버섯 mushroom 243
범용제품코드 Universal Product Code, UPC 140
벤치마킹 benchmarking 36
변동근무배치 split shift scheduling 408
변동비용 variable costs, VCs 438
변혁적 리더십 transformational leadership 334
변화 change 338
변화추진자 change agent 339
변환 transformation 2
병원균 pathogens 234
보상 compensation 404
보험협회안전시험소 Underwriters Laboratories, UL 273
복리후생 benefits 405
복사 radiation 180
본선인도 free on board, F.O.B. 123
부서화 departmentalization 304
부채 liabilities 431
부패 spoilage 233
분배적 협상 distributive bargaining 368
분산 배선 decentralized meal assembly 213
분산서비스 decentralized service 72
분산조리 batch cooking 161
분위기 atmospherics 463
불확실성이 높은 상황 conditions of uncertainty 349
브랜드 brand 462
브랜드명세서 approved brand specification 109
브랜드 자산 brand equity 462
브랜드 충성도 brand loyalty 462
브로일러 broiler 183
비공식적 리더 informal leaders 325
비공식적 평가 informal evaluation 171
비구조화된 면접 unstructured interview 392
비료화처리 composting 197
비분리성 inseparability 464
비용 센터 cost center 96
비전 vision 10
비정형적 의사결정 nonprogrammed decision 345

ㅅ

사건 샘플링 occurrence sampling 420
사고 accident 227
사다리 원칙 scalar principle 300
사업 대리인 business representive 416
사용률 usage rate 142
사회적 지능 social intelligence 335
사회적 책임 social responsibility 308
산출물 output 2, 7
산포도 scatter diagrams 38

살라만더 salamander 183
상관 색온도 correlated color temperature 86
상승효과 synergy 4
상위 욕구 prepotent need 317
상위 인지 metacognition 335
상품 product 456
상호의존성 interdependency 3
상황 면접질문 situational interview questions 392
상황분석 situation analysis 466
생물테러 bioterrorism 255
생물학적 해법 biological solution 266
생산 production 151
생산 계획 planning for production 151
생산부족 underproduction 153
생산성 productivity 419
생산성 수준 productivity levels 409
생산일정 production schedule 159
생산일정계획 production scheduling 159
서비스 service 109, 207
서비스 관리 service management 217
서비스의 무형성 intangibility of service 463
서비스의 소멸성 perishability of service 464
서비스의 이질성 heterogeneity of service 465
선발 selection 387
선입선출법 frist in, first out, FIFO 144
선형 linear 158
선형계획법 linear programming 354
선형회귀 예측모형 regeression analysis forecasting model 158
설계 design 83
설계서 책자 specification book 85
성과 performance 398
성과평가 performance appraisal 294, 398
성능명세서 performance specification 110
성취-권력-친화 이론 Achievement-Power-Affiliation 318
성희롱 sexual harassment 383
세계화 globalization 308
소셜 미디어 마케팅 social media marketing 461
소수집단 우대정책 affirmative action 385
소통 communication 7
손익계산서 income statement 431
손익분기 분석 break-even analysis 438
수량 quantity 109
수-비 sous vide 75
수용 권한 acceptance authority 303
수익 financial accountability 485
수익 센터 profit center 96
수입 import 308
수직적 분업 vertical division of labor 299
수출입 한도량 quotas 309
수평적 분업 horizontal division of labor 300
수행기준 performance standards 379
수행도 performance 379
순현재가치 net present value, NPV 443
숯불 브로일러 charbroiler 183
스위트 스폿 sweet spot 178
스크래핑 scrapping 260
스태프 직위 staff position 306
스팀솥 steam-jacketed kettle 181
습열 조리방법 moist heat mothod 181
승진 promotion 401
시간과 온도 time and temperature 187
시공문서 construction document 85
시뮬레이션 simulation 354
시스템 system 2
시장 market 96
시장경제 market economy 309
시장 세분화 market segmentation 457
시장 점유율 market share 470
시차제근무 일정 staggered schedule 412
식기세척 ware washing 259
식당량 meal equivalent 410
식스시그마 six sigma 31
식습관 food habit 53
식재료 창고 ingredient room 162
식중독 병원균 foodborne pathogens 233
식품안전검사국 Food Safety and Inspection Service, FSIS 103
식품 알레르기 Food Allergy 246
식품 흐름 food product flow 69
신뢰성 reliability 388
신제품 new product 456
실제구매가법 actual purchase price 144
실제원가 actual cost 445
심리학적 변수 psychographic variables 459

ㅇ

아이덴티티 기준 standards of identity 101
안전재고 safety stock 142
안정기 ballast 86
알라카르떼 à la carte 47
암행 조사원 mystery shoppers 482
압력 스팀쿠커 pressure steamers 182
양의 공기압 positive air pressure 87
여열조리 carry-over cooking 188
역동적 안정성 dynamic equilibrium 4
역률 power factor 86
연결 과정 linking process 7
연공 서열제 seniority 383
연색평가지수 color rendering index 86
연소 combustion 265
열전달 속도 heat transfer rate 182
열 회복시간 heat recovery time 184
영양표시 nutrition labeling 103
영양학술원 Academy of Nutrition Dietetics 272
예방적 유지보수 preventive maintenance 274
예산 budget 439
오리엔테이션 orientation 294, 395
오염 contamination 233
오염원 감소 source reduction 265
외부 감사 external audit 268
외부고객 external customer 32
외식 commercial foodservice 11
외재적 동기 extrinsic motivation 321
우수농산물관리제도 Good Agricultural practices, GAP 100
원가회계 cost accounting 429
위계질서 hierarchy 5
위생 sanitary 258
위생 감독관 sanitarian 268
위임 delegation 302
위해 hazard 251
위험 상황 conditions of risk 349
위험온도범위 temperature danger zone 249
위험 이동 risky shift 357
유기농 organic 98
유기농 인증 certified organic 99
유도 induction 181
유의성 valence 320
유전자재조합식품 genetically modified organism, GMO 103
유통 place 456
윤리 ethics 145
은퇴노인복합거주단지 Continuing Care Retirement Communities, CCRCs 18
음식 생산 food production 150
음식선호도 food preference 53
음용수 potable 262
음의 공기압 negative air pressure 87
의무 accountability 281
의사결정 decision making 7
이동평균법 moving average forecasting

model 156
이요인 이론 two-factor theory 318
이직 separation 401
이해관계자 stakeholders 10
인간적 능력 human skill 286
인공지능 artificial intelligence 355
인구통계학적 변수 demographic variables 459
인적자원 계획 human resources planning 294, 375
인적자원관리 human resources management, HRM 373
인체공학 ergonomics 230
일반 관리자 general manager 284
일일입찰 daily bid 115
일회성 계획 single-use plans 289
일회성메뉴 single-use menu 49
입찰구매 bid buying 114

ㅈ

자기기입식 섭취량 측정 self-reported consumption 55
자기자본 owner's equity 431
자동 운반차 automated guide vehicle, AGV 210
자민족 중심주의 ethnocentric attitude 308
자산 assets 431
자원 resource 5
자유무역 free trade 309
자체관리 팀 self-managed team 297
작업분석 activity analysis 420
작업설계 work design 88
작업측정 work measurement 420
잔반량 plate waste 54
잠재위해식품 potentially hazardous foods 235
재고회전율 inventory turnover 140
재무비율 분석 ratio analysis 434
재무회계 financial accounting 429
재주문 reorder point 142
재활용 recycling 265
저장 storage 129
전국노동관계위원회 National Labor Relations Board 417
전국레스토랑협회 National Restauraunt Association 271
전국푸드서비스대학협회 National Association of College and University Food Services, NACUFS 272
전도 conduction 180
전략 strategy 10, 291
전략경영 strategic management 9
전략적 계획 strategic planning 291
전략적 사업 단위 strategic business units, SBUs 466
전문가시스템 expert system 355
전문도매상 specialty wholesalers 97
전술 tactics 466
전직 transfer 401
전통적 조직 traditional organization 296
전통적 푸드서비스 conventional foodservice 71
절도 theft 130
절차 procedure 288, 289
접점 interface 4
정부보조금 subsidies 309
정서적 몰입 affective commitment 321
정책 policies 288
정치 politicis 311
정형적 의사결정 programmed decision 344
제약 constraint 35
제약이론 theory of constraints 31
제조업체 대리점 manufactures' representatives 97
제품 기준 product standards 474
제품 평가 product evaluation 475
제품 흐름 product flow 83
조달시간 lead time 142
조리-냉동 cook-freeze 75
조리-냉장 cook-chill 74
조리손실 cooking loss 191
조리저장식 푸드서비스 ready prepared foodservice 73
조사 irradiation 102
조인트커미션 The Joint Commission 272
조정 coordination 307
조정자 mediator 418
조직 organization 281
조직 문화 organizational culture 297
조직시민행동 Organizational Citizenship Behaviors 321
조직적 변화 organizational change 338
조직화 organizing 293
조합식 푸드서비스 assembly/serve foodservice 80
종사원 만족 employee satisfaction 484
종사원 지원프로그램 employee assistance program, EAP 403
종속변수 dependent variable 158
종합도매상 full or broadline wholesalers 97
종합적품질경영 total quality management, TQM 31
종합적 품질 서비스 total quality service 217
좌천 demotion 401
주공급자 prime vendor 98
주기메뉴 cycle menu 49
중개인 brokers 97
중앙공급식 푸드서비스 commissary foodservice 77
중앙 배선 centralited meal assembly 213
중앙서비스 centralized service 72
중요관리점 critical control points 251
중재자 arbitrator 418
지구 중심주의 geocentric attitude 308
지리적 변수 geographic variables 458
지속가능성 sustainability 23
지속가능한 농업 sustainable agriculture 98
지속적 계획 standing plans 289
지속적 몰입 continuance commitment 321
지속적품질개선 continuous quality Improvement, CQI 31
지수평활법 exponential smoothing forecasting model 156
지역주의 parochial attitude 308
지침 policy 289
지휘 directing 295
직무 job 380
직무기술서 job description 377
직무내용 job identification 378
직무만족 job satisfaction 321
직무명 job title 377
직무명세서 job specification 379
직무분석 job analysis 376
직무 설계 job design 380
직무책임 job duties 378
직무충실화 job enrichment 381
직무확대 job enlargement 381
직장 내 훈련 on-the-job training 397
직장 외 훈련 off-the-job training 397
직접에너지 direct energy 200
직접조명 direct lighting 86
진균 fungi 243
진정 직업자격 bona fide occupational qualifications 383
집단 사고 groupthink 357
징계 discipline 402

ㅊ

차별 discrimination 383

참여적 관리 participative management 297
창고형도소매할인점 wholesale club 97
책임 responsibility 281, 301
청결 clean 258
청사진 blueprint 85
체인레스토랑협의회 National Council of Chain Restaurants 272
체인 신제품 new to the chain 456
체크시트 check sheet 38
촉광 foot candle 86
촉진 promotion 456
총평균법 weighed average 144
최대재고 maximum inventory 142
최소-최대 방법 mini-max method 142
최종구매가법 latest purchase price 144
추정손익계산서 pro forma statement 441
충원 staffing 293, 407
취급손실 handling loss 191
치즈멜터 cheesemelter 183

ㅋ

캔커팅 can cutting 113
콜드체인관리 cold chain management 248
크램쉘 Clamshell 183

ㅌ

타당성 validity 389
탄소발자국 carbon footprint 100
통제 ccontrol, controlling 3, 295
통제 범위 span of control 302
통합 integration 4
통합적 협상 integrative bargaining 368
통행 흐름 traffic flow 83
퇴비 composting 265
투입물 input 2, 5
투자회수기간 payback period 441
튀김기 deep fat fryer 183
특성요인도 cause and effect diagram 36
틈새 마케팅 niche arketing 461
팀 중심 리더십 team-based leadership 297

ㅍ

파레토분석 Pareto analysis 36
파워 담금 싱크 Power Soak 262
패러다임 paradigm 217
패러다임 변화 paradigm shift 217
펄퍼 pulper 264
평가척도법 rating scale 399
평등고용추진위원회 Equal Employment Opportunity Commission 383
표적 시장 target market 455
표준레시피 standardized recipe 162
표준운영절차 Standard Operating Procedures, SOPs 252
품질 quality 29, 108
품질관리서클 quality circles 34
품질기준 standards of quality 102
품질등급 quality grades 111
품질보증 quality assurance, QA 31
프랜차이저 franchisor 21
프랜차이지 franchisee 21
프랜차이징 franchising 21
프로그램 program 85
프로세스 process 34
피드백 feedback 3

ㅎ

하위시스템 subsystem 5
학교영양협회 School Nutrition Association, SNA 272
행동 면접질문 behavioral interview questions 392
행정농도 administrative intensity 306
혐기성 세균 anaerobic bacteria 236
협상 negotiation 368
호기성 세균 aerobic bacteria 235
화폐의 시간적 가치 time value of money 441
확실성이 높은 상황 conditions of certainty 348
환경 요인 environmental factor 3
환경탐사 environmental scanning 8
환기 ventilation 87
환율 exchange rate 309
회계감사 auditing 428
효과성 effectiveness 282, 455
효모 yeast 243
효율성 efficiency 282, 455
후광효과 halo effect 392
후입선출법 last in, first out, LIFO 144
훈련 training 294, 396
흐름 flow 83
흐름도 flowchart 37
흑자경영 operating in the black 196
히스토그램 histogram 38

영문 찾아보기

A

à la carte 알라카르떼 47
ABC inventory method ABC 재고관리 방법 141
Academy of Nutrition Dietetics 영양 학술원 272
acceptance authority 수용 권한 303
accident 사고 227
accountability 의무 281
acculturation 문화적응 366
Achievement-Power-Affiliation 성취-권력-친화 이론 318
activity analysis 작업분석 420
actual cost 실제원가 445
actual purchase price 실제구매가법 144
administrative intensity 행정농도 306
aerobic bacteria 호기성 세균 235
affective commitment 정서적 몰입 321
affirmative action 소수집단 우대정책 385
American Public Health Association, APHA 미국공중보건협회 272
anaerobic bacteria 혐기성 세균 236
approved brand specification 브랜드 명세서 109
arbitrator 중재자 418
artificial intelligence 인공지능 355
as purchased, AP 구입시 중량 189
assembly/serve foodservice 조합식 푸드 서비스 80
assets 자산 431
atmospherics 분위기 463
auditing 회계감사 428
authority 권한 281, 301
authority of competence 능력 권한 304
automated guide vehicle, AGV 자동 운반차 210

B

balance 균형유지 7, 369
balance sheet 대차대조표 431
ballast 안정기 86
bargaining unit 교섭단위 417
batch cooking 분산조리 161
behavioral interview questions 행동 면접질문 392
benchmarking 벤치마킹 36
benefits 복리후생 405
bid buying 입찰구매 114
biological solution 생물학적 해법 266
bioterrorism 생물테러 255
blueprint 청사진 85
bona fide occupational qualifications 진정 직업자격 383
boundary 경계 4
brand 브랜드 462
brand equity 브랜드 자산 462
brand loyalty 브랜드 충성도 462
break-even analysis 손익분기 분석 438
broiler 브로일러 183
brokers 중개인 97
bubble diagram 버블다이어그램 84
budget 예산 439
business ethics 기업윤리 145
business representive 사업 대리인 416

C

calibrate 교정 253
can cutting 캔커팅 113
carbon footprint 탄소발자국 100
carry-over cooking 여열조리 188
cause and effect diagram 특성요인도 36
centralited meal assembly 중앙 배선 213
centralized service 중앙서비스 72
certified organic 유기농 인증 99
chain of command 명령계통 299
change 변화 338
change agent 변화추진자 339
charbroiler 숯불 브로일러 183
check sheet 체크시트 38
cheesemelter 치즈멜터 183
Clamshell 크램쉘 183
clean 청결 258
cold chain management 콜드체인관리 248
collective baigaining 단체교섭 414
color rendering index 연색평가지수 86
combustion 연소 265
command economy 계획경제 309
commercial foodservice 외식 11
commissary foodservice 중앙공급식 푸드서비스 77
common market 공동시장 309
common-size statement 공통형 재무제표 438
communication 소통 7
compensation 보상 404
competitive advantage 경쟁우위 9
competitors 경쟁자 10
composting 비료화처리 197
composting 퇴비 265
conceptual skill 개념적 능력 286
conditions of certainty 확실성이 높은 상황 348
conditions of risk 위험 상황 349
conditions of uncertainty 불확실성이 높은 상황 349
conduction 전도 180
constraint 제약 35
construction document 시공문서 85
contamination 오염 233
continuance commitment 지속적 몰입 321
Continuing Care Retirement Communities, CCRCs 은퇴노인복합거주단지 18
continuous quality Improvement, CQI 지속적 품질개선 31
contract 계약 20
contribution margin 공헌마진 439
control, controlling 통제 3, 295
control chart 관리도 38
convection 대류 180
conventional foodservice 전통적 푸드서비스 71
cook-chill 조리-냉장 74
cook-freeze 조리-냉동 75
cooking loss 조리손실 191
coordination 조정 307
corporate culture 기업 문화 297
correlated color temperature 상관 색온도 86
cost accounting 원가회계 429
cost center 비용 센터 96

critical control points 중요관리점 251
cross-contamination 교차오염 248
cross-trained 교차 훈련 301
cross-training 교차 훈련 218
customer 고객 32
customer loyalty 고객 충성도 454
customer satisfaction 고객 만족 454, 481
customer value 고객 가치 217
cycle menu 주기메뉴 49

D

daily bid 일일입찰 115
decentralized meal assembly 분산 배선 213
decentralized service 분산서비스 72
decision making 의사결정 7
deep fat fryer 튀김기 183
delegation 위임 302
Delphi technique 델파이 기법 159
demographic variables 인구통계학적 변수 459
demotion 좌천 401
departmentalization 부서화 304
dependent variable 종속변수 158
design 설계 83
development 계발 294
Dietary Guidelines for American 미국인을 위한 식생활지침 56
direct energy 직접에너지 200
direct lighting 직접조명 86
directing 지휘 295
discipline 징계 402
discrimination 차별 383
distribution 배식 207
distributive bargaining 분배적 협상 368
diversity 다양성 385
dynamic equilibrium 역동적 안정성 4

E

economic order quantity, EOQ 경제적 발주량 143
edible portion, EP 가식부량 189
effectiveness 효과성 282, 455
efficiency 효율성 282, 455
electric discharge light 방전등 86
emotional intelligence 감성 지능 335
employee assistance program, EAP 종사원 지원프로그램 403
employee satisfaction 종사원 만족 484
empowerment 권한 위임 33
entrepreneur 기업가 22
environmental factor 환경 요인 3
environmental scanning 환경탐사 8
equal employment opportunity 균등한 고용기회 383
Equal Employment Opportunity Commission 평등고용추진위원회 383
equifinality 등결과성 4
ergonomics 인체공학 230
ethics 윤리 145
ethnocentric attitude 자민족 중심주의 308
exchange rate 환율 309
expectancy theory 기대이론 319
expert system 전문가시스템 355
exponential smoothing forecasting model 지수평활법 156
external audit 외부 감사 268
external customer 외부고객 32
extrinsic motivation 외재적 동기 321

F

F.O.B. 본선인도 123
factor pricing method 계수가격책정법 444
failure mode and effect analysis 고장모드영향분석 37
feedback 피드백 3
financial accountability 수익 485
financial accounting 재무회계 429
fixed bid 고정입찰 114
fixed costs, FCs 고정비용 438
flow 흐름 83
flowchart 흐름도 37
Food Allergy 식품 알레르기 246
food habit 식습관 53
food preference 음식선호도 53
food product flow 식품 흐름 69
food production 음식 생산 150
Food Safety and Inspection Service, FSIS 식품안전검사국 103
foodborne infection 감염형 식중독 236
foodborne intoxication 독소형 식중독 236
foodborne pathogens 식중독 병원균 233
foot candle 촉광 86
formal authority 공식 권한 303
formal evaluation 공식적 평가 171
formal leaders 공식적 리더 325
franchisee 프랜차이지 21
franchising 프랜차이징 21
franchisor 프랜차이저 21
free on board, F.O.B. 본선인도 123
free trade 자유무역 309
frist in, first out, FIFO 선입선출법 144
full or broadline wholesalers 종합도매상 97
functional manager 기능 관리자 284
functional subsystems 기능적 하위시스템 6
fungi 진균 243

G

game theory 게임이론 354
Gantt chart 간트차트 39
gauge 게이지 87
general manager 일반 관리자 284
genetically modified organism, GMO 유전자재조합식품 103
geocentric attitude 지구 중심주의 308
geographic variables 지리적 변수 458
globalization 세계화 308
goals 목적 288
Good Agricultural practices, GAP 우수농산물관리제도 100
grapevine 그레이프바인 365
greenwash 그린워시 24
griddling 그리들링 183
grilling 그릴링 183
Gross Domestic Product, GDP 국내총생산 463
groupthink 집단 사고 357
guantity recipe 대량 레시피 170

H

halo effect 후광효과 392
handling loss 취급손실 191
hazard 위해 251
heat recovery time 열 회복시간 184
heat transfer rate 열전달 속도 182
heterogeneity of service 서비스의 이질성 465
hierarchy 위계질서 5
histogram 히스토그램 38
home meal replacement 가정식 대용식 217
horizontal division of labor 수평적 분업 300
human resources management, HRM 인적자원관리 373
human resources planning 인적자원 계획 294, 375
human skill 인간적 능력 286
Immaturity-Maturity Theory 미성숙-성숙이론 324

I

import 수입 308
incandescent lights 백열등 86
income statement 손익계산서 431
independent variable 독립변수 158
indirect energy 간접에너지 200
indirect lighting 간접조명 86
induction 유도 181
informal evaluation 비공식적 평가 171
informal leaders 비공식적 리더 325
ingredient room 식재료 창고 162
input 투입물 2, 5
inseparability 비분리성 464
intangibility of service 서비스의 무형성 463
integration 통합 4
integrative bargaining 통합적 협상 368
intercultural communication 문화 간 소통 366
interdependency 상호의존성 3
interface 접점 4
internal and external control 내·외적 통제 2
internal audit 내부 감사 268
internal customer 내부고객 32
interpersonal roles 대인관계 역할 284
interpersonal skill 대인관계 능력 286
intrinsic motivation 내재적 동기 321
inventory turnover 재고회전율 140
irradiation 조사 102

J

job 직무 380
job analysis 직무분석 376
job description 직무기술서 377
job design 직무 설계 380
job duties 직무책임 378
job enlargement 직무확대 381
job enrichment 직무충실화 381
job identification 직무내용 378
job satisfaction 직무만족 321
job specification 직무명세서 379
job title 직무명 377

L

labor relation 노사관계 414
last in, first out, LIFO 후입선출법 144
latest purchase price 최종구매가법 144
lead time 조달시간 142
leader-member relations 리더-구성원 관계 297
leadership 리더십 297, 322
lean 린 31
liabilities 부채 431
light-emitting diodes light LED 조명 86
line position 라인 직위 306
linear 선형 158
linear programming 선형계획법 354
linking process 연결 과정 7
locally grown foods 로컬푸드 99
lumen 루멘 86

M

managed care 관리의료 16
management 관리 280
management by objectives, MBO 목표관리법 400
management development 경영개발 396
management function 경영관리 기능 6
managerial accounting 관리회계 429
manufactures' representatives 제조업체 대리점 97
market 시장 96
market economy 시장경제 309
market segmentation 시장 세분화 457
market share 시장 점유율 470
marketing 마케팅 452
marketing environment 마케팅 환경 456
marketing mix 마케팅 믹스 455
marketing objective 마케팅 목표 466
marketing plan 마케팅 계획 468
marketing planning 마케팅 계획 수립 468
marketing research 마케팅 조사 467
marketing strategy 마케팅 전략 455, 466
markup 마크업 444
Material Safety Data Sheet, MSDS 물질안전보건자료 259
maximum inventory 최대재고 142
meal equivalent 식당량 410
mediator 조정자 418
memory 메모리 3
menu 메뉴 45
menu engineering 메뉴 엔지니어링 485
menu psychology 메뉴 심리학 47
metacognition 상위 인지 335
method 방법 288, 289
micromarketing 마이크로마케팅 461
microorganism 미생물 234
microwave 마이크로웨이브 180
mini-max method 최소-최대 방법 142
minimum inventory 낮은 재고수준 142
mission statement 미션 466
model 모형 2
moist heat mothod 습열 조리방법 181
mold 곰팡이 243
motivation 동기부여 315
motive 동기 315
moving average forecasting model 이동평균법 156
mushroom 버섯 243
Myplate 마이플레이트 57
mystery shoppers 암행 조사원 482

N

National Association of College and University Food Services, NACUFS 전국푸드서비스대학협회 272
National Council of Chain Restaurants 체인레스토랑협의회 272
National Labor Relations Board 전국노동관계위원회 417
National Restauraunt Assocication 전국레스토랑협회 271
National Sanitation Foundation, NSF 국립위생재단 272
negative air pressure 음의 공기압 87
negotiation 협상 368
net present value, NPV 순현재가치 443
network 네트워크 352
new product 신제품 456
new to the chain 체인 신제품 456
niche arketing 틈새 마케팅 461
nonprogrammed decision 비정형적 의사결정 345
nutrition labeling 영양표시 103

O

objectives 목표 288
observation 관찰 55
occurrence sampling 사건 샘플링 420
off-the-job training 직장 외 훈련 397
onsite foodservice 급식 11
on-the-job training 직장 내 훈련 397
open system 개방형 시스템 3
operating in the black 흑자경영 196

organic 유기농 98
organization 조직 281
organizational change 조직적 변화 338
Organizational Citizenship Behaviors 조직시민 행동 321
organizational culture 조직 문화 297
organizing 조직화 293
orientation 오리엔테이션 294, 395
output 산출물 2, 7
overproduction 과잉생산 153
owner's equity 자기자본 431

P

paradigm 패러다임 217
paradigm shift 패러다임 변화 217
Pareto analysis 파레토분석 36
parity principle 동등성 원리 301
parochial attitude 지역주의 308
participative management 참여적 관리 297
pathogens 병원균 234
payback period 투자회수기간 441
PDCA 계획-실행-평가-조치 38
performance 성과 398
performance 수행도 379
performance appraisal 성과평가 294, 398
performance specification 성능명세서 110
performance standards 수행기준 379
perishability of service 서비스의 소멸성 464
permeability of boundary 경계의 침투성 4
personal biases 개인적 편견 392
personal ethics 개인윤리 145
pH value pH 값 235
pilferage 도난 130
place 유통 456
planning 계획 288
planning for production 생산 계획 151
plate waste 잔반량 54
policies 정책 288
policy 지침 289
politicis 정치 311
portion control 1인분량 통제 191
positive air pressure 양의 공기압 87
potable 음용수 262
potentially hazardous foods 잠재위해식품 235
power factor 역률 86
Power Soak 파워 담금 싱크 262
prepotent need 상위 욕구 317
pressure steamers 압력 스팀쿠커 182
pressureless convection steamer 무압력 컨벡션 스팀쿠커 182
preventive maintenance 예방적 유지보수 274
price 가격 456
pricing psychology 가격책정의 심리학 445
prime cost 기초원가 444
prime vendor 주공급자 98
pro forma statement 추정손익계산서 441
procedure 절차 288, 289
process 프로세스 34
product 상품 456
product evaluation 제품 평가 475
product flow 제품 흐름 83
product standards 제품 기준 474
production 생산 151
production schedule 생산일정 159
production scheduling 생산일정계획 159
productivity 생산성 419
productivity levels 생산성 수준 409
profit center 수익 센터 96
program 프로그램 85
programmed decision 정형적 의사결정 344
promotion 승진 401
promotion 촉진 456
psychographic variables 심리학적 변수 459
pulper 펄퍼 264
purchasing 구매 95

Q

quality 품질 29, 108
quality assurance, QA 품질보증 31
quality circles 품질관리서클 34
quality grades 품질등급 111
quality of work life, QWL 노동생활의 질 297
quantity 수량 109
queuing theory 대기행렬이론 354
quotas 수출입 한도량 309

R

radiation 복사 180
rating scale 평가척도법 399
ratio analysis 재무비율 분석 434
ready prepared foodservice 조리저장식 푸드서비스 73
receiving 검수 124
recipe 레시피 165
recipe standardization 레시피 표준화 169
Recommended Dietary Allowances, RDAs 권장섭취량 59, 61
recruitment 모집 386
recruitment and selection 모집 및 선발 294
recycling 재활용 265
reengineering 리엔지니어링 31
regeression analysis forecasting model 선형회귀 예측모형 158
reinforcement theory 강화이론 320
reliability 신뢰성 388
reorder point 재주문 142
resource 자원 5
responsibility 책임 281, 301
restaurant-type menu 레스토랑 타입 메뉴 48
risk 리스크 275
risk management 리스크 관리 275
risky shift 위험 이동 357
room service 룸 서비스 47
root cause analysis 근본원인분석 36
rule 규칙 289

S

safety stock 안전재고 142
salamander 살라만더 183
sales analysis 매출 분석 470
sanitarian 위생 감독관 268
sanitary 위생 258
scalar principle 사다리 원칙 300
scatter diagrams 산포도 38
scheduling 배치 407
schematic design 계획설계 85
School Nutrition Association, SNA 학교영양협회 272
scientific management 과학적 관리 373
scrapping 스크래핑 260
selection 선발 387
self-managed team 자체관리 팀 297
self-reported consumption 자기기입식 섭취량 측정 55
seniority 연공 서열제 383
sensory analysis 관능평가 475
separation 이직 401
service 서비스 109, 207
service management 서비스 관리 217
sexual harassment 성희롱 383
shift sohedyle 교대근무 일정 412
simulation 시뮬레이션 354
single-use menu 일회성메뉴 49
single-use plans 일회성 계획 289
situation analysis 상황분석 466

situational interview questions 상황 면접 질문 392
six sigma 식스시그마 31
skill 능력 286
social intelligence 사회적 지능 335
social media marketing 소셜 미디어 마케팅 461
social responsibility 사회적 책임 308
source reduction 오염원 감소 265
sous vide 수-비 75
span of control 통제 범위 302
specialty wholesalers 전문도매상 97
specification 명세서 109
specification book 설계서 책자 85
split shift scheduling 변동근무배치 408
spoilage 부패 233
spoken menu 구두 메뉴 47
staff position 스태프 직위 306
staffing 충원 293, 407
staggered schedule 시차제근무 일정 412
stakeholders 이해관계자 10
Standard Operating Procedures, SOPs 표준 운영절차 252
standardized recipe 표준레시피 162
standards 기준 295
standards of identity 아이덴티티 기준 101
standards of quality 품질기준 102
standing plans 지속적 계획 289
static menu 고정메뉴 48
steam-jacketed kettle 스팀솥 181
storage 저장 129
strategic business units, SBUs 전략적 사업 단위 466
strategic management 전략경영 9
strategic planning 전략적 계획 291
strategy 전략 10, 291
structured interview 구조화된 면접 392
subsidies 정부보조금 309
subsystem 하위시스템 5
succession planning 계승계획 401
supermarket 대형슈퍼마켓 97
sustainability 지속가능성 23
sustainable agriculture 지속가능한 농업 98
sweet spot 스위트 스폿 178
SWOT analysis SWOT 분석 466
synergy 상승효과 4
system 시스템 2

T

table d'hôte 따블도우떼 47
tactics 전술 466
target market 표적 시장 455
tariffs 관세 309
team-based leadership 팀 중심 리더십 297
technical skill 기술적 능력 286
technical specification 기술명세서 109
temperature danger zone 위험온도범위 249
The Joint Commission 조인트커미션 272
theft 절도 130
theory of constraints 제약이론 31
Theory X and Theory Y XY 이론 323
thermal death time 가열치사시간 235
time and temperature 시간과 온도 187
time value of money 화폐의 시간적 가치 441
total quality management, TQM 종합적품질경영 31
total quality service 종합적 품질 서비스 217
traditional organization 전통적 조직 296
traffic flow 통행 흐름 83
training 훈련 294, 396
transactional leader 거래적 리더 334
transactional leadership 거래적 리더십 334
transfer 전직 401
transformation 변환 2
transformational leadership 변혁적 리더십 334
two-factor theory 이요인 이론 318
underproduction 생산부족 153

U

Underwriters Laboratories, UL 보험협회안전시험소 273
union salting 노조 간법 416
union stevard 노조간부 415
unity of command 명령계통의 일원화 299
Universal Product Code, UPC 범용제품 코드 140
unstructured interview 비구조화된 면접 392
usage rate 사용률 142

V

valence 유의성 320
validity 타당성 389
value 가치 107
value analysis 가치분석 107
value stream map 가치흐름지도 37
variable costs, VCs 변동비용 438
ventilation 환기 87
vertical division of labor 수직적 분업 299
vision 비전 10

W

ware washing 식기세척 259
weighed average 총평균법 144
wholesale club 창고형도소매할인점 97
wholesalers 도매상 97
work design 작업설계 88
work measurement 작업측정 420

Y

yeast 효모 243